Peter Schiwy / Walter J. Schütz (Hrsg.)
Medienrecht
Lexikon für Wissenschaft und Praxis

Peter Schiwy / Walter J. Schütz (Hrsg.)

Medienrecht

Lexikon für Wissenschaft und Praxis

3. Auflage

Luchterhand

Neubearbeitete und erheblich erweiterte 3. Auflage des 1977 zum ersten Mal erschienenen Buches »Medienrecht. Stichwörter für die Praxis«

Die Deutsche Bibliothek – CIP-Einheitsaufnahme

Medienrecht : Lexikon für Wissenschaft und Praxis / Peter Schiwy ; Walter J. Schütz (Hrsg.). – Neubearb. und erw. 3. Aufl. – Neuwied ; Kriftel ; Berlin : Luchterhand, 1994
ISBN 3-472-01569-1
NE: Schiwy, Peter [Hrsg.]

Titelgestaltung: Reckels, Schneider-Reckels, Weber, Wiesbaden
Satz: Fotosatz Otto Gutfreund GmbH, Darmstadt
Druck und Weiterverarbeitung: Wilhelm & Adam, Heusenstamm
Printed in Germany, Mai 1994

Vorwort der Herausgeber zur ersten Auflage (1977)

Dieses Buch will der Praxis dienen. Darum verfolgt es nicht in erster Linie wissenschaftliche Absichten. Aber das schließt nicht aus, daß es auch wissenschaftlichen Ansprüchen genügen soll.

Worum geht es? Gerade dem Praktiker fehlt es an Informationsmöglichkeiten auf dem Gebiet des Medienrechts, denn Medienrecht ist mehr als eine Textsammlung aller Landespressegesetze (ihr Wortlaut ist ohnehin leicht zugänglich). Es umfaßt vielmehr zahlreiche Rechtsgebiete: Verwaltungsrecht, Urheberrecht, Ordnungsrecht, Strafrecht, Kartellrecht usw. Zum Medienrecht gehören – nur als Beispiele – auch die Rechtsbeziehungen zwischen Verleger und Redakteur, zwischen Grosso und Kioskhändler, zwischen Rundfunkrat und Intendant.

Wir sind nicht der Meinung, daß dieses Buch alle Themen erschöpfend behandeln kann. Es soll aber zum Verständnis möglichst vieler Rechtsprobleme im Medienbereich hinführen. Die Mitarbeit erster Sachkenner ist eine der Voraussetzungen dafür. Eine andere ist die Art der Darstellung: Die Autoren haben in ihren Einzelbeiträgen den Stoff so behandelt, daß Verständnis für medienrechtliche Fragen und Antworten geweckt und dem Informationssuchenden die Möglichkeit eröffnet wird, selbst weiter in Detailprobleme einzudringen. Ihnen, den Experten aus Wissenschaft und Verwaltung, aus Presse und Rundfunk, gilt unser herzlicher Dank für die Bereitschaft zur Mitarbeit und zur Einhaltung knapp gesetzter Termine, aber auch für ihr Verständnis in bezug auf den vorgegebenen Umfang der Stichwörter und für die Notwendigkeit einer einheitlichen redaktionellen Textgestaltung bei Wahrung des individuellen Charakters ihrer Beiträge.

Die Nähe zur Praxis – wir denken an Journalisten und Verleger, Anwälte und Richter, aber auch ganz allgemein an Bürger, die am Medienrecht interessiert sind – ließ für die Gliederung des Buches nur eine Möglichkeit zu: eine alphabetische Reihung nach Stichwörtern von »Amtsblatt« bis »Zeugnisverweigerung«. Der dadurch bedingte Verzicht auf eine systematische Gliederung ist zu akzeptieren: Der Jurist wird den Systembezug ohnehin jederzeit leicht herstellen können, allen anderen wird durch die alphabetische Ordnung die Benutzung erleichtert. Sie macht ein Register entbehrlich.

Verweisungen zwischen den einzelnen Stichwörtern verzahnen alle Beiträge untereinander. In die alphabetische Reihenfolge wurden knapp 450 Schlagwörter (von »Abgabepflicht« bis »ZZ-Großhandel«) aus Medienpraxis wie Medienrecht einbezogen. Diese Begriffe sind den 42 Stichwörtern entnommen und ermöglichen es, wegen der Zusammenfassung des Stoffes in Einzelbeiträgen zusätzliche Aspekte zu gewinnen oder über benachbarte Begriffe rasch den Zugang zur gewünschten Information zu vermitteln. Nicht als Schlagwörter aufgenommen sind deshalb lediglich häufig wiederkehrende Begriffe wie Journalist, Verleger, Zeitung, Artikel 5 GG usw. sowie Bezeichnungen von Personen und Institutionen.

Soweit das Bundesverfassungsgericht mit wichtigen Entscheidungen zur Fortentwicklung des Medienrechts beigetragen hat, wurden sie – jeweils mit der in die Fachliteratur eingegangenen Kurzbezeichnung (z. B. Lebach-Urteil, Soraya-Beschluß, »Spiegel«-Urteil) – in das Buch aufgenommen. In diesen Kurzbeiträgen sind die vom Bundesverfassungsgericht gegebenen Leitsätze zur Entscheidung vollständig oder in allen für das hier zu behandelnde Rechtsgebiet relevanten Teilen unter »Bundesverfassungsgerichtsentscheidungen zum Medienrecht« abgedruckt.

Die für das Medienrecht grundlegenden Verfassungsbestimmungen sind diesem Vorwort vorangestellt, wichtige Gesetzes- und Entscheidungssammlungen und Kommentare nach dem Autorenverzeichnis aufgeführt – gleichsam als gemeinsamer Nenner für alle Beiträge dieses Buches. Im übrigen stehen Hinweise auf einschlägige Veröffentlichungen jeweils am Ende der einzelnen Stichwörter. Die Praxisbezogenheit zeigt sich auch darin, daß Literaturangaben sich nicht nur in der Aufzählung von Titeln erschöpfen, sondern daß diese (wenn erforderlich) auch kurz kommentiert werden.

Die Kritik aus Praxis und Wissenschaft wird uns zeigen, ob sich Aufbau und Anlage des Buches bewährt haben. Anregungen und Kritik werden dazu dienen, bei Neuauflagen das Buch jeweils auf dem neuesten Stand der Rechtsprechung und der aktuellen kommunikationspolitischen Diskussion zu halten.

Vorwort zur zweiten Auflage (1990)

Vor mehr als einem Jahrzehnt unternahmen wir den Versuch, erstmals unter dem damals noch neuen, aber umfassenden Begriff »Medienrecht« ein praxisnahes, zugleich aber wissenschaftlich fundiertes Nachschlagewerk vorzulegen; in ihm haben kompetente Autoren alle wesentlichen Aspekte der Rechtsgebiete dargestellt, die die Medien betreffen. Das Buch hat sich seither als Nachschlagewerk bewährt. Es ermöglicht Zugang zu vielen Bereichen, und das zugleich unter unterschiedlichen Fragestellungen.

Die rasche Entwicklung des Mediensystems in der Bundesrepublik Deutschland – etwa das Entstehen des dualen Rundfunks, seine verfassungsrechtliche Legitimierung und andere grundlegende Entscheidungen des Bundesverfassungsgerichts – machen eine Neuauflage dringlich nötig. Sie versucht, einen so aktuellen Überblick über das Medienrecht zu geben wie eben möglich. Mit der Aufnahme von acht neuen Sachartikeln wurde gegenüber der Erstauflage der Umfang deutlich erweitert. Beibehalten wurde der von der Kritik seinerzeit überwiegend als für den Benutzer hilfreich beurteilte äußere Aufbau des Buches, in lexikalischer Reihung Stichwörter und Schlagwörter (in dieser Neuauflage nunmehr rd. 520) miteinander zu verbinden. Daß sich fast alle Mitarbeiter bereit fanden, auch an der neuen Auflage mitzuwirken, sei hier dankbar vermerkt.

Wir freuen uns, mit der Neuauflage auch einen aktuellen Überblick über den Zustand des Medienrechts eines freiheitlich-demokratischen Gemeinwesens zu liefern – gerade jetzt, da im Wandel der deutsch-deutschen Entwicklung Erfahrung auch zum Vorbild werden kann.

Vorwort zur dritten Auflage

Nach knapp vier Jahren ist nun eine dritte Auflage des »Medienrechts« notwendig geworden – mit einem gegenüber der Erstauflage verdoppelten Umfang. Wir freuen uns über die gute Aufnahme des Buches in Praxis und Wissenschaft.

Als 1990 die zweite Auflage ausgeliefert wurde, war die Wiedervereinigung Deutschlands erst Hoffnung, aber noch nicht Realität. In der vorliegenden völligen Neubearbeitung konnte das Stichwort »Medienrecht der DDR« entfallen; es ist in der »Geschichte des Medienrechts« aufgegangen. Inzwischen sind in den Ländern Brandenburg, Mecklenburg-Vorpommern, Sachsen, Sachsen-Anhalt und Thüringen Pressegesetze und Mediengesetze verabschiedet worden; damit ist auch auf dem Gebiet des Medienrechts die deutsche Einheit vollzogen.

Rasch ist inzwischen die Entwicklung der Europäischen Union vorangeschritten. Das Stichwort »Europäisches Medienrecht« mußte völlig verändert und erheblich erweitert werden. Neu aufgenommen ist der Artikel »Medienrecht in den Staaten der EU«. Aber auch die übrigen Beiträge wurden gründlich überarbeitet und aktualisiert. Bei den »Bundesverfassungsgerichtsentscheidungen zum Medienrecht« konnte noch das Achte Rundfunkurteil vom 22. Februar 1994 berücksichtigt werden.

Allen Autoren, ob sie nun erstmalig oder schon seit langem am »Medienrecht« mitarbeiten, gilt ein herzlicher Dank der Herausgeber, in den wir gern Frau Regierungsrätin Susanne Wenner einbeziehen, die wie schon bei der vorigen Auflage jetzt wieder den Text des Buches durchgesehen hat.

Berlin, im Februar 1994

Peter Schiwy
Walter J. Schütz

Autoren

DR. KLAUS ARLT
Kurfürstendamm 29, 10719 Berlin
Rechtsanwalt und Steuerberater
Steuerrecht der Medien

PROF. DR. WALTER BERKA
Birkenweg 2, A-5400 Hallein
o. Univ.-Prof. am Institut für Verfassungs- und Verwaltungsrecht der Universität Salzburg
Österreichisches Medienrecht

RENATE DAMM
Kortenland 4, 22395 Hamburg
Rechtsanwältin, Justitiarin der Axel Springer Verlag AG., Hamburg, Lehrbeauftragte am Institut für Kommunikationswissenschaft (Zeitungswissenschaft) der Universität München
Presseordnungsrecht

PROF. DR. DIETER DÖRR
Kohlweg 38, 66123 Saarbrücken
Direktor des Instituts für Europäisches Medienrecht der Universität Saarbrücken; Justitiar des Saarländischen Rundfunks, Saarbrücken
Medienrecht in den Staaten der EU

DR. HABIL. PETRA E. DORSCH-JUNGSBERGER
Mauerkircherstraße 92, 81925 München
Privatdozentin am Institut für Kommunikationswissenschaft (Zeitungswissenschaft) der Universität München
Amtsblatt

DR. ULLA FÖLSING
Tristanweg 4, 22559 Hamburg
Zensur

DR. MARTIN FORSTHOFF
Himbeerweg 19b, 70619 Stuttgart
Ministerialrat im Ministerium für Wissenschaft und Forschung des Landes Baden-Württemberg
Tendenzschutz

PROF. DR. GÖTZ FRANK
Cäcilienplatz 4, 26122 Oldenburg
Ordinarius für Öffentliches Wirtschaftsrecht am Fachbereich Wirtschafts- und Rechtswissenschaften der Universität Oldenburg; Lehrbeauftragter für Medienrecht am Institut für Journalistik und Kommunikationsforschung der Hochschule für Musik und Theater Hannover
Rundfunkorganisationsrecht

PETER GÄDEKE
Leibnizstraße 55, 53177 Bonn
Ministerialrat im Presse- und Informationsamt der Bundesregierung
Informationsfreiheit, Pressefreiheit

DR. ALFRED GERSCHEL
Auf dem Grevel 15, 53343 Wachtberg
Rechtsanwalt, bis 1993 Justitiar des »Deutschen Journalisten-Verbandes«
Arbeitsrecht der Medien

PROF. DR. WOLFGANG HARMS
Wachtelstraße 10, 14195 Berlin
Rechtsanwalt (Potsdam), Geschäftsführendes Vorstandsmitglied des Instituts für Energierecht Berlin e.V.; bis 1991 Direktor des Zentrums für Kartellrecht der Freien Universität Berlin und Richter im Kartellsenat des Kammergerichts
Wettbewerbsrecht

PROF. HORST VON HARTLIEB
Sooderstraße 2, 65193 Wiesbaden
Rechtsanwalt
Filmrecht

PETER M. HEERS
Kurfürstendamm 220, 10719 Berlin
Rechtsanwalt und Notar
Werberecht (gemeinsam mit Rechtsanwalt Dr. Ulrich Bente)

DR. HANS HEGE
Hedwigstraße 5, 12159 Berlin
Direktor der Medienanstalt Berlin-Brandenburg
Landesmediengesetze

DIETRICH HERRMANN
Turmstraße 10, 10559 Berlin
Rechtsanwalt und Notar
Staatsschutz

DR. WOLFGANG HEYDE
Weißdornweg 61, 53177 Bonn
Ministerialdirektor im Bundesministerium der Justiz
Geschichte des Medienrechts

DR. RUDOLF HOFSÄHS
Urbanstraße 81, 73728 Esslingen
Ministerialdirektor a. D.
Staatliche Informationstätigkeit

DR. FRITZ-HELMUT KARRASS
Oberer Laubenheimer Weg 19, 55131 Mainz
Ministerialdirigent und Leiter der Zentralabteilung des Thüringischen Finanzministeriums; bis 31. Mai 1993 Leiter der Geschäftsstelle der Kommission zur Ermittlung des Finanzbedarfs der Rundfunkanstalten (KEF)
Rundfunkfinanzrecht

HORST KLABUNDE
Friedensstraße 22, 53757 St. Augustin
Ministerialrat a. D., bis 1992 Leiter des Fachbereichs Postzeitungsdienst in der Generaldirektion der Deutschen Bundespost POSTDIENST
Postzeitungsdienst

AXEL KÖPNICK
Hauptstraße 74, 85737 Ismaning
Oberregierungsrat, Rechtslehrer an der Pionierschule und Fachschule des Heeres für Bautechnik
Gerichtsberichterstattung

DR. JOACHIM KRECH
Am Burgfeld 4, 23568 Lübeck
Ministerialdirigent, Leiter der Abteilung Gesetzgebung und öffentliches Dienstrecht im Innenministerium des Landes Mecklenburg-Vorpommern
Pressedelikte

DR. GUNNAR KRONE
Albert Einstein Straße 6, 55291 Saulheim
Referent für Rundfunkverfassungsrecht und Neue Medien beim Justitiar des Zweiten Deutschen Fernsehens
Zeugnisverweigerung

PROF. DR. WOLFGANG R. LANGENBUCHER
Peter-Jordan-Straße 145/1/1, A-1180 Wien
Flüggenstraße 6, 80639 München
Ordinarius für Publizistik- und Kommunikationswissenschaft an der Universität Wien
Aus- und Fortbildung von Journalisten

PETER LIMBACH
Poppelsdorfer Allee 44, 53115 Bonn
Ministerialrat im Bundesministerium des Innern
Pressegesetze

PROF. DR. CLAUDIA MAST
Brunnenwiesen 50, 70619 Stuttgart
Universitätsprofessorin, Lehrstuhl für Kommunikationswissenschaft/Journalistik der Universität Hohenheim
Bildschirmtext und Videotext

KLAUS MATHY
(† 1993) Rechtsanwalt, Geschäftsführender Herausgeber des »Archivs für Presserecht« (AfP)
Beschlagnahme von Presseerzeugnissen

PROF. DR. DR. DETLEF MERTEN
von-Dalberg-Straße 8, 67487 St. Martin
Ordinarius für öffentliches Recht, insbesondere Wirtschaftsverwaltungsrecht und Sozialrecht, an der Hochschule für Verwaltungswissenschaften Speyer
Persönlichkeitsschutz

DR. DETLEV MÜLLER-USING
Kammertsgasse 1 a, 53347 Alfter
Ministerialrat in der Generaldirektion der Deutschen Bundespost TELEKOM
Telekommunikationsrecht

RÜDIGER NIEMANN
Am Sonnenhang 12, 53127 Bonn
Rechtsanwalt
Mitbestimmung

DR. MANFRED NIEWIARRA
Berglageweg 9, 33397 Rietberg
Mitglied des Vorstandes der Axel Springer Verlag AG.
Verlagsrecht/Buchrecht

PROF. DR. WILHELM NORDEMANN
Uhlandstraße 173–174, 10719 Berlin
Rechtsanwalt und Notar, Honorarprofessor für gewerblichen Rechtsschutz und Urheberrecht an der Freien Universität Berlin
Urheberrecht

DR. BERTOLD PICARD
Bärenstraße 8, 63457 Hanau
Bibliotheksdirektor Die Deutsche Bibliothek Frankfurt am Main
Pflichtexemplarrecht

PROF. DR. MANFRED REHBINDER
Cäcilienstr. 5, CH-8032 Zürich
Ordinarius für Arbeitsrecht, Immaterialgüterrecht, Medienrecht und Rechtssoziologie an der Rechts- und Staatswissenschaftlichen Fakultät der Universität Zürich
Schweizerisches Medienrecht

DR. KURT REUMANN
Nikolausengasse 7 c, 65760 Eschborn
Redakteur in der Politischen Redaktion der »Frankfurter Allgemeinen Zeitung«
Gegendarstellung

PROF. DR. REINHART RICKER
Schumannstraße 8, 60325 Frankfurt
Rechtsanwalt, Professor für Medienrecht und Medienpolitik an der Universität Mainz
Anzeigenblätter

PROF. DR. DR. OTTO B. ROEGELE
Hasselsheider Weg 35, 51429 Bergisch Gladbach
em. o. Professor für Zeitungswissenschaft an der Universität München, Mitherausgeber des »Rheinischen Merkurs«
Verantwortung des Journalisten

DR. ECKART KLAUS ROLOFF
Haager Weg 130, 53127 Bonn
Leiter des Ressorts »Wissenschaft und Praxis« des »Rheinischen Merkurs«
Verbände und Organisationen im Medienbereich

PROF. DR. FRANZ RONNEBERGER
Schußleitenweg 150, 90451 Nürnberg
em. Ordinarius für Politik- und Kommunikationswissenschaft an der Universität Erlangen/Nürnberg
Selbstkontrolle der Medien

MICHAEL SAGURNA
Oberonstraße 16 a, 01259 Dresden
Ministerialdirigent in der Sächsischen Staatskanzlei, Regierungssprecher des Freistaates Sachsen
Auskunftspflicht der Behörden

DR. HERBERT SAUTER
Am Heidehof 41, 14163 Berlin
Direktor beim Bundeskartellamt
Fusionskontrolle im Pressewesen

DR. PETER SCHIWY
Duisburger Straße 16, 10707 Berlin
Rechtsanwalt, Honorarprofessor an der Hochschule für Verwaltungswissenschaften Speyer und an der Hochschule für Musik und Theater Hamburg
Annahmepflicht von Anzeigen und Werbesendungen

PROF. DR. BEATE SCHNEIDER
Vor dem Hagen 1 a, 30938 Burgwedel-Fuhrberg
Universitätsprofessorin für Journalistik am Institut für Journalistik und Kommunikationsforschung der Hochschule für Musik und Theater Hannover
Internationale und supranationale Kommunikationsbeziehungen

DR. WALTER J. SCHÜTZ
Leipziger Straße 60, 10117 Berlin
Martin-Legros-Straße 53, 53123 Bonn
Ministerialrat und Leiter des Referates Medien im Presse- und Informationsamt der Bundesregierung
Bundesverfassungsgerichtsentscheidungen zum Medienrecht, Konzentration

DR. IVO E. SCHWARTZ, LL.M. (HARVARD)
Arboretumlaan 71, B-3080 Tervuren
Generaldirektor e. h., Sonderberater der EG-Kommission, Brüssel
Europäisches Medienrecht

DR. DIETER STAMMLER
Birgeler-Kopf-Weg 15, 53424 Remagen
Justitiar, Deutschlandradio Köln
Neue elektronische Kommunikationstechniken

RUDOLF STEFEN
Stettiner Straße 6, 53757 St. Augustin
Ltd. Regierungsdirektor a. D., bis 1991 Leiter der Bundesprüfstelle für jugendgefährdende Schriften; Herausgeber und Chefredakteur des »JMS-Report. Informationsdienst zum Jugendmedienschutz«
Jugendmedienschutz

DR. HARALD WAUSCHKUHN
Beckmannstraße 1, 22607 Hamburg
Rechtsanwalt
Vertriebsrecht

PROF. DR. ANDREAS JOH. WIESAND
Rittershausstraße 28, 53113 Bonn
Leiter des Zentrums für Kulturforschung, Bonn, Honorarprofessor an der Hochschule für Musik und Theater Hamburg
Soziale Sicherung der Journalisten

DR. BERNHARD WILHELM
Veilchenweg 20, 53757 St. Augustin
Ministerialrat a. D., bis 1992 Leiter des Referats Grundsatzangelegenheiten der Medien im Bundesministerium des Innern
Medienpolitik

MARGRET WITTIG-TERHARDT
Straußweg 44, 70184 Stuttgart
Rechtsanwältin, Finanzdirektorin und Justitiarin des Süddeutschen Rundfunks
Rundfunkprogrammrecht

DR. GEORG WRONKA
Simrockallee 35, 53173 Bonn
Rechtsanwalt, Geschäftsführer des Zentralverbandes der deutschen Werbewirtschaft e. V. (ZAW), Bonn
Datenschutz

Gesetzessammlungen, Entscheidungssammlungen und Kommentare zum Medienrecht

Klaus Breitkopf / Peter Schiwy / Beate Schneider: Medien und Telekommunikation. Recht, Politik und Technik in Deutschland und Europa
Percha und Kempfenhausen: R. S. Schulz (Loseblatt-Ausgabe)

Wolf-Dieter Ring: Medienrecht. Rundfunk, Neue Medien, Presse. Textsammlung, Rechtsprechung, Kommentar
München: Verlag Franz Rehm (Loseblatt-Ausgabe)

Presserecht. Die Pressegesetze der Länder mit Durchführungsverordnungen, die presserechtlichen Vorschriften im Grundgesetz, in den Länderverfassungen und in sonstigen Gesetzen unter Einschluß der postrechtlichen Vorschriften, Textausgabe
München: C. H. Beck ^{6}1988 (= Beck'sche Textausgaben), 258 Seiten

Martin Löffler: Presserecht. Kommentar. Band I: Allgemeine Grundlagen, Verfassungs- und Bundesrecht.
München: C. H. Beck ^{2}1969, XXXI, 830 Seiten

Martin Löffler: Presserecht. Kommentar. Band I: Die Landespressegesetze der Bundesrepublik Deutschland mit Textanhang
München: C. H. Beck ^{3}1983, XXXVI, 1080 Seiten

Martin Löffler / Reinhart Ricker: Handbuch des Presserechts
München: C. H. Beck ^{2}1986, 583 Seiten

Rolf Groß: Presserecht. Einführung in Grundzüge und Schwerpunkte des deutschen Presserechts
Wiesbaden: Deutscher Fachschriften-Verlag ^{2}1987, 260 Seiten

Rolf Groß: Textsammlung zum Presserecht
Wiesbaden: Deutscher Fachschriften-Verlag 1987, 191 Seiten

Karl Egbert Wenzel: Das Recht der Wort- und Bildberichterstattung. Systematisches Handbuch
Köln: Verlag Otto Schmidt ^{3}1986, XL, 708 Seiten

Klaus Mathy: Das Recht der Presse. Ein Leitfaden für die Redaktionsarbeit
Köln: Deutscher Instituts-Verlag ^{4}1988, 232 Seiten

Wolfgang Lehr / Klaus Berg: Rundfunk und Presse in Deutschland. Rechtsgrundlagen der Massenmedien – Texte –

Mainz: v. Hase & Koehler ²1976 (= Kommunikationswissenschaftliche Bibliothek, Bd. 1), 607 Seiten

Albrecht Hesse: Rundfunkrecht. Die Organisation des Rundfunks in der Bundesrepublik Deutschland
München: Vahlen 1990 (= Vahlen Studienreihe Jura), XVII, 266 Seiten

Rolf Groß: Privatfunkgesetze. Textsammlung
Wiesbaden: Deutscher Fachschriften-Verlag 1989, 470 Seiten

Reinhard Hartstein / Wolf-Dieter Ring / Johannes Kreile: Rundfunkstaatsvertrag. Kommentar zum Staatsvertrag der Länder zur Neuordnung des Rundfunkwesens
München: Verlag Franz Rehm 1989, XXXI, 942 Seiten

Martin Bullinger / Christoph Gödel: Landesmediengesetz Baden-Württemberg. Kommentar
Baden-Baden: Nomos Verlagsgesellschaft 1986, 468 Seiten

Ernst W. Fuhr (Hrsg.): ZDF-Staatsvertrag. Kommentar
Mainz: v. Hase & Koehler ²1985, 512 Seiten

Ernst W. Fuhr / Walter Rudolf / Klaus Wasserburg (Hrsg.): Recht der Neuen Medien. Ein Handbuch
Heidelberg: C. F. Müller Juristischer Verlag 1989, 601 Seiten

Helmut G. Bauer / Claus Detjen / Frank Müller-Römer / Wolfgang Posewang: Die Neuen Medien. Das aktuelle Praktikerhandbuch
Ulm: Neue Mediengesellschaft (Loseblatt-Ausgabe)

Heribert Höfling / Bernd Möwes / Matthias Pechstein (Hrsg.): Europäisches Medienrecht, insbesondere EG-Fernsehrichtlinie und Europarats-Fernsehübereinkommen in Gegenüberstellung der Einzelregelungen. Textausgabe mit Erläuterungen
München: C. H. Beck 1991, X, 285 Seiten

Helmuth von Holstein (Bearb.): Archiv Presserechtlicher Entscheidungen (Archiv für Presserecht). ArchPR. Übersicht über die Rechtsprechung in Pressesachen [bis Bd. XVIII (1973): Archiv für Presserecht]
Bonn-Bad Godesberg: Zeitungs-Verlag und Zeitschriften-Verlag GmbH., Bd. I (1945–1956); ab Bd. II (1957) jährlich, zuletzt erschienen Bd. XX (1975)

»AfP. Archiv für Presserecht. Zeitschrift für das gesamte Medienrecht«
Düsseldorf: Handelsblatt GmbH., Vierteljahreszeitschrift seit 1971; bis 1970 (Nr. 1–Nr. 82) unregelmäßig erschienene Beilage zur Zeitschrift »ZV + ZV« (Bonn-Bad Godesberg)

»ZUM. Zeitschrift für Urheber- und Medienrecht / Film und Recht«
Baden-Baden: Nomos Verlagsgesellschaft (monatlich)

Roman Herzog: Art. 5 Abs. 1 und 2 (Bearbeitung 1968/1982/1987)
In: Theodor Maunz / Günter Dürig / Roman Herzog / Rupert Scholz: Grundgesetz. Kommentar. München: C. H. Beck (Loseblatt-Ausgabe)

Christoph Degenhart: Art. 5 Abs. 1 und 2 (Zweitbearbeitung 1987)
In: Bonner Kommentar. Kommentar zum Bonner Grundgesetz. Heidelberg: C. F. Müller Juristischer Verlag (Loseblatt-Ausgabe)

Ingo von Münch: Art. 5
In: Ingo von Münch (Hrsg.): Grundgesetz-Kommentar. München: C. H. Beck [3]1984

Hannelore Keidel: Kommunikationspolitisch relevante Urteile des Bundesverfassungsgerichts
In: »Publizistik«, 12. Jg. 1967/Heft 2–3, S. 122–139

Reinhart Ricker: Kommunikationspolitisch relevante Urteile des Bundesverfassungsgerichts seit 1967
In: »Publizistik«, 21. Jg. 1976/Heft 4, S. 411–434

Birgit Schumacher: Kommunikationspolitisch relevante Urteile des Bundesverfassungsgerichts seit 1976
In: »Publizistik«, 32. Jg. 1987/Heft 4, S. 405–421

Klaus Berg / Helmut Kohl / Friedrich Kübler (Hrsg.): Medienrechtliche Entscheidungen. Höchstrichterliche Rechtsprechung zum Presse- und Rundfunkrecht
Konstanz: Universitätsverlag Konstanz 1992 (= Frankfurter Schriften zum Medienrecht, Bd. 1), 962 Seiten

Grundgesetz
für die Bundesrepublik Deutschland
vom 23. Mai 1949 (BGBl 1949, 1)

Artikel 5

(1) Jeder hat das Recht, seine Meinung in Wort, Schrift und Bild frei zu äußern und zu verbreiten und sich aus allgemein zugänglichen Quellen ungehindert zu unterrichten. Die Pressefreiheit und die Freiheit der Berichterstattung durch Rundfunk und Film werden gewährleistet. Eine Zensur findet nicht statt.

(2) Diese Rechte finden ihre Schranken in den Vorschriften der allgemeinen Gesetze, den gesetzlichen Bestimmungen zum Schutze der Jugend und in dem Recht der persönlichen Ehre.

(3) Kunst und Wissenschaft, Forschung und Lehre sind frei. Die Freiheit der Lehre entbindet nicht von der Treue zur Verfassung.

Konvention des Europarates zum Schutze der Menschenrechte und Grundfreiheiten
vom 4. November 1950 (BGBl 1952 II, 686)

Artikel 10

(1) Jeder hat Anspruch auf freie Meinungsäußerung. Dieses Recht schließt die Freiheit der Meinung und die Freiheit zum Empfang und zur Mitteilung von Nachrichten oder Ideen ohne Eingriffe öffentlicher Behörden und ohne Rücksicht auf Landesgrenzen ein. Dieser Artikel schließt nicht aus, daß die Staaten Rundfunk-, Lichtspiel- oder Fernsehunternehmen einem Genehmigungsverfahren unterwerfen.

(2) Da die Ausübung dieser Freiheiten Pflichten und Verantwortung mit sich bringt, kann sie bestimmten, vom Gesetz vorgesehenen Formvorschriften, Bedingungen, Einschränkungen oder Strafdrohungen unterworfen werden, wie sie vom Gesetz vorgeschrieben und in einer demokratischen Gesellschaft im Interesse der nationalen Sicherheit, der territorialen Unversehrtheit oder der öffentlichen Sicherheit, der Aufrechterhaltung der Ordnung und der Verbrechensverhütung, des Schutzes der Gesundheit und der Moral, des Schutzes des guten Rufes oder der Rechte anderer, um die Verbreitung von vertraulichen Nachrichten zu verhindern oder das Ansehen und die Unparteilichkeit der Rechtsprechung zu gewährleisten, unentbehrlich sind.

Article 10

(1) Everyone has the right to freedom of expression. This right shall include freedom to hold opinions and to receive and impart information and ideas without interference by public authority and regardless of frontiers.

This Article shall not prevent States from requiring the licensing of broadcasting, television or cinema enterprises.

(2) The exercise of these freedoms, since it carries with it duties and responsibilities, may be subject to such formalities, conditions, restrictions or penalties as are prescribed by law and are necessary in a democratic society, in the interests of national security, territorial integrity or public safety, for the prevention of disorder or crime, for the protection of health or morals, for the protection of the reputation or rights of others, for preventing the disclosure of information received in confidence, or for maintaining the authority and impartiality of the judiciary.

Article 10

(1) Toute personne a droit à la liberté d'expression. Ce droit comprend la liberté d'opinion et la liberté de recevoir ou de communiquer des informations ou des idées sans qu'il puisse y avoir ingérence d'autorités publiques et sans considération de frontière. Le présent article n'empêche pas les États de soumettre les entreprises de radiodiffusion, de cinéma ou de télévision à un régime d'autorisations.

(2) L'exercice de ces libertés comportant des devoirs et des responsabilités peut être soumis à certaines formalités, conditions, restrictions ou sanctions, prévues par la loi, qui constituent des mesures nécessaires, dans une société démocratique, à la sécurité nationale, à l'intégrité territoriale ou à la sûreté publique, à la défense de l'ordre et à la prévention du crime, à la protection de la santé ou de la morale, à la protection de la réputation ou des droits d'autrui, pour empêcher la divulgation d'informations confidentielles ou pour garantir l'autorité et l'impartialité du pouvoir judiciaire.

Allgemeine Erklärung der Menschenrechte

am 10. Dezember 1948 von der Generalversammlung der Vereinten Nationen angenommen und proklamiert

Artikel 19

Jeder Mensch hat das Recht auf freie Meinungsäußerung; dieses Recht umfaßt die Freiheit, Meinungen unangefochten anzuhängen und Informationen und Ideen mit allen Verständigungsmitteln ohne Rücksicht auf Grenzen zu suchen, zu empfangen und zu verbreiten.

Internationaler Pakt über bürgerliche und politische Rechte
Menschenrechtspakte vom 16. Dezember 1966 (BGBl 1973 II, 1534)

Artikel 19
(1) Jedermann hat das Recht auf unbehinderte Meinungsfreiheit.
(2) Jedermann hat das Recht auf freie Meinungsäußerung; dieses Recht schließt die Freiheit ein, ohne Rücksicht auf Staatsgrenzen Informationen und Gedankengut jeder Art in Wort, Schrift oder Druck, durch Kunstwerke oder andere Mittel eigener Wahl sich zu beschaffen, zu empfangen und weiterzugeben.
(3) Die Ausübung der in Absatz 2 vorgesehenen Rechte ist mit besonderen Pflichten und einer besonderen Verantwortung verbunden. Sie kann daher bestimmten, gesetzlich vorgesehenen Einschränkungen unterworfen werden, die erforderlich sind, a) für die Achtung der Rechte oder des Rufs anderer; b) für den Schutz der nationalen Sicherheit, der öffentlichen Ordnung (ordre public), der Volksgesundheit oder der öffentlichen Sittlichkeit.

Artikel 20
(1) Jede Kriegspropaganda wird durch Gesetz verboten.
(2) Jedes Eintreten für nationalen, rassischen oder religiösen Haß, durch das zu Diskriminierung, Feindseligkeit oder Gewalt aufgestachelt wird, wird durch Gesetz verboten.

KSZE-Schlußakte
Schlußakte der Konferenz über Sicherheit und Zusammenarbeit in Europa (KSZE) in Helsinki vom 1. August 1975
Teil »Zusammenarbeit in humanitären und anderen Bereichen / Abschnitt ›Information‹« (Auszug)

Die Teilnehmerstaaten
im Bewußtsein der Notwendigkeit einer immer umfassenderen Kenntnis und eines immer besseren Verstehens der verschiedenen Aspekte des Lebens in anderen Teilnehmerstaaten,
in Anerkennung des Beitrages dieses Prozesses zum Anwachsen des Vertrauens zwischen den Völkern,
in dem Wunsch, mit der Entwicklung des gegenseitigen Verständnisses zwischen den Teilnehmerstaaten und mit der weiteren Verbesserung ihrer Beziehungen, mit weiteren Anstrengungen fortzufahren, um Fortschritte in diesem Bereich zu erzielen,
in Anerkennung der Bedeutung der Verbreitung von Informationen aus den anderen Teilnehmerstaaten und einer besseren Kenntnis solcher Informationen,

daher betonend die wesentliche und einflußreiche Rolle von Presse, Rundfunk, Fernsehen, Kino und der Nachrichtenagenturen sowie der auf diesen Gebieten tätigen Journalisten,

setzen sich zum Ziel, die freiere und umfassendere Verbreitung von Informationen aller Art zu erleichtern, die Zusammenarbeit im Bereich der Information und den Informationsaustausch mit anderen Leuten zu fördern sowie die Bedingungen zu verbessern, unter denen Journalisten aus einem Teilnehmerstaat ihren Beruf in einem anderen Teilnehmerstaat ausüben, und

drücken ihre Absicht aus, insbesondere:

a) Verbesserung der Verbreitung von, des Zugangs zu und des Austauschs von Information (...)

b) Zusammenarbeit im Bereich der Information (...)

c) Verbesserung der Arbeitsbedingungen für Journalisten (...)

Abgabepflicht → Pflichtexemplarrecht

Abgrenzung von Verbreitungsgebieten → Konzentration

Abhörverbote → Informationsfreiheit

Abonnement-Fernsehen → Neue elektronische Kommunikationstechniken

Abonnement → Vertriebsrecht

Ärztliches Werbeverbot-Beschlüsse → Bundesverfasssungsgerichtsentscheidungen zum Medienrecht (19. November 1985/11. Februar 1992)

Äußerungsfreiheiten → Informationsfreiheit

Agitation → Verantwortung des Journalisten

Alleinanbieterposition → Anzeigenaufnahmepflicht, → Konzentration, → Wettbewerbsrecht

Alleinstellungswerbung → Wettbewerbsrecht

Alleinvertrieb → Vertriebsrecht

Alliierte Nachrichtenkontrolle → Geschichte des Medienrechts

Alterserfordernis für Redakteure → Presseordnungsrecht

Altersversorgung → Arbeitsrecht der Medien, → Soziale Sicherung der Journalisten

»Altlast«-Regelung → Versorgungsregelungen

Amtliche Bekanntmachungen → Amtsblatt

Amtliche Druckwerke → Presseordnungsrecht

Amtsblatt. Auf der gemeindlichen Kommunikationsebene beherrschen nicht, wie allgemein angenommen wird, die täglich erscheinenden lokalen Tageszeitungen das Feld. Unter dem Einfluß fortschreitender → Konzentration der Presse präsentiert sich die traditionelle Tageszeitung vielmehr von ihrer Verbreitung her als »Kreiszeitung«. Die bestehenden Lücken im Vermittlungsnetz gesellschaftlicher Kommunikation werden durch eine Vielzahl anderer nichttäglich erscheinender lokaler Medien geschlossen. Unter ihnen nehmen die *Amtsblätter auf Gemeindeebene* eine herausragende Stellung ein. Amtsblätter heißen sie, weil sie entweder von Gemeinden oder im Auftrag von Gemeinden herausgegeben werden und weil sie die für den Bürger bindenden amtlichen Bekanntmachungen enthalten. Ihr Verbreitungsgebiet ist die Gemeinde (Ortsgemeinde oder Verbandsgemeinde); es sei denn, mehrere Gemeinden geben gemeinsam ein Amtsblatt heraus. Sie dürfen nicht mit *amtlichen Blättern* verwechselt werden, die als *Gesetz- oder Verordnungsblätter* von zuständigen – im Regelfall nichtgemeindlichen – Behörden der Gebietskörperschaften herausgegeben werden. Solche amtlichen Blätter, die ausschließlich amtliche Bekanntmachungen enthalten, fallen ohnehin keinesfalls unter die Bestimmungen der Landespressegesetze.

ÄUSSERE UND INNERE STRUKTUR. Das Inhaltsangebot von Amtsblättern umfaßt jedoch neben amtlichen Bekanntmachungen auch einen nichtamtlichen Nachrichtenteil mit Mitteilungen aus der Gemeinde, den Vereinen, Kirchen, Parteien sowie Personalien der Gemeindebewohner. Darüber hinaus veröffentlichen diese Periodika auch private und geschäftliche Anzeigen. Der amtliche Teil geht dem nichtamtlichen Teil gewöhnlich voraus. Berichte auch kommunalpolitischer Natur über Ereignisse in der Gemeinde bilden die Ausnahme. Das Amtsblatt ist somit ein *gemeindliches Nachrichtenblatt*, dessen inhaltliche Universalität sich primär an dem Organisationsgrad der Gemeinde und dem Bedürfnis dieser Organisationen nach periodischer Bekanntgabe ihrer Informationen orientiert.

Nur durch personenbezogene Nachrichten und Polizeiberichte wird der individuelle Bereich berücksichtigt. Der Anteil der Anzeigen beläuft sich im Durchschnitt auf weniger als die Hälfte des Gesamtumfanges, wodurch sich das Amtsblatt eindeutig vom lokalen *Anzeigenblatt* abgrenzt. Der Umfang einer Ausgabe (meist im Format DIN A4) unterschreitet selten acht und überschreitet selten 24 Seiten; die Erscheinungsweise ist überwiegend wöchentlich. Der typische Titel trägt das Attribut »amtlich« sowie den Namen der Gemeinde. Die wichtigste Funktion der Amtsblätter besteht darin, die Bürger auf der Gemeindeebene über die wesentlichen Vorgänge innerhalb der »relevanten« sozialen Gruppen auf dem laufenden zu halten. Sie liefern Anreize und Anlässe für Kommunikation, die ihrerseits allerdings selbst nicht in diesem Medium artikuliert und über dieses Medium vermittelt wird, sondern auf der interpersonalen und Gruppenebene des Sozialverbandes Gemeinde stattfindet; Amtsblätter sind also keine Foren gesellschaftlicher Kommunikation – dazu bedürfte es eines redaktionellen Teiles mit den entsprechenden Ausdrucksformen wie Leserbriefen, Kommentaren, Interviews, Glossen. Die Zeitungsfunktionen Kontrolle und Kritik oder die Rolle der Zeitung als Interessenvertreter von Bürgeranliegen fallen aus dem Konzept der Amtsblätter ebenfalls heraus.

GEMEINDEORDNUNGEN ALS RECHTSGRUNDLAGE. Die Herausgabe der Amtsblätter durch die Gemeinden ist ein erster Hinweis auf die Verknüpfung dieser kommunalen Publizistik mit der Gemeindeordnung. In der Tat sind die Rechtsgrundlagen für diese Aktivität der Gemeinden in den Gemeindeordnungen der Bundesländer vorgegeben: sie enthalten die Veröffentlichungsmodi für amtliche Bekanntmachungen. Die Aussagen darüber variieren jedoch sehr stark. Die einschlägigen Abschnitte sind in manchen Gemeindeordnungen (z. B. des Saarlandes) so knapp gehalten, daß offensichtlich die Pflicht der Gemeinden, Satzungen und amtliche Bekanntmachungen rechtswirksam zu veröffentlichen, als rein technischer

Vorgang angesehen wird. Die Gemeindeordnung des Landes Rheinland-Pfalz regelt am ausführlichsten die Veröffentlichung amtlicher Bekanntmachungen; sie schreibt Umfang, Inhalt, Herausgeberschaft und auch die Erscheinungsweise von Amtsblättern vor. Insgesamt lassen die Gemeindeordnungen den Gemeinden einen relativ großen Ermessensspielraum, medial aktiv zu werden: um im Sinne gemeindlichen Handelns als Daseinsvorsorge dem Bürger Informationen von lokaler Bedeutung bereitzustellen, die die Presse zu vermitteln nicht in der Lage ist. Ordnungsvorstellungen im Sinne einer → Medienpolitik können daraus gleichwohl nicht abgeleitet werden.

Nach den Vorschriften der Gemeindeordnungen *müssen* die amtlichen Bekanntmachungen veröffentlicht werden. Die Gemeinden können sich dazu jedoch eines beliebigen Mediums bedienen: eines eigenen Amtsblattes, einer Tageszeitung, in kleinen Gemeinden eines Anschlages oder eines sonstigen zu bestimmenden Mediums. Herausgeber von »Amtsblättern« oder »amtlichen Verkündblättern« sind die Gemeinden als Verwaltungsträger. In Niedersachsen und Bayern können auch Landkreise im Namen der Gemeinden Amtsblätter herausgeben. Die Gemeindeordnung in Rheinland-Pfalz gestattet ausdrücklich die gemeinsame Herausgabe eines Amtsblattes durch mehrere Gemeinden. In Hessen, Nordrhein-Westfalen und im Saarland müssen Amtsblätter amtliche Bekanntmachungen enthalten – der übrige Inhalt wird durch die Gemeindeordnungen dieser Länder nicht geregelt. Die Gemeindeordnungen aller anderen Bundesländer, die Flächenstaaten sind, gehen von einem amtlichen und einem nichtamtlichen Teil in Amtsblättern aus, die jeweils deutlich gekennzeichnet sein müssen. Infolgedessen enthalten die Amtsblätter der Gemeinden in allen Flächenstaaten der Bundesrepublik Deutschland Beiträge, die nicht unmittelbar aus den Verwaltungsaufgaben der Gemeinden abzuleiten sind.

Die medienrechtliche Problematik verbirgt sich nun gerade darin, daß auch der über den amtlichen Teil hinausgehende redaktionelle Teil »öffentlichen Zwecken im Sinne der Gemeindeordnung« dienen muß (BGH, AfP 1972, 123). Die Herausgabe eines Amtsblatts ist als eine hoheitliche Aufgabe der Kreise und Gemeinden qualifiziert. Einer wirtschaftlichen Betätigung der Gebietskörperschaften auf dem Pressemarkt sind von daher Beschränkungen auferlegt. Anzeigenwerbung in Amtsblättern ist im allgemeinen zulässig. Lediglich die Gemeindeordnung von Niedersachsen untersagt einen Anzeigenteil im Verkündungsorgan der Gemeinden; alle übrigen Gemeindeordnungen erwähnen diesen Punkt entweder nicht und lassen damit den Gemeinden freie Hand (Bayern, Hessen, Nordrhein-Westfalen, Saarland, Schleswig-Holstein) oder schreiben (Baden-Württemberg) eine Höchstgrenze für den Anzeigenteil mit nicht mehr als 50 Prozent des Gesamtumfanges vor. Bemerkenswert ist die abweichende Regelung in Rheinland-Pfalz: Dort dürfen die Gemeinden das Anzeigengeschäft nicht selbst wahrnehmen. Die Amtsblätter müssen dort entweder ohne Anzeigen erscheinen, oder die Gemeinden beauftragen mit der Akquisition einen privaten Verleger.

Periodika auf Gemeindeebene, deren wesentlicher Inhalt aus lokalen Nachrichten und Berichten sowie einem ausgebauten Anzeigenteil besteht, werden im Regelfall von privaten Verlagen publiziert und sind, auch wenn sie amtliche Bekanntmachungen veröffentlichen, typologisch keine Amtsblätter, sondern gemeindliche Mitteilungsblätter (*Gemeindeblätter*), lokale Wochenblätter u. ä.

WETTBEWERBSFRAGEN. Wenn bei fortschreitender → Konzentration der Presse die Bedienung lokaler Kommunikationsräume durch Tageszeitungen geringer wird, erweitert sich das Feld, auf dem sich die anderen lokalen Medientypen ausbreiten können. Ungeklärt ist in diesem Zusammenhang, ob Zeitungen freiwillig aus Gründen der Rationalisierung und Kostenreduktion durch Zusammenlegung von Lokalteilen diese Räume ›aufgeben‹ oder ob diese anderen lokalen Medien durch ihre Aktivitäten auf dem wirtschaftlichen und redaktionellen Sektor die Tageszeitungen auf die nächsthöhere Kommunikationsebene, den Kreis, abdrängen. Unverkennbar ist jedenfalls der Anstieg der Zahl *»sublokaler« Periodika*, insbesondere der Amts- und Gemeindeblätter. Der publizistische Wettbewerb der Amtsblätter mit den Tageszeitungen ist auf Grund ihres inhaltlichen Angebots gering. Amtsblätter haben den Vorteil der Nähe zu den gemeindlichen Ereignissen und damit zu den Bürgern, während die Tageszeitungen für ein größeres Verbreitungsgebiet arbeiten und das Geschehen in den einzelnen Gemeinden nur noch sehr selektiv oder gar nicht mehr wahrnehmen können. Amtsblätter sind daher eigenständige Medien *neben* den Tageszeitungen.

Unter dem Druck der Zeitungsverleger gab es bis in die achtziger Jahre eine breite Diskussion darüber, welcher Stellenwert im Medienmarkt diesen zahlenmäßig immer noch anwachsenden Medien zukommt. Verlegerverbände, Parteien und Länderministerien nahmen direkt oder indirekt dazu Stellung, ob Amtsblätter Zeitungscharakter besitzen und damit als Wettbewerber von Tageszeitungen zu betrachten sind. Entscheidungen darüber stehen jedoch weitgehend aus. Nur die Gemeindeordnung von Rheinland-Pfalz betont als einzige den Zeitungscharakter von Amtsblättern. In Baden-Württemberg hat ein Gericht in bezug auf die Amtsblätter eine gegenteilige Entscheidung getroffen. Aus parteipolitischer Sicht kommt der Vorwurf, Amtsblätter würden als politische Medien der Gemeindeverwaltung mißbraucht; es fehle ihnen die inhaltliche Ausgewogenheit.

Die Innenminister der Länder Nordrhein-Westfalen, Rheinland-Pfalz und Bayern haben den Gemeinden empfohlen, die amtlichen Bekanntmachungen in den Tageszeitungen zu veröffentlichen und in Zukunft auf die Neugründung von Amts- und Gemeindeblättern zu verzichten. Ihre Empfehlung orientierte sich offensichtlich an den Interessen der Zeitungsverleger und weniger an denen der Gemeinden. In den neuen Bundesländern ist der gegenwärtige Stand folgender: § 24 der Kommunalverfassungen bzw. -ordnungen hält fest (und zwar gleichlautend in allen fünf Ordnungen): »Beschlüsse der Gemeindevertretung sind in ortsüblicher Weise den Bürgern bekanntzumachen.« Spezifizierungen liefert einmal § 5, Abs. 4 der thüringischen Kommunalordnung, in dem das Amtsblatt eigens als Veröffentlichungsorgan erwähnt wird, nicht jedoch als Pflichteinrichtung der Gemeinden deklariert ist. Jedes andere Veröffentlichgungsorgan – von der Gemeindetafel bis zur Tageszeitung – kann ebenfalls von den Gemeinden ausdrücklich genutzt werden. In § 5, Abs. 3 der Kommunalverfassung von Sachsen-Anhalt ist analog von »Verkündigungsblättern« für die Bekanntmachungen, in diesem Kontext von Satzungen, die Rede. Die Gebietskörperschaft »kann zur Errichtung von Verkündigungsblättern verpflichtet werden, wenn andere geeignete Verkündigungsmöglichkeiten nicht bestehen«. Die eigentlichen jeweiligen Bekanntmachungsverordnungen stehen gegenwärtig noch aus.

Allerdings gibt es gute Gründe dafür, daß Gemeinden die Tageszeitungen als Veröffentlichungsorgane ihrer amtlichen Bekanntmachungen übergehen. Lokale Tageszeitungen kommen ihrer Informationspflicht nicht immer in ausreichendem Maße nach. Vor allem in kleineren und mittleren Gemeinden wird kritisiert, bei den Lokalredakteuren der Tageszeitungen fehle die Bereitschaft, ausreichend über kommunale Vorgänge zu berichten. Schließlich übergehen die Gemeinden die Tageszeitungen vor allem deshalb als »öffentliches Verkündorgan«, weil diese nur eine geringe Neigung erkennen lassen, den Gemeinden für amtliche Bekanntmachungen einen angemessenen Rabatt auf den Anzeigenpreis einzuräumen, der es der Gemeinde lohnend erscheinen ließe, die Tageszeitungen als Veröffentlichungsorgan zu wählen. Die Tageszeitungen unterstützen die Gemeinden bei ihrer Aufgabe, die Bürger über amtliche Vorgänge zu informieren, nicht in dem Maße, wie es für sie selbst langfristig vorteilhaft wäre.

Die Betonung wirtschaftlicher Erwägungen hat sich eben bereits in der Weise negativ für die Tagespresse ausgewirkt, daß die Gemeinden sich andere, kostensparende Formen der Veröffentlichung gesucht oder selbst geschaffen haben. Das Gebot der Wirtschaftlichkeit in der Verwaltung zwingt die Gemeinden zur Prüfung der Frage, ob die Veröffentlichung der amtlichen Bekanntmachungen im eigenen Amtsblatt oder im amtlichen Gemeindeblatt, auf deren Preisgestaltung unmittelbar Einfluß genommen werden kann, kostengünstiger ist. Auch in solchen Überlegungen können starke Impulse für die Gründung von Amtsblättern liegen – insbesondere wenn parallel laufende Bemühungen örtlicher Inserenten hinzukommen, denen die Tageszeitung für die Werbung »zu groß« ist.

Medienpolitische Aspekte. Amts- und Gemeindeblätter gehören von ihrer Natur her, die sie jeweils an kleine Räume bindet, nicht zu den auffälligen Presseprodukten. Abfällig wurden diese Periodika einmal als

»marginale Publizistik« bezeichnet. Sicher ist diese Einschätzung schon deswegen unangemessen, weil vor allem der Nachrichtencharakter diese ortsgebundenen Titel prägt.

Zumindest seit den Arbeitskämpfen im Druckgewerbe ist bekannt, daß die Leser ihre Zeitung vor allem nutzen, weil sie etwas über den Ort erfahren wollen, in dem sie leben. Bedeutsam ist also die Service-Funktion der Zeitung. In streikbedingten zeitungslosen Zeiten vermißten die Leser ihre örtliche Zeitung nicht primär deshalb, weil sie nicht mehr lesen konnten, was andere – die Journalisten – für sie aufbereitet hatten, sondern weil sie über das Geschehen in ihrer unmittelbaren Umgebung uninformiert blieben, gleichgültig ob es um hohe Kultur oder Aktionen des örtlichen Einzelhandels ging. Das Amtsblatt erfüllt in seinem kleinen Verbreitungsgebiet offensichtlich mit Erfolg ähnliche Service-Aufgaben. Dazu gehört auch seine Eigenschaft als Werbeträger. Seit 1987 werden Amtsblätter mit einer großen Titelzahl in das wichtigste Nachschlagewerk, den »Stamm 1988. Presse- und Medienhandbuch« aufgenommen (1988: 496 Titel). Damit ist jedoch keineswegs die Gesamtzahl erfaßt. Auffällig ist, daß nach wie vor im Südwesten Deutschlands Amtsblätter besonders häufig verlegt werden, wobei auf wenige Verlagsunternehmen eine Vielzahl von Titeln entfällt.

Inwieweit Amtsblätter tatsächlich einen Beitrag zur Pressevielfalt im lokalen Bereich darstellen, ist eine medienpolitisch wichtige, von der Forschung bisher aber nicht beantwortete Frage.

PETRA E. DORSCH-JUNGSBERGER

Rechtsgrundlagen

Baden-Württemberg

Erlaß des Innenministeriums über die Herausgabe eigener Amtsblätter durch die Gemeinden und Landkreise vom 16. August 1967 (GABl, S. 518).

Erste Verordnung des Innenministers zur Durchführung der Gemeindeordnung für Baden-Württemberg vom 31. Oktober 1955 (GBl, S. 235), hier zu § 4

Schreiben des Innenministers des Landes Baden-Württemberg an den Gemeindetag, Städtetag und Landkreistag Baden-Württemberg vom 23. Februar 1976, betr. Aufnahme von Anzeigen in kommunale Amtsblätter

Bayern

Gemeindeordnung für den Freistaat Bayern, Art. 26

Verordnung über die amtliche Bekanntmachung gemeindlicher Satzungen vom 3. März 1959 (VBl, S. 121)

Brandenburg

Gesetz über die Selbstverwaltung der Gemeinden und Landkreise in der DDR (Kommunalverfassung) vom 17. Mai 1990

Hessen

Hessische Gemeindeordnung, § 4 Abs. 4

Erlaß des Hessischen Innenministers vom 6. Oktober 1965 betr. Bekanntmachungsrecht (Staatsanzeiger Hessen, S. 1243)

Mecklenburg-Vorpommern

Gesetz über die Selbstverwaltung der Gemeinden und Landkreise in der DDR (Kommunalverfassung) vom 17. Mai 1990

Niedersachsen
Verordnung über die öffentliche Bekanntmachung von Satzungen der Gemeinden und Landkreise in amtlichen Verkündungsblättern i. d. F. vom 20. Juni 1973 (Nieders. GVBl, S. 201)
Runderlaß des Niedersächsischen Ministers des Innern vom 28. Juni 1973 betr. Öffentliche Bekanntmachung von Satzungen der Gemeinden und Landkreise (Nds MBl, S. 970)
Nordrhein-Westfalen
Gemeindeordnung für das Land Nordrhein-Westfalen i. d. F. vom 19. Dezember 1974 (GVBl NW 1975, S. 92), hier § 4
Verordnung über die öffentliche Bekanntmachung von kommunalem Ortsrecht vom 12. September 1969 (GVBl NW 1969, S. 684)
Verwaltungsverordnung zur Gemeindeverordnung vom 14. April 1975 (MBl NW, S. 762)
Rheinland-Pfalz
Gemeindeordnung für Rheinland-Pfalz vom 14. Dezember 1973 (GVBl, S. 419), hier § 27
Landesverordnung zur Durchführung der Gemeindeordnung für Rheinland-Pfalz vom 21. Februar 1974 (GVBl, S. 98), hier 3. Abschnitt: Öffentliche Bekanntmachungen (7–10)
Verwaltungsvorschriften zur Durchführung der Gemeindeordnung vom 4. April 1974 (MinBl, Sp. 445)
Saarland
Verordnung über die öffentlichen Bekanntmachungen der Gemeinden, Ämter und Landkreise vom 2. September 1964 (Amtsbl. des Saarlandes, S. 841)
Sachsen
Gesetz über die Selbstverwaltung der Gemeinden und Landkreise in der DDR (Kommunalverfassung) vom 17. Mai 1990
Sachsen-Anhalt
Gesetz über die Selbstverwaltung der Gemeinden und Landkreise in der DDR (Kommunalverfassung) vom 17. Mai 1990
Schleswig-Holstein
Landesverordnung über die örtlichen Bekanntmachungen vom 8. Mai 1968 (GVOBl, S. 87)
Thüringen
Vorläufige Kommunalordnung für das Land Thüringen (VKO) vom 24. Juli 1992

Anbietungspflicht → Pflichtexemplarrecht

Angestelltenversicherung → Soziale Sicherung der Journalisten

Anhörungspflicht → Tendenzschutz

Annahmepflicht von Anzeigen und Werbesendungen. Steht Parteien, Unternehmen, Verbänden und einzelnen Bürgern ein durchsetzbarer Rechtsanspruch gegen die Presse auf Abdruck von persönlichen, gewerblichen oder politischen Anzeigen zu? Da der Rundfunk durch das Aufkommen privater Veranstalter mittlerweile zum größten Werbeträger geworden ist, erlangt diese Frage auch für die Buchung kommerzieller, ideeller und politischer Werbung zunehmend an Bedeutung. In das kommunikationspolitische Blickfeld ist die Gesamtthematik vornehmnlich durch Auseinandersetzungen über die Verweigerung der Veröffentlichung sowie der Ausstrahlung von politischer Wahlwerbung gerückt. Insbesondere zur Anzeigenannahme- bzw. Aufnahmepflicht liegt außer zahlreichen Abhandlungen im Schrifttum mittlerweile eine umfangreiche Rechtsprechung vor, die das Problem sowohl von der privatrechtlichen als auch von der verfassungsrechtlichen Seite her beleuchtet und das Zusammenspiel beider Rechtsgebiete im Anzeigenwesen darlegt. Demgegenüber hat sich im Rundfunkbereich die Rechtsprechung bislang vornehmlich mit Fragen zur Wahlwerbung von politischen Parteien auseinandergesetzt.

Für beide Medien gilt zunächst das *zivilrechtliche Prinzip der Vertragsfreiheit*. Grundsätzlich kann also kein Verlagsunternehmen oder eine Rundfunkanstalt gegen deren Willen gezwungen werden, Anzeigen abzudrucken oder Werbesendungen auszustrahlen. Die Privatautonomie unterliegt jedoch Schranken, die nach überkommener und durch die Rechtsprechung des Reichsgerichts sowie des Bundesgerichtshofes gebilligten Auffassung in besonders gelagerten Fällen ausnahmsweise zu einem sogenannten Kontrahierungszwang führen können. Als klassische Anspruchsgrundlage dienen die Vorschriften der §§ 826, 249 BGB, aus welchen bei einem mißbräuchlichen, sittenwidrigen Ausnutzen einer Monopolstellung für die Versorgung mit lebenswichtigen Gütern oder Dienstleistungen ein Kontrahierungszwang abgeleitet wird. Dies ist von der Rechtsprechung u. a. bei kommunalen Versorgungsbetrieben, aber auch bei Theatern, Museen und Bibliotheken, mithin auf kulturellem Gebiet bejaht worden. Sinn des Kontrahierungszwanges ist es, die Versorgung des Bürgers in jedem Fall sicherzustellen. Bei Versorgungsbetrieben ist der ungeschriebene Abschlußzwang weitgehend durch gesetzliche Regelungen – z. B. § 6 Energiewirtschaftsgesetz – ersetzt worden.

Als weitere, spezielle Anspruchsgrundlage für einen Abschlußzwang kann das wettbewerbsrechtliche Diskriminierungsverbot des § 26 Abs. 2 GWB in Betracht gezogen werden. Nach dieser Bestimmung dürfen marktbeherrschende Unternehmen andere im Geschäftsverkehr nicht diskriminieren, also ohne sachlich gerechtfertigten Grund nicht ungleich behandeln. Liegt eine unbillige Behinderung in diesem Sinne vor, so kann eine Schadensersatzpflicht nach § 35 GWB und damit im Einzelfall ein Kontrahierungszwang die Folge sein. Für den Bereich der gedruckten und elektronischen Medien stellt sich hiernach zunächst gleichermaßen die Frage, ob und unter welchen Umständen Anzeigen abgedruckt oder Werbesendungen ausgestrahlt werden müssen.

Die sich für den Pressebereich herausgebildete herrschende Meinung tendiert unter Berücksichtigung beider Anspruchsgruppen dazu, einen Abschlußzwang allenfalls dann anzunehmen, wenn dem Verlag eine Monopolstellung zukommt und ihm stichhaltige Gründe zur Ablehnung fehlen. Dabei kann die Durchsetzung der Anzeigenaufnahme in Publikationen mit marktstarker Stellung in der Regel nicht im Wege der einstweiligen Verfügung erreicht werden, es sei denn, daß für den Anzeigenkunden schwerwiegende Nachteile, insbesondere finanzieller Art, auf dem Spiel stünden, die eine Notlage herbeiführen und deshalb auch nicht durch das Hauptsacheverfahren aufgefangen werden könnten (KG Berlin, AfP 1991, 442). Einschränkungen der Kontrahierungspflicht ergeben sich letztlich auch aus der Prüfungspflicht eines Verlages, die im Einzelfall zum Ergebnis führen kann, daß der Inhalt einer Anzeige gesetzeswidrige Aussagen enthält und insoweit zur Ablehnung eines Anzeigenauftrages berechtigt (hierzu OLG Hamburg, AfP 1990, 318ff.)

Eine differenzierte Betrachtung ist indes insbesondere in der Auseinandersetzung um politische (Wahl-)Anzeigen festzustellen. Offenbar von der Rechtsprechung des Bundesverfassungsgerichts zur Chancengleichheit der Parteien beeinflußt, wird im Schrifttum auch die Auffassung vertreten, Verlage von Zeitungen in regionaler Alleinanbieterposition seien zumindest zum Abdruck von Wahlanzeigen politischer Parteien verpflichtet. Dabei wird den wettbewerbsrechtlichen Bestimmungen eine wesentliche Bedeutung beigemessen. Politische Parteien als Anzeigenkunden sollen gegenüber den Verlagen einen durchsetzbaren Anspruch auf Aufnahme ihrer Anzeige haben, wenn die betreffende Zeitung aus ihrer Sicht eine marktbeherrschende Stellung hat, d.h. wenn eine bestimmte Zielgruppe nicht anderweitig in gleichwertiger Weise erreicht werden kann. Dies wird aber unter dem Vorbehalt angenommen, daß der Verlag bereits Anzeigen anderer Parteien abgedruckt hat. Wenn die Anzeige formal und rechtlich einwandfrei ist, soll dem Verlag demnach eine Ungleichbehandlung politischer Gruppen verwehrt sein.

Der Anwendung der Vorschrift des § 26 Abs. 2 GWB steht in diesem Bereich aber bereits die Tatsache entgegen, daß entsprechende Ansprüche nur von Unternehmen geltend gemacht werden können. Bei Parteien und sonstigen politischen Gruppierungen geht es nicht um gewinnorientierte Tätigkeiten, so daß das Wettbewerbsrecht insoweit als ungeeigneter Ansatzpunkt zur Prüfung eines Abschlußzwanges bei politischen Anzeigen erscheint. Zudem wird die auch für die Vorschriften der §§ 826, 249 BGB relevante Frage einer Monopolstellung endgültig überdehnt, wenn dabei auf der anderen Seite jede Zeitung als Monopolbetrieb angesehen wird, weil ihr spezieller Leserkreis eben nur über diese Zeitung erreicht werden kann. Eine solche Rechtsauffassung ließe dem Verlag nur den Ausweg, völlig auf den Abdruck von Anzeigen ähnlicher Art zu verzichten, will er einerseits eine bestimmte Anzeige unter keinen Umständen bringen, andererseits aber auch keinen Kunden ungerechtfertigt diskriminieren. Ein Zwang auf den Verlag käme aber einer Einengung einer freien und unabhängigen Gestaltung seines Periodikums gleich, was wirtschaftliche negative Folgen einschließt.

Das GWB zielt auf die Freiheit des Wettbewerbs ab. Mit dieser Zielsetzung ist es unvereinbar, Presseverlagen mit Hinweis auf ihre dominierende Stellung im Medienbereich besondere Fesseln anzulegen. Im Rahmen der Interessenabwägungen des § 26 Abs. 2 GWB kann es allein darum gehen, ob die Abschlußverweigerung im Einzelfall »unbillig« ist.

Bei der ebenfalls für die Prüfung eines Kontrahierungszwangs nach §§ 826, 249 BGB erforderlichen Interessenabwägung geht es im Kern um die Frage, ob das Grundrecht auf Pressefreiheit oder die »Chancengleichheit der Parteien« das höherrangige Rechtsgut sind. Die Frage des Anspruchs von Interessengruppen, Bürgerinitiativen und dgl. modifiziert lediglich dieses Problem.

Grundsätzlich ist die Beurteilung der Anzeigenaufnahmepflicht von Presseorganen durch Güterabwägung zu bestimmen. Dabei kommt dem Grundrechtsschutz nach Art. 5 GG eine herausragende Bedeutung zu. Deswegen ist eine Beschränkung dieses Grundrechts unter Berufung auf das Kartellrecht dann ausgeschlossen, wenn dabei Freiheiten aus Art. 5 GG unzulässig eingeengt werden. Hier liegt auch der wesentliche Unterschied zu klassischen Fällen des Kontrahierungszwanges bei Versorgungsbetrieben und öffentlichen Einrichtungen. In diesen Fällen geht es allein um die Frage, ob den Interessenten der Zugang gewährt werden muß. Demgegenüber würde bei der generellen Annahme eines Abschlußzwangs für Zeitungsanzeigen dem jeweiligen Anzeigenkunden über den Zugang hinaus das Recht eingeräumt, im Rahmen des Anzeigenteils die Zeitung inhaltlich mitbestimmen zu können. Zudem muß ein Verlagsunternehmen das Recht haben, im Hinblick auf seinen spezifischen Leser- und Käuferkreis die redaktionelle Linie zu wahren, ohne daß dem Verlag nicht genehme Abweichungen im Anzeigenteil aufgezwungen werden können. Abzulehnen ist daher auch die äußerst weitgehende, im Schrifttum vereinzelt vertretene Ansicht, es könne auf die nach den zivilrechtlichen Anspruchsgrundlagen erforderliche marktbeherrschende Stellung verzichtet und ein Anspruch auf Abdruck von Wahlanzeigen aus Art. 21 GG, § 5 Parteiengesetz und den Landespressegesetzen abgeleitet werden. Da gerade Parteien vielfältige Möglichkeiten politischer Werbung haben, berührt eine Verneinung der Anzeigenaufnahmepflicht die Chancen der Parteien nur unwesentlich, vermeidet aber einen erheblichen Eingriff in die Pressefreiheit. Das Bundesverfassungsgericht hat daher im Montabaur-Beschluß (BVerfGE 42, 53 ff.) der Presse selbst bei regionaler Alleinstellung das Recht zugestanden, den Abdruck von Anzeigen einer bestimmten politischen Richtung zu verweigern. Die »von privater Hand betriebene« Presse sei im Wettbewerb um den Wähler nicht zur Neutralität verpflichtet. Insoweit wird der zivilrechtliche Grundsatz der Vertragsfreiheit im Anzeigenwesen durch das Grundrecht der Pressefreiheit sogar zusätzlich verstärkt.

Diese Einschätzung wird insbesondere in der neueren Rechtsprechung deutlich (vgl. etwa LG Oldenburg, AfP 1985, 69 [70]). Eine Ausnahme könnte allein dann in Betracht gezogen werden, wenn der Zugang schlechthin, d. h. die Aufnahme einer Anzeige generell ohne inhaltliche, publizistische Gesichtspunkte verwehrt werden würde. Hingegen dürfte das Ablehnen einer Anzeige wegen einer bestimmten inhaltlichen Ausgestaltung, die den Vorstellungen einer Zeitung oder den wirtschaftlichen Interessen des Unternehmens widerspricht, nicht als ein sittenwidriger Verstoß im Sinne des § 826 BGB anzusehen sein (so LG Karlsruhe, AfP 1986, 81 f.; vgl. auch LG Passau, AfP 1982, 118, 199). Als ein Sonderfall sind die → Amtsblätter anzusehen, bei denen aufgrund des amtlichen Charakters und dem damit verbundenen besonderen Beachtung durch ihre Leser die Frage der Unbilligkeit oder Sittenwidrigkeit einer Inseratsverweigerung strenger zu Gunsten des Interessenten zu beurteilen ist. Diese Blätter sind eben mit der »privatrechtlich strukturierten Presse« nicht vollends vergleichbar.

Die Grundzüge jener Rechtsprechung zur Anzeigenaufnahmepflicht dürften auch für die Frage zur Annahmepflicht eines Rundfunkveranstalters von Buchungsaufträgen für Werbesendungen einschlägig sein. Allerdings ist dabei zu berücksichtigen, daß sich der Rundfunk durch eine andere Art von Wahrnehmung des Rezipienten von der Presse unterscheidet und nach der Rechtsprechung des Bundesverfassungsgerichtes anders als die Presse nicht uneingeschränkt dem freien Spiel des Marktes überlassen bleiben darf (hierzu BVerfGE 83, 238 [296]). Deshalb ist der Gesetzgeber gehalten, die Rundfunkfreiheit durch gesetzliche Vorgaben auszugestalten, die für die Rundsfunkwerbung zu strukturellen Rahmenbedingungen insbesondere zur Werbeform und Werbedauer geführt haben.

Die von der Presse abweichende Wahrnehmungsform namentlich beim Hörfunk ist in der Rechtsprechung als besonderer Gesichtspunkt für die Zuerkennung eines Anspruchs einer Werbeagentur gegen einen lokalen Hörfunkveranstalter auf Buchung vorgefertigter Werbespots herausgestellt worden (OLG Stuttgart, AfP 1990, 140 [141]). U. a. weil die Hörfunkwerbung den Radiohörer in der Regel nur unterschwellig erreicht und es deshalb stärker als bei den Printmedien auf die Plazierung im Programm eines populären Senders ankommt, erlangt trotz bestehender Konkurrenz der reichweitenstärksten Sender in einer bestimmten Region eine dem marktbeherrschenden Unternehmen im Sinne des § 26 Abs. 2 GWB vergleichbare Stellung. Ist dabei der Fall so ausgestaltet, daß ein Rundfunkveranstalter die Geschäftsbeziehungen mit einer Werbeagentur nicht fortsetzen will, um sich selbst einen Zutritt zum weiteren Markt der Werbespotherstellung zu verschaffen, dabei zugleich die Werbeagentur vom Markt verdrängen und damit die Werbekunden in ihren Auswahlmöglichkeiten beschneiden würde, nimmt die Rechtsprechung ein wettbewerbswidriges Verhalten mit der Folge des mittelbaren Kontrahierungszwanges aus §§ 26 Abs. 2 Satz 2, 35 Abs. 1 GWB an. Wesentlich ist dabei die mittlerweile bei der Zusammenarbeit von Rundfunksendern mit Werbeagenturen üblich gewordene Praxis, daß die Werbeagenturen sich nicht nur auf die Vermittlung von

Werbespots beschränken, sondern sie auch für ihre Kunden selbst herstellen.

Mit Blick auf die Chancengleichheit der Parteien und in Anbetracht der Tatsache, daß die Wahlwerbung im Rundfunk zu den wichtigen Mitteln im Wahlkampf der Parteien geworden ist (BVerfG, NJW 1984, 2201), muß eine differenzierte rechtliche Betrachtung der Frage vorgenommen werden, ob bzw. inwieweit einer Partei ein Anspruch auf Wahlwerbung zusteht. Sowohl für den öffentlich-rechtlichen als auch privaten Rundfunk gibt es gesetzliche Vorschriften, die den an einer Wahl teilnehmenden Parteien einen Anspruch auf Bereitstellung besonderer, angemessener Sendezeiten für die Wahlkampfwerbung einräumen (so zum Beispiel § 24 Abs. 2 des Rundfunkstaatsvertrages vom 31. August 1991 für den bundesweit verbreiteten privaten Rundfunk; § 15 Abs. 1 des NDR-Staatsvertrages für den NDR). Im Sommer 1993 hat die öffentlich-rechtliche ARD eine zunächst politische Diskussion ausgelöst, ob diese Verpflichtung fortbestehen soll. Die Regelungen für die Rundfunksysteme unterscheiden sich im wesentlichen dadurch, daß anders als bei den öffentlich-rechtlichen Rundfunkanstalten den privaten Unternehmen die Selbstkosten für die Einräumung der besonderen Sendezeit zu erstatten sind. Im übrigen ist die Rechtslage aber identisch (dazu »Rechtliche Hinweise zu den Wahlsendezeiten für politische Parteien im bundesweit verbreiteten privaten Rundfunk« der Direktorenkonferenz der Landesmedienanstalten vom 8. März 1994). Soweit die Privaten vergleichbar den öffentlich-rechtlichen Rundfunkanstalten zur Einräumung von Sendezeiten für die Wahlwerbung verpflichtet sind, muß auch für sie die Rechtsprechung des Bundesverfassungsgerichtes zu dieser Problematik berücksichtigt werden. In dieser Hinsicht stehen die privaten Veranstalter gleichermaßen wie die öffentlich-rechtlichen Anstalten in öffentlicher Verantwortung. Sie haben damit ebenfalls uneingeschränkt das Recht der Parteien auf Chancengleichheit zu beachten. Unzulässig wäre es daher, den Werbespot einer Partei deshalb abzulehnen, weil sie für zu unbedeutend oder politisch gar für schädlich gehalten wird (BVerfG, NJW 1978, 1043). Die Rechtsprechung, die einem privaten Rundfunkveranstalter, für den nach den gesetzgeberischen Vorgaben die Außenpluralität und insoweit Tendenzfreiheit besteht, zugestanden hat, durch vertragliche Abreden sicherzustellen, daß Wahlwerbung mit politisch-extremen Inhalten ausgeschlossen bleibt (VG Mainz, AfP 1990, 323), wäre nur noch aufrechtzuerhalten, wenn der Landesgesetzgeber keine gesetzlichen Bestimmungen über die Pflicht zur Einräumung besonderer Sendezeiten getroffen haben würde. Inzwischen hat jedoch bei allen Bundesländern in die Gesetzgebung für den privaten Rundfunk diese Verpflichtung Eingang gefunden. Damit können nach den Grundsätzen des Bundesverfassungsgerichtes auch private Veranstalter die Ausstrahlung einer Wahlkampfwerbung nur dann verweigern, wenn der Inhalt eines solchen Spots evident und schwerwiegend gegen allgemeine Normen des Strafrechts verstößt (BVerfG, NJW 1985, 2521f.

m. w. N.; s. auch VG Berlin, NJW 1990, 402f.). Der Umfang der Sendezeit beurteilt sich entsprechend § 5 des Parteiengesetzes grundsätzlich nach der Bedeutung der jeweiligen Partei. Wenn u. a. durch ein Wahlkampfabkommen sich Parteien auf einen Verzicht von Rundfunkwerbung verständigen, müssen dennoch den Parteien, die gleichwohl über Rundfunk für die Wahl werben wollen, Sendezeiten zur Verfügung gestellt werden. In einem solchen Fall könnte ein genereller Anspruch auf Wahlwerbung auch von öffentlich-rechtlichen Rundfunkanstalten nur dann versagt werden, wenn es an einer gesetzlichen Regelung für besondere Sendezeiten fehlen würde (so OVG Bremen, AfP 1990, 160f.).

Im übrigen ist generell für den öffentlich-rechtlichen und privaten Rundfunk – bundesweit und in den einzelnen Ländern – durch § 6 Abs. 7 des Rundfunkstaatsvertrages die Unzulässigkeit von politischer, weltanschaulicher oder religiöser Werbung außerhalb der besonderen Sendezeiten bestimmt. Damit ist jedenfalls seitens des Gesetzgebers der in der Literatur geführte Meinungsstreit über die Zulässigkeit kommerzieller Parteienwerbung beendet. Offen bleibt indes die Frage, ob diese Reglementierung durch den Rundfunkstaatsvertrag mit Blick auf das verfassungsrechtliche Selbstdarstellungsrecht der Parteien und die Informationsfreiheit sich noch im Rahmen der gesetzlichen Ausgestaltungsbefugnis bewegt.

PETER SCHIWY

Literatur

Friedrich Kübler: Pflicht der Presse zur Veröffentlichung politischer Anzeigen? Baden-Baden 1976 (*umfassende juristische Darstellung unter Einbeziehung der vorliegenden Rechtsprechung und Literatur mit nicht überzeugender verfassungsrechtlicher Argumentation*)

Erwin Gehrhardt: Ablehnung politischer Anzeigen. In: »Archiv für Presserecht«, Jg. 1975, S. 812–816

Edgar Kull: Wahlanzeigen und Pressefreiheit. In: »Archiv für Presserecht«, Jg. 1974, S. 684 ff. (*räumt dem Individualgrundrecht der Pressefreiheit absoluten Vorrang ein*)

Klaus Lange: Ist die Ablehnung der Wahlanzeigen einzelner politischer Parteien durch Zeitungsverleger verfassungsmäßig? In: »Die öffentliche Verwaltung«, Jg. 1973, S. 476 ff. (*gesteht den Parteien umfassende erzwingbare Ansprüche zu*)

Wolfgang Kilian: Kontrahierungszwang und Zivilrechtssystem. In: »Archiv für civilistische Praxis«, Jg. 1980, S. 57, 71 f. (*hält ein allgemeines privatrechtliches Diskriminierungsverbot in Analogie zu § 26 Abs. 2 GWB für bedenklich*)

Michael Rath-Glawatz: Anzeigenauftrag und Kontrahierungszwang. In: »Archiv für Presserecht«, Jg. 1982, S. 625 ff. (*lehnt einen generellen Kontrahierungszwang aus § 826, 249 BGB und § 26 Abs. 2 GWB für die Aufnahme von Anzeigen ab*)

Reinhart Ricker in: Martin Löffler/Reinhart Ricker: Handbuch des Presserechts. München ^{2}1986, S. 319 ff. (*bejaht Kontrahierungszwang allenfalls für die Fälle, in denen keine »stichhaltigen publizistischen oder wirtschaftlichen Gründe für die Abschlußverweigerung« vorliegen*)

Reinhart Ricker: Die Zulässigkeit kommerzieller Parteienwerbung im privaten Rundfunk. In: »ZUM. Zeitschrift für Urheber- und Medienrecht«, Jg. 1989/Nr. 11,

S. 499–505 *(sieht die Werbung politischer Parteien als zulässige Finanzierungsquelle des privaten Rundfunks an)*

Ernst Benda: Chancengleichheit oder Rundfunkfreiheit. Rechtliche Perspektiven der Wahlwerbung im Rundfunk. In: »Funk-Korrespondenz«, 42. Jg./Nr. 5 vom 4. Februar 1994, S. 1–9 *(aktueller Überblick mit verfassungsrechtlicher Würdigung)*

Anpassungsförderung → Konzentration

Anschlußzeitungen → Presseordnungsrecht

Anzeigenaufnahmepflicht → Annahmepflicht von Anzeigen und Werbesendungen

Anzeigenblätter. Die herausragende Bedeutung des Anzeigenwesens im Gesellschafts- und Wirtschaftssystem der Bundesrepublik Deutschland hat seit den fünfziger Jahren zum Entstehen einer Vielzahl von Anzeigenblättern geführt. Es handelt sich hierbei um »periodisch erscheinende Werbedrucksachen, die unentgeltlich und unbestellt allen Haushalten eines begrenzten Bezirks zugestellt werden und neben einem gestreuten Anzeigenteil redaktionelle – im wesentlichen ortsbezogene – Beiträge enthalten« (vgl. Dense, S. 173; ferner auch BGH, GRUR 1985, 881 [882] – Bliestal-Spiegel). Charakteristisch für das Anzeigenblatt ist vor allem seine Unentgeltlichkeit, weil es sich ausschließlich über Einnahmen aus dem Anzeigengeschäft finanziert. Ferner verfügen Anzeigenblätter im Unterschied zu vollständig aus Werbeanzeigen bestehenden Offertenblättern (vgl. hierzu BGHZ 19, 392 [397] – Freiburger Wochenbericht; BGH, WRP 1990, 266 – Annoncen Avis) über einen redaktionellen Teil, dem zwar im Hinblick auf den Gesamtumfang des Druckwerks eine nur untergeordnete Rolle zukommt, der aber gleichwohl der Erzielung einer intensiveren Werbewirkung des Blattes dient.

Das Grundrecht der Pressefreiheit schließt ebenso wie den Anzeigenteil einer Zeitung auch Anzeigenblätter ein (vgl. BVerfG 21, 278ff. – Südkurier). Dieser verfassungsrechtliche Schutz der Art. 5 Abs. 1 GG beantwortet jedoch nicht die in der Praxis bedeutsame Frage der wettbewerbsrechtlichen Zulässigkeit von Anzeigenblättern. Diese ist vielmehr nach § 1 UWG zu beurteilen, der als »allgemeines Gesetz« gem. Art. 5 Abs. 2 GG geeignet ist, dem Grundrecht der Pressefreiheit Schranken zu setzen, wobei jedoch die besondere Bedeutung des Grundrechts für den freiheitlich-demokratischen Staat zu beachten ist. Die Generalklausel des § 1 UWG ist darauf gerichtet, im Rahmen grundsätzlicher Wettbewerbsfreiheit Auswüchse des Wettbewerbs, insbesondere eine Verwilderung der Wettbewerbssitten im Interesse der Mitbewerber, der Verbraucher und der Allgemeinheit zu verhindern und das Verhalten der Wettbewerber in den Rahmen des Anstands, der Redlichkeit und der guten kaufmännischen Sitten zu halten (vgl. OLG Köln, AfP 1984, 44 [45] m. w. N.).

Die Frage der Wettbewerbswidrigkeit kostenloser Verteilung von Anzeigenblättern hängt gemäß § 1 UWG von einer Gesamtwürdigung der besonderen Umstände des konkreten Einzelfalls ab. Die vom Bundesgerichtshof in seiner »Back-Journal«-Entscheidung aufgestellten Grundsätze zur wettbewerbsrechtlichen Zulässigkeit der Gratisverteilung von Fachzeitschriften (BGHZ 81, 291 [294]) sind insoweit aufgrund ihrer allgemeinen Natur auch auf die kostenlose Verteilung von Anzeigenblättern anzuwenden (OLG Hamm, AfP 1984, 164 f.; OLG Köln, AfP 1984, 45; Ricker, ZUM 1986, 247 [251]). Nach der höchstrichterlichen Rechtsprechung ist die Wettbewerbswidrigkeit abhängig von der individuellen Gestaltung des Anzeigenblattes, dem Umfang und der Intensität der unentgeltlichen Verteilung sowie den konkreten Auswirkungen auf den im jeweiligen Einzelfall betroffenen Teilmarkt (vgl. BGHZ 91, 291 [294] – Back-Journal). Ob eine den Bestand des Wettbewerbs gefährdende Marktverwilderung vorliegt, ist jeweils aus der Sicht aller beteiligten Leser, Verleger und Inserenten zu beurteilen (BGHZ 91, 291 [297] – Back-Journal).

In wettbewerbsrechtlicher Hinsicht grundsätzlich nicht zu beanstanden ist die *kostenlose Verteilung von Anzeigenblättern ohne redaktionellen Teil* (BGHZ 19, 392 [397] – Freiburger Wochenbericht; 51, 236 [238] – Stuttgarter Wochenblatt I; kritisch hierzu Kübler, S. 315 ff.). Zwischen Offertenblättern und Tageszeitungen besteht ein Konkurrenzverhältnis ausschließlich auf dem Anzeigensektor. Einbußen der Tagespresse bei den Einnahmen aus dem Anzeigengeschäft hat diese daher als wettbewerbsimmanent ebenso hinzunehmen wie andere Werbemedien (Baumbach/Hefermehl, § 1 UWG, Rdn. 864). Ein wettbewerbsrechtliches Verbot ist ausnahmsweise nur dann möglich, wenn eine ernsthafte Bestandsgefährdung konkurrierender Presseorgane glaubhaft gemacht wird (OLG Köln, AfP 1984, 45).

Eine *Gratisverteilung von Anzeigenblättern mit redaktionellem Teil* ist hingegen wettbewerbsrechtlich ungleich problematischer, wenn das Anzeigenblatt für einen erheblichen Teil des Publikums als Zeitungsersatz dient. Tageszeitung und Anzeigenblatt stehen dann auch auf dem Lesermarkt miteinander im Wettbewerb (OLG Frankfurt, GRUR 1980, 318 – Freitags-Anzeiger). Eine solche Gratisverteilung von Anzeigenblättern, die geeignet ist, eine Tageszeitung zu substituieren, verstößt gegen § 1 UWG, wenn dadurch eine ernstliche Gefährdung des institutionellen Bestandes der Tagespresse droht (BGHZ 19, 399 – Freiburger Wochenbericht; BGH, GRUR 1992, 191 – Amtsanzeiger). Wie bei der Beurteilung gratisverteilter Fachzeitschriften sind auch hier alle im Einzelfall wesentlichen Umstände zu würdigen (Baumbach/Hefermehl, § 1 UWG, Rdn. 865). Auf den konkreten Nachweis einer Schädigung oder Behinderung des konkurrierenden Presseorgans kommt es dabei nicht an. Ausschlaggebend ist vielmehr, ob die Gratisverteilung als Werbemaßnahme nach Wirkung, Umfang, Dauer und Intensität das Maß des Tragbaren übersteigt (BGHZ 91, 291 [294] – Back-Journal). Dies ist nicht schon dann der Fall, wenn mit dem kostenlos verteilten Anzeigenblatt eine Marktlücke geschlossen wird, indem vorwiegend Personen angesprochen werden, die ohnehin keine Tageszeitung erwerben (BGHZ 51, 244). Gleiches gilt auch für die Verteilung eines eine Programmvorschau enthaltenden Anzeigenblattes durch eine Warenhauskette (Ricker, ZUM, 247, 251 ff.). Wettbewerbswidrig dürfte die kostenlose Verteilung eines Anzeigenblattes – auch ohne daß es des Nachweises einer konkreten Bestandsgefährdung anderer Presseorgane bedarf – aber dann in der Regel sein, wenn der redaktionelle Teil des Druckwerks mehr als ein Drittel seines Gesamtumfangs ausmacht (OLG Frankfurt, GRUR 1980, 318 – Freitags-Anzeiger). Etwas anderes kann sich aber auch dann noch aus den Einzelumständen ergeben (OLG Hamm, GRUR 1985, 63; OLG Nürnberg, AfP 1984, 166 f.).

Ist das Anzeigenblatt wegen der Geringfügigkeit des redaktionellen Teils nicht als echte Alternative zum Bezug einer Tageszeitung anzusehen und beschränkt sich somit der Wettbewerb auf den Anzeigenmarkt, so ist in diesem Falle die kostenlose Verteilung grundsätzlich als zulässig anzusehen (BGHZ 51, 236 [239]). Sie ist nur dann wettbewerbswidrig, wenn sie die Wirtschaftsordnung – hier insbesondere die verfassungsrechtlich geschützte Ordnung des Pressewesens (BVerfGE 22, 174) – in gemeinschaftsschädigender Weise stört. Eine solche Störung kann in einer erheblichen Beeinträchtigung des Anzeigengeschäfts (BGHZ 19, 392 – Freiburger Wochenbericht) der konkurrierenden Tageszeitungen liegen. Erforderlich ist insoweit jedoch der Nachweis konkreter Tatsachen, die eine ernste Gefahr für konkurrierende Zeitungen überwiegend wahrscheinlich erscheinen lassen (OLG Köln, AfP 1984, 45). Der Bundesgerichtshof hat eine rechtserhebliche Beeinträchtigung der Tageszeitungen im Falle der kostenlosen Verteilung eines Anzeigenblattes verneint, das nur wöchentlich erschien und einen lediglich geringfügigen redaktionellen Teil (25 %) aufwies (BGHZ 51, 236 [239] – Stuttgarter Wochenblatt II).

Die genannten Grundsätze gelten auch für diejenigen Anzeigenblätter, die als Werbemittel durch einen Tageszeitungs-Verlag herausgegeben und kostenlos verteilt werden. Wettbewerbswidrig ist eine solche Gratisverteilung dann, wenn sie die konkurrierenden Tageszeitungen in gemeinschaftsschädigender Weise beeinträchtigt. Dieser Fall kann insbesondere dann eintreten, wenn Tageszeitung und Anzeigenblatt so eng miteinander verknüpft sind (→ Fusionskontrolle im Pressewesen), daß hierdurch die Marktposition des Verlages wesentlich gestärkt und so ein uneinholbarer Wettbewerbsvorsprung erzielt werden kann. Eine solche enge Verknüpfung liegt etwa dann vor, wenn beide Druckwerke gemeinsam redaktionell bearbeitet werden, eine gemeinsame Anzeigenannahme erfolgt, Kombinationstarife für Anzeigen bestehen und massive Werbung für die Tageszeitung im Anzeigenblatt gemacht wird (vgl. BGH, GRUR 1977, 670 – WAZ-Anzeiger; vgl. hierzu OLG Hamm in AfP 1989, 745).

Auch die kostenlose Veröffentlichung von privaten Kleinanzeigen in Anzeigenblättern wird nach obigen Grundsätzen nur unter besonderen Umständen als eine Gefährdung des Bestandes der allgemeinen Tageszeitungspresse anzusehen sein (vgl. OLG Karlsruhe, AfP 1988, 255). Wettbewerbswidrig ist ein solcher Abdruck etwa nicht schon dann, wenn für die Anzeigenbeschaffung eine Werbeprämie bezahlt wird oder Zeitungshändler als Annahmestellen eingeschaltet werden (vgl. OLG Düsseldorf, WRP 1987, 176; Baumbach/Hefermehl, § 1 UWG, Rdn. 869).

REINHART RICKER

Literatur

Adolf Baumbach/Wolfgang Hefermehl: Wettbewerbsrecht. München [17]1993

Hans-Georg Dense: Die rechtliche Problematik der Anzeigenblätter. Jur. Diss. Münster 1974

Friedrich Kübler: Zur Wettbewerbswidrigkeit von »Offertenblättern«. In: »Archiv für Presserecht«, Jg. 1988, S. 309 ff.

Reinhart Ricker: Die wettbewerbs- und presserechtliche Zulässigkeit der Gratisverteilung von »tv-aktuell«. In: »ZUM. Zeitschrift für Urheber- und Medienrecht«, Jg. 1986, S. 247 ff.

Anzeigengemeinschaft → Konzentration, → Wettbewerbsrecht

Anzeigengeschäft → Amtsblatt, → Anzeigenaufnahmepflicht, → Anzeigenblätter, → Werberecht, → Wettbewerbsrecht

Anzeigenkombination → Konzentration, → Wettbewerbsrecht

Anzeigenmärkte → Wettbewerbsrecht

Anzeigenpreise → Amtsblatt, → Wettbewerbsrecht

Anzeigenteil → Amtsblatt, → Pressefreiheit, → Presseordnungsrecht, → Werberecht, → Wettbewerbsrecht

»arbeitnehmerähnliche Personen« → Soziale Sicherung der Journalisten

Arbeitnehmer-Urheber → Urheberrecht

Arbeitsgemeinschaft Neuer Deutscher Spielfilmproduzenten → Verbände und Organisationen im Medienbereich

Arbeitsgemeinschaft Privater Rundfunk → Verbände und Organisationen im Medienbereich

arbeitslose Redakteure → Soziale Sicherung der Journalisten

Arbeitsrecht der Medien. Arbeitsrecht ist das besondere Recht derer, die abhängige Arbeit leisten (Arbeitnehmer), und derer, die diese Arbeit entgegennehmen (Arbeitgeber). Kriterium für die Anwendung von Arbeitsrecht ist die persönliche Abhängigkeit des Arbeitenden. Selbständige, z. B. freie Journalisten, arbeiten nicht in der gleichen persönlichen Abhängigkeit. Deshalb unterliegt ihre Arbeit nicht den Regeln des Arbeitsrechts. Allerdings kann die Tätigkeit der freien Mitarbeiter aus der folgenden Darstellung nicht völlig ausgeklammert werden, weil ihre Leistung für das Entstehen von Tageszeitungen, Zeitschriften und Rundfunksendungen unverzichtbar ist.

Der *zeitliche Geltungsbereich* des Arbeitsrechts richtet sich nach der zeitlichen Geltung der betreffenden Rechtsquelle und dem zeitlichen Bestand des Arbeitsverhältnisses. Grundsätzlich finden auf das Arbeitsverhältnis nur die Regeln Anwendung, die zu dem jeweiligen Zeitpunkt bestehen. Im Ausnahmefall kann rückwirkende Geltung eines Tarifvertrages und auch rückwirkende Allgemeinverbindlichkeit dieses Vertrages erreicht werden.

Der *räumliche Geltungsbereich* erstreckt sich bei Gesetzen und Verordnungen des Bundesrechts auf die Bundesrepublik Deutschland. Tarifverträge schließen vielfach auch die angestellten Auslandsmitarbeiter (Auslandskorrespondenten) ein. In einigen Fällen gibt es noch arbeitsrechtliche Landesgesetze. Diese erstrecken sich auf das betreffende Bundesland. In den neuen Bundesländern weist das Arbeitsrecht nach dem Einigungsvertrag einige wenige Besonderheiten auf. Abweichungen bestehen noch als Sonderkündigungsrecht wegen Stasi-Tätigkeit im öffentlichen Dienst (Anstalten, Pressestellen).

Das Arbeitsrecht hat keine einheitliche Rechtsnatur: teils ist es Privatrecht, z. B. die Bestimmungen über Gehaltszahlungen, teils öffentliches Recht, z. B. die Arbeitsgerichtsbarkeit, der Arbeitsschutz, der Freistellungsanspruch werdender Mütter.

Das Arbeitsrecht ist zersplittert in einer Vielzahl von Bestimmungen. *Rechtsquellen* sind überstaatliches Recht, z. B. die Menschenrechtskonvention des Europarates (Verbot von Zwangs- und Pflichtarbeit, Sicherung der Koalitionsfreiheit), völkerrechtliche Verträge (Europäisches Gemeinschaftsrecht, Freizügigkeit der Arbeitnehmer der Mitgliedsstaaten), Verfassungsrecht (Grundgesetz, u. a. Gleichberechtigung), einfache Gesetze, z. B. das Bürgerliche Gesetzbuch mit Dienstvertragsrecht, Gesetze für besondere arbeitsrechtliche Tatbestände, z. B. Beschäftigungsförderungsgesetz mit der Möglichkeit von Fristverträgen, Rechtsverordnungen, Verwaltungsrichtlinien, Tarifverträge, Dienst- oder Betriebsvereinbarungen, Betriebsübungen und Arbeitsverträge.

ANGESTELLTE IM MEDIENBEREICH, INSBESONDERE JOURNALISTEN. Für die Abgrenzung zwischen einem Angestelltenverhältnis und einem freien Mitarbeiterverhältnis ist maßgebend, inwieweit die Arbeitsbedingungen des Mitarbeiters aufgrund einer Übereinstimmung beider Parteien, z. B. Verleger oder Rundfunkanstalt und Journalist, tatsächlich so ausgestaltet werden, daß der Mitarbeiter persönlich abhängig wird. Freilich kann jede Verpflichtung, Dienstleistungen in Person zu erbringen, mit einer gewissen persönlichen Abhängigkeit verbunden sein. Andererseits kann auch bei Vorliegen eines Arbeitsverhältnisses in bezug auf bestimmte Einzelheiten persönliche Freiheit bestehen. Es kommt also auf den Grad der persönlichen Abhängigkeit an, d. h. auf den Umfang der Weisungsgebundenheit des Dienstpflichtigen bei der Erbringung seiner Arbeiten und seinem damit zusammenhängenden Verhalten. Ein Anstellungsverhältnis (Arbeitsverhältnis) wird demnach nur begründet durch die Einordnung des Dienstpflichtigen in die Arbeitsorganisation und die Zuteilung der Arbeitsaufgabe im Wege der Unterordnungspflicht. Die *Unterordnungspflicht* umfaßt die Befugnis des Dienstberechtigten, einzelne Weisungen, die freilich nicht die Freiheit der journalistischen Arbeit berühren dürfen, über die Ausführung der Arbeit zu erteilen.

Die geschilderten Abgrenzungskriterien sind in Rechtsprechung und Rechtslehre gefestigt. Für den Bereich des öffentlich-rechtlichen Rundfunks ist jedoch eine Besonderheit zu beachten. So hat das Bundesverfassungsgericht 1982 (BVerfG 59, 231 ff.) entschieden: Die Rundfunkanstalten haben die Freiheit, dem Gebot der Vielfalt der zu ermittelnden Programminhalte auch bei der Auswahl, Einstellung und Beschäftigung derjenigen Rundfunkmitarbeiter Rechnung zu tragen, die bei der Gestaltung der Programme mitwirken (»programmprägende Persönlichkeiten«). Dies haben die Gerichte bei der Entscheidung darüber zu beachten, ob die Rechtsbeziehungen zwischen den Rundfunkanstalten und ihren in der Programmgestaltung tätigen Mitarbeitern als *unbefristete* Arbeitsverhältnisse einzuordnen sind. Befristete Arbeitsverhältnisse hat das Bundesverfassungsgericht nicht ausgeschlossen. Das Bundesarbeitsgericht (Urteile vom 13. Januar 1983 und vom 13. Mai 1992) wägt nunmehr ab zwischen zwei Rechtsgütern mit Verfassungsrang. Das eine ist die Rundfunkfreiheit, das andere das Sozialstaatsprinzip mit arbeitsrechtlichem Bestandsschutz. Das Gericht hält es – mit Recht – nicht für notwendig, einen von den arbeitsrechtlichen Grundsätzen abweichenden Arbeitnehmerbegriff zu entwickeln. Nach seiner Auffassung kann lediglich die Annahme eines *unbefristeten* Arbeitsverhältnisses die Rundfunkfreiheit beeinträchtigen, ein *befristeter* Arbeitsvertrag dagegen nicht. Das Gericht nimmt einen befristeten und möglicherweise abgelaufenen Arbeitsvertrag an, wenn Dauer und Intensität der Beschäftigung dies rechtfertigen. Je länger die Beschäftigung dauert, desto größer wird das Gewicht des Bestandsschutzes. Neben der Dauer der Beschäftigung ist nach Ansicht des Gerichts auch die Intensität der inhaltlichen Programmgestaltung wesentlich.

Ein Mitarbeiter, der vom Dienstberechtigten fälschlich als *freier Mitarbeiter* behandelt wird, kann seine Angestellteneigenschaft (Arbeitnehmereigenschaft) und damit zugleich eine etwaige Tarifgeltung sowie tarifliche Eingruppierung im Wege der Klage feststellen lassen. Diese Möglichkeit besteht selbst dann noch, wenn der Dienstberechtigte sich von dem vermeintlich freien Mitarbeiter trennen will und ihm erklärt, daß er keine Aufträge mehr erhält. In diesem Falle könnte der Mitarbeiter nach den Voraussetzungen des Kündigungsschutzgesetzes feststellen lassen, daß er in einem Arbeitsverhältnis ist.

Die wichtigste Rechtsgrundlage der Arbeit von Angestellten im Medienbereich ist Tarifrecht, das heißt Recht aufgrund eines Tarifvertrages.

Der Tarifvertrag hat rechtlich eine Doppelnatur. Einerseits ist er für die vertragsschließenden Parteien (Arbeitgeberverband oder einzelne Arbeitgeber und Gewerkschaften) ein schuldrechtlicher Vertrag, andererseits setzt er Rechtsnormen für die Mitglieder der Parteien. Der schuldrechtliche Teil des Tarifvertrages heißt obligatorischer Teil. Der Vertragsteil, der für die Mitglieder Rechtsnormen setzt, wird normativer Teil genannt.

Wichtigster Bestandteil des obligatorischen Teils ist die sogenannte Durchführungspflicht. Sie verpflichtet die Tarifvertragsparteien, für die tatsächliche Einhaltung und Durchführung des Tarifvertrages zu sorgen. Dazu gehört eine Reihe von Einzelpflichten. Zunächst die Tariferfüllungspflicht; sie verpflichtet alles zu unterlassen, was die Geltung der tariflichen Ordnung beeinträchtigen könnte. Die Tarifparteien dürfen beispielsweise ihre Mitglieder nicht auffordern, den tariflich vorgesehenen Urlaub zu kürzen, die tarifliche Arbeitszeit zu überschreiten usw. Weiterer Inhalt der Durchführungspflicht ist die Einwirkungspflicht. Danach müssen die Tarifvertragsparteien ihre Mitglieder anhalten, Arbeitsverträge tarifgemäß einzugehen und zu gestalten sowie den Abschluß tarifwidriger Arbeitsverträge zu unterlassen (vgl. Wiedemann-Stumpf: Tarifvertragsgesetz. § 1 Tz 353, 354).

Wesentlicher Teil des Tarifvertrages ist der normative Teil. Er schafft Rechtsnormen mit direkten Rechtswirkungen für die Mitglieder der Tarifvertragsparteien. Diese Normen erlangen dadurch praktisch Gesetzeskraft. Es gibt Inhaltsnormen, die den Inhalt der Arbeitsverhältnisse, also z. B. Urlaub, Kündigung und Gehalt, regeln (vgl. beispielsweise §§ 9, 14 MTV Red. Tageszeitungen; § 2 GTV Red. Zeitschriften). Die Medien-Arbeitgeber (Verlage, Agenturen und Rundfunkanstalten) vereinbaren mit ihren Angestellten in den Einzelarbeitsverträgen die Geltung der tariflichen Regelungen – ungeachtet der Organisationszugehörigkeit (Mitgliedschaft) in den einzelnen Gewerkschaften. So sind die Einzelarbeitsverträge nur wichtig, soweit sie die Eingruppierung in die Gehaltsgruppen ausweisen, das Arbeitsgebiet festlegen und übertarifliche Leistungen vorsehen. Im Bereich der Presse werden mitunter übertarifliche Gehälter gezahlt. Beim öffentlich-rechtlichen Rundfunk ist es kaum möglich, da die Rechnungsprüfung dort nicht übertarifliche Zahlungen zuläßt, wo eine tarifliche Eingruppierung möglich ist. Hier kann dem Mitarbeiter nur durch eine höhere Einstufung innerhalb der Gehaltsgruppe eine höhere Vergütung zukommen. Im übrigen sind hier außertarifliche Zahlungen (AT-Gehälter) nur bei Angestellten möglich, deren Tätigkeit nicht mehr vom Tarifvertrag erfaßt wird, beispielsweise beim Programmdirektor.

Tarifrecht der Presse. Bei den *Tageszeitungen* in den alten Bundesländern gibt es je einen Mantel-, Gehalts- und Altersversorgungs-Tarifvertrag. Außerdem bestehen Tarifverträge über die Einführung und Anwendung rechnergesteuerter Textsysteme (RTS-Tarif), über vermögenswirksame Leistungen und über die Journalistenausbildung. Diese Verträge hat der Bundesverband Deutscher Zeitungsverleger (BDZV) mit den Gewerkschaften Deutscher Journalisten-Verband (DJV) und Industrie Gewerkschft Medien (IG Medien) geschlossen (→ Verbände und Organisationen im Medienbereich). Die Verträge erfassen fast 15000 in der Tagespresse tätige Journalisten. Darüber hinaus gibt es noch Tarifverträge für die gewerblichen und kaufmännischen Arbeitnehmer der Tagespresse. An diesen Tarifverträgen ist auch die Deutsche Angestellten-Gewerkschaft (DAG) beteiligt.

Der Manteltarifvertrag für die Tageszeitungsredakteure enthält im wesentlichen Regelungen über eine Jahresleistung (zusätzliches Gehalt), Fortzahlung der Bezüge im Krankheitsfall, Arbeitszeit (37,5-Stunden-Woche), Urlaub, Nebentätigkeit, Urheberrecht und Kündigung. Der Gehaltstarifvertrag für Tageszeitungsredakteure sieht verschiedene Gehaltsgruppen vor.

In den neuen Bundesländern gelten alle genannten Tarifverträge mit Modifizierungen, die stufenweise bis zum 1. Oktober 1995 wegfallen. Ab dann werden einheitliche tarifliche Verhältnisse im Bereich der Tageszeitungen in den alten und den neuen Bundesländern gelten.

Im Bereich der *Zeitschriften* gibt es in den alten, wie in den neuen Bundesländern ebenfalls einen Manteltarifvertrag mit etwa den gleichen Bedingungen wie in der Tagespresse, sowie einen Gehaltstarifvertrag. Der Manteltarifvertrag für Zeitschriftenredakteure ist allgemein verbindlich bis zum 31. Dezember 1994. In den neuen Bundesländern erfolgt die vollständige Angleichung der tariflichen Bedingungen spätestens zum 1. Juli 1996, die Gehaltsangleichung bei den Journalisten aber bereits zum 1. Oktober 1995.

Die *tarifliche Altersversorgung* ist für Tageszeitungs- und Zeitschriftenredakteure gleich (→ Soziale Sicherung der Journalisten). Sie baut auf einer Grundsicherung durch die für alle Angestellten obligatorische Angestelltenversicherung auf. Aufgrund einer am 1. Januar 1987 in Kraft getretenen neuen Regelung besteht – unabhängig von einem Mindestalter – eine Versicherung mit folgenden Leistungen: Pensionsversicherung, Leibrentenversicherung oder Kapitalversicherung mit Rentenwahlrecht, Invaliditätsrente, Rente an Hinterbliebene. Ihr Beitrag (für Journalisten und deren Arbeitgeber je 2,5 %) wird laufend der gesetzlichen Beitragsbemessungsgrenze angepaßt. Er liegt jeweils 400 DM über dem Satz der Bundesversicherungsanstalt. Zusätzlich zahlt der Arbeitgeber allein noch einmal 2,5 % des Gehaltes bis zur Beitragsbemessungsgrenze, mindestens jedoch 108 DM monatlich (für Teilzeitbeschäftigte anteilig) an eine Versorgungskasse zugunsten einer weiteren Kapitalversicherung für den einzelnen Journalisten.

Die *Nachrichtenagenturen* Deutsche Presseagentur (dpa und dpa-Agenturdienste), Associated Press (AP), Agence France Press (AFP), Vereinigte Wirtschaftsdienste (VWD) und Reuters haben ebenfalls mit den Gewerkschaften Tarifverträge für die bei ihnen beschäftigten Journalisten abgeschlossen. Diese Verträge orientieren sich an den Verträgen für Tageszeitungsredakteure, gehen teilweise aber auch darüber hinaus.

TARIFRECHT BEIM ÖFFENTLICH-RECHTLICHEN RUNDFUNK. In diesem Bereich ist das Tarifrecht für die Arbeitsverhältnisse ebenso beherrschend wie bei der Presse. Für die Rundfunkanstalten, die in der Arbeitsgemeinschaft der öffentlich-rechtlichen Rundfunkanstalten der Bundesrepublik Deutschland (ARD) zusammengeschlossen sind, gibt es ein Modell, den *»einheitlichen Manteltarifvertrag«* (eMTV), der von den ARD-Anstalten (Ausnahmen: Westdeutscher Rundfunk, Bayerischer Rundfunk, Hessischer Rundfunk, Ostdeutscher Rundfunk Brandenburg, Mitteldeutscher Rundfunk und Saarländischer Rundfunk) mit Geltung für die jeweils abschließende Anstalt mit den Gewerkschaften vereinbart worden ist. Die Anstalten ohne eMTV haben eigene Manteltarifverträge, ebenso das Zweite Deutsche Fernsehen (ZDF). Im Jahre 1988 gab es bei der ARD etwa 22500 besetzte Planstellen. Daneben gibt es noch sonstige Beschäftigte ohne Planstellen. Das ZDF hat etwa 4230 Beschäftigte. Auf gewerkschaftlicher Seite betätigt sich die IG Medien. Daneben gibt es im gewerkschaftlichen Bereich den Deutschen Journalisten-Verband (DJV), die Deutsche Angestellten-Gewerkschaft (DAG), die Deutsche Orchestervereinigung (DOV) sowie beim SWF die Gewerkschaft Öffentliche Dienste, Transport und Verkehr (ÖTV). Die vier erstgenannten Gewerkschaften haben mit der ARD das Modell als Mustervertrag (eMTV) ausgehandelt. Es wurde 1974 verabschiedet und wird laufend fortgeschrieben. Dies geschieht durch Fortentwicklung und übereinstimmende Auslegung in einer sogenannten eMTV-Konferenz. Federführende Stelle der Konferenz ist der Südwestfunk (SWF). Der eMTV enthält alle wesentlichen Arbeitsbedingungen aller Rundfunkmitarbeiter. Das gleiche gilt hinsichtlich des Manteltarifvertrages beim *Zweiten Deutschen Fernsehen* (ZDF).

Die *Gehaltstarifverträge* sind bei den einzelnen Rundfunkanstalten unterschiedlich. Weder Gruppenbenennungen noch Systeme stimmen überein. Das Gehaltsniveau für einzelne Berufsgruppen und Tätigkeiten ist bei den Anstalten nicht gleich, die Abweichungen sind jedoch nicht übermäßig.

Die tarifliche *Altersversorgung* beim öffentlich-rechtlichen Rundfunk basiert auf anstaltseigenen Versorgungsregelungen (→ Soziale Sicherung der Journalisten). Diese Ordnungen sind untereinander verschieden. Allgemein lehnen sie sich an beamtenrechtliche Versorgungsprinzipien an, doch wollen die öffentlich-rechtlichen Rundfunkanstalten künftig diesen Prinzipien nicht mehr folgen. Zur Zeit werden daher mit den Gewerkschaften neue Versorgungsregelungen verhandelt. Bisher werden ruhegehaltsfähige Dienstzeiten bei der Rentenberechnung berücksichtigt. Rente wird zwischen 35 % und 60 % des ruhegeldfähigen Einkommens dynamisch gezahlt. Renten aus der gesetzlichen Angestelltenversicherung oder anderen Versicherungen, zu denen der öffentlich-rechtliche Arbeitgeber Beiträge geleistet hat, werden meist angerechnet.

Für die Mehrzahl der privaten Fernseh- und landesweiten Hörfunkveranstalter gibt es seit 1991 einen Manteltarifvertrag, seit 1993 zudem einen

Gehaltstarifvertrag. Im Bereich der lokalen und regionalen Hörfunkanbieter sind 1993 in Baden-Württemberg, Bayern und Nordrhein-Westfalen Mantel- und Gehaltstarifverträge geschlossen worden.

Regelungen zum → Urheberrecht gibt es für angestellte Mitarbeiter sowohl bei der Presse als auch beim öffentlich-rechtlichen Rundfunk. Sie beruhen auf einem Kompromiß entgegengesetzter Standpunkte. Die Gewerkschaften wollen alle Nutzungsrechte möglichst beim Angestellten belassen, soweit sie der Arbeitgeber nicht unbedingt für den Zweck des Arbeitsvertrages (Zeitung-, Zeitschriften- oder Rundfunkmachen) benötigt. Verleger sollen also nur Rechte zur Vervielfältigung und Verbreitung eines Beitrages in der Zeitung bzw. Zeitschrift haben, für die der Mitarbeiter nach seinem Arbeitsvertrag bestimmungsgemäß tätig ist. Rundfunkanstalten sollen die Rechte nur zur Sendung in ihrem Sendegebiet, gegebenenfalls noch im Rahmen des Programmaustausches innerhalb der Bundesrepublik haben. Weitere Rechte soll der Arbeitgeber nicht haben. Die Arbeitgeber möchten demgegenüber eine umfassende Rechtseinräumung, und zwar sowohl inhaltlich als auch zeitlich und räumlich. Schließlich wurde die umfassende Rechtseinräumung zugelassen, jedoch zu dem Preis einer prozentualen Beteiligung (Tageszeitungsbereich 30 %, Zeitschriftenbereich 40 %) und Abrechnungskontrollmöglichkeit (§§ 18 MTV Tageszeitungen, 12 MTV Zeitschriften). Beim Rundfunk ist eine prozentuale Beteiligung hinsichtlich des einzelnen Beitrages praktisch unmöglich, weil die Einzelbeiträge sich in einheitlichen Produktionen untrennbar mischen. Hier gibt es eine Erlösbeteiligung aller Urheberberechtigten nach einem bei den einzelnen Anstalten erstellten Katalog. Diese Lösung wird kleines Kollektiv genannt.

Einzelarbeitsverträge bei Presse und Rundfunk. Die umfangreichen Tarifregelungen bei der Presse und beim öffentlich-rechtlichen Rundfunk lassen für die Ausgestaltung der Einzelarbeitsverträge der angestellten Mitarbeiter wenig Raum. Anders ist es beim Privatfunk. Hier sind zwar die Arbeitsverträge beim einzelnen Rundfunkveranstalter ziemlich inhaltsgleich, sie sind aber unterschiedlich je nach Veranstalter.

Mitarbeit für Tageszeitung und zugleich Privatfunk. Die Mehrzahl der Tageszeitungsverlage, die Sendungen veranstalten, stützt sich auf angestellte Mitarbeiter, die ausschließlich für die Sendungen tätig sind. Insoweit gibt es keine arbeitsrechtlichen Sonderprobleme. Nur ausnahmsweise beschäftigen Zeitungsverleger als Zeitungsredakteure angestellte Journalisten, die sie auch nebenher mit redaktionellen Arbeiten für den Rundfunk betrauen. Dies geschieht nicht durch Versetzung. Bei ihr muß sich nämlich die neu übertragene (Rundfunk-)Arbeit im Rahmen dessen halten, was nach dem Redakteursvertrag Arbeitsaufgabe ist. Die Versetzung kann also nicht dazu führen, daß der Redakteur von der Mitwirkung an der Herstellung der Tageszeitung ausgeschlossen wird. Bei zulässiger Erweiterung der Tätigkeit ist das zusätzliche Arbeitsgebiet und ein dafür zu zahlendes Entgelt in einem Nachtrag zum

Anstellungsvertrag zu vereinbaren (§ 2 Ziffer 3 Satz 2 MTV Tageszeitungen). Eine gültig vereinbarte überwiegende Tätigkeit für den Rundfunk läßt den Redakteur noch nicht aus dem Anwendungsbereich der Tageszeitungstarifverträge fallen (vgl. Rehbinder: Redakteure, in AfP 1983, 305 [311]; Gerschel in »DJV-Blickpunkt«, 1987/Nr. 3, S. 17 ff.).

FREIE MITARBEITER DER MASSENMEDIEN, INSBESONDERE JOURNALISTEN. Alle freien Mitarbeiter haben gemeinsame Arbeitsprobleme, und zwar unabhängig davon, ob es sich um den – höchst seltenen – Starkolumnisten überregionaler Blätter oder den lokalen Mitarbeiter einer Regionalzeitung handelt. Er ist freier Journalist, »den nur eine perverse Sprachschludrigkeit so zu bezeichnen vermag, ist er doch in Wahrheit einer der Unfreiesten im Lande« (Herbort in »Die Zeit« vom 13. September 1974). Freie Journalisten arbeiten unter erschwerten Bedingungen: Weit überwiegend sind sie wirtschaftlich abhängig und vergleichbar einem Arbeitnehmer sozial schutzbedürftig, im Gegensatz zum Arbeitnehmer haben sie aber selten oder nicht: Kündigungsschutz, Schwerbeschädigtenschutz, Vergütungsfortzahlung im Krankheitsfall, freiwillige Sozialleistungen wie Zuschüsse zur Krankenversicherung und zur Kantinenverpflegung oder beim Umzug, Gratifikation wie 13. Monatsgehalt, Pensionsberechtigung und betriebliche Altersversorgung, Schutz durch das Betriebsverfassungsgesetz.

Die freien Mitarbeiter sind für die Medien unentbehrlich. Es gibt kaum einen Film (→ Filmrecht), eine Sendung oder einen Textteil, an denen sie nicht beteiligt sind. Es handelt sich meist um spezialisierte oder speziell interessierte Kräfte. Sie sind für die Auftraggeber wirtschaftlich interessant. Die Auftraggeber beanspruchen nur einen Teil der Arbeitskraft und brauchen deshalb auch nur dafür Honorar zu zahlen.

Freie Mitarbeiter können mit Dienst- (§ 611 BGB) oder Werkvertrag (§ 631 BGB) beschäftigt werden. Der Hauptunterschied zwischen beiden Vertragsarten ist der unterschiedliche Inhalt der Leistungspflicht. Beim *Dienstvertrag* wird eine Tätigkeit als solche, ein Wirken geschuldet, und zwar ohne Rücksicht auf den bezweckten Erfolg. Beispiel: Ein freier Journalist wird beauftragt, zeitaufwendig bestimmte Informationen einzuholen. Die wichtigsten Informationen erhält er nicht, ohne daß ihn das geringste Verschulden daran trifft. Er behält seinen Honoraranspruch. Beim *Werkvertrag* wird dagegen ein Arbeitserfolg (und nicht nur eine Tätigkeit in Richtung eines Erfolges), ein Werk, geschuldet, und zwar ohne Rücksicht auf die dazu erforderlichen, unter eigener Verantwortung geleisteten Einzeltätigkeiten. Beispiel: Der freie Journalist soll einen bestimmten Beitrag abliefern, was ihm infolge Krankheit nicht zeitgerecht möglich wird. Ohne das abgelieferte Werk erhält er das Honorar nicht.

Für *freie hauptberuflich tätige Journalisten an Tageszeitungen* in den alten Bundesländern mit Ausnahme von Hessen haben die Gewerkschaften DJV und IG Medien mit dem BDZV einen »Tarifvertrag für arbeitnehmerähnliche freie Journalisten« geschlossen. Er sieht Mindesthonorare für Text- und

Bildbeiträge sowie ein Minimum an Vertrags- und Urheberschutzbedingungen vor. Der Tarifvertrag gilt für solche freien Journalisten, die mehr als 750,– DM journalistisches Einkommen im Monat haben, auf die Einkünfte aus journalistischer Tätigkeit zur Sicherung ihrer wirtschaftlichen Existenz angewiesen sind und von einem Verlag oder Konzern im Durchschnitt der letzten sechs Monate mindestens ein Drittel ihres Erwerbsentgeltes erhalten haben. Einen solchen Tarifabschluß ermöglicht § 12a des Tarifvertragsgesetzes. Beim öffentlich-rechtlichen Rundfunk gibt es ebenfalls Tarifverträge für arbeitnehmerähnliche freie Mitarbeiter, umfassend beim Westdeutschen Rundfunk, Südwestfunk, Süddeutschen Rundfunk, Bayrischen Rundfunk und Norddeutschen Rundfunk.

Freie Mitarbeiter können sich freiwillig beim Versorgungswerk der Presse für ihr Alter versichern. Die im Einzelfall zu vereinbarenden Beiträge sind allein vom Journalisten aufzubringen. Der Mindestbeitrag beträgt 20,– DM. Für den öffentlich-rechtlichen Rundfunk tätige Mitarbeiter können sich nach Maßgabe der Satzung der »Pensionskasse für freie Mitarbeiter der Rundfunkanstalten« entweder dort oder bei tagesaktueller Tätigkeit beim Versorgungswerk der Presse versichern. Journalist und Anstalt zahlen je 7 % der für die Tätigkeit bei den Anstalten erzielten beitragspflichtigen Honorare. Müssen aufgrund gesetzlicher Verpflichtungen vom Journalisten und den Anstalten Beiträge zur gesetzlichen Rentenversicherung geleistet werden, ermäßigt sich der Beitrag zur Pensionskasse auf je 3 %; für den Journalisten allerdings nur, wenn er einen entsprechenden Antrag stellt.

Darüber hinaus sind freie Mitarbeiter unter gewissen Voraussetzungen (u. a. nicht nur vorübergehende Tätigkeit, Mindestgrenze des Arbeitseinkommens) durch das Künstlersozialversicherungsgesetz (KSVG) in der gesetzlichen Rentenversicherung (und auch in der gesetzlichen Krankenversicherung) pflichtversichert. Für Berufsanfänger gelten Sonderbestimmungen. Die Hälfte der Beiträge wird durch einen Bundeszuschuß und eine Künstlersozialabgabe aufgebracht (→ Soziale Sicherung der Journalisten).

Vergütungen aus Urheber- und Leistungsschutzrechten. Alle Mitarbeiter der Medien, also sowohl angestellte als auch freie Mitarbeiter, erhalten für ihre kreative Arbeit die abrundende, sachgerechte Belohnung durch *Verwertungsgesellschaften*. Diese machen individuell nicht mehr wahrnehmbare Urheber- und Leistungsschutzrechte geltend. Zu diesen Rechten gehört beispielsweise der Vergütungsanspruch gegen Herausgeber von Pressespiegeln. Der einzelne Urheber ist nicht mehr in der Lage, eine Vergütung von den überall in der Bundesrepublik verstreut tätigen Pressespiegel-Herausgebern zu kassieren. Das gleiche gilt beispielsweise hinsichtlich der Vergütung bei öffentlich wahrnehmbar gemachten Rundfunksendungen, vor allem in Gaststätten. Der Urheber kann nicht bei den einzelnen Gaststätteninhabern kassieren. Diese Rechte sind nicht auf den Arbeitgeber oder Auftraggeber des Mitarbeiters übergegangen, sondern beim Urheber geblieben (§ 18 Ziff. 1 MTV Tageszeitungen, § 12 Ziff. 1 MTV

Zeitschriften, Ziff. 377 eMTV.). Im Wortsektor ist für die Mitarbeiter die *Verwertungsgesellschaft Wort* (München) tätig, auf dem Bildsektor die *VG Bild-Kunst* (Bonn), bei den Leistungsschutzrechten die *Gesellschaft zur Verwertung von Leistungsschutzrechten* (GVL, Hamburg). Auf dem Gebiet der Musik ist maßgebend die *Gesellschaft für Musikalische Aufführungsrechte* (GEMA, Berlin). Die Verwertungsgesellschaften werden teils gemeinsam tätig, teils beauftragen sie sich gegenseitig mit dem Inkasso von Vergütungen. Eingegangene Vergütungen werden nach dem Musik-, Bild-, Wort- oder Leistungsschutz-Anteil untereinander aufgeteilt. Auch innerhalb der einzelnen Verwertungsgesellschaften müssen sich die verschiedenen Gruppierungen, beispielsweise innerhalb der Verwertungsgesellschaft Wort Verleger und Autoren, zusammenraufen.

Freien Mitarbeitern gibt die VG Wort gleichfalls Hilfe. Sie unterhält eine Stiftung Autorenversorgungswerk. Diese erhält einen satzungsmäßigen Anteil aus bestimmten Einnahmen der Gesellschaft. Aus diesen Einnahmen kann sie den Mitarbeitern unter bestimmten Voraussetzungen Zuschüsse zu selbstgezahlten Beiträgen zur sozialen Sicherung gewähren.

ALFRED GERSCHEL

Literatur

Arbeitsgesetze. München [43]1992 (= Beck-Texte im dtv)

Rudolf Becker: Die freie Mitarbeit. Berlin 1982 (*zivil-, arbeits-, sozialversicherungs- und steuerrechtliche Einordnung*)

Bundesminister für Arbeit und Sozialordnung/Referat Presse und Information (Hrsg.): Übersicht über das Recht der Arbeit. Bonn [2]1987

Bundesminister für Arbeit und Sozialordnung/Referat Öffentlichkeitsarbeit (Hrsg.): Übersicht über die Soziale Sicherheit. Bonn 1990

DJV (Hrsg.): Journalisten an Tageszeitungen. Bonn [3]1990 (= DJV-Schriftenreihe Nr. 12) (*Manteltarifvertrag mit Erläuterungen*)

DJV (Hrsg.): Journalisten an Zeitschriften. Bonn 1985 (= DJV-Schriftenreihe Nr. 9) (*Manteltarifvertrag mit Erläuterungen)*

DJV (Hrsg.): Journalisten und Journalistinnen im Privaten Rundfunk. Bonn 1992 (= DJV-Schriftenreihe Nr. 20) (*Manteltarifvertrag* mit *Erläuterungen*)

DJV (Hrsg.): Manteltarifvertrag für lokalen und regionalen Hörfunk in Baden-Württemberg und NRW mit Erläuterungen. Bonn 1993 (= DJV-Schriftenreihe, Nr. 22)

DJV (Hrsg.): Tips für freie Journalisten. Bonn 1991 (= DJV-Schriftenreihe Nr. 19) (*Honorare*, Urheberrecht, soziale *Sicherung, Steuern*)

DJV (Hrsg.): Ausbildungstarifvertrag mit Erläuterungen. Bonn 1991 (= DJV-Schriftenreihe Nr. 17)

DJV: Journalisten und ihre Rechte. Bonn [2]1988 (= DJV-Schriftenreihe Nr. 13)

Berthold M. Flöper (Hrsg.): Ratgeber Freie Journalisten. Berlin 1992

Alfred Gerschel: Urheberrechtstarif für Tageszeitungsredakteure. In: »ZUM. Zeitschrift für Urheber- und Medienrecht«, Jg. 1986, S. 462 ff.

Alfred Gerschel: Gemeinsam – aber wie? In: »journalist«, Jg. 1986/Nr. 7, S. 12 f. (*Partnerschaft zwischen freien Journalisten*)

Alfred Gerschel: Die große Freiheit. In: »journalist«, Sonderausgabe 40 Jahre DJV (Dezember 1989), S. 86–88 *(Tätigkeit und Honorare freier Journalisten in allen Medien)*

Alfred Gerschel: Faustregeln für Bildjournalisten. In »journalist« Jg. 1986/Nr. 2, S. 20 (*Schutz von Fotos*)
Hartmut Hahn: Geld vom Arbeitsamt für Arbeitgeber mit Besonderheiten in den neuen Bundesländern. Bonn 1992
Walter Hesse: Tarifvertragliche Urheberrechtsregelung für Redakteure an Tageszeitungen. In: »Archiv für Presserecht«, Jg. 1986/Nr. 3, S. 201 ff.
Walter Hesse/Burkhard Schaffeld/Heinz-Uwe Rübenach: Arbeitsrecht der Pressejournalisten. Düsseldorf 1988 (= AfP-Praxisreihe Recht der Medien)
Institut für Urheber- und Medienrecht: Der freie Mitarbeiter bei Rundfunk, Presse und Bühne. In: »Film und Recht«, Jg. 1983/Nr. 2, S. 63 bis 112
Klaus Löschau: Das neue Rentenrecht in West und Ost. Herne 1992
Regine Sakowsky: Mutterschutz. Saarbrücken 1988 (= Schriftenreihe der Arbeitskammer des Saarlandes)
Burkhard Schaffeld: Teilzeitarbeit und selbständige Beschäftigung im Verlagsgewerbe (Arbeitsrecht, Steuerrecht, Sozialrecht). Düsseldorf 1989 (= AfP-Praxisreihe Recht der Medien)
Joachim Scherner: Sozialversicherung Ost ab 1. 1. 1992. Köln und Zwickau 1992
Wolf-Dietrich Walker: Arbeitsrecht in den neuen Bundesländern. München 1991 (= Leitfaden für die Rechtspraxis)
Karl-Egbert Wenzel: Urheberrecht für die Praxis. Düsseldorf 1990 (= AfP-Praxisreihe Recht der Medien)
Michael Worzella/Kurt Kreisberg: Arbeits- und Sozialrecht in den neuen Bundesländern von A–Z. 1992

Arbeitsverhältnis → Arbeitsrecht der Medien

ARTE → Europäisches Medienrecht

ASTRA-System → Landesmediengesetze, → Neue elektronische Kommunikationstechniken

Audiotext → Bildschirmtext und Videotext

Äußerungsfreiheit → Europäisches Medienrecht

Aufführungsrecht → Urheberrecht

Auflagenangaben → Wettbewerbsrecht

Auflagenbegrenzung → Konzentration

Aufnahmepflicht von Anzeigen → Annahmepflicht von Anzeigen und Werbesendungen

Ausbeutungsmißbrauch → Wettbewerbsrecht

Ausbildungsrichtlinien → Aus- und Fortbildung von Journalisten

Ausgewogenheit → Amtsblatt, → Konzentration, → Rundfunkorganisationsrecht, → Rundfunkprogrammrecht, → Verantwortung des Journalisten

Ausgleichskasse → Arbeitsrecht der Medien

Auskunftsanspruch-Beschluß → Bundesverfassungsgerichtsentscheidungen zum Medienrecht (26. Juli 1988)

Auskunftspflicht der Behörden. Zu den wichtigsten presserechtlichen Regelungen gehört der Auskunfts- und Informationsanspruch gegenüber Behörden. Während viele Rechtsvorschriften die Presse selbst verpflichten (→ Gegendarstellung) oder ihr allenfalls Schutzrechte gewähren (→ Zeugnisverweigerungsrecht), ist der Anspruch, in den Landespressegesetzen als Informationsrecht der Presse bezeichnet, einklagbar.

GRUNDSATZ. Dieses Privileg der Medien ermöglicht u.a. die Nachrichtenbeschaffung, um somit die in den einfachgesetzlichen Pressegesetzen der Länder verankerte öffentliche Aufgabe der Presse wahrnehmen zu können (vgl. § 4 Sächsisches Pressegesetz). Die Informationsbeschaffung und Veröffentlichung ist ein Kernelement der in Art. 5 Abs. 1 Satz 2 GG verankerten → Pressefreiheit. Erst durch das Recht, sich aus allgemein zugänglichen Quellen unterrichten zu können (Art. 5 Abs. 1 Satz 1 GG; → Informationsfreiheit) kann der Bürger, und somit auch die Presse am demokratischen Willensbildungsprozeß teilnehmen (BVerfGE 15, 293). Die Presse, als eine der allgemein zugänglichen Quellen, ist ihrerseits darauf angewiesen, entsprechende Informationen zu erhalten.

Umstritten ist, ob der Auskunfts- und Informationsanspruch nur einfachgesetzlicher Natur oder ob er verfassungsrechtlich verankert ist (ausführlich dazu Löffler: Presserecht, Bd. I: Landespressegesetze, § 4 Randziffer 16; Maunz/Dürig/Herzog/Scholz: Grundgesetz, Art. 5 Abs. 1, Randziffer 137; Wendt in: von Münch, Grundgesetz, Art. 5, Randziffer 35). Das Bundesverfassungsgericht und daran anschließend das Bundesverwaltungsgericht haben ausgeführt, daß im Rahmen der Auskunftspflichten der öffentlichen Behörden der Staat in seiner Rechtsordnung der Bedeutung der Pressefreiheit Rechnung tragen muß (BVerfGE 20, 162 [175 ff.]; BVerwGE 70 [314]) und einen aus Art. 5 Abs. 1 Satz 2 verfassungsunmittelbar geschützten Auskunftsanspruch gegenüber staatlichen Stellen abgelehnt, wie er in der Literatur vertreten wird (Scheuner, VVDStRL 22 [1965], 72 [78]; Löffler, a.a.O.).

Aufgrund der grundgesetzlichen Kompetenzzuweisung liegt die Gesetzgebungskompetenz für das Pressewesen gem. Art. 70 GG bei den Ländern. Dem Bund steht nach Art. 75, Nr. 2 GG lediglich die Möglichkeit der Rahmengesetzgebung zu.

Die einzelnen landesgesetzlichen Bestimmungen entsprechen im Grundsatz dem 1963 vorgelegten Modellentwurf der Innenministerkonferenz der Länder. Sie unterscheiden sich in einzelnen Formulierungen, insbesondere bei den Ausschlußgründen. Im wesentlichen gleich ist allen Bestimmungen der Absatz 1, wonach »die Behörden verpflichtet sind, den Vertretern der

Presse (und des Rundfunks), die sich als solche ausweisen, die der Erfüllung ihrer öffentlichen Aufgabe dienenden Auskünfte zu erteilen, sofern nicht dieses Gesetz oder allgemeine Rechtsvorschriften dem entgegenstehen« (vgl. § 4 Abs. 1 SächsPresseG).

Diese Rechtslage gilt nunmehr nach Verabschiedung der → Pressegesetze der Länder, zuletzt Brandenburg am 29. April 1993, auch in den neuen Ländern. Ausgangspunkt der Entwicklung in den neuen Bundesländern war der Beschluß der Volkskammer über die Gewährleistung der Meinungs-, Informations- und Medienfreiheit vom 5. Februar 1990 (Medienbeschluß). Soweit es um die Rechte der Presse und vor allem der Journalisten ging, wurde der Medienbeschluß präzise formuliert. Das betraf insbesondere Zugangsrechte zu den Informationsquellen, das Zeugnisverweigerungsrecht sowie die Rechte auf Selbst- und Mitbestimmung. In Ziffer 7 Satz 4 des Medienbeschlusses wurde den Journalisten das Recht, im Zusammenhang mit ihrer beruflichen Tätigkeit alle notwendigen Informationen einzuholen, zuerkannt. Dieses Anspruchsrecht der Journalisten wurde ergänzt, in der Informationspflicht potentieller Informanten. Nach Ziffer 8 des Medienbeschlusses waren dabei nicht nur alle staatlichen Organe verpflichtet, den Medien alle zur Erfüllung ihrer öffentlichen Aufgabe dienenden Informationen zu erteilen, sondern auch Betriebe, Genossenschaften sowie politische Parteien und gesellschaftliche Organisationen. Dieses ist auf dem speziellen Hintergrund der Erfahrungen mit einer staatsgelenkten Presse der vormaligen DDR zu erklären. Durch den Medienbeschluß sollten die Medien die Möglichkeit zu einem »Aufklärungsjournalismus« (Kresse: Die Rundfunkordnung in den neuen Bundesländern, Randziffer 22) erhalten, um aufgrund dieses Verständnisses Licht in den dunklen Parteien- und Organisationsfilz sowie die korrupten Wirtschaftspraktiken der DDR zu bringen (vgl. dazu auch Begründung des Sächsischen Pressegesetzes, LT-Drs. 1/1160 zu § 3).

Anspruchsberechtigte. Auskunftsberechtigt sind je nach Formulierungen der Landespressegesetze entweder »Vertreter der Presse« oder die »Presse«. Unabhängig davon, ob man die beiden Begriffe Vertreter der Presse oder schlicht Presse für gleichwertig bzw. identisch betrachtet, sind diese Begriffe umfassend zu verstehen und entsprechend auszulegen. Dies ergibt sich u. a. daraus, daß in den neueren Pressegesetzen (§ 4 Abs. 1 Satz 1 SächsPresseG) neben der Presse auch noch der Rundfunk genannt ist. Unter »Presse« ist stets nicht Presse im engeren Sinne, also Zeitungen und Zeitschriften, sondern alle berichterstattenden »Medien« zu verstehen. Daher zählt zur Presse nicht nur die lediglich periodisch erscheinende, sondern auch die Buchpresse. Unerheblich ist des weiteren die Nationalität des Presseorgans.

Zu den Vertretern der Presse zählen vor allem Redakteure von Zeitungen und Zeitschriften sowie des Rundfunks, und zwar unabhängig von ihrem Status, d. h. der Chefredakteur in gleicher Weise wie der Volontär.

Nicht unproblematisch ist jedoch die Anspruchsberechtigung freier Journalisten (vgl. Löffler: a.a.O., Randziffer 36). Das betrifft vor allem solche, die nur nebenberuflich tätig sind und sich somit leicht mit einem von den journalistischen Berufsorganisationen ausgestellten offiziellen Presseausweis legitimieren können, wie es beispielsweise § 4 Abs. 1 SächsPresseG und § 4 Abs. 1 LPrG Berlin vorschreiben. Wer nicht über einen derartigen Ausweis verfügt, kann sich z. B. durch Bestätigungsschreiben des Verlages legitimieren, für dessen Veröffentlichung die Auskunft benötigt wird. Weiterhin gehören zu den Auskunftsberechtigten auch die Verleger (vgl. etwa § 4 Abs. 4 SächsPresseG).

Anspruchsverpflichtete. Der Auskunftsanspruch (vgl. § 4 Abs. 1 SächsPresseG) richtet sich gegen Behörden als jene Stellen, die Aufgaben der öffentlichen Verwaltung wahrnehmen«, § 1 Abs. 1 VwVfG. Zu Behörden in diesem Sinne zählen Landes- wie Bundesbehörden, aber auch alle Stellen, soweit sie hoheitliche Aufgaben wahrnehmen (z. B. Beliehene, wie etwa der TÜV). Unter den Behördenbegriff fallen auch Stellen der Legislative wie der Judikative. Soweit öffentliche Aufgaben im Bereich der Daseinsvorsorge in privat-rechtlichen Formen wahrgenommen werden (Stadtwerke GmbH), so besteht auch hier ein Informationsanspruch.

Ob ein Anspruch auch gegenüber den Kirchen besteht, hängt von ihrer Organisationsstruktur ab. Sofern die Kirchen auf der Grundlage des Art. 140 GG in Verbindung mit Art. 136 bis 139, 141 WRV als öffentlich-rechtliche Körperschaften konstituiert sind, ist danach zu unterscheiden, ob sich der Anspruch auf Fragen der innerkirchlichen Angelegenheiten bezieht. Hier wird der Auskunftsanspruch verneint (vgl. Löffler: a.a.O., Randziffer 54). Wenn sie jedoch der staatlichen Gesetzgebung unterliegen, wird der Auskunftsanspruch bejaht. Anders hingegen sind Kirchen zu beurteilen, die privat-rechtlich organisiert sind, da der Auskunftsanspruch sich nicht gegen Private richtet.

Ebenfalls nicht der Auskunftspflicht unterliegen die Rundfunkanstalten (vgl. § 4 Abs. 5 SächsPresseG; OVG Münster, Urteil vom 19. August 1985).

Auskunftspflichtig ist die Behörde als solche, also nicht ein bloßer organisatorischer Teil (etwa Abteilung oder Referat) und erst recht nicht ein einzelner Organwalter (vgl. § 4 Abs. 1 Satz 2 SächsPresseG).

Voraussetzungen und Umfang des Auskunftsanspruches. Voraussetzung ist, daß die geforderten Auskünfte der Erfüllung der öffentlichen Aufgabe der Presse dienen, soweit nicht die in den Landesgesetzen normierten Ausschlußgründe vorliegen (vgl. § 4 Abs. 2 SächsPresseG).

Trotz der Formulierungsunterschiede in den Landespressegesetzen besteht kein Zweifel, daß die Behörden Auskünfte nicht von sich aus, sondern nur auf Verlangen der Auskunftsberechtigen zu erteilen haben. Dieses Auskunftsverlangen ist form- und fristlos. Dies trifft auch für die Art und Weise der Auskunftserteilung zu.

Inhaltlich bezieht sich die Auskunftspflicht grundsätzlich nur auf Vorgänge, für die die betreffende Behörde zuständig bzw. amtlich befaßt ist oder befaßt werden soll. Sind mehrere Behörden zuständig, ist fraglich, welche Behörde auskunftspflichtig ist. Nach Auffassung von Löffler (a.a.O., Randziffer 50) sollen sämtliche Behörden zur Auskunft verpflichtet sein. Nach anderer Ansicht ist nur die in erster Linie zuständige Behörde auskunftspflichtig.

Die Verpflichtung zur Auskunftserteilung bezieht sich jeweils auf einen bestimmten einzelnen Sachverhalt. Der Inhalt der von der Behörde erteilten Auskunft muß sachgerecht und wahr sein.

Das Recht auf Akteneinsicht ergibt sich nicht aus § 4 der Landespressegesetze, sondern aus den einschlägigen Verfahrensordnungen (z. B. § 12 GBO). Das Akteneinsichtsrecht in Behördenakten beschränkt sich auf die am Verwaltungsverfahren Beteiligten (§ 29 VwVfG). Die Vergütungspflicht für Kopien ergibt sich aus den entsprechenden Kostenordnungen.

Schranken des Auskunftsanspruches. Sie sind in § 4 Abs. 2 der → Pressegesetze der Länder geregelt. Die wesentlichen Fälle, in denen die Auskunft seitens der Behörden verweigert werden darf (Ermessensvorschrift), sind diejenigen, in denen Geheimhaltungsvorschriften und Persönlichkeitsschutz vorgehen, die sachgemäße Durchführung eines schwebenden Verfahrens vereitelt, erschwert, verzögert oder gefährdet werden könnte; oder wenn durch sie ein überwiegendes öffentliches oder schutzwürdiges privates Interesse verletzt wird oder ihr Umfang das zumutbare Maß überschreitet.

Geheimhaltungsvorschriften sind insbesondere die §§ 93 ff., 203, 353 b, c StGB, § 21 a Geschäftsordnung Deutscher Bundestag, § 43 DRiG, § 30 AO, § 139 b Abs. 1 Nr. 3 GewO, §§ 10, 101 Abs. 2 BPersVG und § 30 VwVfG.

Zu den zu schützenden Rechten des Persönlichkeitsschutzes zählen die Individual-, Privat- wie Intimsphäre (vgl. Palandt-Thomas: BGB, § 823 Randziffer 175 ff.) und die entsprechenden Daten. Dieser Persönlichkeitsschutz hat nunmehr seinen verfassungsrechtlichen Bestand aus dem Grundsatz der informationellen Selbstbestimmung nach der Rechtsprechung des Bundesverfassungsgerichs zum Volkszählungsurteil (BVerfGE 65, 1).

In der starken Betonung des schwebenden Verfahrens spiegelt sich die vom Gesetzgeber getroffene Güterabwägung zwischen dem Auskunftsrecht der Presse einerseits und dem Interesse an der sachgemäßen und rechtmäßigen Durchführung des Verwaltungsverfahrens andererseits wider, da die gemäß Art. 20 Abs. 3 GG an Recht und Gesetz gebundene Behörde nicht dem Druck sachfremder Erwägungen ausgesetzt werden soll.

Ebenfalls darf die Auskunft verweigert werden, wenn durch sie ein überwiegendes öffentliches oder ein schutzwürdiges privates Interesse verletzt würde. Soweit es sich um überwiegende öffentliche Interessen handelt, sind vornehmlich Vorgänge mit außenpolitischem Bezug betroffen. Soweit es sich um private Interessen handelt, kommt es nicht darauf an, daß sie überwiegen, sondern nur darauf, daß sie schutzfähig sind. Dies betrifft besonders das Persönlichkeitsrecht.

Schließlich kann eine Auskunft dann verweigert werden, wenn der Umfang das zumutbare Maß überschreitet. Diese Vorschrift wird als allgemeiner Mißbrauchstatbestand verstanden, wodurch verhindert werden soll, daß die Behörde gewissermaßen »lahmgelegt« wird.

Ein generelles Verbot der Auskunftserteilung wäre verfassungswidrig, zumal bereits allgemeine Anordnungen, die einer Behörde Auskünfte an die Presse verbieten, unzulässig sind (vgl. § 4 Abs. 3 SächsPresseG). Nicht zu den Vorschriften über die Verweigerung des Auskunftsrechts zählen Verschwiegenheitsverpflichtungen der Bediensteten, da sie sich nur an diese, jedoch nicht an die Behörde insgesamt richten. Das gleiche gilt für Anordnungen, die innerhalb einer Behörde nur bestimmte Personen (z. B. Behördenleiter und Pressesprecher) zur Auskunft berechtigen.

Anspruch auf Gleichbehandlung. Der allgemeine Gleichheitsgrundsatz aus Artikel 3 GG findet seine spezielle Regelung in den Landespressegesetzen (vgl. § 4 Abs. 4 SächsPresseG). Danach kann der Verleger einer Zeitung oder Zeitschrift von den Behörden verlangen, daß ihm deren amtliche Bekanntmachungen nicht später als einem anderen Mitbewerber zur Verwendung zugeleitet werden. Nicht gerechtfertigt aus dem Blickwinkel des Art. 3 GG ist etwa der Ausschluß der einzelnen Pressevertreter an regelmäßig veranstalteten informellen Treffen einer Behördenleitung, weil es sich etwa um einen Vertreter der oppositionellen Zeitung handelt (VG Berlin, Urteil vom 15. Oktober 1984).

Durchsetzung des Anspruchs. Da es sich bei der zugrundeliegenden Norm der Landespressegesetze um eine öffentlich-rechtliche Norm und damit um eine öffentlich-rechtliche Streitigkeit handelt, ist der Verwaltungsrechtsweg gem. § 40 Abs. 1 VwGO gegeben. Als Klageart kommt die allgemeine Leistungsklage in Betracht, da die Auskunftserteilung bloße Wissenskundgabe ist und somit auch ihre Verweigerung nicht als Verwaltungsakt im Sinne des § 35 VwVfG qualifiziert werden kann mangels des Merkmals »Rechtswirkung« (BVerwGE 70, 310; Redeker/von Oertzen, VwGO § 42 Randziffer 158). Danach bedarf es weder eines Widerspruchsverfahrens (§ 68 Abs. 2 VwGO) noch einer Klagefrist (§ 74 VwGO).

Soweit in der Ablehnung der Auskunft dennoch ein Verwaltungsakt gesehen werden sollte, ist diese Entscheidung mit der Verpflichtungsklage angreifbar gem. § 42 Abs. 1 VwGO. Bei den besonderen Aktualitätsanforderungen der Presse wird sich wegen der Verfahrensdauer der Hauptverfahren jedoch das Eilverfahren in Form der einstweiligen Anordnung gem. § 123 Abs. 1 VwGO empfehlen. Das Recht auf Auskunft kann nur gegenüber dem Behördenleiter oder dem von ihm Beauftragten geltend gemacht werden (vgl. § 4 Abs. 1 SächsPresseG).

MICHAEL SAGURNA

Literatur

Peter Biebl: Das Verhältnis der Presse zu Behörden. Jur. Diss. Würzburg 1967

Erwin Gehrhardt: Nachrichtensperre und Auskunftspflicht der Behörden. In: »Media Perspektiven«, Nr. 5/1978, S. 347 ff.
Rolf Groß: Presserecht. Wiesbaden 1982, S. 141 ff.; Rolf Groß: Verschwiegenheitspflicht der Bediensteten und Informationsrecht der Presse. Göttingen 1964
Hans-Ulrich Jerschke: Öffentlichkeitspflicht der Exekutive und Informationsrecht der Presse. Berlin 1971
Hermann Kresse: Die Rundfunkordnung in den neuen Bundesländern. Stuttgart 1992
Martin Löffler/Reinhart Ricker: Handbuch des Presserechts, München [2]1986
Manfred Rehbinder: Die Informationspflicht der Behörden im Recht der Vereinigten Staaten. Berlin 1970
Christian Rotta: Nachrichtensperre und Recht auf Information. Stuttgart 1986
Joachim Scherer: Verwaltung und Öffentlichkeit. Baden-Baden 1978
Sabine Schröer-Schallenberg: Informationsansprüche der Presse gegenüber Behörden. Berlin 1987
Joachim Sobotta: Das Informationsrecht der Presse. Jur. Diss. Bonn 1972
Claudia Seibel-Schwiedernoch: Die verfassungsrechtliche Problematik des »Medienprivilegs«. In: »Computer und Recht«, Jg. 1988, S. 861–868
Werner Staggat: Zur Rechtsgrundlage des Informationsanspruchs der Presse. Bonn-Bad Godesberg 1971
Jürgen K. Wente: Das Recht der journalistischen Recherche. Baden-Baden 1987
Karl Egbert Wenzel: Das Recht der Wort- und Bildberichterstattung. Handbuch des Äußerungsrechts. Köln [3]1986

Auslandskorrespondenten → Arbeitsrecht der Medien

Aussageverweigerungsrecht → Zeugnisverweigerung

Ausschluß der Öffentlichkeit in Gerichtsverfahren → Gerichtsberichterstattung

Außenpluralismus → Rundfunkorganisationsrecht

Ausspähung → Staatsschutz

Ausstellungsrecht → Urheberrecht

Aus- und Fortbildung von Journalisten. Die Situation der Aus- und Fortbildung in den verschiedenen journalistischen Kommunikationsberufen (insbesondere in Tageszeitungen, Zeitschriften, Hörfunk und Fernsehen) ist zu Beginn der 90er Jahre geprägt durch die Akademisierung dieser Berufe, was als eine Folge der in den 70er Jahren diskutierten Reformen angesehen werden kann, die inzwischen zu institutionalisierten wissenschaftlichen Ausbildungsgängen für Journalisten geführt haben. Aber auch angehende Redakteure, die diese Studiengänge nicht absolvieren, sind heute in der Regel Absolventen wissenschaftlicher Ausbildungsgänge der unterschiedlichsten Disziplinen, häufig allerdings Studienabbrecher. Gleichzeitig aber hat die Entwicklung der Medienlandschaft in der Bundesrepublik Deutschland (private Radio- und Fernsehstationen) wieder zu einer beruflichen Pioniersituation geführt. Der sprunghaft ansteigende Bedarf nach Redakteurinnen und Redakteuren konnte nur durch eine deutliche Absenkung des professionellen Anspruchsniveaus befriedigt werden. Charakteristisch dafür ist, daß in diesem Zusammenhang zahlreiche private Ausbildungseinrichtungen entstehen, die gegen hohe Kosten versprechen, in einer Art von Schnellsiedekursen Journalisten zu produzieren.

Damit steht die Journalistenausbildung in Deutschland zu Beginn eines neuen Jahrzehnts am Anfang einer neuen Entwicklung. Zwar ist die Diskussion über die Notwendigkeit einer systematischen, wissenschaftlich fundierten Ausbildung für die journalistischen Berufsfelder seit Anfang dieses Jahrhunderts unablässig geführt worden, aber die sich gleich bleibenden Argumente pro und contra hatten bis zum Anfang der 70er Jahre so gut wie keine Wirkung. Dabei ist allerdings von den Jahren zwischen 1933 und 1945 abzusehen, denn in dieser Zeit hat unter den Bedingungen des nationalsozialistischen Regimes eine rigorose Regelung des journalistischen Berufes geherrscht, wozu natürlich auch die Journalistenausbildung gehörte. In einer vergleichsweise späten Etappe der Hochschul- und Studienreform wurde die Diskussion um die Verwissenschaftlichung der Journalistenausbildung in den 70er Jahren aber dann so intensiviert und vor allem konkretisiert, daß es zu einer durchgreifenden und vollständigen Neukonzeption der Journalistenausbildung kommen konnte.

Als Zäsur in dieser Entwicklung ist das *»Memorandum zur Journalistenausbildung«* anzusehen, mit dem der Deutsche Presserat dieses Thema 1971 nachdrücklich in die allgemeine bildungs- und hochschulpolitische Diskussion einbrachte. In der Rückschau läßt sich feststellen, daß dieses Memorandum zwar nicht plötzlich, aber doch langsam und konsequenzenreich eine Reihe von Aktivitäten ausgelöst hat, Reformpläne der Institute für Publizistik- und Kommunikationswissenschaft, Modellversuche verschiedener Universitäten und Bundesländer und nicht zuletzt auch die Karriere, die das Thema Journalistenausbildung danach in den medienpolitischen Konzeptionen der Parteien und Verbände gemacht hat. So wurde aus den Memoranden und Resolutionen konkrete Ausbildungspraxis. Ein 1981 erschienener Studienführer erwies sich fünf Jahre später als vollkommen überholt und unaktuell. Im Nachfolgeband konnte Jürgen Wilke deshalb 1987 schreiben: »Kaum ein anderes Fach – die entfernt verwandte Informatik sicher abgesehen – hat in den letzten Jahren, gerade angesichts schwindender Ressourcen, eine ähnliche Förderung erfahren.«

Ausgehend von den Thesen, daß die politische, gesellschaftliche und – nicht zuletzt – auch die kommunikationstechnische Entwicklung der Gegenwart vor allem hinsichtlich Allgemeinbildung, Fachkenntnissen, Medientheorie und Berufsmoral an die meisten journalistischen Berufe wachsende Anforderungen gestellt hat und stellen wird, wurde die Aus- und Vorbildung für Journalisten in den allgemeinen Zusammenhang einer Verwissenschaftlichung der Berufsausbildung gerückt.

Volontariat und Hochschulausbildung. Traditionell gilt der Journalismus auch heute noch als freier, offener Begabungsberuf. Das hat zur Folge, daß schon immer Personen mit sehr verschiedenen Ausbildungsvoraussetzungen in diesem Berufsfeld tätig waren. Allerdings zeigen verschiedene empirische Studien, daß vor allem das *Volontariat* bei einer Tageszeitung eine gewisse Konstante in einer ansonsten sehr vielfältigen und heterogenen Ausbildungssituation darstellt. Auch sehr viele Angehörige der Rundfunkanstalten und Journalisten in Pressestellen sind über diesen Weg in den Beruf gekommen. So erbrachten vor allem die Tageszeitungen hier seit vielen Jahren eine Vorbildungsleistung für die anderen Medien und das weitere Berufsfeld. Auch einige der berufsbezogenen Journalistik-Studiengänge der Universitäten setzen, soweit sie nicht eine eigene Aufnahmeprüfung durchführen, das Volontariat als Zugangsbedingung für die Immatrikulation voraus oder verlangen es im Laufe der ersten Semester des Studiums (meist als sogenanntes einjähriges Volontär-Praktikum).

Diesem faktisch hohen Stellenwert des Volontariats wurde bis zum Anfang der 90er Jahre nicht durch eine entsprechende rechtlich institutionalisierte Verbindlichkeit entsprochen. Aufgrund der Uneinigkeit zwischen Verleger- und Journalistenverbänden war diese in den 80er Jahren sogar deutlich geringer als in der Zeit davor. Am Anfang der neuen Entwicklung der journalistischen Ausbildung lag dieser Ausbildungsinstitution Volontariat ein »Vertrag über Ausbildungsrichtlinien für Redaktions-Volontäre an Tageszeitungen« vom 1. September 1969 zugrunde. Ihn hatten der »Bundesverband Deutscher Zeitungsverleger« einerseits und der »Deutsche Journalisten-Verband«, die »Industriegewerkschaft Druck und Papier (dju)« und die »Deutsche Angestellten-Gewerkschaft« andererseits abgeschlossen. Diese Richtlinien galten allerdings bei den Journalisten schon bald als unzureichend und begegneten, nicht zuletzt unter den Volontären selbst, zunehmend der Kritik. So hatte auch eine Studie von Kieslich/Roloff 1971 nachgewiesen, daß diese vertraglichen Vereinbarungen, obwohl sie nur Minimalstandards festhielten, in den Verlagen und Redaktionen sehr häufig verletzt wurden. Die beiden größten Journalistenverbände DJV und dju einigten sich deshalb 1973 auf ein neues Dokument, den Entwurf für einen »Tarifvertrag über die Ausbildung von Redaktions-Volontären an Tageszeitungen«. Eine der entscheidenden Neuerungen war die Festschreibung von monatlich an mindestens fünf zusammenhängenden Arbeitstagen stattfindenden »verlagsinternen oder überbetrieblichen Schulungsveranstaltungen«, deren Kosten die Verlage tragen sollten. Dazu sollte pro Jahr noch ein mindestens dreiwöchiger Ausbildungskurs an einer von den Berufsorganisationen der Presse getragenen oder anerkannten Institution kommen. Die Verhandlungen darüber mit dem BDZV haben zu keinem Erfolg geführt. Der Verlegerverband hat deshalb auf Beschluß seiner Delegiertenversammlung am 22. April 1982 *»Grundsätze für das Redaktionsvolontariat an deutschen Zeitungen«* beschlossen. Zwar gibt es an einigen Zeitungen hervorragende Beispiele für eine systematische Volontärausbildung, daß in der entsprechenden Broschüre des BDZV aber lediglich acht Tageszeitungen näher vorgestellt werden, ist für viele Kritiker ein Indiz dafür, welche katastrophalen Zustände bei vielen der übrigen Tageszeitungen in der Bundesrepublik Deutschland hinsichtlich der Volontärausbildung herrschen. Neuere Untersuchungen liegen nicht vor. Allerdings hat es auch nach Einführung dieser Grundsätze Kongresse und Demonstrationen junger Journalisten gegeben, die eine bessere Institutionalisierung des Volontariats verlangen (Motto: »Bei Satelliten sind sie fix, für Volontäre tun sie nix«). Jedenfalls muß dieser Sachverhalt wohl auch als ein Dokument für die mangelnde berufs- und kommunikationspolitische Durchsetzungsfähigkeit und -bereitschaft der organisierten Journalisten angesehen werden. Die weitere Entwicklung der Institution Volontariat kann als eine der »Soll-Bruchstellen« für die professionellen Ansprüche der weiteren Entwicklung der Journalistenausbildung bezeichnet werden.

Der Hintergrund dieser Frage ist, daß es dabei weiterhin darum geht, wie sich Volontärausbildung einerseits und akademische Ausbildung andererseits zueinander verhalten. Die beiden Berufsorganisationen der Journalisten, DJV und dju, waren sich beim Tarifvertragsentwurf Anfang der 70er Jahre einig, daß er hauptsächlich dazu dienen sollte, die Volontärsausbildung für die gegenwärtig davon Betroffenen zu verbessern, das mittel- und langfristige Ziel aber eine Abschaffung der Ausbildung in ihrer bisherigen Form sein sollte. Die künftige *Regelausbildung für Journalisten* soll nach den ›Thesen des DJV‹ und dem ›Modell der dju‹ an *wissenschaftlichen Hochschulen* vermittelt werden. Die Verbände schlossen sich damit den Forderungen der von ihnen ja mitgetragenen »Gemischten Kommission für Fragen der journalistischen Aus- und Fortbildung des deutschen Presserates« an, deren »Memorandum« am 28. November 1973 in einer überarbeiteten Fassung als *»Rahmenplan zur Journalistenausbildung«* erneut der Öffentlichkeit und verantwortlichen Stellen zur Diskussion gestellt wurde. Auch die Ständige Konferenz der Kultusminister der Länder hat mit ihrem *»Organisationsmodell für eine hochschulgebundene berufsorientierte Journalistenausbildung«* vom 13. September 1974 diese Vorstellung im wesentlichen übernommen.

Obwohl sich die Journalistenverbände mit ihren Ideen nicht durchsetzen konnten, haben die praktischen Konsequenzen dieser vielen Forderungen, Pläne und Diskussionen in den Universitäten zu einer Institutionalisierung der Journalistenausbildung geführt, die Entwicklungen genau in diese Richtung befördert hat. Nach in München, Stuttgart-Hohenheim und Dortmund erfolgreich durchgeführten Modellversuchen kam es – und dies zusätzlich zu den sich ebenfalls berufsorientiert verändernden Magisterstudiengängen an den Instituten für Publizistik- und Kommunikationswissenschaft – zur Institutionalisierung von *Diplomstudiengängen Journalistik* in München (1974),

Dortmund (1976), Stuttgart-Hohenheim (1977), Mainz (1978), Bamberg (1982), Hamburg (1982), Eichstätt (1983), Köln (Sporthochschule 1984), Gießen (1984), Hannover (1985). Das Hochschulrahmengesetz sorgte dafür, daß diese neuen Studiengänge in der Regel alle nach der Diplomprüfungsordnung ablaufen. Dies brachte zumindest eine gewisse formale Vereinheitlichung. Wie Umfragen zeigen, wird das Diplom entgegen früheren Tendenzen zunehmend auch von den Journalisten als berufsqualifizierender Abschluß und Titel akzeptiert. Noch sind es auch ja nur wenige hundert Absolventen, die mit dem Titel eines Diplom-Journalisten auftreten.

Erfahrungen aus all diesen neuen Studiengängen liegen inzwischen vor, da die ersten Studierenden Ende der 70er Jahre ihr Studium abgeschlossen haben und sich seitdem in der Praxis bewähren konnten – oder eben auch nicht. Da es derzeit allerdings keine repräsentativen Erhebungen gibt, können nur Eindrücke und Beobachtungen angeführt werden, wie sie von den verantwortlichen Lehrern der Studiengänge mitgeteilt werden. Ganz offensichtlich ist, daß dieses Ausbildungsangebot der Universitäten marktgerecht war. Der Arbeitsmarkt für Journalisten hat sich in den 80er Jahren ausgesprochen dynamisch entwickelt. Auch eine wesentlich größere Zahl von Absolventen wäre ohne Schwierigkeiten von diesem Markt aufgenommen worden. Auch die höhere fachliche Professionalität der so Ausgebildeten entsprach einem Bedürfnis der Redaktionen. Schließlich läßt sich beobachten, daß einige nach fünf- bis zehnjähriger Tätigkeit im Beruf zu den Aufsteigern der Branche gehören und da und dort auch schon begehrte Journalistenpreise gewinnen konnten.

Unabhängig oder parallel zu diesen universitären Entwicklungen kam es dann schließlich Anfang 1990 doch zu einer Einigung zwichen dem Bundesverband Deutscher Zeitungsverleger und der IG Medien bzw. dem Deutschen Journalisten-Verband auf einen Tarifvertrag, mit dem das »Redaktionsvolontariat« in seiner bisherigen Form weitgehend festgeschrieben wurde. Die am ehesten als Reform und als Verbesserung gegenüber den früher kritisierten Zuständen zu bezeichnende Regelung enthält der § 6, insbesondere mit dem Absatz 4, weil dort die Teilnahme an außerbetrieblichen Bildungsmaßnahmen im Ausmaße von vier Wochen (!) im ersten Bildungsjahr und von zwei Wochen im zweiten Bildungsjahr festgeschrieben wird. Bei der Gleichwertigkeit von arbeitgeberbetriebenen Journalistenschulen kann auch darauf verzichtet werden. Die Etablierung einiger neuer Institutionen wie etwa der »Akademie der Bayerischen Presse« zeigt, daß hier tatsächlich gewisse Veränderungen in Gang gekommen sind. Positiv ist sicherlich auch zu registrieren, daß in jeder Redaktion ein Ausbildungsbeauftragter benannt werden soll, der zur Erfüllung seiner Aufgaben im erforderlichen Umfang von anderweitiger Arbeitspflicht freigestellt wird. Vorläufig fehlen Daten darüber, wie weit dieser Vertrag die Realität in den Redaktionen tatsächlich verändert hat.

Empirisch haben in den 60er und 70er Jahren ein Forschungsprogramm der Bundesregierung und Studien etwa des Instituts für Demoskopie in Allensbach sehr genaue Diagnosen der Ausbildungsgegebenheiten ermöglicht. Vergleichbare Daten über die seitdem völlig veränderte Situation liegen derzeit nicht vor und sind ein dringendes Desiderat kommunikationswissenschaftlicher Forschung. Durch die Wiedervereinigung kam es zu entsprechenden Impulsen, so daß Anfang 1993 die ersten Ergebnisse einer Repräsentativerhebung veröffentlicht wurden, die am Institut für Journalistik und Kommunikationsforschung in Hannover konzipiert und durchgeführt wurde. Erwartungsgemäß zeigte sich, daß die Reform der Journalistenausbildung seit dem Ende der 60er Jahre zu einem deutlichen Anstieg der formalen Bildung geführt hat. Dies führte zu einer zunehmenden Akademisierung des Journalistenberufes. Unabhängig davon aber ist der Stellenwert des Volontariates hoch geblieben. Jeder fünfte Befragte hat Publizistik-, Zeitungs- oder Kommunikationswissenschaft studiert. Angesichts der geringen Kapazitäten können sich die Absolventen eines Hochschulstudiums der Journalistik nur langsam statistisch abzeichnen. Diese Professionalisierung wird ganz deutlich im Wandel der Rekrutierungsmuster: Nur noch ein verschwindend kleiner Teil der Befragten gibt an, daß er eigentlich ohne besondere Ausbildung in den Beruf gekommen sei (Beate Schneider/Klaus Schönbach/Dieter Stürzebecher: Westdeutsche Journalisten im Vergleich: Jung, professionell und mit Spaß an der Arbeit. In: »Publizistik«, 38. Jahrgang 1993/Heft 1, S. 5–30).

INSTITUTIONALISIERUNG DER FORTBILDUNG. Wesentlich unverbindlicher als die Ausbildung und kaum institutionalisiert stellt sich die Situation der Fortbildung dar. Zwar gibt es vor allem am Deutschen Institut für publizistische Bildungsarbeit/Journalistenzentrum Haus Busch in Hagen und an der Akademie für Publizistik in Hamburg ein kontinuierliches Kursangebot und in einigen Ländern einschlägige Einrichtungen der verschiedensten Art, neuerdings auch ein Fortbildungsangebot z. B. des BDZV, aber die Kapazität dieser Institutionen reicht bei weitem nicht aus, um allen in diesem Berufsfeld Tätigen die Fortbildung zu ermöglichen. Als beispielhaft für Zeitungsjournalisten kann das Modell der *Bundeszentrale für Politische Bildung* gelten. Es wurde noch Anfang der 70er Jahre in der Überzeugung gestartet, daß insbesondere die Lokaljournalisten einen Nachholbedarf an Aus- und Fortbildung haben. In der Tat zeigten auch zahlreiche Untersuchungen, daß diese größte journalistische Berufsgruppe hinsichtlich vieler beruflicher Aspekte als sehr benachteiligt anzusehen ist und die Kenntnisse und Fertigkeiten der Lokalredakteure häufig nicht ausreichten, um den wachsenden Ansprüchen gerade an diese Teile der Tageszeitungen gerecht zu werden. Auf der Basis eines Forschungsprojektes »Journalismus und kommunale Öffentlichkeit« wurde deshalb ein *Modell zur Fortbildung von Lokalredakteuren* entwickelt, das seit 1976 erprobt und schließlich in einen Regelbetrieb überführt wurde. Zu seiner Steuerung berief die Bundeszentrale für politische Bildung ein »Projektteam Lokaljournalisten«, führt regelmäßig Seminare durch und erstellte insbesondere eine Fülle von Ausbildungsmaterial, das allgemein als vorbildlich angesehen wird (»ABC des Journalismus«, »ABC für Volontärsausbilder«, »Materialien für Lokaljournalisten«, »Themen für Lokaljournalisten« und die Pressedienste »Bonner Lokalredaktion« bzw. »Drehscheibe«).

Ungefähr zur gleichen Zeit richteten auch die Rundfunkanstalten der ARD und das ZDF eine *»Zentrale Fortbildung der Programmitarbeiter«* (ZFP) ein. Damit wurde Ende der 70er Jahre erstmals für alle Journalisten einer bestimmten Kategorie die Fortbildung institutionalisiert und zu einem systematischen Angebot ausgearbeitet. Nach zehnjährigem Funktionieren dieser Einrichtung zeigte sich, daß die Intensität und Regelmäßigkeit der Teilnahme an Fortbildung heute sehr hoch liegen. Gleichrangige Einrichtungen im Bereich der Tagespresse oder auch der Zeitschriften sind bislang nicht erkennbar, obgleich die Journalistenverbände parallel zur Reform der Ausbildung auch die systematische Einführung der Fortbildung seit langem fordern. Auch bei Zeitungs- und Zeitschriftenverlegern wird die Bedeutung der Weiterbildung hoch eingeschätzt, aber die Bereitschaft zur Schaffung entsprechender Institutionen ist bisher gering.

FRAGEN DES BERUFSZUGANGS. Die Aus- und Fortbildung von Journalisten hat in der Bundesrepublik Deutschland heute ein hohes Maß an Verwissenschaftlichung erfahren. Dies hat sich allerdings nicht – oder jedenfalls nicht gravierend – auf den Zusammenhang von Berufsausbildung und Berufszugang ausgewirkt. Es gibt dafür in der Bundesrepublik Deutschland keine festgeschriebenen oder als verbindlich anerkannten institutionellen Regelungen. Das hat zur Folge, daß sehr verschiedenartige Zugangswege nebeneinander existieren, die jeweils auch durch sehr verschiedenartige *Ausbildungsvoraussetzungen* charakterisierbar sind: (a) der Zugang nach dem Abitur über das Volontariat, eine Journalistenschule und/oder ein (unspezifisches, nicht berufsbezogenes) Universitätsstudium; (b) der Zugang über einen anderen erlernten und/oder ausgeübten Beruf (mit kurzer ›Anlernzeit‹); (c) der freie, zufällige Zugang meist über nebenberufliche oder teilberufliche journalistische Mitarbeit an den Massenmedien. Vor allem die letzten beiden Zugangsmöglichkeiten sind dort gemeint, wo vom Journalismus als einem *»offenen Begabungsberuf«* die Rede ist und diese Möglichkeiten als charakteristische Besonderheiten des journalistischen Berufs herausgestellt werden.

Es ist eine Frage empirischer Berufsforschung, welche Folgen diese Zusammenhänge zwischen Berufszugang und Berufsausbildung für das Berufsbild, aber auch das berufliche Handeln vor allem bei den großen Medieninstitutionen (also den aktuell-universellen Massenmedien Zeitung, Hörfunk, Fernsehen) in der Vergangenheit hatten und welche Folgen bei einer Veränderung zu erwarten sind. Für die vergangenen Zustände läßt sich jedenfalls feststellen, daß der Mangel an »öffentlichen« Vor- und Ausbildungseinrichtungen keineswegs durch besonders qualifizierte Methoden der beruflichen Sozialisation und Nachwuchsrekrutierung in den Medien kompensiert wurde. So zeigten alle entsprechenden Studien, daß sich kaum eine unsystematischer betriebene Ausbildung als die des journalistischen Nachwuchses denken läßt. Wenn journalistische Kommunikationsberufe hinsichtlich ihrer technischen, sozialen, organisatorischen Komplexität zumindest tendenziell »professionellen« Charakter haben, dann sind die dafür angemessenen Selektionskriterien und -verfahren bislang – wenn überhaupt – allenfalls durch die universitären Studiengänge für Diplomjournalisten entwickelt worden.

Sie wurden den Forderungen gerecht, die in den Diskussionen über die Reform der Journalistenausbildung in den Vordergrund rückten: die Ablösung der Begabungsidee als Selektions- und Rekrutierungsmechanismus für die journalistischen Berufe durch weniger irrationale, d. h. objektivierbare Kriterien. Schon immer ist es charakteristisch für die Kommunikationsmedien, daß sie im Gegensatz zu vielen anderen Betrieben oder Organisationen kein Problem der »Mitgliederwerbung«, sondern eines der Auswahl haben. Die Zahl der Bewerber – beim Volontariat wie bei »höheren« beruflichen Positionen und auch den Studienplätzen – ist in der Regel groß. Das Reservoir der mit ihrem Fach unzufriedenen Studenten, der sich »berufen« fühlenden Abiturienten, der freien Mitarbeiter der Medien, die auf den Sprung in die feste Anstellung hoffen, und nicht zuletzt der vielen, die ihren bisherigen Beruf aufgeben möchten und sich vom Journalismus eine Tätigkeit jenseits von Langeweile, Zwang und Entfremdung erhoffen, ist traditionell ungewöhnlich groß.

Lange lief angesichts dieser Situation die Rekrutierung so ab, daß Journalist wurde, wer sich selbst dazu »berufen« fühlte und wem Zufall und Glück dann einen Platz in einem der Medien verschafften. Die Überzeugung von der »journalistischen Begabung« ließ diesen Zustand im Selbstverständnis vieler Journalisten als geradezu ideale Selbstregulierung des Berufes erscheinen. Nach allen berufssoziologischen Erkenntnissen aber muß bezweifelt werden, daß derartige subjektive Rekrutierungsmechanismen auch nur ansatzweise gewährleisten, daß gerade jene Bewerber in die frei werdenden oder neu entstehenden Berufspositionen einrücken, die ein funktionsadäquates berufliches Handeln versprechen. Während sich diese vergangenen Zustände aus einer ganzen Reihe empirischer Untersuchungen belegen lassen, gibt es über die Folgen der Reform der Ausbildung durch universitäre Studiengänge nur Vermutungen. Noch ist die Zahl der Absolventen im Vergleich zur Gesamtzahl der Journalisten gering. Trotzdem darf angenommen werden, daß diese Studiengänge Modellcharakter für eine sachgerechte Rekrutierung des journalistischen Nachwuchses haben.

Zur gleichen Zeit aber, in der diese neuen Strukturen eines geordneten Zuganges und einer systematischen Ausbildung für den Journalismus entstanden sind und ihre Zukunftsfähigkeit beweisen konnten, hat der durch das Entstehen von privaten Radiostationen und Fernsehsendern entstandene Arbeitsmarkt wieder zu einer Art Ausbildungsanarchie geführt. Für bestimmte Sektoren steht deshalb der journalistische Beruf zu Beginn der 90er Jahre wieder vor den gleichen Problemen wie vor einigen Jahrzehnten.

Rechtliche Problematik. Wenn man die Konzepte und die praktischen Versuche zur Reform der Journalistenausbildung auf ihre Grundlagen hin untersucht, so wird deutlich, daß sie einem Konzept der Professionalisierung folgen. Dahinter steckt die Überzeugung, daß an die Stelle subjektiver Begabungselemente auch in diesem Beruf berufsspezifische Sozialisationsformen der Vor- und Ausbildung treten müssen. Diese sind als Selektionskriterien und -verfahren anzusehen, die nicht von der Vorstellung präformierter Begabungskonstanten ausgehen, sondern von beruflichen Leistungen, die aus der Sicht der Gesellschaft als notwendig angesehen werden. Damit ist aber die kommunikationspolitische Frage aufgeworfen, inwieweit auch für diese Berufe eine *soziale Kontrolle des Berufszugangs* durch Regelung der Vor- und Ausbildung wünschenswert, ja notwendig und realisierbar ist.

Politisch, aber auch *verfassungsrechtlich* ist diese Frage umstritten. Die Gegner irgendwelcher Regelungen erklären mit Hinweis auf Art. 5 GG derartige Kontrollmöglichkeiten von »Vorbeugung durch Ausbildung« als verfassungswidrig. Dieser Argumentation gegenüber wird andererseits kritisch die Frage gestellt, ob es sich bei der → Pressefreiheit gemäß Art. 5 GG im Hinblick auf ihre berufliche Inanspruchnahme nicht um eines jener »überragend wichtigen Gemeinschaftsgüter« im Sinne des Bundesverfassungsgerichtes handle, die als Kriterien eines politisch-gestalterischen Eingriffes zu gelten hätten. Die Funktionsfähigkeit der entscheidend von der journalistischen Berufsarbeit geprägten öffentlichen Kommunikation stellt zweifelsfrei ein solches Gemeinschaftsgut dar. Daraus läßt sich die Frage ableiten, ob der Staat nicht verpflichtet ist, berufliche Regelungen und eine normierte »Verfassung« der Kommunikationsberufe zu schaffen, weil diese zu jenen Voraussetzungen gehören, die die Medien erst in Stand setzen, ihre Aufgabe zu erfüllen, d. h. die Funktionsfähigkeit der öffentlichen Kommunikation sicherzustellen. Zur Begründung solcher kommunikationspolitischer Zielvorstellungen in der → Medienpolitik wäre anzuführen, daß die Frage des freien Zugangs zur Kommunikation nicht reduziert werden kann auf eine individualrechtliche Interpretation von Art. 5 GG als Grundrecht des freien Zugangs zu den Presseberufen. Gegen diese reduktionistische juristische Denkweise ist kommunikationstheoretisch zu argumentieren, daß dieses ›Zugangsrecht‹ mindestens die folgenden weiteren Dimensionen hat: (a) freier Zugang im Sinne der Informationsfreiheit; (b) freier Zugang im Sinne der chancengleichen aktiven Teilhabe an der öffentlichen Kommunikation; (c) freier Zugang im Sinne der Freiheit zur Herausgabe von Medien (z. B. zur Verlagsgründung).

Eine solche Differenzierung macht deutlich, daß eine Identifikation des freien Berufszugangs mit den in Art. 5 GG gemeinten Kommunikationsrechten zu der – aus kommunikationswissenschaftlicher Sicht – nicht vertretbaren Konsequenz führt, daß nur so Meinungsfreiheit und als mediale Kommunikationsfreiheit verstandene → Pressefreiheit realisierbar wären.

Prinzipiell zu unterscheiden ist zwischen einem *kommunikativen* und einem *beruflichen Zugang* zu den Medien. Die verfassungsrechtliche Auseinandersetzung mit dem Problem einer Formalisierung journalistischer Berufsausbildung hätte an dieser Stelle neu anzusetzen: Der Zusammenhang zwischen kommunikativem und beruflichem Zugang zu den Medien besteht systematisch darin, daß das adäquate Funktionieren des journalistischen Berufes der Garantie der kommunikativen Zugangsmöglichkeiten im Sinne einer Chancengleichheit beim Prozeß der Meinungsbildung zu dienen hat. Damit reduziert sich das Problem des freien Zugangs zu den journalistischen Kommunikationsberufen – wenigstens hinsichtlich des Zugangs zu bestehenden aktuell-universellen Medien – auf Berufswahl und -ausübung, wie sie generell für alle Berufe gelten und durch die Auslegung von Art. 12 GG umschreibbar sind. Es ist nicht zu sehen, inwiefern der journalistische Beruf hier eine verfassungsrechtliche Sonderstellung haben sollte.

Sollte es in den 90er Jahren eine kommunikationspolitische Diskussion über Ausbildungsfragen geben, so müßte diese sich auf die Fixierung von Mindestqualifikationen für bestimmte journalistische Tätigkeitsfelder konzentrieren. Reformen der Aus- und Fortbildung können notwendig nur partiell wirksam werden, solange die berufliche Tätigkeit im Journalismus nicht an gewisse Mindestqualifikationen gebunden wird. Dabei wäre sicherlich zwischen den verschiedenen Kategorien journalistischer Tätigkeit zu unterscheiden (Redaktionsarbeit gegenüber freier Mitarbeit). Unnötig und systemwidrig scheint eine derartige Zugangsregelung für nicht- oder halbberufliche journalistische Arbeit: Objektivierte Berufsanforderungen und Zugangsvoraussetzungen müssen sich vor allem auf die hauptberuflichen, insbesondere redaktionellen Tätigkeiten bei den universellen, aktuellen Massenmedien beziehen. Der Kommunikationspolitik bleibt hier jedenfalls ein breiter Spielraum: »Die Stufenordnung der Berufsgesetze reicht vom bloßen Schutz einer Berufsbezeichnung bis hin zur Kammerverfassung und besonderen Berufsgerichtsbarkeit und läßt daher differenzierte Lösungen zu« (Lahusen in »Zeitschrift für Rechtspolitik«, 9. Jg. 1976/Heft 5, S. 111 ff. und neuerdings Kriele, ebenda, 23. Jg. 1990/Heft 3, S. 109 ff.).

WOLFGANG R. LANGENBUCHER

Literatur

Jörg Aufermann/Ernst Elitz (Hrsg.): Ausbildungswege zum Journalismus. Bestandsaufnahme, Kritik und Alternativen der Journalistenausbildung. Opladen 1975 (*zum Zeitpunkt des Erscheinens aktuelle Problemdarstellung mit Auswahlbibliographie*; *im Anhang Dokumentation u. a. zum Volontariat und zu Modellen der Journalistenausbildung*).

Journalismus als Beruf. Themenheft der Zeitschrift »Publizistik« als Vierfachheft 3–4/1974 – 1–2/1975 (*Überblick zur Situation bis zum Jahre 1975 mit Aufsätzen aus folgenden Bereichen*: *Journalistenausbildung aus der Sicht der Kommunikationswissenschaft*; *Wege in den Journalismus*; *Probleme der Berufspraxis*; *Methoden der Aus- und Fortbildung*; *Ausbildungsmodelle in der Erprobung*; *Länderberichte zur*

Aus- und Fortbildung; dokumentiert zusammen mit der zuvor genannten Publikation die Ausgangspunkte für die Entwicklung bis zur Gegenwart)

Christian Breunig (Hrsg.): Studienführer Publizistik. Journalistik. Kommunikation. Vorwort: Jürgen Wilke. München ^{2}1989 (*aktuellster und vollständigster Studienführer mit genauen Informationen über alle Studiengänge und die wichtigsten sonstigen Aus- und Fortbildungsangebote für Kommunikationsberufe (incl. Schweiz und Österreich): (a) Haupt- und Nebenfachstudiengänge in Publizistik- und Kommunikationswissenschaft; (b) berufsbezogene Journalistik-Studiengänge als Hauptfach;* (c) *Aufbaustudiengänge in Publizistik- und Kommunikationswissenschaft; (d) Aufbaustudiengänge in Journalistik; (e) Nebenfach- Ergänzungs- und Teilstudiengänge für Kommunikationswissenschaft bzw. Journalistik; (f) verschiedene Studiengänge für Medienberufe*)

Günter Kieslich: Der journalistische Nachwuchs in der Bundesrepublik Deutschland. Bearbeitung: Eckart Klaus Roloff. Köln 1974 (*Bestandsaufnahme aus dem Jahre 1970 zur Volontärausbildung, ergänzt durch eine umfangreiche Bibliographie*)

Walter Hömberg (Hrsg.): Journalistenausbildung. Modelle, *Erfahrungen*, *Analysen*. München 1978 / Jürgen Wilke (Hrsg.): Zwischenbilanz der Journalistenausbildung. München 1987 (*Dokumentation von zwei Arbeitstagungen der Deutschen Gesellschaft für Publizistik und Kommunikationswissenschaft: (a) 1976 in Salzburg über Studieninhalte, Curricula und Studienordnungen und damalige Zielvorstellungen; (b) 1987 in Eichstätt zur Frage, ob seit der Salzburger Tagung die Bemühungen um die akademische Journalistenausbildung vorangekommen sind, zugleich auch Standortbestimmung mit zukunftsgerichteten Fragen nach Defiziten der Journalistenausbildung sowie Auswahlbibliographie der Literatur von 1978 bis 1987*)

Volker Schulze (Hrsg.): Wege zum Journalismus. Bonn ^{10}1993 (*Broschüre des Bundesverbandes Deutscher Zeitungsverleger mit Beispielen für das Volontariat bei Tageszeitungen und Hinweisen auf die wichtigsten Journalistenschulen und Studiengänge*)

Michael Kunczik: Journalismus als Beruf. Köln und Wien 1988

Siegfried Klaue (Hrsg.): Marktwirtschaft in der Medienberichterstattung. Wirtschaftsjournalismus und Journalistenausbildung. Düsseldorf 1991

Elisabeth Klaus (Hrsg.): Rückblick und Ausblick. Erfahrungen mit der hochschulgebundenen Journalistenausbildung am Institut für Journalistik der Universität Dortmund. Dortmund 1988: Institut für Journalistik der Universität Dortmund *(Ergebnisse einer Befragung von Absolventen der Immatrikulations-Jahrgänge 1976–1982).*

Walter A. Mahle (Hrsg.): Journalisten in Deutschland. München 1993

Frank Böckelmann: Journalismus als Beruf. Bilanz der Kommunikatorforschung im deutschsprachigen Raum von 1945 bis 1990. Konstanz 1993 (= Schriften der Deutschen Gesellschaft für COMNET, Bd. 10) (*Bibliographisches Handbuch mit Darstellung der Ergebnisse aller empirischen Journalisten-Untersuchungen in der Bundesrepublik Deutschland, in der DDR, in der Schweiz und in Österreich*)

Beate Schneider/Klaus Schönbach/Dieter Stürzebecher: Westdeutsche Journalisten im Vergleich: jung, professionell und mit Spaß an der Arbeit. In: »Publizistik«, 38. Jg. 1993, S. 5–30; Beate Schneider/Klaus Schönbach/Dieter Stürzebecher: Journalisten im vereinigten Deutschland. Strukturen, Arbeitsweisen und Einstellungen im Ost-West-Vergleich. In: »Publizistik«, 38. Jg. 1993, S. 352–382 (*aktuelle Ergebnisse einer repräsentativen Journalistenbefragung*)

AV-Medien → Bildschirmtext und Videotext, → Medienpolitik, → Neue elektronische Kommunikationstechniken, → Pressegesetze, → Rundfunkprogrammrecht

Azubi-Beschluß → Bundesverfassungsgerichtsentscheidungen zum Medienrecht (19. Mai 1992)

»Badische Zeitung«-Beschluß → Bundesverfassungsgerichtsentscheidungen zum Medienrecht (5. März 1992)

Bagatellklausel → Fusionskontrolle im Pressewesen

Bahnhofsbuchhandel → Jugendmedienschutz, → Vertriebsrecht

Bearbeiter → Urheberrecht

Bearbeitungsrecht → Urheberrecht

Befreiungsverordnungen → Rundfunkfinanzrecht

Beleidigung → Persönlichkeitsschutz, → Verantwortung des Journalisten

Belgien: Medienrecht → Medienrecht in den Staaten der EU

berechtigtes Interesse → Gerichtsberichterstattung

Berichte der Bundesregierung über die Lage von Presse und Rundfunk → Medienpolitik

Berichtigung → Gegendarstellung, → Persönlichkeitsschutz, → Verantwortung des Journalisten

Berner Übereinkunft → Österreichisches Medienrecht, → Urheberrecht

Berufsethik → Verantwortung des Journalisten

Berufsgeheimnis → Verantwortung des Journalisten, → Zeugnisverweigerung

Berufsliste → Geschichte des Medienrechts

Berufsregister → Schweizerisches Medienrecht

Berufswahl → Aus- und Fortbildung von Journalisten

Berufszugang → Aus- und Fortbildung von Journalisten, → Pressefreiheit

Besatzungsrecht → Geschichte des Medienrechts

Beschlagnahme von Presseerzeugnissen. In den Landespressegesetzen war die Beschlagnahme von Presseerzeugnissen – wenn auch mit einigen Abweichungen – weitgehend übereinstimmend geregelt. Während das Reichsgesetz über die Presse vom 17. Mai 1874 die vorläufige, *nichtrichterliche* Beschlagnahme bei hochverräterischen Veröffentlichungen, bei Verunglimpfungen des Staatsoberhauptes, bei Aufforderung zu strafbaren Handlungen, bei Angriffen gegen die Menschenwürde und bei Verbreitung unzüchtiger Schriften zuließ, ist in den Landespressegesetzen die Beschlagnahme eines Druckwerkes ausschließlich auf richterliche Anordnung oberster Grundsatz. Dabei durfte die Beschlagnahme nur angeordnet werden, wenn dringende Gründe für die Annahme vorlagen, daß die Einziehung des Druckwerkes angeordnet wird oder die einzuziehenden Gegenstände nach ihrer Art und den Umständen die Allgemeinheit gefährden oder die Gefahr besteht, daß sie der Begehung rechtswidriger Taten dienen werden (§ 74 Abs. 2 Nr. 2 StGB). Die Einziehung konnte danach auch vorgenommen werden, wenn der Täter, also der Hersteller der Druckschrift, ohne Schuld gehandelt hat. Nach den Bestimmungen der verschiedenen Landespressegesetze bedeutet die Pressebeschlagnahme die »Verhaftung des Gedankens« des Presseerzeugnisses. Die Wiedergabe eines Beitrags, der zu einer Beschlagnahme geführt hatte, in anderen Presseerzeugnissen wurde durch die Landespressegesetze untersagt.

Stellte sich die Beschlagnahmeanordnung als unrichtig heraus, so billigten die Landespressegesetze den von der Beschlagnahme Betroffenen einen Entschädigungsanspruch zu. Voraussetzung dafür war die Aufhebung der Beschlagnahme und das Ausbleiben einer Anordnung der Einziehung oder Unbrauchbarmachung im nachfolgenden Verfahren.

Bereits in seinem Beschluß vom 28. November 1973 hatte das Bundesverfassungsgericht festgestellt, daß die landesgesetzlichen Regelungen kompetenzrechtlich zum Bereich des gerichtlichen Verfahrens (Art. 74 Nr. 1 GG) gehören und daher der Gesetzgebungskompetenz des Bundes unterliegen (BVerfGE 36, 193). In gleicher Weise hat sich das Bundesverfassungsgericht im Beschluß vom 8. Oktober 1974 (BVerfG 36, 103) geäußert, in dem es die Beschlagnahmeregelung des Hamburgischen Landespressegesetzes und damit die entsprechenden Bestimmungen (§§ 12 bis 18) der → Pressegesetze der Länder für nichtig erklärt hat.

Der Gesetzgeber hat daraufhin durch das Gesetz über das → Zeugnisverweigerungsrecht der Mitarbeiter von Presse und Rundfunk vom 25. Juli 1975 die Strafprozeßordnung ergänzt. Maßgeblich für das Beschlagnahmerecht sind nunmehr § 111m und § 111n StPO. Damit besteht entgegen einer im Schrifttum vertretenen Einzelmeinung kein Zweifel, daß die bundesgesetzliche Regelung für die Beschlagnahme von Presseerzeugnissen die entsprechenden Bestimmungen der Landespressegesetze hat gegenstandslos werden lassen. Dies gilt nicht nur für die Beschlagnahme als solche, sondern auch für die Folgebestimmung, die »Verhaftung des Inhalts«, und die Entschädigungsregelungen der Landespressegesetze.

Bei der Novellierung der Strafprozeßordnung hat der Gesetzgeber zwischen der Beschlagnahme eines Druckwerkes oder einer sonstigen Schrift oder eines Gegenstandes im Sinne des § 74d StGB und der Beschlagnahme eines *periodischen* Druckwerkes, also eines eigentlichen Presseerzeugnisses, unterschieden. Die Beschlagnahme eines periodischen Druckwerkes darf nur noch durch den Richter angeordnet werden, während die Beschlagnahme eines anderen Druckwerkes, zum Beispiel Bücher, bei Gefahr im Verzuge auch durch die Staatsanwaltschaft verfügt werden kann. Doch auch eine solche Anordnung muß binnen drei Tagen vom Richter bestätigt werden, sonst tritt sie außer Kraft. Die Beschlagnahme ist aufzuheben, wenn nicht binnen zwei Monaten die öffentliche Klage erhoben oder die Einziehung des periodischen Druckwerkes beantragt ist. Die Staatsanwaltschaft kann beantragen, die Frist um weitere zwei Monate zu verlängern. Der Antrag kann einmal wiederholt werden.

Die Beschlagnahme eines Presseerzeugnisses ist jedoch nur dann zulässig, wenn ihre Einziehung gesetzlich vorgeschrieben ist. Das ist im Bereich des → Staatsschutzes der Fall. Die einschlägigen Bestimmungen finden sich für Presseerzeugnisse im § 92b StGB (für Straftaten nach § 92 StGB: Beeinträchtigung des Bestands der Bundesrepublik Deutschland), in § 101a StGB (für Straftaten nach §§ 93 ff. StGB: Landesverrat und Gefährdung der äußeren Sicherheit), in § 109k StGB (für Straftaten nach §§ 109d bis 109g StGB: Störpropaganda gegen die Bundesrepublik Deutschland, Sabotagehandlungen an Verteidigungsmitteln, sicherheitsgefährdender Nachrichtendienst, sicherheitsgefährdendes Abbilden, Anwerben für fremden Wehrdienst).

Mit der Neuregelung der Beschlagnahme nach § 111m und § 111n StPO ist die »Verhaftung des Gedankens« nicht mehr möglich. Ein Autor kann daher in einem anderen Presseerzeugnis seinen inkriminierten Beitrag veröffentlichen, ohne daß er selbst oder der neue Verbreiter gegen den angeordneten Beschlagnahmebeschluß verstoßen. Diese Regelung erscheint bedenklich, da sie zu einer Verbreitung solcher Beiträge an anderer Stelle führen kann, ohne daß die Strafverfolgungsbehörden rechtzeitig eingreifen können. Der Gesetzgeber hat diese für die staatliche Exekutive nachteilige Auswirkung bewußt in Kauf genommen und insoweit einen Entwurf der CDU/CSU-Fraktion des Deutschen Bundestages verworfen.

Die Regelung des Entschädigungsrechtes für aufgehobene Beschlagnahmen fällt wegen des engen Sachzusammenhangs zur Beschlagnahme nicht in die Gesetzgebungskompetenz der Länder. Das Bundesgesetz über die Entschädigung für Strafverfolgungsmaßnahmen vom 8. März 1971 sieht gemäß seines § 2 Abs. 2 Nr. 4 eine Entschädigungsregelung für die unberechtigte Beschlagnahme von Presseerzeugnissen vor, wenn die Entschädigung nicht in anderen Gesetzen geregelt ist. Da auch das Entschädigungsrecht für Strafverfolgungsmaßnahmen in die Gesetzgebungskompetenz des Bundes gehört, können die speziellen Vorschriften der Landespressegesetze keine Anwendung mehr finden.

Zwar hat der Gesetzgeber in § 17 des StrEG ausdrücklich nur die Gesetze vom 20. Mai 1898 und vom 14. Juli 1904 aufgehoben. Einer ausdrücklichen Aufhebung der Entschädigungsregelungen der Länder bedurfte es nicht, weil sie außerhalb der Gesetzgebungskompetenz der Länder erlassen wurden und daher nichtig sind.

Von aktueller Bedeutung ist die Frage, in welchem Umfang Presseinformation und Pressematerial »polizei- bzw. beschlagnahmefest« sind.

Die Strafprozeßordnung schützt umfassend Informationen und Pressematerial, welche einem Presseorgan von dritter Seite *anvertraut* wird. Bezüglich der Person des Informanten sowie des Inhalts der Mitteilung darf ein Redakteur weder als Zeuge vernommen werden noch ist es zulässig, das übermittelte Informationsmaterial zu beschlagnahmen und auszuwerten. Das Ziel dieser Regelung besteht in dem Schutz des Vertrauens zwischen Informant und Presse, welche ohne die Garantie anonymer Hinweise ihre öffentliche Aufgabe in einem demokratischen Staatswesen nicht wahrnehmen könnte.

Umstritten war und ist, inwieweit der Presse bzw. den Medien für *selbstrecherchiertes* Material derselbe Schutz zukommt. Hinsichtlich dieser Frage hat das Bundesverfassungsgericht mit Beschluß vom 1. Oktober 1987 (BVerfGE 77, 65) entschieden, daß für selbstrecherchiertes Material kein Zeugnisverweigerungsrecht bzw. kein Beschlagnahmeschutz besteht. Als entscheidend sieht es das BVerfG an, daß bei selbstrecherchiertem Material – anders als bei Mitteilungen durch dritte Personen – kein schützenswertes Vertrauensverhältnis zu einem Informanten existiert. Ebensowenig hält das BVerfG die Bedenken der Medien für stichhaltig, ohne die Gewährleistung eines Zeugnisverweigerungsrechts in den Augen der Bevölkerung als Gehilfe der Staatsanwaltschaft angesehen und dadurch bei der Informationsbeschaffung behindert zu werden. Nach Ansicht des BVerfG greifen diese Bedenken nicht durch, weil der von der Berichterstattung Betroffene ohnehin mit einer jederzeitigen Veröffentlichung des recherchierten Materials rechnen muß, welches von diesem Zeitpunkt an dem uneingeschränkten staatlichen Zugriff unterliegt. Die möglichen Schwierigkeiten bei der Informationsbeschaffung beruhen damit auf der Aufdeckungsgefahr einer Straftat oder Ordnungswidrigkeit als solche und nicht etwa auf der fehlenden »Polizeifestigkeit« selbstrecherchierten Materials.

Der Beschluß des BVerfG wirft für die Praxis das noch nicht gelöste Problem auf, wie die Ermittlungsbehörden selbstrecherchiertes und anvertrautes Material unterscheiden sollen, zumal die alltägliche Presserecherche auf einer Mischung beider Informationselemente aufbaut.

KLAUS MATHY

Literatur

Martin Löffler: Presserecht, Bd. 3. München ^{3}1983 (*Kommentar zu den früheren Regelungen der Landespressegesetze*)

Rolf Groß: Das Recht der Pressebeschlagnahme. In: »Archiv für Presserecht«, Jg. 1976, S. 14 ff.

Erwin Gehrhardt: Anmerkung. In: »Archiv für Presserecht«; Jg. 1974, S. 701

Hans D. Jarass: Konflikte zwischen Polizei und Presse bei Demonstrationen. In: »Juristenzeitung«, Jg. 1983, S. 280 ff.

Kurt Rebmann: Aktuelle Probleme des Zeugnisverweigerungsrechts von Presse und Rundfunk und das Verhältnis von Presse und Polizei bei Demonstrationen. In: »Archiv für Presserecht«, Jg. 1982, S. 189
Lisken: Pressefreiheit und Strafprozeß. In: »Zeitschrift für Rechtspolitik«, Jg. 1988, S. 193

Betriebsverfassungsrecht → Mitbestimmung, → Rundfunkprogrammrecht, → Tendenzschutz

Bildplatte → Neue elektronische Kommunikationstechniken

Bildschirmtext und Videotext. Bildschirmtext und Videotext sind als Teletextmedien neue Verbreitungstechniken der Abruf- und Verteilkommunikation. Sie führen die Riege der neuen Medienangebote an, die durch technische Innovationen möglich wurden, und unterschiedliche Formen zwischen den Bereichen der Individual- und Massenkommunikation schufen. Die technische Entwicklung wird weitere Kommunikationsformen hervorbringen, die ordnungspolitische Herausforderungen enthalten – von telefonischen Ansagediensten, wie sie von der Deutschen Bundespost Telekom als Betriebsversuch angeboten werden bis zum Abruf von Bewegtbildern oder »dynamischen Graphiken« (z. B. aus Datenbanken) oder dem Zugriff auf ausländische Bildschirmsysteme. Keineswegs dient künftig nur der Bildschirm wie im Falle von Bildschirm- und Videotext als Methode der Sichtbar- oder Hörbarmachung, wie nicht zuletzt der zunehmende Einsatz von Druckern zeigt.

Das Medium *Videotext* verwendet als drahtlose Übermittlung von Textinformationen die ›Austastlücke‹ des Fernsehsignals und erlaubt als begleitendes Angebot den individuellen Zugriff beliebig vieler Teilnehmer auf ein zyklisch ausgestrahltes, d. h. einseitig übertragenes Text- und Graphikangebot. Um Videotext empfangen zu können, ist eine erweiterte Fernbedienung für das Fernsehgerät notwendig, mit der sowohl die Fernsehprogramme als auch die jeweiligen Videotext-Tafeln angewählt werden können.

In der Bundesrepublik Deutschland hat die Kommission für den Ausbau des technischen Kommunikationssystems (KtK) den Begriff ›Videotext‹ für dieses Übertragungsverfahren gewählt. Anfang der 70er Jahre wurde dieses Medium in Großbritannien als »Teletext« entwickelt und zunächst vorrangig als Hilfsmittel, z. B. zur Untertitelung von Fernsehsendungen für Hörgeschädigte, geplant. Inzwischen hat es sich zu einem vielfältigen Informationsmedium entwickelt, das über die Kanäle öffentlich-rechtlicher und privater Rundfunkanstalten ausgestrahlt wird. Als Verteilmedium konzentriert sich dieses Medium vor allem auf programmbezogene und -ergänzende Informationen.

Das Medium *Bildschirmtext* (Btx) hingegen erlaubt nicht nur den individuellen Abruf von Texten bzw. graphischen Darstellungen aus zentralen oder dezentralen Datenspeichern, sondern ermöglicht auch einen durch technische Vorgaben begrenzten Dialog, z. B. der interaktiven Textvermittlung.

Bildschirmtext nutzt das öffentliche Fernsprechnetz im Datenübertragungsverbund zwischen Rechnern und Bildschirmen bei Anbietern und Teilnehmern. Textinformationen für Bildschirmtext sind in einem Netz von Rechnern gespeichert. Die Deutsche Bundespost als Netz-Betreiberin vermietet die technischen Zusatzeinrichtungen zum Fernsehgerät (Modem), während der Bildschirmtext- (wie auch der Videotext-)Decoder Eigentum des Fernsehteilnehmers ist.

Bildschirmtext kann nicht nur Abrufinformationen für alle Teilnehmer bzw. Teilnehmergruppen anbieten, sondern auch als Mitteilungsinstrument für mehrere oder einzelne dienen. Als Fernmeldedienst findet er vor allem in drei Bereichen Anwendung: Informationen für mehrere, Informationen für den einzelnen und Dialog mit dem Rechner.

Die Vielgestaltigkeit ist das Charakteristikum von Bildschirmtext und wird auch in den zunehmenden Möglichkeiten des Rechnerdialoges (zu Banken, Versandhandel, wissenschaftlichen Datenbanken u. a.) und in den intermedialen Verknüpfungen in und zwischen Organisationen durch *Bildschirmtext als Verbundmedium* offensichtlich. Neben vielfältigen Anwendungsmöglichkeiten von Bildschirmtext als individuelles bis massenkommunikatives Abruf- oder Dialogmedium gewinnt das Btx-Netz als offenes Datenübertragungsnetz für »intelligente« Endgeräte wie PC an Bedeutung.

Unter dem in sich eigentlich widersprüchlichen Begriff *»Audiotext«* haben sich in den letzten Jahren telefonische Ansagedienste entwickelt. Diese privaten Informationsdienste können über Auslands-, aber auch Inlandsnummern des Telefons abgerufen werden. Sie sind weitgehend gebührenpflichtig und meist sehr teuer. Daher muß strikt zwischen dem Service 0190 und den Informationsanbietern mit »Doppelnull-Vorwahlen« unterschieden werden. Diese privaten Informationssysteme haben zum Teil heftige, öffentliche Diskussionen hervorgerufen, als Telefonkunden der Telekom hohe Rechnungen nach der Nutzung von gebührenträchtigen, ausländischen Ansagediensten, manchmal auch beim Service 0190 der Telekom erhielten. Unseriöse Anbieter, die diese Telefonnummern ebenfalls für ihre Geschäftsangebote nutzten, sorgen für zusätzlichen Zündstoff.

ELEKTRONISCHE TEXTKOMMUNIKATION – HERAUSFORDERUNG FÜR DAS MEDIENRECHT. Die technische Entwicklung und Anwendungsvielfalt elektronischer Medien wie Bildschirmtext machten rechtliche Regelungen besonders schwierig (→ Neue elektronische Kommunikationstechniken). Die Rechtsordnung mußte sich auf kommunikationstechnische Innovationen einstellen, die herkömmliche rechtliche Begriffe und Vorstellungsbilder in Frage stellten – zumal wenn sich diese auf medientechnische Ausprägungen (z. B. Begriffe »Rundfunk«, »Presse« und »Film«) stützten. Neue Medien wie Bildschirmtext oder Videotext haben daher eine Fülle von Problemen grundsätzlicher, organisatorischer und kompetenzrechtlicher Art geschaffen. Sie treffen in der Bundesrepublik Deutschland auf ein Medienrecht, das in verschiedene Bereiche mit unterschiedlichen Inhalten gegliedert ist, d.h. auf ein Recht, das sich weniger auf die Massenmedien als Ganzes, sondern vielmehr auf einzelne Kommunikationsmittel (Rundfunk, Presse, Film und Video) konzentriert.

Neue Medienangebote wie Bildschirmtext überschreiten jedoch herkömmliche Grenzen von Medien und Regelungen. Ihre »Zwischenstellung« zwischen Massen- und Individualkommunikation, zwischen »Rundfunk« und »Presse«, zwischen Fernmelde- und Kommunikationssystemen u.a. hat nicht nur zu einer heftigen medienpolitischen Auseinandersetzung geführt, sondern auch zu gesetzlichen Regelungen, die speziell auf elektronische Textkommunikationsdienste und ihre Besonderheiten zugeschnitten sind, z. B. im Staatsvertrag zwischen den Ländern über Bildschirmtext vom 18. März 1983, dem mehrjährige Feldversuche vorausgegangen waren. Die Länder Berlin und Nordrhein-Westfalen haben zusammen mit der Deutschen Bundespost die Auswirkungen des neuen Mediums Bildschirmtext in Versuchsgebieten untersucht. Diesen Experimenten lagen jeweils landesgesetzliche Regelungen zugrunde: in Nordrhein-Westfalen das »Gesetz über die Durchführung eines Feldversuchs mit Bildschirmtext« vom 18. März 1980 und das »Gesetz über die Erprobung von Bildschirmtext in Berlin« vom 29. Mai 1980. Auch das Medium Videotext wurde vor der Einführung über mehrere Jahre vom 1. Juni 1980 bis zum 31. Dezember 1989 als Feldversuch getestet. Der »Dienst 0190« der Deutschen Bundespost Telekom wird ebenfalls im Rahmen eines Betriebsversuches bis zum 31. Dezember 1995 veranstaltet.

Videotext und rechtliche Grundlagen. Bestimmend und charakteristisch für Videotext in der Bundesrepublik Deutschland ist die medienpolitische Auseinandersetzung zwischen den öffentlich-rechtlichen Rundfunkanstalten und den Zeitungsverlegern. Videotext, zeitweise auch »*Bildschirmzeitung*« genannt, um den Zugriffsdienst von vornherein begrifflich der Presse zuzuordnen, wird vom Bundesverband Deutscher Zeitungsverleger (BDZV) als Darbietungsform der Presse angesehen, weil Geschriebenes lediglich immateriell – z.B. über Funk oder Kabel – verteilt wird. Rundfunkanstalten hingegen definieren Videotext aufgrund seiner technischen Verbindung mit dem Fernsehsignal als Rundfunk.

Die Länder haben sich bereits frühzeitig zur Frage geäußert, ob Videotext unter den Rundfunkbegriff fällt oder nicht. Sie haben im sog. »*Würzburger Papier*« vom 25. Mai 1979 (»Zweiter Bericht der Rundfunkreferenten der Länder zur Frage des Rundfunkbegriffes, insbesondere der medienrechtlichen Einordnung von Videotext, Kabeltext und Bildschirmtext-Teleschriftformen«) klar ihre Position bezogen: da es sich bei Videotext um einen *Verteildienst* handele, falle er eindeutig unter den Rundfunkbegriff und damit in die Kompetenz der Länder.

Die Deutsche Bundespost geht bei ihrer fernmelderechtlichen Genehmigungspraxis davon aus, daß Videotext-Anbieter eine zusätzliche Genehmigung und Zustimmung der Bundespost benötigen (→ Telekommunikationsrecht). Die Rundfunkanstalten hingegen vertreten eine andere Rechtsauffassung, nämlich daß die Ausstrahlung von Videotext nichts an dem bisherigen Übertragungsverfahren des Rundfunks ändere und daher weder genehmigungs- noch zustimmungsbedürftig sei.

Das Kompetenzgerangel um das neue Medium Videotext ist ein Hinweis auf die rechtliche Problematik, die neue Übermittlungsverfahren wie Videotext oder Bildschirmtext hervorgerufen haben. Ein weiterer Punkt ist auch – wie im Falle des Bildschirmtextes – die zeitliche Streckung der Einführungsphase des Mediums durch mehrjährige Feldversuche.

Vom 1. Juni 1980 bis zum 31. Dezember 1989 wurde Videotext von den öffentlich-rechtlichen Rundfunkanstalten als bundesweiter Feldversuch ausgestrahlt. Die Landesrundfunkanstalten der ARD und das Zweite Deutsche Fernsehen schlossen hierzu eine Verwaltungsvereinbarung. Die »Vereinbarung zwischen dem Bundesverband Deutscher Zeitungsverleger (BDZV) und den Rundfunkanstalten über den Videotext-Feldversuch« vom 16. Mai 1980 eröffnete den Zeitungsverlegern eine bis zum 31. Dezember 1989 befristete Beteiligung in Form von eigenen Videotextsendungen, sog. »Pressevorschauen« – allerdings unter der Programmverantwortlichkeit der Rundfunkanstalten. Unbeschadet dieser rundfunkrechtlichen Verantwortung der Sendeanstalten lag jedoch die inhaltliche und rechtliche Verantwortung für die Pressevorschauen beim BDZV bzw. den beteiligten Zeitungen (»Frankfurter Allgemeine«, »Süddeutsche Zeitung«, »Die Welt«, »Frankfurter Rundschau« und »Handelsblatt«). Darüber hinaus haben sich ARD und ZDF zu Beginn des Videotext-Feldversuches zu einer Reihe von Selbstbindungsmaßnahmen bekannt.

Nach über neun Jahren Feldversuch hat Videotext seinen regulären Betrieb als Medium der Rundfunkanstalten aufgenommen. Die Zusammenarbeit mit dem BDZV ist beendet. In einer Verwaltungsvereinbarung über den gemeinschaftlichen Videotext-Dienst vom 28. November 1989 vereinbaren ARD und ZDF den ständigen Dienst und legen fest, daß der Standort der Videotext-Anlage sowie die Zentralredaktion sich beim SFB befinden. In § 3 der Vereinbarung bestimmen sie als Programminhalte »programmbezogene, programmbegleitende und programmergänzende Informationen«. »Das Nachrichtenangebot ist hierbei auf überregionale und überlokale Nachrichten beschränkt.«

Die Verbreitung von Videotext ist Sache der Rundfunkanstalten nach Maßgabe der jeweiligen Rundfunkgesetze bzw. -staatsverträge. Dementsprechend uneinheitlich formuliert sind die konkreten Bedingungen für die Veranstalter von Videotext. Ebenso unterschiedlich sind die Bestimmungen der jeweiligen → Landesmediengesetze. »Dem Veranstalter eines Fernsehprogramms steht auch die Nutzung der Leerzeilen des Fernsehsignals zur Veranstaltung von Fernsehtext zu« (§ 28 Gesetz über den privaten Rundfunk in Hessen. Hessisches Privatrundfunkgesetz – HPRG vom 30. November 1988). Vielfach besteht die Vorstellung, Videotext sei ein integrativer Bestandteil der Fernsehprogramme, so daß jeder Veranstalter zunächst »seine« Leerzeilen für die Verbreitung von Videotext nutzen dürfe (§ 50 Landesmediengesetz, Baden-Württemberg vom 17. März 1992).

Viedeotext spielt jedoch in den meisten Landesmediengesetzen der 90er Jahre nur noch eine nachrangige Rolle unter den Textdiensten. Das Landesmediengesetz von Baden-Württemberg z. B. enthält in den § 39 bis § 43 ausführliche Bestimmungen über »Rundfunkähnliche Kommunikationsdienste« (d. h. Sendungen mit Texten, stehenden und bewegten Bildern, Musik- und Sprechdarbietungen, die auf Abruf oder Zugriff angeboten werden), Textdienste (§ 44 und § 45), wozu Bildschirm-, Kabel-, Video- und Vollkanaltexte zählen sowie Ton- und Bewegtbilddienste (§ 51 bis § 53). Videotext ist im baden-württembergischen Landesmediengesetz im Gegensatz zu früheren Fassungen nur noch im § 50 Abs. 1 und 2 ausdrücklich angesprochen.

Bildschirmtext und rechtliche Grundlagen. Bildschirmtext ist ein Medium eigener Art, das weder eindeutig der Individual- noch der Massenkommunikation, weder der »Presse« noch dem »Rundfunk« zuzuordnen ist. Dementsprechend heftig und ausdauernd wurden die Diskussionen über Kompetenzfragen geführt. Der Bund kann auf Art. 73 Nr. 7 GG (Fernmeldewesen) zurückgreifen und Kompetenzen für den (sende-)technischen Bereich ableiten. Die Länder hingegen beanspruchen Kompetenzen zur inhaltlichen Regelung und haben in Form des Staatsvertrages zwischen den Ländern über Bildschirmtext (Btx-StV) vom 18. März 1983 rechtliches Neuland beschritten und eine Sonderregelung für dieses Medium getroffen. Nach ihrer Auffassung gehört Bildschirmtext als rechtlich »neues« Medium entsprechend der verfassungsrechtlichen Regelung in Art. 30, 70 GG in ihre Zuständigkeit.

Damit beschritten sie seit dem sog. »Würzburger Papier« konsequent den Weg zum Bildschirmtext-Staatsvertrag, den die Ministerpräsidenten am 18. März 1983 unterzeichneten und dem die Parlamente der einzelnen Länder durch Landesgesetze zustimmten. Der Staatsvertrag erfaßt im Rahmen der Gesetzgebungskompetenz der Länder alle Bereiche der Bildschirmtextnutzung und beinhaltet – ausgehend von den Erfahrungen der Feldversuche in Berlin und Düsseldorf sowie deren wissenschaftlicher Begleitforschung – landesrechtliche Regelungen insbesondere für die inhaltliche Ausgestaltung der Angebote, die – im Gegensatz zu Videotext – bundesweit einheitlich gelten.

Mit dem Staatsvertrag über den Rundfunk im vereinten Deutschland vom 31. August 1991 wurde das Ziel verfolgt, in den alten und neuen Ländern ein gleichermaßen geltendes Rundfunkrecht zu schaffen. Der Bildschirmtextstaatsvertrag von 1983 wurde außer Kraft gesetzt und ist nun in völlig veränderter Form Bestandteil des nach dem Beitritt der neuen Bundesländer notwendigen Rundfunkstaatsvertrages. Dennoch ist Bildschirmtext in Art. 6 § 1 definiert als »ein für jeden als Teilnehmer und als Anbieter zur inhaltlichen Nutzung bestimmtes Informations- und Kommunikationssystem, bei dem Informationen und andere Dienste für alle Teilnehmer oder Teilnehmergruppen (Angebote) und Einzelmitteilungen elektronisch zum Abruf gespeichert, unter Benutzung des öffentlichen Fernmeldenetzes und von Bildschirmtextvermittlungsstellen oder vergleichbaren technischen Vermittlungseinrichtungen individuell abgerufen und typischerweise auf dem Bildschirm sichtbar gemacht werden. Hierzu gehört nicht die Bewegtbildübertragung.« Der Staatsvertrag verzichtet auf ein Zulassungsverfahren bzw. auf die Schaffung von Zulassungsbehörden der Länder für die Anbieter. Nicht erfaßt vom Btx-Staatsvertrag werden Datenverarbeitungssysteme, die nur einem geschlossenen Kreis von Anbietern und Teilnehmern, d. h. nicht jedermann zugänglich sind. Sie fallen nicht unter die Definition zu Bildschirmtext, da er diesen Bereich der Individualkommunikation nicht einbezieht. Die gegensätzlichen Standpunkte zwischen Bund und Ländern zur Kompetenzabgrenzung finden hierin einen gewissen Ausgleich.

Keineswegs aber ist die Definition von Bildschirmtext daran geknüpft, daß es sich um ein von der Deutschen Bundespost zur Verfügung gestelltes System handle. Der Staatsvertrag gilt also auch für mögliche private Informations- und Kommunikationssysteme, sofern diese für jedermann als Teilnehmer und Anbieter offenstehen, das öffentliche Fernmeldenetz nutzen, über technische Vermittlungsstellen abgerufen werden und keineswegs ausschließlich, sondern »typischerweise« auf dem Bildschirm sichtbar gemacht werden (z. B. »mailbox-Systeme«). Der Staatsvertrag regelt Bildschirmtext als ein grundsätzlich für den chancengleichen Zugang von Teilnehmern und Anbietern offenes System. § 2 verpflichtet die Betreiber ausdrücklich zur Wahrung der Netzneutralität, d. h. es ist ihnen untersagt, auf Btx-Inhalte desjenigen Einfluß zu nehmen, der technische Einrichtung nutzt. Vorschriften über Entgelt- und Anbieterkennzeichnung (§ 4 und § 5), Sorgfaltspflicht (§ 6), Gegendarstellung (§ 7) sowie Werbung und Angebotszuordnung (§ 8) sollen den Bürger und Verbraucher schützen.

Der Btx-Staatsvertrag von 1983 enthielt keine eigenständige Jugendschutznorm. Diese Lücke schließt der Rundfunkstaatsvertrag vom 31. August 1991. Er enthält in Art. 6 § 9 eine bildschirmtextspezifische Jugendschutzbestimmung. Auch für den Bereich Bildschirmtext wird im Staatsvertrag nunmehr dem Jugendschutz, dem Schutz vor Pornographie sowie dem Schutz vor Rassenhaß, Kriegsverherrlichung und Verherrlichung bzw. Verharmlosung von Gewalt Rechnung getragen.

Besonderes Gewicht hat auch der → Datenschutz erhalten, da bei Bildschirmtext eine Vielzahl von Daten anfällt, die von Verbindungs- und Abrechnungsdaten bis zu personenbezogenen Daten in Btx-Angeboten reichen. Aufgrund des besonderen Gefährdungspotentials von Bildschirmtext werden in Art. 6 § 10 über die Bundes- und Landesdatenschutzgesetze hinausgehende Btx-spezifische Schutzregelungen getroffen. Diese Regelung hat zum Ziel, daß sich die Position des Bürgers durch die leichtere Verfügbarkeit von Btx-Daten nicht verschlechtert. Die ausführlichen Datenschutzbestimmungen sichern einen Schutz von Btx-Teilnehmern vor unerwünschten Eingriffen. Die Deutsche Bundespost ist nach Auffassung der Länder an die Datenschutzbestimmungen über personenbezogene Daten, Abrechnungsdaten und die Auskunfts-, Berichtigungs-, Löschungs- und Sperrungsansprüche der Teilnehmer gebunden.

Art. 6 § 12 des Rundfunkstaatsvertrages enthält Sonderbestimmungen für Meinungsumfragen mittels Btx, zumal diese über dieses Medium besonders leicht und schnell durchgeführt werden können.

»Meinungsumfragen mittels Bildschirmtext über Angelegenheiten, die in die gesetzgebenden Organe des Bundes, der Länder, in den entsprechenden Organen der Gemeinden, der sonstigen kommunalen Gebietskörperschaften, in den Bezirksverordnetenversammlungen oder Bezirksversammlungen behandelt werden, sind unzulässig. Die Ergebnisse von Meinungsumfragen mittels Bildschirmtext bei den einzelnen Teilnehmern über deren Wahl und Stimmverhalten, die sechs Wochen vor der Wahl oder Abstimmung nicht veröffentlicht sind, dürfen vor der Wahl oder der Abstimmung nicht bekannt gemacht werden« (§ 12). Ausgenommen sind von dieser Regelung allerdings geschlossene Teilnehmergruppen, so daß diese für interne Umfragen durchaus das Medium Btx verwenden können. Auch Meinungsforschungsinstitute können sich auf diese Weise des Mediums Btx bedienen, wenn sie repräsentative, geschlossene Teilnehmergruppen bilden.

Den inhaltlichen Regelungen von Bildschirmtext durch die Bundesländer stehen fernmelderechtliche Vorschriften (→ Telekommunikationsrecht) für die Nutzung gegenüber, die in der Telekommunikationsordnung (TKO) festgelegt sind. Was die Gebührenregelungen betrifft, ist grundsätzlich zwischen den Gebühren zu unterscheiden, die ein Anbieter von Bildschirmtext zu bezahlen hat und zwischen den Nutzergebühren, wie sie vergleichbar beim Telefonieren anfallen. Daher können auch Anbieter entsprechend den Bestimmungen der TKO Bildschirmtextseiten mit einem Preis »auszeichnen«, die der Nutzer bezahlen muß, wenn er sie anwählt. Der entsprechende Preis wird dann von der Deutschen Bundespost beim Nutzer eingezogen und nach den Vorschriften der TKO dem Anbieter vergütet.

Die Besonderheit des ›Mediums eigener Art‹ Bildschirmtext wirft über die Bestimmungen des Staatsvertrages zwischen den Ländern (inhaltliche Regelungen) und der Telekommunikationsordnung (fernmelderechtliche Regelungen) hinausgehend noch zahlreiche Fragen auf, die andere Rechtsgebiete berühren, etwa im Urheberrechtsschutz, im Verbraucherschutz, im → Jugendmedienschutz, im Wettbewerbs- und → Werberecht bis hin zur Arbeitssicherheit (Sicherheitsregeln für Bildschirm-Arbeitsplätze).

Audiotext und rechtliche Regelungen. Private Informationsdienste über Auslands- und Inlandsnummern haben zu heftigen, öffentlichen Diskussionen über die Geschäftspolitik der Telekom geführt. Die Rechtsgrundlage bildet die Telekommunikationsverordnung, die in § 28 Abs. 7 festhält: »Bis zum 31. Dezember 1995 ist die Deutsche Bundespost Telekom im Rahmen von Betriebsversuchen auch berechtigt, Leistungsentgelte zu erheben, die nach einem verkürzten Zeittakt im Telefondienst berechnet werden und die ihre technischen Leistungen und die Informationsdienstleistungen anderer Anbieter insgesamt abgelten. Mit der Zahlung der in der Fernmelderechnung berechneten Leistungsentgelte hat der Kunde mit befreiender Wirkung auch die Leistungen der Informationsanbieter ausgeglichen. Der Kunde ist durch eine vorgeschaltete Ansage auf die genaue Entgeltberechnung, auf die Tilgung der Ansprüche anderer Anbieter durch die vollständige Bezahlung der Fernmelderechnung sowie auf die Textverantwortung der Anbieter und darauf hinzuweisen, daß Einwendungen und Ansprüche, die den Inhalt der Information betreffen, nicht der Deutschen Bundespost Telekom, sondern nur dem jeweiligen Anbieter entgegengehalten werden können.«

Was in der Telekommunikationsverordnung auf den ersten Blick geregelt erscheint, hat jedoch enorme Probleme der Verbraucheraufklärung geschaffen. Zusätzliche Kritik löste die mangelnde Seriosität der Inhalte aus. Besonders Anbieter von »Sex und Horoskopen« bedienen sich der teuren Auslandsnummern, die sich dem Einfluß der Telekom weitgehend entziehen. Im Inland gibt es verschiedenartige Telefondienste. Zum einen ist zwischen dem kostenlosen Service 0130 und dem gebührenpflichtigen Ansagen über 0190 zu unterscheiden. Hinzu kommen die besonders teuren »Doppelnull-Vorwahlen«, d. h. die Informationsdienste über Auslandsnumnmern.

Gefordert wird, daß gebührenpflichtige Ansagedienste, die in Kommunikation mit dem Anrufer treten (z. B. Quiz, Kontaktanzeigen), die durchschnittliche Gesprächsdauer angeben. Auch bei reinen Informationsdiensten (z. B. Sportergebnisse) wird gefordert, daß die Dauer des Gesprächs und ein Gesamtpreis genannt werden, um dem Verbraucher über seine Ausgaben, die er später mit der Telefonrechnung bezahlen muß, vorher aufzuklären. Die Telekom selbst hat als Netzbetreiber keine bzw. nur geringe Möglichkeiten, auf die Inhalte der privaten Informationsdienste Einfluß zu nehmen. Unproblematisch sind hingegen die normalen Auskunftsdienste wie Wetter, Kino, Lottozahlen oder die Telefonauskunft. Da es sich bei den gebührenpflichtigen privaten Informationsdiensten um einen »Betriebsversuch« handelt, ist die weitere Entwicklung dieser Audiotextformen noch offen.

CLAUDIA MAST

Literatur

Helmut G. Bauer/Stephan Ory: Recht in Hörfunk und Fernsehen. Das unentbehrliche Praktiker-Handbuch. 3 Bde. Ulm 1992 ff. *(Loseblatt-Sammlung aller einschlägigen Rechtsvorschriften des Rundfunk- und Fernmelderechts)*

Helmut G. Bauer/Claus Detjen/Frank Müller-Römer/Wolfgang Posewang: Die Neuen Medien. Das aktuelle Praktiker-Handbuch. 2 Bde. Ulm seit 1985 (*Loseblatt-Sammlung der einschlägigen Rechtsvorschriften*)

Martin Bullinger (Hrsg.): Rechtsfragen der elektronischen Textkommunikation. Videotext, Bildschirmtext, Kabeltext – Medien- und Urheberrecht in rechtsvergleichender Sicht. München 1984 (*Diskussion der rechtlichen Problematik bei der Einordnung in internationalem Vergleich*)

Heinz Hübner/Herbert Schnoor/Winfried Florian/Robert Dittrich/Helmut Köhler/Paul Katzenberger/Udo Steiner: Rechtsprobleme des Bildschirmtextes. München 1986 (*Darstellung unterschiedlicher Rechtspositionen im medienpolitischen Kontext*)

Claudia Mast: Was leisten die Medien? Funktionaler Strukturwandel in den Kommunikationssystemen. Osnabrück 1986 (*behandelt primär kommunikationswissenschaftliche Aspekte*)

Martin Pape/Detlev Samland: Medienhandbuch. Privater Hörfunk/Privates Fernsehen. Neuwied 1988 (*Loseblatt-Sammlung für das Rundfunkrecht*)

Klaus Breitkopf/Peter Schiwy/Beate Schneider: Medien und Telekommunikation, Percha (*Loseblattsammlung; umfassendes Material zu Bildschirmtext und Videotext*)

Bildschirmzeitung → Bildschirmtext und Videotext, → Medienpolitik

Bildschirmtext-Anbieter-Vereinigung → Verbände und Orgasnisationen im Medienbereich

Bildträger → Pressegesetze

Binnenpluralismus → Rundfunkorganisationsrecht

»Blinkfüer«-Beschluß → Bundesverfassungsgerichtsentscheidungen zum Medienrecht (25. Februar 1969)

Blockwerbung → Rundfunkprogrammrecht

Böll/Henscheid-Beschluß → Bundesverfassungsgerichtsentscheidungen zum Medienrecht (25. Februar 1993)

Böll/Walden-Urteil → Bundesverfassungsgerichtsentscheidungen zum Medienrecht (3. Juni 1980)

Börsenverein des Deutschen Buchhandels → Verbände und Organisationen im Medienbereich

Boulevardzeitungen → Wettbewerbsrecht

Boykott → Wettbewerbsrecht

Breitbandkommunikation → Landesmediengesetze, → Neue elektronische Kommunikationstechniken, → Telekommunikationsrecht

Briefgeheimnis → Persönlichkeitsschutz

Briefpublikation-Beschluß → Bundesverfassungsgerichtsentscheidungen zum Medienrecht (12. April 1991)

Briefwerbung → Werberecht

Buchpresse → Pressefreiheit

Buchrecht → Verlagsrecht/Buchrecht

Bundesprüfstelle für jugendgefährdende Schriften → Filmrecht, Jugendmedienschutz

Bundesverband Deutscher Anzeigenblätter → Verbände und Organisationen im Medienbereich

Bundesverband Deutscher Fernsehproduzenten → Verbände und Organisationen im Medienbereich

Bundesverband Deutscher Zeitungsverleger → Verbände und Organisationen im Medienbereich

Bundesverband Kabel und Satellit → Verbände und Organisationen im Medienbereich

Bundesverband Offene Kanäle → Verbände und Organisationen im Medienbereich

Bundesverfassungsgerichtsentscheidungen zum Medienrecht. Soweit das Bundesverfassungsgericht in Urteilen und Beschlüssen *Entscheidungen von medienrechtlicher Bedeutung* getroffen hat, sind diese unter den Bezeichnungen, mit denen sie in die rechtswissenschaftliche Literatur eingegangen sind, nachstehend in zeitlicher Reihenfolge aufgeführt. Abgedruckt werden die vom Bundesverfassungsgericht selbst gegebenen Leitsätze zur Entscheidung entweder vollständig oder in allen für das Medienrecht relevanten Teilen. Wenn Leitsätze nicht vorliegen, werden das Ergebnis der Entscheidung und wichtige Entscheidungsgründe genannt.

VERJÄHRUNGSBESCHLUSS. Entscheidung des Bundesverfassungsgerichts vom 4. Januar 1958 (BVerfGE 7, 29).

Leitsätze (Auszug): 1. Die Regelung der Verjährung für Pressedelikte gehört im Sinne der grundgesetzlichen Kompetenzverteilung zum Gebiet der »allgemeinen Rechtsverhältnisse der Presse« (Art. 75 Nr. 2 GG), nicht zum Gebiet des Strafrechts oder des gerichtlichen Verfahrens (Art. 74 Nr. 1 GG).

2. Einzelne Vorschriften aus einer reichsgesetzlichen, erschöpfenden Regelung eines Rechtsgebiets, für das dem Bundesgesetzgeber nur eine Rahmenkompetenz zusteht, gelten nicht als Bundesrecht fort, selbst wenn sie vom Bundesgesetzgeber im Zusammenhang eines Rahmengesetzes erlassen werden könnten.

3. § 22 des Reichsgesetzes über die Presse vom 7. Mai 1874 (RGBl. S. 65) in der Fassung des Gesetzes vom 28. Juni 1935 (RGBl. I S. 839) ist Landesrecht geworden [obsolet durch seither verabschiedete → Pressegesetze der Länder].

4. Soweit § 67 Abs. 1 StGB seit dem Gesetz vom 28. Juni 1935 (RGBl. I S. 839) auch die Verjährung der durch die Presse begangenen Verbrechen regelt, enthält er eine Norm des Presserechts, die Landesrecht geworden ist.

LÜTH-URTEIL. Entscheidung des Bundesverfassungsgerichts vom 15. Januar 1958 (BVerfGE 7, 198).

Leitsätze: 1. Die Grundrechte sind in erster Linie Abwehrrechte des Bürgers gegen den Staat; in den Grundrechtsbestimmungen des Grundgesetzes verkörpert sich aber auch eine objektive Wertordnung, die als verfassungsrechtliche Grundentscheidung für alle Bereiche des Rechts gilt.

2. Im bürgerlichen Recht entfaltet sich der Rechtsgehalt der Grundrechte mittelbar durch die privatrechtlichen Vorschriften. Er ergreift vor allem Bestimmungen zwingenden Charakters und ist für den Richter besonders realisierbar durch die Generalklauseln.

3. Der Zivilrichter kann durch sein Urteil Grundrechte verletzen (§ 90 BVerfGG), wenn er die Einwirkung der Grundrechte auf das bürgerliche Recht verkennt. Das Bundesverfassungsgericht prüft zivilgerichtliche Urteile nur auf solche Verletzungen von Grundrechten, nicht allgemein auf Rechtsfehler nach.

4. Auch zivilrechtliche Vorschriften können »allgemeine Gesetze« im Sinne des Art. 5 Abs. 2 GG sein und so das Grundrecht auf Freiheit der Meinungsäußerung beschränken.

5. Die »allgemeinen Gesetze« müssen im Lichte der besonderen Bedeutung des Grundrechts der freien Meinungsäußerung für den freiheitlichen demokratischen Staat ausgelegt werden.

6. Das Grundrecht des Art. 5 GG schützt nicht nur das Äußere einer Meinung als solches, sondern auch das geistige Werk durch die Meinungsäußerung.

7. Eine Meinungsäußerung, die eine Aufforderung zum Boykott enthält, verstößt nicht notwendig gegen die guten Sitten im Sinne des § 826 BGB; sie kann bei Abwägung aller Umstände des Falles durch die Freiheit der Meinungsäußerung verfassungsrechtlich gerechtfertigt sein.

CATERINA-VALENTE-URTEIL. Entscheidung des Bundesverfassungsgerichts vom 18. März 1959 (BVerfGE 30, 7).

Leitsätze: 1. Wird ein in der Öffentlichkeit bekannter Künstler ohne seine Zustimmung in einer Werbeanzeige erwähnt, so kann dadurch, auch wenn kein unbefugter Namensgebrauch im Sinne des § 12 BGB vorliegt, das allgemeine Persönlichkeitsrecht des Künstlers verletzt sein.

2. Bei der Verletzung des allgemeinen Persönlichkeitsrechts, die durch die Erwähnung eines anderen in einer Werbeanzeige erfolgt, wird das Verschulden nicht dadurch ausgeschlossen, daß ein derartiges Verhalten im

Werbewesen üblich ist, wenn es sich dabei um eine Unsitte handelt, die nach den im allgemeinen Rechtsbewußtsein lebendigen sittlichen Grundsätzen nicht zu billigen ist.

3. Bei einer Verletzung des allgemeinen Persönlichkeitsrechts ist eine Klage auf Unterlassung künftiger Beeinträchtigungen gegeben, wenn weitere Verletzungen zu befürchten sind.

4. Bei schuldhafter Verletzung des Persönlichkeitsrechts besteht ein Anspruch auf Ersatz des immateriellen Schadens gegebenenfalls neben demjenigen auf Ersatz des Vermögensschadens. Wird keine Klage auf Feststellung der gesamten Schadensersatzpflicht erhoben, so ist er nur dann Gegenstand des Prozesses, wenn er selbständig und ausdrücklich neben den Ansprüchen auf Ersatz des Vermögensschadens geltend gemacht wird.

KPD[»Freies Volk«]-Urteil. Entscheidung des Bundesverfassungsgerichts vom 6. Oktober 1959 (BVerfGE 10, 118).

Leitsatz: Art. 18 GG steht landesrechtlichen Vorschriften entgegen, die einer Verwirkung des Grundrechts der Pressefreiheit wegen Mißbrauchs zum Kampfe gegen die freiheitliche demokratische Grundordnung gleichkommen.

Gegenäusserungs[Schmid/»Spiegel«]-Beschluss. Entscheidung des Bundesverfassungsgerichts vom 25. Januar 1961 (BVerfGE 12, 113).

Leitsatz: Die Wahrnehmung berechtigter Interessen deckt auch Gegenäußerungen in der Presse, die der Art eines Presseangriffs und seiner Wirkung auf die öffentliche Meinungsbildung entsprechen (Art. 5 Abs. 1 und 2 GG; § 193 StGB).

Deutschland-Fernsehen[Erstes Rundfunk]-Urteil. Entscheidung des Bundesverfassungsgerichts vom 28. Februar 1961 (BVerfGE 12, 205).

Leitsätze (Auszug): ... 3. a) Das Post- und Fernmeldewesen im Sinne von Art. 73 Nr. 7 GG umfaßt – wenn man vom Empfang der Rundfunksendungen absieht – nur den sendetechnischen Bereich des Rundfunks unter Ausschluß der sogenannten Studiotechnik. b) Art. 73 Nr. 7 GG gibt dem Bund nicht die Befugnis, die Organisation der Veranstaltung und die der Veranstalter von Rundfunksendungen zu regeln.

4. Die Gesetzgebungskompetenz des Bundes für das Fernmeldewesen (Art. 73 Nr. 7 GG) läßt auch Regelungen zu, die dem Bund das ausschließliche Recht vorbehalten, Funkanlagen für Zwecke des Rundfunks zu errichten und zu betreiben.

5. Nach der Systematik des Grundgesetzes bezeichnet die Gesetzgebungskompetenz des Bundes die äußerste Grenze für seine Verwaltungsbefugnisse. »Bundespost« in Art. 87 Abs. 1 GG kann daher nicht mehr umfassen als »Post- und Fernmeldewesen« in Art. 73 Nr. 7 GG.

6. Die Bundespost ist gehalten, bei Verleihungen zur Errichtung oder zum Betrieb von Rundfunksendeanlagen (§ 2 FAG) und beim Abschluß von Verträgen über die Benutzung solcher Anlagen ausschließlich sendetechnische Gesichtspunkte zu berücksichtigen. »Auflagen«, die diesen Bereich verlassen, sind unzulässig.

7. a) Die Veranstaltung von Rundfunksendungen ist nach der deutschen Rechtsentwicklung eine öffentliche Aufgabe. Wenn sich der Staat mit dieser Aufgabe in irgendeiner Form befaßt (auch dann, wenn er sich privatrechtlicher Formen bedient), wird sie zu einer »staatlichen Aufgabe« im Sinne von Art. 30 GG. b) Die Veranstaltung von Rundfunksendungen durch den Bund kann nach Art. 30 in Verbindung mit Art. 83 ff. GG nicht damit gerechtfertigt werden, daß die Veranstaltung von Rundfunksendungen eine »überregionale« Aufgabe sei, oder daß das Grundgesetz die Veranstaltung *solcher* Sendungen durch den Bund zugelassen habe, die der nationalen Repräsentation nach innen und der Pflege »kontinuitätsbewahrender Tradition« dienen sollen. Der Bund hat hierfür keine Kompetenz aus der Natur der Sache . . .

10. Art. 5 GG fordert Gesetze, durch die die Veranstalter von Rundfunkdarbietungen so organisiert werden, daß alle in Betracht kommenden Kräfte in ihren Organen Einfluß haben und im Gesamtprogramm zu Wort kommen können, und die für den Inhalt des Gesamtprogramms Leitgrundsätze verbindlich machen, die ein Mindestmaß von inhaltlicher Ausgewogenheit, Sachlichkeit und gegenseitiger Achtung gewährleisten.

»Spiegel«-Urteil. Entscheidung des Bundesverfassungsgerichts vom 5. August 1966 (BVerfGE 20, 162) zur Frage der Verfassungsmäßigkeit von Durchsuchungen in Presseräumen.

Entscheidungsgründe im Teilurteil (Auszug; hier Abschnitt C, S. 174–178): 1. Eine freie, nicht von der öffentlichen Gewalt gelenkte, keiner Zensur unterworfene Presse ist ein Wesenselement des freiheitlichen Staates; insbesondere ist eine freie, regelmäßig erscheinende politische Presse für die moderne Demokratie unentbehrlich. Soll der Bürger politische Entscheidungen treffen, muß er umfassend informiert sein, aber auch die Meinungen kennen und gegeneinander abwägen können, die andere sich gebildet haben. Die Presse hält diese ständige Diskussion in Gang; sie beschafft die Informationen, nimmt selbst dazu Stellung und wirkt damit als orientierende Kraft in der öffentlichen Auseinandersetzung. In ihr artikuliert sich die öffentliche Meinung; die Argumente klären sich in Rede und Gegenrede, gewinnen deutliche Konturen und erleichtern so dem Bürger Urteil und Entscheidung. In der repräsentativen Demokratie steht die Presse zugleich als ständiges Verbindungs- und Kontrollorgan zwischen dem Volk und seinen gewählten Vertretern in Parlament und Regierung. Sie faßt die in der Gesellschaft und ihren Gruppen unaufhörlich sich neu bildenden Meinungen und Forderungen kritisch zusammen, stellt sie zur Erörterung und trägt sie an die politisch handelnden Staatsorgane heran, die auf diese Weise ihre Entscheidungen auch in Einzelfragen der Tagespolitik ständig am Maßstab der im Volk tatsächlich vertretenen Auffassungen messen können.

So wichtig die damit der Presse zufallende »öffentliche Aufgabe« ist, so wenig kann diese von der organisierten staatlichen Gewalt erfüllt werden. Presseunternehmen müssen sich im gesellschaftlichen Raum frei bilden können. Sie arbeiten nach privatwirtschaftlichen Grundsätzen und in privatrechtlichen Organisationsformen. Sie stehen miteinander in geistiger und wirtschaftlicher Konkurrenz, in die die öffentliche Gewalt grundsätzlich nicht eingreifen darf.

2. Der Funktion der freien Presse im demokratischen Staat entspricht ihre Rechtsstellung nach der Verfassung. Das Grundgesetz gewährleistet in Art. 5 die Pressefreiheit. Wird damit zunächst – entsprechend der systematischen Stellung der Bestimmung und ihrem traditionellen Verständnis – ein subjektives Grundrecht für die im Pressewesen tätigen Personen und Unternehmen gewährt, das seinen Trägern Freiheit gegenüber staatlichem Zwang verbürgt und ihnen in gewissen Zusammenhängen eine bevorzugte Rechtsstellung sichert, so hat die Bestimmung zugleich auch eine *objektiv-rechtliche Seite.* Sie garantiert das Institut *»Freie Presse«.* Der Staat ist – unabhängig von subjektiven Berechtigungen Einzelner – verpflichtet, in seiner Rechtsordnung überall, wo der Geltungsbereich einer Norm die Presse berührt, dem Postulat ihrer Freiheit Rechnung zu tragen. Freie Gründung von Presseorganen, freier Zugang zu den Presseberufen, Auskunftspflichten der öffentlichen Behörden sind prinzipielle Folgerungen daraus; doch ließe sich etwa auch an eine Pflicht des Staates denken, Gefahren abzuwehren, die einem freien Pressewesen aus der Bildung von Meinungsmonopolen erwachsen könnten.

Die in Art. 5 GG *gesicherte Eigenständigkeit der Presse* reicht von der Beschaffung der Information bis zur Verbreitung der Nachrichten und Meinungen (BVerfGE 10, 118 [121]; 12, 205 [260]). Deshalb gehört zur Pressefreiheit auch ein gewisser Schutz des Vertrauensverhältnisses zwischen Presse und privaten Informanten. Er ist unentbehrlich, da die Presse auf private Mitteilungen nicht verzichten kann, diese Informationsquelle aber nur dann ergiebig fließt, wenn sich der Informant grundsätzlich darauf verlassen kann, daß das »Redaktionsgeheimnis« gewahrt bleibt.

3. Die Pressefreiheit birgt die Möglichkeit in sich, mit anderen, vom Grundgesetz geschützten Werten in Konflikt zu geraten; es kann sich dabei um Rechte und Interessen Einzelner, der Verbände und Gruppen, aber auch der Gemeinschaft selbst handeln. Für die Regelung solcher Konflikte verweist das Grundgesetz auf die allgemeine Rechtsordnung, unter der auch die Presse steht. Rechtsgüter anderer wie der Allgemeinheit, die der Pressefreiheit im Rang mindestens gleichkommen, müssen auch von ihr geachtet werden. Die in gewisser Hinsicht bevorzugte Stellung der Presseangehörigen ist ihnen um ihrer Aufgabe willen und nur im Rahmen dieser Aufgabe eingeräumt. Es handelt sich nicht um persönliche Privilegien; Befreiungen von allgemein geltenden Rechtsnormen müssen nach Art und Reichweite stets von der Sache her sich rechtfertigen lassen.

Die Verweisung auf die allgemeine Rechtsordnung kommt in Art. 5 Abs. 2 GG zum Ausdruck, wonach die Pressefreiheit ihre Schranken in den allgemeinen Gesetzen findet. Das Bundesverfassungsgericht hat sich in der

Entscheidung vom 15. Januar 1958 (BVerfGE 7, 198 [208ff.]) über das Verhältnis der Meinungsfreiheit zu den allgemeinen Gesetzen geäußert. Danach wird zwar die Meinungsfreiheit durch die allgemeinen Gesetze begrenzt; diese selbst sind aber stets im Blick auf die Meinungsfreiheit auszulegen und daher in ihrer diese beschränkenden Wirkung gegebenenfalls selbst wieder einzuschränken. Diese Grundsätze gelten sinngemäß auch für die Pressefreiheit; sie gewinnen hier sogar besondere Bedeutung, da Äußerungen in der Presse in der Regel zur Bildung der öffentlichen Meinung beitragen wollen, also zunächst die Vermutung der Zulässigkeit für sich haben, auch wenn sie die Rechtssphäre anderer berühren (aaO. Seite 212). Der Sinn dieses Urteils, angewandt auf die Pressefreiheit, liegt also darin, diese vor einer Relativierung durch die allgemeinen Gesetze – und die sie anwendenden Gerichte – zu bewahren und durch den Zwang, die Auslegung der allgemeinen Gesetze stets an dem Grundwert der Pressefreiheit zu orientieren, ihr den angemessenen Raum zu sichern und jede Einengung der Pressefreiheit zu verhindern, die nicht von der Rücksicht auf mindestens gleichwertige Rechtsgüter unbedingt geboten ist. Die objektiv-rechtliche, institutionelle Seite der Pressefreiheit, ihre Auswirkung als Wertmaßstab und Auslegungsgrundsatz für die allgemeine Rechtsordnung, tritt hier besonders hervor.

4. Die Vorschriften über den Landesverrat (§§ 99, 100 StGB) sind »allgemeine Gesetze« im Sinne des Art. 5 Abs. 2 GG. Gegen ihre Verfassungsmäßigkeit bestehen keine begründeten Zweifel. Namentlich greifen die gelegentlich geäußerten Bedenken wegen nicht genügend bestimmter Fassung des Straftatbestandes (Art. 103 Abs. 2 GG) nicht durch. Die Vorschriften sind auch bei verfassungsgemäßer Auslegung insoweit nicht verfassungswidrig, als sie die Offenbarung von Staatsgeheimnissen durch Presseveröffentlichungen, den »publizistischen Landesverrat«, umfassen.

Der Schutz des Bestandes der Bundesrepublik Deutschland nach außen, den die Strafrechtsnormen über den Landesverrat bezwecken, gerät mit der Pressefreiheit in Konflikt, wenn die Presse Tatsachen, Gegenstände oder Erkenntnisse veröffentlicht, deren Geheimhaltung dem Interesse der Landesverteidigung entsprechen würde. Dieser Konflikt kann nicht von vornherein und allgemein mit der Begründung gegen die Pressefreiheit entschieden werden, diese habe den Bestand der Bundesrepublik Deutschland zur notwendigen Voraussetzung und gehe mit dessen Verlust auch selbst zugrunde. Denn unter dem Bestand der Bundesrepublik Deutschland, den es zu schützen und zu erhalten gilt, ist nicht nur ihr organisatorisches Gefüge, sondern auch ihre freiheitliche demokratische Grundordnung zu verstehen. Dieser ist es eigen, daß die Staatsgeschäfte, einschließlich der militärischen, zwar von den hierfür zuständigen staatlichen Organen geführt werden, aber der ständigen Kritik oder Billigung des Volkes unterstehen.

Aus dieser Sicht sind die Notwendigkeit der militärischen Geheimhaltung im Interesse der Staatssicherheit und die Pressefreiheit keine sich ausschließenden Gegensätze. Beide sind vielmehr durch das höhere Ziel, den Bestand der Bundesrepublik Deutschland – im recht verstandenen Sinn – zu sichern, einander zugeordnet. Im Blick auf dieses Ziel sind daher Konflikte zwischen beiden Staatsnotwendigkeiten zu lösen. Dabei ist im Einzelfall die Bedeutung der mitgeteilten Tatsachen usw. sowohl für den potentiellen Gegner wie für die politische Urteilsbildung des Volkes zu berücksichtigen; die Gefahren, die der Sicherheit des Landes aus der Veröffentlichung erwachsen können, sind gegen das Bedürfnis, über wichtige Vorgänge auch auf dem Gebiete der Verteidigungspolitik unterrichtet zu werden, abzuwägen. In diesem Sinne übt Art. 5 Abs. 1 GG bei der Auslegung der genannten Strafvorschriften einen grundsätzlich einschränkenden Einfluß aus.

»Südkurier«-Urteil. Entscheidung des Bundesverfassungsgerichts vom 4. April 1967 (BVerfGE 21, 271).

Leitsätze (Auszug): Das Grundrecht der Pressefreiheit kann einer inländischen juristischen Person zustehen. Die Pressefreiheit umfaßt auch den Anzeigenteil. Das Verbot der Veröffentlichung von Stellenangeboten für eine Beschäftigung von Arbeitnehmern im Ausland (§ 37 Abs. 2 Satz 3 AVAVG) verstößt gegen das Grundrecht der Pressefreiheit.

»Blinkfüer«-Beschluss. Entscheidung des Bundesverfassungsgerichts vom 26. Februar 1969 (BVerfGE 25, 256).

Leitsatz: Eine auf politischen Motiven beruhende Aufforderung zum Boykott eines Presseunternehmens, der vornehmlich mit wirtschaftlichen Machtmitteln durchgesetzt werden soll, ist nicht durch das Grundrecht der freien Meinungsäußerung geschützt und verstößt gegen das Grundrecht der Pressefreiheit.

»Stern«-Beschluss. Entscheidung des Bundesverfassungsgerichts vom 11. März 1969 (BVerfGE 25, 296) über die Grenzen der Pressefreiheit bei der Beschaffung von Informationen durch strafbare Handlungen.

»Leipziger Volkszeitung«-Beschluss. Entscheidung des Bundesverfassungsgerichts vom 3. Oktober 1969 (BVerfGE 27, 71).

Leitsätze: 1. Das in Art. 5 Abs. 1 Satz 1 GG gewährleistete Recht, sich aus allgemein zugänglichen Quellen ungehindert zu unterrichten (Informationsfreiheit), steht als selbständiges Grundrecht gleichwertig neben der Meinungs- und Pressefreiheit.

2. Allgemein zugänglich ist eine Informationsquelle, wenn sie technisch geeignet und bestimmt ist, der Allgemeinheit Informationen zu verschaffen. Sie verliert diesen Charakter nicht durch rechtliche, gegen die Verbreitung gerichtete Maßnahmen.

3. Art. 5 Abs. 1 Satz 1 GG schützt nicht nur ein aktives Handeln zur Informationsverschaffung, sondern ebenso die schlichte Entgegennahme von Informationen.

4. Zur Güterabwägung zwischen der Informationsfreiheit und den eine Verfassungsgefährdung abwehrenden Strafvorschriften als allgemeinen Gesetzen im Sinne des Art. 5 Abs. 2 GG bei der Einziehung.

»Demokrat«-Beschluss. Entscheidung des Bundesverfassungsgerichts vom 14. Oktober 1969 (BVerfGE 27, 88).

Leitsätze: 1. Ein Eingriff in die Informationsfreiheit (Art. 5 Abs. 1 Satz 1 GG) kann nicht nur durch endgültige Vorenthaltung einer Information, sondern auch durch die auf einer Kontrolle beruhende Verzögerung erfolgen.

2. Die Überwachung der aus der DDR in die Bundesrepublik Deutschland verbrachten Postsendungen nach dem Gesetz zur Überwachung strafrechtlicher und anderer Verbringungsverbote vom 24. Mai 1961 (BGBl. I S. 607) verletzt bei einer die Informationsfreiheit berücksichtigenden Handhabung nicht den Art. 5 Abs. 1 Satz 1 GG.

»Dokumentation der Zeit«-Beschluss. Entscheidung des Bundesverfassungsgerichts vom 14. Oktober 1969 (BVerfGE 27, 104) zur Güterabwägung bei der Beschlagnahme und Einziehung einer aus der DDR eingeführten Druckschrift.

»Mephisto«-Beschluss. Entscheidung des Bundesverfassungsgerichts vom 24. Februar 1971 (BVerfG 30, 173ff.).

Leitsätze. 1. Art. 5 Abs. 3 Satz 1 GG ist eine das Verhältnis des Bereiches Kunst zum Staat regelnde wertentscheidende Grundsatznorm. Sie gewährt zugleich ein individuelles Freiheitsrecht.

2. Die Kunstfreiheitsgarantie betrifft nicht nur die künstlerische Betätigung, sondern auch die Darbietung und Verbreitung des Kunstwerks.

3. Auf das Recht der Kunstfreiheit kann sich auch ein Buchverleger berufen.

4. Für die Kunstfreiheit gelten weder die Schranken des Art. 5 Abs. 2 GG noch die des Art. 2 Abs. 1 Halbsatz 2 GG.

5. Ein Konflikt zwischen der Kunstfreiheitsgarantie und dem verfassungsrechtlich geschützten Persönlichkeitsbereich ist nach Maßgabe der grundgesetzlichen Wertordnung zu lösen; hierbei ist insbesondere die in Art. 1 Abs. 1 GG garantierte Würde des Menschen zu beachten.

»Sonnenfreunde«-Beschluss. Entscheidung des Bundesverfassungsgerichts vom 23. März 1971 (BVerfGE 30, 336).

Leitsätze. 1. Das Verbot, Schriften, die Kinder oder Jugendliche offensichtlich sittlich schwer gefährden, im Versandhandel zu vertreiben, zu verbreiten oder zu diesen Zwecken vorrätig zu halten (§ 6 Abs. 1 GjS), ist mit dem Grundgesetz vereinbar.

2. Die grundsätzliche Wertentscheidung der Verfassung für die Freiheit der Meinung und der Information schließt es aus, Schriften, die durch Bild für Nacktkultur werben (§ 6 Abs. 2 GjS), aufgrund einer unwiderleglichen Vermutung generellen Verboten zu unterwerfen.

Umsatzsteuer[Zweites Rundfunk]-Urteil. Entscheidung des Bundesverfassungsgerichts vom 27. Juli 1971 (BVerfGE 31, 173).

Leitsätze. 1. Die Tätigkeit der Rundfunkanstalten vollzieht sich im öffentlich-rechtlichen Bereich. Die Rundfunkanstalten stehen in öffentlicher Verantwortung, nehmen Aufgaben der öffentlichen Verwaltung wahr und erfüllen eine integrierende Funktion für das Staatsganze. Ihre Tätigkeit ist nicht gewerblicher oder beruflicher Art.

2. Der Bund kann nicht kraft seiner konkurrierenden Gesetzgebungskompetenz für die Verkehr- und Verbrauchsteuer durch eine Fiktion die in der Veranstaltung von Rundfunksendungen bestehende Tätigkeit der Rundfunkanstalten für den Bereich des Umsatzsteuerrechts in eine Tätigkeit gewerblicher oder beruflicher Art umdeuten.

»Lachender Mann«-Beschluss. Entscheidung des Bundesverfassungsgerichts vom 25. April 1972 (BVerfGE 33, 52).

Leitsätze: 1. Die ausschließliche Gesetzgebungszuständigkeit des Bundes zur Regelung des Warenverkehrs gemäß Art. 73 Nr. 5 GG umfaßt auch die Befugnis, Filmeinfuhrverbote aus polizeilichen Gründen zu erlassen.

2. Art. 5 Abs. 1 GG gebietet, § 5 Abs. 1 des Überwachungsgesetzes vom 24. Mai 1961 (BGBl. I S. 607) dahin auszulegen, daß nur die Einfuhr von Filmen verboten ist, deren Inhalt tendenziell auf die Bekämpfung der freiheitlichen demokratischen Grundordnung oder des Gedankens der Völkerverständigung gerichtet ist und diese Schutzgüter gefährdet.

3. Zur Güterabwägung zwischen der Kunstfreiheitsgarantie (Art. 5 Abs. 3 GG) und den Belangen des Staatsschutzes bei der Einfuhr eines verfassungsfeindlichen Filmes, dem die Eigenschaft eines Kunstwerkes zukommt.

4. a) »Zensur« im Sinne des Art. 5 Abs. 1 Satz 3 GG ist nur die Vorzensur. b) Das Zensurverbot stellt eine absolute Eingriffsschranke dar, die keine Ausnahme, auch nicht durch allgemeine Gesetze nach Art. 5 Abs. 2 GG, zuläßt.

5. Die Vorlagepflicht nach § 5 Abs. 2 des Überwachungsgesetzes verstößt nicht gegen das Zensurverbot.

Soraya-Beschluss. Entscheidung des Bundesverfassungsgerichts vom 14. Februar 1973 (BVerfGE 34, 269).

Leitsatz: Die Rechtsprechung der Zivilgerichte, wonach bei schweren Verletzungen des allgemeinen Persönlichkeitsrechts Ersatz in Geld auch für immaterielle Schäden beansprucht werden kann, ist mit dem Grundgesetz vereinbar.

Lebach-Urteil. Entscheidung des Bundesverfassungsgerichts vom 5. Juni 1973 (BVerfGE 35, 202).

Leitsätze: 1. Eine Rundfunk- oder Fernsehanstalt kann sich grundsätzlich für jede Sendung zunächst auf den Schutz des Art. 5 Abs. 1 Satz 2 GG berufen. Die Rundfunkfreiheit deckt sowohl die Auswahl des dargebotenen Stoffes als auch die Entscheidung über die Art und Weise der Darstellung einschließlich der gewählten Form der Sendung.

Erst wenn die Rundfunkfreiheit mit anderen Rechtsgütern in Konflikt gerät, kann es auf das mit der konkreten Sendung verfolgte Interesse, die Art und Weise der Gestaltung und die erzielte oder voraussehbare Wirkung ankommen.

2. Die Vorschriften der §§ 22, 23 Kunsturhebergesetz bieten ausreichen-

den Raum für eine Interessenabwägung, die der Ausstrahlungswirkung der Rundfunkfreiheit gemäß Art. 5 Abs. 1 Satz 2 GG einerseits, des Persönlichkeitsschutzes gemäß Art. 2 Abs. 1 in Verbindung mit Art. 1 Abs. 1 GG andererseits Rechnung trägt.

Hierbei kann keiner der beiden Verfassungswerte einen grundsätzlichen Vorrang beanspruchen. Im Einzelfall ist die Intensität des Eingriffes in den Persönlichkeitsbereich gegen das Informationsinteresse der Öffentlichkeit abzuwägen

3. Für die aktuelle Berichterstattung über schwere Straftaten verdient das Informationsinteresse der Öffentlichkeit im allgemeinen den Vorrang vor dem Persönlichkeitsschutz des Straftäters. Jedoch ist neben der Rücksicht auf den unantastbaren innersten Lebensbereich der Grundsatz der Verhältnismäßigkeit zu beachten; danach ist eine Namensnennung, Abbildung oder sonstige Identifikation des Täters nicht immer zulässig.

Der verfassungsrechtliche Schutz der Persönlichkeit läßt es jedoch nicht zu, daß das Fernsehen sich über die aktuelle Berichterstattung hinaus etwa in Form eines Dokumentarspiels zeitlich unbeschränkt mit der Person eines Straftäters und seiner Privatsphäre befaßt.

Eine spätere Berichterstattung ist jedenfalls unzulässig, wenn sie geeignet ist, gegenüber der aktuellen Information eine erhebliche neue oder zusätzliche Beeinträchtigung des Täters zu bewirken, insbesondere seine Wiedereingliederung in die Gesellschaft (Resozialisierung) zu gefährden. Eine Gefährdung der Resozialisierung ist regelmäßig anzunehmen, wenn eine den Täter identifizierende Sendung über eine schwere Straftat nach seiner Entlassung oder in zeitlicher Nähe zu der bevorstehenden Entlassung ausgestrahlt wird.

[Erster] Zeugnisverweigerungsrecht-Beschluss. Entscheidung des Bundesverfassungsgerichts vom 28. November 1973 (BVerfGE 36, 193).

Leitsatz: Vorschriften über die Befugnis zur Zeugnisverweigerung sind ihrem Wesen nach Bestandteile des Beweiserhebungsrechts der Verfahrensordnungen. Das strafprozessuale Aussageverweigerungsrecht von Angehörigen der Presse gehört deshalb kompetenzrechtlich zum Bereich des gerichtlichen Verfahrens (Art. 74 Nr. 1 GG).

[Zweiter] Zeugnisverweigerungsrecht-Beschluss. Entscheidung des Bundesverfassungsgerichts vom 13. Februar 1974 (BVerfGE 36, 314), daß der Landesgesetzgeber keine Befugnis besessen habe, (im Hamburgischen Pressegesetz) das Zeugnisverweigerungsrecht von Presseangehörigen über den in § 53 Abs. 1 Nr. 5 StPO beschriebenen Umfang hinaus zu erweitern, da Vorschriften über das Zeugnisverweigerungsrecht nicht zur Materie des Presserechts, sondern »zu dem vom Gebiet des Strafrechts eingeschlossenen Strafverfahrensrecht« gehören.

Montabaur-Beschluss. Entscheidung des Bundesverfassungsgerichts vom 24. März 1976 (BVerfGE 42, 53).

Nach der Entscheidung sind Zeitungen, auch wenn sie in Alleinstellung ohne örtliche Konkurrenz erscheinen, nicht zur Veröffentlichung politischer (Wahl-)Anzeigen verpflichtet.

»Deutschland-Magazin«-Beschluss. Entscheidung des Bundesverfassungsgerichts vom 11. Mai 1976 (BVerfGE 42, 143) zur Frage, inwieweit die Form einer Meinungsäußerung für die Abwägung zwischen der Pressefreiheit und anderen Rechtsgütern von Bedeutung ist.

Deutschland-Stiftung-Beschluss. Entscheidung des Bundesverfassungsgerichts vom 11. Mai 1976 (BVerfGE 42, 163) zur Frage der Zulässigkeit herabsetzender Werturteile im Rahmen politischer Auseinandersetzungen.

Flugblatt-Beschluss. Entscheidung des Bundesverfassungsgerichts vom 7. Dezember 1976 (BVerfGE 43, 130).

Leitsätze: 1. Bei der Feststellung des Inhalts einer der Verurteilung nach §§ 186, 187a StGB zugrunde gelegten Äußerung im politischen Meinungskampf müssen die Gesichtspunkte und Maßstäbe, mit deren Hilfe der Inhalt der Äußerung ermittelt wird, mit Art. 5 Abs. 1 GG vereinbar sein.

2. Die Frage, ob dies der Fall ist, unterliegt bei hoher Intensität des mit der Verurteilung verbundenen Eingriffs der vollen verfassungsgerichtlichen Nachprüfung.

[Erstes] Öffentlichkeitsarbeit-Urteil. Entscheidung des Bundesverfassungsgerichts vom 2. März 1977 (BVerfGE 44, 125).

Leitsätze: 1. Den Staatsorganen ist es von Verfassungs wegen versagt, sich in amtlicher Funktion im Hinblick auf Wahlen mit politischen Parteien oder Wahlbewerbern zu identifizieren und sie unter Einsatz staatlicher Mittel zu unterstützen oder zu bekämpfen, insbesondere durch Werbung die Entscheidung des Wählers zu beeinflussen.

2. Es ist mit dem Verfassungsprinzip, daß Bundestag und Bundesregierung nur einen zeitlich begrenzten Auftrag haben, unvereinbar, daß die im Amt befindliche Bundesregierung als Verfassungsorgan im Wahlkampf sich gleichsam zur Wiederwahl stellt und dafür wirbt, daß sie als »Regierung wiedergewählt« wird.

3. Das Recht der politischen Parteien auf Chancengleichheit wird verletzt, wenn Staatsorgane als solche parteiergreifend zugunsten oder zu Lasten einer politischen Partei oder von Wahlbewerbern in den Wahlkampf einwirken.

4. Ein parteiergreifendes Einwirken von Staatsorganen in die Wahlen zur Volksvertretung ist auch nicht zulässig in der Form von Öffentlichkeitsarbeit. Die Öffentlichkeitsarbeit der Regierung findet dort ihre Grenze, wo die Wahlwerbung beginnt.

5. Weder dürfen die Verfassungsorgane des Bundes anläßlich von Wahlen in den Ländern, noch dürfen die Verfassungsorgane der Länder anläßlich von Wahlen zum Bundestag parteiergreifend in den Wahlkampf hineinwirken.

6. Tritt der informative Gehalt einer Druckschrift oder Anzeige eindeutig hinter die reklamehafte Aufmachung zurück, so kann das ein Anzeichen dafür sein, daß die Grenze zur unzulässigen Wahlwerbung überschritten ist.

7. Als Anzeichen für eine Grenzüberschreitung zur unzulässigen Wahlwerbung kommt weiterhin ein Anwachsen der Öffentlichkeitsarbeit in Wahlkampfnähe in Betracht, das sowohl in der größeren Zahl von Einzelmaßnahmen ohne akuten Anlaß, wie in deren Ausmaß und dem gesteigerten Einsatz öffentlicher Mittel für derartige Maßnahmen zum Ausdruck kommen kann.

8. Aus der Verpflichtung der Bundesregierung, sich jeder parteiergreifenden Einwirkung auf die Wahl zu enthalten, folgt schließlich für die Vorwahlzeit das Gebot äußerster Zurückhaltung und das Verbot jeglicher mit Haushaltsmitteln betriebener Öffentlichkeitsarbeit in Form von sogenannten Arbeits-, Leistungs- und Erfolgsberichten.

9. Die Bundesregierung muß Vorkehrungen dagegen treffen, daß die von ihr für die Zwecke der Öffentlichkeitsarbeit hergestellten Druckwerke nicht von den Parteien selbst oder von anderen sie bei der Wahl unterstützenden Organisationen oder Gruppen zur Wahlwerbung eingesetzt werden.

GERICHTSAUSSCHLUSS[»KÖLNER VOLKSBLATT«]-BESCHLUSS. Entscheidung des Bundesverfassungsgerichts vom 6. Februar 1979 (BVerfGE 50, 234; kein amtlicher Leitsatz).

Der Ausschluß eines Pressevertreters von der Teilnahme an einer Gerichtsverhandlung oder seine Entfernung aus dem Sitzungssaal verstößt jedenfalls dann gegen Art. 5 Abs. 1 Satz 2 GG, wenn die Maßnahme durch die gerichtsverfassungsrechtlichen Vorschriften über Öffentlichkeit und Sitzungspolizei *offensichtlich* nicht gedeckt ist oder wenn das Gericht den angewendeten Bestimmungen einer der Bedeutung und Tragweite der Pressefreiheit widerstreitenden Sinn beigelegt hat.

TENDENZ[»KÖLNER STADT-ANZEIGER«]-BESCHLUSS. Entscheidung des Bundesverfassungsgerichts vom 6. November 1979 (BVerfGE 52, 283).

Leitsätze: 1. Das Grundrecht der Pressefreiheit verwehrt dem Staat eine unmittelbare Einflußnahme auf die Tendenz von Presseerzeugnissen; er darf auch nicht durch rechtliche Regelungen die Presse fremden – nichtstaatlichen – Einflüssen unterwerfen oder öffnen, die mit dem durch Art. 5 Abs. 1 Satz 2 GG begründeten Postulat unvereinbar wären, der Freiheit der Presse Rechnung zu tragen.

2. Dies gilt auch für Regelungen des Tendenzschutzes, die das Verhältnis zwischen dem Verleger und dem Betriebsrat eines Tendenzbetriebs zum Gegenstand haben.

3. Es ist mit Art. 5 Abs. 1 Satz 2 GG vereinbar, § 118 Abs. 1 Satz 1 BetrVG dahin auszulegen, daß diese Vorschrift bei der Kündigung eines Tendenzträgers die Pflicht zur vorherigen Anhörung des Betriebsrats nach § 102 Abs. 1 Satz 1 des Betriebsverfassungsgesetzes nicht ausschließe und dem Betriebsrat auch tendenzbedingte Kündigungsgründe mitzuteilen seien, daß der Betriebsrat jedoch Einwendungen auf soziale Gesichtspunkte beschränken müsse.

RÖMERBERG[KUNSTKRITIK]-BESCHLUSS. Entscheidung des Bundesverfassungsgerichts vom 13. Mai 1980 (BVerfGE 54, 129) zur Zulässigkeit wertender Äußerungen im öffentlichen Meinungskampf.

EPPLER-BESCHLUSS. Entscheidung des Bundesverfassungsgerichts vom 3. Juni 1980 (BVerfGE 54, 148).

Leitsätze: 1. Das durch Art. 2 Abs. 1 i. V. m. Art. 1 Abs. 1 GG verfassungsrechtlich gewährleistete allgemeine Persönlichkeitsrecht schützt auch dagegen, daß jemandem Äußerungen in den Mund gelegt werden, die er nicht getan und die seinen von ihm selbst definierten sozialen Geltungsanspruch beeinträchtigen.

2. Unter der Voraussetzung einer Mitwirkungspflicht des Beklagten ist es in Fällen dieser Art verfassungsrechtlich nicht geboten, von der allgemeinen Regel des Zivilprozeßrechts abzugehen, daß dem Kläger der Beweis der seinen Anspruch begründenden Umstände obliegt.

ZITAT[BÖLL/WALDEN]-URTEIL. Entscheidung des Bundesverfassungsgerichts vom 3. Juni 1980 (BVerfGE 54, 208).

Leitsätze: 1. Zur Bedeutung des durch Art. 2 Abs. 1 in Verbindung mit Art. 1 Abs. 1 GG geschützten allgemeinen Persönlichkeitsrechts.

2. Das Grundrecht der Meinungsfreiheit (Art. 5 Abs. 1 GG) schützt nicht das unrichtige Zitat.

3. Art. 5 Abs. 1 GG rechtfertigt es auch nicht, eine nach dem Verständnis eines Durchschnittslesers oder -hörers vertretbare Interpretation einer mehrdeutigen Äußerung des Kritisierten als Zitat auszugeben, ohne kenntlich zu machen, daß es sich um eine Interpretation des Kritikers handelt.

FRAG [DRITTES RUNDFUNK]-URTEIL. Entscheidung des Bundesverfassungsgerichts vom 16. Juni 1981 (BVerfGE 57, 295).

Leitsätze: 1. Art. 5 Abs. 1 Satz 2 GG fordert für die Veranstaltung privater Rundfunksendungen eine gesetzliche Regelung, in der Vorkehrungen zur Gewährleistung der Freiheit des Rundfunks zu treffen sind. Diese Notwendigkeit besteht auch dann, wenn die durch Knappheit der Sendefrequenzen und den hohen finanziellen Aufwand für die Veranstaltung von Rundfunksendungen bedingte Sondersituation des Rundfunks im Zuge der modernen Entwicklung entfällt.

2. Zu den Fragen, welche der Gesetzgeber zu regeln hat, gehört die Entscheidung über die Grundlinien der Rundfunkordnung. Im Rahmen des zugrunde gelegten Ordnungsmodells hat der Gesetzgeber sicherzustellen, daß das Gesamtangebot der inländischen Programme der bestehenden Meinungsvielfalt im wesentlichen entspricht. Ferner hat er Leitgrundsätze verbindlich zu machen, die ein Mindestmaß an inhaltlicher Ausgewogenheit, Sachlichkeit und gegenseitiger Achtung gewährleisten. Er muß eine begrenzte Staatsaufsicht vorsehen, den Zugang zur Veranstaltung privater Rundfunksendungen regeln und, solange dieser nicht jedem Bewerber eröffnet werden kann, Auswahlregelungen treffen. Ob auch die Finanzierung privaten Rundfunks gesetzlicher Regelung bedarf, ist nicht zu entscheiden.

3. Die Bestimmungen, die das Gesetz über die Veranstaltung von Rund-

funksendungen im Saarland für private Rundfunksendungen in deutscher Sprache getroffen hat, genügen in wesentlichen Teilen nicht diesen verfassungsrechtlichen Anforderungen; sie sind daher nichtig.

PFLICHTEXEMPLARRECHT-BESCHLUSS. Entscheidung des Bundesverfassungsgerichts vom 14. Juli 1981 (BVerfGE 58, 137).

Leitsatz: Es widerspricht dem Eigentumsgrundrecht, daß der Verleger eines Druckwerks ein Belegstück auch dann unentgeltlich abliefern muß, wenn es sich um ein mit großem Aufwand und in kleiner Auflage hergestelltes Werk handelt (§ 9 Hess. LPrG).

PROGRAMMPRÄGENDE PERSÖNLICHKEIT [FREIE MITARBEITER]-BESCHLUSS. Entscheidung des Bundesverfassungsgerichts vom 13. Januar 1982 (BVerfGE 59, 231).

Leitsatz: Der durch Art. 5 Abs. 1 Satz 2 GG in den Schranken der allgemeinen Gesetze (Art. 5 Abs. 2 GG) gewährleistete verfassungsrechtliche Schutz der Freiheit des Rundfunks erstreckt sich auf das Recht der Rundfunkanstalten, dem Gebot der Vielfalt der zu vermittelnden Programminhalte auch bei der Auswahl, Einstellung und Beschäftigung derjenigen Rundfunkmitarbeiter Rechnung zu tragen, die bei der Gestaltung der Programme mitwirken. Dies haben die Gerichte bei der Entscheidung darüber zu beachten, ob die Rechtsbeziehungen zwischen den Rundfunkanstalten und ihren in der Programmgestaltung tätigen Mitarbeitern als unbefristete Arbeitsverhältnisse einzuordnen sind.

[ERSTER] RUNDFUNKRAT-BESCHLUSS. Entscheidung des Bundesverfassungsgerichts vom 9. Februar 1982 (BVerfGE 60, 53).

Leitsatz: Aus den Grundsätzen des Art. 21 GG ergibt sich kein Recht der politischen Parteien in Schleswig-Holstein, Ansprüche auf Mitwirkung im Rundfunkrat des Norddeutschen Rundfunks im Wege des landesverfassungsrechtlichen Organstreits geltend zu machen.

KREDITHAIE-BESCHLUSS. Entscheidung des Bundesverfassungsgerichts vom 20. April 1982 (BVerfGE 60, 234) zur Einwirkung des Grundrechts der Pressefreiheit auf einen bürgerlich-rechtlichen Unterlassungsanspruch wegen herabsetzender Kritik an einem Gewerbezweig.

DENKZETTEL-BESCHLUSS. Entscheidung des Bundesverfassungsgerichts vom 15. November 1982 (BVerfGE 62, 230).

Leitsatz: Fordert ein Presseorgan zu einem Boykott auf, der Zwecken des wirtschaftlichen Wettbewerbs dient, und soll der Aufforderung mit Mitteln Nachdruck verschafft werden, die über eine freie geistige Überzeugung hinausgehen, so verstößt ein wettbewerbsrechtliches Verbot dieser Aufforderung durch die Zivilgerichte nicht gegen das Grundrecht der Pressefreiheit.

GEGENDARSTELLUNG [TAGESTHEMEN]-BESCHLUSS. Entscheidung des Bundesverfassungsgerichts vom 8. Februar 1983 (BVerfGE 63, 131).

Leitsätze: 1. In Verfahren auf Erlaß einer einstweiligen Verfügung, in denen über einen Anspruch auf Gegendarstellung in der Presse oder im

Rundfunk abschließend entschieden wird, ist eine Richtervorlage gemäß Art. 100 Abs. 1 GG zulässig.

2. Es ist mit der Gewährleistung des allgemeinen Persönlichkeitsrechts durch Art. 2 Abs. 1 in Verbindung mit Art. 1 Abs. 1 GG unvereinbar, wenn eine Gegendarstellung im Rundfunk nur innerhalb von zwei Wochen nach der beanstandeten Sendung verlangt werden kann.

[ZWEITER] ÖFFENTLICHKEITSARBEIT-BESCHLUSS. Entscheidung des Bundesverfassungsgerichts vom 23. Februar 1983 (BVerfGE 63, 230), ob Anzeigen der Bundesregierung bestimmte politische Parteien und Wahlbewerber begünstigen oder benachteiligen.

CHIFFRE-ANZEIGE-BESCHLUSS. Entscheidung des Bundesverfassungsgerichts vom 10. Mai 1983 (BVerfGE 64, 108) zum Zeugnisverweigerungsrecht von Presseangehörigen über den Auftraggeber einer Chiffre-Anzeige.

PRESSEFUSIONSKONTROLLE-BESCHLUSS. Entscheidung des Bundesverfassungsgerichts vom 29. August 1983 (NJW 1986, 1743; AfP 1985, 107).

Leitsätze: 1. Die Regelungen zur Pressefusionskontrolle sind verfassungsgemäß.

2. Die Auslegung der §§ 23 Abs. 1 S. 7, 24 Abs. 9 GWB dahin, daß auch ein Anzeigenblatt, soweit es einen nicht ganz unwesentlichen redaktionellen Teil aufweist, eine »Zeitung« im Sinne dieser Bestimmungen darstellt, ist von Verfassungs wegen nicht zu beanstanden.

VOLKSZÄHLUNGS-URTEIL. Entscheidung des Bundesverfassungsgerichts vom 15. Dezember 1983 (BVerfGE 65, 1).

Leitsätze: 1. Unter den Bedingungen der modernen Datenverarbeitung wird der Schutz des Einzelnen gegen unbegrenzte Erhebung, Speicherung, Verwendung und Weitergabe seiner persönlichen Daten von dem allgemeinen Persönlichkeitsrecht des Art. 2 Abs. 1 in Verbindung mit Art. 1 Abs. 1 GG umfaßt. Das Grundrecht gewährleistet insoweit die Befugnis des Einzelnen, grundsätzlich selbst über die Preisgabe und Verwendung seiner persönlichen Daten zu bestimmen.

2. Einschränkungen dieses Rechts auf »informationelle Selbstbestimmung« sind nur im überwiegenden Allgemeininteresse zulässig. Sie bedürfen einer verfassungsgemäßen gesetzlichen Grundlage, die dem rechtsstaatlichen Gebot der Normenklarheit entsprechen muß. Bei seinen Regelungen hat der Gesetzgeber ferner den Grundsatz der Verhältnismäßigkeit zu beachten. Auch hat er organisatorische und verfahrensrechtliche Vorkehrungen zu treffen, welche der Gefahr einer Verletzung des Persönlichkeitsrechts entgegenwirken.

3. Bei den verfassungsrechtlichen Anforderungen an derartige Einschränkungen ist zu unterscheiden zwischen personenbezogenen Daten, die in individualisierter, nicht anonymer Form erhoben und verarbeitet werden, und solchen, die für statistische Zwecke bestimmt sind.

Bei der Datenerhebung für statistische Zwecke kann eine enge und konkrete Zweckbindung der Daten nicht verlangt werden. Der Informationserhebung und -verarbeitung müssen aber innerhalb des Informationssystems zum Ausgleich entsprechende Schranken gegenüberstehen.

4. Das Erhebungsprogramm des Volkszählungsgesetzes 1983 (§ 2 Nr. 1 bis 7, §§ 3 bis 5) führt nicht zu einer mit der Würde des Menschen unvereinbaren Registrierung und Katalogisierung der Persönlichkeit; es entspricht auch den Geboten der Normenklarheit und der Verhältnismäßigkeit. Indessen bedarf es zur Sicherung des Rechts auf informationelle Selbstbestimmung ergänzender verfahrensrechtlicher Vorkehrungen für Durchführung und Organisation der Datenerhebung.

5. Die in § 9 Abs. 1 bis 3 des Volkszählungsgesetzes 1983 vorgesehenen Übermittlungsregelungen (unter anderem Melderegisterabgleich) verstoßen gegen das allgemeine Persönlichkeitsrecht. Die Weitergabe zu wissenschaftlichen Zwecken (§ 9 Abs. 4 VZG 1983) ist mit dem Grundgesetz vereinbar.

Wallraff[»Bild«]-Beschluss. Entscheidung des Bundesverfassungsgerichts vom 25. Januar 1984 (BVerfGE 66, 116).

Leitsätze: 1. Das Grundrecht der Pressefreiheit (Art. 5 Abs. 1 Satz 2 GG) gewährleistet auch die Vertraulichkeit der Arbeit von Zeitungs- und Zeitschriftenredaktionen. Die Tragweite dieses Schutzes im konkreten Fall ergibt sich allerdings erst, wenn die Schranken des Grundrechts berücksichtigt werden.

2. a) Die Veröffentlichung rechtswidrig beschaffter oder erlangter Informationen wird vom Schutz der Meinungsfreiheit (Art. 5 Abs. 1 GG) umfaßt. Auch insoweit kommt es jedoch auf die Schranken des Grundrechts an.

b) In Fällen, in denen der Publizierende sich die Informationen widerrechtlich durch Täuschung in der Absicht verschafft hat, sie gegen den Getäuschten zu verwerten, hat die Veröffentlichung grundsätzlich zu unterbleiben. Eine Ausnahme gilt nur, wenn die Bedeutung der Informationen für die Unterrichtung der Öffentlichkeit und für die öffentliche Meinungsbildung eindeutig die Nachteile überwiegt, welche der Rechtsbruch für den Betroffenen und für die Rechtsordnung nach sich zieht.

3. Zur Bedeutung des Grundrechts auf freie Meinungsäußerung (Art. 5 Abs. 1 Satz 1 GG) für die Beurteilung herabsetzender Äußerungen im öffentlichen Meinungskampf.

[Erster] Ärztliches Werbeverbot-Beschluss. Entscheidung des Bundesverfassungsgerichts vom 19. November 1985 (BVerfGE 71, 183)

Leitsätze: 1. Die in den ärztlichen Berufsordnungen normierte Pflicht der Ärzte, berufswidrige Werbung zu unterlassen, regelt in verfassungsrechtlich unbedenklicher Weise die Berufsausübung.

2. Die Anwendung des Werbeverbots kann einen Arzt im Einzelfall unzumutbar belasten oder mit seinem Grundrecht auf Meinungsfreiheit unvereinbar sein (hier: Anwendung auf Buchveröffentlichungen mit autobiographischem Inhalt).

Niedersächsisches Landesrundfunkgesetz[Viertes Rundfunk]-Urteil. Entscheidung des Bundesverfassungsgerichts vom 4. November 1986 (BVerfGE 73, 118).

Leitsätze: 1. a) In der dualen Ordnung des Rundfunks, wie sie sich gegenwärtig in der Mehrzahl der deutschen Länder auf der Grundlage der neuen Mediengesetze herausbildet, ist die unerläßliche »Grundversorgung« Sache der öffentlich-rechtlichen Anstalten, deren terrestrische Programme nahezu die gesamte Bevölkerung erreichen und die zu einem inhaltlich umfassenden Programmangebot in der Lage sind. Die damit gestellte Aufgabe umfaßt die essentiellen Funktionen des Rundfunks für die demokratische Ordnung ebenso wie für das kulturelle Leben in der Bundesrepublik. Darin finden der öffentlich-rechtliche Rundfunk und seine besondere Eigenart ihre Rechtfertigung. Die Aufgaben, welche ihm insoweit gestellt sind, machen es notwendig, die technischen, organisatorischen, personellen und finanziellen Vorbedingungen ihrer Erfüllung sicherzustellen.

b) Solange und soweit die Wahrnehmung der genannten Aufgaben durch den öffentlich-rechtlichen Rundfunk wirksam gesichert ist, erscheint es gerechtfertigt, an die Breite des Programmangebots und die Sicherung gleichgewichtiger Vielfalt im privaten Rundfunk nicht gleich hohe Anforderungen zu stellen wie im öffentlich-rechtlichen Rundfunk. Die Vorkehrungen, welche der Gesetzgeber zu treffen hat, müssen aber bestimmt und geeignet sein, ein möglichst hohes Maß gleichgewichtiger Vielfalt im privaten Rundfunk zu erreichen und zu sichern. Für die Kontrolle durch die zur Sicherung der Vielfalt geschaffenen (externen) Gremien und die Gerichte maßgebend ist ein Grundstandard, der die wesentlichen Voraussetzungen von Meinungsvielfalt umfaßt: die Möglichkeit für alle Meinungsrichtungen – auch diejenige von Minderheiten –, im privaten Rundfunk zum Ausdruck zu gelangen, und den Ausschluß einseitigen, in hohem Maße ungleichgewichtigen Einflusses einzelner Veranstalter oder Programme auf die Bildung der öffentlichen Meinung, namentlich die Verhinderung des Entstehens vorherrschender Meinungsmacht. Aufgabe des Gesetzgebers ist es, die strikte Durchsetzung dieses Grundstandards durch materielle, organisatorische und Verfahrensregelungen sicherzustellen.

2. Grundsätzlich genügt diesen und den übrigen Anforderungen der Rundfunkfreiheit eine Konzeption der Ordnung privaten, durch Werbeeinnahmen finanzierten Rundfunks, welche neben allgemeinen Mindestanforderungen die Voraussetzungen der gebotenen Sicherung von Vielfalt und Ausgewogenheit der Programme klar bestimmt, die Sorge für deren Einhaltung sowie alle für den Inhalt der Programme bedeutsamen Entscheidungen einem externen, vom Staat unabhängigen, unter dem Einfluß der maßgeblichen gesellschaftlichen Kräfte und Richtungen stehenden Organ überträgt und wirksame gesetzliche Vorkehrungen gegen eine Konzentration von Meinungsmacht trifft.

3. Das Niedersächsische Landesrundfunkgesetz vom 23. Mai 1984 ist in seinen Grundlinien mit dem Grundgesetz vereinbar. Doch vermag eine

Reihe seiner Vorschriften die Freiheit des Rundfunks nicht in der verfassungsrechtlich gebotenen Weise zu gewährleisten; diese Vorschriften sind mit dem Grundgesetz ganz oder zum Teil unvereinbar. Darüber hinaus bedarf es zur Sicherung der Rundfunkfreiheit ergänzender gesetzlicher Regelungen.

LANDESMEDIENGESETZ BADEN-WÜRTTEMBERG[FÜNFTES RUNDFUNK]-URTEIL. Beschluß des Bundesverfassungsgerichts vom 24. März 1987 (BVerfGE 74, 297).

Leitsätze: 1. Die verfassungsrechtliche Gewährleistung der Freiheit des Rundfunks verwehrt es dem Gesetzgeber prinzipiell, die Veranstaltung bestimmter Rundfunkprogramme und rundfunkähnlicher Kommunikationsdienste zu untersagen oder andere Maßnahmen zu treffen, welche die Möglichkeit verkürzen, durch Rundfunk verbreitete Beiträge zur Meinungsbildung zu leisten. Auch jenseits der Grundversorgung durch die öffentlich-rechtlichen Anstalten (BVerfGE 73, 118 [157f.]) ist es dem Gesetzgeber daher versagt, die Veranstaltung dieser Programme und Dienste ausschließlich privaten Anbietern vorzubehalten.

2. Soweit das Landesmediengesetz Baden-Württemberg die Landesrundfunkanstalten von der Veranstaltung regionaler und lokaler Rundfunkprogramme ausschließt (§ 13 Abs. 2 Satz 1 und 2) und die Veranstaltung von Ton- und Bewegtbilddiensten auf Abruf durch die Landesrundfunkanstalten unter den Vorbehalt einer besonderen Zulassung durch Gesetz oder Staatsvertrag stellt (§ 45 Abs. 2), ist dies mit Art. 5 Abs. 1 Satz 2 GG nicht vereinbar.

Verfassungsrechtlich nicht zu beanstanden sind hingegen

a) das Werbeverbot im öffentlich-rechtlichen Regional- und Lokalfunk (§ 13 Abs. 2 Satz 4 LMedienG),

b) der Vorbehalt einer besonderen gesetzlichen oder staatsvertraglichen Zulassung für Rundfunkprogramme der Landesrundfunkanstalten, welche Abonnenten oder Einzelentgeltzahlern vorbehalten bleiben (§ 13 Abs. 3 LMedienG),

c) die Beschränkungen einer Kooperation zwischen privaten Rundfunkveranstaltern und öffentlich-rechtlichen Rundfunkanstalten (§ 13 Abs. 4 LMedienG),

d) die Verpflichtung der Landesrundfunkanstalten, freie Videotextkapazitäten ihrer Programme privaten Anbietern zur Verfügung zu stellen (§ 44 Abs. 3 LMedienG).

STRAUSS-KARIKATUR-BESCHLUSS. Entscheidung des Bundesverfassungsgerichts vom 3. Juni 1987 (BVerfGE 75, 369).

Leitsatz: Karikaturen, die in den durch Art. 1 Abs. 1 GG geschützten Kern menschlicher Ehre eingreifen, sind durch die Freiheit künstlerischer Betätigung (Art. 5 Abs. 3 GG) nicht gedeckt.

ZEUGNISVERWEIGERUNGS-/BESCHLAGNAHMEVERBOT-BESCHLUSS. Entscheidung des Bundesverfassungsgerichts vom 1. Oktober 1987 (BVerfGE 77, 65).

Leitsatz: Die Vorschriften der Strafprozeßordnung über die Beschlagnahme von Gegenständen, die sich im Gewahrsam von Angehörigen des Rundfunks befinden, sind auch insoweit mit Art. 5 Abs. 1 Satz 2 GG vereinbar, als sie grundsätzlich den Zugriff auf selbstrecherchiertes Material ermöglichen.

Entscheidungsgründe (Auszug; S. 74f., S. 81f.): Zur verfassungsrechtlich verbürgten Freiheit des Rundfunks gehört der Schutz der Informationsbeschaffung. Das Verhältnis der Vertraulichkeit zwischen dem Rundfunk und seinen Informanten ist grundsätzlich zu respektieren, da dieses Medium auf private Mitteilungen nicht verzichten kann, diese unentbehrliche Informationsquelle aber nur dann ergiebig fließt, wenn sich der Informant auf die Wahrung der Vertraulichkeit verlassen darf (vgl. BVerfGE 20, 162 [176]). Der Schutzbereich des Art. 5 Abs. 1 Satz 2 GG umfaßt aber auch den Schutz der Vertraulichkeit der Redaktionsarbeit. Es ist staatlichen Stellen grundsätzlich verwehrt, sich Einblick in die Vorgänge zu verschaffen, die zur Entstehung einer Sendung führen (vgl. BVerfGE 66, 116 [133ff.]). Deshalb werden grundsätzlich auch solche Unterlagen geschützt, die das Ergebnis eigener Beobachtungen und Ermittlungen enthalten ...

Die für die Grenzen der Beschlagnahmefreiheit maßgebliche Vorschrift des § 53 Abs. 1 Nr. 5 StPO enthält keine abschließende Regelung. Sie trifft lediglich eine generalisierende Bestimmung darüber, in welchen Fällen typischerweise dem Geheimhaltungsinteresse der Presse gegenüber den Erfordernissen rechtsstaatlicher Gewährung der Strafrechtspflege der Vorrang gebührt (vgl. BVerfGE 64, 108 [116]). Die Vorschrift gibt damit Raum für eine weitergehende Begrenzung des Aussagezwangs und der Beschlagnahme, die sich nach Abwägung der widerstreitenden Interessen in besonders gelagerten Fällen auch direkt aus Art. 5 Abs. 1 Satz 2 GG ergeben kann (BVerfGE a.a.O. m.w.N.).

NEUE HEIMAT/MIETBOYKOTT-BESCHLUSS. Entscheidung des Bundesverfassungsgerichts vom 27. Oktober 1987 (AfP 1988, 236).

Leitsätze (nach AfP): 1. Der in einem Publikationsorgan veröffentlichte Aufruf zu einem kollektiven vertragsbrüchigen Verhalten ist so lange durch Art. 5 Abs. 1 GG gedeckt, als der Bereich geistiger Einwirkung nicht verlassen wird. Erst die Verstärkung der geäußerten Meinung durch physischen, wirtschaftlichen oder vergleichbaren Druck verläßt den Rahmen des Grundrechtsschutzes.

2. Die Gewichtung des Aufrufs zum Vertragsbruch und damit der Eingriff in Rechtsgüter Dritter findet erst im Rahmen der nach Art. 5 Abs. 2 GG vorzunehmenden Güter- und Interessenabwägung Platz.

PRESSE-GROSSO-BESCHLUSS. Entscheidung des Bundesverfassungsgerichts vom 13. Januar 1988 (BVerfGE 77, 346) zur Vereinbarkeit von § 6 Nr. 3 Gesetz über die Verbreitung jugendgefährdender Schriften mit dem Grundgesetz.

Leitsatz: Eine selbständig ausgeübte, nicht unmittelbar die Herstellung von Presseerzeugnissen betreffende Hilfstätigkeit wird vom Schutz der Pressefreiheit umfaßt, wenn sie typischerweise pressebezogen ist, in enger organisatorischer Bindung an die Presse erfolgt, für das Funktionieren einer freien Presse notwendig ist und wenn sich die staatliche Regulierung dieser Tätigkeit zugleich einschränkend auf die Meinungsverbreitung auswirkt.

EIGENTUMSSCHUTZ-BESCHLUSS. Entscheidung des Bundesverfassungsgerichts vom 23. März 1988 (BVerfGE 78, 101).

Leitsatz: Öffentlich-rechtliche Rundfunkanstalten können eine Verletzung von Art. 14 Abs. 1 GG nicht geltend machen.

AUSKUNFTSANSPRUCH-BESCHLUSS. Entscheidung des Bundesverfassungsgerichts (Nichtannahmebeschluß) vom 20. Juli 1988 (AfP 1988, 235).

Leitsatz (nach AfP): Der Presse steht kein Auskunftsanspruch gegenüber einer öffentlich-rechtlichen Rundfunkanstalt zu, da diese trotz ihrer Rechtsform und der Erfüllung einer »öffentlichen Aufgabe« nicht dem staatlichen Bereich zuzuordnen ist.

RUNDFUNKTEILNEHMER-BESCHLUSS. Entscheidung des Bundesverfassungsgerichts vom 19. Dezember 1988 (NJW 1990, 311).

Leitsätze (der Redaktion NJW): 1. Rundfunkteilnehmer sind nicht Träger des Grundrechts auf Rundfunkfreiheit (Art. 5 I 2 GG).

2. Aus dem Grundrecht auf Informationsfreiheit (Art. 5 I 1 GG) folgt keine Befugnis des Rundfunkteilnehmers, Organisationsnormen anzugreifen, die der Gesetzgeber in Wahrnehmung seiner verfassungsrechtlichen Aufgaben zur Ausgestaltung der Rundfunkfreiheit geschaffen hat.

STEUERFAHNDUNGS-BESCHLUSS. Entscheidung des Bundesverfassungsgerichts vom 6. April 1989 (NJW 1990, 701).

Leitsätze (der Redaktion NJW): 1. Die Vorschriften der §§ 93 I 1, 208 I Nr. 3 AO 1977 genügen den verfassungsrechtlichen Anforderungen, denen eine gesetzliche Ermächtigung zu Eingriffen in das Recht auf informationelle Selbstbestimmung unterliegt.

2. Wenn eine Steuerfahndungsbehörde um Auskunft über Name und Adresse der Aufgeber einzelner Chiffre-Anzeigen ersucht, in denen ausländische Immobilien von beträchtlichem Wert zum Verkauf angeboten wurden, besteht für den nichtredaktionellen Teil grundsätzlich uneingeschränkte Auskunftspflicht von Presseangehörigen.

POSTZEITUNGSDIENST-BESCHLUSS. Entscheidung des Bundesverfassungsgerichts vom 6. Juni 1989 (BVerfGE 80, 124).

Leitsätze: 1. Staatliche Förderungsmaßnahmen für die Presse sind nur dann mit Art. 5 Abs. 1 Satz 2 GG vereinbar, wenn eine Einflußnahme auf Inhalt und Gestaltung einzelner Presseerzeugnisse sowie Verzerrungen des publizistischen Wettbewerbs insgesamt vermieden werden. Es ist dem Staat jedoch nicht von vornherein verwehrt, bei der Subventionierung der Presse nach meinungsneutralen Kriterien zu differenzieren.

2. Der aus Art. 5 Abs. 1 Satz 2 GG folgenden Neutralitätspflicht des Staates im Leistungsbereich entspricht ein subjektives Abwehrrecht des

Trägers der Pressefreiheit gegen die mit staatlichen Förderungsmaßnahmen etwa verbundene inhaltslenkende Wirkung sowie ein Anspruch auf Gleichbehandlung im publizistischen Wettbewerb.

ZWANGSDEMOKRAT STRAUSS-BESCHLUSS. Entscheidung des Bundesverfassungsgerichts vom 26. Juni 1990 (BVerfGE 82, 272) zum Verhältnis von Persönlichkeitsschutz und Meinungsäußerungsfreiheit.

Leitsätze: 1. Der Schutz von Meinungsäußerungen, die sich als Schmähung Dritter darstellen, tritt regelmäßig hinter dem Persönlichkeitsschutz zurück.

2. Eine Meinungsäußerung ist dann als Schmähung anzusehen, wenn sie jenseits auch polemischer und überspitzter Kritik in der Herabsetzung der Person besteht.

»MUTZENBACHER«-BESCHLUSS. Entscheidung des Bundesverfassungsgerichts vom 27. November 1990 (BVerfGE 83, 130).

Leitsätze: 1. Ein pornographischer Roman kann Kunst im Sinne von Art. 5 Abs. 3 Satz 1 GG sein.

2. Die Indizierung einer als Kunstwerk anzusehenden Schrift setzt auch dann eine Abwägung mit der Kunstfreiheit voraus, wenn die Schrift offensichtlich geeignet ist, Kinder oder Jugendliche sittlich schwer zu gefährden (§ 6 Nr. 3 des Gesetzes über die Verbreitung jugendgefährdender Schriften – GjS –).

3. Die Vorschrift des § 9 Abs. 2 des Gesetzes über die Verbreitung jugendgefährdender Schriften ist verfassungsrechtlich unzulänglich, weil die Auswahl der Besitzer für die Bundesprüfstelle nicht ausreichend geregelt ist.

NORDRHEIN-WESTFÄLISCHE RUNDFUNKGESETZGEBUNG[SECHSTES RUNDFUNK]-URTEIL. Entscheidung des Bundesverfassungsgerichts vom 5. Februar 1991 (BVerfGE 83, 238).

Leitsätze: 1. a) Art. 5 Abs. 1 Satz 2 GG verpflichtet den Staat, die Grundversorgung, die dem öffentlich-rechtlichen Rundfunk in einer dualen Rundfunkordnung zufällt, zu gewährleisten.

b) Die Grenzen der daraus folgenden Bestands- und Entwicklungsgarantie für den öffentlich-rechtlichen Rundfunk ergeben sich aus der Funktion, die dieser im Rahmen des von Art. 5 Abs. 1 GG geschützten Kommunikationsprozesses zu erfüllen hat.

c) Die Bestands- und Entwicklungsgarantie für den öffentlich-rechtlichen Rundfunk erstreckt sich auch auf neue Dienste mittels neuer Techniken, die künftig Funktionen des herkömmlichen Rundfunks übernehmen können.

2. a) In einer dualen Rundfunkordnung ist der Gesetzgeber verfassungsrechtlich nicht gehalten, öffentlich-rechtliche und private Rundfunkveranstalter strikt voneinander zu trennen. Aus dem Grundgesetz folgt keine Verpflichtung zur »Modellkonsistenz«.

b) Soweit der Gesetzgeber die Möglichkeit einer Veranstalterkooperation oder einer sonstigen gemeinschaftlichen Programmträgerschaft eröffnet, muß er sicherstellen, daß der öffentlich-rechtliche Rundfunk imstande bleibt, seinen Grundversorgungsauftrag ungeschmälert zu erfüllen. Das setzt namentlich voraus, daß die Programmsegmente abgrenzbar und ihrem Träger zurechenbar sind.

c) die Entscheidung über das Rundfunkmodell muß der Gesetzgeber selbst treffen. Er darf sie nicht einer Vereinbarung der Rundfunkveranstalter überlassen. Daran finden gesetzlich eröffnete Kooperationsmöglichkeiten zwischen öffentlich-rechtlichen und privaten Rundfunkveranstaltern ihre Grenze.

d) Die Veröffentlichung von Druckwerken mit vorwiegend programmbezogenen Inhalt ist von der Rundfunkfreiheit gedeckt, wenn sie dem Aufgabenkreis des Rundfunks als unterstützende Randbetätigung zugeordnet werden kann.

3. a) In einer dualen Rundfunkordnung ist es von Verfassungs wegen erlaubt, aber nicht gefordert, für den privaten Rundfunk an die Breite des Programmangebots und die Sicherung gleichwertiger Vielfalt geringere Anforderungen zu stellen als für den öffentlich-rechtlichen Rundfunk.

b) Meinungsvielfalt ist ein sachgerechtes Auswahlkriterium für die Zulassung privater Rundfunkbewerber. In diesem Rahmen durfte der Gesetzgeber die Beteiligung der redaktionell Beschäftigten an der Programmgestaltung und -verantwortung (§ 7 Abs. 2 Satz 3 LRG NW) berücksichtigen.

c) Für die Aufteilung der Übertragungskapazitäten zwischen öffentlich-rechtlichem und privatem Rundfunk muß der Gesetzgeber hinreichende Kriterien vorgeben.

4. a) Die dem nordrhein-westfälischen »Zwei-Säulen-Modell« des lokalen Rundfunks zugrundeliegenden Ziele sind verfassungsrechtlich nicht zu beanstanden. Das Modell ist grundsätzlich geeignet, die Rundfunkfreiheit im lokalen Bereich zu sichern.

b) Bei einer binnenpluralistischen Organisation des privaten Rundfunks muß der Gesetzgeber festlegen, welche gesellschaftlichen Kräfte und Gruppen sich an der Veranstaltung von Rundfunk beteiligen dürfen. Ein gesetzlicher Katalog gesellschaftlich relevanter Gruppen ist verfassungsrechtlich nicht zu beanstanden, solange die Auswahl sachgerecht im Sinne der Gewährleistung gleichgewichtiger Vielfalt ist.

c) Die Beteiligung der Gemeinden an der Veranstaltergemeinschaft und der Betriebsgesellschaft des lokalen Rundfunks in Nordrhein-Westfalen verstößt nicht gegen das Gebot der Staatsfreiheit des Rundfunks.

5. a) Die Kontrollgremien des Rundfunks sollen nicht der Repräsentation organisierter Interessen oder Meinungen, sondern der Sicherung der Meinungsvielfalt im Rundfunk dienen.

b) Der Gesetzgbeer hat bei der Bildung der Kontrollgremien weitgehende Gestaltungsfreiheit. Art. 5 Abs. 1 Satz 2 GG verlangt lediglich, daß die Zusammensetzung der Gremien geeignet ist, die Rundfunkfreiheit zu wahren.

LESERBRIEF-BESCHLUSS. Entscheidung des Bundesverfassungsgerichts vom 18. Februar 1991 (ZUM 1991, 430; AfP 1991, 735).

Leitsätze (nach AfP): 1. Auch Äußerungen, die in Form eines Leserbriefs gekleidet sind, genießen den Schutz der Meinungsfreiheit.

2. Der Einfluß der Meinungsfreiheit wird verkannt, wenn die Gerichte ihrer Beurteilung eine Äußerung zugrunde legen, die so nicht gefallen ist, wenn sie dieser einen objektiven Sinnn geben, den die Äußerung nach dem festgestellten Wortlaut objektiv nicht hat, oder wenn sie sich unter mehreren objektiv möglichen Deutungen für die zur Verurteilung führende entscheiden, ohne die anderen unter Angabe überzeugender Gründe auszuschließen.

BRIEFPUBLIKATION-BESCHLUSS. Entscheidung des Bundesverfassungsgerichts vom 12. April 1991 (ZUM 1991, 576).

Leitsatz (nach ZUM): Das gerichtliche Verbot, im Rahmen einer Buchveröffentlichung zu Problemen des Betriebs eines Gemeindekrankenhauses einen Brief zu veröffentlichen, den der Chefarzt der Inneren Abteilung an den Bürgermeister der Gemeinde gerichtet hatte, verletzt die Verfasser des Buches in ihrem Grundrecht aus Art. 5 Abs. 1 Satz 1 GG.

WDR-GESETZ-BESCHLUSS. Entscheidung des Bundesverfassungsgerichts vom 12. April 1991 (AfP 1991, 522).

Leitsatz (nach AfP): § 56a WDR-Gesetz, nach dem der Westdeutsche Rundfunk lokalen Rundfunk betreiben darf, verstößt weder gegen die Rundfunk- noch gegen die Pressefreiheit.

HEILPRAKTIKER-BESCHLUSS. Entscheidung des Bundesverfassungsgerichts vom 23. April 1991 (BVerfGE 84, 82) zur Festsetzung eines Ordnungsgeldes wegen der erneuten Veröffentlichung eines verbotenen Presseartikels.

KRITISCHE BAYER-AKTIONÄRE-BESCHLUSS. Entscheidung des Bundesverfassungsgerichts vom 9. Oktober 1991 (BVerfGE 85, 1).

Leitsätze: 1. Art. 5 Abs. 1 Satz 1 GG ist verkannt, wenn Formulierungen, in denen die Bewertung tatsächlicher Vorgänge zum Ausdruck kommt, als Tatsachenbehauptungen angesehen werden.

2. Es verstößt gegen das Grundrecht der Meinungsfreiheit (Art. 5 Abs. 1 Satz 1 GG), wenn sich jemand, der eine herabsetzende Tatsachenbehauptung über Dritte aufstellt, die nicht seinem eigenen Erfahrungsbereich entstammt, zur Erfüllung seiner Darlegungslast nicht auf unwidersprochene Pressemitteilungen beziehen darf.

RHETORISCHE FRAGEN-BESCHLUSS. Entscheidung des Bundesverfassungsgerichts vom 9. Oktober 1991 (BVerfGE 85, 23).

Leitsätze: 1. Fragen genießen den Schutz von Art. 5 Abs. 1 Satz 1 GG in gleicher Weise wie Werturteile.

2. Rhetorische Fragen sind wie Aussagen zu behandeln. Für die Unterscheidung zwischen echten und rhetorischen Fragen kommt es darauf an, ob der Fragesatz auf Antwort gerichtet und für verschiedene Antworten offen ist.

3. Bei ehrenrührigen Fragen ist eine Abwägung zwischen dem Grundrecht der Meinungsfreiheit und dem Persönlichkeitsschutz erforderlich.

HANDZETTEL-BESCHLUSS. Entscheidung des Bundesverfassungsgerichts vom 18. Oktober 1991 (AfP 1991, 740).

Leitsatz (nach AfP): Die Behinderung der Ausübung der Meinungsäußerungs- und Meinungsverbreitungsfreiheit in Form der Verteilung von Handzetteln auf öffentlichen Straßen durch das Erfordernis, vor Beginn der Grundrechtsausübung eine Genehmigung einholen zu müssen, steht außer Verhältnis zu dem mit dem Erlaubnisvorbehalt erstrebten Erfolg, die Leichtigkeit des Verkehrs in Fußgängerzonen und verkehrsberuhigten Bereichen zu gewährleisten.

ZUSATZANTENNEN-BESCHLUSS. Entscheidung des Bundesverfassungsgerichts vom 25. Oktober 1991 (AfP 1991, 739).

Leitsätze (nach AfP): 1. Eine Informationsquelle ist allgemein zugänglich, wenn sie technisch geeignet und bestimmt ist, der Allgemeinheit, d. h. einem individuell nicht bestimmbaren Personenkreis, Informationen zu verschaffen.

2. Zeitungen und andere Massenkommunikationsmittel wie das Fernsehen sind von Natur aus allgemein zugängliche Informationsquellen im Sinne von Art. 5 Abs. 1 Satz 1 Halbsatz 2 GG.

3. Ein Fernsehprogramm verliert nicht deshalb den Charakter einer allgemein zugänglichen Informationsquelle, weil es an einem bestimmten Ort nicht in dem Sinne ortsüblich ist, daß es dort nur mit überdurchschnittlichem Aufwand empfangen werden kann.

FUNKANTENNEN-BESCHLUSS. Entscheidung des Bundesverfassungsgerichts vom 11. Dezember 1991 (AfP 1992, 57).

Leitsätze (nach AfP): 1. Die Errichtung und der Betrieb eines Funkantennenmastes zum Empfang von Radiosendungen im Kurz-, Mittel- und Langwellenbereich fällt in den Schutzbereich des Grundrechts auf Informationsfreiheit.

2. Es ist von Verfassungs wegen im Grundsatz nicht zu beanstanden, daß das Grundrecht auf Informationsfreiheit durch allgemeine Gesetze wie bauordnungsrechtliche Bestimmungen zum Schutz des Straßen-, Orts- und Landschaftsbildes eingeschränkt wird. Wo die Grenze zulässiger Einschränkung liegt, ist im Einzelfall von den Fachgerichten nach Maßgabe von Größe und Anzahl der Antennenanlagen im Verhältnis zum jeweiligen örtlichen Umfeld zu bestimmen.

»UNSERE STIMME« [MLPD]-BESCHLUSS. Entscheidung des Bundesverfassungsgerichts vom 19. Dezember 1991 (AfP 1992, 58).

Leitsätze (nach AfP): 1. Die Bezeichnung einer Person als »Nazi« kann zulässig sein, wenn sie nicht isoliert, sondern unter Einbeziehung näherer Umstände als Kennzeichnung der Gesinnung dieser Person erscheint.

2. Unter dem Blickwinkel der Meinungsfreiheit kann es für einen Äußernden zulässig sein, den Zusammenhang von tatsächlichen Umständen

von seiner Position aus einer wertenden Betrachtung zu unterziehen, die sich nicht an den Beweisregeln der Zivilprozeßordnung orientiert.

DT 64-BESCHLUSS. Entscheidung des Bundesverfassungsgerichts vom 20. Dezember 1991 (AfP 1992, 60).

Leitsätze (nach AfP): 1. Das Grundrecht der Rundfunkfreiheit vermittelt den Mitarbeitern eines Senders kein Recht auf dessen Fortbestand.

2. Die gesetzliche Regelung für eine Beendigung von Jugendradio DT 64, einem im Gebiet der ehemaligen DDR populären Jugendsender, ist in Art. 36 Einigungsvertrag getroffen worden.

[ZWEITER] ÄRZTLICHES WERBEVERBOT-BESCHLUSS. Entscheidung des Bundesverfassungsgerichts vom 11. Februar 1992 (AfP 1992, 128; ZUM 1992, 615; NJW 1992, 2341).

Leitsatz: Eine Auslegung des ärztlichen Werbeverbots durch die Gerichte, die dem Arzt die Mitwirkung bei redaktionellen Presseberichten über seine berufliche Tätigkeit ausnahmslos verbietet, wenn er sich nicht deren Prüfung und Genehmigung vorbehalten hat, schränkt die Grundrechte aus Art. 12 Abs. 1 Satz 1 und Art. 5 Abs. 1 Satz 1 GG unverhältnismäßig ein.

[ZWEITER] RUNDFUNKRAT-BESCHLUSS: Entscheidung des Bundesverfassungsgerichts vom 13. Februar 1992 (AfP 1992, 131).

Leitsatz (nach AfP): Der Gesetzgeber ist bei Schaffung einer Rundfunkordnung nicht verpflichtet, eine bestimmte verbandlich organisierte Gruppe (hier: Landessportbund) bei der Zusammensetzung eines Rundfunkkontrollgremiums wie einem Rundfunkrat zu berücksichtigen.

NACHT UND NEBEL [»BADISCHE ZEITUNG«]-BESCHLUSS. Entscheidung des Bundesverfassungsgerichts vom 5. März 1992 (ZUM 1993, 84; AfP 1992, 132).

Leitsätze (nach AfP): 1. Auch die Form einer Meinungsäußerung unterliegt der durch Art. 5 Abs. 1 GG geschützten Selbstbestimmung des Äußernden sowie scharfe und übersteigerte Äußerungen.

2. Das Recht des Bürgers, Maßnahmen der öffentlichen Gewalt ohne Furcht vor Sanktionen zu kritisieren, gehört zum Kernbereich des Grundrechts auf Meinungsäußerungsfreiheit.

3. Auf dem Hintergrund verstehender Grundsätze ist es zulässig, wenn die Abschiebung von Asylbewerbern in einem Leserbrief als »Gestapo-Methoden« bezeichnet werden, auch wenn diese Maßnahme der öffentlichen Gewalt rechtmäßig war.

KRÜPPEL [»TITANIC«]-BESCHLUSS. Entscheidung des Bundesverfassungsgerichts vom 25. März 1992 (BVerfGE 86, 1) zur Meinungsfreiheit bei Äußerungen in einem Satiremagazin (Bezeichnung eines Menschen als »geb. Mörder« und als »Krüppel«).

Leitsatz (nach AfP 1992, 133): Äußerungen in einem Satiremagazin können in Berücksichtigung ihrer satirischen Einkleidung vom Schutz der Meinungsfreiheit gedeckt sein (hier: die Bezeichnung eines Menschen als

»geb. Mörder«). Dient die Wortwahl ausschließlich dazu, den Betroffenen zu beleidigen und herabzuwürdigen (hier: die Bezeichnung eines behinderten Menschen als »Krüppel«), so verletzt ein Unterlassungsgebot nicht den der Presse zugesicherten Freiraum.

AZUBI-BESCHLUSS. Entscheidung des Bundesverfassungsgerichts vom 19. Mai 1992 (BVerfGE 86, 122) zum Schutz der freien Meinungsäußerung (Art. 5 Abs. 1 Satz 1 GG) bei der Übernahme von Auszubildenden in ein Arbeitsverhältnis.

HESSEN 3 [SIEBTER RUNDFUNK]-BESCHLUSS. Entscheidung des Bundesverfassungsgerichts vom 6. Oktober 1992 (BVerfGE 87, 181) zum Verbot der Werbung in den Dritten Fernsehprogrammen.

Leitsätze: 1. Überträgt der Gesetzgeber die Rundfunkveranstaltung ganz oder zum Teil öffentlich-rechtlichen Anstalten, so verlangt Art. 5 Abs. 1 Satz 2 GG, daß er die Erfüllung ihrer Aufgaben finanziell sicherstellt.

2. Die Finanzierung der öffentlich-rechtlichen Rundfunkanstalten muß nach Art und Umfang ihrer Funktion entsprechen und darf ihre von Art. 5 Abs. 1 Satz 2 GG geschützte Programmautonomie nicht gefährden.

3. Die dem öffentlich-rechtlichen Rundfunk gemäße Art der Finanzierung ist die Rundfunkgebühr. Mischfinanzierung ist zulässig, sofern dabei die Gebührenfinanzierung nicht in den Hintergrund tritt.

4. Der Umfang der finanziellen Gewährleistungspflicht richtet sich nach den Programmen, die der Funktion des öffentlich-rechtlichen Rundfunks entsprechen und zu ihrer Wahrnehmung erforderlich sind.

5. Bezugsgröße für die Bestimmung des zur Aufgabenerfüllung Erforderlichen ist nicht jedes einzelne Programm, sondern das gesamte Programmangebot einer öffentlich-rechtlichen Rundfunkanstalt.

6. Eine Pflicht zum Ausgleich gesetzlich entzogener Einnahmen besteht nur dann, wenn das Programmangebot einer Rundfunkanstalt anders nicht in dem erforderlichen Umfang aufrechterhalten werden kann.

HORRORFILM-BESCHLUSS. Entscheidung des Bundesverfassungsgerichts vom 20. Oktober 1992 (BVerfGE 87, 209).

Leitsätze: 1. Das Analogieverbot des Art. 103 Abs. 2 GG läßt es nicht zu, den Begriff »Mensch« in § 131 Abs. 1 StGB dahin auszulegen, daß er auch menschenähnliche Wesen umfaßt.

2. Das Tatbestandsmerkmal »in einer die Menschenwürde verletzenden Weise« in § 131 Abs. 1 StGB genügt dem Bestimmtheitsgebot, soweit darunter Darstellungen von grausamen oder unmenschlichen Gewalttätigkeiten verstanden werden, die darauf angelegt sind, beim Betrachter eine Einstellung zu erzeugen oder zu verstärken, die den jedem Menschen zukommenden fundamentalen Wert- und Achtungsanspruch leugnet.

3. Die Einziehung eines Films wegen Verstoßes gegen § 131 Abs. 1 Nr. 4 StGB vor Abschluß des vom Betreiber veranlaßten Kennzeichnungsverfahren nach § 6 Abs. 3 Nr. 5 JÖSchG verstößt gegen das Zensurverbot des Art. 5 Abs. 1 Satz 3 GG.

HONECKER-PROZESS-BESCHLUSS. Entscheidungen des Bundesverfassungsgerichts vom 11. November 1992 (BVerfGE 87, 331 und 87, 335) zu Filmaufnahmen im Honecker-Prozeß.

Leitsätze (der Redaktion AfP 1992, 359): 1. Im Hinblick auf die in Art. 5 Abs. 1 Satz 2 GG festgelegte Rundfunkfreiheit kann auch Fernsehjournalisten der Zugang zum und das Filmen im Gerichtssaal gewährleistet sein.

2. Zum Erlaß einer einstweiligen Anordnung, die im angemessenen Umfang die Herstellung von Filmaufnahmen im Gerichtssaal vor und nach der Verhandlung im Verfahren gegen Erich Honecker und andere im Rahmen einer Pool-Lösung sichert.

PROGRAMMGESTALTENDE RUNDFUNKMITARBEITER-BESCHLUSS. Entscheidung des Bundesverfassungsgerichts vom 3. Dezember 1992 (AfP 1993, 470).

Leitsätze (nach AfP): 1. Der grundrechtliche Schutz der die Rundfunkfreiheit beinhaltenden Programmfreiheit erstreckt sich auch auf das Recht der Rundfunkanstalten, den Programmerfordernissen bei der Auswahl, Einstellung und Beschäftigung der Rundfunkmitarbeiter Rechnung zu tragen.

2. Der grundrechtliche Schutz der Bestimmung über das Rundfunkpersonal beschränkt sich auf diejenigen Mitarbeiter, die an Hörfunk- und Fernsehsendungen inhaltlich gestaltend mitwirken.

3. Der Zusammenhang mit der Programmgestaltung fehlt, wenn sich Personalentscheidungen auf Mitarbeiter beziehen, welche nicht unmittelbar den Inhalt der Sendungen mitgestalten. Hierzu zählen nicht nur das betriebstechnische und Verwaltungspersonal, sondern auch solche Mitarbeiter, deren Tätigkeit sich, wenn auch in Zusammenhang mit der Verwirklichung des Programms stehend, in dessen technischer Realisation erschöpft und ohne inhaltlichen Einfluß hierauf bleibt. Dazu kann auch die Tätigkeit eines Rundfunksprechers zählen.

VOX-BESCHLUSS. Entscheidung des Bundesverfassungsgerichts vom 15. Dezember 1992 (BVerfGE 88, 25) zur Zuteilung zweier bisher vom Westdeutschen Rundfunk genutzten terrestrischen Frequenzen an den privaten Rundfunkveranstalter VOX (ZUM 1993, 133; AfP 1993, 473).

»MÄRKISCHE ODERZEITUNG«-BESCHLUSS. Entscheidung des Bundesverfassungsgerichts vom 19. Februar 1993 (AfP 1993, 474).

Leitsätze (nach AfP): 1. Die Verpflichtung zum Abdruck einer Gegendarstellung greift in das Grundrecht der Pressefreiheit ein, so daß es für die Zuerkennung eines presserechtlichen Gegendarstellungsanspruchs einer gesetzlichen Grundlage gem. Art. 5 Abs. 2 GG bedarf.

2. Wird die Zuerkennung eines Gegendarstellungsanspruchs aus § 823 Abs. 1 BGB hergeleitet, so ist damit dem Gebot einer gesetzlichen Grundlage Rechnung getragen. In diesem Fall ist dem Verpflichteten jedoch dann rechtliches Gehör genommen, wenn das Gericht auf diesen überraschenden Rechtsstandpunkt zurückgreifen will, der Verpflichtete auf diesen Aspekt aber nicht hingewiesen wurde und somit keine Gelegenheit hatte, sich hierauf prozessual einzurichten.

3. Wenn das Gericht die Passivlegitimation eines Redakteurs für den geltend gemachten Gegendarstellungsanspruch annimmt, weil der Verlag seiner Verpflichtung zum Ausweis des »verantwortlichen Redakteurs« im Impressum nicht nachgekommen ist, so liegt ebenfalls ein Verstoß gegen das rechtliche Gehör vor, wenn die Parteien die Anspruchverpflichtung des »verantwortlichen Redakteurs« überhaupt nicht zum Gegenstand des Verfahrens gemacht haben.

BÖLL/HENSCHEID-BESCHLUSS. Entscheidung des Bundesverfassungsgerichts vom 25. Februar 1993 (AfP 1993, 476).

Leitsätze (nach AfP): 1. Kunstkritik ist nicht selber Kunst. Nur die Einkleidung der Kunstkritik in eine eigenständige künstlerische Form, etwa eine Satire, rechtfertigt die Anwendung des Art. 5 Abs. 3 GG.

2. Die Meinungsfreiheit tritt regelmäßig hinter den grundrechtlich geschützten Achtungsanspruch des Einzelnen zurück, wenn es sich bei der Äußerung um sog. Schmähkritik handelt.

3. Der Achtungsanspruch wirkt, weil er in der Menschenwürde wurzelt, auch über den Tod hinaus.

GETILGTE STRAFTATEN-BESCHLUSS. Entscheidung des Bundesverfassungsgerichts vom 25. Februar 1993 (AfP 1993, 478).

Leitsatz (nach AfP): In Fällen, in denen ein neuer aktueller Anlaß für die Berichterstattung über eine im Bundeszentralregister getilgte Straftat gegeben ist, ist eine Güter- und Interessenabwägung zwischen der durch Art. 5 Abs. 1 Satz 2 GG gewährleisteten Berichterstattungsfreiheit der Presse und dem allgemeinen Persönlichkeitsrecht des Betroffenen vorzunehmen.

WAHLWERBUNG-BESCHLUSS. Entscheidung des Bundesverfassungsgerichts vom 9. September 1993 (AfP 1993, 647).

Leitsätze (nach AfP): 1. Einen »originären«, nicht durch den Gleichheitssatz vermittelten verfassungsrechtlichen Anspruch auf Einräumung von Sendezeiten gibt es nicht.

2. Die Chancengleichheit der Parteien bleibt auch dann gewährt, wenn die Wahlwerbespots aller Parteien zu einem Zeitpunkt ausgestrahlt werden, der nach Ansicht nur eines der Bewerber wegen einer zu erwartenden geringen Zahl an Zuschauern unangemessen ist.

3. Die Anordnung, Wahlwerbespots zu einer gewissen Sendezeit auszustrahlen, stellt einen nicht ganz gering zu gewichtenden Eingriff in die redaktionelle Gestaltungsfreiheit einer Rundfunkanstalt und damit in die Rundfunkfreiheit dar, die schwerer wiegen kann als ein vermeintlicher Verstoß gegen das Gebot der Einräumung einer »angemessenen« Sendezeit für die Ausstrahlung eines Wahlwerbespots einer Partei.

KONKURSUNFÄHIGKEIT-BESCHLUSS. Entscheidung des Bundesverfassungsgerichts vom 5. Oktober 1993 (1 BvL 35/81), daß über das Vermögen einer öffentlich-rechtlichen Rundfunkanstalt ein Konkursverfahren – jedenfalls unter den gegenwärtigen Bedingungen – aufgrund der durch Art. 5 Abs. 1 Satz 2 GG gewährleisteten Rundfunkfreiheit unzulässig ist.

RUNDFUNKGEBÜHREN [ACHTES RUNDFUNK]-URTEIL. Entscheidung des Bundesverfassungsgerichts vom 22. Februar 1994 (1 BvL 30/88).

Leitsätze: 1. Die Rundfunkfreiheit erfordert nicht die Gebührenfestsetzung durch die Rundfunkanstalten selbst. Eine Festsetzung der Rundfunkgebühr durch Staatsvertrag der Länder und anschließende Umsetzung in Landesrecht ist mit dem Grundgesetz vereinbar.

2. Art. 5 Abs. 1 Satz 2 GG verlangt für die Festsetzung der Rundfunkgebühr ein Verfahren, das dem öffentlich-rechtlichen Rundfunk die zur Erfüllung seiner Aufgabe im dualen System erforderlichen Mittel gewährleistet und ihn vor Einflußnahmen auf das Programm wirksam sichert.

3. Für die Gebührenfinanzierung gilt der Grundsatz der Programmneutralität. Im Verfahren der Gebührenfestsetzung ist von den Programmentscheidungen der Rundfunkanstalten auszugehen. Die Gebühr darf nicht zu Zwecken der Programmlenkung oder der Medienpolitik eingesetzt werden.

4. Die Überprüfung des Finanzbedarfs der Rundfunkanstalten darf sich nur darauf beziehen, ob sich ihre Programmentscheidungen im Rahmen des rechtlich umgrenzten Rundfunkauftrags halten und ob der aus ihnen abgeleitete Finanzbedarf zutreffend und im Einklang mit den Grundsätzen von Wirtschaftlichkeit und Sparsamkeit ermittelt worden ist.

5. Der so überprüfte Bedarf der Rundfunkanstalten darf bei der Gebührenfestsetzung nur aus Gründen unterschritten werden, die vor der Rundfunkfreiheit Bestand haben. Dazu gehören namentlich die Interessen der Gebührenzahler. Abweichungen sind zu begründen.

WALTER J. SCHÜTZ

Caterina Valente-Urteil → Bundesverfassungsgerichtsentscheidungen zum Medienrecht (18. März 1959)

Chiffre-Anzeige-Beschluß → Bundesverfassungsgerichtsentscheidungen zum Medienrecht (10. Mai 1983)

Chiffregeheimnis → Werberecht

Code of Ethics → Verantwortung des Journalisten

Contempt of Court → Verantwortung des Journalisten

Copyright → Urheberrecht

Cross Ownership → Konzentration

Dänemark: Medienrecht → Medienrecht in den Staaten der EU

Datenschutz. Datenschutz, wie er durch das Bundesdatenschutzgesetz vom 20. Dezember 1990, die Landesdatenschutzgesetze sowie zahlreiche fach- und bereichsspezifische Rechtsvorschriften des Bundes und der Länder bewirkt werden soll, versteht sich in seinem Wesen als Schutz der Persönlichkeitssphäre bei der Datenverarbeitung. Durch die mit den Datenschutzvorschriften vorgenommene Reglementierung des Umgangs mit personenbezogenen Informationen – Begrenzung und Kanalisierung des Datenflusses in Gestalt von Zulässigkeitsschranken, Kontrollmechanismen und Anspruchsgewährungen des Betroffenen – soll der einzelne vor rechtswidrigen Eingriffen in sein vom Bundesverfassungsgericht (BVerfGE 65, 1) so bezeichnetes *»Recht auf informationelle Selbstbestimmung«* bewahrt werden. Insoweit entspringt der Datenschutz letztlich der gleichen verfassungsrechtlichen Quelle wie auch viele sonstige gesetzlich und richterrechtlich festgelegte Regelungen des allgemeinen Persönlichkeitsrechts (Art. 1, 2 GG), das in zahlreichen Ausprägungen bestimmte Facetten der Individualsphäre des Menschen erfaßt und differenzierte Schutzvorkehrungen zu ihrer Sicherung trifft (→ Persönlichkeitsschutz).

Medienspezifische Datenschutzbestimmungen. Nach der verfassungsrechtlichen Kompetenzverteilung liegt die Zuständigkeit für die Gestaltung des Rundfunkwesens prinzipiell bei den Ländern (Ausnahmen: Deutschlandfunk, Deutsche Welle als Einrichtungen des Bundes). Den Persönlichkeitsschutz beim »Umgang« mit Daten, die sich auf den einzelnen Menschen beziehen (darunter versteht man üblicherweise die Speicherung, Übermittlung, Veränderung, Sperrung, Löschung, Erhebung und Nutzung personenbezogener Daten, gleichgültig, ob sie manuell oder automatisiert erfolgen) sprechen vielfach die Landesdatenschutzgesetze an, die dabei häufig auf die Wertungen des Bundesdatenschutzgesetzes zurückgreifen und z. T. hinsichtlich der öffentlich-rechtlichen Landesrundfunkanstalten Sondervorschriften vorsehen. Daneben wurden Rechtsvorschriften zum Datenschutz in den → Landesmediengesetzen der Länder sowie den anstaltsspezifischen Regelungen (z. B. im WDR-Gesetz) geschaffen, die teilweise sehr differenzierte Vorgaben für die Datenverarbeitung in Zusammenhang mit der Veranstaltung von Rundfunk enthalten.

Die Verarbeitung personenbezogener Daten durch Presse- und Filmunternehmen sowie den Deutschlandfunk und die Deutsche Welle bestimmt sich, sofern sie in strukturierter Form (»dateimäßig«) durchgeführt wird, nach den Rahmenbedingungen des Bundesdatenschutzgesetzes. Während dieses Gesetz vorbehaltlich vorrangiger Spezialvorschriften prinzipiell bei jedweder dateigebundenen Datenverarbeitung zum Zuge kommen soll, sieht es für einen Großteil der dem Bundesrecht unterliegenden Medienaktivitäten Ausnahmen vor.

Medienspezifische Sonderregelungen im Bundesdatenschutzgesetz. § 41 Abs. 1 Bundesdatenschutzgesetz lautet: »Soweit personenbezogene Daten von Unternehmen oder Hilfsunternehmen der Presse oder des Films oder von Hilfsunternehmen des Rundfunks ausschließlich zu eigenen journalistisch-redaktionellen Zwecken verarbeitet oder genutzt werden, gelten von den Vorschriften dieses Gesetzes nur die §§ 5 und 9. Soweit Verlage personenbezogene Daten zur Herausgabe von Adressen-, Telefon-, Branchen- oder vergleichbaren Verzeichnissen verarbeiten oder nutzen, gilt Satz 1 nur, wenn mit der Herausgabe zugleich eine journalistisch-redaktionelle Tätigkeit verbunden ist.« Begünstigte durch diese Regelung sind im wesentlichen Verlagsbetriebe, die Zeitungen und (Publikums-, Fach-, Kunden-)Zeitschriften herausgeben, sowie Buchverlage – unabhängig davon, ob sie Werke der Belletristik publizieren oder als Fachverlage zu qualifizieren sind. Das Medienprivileg kommt ferner organisatorisch in sich geschlossenen, gegenüber den sonstigen betrieblichen Stellen abgeschotteten, mit der Herausgabe von Werkszeitschriften betrauten Organisationsbereichen (»Presseabteilung«, »Stabsbereich Information«) zugute; entsprechendes gilt für Funktionseinheiten bei Parteien oder Vereinen, die nach Art eines »Unternehmens im Unternehmen« Partei- oder Vereinszeitungen herausbringen.

Zu den Hilfsunternehmen der Presse zählen im wesentlichen die Pressekorrespondenzen, die Materndienste und die Nachrichtenagenturen.

GRENZEN DES MEDIENPRIVILEGS. Die Vorzugsbehandlung der Medien erfolgt nur im Hinblick auf die Datenverarbeitung und -nutzung, die ausschließlich journalistisch-redaktionellen Zwecken dient; sie ist Ausfluß der im Grundgesetz verankerten → Presse- und Rundfunkfreiheit (Art. 5 Abs. 1 GG). Ausgenommen aus dem Schutzbereich des Bundesdatenschutzgesetzes sind mithin nur die Datenverarbeitungen, die im Rahmen redaktioneller Aufgabenstellungen durchgeführt werden. Wenn in einem Presseunternehmen Mitarbeiterdaten im Rahmen der Personalverwaltung und Gehaltsabrechnung oder Daten über Anzeigenkunden, Lieferanten oder Abonnenten verarbeitet werden, so ist dieses Datenmaterial der wirtschaftenden Tätigkeit des Unternehmens zuzurechnen und nicht dazu bestimmt, Gegenstand redaktioneller Aufbereitung mit publizistischer Zielsetzung zu sein. Ebensowenig will das Gesetz Datenverarbeitungen ausklammern, die über die eigentliche publizistische Tätigkeit hinausgehen. Werden beispielsweise für Zwecke der redaktionellen Arbeit gespeicherte Daten (»*Pressearchiv*«) zu nicht publizistischen Zwecken an Dritte – etwa an wissenschaftliche Stellen – weitergegeben, geht das Medienprivileg als solches zwar nicht verloren, jedoch kommt für diesen speziellen Verarbeitungsvorgang das Bundesdatenschutzgesetz mit den einschlägigen Zulässigkeitskriterien zur Anwendung. Das Gesetz verbietet grundsätzlich jegliche dahingehende Verarbeitung und läßt sie nur unter engen Ausnahmen zu (»Verbot mit Erlaubnisvorbehalt«). Zulässig ist demnach eine Datenverarbeitung erst dann, wenn die Voraussetzungen eines gesetzlich definierten Legitimationstatbestandes vorliegen.

An dieser Bewertung ändern auch wirtschaftliche Verflechtungen nichts: Wird aus dem Pressearchiv eines im Konzernverbund stehenden Verlages Datenmaterial an einen anderen rechtlich selbständigen Konzernverlag geliefert, so liegt hierin eine Übermittlung an Dritte, für die das Bundesdatenschutzgesetz enge rechtliche Grenzen zieht.

Die Berufung auf das Medienprivileg ist auch solchen privatrechtlich organisierten Unternehmen verwehrt, deren Anteile sich in der Hand öffentlich-rechtlicher Körperschaften befinden.

Das Medienprivileg gilt nur zugunsten derjenigen Unternehmen, die selbst in Verfolg journalistisch-redaktioneller Tätigkeit Datenverarbeitung betreiben. Die Zulieferung von Daten durch außenstehende Dritte muß sich nach den für die »Übermittlung« geltenden Normen des Gesetzes richten.

RECHTE DER BETROFFENEN. Soweit das Medienprivileg reicht, kommen die zugunsten desjenigen, dessen Daten verarbeitet werden, nach dem Bundesdatenschutzgesetz und den landesrechtlichen Vorschriften vorgesehenen Rechte auf Auskunft, Berichtigung, Sperrung und Löschung nicht zum Tragen. Die Medienunternehmen sind lediglich von Gesetzes wegen verpflichtet, ausreichende technische und organisatorische Datensicherungsmaßnahmen zu treffen. Allerdings bleiben die rechtlichen Möglichkeiten des Betroffenen nach den allgemeinen Grundsätzen des Zivilrechts (z. B. Schadensersatz, Unterlassung) ungeschmälert. Für die Bundesrundfunkanstalten gelten zwei Besonderheiten: Führt die journalistisch-redaktionelle Verarbeitung der Daten zur Veröffentlichung von Gegendarstellungen des Betroffenen, so sind diese zu den gespeicherten Daten zu nehmen (§ 41 Abs. 2). Wird jemand durch eine Berichterstattung in seinem Persönlichkeitsrecht beeinträchtigt, so kann er überdies Auskunft über die der Berichterstattung zugrundeliegenden, zu seiner Person gespeicherten Daten verlangen (§ 41 Abs. 3).

KONTROLLE DER DATENVERARBEITUNG. Die Kontrolle der Datenverarbeitung durch die Medien ist in Bund und Ländern unterschiedlich konzipiert. Das Bundesdatenschutzgesetz ermöglicht keine staatliche Kontrolle – etwa durch den Bundesbeauftragten für den Datenschutz oder die in den Ländern angesiedelten Aufsichtsbehörden – hinsichtlich der Datenverarbeitung, die zu journalistisch-redaktionellen Zwecken erfolgt. Soweit sonstige Datenverarbeitungen vorgenommen werden (Personaldatenverarbeitung, Abonnentenverwaltung usw.), bestehen Kontrollbefugnisse der Landesaufsichtsbehörden im Hinblick auf die privat-rechtlichen Presse- und Filmunternehmen sowie der betrieblichen Datenschutzbeauftragten, die diese Unternehmen von einer gewissen Größenordnung an zu bestellen haben. In den Ländern wurden in den Landesdatenschutz- und -mediengesetzen bzw. den anstaltsspezifischen Regelungen durchgängig Kontrollrechte entweder des jeweiligen Landesdatenschutzbeauftragten oder zugunsten besonderer – im Regelfall vom Rundfunkrat bestellter – Beauftragter für die Rundfunkeinrichtungen begründet. Für die Bundesrundfunkanstalten ist je ein eigenständiger Datenschutzbeauftragter durch den Verwaltungsrat auf Vorschlag des Intendanten zu berufen (§ 423). Die landesrechtlichen Vorschriften enthalten zum Teil ebenfalls Regelungen bezüglich der Kontrollzuständigkeit hinsichtlich der Einhaltung der Datenschutzvorschriften des Bildschirmtext-Staatsvertrages (→ Bildschirmtext und Videotext).

GEORG WRONKA

Literatur
Georg Wronka/Steffen Hörle: Bundesdatenschutzgesetz. Auswirkungen auf Werbung und Presse. Bonn [3]1983 (*Erläuterung des Bundesdatenschutzgesetzes mit eingehender Darstellung des Medienprivilegs*)
Erwin Dörr/Dietmar Schmidt: Neues Bundesdatenschutzgesetz. Köln [2]1992 (*Referentenkommentar*)
Lutz Bergmann/Roland Möhrle/Armin Herb: Datenschutzrecht. Loseblattkommentar
Hans-Jürgen Schaffland/Noeme Wiltfang: Bundesdatenschutzgesetz. Ergänzbarer Kommentar nebst einschlägigen Rechtsvorschriften. Loseblattausgabe (*praxisbezogenes Erläuterungswerk zum Bundesdatenschutzgesetz*)
Hans-Joachim Ordemann/Rudolf Schomerus/Peter Gola: Bundesdatenschutzgesetz. München [5]1992 (*Kurzkommentar zum Bundesdatenschutzgesetz*)
Peter Gola: Beschränkt das BDSG die Bekanntgabe von Mitarbeiterdaten in Werkszeitungen? In: »Der Betrieb«, Jg. 1978, S. 2159 ff.
Walter Hendriks: Datenschutz im Rundfunk. In: »Film und Recht«, Jg. 1978, S. 437 ff.
Walter Hendriks: Das »Medienprivileg« im Rundfunk. In: »Film und Recht«, Jg. 1979, S. 407 ff.
Holger Wissel/Georg Wronka: Neuere Tendenzen im Datenschutz – Auswirkungen auf Presse und Werbung. In: »Archiv für Presserecht«, Jg. 1980, S. 133 ff.
Georg Wronka: Auswirkungen des Bundesdatenschutzgesetzes (BDSG) auf die unternehmerische Kommunikationspolitik. In: »Die Betriebswirtschaft«, Jg. 1980, S. 577 ff.
Peter Gola/Georg Wronka: Handbuch zum Arbeitnehmerdatenschutz. Köln [2]1994

DDR-Medienrecht → Geschichte des Medienrechts

»Demokrat«-Beschluß → Bundesverfassungsgerichtsentscheidungen zum Medienrecht (14. Oktober 1969)

Denkzettel-Beschluß → Bundesverfassungsgerichtsentscheidungen zum Medienrecht (15. November 1982)

Detailkompetenz → Mitbestimmung

Deutsche Bibliothek → Pflichtexemplarrecht

Deutsche Bücherei → Pflichtexemplarrecht

Deutsche Gesellschaft für Publizistik- und Kommunikationswissenschaft → Verbände und Organisationen im Medienbereich

Deutsche Public Relations-Gesellschaft → Verbände und Organisationen im Medienbereich

Deutscher Journalisten-Verband → Verbände und Organisationen im Medienbereich

Deutscher Kommunikationsverband → Verbände und Organisationen im Medienbereich

Deutscher Presserat → Selbstkontrolle der Medien, → Verbände und Organisationen im Medienbereich

Deutscher Werberat → Selbstkontrolle der Medien

Deutschland-Fernsehen (Erster Rundfunk)-Urteil → Bundesverfassungsgerichtsentscheidungen zum Medienrecht (28. Feruar 1961)

»Deutschland-Magazin«-Beschluß → Bundesverfassungsgerichtsentscheidungen zum Medienrecht (11. Mai 1976)

Deutschland-Stiftung-Beschluß → Bundesverfassungsgerichtsentscheidungen zum Medienrecht (11. Mai 1976)

Digital Audio Broadcasting → Neue elektronische Kommunikationstechniken

digitale Kompression → Internationale und supranationale Kommunikationsbeziehungen

Dienstvertrag → Arbeitsrecht der Medien

Diplomstudiengang Journalistik → Aus- und Fortbildung von Journalisten

Diskriminierungsverbot → Anzeigenaufnahmepflicht, → Wettbewerbsrecht

Dispositionsrecht → Vertriebsrecht

Disziplinarverfahren → Gerichtsberichterstattung

Dokumentation → Datenschutz

Doppelmonopole → Konzentration, → Landesmediengesetze, → Rundfunkorganisationsrecht

Dramatiker-Union/Schriftsteller und Komponisten → Verbände und Organisationen im Medienbereich

»Drei-Säulen-Prinzip« → Soziale Sicherung der Journalisten

Drittmitteilung → Zeugnisverweigerung

Drittwirkung → Informationsfreiheit

Druckschrift → Presseordnungsrecht

Druckwerk → Presseordnungsrecht

»Druckwerk strafbaren Inhalts« → Pressedelikte

DT 64-Beschluß → Bundesverfassungsgerichtsentscheidungen zum Medienrecht (20. Dezember 1991)

duales Rundfunksystem → Medienpolitik, → Neue elektronische Kommunikationstechniken, → Rundfunkfinanzierungsrecht, → Rundfunkorganisationsrecht, → Rundfunkprogrammrecht, → Wettbewerbsrecht

Europäischer Fernsehkulturkanal → Europäisches Medienrecht

Europäisches Medienrecht. Zum Medienrecht rechnen das Grundrecht auf Freiheit der Äußerung mit seinen Ausprägungen (z. B. → Informationsfreiheit, → Pressefreiheit), das → Presserecht, das → Filmrecht und das Rundfunkrecht (Hörfunk und Fernsehen) (→ Rundfunkfinanzrecht, → Rundfunkorganisationsrecht, → Rundfunkprogrammrecht); ferner Ausschnitte des → Telekommunikations-(Fernmelde-)rechts, des Jugendschutzrechts (→ Jugendmedienschutz), des → Werberechts, des → Urheberrechts, des → Wettbewerbsrechts, des Kartellrechts (→ Fusionskontrolle, → Konzentration), des → Arbeitsrechts und des Berufsrechts.

Positives *europäisches Medienrecht* enthält erstens das überwiegend im Rahmen des Europarates vereinbarte Völkerrecht und zweitens das Recht der Europäischen Gemeinschaft (EG)/Europäischen Union (EU).

MENSCHENRECHTS-KONVENTION. Eine vereinbarte deutsche Fassung der »Konvention zum Schutze der Menschenrechte und Grundfreiheiten« (MRK) vom 4. November 1950 gibt es nicht. Die oben auf S. XXI abgedruckte deutsche Übersetzung des Art. 10 stammt vom deutschen Gesetzgeber des Zustimmungsgesetzes. Sie enthält eine Reihe irreführender Abweichungen von den allein authentischen, völkerrechtlich verbindlichen Fassungen in englischer und französischer Sprache. Der englische und der französische Text sind deshalb ebenfalls auf S. XXI bis XXII wiedergegeben. Die deutschen Übersetzungen der im folgenden wiedergegebenen Entscheidungen der Organe der MRK stammen zum Teil vom Verfasser.

Schutzbereich der Äußerungsfreiheit (Art. 10 Abs. 1 Satz 1 und 2 MRK). Satz 1 gewährleistet jedem das Recht auf Freiheit der Äußerung. »Jeder« umfaßt sowohl natürliche als auch juristische – einschließlich gewinnorientierter – Personen (Europäischer Gerichtshof für Menschenrechte in Straßburg [EGMR] 22. 5. 1990, Autronic, Neue Juristische Wochenschrift [NJW] 1991, 620, Rdnr. 47).

Das Recht auf Freiheit der Äußerung wird in Satz 2 konkretisiert als die Freiheiten einschließend, Meinungen zu haben sowie Informationen und Ideen zu empfangen und mitzuteilen ohne Eingreifen öffentlicher Gewalt und ohne Rücksicht auf Grenzen. Die Begriffe »Informationen« (Nachrichten) und »Ideen« sind weit auszulegen. Im Falle Groppera hatte die Regierung Zweifel geäußert, ob Hörfunkprogramme, die hauptsächlich aus leichter Musik und Werbespots bestanden, überhaupt »Informationen« und »Ideen« seien. Der Gerichtshof erklärte, es sei nicht nötig, bei dieser Gelegenheit die beiden Begriffe genau zu definieren. »Rundfunk« sei nämlich in der Konvention gerade in bezug auf die Freiheit der Äußerung erwähnt (in Satz 3 des Art. 10 Abs. 1). Sowohl das Verbreiten von Rundfunkprogrammen über den Äther als auch die Weiterverbeitung solcher Programme durch Kabel fielen unter das in den beiden ersten Sätzen von Art. 10 Abs. 1 niedergelegte Recht, ohne daß irgendeine Notwendigkeit bestehe, Unterscheidungen nach dem Inhalt der Programme zu machen (EGMR 28.3. 1990, Groppera, NJW 1991, 615, Randnr. 55). Darüber hinaus bezieht sich Art. 10 nicht nur auf den Informationsinhalt, sondern auch auf die Mittel (Geräte) der Übertragung oder des Empfangs (z. B. Antennen), weil jede Beschränkung der Mittel notwendig in das Recht eingreift, Informationen zu empfangen und mitzuteilen (EGMR, Autronic a.a.O.).

Das europäische Grundrecht auf Freiheit der Äußerung schließt ein die Freiheit der Rede, der Kunst (EGMR 24. 5. 1988, Müller, Series A Vol. No. 113, Randnr. 27, 33), der Wissenschaft, der Forschung, der Lehre, der Veröffentlichung, der Presse (insbesondere Zeitungen, Zeitschriften, Bücher, → Pressefreiheit), des Films, des Hörfunks, des Fernsehens (terrestrisch, über Satellit, durch Kabel). Das Recht auf Freiheit der Äußerung schließt weiter ein die Meinungsfreiheit (das Recht, eine Meinung zu haben, folglich auch, sie sich zu bilden und sie zu äußern), die Mitteilungsfreiheit (das Recht, Informationen, Ideen, Meinungen oder sonstige [z. B. künstlerische] Äußerungen zu verbreiten, insbesondere durch Presse, Film, Rundfunk, Platten, Kassetten, Bänder) und die Empfangsfreiheit (das Recht, die gemachten Mitteilungen ungehindert zu erhalten).

Die *Äußerungs-* und die *Mitteilungs*freiheit schließen ein die → Informationsfreiheit im Sinne des Rechts darauf, andere (aktiv) zu informieren. Ob dieses Recht den Zugang zum Rundfunk einschließt, hat der Gerichtshof bisher (Sommer 1993) nicht entschieden. Nach der Rechtsprechung der Europäischen Kommission für Menschenrechte (EKMR) schließt das Recht aus Art. 10 Abs. 1 das Recht auf Verbreitung von Rundfunk – auch über die Grenze hinweg – ein. Dieses Recht umfasse seinerseits das Recht darauf, daß der Empfang rechtmäßig übertragener Sendungen nicht von staatlichen Stellen behindert wird (EKMR 13. 10. 1988, Groppera, Randnr. 137, 139, 140 mit weiteren Nachweisen). »Die Freiheit, Informationen mitzuteilen auch durch ordnungsgemäß zugelassenen Rundfunk ist ... durch Art. 10 der Konvention im Prinzip gewährleistet.« (EKMR 9. 9. 1992, Lentia u. a., Randnr. 61).

Hinsichtlich der Reichweite der Äußerungs- und Mitteilungsfreiheit hat der Gerichtshof folgende Grundsätze entwickelt (von EGMR 7. 12. 1976, Handyside, NJW 1977, 38, Randnr. 43, 49, bis EGMR 25. 6. 1992, Thorgeir Thorgeirson, Series A, Vol. No. 239, Randnr. 63, über insbesondere EGMR 26. 4. 1979, Sunday Times, NJW 1981, 1985, Randnr. 45, 65; 8. 7. 1986, Lingens, NJW 1987, 2143, Randnr. 41, 42; 23. 5. 1991, Oberschlick, NJW 1992, 613, Randnr. 57 bis 59; 26. 11. 1991, Observer und Guardian, Series A Vol. No. 216, Randnr. 59; 23. 4. 1992, Castells, Series A Vol. No., 236, Randnr. 42, 43, 46):

Die Freiheit der Äußerung stellt eine der wesentlichen Grundlagen einer demokratischen Gesellschaft dar, eine der wichtigsten Bedingungen ihres Fortschritts und der Selbstverwirklichung eines jeden. Vorbehaltlich des

Art. 10 Abs. 2 gilt sie nicht nur für »Informationen« und »Ideen«, die positiv aufgenommen oder als harmlos oder gleichgültig angesehen werden, sondern auch für solche, die verletzen, schockieren oder beunruhigen. Art. 10 schützt nicht nur die Substanz der ausgedrückten Ideen und Informationen, sondern auch die Form ihrer Verbreitung. Nach Art. 10 Abs. 2 kennt die Freiheit der Äußerung Ausnahmen. Sie sind jedoch eng auszulegen. Und die Notwendigkeit in einer demokratischen Gesellschaft, diese Freiheit zu beschränken, muß auf überzeugende Weise dargetan sein. Diese Grundsätze haben eine besondere Bedeutung für die Presse. Wenn diese auch die in Abs. 2 aufgezählten Schranken nicht überschreiten darf, ist es nichtsdestoweniger ihre Aufgabe, Informationen und Ideen über Fragen öffentlichen Interesses zu übermitteln. Die Pressefreiheit bietet den Bürgern eines der besten Mittel, die Ideen und Einstellungen der Lenker zu kennen und zu beurteilen. Dies unterstreicht der Wortlaut des Art. 10 Abs. 1 Satz 2, wenn er das Recht – für die Öffentlichkeit – erwähnt, Informationen und Ideen zu empfangen. Allgemeiner gehört das freie Spiel der politischen Debatte zum Kern des Begriffs einer demokratischen Gesellschaft, welcher die gesamte Konvention beherrscht. Folglich sind die Grenzen zulässiger Kritik im Hinblick auf einen Politiker, der in seiner Eigenschaft als öffentliche Persönlichkeit handelt, oder gegenüber der Regierung – auch von seiten eines Oppositionspolitikers – weiter als bezüglich einer Privatperson.

Art. 10 Abs. 1 ist nicht nur auf bestimmte Arten von Informationen oder Ideen oder Formen der Äußerung anwendbar. Daher können *Informationen kommerzieller Natur* nicht von seinem Anwendungsbereich ausgeschlossen werden (EGMR, 20. 11. 1989, Markt Intern, Series A Vol. 165, Randnr. 26). In diesem Fall hatte der Autor eines Artikels in einem Informations-Bulletin für den Parfümeriefachhandel über die Unzufriedenheit eines Abnehmers berichtet, der die versprochene Erstattung für ein von einem Versandhaus gekauftes Produkt nicht erhalten hatte, und die Leser um Auskünfte über die Handelspraktiken des Versandhauses gebeten.

Wirtschaftliche *Werbung* durch Anzeigen genießt nach Auffassung der Kommission als »commercial speech« und »commercial ideas« den Schutz von Art. 10 Abs. 1. Dieser Schutz könne aber im Rahmen von Abs. 2 stärker eingeschränkt werden als die Äußerung politischer Ideen (EKMR 5. 5. 1979, Church of Scientology vs. Sweden, Decisions and Reports 1979, Vol. 16, 68 [73]; umstritten). Der Bejahung eines unterschiedlichen Schutzniveaus je nach dem Inhalt der Mitteilung wird die Prämisse des Art. 10 Abs. 1 entgegengehalten. Diese verwehre es dem Staat gerade, Meinungsinhalte und -motive zu bewerten. Es liege in der geschützten Befugnis des einzelnen, selbst zu entscheiden, mit welchem Inhalt und zu welchen Zwecken er sich äußern will. In der Tat dürfte es das Recht auf Freiheit der Äußerung verbieten, seinen Schutz nach Inhalt und Zweck der Äußerung zu differenzieren. Je nachdem, welche Auslegung zutrifft, besteht geringer oder etwas weiterreichender Spielraum für die Eingriffe in das Werbefernsehen durch das Europarats-Übereinkommen »Grenzüberschreitendes Fernsehen« und die EG-Richtlinie »Fernsehen ohne Grenzen« (siehe unten unter dieser Bezeichnung).

Der Gerichtshof hat die Frage, ob Werbung als solche in den Anwendungsbereich des Art. 10 fällt, im Fall Barthold offengelassen, die Anwendung von Art. 10 aber bejaht, wo etwaige Werbung mit Meinungsäußerung und Information gemischt auftritt (EGMR 25. 3. 1985, Barthold, NJW 1985, 2885, Randnr. 42). Die Bundesregierung hatte vorgetragen, Art. 10 umfasse die Werbung nicht. Sie gehöre zur Berufsfreiheit und habe mit dem, was Art. 10 schützen wolle, nichts zu tun.

Die *Empfangs*freiheit schließt die Informationsfreiheit im Sinne des Rechts darauf ein, beim Empfang von Informationen nicht behindert zu werden. Der Empfang nicht verschlüsselter Fernsehprogramme mittels einer Parabol- oder anderen Antenne fällt unter das in den Sätzen 1 und 2 des Art. 10 Abs. 1 verbürgte Recht; dabei ist es nicht notwendig festzustellen, aus welchem Grund und für welchen Zweck dieses Recht auf freien Empfang ausgeübt wird (EGMR, Autronic a.a.O., Randnr. 47), etwa zur Demonstration einer Parabolantenne oder zwecks Einspeisung der aufgefangenen Signale in ein (kommerziell betriebenes) Kabelnetz. Empfangsfreiheit besteht nicht nur für terrestrisch und über Direktfernsehsatellit, sondern auch für durch Fernmeldesatellit übertragene, nicht kodierte in- und ausländische Fernsehprogramme (EGMR, Autronic a.a.O.). Damit dürfte entfallen sein die Zulässigkeit einer auf das internationale Fernmelderecht gestützten Empfangs-Genehmigung des Empfangsstaates (die ihrerseits, wie im Autronic-Fall, von der ausdrücklichen Zustimmung des Sendestaates abhängig gemacht wird), sowie die Zulässigkeit der Erhebung einer Genehmigungsgebühr. Auch wiederkehrende Gebühren für den Satellitendirektempfang dürften gegen das Recht auf Empfangsfreiheit verstoßen.

Den »passiven«, das heißt fremde Programme empfangenden und mitteilenden (weiterverbreitenden) Kabelunternehmen gewährleistet Art. 10 Abs. 1 Satz 2 sowohl das Recht, die direkt (terrestrisch oder über Rundfunksatellit) empfangbaren sowie die (terrestrisch über Richtfunkstrecken oder Fernkabel oder über Fernmeldesatellit) herangeführten und damit ebenfalls empfangbaren unkodierten Sendungen zu empfangen, als auch das Recht, sie über ihr Kabelnetz weiterzuverbreiten. Der Staat, in dem das Kabelunternehmen tätig ist, darf die Freiheit seiner (zugelassenen) Kabelunternehmen zum Empfang in- und ausländischer Sendungen sowie zu deren Weiterverbeitung nur ausschließen oder einschränken, wenn der Eingriff »vom Gesetz vorgesehen« ist, unter einen oder mehrere von der Konvention anerkannte Zwecke fällt und »in einer demokratischen Gesellschaft notwendig« ist (Art. 10 Abs. 2).

Aus der in Art. 10 Abs. 1 Satz 2 ausdrücklich gewährleisteten Empfangsfreiheit »ohne Rücksicht auf Landesgrenzen« folgt, daß der Empfangsstaat den Direktempfang der Sendungen eines ausländischen (dort zugelassenen) Rundfunkveranstalters im Inland weder verbieten noch sonst ausschließen darf.

Aus der Sendefreiheit, der Sendeverkehrsfreiheit und der Empfangsfreiheit des Art. 10 Abs. 1 Satz 2 folgt, daß der Empfangsstaat nicht vom Sendestaat bzw. dessen Rundfunkunternehmen verlangen kann, daß Sendungen, die auf seinem Gebiet empfangen werden können, zuvor seine Zustimmung (prior consent) erhalten oder seinem Recht entsprechen müssen. Eine Information oder Idee, die nur mit Einwilligung des Empfangsstaates eingestrahlt werden darf oder die – was auf das gleiche hinauslaufen kann – nicht nur das Recht des Sendestaates beachten muß, sondern auch das abweichende Recht des Empfangsstaates, ist behindert und fließt nicht frei.

Die Empfangsfreiheit umfaßt dagegen nicht auch die Informationsfreiheit im Sinne des Rechts darauf, (passiv) informiert zu werden. Sie gewährleistet also keinen Anspruch gegen den Staat auf Unterrichtung durch ihn oder die Medien oder gar auf die Erhaltung oder Schaffung der Vielfalt von Presse und Rundfunk (streitig).

Die aufgezählten Freiheiten gewährleistet Art. 10 sowohl in jedem Vertragsstaat als auch zwischen ihnen, also für das gesamte Gebiet des Europarats. Art. 10 garantiert ausdrücklich auch die Verkehrsfreiheit (die Freiheit des innereuropäischen Flusses der Meinungen, Informationen, Ideen und sonstigen Äußerungen bzw. das Recht auf Übermittlung über die Staatsgrenzen hinweg).

Auch die Erklärung eines Staates, seine für die eigene Öffentlichkeit bestimmten Sendungen seien nicht für die Öffentlichkeit eines anderen Staates bestimmt, kann die Rechte aus Art. 10 Abs. 1 nicht einschränken. Anderenfalls würde »ein wichtiges Prinzip des Art. 10 Abs. 1 bedeutungslos, nämlich daß die Rechte ›ohne Rücksicht auf Grenzen‹ niedergelegt sind. Dieser Grundsatz impliziert, daß Vertragsstaaten aus dem Ausland empfangene Informationen nur beschränken dürfen in den Grenzen der in Art. 10 Abs. 2 vorgesehenen Rechtfertigungsgründe.« (EKMR, 8. 3. 1989, Autronic, Randnr. 60).

Schranken für Zulassungsverfahren von Hörfunk-, Fernseh- und Kabelunternehmen (Art. 10 Abs. 1 Satz 3 MRK). Der Gerichtshof hat die Vorschrift wie folgt ausgelegt (EGMR 28. 3. 1990, Groppera, NJW 1991, 615, Randnr. 61): »der dritte Satz von Art. 10 Abs. 1, insoweit er auf eine Ausnahme zu dem im ersten und im zweiten Satz verbürgten Grundsatz hinausläuft, ist von begrenzter Tragweite ... Zweck des dritten Satzes von Art. 10 Abs. 1 der Konvention ist es klarzustellen, daß die Staaten durch ein Zulassungssystem die Art und Weise kontrollieren dürfen, in welcher der Rundfunk auf ihrem Gebiet organisiert ist, insbesondere hinsichtlich seiner technischen

Aspekte. Er sieht jedoch nicht vor, daß die Zulassungsmaßnahmen nicht im übrigen den Erfordernissen des Abs. 2 unterliegen, denn dies würde zu einem Ergebnis führen, das dem Ziel und Zweck des Art. 10 insgesamt widerspräche.«

Hieraus hat die Kommission gefolgert (EKMR, Lentia a.a.O., Randnr. 61, 62, 65): »Somit unterliegt der dritte Satz von Art. 10 Abs. 1 den Erfordernissen gemäß Art. 10 Abs. 2 für die Rechtfertigung jeglichen Eingriffs in das Recht auf Freiheit der Äußerung. Deshalb ist die Kommission nicht der Auffassung, daß das Erfordernis einer Zulassung die durch Satz 1 und 2 des Art. 10 Abs. 1 gewährleisteten Rechte im Prinzip begrenzt. Die Freiheit, Informationen mitzuteilen auch durch ordnungsgemäß zugelassenen Rundfunk, ist aus diesen Gründen durch Art. 10 der Konvention im Prinzip gewährleistet. Im vorliegenden Fall hat Österreich kein Verfahren vorgesehen, mit dessen Hilfe die Antragsteller eine Zulassung beantragen konnten. Daraus folgt, daß ein Eingriff in die Rechte der Antragsteller aus Art. 10 Abs. 1 der Konvention vorliegt. Im vorliegenden Fall beruhte die Ablehnung, den Antragstellern Lizenzen zu erteilen, nicht auf technischen Gründen. Daraus folgt, daß der dritte Satz von Art. 10 Abs. 1 in der Auslegung durch den Gerichtshof nicht den Eingriff in das durch Art. 10 Abs. 1 gewährleistete Recht der Antragsteller auf Freiheit der Äußerung beseitigt, insbesondere auf die Freiheit, Informationen mitzuteilen.«

Die nach Satz 3 den Mitgliedstaaten belassene Möglichkeit, eine Zulassung vorzuschreiben, bezieht sich sowohl auf Rundfunk- (Hörfunk-) als auch auf Fernsehunternehmen. Damit bezieht sie sich auch auf Kabelunternehmen, und zwar sowohl »aktive«, das heißt eigene Programme mitteilende (verbreitende), als auch »passive«, also fremde Programme mitteilende (weiterverbeitende) Unternehmen (so für letztere EGMR, Groppera a.a.O., Randnr. 58 bis 59). Satz 3 spricht aber nur von Zulassungsverfahren für »Rundfunk- oder Fernsehunternehmen«, nicht auch für den Empfang von Rundfunk oder Fernsehen durch Unternehmen, etwa passive Kabelunternehmen. Für Empfangsgeräte und den Empfang von Hörfunk- oder Fernsehsendungen gilt deshalb Satz 3 nicht (EKMR, Autronic a.a.O., Randnr. 61; Lentia a.a.O., Randnr. 54).

Die nach Satz 3 bestehende Möglichkeit, für Sendeunternehmen eine Zulassung vorzuschreiben, bezieht sich nur auf Unternehmen, die im Gebiet des betreffenden Staates – des Sendestaates bzw. bei Weiterverbreitung des Kabelstaates – niedergelassen sind (vgl. EGMR, Groppera a.a.O., Randnr. 58, 62, 63). Als Empfangsstaat kann ein Land Sendelizenzen weder erteilen noch verweigern, ausländische Sendungen also weder zulassen noch ausschließen.

Bedingungen für die Zulässigkeit einer Beschränkung eines Rechts aus Art. 10 Abs. 1 (Art. 10 Abs. 2 MRK). Nach ständiger Rechtsprechung muß zunächst ein Eingriff (interference, ingérence) der öffentlichen Gewalt – namentlich ein Gesetz, ein Verwaltungsakt oder ein Gerichtsurteil – in eines der Rechte aus Abs. 1 vorliegen. Ist das der Fall, so ist der Eingriff mit Art. 10 nur vereinbar, wenn er den in Abs. 2 genannten Bedingungen (Erfordernissen) entspricht. Anderenfalls ist das Grundrecht verletzt (violation). Diese Bedingungen sind als »Ausnahmen« eng auszulegen (so z. B. EGMR, Sunday Times a.a.O.; Barthold a.a.O., Randnr. 43; Observer und Guardian a.a.O., Randnr. 59a; 25. 11. 1991, Sunday Times, no 2, Series A Vol. No. 217, Randnr. 50a).

Um einen Eingriff zu rechtfertigen, müssen drei Bedingungen erfüllt sein. Der Eingriff muß »vom Gesetz vorgesehen« sein, einen oder mehrere der in Abs. 2 erschöpfend aufgezählten Zwecke verfolgen und zu deren Erreichung »in einer demokratischen Gesellschaft notwendig« sein.

Vom Gesetz vorgesehen ist ein Eingriff, der durch eine ausreichend bestimmte und zugängliche Norm erfolgt oder darauf beruht und – wenn nötig mit angemessener rechtlicher Beratung – ausreichend vorhersehbar war (siehe z. B. EGMR, Sunday Times a.a.O., Randnr. 49; 29. 10. 1992, Dublin Well Woman, NJW 1993, 773, Randnr. 56 bis 60).

Zu den in Abs. 2 anerkannten und deshalb rechtmäßigen (lawful, légitimes) elf Zwecken gehören die Aufrechterhaltung der Ordnung, der Schutz der Moral und der Schutz der Rechte anderer.

Die *Aufrechterhaltung der Ordnung* (prevention of disorder, défense de l'ordre) umfaßt den Schutz der internationalen Fernmeldeordnung (EGMR, Groppera a.a.O., Randnr. 70; Autronic a.a.O., Randnr. 59). »Rundfunk muß so organisiert werden, daß Störungen zwischen den verschiedenen Rundfunkstationen sowie zwischen Hörfunk- und Fernsehausstrahlungen und sonstigen Übertragungen verhindert werden. Dies wird bestätigt durch das im dritten Satz von Art. 10 Abs. 1 der Konvention vorgesehene Zulassungssystem, welches die technischen Aspekte des Rundfunks betrifft.« (EKGR, Lentia a.a.O., Randnr. 74).

Zum *Schutz der Moral* gehört der Schutz des Rechts auf Leben des noch Ungeborenen in Irland (EGMR, Dublin Well Woman a.a.O., Randnr. 63).

Ob beim *Schutz der Rechte* anderer als andere auch noch Ungeborene anzusehen sind, ist offen (EGMR, Dublin Well Woman a.a.O.).

Ein Eingriff kann dem Schutz der Rechte anderer dienen, wenn er den Zweck verfolgt, den Pluralismus, insbesondere der Informationen, durch Ermöglichung einer international und national fairen Aufteilung von Frequenzen zu sichern (EGMR, Groppera a.a.O., Randnr. 69 bis 70). Dort ging es um ein schweizerisches Verbot der Kabelweiterverbreitung in der Schweiz der Sendungen einer von einer in der Schweiz niedergelassenen Gesellschaft auf italienischem Gebiet betriebenen Hörfunkstation, deren Programm aus Werbeeinnahmen in der Schweiz finanziert wurde und für Hörer in der Schweiz bestimmt war. Der Gerichtshof präzisiert allerdings nicht, wer diese anderen sind, deren Rechte schützenswert sind: Sind es die Zuhörer, welche ein Recht auf die Vielfalt des Angebots der Informationen und Meinungen haben, oder sind es andere Begünstigte der Freiheit der

Äußerung, welche ein Recht auf den Zugang zu dem Mittel der Äußerung (hier dem Hörfunk) haben? Wie dem auch sei, das Groppera-Urteil zeigt, daß die Erhaltung des Pluralismus im Sinne der Informations- und Meinungsvielfalt zwar nicht selbst ein Menschenrecht oder ein europäisches Grundrecht ist, wohl aber das Grundrecht auf Freiheit der Äußerung in bestimmten Fällen einschränken kann.

Das für Rechtsanwälte bestehende Verbot gezielter Werbung um Praxis greift zwar in deren Recht auf Freiheit der Äußerung nach Art. 10 Abs. 1 ein, dient aber dem Schutz der Rechte anderer, nämlich dem Schutz der Allgemeinheit sowie der Mitglieder des Anwaltsberufs hinsichtlich eines ordnungsgemäßen Ablaufs der anwaltlichen Praxis (EKMR 7.3. 1991, Hempfing, NJW 1992, 963).

Ein Eingriff in ein durch Abs. 1 geschütztes Recht ist nicht schon dann zulässig, wenn der Eingriff einen oder mehrere der elf in Abs. 2 genannten Zwecke verfolgt und vom Gesetz vorgesehen ist. Vielmehr muß der Eingriff drittens zur Erreichung des betreffenden rechtmäßigen Zweckes *in einer demokratischen Gesellschaft notwendig* sein. Abs. 2 stellt also nicht auf eine staatliche und auch nicht auf die jeweils bestehende eigene gesellschaftliche Ordnung ab. Notwendig (necessary, nécessaire) ist der Eingriff nur, wenn ein dringendes soziales Bedürfnis (pressing social need, besoin social impérieux) für den Staat bestand, überhaupt tätig zu werden. Die Vertragsstaaten besitzen einen gewissen Ermessenspielraum, wenn sie diese Notwendigkeit eines Eingriffs beurteilen. Aber diese Marge geht Hand in Hand mit einer europäischen Kontrolle sowohl des Gesetzes als auch der Entscheidungen, die es anwenden, selbst wenn sie von einem unabhängigen Gericht stammen. Besteht ein dringendes soziales Bedürfnis, muß der Eingriff außerdem gemessen an dem verfolgten rechtmäßigen Zweck und in Abwägung mit den Interessen auf Äußerungsfreiheit verhältnismäßig sowie zutreffend und ausreichend begründet sein. Der Gerichtshof ist (nach Art. 19 MRK) zuständig, über diese Fragen in letzter Instanz zu entscheiden und damit darüber, ob ein Eingriff sich mit der Freiheit der Äußerung verträgt, die Art. 10 schützt. Diese Grundsätze hat der Gerichtshof aufgestellt insbesondere in EGMR, Handyside a.a.O.; Sunday Times a.a.O., Randnr. 59, 62; Barthold a.a.O., Randnr. 55, 58; Groppera a.a.O., Randnr. 72 bis 73; Autronic a.a.O., Randnr. 61; Sunday Times no 2 a.a.O., Randnr. 50c und d; Observer und Guardian a.a.O., Randnr. 59c und d; Dublin Well Women a.a.O., Randnr. 68 bis 71.

In dem zuletzt genannten Fall entschied der Gerichtshof, daß ein an irische Beratungsgesellschaften, an ihre Angestellten und Beraterinnen gerichtetes Verbot des irischen Supreme Court, schwangeren Frauen Informationen über die Möglichkeiten der Abtreibung in Großbritannien zu liefern, zu dem damit verfolgten rechtmäßigen Zweck (dem Schutz der Moral in Irland) unverhältnismäßig war und deshalb in einer demokratischen Gesellschaft nicht notwendig. Da das Verbot die Freiheit der Gesellschaften, ihrer Angestellten und Beraterinnen beeinträchtigte, Informationen (über Abtreibungen im Ausland) zu verbreiten, sowie die Freiheit zweier ebenfalls beschwerdeführender Frauen, diese Informationen zu empfangen für den Fall, daß sie schwanger werden, liege ein Eingriff in die Rechte aller Beschwerdeführenden aus Art. 10 Abs. 1 vor, welcher Art. 10 verletze (EGMR, Dublin Well Woman a.a.O., Randnr. 55, 66, 71 bis 80).

Im Falle Lentia u. a. beschwerten sich die Antragsteller bei der Kommission darüber, daß das österreichische Rundfunksystem kein Zulassungsverfahren für private Hörfunkstationen und für aktive Kabelfernsehsysteme vorsehe und daher ihre Anträge auf Zulassung zurückgewiesen wurden. Die Kommisison sah in dem Fehlen von Zulassungsverfahren einen Eingriff in die Rechte der Antragsteller nach Art. 10 Abs. 1 Satz 1 und 2. Satz 3 sei nicht anwendbar. Der Eingriff sei vom Gesetz vorgesehen und diene der Aufrechterhaltung der Ordnung des Fernmeldewesens (siehe zu diesen vier Punkten bereits oben). Der Eingriff könne jedoch nicht länger als notwendig in einer demokratischen Gesellschaft für die Aufrechterhaltung der Ordnung angesehen werden. Dies ergebe eine Prüfung der Gründe für die Notwendigkeit des Eingriffs. Die österreichische Regierung meine, privater Rundfunk führe die Gefahr einseitiger Programme und der Manipulierung herbei. »Die Kommission bemerkt, daß Art. 10 auf der Idee beruht, daß eine Vielfalt vom Meinungen erhalten werden muß. Deshalb müssen einseitige Meinungen im Prinzip möglich sein, wenn eine genügende Anzahl von Frequenzen verfügbar ist.« Die Regierung habe sich weiter auf mögliche wirtschaftliche Schwierigkeiten und die Entstehung neuer Monopole berufen. Indessen gebe es insoweit in den Vertragsstaaten verschiedene Lösungen. Privater Rundfunk müsse deshalb nicht notwendig zu solchen Schwierigkeiten führen. Schließlich hätten der Verfassungsgerichtshof und die Regierung den Akzent auf die Struktur der österreichischen Rundfunkanstalt (ORF) gelegt, die den Pluralismus der Meinungen und die Objektivität gewährleiste. »Indessen findet die Kommission, daß die Organisation dieser Anstalt der Privatinitiative keinerlei Platz einräumt, zum Beispiel auf lokaler oder regionaler Ebene, welche die Antragsteller in die Lage versetzen würde, sich ihrer Freiheit im Sinne des Art. 10 der Konvention zu erfreuen, Informationen mitzuteilen« (zu verbreiten). Unter diesen Umständen hätten die innerstaatlichen Stellen den ihnen von der Konvention zuerkannten Ermessensspielraum überschritten (EKMR, Lentia a.a.O., Randnr. 81 bis 86).

Durchsetzung der MRK. Nach Art. 20 Abs. 3 Grundgesetz sind die vollziehende Gewalt und die Rechtsprechung an die MRK gebunden, das heißt sie müssen sie anwenden. Sind die innerstaatlichen Rechtswege erschöpft, kommt das Verfahren vor den drei Spruchorganen der Konvention in Straßburg zum Zuge. Wer sich durch eine Verletzung der in Art. 10 MRK anerkannten Rechte beschwert fühlt, kann sich binnen sechs Monaten bei der unabhängigen Kommission beschweren. Diese stellt die Tatsachen fest, bemüht sich um eine gütliche Beilegung des Falles auf der Grundlage der Achtung von Art. 10 und erstattet – wenn die Schlichtung mißlingt – einen Bericht mit rechtlichen Schlußfolgerungen und Vorschlägen an das Ministerkomitee des Europarats. Die Kommission kann außerdem die Frage, ob der betreffende Staat seine Verpflichtungen aus Art. 10 verletzt hat, binnen drei Monaten nach Vorlage des erwähnten Berichts dem Gerichtshof zur endgültigen Entscheidung unterbreiten. Tut sie oder ein betroffener Vertragsstaat dies nicht, entscheidet das Ministerkomitee, ob die Konvention verletzt worden ist.

Verhältnis der MRK zum deutschen Recht. In Deutschland hat die in innerstaatliches Recht transformierte MRK einschließlich Art. 10 zwar nur den Rang eines einfachen Gesetzes. Dies bedeutet nach herrschender Meinung, daß das deutsche Verfassungsrecht einschließlich Art. 5 Grundgesetz (Meinungsfreiheit) sowie später erlassene Gesetze der MRK bei Widersprüchen oder Abweichungen vorgehen. Andererseits hat sich die Bundesrepublik Deutschland in Art. 53 MRK verpflichtet, sich in allen Fällen, an denen sie beteiligt ist, nach der Entscheidung des Gerichtshofes zu richten. Deshalb sollte auch das Bundesverfassungsgericht Art. 5 Grundgesetz konventionskonform und konventionsfreundlich auslegen. Art. 1 Abs. 2 und 25 Grundgesetz (Vorrang des Völkerrechts) ermöglichen dies. Der von Art. 10 MRK gewährte Individualschutz dürfte in mehrfacher Hinsicht über Art. 5 Grundgesetz hinausgehen, namentlich was die Präzisierung und Limitierung der Gründe für zulässige Eingriffe in Abs. 2 betrifft.

Wahrung von Art. 10 MRK im Rahmen des europäischen Gemeinschaftsrechts. Der »Vertrag zur Gründung der Europäischen Gemeinschaft« (EGV) gewährleistet zwar den Staatsangehörigen der Mitgliedstaaten eine Reihe europäischer Grundfreiheiten und Ausprägungen des Gleichheitssatzes (wie die Verbote von Diskriminierungen aus Gründen der Staatsangehörigkeit sowie die Freiheit des Personen-, Waren-, Dienstleistungs- und Kapitalverkehrs), die er gegen Eingriffe der Mitgliedstaaten und der Organe der Gemeinschaft schützt. Der EG-Vertrag enthält jedoch keinen Katalog von europäischen Grundrechten und damit auch keine Art. 10 MRK entsprechende Vorschrift. Dieser fehlende ausdrückliche Grundrechtsschutz durch den EG-Vertrag hat immer wieder zu Problemen geführt. So legte ein griechisches Gericht dem Gerichtshof der Europäischen Gemeinschaften in Luxemburg (EG-Gerichtshof bzw. EuGH) unter anderen zwei Fragen vor: Steht es mit Art. 10 MRK in Einklang, wenn einem einzigen Fernsehveranstalter durch Gesetz das Fernsehmonopol für Fernsehübertragungen jeder Art im gesamten Hoheitsgebiet eines Mitgliedstaates eingeräumt wird? Erlegt nach ungeschriebenem Gemeinschaftsrecht der in Art. 10 MRK niedergelegte Anspruch auf freie Äußerung den Mitgliedstaaten Verpflichten auf und gegebenenfalls welche?

Der EG-Gerichtshof antwortete folgendes (EuGH 18. 6. 1991, ERT, Slg. 1991, I-2925, Randnr. 41 bis 45 und Leitsatz 6). Die Grundrechte gehörten nach ständiger Rechtsprechung zu den allgemeinen Rechtsgrundsätzen, deren Wahrung der EG-Gerichtshof zu sichern habe. Dabei gehe er von den gemeinsamen Verfassungstraditionen der Mitgliedstaaten sowie von den Hinweisen aus, welche die völkerrechtlichen Verträge über den Schutz der Menschenrechte geben, an deren Abschluß die Mitgliedstaaten der EG beteiligt waren oder denen sie beigetreten sind. Hierbei habe die MRK eine besondere Bedeutung.

Daraus ergebe sich, daß in der Gemeinschaft keine Maßnahmen als Rechtens anerkannt werden könnten, die mit der Beachtung der so anerkannten und gewährleisteten Menschenrechte unvereinbar sind. Allerdings könne der EG-Gerichtshof eine nationale Regelung, die nicht im Rahmen des Gemeinschaftsrechts ergangen ist, nicht im Hinblick auf die MRK beurteilen. Fällt eine nationale Regelung dagegen in den Anwendungsbereich des Gemeinschaftsrechts, so habe der EG-Gerichtshof dem vorlegenden Gericht alle Auslegungskriterien an die Hand zu geben, die es benötigt, um die Vereinbarkeit dieser Regelung mit den Grundrechten beurteilen zu können, deren Wahrung der EG-Gerichtshof zu sichern habe und die sich insbesondere aus der MRK ergäben (ebenso EuGH 4. 10. 1991, Grogan, Slg. 1991, I-4685, Randnr. 31).

Insbesondere wenn ein EG-Mitgliedstaat sich auf Art. 66 in Verbindung mit Art. 56 EGV beruft, um mit Gründen der öffentlichen Ordnung, Sicherheit und Gesundheit eine Regelung zu rechtfertigen, die geeignet ist, die Ausübung der Dienstleistungsfreiheit zu behindern, sei diese im Gemeinschaftsrecht vorgesehene Rechtfertigung im Lichte der allgemeinen Rechtsgrundsätze und insbesondere der Grundrechte auszulegen. Die in den genannten Bestimmungen vorgesehenen Ausnahmen von der Dienstleistungsfreiheit könnten daher für die betreffende nationale Regelung nur dann gelten, wenn sie im Einklang mit den Grundrechten steht, deren Wahrung der EG-Gerichtshof zu sichern habe. Bei einer Regelung im Bereich des Fernsehens (hier der Schaffung eines Fernsehübertragungsmonopols) bedeute dies, daß sie im Hinblick auf die Meinungsfreiheit zu beurteilen sei, die Art. 10 MRK verbürgt und die als allgemeiner Grundsatz des Gemeinschaftsrechts zu beachten sei.

Derzeit gibt es nach der Rechtsprechung mindestens zwei Situationen, in denen das Gemeinschaftsrecht verlangt, eine innerstaatliche Regelung auf ihre Vereinbarkeit mit den europäischen Grundrechten einschließlich Art. 10 MRK zu überprüfen, weil sie »in den Anwendungbereich des Gemeinschaftsrechts fällt«: Wenn die innerstaatliche Regelung Gemeinschaftsrecht durchführt (EuGH 13. 7. 1989, Wachauf, Slg. 1989, 2609, Randnr. 19, der insoweit den Schlußanträgen des Generalanwalts F. G. Jacobs folgt, a.a.O., 2622, Randnr. 22, 24, 27 und Schlußfolgerung 4) oder wenn sich ein Mitgliedstaat zur Rechtfertigung einer Regelung auf eine Vorschrift des EG-Vertrages beruft, welche Ausnahmen von einer Grundfreiheit gestattet (EuGH, ERT a.a.O., Randnr. 43).

Letzteres dürfte nicht nur für innerstaatliche Regelungen gelten, die Ausländer diskriminieren, sondern auch für solche, welche eine Grundfreiheit sowohl für Ausländer als auch für Inländer beschränken (so schon Generalanwalt F. G. Jacobs in seinen Schlußanträgen vom 9. 12. 1992 in der Rechtssache C-168/91, Konstantinidis, Randnr. 45 bis 51, noch nicht in der Slg. veröffentlicht). Das sind die Fälle, in denen sich ein Mitgliedstaat für eine nichtdiskriminierende Regelung auf zwingende Gründe des Allgemeininteresses beruft, um einen Eingriff in die Sphäre der den Gemeinschaftsangehörigen vom Gemeinschaftsrecht verliehenen und gewährleisteten Rechtsposition zu rechtfertigen und damit eine Ausnahme vom Freiverkehr. Auch in diesen Fällen sind die Mitgliedstaaten nach der hier vertretenen Auffassung im Namen des Gemeinschaftsrechts verpflichtet, bei ihren Regelungen die europäischen Grundrechte von Personen zu achten, welche ihre im EG-Vertrag verbürgten Rechte aus dem Freiverkehr ausüben. Insbesondere darf also ein mit einer innerstaatlichen Beschränkung einer Freiheit des EG-Vertrages einhergehender Eingriff in die Freiheit der Äußerung (Art. 10 Abs. 1 MRK) nicht über die nach Art. 10 Abs. 2 MRK gerechtfertigten und damit zulässigen Eingriffe hinausgehen. Und der EG-Gerichtshof ist zuständig, die Wahrung dieses Grundrechts durch die EG-Mitgliedstaaten im Namen des Gemeinschaftsrechts zu sichern.

EG-Vertrag. Dieser bezieht auch die Medien in die europäische Integration ein. Er gewährleistet auch ihnen seine grundrechtsähnlichen Freiheiten und Gleichheiten, denn er erfaßt alle Tätigkeiten gegen Entgelt unabhängig von ihrer Natur. Auch den Arbeitnehmern aller Medien gewährt er deshalb gemeinschaftsweit *Freizügigkeit* (Art. 49 EGV). Auch den Buch- und Zeitungsverlegern, den Filmherstellern und -verleihern, den Rundfunkveranstaltern und -verteilern (Kabel- und Satellitenbetreibern), den Konzert- und Unterhaltungsveranstaltern, den Presse-, Film-, Theater-, Opern- und Konzertagenturen, also allen Kulturunternehmen sowie den selbständig tätigen Künstlern, Autoren, Journalisten usw., damit allen Kulturtätigen garantiert er das *Niederlassungsrecht* gemeinschaftsweit (Art. 52, 53 EGV). Den Gütern und Leistungen, die sie hervorbringen, räumt er freien Verkehr innerhalb der Gemeinschaft ein: die beweglichen körperlichen Kulturgüter wie Bücher, Zeitschriften, Zeitungen, Platten, Filmkassetten, andere bespielte Video- und Audiokassetten und -bänder nehmen am *freien Warenverkehr* (Art. 30, 34 EGV) teil, die unkörperlichen Kulturleistungen wie die Aufführung von Konzerten, Opern, Theaterstücken, Filmen, Hörspielen, die Veranstaltung von Fernsehprogrammen und ihre Übertragung am *freien Dienstleistungsverkehr* (Art. 59, 60, 62 EGV).

Der EGV verwirklicht die genannten Freiheiten insoweit *selbst*, als er Diskriminierungen aus Gründen der Staatsangehörigkeit bzw. der Herkunft der Güter oder Leistungen auch im Bereich der Medien verbietet. Solche diskriminierenden Regelungen können nur aus den in Art. 36 für Waren bzw. in Art. 56 EGV für Dienstleistungen aufgeführten Gründen (namentlich der öffentlichen Ordnung, Sicherheit oder Gesundheit) gerechtfertigt werden. Nach der Rechtsprechung sind beide Vorschriften als Ausnahmen von je einer Grundfreiheit eng auszulegen. Zu den dort genannten Gründen gehören nicht der Verbraucherschutz, der Schutz der Kreativität und der kulturellen Vielfalt im Buchwesen (EuGH 10. 1. 1985, Leclerc, Slg. 1985, 1, Randnr. 28 bis 30), weiter nicht Ziele der Kulturpolitik wie die Aufrechterhaltung des Pluralismus in der Presse durch ihre Beteiligung an den Werbeerlösen der innerstaatlichen Fernsehanstalten, die Erhaltung und Entwicklung künstlerischen Gutes gegenüber der Weiterverbreitung ausländischer privater Fernsehsendungen in fremder Sprache, die Lebensfähigkeit der innerstaatlichen Fernsehanstalten (EuGH 16. 12. 1992, Kommission/Belgien, Randnr. 7 bis 11, noch nicht in der Slg. veröffentlicht) und der Schutz der inländischen Filmproduktion (EuGH 4. 5. 1993, Distribuidores Cinematográficos/Spanien, Randnr. 18 bis 20, noch nicht in der Slg. veröffentlicht). Schließlich können auch wirtschaftliche Ziele nicht Gründe der öffentlichen Ordnung im Sinne des Art. 56 (oder des Art. 36) sein (so zuerst EuGH 26. 4. 1988, Bond van Adverteerders, Slg. 1988, 2085, Randnr. 34, Tenor Ziff. 3, zuletzt Distribuidores Cinematográficos/Spanien a.a.O., Randnr. 21). Anders ausgedrückt: Die Freiheiten des Warenverkehrs, des Dienstleistungsverkehrs und der Niederlassung setzen der innerstaatlichen Industriepolitik und Kulturpolitik mit dem Gebot der Inländerbehandlung eine Mindestgrenze.

Innerstaatliche beschränkende Regelungen des freien Verkehrs, welche auch für Inländer bzw. für einheimische und eingeführte *Güter* gelten, verbietet der EGV grundsätzlich ebenfalls selbst, es sei denn, die beschränkende Regelung ist ausnahmsweise (auch aus der Sicht der Gemeinschaft) notwendig, um zwingenden einzelstaatlichen Erfordernissen gerecht zu werden (vor allem dem Schutz des Verbrauchers und des lauteren Handelsverkehrs, aber auch der Kulturförderung). In diesen Fällen ist die beschränkende Regelung bis zu ihrer Neutralisierung durch Rechtsangleichung hinzunehmen. Im Falle Cinéthèque ging es um die Frage, ob ein gesetzliches Verbot der gleichzeitigen Verwertung von Filmen in Filmtheatern und auf Videokassetten während eines Jahres mit Art. 30 EGV über den freien Warenverkehr vereinbar ist. Dieses französische Verwertungsverbot gilt ohne Unterschied für im Inland hergestellte und für eingeführte Videokassetten. Es behindert daher den innergemeinschaftlichen Handel mit Videokassetten. Der EG-Gerichtshof hat das Verwertungsverbot für gemeinschaftsrechtlich gerechtfertigt erklärt, weil es die Verwertung von Filmen in Filmtheatern schütze und (wegen der hieraus resultierenden wesentlich höheren Einnahmen) die Filmproduktion fördere. Art. 30 EGV gelte daher für solche Verwertungsverbote nicht (EuGH 11. 7. 1985, Cinéthèque, Slg. 1985, 2605, Randnr. 20 bis 24).

Unterschiedslos für einheimische und eingeführte *Dienstleistungen* geltende Beschränkungen des freien Verkehrs verbietet der EGV, wenn die beschränkende Regelung nicht aus zwingenden einzelstaatlichen Gründen des Allgemeininteresses gerechtfertigt ist oder wenn die beschränkenden Vorschriften im Ursprungs- und im Empfangsstaat ähnlich sind. Die sich aus der Verschiedenheit von im Allgemeininteresse erlassenen Regelungen ergebenden Hemmnisse für den freien Verkehr müssen so lange hingenommen werden, bis sie im Wege der Angleichung beseitigt sind (so für Fernsehsendungen ständige Rechtsprechung seit EuGH 18. 3. 1980, Debauve, Slg. 1980, 833, Randnr. 13, 15 und Leitsatz 3; Bond van Adverteeders a.a.O., Randnr. 38; 25. 7. 1991, Gouda, Slg. 1991, I-4007, Randnr. 12, 13; 25. 7. 1991, Kommission/Niederlande, Slg. 1991, I-4069, Randnr. 16, 17).

Diese Rechtsangleichung dient außerdem der vom EGV vorgeschriebenen Errichtung eines Systems, das den Wettbewerb innerhalb des Binnenmarktes vor Verfälschungen schützt (Art. 3 Buchstabe g EGV). Zu dieser *Wettbewerbsordnung*, die auch einen rechtlichen Rahmen für staatliche Beihilfen im Sektor Medien (siehe Art. 92 Abs. 3 Buchstabe d EGV) und ihre Besteuerung setzt, gehört auch das Verbot wettbewerbsbeschränkender Vereinbarungen, der mißbräuchlichen Ausnutzung beherrschender Stellungen und gewisser Zusammenschlüsse. Der EG-Vertrag und die »Verordnung des Rates vom 21. Dezember 1989 über die Kontrolle von Unternehmenszusammenschlüssen« (ABl. EG Nr. L 257/14 vom 21. 9. 1990) gewährleistet unstreitig auch für die Medienunternehmen die *Freiheit des Wettbewerbs* innerhalb der Gemeinschaft. Was die staatlichen Maßnahmen betrifft, so steht das Gemeinschaftsrecht der Einräumung eines Fernsehmonopols aus im öffentlichen Interesse liegenden Gründen nichtwirtschaftlicher Art nicht entgegen. Die Modalitäten der Ausgestaltung und der Ausübung eines solchen Monopols dürfen jedoch weder gegen die Vertragsvorschriften über den freien Warenverkehr und über den freien Dienstleistungsverkehr noch gegen die Wettbewerbsregeln verstoßen. So darf ein Monopol zur Ausstrahlung von eigenen Sendungen und zur Übertragung von Sendungen aus anderen Mitgliedstaaten sich auf letztere nicht diskriminierend auswirken (Verletzung des Art. 59 EGV) oder eine Lage geschaffen werden, in der das Unternehmen durch eine seine eigenen Programme bevorzugende diskriminierende Sendepolitik gegen Art. 86 EGV verstößt (Verletzung von Art. 90 Abs. 1 EGV, außer wenn die Anwendung von Art. 86 die Erfüllung der dem Unternehmen übertragenen besonderen Aufgabe verhindert, Art. 90 Abs. 2). (EuGH, ERT a.a.O., Randnr. 10 bis 16, 18 bis 22, 26, 35 bis 38, Tenor Ziff. 1 bis 4).

Nahziel des Vertrages ist die Errichtung des Binnenmarktes der zwölf Mitgliedstaaten in allen Bereichen entgeltlicher Tätigkeit und damit auch für die Medien. Art. 7a EGV lautet: »Die Gemeinschaft trifft die erforderlichen Maßnahmen, um bis zum 31. Dezember 1992 gemäß ... den Bestimmungen dieses Vertrages den Binnenmarkt schrittweise zu verwirklichen. Der Binnenmarkt umfaßt einen *Raum ohne Binnengrenzen*, in dem der freie Verkehr von Waren, Personen, Dienstleistungen und Kapital gemäß den Bestimmungen dieses Vertrages gewährleistet ist.«

Für die in den Medien Tätigen, für die Unternehmen im Sektor Presse und deren Erzeugnisse sind Freizügigkeit, Niederlassungsrecht und freier Verkehr weitgehend verwirklicht, desgleichen für die Musikindustrie und die Tonträgerindustrie mit Erzeugnissen (Medien) wie Schallplatten, Kassetten, Bändern und den dazugehörigen Abspielgeräten. Für die in allen Medien Tätigen einschließlich der Journalisten war ein wichtiger Schritt zur effektiven Gewährleistung der Freizügigkeit und der Niederlassungsfreiheit der Erlaß der »Richtlinie des Rates vom 21. Dezember 1988 über eine allgemeine Anerkennung der Hochschuldiplome, die eine mindestens dreijährige Berufsausbildung abschließen« (ABl. EG Nr. L 19/16 vom 24. 1. 1989) und der »Richtlinie des Rates vom 18. Juni 1992 über eine zweite allgemeine Regelung zur Anerkennung beruflicher Befähigungsnachweise« (ABl. EG Nr. L 209/25 vom 24. 7. 1992).

EG-Vertrag und Fernsehsendungen. Schwierigkeiten sind bei der Errichtung des Gemeinsamen Marktes für den freien Fluß von urheberrechtlich geschützten Sendungen sowie von Sendungen entstanden, die Werbemitteilungen einschließen. Der Gerichtshof der Europäischen Gemeinschaften hat entschieden, daß Fernsehsendungen ihrer Natur nach Dienstleistungen sind und daß ihre Ausstrahlung (oder Übertragung durch Fernmeldesatellit) in einem Mitgliedstaat und ihre Weiterverbreitung durch Kabel in einem anderen Mitgliedstaat entgeltliche Dienstleistungen im Sinne der Art. 59 und 60 EGV sind oder umfassen (ständige Rechtsprechung seit EuGH 30. 4. 1974, Sacchi, Slg. 1974, 409, Randnr. 6 und Tenor Ziff. 1; 18. 3. 1980, Debauve, Slg. 1980, 833, Randnr. 8; Bond van Adverteerders a.a.O., Randnr. 12 bis 17, Tenor Ziff. 1; ERT a.a.O., Randnr. 13; Gouda a.a.O., Randnr. 17 bis 18; Kommission/Niederlande a.a.O., Randnr. 38). Laut Art. 60 sind Dienstleistungen im Sinne des EGV »Leistungen, die in der Regel gegen Entgelt erbracht werden«. Art. 59 schreibt die Aufhebung der Beschränkungen des freien Dienstleistungsverkehrs innerhalb der Gemeinschaft vor. Seit 1970 ist Art. 59 aufgrund der Rechtsprechung unmittelbar anwendbar.

Aber: Obwohl Art. 59 nicht nur Diskriminierungen von EG-Ausländern verbietet, sondern bestehende und neue »Beschränkungen«, also auch unterschiedslos für Ausländer und Inländer geltende Beschränkungen, folgte der EG-Gerichtshof nicht dem entsprechenden Antrag der EG-Kommission, sondern erklärte Art. 59 auf ein belgisches Verbot der Weiterverbreitung in- und ausländischer Werbesendungen »in Ermangelung einer Harmonisierung der geltenden Vorschriften« für unanwendbar. Die Ausstrahlung und Übertragung von Fernsehsendungen wiesen »Besonderheiten« auf. Die Werbevorschriften seien »im Allgemeininteresse« erlassen und gerechtfertigt; sie seien nicht »ähnlich«, sondern verschieden (Debauve a.a.O., Randnr. 12 bis 16). Implizit wurden damit Ziele der damaligen belgischen Kulturpolitik und Verbraucherpolitik als Gründe des Allgemeininteresses anerkannt. Kürzlich hat der EG-Gerichtshof erstmals ausdrücklich anerkannt, daß der Schutz der Verbraucher gegen ein Übermaß an kommerzieller Werbung, eine Kulturpolitik zur Erhaltung einer bestimmten Programmqualität und eine Kulturpolitik zur Aufrechterhaltung eines pluralistischen Rundfunkwesens (wegen ihres Zusammenhanges mit Art. 10 MRK) zwingende Gründe des Allgemeininteresses darstellen können. Solche Ziele könnten Beschränkungen des freien Dienstleistungsverkehrs rechtfertigen (Gouda a.a.O., Randnr. 22 bis 23, 27; Kommission/Niederlande a.a.O., Randnr. 29 bis 30, 45; 3.2. 1993, Veronica, Europäische Zeitschrift für Wirtschaftsrecht 1993, 251, Randnr. 9 bis 10). Allerdings nur, falls die Beschränkung zur Zielerreichung unerläßlich ist. Daran fehlt es insbesondere, wenn das innerstaatliche Recht auch den in anderen Mitgliedstaaten niedergelassenen Sendeanstalten vorschreibt, sich strukturell an das inländische Modell anzupassen, oder wenn es die innerstaatlichen Sendeanstalten verpflichtet, ihre Sendungen ganz oder teilweise von einem innerstaatlichen Unternehmen herstellen zu lassen, oder wenn innerstaatliche Werbebeschränkungen den zwischenstaatlichen Wettbewerb beschränken, dadurch die inländischen Werbeeinnahmen schützen und deshalb ein wirtschaftliches Ziel verfolgen (Gouda a.a.O., Randnr. 15, 24 bis 25, 29; Kommission/Niederlande a.a.O., Randnr. 19, 31, 42 bis 43, 47; Veronica a.a.O., Randnr. 10 am Ende).

Am gleichen Tag wie im Fall Debauve statuierte der Gerichtshof der Europäischen Gemeinschaften eine zweite richterrechtliche Ausnahme von der Weiterverbreitungsfreiheit. Entgegen dem Antrag der EG-Kommission erklärte er Art. 59 für ebenfalls unanwendbar auf die vertragliche Ausnutzung unterschiedslos geltender Vorschriften des Urheberrechts mit der Folge einer Abschottung der nationalen Märkte für die Übertragung von Kinofilmen und einer Beschränkung des innergemeinschaftlichen Sendeverkehrs. Das Recht zur Vorführung eines Kinofilms im Fernsehen war nach Mitgliedstaaten aufgeteilt worden. Die gleichzeitige Weiterübertragung des in Deutschland ausgestrahlten Films per Kabel in Belgien war vom dortigen Rechtsinhaber untersagt worden. Seine Möglichkeit, räsonnierte der Gerichtshof, eine Vergütung für jede Vorführung eines Films zu verlangen, gehöre zum wesentlichen Inhalt des Urheberrechts (EuGH 18. 3. 1980, Coditel I, Slg. 1980, 881, Randnr. 14 bis 18 und Tenor).

Mit den beiden Entscheidungen wurden auf die Sendung zusätzlich zum Recht ihres Erbringers alle Rechte anwendbar, in deren Geltungsbereich die Sendung aufgefangen und weiterverbreitet wird. Die Errichtung des Binnenmarktes für urheberrechtlich geschützte Sendungen – das sind die meisten – und für die Fernsehwerbung wurde aufgeschoben und der Rechtsangleichung zugewiesen. Bis dahin sind die grundrechtsähnlichen Freiheiten des Art. 59 für den Sende- und für den Werbeverkehr weitgehend außer Kraft gesetzt: sie sind grundsätzlich auf ein Gleichheitsrecht reduziert, nämlich das Verbot der Diskriminierung ausländischer Sendungen und Sender. Von den den freien Sendeverkehr beschränkenden Regelungen, welche ohne Unterschied für Ausländer und Inländer gelten, bleiben nur verboten diejenigen, welche *nicht* aus Gründen des Allgemeininteresses oder des Schutzes des literarischen oder künstlerischen Eigentums gerechtfertigt sind (das sind wenige), sowie zweitens diejenigen, welche durch das Allgemeininteresse gerechtfertigt sind, aber den Vorschriften des Sendestaates »*ähnlich*« sind.

Erst wenn auch die *unterschiedlichen* Vorschriften ähnlich gestaltet, das heißt angeglichen sind, entfaltet also Art. 59 seine volle Wirkung: erst dann kann sich ein Mitgliedstaat nicht länger auf ein Allgemeininteresse oder den Schutz geistigen Eigentums berufen. Erst dann gilt allein das Recht des Sendestaates (Ursprungslandprinzip). Erst dann gewährleistet Art. 59 den Verdie übrigen Mitgliedstaaten auszustrahlen oder zu übertragen und zum Empfang und zur Weiterverbreitung anzubieten (Sendefreiheit oder Freiheit der gemeinschaftsweiten Rundfunkverbreitung). Den Empfängern in den anderen Mitgliedstaaten garantiert Art. 59 erst dann das Recht, die für sie jeweils tatsächlich empfangbaren Sendungen unbehindert zu empfangen und – im Falle zugelassener Kabelunternehmen – unbehindert weiterzuverbreiten (Empfangsfreiheit oder Freiheit des gemeinschaftsweiten Rundfunkempfangs und Weiterverbreitungsfreiheit).

EG-Richtlinie »Fernsehen ohne Grenzen« und Europaratsübereinkommen »Grenzüberschreitendes Fernsehen«. *Entstehung.* So kam es zu der »Richtlinie des Rates vom 3. Oktober 1989 zur Koordinierung bestimmter Rechts- und Verwaltungsvorschriften der Mitgliedstaaten über die Ausübung der Fernsehtätigkeit« (ABl. EG Nr. L 298/23 vom 17. 10. 1989). Die Richtlinie ist auf Art. 57 Abs. 2 und 66 EGV gestützt. Dort ist ausdrücklich die Angleichung der Vorschriften »über die Aufnahme und Ausübung selbständiger Tätigkeiten« vorgeschrieben, »um die Aufnahme und Ausübung selbständiger Tätigkeiten zu erleichtern«.

Zehn Mitgliedstaaten stimmten im Rat für die Richtlinie. Gegen sie votierten Dänemark – aus politischen und kompetenziellen Gründen – sowie Belgien, dessen drei Regionen die Regelung des Anteils der von den Fernsehanstalten auszustrahlenden Programme europäischer Provenienz nicht weit genug geht und die zusätzliche Schutzvorschriften zugunsten der inländischen Programmproduktion und kulturellen Vielfalt nicht erreichen konnten.

Die entgegengesetzte, insbesondere die Quotenregelung, aber den Richtlinienvorschlag auch im übrigen (in allen seit April 1986 vorliegenden Versionen) ablehnende Haltung nahmen zehn der damals elf deutschen Länder und der Bundesrat aus grundsätzlichen politischen und kompetenziellen Gründen an. Da sie sich bei der Bundesregierung nicht durchsetzen konnten – obwohl es auf die deutschen Stimmen im Rat angesichts der auch ohne sie (und die Stimmen Belgiens und Dänemarks) gegebenen qualifizierten Mehrheit nicht ankam –, beantragte die bayerische Staatsregierung am 6. April 1989 beim Bundesverfassungsgericht (BVerfG), der Bundesregierung durch einstweilige Anordnung die Zustimmung zur Richtlinie zu untersagen. Der am 8. März 1989 gefaßte Beschluß des Bundeskabinetts, dem Vorschlag im Rat grundsätzlich zuzustimmen, verletze die Rechte Bayerns aus Art. 30 GG (die ausschließliche Zuständigkeit der Länder für den Rundfunk und damit die Bundesstaatlichkeit). Die Bundesregierung habe über Art. 24 Abs. 1 GG die Kompetenz nicht zuwachsen können, dem Vorschlag zuzustimmen. Zudem finde er keine hinreichende Rechtsgrundlage im EGV. Mit Urteil vom 11. April 1989 wies das Gericht den Antrag nach mündlicher Verhandlung zurück (BVerfG 80, 74). Die Entscheidung in der Hauptsache stand jedoch Ende 1993 noch aus. Die Bundesrepublik Deutschland stimmte der Richtlinie am 3. Oktober 1989 im Rat zu. Deshalb erstreckte die bayerische Staatsregierung ihre Feststellungsklage auf die Grundgesetzwidrigkeit dieser Zustimmung. Außerdem beantragte sie die Feststellung der Unanwendbarkeit der Richtlinie in Deutschland. Sieben weitere Länder traten dem Streit im Sommer 1989 bei.

Mit der Annahme der Fernseh-Richtlinie scheiterte vorerst der Versuch (anfangs mehrerer Regierungen, später nur noch Dänemarks), der Gemeinschaft die Zuständigkeit zur Rechtsetzung für den Rundfunk abzusprechen und die Herstellung und Verbreitung von Fernsehprogrammen in Anbetracht ihrer kulturellen Aspekte aus der Errichtung des europäischen Binnenmarktes auszuklammern. Zu diesem Zweck war im Dezember 1986 der Europarat auf den Plan gerufen worden, um in seinem weiteren Rahmen über die gleichen Fragen ein wesentlich weniger freiheitliches Übereinkommen ohne Rechtsschutz durch europäische Instanzen zu schließen und um die bereits im April 1986 vorgeschlagene Richtlinie mit ihrer Gewährleistung durch die EG-Kommission und den Gerichtshof der Europäischen Gemeinschaften zu erübrigen. Der Europarat hatte sich bis 1987 mit unverbindlichen *Empfehlungen* seines Ministerkomitees begnügt.

So kam es in Verhandlungen der Regierungen der damals 21 Mitgliedstaaten des Europarats vom Frühjahr 1987 bis Frühjahr 1989 zu dem »Europäischen Übereinkommen über grenzüberschreitendes Fernsehen«. Es wurde am 5. Mai 1989 zur Unterzeichnung durch die (im Sommer 1993) 31 Mitgliedstaaten des Europarats und die anderen sechs Vertragsstaaten des Europäischen Kulturabkommens (Albanien, Heiliger Stuhl, Kroatien, Lettland, Rumänien, Rußland) sowie durch die Europäische Wirtschaftsgemeinschaft (EWG) aufgelegt. Das Übereinkommen ist am 1. Mai 1993 in dem Heiligen Stuhl, Italien, Malta, Polen, San Marino, der Schweiz, dem Vereinigten Königreich und Zypern in Kraft getreten. Unterzeichnet hatten das Übereinkommen am 1. Mai 1993 von den übrigen damaligen 19 Mitgliedstaaten des Europarats 14 Länder, darunter 9 der 12 EG-Länder. Nicht unterzeichnet hatten am 1. Mai 1993 von den damaligen 26 Mitgliedstaaten 5 Länder (Belgien, Bulgarien, Dänemark, Irland und Island), außerdem nicht die EWG.

Verhältnis beider Instrumente zueinander. Wie gesagt kann die Gemeinschaft jederzeit Vertragspartei des Übereinkommens werden, wenn sie es will. Es bedarf hierfür keiner weiteren Übereinkunft. Für die Mitgliedstaaten der Gemeinschaft untereinander gilt das Gemeinschaftsrecht und nicht das Übereinkommen – außer insoweit, als es (noch) keine Regeln der Gemeinschaft gibt. Damit ist sowohl die Anwendung des EG-Vertrages in der Auslegung des EuGH als auch der Richtlinie »Fernsehen ohne Grenzen« und künftiger EG-Rechtsakte anstelle des Übereinkommens vorbehalten. Der intensivere Binnenmarkt der 12 wird also aus der angestrebten loseren Rundfunkzone der 37 ausgeklammert, soweit er jeweils errichtet ist. Es bleibt bei zwei europäischen Rechtszonen. Die Mehrzahl der Regeln konnte aber grob aufeinander abgestimmt werden. Sie sind deshalb beiden Instrumenten gemeinsam. Im Ergebnis erstreckt das Übereinkommen daher Regeln der Richtlinie auf das grenzüberschreitende Fernsehen weiterer europäischer Staaten. Das innerstaatliche Fernsehen bleibt vom Übereinkommen allerdings unberührt, während die Richtlinie es grundsätzlich umfaßt, weil sonst kein Binnenmarkt entstehen kann.

Inhalt beider Instrumente. Materiell regeln Richtlinie und Übereinkommen zunächst die Freiheit des Empfangs und der Weiterverbreitung von Fernsehsendungen aus jeweils anderen Mitgliedstaaten. Außerdem sehen sie *Mindestregeln* vor für die Förderung der Verbreitung und der Herstellung von Fernsehprogrammen, für die Fernsehwerbung und das Sponsern, für den Schutz von Minderjährigen und für das Recht auf Gegendarstellung.

Die *Werbung* darf unter anderem 15 v. H. der täglichen Sendezeit nicht überschreiten (bis zu 5 v. H. »Teleshopping« darf hinzukommen). Die Sendezeit für Werbespots innerhalb einer Stunde darf zwölf Minuten nicht überschreiten. Die Werbung ist grundsätzlich in Blöcken zu senden; einzeln gesendete Werbespots müssen die Ausnahme bilden. Die Werbung wird zwischen den Sendungen eingefügt. Nur Filmsendungen (außer Serien, Reihen, Unterhaltungssendungen und Dokumentarfilmen) dürfen in den ersten beiden Zeiträumen von 45 Minuten je einmal unterbrochen werden und nach 110 Minuten nochmals. Werbung für Tabakerzeugnisse ist verboten, ebenso für rezeptpflichtige Arzneimittel und Behandlungen. Verboten sind auch die Schleichwerbung und subliminale Werbetechniken. Werbung für alkoholische Getränke unterliegt einer Reihe von Einschränkungen, ebenso die an Minderjährige gerichtete Werbung (hier ist die Richtlinie strenger). Das Sponsern ist erlaubt, muß aber bestimmten Anforderungen genügen.

Divergenzen beider Instrumente. Die Richtlinie schreibt den Grundsatz der alleinigen Anwendbarkeit des in Form von Mindeststandards angeglichenen Rechts des Sendestaats auf Fernsehprogramme fest, welche aus anderen Mitgliedstaaten empfangen und im Empfangsstaat weiterverbreitet werden *(Ursprungslandprinzip)*. Das Übereinkommen tut das gleiche, erlaubt aber im Gegensatz zur Richtlinie dem Empfangsstaat Kontrollen der Vereinbarkeit des Programms des Sendestaats mit den Bestimmungen des Übereinkommens und gegebenenfalls die Aussetzung seiner Weiterverbreitung. Damit werden der freie Sendeverkehr »ohne Rücksicht auf Landesgrenzen« (Art. 10 Abs. 1 MRK) und das Ursprungslandprinzip trotz der Mindestvereinheitlichung des Rechts wieder in Frage gestellt. Gälte diese Bestimmung unter den Mitgliedstaaten der Gemeinschaft, verstieße sie gegen Art. 59 EGV in der Auslegung des EG-Gerichtshofes (siehe zuvor im Abschnitt EG-Vertrag und Fernsehsendungen).

Werbung, die sich eigens und häufig *an Zuschauer in einem anderen Vertragsstaat* richtet, darf nach dem Übereinkommen die Regeln der Fernsehwerbung im Empfangsstaat – also strengere Vorschriften oder Werbeverbote – »nicht umgehen«. Gälte diese Vorschrift zwischen EG-Mitgliedstaaten, verstieße sie gegen Art. 59 EGV. Denn Übereinkommen und Richtlinie haben eine Mindestvereinheitlichung herbeigeführt. Die innerstaatlichen Vorschriften sind also – solange der Empfangsstaat nicht zusätzlich ein Werbeverbot erläßt – »ähnlich« und fallen deshalb unter das Verbot der Beschränkung des freien Dienstleistungsverkehrs (siehe zuvor im Abschnitt EG-Vertrag und Fernsehsendungen). Ein über die Mindestvereinheitlichung hinausgehendes Werbeverbot des Empfangsstaats darf Angehörige anderer EG-Mitgliedstaaten zumindest nicht diskriminieren.

Divergenzen bestehen auch bei den *Quoten für europäische Filme.* Sie sind nach dem Wortlaut beider Instrumente nicht nur politisch, sondern auch rechtlich verbindlich. In der Richtlinie ist dies aber deutlicher formuliert: »Die Mitgliedstaaten *tragen* im Rahmen des praktisch Durchführbaren ... *dafür Sorge,* daß die Fernsehveranstalter den Hauptanteil [mehr als 50 v. H.] ihrer [Filmen reservierten] Sendezeit ... der Sendung von europäischen Werken ... vorbehalten. Dieser Anteil *ist* ... schrittweise ... zu erreichen.« Anders als das Übereinkommen schreibt die Richtlinie außerdem eine Quote von mindestens 10 v. H. für die Sendung europäischer Werke von Herstellern vor, die von den Fernsehveranstaltern *unabhängig* sind. Anders als das Übereinkommen definiert die Richtlinie, was europäische Werke sind (und zwar extensiv), und räumt *Kinospielfilmen* grundsätzlich eine *Frist* von zwei Jahren *zur ausschließlichen Aufführung* in den Lichtspielhäusern ein. Während das Übereinkommen kein Verfahren zur *Durchsetzung* seiner Quotenvorschrift vorsieht (das Schiedsverfahren ist nicht anwendbar), überträgt die Richtlinie der EG-Kommission zusätzlich zu ihren Durchsetzungsbefugnissen nach dem EG-Vertrag bei Verletzung der Richtlinie (Art. 155, 169) das »monitoring« der Quotenbestimmungen.

Auch sonst ist das Übereinkommen wesentlich schwächer bewehrt. Seine *Durchführung* überwacht ein Ständiger Ausschuß der Vertragsparteien, der lediglich Empfehlungen und Gutachten abgeben kann. Die Vollziehung der Richtlinie überwacht die EG-Kommission, die bei Nichtbefolgung ihrer mit Gründen versehenen Stellungnahmen den EG-Gerichtshof anrufen kann, dessen Urteile verbindlich sind. Auch jeder Mitgliedstaat kann den Gerichtshof wegen Verletzung einer Verpflichtung aus der Richtlinie anrufen, nachdem er zuvor die Kommission befaßt hat. Streitigkeiten zwischen Vertragsparteien über die Anwendung des Übereinkommens kann der Ständige Ausschuß zu lösen versuchen. Erforderlichenfalls können die Parteien sich einem Schiedsverfahren vor einem jeweils ad hoc zu ernennenden Schiedsgericht unterwerfen. Nach Ablauf einer längeren Frist kann dieses Verfahren auch erzwungen werden. Der Schiedsspruch ist bindend.

Für *Privatpersonen* sieht das Übereinkommen keinen *Rechtsschutz* durch europäische Instanzen vor. Bei der Richtlinie stehen ihnen dagegen drei Wege offen. Kommt ein Mitgliedstaat seiner Pflicht zur Vollziehung nicht ordnungsgemäß, zumal nicht fristgemäß nach, kann der einzelne Fernsehveranstalter, Kabelnetzbetreiber, Filmproduzent, Werbetreibende und Zuschauer sich vor Behörden und Gerichten gegenüber entgegenstehendem innerstaatlichen Recht auf diejenigen Vorschriften unmittelbar berufen, welche klar und unbedingt sind und zu ihrer Anwendung keines Ausführungsaktes mehr bedürfen. In allen Fällen einer angeblichen Verletzung der Richtlinie können Privatpersonen sich zweitens an die Kommission wenden, die solche Verletzungen aufgreift, oder/und unter Umständen drittens über die innerstaatlichen Gerichte eine Vorabentscheidung des EuGH über die verbindliche Auslegung einer Vorschrift der Richtlinie herbeiführen, auf welche die innerstaatliche Vorschrift zurückgeht.

EG-Richtlinie »Urheber- und Leistungsschutz bei Satelliten- und Kabelrundfunk«. Am 27. September 1993 hat der Rat die »Richtlinie zur Koordinierung bestimmter urheber- und leistungsschutzrechtlicher Vorschriften betreffend Satellitenrundfunk und Kabelweiterverbreitung« (ABl. EG Nr. L 248/15 vom 6. 10. 1993) beschlossen. Die Richtlinie stützt sich wie die Fernseh-Richtlinie auf Art. 57 Abs. 2 und 66 EGV. Anders als letztere findet sie auch auf *Hörfunk*sendungen Anwendung.

Die Richtlinie legt die urheberrechtlichen »Spielregeln« fest, um die freie, ungestörte grenzüberschreitende Rundfunksendung über Satelliten sowie die zeitgleiche, unveränderte Kabelweiterverbreitung von Rundfunkprogrammen aus anderen Mitgliedstaaten auf vertraglicher Grundlage zu verwirklichen. Sie schafft gleiche urheberrechtliche Bedingungen für den Wettbewerb, in deren Rahmen die Parteien durch freie Aushandlung von Verträgen einen Ausgleich ihrer Interessen finden können. Während die Richtlinie »Fernsehen ohne Grenzen« die Lücke im freien Sendeverkehr innerhalb der Gemeinschaft schließt, welche durch das Debauve-Urteil entstand, beseitigt die Urheber-Richtlinie die Lücke im freien Sendeverkehr, welche das Coditel I-Urteil verursacht hat (siehe zuvor im Abschnitt EG-Vertrag und Fernsehsendungen am Ende). Nach dieser Entscheidung bleiben trotz Art. 59 EGV auf die Sendung zusätzlich zum Heimatrecht des Sendestaates als Leistungserbringer die Vorschriften aller Urhebergesetze anwendbar, in deren Geltungsbereich die Sendung aufgefangen und weiterverbreitet wird. Einzelne Inhaber ausschließlicher Rechte in verschiedenen Mitgliedstaaten können die Verwertung ihrer Werke und damit den Sendeverkehr blockieren. Die Errichtung des Binnenmarktes für die Weiterverbreitung urheberrechtlich geschützter ausländischer Sendungen durch unmittelbare Anwendung des EGV (Art. 59) war damit 1980 gescheitert. Die Aufgabe wurde der Rechtsangleichung überlassen. Nachdem der grenzüberschreitende Sendeverkehr Realität und ein europäisches Freiheitsrecht geworden ist, muß ein effektiver Schutz der Rechte der Urheber gewährleistet werden, damit die Inhaber dieser Rechte die europäische Dimension des Rundfunks uneingeschränkt nutzen können. Bisher besteht erhebliche Rechtsverschiedenheit und Rechtsunsicherheit, ob überhaupt und wer wem für welche Leistung nach welchem Recht vergütungspflichtig ist.

1986 schlug die Kommission in der Fernseh-Richtlinie (ABl. EG Nr. C179/4 vom 17.7. 1986, Kapitel V) vor, daß der Rechteerwerb durch multilateralen Vertrag zwischen den Kabelunternehmen und den Inhabern der Rechte (namentlich den Verwertungs- und den Sendeunternehmen) erfolgen solle. Scheiterte sein Zustandekommen erheblich mehr als zwei Jahre lang, sollte die Kabelweiterverbreitung durch Anwendung einer gesetzlichen Lizenz gegen angemessene Vergütung der Urheber und Inhaber verwandter Schutzrechte ermöglicht werden. Dieser Vorschlag stieß auf großen Widerstand. Deshalb schlug die Kommission in ihrem geänderten Vorschlag von 1988 (ABl. EG Nr. C110/3 vom 27.4. 1988, Kapitel V) vor, an die Stelle der gesetzlichen Lizenz ein System verbindlicher Beschlüsse einer Schiedsstelle treten zu lassen. Auch hierauf konnte man sich nicht einigen. Weniger weitgehende Lösungen wurden erwogen: allein den Verwertungsgesellschaften das Recht zu übertragen, die Kabelweitersendung zu erlauben oder zu verbieten (Verwertungsgesellschaftspflicht), oder die Wirkungen des geschlossenen multilateralen Vertrages auf alle nicht von den Verwertungsgesellschaften vertetenen Dritten zu erstrecken (Allgemeinverbindlicherklärung). Aber die übrigen Regelungen des Richtlinienvorschlags »Fernsehen ohne Grenzen« standen im Vordergrund der Beratungen, und es herrschte Zeitnot. So trennte der Rat das Kapitel Urheberrecht von der Richtlinie ab.

Ein dritter Anlauf wurde notwendig. Die Kommission veröffentlichte im November 1990 ein »Grundsatzpapier Rundfunk und Urheberrechte im Binnenmarkt« und schlug nach dessen Beratung im Juli 1991 eine gesonderte Richtlinie vor (ABl. EG Nr. C255/3 vom 1.10. 1991). Die im September 1993 beschlossene Endfassung sieht folgendes vor.

Die *Kabelweiterverbreitung* von Hörfunk- und Fernsehprogrammen aus anderen Mitgliedstaaten ist eine Handlung, die in den Bereich des Urheberrechts und gegebenenfalls der Leistungsschutzrechte fällt. Daher benötigt ein Kabelnetzbetreiber für jeden weiterverbreiteten Programmteil die Erlaubnis sämtlicher Rechtsinhaber. Nach der Richtlinie müssen diese Erlaubnisse auf der Grundlage individueller oder kollektiver Verträge zwischen den Urheberrechtsinhabern, den Leistungsschutzberechtigten und den Kabelunternehmen erteilt werden (Grundsatz des vertraglichen Erwerbs der Kabelweiterverbreitungsrechte). Damit das Funktionieren dieser Verträge nicht durch den Einspruch von Außenseitern, die Rechte an einzelnen Programmteilen innehaben, in Frage gestellt werden kann, schreibt die Richtlinie vor, daß das Recht der Urheberrechtsinhaber und der Inhaber verwandter Schutzrechte, einem Kabelunternehmen die Erlaubnis zur Kabelweiterverbreitung zu erteilen, nur durch Verwertungsgesellschaften geltend gemacht werden kann (Grundsatz der ausschließlich kollektiven Ausübung der Kabelverbreitungsrechte aufgrund einer Verwertungsgesellschaftspflicht). Das Verbotsrecht als solches bleibt dabei erhalten, lediglich die Art seiner Ausübung wird in bestimmtem Umfang geregelt. Die Verwertungsgesellschaftspflicht gilt nicht für die Ausübung des Kabelverbreitungsrechts durch Sendeunternehmen in bezug auf ihre eigenen Sendungen.

Die skizzierte Lösung hat den Nachteil, daß die Verwirklichung des freien Sendeverkehrs über Kabel und damit des Binnenmarktes für die Kabelweiterverbreitung davon abhängig bleibt, daß sich die Sendeunternehmen, die Verwertungsgesellschaften und die Kabelbetreiber einigen. Die Richtlinie schreibt deshalb den Mitgliedstaaten vor, Vorschriften zur Verhinderung des Mißbrauchs von Verhandlungspositionen zu erlassen und für die Fälle, in denen eine Vereinbarung über die Erteilung einer Erlaubnis zur Kabelweiterverbreitung einer Rundfunksendung nicht zustande kommt, zu gewährleisten, daß jeder der Beteiligten unabhängige und unparteiische Vermittler anrufen kann.

Die Richtlinie bezieht erstmals auch eine zweite Fallgruppe ein, nämlich *Sendungen über Satelliten*, deren Signale durch Parabolantennen direkt und individuell empfangen werden können. Urheberrechtlich spielt es nach der Richtlinie künftig keine Rolle mehr, welche Satellitentechnik benutzt wird. Es kann sich um direkt strahlende Rundfunksatelliten (wie TV-SAT), um klassische (low power) Fernmeldesatelliten (wie EUTELSAT) oder um technisch weiterentwickelte Fernmeldesatelliten (wie ASTRA) handeln. Wenn immer eine öffentliche Wiedergabe von urheberrechtlich geschützten Werken vorliegt, hat der Urheber das ausschließliche Recht, sie zu erlauben (Senderecht). Die Richtlinie legt weiter fest, daß die öffentliche Wiedergabe über Satellit als urheberrechtlich relevante Nutzungshandlung künftig nur in dem Mitgliedstaat stattfindet, in dem die programmtragenden Signale unter der Kontrolle und Verantwortung des Sendeunternehmens in eine ununterbrochene Kommunikationskette eingegeben werden, die zum Satelliten und zurück zur Erde führt (Grundsatz des Ursprungslandes). Es werden also künftig durch den Sendeakt nur die Rechte im Ausstrahlungsland berührt, nicht auch kumulativ die Rechte in allen Empfangsländern. Hierdurch wird die kumulative Anwendung von mehreren einzelstaatlichen Rechten verhindert (Grundsatz der alleinigen Maßgeblichkeit des Rechts des Aussendestaates).

Die Mitgliedstaaten müssen weiter dafür sorgen, daß das Senderecht über Satellit künftig ausschließlich vertraglich erworben werden kann. Dieser vertragliche Erwerb ausschließlicher Senderechte muß dem Urheberrecht und dem Leistungsschutzrecht des Mitgliedstaates entsprechen, in dem die öffentliche Wiedergabe über Satellit erfolgt. Die jeweilige Vergütung können die Parteien frei vereinbaren. Denn die Richtlinie geht vom Grundsatz der Vertragsfreiheit aus. Es ist also Sache der Parteien, allen Aspekten der Sendung – wie der tatsächlichen und potentiellen Einschaltquote und der sprachlichen Fassung – Rechnung zu tragen. Sie werden immerhin im Erwägungsgrund 17 der Richtlinie aufgefordert, dies auch wirklich zu tun. Die Richtlinie stellt schließlich sicher, daß die Rechte der ausübenden Künstler, der Tonträgerhersteller und der Sendeunternehmen künftig auch für die Zwecke der öffentlichen Wiedergabe über Satellit einen angemessenen Mindestschutz genießen.

Im Rahmen des *Europarats* wird zur Zeit zwischen dessen Mitgliedstaaten ein Übereinkommen ausgehandelt, das den Urheber- und Leistungsschutz beim *Satelliten*rundfunk europaweit regeln soll. Inhaltlich folgt der Entwurf im wesentlichen der Richtlinie. Die Kabelweiterverbreitung ist nicht einbezogen.

Industriepolitik. Einschlägig ist der »Beschluß des Rates vom 22. Juli 1993 über einen Aktionsplan zur Einführung fortgeschrittener Fernsehdienste in Europa« (ABl. EG Nr. L 196/48 vom 5. 8. 1993). Der Beschluß ist auf Art. 235 EGV gestützt. Diese Handlungsermächtigung versetzt den Rat in die Lage, Ziele des Vertrages auch dort zu verwirklichen, wo der Vertrag die hierfür erforderlichen Ermächtigungen nicht an anderer Stelle enthält oder wo sie hierfür nicht ausreichen. Aufgrund des Beschlusses wird die Gemeinschaft das *hochauflösende Fernsehen* (HDTV) bis zum 30. Juni 1997 mit 228 Millionen ECU (aufgerundet 450 Millionen DM) subventionieren. Die Gelder dienen allein der Förderung des Kinobildformats 16:9 (625 oder 1250 Zeilen). Sie werden also unabhängig von der verwendeten europäischen Fernsehübertragungsnorm (wie PALPUS, D-2 MAC oder einer vollständig digitalen Norm) und unabhängig vom Übertragungsweg (terrestrisch, über Satellit oder durch Kabel) vergeben. Empfänger sind die Hersteller von Programmen im (Breitbild-)Format 16:9 (statt 4:3) und die sie ausstrahlenden Rundfunkveranstalter. Gedeckt wird ein Teil der zusätzlichen Kosten, welche die Erbringung dieser fortgeschrittenen Fernsehdienste verursachen (zum Beispiel die Rekonversion von Studios oder höhere Investitionen für die Produktion, Konversion oder Ausstrahlung von Sendungen im Kinoformat).

Die »Richtlinie des Rates vom 11. Mai 1992 über die Annahme von [analogen MAC-]Normen für die Satellitenausstrahlung von Fernsehsignalen« (ABl. EG Nr. L 137/17 vom 20. 5. 1992) ist wegen der Entwicklung von der analogen zur digitalen Technik der Fernsehübertragung überholt. Sie soll so bald wie möglich durch eine neue Richtlinie ersetzt und durch

Vorschläge für ein digitales Fernsehen ergänzt werden (»Entschließung des Rates vom 22. Juli 1993 über die Entwicklung der Technik und der Normen auf dem Gebiet forgeschrittener Fernsehdienste«, ABl. EG Nr. C 209/1 vom 3. 8. 1993).

Weiter aktuell ist der »Beschluß des Rates vom 21. Dezember 1990 über die Durchführung eines Aktionsprogramms zur Förderung der Entwicklung der europäischen audiovisuellen Industrie (MEDIA) (1991–1995)« (ABl. EG Nr. L 380/37 vom 31. 12. 1990). Auch dieser Beschluß ist auf Art. 235 EGV gestützt. Er sieht bis 31. Dezember 1995 Mittel in Höhe von 200 Millionen ECU vor für die Bereiche Film, Fernsehen, Video, Satellit und Kabel. *MEDIA* soll die Gelder nicht als Subventionen für Produktionen verteilen, sondern im Rahmen von bisher rund zwanzig Teilprogrammen als »seed money« in der Größenordnung von einem Drittel den Impuls geben, Kapital von Privatpersonen, Unternehmen oder öffentlichen Organisationen zu erlangen. Es geht um die Verleih- und Vertriebsförderung, die Verbesserung der Produktionsbedingungen, die Stimulierung finanzieller Investitionen, die Aus- und Weiterbildung, die Förderung des audiovisuellen Potentials in kleinen Ländern und um die Beteiligung an Vorhaben von *EUREKA Audiovisuell* (EA).

Hierbei handelt es sich um eine Struktur für eine länderübergreifende Zusammenarbeit, welche geschaffen wurde durch eine »Gemeinsame Erklärung über EUREKA Audiovisuell« der Minister und Vertreter von 26 Staaten und des Präsidenten der EG-Kommission vom 2. Oktober 1989 in Paris. Inzwischen gehören 30 europäische Länder und die EG-Kommission dieser völkerrechtlichen Vereinbarung an. EUREKA Audiovisuell besteht aus einem Ausschuß der Koordinatoren EA, welcher sich aus Vertretern der Regierungen und der EG-Kommission zusammensetzt. Ein Vertreter des Generalsekretärs des Europarats nimmt an den Arbeiten teil. Der Ausschuß hat keinen ständigen Sitz. Außerdem hat EA ein kleines Sekretariat mit Sitz in Brüssel, das aus von Mitgliedern auf Zeit abgeordnetem Personal besteht. Die Verwaltungskosten werden zum Teil von dem Mitglied EG-Kommission getragen.

Ziel von EUREKA Audiovisuell ist es, die Wettbewerbsfähigkeit europäischer Unternehmen im Bereich der audiovisuellen Produktion zu stärken, kurz die Programmindustrie. Die EA-Vorhaben sollen nicht an die Stelle der Aktionen der EG (MEDIA-Programm) treten, sondern diese gegebenenfalls erweitern und ergänzen. EA fördert in etwa 65 Projekten den Austausch und die Verbreitung europäischer Werke, Kontakte im Medienbereich über Ländergrenzen hinweg, Koproduktionen und die Entwicklung neuer Technologien. Es werden Partnerschaftsnetzwerke für konkrete Projekte aufgebaut. Unterstützt werden Vorhaben (Drehbuchentwicklung, Finanzierung, Produktion, Vermarktung), die von Filmschaffenden lanciert werden. Sofern ein Vorhaben in mindestens zwei Staaten unterstützt wird, erhält es das *Gütezeichen* EUREKA. Dieses soll die

Geldbeschaffung erleichtern, bewirkt aber nicht automatisch eine finanzielle Förderung durch EA-Mitglieder. EA selbst steht nur wenig Geld zur Verfügung. Bisher haben rund 80 Projekte das Gütezeichen erhalten.

Die dritte in der Gemeinsamen Erklärung von 1989 genannte Einrichtung von EA, eine *Europäische Beobachtungsstelle für audiovisuelle Medien*, wurde auf Empfehlung der Zweiten Ministerkonferenz von EA vom 12. Juni 1992 in Helsinki durch den Ausschuß der Koordinatoren EA geschaffen. Rechtgsgrundlage ist eine sogenannte Teilvereinbarung (accord partiel) des Völkerrechts, wie sie im Rahmen des Europarats von Mitgliedern desselben und Dritten geschlossen werden kann. Das Observatorium hat die Aufgabe, den im Bereich der audiovisuellen Medien Tätigen Informationen zur Verfügung zu stellen und bei der Sammlung und Verbreitung von Daten auf die Erarbeitung und Anwendung vergleichbarer Standards hinzuwirken. Die von der Beobachtungsstelle vermittelten Informationen umfassen die gesetzlichen Rahmenbedingungen auf europäischer und nationaler Ebene, die wirtschaftlichen Gegebenheiten sowie die unterschiedlichen Organisationsstrukturen der Medien. Die Informationen zur Verbesserung der Markttransparenz umfassen im Produktionssektor Hinweise auf produzierte Werke, ihre Kosten und Finanzierung, mögliche Koproduktionen und den Anteil nationaler und europäischer Beihilfen. Im Bereich des Vertriebssektors können die öffentlichen und privaten Strukturen, Kosten für den Erwerb von Rechten, Auskünfte zu Im- und Exporten abgefragt werden.

Die Beobachtungsstelle, die zunächst als dreijähriges Pilotprojekt angelegt ist, verfügt über Haushaltsmittel von jährlich zwei Millionen ECU. Das Geld wird von den 31 Mitgliedern von EUREKA Audiovisuell aufgebracht. Sitz des Observatoriums ist Straßburg. Es umfaßt etwa zwölf Personen und wird von einem Exekutivausschuß der 31 beaufsichtigt.

Europäischer Fernsehkulturkanal (EKK). Seit 30. Mai 1992 strahlt ARTE (Association Relative à la Télévision Européenne) ein gleichnamiges deutsch-französisches Kulturprogramm zweisprachig aus. Träger des Senders ist die ARTE G.E.I.E. (Groupement Européen d'Intérêt Economique) mit Sitz in Straßburg. Die Europäische Wirtschaftliche Interessenvereinigung (EWIV) ist eine neue Rechtsform des EG-Rechts für die vertragliche Zusammenarbeit von Unternehmen in verschiedenen Mitgliedstaaten. Ihr Zweck ist es, die wirtschaftliche Tätigkeit ihrer Mitglieder zu erleichtern und zu entwickeln (siehe näher die Verordnung des Rates vom 25. Juli 1985, ABl. EG Nr. L 199 vom 31. 7. 1985). ARTE ist also keine Gesellschaft, sondern eine Vereinigung europäischen Privatrechts.

Ihre Gründer durch Vertrag vom 30. April 1991 und ihre Mitglieder sind die ARTE Deutschland TV GmbH mit Sitz in Baden-Baden und die Fernsehprogrammgesellschaft LA SEPT S.A., der ehemalige französische Kultursender mit Sitz in Paris. Sie halten eine Beteiligung an der EWIV ARTE von je 50 %. Die Gesellschaft LA SEPT hat vier öffentlich-rechtliche Gesellschafter: den französischen Staat (25%), die Fernsehanstalt France 3 (45%), Radio France (15%) und das Institut National d'Archives (I.N.A.) (15%). Gesellschafter der ARTE Deutschland TV GmbH sind die neun westlichen Landesrundfunkanstalten der ARD und das ZDF, die je 50% der Gesellschaftsanteile halten. Seit 1. März 1993 ist die belgische französischsprachige Rundfunkanstalt RTBF assoziiertes Mitglied der EWIV ARTE.

Auf Staatsfreiheit und Unabhängigkeit des EKK, auf das Anstreben möglichst gleichgewichtiger Reichweiten in Deutschland und Frankreich, auf die Freistellung der deutschen und französischen Finanzleistungen für den EKK von der Mehrwertsteuer und auf Offenheit für Beitritte weiterer deutscher Länder sowie europäischer Staaten verpflichtet die Vertragsstaaten der »Vertrag zwischen [den elf westlichen Bundesländern] und der Republik Frankreich zum Europäischen Fernsehkulturkanal« vom 2. Oktober 1990. Danach hat der EKK die alleinige Verantwortung für die Programmplanung und die Programmrealisierung. Letztere steht unter alleiniger Aufsicht der Mitglieder der EWIV ARTE. Die Gestaltung des vom EKK ausgestrahlten Programms richtet sich nicht nach französischem Rundfunkrecht, sondern die Programmregeln sind von den Mitgliedern der EWIV ARTE vertraglich festzulegen. Dies ist im Gründungsvertrag der Vereinigung auf der Grundlage der EG-Richtlinie »Fernsehen ohne Grenzen« geschehen. Werbung findet nicht statt. Sponsoring ist möglich und ab 1994 geplant.

Die Ausrichtung der Programme, das Programmschema und die Produktionspolitik werden von ARTE in Straßburg in gemischten Redaktionen erarbeitet. In Straßburg hergestellt werden die Informationssendungen von ARTE, außerdem eine kleine Anzahl von Abenden, die einem bestimmten Thema gewidmet sind. Alle übrigen Sendungen sind Zulieferungen der Mitglieder, für die ARTE bezahlt. 50% stammen von LA SEPT, je 25% von ARD und ZDF (ohne Berücksichtigung der RTBF). Für die Zulieferungen hat ARTE das Recht der Erstausstrahlung. Über die Zulieferungen entscheidet die ARTE-Programmkonferenz in Straßburg. Sie setzt sich aus Vertretern der Zentrale und der Zulieferer zusammen. Vorsitzender ist der ARTE-Programmdirektor. Die Konferenz entscheidet mit Zweidrittelmehrheit. Übereinstimmung der deutschen oder der französischen Seite ist damit ausgeschlossen. Ist ein Vorschlag angenommen, realisiert der Zulieferer seinen Beitrag selbständig. Ausgestrahlt wird in Straßburg. Beschäftigt sind dort rund 200 Personen. Mehr als 200 weitere Personen arbeiten für die beiden Mitglieder der Vereinigung. Der Haushalt von ARTE umfaßte 1993 512 Millionen DM. Er wird anteilig von den beiden Mitgliedern der EWIV finanziert; auf deutscher Seite durch 75 Pfennige pro Fernsehteilnehmner und Monat von der Rundfunkgebühr, auf französischer Seite durch staatliche Zuschüsse.

Künftige Entwicklung: Schutz des Pluralismus bei Medienkonzen-

TRATIONEN? Die »Verordnung des Rates vom 21. Dezember 1989 über die Kontrolle von Unternehmenszusammenschlüssen« (FKVO, siehe zuvor im Abschnitt EG-Vertrag) erfaßt nur Konzentrationen von gemeinschaftsweiter Bedeutung zwischen Medienunternehmen, die zu einer beherrschenden Stellung auf dem Markt führen, durch die wirksamer Wettbewerb auf dem Gemeinsamen Markt erheblich behindert würde. Die FKVO schützt mit anderen Worten nur den *wirtschaftlichen* Wettbewerb. Fälle multimedialer Verflechtung – etwa zwischen Presse- und Rundfunkunternehmen – werden nur ausnahmsweise erfaßt. Denn sie führen meist auf keinem der betroffenen Märkte zu einer Stellung der Unternehmen, die den wirtschaftlichen Wettbewerb erheblich behindert. Außerdem sind die Umsatzschwellen für die von der FKVO erfaßten Unternehmen so hoch festgesetzt, daß selbst Zusammenschlüsse von Unternehmen eines bestimmten Mediums in der Regel nicht erfaßt werden.

Der Schutz des *publizistischen* Wettbewerbs oder der *Medienvielfalt* bei Konzentrationen obliegt bisher allein dem Recht der Mitgliedstaaten. Selbst wenn die EG-Kommission einen Medienzusammenschluß unter dem Gesichtspunkt des wirtschaftlichen Wettbewerbs für mit dem Gemeinsamen Markt vereinbar erklärt, können die Behörden der Mitgliedstaaten gegen den Zusammenschluß nach ihren Vorschriften zur Sicherung der Medienvielfalt vorgehen (Art. 21 Abs. 3 FKVO), soweit solche Vorschriften und Behörden bestehen. Dem Europäischen Parlament genügt dies nicht. Es hat die EG-Kommission am 16. September 1992 in seiner »Entschließung zur Medienkonzentration und Meinungsvielfalt« (ABl. EG Nr. C284/44 Ziffer 27 vom 2. 11. 1992) erneut aufgefordert, eine »Antikonzentrationsrichtlinie« vorzuschlagen. Darin sollen die innerstaatlichen Bestimmungen über die Konzentrationen von Eigentum an Medien harmonisiert werden, um die Meinungsvielfalt zu sichern. Insbesondere müßten die Bedingungen für den Zugang zu den Tätigkeiten im Medienbereich – also das Niederlassungsrecht – verbessert werden. Die Fernseh-Richtlinie koordiniert diese Vorschriften entgegen dem Wunsch des Europäischen Parlaments nicht.

Aus diesen Gründen hat die EG-Kommission am 23. Dezember 1992 das Grünbuch »Pluralismus und Medienkonzentration im Binnenmarkt. Bewertung der Notwendigkeit einer Gemeinschaftsaktion« veröffentlicht. Die Kommission kommt darin nicht zu Schlußfolgerungen. Vielmehr legt dieses Grünbuch die Problematik umfassend dar, stellt Fragen und Optionen zur Diskussion und unterbreitet sie allen Interesiserten zur Stellungnahme. Erst dann und auf dieser breiten Grundlage will die Kommission entscheiden, ob Handlungsbedarf für die Gemeinschaft besteht.

IVO E. SCHWARTZ

Literatur

[Europäischer Gerichtshof für Menschenrechte] Publications of the European Court of Human Rights. Series A. Strasbourg. Jg. (*Entscheidungssammlung*)

[Europarat. Europäische Kommission für Menschenrechte] Council of Europe,

European Commission of Human Rights: Decisions and Reports. Strasbourg. Bd. Jg. (*Entscheidungssammlung*)

Gerichtshof der Europäischen Gemeinschaften: Sammlung der Rechtsprechung des Gerichtshofes. Luxemburg. Jg.

Kommission der Europäischen Gemeinschaften: Rundfunk und Urheberrechte im Binnenmarkt. Grundsatzpapier zu urheberrechtlichen Fragen im Bereich von Kabel- und Satellitensendungen. Dokument III/F/5263/90 vom November 1990, Brüssel 1990, 83 S. hektographiert

Kommission der Europäischen Gemeinschaften: Pluralismus und Medienkonzentration im Binnenmarkt. Bewertung der Notwendigkeit einer Gemneinschaftsaktion. Grünbuch der Kommission. Dokument KOM (92) 480 endg. vom 23. Dezember 1992. Brüssel und Luxemburg 1992, 110 S. hektographiert

Ulf Brühann: Pluralismus und Medienkonzentration im Binnenmarkt. In: »ZUM. Zeitschrift für Urheber- und Medienrecht«, Jg. 1993/Nr. 12, S. 600–605

Antonio Cassese/Andrew Clapham (eds.): Transfrontier Television in Europe: The Human Rights Dimension. Baden-Baden 1990. 322 S. (*Kolloquium des Europäischen Hochschulinstituts, Florenz, unter anderem mit Vorträgen von H. C. Krüger und M.-A. Eissen über die Rechtsprechung der EKMR und des EGMR zur Freiheit der Äußerung [Art. 10 MRK] und von I. E. Schwartz über das Verhältnis der Freiheit des Dienstleistungsverkehrs [Art. 59 EGV] zur Freiheit der Äußerung [Art. 10 MRK], Schlußfolgerungen von J. Abr. Frowein*)

Gérard Cohen-Jonathan: Libertés fondamentales et télévision européenne. In: Academy of European Law (ed.): Collected Courses. Volume I, Book 2, S. 29 bis 93. Kluwer 1992

Dieter Dörr: Die Einflüsse europarechtlicher Entwicklungen auf das Bund-Länder-Verhältnis im Rundfunkwesen. Rechsgutachten erstattet im Auftrag des Bundesministers für Post und Telekommunikation. München und Berlin 1992 (= Schriftenreihe des Instituts für Europäisches Medienrecht, Saarbrücken, Bd. 4)

Thomas Dreier: Rundfunk und Urheberrechte im Binnenmarkt. In: »Gewerblicher Rechtsschutz und Urheberrecht. Internationaler Teil«, Jg. 1991/Heft 1, S. 13 bis 19

Christoph Engel: Kommunikation und Medien. In: Manfred A. Dauses (Hrsg.): Handbuch des EG-Wirtschaftsrechts. Abschnitt E. V. S. 1 bis 30. Loseblattausgabe München 1993 (*Überblick über das geamte medienrelevante Recht der EG*)

Karl Heinrich Friauf: Grundrechtsschutz der grenzüberschreitenden Werbung, insbesondere im Lichte von Art. 10 der Europäischen Menschenrechtskonvention. In: Arbeitskreis Werbefernsehen der deutschen Wirtschaft (Hrsg.): Europafernsehen und Werbung. Baden-Baden 1987, S. 23–46 (*Werbemitteilungen genießen den vollen Schutz des Art. 10 MRK; Rundfunkklausel [Abs. 1 Satz 3] gestattet keine inhaltliche Einflußnahme auf Programme und Werbemitteilungen*)

Joachim Gulich: Rechtsfragen grenzüberschreitender Rundfunksendungen. Die deutsche Rundfunkordnung im Konflikt mit der Dienstleistungsfreiheit. Baden-Baden 1990

Wolfgang Hoffmann-Riem: Erosionen des Rundfunkrechts. Tendenzen der Rundfunkrechtsentwicklung in Westeuropa. München 1990. 75 S.

Armin Jungbluth: Das Niederlassungsrecht der Rundfunkveranstalter in der Europäischen Gemeinschaft. Baden-Baden 1992. 181 S.

Ernst-Joachim Mestmäcker/Christoph Engel/Karin Gabriel-Bräutigam/Martin Hoffmann: Der Einfluß des europäischen Gemeinschaftsrechts auf die deutsche Rundfunkordnung. Baden-Baden 1990. 128 S. (*Erörtert werden insbesondere die Fernseh-Richtlinie, ihre Rechtsgrundlage, ihre Auswirkungen auf die deutsche Rechtsordnung, das Bundesstaatsprinzip als Schranke der EG-Richtlinienkompetenz, die Bedeutung der Freiheit der Äußerung [Art. 10 MRK] für das Gemeinschaftsrecht, namentlich für die Quotenregelung der Fernseh-Richtlinie*)

Bernd Möwes/Monika Schmitt-Vockenhausen: Europäische Medienordnung im Lichte des Fernsehübereinkommens des Europarats und der EG-Fernsehrichtlinie 1989. In: »Europäische Grundrechte-Zeitschrift«, Jg. 1990/Heft 6/7, S. 121 bis 129 *(Vergleichende Analyse des Inhalts der beiden Instrumente)*

Ivo E. Schwartz: EG-Rechtsetzungsbefugnis für das Fernsehen. In: »ZUM. Zeitschrift für Urheber- und Medienrecht/Film und Recht«, Jg. 1989/Nr. 8–9, S. 381–389 (*Was hat der EuGH zum Thema entschieden? Fernsehen ausgenommen, weil es kulturelle Tätigkeit ist oder weil EGV Kulturpolitik nicht umfaßt? Tastet Richtlinie nationale Rundfunkordnungen an? Konnte eine Quote für europäische Werke vorgeschrieben werden? Schränkt die Quote von mindestens 51 v. H. die Programmfreiheit oder die Vielfalt der Meinungen ein?*)

Ivo E. Schwartz: Subsidiarität und EG-Kompetenzen. Der neue Titel »Kultur« – Medienvielfalt und Binnenmarkt. In: »Archiv für Presserecht«, Jg. 1993/Nr. 1, S. 409–421

Dietrich Schwarzkopf: Arte – Der deutsch-französische Kulturkanal und seine Perspektive als europäisches Programm. In: »Media Perspektiven«, Jg. 1992/Heft 5, S. 290 bis 298

Klaus Stern/Gerhard Rambow/Ivo E. Schwartz/Peter Schiwy/Rolf Krumsiek/Siegfried Magiera/Hans H. Rupp/Martin Bullinger: Eine Rundfunkordnung für Europa – Chancen und Risiken. München 1990. 106 S. (*Vorträge und Diskussion vom Mai 1990 über die Rundfunkkompetenzen der EG und ihre Ausübung, über die Vereinbarkeit der Werbe- und der Quotenregelung der Fernseh-Richtlinie und des Europarat-Übereinkommens mit der Freiheit der Äußerung [Art. 10 MRK] und dem Grundgesetz, über die Fernseh-Richtlinie und die Gerichtsbarkeit des Bundesverfassungsgerichts sowie über die Auswirkungen der beiden europäischen Instrumente auf das duale System in Deutschland*)

Armin von Bogdandy: Europäischer Protektionismus im Medienbereich. Zu Inhalt und Rechtmäßigkeit der Quotenregelungen in der Fernsehrichtlinie. In: »Europäische Zeitschrift für Wirtschaftsrecht«, Jg. 1992/Heft 1, S. 9 bis 16

Christoph Wagner: Konzentrationskontrolle im Medien-Binnenmarkt der EG. Wettbewerbsrechtliche und medienspezifische Ansätze. In: »Archiv für Presserecht«, Jg. 1992/I. Quartal, S. 1 bis 12

Europaratsübereinkommen »Grenzüberschreitendes Fernsehen« → Europäisches Medienrecht

Exklusivrechte → Rundfunkprogrammrecht

Feiertagsschutz → Filmrecht

Fensterprogramme → Rundfunkprogrammrecht

Fernmelderecht → Geschichte des Medienrechts, → Neue elektronische Kommunikationstechniken, → Rundfunkorganisationsrecht, → Telekommunikationsrecht

Fernmeldewesen → Medienpolitik

Fernsehen ohne Grenzen → Europäisches Medienrecht

Fernsehrecht → Europäisches Medienrecht, → Filmrecht, → Rundfunkrecht

Fernsehrichtlinie → Europäisches Medienrecht, → Neue elektronische Kommunikationstechniken

Fernseh(Erstes Rundfunk)-Urteil → Bundesverfassungsgerichtsentscheidungen zum Medienrecht (28. Februar 1961)

Fernsehwerbung → Europäisches Medienrecht, → Rundfunkrecht, → Werberecht

Filmbewertung → Filmrecht, → Selbstkontrolle der Medien

Filmförderung → Filmrecht, → Schweizerisches Medienrecht

Filmfreiheit → Filmrecht, → Informationsfreiheit

Filmprädikat → Filmrecht

Filmprämien → Filmrecht

Filmrecht. Filmrecht sind die öffentlich-rechtlichen und privatrechtlichen Vorschriften, die für die Herstellung und die Auswertung von Filmwerken von Bedeutung sind.

FILMWERKE. Darunter fallen sämtliche filmischen Darstellungen, gleichgültig, welchen Inhalt sie haben, für welche Zwecke sie bestimmt sind und mit welchen technischen Mitteln und an welchem Ort sie aufgenommen und wiedergegeben werden. Das erfordert die Gleichbehandlung auf diesem wichtigen Gebiet der → Informations-, Meinungs-, Unterhaltungs- und Kunstfreiheit. Es gehören also hierzu Nachrichten, Wochenschauen, Moderationen, Talk-Shows, Dokumentationen, Spielfilme, Kulturfilme, Industriefilme, Werbefilme u. a. m.; Filme für Kino-, Fernseh-, Videozwecke u. ä. m.; aufgezeichnete Sendungen sowie Live-Sendungen von der Politik bis zur Unterhaltung.

Unter diesen Filmwerken sind zu unterscheiden die für öffentliche Filmveranstaltungen bestimmten Filme (Kinofilm = *Filmrecht im engeren Sinne*), die für Bild- und Tonträger vorgesehenen Filme (Videofilme bzw. -kassetten = *Videorecht*), die für Fernsehsendungen gedachten Filme (Fernsehfilme = *Fernsehrecht*). Dabei werden fast alle Kinofilme auch im Video- und Fernsehbereich genutzt, während es spezielle Fernsehfilme (Fernsehspiele, Fernsehunterhaltung, Fernsehserien u. ä. m.), aber kaum spezielle Videofilme (Ausnahme: Video-Clips) gibt. Es hat sich teils durch gesetzliche Regelung (Filmförderungsgesetz), teils durch privatwirtschaftliche Usancen oder Absprachen (Verträge über Produktion, Vertrieb, Verleih) die folgende Auswertungsfolge mit den genannten Sperrfristen entwickelt: Kinoauswertung; nach 6 Monaten Videoauswertung; nach 2 bis 5 Jahren Fernsehauswertung. Ein aufwendiger Kinofilm ist heute nur zu amortisieren, wenn er im Filmtheater, als Videokassette und durch Fernsehsendungen (einschließlich Kabel- und Pay-TV) ausgewertet wird.

Die öffentlich-rechtlichen Vorschriften für Filmwerke umfassen die Filmfreiheit, die Schranken der Filmfreiheit durch Strafrecht und Jugendschutz, den filmischen → Jugendmedienschutz, die Filmförderung, die Filmbewertung sowie die für den Film einschlägigen kartellrechtlichen Bestimmungen. Das private Filmrecht besteht aus dem filmischen Urheberrecht, dem filmischen Leistungsschutzrecht, dem Wettbewerbsrecht auf dem Filmgebiet und der Gesamtheit der für die Herstellung des Filmwerks getätigten Verträge (vor allem mit sämtlichen künstlerischen und technischen Mitwirkenden einschließlich Tarifverträge sowie mit den Sachleistern).

Dazu kommt das Vertragswerk über die Filmauswertung vom Produzenten über den Vertrieb, den Verleih und das Filmtheater beim Kinofilm und vom Videovertrieb, Videoprogrammanbieter bis zur Videothek und dem Home-Video beim Videofilm.

Die öffentlich-rechtlichen und privatrechtlichen Vorschriften für die Herstellung von Filmen beziehen sich auch auf Fernsehfilme, da hier rechtlich kein Unterschied zum Kinofilm und zum Videofilm vorhanden ist. Die entsprechenden Vorschriften für die Fernsehauswertung (Fernsehausstrahlung, Fernsehsendung usw.) sind jedoch hier Gegenstand des → Rundfunkprogrammrechts.

Filmfreiheit. Sämtliche Filmwerke und demgemäß auch die hier behandelten Kinofilme und Videofilme können sich auf die Freiheitsrechte des Art. 5 GG berufen, der die Freiheit der Meinungsäußerung, der Information und der Kunst konstituiert und festlegt, daß eine → Zensur nicht stattfindet. Nach herrschender Rechtsprechung und Rechtslehre ist unter diesem Zensurverbot freilich nur die sog. Vorzensur zu verstehen, d. h. die hoheitliche Kontrolle mit Verbotsrecht für Geisteserzeugnisse vor ihrer ersten öffentlichen Verbreitung. Dagegen soll die Nachzensur, also das Verbot nach dieser ersten öffentlichen Verbreitung, statthaft sein, freilich unter jeweiliger Abwägung mit den erwähnten Freiheitsrechten. Die Nachzensur ergibt sich in erster Linie aus den strafrechtlichen Vorschriften, wobei für den Film vor allem der § 184 Ziff. 7 StGB mit dem Verbot der Vorführung pornographischer Filme in normalen öffentlichen Filmveranstaltungen und der § 131 StGB mit dem Verbot der öffentlichen Vorführung gewaltverherrlichender Filme zu beachten sind. Die Rechtsprechung zu diesen strafrechtlichen Vorschriften hat nach den zwei richtungsweisenden BGH-Urteilen aus dem Jahre 1980 in den Fällen »Sodom« und »Im Reich der Sinne«, die beide als strafrechtlich nicht relevant eingestuft worden sind, die Akzente zugunsten des Vorrangs der Freiheitsrechte vor den strafrechtlichen Bestimmungen gesetzt.

Um dieser die Filmauswertung besonders stark beeinträchtigenden staatlichen Nachzensur zu begegnen, wurden im Rahmen der Filmwirtschaftsverbände die *Freiwillige Selbstkontrolle der Filmwirtschaft* (FSK) und die *SPIO-Juristenkommission* (JK) gegründet (→ Selbstkontrolle der Medien). Sie haben als rein freiwillige Institutionen einer Selbstkontrolle der Filmwirtschaft die Aufgabe, die ihnen vorgelegten Filme vor der ersten öffentlichen Verbreitung durch sachkundige und unabhängige Prüfer daraufhin zu kontrollieren, ob sie strafrechtliche Vorschriften (JK) oder die noch strenger gefaßten FSK-Grundsätze verletzen. Die Prüfentscheidung kann auf Freigabe, Freigabe unter Schnitten oder Nichtfreigabe lauten. Die Prüftätigkeit der FSK und der JK ist nicht verfassungswidrig, da es sich nicht um → Zensur handelt, die eine hoheitliche Kontrolle voraussetzen würde. In der Praxis machen von der freiwilligen Prüfung fast alle betroffenen Filmfirmen Gebrauch, da sie sich hierdurch vor der besonders störenden staatlichen Nachzensur schützen wollen. Die Prüfentscheidungen der FSK und JK sind für die Gerichte natürlich in objektiver Hinsicht nicht bindend. Überschneidungen zwischen den Prüfergebnissen der FSK und JK und gerichtlichen Entscheidungen sind jedoch äußerst selten. In subjektiver Hinsicht gewähren die Vorprüfungen vollen Schutz, da sich kein Inhaber einer Filmfirma strafrechtlich schuldig machen kann, wenn er sich nach den Entscheidungen unabhängiger und sachkundiger Gremien wie FSK und JK gerichtet hat. Nach der Neufassung des Jugendschutzgesetzes von 1985 (JÖSchG) sind Filme oder Bild- und Tonträger, die keine Freigabe für Kinder oder Jugendliche erhalten haben, von den obersten Landesbehörden auf entsprechenden Vorschlag der FSK mit »nicht freigegeben unter 18 Jahren« zu kennzeichnen, wenn sie nicht strafrechtlich relevant sind (vor allem §§ 184 und 131 StGB), ansonsten der Strafverfolgungsbehörde mitzuteilen. Dieses Kennzeichen verstärkt entscheidend den Schutz vor Strafverfolgung bei derartigen Filmen und Bild- und Tonträgern, da es durch die Markierung seitens der obersten Landesbehörden einen öffentlich-rechtlichen Charakter trägt.

Jugendschutz. Nach den §§ 6 und 7 JÖSchG dürfen Kino- sowie Videofilme den Kindern und Jugendlichen nur zugänglich gemacht werden (durch öffentliche Filmveranstaltungen bzw. Verkauf oder Vermietung von Videokassetten), wenn sie von den obersten Landesbehörden für sie freigegeben und entsprechend gekennzeichnet worden sind. Dabei erfolgt die Kennzeichnung für die Altersgruppen 0, 6, 12, 16 und 18 Jahre. Die Kinder- und Jugendfreigabe und diese Kennzeichnungen haben zur Folge, daß diese Kino- und Videofilme nicht mehr unter das Jugendgefährdungsgesetz (GjS) mit seinen Indizierungsmöglichkeiten durch die Bundesprüfstelle für jugendgefährdende Schriften (BPS) und den damit verbundenen Werbeverboten und Vertriebsbeschränkungen fallen (→ Jugendmedienschutz). Für Kinofilme gilt dieser Ausschluß der BPS-Indizierung, auch wenn sie das Kennzeichen »nicht freigegeben unter 18 Jahren« erhalten haben, wobei sich der vom Bundesverfassungsgericht als nicht verfassungswidrig anerkannte Unterschied aus dem zusätzlichen Jugendschutz der Einlaßkontrolle bei Filmveranstaltungen und aus der Möglichkeit der Ersatzbeschaffung bei Videokassetten durch Erwachsene rechtfertigen läßt.

Die Prüfungen und Freigaben der §§ 6 und 7 JÖSchG werden durch die obersten Landesbehörden aufgrund eines zwischen ihnen abgeschlossenen Abkommens durchgeführt, wobei die FSK als FSK-J mit diesen Prüfungen in Form einer Art Begutachtung beauftragt worden ist, die dann durch entsprechende Kennzeichnung seitens der obersten Landesbehörden mit Vorbehalt ihrer Rechte auf abweichende Entscheidungen im Einzelfall übernommen werden. Für diese Prüfungen sind die FSK-Ausschüsse erweitert worden mit einer Majorität der Vertreter der öffentlichen Hand. Ferner ist ein ständiger Vertreter der obersten Landesbehörden bei allen Prüfungen anwesend und führt im Arbeitsausschuß bei der Jugendprüfung den Vorsitz. Ein besonderes Appellationsverfahren, das jedes Land, aber auch die betroffene Filmfirma gegen eine ihm nicht zusagende FSK-Entscheidung durchführen lassen kann, sorgt für einen zusätzlichen Jugendschutz. Die FSK-J ist mit ungebundenen, sachkundigen Prüfern aus den verschiedensten gesellschaftlich relevanten Gruppen besetzt. Sie kann deshalb für sich ebenso wie die BPS, bei der dies in ständiger Rechtsprechung der Verwaltungsgerichte anerkannt worden ist, einen Beurteilungsspielraum wegen ihrer gesellschaftlichen und fachlichen Repräsentanz in Anspruch nehmen. Bemerkenswert an der FSK ist ihre ausgesprochen rechtsstaatliche Struktur und Organisation mit Berufung, weiterer Berufung, Minderheitsberufung, Appellation, wodurch alle rechtlichen Möglichkeiten erschöpft werden können und keine verwaltungsgerichtlichen Verfahren notwendig sind, die deshalb bisher auch gegen FSK-Entscheidungen noch nicht stattgefunden haben. Die Videofilme unterliegen neben ihrer Kinder- und Jugendfreigabe und Kennzeichnung durch die FSK und die obersten Landesbehörden dem Indizierungsverfahren der BPS, falls sie nur mit »nicht freigegeben unter 18 Jahren« gekennzeichnet sind. Gleiches gilt für alle überhaupt nicht gekennzeichneten Filme. Nach der Rechtsprechung der Verwaltungsgerichte wird dem zuständigen Ausschuß der BPS ein Beurteilungsspielraum hinsichtlich des Begriffs der Jugendgefährdung und seiner Auslegung eingeräumt, obwohl die fachliche Repräsentanz dieses Ausschusses bestreitbar ist, da ihm keine Delegierten der Film- und Videowirtschaft angehören. Da die BPS nicht so rechtsstaatlich organisiert ist wie die FSK (es gibt z. B. keine Beschwerde- und Berufungsmöglichkeit innerhalb dieser Institution), sind hier zahlreiche Verwaltungsgerichtsverfahren anhängig gemacht worden, wobei die Verwaltungsgerichte strenge Anforderungen hinsichtlich der Beachtung der Formalitäten des Verfahrens und der inhaltlich korrekten Wiedergabe der betreffenden Prüfobjekte und auch bei der Auslegung der maßgebenden Begriffe stellen. Eine Indizierung durch die BPS hat für den betreffenden Film nicht nur die Folge des Verbots, ihn

Kindern oder Jugendlichen durch Vorführung, Vermietung, Verkauf u. ä. m. zugänglich zu machen, sondern führt darüber hinaus zu einem generellen Ankündigungs-, Werbe- und Versandhandelsverbot. Entsprechende Videokassetten können deshalb nur in Läden verkauft, vermietet und propagiert werden, die lediglich Erwachsenen zugänglich sind.

In dem Rundfunkstaatsvertrag vom 1. Dezember 1987, der den Jugendschutz bei den Sendungen der öffentlich-rechtlichen und privatrechtlichen Anstalten regelt, ist festgelegt, daß die Freigabeentscheidungen der Landesbehörden, die durch die FSK getroffen werden, für die Sendezeiten der betreffenden Filme maßgebend sind. Je nach dem in der Freigabe festgelegten Alter können die betreffenden Sendungen zu bestimmten Zeiten ausgestrahlt werden (→ Rundfunkprogrammrecht). Der FSK obliegt im Namen der zuständigen Landesbehörden auch die Filmfreigabe im Hinblick auf den *Feiertagsschutz*. Es dürfen also an den sog. stillen Feiertagen nur solche Filme vorgeführt werden, die von der FSK für diese Feiertage als nichtstörend freigegeben worden sind.

FILMBEWERTUNG. Durch eine besondere Institution, die *Filmbewertungsstelle der Länder* (FBW), wird zur Förderung der Filmkunst und Filmkultur eine Filmbewertung vorgenommen. Die FBW erteilt auf Antrag denjenigen Filmen, die nach Auffassung ihrer Ausschüsse die entsprechende Qualität aufweisen, die *Prädikate* »wertvoll« und »besonders wertvoll«. Die Prädikate verschaffen den Filmen bei ihrer öffentlichen Vorführung eine Ermäßigung der Vergnügungssteuer, wobei freilich infolge Aufhebung oder Ermäßigung der Vergnügungssteuer in vielen Ländern dieser Effekt ständig weniger bedeutsam wird. Sie bleiben aber ein Qualitätszeichen für den betreffenden Film. Die Entscheidungen der FBW sind justitiabel, wobei jedoch die Gerichte den betreffenden Ausschüssen wegen der Fachkunde und der gesellschaftlichen Repräsentanz der Prüfer einen breiten Beurteilungsspielraum einräumen. Im Zusammenhang mit der Filmbewertung und der Zuständigkeit der FBW bei der Beurteilung des künstlerischen Charakters eines Films und dem ihr hierfür eingeräumten Beurteilungsspielraum ist die Frage wesentlich, wie der filmische Kunstvorbehalt zu dem filmischen Jugendschutz steht. Hier hat die Rechtsprechung der Gerichte (BVerfG) in ständig wachsendem Maße den Freiheitsspielraum der Kunst, auch auf dem filmischen Gebiet, erweitert, so daß nur bei schwer jugendgefährdenden Filmen der → Jugendmedienschutz vor der Kunstfreiheit Vorrang genießt.

FILMFÖRDERUNG. Die europäischen Filmnationen besitzen zum Schutz des einheimischen Films besondere Förderungssysteme. Sie beruhen auf dem Prinzip, daß ein bestimmter Betrag von den Einnahmen, die Filme an der Kinokasse erzielen, an eine besondere Institution abgeführt wird, die sie zugunsten des einheimischen Films verwendet. Es wird also zu Lasten der Filmtheaterbesitzer und der ausländischen Filme eine Unterstützung des nationalen Films vorgenommen. Daneben gibt es in fast allen europäischen Ländern unmittelbare Zuschüsse aus öffentlichen Mitteln.

In der Bundesrepublik Deutschland besteht seit dem 1. Januar 1968 ein *Gesetz über Maßnahmen zur Förderung des deutschen Films* (FFG), das am 1. Januar 1993 neu gefaßt und auf EG-Filme erweitert worden ist. Neben der Abgabe der Filmtheater für entgeltliche Filmvorführungen ist eine Abgabe auf die Vorführung, den Verkauf und die Vermietung von Videofilmen eingeführt worden. Das Film/Fernseh-Abkommen zwischen der *Filmförderungsanstalt* (FFA) und den öffentlich-rechtlichen Rundfunkanstalten über Gemeinschaftsproduktionen ist verlängert und ausgebaut und um eine *Abgabe* der privaten Fernsehanstalten erweitert worden.

Die Förderungshilfen des FFG werden nach dem *Referenzfilmprinzip* und dem *Projektfilmprinzip* vergeben. Für fertige deutsche Filme (einschließlich EG-Filmen und anerkannten internationalen Gemeinschaftsproduktionen), die bestimmte Besucherzahlen erreichen, gibt es Förderungshilfen zur Investition in neue deutsche programmfüllende Filme. Für geeignete Projekte werden zinslose und nur bedingt (aus Einspielergebnissen) rückzahlbare Darlehen gewährt. Neben dieser Produktionsförderung gibt es eine Absatzförderung mittels bedingt rückzahlbarer Darlehen für Verleih und Vertrieb (vor allem für Kopien, Synchronisation und Werbung) und eine Abspielförderung für Filmtheater durch verlorene Zuschüsse und bedingt rückzahlbare Darlehen.

Dieses gesetzliche Förderungssystem wird erweitert durch *Prämien* und *Preise*, die vom Bundesinnenministerium aufgrund von Richtlinien aus allgemeinen Haushaltsmitteln nach der Entscheidung bestimmter mit fachkundigen und unabhängigen Prüfern besetzter Kommissionen an qualifizierte Filme zur Investition in neue Filme dieser Art vergeben werden. Dieses System ist ergänzt worden um eine Förderung entsprechender Projekte und um eine Förderung des Absatzes und des Abspiels. Auch für diese Zwecke werden aus Haushaltsmitteln Prämien vergeben.

Zu diesen Förderungsmaßnahmen treten umfangreiche *Filmförderungsprogramme der Länder*, die damit ihrem kulturellen Auftrag auf diesem Gebiet gerecht werden wollen. Diese Filmförderungsprogramme sind in den letzten Jahren stark ausgebaut worden und werden ständig weiter ausgebaut (z. Zt. vor allem die Filmförderungsprogramme Berlin, Bayern, Hamburg, Nordrhein-Westfalen, Saarland und Hessen). Sie beruhen auf dem System einer Gewährung von Darlehen für Filmprojekte und für Filmabsatz und Filmabspiel. Diese Darlehen sind nur bedingt (aus Einspielergebnissen) rückzahlbar. Besondere Unterstützung erfahren durch diese Filmförderungsprogramme der Länder die in dem betreffenden Land gelegenen Filmtheater, und zwar neben den erwähnten Darlehen durch besondere Zuschüsse für Investitionen und ferner durch kostenlose Überlassung von Filmkopien für Filmtheater an Plätzen mit unter 20 000 Einwohnern (dies wird neben den Ländern auch durch die FFA unterstützt). Auch die Mittel aus dem ehemaligen reichseigenen Filmvermögen (sog. *UFI-Mittel*) werden für entsprechende Darlehen an Filmverleiher und Filmtheater eingesetzt.

Die Entscheidungen über Förderungshilfen aufgrund des FFG und des Erlasses des Bundesministeriums des Innern sind gerichtlich überprüfbar. Dem Urteil der fachkundig und gesellschaftlich repräsentativ besetzten Gremien wird jedoch ein breiter Beurteilungsspielraum belassen. Die Darlehen aufgrund der Filmförderungsprogramme der Länder, die von Banken auf der Grundlage von Bürgschaften des betreffenden Landes gegeben werden und auch der Arbeitsbeschaffung auf dem einschlägigen Gebiet dienen, sind grundsätzlich nicht mit Verwaltungsklage angreifbar, da es hier um privatwirtschaftliche Kredite und nicht um Verwaltungsakte geht. Innerhalb der Europäischen Union (EU) sind Förderungsprogramme für *Gemeinschaftsproduktionen* zwischen Filmproduzenten mehrerer EU-Länder *(Euremage)* und für den Verleih von EU-Filmen *(Efdo)* eingeführt worden.

FILMURHEBERRECHT UND FILMLEISTUNGSSCHUTZRECHT. Im Urheberrechtsgesetz (UrhG) vom 1. Januar 1966 sind im Gegensatz zum früheren Urheberrecht in den §§ 88–95 besondere Vorschriften für den Film enthalten. Sie ergänzen die allgemeinen Vorschriften des → Urheberrechts unter Berücksichtigung der Tatsache, daß es sich bei der Herstellung des Films um ein »Teamwork« handelt, an dem mehrere Personen kreativ beteiligt sind, und daß der Film ein kostspieliges Wirtschaftsgut ist, das einer besonders komplizierten Auswertung unterliegt und das wirtschaftlich sehr risikoreich ist.

Die Filmbestimmungen des UrhG machen zunächst einen Unterschied zwischen den selbständig schutzfähigen vorbestehenden Werken, die zur Herstellung eines Films verwandt werden (wie z. B. Romane, Theaterstücke und Drehbücher), und dem Filmwerk selbst. Wer also z. B. ein Filmwerk nach einer literarischen Vorlage herstellen will, muß sich die *Nutzungsrechte* an dieser literarischen Vorlage beschaffen, was gegenständlich, räumlich und zeitlich unbeschränkt oder beschränkt geschehen kann. Durch eine beschränkte Überlassung wird auch die Auswertung des nach der Vorlage hergestellten Filmwerks entsprechend beschränkt. Vorbestehende, weil selbständig verwertbare Werke, sind auch Filmbauten der Filmarchitekten, Filmkostüme oder Filmmasken der Kostüm- und Maskenbildner, Filmchoreographie u. ä. m.

Für die Personen, die an der Herstellung des Films schöpferisch beteiligt sind und deshalb zu den Urhebern des Filmwerks gehören, gilt der gesetzlich fixierte Grundsatz, daß sie mit der Verpflichtung zur Mitwirkung an dem Film dem Filmhersteller im Zweifel das ausschließliche Recht einräumen, das Filmwerk auf alle bekannten Nutzungsarten auszuwerten. Diese Vorschrift trägt dem besonderen finanziellen Engagement des Filmherstellers Rechnung, indem sie ihm die ungestörte Verwertung des Films sichert. Aus den gleichen Gründen sind bei Filmwerken die allgemeinen Rechte der Urheber auf Zustimmung zur Übertragung von Nutzungsrechten und zur Einräumung einfacher Nutzungsrechte sowie auf Rückruf wegen Nichtausübung oder gewandelter Überzeugung nicht anwendbar. Auch die Urheberpersönlichkeitsrechte der Urheber des Filmwerks sind aus den erwähnten Gründen auf Ansprüche wegen gröblicher Entstellungen oder gröblicher Beeinträchtigungen ihrer Werke oder Leistungen begrenzt. Dem Teamwork-Charakter des Films wird ferner dadurch Rechnung getragen, daß bei der Geltendmachung dieser Urheberpersönlichkeitsrechte die Beteiligten aufeinander und auf den Filmhersteller angemessene Rücksicht zu nehmen haben. Dem Filmhersteller wird zu seinem Schutz zwar kein originäres Urheberrecht am Filmwerk, aber ein ausschließliches Recht an der Vervielfältigung und öffentlichen Vorführung des Bild- und Tonträgers im Sinne eines Leistungsschutzrechts eingeräumt.

Filmhersteller ist diejenige physische oder juristische Person, die das Filmwerk projektiert, seine Herstellung organisiert und koordiniert und vor allem sämtliche Rechte zur Filmherstellung und Filmverwertung von allen Beteiligten erwirbt und bei sich bündelt. Urheber des Filmwerks sind diejenigen physischen Personen, die den Film schöpferisch gestalten, vor allem der Filmregisseur, aber je nach Einzelfall auch Kameramann, Cutter, Tonmeister und andere Personen.

Die dem Urheberrecht verwandten Schutzrechte spielen bei einem Filmwerk in Gestalt der Leistungsschutzrechte des Filmherstellers und der nicht urheberrechtlich am Film Mitwirkenden (der ausübenden Künstler, vor allem der meisten Filmschaffenden) eine Rolle. Dieses Leistungsschutzrecht ist ein minderes Recht gegenüber dem Urheberrecht, sichert aber vor unbefugter Verwertung des Werkes und vor seiner Entstellung. Den Filmschaffenden als ausübende Künstler und Leistungsschutzberechtigte stehen nach einer ausdrücklichen Vorschrift des UrhG keine Rechte bei der Verwertung des Filmes zu. Auf diese Weise soll eine Atomisierung der Filmeinnahmen gegenüber dem Risiko des Filmherstellers bei den Filmausgaben verhindert werden.

Die erwähnten Urheber- und Leistungsschutzrechte gelten für alle Filmwerke, gleichgültig in welcher Form sie zur Auswertung gelangen, also ob durch öffentliche Filmveranstaltungen oder durch Videovertrieb oder durch Fernsehsendungen u. ä. m. Die starke Vermehrung der Fernsehsendungen und der Videoauswertung sowie der verstärkte Verkauf von Videorekordern machen die Rechte der §§ 53/54 UrhG an den Vervielfältigungen zum privaten Gebrauch immer wichtiger. Diese Rechte werden mit Mitteln aus der Abgabe auf Videorekorder und Leerkassetten abgegolten, wobei diese Rechte der Beteiligten (vom Produzenten bis zum Komponisten) nur durch Verwertungsgesellschaften geltend gemacht werden können, die den Vorschriften des Wahrnehmungsgesetzes unterliegen. Nach diesem Gesetz haben diese Gesellschaften Verteilungspläne aufzustellen und unterstehen der Aufsicht des Deutschen Patentamts. Es hat sich neben den traditionellen *Verwertungsgesellschaften* der GEMA, der GVL und der Verwertungsgesellschaft Wort eine Reihe von neuen Gesellschaften auf diesem Gebiet gebildet, die vor allem die einschlägigen Rechte der Filmhersteller wahrnehmen, und zwar die VGF, GWFF, VG Bild-Kunst und die VFF (→ Arbeitsrecht der Medien).

Filmtitelschutz. Dem Filmtitel kommt für die Filmauswertung vor allem aus wirtschaftlichen, aber auch aus kulturellen und künstlerischen Gründen eine wesentliche Bedeutung zu. Bei der Vielzahl der in jedem Jahr neu gestarteten Filme und bei der relativen Begrenztheit der von ihnen behandelten Themen begegnet es oft großen Schwierigkeiten, die Titel genügend gegeneinander abzusetzen. Der Filmtitelschutz reicht sowohl in das → Urheberrecht als auch in das → Wettbewerbsrecht hinein. Für den urheberrechtlichen Titelschutz kommen nach der Rechtsprechung nur sehr wenige Filmtitel in Frage, da nur wenige Filmtitel als persönliche geistige Schöpfung im Sinne des UrhG betrachtet werden können. Dagegen nimmt der wettbewerbsrechtliche Titelschutz in der Praxis einen großen Raum ein.

Ein Filmtitel kann nur dann wettbewerbsrechtlichen Schutz beanspruchen, wenn er eine bestimmte Kennzeichnungskraft hat, so daß reine Freititel (z B. Vornamen, Gattungsbezeichnungen, allgemeine Ausdrücke usw.) keinen Titelschutz genießen, es sei denn, daß sie durch einen bestimmten erfolgreichen Film Verkehrsgeltung erhalten haben. Wenn der Titel die notwendige Kennzeichnungskraft besitzt, kann der Berechtigte an diesem Titel die Benutzung eines gleichlautenden oder verwechslungsfähigen Titels verbieten. Bei der Verwechslungsfähigkeit ist auf die Anschauung eines nicht unbeträchtlichen Teils der angesprochenen Bevölkerungskreise abzustellen. Hier sind die Entscheidungen der Gerichte in den einzelnen Fällen oft unterschiedlich oder sogar widersprüchlich. Maßgebend für die Berechtigung ist der Grundsatz der Priorität im Sinne der ersten Benutzung des betreffenden Titels in der Öffentlichkeit. Das Erlöschen der Priorität durch Nichtbenutzung wird heute die vielfältigen Nutzungsmöglichkeiten für Filmwerke (so z. B. auch durch privates Fernsehen, Pay-TV, Kabel-TV usw.) berücksichtigen müssen.

Auf dem Titelgebiet ist wettbewerbsrechtlich von besonderer Bedeutung die sog. unsittliche Werbung. Sie liegt vor allem vor, wenn ein Filmtitel sich in der gleichen oder ähnlichen Bezeichnung an den Titel eines anderen Films anhängt, der ein besonderer Erfolg gewesen ist. Hier kann man von »Schmarotzen an fremder Leistung« und von »grober Täuschung des Publikums« sprechen. Auf diesem Sektor ist deshalb auch die Rechtsprechung relativ streng.

Vertragswerk der Filmherstellung. Zur Herstellung des Filmwerks muß der Filmhersteller mit allen Beteiligten an der Filmherstellung (von den Urheberberechtigten an den vorbestehenden Werken über die Urheber- und Leistungsschutzberechtigten am Filmwerk bis zu den Sachleistern [Filmmaterial, Atelier usw.]) Verträge abschließen, welche ihn zur Herstellung und Verwertung des Filmwerks legitimieren. Die betreffenden Nutzungsrechte werden je nach Einzelfall als einfache oder ausschließliche

Nutzungsrechte inhaltlich, zeitlich und räumlich begrenzt oder unbegrenzt erworben. Die Grenzen des Erwerbs liegen in dem unübertragbaren Kern des Urheberpersönlichkeitsrechts (gegen Entstellung des Werkes oder der Leistung) und der gesetzlich nicht übertragbaren noch nicht bekannten Nutzungsart. Bei der unbekannten Nutzungsart ist streitig, ob es (wie hier vertreten) auf den technischen Bekanntheitsgrad oder auf die Bekanntheit der wirtschaftlichen Verwertbarkeit (so die Rechtsprechung) ankommt (wichtig bei Video). Die Verträge mit den Filmschaffenden beruhen auf Tarifvertrag oder entsprechenden Musterverträgen mit allgemeinen Bedingungen, die für den Hersteller den erforderlichen Rechtserwerb sichern (siehe auch § 43 UrhG).

VERTRAGSWERK DER KINOFILMVERWERTUNG. In der Filmwirtschaft hat sich ein System von Musterverträgen entwickelt, das die Beziehungen zwischen den Sparten Filmproduktion, Filmverleih (Filmgroßhandel) und Filmtheater regelt.

Der Vertrag zwischen Filmproduktion und Filmverleih wird dadurch geprägt, daß der Produzent dem *Verleiher für die Auswertung des Films* im einheimischen Lizenzgebiet urheberrechtliche Nutzungsrechte überträgt, die zeitlich, örtlich und gegenständlich unbeschränkt oder beschränkt überlassen werden. Der Verleiher erwirbt dadurch absolute Rechte, die er jedem Dritten gegenüber geltend machen kann. Als Lizenzgebühr wird meist vom Verleiher eine prozentuale Beteiligung (evtl. unter Garantie eines Mindestbetrages) an den Einnahmen des Films gezahlt, jedoch gibt es auch Zahlungen von Festpreisen durch den Verleiher. Entsprechendes gilt für den Filmvertrieb, also den Import und Export von Kinofilmen.

Die *Vermietung* der Filme durch die Verleiher *an die Filmtheater* erfolgt durch einen Filmbestellvertrag, der dem Theaterbesitzer eine Art obligatorische Lizenz für die Filmvorführung in Verbindung mit dem mietweisen Besitz an der Filmkopie verschafft. Für die rechtlich komplizierten Beziehungen zwischen Verleihern und Theaterbesitzern (Abschluß der Filme, Disposition der Filme, Terminfestlegung, Lieferung des Filmmaterials, prozentuale Abrechnung, Kontrolle dieser prozentualen Abrechnung, Inhaberwechsel u. ä. m.) bestehen ausführliche allgemeine Bedingungen (sog. Bezugsbedingungen), die von fast allen Firmen gleichlautend oder in ähnlicher Form verwandt werden. Sie sind im wesentlichen die Fixierung von Handelsbräuchen, die sich in den wirtschaftlichen Beziehungen zwischen Verleihern und Theaterbesitzern im Laufe von Jahrzehnten entwickelt haben.

In den Beziehungen zwischen Verleihern und Theaterbesitzern können kartellrechtliche Probleme eine Rolle spielen, soweit eine marktbeherrschende Stellung einzelner Verleiher oder Theaterbesitzer behauptet wird. Hier geht es vor allem um das Verhältnis zwischen Erstaufführungstheatern und Nachaufführungstheatern in Großstädten hinsichtlich ihrer Anerkennung und des Umfangs ihrer Vorrechte.

VERTRAGSWERK DER VIDEOAUSWERTUNG. Auf diesem relativ neuen Gebiet haben sich die vertraglichen Beziehungen noch nicht zu feststehenden Formen entwickelt. Derzeit ist die vertragliche Grundlage meist die Überlassung des Videovertriebs durch Produzenten, Importeure, Exporteure oder Verleihfirmen an spezielle Videofirmen (Videoprogrammanbieter), die ihrerseits die Videokassetten an Videotheken verkaufen zwecks Weitervermietung oder Weiterverkauf an das Publikum. Es ist in der Rechtsprechung streitig, ob bei Veräußerung die Weiterverbreitung nach § 17 UrhG ausgeschlossen werden kann oder ob sich dieses Recht erschöpft hat und demgemäß die Weiterverbreitung zulässig bleibt. Im letzteren Fall besteht nach § 27 UrhG ein Vergütungsanspruch, der nur durch Verwertungsgesellschaften geltend gemacht werden kann (→ Urheberrecht).

VERTRAGSWERK DER GEMEINSCHAFTSPRODUKTION. Ein wichtiges Vertragswerk auf nationaler und internationaler Ebene sind Gemeinschaftsproduktionsverträge zwischen Filmproduzenten verschiedener Länder oder des gleichen Landes sowie zwischen Filmfirmen und Fernsehanstalten. Die internationalen Co-Produktionen basieren auf zwischenstaatlichen Abkommen, die von der Bundesrepublik Deutschland mit zahlreichen anderen Staaten und zwischen diesen Staaten abgeschlossen worden sind, und die Herstellung von Filmen in solchen internationalen Gemeinschaftsproduktionen regeln. In diesen internationalen Verträgen werden die Voraussetzungen festgelegt, unter denen die betreffenden Gemeinschaftsproduktionen von den jeweils betroffenen Staaten anerkannt werden (z. B. Mindestsatz an finanzieller und künstlerischer Beteiligung der Partner). Die Anerkennung solcher Gemeinschaftsproduktionen hat zur Folge, daß der Film in jedem beteiligten Staat als nationaler Film gilt und dort vor allem an Förderungshilfen zugunsten der nationalen Produktion teilnehmen kann. Soweit keine internationalen Abkommen vorliegen, gelten die Vorschriften des § 16 FFG, wonach als deutscher Film auch ein in internationaler Gemeinschaftsproduktion hergestellter Film gilt, bei dem eine bestimmte deutsche künstlerische, technische und finanzielle Beteiligung gegeben ist.

HORST VON HARTLIEB

Literatur

Horst von Hartlieb: Handbuch des Film-, Fernseh- und Videorechts. München ³1991
Horst von Hartlieb: Das neue Filmförderungsrecht. München 1987
Rainer Scholz: Jugendschutz. München ²1992

Filmurheberrecht → Filmrecht

Filmverleih → Filmrecht

Filmvertragsrecht → Filmrecht

Filmzensur → Filmrecht, → Selbstkontrolle der Medien, → Zensur

Finanzausgleich → Rundfunkfinanzrecht

Fixum-Mitarbeiter → Arbeitsrecht der Medien

Fixum-Pauschalist → Arbeitsrecht der Medien

Flugblätter → Pressefreiheit

Flugblatt-Beschluß → Bundesverfassungsgerichtsentscheidungen zum Medienrecht (7. Dezember 1976)

FRAG (Drittes Rundfunk)-Urteil → Bundesverfassungsgerichtsentscheidungen zum Medienrecht (16. Juni 1981)

Frankreich: Medienrecht → Medienrecht in den Staaten der EU

free flow of information → Internationale und supranationale Kommunikationsbeziehungen

freie Benutzung → Urheberrecht

Freie Journalisten → Arbeitsrecht der Medien, → Soziale Sicherung der Journalisten

Freie Mitarbeiter → Arbeitsrecht der Medien, → Aus- und Fortbildung von Journalisten, → Pressefreiheit, → Schweizerisches Medienrecht, → Soziale Sicherung der Journalisten

Freie Mitarbeiter-Beschluß → Bundesverfassungsgerichtsentscheidungen zum Medienrecht (13. Januar 1982)

freier Dienstleistungsverkehr → Europäisches Medienrecht

freier Informationsfluß → Europäisches Medienrecht, → Internationale und supranationale Kommunikationsbeziehungen

Freiheit der Äußerung → Europäisches Medienrecht

Freiheit der Berichterstattung → Pressefreiheit, → Rundfunkprogrammrecht

Freiheit der Kunst und Wissenschaft, Forschung und Lehre → Informationsfreiheit

Freistellung vom Kartellverbot → Wettbewerbsrecht

Freiwillige Selbstkontrolle der Filmwirtschaft → Filmrecht, → Jugendmedienschutz, → Selbstkontrolle der Medien

Freiwillige Selbstkontrolle Fernsehen → Selbstkontrolle der Medien

Funkantennen-Beschluß → Bundesverfassungsgerichtsentscheidungen zum Medienrecht (11. Dezember 1991)

Funkhoheit → Geschichte des Medienrechts

Funkregal → Geschichte des Medienrechts

Fusionskontrolle im Pressewesen. Fusion ist der Zusammenschluß von bisher selbständigen Unternehmen im Ganzen (Vollfusion) oder zu einem Teil (Teilfusion). Neben diesem auf den Verlust oder die partielle Einschränkung der unternehmerischen Unabhängigkeit bezogenen Kriterium unterscheidet man bei Zusammenschlüssen je nach ihrer Marktwirkung Fälle horizontaler, konglomerater und vertikaler Unternehmenskonzentration. Die durch → Konzentration bedingte Einbuße an Wettbewerb hängt nicht unwesentlich davon ab, ob an einem Zusammenschluß Unternehmen beteiligt sind, die sich auf der gleichen Wirtschaftsstufe (horizontal) oder in aufeinanderfolgenden Wirtschaftsstufen (vertikal) auf jeweils demselben Markt oder auf mehreren Märkten (konglomerat) betätigen.

In einer Marktwirtschaft hat der Wettbewerb gesamtwirtschaftliche Antriebs- und Steuerungsfunktion. Wenn auf einzelnen Märkten nicht eine hinreichend große Zahl unabhängig handelnder Unternehmen tätig ist, droht dem Fortbestehen einer funktionsfähigen Marktwirtschaft Gefahr. Immer mehr Unternehmenszusammenschlüsse haben monopolistische und oligopolistische Strukturen auf den relevanten Märkten zu Folge. Dieser Gefahr, die dem Wettbewerb als Steuerungsinstrument von Angebot und Nachfrage unter anderem durch das Ausscheiden von Unternehmen vom Markt droht, soll die Kontrolle von Unternehmenszusammenschlüssen entgegenwirken.

Pressespezifische Bestimmungen im Kartellrecht. In das Gesetz gegen Wettbewerbsbeschränkungen (GWB) ist eine *Fusionskontrolle* erst durch die zweite Kartellgesetznovelle 1973 mit den §§ 23 ff. GWB eingefügt worden. Noch 1957 hatte der Gesetzgeber bei Verabschiedung des Kartellgesetzes in Verkennung der wirtschaftlichen Entwicklung geglaubt, auf eine ausgewogene Ergänzung des grundsätzlichen Kartellverbots in § 1 GWB durch eine Kontrolle der Unternehmenskonzentration (externes Unternehmenswachstum) verzichten zu können. Er hatte sich mit einer bloßen Anzeigepflicht für Unternehmenszusammenschlüsse von einer bestimmten Größe ab begnügt.

Durch die dritte Kartellgesetznovelle ist das allgemeine Fusionskontrollrecht rückwirkend zum 28. Januar 1976 um besondere Vorschriften für die Fusionskontrolle im Pressewesen ergänzt worden. Während die zweite Kartellgesetznovelle 1973 noch einstimmig verabschiedet wurde, hat die CDU/CSU-Opposition der dritten Kartellgesetznovelle ihre Zustimmung versagt.

Nach den §§ 23 ff. GWB erfassen Anzeigepflicht und allgemeine Fusionskontrolle alle Arten von Unternehmen, also auch Presseunternehmen. Dieser kartellrechtlichen Fusionskontrolle unterliegen nach § 24 Abs. 8 Satz 1 Nr. 1 GWB allerdings nur solche Zusammenschlüsse, bei denen die beteiligten Unternehmen insgesamt einen Jahresumsatz von 500 Mill. DM und mehr hatten. Die Begrenzung der Fusionskontrolle auf Zusammenschlüsse in dieser Größenordnung beruht auf der Erwägung, daß im allgemeinen nur bei solchen Zusammenschlüssen eine Kontrolle wettbewerbspolitisch notwendig ist.

Dieses Aufgreifkriterium ist jedoch angesichts der Struktur des deutschen Pressewesens, das überwiegend von mittleren und kleinen Presseunternehmen auf regionalen und lokalen Märkten getragen wird, nicht ausreichend. Eine Anpassung der Toleranzgrenze nach § 24 Abs. 8 GWB durch die dritte GWB-Novelle als spezifische Pressefusionskontrolle war daher unumgänglich, um regionale und lokale Pressezusammenschlüsse sowie Aufkäufe mittlerer und kleinerer Verlage in die Zusammenschlußkontrolle einzubeziehen.

Die pressespezifischen Vorschriften der Fusionskontrolle gelten dabei für Unternehmen, »deren Geschäftsbetrieb ganz oder teilweise im Verlag, der Herstellung oder im Vertrieb von Zeitungen oder Zeitschriften oder deren Bestandteilen besteht«. Sie erfassen dagegen nicht Unternehmen, die Bücher verlegen oder vertreiben; diese Buchverlage unterliegen der allgemeinen Fusionskontrolle. Bei Zusammenschlüssen von Presseunternehmen wird nach § 23 Abs. 1 Satz 7 GWB die Anzeigepflicht und gemäß § 24 Abs. 8 Satz 2 GWB die Fusionskontrolle bereits dann ausgelöst, wenn die zusammengeschlossenen Unternehmen einen Jahresumsatz von 25 Mill. DM erreichen (allgemeine Fusionskontrolle: 500 Mill. DM). Dieses Aufgreifkriterium entspricht bei Tageszeitungen gegenwärtig einer Gesamtauflage von etwa 60 000 Exemplaren.

Während die zwingend präventive Fusionskontrolle sonst bei einem Jahresumsatz von je 1 Mrd. DM einsetzt, gilt auch hier für Presseunternehmen ein entsprechend niedrigerer Ansatz: So sind Zusammenschlüsse von Verlagen schon dann vor ihrem Vollzug als Fusionsvorhaben beim Bundeskartellamt anzumelden, wenn mindestens zwei der am Zusammenschluß beteiligten Presseunternehmen im letzten abgeschlossenen Geschäftsjahr Umsatzerlöse von jeweils 50 Mill. DM hatten. Im Pressewesen wird daher das zwingend präventiv anzumeldende Zusammenschlußvorhaben den Regelfall darstellen; dem Vollzug des Zusammenschlusses geht danach in der Regel die Fusionskontrolle voraus.

Nach § 23 Abs. 1 Satz 6 GWB sind bei Unternehmen, deren Geschäftsbetrieb ganz oder teilweise im Vertrieb von Waren stehen, nur drei Viertel des Umsatzerlöses in Ansatz zu bringen. Die Kombination dieser generellen Bestimmung mit den spezifischen Vorschriften der Pressefusionskontrolle und ihren herabgesetzten Aufgreifkriterien ergibt, daß bei *Pressevertriebsunternehmen* Umsatzerlöse von 33,33 Mill. DM die Fusionskontrolle auslösen. Das Wort »insoweit« in § 23 Abs. 1 Satz 7 GWB stellt sicher, daß nur solche Umsatzerlöse der speziellen Rechenklausel unterliegen, die aus dem Verlag, der Herstellung oder dem Vertrieb von Zeitungen und Zeitschriften oder deren Bestandteilen stammen. Handelt es sich um gemischte Zusammenschlüsse aus einem Industrie- und einem Presseunternehmen oder um Unternehmen, die sowohl Industrie- als auch Presseumsätze tätigen, wird der Industrieumsatz im Verhältnis 1:1, der Presseumsatz im Verhältnis 20:1 in Ansatz gebracht. Druckkapazitäten werden häufig nicht ausschließlich durch die Herstellung von Zeitungen oder Zeitschriften in Anspruch genommen, sondern auch für andere Druckarbeiten (z. B. Kataloge) genutzt. Auf das Nicht-Pressegeschäft (Akzidenzen) findet die pressespezifische Rechenklausel keine Anwendung. Entsprechendes gilt auch für den Verlag und den Vertrieb, soweit er nicht Presseerzeugnisse (z. B. Buchverlag oder -vertrieb) betrifft. Die spezielle Rechenklausel erfordert also gegebenenfalls eine Aufteilung der Umsatzerlöse. Im allgemeinen wird das Rechnungswesen des Unternehmens diese Aufteilung ohne besonderen Aufwand ermöglichen. Sollte dies einmal nicht der Fall sein, können begründete Schätzungen verwendet werden.

Für die allgemeine Fusionskontrolle sieht § 24 Abs. 8 Satz 1 GWB bestimmte Untergrenzen vor. Die mittelstandspolitisch begründete, nach negativer Erfahrung aber wettbewerbspolitisch umstrittene *Bagatellklausel* der Nr. 2 mit einer 50 Mill. DM-Umsatzgrenze für sogenannte Anschlußfusionen findet nach § 24 Abs. 9 GWB auf Presseunternehmen keine Anwendung, »soweit durch den Zusammenschluß der Wettbewerb beim Verlag, bei der Herstellung oder beim Vertrieb von Zeitungen oder Zeitschriften oder deren Bestandteilen« beschränkt wird. Ferner gilt nicht die Regionalklausel der Nr. 3, die für die allgemeine Fusionskontrolle voraussetzt, daß sich der Zusammenschluß im gesamten Bundesgebiet oder in einem wesentlichen Teil auswirkt. Nach Sinn und Zweck der Pressefusionskontrolle genügt die Auswirkung im lokalen und regionalen Bereich. Toleranzklauseln enthalten demnach nur die Nr. 1 und Nr. 4, wonach die Fusionskontrolle nur dann ausgeschlossen ist, wenn die beteiligten Presseunternehmen weniger als 25 Mill. DM Jahresumsatzerlöse hatten oder auf dem betroffenen Zeitungs- oder Zeitschriftenmarkt weniger als 500 000,– DM umgesetzt worden sind.

Verfahren der Pressefusionskontrolle. Im Fall der zwingend präventiven (§ 24a GWB) oder der nachträglichen (§ 24 Abs. 2 GWB) Fusionskontrolle kann das Bundeskartellamt den Zusammenschluß nach § 24 Abs. 2 Satz 1 GWB untersagen, wenn »zu erwarten ist, daß durch einen Zusammenschluß eine marktbeherrschende Stellung entsteht oder verstärkt wird« (§ 24 Abs. 1 GWB). Im Rahmen einer Abwägungsklausel hat die Untersagung zu unterbleiben, »wenn die beteiligten Unternehmen nachweisen, daß durch den Zusammenschluß auch Verbesserungen der Wettbewerbsbedingungen eintreten und daß diese Verbesserungen die Nachteile der Marktbeherrschung überwiegen« (§ 24 Abs. 1 GWB). Die Prüfung, ob eine marktbeherrschende Stellung entsteht oder verstärkt wird, setzt die Bestimmung des sachlich relevanten Marktes voraus. Das bereitet bei Presseerzeugnissen, insbesondere im Bereich der Zeitschriften, nicht geringe Schwierigkeiten, da die Austauschbarkeit von Presseerzeugnissen sich aus der Sicht des Lesers unterschiedlich beurteilen läßt. Für die Frage der Marktbeherrschung kann auf § 22 GWB zurückgegriffen werden, wobei insbesondere die widerlegbaren Marktbeherrschungsvermutungen in § 22 Abs. 3 GWB eine wichtige Rolle spielen. Dabei beurteilt sich die Marktbeherrschung aufgrund überragender Marktstellung in § 22 Abs. 1 Nr. 2 GWB bei der als Marktstrukturkontrolle angelegten Fusionskontrolle nach anderen Maßstäben als bei der Verhaltenskontrolle von marktbeherrschenden Unternehmen nach § 22 Abs. 4 und 5 GWB. Insoweit hat der Bundesgerichtshof durch Beschluß vom 3. Juli 1976 entschieden, daß trotz des alternativen Verhältnisses zwischen Marktbeherrschung nach § 22 Abs. 1 Nr. 1 (z. B. Alleinstellung im Verbreitungsgebiet) und 2 (z. B. herausgehobene Marktstellung der »Erstzeitung«) GWB die Frage des Bestehens einer überragenden Marktstellung nicht abschließend beantwortet werden kann, ohne die Wettbewerbsverhältnisse auf dem relevanten Markt heranzuziehen, was die Eigenständigkeit der Nr. 1 und 2 stark relativiert. Nach einer Entscheidung des Kammergerichts vom 1. Dezember 1976 kann ein Zuwachs an Finanzkraft die Verstärkung einer marktbeherrschenden Stellung im Sinne von § 24 Abs. 1 GWB in Verbindung mit § 22 Abs. 1 Nr. 2 GWB bedeuten, wobei das finanzielle Machtpotential eines der am Zusammenschluß beteiligten Unternehmen auch schon dann berücksichtigt werden kann, wenn auch nur damit zu rechnen ist, daß die Finanzkraft auf dem relevanten Markt jederzeit eingesetzt wird.

Von dieser Frage des maßgeblichen Zeitpunkts ist das Kausalitätserfordernis zu unterscheiden, wonach § 24 Abs. 1 GWB voraussetzt, daß die marktbeherrschende Stellung »durch« den Zusammenschluß entsteht oder verstärkt wird (BGH, Beschluß vom 15. 10. 1991 – KVR 3/90, WuW/E BGH 2743 [2747] – Stormarner Tageblatt). Der allgemeine Begriff der Ursächlichkeit ist auch hier maßgeblich, so daß ursächlich jede Bedingung ist, die nicht hinweggedacht werden kann, ohne daß der Erfolg entfiele. Das Kausalitätserfordernis in § 24 Abs. 1 GWB besagt mithin, daß der Zusammenschluß eine notwendige, nicht aber für sich allein die hinreichende Bedingung für die Entstehung oder Verstärkung der marktbeherrschenden Stellung sein muß. Es genügt Mitursächlichkeit. Darum ist bei der Prüfung der Kausalität nicht zu fragen, ob es ohne den untersagten Zusammenschluß (auch) zu einer marktbeherrrschenden Stellung gekommen wäre. Vielmehr ist die konkrete Marktstellung in den Blick zu nehmen, wie sie im Zeitpunkt der Untersagungsverfügung besteht oder zu erwarten ist. Läßt sich feststellen, daß die Marktbeherrschung in ihrer konkreten Gestalt ohne den Zusammenschluß so nicht entstanden wäre, dann ist die erforderliche Kausalität zwischen Zusammenschluß und der Verstärkung der marktbeherrschenden Stellung erfüllt.

Die Frage, ob durch einen Zusammenschluß von Presseunternehmen eine marktbeherrschende Stellung entsteht oder verstärkt wird, hat das

Bundeskartellamt nicht nach den Marktverhältnissen zum Zeitpunkt des Zusammenschlusses, sondern nach den Marktverhältnissen zum Zeitpunkt seiner Entscheidung nach § 24 Abs. 2 Satz 1 GWB zu beurteilen, so daß Veränderungen der Wettbewerbsverhältnisse, die nach dem Zusammenschluß, aber vor der Untersagungsverfügung eingetreten sind, mitzuberücksichtigen sind. Dies ergibt sich sowohl aus dem Wortlaut des § 24 Abs. 1 GWB als auch aus dem Gesetzeszweck, die Wettbewerbsfreiheit durch Verhinderung von Marktstrukturverschlechterungen zu schützen. Das kann sowohl dazu führen, daß das Bundeskartellamt einen angemeldeten Zusammenschluß wegen nachträglich tatsächlich eingetretener erheblicher Marktstrukturverbesserungen nicht mehr untersagen kann, weil dadurch die ursprünglich erfüllten Eingriffsvoraussetzungen entfallen sind, wie umgekehrt auch dazu, daß der Zusammenschluß unter Einbeziehung der bis zum Erlaß der Untersagungsverfügung nachweisbar eingetretenen Marktstrukturverschlechterungen nunmehr zu untersagen ist. Dabei ist nach dem Wortlaut des § 24 Abs. 1 GWB ferner zu bedenken, daß eine marktbeherrschende Stellung im Zeitpunkt der Entscheidung nicht bereits bestehen oder entstehen muß, es vielmehr für eine Untersagung genügt, wenn »zu erwarten ist«, daß sie entsteht oder verstärkt wird.

Das Bundeskartellamt ist bei der Fusionskontrolle an gesetzliche Fristen gebunden. Es darf vollzogene Zusammenschlüsse nur innerhalb eines Jahres seit Eingang der vollständigen Anzeige untersagen (§ 24 Abs. 2 Satz 2 GWB). Zusammenschlußvorhaben dürfen nur untersagt werden, wenn das Bundeskartellamt innerhalb eines Monats seit Eingang der Anmeldung mitgeteilt hat, daß es das Zusammenschlußvorhaben prüft, und wenn die Untersagungsverfügung innerhalb von vier Monaten seit Eingang der Anmeldung ergeht. Diese Fristen können einverständlich verlängert werden.

Wie alle Verfügungen der Kartellbehörde kann auch die Untersagungsverfügung mit der Beschwerde angefochten werden (§ 62 Abs. 1 GWB). Die am Zusammenschluß beteiligten Unternehmen haben auch die Möglichkeit, beim Bundesminister für Wirtschaft einen Antrag auf Erlaubnis des vom Bundeskartellamt untersagten Zusammenschlusses zu stellen (§ 24 Abs. 2 Satz 1 GWB). Während das Bundeskartellamt bei der Fusionskontrolle nur die marktstrukturellen Auswirkungen eines Zusammenschlusses berücksichtigen darf, obliegt es dem Bundesminister für Wirtschaft, die gesamtwirtschaftlichen Vorteile des Zusammenschlusses zu werten und mit der Wettbewerbsbeschränkung abzuwägen oder den Zusammenschluß durch ein überragendes Interesse der Allgemeinheit zu rechtfertigen. Diese Erlaubniskriterien ermöglichen die Berücksichtigung von wirtschaftspolitischen Argumenten mehr allgemeiner Art wie Arbeitsplatzsicherung, publizistische Vielfalt (→ Medienpolitik). Die Anwendung dieser sog. Gemeinwohlklausel findet kraft Gesetzes dort ihre Grenze, wo durch das Ausmaß der Wettbewerbsbeschränkung die marktwirtschaftliche Ordnung gefährdet wird (§ 24 Abs. 3 Satz 2 GWB).

Das Bundeskartellamt hat nach § 24 Abs. 2 Satz 1 GWB grundsätzlich einen Zusammenschluß immer dann zu untersagen, wenn eine marktbeherrschende Stellung entsteht oder verstärkt wird. Dies müßte an sich zu einer uneingeschränkten Untersagung von Zusammenschlüssen auch in solchen Fällen führen, in denen die Voraussetzungen für eine Untersagung nur auf einem Teil der vom Zusammenschluß betroffenen Verbreitungsgebiete von Presseerzeugnissen vorliegen oder nur unter den gegebenen, von den Unternehmen jedoch abänderbaren Umständen bestehen.

Um in solchen Fällen nicht wegen einer Marktbeherrschung auf einem für den wirtschaftlichen Vorgang unbedeutenden Nebenmarkt den Zusammenschluß insgesamt untersagen zu müssen, hat das Bundeskartellamt eine Praxis entwickelt, im Fusionskontrollverfahren bei der Beurteilung der Wettbewerbsbedingungen *Zusagen* der am Zusammenschluß beteiligten Unternehmen zu berücksichtigen. Das Kammergericht hat in seinem Beschluß vom 12. Januar 1976 entschieden, daß das Bundeskartellamt glaubwürdige Zusagen der Unternehmen, die die Annahme einer marktbeherrschenden Stellung für die Zukunft ausschließen, berücksichtigen muß. Dabei darf es sich nur um Zusagen über die Erhaltung oder Gestaltung von Wettbewerbsbedingungen, d. h. um Zusagen über strukturelle Maßnahmen handeln. Die *Festlegung* der Unternehmen etwa *auf ein bestimmtes Marktverhalten* ist unzulässig, wie überhaupt nicht zur Voraussetzung der Nichtuntersagung gemacht werden darf, daß die beteiligten Unternehmen sich einer laufenden Verhaltenskontrolle unterstellen. Bei Zusammenschlüssen von Presseunternehmen kann im Hinblick auf Besonderheiten des Wettbewerbs im Pressebereich die Aufrechterhaltung einer selbständigen Lokalredaktion oder -zeitung als eine Stabilisierung der Wettbewerbsbedingungen im Sinne von § 24 Abs. 1 GWB zu werten sein und damit zum Beispiel im Falle einer Sanierungsfusion Gegenstand einer Zusage sein. Das Gebot der → Pressefreiheit verbietet dabei jeden Versuch einer Beeinflussung der publizistischen Haltung der Zeitung durch das Bundeskartellamt (→ Konzentration).

Der Ausschuß für Wirtschaft des Deutschen Bundestages hat sich bei den Beratungen der Dritten Kartellgesetznovelle ausführlich mit der vom Bundeskartellamt entwickelten *Zusagenpraxis* befaßt. Er ist im Ergebnis davon ausgegangen, daß diese Verwaltungspraxis auch ohne eine Ergänzung des GWB zulässig ist, hat aber die Bundesregierung aufgefordert, die notwendige Transparenz des Verfahrens und der Zusagen sicherzustellen. Der Deutsche Bundestag hat am 12. März 1976 eine Entschließung gleichen Inhalts verabschiedet. Dieser Entschließung entsprechend hat der Bundesminister für Wirtschaft nach § 49 GWB dem Bundeskartellamt die allgemeine Weisung erteilt, »Zusagen, die es im Fusionskontrollverfahren von beteiligten Unternehmen entgegennimmt, zusammen mit den Gründen, aus denen das Bundeskartellamt den Zusammenschluß im Hinblick auf die Zusagen nicht untersagt hat, im Bundesanzeiger sowie in seinem nächsten Tätigkeitsbericht zu veröffentlichen«. Auf die ursprünglich beabsichtigte

Ergänzung des § 24a GWB um eine ausdrückliche Regelung für die Zusagenpraxis ist verzichtet worden.

Auch in der kommunikationspolitischen Debatte spielt vor allem die sogenannte *Sanierungsfusion* eine Rolle. Ein in seiner Existenz gefährdeter Verlag versucht den ansonsten sicheren Konkurs dadurch zu vermeiden, daß er sich einen zahlungskräftigen Käufer sucht, der bei Berücksichtigung aller Interessen in der Regel in einem marktstarken Unternehmen zu finden sein dürfte. Das Bundeskartellamt kann bei der Prüfung solcher Sanierungsfusionen dem Argument der Sanierungsbedürftigkeit nur im Rahmen der Abwägungsklausel des § 24 Abs. 1 GWB Rechnung tragen. Dabei ist entscheidend, ob der Zusammenschluß zum Zwecke der Sanierung zu einer die Marktbeherrschung überwiegenden Verbesserung der Wettbewerbsbedingungen auf dem betroffenen Markt führt. Dies kann in der Regel dann der Fall sein, wenn im Konkursfall die bisherigen Marktanteile der vom Markt ausscheidenden Zeitung oder Zeitschrift mit hoher Wahrscheinlichkeit nicht allein dem marktstarken Unternehmen, sondern auch mehreren marktschwächeren Wettbewerbern entsprechend ihren Umsätzen zuwachsen. Bei Sanierungsfusionen, in denen der nach Marktanteil oder Ressourcen stärkste Wettbewerber Übernehmer ist, wird die Abwägungsklausel nur ausnahmsweise Anwendung finden können.

Der Fusionskontrolle unterliegen die im § 23 Abs. 2 Nr. 1 bis 6 GWB als Zusammenschluß im Sinne des GWB normierten Tatbestände. Dabei gelten als Zusammenschluß insbesondere der Erwerb des Vermögens eines anderen Unternehmens ganz oder zu einem wesentlichen Teil (Nr. 1), ferner der Erwerb von Anteilen an einem anderen Unternehmen, wenn die Anteile 25 % oder 50 % des Kapitals oder Stimmrechte erreichen (Nr. 2a und b). Das bisherige Abstellen auf das stimmberechtigte Kapital, an dem Anteile erworben werden, beruhte auf der Annahme, daß der Einfluß auf ein Unternehmen in erster Linie von den rechtlichen Möglichkeiten abhängt, die durch Stimmrechte vermittelt werden, was sich in der Praxis jedoch als nicht allgemeingültig erwiesen hat. Nach Sinn und Zweck der Fusionskontrolle müssen auch die Fälle als Zusammenschluß im Sinne des GWB angesehen werden, in denen ein Unternehmen an einem anderen knapp unter 25 % Anteile erwirbt, sich aber vertraglich eine obligatorische *Sperrminorität* zusichern läßt, was auch für die dem Erwerber durch Satzungsänderung gesicherte Sperrminorität gilt. Der Bundesgerichtshof hat mit Beschluß vom 20. November 1975 entschieden, daß als ›ein wesentlicher Teil‹ eines Unternehmens im Sinne von § 23 Abs. 2 Nr. 1 GWB einmal ein solcher Teil anzusehen ist, der in seinem Verhältnis zum Gesamtvermögen des Veräußerers quantitativ ausreichend hoch ist. Zum anderen ist darunter aber auch jede betriebliche Teileinheit zu verstehen, die im Rahmen der gesamten nach außen gerichteten wirtschaftlichen Tätigkeit des Veräußerers unabhängig von dessen Größe qualitativ eine eigene Bedeutung hat. Das kann bei einem Presseunternehmen auf eine Druckerei zutreffen.

Durch die fünfte GWB-Novelle vom 22. Dezember 1989 (BGBl. I S. 2486 ff.) ist der Zusammenschlußbegriff um einen zusätzlichen *Auffangtatbestand* (Nr. 6) ergänzt worden, der bereits dann eingreift, wenn eine Unternehmensverbindung einen wettbewerblich erheblichen Einfluß vermittelt. Das ist immer dann der Fall, wenn aufgrund des zwischen den Unternehmen bestehenden gesamten Beziehungsgeflechts zu erwarten ist, daß der Wettbewerb zwischen den beteiligten Unternehmen so wesentlich eingeschränkt wird, daß die Unternehmen nicht mehr unabhängig am Markt auftreten. Bloße wirtschaftliche Abhängigkeiten, wie reine Austauschbeziehungen etwa aufgrund langfristiger Lieferverträge, reichen hierfür nicht aus. Zusammenschlüsse nach der Nr. 6 unterliegen allerdings nicht der präventiven Fusionskontrolle.

Nach Auffassung des Bundesgerichtshofs kann von einem Zusammenschluß nur gesprochen werden, wenn wenigstens zwei Unternehmen an ihm beteiligt sind. Darum ist auch das veräußernde Unternehmen am Zusammenschluß beteiligtes Unternehmen und nach § 23 Abs. 1 Satz 1 Nr. 1 oder 1 i. V. m. Abs. 4 Nr. 2a GWB zur Anzeige verpflichtet.

PRESSEFUSION UND EG-KARTELLRECHT. In der Regel wird es sich im Pressewesen um Zusammenschlüsse auf nationaler oder auch regionaler Ebene handeln, die normalerweise nicht geeignet sind, den Handel zwischen Mitgliedstaaten der Europäischen Gemeinschaften zu beeinträchtigen. Die EG-Kommission in Brüssel kann jedoch nach den Artikeln 85 und 86 des EWG-Vertrages gegen Absprachen und Zusammenschlüsse von Presseunternehmen tätig werden, insbesondere wenn am Zusammenschluß ein Unternehmen mit einer beherrschenden Stellung beteiligt ist und die Konzentration als mißbräuchlich im Sinne von Art. 86 EWGV angesehen werden muß. Darum ist neben dem nationalen Recht auch das Gemeinschaftsrecht zu beachten, wenn durch den Zusammenschluß von Presseunternehmen der zwischenstaatliche Handel beeinträchtigt wird, was bei Presseerzeugnissen wegen der Sprachbarriere nicht so häufig der Fall sein dürfte (→ Europäisches Medienrecht). Am 21. September 1990 trat die Verordnung (EWG) Nr. 4064/89 des Rates vom 21. Dezember 1989 über die Kontrolle von Unternehmenszusammenschlüssen (ABl. Nr. L 395 vom 30. Dezember 1989, S. 1 ff.) in Kraft. Die *europäische Fusionskontrolle* kennt keine pressespezifischen Vorschriften und dürfte auf Pressefusionen wohl kaum Anwendung finden, da es in der Regel an einer gemeinschaftsweiten Bedeutung des Zusammenschlusses im Sinne von Artikel 1 fehlen wird, weil z. B. die am Zusammenschluß beteiligten Presseunternehmen jeweils mehr als zwei Drittel ihres gemeinschaftsweiten Gesamtumsatzes in ein und demselben Mitgliedstaat erzielen.

VERFASSUNGSMÄSSIGKEIT DER PRESSEFUSIONSKONTROLLE. Mit Beschluß vom 29. August 1983 (WuW/E VG 307 [308]) hat das Bundesverfassungsgericht die Verfassungsmäßigkeit der Pressefusionskontrolle festgestellt. Danach sind § 23 Abs. 1 Satz 7 und § 24 Abs. 9 GWB mit Art. 5 Abs. 1 Satz 2

GG, der hier in erster Linie den Prüfungsmaßstab bildet, vereinbar. Denn die Novelle zur Pressefusionskontrolle hat keine Sonderkriterien spezifisch publizistischen Wettbewerbs eingeführt, sondern bei völliger Identität der materiellen Eingriffskriterien mit denen der allgemeinen Fusionskontrolle lediglich spezifische Anpassungen an Sonderstrukturen der Pressemärkte gebracht und dient nach ihrer objektiven Funktion und ihrer legislatorischen Zielsetzung in erster Linie der Bekämpfung wirtschaftlicher Macht.

Im Hinblick auf den dem Gesetzgeber zustehenden Gestaltungsspielraum ist es verfassungsrechtlich nicht zu beanstanden, daß er den Anwendungsbereich der Pressefusionskontrolle auch auf sogenannte gemischte Zusammenschlüsse erstreckt hat. Ferner ist die zwischen den der Pressefusionskontrolle unterworfenen und den sonstigen Unternehmen vorgenommene Differenzierung im Hinblick auf die strukturellen Unterschiede von Pressemärkten einerseits und sonstigen Märkten andererseits mit Art. 3 Abs. 1 GG vereinbar. Außerdem ist die Auslegung der §§ 23 Abs. 1 Satz 7, 24 Abs. 9 GWB, wonach auch ein → Anzeigenblatt, soweit es einen nicht ganz unwesentlichen redaktionellen Teil aufweist, eine »Zeitung« im Sinne dieser Bestimmungen darstellt, verfassungsrechtlich vertretbar.

Mit Beschluß vom 18. Dezember 1979 (WuW/E BGH 1685 [1687 ff.]) hatte bereits der Bundesgerichtshof im Rechtsbeschwerdeverfahren die generellen verfassungsrechtlichen Bedenken gegen die Pressefusionskontrolle zurückgewiesen.

Angewandte Pressefusionskontrolle. Das Bundeskartellamt sah sich bei der Einführung der erweiterten Fusionskontrolle für Pressezusammenschlüsse einem hohen Stand der → Konzentration auf den Märkten der regionalen und lokalen Abonnement-Tageszeitungen gegenüber. Hierbei handelt es sich um das Ergebnis eines Konzentrationsprozesses, der bereits weitgehend abgeschlossen war. Daraus erklärt sich auch, daß die Pressefusionskontrolle einen Schwerpunkt der Arbeit des Bundeskartellamtes bildet, das im Laufe der Jahre schon mehrere Pressezusammenschlüsse rechtskräftig untersagt hat. Das Bundeskartellamt verfolgt dabei das Ziel, in der von regionalen Zeitungsmonopolen geprägten Presselandschaft die noch vorhandenen Wettbewerbsimpulse zu erhalten. Diese Linie ist durch die Rechtsprechung des Kammergerichts und des Bundesgerichtshofes weitgehend bestätigt worden.

Ein nicht unerheblicher Teil der Zusammenschlüsse im Pressebereich entfällt auf Zusammenschlüsse zwischen Zeitungsverlagen und lokalen → Anzeigenblättern. Anzeigenblätter werden als Werbeträger unentgeltlich an alle Haushalte innerhalb eines bestimmten Verbreitungsgebietes abgegeben. Aufgrund der nahezu vollständigen Haushaltsabdeckung bei minimalen Streuverlusten haben Anzeigenblätter seit den 60er Jahren als Werbemedium zunehmend an Bedeutung gewonnen. Lokale und regionale Tageszeitungen versuchen daher zunehmend, durch Aufkauf von Anzeigenblättern den von diesen Presseobjekten ausgehenden Randwettbewerb einzuschränken. Diese Erwerbsvorgänge sieht das Bundeskartellamt dann als kritisch an, wenn zu erwarten ist, daß durch die Zusammenschlüsse marktbeherrschende Stellungen der jeweiligen Erstzeitung durch Beseitigung des Restwettbewerbs auf den betroffenen lokalen Anzeigenmärkten abgesichert werden. Durch eine konsequente Anwendung der Pressefusionskontrolle will das Bundeskartellamt den auf regionalen und lokalen Pressemärkten noch vorhandenen Randwettbewerb erhalten.

Für die Fusionskontrolle beim Erwerb von Anzeigenblättern hat der Bundesgerichtshof (WuW/E BGH 1905 ff.) entschieden, daß *Anzeigenblätter* jedenfalls immer dann *als Presseerzeugnisse* im Sinne der Vorschriften über die Pressefusionskontrolle anzusehen sind, wenn sie einen gewissen, nicht ganz nebensächlichen redaktionellen Teil aufweisen, durch den sie sich von sogenannten Offertenblättern, die im wesentlichen nur eine Zusammenfassung von Werbeanzeigen sind, unterscheiden. Dabei braucht der redaktionelle Teil jedoch nicht so umfassend zu sein, daß das Anzeigenblatt als Ersatz für die herkömmliche Tageszeitung in Betracht kommt. Der Bundesgerichtshof hat außerdem die Abgrenzung des relevanten Marktes in sachlicher und räumlicher Hinsicht durch das Bundeskartellamt und das Kammergericht bestätigt. In sachlicher Hinsicht ist auf die stadtteilbezogene Anzeigenwerbung mit möglichst vollständiger Haushaltsabdeckung abzustellen. Daneben bilden die einzelnen sublokalen Märkte, die durch das jeweilige Verteilungsgebiet der einzelnen Ausgaben der Anzeigenblätter bestimmt werden, die räumlich relevanten Märkte.

Bei der Prüfung, ob durch einen Zusammenschluß zwischen einem regionalen oder lokalen Zeitungsverlag und einem oder mehreren Anzeigenblättern eine marktbeherrschende Stellung entsteht oder verstärkt wird, können die *Auflagenanteile* der Anzeigenblätter nicht ohne weiteres den *Marktanteilen* gleichgesetzt werden. Die Marktanteile ergeben sich aus dem Anteil an dem auf dem betreffenden Markt erzielten Gesamtumsatz. Dieser wird nicht durch die Verteilung der Anzeigenblätter erzielt, da diese nicht umgesetzt, sondern unentgeltlich abgegeben werden. Maßgeblich ist vielmehr der Umsatz, der durch Anzeigenaufträge erzielt wird.

Der Gesetzgeber hat durch die fünfte GWB-Novelle auch die *Anzeigepflicht* in § 23 Abs. 1 Satz 1 GWB neu geregelt. Anzeigepflichtig sind nur noch Unternehmenszusammenschlüsse, bei denen die Umsätze der am Zusammenschluß beteiligten Unternehmen insgesamt mindestens 500 Mill. DM betragen. Das gilt auch für Zusammenschlüsse im Pressewesen nach Maßgabe des § 23 Abs. 1 Satz 7 GWB.

Eine sachgerechte Beurteilung der Frage, ob durch den Zusammenschluß der Wettbewerb beim Verlag, bei der Herstellung oder beim Vertrieb von Zeitungen oder Zeitschriften im Sinne des § 24 Abs. 1 GWB beschränkt wird (§ 24 Abs. 9 GWB), erfordert, die hierfür maßgebenden Wettbewerbsverhältnisse nicht auf den *Lesermarkt* zu beschränken. Es sind vielmehr die Veränderungen auf dem *Anzeigenmarkt* in diese Beurteilung unmittelbar mit einzubeziehen, denn Anzeigen- und Lesermarkt stehen für ein Zeitungsunternehmen in vielfachem und unlösbarem Zusammenhang. Je größer die Leserzahl einer Zeitung ist, um so stärker ist sie auf dem Anzeigenmarkt. Zwischen Lesermarkt und Anzeigenmarkt besteht mit anderen Worten eine gegenseitige Abhängigkeit mit der Folge, daß der Absatz auf dem Lesermarkt von dem Anzeigenaufkommen beeinflußt wird (WuW/E BGH 1635 [1692] »Springer-Elbe-Wochenblatt«; 1854 [1858] »Zeitungsmarkt München«).

Das Bundeskartellamt hat im Rahmen der Fusionskontrolle zu prüfen, ob zu erwarten ist, daß durch den Zusammenschluß eine marktbeherrschende Stellung entsteht oder verstärkt wird (*Eingreifkriterium*). Das gilt auch für Zusammenschlüsse im Pressewesen. Konkret bedeutet dies, daß die Kartellbehörde in jedem Kontrollverfahren den sachlich und räumlich relevanten Markt bestimmen muß. In sachlicher Hinsicht ist zunächst allgemein von einem Lesermarkt und einem Anzeigenmarkt auszugehen, um dann nach dem Sachverhalt im Einzelfall eine engere Marktabgrenzung vorzunehmen. Dabei sind dem sachlich relevanten Markt diejenigen Presseerzeugnisse zuzurechnen, die der Verbraucher nach Eigenschaft, Verwendungszweck und Preislage zur Deckung eines bestimmten Bedarfs als austauschbar ansieht. Danach ist es gerechtfertigt, den Lesermarkt in einen Lesermarkt für Tageszeitungen und in einen solchen für politische Wochenblätter aufzuteilen. Daneben gibt es einen Lesermarkt für Zeitschriften, die nach dem Kriterium der Substituierbarkeit wiederum unterschiedlichen Märkten zugeordnet werden können. Beispielsweise bilden die Publikumszeitschriften mit allgemein unterhaltendem Inhalt einen besonderen Lesermarkt.

Nach Auffassung des Bundesgerichtshofes (WuW/E BGH 1854 [1857]) ist es gerechtfertigt, den Lesermarkt für Tageszeitungen in getrennte Lesermärkte für Straßenverkaufszeitungen und Abonnementzeitungen aufzuteilen, da diese sich in der Breite und Tiefe der Berichterstattung, in der Art der Darstellung und in den Nachrichten- und Berichtsschwerpunkten wesentlich unterscheiden. Der Lesermarkt für politische Wochenblätter umfaßt Titel, die wöchentlich erscheinen und aus wöchentlicher Sicht die gleichen Themenbereiche vertiefend darstellen und kommentieren. Dieser typische Bedarf eines Leserpublikums nach derartigen politischen Wochenblättern wird nicht in vergleichbarer Weise durch andere Zeitungen oder Zeitschriften gedeckt. Dieses auf eine von der Tagesaktualität der Tageszeitung unabhängige, vertiefende Darstellung und kritische Kommentierung des politischen, wirtschaftlichen und kulturellen Geschehens ausgerichtete Verbraucherinteresse steht der Annahme entgegen, daß dem Lesermarkt für politische Wochenblätter die überregionalen Tageszeitungen zuzurechnen sind (WuW/E BGH 2433 [2437]). In dem als »Gruner + Jahr/Zeit-Verlag« bekanntgewordenen Fusionsfall hat das Kammergericht den sachlich relevanten Markt auf den Lesermarkt für politische Wochenblätter begrenzt und zu diesem Markt außer der »Zeit« und vier namentlich genannten Wochenblättern auch den »Spiegel« gerechnet, für den das Bundeskartellamt einen eigenen Lesermarkt des Nachrichtenmagazins »Der Spiegel« mit einer Alleinstellung auf diesem Markt angenommen hatte (WuW/E BGH 2112 [2118]).

Die Frage, ob für Tageszeitungen und → Anzeigenblätter (u. U. auch → Amtsblätter und Gemeindeblätter) ein gemeinsamer Anzeigenmarkt besteht, läßt sich nur nach Maßgabe der Umstände des jeweiligen Einzelfalls – insbesondere nach der Bedeutung dieser Werbeträger für Anzeigen von regionalem, lokalem und auch nur sublokalem (stadtteilbezogenem) Interesse – beurteilen (WuW/E BGH 2443 [2449]). Läßt sich feststellen, daß bei solchen Blättern räumlich das fragliche Verbreitungsgebiet voll erfassende Belegungsmöglichkeiten bestehen und eine optimale Verbreitung ohne Streuverluste gewährleistet ist, dann kann man von einem gemeinsamen Anzeigenmarkt ausgehen. Allein der unterschiedliche Erscheinungsrhythmus von Tageszeitung und Wochenblatt steht dieser Annahme nicht entgegen, zumal wenn ein Teil der Anzeigenkunden auch bei der Tageszeitung nicht an einer täglichen, sondern an einer wöchentlichen Werbemöglichkeit interessiert ist.

Der Zeitungsmarkt weist die Besonderheit auf, daß die einzelnen Zeitungsverlage zwei trennbare Leistungen anbieten: den Zeitungslesern einen redaktionellen Teil, den Inserenten einen Anzeigenteil. Dies bringt es mit sich, daß in sachlicher Beziehung zwischen dem Lesermarkt und dem Anzeigenmarkt zu unterscheiden ist. Eine marktbeherrschende Stellung eines Zeitungsverlages kann schon dann angenommen werden, wenn die Tatbestandsmerkmale des § 22 Abs. 1 GWB auf einem dieser Märkte bejaht werden können. Bei der erforderlichen Gesamtbetrachtung aller wesentlichen Umstände muß allerdings berücksichtigt werden, daß zwischen Anzeigen- und Lesermarkt ein enger Zusammenhang besteht, da die Leserzahl die Stellung auf dem Anzeigenmarkt stärkt und ein erhöhtes Anzeigenangebot den Absatz auf dem Lesermarkt fördert (WuW/E BGH 1854 [1856]).

Angesichts der Marktstrukturen bei Regional- und Lokalzeitungen, die durch eine große Zahl von Monopolstellungen von Abonnements-Tageszeitungen und von ausgeprägten Erstzeitungs-Stellungen gekennzeichnet sind, versuchen Zeitungsverlage, durch besondere gesellschaftsvertragliche Gestaltungen und eine entsprechende Wahl der Beteiligungshöhe unterhalb von 25 vom Hundert Unternehmen fusionskontrollfrei zu erwerben. Das Bundeskartellamt ist derartigen Versuchen vermeintlich kontrollfreier Ersatzlösungen entgegengetreten (WuW/E BGH 2443 ff.). Es wird diese Anwendungspraxis durch das Ausloten des Zusammenschlußbegriffes nach § 23 GWB fortsetzen. Als grundsätzliche Aussage des Bundesgerichtshofes kann hier gelten, daß im Rahmen des Zusammenschlußtatbestandes die Rechtsstellung des Erwerbers in dem Beteiligungsunternehmen einer umfassenden Gesamtbetrachtung unter Einbeziehung aller ihm eingeräumten Befugnisse zu unterziehen ist. Dabei können auch solche Möglichkeiten der

Einflußnahme, insbesondere auf das Marktverhalten des Beteiligungsunternehmens, zu berücksichtigen sein, die in der Rechtsstellung des Aktionärs mit Sperrminorität keine unmittelbare Entsprechung finden. Schon aus der Interessengleichheit mehrerer Gesellschafter kann sich eine gemeinsame Beherrschung nach § 23 Abs. 2 Nr. 5 GWB ergeben. Voraussetzung dafür ist, daß über die von Personalgesellschaften typische gemeinsame Interessenlage und Leitungsmacht hinaus weitere Umstände vorliegen, die eine gesicherte einheitliche Einflußnahme einer Gruppe der beteiligten Unternehmen oder der Gesamtheit derselben auf der Grundlage einer auf Dauer angelegten Interessengleichheit erwarten lassen (WuW/E BGH 1810 [1811]).

AUSLANDSZUSAMMENSCHLÜSSE. Der deutschen Fusionskontrolle unterliegen auch alle Auslandszusammenschlüsse, die sich unmittelbar auf die Wettbewerbsverhältnisse im Inland auswirken. Dies hat der Bundesgerichtshof (WuW/E BGH 1613) für die Anzeigepflicht bestätigt. Das gilt nach Auffassung des Bundeskartellamtes grundsätzlich auch für die Anmeldepflicht und die Untersagungsbefugnis. Die Anwendung der Vorschriften der Fusionskontrolle auf Auslandszusammenschlüsse beruht auf dem völkerrechtlich anerkannten *Auswirkungsprinzip*. Hiervon sind Zusammenschlüsse in der Form von z. B. *Gemeinschaftsunternehmen* zwischen bundesdeutschen Unternehmen und Unternehmen der DDR nicht schon deshalb ausgenommen, weil es sich insoweit nicht um Auslandszusammenschlüsse handelt. Vielmehr findet das GWB nach § 98 Abs. 2 auf alle Wettbewerbsbeschränkungen Anwendung, die sich in seinem Geltungsbereich auswirken, auch wenn sie auf dem Gebiet der DDR veranlaßt werden.

HERBERT SAUTER

Literatur

Guenter Birnbaum: Die Problematik von Sanierungsfusionen bei deutschen Tageszeitungen im Recht der Zusammenschlußkontrolle. Frankfurt/Main und Bern 1989

Helmut Groener: Medienbereich und Wettbewerb (Kapitel V des VIII. Hauptgutachtens der Monopolkommission). In: »Zeitschrift für die gesamte Staatswissenschaft« Heft 3/1991, S. 567–571

Siegfried Klaue: Pressekonzentration – Pressefusionskontrolle. In: Wettbewerb im Wandel. Festschrift für Eberhard Günther. Baden-Baden 1977, S. 255 ff. (*an den Bericht der Pressekommission von 1968 anknüpfend; stellt die Pressefusionskontrolle Überlegungen zur wirtschaftlichen Grundlage eines leistungsfähigen deutschen Pressewesens ohne eigene Lösungsvorschläge gegenüber*)

Martin Löffler: Das Pressefusions-Kontrollgesetz. In: »Archiv für Presserecht«, Jg. 1976/Nr. 4, S. 155 ff. (*Darlegung der Rechtslage ohne Behandlung von Einzelfragen*)

Wolfgang Kartte: Kartellrecht und Presse. In: »ZV + ZV«, Jg. 1976, S. 2078 ff. (*Darstellung aktueller Probleme*)

Rainer Bechtold: Fusionskontrolle über Anzeigenblätter? Anmerkungen zum »Elbe-Wochenblatt«-Beschluß des BKartA. In: »Archiv für Presserecht«, Jg. 1978/Nr. 3, S. 119 ff.

Rainer Bechtold: Anmerkung zum Beschluß des BGH vom 22.9.1987 »Gruner + Jahr/Zeit-Verlag«. In: »Der Betrieb«, Jg. 1987/Heft 50, S. 2558
Juergen Gotthold: Kommerzielles Fernsehen und GWB. Zur Vereinbarkeit der aktuellen Aktivitäten von Zeitungs- und Zeitschriftenverlagen mit dem GWB. In: »Zeitschrift für das gesamte Handels- und Wirtschaftsrecht«, Bd. 148 (1984), Heft 5, S. 465–486
Ernst-Joachim Mestmaecker: Medienkonzentration und Meinungsvielfalt. Baden-Baden 1978
Wernhard Möschel: Pressekonzentration und Wettbewerbsgesetz. Tübingen 1978
Wernhard Möschel: Zur Pressefusionskontrolle. Besprechung von BGHZ 76, 55 »Springer/Elbe-Wochenblatt«. In: »Zeitschrift für Unternehmens- und Gesellschaftsrecht«, Jg. 1982/Heft 2, S. 337 ff.
Wernhard Möschel: Fusionskontrolle im Pressebereich. In: »Juristenzeitung«, Jg. 1984/Heft 11, S. 493 ff.
Wernhard Möschel: Anmerkungen zur Pressefusionskontrolle. In: »Die Aktiengesellschaft«, Jg. 1986/Heft 7, S. 187 ff.
Peter Mook: Kartellrechtliche Beurteilung von Beteiligungen der Presse im Rundfunkmarkt. In: »Wirtschaft und Wettbewerb«, Jg. 1986/Heft 10, S. 777 ff.
Moosecker: Anmerkung zum Beschluß des BGH vom 18. 12. 1979 »Anzeigenmarkt«. In: »Gewerblicher Rechtsschutz und Urheberrecht«, Jg. 1980/Heft 7, S. 734 ff.
Hauke Reimer: Ursachen, Stand und Wettbewerbswirkungen der Konzentration im Pressewesen. Eine Fallstudie zum deutschen Pressemarkt. Dortmund 1992
Hermann Richter: Pressekonzentration und neue Medien. Göttingen 1989
Ekkehard Spieler: Fusionskontrolle im Medienbereich. Berlin 1988

Gebühreneinzugszentrale →Rundfunkfinanzrecht

Gebührenkompetenz → Rundfunkfinanzrecht

Gedankenäußerungsdelikt → Pressedelikte

Gegenäußerungs(Schmid/Spiegel)-Beschluß → Bundesverfassungsgerichtsentscheidungen zum Medienrecht (25. Januar 1961)

Gegendarstellung. Die Gegendarstellung ist ein Rechtsinstitut zum → Persönlichkeitsschutz mit publizistischen Mitteln gegen einseitige Einflüsse der Massenmedien. Sie bildet im Konflikt zwischen der Freiheit der Medien (Art. 5 GG) und den Rechten der Persönlichkeit (Art. 2 GG) das Gegengewicht zur Erstdarstellung in Form einer Entgegnung aus der Sicht des Betroffenen. Mit ihr gibt der Gegendarstellende in demselbem Medium, in dem auch die beanstandete Erstmitteilung erschienen ist, eine Korrektur oder eine wesentliche *Ergänzung zur journalistischen Erstdarstellung.* Aufgabe der Gegendarstellung ist also nicht die allgemeine Teilhabe an der Meinungsbildung in der Öffentlichkeit, sondern – als Teil des → Presseordnungsrechts – die Selbstverteidigung des Betroffenen gegen Einwirkungen der Medien in seine rechtlich geschützte Individualsphäre (BGH, NJW 1976, 1198 [1201]; BVerfGE 63, 131 [142] = NJW 1983, 1179; Seitz/

Schmidt/Schoener, Rnr. 8, S. 3; von Gamm, Rnr. 18, S. 15; Löffler/Ricker, S. 127, Rnr. 6; Wenzel, S. 415). Doch ist dieser Schutz nicht so streng wie der der Privat- und Intimsphäre (Wasserburg, S. 374). Unter Berufung auf »die Rechtsfigur eines Allgemeinen Persönlichkeitsrechts« (BVerfGE 1973, 34, 269) und die Notwendigkeit der »Waffengleichheit« möchten der Vorsitzende des Rechtsausschusses des Bundestags, Eylmann (CDU), und der saarländische Ministerpräsident Lafontaine (SPD) den Persönlichkeitsschutz verstärkt und das Recht auf Gegendarstellung verschärft sehen. Dagegen hat der Deutsche Presserat eingewandt: »Die öffentlichen Auseinandersetzungen um mögliche Verfehlungen prominenter Politiker und Politikerinnen, die in der letzten Zeit auch zu Konsequenzen geführt haben, waren in keinem Fall von unzulässigen Presseberichten über das Privatleben der betroffenen Person verursacht.« In keinem Fall sei gegen den Ehrenkodex der Presse verstoßen worden, dessen Ziffer 8 lautet: »Die Presse achtet das Privatleben und die Intimsphäre des Menschen. Berührt jedoch das private Verhalten eines Menschen öffentliche Interessen, so kann es auch in der Presse erörtert werden.« (Heinrich Werner: Politiker – Freiwild der Medien? In: »Allgemeine Zeitung« [Mainz], 26. Juni 1993) Aber die Diskussion darüber ist nicht abgeschlossen.

Gesetzgeber und Rechtsprechung lassen erkennen, daß sie dem Betroffenen nicht nur das Recht auf Entgegnung garantieren wollen, sondern daß sie darüber hinaus der Gegendarstellung öffentliche *Wirkung* verleihen möchten. Ein durch die Erstmitteilung etwa entstandener Schaden soll auf ein Minimum reduziert werden, wenn die Wiedergutmachung auch nicht die eigentliche Aufgabe der Gegendarstellung ist. Nach herrschender Meinung soll die Gegendarstellung daher die Wirkung der Erstmitteilung aufheben können. Vorschriften über Publizität, Reichweite und Aktualität sowie über die Plazierung, den Umfang und den geschlossenen Eindruck der Gegendarstellung dienen nicht zuletzt der Sicherung ihrer Wirkung. »Demjenigen, dessen Angelegenheiten in den Medien öffentlich erörtert werden, wird ein Anspruch darauf eingeräumt, an gleicher Stelle mit derselben Publizität und vor demselben Forum mit der eigenen Darstellung zu Wort zu kommen ...«, sagt das Bundesverfassungsgericht (BVerfG 63, 131). Dieser Wunsch nach ausgleichender Gegenwirkung hat den Grundsatz der *Waffengleichheit* begünstigt (Reumann, S. 10 f.). Doch ist dieser Denkansatz aus juristischen und publizistischen Gründen umstritten (Köbl, S. 97 ff.). Waffengleichheit wird schon deshalb schwer herzustellen sein, weil der Autor der Gegendarstellung in der Regel kein eigenes Publikationsorgan besitzt, sondern auf das Medium angewiesen ist, das die beanstandete Darstellung gebracht hat. Allerdings spielt der Gesichtspunkt der Waffengleichheit in jüngeren Urteilen zunehmend eine Rolle (OLG Karlsruhe, AfP 1992, 307).

Rechtliche Grundlagen. Weil die Verpflichtung zum Abdruck einer Gegendarstellung in das Grundrecht der Pressefreiheit eingreift, bedarf es dafür einer gesetzlichen Grundlage. Das gilt auch, soweit Artikel 5 Abs. 2 GG eine Einschränkung der Pressefreiheit im Interesse der persönlichen Ehre zuläßt (BVerfG, AfP 1993, 474ff.). Das Gegendarstellungsrecht ist in den → Pressegesetzen der Länder geregelt: Bayern, Berlin, Hessen, Mecklenburg-Vorpommern, Sachsen und Sachsen-Anhalt § 10, Brandenburg § 12, alle anderen Länder § 11. Die Bestimmungen sind zwar nicht ganz einheitlich, aber in den Grundsätzen stimmen sie überein. Das trifft auch auf das Sächsische Pressegesetz vom 3. April 1992 zu. Die Rechtsprechung tut ein übriges, um Vorschriften, die in einigen Landespressegesetzen fehlen, auf alle Länder zu übertragen. Sogar auf die Schweiz wirkt das in den deutschen Landespressegesetzen fixierte Abwehrrecht zum Schutz der Persönlichkeit als Vorbild. Der Deutsche Juristentag fordert, daß die Länder das Gegedarstellungsrecht für alle Medien einheitlich regeln, doch das wird nicht leicht sein (Schmidt-Seitz, NJW 1991, 1009ff.). Sinngemäß ist es auch auf den Rundfunk (Hörfunk und Fernsehen) anwendbar, heißt es ausdrücklich in den Pressegesetzen von Berlin, Hamburg, Bremen, Niedersachsen, Nordrhein-Westfalen, Rheinland-Pfalz und Schleswig-Holstein. In Bayern garantiert das Rundfunkgesetz selbst einen Gegendarstellungsanspruch (Art. 17 Bay RfG). Das Gesetz über die Errichtung von Rundfunkanstalten des Bundesrechts regelt das Recht auf Gegendarstellung in § 25, der ZDF-Staatsvertrag in § 4 (ausführlich kommentiert von Fuhr, S. 121 ff.; siehe auch Lehr/Berg: Rundfunk und Presse in Deutschland). Außerdem sind auch die Nachrichtenagenturen als »periodische Druckwerke« gegendarstellungsfähig und -verpflichtet. Wo das gesetzlich nicht ausdrücklich festgelegt ist (Bayern, Hessen), verlangen es die Gerichte (OLG Frankfurt, AfP 1983, S. 414). Am schwersten ist das Gegendarstellungsrecht in jenen Medien durchzusetzen, die nicht in regelmäßiger Folge (Wahlkampfzeitungen) oder sogar nur einmal (Buch, Film) erscheinen. Doch sind auch Wahlkampfzeitungen, die nur eine beschränkte Erscheinungsdauer haben, zum Abdruck von Gegendarstellungen verpflichtet (OLG Köln 15 U 1/77; vgl. Wenzel, S. 419). Eine Reihe von Autoren befürwortet sogar, die presse- und rundfunkrechtliche Gegendarstellung entsprechend auf den Film anzuwenden (Löffler in »Publizistik« 1966, S. 310). Dagegen spricht vor allem, daß dem Film die Eigenschaft der Periodizität fehlt (von Gamm, Rdn. 79, S. 59 f.; Seitz/Schmidt/Schoener, S. 9 ff.; Rdn. 81, S. 29). In Betracht kommen daher allenfalls Wochenschauen. Löffler/Wenzel/Sedelmeier (S. 593, Rdn. 231) warnen wegen der »strukturellen Verschiedenheit« der Massenmedien davor, den § 11 der Landespressegesetze im Wege der Gesetzesanalogie direkt auf Rundfunk und Film zu übertragen. Zu den Gegenrechten beim Film siehe von Hartlieb: Handbuch des Film-, Fernseh- und Videorechts, insb. S. 41 ff.

Wahrheitsgetreue Berichte über öffentliche Sitzungen der gesetzgebenden und beschließenden Körperschaften des Bundes, der Länder und Gemeinden sowie der Gerichte unterliegen nicht der Pflicht zur Gegendarstellung. Darin kommt am deutlichsten zum Ausdruck, daß die Gegendarstellung kein Teilhaberecht ist. Allerdings ist das Privileg der Berichterstattung kein Freibrief. Gegen unwahre oder (bei wesentlichen Weglassungen) »schiefe« Berichterstattung über öffentliche Sitzungen und Gerichtsverhandlungen besteht durchaus ein Recht auf Gegendarstellung (LG Berlin, AfP 1992, 177f.). Nicht einmal wenn der Journalist die beanstandete Tatsachenbehauptung nicht selbst aufgestellt, sondern die Behauptungen anderer korrekt wiedergegeben hat, ist seine Pflicht zur Veröffentlichung einer Gegendarstellung auszuschließen. Zu denken ist dabei an Zitate in von der Redaktion selbst produzierten Beiträgen (unter Umständen kann der Betroffene bestreiten, daß ein Dritter dies überhaupt geäußert habe oder daß der Inhalt der Äußerung richtig sei), aber auch an Tatsachenbehauptungen in fremdbeschafften Stoffen (von Nachrichtenagenturen oder freien Mitarbeitern übernommen). Sonderfälle bilden die Leserbriefe und die Anzeigen. Wenn die Gegendarstellung auch dem Zweck dienen soll, die Wirkung der beanstandeten Erstmitteilung aufzuheben, genügt es nicht, daß nur derjenige die Gegendarstellung veröffentlicht, der die Erstmitteilung in die Welt gesetzt hat. Vielmehr stellt sich dann die Frage, ob nicht allen, die die Erstmitteilung übernommen und verbreitet haben, auferlegt werden müsse, ebenfalls die Gegendarstellung zu veröffentlichen. Die Pressegesetze von Bremen und Rheinland-Pfalz legen eine solche Pflicht zur Übernahme von Gegendarstellungen fest: Druckt ein Presseunternehmen eine Gegendarstellung ab, »so hat die Gegendarstellung gleichfalls unverzüglich zu veröffentlichen, wer die behaupteten Tatsachen übernommen hatte«, schreibt das Bremer Gesetz vor. Die Redaktion soll also nicht auf einen Antrag warten, sondern selbst die Initiative ergreifen.

Gegenüber geschäftlichen *Anzeigen* besteht kein Gegendarstellungsanspruch (Pressegesetze von Baden-Württemberg, Berlin, Bremen, Niedersachsen, Nordrhein-Westfalen, Rheinland-Pfalz, Saarland, Sachsen, Sachsen-Anhalt). Dagegen sind Anzeigen, die nicht geschäftlichen Interessen dienen (z. B. Wahlkampfanzeigen) gegendarstellungsfähig. Der Abdruck ist allerdings nicht (wie bei der Gegendarstellung auf journalistische Äußerungen) kostenfrei. In den Pressegesetzen von Bayern und Hessen fehlt eine Regelung, woraus geschlossen wird, daß – wie in Schleswig-Holstein und Hamburg – Gegendarstellungen auf Anzeigen jedweden Inhalts (also auch auf Geschäftsanzeigen) zulässig seien (Seitz/Schmidt/Schoener, Rdn. 159, S. 68).

Formelle Voraussetzungen. Das Gegendarstellungsrecht zeichnet sich durch besondere Formstrenge aus. Sein formeller Charakter nutzt beiden Seiten: dem Betroffenen, der seine Gegendarstellung so schnell wie möglich publiziert sehen möchte, wie dem Medium, das Gegendarstellungen auf eine möglichst kleine Zahl begrenzt wissen will. So wenige inhaltliche Gründe es gibt, eine Gegendarstellung abzulehnen (strafbarer Inhalt, offenkundig falsche Tatsachenbehauptung), so viele formale Gründe lassen sich anführen. Manche Verlage haben das »taktische Tamtam« mit formalen Gründen zu solcher Perfektion entwickelt, daß sie die meisten Antragsteller abschrecken (Reumann, S. 18ff.). Dabei hilft es ihnen, daß sie bei der Zurückweisung von Gegendarstellungen keine Gründe anzugeben brauchen. Doch sollte es sich von selbst verstehen, daß der Adressat dem Gegendarstellungsheischenden bei einer Ablehnung die Gründe nennt.

Aktivlegitimiert (anspruchsberechtigt) ist nicht jeder, der sich über die Berichterstattung eines Massenmediums ärgert und sich dazu äußern möchte. Das Gefühl subjektiver Betroffenheit genügt also nicht; vielmehr ist objektives Betroffensein erforderlich. Den Anspruch auf eine Gegendarstellung haben Personen und Stellen/Behörden, die in der Erstdarstellung erwähnt werden. Als betroffen gelten sie, wenn sie durch die Erstdarstellung in ihren persönlichen, dienstlichen oder geschäftlichen Interessen unmittelbar berührt werden. Außerdem muß die Identität des Betroffenen individuell erkennbar sein; die Zugehörigkeit zu einem Personenkreis reicht nicht aus (der Student X, aber nicht alle Studenten; der Arzt Y, aber nicht alle Ärzte; die Behörde Z, aber nicht alle Behörden). Namentliche Erwähnung ist allerdings nicht erforderlich, wenn das Betroffensein aus dem Zusammenhang ohne weiteres hervorgeht (OLG Hamburg, AfP 1970, 79; Seitz/Schmidt/Schoener, Rdn. 54, S. 17; Wenzel, S. 431 f.). »Betroffen« bedeutet nicht unbedingt angegriffen oder verletzt. Auch ein Lob kann einen Anspruch auf Gegendarstellung bewirken.

Adressat oder *Anspruchsverpflichteter* (passivlegitimiert) ist der verantwortliche Redakteur oder der Verleger (in der Anschrift genügt der Name des Presseunternehmens) bzw. der verantwortliche Sendeleiter oder die Rundfunkanstalt (vertreten durch den Intendanten), die die Interessen des Anspruchsberechtigten verletzt haben; von Gamm spricht sogar von »Verletzer« (von Gamm, Rdn. 60, S. 44 und Rdn. 79, S. 59). Der Betroffene kann beim Hörfunk und Fernsehen Schwierigkeiten »unschwer dadurch aus dem Wege gehen, daß er die Gegendarstellung von der Rundfunkanstalt fordert, die in jedem Fall der richtige Antragsgegner ist« (OLG Hamburg, AfP 1981, 301; OLG München, AfP 1992, 304f.). Der Verpflichtete muß die Erstmitteilung also nicht selbst formuliert oder zur Verbreitung bestimmt haben; entscheidend ist, ob die »Verletzungshandlung« in seinen Verantwortungsbereich fällt.

Zu unterscheiden sind die Aufforderung zur Veröffentlichung der Gegendarstellung (Abdruckverlangen, Verbreitungsverlangen) und der Text der Gegendarstellung selbst (Löffler/Wenzel/Sedelmeier, S. 563, Rdn. 143). Das Gegendarstellungsverlangen kann auch mündlich gestellt werden; dagegen bedarf die Gegendarstellung selbst stets der Schriftform. Es genügt nicht, die Aufforderung zum Abdruck oder zur Verbreitung zu unterschreiben; vielmehr muß der Betroffene oder dessen gesetzlicher Vertreter persönlich (nicht etwa sein Anwalt) die Gegendarstellung unterschreiben. Bei juristischen Personen unterzeichnet das zu ihrer Vertretung berufene Organ.

Doch genügt die Vertretungsbefugnis allein nicht: Bei einer GmbH müssen die Geschäftsführer, bei einer Aktiengesellschaft die Vorstände unterschreiben (weiteres bei Wasserburg, S. 471 ff.). Die Unterschrift muß als Bestandteil der Gegendarstellung mit abgedruckt werden. Es ist nicht einzusehen, daß davon Ausnahmen gemacht werden sollten (dagegen Wenzel, S. 468, Rdn. 11, 148).

Der Betroffene muß die Gegendarstellung der Redaktion *unverzüglich*, spätestens aber innerhalb von drei Monaten zuleiten. Eine Frist von zwei Wochen gilt bei Tageszeitungen als angemessen. Wichtige Gründe geben das Recht die Frist von vierzehn Tagen zu überschreiten. Bei der Prüfung der Aktualitätsgrenze ist das Gedächtnis des Durchschnittslesers der Zeitung maßgebend, nicht das einer besonderen Personengruppe (Experten, Freunde des Betroffenen). Dabei spielt der Erscheinungsrhythmus des Druckwerks eine Rolle. Von Illustrierten, die häufig noch lange in Lesezirkeln verbreitet werden, wird angenommen, daß ihre Aktualität am längsten vorhalte, vom Hörfunk und Fernsehen, daß sie sich dort am schnellsten verflüchtige, weil das gesprochene Wort nicht so lange im Gedächtnis haften bleibe wie das gedruckte (OLG München, AfP 1988, S. 270). Hamburg, Niedersachsen und Schleswig-Holstein haben daher geglaubt, sie dürften in ihrem neuen Staatsvertrag über den Norddeutschen Rundfunk die Frist auf zwei Wochen begrenzen. Doch das Bundesverfassungsgericht hat entschieden, daß eine so kurze Zeitspanne mit der Gewährleistung des allgemeinen Persönlichkeitsrechts nicht zu vereinbaren sei (BVerfG 63, 131). Der Medienstaatsvertrag Berlin-Brandenburg und das ORB-Gesetz setzen die Frist auf sechs Wochen bzw. einen Monat fest. Auch das ist eine knappe Zeit, zumal eine Sendung ja meist aufwendig vorbereitet werden muß. Die Gegendarstellung von Pressemedien ist in der dem Empfang der Einsendung nächstfolgenden, für den Druck noch nicht abgeschlossenen Nummer zu veröffentlichen, von Rundfunkanstalten grundsätzlich in der nächsten Sendung (OLG München, AfP 1992, 171). Vor der gerichtlichen Geltendmachung einer Gegendarstellung muß dem Antragsgegner allerdings Gelegenheit gegeben werden, »nicht nur rechtlich, sondern auch redaktionell prüfen zu können, ob die Gegendarstellung abgedruckt werden soll« (OLG Hamburg 3 U 25/73), weil die Redaktion durchaus ein Interesse haben könnte, »auch eine nicht formgerechte Gegendarstellung zu veröffentlichen«. Es kann auch im Interesse des Betroffenen liegen, wenn die Redaktion – nach Rücksprache mit dem Antragsteller – etwaige sprachliche Unebenheiten oder Grammatikfehler korrigiert. Umgekehrt darf ein Betroffener, der eine einstweilige Verfügung zur Veröffentlichung einer Gegendarstellung erwirkt hat, seinen Schuldner nicht lange im Ungewissen lassen, ob er von seinem Recht Gebrauch mache; falls er dem zum Abdruck vepflichteten Medium die Verfügung nicht unverzüglich zustellt, verfällt sein Anspruch (OLG München, AfP 1988, 269).

Nur *Tatsachenbehauptungen* berechtigen zu einer Gegendarstellung, aber nicht Meinungsäußerungen oder Werturteile; die Gegendarstellung selbst muß sich auf Tatsachenbehauptungen beschränken (mit Tatsachen gegen Tatsachen). Der Vorschlag, in der Gegendarstellung auch Meinungsäußerungen zuzulassen, ist vom Deutschen Juristentag nicht aufgegriffen worden; diese Weiterung würde aus den Medien einen »Tummelplatz für Polemik« machen (Schmitz-Seitz, NJW 1991, 1009ff.). Die Abgrenzung ist allerdings schwierig. Als Faustregel dient, daß eine Tatsache sei, was dem Beweis offensteht (von Gamm, S. 27ff.; NJW 1978, S. 751; Seitz/Schmidt/Schoener, Rdn. 169, S. 82f.; Ricker in: Fischer Lexikon Publizistik Massenkommunikation, ^{2}1989, S. 177; Wasserburg, S. 114f.; S. 313f.). Als Meinungsäußerung wird dagegen alles Unbeweisbare definiert – alles, worüber man diskutieren und streiten kann. Auch wenn Werturteile einen sachlichen Richtigkeitsanspruch besitzen, sind sie einer sachlichen Prüfung weitgehend entzogen (von Gamm, Rdn. 36, S. 267). Der Deutsche Presserat empfiehlt in seinen »Grundsätzen für die Behandlung von Gegendarstellungsansprüchen« großzügig: »Bestehen Zweifel, ob eine Meinung oder eine Tatsachenbehauptung vorliegt, so sollte kein allzu strenger Maßstab angelegt werden.« Das gilt vor allem für die Anerkennung »innerer Tatsachen« (Motive und Absichten), zumal weil nicht nur äußere Tatsachen (Sachverhalte, Ereignisse, Zustände, Eigenschaften) als beweisfähig gelten. Ein klar erkennbarer Tatsachenkern genügt, um eine innere Tatsache der Klärung zugänglich zu machen: »Die Aussagen über Motive von Handlungsweisen eines Betroffenen stellen nicht Vermutungen dar, sondern Behauptungen über innere Tatsachen« (OLG Frankfurt, AfP 1983, 279; Löffler/Wenzel/Sedelmeier, S. 545f., Rdn. 80). Es sind »Vermutungen mit Richtigkeitsanspruch« (OLG Frankfurt). In der Regel beziehen sich die Tatsachen auf die Vergangenheit oder die Gegenwart, doch kann auch Zukünftiges darunter fallen (Vorbereitungen, Planungen, Absichten). Auch Bilder können Tatsachenbehauptungen enthalten. Die Frage eines Rechts auf Gegendarstellung wird vor allem bei Fotomontagen, Trickaufnahmen und Retuschen akut (Wenzel, S. 421, Rdn. 11.17 und S. 444, Rdn. 11.78). In Ausnahmefällen begründet auch das Unterbleiben einer Tatsachenbehauptung eine Gegendarstellung, wenn eine bestimmte Einzelmitteilung die ganze Nachricht in einem anderen Licht hätte erscheinen lassen. Umstritten ist jedoch, ob sich ein Gegendarstellungsanspruch auch ergibt, wenn die Erstdarstellung ein Werturteil ohne Begründung fällt. Ihrer Aufgabe verpflichtete Journalisten werden ihre Werturteile immer durch Tatsachen abzusichern versuchen, gesetzlich erzwingen läßt sich das jedoch nicht.

Der *Umfang* der Gegendarstellung muß angemessen sein. Den Maßstab dafür geben die Pressegesetze der Länder an: Die Länge sei angemessen, wenn sie den Umfang des beanstandeten Textes nicht überschreite. Als Vergleichsmaßstab dient aber nicht der ganze Artikel, sondern nur der beanstandete Teil (einzelne Sätze oder Absätze), der sich auf den Betroffenen bezieht. Diese Regel setzt allerdings keine Obergrenze. Vielmehr kann im Einzelfall eine »erhebliche Überschreitung« des Umfangs der Erstmitteilung gerechtfertigt sein (Löffler/Ricker, S. 124; Seitz/Schmidt/Schoener, Rdn. 129, S. 55; Reumann, S. 27f.). Das kann zutreffen, wenn die Tatsachenbehauptungen, die zur Gegendarstellung führten, wieder in Erinnerung gerufen werden müssen, ferner wenn die auf den Tatsachenvortrag beschränkte Rechtfertigung trotz aller Konzentration vielschichtiger sein muß, als es die als einseitig zu überführende Tatsachenbehauptung der Erstmitteilung war, oder wenn ein öffentliches Interesse an einer umfangreichen Gegendarstellung besteht (wobei die letzte dieser drei Begründungen juristisch umstritten ist). Daß »kein kleinlicher Maßstab« angelegt werden dürfe, begründet das OLG Hamburg: »In der Regel wird zudem die Widerlegung der in der Erstmitteilung in knapper Form aufgestellten Behauptung mehr Raum einnehmen als diese selbst, weil der Betroffene nicht gehalten ist, sich auf das bloße Bestreiten zu beschränken, sondern Tatsachen, die für seinen Standpunkt streiten, einführen darf« (OLG Hamburg, AfP 1982, 35). Der Betroffene muß aber diszipliniert und konzentriert formulieren, will er ein berechtigtes Interesse geltend machen.

Der Grundsatz des *berechtigten Interesses* kann auch zuungunsten des Betroffenen und zum Schutz der Massenmedien wirken. Die meisten Landespressegesetze machen ein berechtigtes Interesse zur Bedingung für den Abdruck einer Gegendarstellung (Ausnahmen: Bayern, Hamburg, Mecklenburg-Vorpommern, Niedersachsen, Saarland, Sachsen-Anhalt), das in der Regel vorliegen wird, wenn auch ein öffentliches Interesse unterstellt werden darf. Von Gerichten ist ein berechtigtes Interesse in der Regel verneint worden, wenn die Sache belanglos war; ferner, wenn schon eine Gegendarstellung auf Betreiben eines anderen Anspruchsberechtigten veröffentlicht worden war, die alles Wesentliche enthalten hatte, so daß eine weitere Gegendarstellung das Publikum wie eine Wiederholung gelangweilt hätte; außerdem, wenn der Verbreiter der beanstandeten Erstmitteilung von sich aus eine Korrektur veröffentlicht hatte, und schließlich, wenn die Gegendarstellung eine bloße Bestätigung der Erstmitteilung enthielt (Wenzel, S. 424, Rdn. 11.25). Allerdings erlischt das Interesse an einem Widerruf nicht, wenn schon eine Gegendarstellung erschienen ist.

Plazierung und Gestaltung von Gegendarstellungen. In der Presse muß die Gegendarstellung mit derselben Schrift in demselben Teil erscheinen, in dem auch der beanstandete Text veröffentlicht wurde. In jüngster Zeit legten verschiedene Landgerichte diese Vorschriften besonders streng aus. Das LG Köln (28 0 286/92), das LG Hamburg (324 0 306/92) und das LG Baden-Baden (2 0 295/92) haben Publikumszeitschriften zum Abdruck einer Gegendarstellung jeweils auf der Titelseite verurteilt. Dagegen ordnete das LG München in einem anderen Fall lediglich an, daß die Gegendarstellung jeweils auf der Titelseite angekündigt werden müsse; der Wortlaut der Gegendarstellung könne im Innern des Blattes abgedruckt werden (LG München, I 9 0 11439/92). Aufsehen erregte vor allem der Erfolg der Prinzessin Caroline von Monaco gegen den Burda-Verlag. Danach genügte es nicht, daß die beklagte Illustrierte auf ihrer Titelseite einen Hinweis auf eine Gegendarstellung im Inneren des Blattes machte (der nur ein Drittel so groß war wie die beanstandete Schlagzeile) und die Gegendarstellung selbst auf der Seite 6 in Kleinstdruck veröffentlichte. Das Oberlandesgericht Karlsruhe räumte der Klägerin »Anspruch auf nochmalige, ordnungsgemäße Veröffentlichung ihrer Gegendarstellung« ein – und zwar an »gleichwertiger Stelle«, also auf der Titelseite (OLG Karlsruhe, AfP 1992, 385f.; siehe dazu Rehbock in NJW 1993, 1448ff.). Auch der »Spiegel« mußte am 5. Juli 1993 zum erstenmal in seiner Geschichte Gegendarstellungen auf seiner Titelseite ankündigen. Im Heftinneren standen sechs Gegendarstellungen auf zweieinhalb Seiten. Die Rechtsprechung zu dieser hervorragenden Plazierung ist noch kontrovers. Eine Anwendung dieser Vorschrift im Bereich des Rundfunks ist schwierig, weil nicht alle Sendungen in wiederkehrenden Programmreihen erscheinen. Beim Hörfunk stellt sich die Frage, ob die Gegendarstellung so schnell wie möglich in der nächsten Sendung oder am nächsten Tag zu derselben Zeit wie die beanstandete Sendung oder gar zu einer möglichst publikumsgünstigen Zeit gebracht werden soll (Reumann, S. 15ff.). Beim Fernsehen kommt die Überlegung hinzu, ob das gesprochene Wort zur Korrektur genügt oder ob ein »Gegenfilm« zu drehen sei, der, freilich unter Inkaufnahme eines Aktualitätsverlustes, mit erhöhter Aufmerksamkeitswirkung rechnen könnte. Es fehlt noch an Erfahrung, wann und inwieweit die Rundfunkanstalt dem Antragsteller bei der Herstellung eines »Gegenfilms« behilflich sein muß.

Die Gegendarstellung muß als *Wirkungseinheit* ohne Einschaltungen und/oder Weglassungen veröffentlicht werden. Die Redaktion darf höchstens Rechtschreib- und Grammatikfehler verbessern, aber nicht etwa einen Punkt in ein Fragezeichen verändern. Kommentare der Redaktion nach jedem Satz oder Absatz sind nicht erlaubt. Das Gebot der geschlossenen Wirkung und das Verbot von Weglassungen können allerdings auch die Ablehnung einer Gegendarstellung begründen: Sie kann als Ganzes zurückgewiesen werden, wenn auch nur ein Teil formaler Beanstandung unterliegt. Zur Wirkungseinheit gehört auch die *Überschrift*. Dabei sollte man sich in Druckwerken auf das Wort »Gegendarstellung« beschränken (Wenzel, S. 466, Rdn. 11.142). Löffler meint allerdings, der Betroffene könne auch eine Sachüberschrift verlangen (Löffler/Wenzel/Sedelmeier, Presserecht, S. 557, Rdn. 123; Wasserburg, S. 454ff.). Jedenfalls ist die Überschrift »Dementi« oder »xy dementiert« zulässig (LG Köln, AfP 1992, 389f.). Der einleitende Hinweis, eine Gegendarstellung müsse nach dem Gesetz ohne Rücksicht auf den Wahrheitsgehalt abgedruckt werden, ist allenfalls gestattet, wenn er räumlich deutlich von der Gegendarstellung getrennt wird (OLG Hamburg AfP 1968, S. 66). Die Redaktion darf der Gegendarstellung, ebenfalls deutlich abgesetzt, ein Nachwort anhängen, das sich freilich auf Tatsachenbehauptungen beschränken muß (sog. »Redaktionsschwanz«). Verstößt die Redaktion im »Redaktionsschwanz« gegen das Verbot der Glossierung durch Werturteile, droht ihr nach den Landespressegesetzen von Baden-Württemberg, Berlin, Niedersachsen, Nordrhein-Westfalen und vom Saarland eine Geldstrafe. Auch das Sächsische Pressegesetz spricht ein Glossierungsverbot aus. Dagegen kennt Bayern kein Glossierungsverbot. Neue Tatsachenbehauptungen im »Redaktionsschwanz« ziehen einen neuen Gegendarstellungsanspruch nach sich. Unabhängig davon darf das Massenmedium trotz der Gegendarstellung Tatsachenbehauptungen und Glossierungen der Erstmitteilung wiederholen. Dagegen kann sich der Betroffene mit einem *Unterlassungsbegehren* wehren, das aber nur Erfolg haben wird, wenn objektiv widerrechtlich in Rechte des Verletzten eingegriffen worden ist (Wasserburg, S. 279 ff.). Von dritter Seite gibt es keinen Anspruch auf eine Gegendarstellung gegen eine Gegendarstellung (Löffler/Wenzel/Sedelmeier, S. 541 f., Rdn. 68).

Die Gegendarstellung darf *nicht als Leserbrief* veröffentlicht werden. Das gilt auch für Bayern und Hessen, wo es die Landespressegesetze nicht ausdrücklich verlangen (Löffler II § 11 Rdn. 128 und 141). Das Pressegesetz für Niedersachsen mildert ab, daß eine Gegendarstellung »nicht gegen den Willen des Betroffenen« in Form eines Leserbriefes erscheinen dürfe. Es ist legitim, wenn Redaktionen dem Gegendarstellungsheischenden die Veröffentlichung als Leserbrief für den Fall vorschlagen, daß die Gegendarstellung Werturteile enthält. Ob die Vermutung der Gerichte begründet ist, daß Leserbriefe weniger gelesen werden als Beiträge im redaktionellen Teil, steht dahin.

Geschichte. Der während der Französischen Revolution proklamierten Pressefreiheit folgte als Schutz gegen deren Mißbrauch die Pflicht der Presse zum Abdruck einer Entgegnung des Betroffenen. Als Erfinder des Rechts zur Berichtigung gilt der Abgeordnete Dulaure, 1799. Das Recht auf Gegendarstellung war in den deutschen Staaten ursprünglich ein staatliches Reservatrecht, das die Presse zur unentgeltlichen Veröffentlichung amtlicher Berichtigungen verpflichtete. Erst das badische Pressegesetz von 1831, das erste in einem deutschen Land, vereinigte den behördlichen Zwang, unentgeltlich amtliche Berichtigungen in die Presse aufzunehmen, mit der seit der Französischen Revolution überlieferten und im französischen Pressegesetz von 1822 verankerten Auffassung, daß jedermann ein Berichtigungsrecht zustehe, sofern er in der Presse genannt worden sei. Das Reichspressegesetz von 1874 räumte in § 11 jedem Betroffenen das Recht auf Berichtigung ein. Inzwischen dient das Gegendarstellungsrecht hauptsächlich dem Schutz des Einzelnen gegen Einwirkungen der Medien auf seine Individualsphäre: »Der Einzelne soll selbst darüber befinden dürfen, wie er sich gegenüber Dritten oder der Öffentlichkeit darstellen will, was seinen sozialen Geltungsanspruch ausmachen soll und ob oder inwieweit Dritte über seine Persönlichkeit verfügen können, indem sie diese zum Gegenstand öffentlicher Erörterung machen«, zitiert sich das Bundesverfassungsgericht selbst (BVerfG 35, 202).

GEGENDARSTELLUNG – OHNE PRÜFUNG DER WAHRHEIT. Die → Pressegesetze der Länder haben den Begriff »Berichtigung« durch die sachlich zutreffendere Bezeichnung »Gegendarstellung« ersetzt; denn die Gegendarstellung ist keine Berichtigung, sondern eine Darstellung aus anderer Sicht. Rechtsprechung und Literatur stimmen darin überein, daß die Gegendarstellung von juristischer Beweisführung über die Wahrheitsfrage unberührt bleibt. Vielmehr sieht die herrschende Meinung den Zweck der Gegendarstellung darin, dem journalistisch unmittelbar Betroffenen nach dem Grundsatz »audiatur et altera pars« den Anspruch zu geben, »den Tatsachenablauf aus seiner Sicht zu schildern« (OLG Stuttgart 2 U 162/62). Die publizistischen und juristischen Gründe dafür bedingen sich wechselseitig. Der Betroffene braucht also weder den erhärteten Beweis für die Unrichtigkeit der angegriffenen Tatsachenbehauptung zu führen noch ein objektives Zeugnis für die Richtigkeit seiner Entgegnung zu liefern. Nicht einmal wenn sie wirklich Unwahrheiten enthält, darf der Anspruchsgegner die Gegendarstellung ohne weiteres ablehnen. Nur wenn sie offensichtlich, das heißt »für einen unbefangenen, durchschnittlichen Leser« ohne weiteres erkennbar, oder wenn sie gerichtsbekannt unrichtig ist, braucht die Gegendarstellung nicht abgedruckt zu werden (OLG Hamburg AfP 1966, S. 54; OLG Karlsruhe, 14 U 136/76; Seitz/Schmidt/Schoener, Rdn. 134 ff., S. 57 ff.). Außerdem kann sie zurückgewiesen werden, wenn der Betroffene selbst vorher schriftlich und öffentlich das Gegenteil von dem als Tatsache ausgegeben hat oder wenn er erkennbar das Gegenteil von dem tut, was er in der Gegendarstellung behauptet. Dazu führt das Oberlandesgericht München aus: »In Fällen einer irreführenden Entgegnung ist ein berechtigtes Interesse am Abdruck einer Gegendarstellung grundsätzlich zu verneinen. Von einer irreführenden Entgegnung spricht man dann, wenn eine einseitige oder unvollständige Entgegnung oder eine solche, die für den Leser oder Hörer erkennbar im Widerspruch zu dem tatsächlichen Verhalten des Betroffenen steht, einen unrichtigen Eindruck herbeiführt und dem Leser/Hörer Schlußfolgerungen aufgezwungen werden, die mit der Wahrheit nicht im Einklang stehen, etwa als sei die angegriffene Behauptung völlig aus der Luft gegriffen, obwohl lediglich Details des angegriffenen Sachverhalts tatsächlich bestritten werden können« (OLG München, AfP 1992, 172). Aus dieser pressefreundlichen Urteilsbegründung darf aber nicht abgeleitet werden, der Grundsatz, daß es weder auf die Wahrheit der Erstmitteilung noch auf die Wahrheit der Gegendarstellung ankomme, sei ins Wanken geraten. Das Bundesverfassungsgericht wiederholt unmißverständlich: »Der Wahrheitsgehalt der Gegendarstellung ist für die Veröffentlichungspflicht ohne Bedeutung« (Beschluß vom 19. Februar 1993, AfP 1993, 476).

Wenn ein Massenmedium über natürliche oder juristische Personen Falsches oder Ehrenrühriges (→ Persönlichkeitsschutz) berichtet, können daraus für den oder die Betroffenen nachteilige Wirkungen materieller Art entstehen. Dafür können der Autor, der verantwortliche Redakteur und der Verleger oder Intendant zivilrechtlich und/oder strafrechtlich belangt werden (Seitz/Schmidt/Schoener; Wasserburg; Damm/Kuner: Widerruf, Unterlassung und Schadenersatz in Presse und Rundfunk. München 1991). Den falschen Eindruck in der Öffentlichkeit korrigiert indessen eine spätere Verurteilung nicht. Er kann zwar durch einen *Widerruf* beseitigt werden, in dem die Redaktion die Tatsachen von sich aus berichtigt. Doch setzt ein Widerruf, wenn er erstritten werden muß, eine gerichtliche Verhandlung und ein rechtskräftiges Urteil voraus. Darüber kann so viel Zeit vergehen, daß die Wirkung der journalistischen Erstdarstellung nicht mehr neutralisiert werden kann (z. B. weil das Publikum der Erstdarstellung nicht mehr zu erreichen ist, weil eine Wahl inzwischen entschieden oder eine Firma in Konkurs gegangen ist).

Gesetzgeber und Rechtsprechung nehmen mit guten Gründen an, daß die Wirkung einer Aussage entscheidend von deren Aktualität abhängt. Der Betroffene soll daher so schnell wie möglich reagieren können. Die Gegendarstellung wird, um ihre Aktualität zu gewährleisten, auf dem Eilweg einer *einstweiligen Verfügung* erstritten, wobei nach herrschender Meinung der Gerichtsstand sich nach dem Sitz des Verlagsunternehmens oder dem Wohnsitz des Verlegers und verantwortlichen Redakteurs, nicht jedoch nach dem des Betroffenen bestimmt. Juristisch gesehen handelt es sich dabei nur um einen vorläufigen Interessenausgleich, der das Rechtsschutzbedürfnis für einen Widerrufs- oder Berichtigungsanspruch nicht ausschließt. Umgekehrt haftet der Einsender dem Presseorgan oder der Rundfunkanstalt auf Schadenersatz, wenn er den Abdruck seiner Gegendarstellung mit einer einstweiligen Verfügung erzwungen hat und sich die rechtlichen Voraussetzungen dafür später als unzutreffend erweisen (BGH VI ZR 213/71; siehe auch: Schadenersatz für Gegendarstellungen. In: »Die Welt«, 23. Juni 1993). Der Abdruck einer Gegendarstellung läßt also, im Gegensatz zum Widerruf, offen, ob der Journalist oder der Betroffene recht hat. Trotzdem darf der Betroffene – Relikt aus dem Berichtigungsrecht – in der Gegendarstellung die Formulierung »richtig ist ... falsch ist ...« verwenden.

PUBLIZISTISCHER INTERESSENAUSGLEICH. Der sich aus der Notwendigkeit der schnellen Reaktion ergebende Charakter des Gegendarstellungsanspruchs garantiert einen publizistischen Interessenausgleich im Dreiecksverhältnis Journalist – Betroffener – Öffentlichkeit (→ Verantwortung des Journalisten). Dabei wirkt die Öffentlichkeit in einer Doppelrolle als Schiedsrichter und als Partei. Indem das Presserecht der Freiheit der Berichterstattung ein Entgegnungsrecht gegenüberstellt, überläßt es die Bewertung dessen, was richtig und was falsch sei, dem Publikum. Dieses ist aber insoweit selbst Betroffener, als es von den streitenden Parteien beeinflußt und als Parteigänger beansprucht wird. Es wird um so leichter aus der Rolle des Schiedsrichters in die des Parteigängers fallen, je einseitiger es informiert wird. Das Rechtsinstitut der Gegendarstellung dient also auch dazu, dem Publikum umfassendere, mehrstimmige Informationen zu verschaffen. Das öffentliche Interesse kann den Ausschlag geben für die Publikation einer Gegendarstellung, die die Erstmitteilung nicht korrigiert, sondern ergänzt. Es kann aber auch im Falle der Belanglosigkeit die Verneinung eines Anspruchs auf Gegendarstellung begründen.

Im Gegendarstellungsrecht mischen sich somit der Schutz des Betroffenen und der Anspruch der Allgemeinheit auf vielseitige Information. Daraus sind Forderungen nach einer Ausweitung des Gegendarstellungsrechts abgeleitet worden. Mehrere Oberlandesgerichte haben geurteilt, daß der Betroffene »Waffengleichheit« gegenüber dem kritisierten Medium besitzen müsse. Weitergehende Vorschläge in der medienpolitischen Diskussion, das Gegendarstellungsrecht mit dem Ziel der mehrstimmigen Information in ein allgemeines Teilhabe- oder (in Regionen mit Zeitungsmonopol; → Konzentration) in ein Mitspracherecht umzuwandeln, verkennen, daß das Institut der Gegendarstellung nur ein Abwehrrecht ist.

Während noch Ende der sechziger, Anfang der siebziger Jahre der Eindruck vorherrschte, daß die Presse aus mangelnder Bereitschaft, Fehler einzugestehen, Gegendarstellungen hinauszögere oder gar ungerechtfertigt ablehne, änderte sich inzwischen das Meinungsbild. Seither nahmen nämlich die Gegendarstellungsforderungen an die Presse sprunghaft zu. Viele Antragsteller nutzen das Institut der Gegendarstellung aus, um berechtigter Kritik zu widersprechen. Falsche Tatsachenbehauptungen häuften sich in den Gegendarstellungsverlangen; entsprechend nahmen die Gerichte jetzt die Presse häufiger in Schutz. Inzwischen ist die Zahl der Gegendarstellungsverlangen wieder zurückgegangen, aber souverän im Umgang mit Gegendarstellungsverlangen sind die Kritiker und Kritisierten immer noch nicht.

KURT REUMANN

Literatur

Deutscher Presserat (Hrsg.): Grundsätze für die Behandlung von Gegendarstellungsansprüchen durch Zeitungs- und Zeitschriftenredaktionen. Bonn 1977 (*auf die Praxis bezogener Leitfaden*)

Hans Köbl: Das presserechtliche Entgegnungsrecht und seine Verallgemeinerung. Berlin 1966 (*problemorientierte Darstellung der Entwicklung vom »Berichtigungszwang« zum »Recht auf Gegendarstellung«*)

Hans von Dewall: Gegendarstellungsrecht und Right of reply. Berlin 1973 (*Rechtsvergleich zum Gegendarstellungsanspruch gegenüber dem Rundfunk in Deutschland und in den Vereinigten Staaten*)

Martin Löffler/Heribert Golsong/Götz Frank (Hrsg.): Das Gegendarstellungsrecht in Europa. Möglichkeiten der Harmonisierung. München 1974 (*Materialien einer internationalen Tagung, die zur Resolution (74) 26 des Europarates, betr. die Einführung des Gegendarstellungsrechts auf der Grundlage von Mindestrichtlinien, führten*)

Kurt Reumann: Waffengleichheit in der Gegendarstellung. Berlin 1971 (*Problemdarstellung aus kommunikationswissenschaftlicher Sicht mit medienpolitischem Bezug*)

Otto-Friedrich Frhr. von Gamm: Persönlichkeits- und Ehrverletzungen durch Massenmedien. München 1969.
Horst von Hartlieb: Handbuch des Film-, Fernseh- und Videorechts. München [2]1984 (*2. Abschnitt (S. 41–56) über Namens-, Bildnis- und Persönlichkeitsrecht beim Filmwerk*)
Wolfgang Lehr/Klaus Berg: Rundfunk und Presse in Deutschland. Mainz [2]1976 (*enthält die Texte über die Rechtsgrundlagen der Massenmedien im Wortlaut*)
Friedrich Kitzinger: Das Reichsgesetz über die Presse vom 7. Mai 1874. Tübingen 1920.
Martin Löffler/Reinhart Ricker: Handbuch des Presserechts. München [2]1986 (*5. Abschnitt (S. 125–154) über: Das Recht der Gegendarstellung; konzentrierte Darstellung*)
Martin Löffler: Presserecht. München [3]1983 (*Überblick über die Landespressegesetze, gegliedert nach deren Paragraphen. § 11 LPG: Gegendarstellung, S. 515–593*)
Walter Seitz/German Schmidt/Alexander Schoener: Der Gegendarstellungsanspruch in Presse, Film, Funk und Fernsehen. München [2]1990 (*das wichtigste Buch zu diesem Thema: übersichtlich gegliedert, mit Beispielen aus der Rechtsprechung*)
Karl Egbert Wenzel: Das Recht der Wort- und Bildberichterstattung. Handbuch des Äußerungsrechts. Köln [3]1986 (*Darstellung der Freiheitsrechte, des Zivilrechtsschutzes (Wort und Bild); zum Gegendarstellungsanspruch S. 414–506*)
Klaus Wasserburg: Der Schutz der Persönlichkeit im Recht der Medien. Heidelberg 1988 (*aktuellster Überblick über alle Aspekte des Persönlichkeitsschutzes: Gegendarstellung (S. 378–513), Widerruf, Anspruch auf Schadenersatz, Anspruch auf Unterlassung. Mit einem Muster für die Durchsetzung des Anspruchs auf Gegendarstellung und einem umfangreichen Literaturverzeichnis*)

Gegendarstellungs(Tagesthemen)-Beschluß → Bundesverfassungsgerichtsentscheidungen zum Medienrecht (8. Februar 1983)

»Gegenfilm« → Gegendarstellung

Geheimhaltungsvorschriften → Auskunftspflicht der Behörden, → Staatsschutz

GEMA → Arbeitsrecht der Medien, → Filmrecht, → Verbände und Organisationen im Medienbereich, → Verlagsrecht/Buchrecht

Gemeindeblätter → Amtsblatt

Gemeinfreiheit → Urheberrecht

Gemeinschaftsantennenanlagen → Neue elektronische Kommunikationstechniken

Gemeinschaftsproduktionsverträge → Filmrecht

Genußmittelwerbung → Rundfunkprogrammrecht, → Werberecht

Gerichtsausschluß(»Kölner Volksblatt«)-Beschluß → Bundesverfassungsgerichtsentscheidungen zum Medienrecht (6. Februar 1979)

Gerichtsberichterstattung. Die *Öffentlichkeit des Gerichtsverfahrens* gehört zu den grundlegenden Einrichtungen des Rechtsstaates (BGHSt. 22, 297 [301]). Darüber hinaus garantiert Art. 6 der Europäischen Konvention zum Schutze der Menschenrechte und Grundfreiheiten (MRK) – als in der Bundesrepublik Deutschland unmittelbar geltendes Bundesrecht (BGBl II 1952, S. 686; BGHZ 45, 34) – ausdrücklich den Anspruch auf ein öffentliches Gerichtsverfahren. Der früher tragende Grund des Prinzips der Öffentlichkeit von Gerichtsverhandlungen, Kontrollfunktion der Öffentlichkeit (BGHSt 9, 280 [281]), wird heute überwiegend von dem Informationsinteresse verdrängt. Der den Grundsatz der Öffentlichkeit von Verhandlungen vor dem erkennenden Gericht regelnde § 169 Gerichtsverfassungsgesetz (GVG) gilt über den Wortlaut des § 2 Einführungsgesetz zum Gerichtsverfassungsgesetz (EGGVG) nicht nur für die ordentliche Gerichtsbarkeit, sondern auch für die sonstigen Gerichtsbarkeitszweige.

RECHTSPFLEGE UND INFORMATIONSANSPRUCH DER ÖFFENTLICHKEIT. Die rechtsprechende Gewalt ist nach Art. 92 GG unabhängigen Richtern anvertraut. Sie soll den Rechtsfrieden unter den Bürgern gewährleisten und den Schutz der Bürger gegenüber Legislative und Exekutive sichern. Gerichtsberichterstattung leistet unter diesem Aspekt einen Beitrag zur Rechtspflege, indem sie die Tätigkeit der Richter, Staatsanwälte, Rechtsanwälte der Öffentlichkeit näher bringt. Die Berichterstattung in den Medien mit der Behandlung wichtiger Rechtsprobleme und allgemein interessierender Rechtsfragen stärkt und vertieft das Rechtsbewußtsein und die Kenntnis vom Recht. Die Justiz unterstützt deshalb den Informationsanspruch der Allgemeinheit durch die Einrichtung von Justizpressestellen und Ernennung von Pressedezernenten. Grundsätze für die Zusammenarbeit der Staatsanwaltschaften mit den Medien sehen die seit 1. Januar 1977 (seit April 1986 bundeseinheitlich) geltenden *Richtlinien für das Strafverfahren und das Bußgeldverfahren* (RiStBV) in Nr. 23 vor. Neben der Stärkung des Verständnisses zwischen Bürgern und Staatsgewalt kann wahrheitsgetreue und sorgfältige Gerichtsberichterstattung durch sachgerechte Kritik auch die Selbstkontrolle der Justiz fördern (*Justizkritik*).

Die Grundsätze des Art. 5 GG gelten auch für die Gerichtsberichterstattung. Gegenüber den öffentlichen Organen kann sich jeder im Pressewesen produktiv Tätige auf das Grundrecht der → Pressefreiheit berufen (→ Auskunftspflicht der Behörden). Die durch Art. 5 GG geschützte Pressefreiheit erstreckt sich auch auf die Teilnahme der Presse an öffentlichen Gerichtsverhandlungen und die Berichterstattung darüber. Übt ein Gerichtsberichterstatter z. B. wiederholt scharfe Kritik an der Verhandlungsführung eines Richters und würde dieser dann dem Gerichtsberichterstatter deshalb die weitere Anwesenheit im Gerichtssaal verbieten, würde diese richterliche Anordnung gegen Art. 5 GG verstoßen (OLG Hamm, NJW 1967, 1289). Die *besondere Sorgfaltspflicht* der Presse ergibt sich aus den → Pressegesetzen der Länder. Im Rahmen ihrer öffentlichen Aufgabe nimmt die Presse berechtigte Interessen im Sinne des § 193 Strafgesetzbuch (StGB) (vgl. auch § 3 Landespressegesetz [LPG]) wahr. Damit wird jedoch nachlässigem Recherchieren kein Freibrief erteilt.

Wahrheitsgetreue Parlamentsberichte bleiben von jeder Verantwortung frei (für den Bundestag: Art. 42 Abs. 3 GG). Diesen Grundsatz haben die meisten Bundesländer in den Landespressegesetzen auch auf die wahrheitsgetreuen Berichte über Gerichtsverhandlungen ausgedehnt mit der Folge, daß ein Gegendarstellungsanspruch nicht begehrt werden kann.

Die grundsätzlich freie Gerichtsberichterstattung, die einerseits u. a. dadurch zu unterstützen ist, daß der Presse Plätze im Gerichtssaal zu reservieren sind (ansonsten erfolgt die Vergabe der Sitzplätze grundsätzlich in der zeitlichen Reihenfolge des Eintreffens der Besucher; Kleinknecht § 169 GVG Rdnr. 4), unterliegt andererseits einer Reihe von Einschränkungen, sei es durch gesetzliche Bestimmungen oder eigenes Standesrecht.

Die Gerichtsberichterstattung muß sich dem Ziel einer sachgerechten Durchführung des Gerichtsverfahrens verpflichtet fühlen. Die publizistischen Grundsätze des Deutschen Presserates (→ Selbstkontrolle der Medien) sagen hierzu, daß die Berichterstattung über schwebende Ermittlungs- und Gerichtsverfahren frei von Vorurteilen erfolgen müsse. Die Presse müsse deshalb vor Beginn und während der Dauer eines solchen Verfahrens in Darstellung und Überschrift jede einseitige, tendenziöse oder präjudizierende Stellungnahme vermeiden und zwischen bloßem Verdacht und erwiesener Schuld streng unterscheiden. Ein Verdächtiger dürfe vor einem gerichtlichen Urteil nicht als Schuldiger hingestellt werden. Diese Grundsätze stimmen in ihrer Tendenz mit Art. 6 Abs. 2 MRK überein (→ Verantwortung des Journalisten).

Gewiß setzt der Zwang zur Kürze und »pressegerechten« Darstellung der Berichterstattung Grenzen, die in der Abwägung mit den Belangen der betroffenen Persönlichkeit nicht unbeachtet bleiben dürfen. Das entbindet die Presse jedoch nicht davon, insbesondere auch dem → Persönlichkeitsschutz der Betroffenen Rechnung zu tragen. Notfalls muß die Berichterstattung hinter berechtigten Interessen der betroffenen Persönlichkeit zurücktreten (BGH Urteil vom 30. Januar 1979, NJW 1979, 1041).

Das durch Art. 5 GG geregelte Recht auf freie Gerichtsberichterstattung wird durch das Grundgesetz selbst beschränkt, z. B. durch Art. 2 GG (Persönlichkeitsrecht).

Hierbei kann keiner der beiden Verfassungswerte einen grundsätzlichen Vorrang beanspruchen. Im Einzelfall ist die Intensität des Eingriffes in den Persönlichkeitsbereich gegen das Informationsinteresse der Öffentlichkeit abzuwägen (BVerfGE 35, 202 [203]).

Namensnennung, Abbildung und Darstellung eines Prozeßbeteiligten berühren den Schutzbereich des Grundrechts auf freie Entfaltung der Persönlichkeit. Nach Art. 5 Abs. 2 GG findet die → Pressefreiheit ihre Schranken in den Vorschriften der allgemeinen Gesetze, den gesetzlichen

Bestimmungen zum Schutz der Jugend (vgl. hierzu auch das Jugendgerichtsgesetz – JGG) und dem Recht der persönlichen Ehre (vgl. § 823 BGB und § 185 StGB). Nach der Rechtsprechung des Bundesverfassungsgerichts ist eine Einschränkung der → Pressefreiheit nur insoweit zulässig, als es die Rücksicht auf mindestens gleichwertige Rechtsgüter gebietet (BVerfGE 20, 162 [177]). Bei der *aktuellen* Berichterstattung über Gerichtsverfahren dürfte das Informationsinteresse der Öffentlichkeit grundsätzlich Vorrang vor dem → Persönlichkeitsschutz der Betroffenen haben. Wo jedoch bei Straftätern der Gedanke der Resozialisierung im Vordergrund steht, geht das Persönlichkeitsrecht des Betroffenen in aller Regel vor (→ Lebach-Urteil; BVerfGE 35, 202 [203]). Dem allgemeinen Informationsbedürfnis der Bürger kann dabei in der Regel auch ohne Namensnennung entsprochen werden (vgl. Nr. 23, Nr. 129 RiStBV). Ein ebensolcher Schutz kommt den Opfern spektakulärer Verbrechen zu (insbesondere bei Vergewaltigungsopfern). Die ohnehin für das Opfer einer Vergewaltigung schweren Folgen dürfen durch eine Berichterstattung nicht noch verstärkt werden. So ist nicht gerechtfertigt, das Sensationsbedürfnis der Öffentlichkeit durch die Veröffentlichung von Fotografien zu befriedigen. Eine Fotoveröffentlichung des Opfers verletzt das Persönlichkeitsrecht (LG Berlin, Urteil vom 19. März 1984 – 27 O 328/84; Streit 1987, 144 f.).

Allgemeine Schranken der freien Gerichtsberichterstattung. Die Öffentlichkeit des Gerichtsverfahrens kann auf Grund gesetzlicher Bestimmungen eingeschränkt oder ausgeschlossen werden und damit auch die Gerichtsberichterstatter, da die freie Gerichtsberichterstattung nur für die öffentlichen Gerichtsverfahren gilt.

Außerhalb der ordentlichen Gerichtsbarkeit ist die *Öffentlichkeit* grundsätzlich *ausgeschlossen* bei ehrengerichtlichen Verfahren gegen Angehörige bestimmter Berufsstände, bei Disziplinarverfahren gegen Beamte (§ 73 Bundesdisziplinarordnung [BDO]) – mit der Einschränkung, daß nach einigen Landesdisziplinarordnungen nur die mündliche Verhandlung nicht öffentlich ist, z. B. § 58 Abs. 1 SchHDiszO, im Gegensatz zu § 73 Abs. 1 Satz 1 BDO, der bestimmt, daß die Hauptverhandlung nicht öffentlich ist, mit der Folge, daß z. B. im Bundesland Schleswig-Holstein es dem Dienstherrn nicht schlechthin verboten ist, Auskünfte über Disziplinarverfahren seiner Beamten auf Anfrage an die Medien zu erteilen (vgl. OVG Lüneburg, NJW 1991, 445 f.) – und Soldaten (§ 101 Wehrdisziplinarordnung), soweit diese nicht die Herstellung der Öffentlichkeit beantragen. Im Interesse anderer Rechtsgüter gilt der Grundsatz der Öffentlichkeit weiterhin nicht in Jugendstrafsachen (§ 48 Jugendgerichtsgesetz) und im überwiegenden Teil der Familiensachen (Ehesachen, vgl. § 170 GVG).

Bei den öffentlichen Gerichtsverfahren kann die Öffentlichkeit und damit der Gerichtsberichterstatter für die Verhandlung oder einen Teil ausgeschlossen werden (vgl. Nr. 131 ff. RiStBV). Ein Ausschluß ist möglich in Unterbringungssachen (§ 171 a GVG), zum Schutz von Persönlichkeitsrecht (§ 171b GVG); bei Gefährdung der Staatssicherheit, der öffentlichen Ordnung, der Sittlichkeit, für Leib oder Leben eines Zeugen oder einer anderen Person oder bei Gefährdung schutzbedürftiger Interessen wie Geschäfts- oder Betriebsgeheimnissen, Erfindungsgeheimnissen, Steuergeheimnissen und allgemein den in den §§ 201–205 StGB geschützten Geheimnissen (vgl. § 172 GVG).

Die Ordnungsvorschriften des Prozeßrechts, die den ordnungsgemäßen Ablauf eines Gerichtsverfahrens sicherstellen sollen, bilden ebenso eine allgemeine Schranke der freien Gerichtsberichterstattung. Gemäß § 176 GVG obliegt dem Vorsitzenden Richter des jeweiligen Gerichts die Aufrechterhaltung der Ordnung in der Sitzung (Sitzungsgewalt). So kann einem Gerichtsberichterstatter oder einer sonstigen Person der Zutritt zum Gerichtssaal verwehrt werden, wenn er in einer der Würde des Gerichts nicht entsprechenden Weise erscheint (vgl. § 175 GVG).

Im § 353d StGB (Verbotene Mitteilungen über Gerichtsverhandlungen) sind drei weitere spezielle Schranken der Gerichtsberichterstattung geregelt. Soweit bei nicht öffentlichen Verhandlungen einem Berichterstatter dennoch die Anwesenheit bei der Verhandlung gestattet wird, hat er seinen Bericht zu beschränken. Nach § 353d Nr. 1 StGB begeht bei Ausschluß der Öffentlichkeit wegen Gefährdung der Staatssicherheit (§ 174 Abs. 2 GVG) ein Vergehen, wer über den Inhalt eines die Sache betreffenden amtlichen Schriftstückes oder über die Gerichtsverhandlung öffentlich eine Mitteilung macht (→ Staatsschutz). Die Strafbestimmung gilt auch in Verfahren vor Gerichten anderer Rechtsprechungszweige. Ist die Öffentlichkeit ausgeschlossen, so kann nach § 174 Abs. 3 GVG das Gericht die Geheimhaltung von Tatsachen zur Pflicht machen. Ein Verstoß gegen diese *Schweigepflicht* ist nach § 353d Nr. 2 StGB strafbar (vgl. Nr. 131 II RiStBV).

Mit dem Beginn (in der Regel mit der Einleitung von Ermittlungen) eines Strafverfahrens, eines Bußgeldverfahrens oder eines Disziplinarverfahrens unterliegt die Gerichtsberichterstattung einer weiteren Einschränkung. Nach § 353d Nr. 3 StGB macht sich strafbar, wer die Anklageschrift oder andere amtliche Schriftstücke ganz oder in wesentlichen Teilen *im Wortlaut* öffentlich mitteilt, bevor sie in öffentlicher Verhandlung erörtert worden sind oder das Verfahren abgeschlossen ist.

Neben dem Schutz der Rechtspflege soll der § 353d Nr. 3 StGB den Beschuldigten vor einer Bloßstellung schützen. Dies ist jedoch durch die Vorschrift jedenfalls schon deshalb nicht erreichbar, weil durch sie eine auch weitgehende Publizität des Falles und öffentliche Erörterungen und Berichte über den sachlichen Inhalt der Anklageschrift – durch die ein Beschuldigter regelmäßig nicht weniger bloßgestellt wird als durch deren wörtliches Verlesen – gerade nicht verboten werden, sondern ausdrücklich nur die wortgetreue Wiedergabe unter Strafe gestellt ist. So ist u. a. die Verlesung des Anklagesatzes in einer Pressekonferenz nicht strafbar, obgleich dieser prozessual der wesentliche Teil der Anklageschrift ist. Er ist aber kein wesentlicher Teil der Anklageschrift i. S. der materiellrechtlichen Bestimmung des § 353d Nr. 3 StGB (vgl. OLG Hamm, NJW 1977, 967 [967 f.]). Daher ergab sich auf dem 58. Deutschen Juristentag in München 1990 in der I. Abteilung: Medienrecht ein allgemeiner Konsens für die Abschaffung des § 353d StGB, einer Vorschrift, die nicht allein als überflüssig, weil leicht zu umgehen, sondern auch als verfehlt und schädlich empfunden wurde (vgl. Martin Hensler, JZ 1991, 183 ff.).

Nach der zwingenden gesetzlichen Bestimmung des § 169 Satz 2 GVG sind *Ton- und Fernseh-Rundfunkaufnahmen* sowie *Ton- und Filmaufnahmen während der Verhandlung* zum Zwecke der öffentlichen Vorführung oder ihrer Veröffentlichung unzulässig, so daß auch mit Zustimmung der Prozeßbeteiligten eine Ausnahme nicht möglich ist (BGHSt. 22, 83).

Den Sinn und Zweck dieser Regelung umschreibt Dahs sehr plakativ, daß damit »die Scheinwerfer als Instrumente zur Beleidigung der Menschenwürde des Angeklagten, als Gefährdung der Wahrheitsforschung und als Medium sensationeller Publicity im Gerichtssaal endgültig ausgelöscht« seien (Dahs, NJW 1965, 81 [86]). Maßgebend für dieses absolute Verbot waren im Anschluß an die Entscheidungen des Bundesgerichtshofs (BGHSt. 10, 202; 16, 111; 19, 193; 22, 83) u. a. folgende Überlegungen: »Rundfunk- und Filmaufnahmen im Gerichtssaal gehen über die in § 169 GVG gewährleistete Öffentlichkeit der Hauptverhandlung weit hinaus und gefährden nicht nur die Wahrheitsfindung im Strafverfahren, sondern beeinträchtigen auch die Verteidigung des Angeklagten. Sie lenken den Angeklagten und die Zeugen von der Hauptverhandlung ab. Sie hindern u. a. den Angeklagten und den Verteidiger wegen der Scheu vor einem unbeschränkten, unübersehbaren und unsichtbaren Zuhörer- und Zuschauerkreis, ihre Aussagen und Erklärungen so zu gestalten, wie es das Verteidigungsinteresse erfordert. Sie vereiteln den Zweck des § 243 Abs. 2 StPO, wonach die Zeugen bei der Vernehmung des Angeklagten nicht zugegen sein dürfen, und ermöglichen es späteren Zeugen zu hören, was früher vernommene Zeugen ausgesagt haben. Sie legen auch den Zeugen und Sachverständigen Hemmungen bei ihren Aussagen auf und beeinträchtigen ihre Unbefangenheit. Den noch nicht verurteilten Angeklagten zerren sie in einer oft unerträglichen Weise in das Scheinwerferlicht einer weiten Öffentlichkeit« (BT-Drucksache IV/178, S. 45). Während im Regierungsentwurf ursprünglich dieses Verbot nur für die Hauptverhandlung in Strafsachen und nicht für die Urteilsverkündung gelten sollte, hat der Bundestag das Verbot für die mündliche Verhandlung in allen Verfahrensarten ausgesprochen, einschließlich der Urteilsverkündung aus der Erwägung, »daß die Zulassung einer durch die genannten Mittel erweiterten Öffentlichkeit in unguter Weise manipuliert werden, daß sie auch sonst auf eine Verletzung der Menschenwürde hinauskommen, ja, daß sie sogar die Wahrheitsfindung beeinträchtigen kann« (BT-Drucksache zu IV/1020, S. 2; vgl. auch Kissel § 169 GVG).

Mit dieser Regelung sollten sog. Schauprozesse grundsätzlich verhindert werden. In den Fällen, in denen der Vorsitzende Richter dies nicht beachtet, kann dies einen Revisionsgrund darstellen (Karlsruher Kommentar, Mayr § 169 GVG, RdNr. 13). Streitig war bisher, ob dieser Verstoß nur einen relativen oder absoluten Revisionsgrund i. S. des § 338 Nr. 6 StPO bildete. In seinem Urteil zum Mordfall »Weimar« hat der BGH jetzt diese Frage eindeutig verneint und klargestellt, daß nur die gesetzwidrige Einschränkung der Öffentlichkeit, nicht jedoch ihre unerlaubte Erweiterung einen absoluten Revisionsgrund abgibt (vgl. Töpper, DRiZ 1989, 389).

Mit der im wesentlichen gleichgelagerten Argumentation hat das OLG Düsseldorf (NJW 1990, 2898 f.) die Tonbandaufnahme der Hauptverhandlung durch den Verteidiger des Angeklagten zum Zwecke der Verteidigung verneint und dazu u. a. ausgeführt, daß die ungünstige psychologische Situation eines Zeugen durch das Bewußtsein, daß seine Aussage wörtlich auf einem Tonträger festgehalten werde, nicht noch verstärkt werden dürfe. Dies könne geschehen, wenn er befürchte, nach Beendigung der Aussage werde das Tonband immer wieder abgehört, analysiert, auf nicht beabsichtigte »verräterische« Angaben überprüft und der Inhalt seiner Bekundung losgelöst von dem übrigen Gesamtbild seiner Persönlichkeit bewertet. Vor diesem Hintergrund könnten bei dem Zeugen, der die Aufnahme seiner Aussage auf einem Tonträger innerlich ablehne, durch die Benutzung des Tonbands verstärkt ungewollte und ungesteuerte akustische Reflexe, Veränderungen in Klang und Rhythmus der Sprache, Spracheigenheiten und Sprachfehler auftreten, was dazu führen könne, daß der sachliche Inhalt der Aussage falsch gewichtet werde. Daran ändere nichts, daß die Erklärung vor Mikrophonen sich heute im allgemeinen gesellschaftlich und politisch eingebürgert hat. Schon die Zustimmung des Aussagenden zur Tonbandaufnahme könne angesichts der psychologischen Druck- und Angstsituation, in der er sich möglicherweise befindet, von der Befürchtung getragen sein, er setze sich bei der Verweigerung der Einwilligung dem Verdacht aus, seine Aussage sei nicht hieb- und stichfest (vgl. OLG Düsseldorf a.a.O., m.w.N.). Wenn mit dieser Begründung Tonbandaufnahmen zum Zwecke der Verteidigung bereits verneint werden, muß dies erst recht für Tonbandaufnahmen während der Hauptverhandlung zum Zwecke der öffentlichen Vorführung gelten.

Fotografische Einzelaufnahmen und Anfertigung von Zeichnungen werden durch das Verbot des § 169 Satz 2 GVG jedoch nicht betroffen. Während Zeichnungen schon nach dem Wortlaut der Vorschrift nicht erfaßt werden, ergibt sich aus den Gesetzesmaterialien, daß unter Filmaufnahme nur die Verwendung des kinematografischen Films zu verstehen ist (vgl. Maul, MDR 1970, 286 m. w. N.).

Der Satz 2 gilt zwar nicht für einfache Bildaufnahmen, insoweit ist aber § 23 Abs. 1 und 2 *Gesetz über Urheberrecht und verwandte Schutzrechte* (UrhG) zu beachten (→ Urheberrecht). Danach können von Personen der Zeitgeschichte ohne deren Einwilligung Bildnisse gemacht und verbreitet werden. Zu den Personen der Zeitgeschichte gehören auch die Personen, die durch ihre Tat in das besondere Interesse der Öffentlichkeit gerückt sind, sei es durch eine nicht alltägliche Tat oder daß die Tat durch die Person aus dem alltäglichen Einerlei heraussticht (beachte aber das im Folgenden zu § 176 GVG Gesagte). Die Prozeßvertretung durch einen Rechtsanwalt als Teil seiner normalen beruflichen Betätigung macht ihn jedoch nicht zu einer »relativen Person der Zeitgeschichte« im Rahmen der Berichterstattung des Verfahrens, an dem er als Prozeßvertreter teilnimmt (OLG Celle, AfP 1984, S. 236 [237]).

Wie schon ausgeführt, weist § 176 GVG dem Vorsitzenden Richter des erkennenden Gerichts die Aufgabe zu, die Ordnung in der Verhandlung aufrechtzuerhalten. Sonst entscheidet der Richter auch über die Erlaubnis, ob und in welchem Umfang Bild- und Funkaufnahmen vor, nach der Verhandlung und in den Verhandlungspausen gemacht werden können. Die Erlaubniserteilung orientiert sich an den Erfordernissen der öffentlichen Ordnung und dem Schutz des Angeklagten und der Zeugen. Sofern die zu schützende Person nicht erkennbar einverstanden ist, darf der Vorsitzende die zur Veröffentlichung bestimmten Aufnahmen nicht erlauben oder dulden, wenn die Gefahr einer unzumutbaren Anprangerung besteht (vgl. auch Nr. 129 RiStBV).

Zum Teil setzt die Gerichtsberichterstattung bereits im Vorfeld bei den Ermittlungen ein. Hier findet die Unterrichtung der Presse durch die Ermittlungsbehörden ihre Grenze im Ermittlungsgeheimnis. Mit dieser Einschränkung hat die aktuelle Berichterstattung über schwere Straftaten im allgemeinen den Vorrang vor dem Persönlichkeitsschutz des Beschuldigten. Jedoch ist auch hier neben der Rücksicht auf den unantastbaren innersten Lebensbereich der Grundsatz der Verhältnismäßigkeit zu beachten. Danach ist eine Namensnennung, Abbildung oder sonstige Identifikation nicht immer zulässig. Die Veröffentlichung des Lichtbildes des Verdächtigen in der Presse ist nur bei schwerwiegenden Straftaten zulässig (vgl. Kleinknecht § 161 Rdnr. 16).

Überwiegend streitig ist die Weitergabe von personenbezogenen Daten durch die Polizei an Privatpersonen/Presse. Während die repressive Fahndung mit Hilfe von Publikationsorganen überhaupt, wenn auch völlig unzureichend, in den Vorschriften des »Steckbriefs« (§§ 131, 456a, 457 StPO) geregelt ist, ist die Weitergabe dieser Daten zur Gefahrenabwehr im Rahmen der polizeirechtlichen Öffentlichkeitsfahndung in keinem Polizeigesetz spezialgesetzlich geregelt worden (vgl. zum Sachstand Michael Soiné, ZRP 1992, 84ff.).

Berichterstattung anhand illegal gewonnener Informationen. Man unterscheidet hier zwischen der rechtswidrigen Beschaffung solcher Informationen einerseits und der Verbreitung der auf diese Art erlangten Informationen. Die rechtswidrige Beschaffung von Informationsmaterial wird weder durch die Meinungs- noch die Pressefreiheit gedeckt (BVerfGE 66,

116). Demgegenüber ist die Verbreitung des auf rechtswidrige Art erlangten Informationsmaterials zulässig und durch Art. 5 Abs. 1 GG gedeckt, soweit die Bedeutung der Information für die Unterrichtung der Öffentlichkeit und für die öffentliche Meinungsbildung eindeutig die Nachteile überwiegt, welche der Rechtsbruch für den Betroffenen und für die Rechtsordnung nach sich zieht (BVerfGE a.a.O.).

AXEL KÖPNICK

Literatur

Richtlinien für das Straf- und das Bußgeldverfahren (RiStBV) 1988. In: Theodor Kleinknecht: Strafprozeßordnung. München [39]1989

Hans Dahs: Die kleine Strafprozeßreform. In: NJW 1965, 81 ff.

Dallinger/Lackner: Jugendgerichtsgesetz. München 1965

Eduard Dreher: Strafgesetzbuch. München [46]1993

Otto Groth: Die Zeitung. Erster Band. Mannheim, Berlin und Leipzig 1928, S. 940–968: Kap. 23: Vermischtes und Gerichtssaal (*klassische zeitungswissenschaftliche Darstellung von Gerichtsberichterstattung und Justizkritik*)

Werner von Hadel/Bernd Lippe/Kurt-Peter Christophersen: Die Arbeit des Gerichtsberichterstatters. In: Rudolf Wassermann (Hrsg.): Justiz und Medien. Neuwied 1980, S. 127–144

Martin Löffler: Presserecht, Band 1: Landespressegesetze. München [3]1983

Martin Löffler/Reinhart Ricker: Handbuch des Presserechts. München [2]1986 (*dort: S. 93–97: Kap. 16, S. 380–383: Kap. 58*)

Heinrich Maul: Bild- und Funkberichterstattung im Strafverfahren. In: »Monatsschrift für Deutsches Recht«, Jg. 1970, S. 286 ff.

Die Gerichtsberichterstattung. In: Klaus Mathy (Hrsg.): Das Recht der Presse. Köln [4]1988, S. 191–201 (*praxisbezogener Leitfaden*)

Christian Mayr in: Karlsruher Kommentar zur Strafprozeßordnung und zum Gerichtsverfassungsgesetz mit Einführungsgesetz. München [2]1987

Michael Soiné: Die polizeirechtliche Öffentlichkeitsfahndung. In: »Zeitschrift für Rechtspolitik«, Jg. 1992, S. 84 ff.

Bernhard Töpper: Fernsehaufnahmen als Revisionsgrund. In: »Deutsche Richterzeitung«, Jg. 1989, S. 389

Gerichtsstand → Pressedelikte

Geschäftsschädigung → Gegendarstellung, → Wettbewerbsrecht

Geschichte des Medienrechts. Die Geschichte des Medienrechts ist im wesentlichen eine Geschichte der Meinungs- und → Pressefreiheit. Das Pressewesen und fast gleichzeitig seine Reglementierung beginnen mit der Erfindung des Buchdrucks um 1450 durch Gutenberg. Die frühen Zeitungen sind Gelegenheitsdrucke in der Form vor allem des Einblattdrucks. Die Kirche griff gegen diese neue Möglichkeit der Artikulierung von Kritik und Veränderungswünschen zu dem Mittel der → Zensur. Diese wurde im Anschluß an die Ächtung Luthers und seiner Schriften durch das *Wormser Edikt* von 1521 – von Löffler als die »erste reichsrechtliche Presseverordnung« bezeichnet – durch Karl V. in den Reichsabschieden von Speyer 1529 und Augsburg 1530 auch staatlicherseits allgemein eingeführt. Der Reichstag von Speyer 1570 brachte die Konzessionierung des Buchdruckergewerbes. Insgesamt diente die Pressegesetzgebung des Deutschen Reichs und die von den Landesfürsten ausgeübte Zensur damals primär dem Schutz der kirchlichen Lehre.

Zu Beginn des 17. Jahrhunderts entsteht die periodische Presse; allerdings tritt in der zweiten Hälfte des 17. Jahrhunderts und im 18. Jahrhundert die Tageszeitung zugunsten von Zeitschriften in den Hintergrund. Vom 17. Jahrhundert an mündet der Kampf gegen die kirchliche und staatliche Zensur ein in das immer stärkere Verlangen nach Pressefreiheit: Aufhebung der Zensur in England 1695, Garantie der Pressefreiheit 1791 im I. Amendment zur amerikanischen Verfassung und in der französischen Verfassung von 1793. In Deutschland erfüllen sich die in Friedrich II., den Großen, gesetzten Hoffnungen (er hatte gesagt, daß »Gazetten wenn sie interessant seyn sollen nicht geniret werden müsten«) nicht: *Zensuredikte* von 1749 und 1772. Auch die durch Art. 18 der *Bundesakte von 1815* ausgelösten Erwartungen auf baldige Einführung der Pressefreiheit werden enttäuscht. Der im Rahmen der *Karlsbader Beschlüsse* (1819) verabschiedete Entwurf eines Bundes-Preßgesetzes hält die Zensur jedenfalls für periodische Blätter und sämtliche Schriften bis zu 20 Druckbogen aufrecht. Das Gesetz wird in Preußen durch die Zensur-Verordnung vom 18. Oktober 1819 vollzogen, die im einzelnen die Durchführung einer generellen Zensur regelt. Im ausdrücklichen Bekenntnis zur Pressefreiheit gehen die Verfassungen der Einzelstaaten voran (Bayern 1818, Baden 1818, Württemberg 1819, Hessen 1831, Sachsen 1831); überall aber steht jedenfalls die politische Presse unter dem Vorbehalt der bundesgesetzlich zugelassenen Zensur.

Erst vierzig Jahre später kam dann der Durchbruch. Im Zuge der »Märzforderungen« stellte es ein Bundesbeschluß vom 3. März 1848 jedem deutschen Bundesstaat frei, »die Censur aufzuheben und die Preßfreiheit« einzuführen. Im Anschluß an den Siebzehner-Entwurf von 1848 proklamierte die *Frankfurter Reichsverfassung von 1849* (§ 143) die Pressefreiheit unter Ausschluß von Zensur, Konzession u.ä. Wenn diese Verfassung auch scheiterte, so blieb doch die Pressefreiheit die bleibende Errungenschaft der Jahre 1848/49: Aufhebung der Zensur und der Kautionsstellung in Preußen 1848; Garantie der Pressefreiheit in der preußischen Oktroyierten Verfassung 1848 (ähnlich § 143 der Frankfurter Verfassung). Die Bismarcksche *Reichsverfassung von 1871* enthielt keinen Grundrechtskatalog. Jedoch verbürgte das Reich eine Reihe von Freiheitsrechten durch Reichsgesetze. In diesem Rahmen erging auf der Basis der dem Reich verliehenen Kompetenz für »Bestimmungen über die Presse« das *Reichsgesetz über die Presse vom 7. Mai 1874*. Es enthielt die erste reichsrechtliche Garantie der → Pressefreiheit und verzichtete auf Zensur, Konzession und Kaution. Es war damit wesentlicher Teil der nach der Reichsgründung einsetzenden liberalen Reichsgesetzgebung. Das Gesetz galt mit geringfügigen Änderungen während der Weimarer Zeit fort und hatte in der Bundesrepublik Deutschland als Landesrecht (vgl. BVerfGE 7, 29) bis zu seiner Ersetzung durch die → Pressegesetze der Länder Bestand. Auf der Grundlage des »Reichspreßgesetzes« konnte die Presse im allgemeinen gut arbeiten, wenn auch der Grundsatz der Pressefreiheit, da noch nicht verfassungsrechtlich abgesichert, Einschränkungen zugänglich war (Kulturkampf, Sozialistengesetze), bis Art. 118 der *Weimarer Reichsverfassung* (WRV) als Grundrecht verbürgte, »seine Meinung durch Wort, Schrift, Druck, Bild oder in sonstiger Weise frei zu äußern«, und eine Zensur – außer für Lichtspiele – ausschloß. Nach dem *Lichtspielgesetz von 1920* durften Filme nur in Verkehr gebracht und, auch in geschlossenen Gesellschaften, nur vorgeführt werden, wenn sie von den amtlichen Prüfungsstellen zugelassen worden waren. Die Zulassung war u. a. zu versagen bei Gefährdung der öffentlichen Sicherheit und Ordnung; eine Versagung durfte aber nicht erfolgen wegen des politischen, sozialen, religiösen oder ethischen Inhalts des Films. Abgesehen davon, daß die Grundrechte der WRV ohnehin durch einfaches Gesetz mit verfassungsändernder Mehrheit durchbrochen werden konnten, gab Art 48 WRV dem Reichspräsidenten das Recht, wesentliche Grundrechte, darunter Art. 118, vorübergehend ganz oder teilweise außer Kraft zu setzen, wenn das zur Wiederherstellung erheblich gestörter oder gefährdeter Sicherheit und Ordnung erforderlich war. Davon hat der Reichspräsident durch zeitweiliges Verbot einzelner Druckschriften wiederholt Gebrauch gemacht.

Der *Rundfunk* in Deutschland begann am 29. Oktober 1923 mit einem »Unterhaltungsrundfunkdienst« aus Berlin. Gestaltung und Durchführung des Programms lagen in der Hand einer vom Reichspostminister initiierten privaten Gesellschaft, während die Reichspost die Sendeanlagen bereitstellte. Bis Anfang 1926 entstanden insgesamt 10 unter Zuhilfenahme privaten Kapitals gegründete Sendegesellschaften, von denen 9 nach einer von der Deutschen Reichspost vorgegebenen regionalen Verteilung über einen eigenen Einnahmebezirk verfügten, während die Geschäftsunkosten der »Deutschen Welle«, die ausschließlich der Erziehung und Belehrung diente, von den Sendegesellschaften in Preußen gemeinsam getragen wurden.

Die Entwicklung der rechtlichen Ordnung des Rundfunks ist in den ersten zwei bis drei Jahren von langwierigen Auseinandersetzungen um die Organisation und damit den Einfluß auf den Rundfunk geprägt. Diese Auseinandersetzungen erfolgten zwischen Reichspost- und Reichsinnenministerium, vor allem aber zwischen dem Reich und den Ländern. Die Reichsregierung stützte sich dabei auf das Gesetz über das Telegraphenwesen vom 6. April 1882 in der Neufassung vom 7. März 1908 (sog. Funknovelle) in Verbindung mit der (auf Grund des Art. 48 WRV ergangenen) Verordnung zum Schutz des Funkverkehrs vom 24. März 1924; an seine

Stelle trat später das – heute noch geltende – Gesetz über Fernmeldeanlagen vom 14. Januar 1928. Insoweit war verfassungsrechtliche Basis die sich aus Art. 6 Nr. 7 und Art. 88 Abs. 1 WRV ergebende Funkhoheit des Reichs. Die Länder – vor allem Bayern und Preußen – beriefen sich demgegenüber auf ihre Zuständigkeit für Polizei- und Kulturfragen.

Erst der schließlich gefundene Kompromiß ermöglichte es, daß die Reichspost den Rundfunkanstalten zum 1. März 1926 die formelle Betriebsgenehmigung erteilte. Inhaltlich bestand der Kompromiß aus dem Muster-Text der »Genehmigung zur Benutzung von Funksendeanlagen der Reichspost für die Zwecke des Unterhaltungsrundfunks«. Bestandteil dieser Genehmigung waren »Richtlinien für den Nachrichten- und Vortragsdienst der Rundfunkgesellschaften«, deren wichtigster Grundsatz das Gebot der Überparteilichkeit des Nachrichten- und Vortragsdienstes war, ferner die Verpflichtung, abgesehen von Auflagen-Nachrichten der Landesbehörden nur Nachrichten zu verbreiten, die von einer vom Reich bestimmten Nachrichtenstelle vermittelt worden waren. Art. 3 der Genehmigung sah für die allgemeine politische Überwachung des Programms bei jeder Gesellschaft einen politischen Überwachungsausschuß mit drei Mitgliedern vor, von denen eines vom Reich, die beiden anderen von den für die Gesellschaft zuständigen Landesregierungen bestimmt wurden. Daneben bestand zum Schutz der kulturellen Belange bei jeder Gesellschaft ein kultureller Beirat, der von der zuständigen Landesregierung im Benehmen mit dem Reichsminister des Innern berufen wurde. Die Überwachungsausschüsse hatten in allen politischen Fragen der Programmgestaltung ein Einspruchsrecht, während dem kulturellen Beirat zusätzlich ein Vorschlagsrecht eingeräumt war.

Weiteren Einfluß sicherte sich der Staat über die *Reichs-Rundfunk-Gesellschaft* (RRG). Sie übernahm am 1. März 1926 die Aufgaben des 1925 von der Mehrzahl der Sendegesellschaften gegründeten Reichs-Rundfunk-Verbandes. In ihr waren außer der »Deutschen Stunde in Bayern« alle Programmgesellschaften zusammengeschlossen. Der RRG oblag die zentrale Leitung der angeschlossenen Gesellschaften und deren Überwachung in wirtschaftlicher Hinsicht. 51 % des Gesellschaftskapitals der RRG erhielt die Reichspost, die damit gleichzeitig über die Stimmenmehrheit in den angeschlossenen Sendegesellschaften verfügte. Vorsitzender des Verwaltungsrats der RRG wurde Hans Bredow. Dieser wurde zusätzlich mit der Bezeichnung »Rundfunk-Kommissar des Reichspostministers« in die Gesellschafterversammlung der RRG delegiert. Er hatte die Aufgabe, die laufenden Geschäfte der RRG und der angeschlossenen Gesellschaften zu überwachen und dem Reichspostminister zu berichten. Dadurch sollte eine überparteiliche Leitung des Rundfunks gewährleistet werden.

Mit der Aufnahme von Rundfunksendungen hatte auch die Rundfunkwerbung begonnen. Ungeachtet heftiger Kritik von der publizistischen Konkurrenz gab die Reichspost ihre grundsätzliche Zustimmung zur Verbreitung von Werbesendungen bereits 1924. Die Postreklame schloß mit den einzelnen Gesellschaften Vereinbarungen über den Werbefunk ab. Seit 1925 sendeten alle Gesellschaften – koordiniert durch die RRG – Werbefunkprogramme, bis die »Rundfunkreklame« Anfang 1936 verboten wurde.

Die Zeit des Nationalsozialismus begann für die Medien mit der Verordnung *des Reichspräsidenten zum Schutz von Volk und Staat* vom 28. Februar 1933. Die wesentlichen persönlichen und politischen Grundrechte einschließlich des Art. 118 WRV wurden bis auf weiteres außer Kraft gesetzt, Beschränkungen u. a. des Rechts der freien Meinungsäußerung einschließlich der Pressefreiheit »auch außerhalb der sonst hierfür bestimmten gesetzlichen Grenzen« ausdrücklich für zulässig erklärt. Das Regime bediente sich bei der Unterdrückung der unabhängigen Presse und der Schaffung staatsgelenkter Medien allerdings weniger der überkommenen Maßnahmen (Zensur, Beschlagnahme, Verbot), als vielmehr des Mittels der *staatlich gelenkten berufsständischen Selbstverwaltung*. Zunächst ging die Zuständigkeit für Presse, Rundfunk und Lichtspielwesen auf den Reichsminister für Volksaufklärung und Propaganda über (VO vom 30. Juni 1933). Zweiter Schritt war die Errichtung einer Reichsfilmkammer, einer Reichspressekammer und einer Reichsrundfunkkammer, die zusammen mit anderen Kulturkammern zu einer Reichskulturkammer vereinigt wurden (Gesetz vom 14 Juli 1933 und Reichskulturkammergesetz vom 22. September 1933). In diesen Kammern bestand Zwangsmitgliedschaft aller in dem jeweiligen Bereich Tätigen. Die Vorstände unterlagen dem unmittelbaren Einfluß des Propagandaministers.

Entsprechendes galt für den *Rundfunk*. Die einzelnen Sendegesellschaften wurden aufgelöst; die Besitzrechte an der RRG gingen vollständig auf das Reich, vertreten durch den Propagandaminister, über. Dies sicherte ihm den Einsatz des Rundfunks als Staatsrundfunk und totalitäres Einflußmittel.

Das *Schriftleitergesetz vom 4. Oktober 1933* bezeichnete jede journalistische Tätigkeit als eine »vom Staat . . . geregelte öffentliche Aufgabe«, deren Träger »Schriftleiter« heißen. Die Verantwortung für den Inhalt der Zeitungen und politischen Zeitschriften ging vom Verleger auf den Schriftleiter über. Dessen Zulassung erfolgte durch Eintragung in eine Berufsliste; sie mußte abgelehnt werden, wenn der Reichsminister für Volksaufklärung und Propaganda Einspruch erhob. Auf diesem Wege und über den Ausschluß aus der Reichspressekammer hatte das Regime es in der Hand, zahllose Zeitungsverlage zum Erliegen bzw. zur Veräußerung des Verlagsbesitzes an den Zeitungskonzern der NSDAP zu bringen.

Nach dem Zusammenbruch vollzog sich in den drei westlichen Besatzungszonen der *Wiederaufbau der deutschen Presse* zunächst im Rahmen eines *Lizenzierungssystems der Besatzungsmächte*. Die Gesetze Nr. 76 und Nr. 191 der amerikanischen und der britischen Militärregierung, betreffend die Kontrolle von Druckschriften, Rundfunk, Nachrichtendienst, Film,

Theater und Musik und Untersagung der Tätigkeit des Reichsministers für Volksaufklärung und Propaganda, gestatteten die Herausgabe von Zeitungen, Magazinen, Zeitschriften, Büchern und sonstigen Veröffentlichungen nur solchen Personen, denen die Besatzungsmacht hierfür eine besondere Lizenz erteilte. In der Praxis erhielten die Lizenz nur unbelastete Personen (Lizenzträger), mit denen die Verleger der ursprünglichen Zeitungen Pachtverträge abzuschließen hatten. Die Lizenzpresse unterlag der Zensur, später nur noch der Nachzensur. Im Sommer 1949 wurde der Lizenzzwang aufgehoben. Damit kam das in Landesverfassungen schon garantierte Grundrecht der Pressefreiheit allgemein zum Tragen.

Das *Grundgesetz* brachte eine umfassende Gewährleistung der Meinungsäußerungsfreiheit, der Pressefreiheit und der Freiheit der Berichterstattung durch Rundfunk und Film (Art. 5 Abs. 1). Gewisse besatzungsrechtliche Einschränkungen bestanden allerdings zunächst (bis 1955) fort, aufgrund des *Gesetzes Nr. 5 der Alliierten Hohen Kommission* über die Presse, den Rundfunk, die Berichterstattung und die Unterhaltungsstätten vom 21. September 1949. Bayern und Hessen erließen schon 1949 umfassende Pressegesetze. Zwischen 1964 und 1966 reformierten die übrigen Länder ihr Presserecht auf der Basis eines gemeinsamen Modellentwurfs (→ Pressegesetze).

Die *Organisation des Rundfunks* erfuhr nach 1945 eine – auch gegenüber der Rechtslage in der Weimarer Zeit – einschneidende Umgestaltung. Die Besatzungsmächte ordneten zunächst die Einstellung aller Funkdienste an; sodann wurde der Rundfunkbetrieb von den Besatzungsmächten als »Sender der Militärregierung« wieder aufgenommen. Die Alliierten Kontrolloffiziere zogen sich im Laufe der Jahre 1946/47 aber mehr und mehr von der Gestaltung der deutschen Rundfunkprogramme zurück und beschränkten sich auf eine Kontrolle der Sendungen und des Sendebetriebes. In den Jahren 1948/49 veranlaßten die Besatzungsmächte in den drei westlichen Besatzungszonen die Gründung deutscher Rundfunkanstalten. Dabei kam es zu unterschiedlichen Entwicklungen. In der amerikanischen Besatzungszone ergingen in den Ländern Bayern, Hessen, Württemberg-Baden und Bremen jeweils Landesrundfunkgesetze, die für alle Rundfunkorganisationen die Form einer »Anstalt des öffentlichen Rechts« vorsahen. In der britischen Zone wurde dagegen durch Militärregierungs-Verordnung eine zentrale Rundfunkorganisation, der Nordwestdeutsche Rundfunk/NWDR, (nach dem Vorbild der britischen BBC) gegründet. Er wurde 1955 in den Norddeutschen Rundfunk (Staatsvertrag der Länder Hamburg, Niedersachsen und Schleswig-Holstein) und den Westdeutschen Rundfunk (Gesetz vom 25. Mai 1954) geteilt. Im französischen Besatzungsgebiet erließ der Zonenbefehlshaber die Verordnung über die Errichtung des Südwestfunks, also ebenfalls einer zentralen Anstalt für das Gebiet der gesamten Besatzungszone.

Allen Rundfunkanstalten, einschließlich der später in Berlin und im Saarland gegründeten, ist gemeinsam, daß sie als rechtlich und organisatorisch selbständige Anstalten des öffentlichen Rechts organisiert wurden. Diese Struktur wurde von den Alliierten im Zusammenwirken mit deutschen Politikern erarbeitet. Die gewünschte Unabhängigkeit vom Staat sollte dadurch wirksam erreicht werden, daß man die Rundfunkanstalten von jeder Fachaufsicht durch die Exekutive freistellte, mit Selbstverwaltungsrecht ausstattete und durch Einräumung der Gebührenhoheit finanziell selbständig machen wollte.

1950 schlossen sich die Rundfunkanstalten zur *Arbeitsgemeinschaft der öffentlich-rechtlichen Rundfunkanstalten in der Bundesrepublik Deutschland* (ARD) zusammen. Diesem Zusammenschluß folgten auf der Seite des Bundes erste Bemühungen, Kompetenzen im Programmbereich zu erlangen. Der Entwurf eines Bundesgesetzes über die »Wahrnehmung gemeinsamer Aufgaben auf dem Gebiet des Rundfunks« aus dem Frühjahr 1953, der die Gründung einer öffentlich-rechtlichen Bundesrundfunkanstalt »Der Deutsche Rundfunk« vorsah, fiel indessen der Diskontinuität anheim und wurde in der neuen Legislaturperiode nicht weiter verfolgt, nachdem schon im April 1953 ein Professorengutachten erhebliche verfassungsrechtliche Bedenken gegen das Bestehen einer Bundeskompetenz geltend gemacht hatte. 1960 konnte der Bund aber unbeanstandet das Gesetz über die Errichtung von Rundfunkanstalten des Bundesrechts erlassen, auf dessen Grundlage 1961 der Deutschlandfunk und die Deutsche Welle errichtet wurden. Keinen Erfolg hatte die Bundesregierung dagegen mit ihrem Versuch der Gründung einer Deutschland-Fernsehen-GmbH, die neben der ARD die Verantwortung für ein Zweites Fernsehprogramm übernehmen sollte. Das Fernsehurteil des Bundesverfassungsgerichts vom 28. Februar 1961 sprach dem Bund hierfür die Kompetenz ab (zur weiteren Rundfunkentwicklung → Rundfunkorganisationsrecht und → Landesmediengesetze).

In der ehemaligen *Deutschen Demokratischen Republik* waren die Freiheit der Presse, des Rundfunks und des Fernsehens zwar formal gewährleistet, dies jedoch nur »den Grundsätzen dieser Verfassung gemäß« (Art. 27 Abs. 2 und 1 der Verfassung von 1968). Fern dieser Grundsätze war das Prinzip des demokratischen Zentralismus (Art. 47), das mit dem gesamten Staats- und Gesellschaftsaufbau auch das Medienrecht bestimmte. Die Medien waren fast ausschließlich unmittelbar oder mittelbar Instrument der Partei. Die Weisungen zentraler Leitstellen – auf der obersten Ebene waren dies die Abteilungen für Agitation und Propaganda im Zentralkomitee der SED – waren für alle Publikationen verbindlich. Es gab keine Gewährleistung der Informationsfreiheit, was schon der Administration die Möglichkeit gab, alle unerwünschten Publikationen aus dem Ausland und aus der Bundesrepublik Deutschland zu unterdrücken oder zu verbieten.

Nach der »Verordnung über die Herausgabe und Herstellung aller periodisch erscheinenden Presseerzeugnisse« von 1962 war die Herausgabe einer Zeitung oder Zeitschrift wie zuvor von der Erteilung einer Lizenz abhängig. Die Zuständigkit lag für Publikationen mit einer sich auf die ganze DDR erstreckenden Verbreitung beim Presseamt beim Vorsitzenden des Ministerrats und für Publikationen mit regionalem Verbreitungsgebiet beim Vorsitzenden des zuständigen Rates des Bezirkes.

Der »Deutsche Demokratische Rundfunk« wurde als Staatsrundfunk schon 1945 der Deutschen Zentralverwaltung für Volksbildung, später als Rundfunk der DDR dem Staatlichen Rundfunkkomitee beim Ministerrat unterstellt. Nach einem Beschluß des Ministerrats vom 4. September 1968 wurde zwei selbständigen Einrichtungen, dem Staatlichen Komitee für Rundfunk beim Ministerrat und dem Staatlichen Komitee für Fernsehen beim Ministerrat, ausdrücklich die Aufgabe übertragen, Rundfunk und Fernsehen (= Deutscher Fernsehfunk) zentralistisch zu lenken; die Arbeit habe nach den Richtlinien zu erfolgen, die von der Regierung über die Komitees an die Anstalten gegeben würden.

Die rechtliche Entwicklung nach der Wende ist gekennzeichnet durch den Beschluß der Volkskammer vom 5. Februar 1990 über die Gewährleistung der Meinungs-, Informations- und Medienfreiheit (Gesetzblatt der DDR, Teil I/Nr. 7 vom 12. Februar 1990, S. 39f.) sowie die auf Vorschlag des Runden Tisches erfolgte Bildung eines Medienkontrollrates »zur Sicherung der Durchführung dieses Beschlusses«. Das noch am 13. September 1990 von der Volkskammer verabschiedete und am 26. September 1990 verkündete Rundfunküberleitungsgesetz blieb nur wenige Tage bis zum Einigungsvertrag (EV) in Kraft. Art. 36 EV enthielt sehr detaillierte Regelungen zur vorübergehenden Weiterführung des Rundfunks der DDR und des Deutschen Fernsehfunks durch die fünf neuen Länder und Berlin. Ob der Volkskammer-Beschluß vom 5. Februar 1990, soweit er sich auf die Presse bezog, nach Art. 9 EV als Landesrecht zunächst in Kraft blieb, ist wegen seines bloßen Richtliniencharakters sehr fraglich.

WOLFGANG HEYDE

Literatur

Hans Bausch: Staat und Rundfunk. Zur Entwicklung und Problematik der Rundfunkfreiheit in der Bundesrepublik Deutschland. In: Gotthard Jasper (Hrsg.): Tradition und Reform in der deutschen Politik (Besson-Gedenkschrift). Frankfurt/Main, Berlin und Wien 1976, S. 364ff.

Otto Groth: Die Zeitung. Zweiter Band. Mannheim, Berlin und Leipzig 1929, S. 3–335 (*detaillierte Darstellung der Beziehung zwischen Staat und Presse in Deutschland*)

Ernst Rudolf Huber: Dokumente zur Deutschen Verfassungsgeschichte, Bände 1 bis 3. Stuttgart 1961, 1964, 1966.

Winfried B. Lerg: Die Entstehung des Rundfunks in Deutschland. Frankfurt/Main ^{2}1970 (*eingehende Darstellung der Entwicklung bis 1926*)

Martin Löffler: Presserecht, Band 1. München ^{2}1969, S. 29–59 (*gründliche Darstellung der historischen Entwicklung*)

Bernhard Scheer: Deutsches Presserecht. Kommentar. Hamburg 1966 (S. 21–30: *kurzgefaßte Übersicht der Geschichte von Pressewesen und Presserecht in Stichworten*)

Hans Schmitt-Lermann: Staatsschutz und Freiheitlichkeit in der Entwicklung des bayerischen Presserechts. In: »Die öffentliche Verwaltung«, Jg. 1963, S. 121
Franz Schneider: Pressefreiheit und politische Öffentlichkeit. Studien zur politischen Geschichte Deutschlands bis 1848. Neuwied und Berlin 1966
Gerhart Goebel: Der Deutsche Rundfunk bis zum Inkrafttreten des Kopenhagener Wellenplans. In: »Archiv für das Post- und Fernmeldewesen«, 2. Jg. 1950, S. 354
Schuster: Funkhoheit und Unterhaltungsrundfunk nebst den in den drei westlichen Besatzungszonen geltenden Rundfunkgesetzen. In: »Archiv für das Post- und Fernmeldewesen«, 1. Jg. 1949, S. 309–329 (*materialreiche Darstellung*)
Hans Bausch (Hrsg.): Rundfunk in Deutschland. Bde. 1–5. München 1980; Band 1: Winfried B. Lerg: Rundfunkpolitik in der Weimarer Republik; Band 2: Ansgar Diller: Rundfunkpolitik im Dritten Reich; Band 3/4: Hans Bausch: Rundfunkpolitik nach 1945 (*sehr detaillierte Studien zur Rundfunkpolitik der jeweiligen Zeitabschnitte*)
Friedrich-Ebert-Stiftung (Hrsg.): Pressefreiheit und Massenmedien in den beiden deutschen Staaten. Bonn 1972
Wolfgang Hoffmann-Riem: Die Entwicklung der Medien und des Medienrechts im Gebiet der ehemaligen DDR. In: »Archiv für Presserecht«, 1991, 472–480
Walter J. Schütz: Der (gescheiterte) Regierungsentwurf für ein Rundfunküberleitungsgesetz der DDR. Chronik und Dokumente. In: Arnulf Kutsch u. a. (Hrsg.): Rundfunk im Wandel. Berlin 1992, S. 263–303
Gunter Holzweißig: DDR-Presse unter Parteikontrolle. Bonn 1991 (= Analysen und Berichte des Gesamtdeutschen Instituts, Nr. 3/1991) (*umfassende Dokumentation auf der Grundlage der vom Bundesarchiv Potsdam übernommenen Akten des Presseamts beim Vorsitzenden des Ministerrats der DDR*)

Geschmacksmusterrecht → Urheberrecht

gesellschaftlich relevante Kräfte → Filmrecht, → Konzentration, → Rundfunkorganisationsrecht

gesetzliche Sozialversicherung → Soziale Sicherung der Journalisten

gesetzliches Nutzungsrecht → Urheberrecht

Gesetz- und Verordnungsblätter → Amtsblatt

Getilgte Straftaten-Beschluß → Bundesverfassungsgerichtsentscheidungen zum Medienrecht (25. Februar 1993)

Gewährsmann → Zeugnisverweigerung

Gewaltpropaganda → Internationale und supranationale Kommunikationsbeziehungen

Gewaltverherrlichung → Filmrecht, → Jugendmedienschutz, → Rundfunkprogrammrecht, → Verantwortung des Journalisten

»Gießkannenprinzip« → Konzentration

Gleichbehandlungsgebot → Auskunftspflicht der Behörden

Informationsfreiheit. Das Grundgesetz für die Bundesrepublik Deutschland schließt in Artikel 5 Absatz 1 an den Satz: »Jeder hat das Recht, seine Meinung in Wort, Schrift und Bild frei zu äußern und zu verbreiten« die Worte an: »und sich aus allgemein zugänglichen Quellen ungehindert zu unterrichten«. Das Grundgesetz gewährleistet die Informationsfreiheit in zweifacher Weise: einerseits als das Recht darauf, andere zu informieren und Informationen anderer entgegenzunehmen; andererseits als das Recht, sich durch das Aufsuchen von Informationsquellen (aktiv) zu informieren.

Informationsfreiheit und Meinungsfreiheit. Die in Art. 5 Abs. 1 GG gewährleistete Meinungsfreiheit schützt *nicht nur die Meinungskundgabe, sondern die geistige Kommunikation mit anderen*. Der rechtliche Schutz einer ins Leere gehenden Meinungsäußerung wäre sinnlos. Deshalb umfaßt Art. 5 Abs. 1 Satz 1, erster Halbsatz (Meinungsfreiheit) auch den Schutz des der Äußerung korrespondierenden Hörens des Geäußerten, das Recht auf freie Inempfangnahme herangetragener Informationen. Der Empfänger spielt dabei eine passive Rolle.

Demgegenüber wird mit dem Recht, »sich aus allgemein zugänglichen Quellen ungehindert zu unterrichten«, die *aktive Beschaffung von* informierendem, informativem *Material* gewährleistet.

Für einen darüber hinausgehenden *Anspruch* oder gar ein Grundrecht *auf Information* bietet Art. 5 GG keine Grundlage (→ Pressefreiheit). Lediglich die → Pressegesetze der Länder normieren einen Informationsanspruch von Presse und Rundfunk gegenüber den staatlichen Behörden (→ Auskunftspflicht der Behörden).

Der Schutzbereich der Informationsfreiheit. Das Grundrecht, sich »aus allgemein zugänglichen Quellen zu unterrichten«, fand nach dem Zweiten Weltkrieg zunächst Eingang in verschiedene Landesverfassungen, sodann in das Grundgesetz. »Anlaß für die selbständige verfassungsrechtliche Gewährleistung der Informationsfreiheit im Grundgesetz waren die Erfahrungen mit den zur nationalsozialistischen Regierungspraxis gehörenden Informationsbeschränkungen, der staatlichen Meinungslenkung, den staatlichen Abhörverboten für ausländische Rundfunksender und den Literatur- und Kunstverboten« (BVerfGE 27, 71 [80]). Der Schwerpunkt des

Grundrechts liegt im Bereich des Öffentlichen, des Politischen. Der Bürger soll sich frei, d. h. ungehindert vom Staat, aus den allgemein zugänglichen Quellen unterrichten können.

»Quellen« sind alle Informationsträger nicht nur im freien, gesellschaftlichen Bereich, wie z. B. Presse und Bücher, sondern auch die Sendungen der öffentlich-rechtlich organisierten Rundfunkanstalten sowie die öffentlichen Einrichtungen des Staates selbst (z. B. öffentliche Bibliotheken, Museen und Gemäldegalerien, die amtlichen Drucksachen der gesetzgebenden Körperschaften, die Veröffentlichungen der statistischen Ämter). Als *Informationsquellen* sind nicht nur Berichte oder Bilder über ein Ereignis anzusehen, sondern auch das den Gegenstand der Nachricht bildende *Ereignis selbst* (z. B. öffentliche Gerichtsverhandlungen; → Gerichtsberichterstattung).

Der Begriff der Informationsquelle erfährt jedoch eine nicht unwesentliche Einschränkung: nur die Unterrichtung aus *»allgemein zugänglichen« Quellen* ist verfassungsrechtlich geschützt. Allgemein zugänglich ist eine Informationsquelle dann, wenn sie allgemein oder im konkreten Einzelfall dazu geeignet und bestimmt ist, daß ein individuell nicht bestimmbarer Personenkreis von ihrem Inhalt Kenntnis erhält (BVerfGE 27, 71 [83 f.]). Der Charakter einer allgemein zugänglichen Quelle bestimmt sich demnach allein nach der tatsächlichen Lage. Insbesondere verbietet die Verfassung dem Gesetzgeber oder der Verwaltung, darüber zu entscheiden, was eine allgemein zugängliche Quelle ist, und damit Reichweite und Schutzumfang der Informationsfreiheit zu beschränken (Beispiel nach Geiger: für öffentliche Bibliotheken wird angeordnet, sie können künftig nur noch mit besonderer Erlaubnis benutzt werden). An dem Begriffsmerkmal der »Allgemeinzugänglichkeit« scheitert z. B. ein auf die Informationsfreiheit gestützter Anspruch auf Zugang zu einem von einer Behörde veranstalteten Pressegespräch, zu dem nur eine begrenzte Zahl von Journalisten eingeladen wird. Doch ist die Auswahl ermessensfehlerfrei unter Berücksichtigung der Pressefreiheit zu treffen.

Darüber hinaus garantiert Art. 10 der Europäischen Menschenrechtskonvention das Recht zum Empfang von Nachrichten ohne die im Grundgesetz enthaltene Beschränkung auf »allgemein zugängliche Quellen«. Dieses Recht wird in Art. 9 des Europäischen Übereinkommens über grenzüberschreitendes Fernsehen (Europaratskonvention) konkretisiert. Bei Bestehen exklusiver Senderechte von Rundfunkveranstaltern haben die Vertragspartner des Abkommens rechtliche Maßnahmen zu prüfen, mit denen das Recht der Öffentlichkeit auf Information über bedeutende Ereignisse sichergestellt werden kann. In Erfüllung dieses Auftrags trifft § 4 des Staatsvertrages über Rundfunk im vereinten Deutschland vom 31. August 1991 Regelungen zur Sicherung der Fernseh-Kurzberichterstattung. Danach steht jedem in Europa zugelassenen Fernsehveranstalter das Recht auf unentgeltliche Kurzberichterstattung über Veranstaltungen und Ereignisse, die öffentlich zugänglich und von allgemeinem Informationsinteresse sind, zu eigenen Sendezwecken zu.

Außerordentlich schwierige Fragen verbinden sich mit der Beurteilung der vielfach im Grenzbereich zwischen Individual- und Massenkommunikation angesiedelten *neuen Medien* (→ Neue elektronische Kommunikationstechniken) als allgemein zugängliche Informationsquellen.

Zum »Sich-unterrichten« gehören nicht nur das Hören, Lesen und sonstige Arten des Wahrnehmens. Auch die *Speicherung von Informationen, Tonband- und Bildaufzeichnungen* bei öffentlichen Veranstaltungen fallen in den Schutzbereich der Informationsfreiheit.

Das Recht, sich ungehindert zu unterrichten, verbietet der staatlichen Gewalt nicht nur rechtliche und faktische Behinderungen im Zugang zu den Informationsquellen (z. B. durch Einfuhrverbote von Druckwerken, zeitliche Verzögerungen bei der Auslieferung ausländischer Zeitungen, technische Störung von Satellitendirektsendungen), sondern auch solche staatliche Maßnahmen, die nachteilige Konsequenzen für die Wahrnehmung von Informationsmöglichkeiten befürchten lassen (z. B. Beobachtung und Registrierung individuellen Informationsverhaltens, Registrierung von Ausleihen in Bibliotheken). Nicht geschützt ist die *rechtswidrige Beschaffung von Informationen*, z. B. durch unzulässiges Einschleichen in eine Redaktion (BVerfGE 66, 116 [137]). Ob Art. 5 Absatz 1 auch ein Abwehrrecht gegen unerwünschte Informationen (»negative Informationsfreiheit«) bietet, ist umstritten. Die herrschende Meinung verneint einen solchen Anspruch.

Für die Schranken der Informationsfreiheit gilt nichts anderes als für die Schranken der → Pressefreiheit. Auch die Informationsfreiheit findet »ihre Schranken in den Vorschriften der allgemeinen Gesetze, den gesetzlichen Bestimmungen zum Schutze der Jugend und in dem Recht der persönlichen Ehre«. Unzulässig sind insbesondere Maßnahmen, die darauf gerichtet sind, ganz bestimmte Informationen, etwa zu bestimmten Themen, bestimmten Ereignissen, zu unterdrücken, aber auch Maßnahmen, die sich gezielt gegen den Zugang zu bestimmten Informationsquellen richten.

PETER GÄDEKE

Literatur

Martin Löffler: Presserecht, Band I. München ^{2}1969, 5. Kapitel, Anmerkungen 38 bis 42. (*Standardwerk, insbesondere in der umfassenden Erörterung der Rechtsprechung, jedoch teilweise nicht mehr auf dem neuesten Stand. Band I der 3. Auflage [1983] enthält die Kommentierung der Landespressegesetze. Band II der 3. Auflage, der die verfassungsrechtlichen Grundlagen behandeln soll, ist noch nicht erschienen, so daß unverändert auf die 2. Auflage zurückgegriffen werden muß*)

Martin Löffler/Reinhart Ricker: Handbuch des Presserechts. München ^{2}1986

Roman Herzog: Kommentar zur Art. 5 GG, Randnoten 81ff. In: Maunz/Dürig/Herzog: Grundgesetz, München 1982 (*wissenschaftlich eindringende Kommentierung, arbeitet auch die rechtspolitisch wichtigen Fragen heraus*)

Christian Starck: Kommentar zu Art. 5 GG, Randnoten 16ff. In: Mangoldt/Klein/

Starck: Das Bonner Grundgesetz. München [3]1988 (*übersichtliche und gut lesbare Kommentierung des Art. 5 GG*)
Christoph Degenhart: Kommentar zu Art. 5 GG, Randnoten 247ff. In: Bonner Kommentar, Kommentar zum Bonner Grundgesetz. Hamburg und Heidelberg 1988 (*in der umfassenden Erörterung von Detailfragen unübertroffen, bemerkenswert die Einbeziehung von Rechtsfragen der neuen Medien*)
Edzard Schmidt-Jortzig: Meinungs- und Informationsfreiheit. In: Josef Isensee/Paul Kirchhof: Handbuch des Staatsrechts der Bundesrepublik Deutschland. Band IV. Heidelberg 1989, S. 635ff.
Hans Windsheimer: Die »Information« als Interpretationsgrundlage für die subjektiven öffentlichen Rechte des Art. 5 Abs. 1 des Grundgesetzes. München 1968
Willi Geiger: Die Grundrechte der Informationsfreiheit. In: Horst Ehmke/Carlo Schmid u. a. (Hrsg.): Festschrift für Adolf Arndt. Frankfurt/Main 1969
Christian Rotta: Nachrichtensperre und Recht auf Information. Wiesbaden 1986

Informationsquellen → Informationsfreiheit, → Österreichisches Medienrecht

Innere Pressefreiheit → Informationsfreiheit, → Konzentration, → Mitbestimmung, → Pressefreiheit, → Pressegesetze, → Rundfunkprogrammrecht

institutionelle Pressefreiheit → Pressefreiheit

Intendantenprinzip → Rundfunkorganisationsrecht

Internationale und supranationale Kommunikationsbeziehungen. Presse- und Informationsfreiheit auf internationaler Ebene sind Voraussetzung für unbehinderte Kommunikation und Information. Ihnen kommt nicht nur für die Analyse und die Erklärung von politischem und sozialem Handeln eine besondere Bedeutung zu; Zugang zu und Steuerung von Nachrichten und Informationsströmen sind wichtiger Bestandteil von politischer und wirtschaftlicher Macht und Einfluß und zugleich ein Indiz hierfür.

Freier Informationsfluss. Internationale und supranationale Kommunikationsbeziehungen unterliegen einerseits nationalem Verfassungsrecht, sind aber zunehmend auch zu einem Gegenstand zwischenstaatlicher Rechtsbeziehungen des europäischen Rechts und des Völkerrechts geworden. Das Recht des Individuums auf Information wurde vorbehaltlos in Art. 19 der »Allgemeinen Erklärung der Menschenrechte« der Vereinten Nationen vom 10. Dezember 1948 formuliert: »Jeder Mensch hat das Recht auf freie Meinungsäußerung; dieses Recht umfaßt die Freiheit, Meinungen unangefochten anzuhängen und Informationen und Ideen mit allen Verständigungsmitteln ohne Rücksicht auf Grenzen zu suchen, zu empfangen und zu verbreiten.« Dieses klassische Prinzip des freien und ungehinderten Informationsflusses (*free flow of information*) wurde von der »*Konvention zum Schutz der Menschenrechte und Grundfreiheiten*« des Europarates vom

4. November 1950 aufgegriffen (in der Bundesrepublik Deutschland geltendes Recht; BGBl 1952 II, S. 686). Informations- und Meinungsfreiheit werden jedoch in wichtigen Punkten modifiziert: Art. 10 Abs. 1 schränkt die → Informationsfreiheit durch mögliche Genehmigungsverfahren für die Funkmedien ein; Art. 10 Abs. 2 spricht im Zusammenhang mit dieser Freiheit von Verantwortung und Pflichten. Zur Wahrung nationaler Sicherheit, zum Schutz des Individuums und der Unparteilichkeit der Rechtsprechung sollen deshalb die gesetzlich vorgesehenen Vorschriften und Strafandrohungen gelten. Die dort aufgeführten Beschränkungen gehen zwar nicht über die bestehenden nationalen Bestimmungen zur → Presse- und → Informationsfreiheit wie etwa im Grundgesetz für die Bundesrepublik Deutschland hinaus, bergen aber andererseits bei restriktiver Auslegung die Gefahr einer → Zensur. Der besondere Schutz, den die Europäische Menschenrechtskonvention bietet, ergibt sich allerdings aus der Existenz des Europäischen Gerichtshofes für Menschenrechte.

Die in der Menschenrechtsdeklaration von 1948 geforderte Informations- und Meinungsfreiheit hat in Art. 19 des *»Internationalen Paktes über bürgerliche und politische Rechte«* vom 16. Dezember 1966 eine rechtsverbindliche Form gefunden. Mit Gesetz vom 15. November 1973 (BGBl 1973 II, S. 1534) ist diesem Abkommen auch die Bundesrepublik Deutschland beigetreten. Nicht unter den Schutz des Austauschs von Informationen und Meinungen als Menschenrecht fallen nach Art. 20 des gleichen Paktes ausdrücklich alle Formen von Gewaltpropaganda, Aufrufe zum Rassenhaß und religiöse Verunglimpfung. Die hier getroffene Unterscheidung zwischen ungehinderter Information und dem Verbot von Propaganda schafft aber die Möglichkeit zu willkürlichen Kontrollmechanismen, da international eine Einigung auf eine Bewertung von Kommunikationsinhalten nicht erzielt werden konnte. Deshalb glauben Staaten sich immer noch das Recht nehmen zu können, den Zugang zu Informationen und Meinungen einzuschränken. Der grundlegende Konflikt zwischen dem fundamentalen Menschenrecht der freien Information des einzelnen und den Prinzipien staatlicher Souveränität und Nichteinmischung ist völkerrechtlich bis heute ungelöst. International wird darüber diskutiert, das Menschenrecht auf Information, das nur eine einseitige Beziehung ausdrückt, um das Recht auf gegenseitigen Austausch von Information zu erweitern.

Auch die Pastoralinstruktion der päpstlichen Kommission für die Instrumente der sozialen Kommunikation *»Communio et Progressio«* von 1980 mißt den Beitrag der Kommunikationsmittel zum menschlichen Fortschritt an ihrem Vermögen, »Probleme und Erwartungen der menschlichen Gesellschaft sichtbar zu machen« und »die Menschen in immer engere Verbindung zueinander zu bringen«.

INTERNATIONALES INFORMATIONSWESEN. Ungehindertes Sammeln und Verbreiten von weltweiten Nachrichten stößt nicht nur an die Grenzen staatlicher Souveränität, sondern unterliegt auch ökonomischen Zwängen und sich rasant verändernden technischen Entwicklungen. Die hohen Kosten und die technischen Erfordernisse haben schon früh zur Konzentration von leistungsfähigen Informationsmitteln auf wenige Länder und einige globale Nachrichtenagenturen geführt. Fünf Weltagenturen, zwei nordamerikanische und drei europäische (AP, UPI, AFP, Reuters, TASS), dominierten bis in die achtziger Jahre das internationale Nachrichtenwesen. Durch ihre Vormachtstellung und wegen der Erwartungen der Bevölkerung ihrer Abnehmerländer werden in den wichtigsten Industriestaaten Informationen aus den Regionen der Welt – zu Lasten der Berichterstattung aus und über weniger entwickelte Länder – ungleichgewichtig behandelt.

In ihrem Bemühen um Gleichberechtigung und Anerkennung haben deswegen die Entwicklungsländer im Rahmen der Unterorganisation der Vereinten Nationen für Bildung, Wissenschaft und Kultur (Unesco) und der Bewegung der Blockfreien wiederholt Vorstöße zu einer Änderung der bestehenden »*Weltnachrichtenordnung*« unternommen. Auf den Konferenzen der Blockfreien in Algier (1973) und Neu Delhi (1975) forderten sie Informationsstrukturen, die dem Bedürfnis nach politischer und kultureller Eigenständigkeit sowie gleichberechtigter Partnerschaft aller Länder Rechnung tragen, da das Prinzip des freien Informationsflusses in der Praxis zu einer unzureichenden Berücksichtigung der Länder der Dritten Welt geführt habe.

Die Länder der Dritten Welt beklagten diese Ungleichheit vor allem, weil sie zu einer Nivellierung nationaler und kultureller Eigenheiten führe. In der Form eines neuen »kulturellen Imperialismus« bestünden alte koloniale Abhängigkeiten weiter. Kulturelle Überfremdung und wirtschaftliche Nachteile durch die Exporte vor allem der leistungsfähigen nordamerikanischen Programmindustrie fürchten angesichts der zunehmenden Internationalisierung des Mediensystems durch die Satellitentechnik auch westeuropäische Staaten. In einigen dieser Länder, vor allem in Frankreich, werden nationale Produktionen durch vorgeschriebene *Programmquoten* geschützt und gefördert. Das gleiche Ziel hatten Vorstöße, Quotierungen für europäische Produktionen in einer gemeinsamen Fernsehordnung zu empfehlen bzw. festzuschreiben.

Für Fragen internationaler Massenkommunikation und politischer Regelungen im Nachrichtenwesen war die Unesco seit ihrer Gründung Hauptforum. Nach der Satzung der Organisation vom 16. November 1945 gehört die Förderung eines freien Informationsflusses zwischen den Völkern und Staaten zu den wesentlichen Zielen der Unesco. Auf der 19. Generalkonferenz dieser Organisation im Oktober/November 1976 in Nairobi legten Delegationen von blockfreien und sozialistischen Ländern einen Resolutionsentwurf zur »Rolle der Massenmedien in der Völkergemeinschaft« vor. Die darin postulierte *Abkehr vom Prinzip des freien Informationsflusses* führte zu einer scharfen Auseinandersetzung um den Entwurf und zu einer Konfrontation unter den Staaten. Die im Dokument vorgesehene staatliche Reglementierung für die Nachrichtenmedien sowie die Überbewertung des *nationalen* Kommunikationswesens veranlaßte die Mehrheit der Staaten der westlichen Welt und einige Länder der Dritten Welt zu einer Ablehnung der Deklaration. Um aber das bestehende Ungleichgewicht im internationalen Informationswesen zu beheben, boten sich west- und nordeuropäische Staaten, die Vereinigten Staaten von Amerika und Kanada zur Weitergabe von Medientechnologie und zur Hilfe beim Aufbau nationaler Einrichtungen für die Massenkommunikation an.

Die 20. Generalkonferenz der Unesco beschloß am 28. November 1979 in Paris eine Mediendeklaration (»*Declaration on fundamental principles concerning the contribution of mass media to strengthening peace and international understanding, to the promotion of human rights and to countering racialism, apartheid and incitement of war*«, Unesco Doc. C/20 Rec.), die als Kompromiß zwischen den Interessen der sozialistischen, der westlichen und der Entwicklungsländer gilt. Hervorgehoben werden in dem Text das Recht der Allgemeinheit auf umfassende Information sowie das Recht der Journalisten auf freie Berichterstattung und den ungehinderten Zugang zu Informationen. Auf der anderen Seite betont das Dokument, daß eine umfassende und ausgewogenere Verbreitung von Informationen gefördert werden soll. Bestehende Ungleichheiten sollen durch eine größere Gegenseitigkeit beim Informationsaustausch beseitigt werden.

Auf der 21. Generalversammlung der Organisation 1980 in Belgrad schlug die »Kommission zum Studium von Kommunikationsproblemen« auf der Basis des »MacBride-Berichts« eine *»neue Weltinformationsordnung*« vor. Gefordert wurden Regelungen zur Ausschaltung internationaler Monopole, die als Hindernisse für einen freien Fluß, die Balance und die Pluralität von Nachrichten gelten. Die Freiheit von Presse und Information unter Einschluß aller im Kommunikationsbereich Tätigen wurden ebenso gefordert wie der Respekt vor der kulturellen Identität der Völker.

Schließlich einigte sich die 22. Generalkonferenz im November 1983 erneut auf eine Kompromißformel, die unter Verzicht auf eine neue Ordnung einen kontinuierlich sich entwickelnden Prozeß begünstigen will, der zu mehr Gleichheit, Gerechtigkeit und wechselseitigem Austausch führen soll. Die heftige politische Kontroverse gipfelte Ende 1983 im Austritt der USA, später auch von Großbritannien und Singapur aus der UNESCO. Die Staaten begründeten diesen Schritt mit der Politik der Organisation, die – entgegen ihrem Gründungsgedanken – Informationsfreiheit und eine freie Presse behindere. Die Debatte um den »free flow of information« hat sich seit Mitte der achziger Jahre entschärft. Mit der Verwirklichung des IPDC (International Programm für the Development of Communication) wurde den Interessen der Entwicklungsländer durch Unterstützung beim Aufbau von Infrastrukturen im Medienbereich Rechnung getragen. Die ideologische Konfrontation gilt seit den politischen Veränderungen und der Öffnung der ehemaligen Ostblockstaaten als überwunden. In der Folgezeit bestand auf dem Gebiet der internationalen Kommunikationsbeziehungen ein Regelungsbedarf vornehmlich unter technischen und fernmelderechtlichen Aspekten beim Satellitenrundfunk im Rahmen der ITU sowie unter wirtschaftsrechtlichen Gesichtspunkten für den sich immer stärker internationalisierenden Sektor der Kommunikationsdienstleistungen bei den GATT-Runden.

Das völkerrechtliche Dokument, das sich bisher am detailliertesten mit Fragen zwischenstaatlicher Kommunikation, menschlicher Kontakte und kultureller Beziehungen befaßt hat, ist die *Schlußakte der Konferenz über Sicherheit und Zusammenarbeit in Europa (KSZE)* vom August 1975. Dieses Konferenzergebnis ist jedoch kein bindendes internationales Abkommen, seine völkerrechtliche regionale Relevanz liegt eher in der Funktion als politisch-moralische Absichtserklärung. Der Inhalt des sogenannten Korb 3 der Schlußakte von Helsinki: »Zukünftige Rolle der Information für die Förderung gegenseitigen Verständnisses und zur Verbesserung der Beziehungen zwischen den Staaten« ist nicht mehr auf allgemeine Erklärungen beschränkt. In den Empfehlungen zur »Verbesserung der Verbreitung von Informationen, des Zugangs zu Informationen« und zur »Zusammenarbeit im Bereich der Informationen« kommt zum Ausdruck, daß dabei die Freiheit des einzelnen im Gegensatz zur Allgemeinen Erklärung der Menschenrechte nicht mehr als absolut angesehen wird. Auch für die Verbreitung von Information gilt grundsätzlich die Respektierung der Gesetze und Eigenheiten jedes der Unterzeichnerländer auf der Basis der Nichteinmischung in ihre inneren Angelegenheiten – entsprechend dem politischen Kontext und den Zielen und Absichten des Dokuments von Helsinki. Es zeigt sich also auch in den Ergebnissen der KSZE die unterschiedliche Interpretation der Menschenrechte in westlichen und kommunistischen Staaten. Aus westlicher Sicht ist Informationsfreiheit das unveräußerliche Recht des Individuums, während in der Interpretation von Staaten kommunistischer Prägung die Interessen der Bürger mit denen des Staates gleichgesetzt werden; Kommunikation und zwischenmenschliche Beziehungen erhalten also ihre vorrangige Legitimation aus institutioneller und staatlicher Perspektive.

Als wesentlich gilt der Abschnitt von Korb 3 über eine Verbesserung der *Arbeitsbedingungen für Journalisten*, die auf den KSZE-Folgekonferenzen 1980 in Madrid und 1989 in Wien konkretisiert und erweitert wurden. Diese Regelungen betreffen besonders die Einreisebedingungen und Reisemöglichkeiten von Journalisten, die Kontaktaufnahme und Verbindungen zu Quellen, die Benutzung eigener Technik und das Mitführen von Dokumentationsmaterial im europäischen Ausland. Das abschließende Dokument des Wiener Treffens fordert die Teilnehmerstaaten auf, die neuen technischen Möglichkeiten moderner Kommunikationsmittel für die freiere und umfassendere Information zu nutzen und Einschränkungen zu beseitigen, auf eine Harmonisierung technischer Normen hinzuarbeiten und bei internationaler Informationsverbreitung das Urheberrecht der Journalisten zu achten. Bereits die Nachrichtenkonvention der UNO von 1948 hatte Auslandskorrespondenten Reise- und Durchreiserecht, Niederlassungsfreiheit und ungehinderte Informationsbeschaffung gewährt. Eine umfassende Regelung für das Nachrichtenwesen ist auf internationaler Ebene bisher nicht erfolgt. Ein dafür eingesetzter Ausschuß der Vereinten Nationen hat nach dem Austritt der Sowjetunion die Arbeit einstellen müssen.

Telekommunikation. Innovationen im Bereich der Kommunikationstechnologien (→ Neue elektronische Kommunikationstechniken), hier vor allem die Möglichkeit von Direktsendungen über Satelliten, betreffen weit mehr als bisher eine Vielzahl von Rechtsbereichen – z. B. das Völkerrecht, das internationale → Urheberrecht, das Weltraumrecht und das Menschenrecht auf → Informationsfreiheit.

Die Vereinten Nationen befassen sich mit diesen rechtlichen wie auch den technischen, funktionellen und politischen Problemen der *Weltraumkommunikation* vornehmlich in Unterkommissionen. Das »Committee on the Peaceful Uses of Outer Space« (Weltraumkomitee) erhielt 1959 das Mandat der UN-Vollversammlung und bereitete den 1967 von der Versammlung verabschiedeten *Weltraumvertrag* vor (*»Vertrag über die Grundsätze zur Regelung der Tätigkeiten von Staaten bei der Erforschung und Nutzung des Weltraums einschließlich des Mondes und anderer Himmelskörper«*, BGBl. 1969 II, S. 1968ff.), der Grundlage wurde für die weitere völkerrechtliche Arbeit für den Bereich des Weltraums. Danach gelten als Hauptprinzip für das Handeln der Staaten im Weltraum das Völkerrecht sowie die UNO-Statuten. Die Vertragsstaaten haften nach diesem Vertrag jedoch auch für nichtstaatliche Unternehmungen im Weltraum, da alle Tätigkeiten dort staatlich konzessioniert sein müssen. Die Resolution der Vollversammlung der UNO zur *»Regelung des Einsatzes künstlicher Erdsatelliten für die internationale Fernsehdirektübertragung«* (»Principles Governing the Use by States of Artificial Earth Satellites for International Direct Television Broadcasting«, Res. 37/92) vom 10. Dezember 1982 baut auf dem Weltraumvertrag auf. Umstrittener Punkt in der Auseinandersetzung um die Resolution war das sog. *»prior-consent-Prinzip«*. Danach darf kein Rundfunksatellit direkt auf das Gebiet eines anderen Staates gerichtet werden, bevor nicht eine Übereinkunft mit dem betroffenen Staat erreicht wurde. Die völkerrechtlich nicht verbindliche Resolution, die gegen den Willen der westlichen Staaten verabschiedet wurde, bestätigt die Staatsverantwortlichkeit für das Satellitendirektfernsehen, verlangt vor der Direktbestrahlung von fremdem Staatsgebiet jedoch kein Verfahren nach dem prior-consent-Prinzip, sondern Konsultationen und gegenseitige Übereinkommen.

Generell ist in den internationalen Organisationen eine starke Tendenz zu Restriktionen deutlich. Die *»Declaration of Guiding Principles on the Use of Satellite Broadcasting for the Free Flow of Information, the Spread of Education and Greater Cultural Exchange«* der Unesco (Unesco Doc. 17C/76, Part II) forderte schon 1972 die Staaten auf, Vereinbarungen zu schließen, bevor sie Satellitensendungen direkt an andere Völker richten.

Die »International Telecommunication Union« (ITU), 1947 als Fachorgan der UNO gegründet, regelt verantwortlich die Anwendung des Frequenzspektrums, die Verteilung der Wellenbereiche sowie die Koordinierung aller Fernmeldemittel. Die von ihr einberufene Weltrundfunkkonferenz für Weltraumkommunikation beschloß 1971, die Vorschrift 428 A in die *Funkvollzugsordnung* (Radio Regulations Nr. 6222, ITU – Final Acts of the WARC, UN Doc. A/AC.105/271, Annex I, S. 4) aufzunehmen. Danach müssen für die Rundfunkdienste über Satelliten alle technischen Mittel eingesetzt werden, »um Aussendungen über dem Hoheitsgebiet anderer Länder auf ein Mindestmaß zu beschränken, sofern mit den Verwaltungen dieser Länder nicht zuvor ein Übereinkommen getroffen wurde«.

Noch weiterreichend sind die Regelungen zum Satellitendirektfernsehen der Weltrundfunkverwaltungskonferenz 1977 (WARC '77). Die *Schlußakte* (UN Doc. A/AC/105/117 Annex II), die als Verwaltungsabkommen am 1. Januar 1979 in Kraft getreten ist und zunächst für 15 Jahre galt, legt weiterhin die nationale Versorgung durch geostationäre Satelliten fest. Jeder Staat muß von einer vereinbarten Orbitposition aus mit vorgeschriebener Ausleuchtrichtung und -zone das eigene Staatsgebiet versorgen. Um den spillover, d. h. die unbeabsichtigte Überstrahlung fremden Staatsgebietes zu begrenzen, wurde angestrebt, die Ausleuchtzonen möglichst klein zu halten. Auch wenn sich in der Praxis zeigte, daß die ellipsenförmigen »footprints« der Satelliten wesentlich größer sind als ursprünglich intendiert, wurden hier doch – auf dem Wege präjudizierender technischer Lösungen – Fakten geschaffen, die dem priorconsent-Prinzip entsprechen. Deswegen wiesen die Signatarstaaten Deutschland und USA in einem Protokoll zur Schlußakte auf den technischen Charakter der Vereinbarungen hin. Die Regelungen könnten deswegen keinen Einfluß haben auf die politische Debatte bei den Vereinten Nationen und bedeuteten keine Anerkennung des prior-consent-Prinzips.

Die Zustimmung zu den die Informationsfreiheit beschränkenden Maßnahmen bleibt der Bundesrepublik Deutschland aus verfassungsrechtlichen Gründen verwehrt. Art. 5 des Grundgesetzes wird in bezug auf den Satellitenrundfunk so interpretiert, daß für die Beurteilung als allgemeinzugängliche Informationsquellen nicht zwischen inländischen und ausländischen Programmen unterschieden werden darf. Alle Informationsquellen, damit auch Satellitenprogramme, die an irgendeinem Ort allgemeinzugänglich sind und die mit »durchschnittlichem Antennenaufwand« empfangen werden können, sind gleichermaßen geschützt.

Dem stehen die technischen Reglementierungen der Weltfunkverwaltungskonferenz von 1977 gegenüber, mit denen die Leistungsmöglichkeiten des Satellitendirektfernsehens für einen freien Informationsfluß eher behindert werden. Die Einschränkungen des WARC-Abkommes von 1977 lagen vor allem in der Festlegung von lediglich auf die nationale Versorgung abgestimmten Sendestärken. Durch dieses Verfahren wurden kleinere Länder benachteiligt. Als weit schwerwiegender aber gilt, daß die besonderen technischen Möglichkeiten des Satellitenrundfunks für den grenzüberschreitenden Informationsfluß durch dieses Verfahren konterkariert wurden. In den letzten Jahren jedoch haben sich die Satellitenantennen derartig verbessert, daß alle Programme inzwischen in mehreren Staaten empfangen werden können.

Die im Prinzip von technischen Fragen bestimmten Weltfunkverwaltungskonferenzen werden nun zunehmend von wirtschaftlichen Interessen bestimmt. So hat WARC '92 über Frequenzzuweisungen die Grundlagen geschaffen für den digitalen Tonrundfunk (DAB) über Satelliten für Direktempfang und für das hochauflösende Fernsehen (HDTV) über Satelliten. Von zukunftsweisender Bedeutung war die Vorbereitung der Einführung eines zukünftigen universellen Mobilen Satellitenfunks.

Die grenzüberschreitende Natur des Satellitenrundfunks, die sich zunehmend innerstaatlichen Regelungen entzieht, hat zu Ansätzen für ein → europäisches Medienrecht geführt. Der Europarat hat am 15. März 1989 ein »Übereinkommen über das grenzüberschreitende Fernsehen« (European Treaty Series, No. 132. Straßburg 1989) verabschiedet, das seit dem 5. Mai 1989 für die Mitgliedsstaaten zur Zeichnung ausliegt. Das Übereinkommen ist seit dem 1. Mai 1993 in Kraft. Die Bundesrepublik Deutschland hat das Übereinkommen unterzeichnet, aber noch nicht ratifiziert. In dem Dokument wird besonders die Rolle des Rundfunks für die kulturelle Entwicklung hervorgehoben. Diese kulturellen Ziele sollen durch die vorrangige Berücksichtigung von europäischen Werken in der Hauptsendezeit und die Unterstützung von europäischen Produktionen gefördert werden.

Aus ihrer vom Europäischen Gerichtshof bestätigten Zuständigkeit für den Rundfunk als Dienstleistung auf dem Sektor der Kulturwirtschaft leitet die Europäische Gemeinschaft bei der Vorbereitung eines gemeinsamen europäischen Binnenmarktes Harmonisierungs- und Angleichungskompetenzen im Bereich des Niederlassungs- und Dienstleistungsrechts ab. Die »Richtlinie des Rates zur Koordinierung bestimmter Rechts- und Verwaltungsvorschriften der Mitgliedsstaaten über die Ausübung der Fernsehtätigkeit« vom 3. Oktober 1989 (ABl. Nr. L 298/23 vom 17. Oktober 1989) umfaßt einheitliche Regelungen zur Werbung und zum Sponsoring, zum Recht auf Gegendarstellung, zur Förderung der europäischen Programmproduktion durch Quotierung und zum Jugendschutz. Unter kompetenzrechtlichen Aspekten ist die Fernsehrichtlinie besonders in der Bundesrepublik Deutschland umstritten. Ohne dem Rundfunk seinen grenzüberschreitenden Dienstleistungscharakter abzusprechen, betonen die Bundesländer auch die kulturellen Aspekte des Rundfunks und begründen damit ihre Kompetenz zur Gestaltung der Rundfunkordnung. Vor dem Bundesverfassungsgericht ist gegenwärtig darüber ein Bund-Länder-Streit anhängig, der im Herbst 1994 entschieden werden soll. Es geht dabei um die Fragen europa- und bundesstaatsrechtlicher Kompetenz im Medienbereich.

Schon die Auseiandersetzung innerhalb der EG hatte gezeigt, wie sehr technisch längst realisierbare Möglichkeiten grenzüberschreitender Kommunikation den Grundsatzkonflikt akzentuieren, nämlich zwischen dem Prinzip des freien Informationsflusses einerseits und dem wirtschaftlichen Wettbewerb, dem Anspruch einzelner Staaten auf Souveränität und eigene Gestaltung ihres nationalen Informationswesens als wichtigem Bestandteil ihres kulturellen und politischen Systems andererseits.

Auf globaler Ebene wird dieser Konflikt seit den 80er Jahren in der sog. *Uruguay-Runde* des GATT ausgetragen. Besonders die USA bestanden gegenüber der Europäischen Union auf einer umfassenden Liberalisierung im Bereich der Kommunikationsdienstleistungen. Gerade in der EG-Fernsehrichtlinie, in deren Quotierung zugunsten europäischer Programme und in der direkten finanziellen Förderung von Produktion und Vertrieb sehen die Amerikaner einen anachronistischen Protektionismus und damit eine prinzipielle Verletzung der GATT-Regeln. Die allerdings in sich zerstrittene EU verwies demgegenüber auf ein – trotz bestehender Marktzutrittsbarrieren – deutliches wirtschaftliches Übergewicht der USA: 1992 erreichte der Umsatz amerikanischer Unternehmen im audiovisuellen Bereich in Europa über 366 Mrd. Dollar, die Europäer erwirtschafteten in den USA lediglich 288 Mio. Dollar.

Auf Druck der Franzosen beharrten die Kultusminister der EU auf ihrer Position, der USA weiterhin die Meistbegünstigtenklausel zu verweigern, ausschließlich europäische Werke staatlich zu fördern, die heimische Filmbranche weiterhin zu subventionieren und am Quotensystem festzuhalten. Auch in Zukunft sollten neue Übertragungstechniken reglementiert werden, da audiovisuelle Medien aufgrund ihrer kulturellen Sonderstellung nicht der schrittweisen Liberalisierung unterliegen sollten. Der amerikanische Kompromißvorschlag, die Quotierung wenigstens zu lockern und keine Marktzutrittsbarrieren für neue TV-Dienste aufzurichten, wurde nicht akzeptiert.

Mit der Zustimmung der 117 Vertragsparteien zum Final Act am 15. Dezember 1993 ist nach siebenjähriger Verhandlung die sog. Uruguay-Runde des GATT abgeschlossen worden. Die Europäer konnten sich gegen die unter Zeitdruck stehenden Amerikaner durchsetzen und erreichen, daß die Bereiche Film und Fernsehen ausgeklammert blieben. Das neue »Allgemeine Abkommen über den Handel mit Dienstleistungen« (GATS) wird zukünftig zwar einen multilateralen Ordnungsrahmen für den internationalen Dienstleistungshandel darstellen und weltweit geltende Verpflichtungen zur Gewährung von Meistbegünstigung, Marktzugang und Inländerbehandlung mit sich bringen. Für audiovisuelle Kommunikationsdienstleistungen aber konnten keine konkreten Liberalisierungspflichten vereinbart werden. Die EU war vor allem auf Drängen Frankreichs nicht bereit, den Amerikanern bei den für die USA sehr wichtigen audiovisuellen Dienstleistungen weiter entgegenzukommen.

Es ist wohl nicht nur auf diplomatische Gepflogenheiten zurückzuführen, wenn die Liberalisierung des Kommunikationsbereiches nur als »aufgeschoben« bezeichnet wurde. Mit der rapiden technologischen Innovation werden Reglementierungsversuche kaum Schritt halten können und zwangsläufig an Legitimationskraft einbüßen. Während heute das in Europa führende Distributionssystem ASTRA über die Satelliten ASTRA 1 A, B und C etwa 50 Fernseh- und Dutzende Hörfunkkanäle abstrahlt, wird sich dieses Angebot bis 1996 vervielfachen. Durch digitale Kompression werden die Satelliten ASTRA 1 E und F schon 1996 bis zu 400 neue Übertragungsmöglichkeiten schaffen. Die Telekom bereitet technisch bereits die Einspeisung dieser Programme in die Kabelanlagen vor. Im neuen digitalen Informationszeitalter wird sich das Publikum am »Fernsehkiosk« souverän aus einer Vielfalt von Programmangeboten nach eigener Wahl, vor allem auch mit Pay-TV, Pay-Per-View und Spartenprogrammen in verbessertem Übertragungsstandard und bald auch mit interaktivem Zugriff bedienen können.

Die Kommunikationsindustrie wird unter diesen Vorzeichen ihre gesamtwirtschaftliche Bedeutung weiter beträchtlich steigern. Schon jetzt entstehen vor allem in den Vereinigten Staaten, aber auch in Europa Konsortien, die Milliarden in zukünftig kombinierte Kommunikationsnetze investieren. Unübersehbar bilden sich aufgrund des gewaltigen Kapitalbedarfs neue Formen horizontaler Verflechtungen zwischen Telefongesellschaften, Kabelnetzbetreibern sowie großen Produktions- und Verleihfirmen, die die Diskussion um Medienkonzentration auf internationaler Ebene anfachen werden.

Neuer internationaler Regelungsbedarf entsteht damit in allen Bereichen. Auf technischem Gebiet z. B. geht es um die schwierige und langwierige Harmonisierung und Durchsetzung neuer Fernsehstandards. Generell kaum umkehrbar scheint die Tendenz, daß die auf den gleichen technischen Entwicklungen beruhenden und sich immer stärker verzahnenden Fernmelde- und Rundfunkdienste im Rahmen der EU und des GATT, zunehmend auch im Rahmen der eher technischen Vereinbarungen bei der ITU, unter rein wirtschaftlichen Gesichtspunkten den Regeln eines freien Dienstleistungsverkehrs und damit der Deregulation unterworfen sein werden. Unter diesen Bedingungen werden solche, aus Gründen des Schutzes nationaler Interessen getroffen technischen Vereinbarungen, die den freien Informationsfluß eher behindern, keinen Bestand haben. Initiativen innerhalb der EU, vor allem Frankreichs, durch das Gemeinschaftsrecht im Medienbereich die Entwicklung in den Mitgliedsstaaten weiter restriktiv zu vereinheitlichen und – vor allem auf dem Gebiet neuer Angebotsformen – Europa gegen die USA abzuschirmen, werden kaum durchzusetzen sein. Der Vorwand, nur durch solche Regelungen die eigene kulturelle Identität bewahren zu können, ist den Entwicklungsländern von den westlichen Ländern in der UNESCO unter Berufung auf den freien Informationsfluß bestritten worden, also offensichtlich nachrangig. Technischer Fortschritt und eine Liberalisierung des Kommunikationssektors im Rahmen des weltweiten Abbaus von Handelsschranken können damit das übergeordnete Ziel eines freien und ungehinderten internationalen Informationsflusses fördern.

BEATE SCHNEIDER

Literatur

Petra Alscheid-Schmidt: Die Kritik am internationalen Informationsfluß. Beurteilung der politischen Diskussion anhand wissenschaftlicher Untersuchungsergebnisse. Frankfurt am Main 1991 (*Überprüfung der unterschiedlichen Positionen in der medienpolitischen Diskussion um den internationalen Informationsfluß anhand der dazu vorhandenen empirischen Studien*)

Oliver Boyd-Barrett/Daya Kishan Thussu: Contra-Flow in Global News. International and Regional News Exchange Mechanisms. London 1992 (*Evaluationsstudie im Auftrag der UNESCO über Arbeitsweise und Effizienz verschiedener neugegründeter Kommunikations-Netzwerke zur Verbesserung des weltweiten Informationsflusses*)

Christian Breunig: Kommunikationspolitik der UNESCO. Dokumentation und Analyse der Jahre 1946 bis 1987. Konstanz 1987 (*sorgfältige Dokumentation der medienpolitischen Aktivitäten der UNESCO mit ausführlicher Bibliographie*)

Erwin Dahinden: Die rechtlichen Aspekte des Satellitenrundfunks. Freiburg/Schweiz 1990 (*Satellitenrundfunk im internationalen und schweizerischen Recht: Anwendbarkeit von Rechtsgrundlagen, Bewertung der Zweckmäßigkeit einer Zuordnung und deren Konsequenzen*)

Helmut Engelhard: Satellitendirektfernsehen – neue Technologie für einen besseren internationalen Informationsfluß? Die völkerrechtliche Kontroverse zwischen Informationsfreiheit und Staatssouveränität. Frankfurt am Main, Bern und Las Vegas 1978 (*Analyse der rechtlichen Überlegungen, die den verschiedenen Lösungsvorschlägen und völkerrechtlichen Kodifizierungen des Satellitendirektfernsehens zugrunde liegen*)

Gilbert Gornig: Völkerrechtliche Probleme des Satellitenrundfunks. In: Hans-Bredow-Institut (Hrsg.): Internationales Handbuch für Hörfunk und Fernsehen 1992/93. Baden-Baden und Hamburg 1992, S. F1–F9 (*Darstellung und Bewertung der aktuellen völkerrechtlichen Regelungen zum Satellitenrundfunk*)

Birgit Lange: Medienpolitik des Völkerbundes. Konstanz 1991 (*umfassende Dokumentation aller Aktivitäten des Völkerbundes, die auf Rundfunk, Film und Presse gerichtet waren*)

R. Negrine / S. Papathanassopoulos: The Internationalization of Television. London und New York 1990 (*Bestandsaufnahme und kritische Bewertung von Internationalisierungstendenzen des Fernsehens aus historischer, technischer, wirtschaftlicher und rechtlicher Sicht*)

Patrick Reinert: Grenzüberschreitender Rundfunk im Spannungsfeld von staatlicher Souveränität und transnationaler Rundfunkfreiheit. Eine völker-, europa- und verfassungsrechtliche Betrachtung des Mediums Rundfunk, insbesondere über Satellit und Kabel. Frankfurt am Main 1990

Viele Stimmen – eine Welt. Kommunikation und Gesellschaft heute und morgen. Bericht der Internationalen Kommission zum Studium der Kommunikationsprobleme unter dem Vorsitz von Sean MacBride an die UNESCO. Herausgegeben von den UNESCO-Kommissionen der Bundesrepublik Deutschland, Österreichs und der Schweiz. Bonn und Konstanz 1981 (*deutsche Übersetzung des Berichts der »MacBride-Kommission«: Many Voices, One World. Sammlung von Fakten, Standpunkten und Tendenzen, die für die weitere Arbeit der UNESCO im Hinblick auf die Diskussion über eine neue Weltinformations- und Kommunikationsordnung relevant erschienen*)

Jürgen Wilke: Internationale Beziehungen und Massenmedien. In: Heinz Bonfadelli/Werner A. Meier (Hrsg.): Krieg, Aids, Katastrophen. Gegenwartsprobleme als Herausforderung für die Publizistikwissenschaft. Konstanz 1993, S. 175–191 (*Überblick zum Verhältnis von Massenmedien und internationalen Beziehungen*)

Irland: Medienrecht → Medienrecht in den Staaten der EU

irreführende Werbung → Wettbewerbsrecht

Italien: Medienrecht → Medienrecht in den Staaten der EU

ius informandi → Informationsfreiheit

IVW → Verbände und Organisationen im Medienbereich (ZAW)

Journalistengesetz → Österreichisches Medienrecht

Journalistenpauschale → Steuerrecht

Journalistikstudium → Aus- und Fortbildung von Journalisten

Jugendmedienschutz. Die heutigen Erkenntnisse der Wirkungsforschung lassen begründet vermuten, daß Kinder und Jugendliche durch die Rezeption jugendgefährdender Medien in ihrem sozial- und sexualethischen Reifungsprozeß negativ beeinflußt werden und Schäden erleiden können. Zu den jugendgefährdenden Medien gehören vor allem verrohend wirkende, zur Gewalttätigkeit, Verbrechen und Rassenhaß anreizende, den Nationalsozialismus und den Krieg verherrlichende und verharmlosende, frauendiskriminierende und pornographische Medien.

Einsicht und Eigenverantwortung der Jugend und das verantwortungsbewußte Wirken von Eltern und anderen Erziehenden, wie Lehrkräften und Jugendleitern, aber auch von Unternehmern, Veranstaltern, Verlegern, Programmanbietern, Vertriebs- und Werbefachleuten können durch wertorientierte Medienerziehung, Selbstbeschränkung und Selbstkontrolle viele Gefahren von Kindern und Jugendlichen abwenden. Sie bedürfen aber der flankierenden Unterstützung durch staatliche Jugendmedienschutzmaßnahmen. Deshalb ermächtigt das Grundgesetz den Staat, Kinder und Jugendliche vor jugendgefährdenden Medien zu schützen, und gestattet, zu diesem Zweck die Presse- und Medienfreiheit durch Jugendschutzgesetze einzuschränken.

Aufgaben des Jugendmedienschutzes. Jugendmedienschutz will 1. dazu beitragen, daß Medien, die geeignet sind, Kinder und Jugendliche sozialethisch zu desorientieren, diesen nicht zugänglich gemacht werden, ohne daß Erwachsene auf ihren Konsum verzichten müssen; 2. Erziehungsberechtigte und -institutionen auf Erziehungsdefizite hinweisen, die von Medienmachern benutzt werden, um Kinder und Jugendliche zu manipulieren; 3. in Zusammenarbeit mit den einschlägigen wissenschaftlichen Disziplinen das »Manko der Wirkungsforschung« aufarbeiten und schließlich 4. Medienmacher und Gewerbetreibende anhalten, sich bei Verbreitung jugendgefährdender Medien dasjenige Maß an Zurückhaltung aufzuerlegen, das eine sich ihrer Verantwortung gegenüber Kindern und Jugendlichen bewußte Gesellschaft braucht, um sich nicht selbst zu schaden. Schließlich geht es darum, daß die im Interesse des Schutzes der Kinder und Jugendlichen geltenden Vertriebs-, Werbe-, Weitergabe- und Ankündigungsbeschränkungen für jugendgefährdende Medien eingehalten und Verstöße strafrechtlich geahndet werden.

Es kommt nicht darauf an, möglichst viele Indizierungsentscheidungen zu erlassen, sondern solche mit Signalwirkung, auch mit Wirkung über das Bundesgebiet hinaus: wie zum Beispiel mit der Indizierung von den Nationalsozialismus verherrlichenden und ausländerfeindlichen Medien, insbesondere bei Computerspielen.

Begriffsbestimmungen. *Medien* sind Schriften, Ton- und Bildträger, Abbildungen und andere Darstellungen (§ 1 Abs. 3 GjS und § 11 Abs. 3 StGB). Damit sind auch Hörfunk- und Fernsehsendungen erfaßt, ausgenommen Livesendungen. Sie werden z. B. in § 131 Abs. 2 StGB besonders genannt, nicht aber im GjS.

Jugendgefährdend sind Medien, die bei Kindern und Jugendlichen eine sozialethische Desorientierung herbeiführen oder verstärken können. »Dazu zählen vor allem unsittliche, verrohend wirkende, zu Gewalttätigkeit, Verbrechen oder Rassenhaß anreizende sowie den Krieg verherrlichende Schriften« (§ 1 Abs. 1 Satz 2 GjS).

Offensichtlich *schwer jugendgefährdend* sind »1. Schriften, die Gewalttätigkeiten gegen Menschen in grausamer oder sonst unmenschlicher Weise schildern und dadurch eine Verherrlichung oder Verharmlosung solcher Gewalttätigkeiten ausdrücken oder die zum Rassenhaß aufstacheln (§ 131 StGB), 2. pornographische Schriften (§ 184 StGB) und 3. sonstige Schriften, die offensichtlich geeignet sind, Kinder und Jugendliche sittlich schwer zu gefährden« (§ 6 GjS).

Indizierung ist die Eintragung in die Liste der jugendgefährdenden Schriften durch die Bundesprüfstelle mit Bekanntmachung im »Bundesanzeiger«, die die im GjS vorgesehenen Beschränkungen auslösen.

Kind ist, wer noch nicht 14, *Jugendlicher*, wer 14, aber noch nicht 18 Jahre alt ist.

Verfassungsauftrag zum Jugendmedienschutz. Das Grundgesetz Art. 1 und 6 Abs. 2 garantieren den 11 Millionen Kindern und Jugendlichen einen Anspruch gegen den Staat auf Schutz vor jugendgefährdenden Medien (Bundesverfassungsgericht, Beschluß vom 20. Oktober 1991, »BPS-Report«, Nr. 1/1992, S. 3).

Das Grundgesetz mißt dem Schutz von Kindern und Jugendlichen einen so hohen Stellenwert bei, daß es in Art. 5 Abs. 2 den Gesetzgeber ausdrücklich ermächtigt, die Grundrechte der → Pressefreiheit und der → Informationsfreiheit u. a. durch Gesetze zum Schutze der Jugend einzuschränken.

JUGENDMEDIENSCHUTZGESETZE. Das *Gesetz über die Verbreitung jugendgefährdender Schriften* (GjS) unterscheidet zwischen jugendgefährdenden (§ 1) und offensichtlich sittlich schwer jugendgefährdenden Medien, zu denen seit 1973 u. a. alle pornographischen Medien zählen (§ 6). Für beide Arten statuiert es strafbewehrte Kinder- und Jugendverbote sowie Vertriebs- und Werbeverbote. Das GjS ist Rechtsgrundlage für die Errichtung und Zusammensetzung der Bundesprüfstelle für jugendgefährdende Schriften, regelt das Indizierungsverfahren und eröffnet den Rechtsweg zum Bundesverwaltungsgericht gegen die Entscheidungen der Bundesprüfstelle.

Das *Gesetz zum Schutze der Jugend in der Öffentlichkeit* (JÖSchG) schafft ein Sonderrecht für Kino- und Videofilme sowie für Spielautomaten. Filme schützt es zum Teil vor Indizierungen, Kinofilme weitergehend als Videofilme. Verstöße werden in schweren Fällen strafrechtlich verfolgt, sonst nur als Ordnungswidrigkeit.

Das *Strafgesetzbuch* (StGB) statuiert in den §§ 131 und 184 Abs. 3 ein Totalverbot, d. h. auch ein Herstellungs- und Importverbot, für sozialschädliche Medien. Dies gilt für rassenhetzerische, gewaltverherrlichende Medien, die besonders grausam sind, und für pornographische Medien mit Kindern, Gewalt oder Tieren. Damit dienen diese Bestimmungen auch dem Schutz von Erwachsenen. Strafbarkeit liegt nur vor, wenn dem Täter Vorsatz nachgewiesen und die Strafverfolgung innerhalb der sechsmonatigen Verjährungsfrist aufgenommen wird. Danach ist nur noch Beschlagnahme und Einziehung der Objekte möglich.

Der *Rundfunkstaatsvertrag* vom 31. August 1991 gilt seit 1. Januar 1992 für alle Anstalten, öffentlich-rechtliche wie private. Artikel 3 regelt den Jugendschutz. Er unterscheidet zwischen unzulässigen Sendungen und solchen, die nur innerhalb bestimmter Zeitgrenzen gesendet werden dürfen. Indizierte Filme gehören zu den unzulässigen, auch wenn sie nicht in Nr. 1 des Art. 3 aufgeführt sind, und dürfen daher nicht gesendet werden. Sendungen, die ganz oder im wesentlichen mit indizierten Medien inhaltsgleich sind, dürfen nur zwischen 23.00 und 6.00 Uhr gesendet werden, wenn sie nicht schwer jugendgefährdend sind. Diese Bestimmung ist nach einem Gutachten von Prof. Dr. Dieter Meurer (Universität Marburg) von Anfang 1993 verfassungswidrig und daher nichtig.

MEDIENERZIEHUNG. Der beste Jugendmedienschutz kann die wertorientierte Erziehung von Kindern und Jugendlichen nicht ersetzen. Nach Meinung der Kultus- und Jugendministerkonferenz sollen Elternhaus, Schule und Träger der freien Jugendhilfe »Kinder und Jugendliche befähigen, verfügbare Medien verantwortlich und sinnvoll zu nutzen sowie wertorientierte Einstellungen zu entwickeln und entsprechende Verhaltensweisen auszubauen« (Beschluß der Konferenz der Kultusminister der Länder [KMK] vom 25. November 1983 und der Jugendministerkonferenz).

ORGANE DES JUGENDMEDIENSCHUTZES. Dazu gehören die Bundesprüfstelle für jugendgefährdende Schriften, das Bundesministerium für Frauen und Jugend, die 16 Jugendministerien der Länder als oberste Jugendbehörden, der Ständige Vertreter der Länder bei der Freiwilligen Selbstkontrolle der Filmwirtschaft (FSK), die 800 Jugend- und Landesjugendämter und die 16 Zentralstellen der Länder zur Bekämpfung gewaltverherrlichender, pornographischer und sonstiger jugendgefährdender Schriften.

BUNDESPRÜFSTELLE (BPS). Sie wurde 1954 errichtet und ist eine Bundesoberbehörde mit Sonderstatus. Von anderen Behörden unterscheidet sie sich durch Weisungsfreiheit (§ 10 GjS) sowie Pluralität und Fachkompetenz ihrer Entscheidungsgremien. Die Zusammensetzung ihrer Spruchgremien verbindet »vermutete Fachkenntnis und Elemente gesellschaftlicher Repräsentanz. Sie bietet die Gewähr, daß bei der Entscheidung über die Aufnahme einer Schrift in die Liste die verschiedenen Gruppen unserer pluralistischen Gesellschaft wirksam werden« (BVerwGE 39, 197). Die 36 ehrenamtlich tätigen Gruppenbeisitzer der BPS werden auf Vorschlag ihrer Verbände aus den Kreisen der Kunst, der Literatur, des Buchhandels, der Verleger, der Jugendverbände, der Verbände der Jugendwohlfahrt, der Lehrerschaft und der Kirchen vom Bundesministerium für Frauen und Jugend (BMFJ) für die Dauer von drei Jahren ernannt. Die 38 Länderbeisitzer werden von den Landesregierungen ebenfalls für drei Jahre, der Vorsitzende der BPS vom BMFJ für drei Jahre berufen. Während Laienrichter bei den Ordentlichen Gerichten durch Zufall des Loses bestimmt werden, haben es die für den Jugendschutz repräsentativen Gruppen in der Hand, ihre Beisitzer für die BPS mit aller Sorgfalt auszuwählen.

Je qualifizierter die von ihnen entsandten Beisitzer sind, um so qualifiziertere Entscheidungen sind von dieser Behörde zu erwarten. Die Entscheidungen der BPS fallen im Zwölfer- oder Dreiergremium. Der Vorsitzende kann allein nur entscheiden in Fällen, in denen rechtskräftig für gewaltverherrlichend oder pornographisch erklärte Medien oder bereits inhaltsgleich indizierte Medien in die Liste einzutragen sind.

Die Bundesprüfstelle entscheidet im Antragsverfahren durch ein 12er Gremium (1 Vorsitzender, 8 Gruppenbeisitzer, 3 Länderbeisitzer) oder ein 3er Gremium (1 Vorsitzender, 1 Beisitzer aus den Gruppen 1–4, 1 weiterer Beisitzer). Ihre Zusammensetzung ist im GjS selbst im einzelnen so festgelegt, daß sie »vermutete Fachkenntnisse und Elemente gesellschaftlicher Repräsentanz verbindet und daß bei der Entscheidung über die Aufnahme in die Liste die verschiedenen Gruppen unserer pluralistischen Gesellschaft wirksam werden« (BVerwGE 39, 197). Sie entscheiden nach Anhörung des Verlages/Programmanbieters und Autors nach geheimer und weisungsfreier Beratung und Abstimmung. Das 12er Gremium entscheidet aufgrund mündlicher Verhandlung, zu der interessierte Personen zugelassen werden können. Zur Indizierung bedarf es einer Mehrheit von zwei Drittel der an der Entscheidung mitwirkenden Mitglieder. Das 3er Gremium kann nur einstimmig die Indizierung anordnen, aber keine Anträge ablehnen.

Nach den *BPS-Entscheidungskriterien* sind Medien jugendgefährdend, die geeignet sind, Kinder und Jugendliche bis 18 Jahren sozialethisch zu desorientieren, wie das Tatbestandsmerkmal »sittlich zu gefährden« in § 1 Abs. 1 Satz 1 nach gefestigter Rechtssprechung auszulegen ist. »Dazu zählen vor allem unsittliche, verrohend wirkende, zu Gewalttätigkeit, Verbrechen oder Rassenhaß anreizende sowie den Krieg verherrlichende Medien«, wie § 1 Abs. 1 Satz 2 beispielhaft und nicht erschöpfend bestimmt. Nach ständiger, höchstrichterlich bestätigter Spruchpraxis der BPS kommen insbesondere hinzu: Medien, die die nationalsozialistische Gewaltherrschaft rechtfertigen, verherrlichen oder verharmlosen, die die Judenmorde durch das Dritte Reich leugnen, die den Drogenkonsum verherrlichen oder verharmlosen, sowie rassenhetzerische Medien i. S. von § 131 StGB.

Als *Entscheidungsmöglichkeiten* stehen zur Verfügung: Indizierung, Vorausindizierung für 12 Monate bei Periodika, vorläufige Indizierung (§ 15), endgültige Indizierung, Absehen wegen Geringfügigkeit, Ablehnung des Indizierungsantrages, Einstellung des Verfahrens.

Die Entscheidung über die Listenaufnahme ist ein zeitgebundener Verwaltungsakt mit erheblichem Einschlag wertender Elemente. Bei der Anwendung des Begriffs der Eignung zur Jugendgefährdung und der Kunst ist nicht nur eine richtige Lösung möglich. Von der Sache her sind mehrere Lösungen, ist eine »Bandbreite der Entscheidungsmöglichkeiten« denkbar (Redeker), die das Recht in gleicher Weise als vertretbar ansehen kann. Deshalb steht der BPS bei Feststellung der Jugendgefährdung und Kunst ein *Beurteilungsspielraum* zu (BVerwGE 39, 197).

Indizierungsverfahren. Jugendmedienschutz kann wegen des Verbots der → Zensur frühestens einsetzen, wenn die Medien erschienen sind. Die Jugendmedienschutzgesetze verzichten auf die Statuierung absoluter Verbreitungsbeschränkungen und untersagen der Bundesprüfstelle ein Einschreiten gegen die jugendgefährdenden Medien von Amts wegen. Die Bundesprüfstelle kann Indizierungsverfahren erst aufgrund von Anträgen durchführen.

Das Indizierungsverfahren richtet sich nicht gegen Autor und Verleger, sondern gegen das Objekt, dessen jugendgefährdende Wirkung festgestellt werden soll. Autor und Verleger sind, soweit möglich, im Verfahren von der BPS zu hören. Das Verfahren ist ein *förmliches Verwaltungsverfahren*. Es ist rechtliches Gehör zu gewähren, fristgerechte Ladung zur mündlichen Verhandlung, öffentliche Verhandlung, geheime und weisungsfreie Beratung und Abstimmung, schriftliche, mit Rechtsmittelbelehrung versehene Entscheidungsbegründung, Anfechtbarkeit der Entscheidungen im Verwaltungsrechtsweg bis zum Bundesverwaltungsgericht, Veröffentlichung wichtiger Entscheidungen im »BPS Report«.

Die Bundesprüfstelle für jugendgefährdende Schriften kann grundsätzlich nur auf Antrag tätig werden (Ausnahmen §§ 18 und 18a GjS). Antragsberechtigt sind das Bundesministerium für Frauen und Jugend, die Obersten Jugendbehörden der Länder (Länderjugendminister), alle rd. 800 Jugend- und Landesjugendämter. Antragsrecht ist Antragspflicht und beinhaltet auch die Pflicht zur Marktbeobachtung hinsichtlich des Vertriebs jugendgefährdender Medien.

Indizierungsanträge können nicht nur gegen Schriften, sondern gegen alle Medien gestellt werden. Denn »den Schriften stehen Ton- und Bildträger, Abbildungen und andere Darstellungen gleich« (§ 1 Abs. 3 GjS). Die Frage, ob gegen Fernsehsendungen Indizierungsanträge gestellt werden können, hat das Bundesverwaltungsgericht verneint. Indiziert werden können u. a. Computerspiele, Btx-Texte, TV-Automatenspiele, Spielzeug, Videofilme, Videoclips und Kinofilme. In Betracht kommen Filme, die keine Kennzeichnung nach § 6 JÖSchG haben oder von der FSK die »Erwachsenenfreigabe« erhalten haben. Videofilme, die mit »nicht freigegeben unter 18 Jahren« oder nicht gekennzeichnet sind, können zur Indizierung der BPS vorgelegt werden.

Für den Indizierungsantrag und die Indizierung reicht die einfache Wahrscheinlichkeit, daß das Medium geeignet ist, Kinder und Jugendliche sozialethisch zu desorientieren. Dabei schützt das GjS nicht nur den durchschnittlichen Jugendlichen, sondern alle 11,5 Millionen Jugendlichen schlechthin, einschließlich der gefährdungsgeneigten Jugendlichen; auszunehmen sind lediglich Extremfälle.

Bei *Büchern* ist vor der Antragstellung und Indizierung der Gesamtinhalt zu würdigen. Der jugendgefährdende Inhalt eines Buches kann durch ein kritisches Vor- oder Nachwort aufgehoben werden.

Bei *Zeitschriften* findet keine Überdeckung einzelner für sich betrachtet jugendgefährdender Teile durch nicht jugendgefährdende Teile statt. Einzelne Annoncen oder Beiträge reichen für den Indizierungsantrag und die Indizierung. Eine Teilindizierung von einzelnen Seiten mit dem Ziele, sie herauszutrennen, um die übrige Zeitschrift weiter zu vertreiben, hat das Bundesverwaltungsgericht ausdrücklich untersagt. Das gilt auch für Filme.

Die Frage, welchem der beiden Grundrechte, der Kunstfreiheit oder dem Jugendschutz, Vorrang einzuräumen ist, ist durch die höchstrichterliche Rechtsprechung in den letzten Jahren unterschiedlich beantwortet worden, zuletzt durch das Bundesverfassungsgericht in seiner Mutzenbacher-Entscheidung vom 27. November 1990 (BVerfGE 83, 130). Danach gilt: Auch Pornographie kann Kunst im Sinne von Art. 5 GG sein. Die Indizierung auch einer pornographischen Schrift setzt eine einzelfallbezogene Abwägung voraus. Keinem der beiden Verfassungsgüter kommt Vorrang vor dem anderen zu (BGH 21. Juni 1990, »BPS-Report«, 5/1990, S. 3).

Die Aufgabe, verbindlich für alle festzustellen, ob Medien jugendgefährdend sind und, wenn ja, sie zu indizieren (in die Liste der BPS einzutragen), hat das GjS ausschließlich der BPS übertragen. Mit der *Bekanntgabe der Indizierung* im Bundesanzeiger treten die Verbote der §§ 3 ff. ein. Sie gelten so lange, bis die Listenstreichung durch die BPS im Bundesanzeiger bekanntgemacht wird. Rechtsmittel haben keine aufschiebende Wirkung.

Periodische Druckschriften, ausgenommen Tageszeitungen und politische Zeitschriften, kann die BPS für die Dauer von bis zu einem Jahr im voraus indizieren, wenn innerhalb eines Jahres mehr als zwei Einzelausgaben indiziert sind (*Vorausindizierung*). Sie bedarf keines Antrages, sondern liegt im Ermessen der BPS.

Der Vorsitzende der BPS hat Listenaufnahme und Listenstreichung alsbald im Bundesanzeiger bekanntzumachen. Dadurch treten die strafbewehrten Verbote der §§ 3–5 GjS für die indizierten Medien in Kraft bzw. werden bei Listenstreichung aufgehoben. Der Vorsitzende veröffentlicht darüber hinaus jeden Monat aktualisierte Listen der indizierten Medien, insbesondere den Video-Index im »JMS-Report« (Baden-Baden).

Folgen der Indizierung. Indizierte und gleichgestellte Medien dürfen Kindern und Jugendlichen nicht zugänglich gemacht und nicht an einem Ort, der Kindern und Jugendlichen zugänglich ist oder von ihnen eingesehen werden kann, ausgestellt, angeschlagen, vorgeführt oder sonst zugänglich gemacht werden. Zugänglichmachen liegt vor, wenn der Kunde die Möglichkeit erhält, von dem jugendgefährdenden Inhalt Kenntnis zu nehmen.

Die gewerbliche Vermietung und entsprechende Umgehungsgeschäfte sind grundsätzlich verboten. Sie dürfen nur in Ladengeschäften erfolgen, die Kindern und Jugendlichen nicht zugänglich sind und von ihnen nicht eingesehen werden können (*qualifiziertes Vermietverbot*). Das Ladengeschäft kann nur ein Geschäftslokal sein, das in einem Raum ausreichender Größe betrieben wird und einen eigenen, separaten Eingang entweder unmittelbar von der Straße hat oder aber von einem Vorraum zu betreten ist, der nicht als Geschäftsraum genutzt wird und für jedermann zugänglich ist. Eine abgeschlossene Erwachsenenabteilung eines aus mehreren Abteilungen bestehenden Ladengeschäftes ist für sich kein »Ladengeschäft« im o. a. Sinne.

Verboten ist das Vertreiben, Verbreiten, Verleihen oder Vorrätighalten zu diesem Zweck von indizierten und gleichgestellten Medien a) im ambulanten Handel, b) in Kiosken u. ä. Verkaufsstellen, c) im Versandhandel, d) in gewerblichen Leihbüchereien oder Lesezirkeln. Verleger und Zwischenhändler dürfen indizierte und gleichgestellte Medien nicht an Personen liefern, soweit diese einen ambulanten Handel betreiben oder Inhaber von Betrieben der unter a bis d bezeichneten Art sind. Indizierte und gleichgestellte Medien dürfen auch nicht im Wege des Versandhandels importiert werden.

§ 5 Abs. 2 GjS verbietet verfassungskonform, öffentlich oder durch Verbreiten von Schriften indizierte oder pornographische Medien anzubieten, anzukündigen oder anzupreisen. Für indizierte Medien ist auch die neutrale Werbung verboten (BVerwG, NJW 1977, 1411).

Ein strafbares Anbieten von *Pornographie* liegt nur dann vor, wenn das Angebot nach seinem Aussagegehalt für den durchschnittlich interessierten und informierten Betrachter erkennbar macht, daß es sich auf Pornographie bezieht. Dazu reicht, daß sich die Pornographie »erahnen läßt«, wie es wörtlich im BGH-Beschluß vom 10. Juni 1986 (BPS-Report, Nr. 4/1986, S. 23) heißt. Im Beschluß vom 6. Oktober 1988 verlangt der Bundesgerichtshof bei einer Annonce für die Strafbarkeit, daß der Betrachter seine Information, es werde für Pornographie geworben, aus der Anzeige selbst habe entnehmen können und entnommen hat.

Unabhängig davon, ob ein Film nach § 6 Abs. 3 Satz 1 JÖSchG zur Kennzeichnung vorgelegt worden ist, besteht ein totales, strafbewehrtes Verbot der Werbung für pornographische Filme an Personen unter 18 Jahren zugänglichen Orten oder durch Verbreiten von Schriften. Bei der geschäftlichen Werbung darf nicht auf anhängige oder anhängig gewesene Indizierungsverfahren hingewiesen werden. Die Liste der jugendgefährdenden Medien (Index) darf nicht zum Zwecke der geschäftlichen Werbung ganz oder teilweise abgedruckt oder veröffentlicht werden.

§ 6 GjS stellt gewaltverherrlichende, rassenhetzerische, pornographische und sonstige offensichtlich sittlich schwer jugendgefährdende Medien den von der BPS indizierten Medien gleich.

Verbote treten automatisch in Kraft für pornographische und alle gleichgestellten Medien, wenn sie auf den Markt kommen; für alle anderen Medien mit Bekanntgabe der Indizierung im Bundesanzeiger. Die Beschränkungsdauer ist unbefristet. Ausnahmen sind die Dauerindizierung gemäß § 7 GjS oder die vorläufige Listenaufnahme gemäß § 15 GjS. Aus der Tatbestandswirkung gegenüber Gerichten, Behörden und jedermann ergibt sich, daß nur die BPS indizierte Medien freigeben, d. h. aus der Liste streichen kann.

Weitere Folgen einer Indizierung sind finanzielle Einbußen durch Wegfall der Mehrwertsteuervergünstigung bei Druckmedien und durch Umsatzeinbußen (insbesondere bei Weiterveräußerung oder Lizenzvergabe) und Imageverlust (manche Hersteller zahlen lieber Geldstrafen, als über lange Zeit im Index jugendgefährdender Medien aufgeführt zu werden). Eine präventive Wirkung geht daher nicht nur von Vorausindizierungen, sondern auch von sonstigen Indizierungsverfahren aus.

Verleger, Programmanbieter, Zwischenhändler und Importeure müssen ihre Abnehmer auf die Verbote und Beschränkungen nach GjS, StGB usw. hinweisen. Verstöße können mit bis zu 30 000 DM Geldbuße geahndet werden. Verstöße gegen die Jugend-, Vertriebs- und Werbeverbote sind schon bei Fahrlässigkeit mit Freiheits- und hoher Geldstrafe bedroht. Dies gilt nicht, wenn die Personensorgeberechtigten gehandelt haben (§ 21; BVerfGE 7, 320, 323). Jugendliche und Erziehungsberechtigte, die gegen das GjS verstoßen, bleiben straflos. An die beruflichen Sorgfaltspflichten der Gewerbetreibenden stellt die höchstrichterliche Rechtsprechung hohe Anforderungen

(BVerfGE 11, 234 und BGHSt 8,80; 10, 133). Fahrlässig handelt schon, wer sich nicht sachkundig macht oder sich nicht sachkundig beraten läßt.

Die Strafverfolgung von Verstößen gegen die o. a. Verbote ist nicht Aufgabe der Bundesprüfstelle, sondern der Polizeibehörden, der Staatsanwaltschaften und der Zentralstellen der Länder zur Bekämpfung gewaltverherrlichender, pornographischer und sonstiger jugendgefährdender Medien. Letztere haben nach den Richtlinien für das Strafverfahren auch die »in ihrem Geschäftsbereich erscheinenden oder verbreiteten Zeitschriften und Zeitungen zu beobachten« (Richtlinien für das Strafverfahren Nr. 223).

Filmjugendschutz. Nach §§ 6 und 7 JÖSchG dürfen Kindern und Jugendlichen keine Kino- und Videofilme zugänglich gemacht werden, einerlei ob es Kinder-, Kultur- oder Mord- und Metzelfilme sind. Hierbei handelt es sich um ein Verbot mit Freigabevorbehalt für die Jugendminister der Länder. Sie haben dieses Recht auf die Freiwillige Selbstkontrolle der Filmwirtschaft (FSK) übertragen (→ Filmrecht). Sie gehört zur Spitzenorganisation der Filmwirtschaft (SPIO) e. V. Deren satzungsgemäße Aufgabe ist es, die Interessen der Filmwirtschaft (und nicht des Jugendschutzes) zu fördern und zu vertreten, sie ist deshalb in der »Bekanntmachung der öffentlichen Liste über die Registrierung von Verbänden und deren Vertretern« eingetragen (zuletzt Beilage zum »Bundesanzeiger« vom 5. August 1993, S. 271).

Will ein Filmhersteller/-verleiher seinen Film vor Kindern und Jugendlichen im Kino vorführen oder als Videokassette zugänglich machen, muß er bei der FSK einen Freigabeantrag stellen und, je nach Länge des Films, bis DM 5000,– Prüfgebühr bezahlen. Die Prüfung erfolgt durch den Arbeitsausschuß der FSK, dem der Ständige Vertreter der Länder bei der FSK vorsitzt. Wird dem Antrag nicht oder nicht ganz stattgegeben, kann der Filmhersteller bzw. -verleiher ohne zusätzliche Kosten den Hauptausschuß anrufen, dem eine Vertreterin der Filmwirtschaft vorsitzt und in dem der Ständige Vertreter der Länder keinen Sitz und keine Stimme hat. Daneben gibt es noch den Rechtsausschuß, an den die Länderminister appellieren können, wenn nach ihrer Meinung bei der Jugendfreigabe zu großzügig verfahren worden ist. Praktisch finden allerdings kaum noch Appellationen statt, damit die Filmwirtschaft die Filme schneller und intensiver auswerten kann. Der Ständige Vertreter und sein Vertreter residieren im Haus des Films, weil nach der Vereinbarung zwischen Ländern und SPIO die Filmwirtschaft die Bürokosten des Ständigen Vertreters der Länder zahlt.

Die Freigabekriterien bestimmt § 6 Abs. 2 JÖSchG wie folgt: »Filme, die geeignet sind, das körperliche, geistige oder seelische Wohl von Kindern und Jugendlichen zu beeinträchtigen, dürfen nicht zur Vorführung vor ihnen freigegeben werden.« Abs. 3 bestimmt: Die oberste Landesbehörde kennzeichnet den Film mit »Freigegeben ohne Altersbeschränkung«, »Freigegeben ab 6, 12 oder 16 Jahren«. Die Obersten Jugendbehörden der Länder bedienen sich der FSK-Prüfausschüsse als »gutachterliche Stelle«, müssen aber die Entscheidungen rechtlich und politisch verantworten. Gewerbetreibende dürfen Filme Minderjährigen nur zugänglich machen, wenn sie zu der Altersgruppe gehören, für die der Film freigegeben ist. Verstöße sind nur Ordnungswidrigkeiten, nur bei erschwerten Umständen Straftatbestände. Kontrollen in Kinos fanden und finden kaum statt.

RUDOLF STEFEN

Literatur

Horst von Hartlieb: Handbuch des Film-, Fernseh- und Videorechts. München ^{3}1991

Rainer Scholz: Jugendschutz. München ^{2}1992

Gernert/Stoffers: Das Gesetz zum Schutz der Jugend in der Öffentlichkeit. Düsseldorf 1993

Birgit Dankert/Lothar Zechlin (Hrsg.): Literatur vor dem Richter. Baden-Baden 1989

Thomas Hausmanninger: Kritik der medienethischen Vernunft. Die ethische Diskussion über den Film in Deutschland im 20. Jahrhundert. München 1993

Gabriele Bosselmann: Die Handlungsbezüge des Jugendmedienschutzes. Pfaffenweiler 1987

»JMS-Report. Informationsdienst zum Jugendmedienschutz« [vormals »BPS-Report«] (Baden-Baden) (*monatlich mit allen Indizierungen*)

Karel Meirowitz: Gewaltdarstellung auf Videokassetten. Grundrechtliche Freiheiten und gesetzliche Einschränkungen zum Jugend- und Erwachsenenschutz. Berlin 1993 (*verfassungsrechtliche Untersuchung*)

Georg Wodraschke (Hrsg.): Jugendschutz und Massenmedien. München 1983 (*Tagungsbericht der Deutschen Gesellschaft für Publizistik- und Kommunikationswissenschaft*)

Unabhängige Landesanstalt für das Rundfunkwesen (Hrsg.): Jugendmedienschutz. Alles im Griff oder alles im argen? Kiel 1993 (*Dokumentation der aktuellen Situation und Aspekte der weiteren Entwicklung*)

Jugendschutz → Filmrecht, → Gerichtsberichterstattung, → Jugendmedienschutz, → Schweizerisches Medienrecht, → Zensur

Justizkritik → Gerichtsberichterstattung

Justizpressestellen → Gerichtsberichterstattung

Kabelkommunikation → Europäisches Medienrecht, → Landesmediengesetze, → Medienpolitik, → Neue elektronische Kommunikationstechniken, → Rundfunkorganisationsrecht, → Telekommunikationsrecht

Kabelpilotprojekte → Landesmediengesetze

Kampfpreise → Wettbewerbsrecht

kartellfreie Kooperation → Wettbewerbsrecht

Kartellrecht → Fusionskontrolle im Pressewesen, → Medienpolitik, → Wettbewerbsrecht

Kassettenfernsehen → Neue elektronische Kommunikationstechniken

Kautionszwang → Geschichte des Medienrechts, → Zensur

»Kölner Volksblatt«-Beschluß → Bundesverfassungsgerichtsentscheidungen zum Medienrecht (6. Februar 1979)

»Kölner Stadt-Anzeiger«-Beschluß → Bundesverfassungsgerichtsentscheidungen zum Medienrecht (6. November 1979)

Kommission für den Ausbau des technischen Kommunikationssystems → Bildschirmtext und Videotext, → Medienpolitik, → Neue elektronische Kommunikationstechniken

Kommission zur Ermittlung des Finanzbedarfs der Rundfunkanstalten → Rundfunkfinanzrecht

Kommunikationsrechte → Informationsfreiheit, → Medienpolitik

Kompetenzabgrenzungsvertrag → Mitbestimmung

Kompetenzen im Medienrecht → Konzentration, → Medienpolitik, → Mitbestimmung, → Rundfunkorganisationsrecht, → Rundfunkprogrammrecht

Konkursunfähigkeit-Beschluss → Bundesverfassungsgerichtsentscheidungen zum Medienrecht (5. Oktober 1993)

Kontrahierungszwang → Annahmepflicht von Anzeigen und Werbesendungen, → Vertriebsrecht, → Werberecht, → Wettbewerbsrecht

Kontrollfunktion der Presse → Pressefreiheit

Konzentration. Umfassende Information des Bürgers erfordert ein breites publizistisches Angebot, in dem sich die Auffassungen aller politischen, kulturellen und weltanschaulichen Gruppierungen widerspiegeln. Ein vielfältiges Nebeneinander von Presseerzeugnissen und Rundfunkangeboten bedeutet auf einem freien Medienmarkt aber auch, daß diese dem Wettbewerb ausgesetzt sind. Privatwirtschaftlich organisierte Medien können in einem solchen Wettbewerbsmarkt unternehmenspolitisch keine Sonderstellung einnehmen, wollen sie nicht den Regeln dieses Marktes zuwiderhandeln.

Wettbewerb auf dem Pressemarkt. Das bedeutet letztlich, daß dem Wunsch nach Vielfalt, ausgedrückt durch eine Vielzahl von Presseerzeugnissen, die Tendenz von Presseunternehmen gegenübersteht, den eigenen Marktanteil zu Lasten der Konkurrenz zu erweitern und in Konsequenz daraus auch die Erst- oder Alleinanbieterposition anzustreben, wobei sich in der Regel bei reduziertem oder nicht mehr vorhandenem Wettbewerb auch das publizistische Angebot entsprechend vermindert. Vorgänge der Pressekonzentration sind deshalb marktbedingt unausweichlich.

Neben die Unternehmenskonzentration (Fusionen) treten zusätzlich *pressespezifische Formen von Konzentration und Kooperation.* Als Beispiel muß hier insbesondere das Aufgeben der »publizistischen Selbständigkeit« genannt werden: der Abbau von Vollredaktionen und deren Ersatz durch Bezug redaktioneller Texte (früher in Form von Matern, heute als reproreife Vorlagen) von anderen Zeitungen mit allen Folgen für die Verminderung des alternativen Angebots von Information und Meinung; konkret in den betroffenen Regionen durch den Zwang zur Abgrenzung der Verbreitungsgebiete, wenn solche Kooperation zwischen bisher miteinander konkurrierenden Presseunternehmen erfolgt. Gerade bei Tageszeitungen mit ihrem überwiegend lokalen oder regionalen Markt zeigen sich starke Konzentrationstendenzen beim »Rückzug aus der Fläche« (→ Amtsblatt), nämlich in der Einstellung von Bezirksausgaben mit Lokalredaktionen, wodurch der dort noch verbleibenden Zeitung von selbst die Alleinstellung zufällt.

VERLUST AN VIELFALT DURCH REDUZIERTES ANGEBOT. Die Entwicklung der deutschen Presse war in den letzten Jahrzehnten durch einen gravierenden Konzentrationsprozeß bestimmt, der dadurch in seiner Auswirkung vertieft wurde, daß dem Schrumpfungsprozeß infolge fehlender Markteintrittschancen kaum Neugründungen entgegenwirkten. Auch hierfür gibt es neben dem im Markt ausgetragenen Wettbewerb pressespezifische Ursachen: Für das Zeitungsunternehmen ist es charakteristisch, mit hohen, weitgehend auflageunabhängigen Vorbereitungskosten (Nachrichtenbeschaffung, Redaktion, Satz) belastet zu sein, so daß die Höhe der Auflage über seinen Erfolg entscheidet. Bei der *unterschiedlichen Unternehmensgröße* deutscher Verlage waren die Wettbewerbsbedingungen von vornherein entsprechend unausgeglichen. Der Vorteil der *Zeitungen* gegenüber anderen Medien – ihre Standortgebundenheit und damit ihr auch heute noch weitgehend bestehendes Privileg, auf lokaler und regionaler Ebene Kommunikation zu vermitteln – bedingt zugleich auch hohe Vorhaltungskosten für die dafür notwendigen Redaktionen und Geschäftsstellen, wobei in nachrangiger Wettbewerbsposition oft eine ständige Kostenunterdeckung den Preis für die (freiwillige) Aufrechterhaltung publizistischer Vielfalt darstellt. Das können sich auf Dauer nur Zeitungen leisten, die in der Lage sind, im Verbund mehrerer Bezirksausgaben intern Ergebnisse auszugleichen. Bei *Publikumszeitschriften* hat der überregional um ein höheres Anzeigenaufkommen geführte intensive Wettbewerb ebenfalls die Konzentration gefördert. Im Bereich der *Fachzeitschriften* sind bei uneinheitlicher Tendenz vor allem Titel mit geringer Auflage gefährdet; ein Trend zu organisationsgebundenen oder -gestützten Periodika ist nicht zu übersehen.

Auswirkungen der Pressekonzentration im Zeitungsbereich zeigen sich im alten Bundesgebiet im Rückgang der Zahl der *»Publizistischen Einheiten«* (der Zeitungen mit Redaktionen für alle Sparten) von 225 (1954) auf 114 (1994) und der redaktionellen Ausgaben von 1500 auf etwa 1350. Im gleichen Zeitraum hat sich die Zahl der Zeitungsverlage fast halbiert. Die

Folgen werden sichtbar im Rückgang der *Zeitungsdichte,* d. h. dem Angebot, unter dem der Bürger seine Auswahl treffen kann: Lebten 1954 von 100 Bürgern nur acht in Gebieten, in denen nur eine einzige Tageszeitung mit örtlichem und regionalem Inhalt angeboten wurde, so hat sich ihre Zahl bis heute annähernd versechsfacht, so daß fast die Hälfte der Bevölkerung des (alten) Bundesgebietes keine »Vielfalt« durch im lokalen Bereich gegeneinander konkurrierende Zeitungen mehr kennt.

In 28 von 83 deutschen Großstädten besteht gegenwärtig (1994) ein *örtliches Zeitungsmonopol;* in 15 weiteren Großstädten findet Konkurrenz nur noch zwischen jeweils zwei Zeitungen des gleichen Verlages oder der gleichen Verlagsgruppe statt. Unter den Großstädten ohne oder mit eingeschränktem Wettbewerb von Tageszeitungen sind allein acht der 16 Landeshauptstädte der Bundesrepublik Deutschland.

Seit der Wiedervereinigung Deutschlands ist auch die Konzentration im Markt der Zeitungen wieder zum Thema der aktuellen medienpolitischen Diskussion geworden. Die SED hatte ihren Parteizeitungen gegenüber allen anderen Zeitungen in der DDR eine bevorzugte Stellung vor allem dadurch eingeräumt, daß so gut wie ausschließlich nur in ihnen lokale Berichterstattung angeboten wurde. Die daraus erwachsene herausragende Marktposition – und damit ein Strukturelement der früheren SED-Medienlenkung – hat die Treuhandanstalt noch verfestigt, indem sie diese 15 ehemaligen Bezirkszeitungen 1990/91 jeweils als ganze Betriebe mit allen technischen Einrichtungen an große westdeutsche Medienunternehmen verkaufte. Unter diesen waren auch Verlage, die bis dahin vor allem Zeitschriften herausgebracht hatten, und die dadurch erstmals im deutschen Zeitungsgewerbe Fuß faßten. Die ausschließlich unter wirtschaftlichen Gesichtspunkten getroffene Entscheidung der Treuhandanstalt, die alle ordnungspolitischen Bedenken und medienpolitischen Einwände außer acht ließ, erwies sich als verhängnisvoll für die Zeitungsstruktur in den neuen Ländern und löste den größten Konzentrationsschub in der deutschen Pressegeschichte aus. So gut wie alle der mehreren Dutzend lokalen Zeitungen, die nach der Öffnung und dem Fall der Mauer in den neuen Ländern durch kleinere und mittlere Zeitungsverlage aus dem Westen Deutschlands gegründet worden waren, hatten deshalb gegenüber den auflagestarken alten ostdeutschen Blättern keine Chance; die meisten von ihnen sind inzwischen dem intensiven Wettbewerb zum Opfer gefallen. 1994 sind die 15 ehemaligen Bezirkszeitungen die führenden Regionalzeitungen in den neuen Ländern. Sieht man von dem (Ost)Berliner und den drei Titeln in Thüringen ab, so haben die übrigen 11 nicht wie früher nur eine Erstanbieter-, sondern nun eine überwiegende Alleinanbieterposition am Markt. Ihr Auflagenanteil an der Gesamtauflage aller Abonnementzeitungen in Brandenburg, Mecklenburg-Vorpommern, Sachsen, Sachsen-Anhalt und Thüringen betrug Ende 1993 91,5 %, denen ein Anteil von 3,5 % der (wenigen noch existierenden) Zeitungen der ehemaligen Blockparteien und ein Anteil von 5 % von seit der Wende gegründeten Zeitungen gegenübersteht. Auch publizistisch hatte die Fehlentscheidung der Treuhandanstalt einen gravierenden Verlust an Vielfalt zur Folge: In den neuen Ländern gibt es 1994 die 14 Vollredaktionen (»Publizistische Einheiten«) dieser Bezirks-/Regionalzeitungen und daneben nur noch – jedoch mit ihnen wirtschaftlich verflochten – die einer neugegründeten Zeitung und zwei Vollredaktionen von Straßenverkaufsblättern.

Bei den Publikumszeitschriften ist der Rückgang der illustrierten Zeitschriften von früher 15 auf nur noch drei ein Beispiel für Konzentrationsvorgänge; auch auf dem Sektor der Fach-, Standes- und Berufszeitschriften verdrängen die auflagenstarken Titel häufig die kleineren Blätter.

Rechtsgrundlagen für staatliche Eingriffe und Förderung. Die öffentliche Diskussion saldiert die genannten negativen Folgen der Pressekonzentration mit den nicht zu übersehenden positiven Auswirkungen (Ausscheiden leistungsschwacher Unternehmen, Trend zu großen Betriebseinheiten mit besserer personeller und materieller Ausstattung im redaktionellen Bereich) dergestalt, daß vor allem zwei Komplexe als besorgniserregend angesehen werden. 1. Es entstehen immer mehr *örtliche Zeitungsmonopole;* 2. die *Akkumulierung von Marktanteilen durch wachsende Auflagenkonzentration* verschafft wenigen Verlagen bzw. Verlagsgruppen eine den Bedürfnissen der Gesellschaft zuwiderlaufende publizistische Macht. Da publizistische Macht zugleich wirtschaftliche Macht bedeutet, wird der Wettbewerb noch weiter geschmälert. Mit seiner Feststellung »Doch ließe sich etwa auch an eine Pflicht des Staates denken, Gefahren abzuwehren, die einem freien Pressewesen aus der Bildung von Meinungsmonopolen erwachsen könnten« hat das Bundesverfassungsgericht (BVerfGE 20, 162ff. [176]) die Möglichkeit staatlichen Handelns nicht ausgeschlossen, wenn die bestehenden Strukturen nicht mehr den Erfordernissen genügen, um derentwillen die → Pressefreiheit in Art. 5 Abs. 1 Satz 2 GG verankert ist. Diese Strukturen sind dadurch charakterisiert, daß »innerhalb des deutschen Pressewesens eine relativ große Zahl von selbständigen und nach ihrer Tendenz, politischen Färbung oder weltanschaulichen Grundhaltung miteinander konkurrierenden Presseerzeugnissen existiert« (BVerfGE 12, 205ff. [261]).

Nach Auffassungen, die in der Rechtswissenschaft vertreten werden, erwächst dem Staat die Verpflichtung zum Handeln unmittelbar aus der in Art. 5 GG enthaltenen »institutionellen Garantie« der Presse. Ob die institutionelle Deutung der → Pressefreiheit ein tragfähiges dogmatisches Fundament für eine Verpflichtung zu Maßnahmen bildet, mag dahingestellt bleiben. Es genügt die Besinnung auf die Bedeutung der Presse für die Bildung der öffentlichen Meinung und auf die Rolle der öffentlichen Meinung für die Demokratie, um zu erkennen, daß jedenfalls das in Art. 20 GG niedergelegte demokratische Prinzip den Staat verpflichtet, die Funktionsfähigkeit der öffentlichen Kommunikation, insbesondere die Meinungspluralität im Bereich der Presse zu gewährleisten (Herzog).

Die Diskussion in der → Medienpolitik ist im wesentlichen durch die Suche nach einem geeigneten Instrumentarium bestimmt, dort die Folgen zu mildern, wo sich Konzentrationsvorgänge bereits vollzogen haben, Konzentrationsabsichten zu verhindern oder auf die Dauer unmöglich zu machen. Dagegen sind Überlegungen, Konzentrationsprozesse rückgängig zu machen, also Wettbewerb und damit Vielfalt wiederherzustellen, kaum angestellt worden.

Soweit man an gesetzliche Maßnahmen denkt, ist jeweils zu prüfen, ob ihnen Art. 5 GG entgegensteht. Grundgesetzwidrig sind Regelungen, die die Presse einer staatlichen Aufsicht oder Lenkung unterwerfen, ferner jede Art von *Auflagebegrenzung* bestimmter Titel, *Sozialisierung* oder *Enteignung* einzelner Unternehmen. Unter erheblichen Vorbehalten müssen ferner alle Absichten gesehen werden, die privatwirtschaftliche Struktur der Presse durch andere Organisationsformen zu ersetzen oder inhaltliche Kriterien (etwa die Erfüllung einer »öffentlichen Aufgabe«) zur Grundlage für Abwehr- oder Förderungsmaßnahmen zu machen. Wegen der Gefahr des Mißbrauchs müssen solche Vorbehalte auch für Regelungen gelten, die Behörden oder staatlich beeinflußte Kommissionen zu Bewertungen redaktioneller Leistungen im Einzelfall zwingen oder auf konkrete Titel oder Unternehmen abheben.

Ob auch *Förderungsmaßnahmen für bestimmte Sektoren der Presse* unzulässig sind, muß offenbleiben. Pressevielfalt entsteht aus einem Nebeneinander vieler Presseorgane, die nur in bestimmten Gattungen substituierbar sind, sonst aber komplementär sehr unterschiedliche Kommunikationsfelder abdecken. Da die daraus resultierenden intramediären und intermediären Wettbewerbsbeziehungen nach Qualität und Intensität unterschiedlich sind, wird staatliches Handeln bei Eingriff oder Förderung nicht darauf verzichten können, hier objektive Maßstäbe zur Abgrenzung von Teilmärkten zu suchen. Eine Bestimmung allerdings wie »Zeitungen und Zeitschriften, die der politischen Bildung und Unterrichtung dienen«, die im Gesetz für den Erlaß der Umsatzsteuer im 2. Halbjahr 1967 (damals eine Sofortmaßnahme angesichts sich häufender besonders gravierender Konzentrationsvorgänge) stand, konnte den strengen Anforderungen nach Klarheit und Eindeutigkeit wohl kaum genügen.

Daß Pressehilfen einer *gesetzlichen Grundlage* bedürfen, die »durch präzise Tatbestände die Voraussetzungen und Bedingungen der Hilfsmaßnahmen so eindeutig festlegt, daß für ein Ermessen der Exekutive bei Durchführung der Förderung kein Raum bleibt«, hat das OVG Berlin (ArchPR 1975, 18) in einem rechtskräftigen Urteil festgestellt.

Nicht unbestritten ist, daß sich eine *Kompetenz* des Bundes aus Art. 74 Nr. 11 GG (Recht der Wirtschaft) und Art. 74 Nr. 16 GG (Mißbrauch wirtschaftlicher Machtstellung) ergibt, um Maßnahmen gegen die Pressekonzentration zu treffen, da jede unter wirtschaftlichen Aspekten getroffene Regelung unmittelbar in den publizistischen Wettbewerb eingreift. Art. 75 Abs. 1

Nr. 2 GG spricht jedoch dem Bund nur eine Rahmenkompetenz für »die allgemeinen Rechtsverhältnisse der Presse und des Films« zu, so daß die konkreten Einzelregelungen in Landesgesetzen zu treffen wären.

Reform der Pressestruktur. Vorschläge zur Reform des Pressewesens basieren fast ausschließlich auf den Problemen, die durch Vorgänge der Pressekonzentration entstanden sind.

Die Forderung nach *Offenlegung der Besitzverhältnisse* (entsprechend der Regelung in den Pressegesetzen Bayerns, Hessens, Sachsens und Thüri-gens, → Presseordnungsrecht), die in einem früher geplanten Presserechtsrahmengesetz festgeschrieben werden sollte, kann kaum mehr als die Bestätigung bereits bekannter Daten zum Stand der Pressekonzentration liefern. Sie wirkt jedoch ebensowenig konzentrationshemmend wie die Einführung einer jährlichen *Pressestatistik auf Bundesebene* (→ Medienpolitik), die seit 1975 statistische Ergebnisse liefert, die es »ermöglichen, Entwicklungen, die die Freiheit der Presse und die Meinungsvielfalt bedrohen, rechtzeitig zu erkennen und ihnen wirksam zu begegnen. Die Statistik soll insbesondere den zuständigen Behörden Entscheidungshilfen liefern, wenn zur Erhaltung der Vielfalt des Informationsangebotes wirtschaftliche Maßnahmen eingeleitet werden sollen« (Gesetzesbegründung).

Marktanteilsbegrenzungen für Presseunternehmen, wie sie die Günther-Kommission bereits 1967 vorgeschlagen hatte (20 % Auflagenanteile eines Verlages oder einer Verlagsgruppe bei Tages- und Wochenblättern bzw. Publikumszeitschriften als »Gefährdung«, 40 % Auflagenanteil als »Beeinträchtigung der Pressefreiheit«), sind schon damals wegen ihrer Bindung an feste Grenzen ohne Prüfung der gegebenen Situation auf lebhaften Widerspruch gestoßen; die Bundesregierung hat sie im Hinblick auf die Abgrenzung relevanter Märkte und die wissenschaftlich unzureichenden statistischen Untersuchungen der Günther-Kommission abgelehnt.

Unabhängig von der wirtschaftlichen Entwicklung der Presse ist bis heute die *Ausgestaltung »innerer Pressefreiheit«* (→ Mitbestimmung) beherrschendes Thema medienpolitischer Diskussionen geblieben. Es geht dabei im Kern um die Beantwortung der vor allem von der Kommunikationswissenschaft aufgeworfenen Frage, ob nach dem Verlust der »Vielfalt *der* Zeitungen« in weiten Teilen des Bundesgebietes durch »Vielfalt *in der* Zeitung« eine einseitige inhaltliche Gestaltung vermieden und eine stärkere Einbeziehung aller gesellschaftlichen Gruppen erreicht werden kann. Selbst wenn sich die in einem Presserechtsrahmengesetz oder in tarifvertraglichen Regelungen zwischen Verlegern und Journalisten seinerzeit ohne Erfolg angestrebten Formen erweiterter oder neu definierter Mitbestimmung hätten realisieren lassen, wäre davon keine ins Gewicht fallende Rückwirkung auf die wirtschaftlichen Gegebenheiten als auslösende Faktoren für Verlust an Vielfalt zu erwarten gewesen; auch Zeitungen mit bereits verabschiedeten Redaktionsstatuten hatten in der Vergangenheit weder einen Vorsprung bei der Gewinnung von Marktanteilen noch konnten sie sich Fusionen entziehen.

Als anderer Weg zur Sicherstellung von Vielfalt in »Ein-Zeitungs-Gebieten« war der Vorschlag gedacht, dort *Presseausschüsse* oder unabhängige Sachverständige damit zu beauftragen, über die Einhaltung eines Mindestmaßes von redaktioneller »Ausgewogenheit« zu wachen. Derartige Pläne sind jedoch – auch unter dem Eindruck eines unbefriedigend verlaufenen Experiments mit einem *»Presseombudsman«* bei einer großen deutschen Regionalzeitung (→ Selbstkontrolle der Medien) – nicht weiter verfolgt worden.

Eine vollständige Abkehr von der privatrechtlichen Pressestruktur bedeuten *Forderungen nach einer neuen Organisationsform* der Presse, sei es als *Stiftung* oder *»öffentlich-rechtliche Zeitungsanstalt«*. Zur Begründung wird angeführt, das Prinzip privatwirtschaftlichen Wettbewerbs bilde eine unaufhebbare Diskrepanz zwischen den kommerziellen Interessen des Verlegers und dem Anspruch der Bürger auf umfassende Unterrichtung. Da fortschreitende Pressekonzentration diese Problematik verstärke, sei – wie bei den Rundfunkanstalten – der Anspruch auf Vielfalt und Ausgewogenheit nur in einer Presse mit öffentlich-rechtlichem Status zu verwirklichen. Da sich die im Bundestag vertretenen Parteien zur privatwirtschaftlichen Presse bekennen, haben solche Forderungen keine Chance, verwirklicht zu werden, und waren deshalb auch nicht Gegenstand parlamentarischer Initiativen. Die rechtliche Aussichtslosigkeit dieser Pläne ist allzu deutlich.

Vom → *Wettbewerbsrecht* ist in der Vergangenheit kein dämpfender Einfluß auf die fortschreitende Pressekonzentration ausgegangen. Da der Wettbewerb vor allem durch Zeitungseinstellungen und -fusionen in lokalen und regionalen Bereichen beendet wurde, fiel die Fusion von Verlagsunternehmen nur in Ausnahmefällen unter die Aufgreifkriterien des »Gesetzes gegen Wettbewerbsbeschränkungen« *(Kartellgesetz)*. Erst seit der Verabschiedung der Dritten Kartellgesetznovelle 1976 (→ Fusionskontrolle im Pressewesen) bestehen erheblich erweiterte Möglichkeiten für Maßnahmen oder Auflagen des Kartellamtes, die sicherstellen sollen, daß durch Zusammenschlüsse der freie publizistische Wettbewerb nicht gefährdet wird. Nach Einführung der *pressespezifischen Fusionskontrolle* ist die Zahl der Zusammenschlüsse von Presseunternehmen signifikant zurückgegangen. Daß als Folge einer »Sanierungsfusion« einer Zeitung durch die Übernahme des Konkurrenten am Ort faktisch die Alleinstellung zufällt, ist inzwischen seltener als ein Vorgehen, bei dem Zeitungen selbst nicht mehr zusammengelegt werden, sondern unter dem gleichen Konzerndach publizistisch selbständig nebeneinander weiterarbeiten. Die sich aus solchem Verbund ergebenden Konsequenzen im Bereich der Pressewirtschaft, insbesondere die Anzeigenkombination mehrerer wirtschaftlich verflochtener Titel (→ Wettbewerbsrecht), sind in Kartellverfahren als zulässig angesehen worden. Unterhalb der Schwelle solcher Verbundlösungen (»WAZ-Modell«) hat sich eine »latente Pressekonzentration« (Dorsch) fortgesetzt, als deren Ergebnis über eine Minderheitsbeteiligung (weniger als ein Viertel und daher erst seit dem 1. Januar 1990 kartellrechtlich relevant; → Fusionskontrolle im Pressewesen) größere Zeitungen Einfluß auf den kleineren Konkurrenten gewinnen. Inzwischen ist das in den meisten Städten im Bundesgebiet, wo noch zwei und mehr Zeitungen erscheinen, der Fall.

PRESSEHILFEN GEGEN PRESSEKONZENTRATION. Aktive Presseförderung in Form von Hilfsmaßnahmen zugunsten der Presse ist im wesentlichen als Beitrag zur Erhaltung des Bestandes an Presseorganen und damit der Vielfalt der Presse konzipiert worden.

Soweit Vergünstigungen generell gewährt werden wie etwa die *Einnahmeverzichte* zugunsten der Presse durch nicht kostendeckende Entgelte im → *Postzeitungsdienst* oder die *Reduzierung des Mehrwertsteuersatzes auf Vertriebserlöse* von Presseerzeugnissen (→ Steuerrecht der Presse), erleichtern sie zwar die wirtschaftliche Situation der Presse insgesamt, können aber keine spezifisch konzentrationshemmende Wirkung haben.

Mit der Vergabe von zinsverbilligten Krediten aus dem ERP-Fonds durch eine Kommission, in der öffentliche Hand und Verlegerverbände zusammenarbeiteten, wurde kleineren und mittleren Presseunternehmen bis zum 31. Dezember 1991 geholfen, technische Möglichkeiten zur Stärkung der eigenen Wettbewerbsfähigkeit zu nutzen.

Der in den siebziger Jahren vor allem von der Presse selbst sehr nachdrücklich erhobenen *Forderung, die Mehrwertsteuer* auf Vertriebserlöse *zu streichen* und damit zur Überwindung der wirtschaftlichen Gefährdung der Presse als Ursache der Pressekonzentration beizutragen, ist die Bundesregierung nicht gefolgt. Sie hat den Vorschlag als »Gießkannenprinzip« verworfen, auch wenn diese Steuervergünstigung den Zeitungen nach Auflagegruppen gestaffelt gewährt worden wäre. Sie fühlte sich in dieser Auffassung bestätigt durch die Tatsache, daß nicht die Höhe der Auflage eines Presseorgans dafür maßgebend ist, ob es konzentrationsgefährdet ist.

Wissenschaftliche Untersuchungen haben nämlich gezeigt, daß vor allem die *Wettbewerbsposition* über die wirtschaftliche Situation einer Tageszeitung entscheidet: Zeitungen, die als Alleinanbieter oder in Erstanbieterposition eine herausragende Marktstellung errungen haben, traten bei Pressekonzentrationsvorgängen nicht als zur Fusion Gezwungene, sondern meist als aktiv Handelnde auf gegenüber Zeitungen in nachrangiger Wettbewerbsposition, die als »Zweitzeitungen« stets gefährdet waren und auch heute noch, soweit sie überlebt haben und nicht mit ihren Konkurrenten verflochten sind, bedroht sind.

Die 1974 vom Sachverständigenausschuß des Europarates (s. u.) vorgeschlagene Einrichtung eines *Pressefonds* zur Gewährung von Subventionen oder Darlehen zur Unterstützung bestimmter benachteiligter Kategorien von Zeitungen wurde seinerzeit auch in der Bundesrepublik Deutschland in Erwägung gezogen.

Für die Verwaltung eines solchen *Pressefonds,* der entsprechend dem

Aufkommen aus der von der Presse gezahlten Mehrwertsteuer auf Vertriebserlöse durch die öffentliche Hand und durch von der Presse selbst aufgebrachte Mittel gespeist werden sollte, war eine Pressestiftung vorgesehen, über die 1975 zwischen der Bundesregierung und den Presseverbänden intensive Vorgespräche stattfanden. Bei der Vergabe von Mitteln – wobei insbesondere an Darlehen für Zeitungen in nachrangiger Wettbewerbsposition gedacht war – sollte ein mehrheitlich von der Presse selbst gebildetes Gremium im Rahmen der Stiftung entscheiden. Die Pläne sind jedoch nicht verwirklicht worden. Ohne Resonanz blieb auch der vom Deutschen Journalisten-Verband ebenfalls 1975 vorgelegte Plan, über eine Pressestiftung sanierungsbedürftige Zeitungen in durch die Stiftung finanzierten regionalen Betriebsgesellschaften zusammenzufassen und sie damit vor der drohenden Einstellung zu bewahren. Trotz der Erfahrungen, die mit der Stützung von Zweitzeitungen in Schweden gemacht wurden, und dem Beispiel direkter staatlicher Förderung von Presseorganen in Österreich (→ Österreichisches Medienrecht) ist der Gedanke einer *Anpassungsförderung* oder einer *Dauersubventionierung* zur Erhaltung *der noch bestehenden Zweitzeitungen* im Bundesgebiet nicht weiterverfolgt worden.

Konzentration im Rundfunkbereich. Der aus der kommunikationspolitischen Diskussion herrührende, jedoch rechtlich nicht normierte Begriff der *»publizistischen Gewaltenteilung«* bedeutete eine strenge Trennung zwischen privatwirtschaftlicher Presse und öffentlich-rechtlich organisiertem Rundfunk (→ Rundfunkorganisationsrecht). Mit Bezug zur Pressekonzentration wurde daraus abgeleitet, daß privater, von Zeitungsverlagen betriebener Rundfunk tatsächliche oder vermutete Gefährdungen der publizistischen Vielfalt vor allem dort verstärke, wo Verlage bereits mit ihrer Zeitung eine unangefochtene Marktposition erlangt hätten.

Die politische Entscheidung für ein duales Rundfunksystem in der Bundesrepublik Deutschland hat inzwischen die »publizistische Gewaltenteilung« als mögliche Ordnungsvorstellung obsolet werden lassen. Dem Problem der Entstehung von »Doppelmonopolen« ist jedoch bei der Zulassung privater Veranstalter im Rundfunkbereich (Cross-ownership) durch entsprechende Regelungen in den → Landesmediengesetzen Rechnung getragen worden (*Baden-Württemberg:* § 24 LMG; *Bayern:* Art. 27 BayMG; *Berlin* und *Brandenburg:* § 24 MedienStV; *Bremen:* § 10 LMG; *Hamburg:* § 19 HmbMedienG; *Hessen:* § 16 PRG; *Mecklenburg-Vorpommern:* keine Regelung; *Niedersachsen:* §§ 8, 20 LRG; *Nordrhein-Westfalen:* § 29 LRG; *Rheinland-Pfalz:* § 17 LRG; *Saarland:* § 50 LRG; *Sachsen:* § 8 SächsPRG; *Sachsen-Anhalt:* § 25 G über privaten Rundfunk; *Schleswig-Holstein:* § 8 LRG; *Thüringen:* § 6 ThPRG). Mit dem *Presseprivileg* wurde in einzelnen Ländern den Bewerbern ein Vorrang eingeräumt, die über Medienerfahrungen verfügen bzw. deren Programm professionellen Ansprüchen genügt. Tatsächlich sind fast ausschließlich Medienunternehmen (einschließlich Anbietern von Filmen und Fernsehserien) im privaten Rundfunk tätig geworden. Mit unterschiedlichen Regelungen haben die Länder sich bemüht, Konzentrationstendenzen auf dem sich neu formierenden Markt entgegenzuwirken (→ Rundfunkorganisationsrecht, → Wettbewerbsrecht).

Die tatsächliche Entwicklung zeigt jedoch, daß die meisten Merkmale, wie sie den Vorgängen der Pressekonzentration eigen sind, nun auch bei den privaten Rundfunkanbietern anzutreffen sind: aus wirtschaftlichen Notwendigkeiten erzwungene Einschränkungen publizistischer Eigenleistungen durch Übernahme von Mantelprogrammen einerseits, andererseits der wachsende Einfluß von *Multimedia-Unternehmen* sowohl bei der Veranstaltung von Programmen als auch bei der Zulieferung von Programmbestandteilen. Vom Bundeskartellamt sind vermehrt anzutreffende »Treuhand«-Konstruktionen zur Umgehung der kartellrechtlichen Prüfung von Zusammenschlüssen gerügt, aus dem politischen Raum immer wieder Forderungen erhoben worden, der zunehmenden Rundfunkkonzentration entgegenzuwirken.

Die wichtigste Aufgabe der Landesmedienanstalten ist es, Meinungsvielfalt im privaten Rundfunk sicherzustellen. Im Programmangebot insgesamt muß Meinungsvielfalt zum Ausdruck kommen; deshalb darf der Rundfunk nicht einer oder einzelnen gesellschaftlichen Gruppen ausgeliefert werden. Die Länder sind deshalb – auch durch die entsprechenden Entscheidungen des Bundesverfassungsgerichts – gehalten, den die Meinungsvielfalt im Rundfunk bedrohenden publizistischen Konzentrationsprozessen zu begegnen. Hierzu gehören neben den genannten Regelungen zur Cross-ownership die Bestimmungen in den → Landesmediengesetzen mit dem Ziel, den von einer Kapital- oder Programmbeteiligung ausgehenden Einfluß auf einen nicht dominierenden Anteil zu reduzieren und die Anzahl der Programme je eines Veranstalters zu begrenzen.

Bereits § 8 Rundfunkstaatsvertrag 1987 enthielt entsprechende Vorschriften; nunmehr regelt § 20 Rundfunkstaatsvertrag 1991 die Anforderungen an Meinungsvielfalt in bundesweit angebotenen Fernsehprogrammen. § 21 will diese Meinungsvielfalt sichern durch Begrenzung von Zahl und Art der Programme, an denen einzelne Anbieter sich direkt oder indirekt beteiligen dürfen. Das Maximum für die Programmträgerschaft in einer Hand sind zwei Fernsehprogramme, davon maximal ein Vollprogramm oder ein Spartenprogramm mit Schwerpunkt Information (sonstiges Informationsprogramm). An Voll- und sonstigen Informationsprogrammen dürfen Beteiligungen nur unter 50 % der Stimmrechts- und Kapitalanteile gehalten werden. Außerdem sind in diesen Fällen weitere Programmbeteiligungen derselben Art nur noch unter 25 % und außerdem höchstens zweimal möglich. Im Gegensatz zu Voll- und sonstigen Informationsprogrammen sind Beteiligungen an nicht-informationsbezogenen Spartenprogrammen in der Höhe der jeweiligen Beteiligung grundsätzlich frei, in der Anzahl ihrer Trägerschaft in einer Hand allerdings an die Höchstzahl Zwei gebunden.

Obwohl damit der private Rundfunk weit stärker als die Presse Regelungen zur Sicherung von Vielfalt unterworfen ist, hat sich die Diskussion über Medienkonzentration in jüngster Zeit mehr und mehr auf die Situation des Rundfunks in Deutschland verlagert.

Nach § 30 Abs. 2 Rundfunkstaatsvertrag 1991 besteht ausdrücklich eine Pflicht zur organisierten Zusammenarbeit der Landesmedienanstalten. Doch weil auch für die Zulassung bundesweit verbreiteter Programme jeweils nur eine der fünfzehn Landesmedienanstalten zuständig ist, war bei der Prüfung entsprechender Anträge und einer positiven Entscheidung vor allem die an Standortgesichtspunkten orientierte Medienpolitik einzelner Länder ausschlaggebend. Entsprechende Lizenzerteilungen sind jedoch von anderen Landesmedienanstalten als Verstoß gegen die einschlägigen Bestimmungen zur Medienkonzentration mißbilligt worden. Unübersehbar ist, daß sich im Bereich des privaten Fernsehens eine Bündelung auf zwei große »Senderfamilien« (Bertelsmann: RTL und Kirch/Springer: SAT 1) vollzogen hat.

In ihrer Antwort vom 24. März 1993 auf eine Große Anfrage der SPD-Fraktion (Bundestagsdrucksache 12/4622 [neu]: Konzentrationserscheinungen bei elektronischen Medien) sieht die Bundesregierung Meinungsfreiheit und Meinungsvielfalt als gegenwärtig grundsätzlich gesichert an. Sie hält das vorhandene Instrumentarium zur Konzentrationskontrolle und Sicherung der Meinungsvielfalt für ausreichend, erforderlich sei aber dessen konsequente Anwendung. Zugleich lehnt es die Bundesregierung in ihrer Antwort erneut ab, einer Empfehlung der Monopolkommission von 1981 zu entsprechen, kartellrechtlich die Vergabe von Rundfunklizenzen wie Unternehmenszusammenschlüsse zu behandeln.

Eine ähnliche Auffassung wie die Bundesregierung vertrat die Monopolkommission schon in ihrem 9. Hauptgutachten vom 13. Juli 1992 (Bundestagsdrucksache 12/3031): Die gesetzlichen Möglichkeiten zu einer wirksamen Kontrolle der Konzentrationsprozesse reichten aus; mit den Fusionskontrollvorschriften des GWB habe das Kartellamt Zusammenschlüsse auch im Bereich des privaten Rundfunks verhindert.

Die zunehmende Bedeutung kapitalstarker Unternehmen auf dem Markt privaten Fernsehens hat jedoch seither die Diskussion um publizistische und wirtschaftliche Macht verstärkt. Das Bundeskartellamt hat in seinem Tätigkeitsbericht 1991/1992 (Bundestagsdrucksache 12/5200 vom 24. Juni 1993) die aktuelle Situation so charakterisiert: die Konzentrationsentwicklung habe zu zwei wettbewerblich rivalisierenden Sendergruppen (»aufgrund von Mehrfachbeteiligungen großer Medienkonzerne und Verlagsunternehmen, familiärer Beziehungen und Vermarktungsgemeinschaften«) geführt, innerhalb derer der Wettbewerb zunehmend eingeschränkt sei. Die Konkurrenzlage sei als Oligopol einzustufen, doch lägen bisher die Voraussetzungen für eine nach dem Kartellrecht mögliche Untersagungsverfügung noch nicht vor.

Nach Ansicht der Landesmedienanstalten haben die dem privaten Rundfunk auferlegten Begrenzungen der Kapital- und Stimmrechtsanteile zu einer Vielzahl von Minderheitsbeteiligungen geführt, was wiederum aufgrund der formalen Ausgestaltung zu Umgehungsversuchen führe. In der Praxis sei daher wegen der zahlreichen Möglichkeiten zu Verbund- und Einflußstrukturen eine effektive Kontrolle kaum möglich; diese werde zusätzlich dadurch erschwert, daß der Rundfunkstaatsvertrag eine Pflicht zur Offenlegung der Besitzverhältnisse und damit zur Herstellung von Transparenz nicht enthalte. Die Direktorenkonferenz der Landesmedienanstalten hat deshalb am 14. Dezember 1993 in Frankfurt/Main einen Bericht unter dem Titel »Zwischenbilanz der bisherigen Kommunikationskontrolle der Landesmedienanstalten und weiteres Vorgehen« beschlossen (Text in »Funk-Korrespondenz« 42. Jg./Nr. 1 vom 7. Januar 1994, S. 43–50). Demnach haben sich die Schwierigkeiten bei der Kommunikationskontrolle »nicht verringert, sondern eher verdichtet« – auch wegen des zunehmenden Widerstandes der Unternehmen. Die Direktorenkonferenz sieht die Ermittlungsbefugnisse der Landesmedienanstalten aufgrund des Rundfunkstaatsvertrages und der Landesmediengesetze als zu unterschiedlich und insgesamt als unzureichend an, weil Auskünfte auf freiwilliger Basis kaum geeignet seien, die Überprüfung von Unternehmensstrukturen vorzunehmen. Auch die Regelung über die Abstimmung der Landesmedienanstalten untereinander sei zu unbestimmt und daher ein erheblicher Unsicherheitsfaktor. Die unterschiedliche verwaltungsgerichtliche Rechtsprechung in den Ländern und »die Gefahr von Standortabhängigkeiten . . . bei Entscheidungen vor Ort« erforderten jedoch eine qualifizierte Beteiligung der Gemeinschaft aller Landesmedienanstalten bei konzentrationsrechtlichen Entscheidungen. Die Landesmedienanstalten halten deshalb eine Novellierung der Bestimmungen des Rundfunkstaatsvertrages über die Meinungsvielfalt (§ 21) für notwendig.

Die Konferenz der Ministerpräsidenten der Länder hat deshalb am 16. Dezember 1993 in Aussicht genommen, »im Zuge einer weiteren Änderung des Rundfunkstaatsvertrages [d. h. *nach* einer Novellierung betreffend Jugendschutz und Gewaltdarstellungen im Fernsehen] unter Einbeziehung des von den Landesmedienanstalten bis Mitte 1994 vorzulegenden Gutachtens zur Medienkonzentration ergänzende Regelungen aufzunehmen. Dies gilt auch für Fragen einer aufgabenbezogenen Zusammenarbeit der Rundfunkanstalten. Sie beauftragen ihre Rundfunkkommission, möglichst bis zur Ministerpräsidentenkonferenz im September 1994 Vorschläge vorzulegen.«

Es ist offen, welche der Vorschläge, die derzeit in der medienpolitischen Diskussion zur Abwehr weiterer Medienkonzentration gemacht werden, Chancen für eine Realisierung haben. Die Spannweite solcher Überlegungen ist groß: Neben der Bildung neuer Institutionen und Gremien (»Bundesmedienrat«, »Bundesmedienanstalt« in der Verantwortung des Bundesrates für die Aufsicht über bundesweiten Rundfunk) sind auch Veränderungen der Zulassungsvoraussetzungen im Gespräch. So ist denkbar, Anbietern nur noch jeweils ein einziges Programm zu lizenzieren, dann allerdings auch als Alleineigentümer oder Mehrheitsgesellschafter. Oder man hebt umgekehrt jede Begrenzung auf, so daß ein Anbieter beliebig viele Programme verbreiten kann, wenn er nur insgesamt eine bestimmte Reichweite (z. B. bundesweit maximal 25 % der erreichbaren Zuschauer) nicht überschreitet.

Konzentration auf dem europäischen Markt. Die in der Bundesrepublik Deutschland bisher verfolgte Politik, *globale Pressehilfen* abzulehnen, fand ihre Stütze in dem Bericht eines Sachverständigenausschusses des Europarates für Fragen der Pressekonzentration. Er hielt zwar »allgemeine« Hilfen für sinnvoll, um die wirtschaftliche Lage der Presse generell zu verbessern, sie seien aber nicht geeignet, die Situation der gefährdeten Zeitungen in nachrangiger Marktstellung nachhaltig zu verändern. Der Ausschuß hat mit seiner Empfehlung, statt dessen *»spezifische« Hilfen* für bestimmte Kategorien von Zeitungen oder *»gezielte« Hilfen* auf Antrag einzelner Zeitungen zu gewähren, die volle Unterstützung des Ministerausschusses des Europarates gefunden. Er schlug in seiner Entschließung (74) 43 zur Pressekonzentration vom 16. Dezember 1974 als wichtigste Instrumente öffentlicher Hilfe die Einrichtung von Pressefonds oder die Gewährung von Darlehen und gezielten Hilfen für bestimmte Pressegattungen vor.

Mitte der siebziger Jahre veranlaßte sodann die EG-Kommission Untersuchungen zum Stand der Pressekonzentration in ausgewählten Mitgliedsländern, um die zunehmenden Medienverflechtungen transparent zu machen. Bis heute bestehen in der EU keine spezifischen Möglichkeiten, Konzentrationsvorgängen im Medienbereich zu begegnen (→ Europäisches Medienrecht). Die den Wettbewerb betreffenden Regelungen im EWG-Vertrag und die EG-Verordnung vom 21. Dezember 1989 über die Kontrolle von Unternehmenszusammenschlüssen gelten für alle Wirtschaftsbereiche und sind in ihren Aufgreifkriterien sehr hoch angesetzt. Das entspricht der Situation, wie sie auch in Deutschland vor einer spezifischen → Fusionskontrolle im Pressewesen bestand. In einer »Mitteilung der Kommission an den Rat und das Parlament über die Politik im audiovisuellen Bereich« vom 21. Februar 1990 stellte die EG-Kommission fest: »Das Wettbewerbsrecht der Gemeinschaft kann auch nicht alle Situationen abdecken, in denen der Pluralismus, insbesondere im Falle von Multimedia-Konzernen, bedroht sein könnte.«

Das Europäische Parlament hatte am 15. Februar 1990 eine Entschließung zur Konzentration im Medienbereich (Bundesrats-Drucksache 193/90 vom 5. März 1990) angenommen, in der uneingeschränkte und unkontrollierte Zusammenschlüsse im Medienbereich als Gefährdung des Rechts auf Information und der Freiheit der Journalisten bezeichnet werden, die EG-Kommission aufgefordert wird, Rechtsvorschriften für Antitrustbestimmungen vorzubereiten, und die Mitgliedsstaaten aufgefordert werden, in kürzester Frist durch entsprechende Regelungen die Kontrolle von Zusammenschlüssen im gesamten Mediensektor sicherzustellen.

Die EG-Kommission entsprach dieser Aufforderung durch Vorlage des Grünbuches »Pluralismus und Medienkonzentration im Binnenmarkt« vom 23. Dezember 1992. Neben einer Bestandsaufnahme der in den Mitgliedsstaaten bestehenden Regelungen und einer Analyse der publizistischen und wirtschaftlichen Aspekte von Medienkonzentration liegt das Schwergewicht dieser Veröffentlichung in der Behandlung der Frage, ob Veranlassung besteht, von seiten der EG gegen die Medienkonzentration einzuschreiten. Wie solche Regelungen auszugestalten seien, wird unter den Vorgaben behandelt, ob die nationalen Gesetze gegen Medienkonzentration ausreichen, die Informations- und Meinungsvielfalt in Europa zu sichern, oder ob für den Mediensektor übergreifende Regelungen zu treffen sind. Hierfür bietet das Grünbuch drei Optionen an: a) keine Maßnahmen, b) Empfehlung für noch mehr Transparenz im Medienbereich, c) Harmonisierung einzelstaatlicher Regelungen zum Eigentum an Medienunternehmen durch EG-Richtlinie oder EG-Verordnung mit oder ohne Einsetzung eines unabhängigen Medienausschusses. Die EG-Kommission selbst gibt keiner dieser drei Möglichkeiten den Vorzug; sie fordert vielmehr im Grünbuch die Mitgliedsstaaten und die Medienverbände auf, sich zum Grünbuch zu äußern und auch Alternativen vorzuschlagen. Mit ihren Feststellungen bei der Übergabe des Grünbuches machte die EG-Kommission ihre Tendenz deutlich, die Sicherung der Meinungsvielfalt vorerst weiter den einzelnen Mitgliedsstaaten zu überlassen, weil die – nach den Erhebungen zum Grünbuch höchst unterschiedlichen – nationalen Gesetze zur Kontrolle der Besitzverhältnisse der Medien ausreichend seien. Dagegen sieht sie u. U. notwendige Gründe für ein Handeln darin, daß Medienunternehmen wegen nationaler Gesetze die Freiheiten des EG-Binnenmarktes nicht ausschöpfen könnten.

Mit ernsten Zweifeln auch daran, ob der formal existierende gemeinsame Binnenmarkt geeignet sei, die Existenz eines oder mehrerer europäischer Märkte für alle Medien nachzuweisen, begründete die Bundesregierung im August 1993 ihre Stellungnahme zum Grünbuch. Unter Berufung auf das Subsidiaritätsprinzip verneinte sie angesichts der sprachlichen und kulturellen Segmentierung national begrenzbarer Märkte im Medienbereich, die von den sachnahen nationalen Behörden besser überblickt werden könnten, die Notwendigkeit einer europäischen Harmonisierung. Die Bundesregierung hielt deshalb eine Gemeinschaftsaktion der EG-Staaten gegen Medienkonzentration für verzichtbar, erklärte sich jedoch bereit, im Rahmen staatlicher Zusammenarbeit eine Empfehlung der EG zur Transparenz von Medienunternehmen zu unterstützen, und lehnte eine übergreifende EG-Richtlinie oder -Verordnung und damit auch eine europäische Medienkommission ab. Auch die deutschen Zeitungsverleger, der Verband Privater Rundfunk und Telekommunikation und ARD/ZDF sahen – wenn auch mit sehr unterschiedlichen Vorbehalten und Begründungen – in ihren Stellungnahmen zum Grünbuch angesichts ausreichender nationaler Regelungen, aber auch differierender Nutzungsgewohnheiten, kultureller Besonderheiten und deutscher verfassungsrechtlicher Vorgaben keinen Bedarf für ein Tätigwerden der EG oder für eine EG-Behörde zur Bekämpfung der Medienkonzentration.

Am 20. Januar 1994 hat das Europäische Parlament das Grünbuch diskutiert und dazu eine Entschließung (Europäisches Parlament 1993–1994: Protokoll der Sitzung vom 20. Dezember 1992, PV 54 PZ 178.922, Seite 33–36) auf der Grundlage eines Berichtes seines Ausschusses für Kultur, Bildung, Jugend und Medien verabschiedet, in dem die EG-Kommission aufgefordert wird, über eine Richtlinie die nationalen Regelungen zur Medienkonzentration zu harmonisieren, um der EU die Möglichkeit zu eröffnen, europaweiten Konzentrationsvorgängen zu begegnen. Eine solche Richtlinie sei notwendig, um die durch Konzentration gefährdete Meinungsvielfalt in ganz Europa zu sichern. Das Europaparlament sieht die Zunahme von Medienkonzentration nicht nur in den formalen Besitzverhältnissen, sondern auch in sonstigen Abhängigkeiten, etwa von Programmlieferanten, und in Verflechtungen zwischen Presse und Rundfunk, wobei durch Offenlegung von Besitz- und Treuhandverhältnissen mehr Transparenz zu schaffen sei. Ein Europäischer Medienrat soll mit weitreichenden Kompetenzen die nationalen Aufsichtsgremien bei ihrer Kontrolle unterstützen und Vorschläge für die Entflechtung von europäischen Medienunternehmen unterbreiten. Ob und wann die EG-Kommission eine solche vom Europaparlament gewünschte Richtlinie auf den Weg bringt und wie sie dann in nationales Recht umgesetzt wird, muß derzeit offenbleiben.

WALTER J. SCHÜTZ

Literatur

Jörg Aufermann / Peter Heilmann u. a. (Hrsg.): Pressekonzentration. Eine kritische Materialsichtung und Systematisierung. München-Pullach 1971 *(annotierte Bibliographie der bis 1970 erschienenen Literatur zur Pressekonzentration)*

Gerd G. Kopper: Massenmedien – Wirtschaftliche Grundlagen und Strukturen. Konstanz 1982 *(Abschnitt B 2: Pressekonzentration, mit Analyse und Bibliographie bis 1981)*

Walter J. Schütz: Pressekonzentration. In: Helmut Arndt (Hrsg.): Die Konzentration in der Wirtschaft. Berlin ²1971, S. 667–687; Helmut Arndt / Walter J. Schütz: (Stichwort) »Pressekonzentration«. In: Gert von Eynern / Carl Böhret (Hrsg.): Wörterbuch zur politischen Ökonomie. Wiesbaden ²1977, S. 359–364; Helmut H. Diederichs: Daten zur Konzentration der Publikumszeitschriften in der Bundesrepublik Deutschland. In: »Media Perspektiven«, Jg. 1989, S. 313–324; Horst Röper/ Ulrich Pätzold: Medienkonzentration in Deutschland. Medienverflechtungen und Branchenvernetzungen. Düsseldorf 1993: Europäisches Medieninstitut; Walter J. Schütz: Deutsche Tagespresse 1993. In: »Media Perspektiven«, Nr. 4/1994 *(Darstellungen zum Verlauf und zum Stand der Konzentrationsbewegungen aus der Sicht von Kommunikations- und Wirtschaftswissenschaft)*

Beate Schneider: Die ostdeutsche Tagespresse – eine (traurige) Bilanz. In: »Media Perspektiven«, Nr. 7/1992, S. 428–441; Walter J. Schütz: Zur Entwicklung des Zeitungsmarktes in den neuen Ländern 1989–1992. In: Bundesverband Deutscher Zeitungsverleger (Hrsg.): Zeitungen '92. Bonn 1992, S. 270–296 (*Dokumentation und Analyse der veränderten Wettbewerbssituation auf dem ostdeutschen Zeitungsmarkt*)

Heinz Starkulla: Presse, Fernsehen und Demokratie. Der »Wettbewerb« der Medien als kommunikationspolitisches Problem. In: »Publizistik«, Jg. 1965, S. 382–390; Peter Glotz / Wolfgang R. Langenbucher: Der mißachtete Leser. Zur Kritik der deutschen Presse. Köln 1969; Hans Wagner: Die unverstandene Pressekonzentration. In: »Stimmen der Zeit«, Jg. 1970/Nr. 7, S. 5–15 *(entwickeln die kommunikationspolitische These der »Vielfalt in der Zeitung«)*

Franz Ronneberger: Konzentration und Kooperation in der deutschen Presse aus kommunikationspolitischer Sicht. In: »Publizistik«, Jg. 1971, S. 5–38 *(Bewertung der zur Bekämpfung der Pressekonzentration vorgeschlagenen Maßnahmen und Gesetzentwürfe im Rahmen eines systemtheoretischen Konzepts)*

Horst Ehmke: Verfassungsrechtliche Fragen einer Reform des Pressewesens. In: Horst Ehmke / Carlo Schmid u. a. (Hrsg.): Festschrift für Adolf Arndt. Frankfurt/Main 1969, S. 77–118 *(übersichtliche Systematisierung von Problemlösungsvorschlägen)*

Manfred Knoche: Einführung in die Pressekonzentrationsforschung. Berlin 1978; Franz Ronneberger: Kommunikationspolitik. Teil III: Kommunikationspolitik als Medienpolitik. Mainz 1986 *(Darstellungen mit Handbuchcharakter, bei Knoche unter statistischen und wirtschaftlichen, bei Ronneberger unter politischen Aspekten)*

Siegfried Klaue / Manfred Knoche/Axel Zerdick (Hrsg.): Probleme der Pressekonzentrationsforschung. Baden-Baden 1980; Gerd G. Kopper (Hrsg.): Marktzutritt bei Tageszeitungen – zur Sicherung von Meinungsvielfalt durch Wettbewerb. München 1984 *(Berichtsbände über Fachtagungen mit Experten aus den Bereichen Wirtschaftswissenschaft und Kommunikationswissenschaft)*

Norbert Dittrich: Pressekonzentration und Grundgesetz. München 1971 *(leitet die Notwendigkeit staatlichen Handelns aus dem Demokratiegebot Art. 20 GG ab)*

Peter Lerche: Verfassungsrechtliche Fragen zur Pressekonzentration. Berlin 1971; Hans Schneider: Verfassungsrechtliche Grenzen einer gesetzlichen Regelung des Pressewesens. Berlin 1971 *(ziehen enge Grenzen für staatliche Eingriffe)*

Dieter Stammler: Die Presse als soziale und verfassungsrechtliche Institution. Berlin 1971; Bernd-Peter Lange: Regelungsvorschläge zur Bekämpfung fortschreitender Konzentration im Pressewesen. In: Jörg Aufermann / Hans Bohrmann / Rolf Sülzer (Hrsg.): Gesellschaftliche Kommunikation und Information. Frankfurt/Main 1973, Bd. 1, S. 315–340 *(vertreten die Auffassung, daß der Pressekonzentration bei Beibehaltung der privatrechtlichen Pressestruktur nicht begegnet werden kann)*

Wernhard Möschel: Pressekonzentration und Wettbewerbsgesetz. Tübingen 1978; Ernst-Joachim Mestmaecker: Medienkonzentration und Meinungsvielfalt. Baden-Baden 1978 *(vertreten die Auffassung, nur wirtschaftlicher Wettbewerb stärke die publizistische Vielfalt)*

Udo Branahl: Publizistische Vielfalt als Rechtsgebot. In: Günther Rager/Bernd Weber (Hrsg.): Publizistische Vielfalt zwischen Markt und Politik. Düsseldorf 1992, Seite 85–109

Friedrich Kübler: Medienverflechtung. Frankfurt/Main 1981; Peter Lerche: Presse und privater Rundfunk. Berlin 1984 *(Küblers Forderung, bei räumlicher Überschneidung der Märkte an der strikten Trennung von Rundfunk und Presse festzuhalten, wird von Lerche entschieden widersprochen)*

Christoph Engel: Vorsorge gegen die Konzentration im privaten Rundfunk mit den Mitteln des Rundfunkrechts – eine Analyse von § 21 Rundfunkstaatsvertrag 1991. Baden-Baden 1993 (= »ZUM. Zeitschrift für Urheber- und Medienrecht«, Sonderheft 1993, Seite 557–585)

Konzentrationstendenzen im Bereich des Rundfunks und ihre Rechtsprobleme. In: »ZUM. Zeitschrift für Urheber- und Medienrecht«, 37. Jg. 1993/Heft 1, Seite 1–23 (*Berichtsheft über eine Arbeitstagung des Instituts für Urheber- und Medienrecht mit Beiträgen von Jürgen Becker, Manfred Niewiarra, Wolf-Dieter Reisig und Dieter Dörr sowie Diskussionsbericht von Anette Schmidt*)

Bericht der Bundesregierung über die Lage der Medien in der Bundesrepublik Deutschland 1985. Medienbericht '85. Bundestags-Drucksache 10/5662 vom 16. Juni 1986 (*3. Fortschreibung des 1970 erstmalig publizierten »Medienberichts«*)

Konzentrationserscheinungen bei elektronischen Medien. Antwort der Bundesregierung vom 24. März 1993 auf die Große Anfrage der SPD. Bundestagsdrucksache 12/4622 (neu)

Wettbewerbspolitik vor neuen Herausforderungen. Achtes Hauptgutachten der Monopolkommission 1988/1989. Bundestags-Drucksachen 11/7582 und 75/83 (*dort Seite 561–643 Kapitel V: Konzentration und Wettbewerb im Medienbereich*)

Europarat: Bericht des Sachverständigenausschusses für Fragen der Pressekonzentration. Straßburg 1974. Deutsche Fassung in: »Publizistik«, Jg. 1975, S. 683–742 *(behandelt u. a. mögliche Maßnahmen zur wirtschaftlichen Unterstützung der Presse unter dem besonderen Aspekt allgemeiner, spezifischer und gezielter Hilfen für durch Pressekonzentration bedrohte Zeitungen)*

Die Politik der Europäischen Gemeinschaft im audiovisuellen Bereich. Textsammlung. Luxemburg 1990

Kommission der Europäischen Gemeinschaften (Hrsg.): Pluralismus und Medienkonzentration im Binnenmarkt. Bewertung der Notwendigkeit einer Gemeinschaftsaktion. Grünbuch der Kommission. KOM (92) 480 endg. Brüssel, 23. Dezember 1992. Luxemburg: Amt für amtliche Veröffentlichungen der Europäischen Gemeinschaften 1992 (= Dokumente DE 16)

Christoph Wagner: Konzentrationskontrolle im Binnen-Medienmarkt der EG. Wettbewerbsrechtliche und medienspezifische Ansätze. In: »Archiv für Presserecht«, Jg. 1992/Nr. 1, Seite 1–12.

Kooperation → Konzentration, → Wettbewerbsrecht

Kopieren → Urheberrecht

Koppelung von Anzeigen und redaktionellen Beiträgen → Werberecht

»Korb 3« → Internationale und supranationale Kommunikationsbeziehungen

KPD-Urteil → Bundesverfassungsgerichtsentscheidungen zum Medienrecht (6. Oktober 1959)

Kredithaie-Beschluß → Bundesverfassungsgerichtsentscheidungen zum Medienrecht (20. April 1982)

Kriegshetze → Verantwortung des Journalisten

Kritische Bayer-Aktionäre-Beschluß → Bundesverfassungsgerichtsentscheidungen zum Medienrecht (9. Oktober 1991)

Krüppel(»Titanic«)-Beschluß → Bundesverfassungsgerichtsentscheidungen zum Medienrecht (25. März 1992)

KSZE-Schlußakte → Internationale und supranationale Kommunikationsbeziehungen

Kündigung → Arbeitsrecht der Medien, → Rundfunkprogrammrecht

Kündigungsschutzklage → Arbeitsrecht der Medien

Künstlersozialversicherung → Soziale Sicherung der Journalisten

Kundenzeitschriften → Wettbewerbsrecht

Kunstkritik-Beschluß → Bundesverfassungsgerichtsentscheidungen zum Medienrecht (13. Mai 1980)

Kunstvorbehalt → Jugendmedienschutz

Kunstwerke → Urheberrecht

Kurzberichterstattung → Rundfunkprogrammrecht, → Wettbewerbsrecht

»Lachender Mann«-Beschluß → Bundesverfassungsgerichtsentscheidungen zum Medienrecht (25. April 1972)

Landesmedienanstalten → Landesmediengesetze, → Rundfunkfinanzrecht, → Rundfunkorganisationsrecht

Landesmediengesetz Baden-Württemberg (Fünftes Rundfunk)-Urteil → Bundesverfassungsgerichtsentscheidungen zum Medienrecht (24. März 1987)

Landesmediengesetze. Seit Entstehen des dualen Rundfunksystems ist »Landesmediengesetze« der Begriff für die rechtlichen Grundlagen des privaten Rundfunks in der Bundesrepublik Deutschland.

Die *Mediengesetzgebung der Länder* umfaßt allerdings mehr als die Landesmediengesetze. Wörtlich genommen ist der Begriff sogar mißverständlich, denn neben den → Pressegesetzen der Länder und den Rechtsgrundlagen für den öffentlich-rechtlichen Rundfunk in den Landesgesetzen und Staatsverträgen der Länder sind die Landesmediengesetze nur die dritte und jüngste Spielart der Medienordnung.

Charakteristisch für die Anfangszeit waren Entwürfe, die unabhängig von den Konzepten des Presserechts und des öffentlich-rechtlichen Rundfunks entwickelt wurden. Erst in jüngerer Zeit gibt es gemeinsame Einzelregelungen zu öffentlich-rechtlichem und privatem Rundfunk (z. B. im →

Jugendmedienschutz). Die im Presserecht erzielte Rechtsangleichung der Länder ist im Medienrecht noch nicht erreicht. Der dabei auftretende Lern- und Erfahrungsprozeß zeigt, wie sehr mit der Regelung des privaten Rundfunks Neuland betreten wurde.

Kern der Landesmediengesetze sind Regelungen zur *Auswahl und Zulassung privater Rundfunkveranstalter*, zu ihrer inneren Organisation und zu den Anforderungen an das Programm, besonders in den Bereichen Jugendschutz, Werbung und Vielfalt. Die Aufsicht und deren Mittel bilden einen weiteren Schwerpunkt. Die Durchführung der gesetzlichen Aufgaben wird *Landesmedienanstalten* anvertraut, staatsunabhängigen Anstalten des öffentlichen Rechts, die selbst kein Programm veranstalten, aber für Zulassung und Aufsicht zuständig sind (→ Rundfunkorganisationsrecht).

Die Landesmediengesetze begleiten rechtlich den Wandel der deutschen Medienlandschaft von den *Kabelpilotprojekten* bis zum *Rundfunkstaatsvertrag*. Heute stehen die Länder vor den zusätzlichen Herausforderungen einer europäischen Rundfunkordnung. Zwar hat der medienpolitische Gestaltungswille der Länder die Inhalte der Mediengesetze wesentlich bestimmt; doch war das nicht der einzige bestimmende Faktor. Wirtschaftliche und technische Zusammenhänge zeigten auch Grenzen der Gesetzgebung. Im rechtlichen Bereich hat mit dem Bundesverfassungsgericht ein Verfassungsorgan des Bundes die wesentlichen Richtlinien für die Landesgesetzgebung vorgegeben.

KABELPILOTPROJEKTE. Die Kabelpilotprojekte gehen auf einen Vorschlag des im Jahr 1976 vorgelegten Abschlußberichts der Kommission für den Ausbau des technischen Kommunikationssystems (KtK) zurück, die die Bundesregierung eingesetzt hatte. Die Ministerpräsidenten der Länder entschieden sich 1978 für vier Pilotprojekte zur Erprobung der Möglichkeiten der Breitbandkommunikation über Kabel, 1980 wurde eine Finanzierung in Höhe von 35 Millionen DM für jedes Projekt aus dem »Kabelgroschen« gesichert, einem Zuschlag zur Rundfunkgebühr. Das erste Projekt begann im Januar 1984 in Ludwigshafen-Vorderpfalz. Es folgten die Projekte in München, Dortmund und Berlin.

In den Rahmenbedingungen dieser Pilotprojekte gab es große Unterschiede: das Ludwigshafener Projekt z. B. setzte von vornherein auf den privaten Rundfunk, Dortmund dagegen ausschließlich auf öffentlich-rechtliche Veranstalter. Die bayerische Mischform entsprach der dortigen besonderen Verfassungslage. Das jüngste Projekt in Berlin war am breitesten angelegt; nur hier wurde ein ganzes Land einbezogen und damit der Übergang zur Phase der Landesmediengesetze markiert.

Mit den Kabelpilotprojekten verbanden sich unterschiedliche und auch widersprüchliche Zielsetzungen. Dabei lassen sich zwei Schwerpunkte unterscheiden. Ein Ziel war es, die technischen Möglichkeiten der *Breitbandkommunikation* insbesondere für interaktive Nutzungen zu erproben, neue Dienstleistungen mit »Rückkanälen« zu versuchen und die aktive Rolle des

Kabelteilnehmers zu stärken. Wie bei ähnlichen Versuchen in den Vereinigten Staaten, Frankreich, Großbritannien und Japan ergab sich für Privathaushalte kaum ein Bedarf, den es wirtschaftlich zu befriedigen lohnte. Für die Versorgung mit Fernseh- und Hörfunkprogrammen bewähren sich *Verteilnetze*. Dabei wird das zusätzliche Programmangebot in der Regel über Satelliten herangeführt. Für die aus dem »Kabelgroschen« finanzierten technischen Kabelzentralen zeigte sich wenig Bedarf.

Mit wesentlich höherem Aufwand baut die Bundespost unabhängig von den Kabelpilotprojekten neue *Vermittlungsnetze in Glasfasertechnik* auf, die auch die Bewegtbildkommunikation zwischen Teilnehmern, vorerst allerdings ausschließlich für die geschäftliche Nutzung (z. B. Videokonferenzen) ermöglichen. Dieser Bereich der Telekommunikation fällt nicht in die Zuständigkeit der Länder. Übergangsformen zwischen Individual- und Massenkommunikation wie bei → Bildschirmtext haben sich für die Bewegtbildkommunikation bisher nicht entwickelt. Hier ist der entscheidende Durchbruch in den nächsten Jahren durch die Digitalisierung des Fernsehens zu erwarten, die die technischen Probleme der Komprimierung hoher Datenmengen lösen kann, so daß über eine Leitung Bild, Ton, Text und andere Daten übertragen werden können (→ Neue elektronische Kommunikationstechniken).

Das zweite – umstrittene – Ziel der Kabelpilotprojekte war die Einführung des privaten Rundfunks in der Bundesrepublik. In der – wie sich später zeigte, irrtümlichen – Annahme, nur über das Kabel ließen sich zusätzlich private Programme verbreiten, sollte so die Zulassung privater Veranstalter erreicht werden. Mit dem Beginn des Pilotprojektes in Ludwigshafen ist dies 1984 gelungen; den Gegnern des privaten Rundfunks blieb immerhin der Erfolg der Verzögerung.

Die wirtschaftliche Basis der Kabelpilotprojekt-Gebiete war von vornherein zu schmal, um die in ihrer Produktion teueren Fernsehprogramme auch nur annähernd finanziell zu tragen. Nicht einmal das auf die ganze westliche Stadthälfte, also das Land Berlin ausgeweitete Pilotprojekt in Berlin, mit seiner hohen Verkabelungsdichte, bot eine ausreichende Basis. Generell wurden die Kabelpilotprojekte schon bald von der Entwicklung überholt. Weiterreichende politische und wirtschaftliche Entscheidungen wurden nicht aufgeschoben, bis die Ergebnisse der Begleitforschung vorlagen.

BREITBANDVERKABELUNG UND SATELLITENKANÄLE. Nach dem Regierungswechsel in Bonn im Herbst 1982 begann die Bundesregierung mit einer *großflächigen Breitbandverkabelung* auch außerhalb der Projektgebiete. Sie erkannte und nutzte die Möglichkeiten der Verbindung von Kabel und Satellit.

Ausschlaggebend für die weitere Entwicklung war der Beschluß der Ministerpräsidenten vom 23. Februar 1984 zur Verteilung der Kanäle auf dem Fernmeldesatelliten ECS. Über die Satelliten konnten die Kabelnetze verbunden werden. Die Ministerpräsidenten einigten sich darauf, daß ein

Kanal für private Veranstalter reserviert wurde, ein weiterer ging an das ZDF. Mit dem Intelsat-Satelliten standen dann weitere Kanäle zur Verfügung, über deren Verteilung sich die Ministerpräsidenten ebenfalls einigten. Hiermit wurden die Grundlagen für überregionale Programmangebote gelegt, die durch Fernsehprogramme ergänzt wurde, die über die Satellitenkanäle anderer europäischer Länder verbreitet wurden.

Die Länder reagierten unterschiedlich auf diese Entwicklung. Von 1982 an wurde in den Ländern über Landesmediengesetzentwürfe diskutiert, zuerst in Baden-Württemberg. Das erste Landesmediengesetz, das sich offen zur dauerhaften Einführung des privaten Rundfunks bekannte, wurde 1984 in Niedersachsen verabschiedet. Schleswig-Holstein und das Saarland folgten. Berlin und Bayern erließen Medienerprobungsgesetze mit zeitlich befristeter Geltungsdauer.

Einige Länder, darunter Nordrhein-Westfalen und Hamburg, beschränkten sich zunächst auf die Regelung der Weiterverbreitung von über Satelliten herangeführten Programmen. Diese Programme konnten nach und nach in allen Ländern, zuletzt auch in Hessen, empfangen werden. In einem zweiten Schritt wurden dann Landesmediengesetze erarbeitet, die auch hier Voraussetzungen für die Zulassung des privaten Rundfunks schufen.

Die Landesmediengesetze unterschieden in ihren Regelungen kaum zwischen Hörfunk und Fernsehen. Tatsächlich verlief aber die Entwicklung unterschiedlich. Im *Hörfunk* gab es nach der Freigabe von UKW-Frequenzen durch die Genfer Frequenzkonferenz ab 1. Juli 1985 zusätzliche Übertragungsmöglichkeiten im Bereich oberhalb 100 MHz. Damit konnten von vornherein nahezu alle Haushalte eines Sendegebietes erreicht und landesspezifische Entwicklungen in Gang gesetzt werden. Die Auswahl der Hörfunkveranstalter wurde deshalb der erste Schwerpunkt der Arbeit der neuen Landesmedienanstalten.

Im *Fernsehen* waren nicht nur die Produktionskosten höher, auch die technisch möglichen Reichweiten lagen am Anfang niedriger; sie erreichten einen Bruchteil der Bevölkerung. Wie schon im öffentlich-rechtlichen Rundfunk bestand auch hier ein Zwang zur überregionalen Organisation.

Die politische Uneinigkeit der Länder über den privaten Rundfunk verhinderte, daß es frühzeitig zu einer gemeinsamen Rechtsgrundlage für die neuen überregionalen Fernsehveranstalter kam. Anders als beim ZDF, wo sich die Länder auf eine gemeinsame, den Sender langfristig sichernde Rechtsgrundlage verständigten, entwickelte jedes Land ein eigenes Gesetz für die neuen Fernsehveranstalter, die ebenso wie das ZDF auf eine nationale Verbreitung angewiesen waren. Die neuen Veranstalter wurden unkoordiniert auf der Grundlage der jeweiligen Landesgesetze zugelassen. So erreichte SAT 1 seine bundesweite Ausstrahlung nach Aufnahme in das Pilotprojekt Ludwigshafen über den rheinland-pfälzischen Landesveranstalter, RTL plus war zunächst nur in Luxemburg zugelassen und erhielt im Bundesgebiet nur Weiterverbreitungserlaubnisse, die Veranstalter Tele 5 und PRO 7 nutzten Satellitenkanäle, die ursprünglich ihren Vorgängern zugewiesen worden waren.

Die partikularistischen Tendenzen wurden durch die Verzögerung bei der Nutzung des TV-SAT begünstigt. Dieser direkt im gesamten Bundesgebiet empfangbare Rundfunksatellit erfordert nämlich eine gemeinsame gesetzliche Grundlage der Länder. Deren unterschiedliche Vorstellungen verhinderten jedoch lange diesen notwendigen Staatsvertrag. Die Ministerpräsidenten einigten sich zwar bereits im Oktober 1984 im Bremerhavener Kompromiß auf ein Grundkonzept, das einerseits Bestand und Entwicklung des öffentlich-rechtlichen Rundfunks gewährleistete, andererseits auch die Entwicklungschancen für private Veranstalter garantierte. Der Staatsvertrag scheiterte aber an eher nebensächlichen Fragen der Werbungsbegrenzungen im öffentlich-rechtlichen Rundfunk.

Dualer Rundfunk durch Staatsvertrag und Mediengesetze. Erst nachdem das Bundesverfassungsgericht im November 1986 im Urteil zum niedersächsischen Landesrundfunkgesetz eine duale Rundfunkordnung mit unterschiedlichen Anforderungen an private Veranstalter und öffentlich-rechtliche Rundfunkanstalten anerkannt hatte und nachdem jeweils ein Teil der Länder im Nord- und Südstaatsvertrag Regelungen für die Belegung jeweils eines TV-SAT-Kanals getroffen hatte, einigten sich die Länder im April 1987 im *Rundfunkstaatsvertrag* über die Grundlagen einer dualen Rundfunkordnung.

Der Rundfunkstaatsvertrag regelt die Nutzung der TV-SAT-Kanäle durch ARD und ZDF. Die Verteilung der drei für private Veranstalter vorgesehenen Kanäle nehmen die Bundesländer nach einem Quotensystem vor. Praktisch geht es dabei um Mitspracherechte, die inzwischen in Ausführung der Teilstaatsverträge im Norden (für RTL plus) und Süden (für SAT 1) ausgeübt worden sind. Der sogenannte »Westschienenkanal« ist mit dem Veranstalter VOX belegt worden, auf der Grundlage eines für die Vergabe abgeschlossenen Staatsvertrages. VOX hat den TV-Satellitenkanal allerdings nicht mehr genutzt, die Entwicklung war 1992 schon darüber hinweggegangen. Ein Kanal wird für die Verbreitung von sechzehn Hörfunkprogrammen in Digitalqualität genutzt, die der Staatsvertrag ebenfalls nach Quoten unter den Ländern aufteilt.

Die Verteilung der TV-SAT-Kanäle erwies sich als wichtig für den ganz anderen Bereich der *drahtlosen Frequenzen*, die von der Bundespost ermittelt wurden und mit denen inzwischen über zwei Drittel der Bevölkerung der Bundesrepublik mit zusätzlichen privaten Programmen versorgt werden kann. Der Verteilung der TV-SAT-Kanäle kam dabei eine mehr faktische als rechtliche Bindung für die Vergabe dieser drahtlosen Frequenzen zu, die für die wirtschaftliche Entwicklung der privaten Veranstalter von ausschlaggebender Bedeutung waren.

Weniger fortbestehende Unterschiede in den Einstellungen zum privaten Rundfunk als standortpolitische Interessen verhindern bisher eine umfassende Rechtsgrundlage für bundesweite private Veranstalter, vor allem im Hinblick auf eine einheitliche Zulassungs- und Aufsichtsinstanz. Auch bundesweit verbreitete Fernsehprogramme werden deswegen nach wie vor in einem einzelnen Bundesland zugelassen. Der Rundfunkstaatsvertrag sieht jedoch vor, daß sie dann in den anderen Bundesländern über Kabel verbreitet werden müssen. Da aber jedes Bundesland über die Nutzung seiner drahtlosen Fernsehfrequenzen selbst entscheidet, können hier die jeweiligen Landesmedienanstalten Einfluß ausüben.

Die bundesweit verbreiteten Programme haben also ihre Ursprungszulassung in verschiedenen Bundesländern. Dies erfordert eine Koordinierung zwischen den Landesmedienanstalten bei Fragen der Zulassung und der Aufsicht, die auf der Ebene der Direktorenkonferenz der Landesmedienanstalten entwickelt wird. Zunächst entwickelte sich die Zusammenarbeit in den Bereichen Jugendschutz und Werbung. Schwerer zu lösen waren Probleme, die sich bei Veränderungen bereits zugelassener Veranstalter ergaben, insbesondere die Konzentrationstendenzen. Diese haben sich durch die Gründung neuer Veranstalter und die Tendenz zur Bildung von Senderfamilien noch verstärkt (→ Konzentration).

Für den bundesweit verbreiteten privaten Rundfunk werden im Rundfunkstaatsvertrag Programmgrundsätze und Vielfaltsanforderungen festgelegt (→ Rundfunkprogrammrecht). Für alle Rundfunkprogramme gelten einheitliche Jugendschutzregelungen (→ Jugendmedienschutz) und Werbungsbegrenzungen. Die Landesmedienanstalten haben die Aufgabe, diese Bestimmungen durch Richtlinien für den privaten Rundfunk zu konkretisieren; im öffentlich-rechtlichen Bereich haben die Rundfunkanstalten selbst diese Befugnis.

Der Rundfunkstaatsvertrag ist im Zusammenhang mit der deutschen Einheit novelliert worden und seit dem 1. Januar 1992 in einer neuen Fassung in Kraft. Die Ansätze zur Zusammenarbeit der Landesmedienanstalten wurden dabei verstärkt. Der Rundfunkstaatsvertrag enthält auch konkretere Regelungen gegen die Konzentration von Meinungsmacht, die in der Praxis der Landesmedienanstalten inzwischen eine herausragende Bedeutung gewonnen haben.

Landesmediengesetze in den neuen Bundesländern. In den neuen Bundesländern sind nach ihrer Errichtung Landesmediengesetze nach dem Vorbild der alten Bundesländer vorbereitet und verabschiedet worden. Man hat sich dabei jeweils von westlichen Modellen leiten lassen. Das sächsische Mediengesetz weist Übereinstimmungen mit den bayerischen Rechtsgrundlagen auf, das thüringische mit Hessen, das von Sachsen-Anhalt mit Niedersachsen sowie das von Mecklenburg-Vorpommern mit Schleswig-Holstein.

Zwischen Berlin und Brandenburg wurde ein Staatsvertrag geschlossen, der neben der Frage der Frequenzzuordnung auch die Rolle eines Landesmediengesetzes übernimmt. Es ist die einzige Zwei-Länder-Regelung geblieben.

LÄNDEREIGENE RUNDFUNKREGELUNGEN. Der Rundfunkstaatsvertrag konnte die unterschiedlichen Interessen der Bundesländer nicht überdekken, die sich nicht alle auf die politische Einstellung zum privaten Rundfunk beschränkten. Besonders im Zusammenhang mit der Vergabe terrestrischer Fernsehfrequenzen kam es zu einer Vermischung von Medienrecht und Standortpolitik. Bisher hat der private Rundfunk nicht die für sonstige privat organisierte Medien typische freie Standortwahl. An die Zulassung werden auf gesetzlicher und außergesetzlicher Grundlage Bedingungen geknüpft.

Der verbliebene Spielraum für die einzelnen Landesmediengesetzgeber beschränkt sich im wesentlichen auf zwei Bereiche: die Struktur der für die Zulassung von und Aufsicht über private Veranstalter zuständigen Landesmedienanstalten sowie die Regelung des Modells von landesweitem bzw. regionalem Hörfunk und die Zulassungsbedingungen für private Anbieter.

Für die *Struktur der Landesmedienanstalt* gibt es zwei Modelle: einerseits das Versammlungsmodell entsprechend dem Rundfunkratsmodell aus Vertretern gesellschaftlich relevanter Gruppen, auf der anderen Seite das Ratsmodell aus wenigen unabhängigen Persönlichkeiten (→ Rundfunkorganisationsrecht). Die Landesmedienanstalten werden durch einen Zuschlag aus der Rundfunkgebühr finanziert, der auch für die Finanzierung offener Kanäle und für die Förderung der terrestrischen Infrastruktur in den einzelnen Bundesländern verwandt werden kann, letzteres begrenzt bis Ende 1995.

Im Hörfunk unterscheiden sich Lösungen, die auf eine *landesweite Verbreitung* hinwirken (Niedersachsen, Schleswig-Holstein, Nordrhein-Westfalen und Hessen), von solchen, die auch (Bayern) oder nur (Baden-Württemberg) *lokalen Hörfunk* fördern wollen. Die Zulassungsregelungen orientieren sich einerseits am Verteilungsprinzip, nach dem vorhandene Kapazitäten unter Antragstellern aufgeteilt werden, andererseits am Auswahlprinzip, nach dem der leistungsfähigste Veranstalter ausgewählt wird. In der Praxis kommt es zu Annäherungen: regelmäßig werden Anbietergemeinschaften bei der Vergabe von UKW-Frequenzen berücksichtigt.

Große Unterschiede gibt es in der Praxis bei der *Beteiligung von Zeitungsverlagen*; die Bandbreite reicht von der Alleinveranstaltung von Hörfunk durch Zeitungsverlage (durch Zusammenarbeit der Verlage eines Bundeslandes) über Mischformen unter Beteiligung auch marktbeherrschender Zeitungen in ihrem Verbreitungsbereich bis hin zu Lösungen ohne eine solche Beteiligung (Berlin). Zu einem noch ungelösten Konflikt zwischen Bundeskartellrecht und Landesmedienrecht hat die Lösung in Nordrhein-Westfalen geführt: dort wird der Hörfunk den etablierten Zeitungen und dem WDR in Zusammenarbeit vorbehalten, ergänzt um eine zweite Säule von Veranstaltergemeinschaften, deren realer Einfluß abzuwarten ist. Der Wettbewerb durch Dritte wird verhindert.

Im Fernsehbereich haben sich regionale und lokale Programme zunächst nur in den Kabelpilotprojekten entwickelt. Neu hinzugekommen sind *regionale Fenster* in den überregionalen Fernsehprogrammen. Sie werden jeweils auf landesrechtlicher Grundlage zugelassen.

Als neue Programmform haben die Landesmediengesetze verschiedener Bundesländer sogenannte »*offene Kanäle*« eingeführt. Sie werden in der Regel den Landesmedienanstalten zugeordnet, die sie auch finanzieren. Hier kann jeder Bürger nach für alle gleich geltenden Regelungen Sendungen anmelden und produzieren. Er ist auch für diese Programme verantwortlich.

Gravierende Auswirkungen sowohl auf den Rundfunkstaatsvertrag als auch auf die Landesmediengesetze der einzelnen Bundesländer sind von den europäischen Regelungen der Europäischen Gemeinschaft und des Europarates ausgegangen. In der Neufassung des Rundfunkstaatsvertrages sind diese berücksichtigt worden. Sie sehen nicht nur die Pflicht zur Verbreitung von Programmen aus anderen europäischen Staaten vor, sondern auch inhaltliche Regelungen, insbesondere zu Fragen der Werbungsbegrenzung, die von den bisher geltenden deutschen Regelungen abweichen (→ Europäisches Medienrecht). Das Bundesverfassungsgericht wird über die Befugnisse des Bundes zu entscheiden haben, im europäischen Rahmen Regelungen zu Lasten der Länder zuzustimmen.

Durch die technische Entwicklung des Direktsatellitenempfangs, der sich insbesondere in den neuen Ländern durchgesetzt hat, verringern sich die Einflußmöglichkeiten der Länder. Durchgesetzt hat sich dabei das luxemburgische Astra-System, dessen Kanäle ohne Mitwirkung deutscher Stellen vergeben werden.

HANS HEGE

Rechtsgrundlagen

Helmut G. Bauer/Claus Detjen/Frank Müller-Römer/Wolfgang Posewang: Die Neuen Medien. Das aktuelle Praktikerhandbuch. Ulm (seit 1985) (*Loseblattsammlung mit allen Gesetzestexten sowie Übersichten über technische und wirtschaftliche Fragen der neuen Medien*)

Klaus Breitkopf/Peter Schiwy/Beate Schneider: Medien und Telekommunikation. Recht, Politik und Technik in Deutschland und Europa. Percha (seit 1985) (*Loseblattsammlung mit allen Landesmediengesetzen und den Rundfunkentscheidungen des Bundesverfassungsgerichts*)

Literatur

Ernst Benda: Das Berliner Kabelpilotprojekt. Berlin 1987 (*Gegenüberstellung der Rechtsprechung des Bundesverfassungsgerichts und der praktischen Entwicklung*)

Martin Bullinger/Christoph Gödel: Landesmediengesetz Baden-Württemberg. Kommentar. Baden-Baden 1986 (*exemplarische Darstellung der Probleme eines Landesmediengesetzes*)

Peter Glotz/Reinhold Kopp (Hrsg.): Das Ringen um den Rundfunkstaatsvertrag der Länder. Berlin 1987 (*Sammlung von informativen Beiträgen zur Vorgeschichte und zu den Problemen des Rundfunkstaatsvertrags)*

Reinhard Hartstein/Wolf-Dieter Ring/Johannes Kreile: Kommentar zum Staatsvertrag der Länder zur Neuordnung des Rundfunkwesens (Rundfunkstaatsvertrag).

München 1989 (*umfassende Kommentierung unter Einbeziehung der historischen Entwicklung und der Bezüge zu den Landesmediengesetzen*)
Gerd-Michael Hellstern/Wolfgang Hoffmann-Riem/Jürgen Reese: Rundfunkaufsicht. Düsseldorf 1989 (*im Rahmen der Begleitforschung zum Kabelpilotprojekt Dortmund entstandene dreibändige Studie zur Praxis der Anwendung der Landesmediengesetze, die auch internationale Erfahrungen mit der Rundfunkaufsicht auswertet*)
Albrecht Hesse: Rundfunkrecht. München 1990
Hermann Kresse: Die Rundfunkordnung in den neuen Bundesländern. Stuttgart 1992
Christoph Wagner: Die Landesmedienanstalten. Organisation und Verfahren der Kontrolle privater Rundfunkveranstalter in der Bundesrepublik Deutschland. Baden-Baden 1990
Otfried Jarren/Frank Marcinkowski/Heribert Schatz (Hrsg.): Landesmedienanstalten – Steuerung der Rundfunkentwicklung? Münster 1993

Landesverrat → Beschlagnahme von Presseerzeugnissen, → Staatsschutz

Lebach-Urteil → Bundesverfassungsgerichtsentscheidungen zum Medienrecht (5. Juni 1973)

Leerkassettenabgabe → Filmrecht

Leihbibliotheken → Urheberrecht

»Leipziger Volkszeitung«-Beschluß → Bundesverfassungsgerichtsentscheidungen zum Medienrecht (3. Oktober 1969)

Leistungsschutzrechte → Europäisches Medienrecht, → Schweizerisches Medienrecht, → Urheberrecht

Leserbrief → Gegendarstellung

Leserbrief-Beschluß → Bundesverfassungsgerichtsentscheidungen zum Medienrecht (18. Februar 1991)

Lesermärkte → Wettbewerbsrecht

Lesezirkel → Vertriebsrecht

Lizenz → Geschichte des Medienrechts

Lizenzen → Urheberrecht, → Verlagsrecht/Buchrecht

Lizenzpresse → Geschichte des Medienrechts

Lizenzträger → Geschichte des Medienrechts

Lokalzeitungen → Wettbewerbsrecht

Lüth-Urteil → Bundesverfassungsgerichtsentscheidungen zum Medienrecht (15. Januar 1958)

Luxemburg: Medienrecht → Medienrecht in den Staaten der EU

MAC-System → Neue elektronische Kommunikationstechniken

»Märkische Oderzeitung«-Beschluß → Bundesverfassungsgerichtsentscheidungen zum Medienrecht (19. Febraur 1993)

Mantelprogramme → Rundfunkprogrammrecht

Manteltarifvertrag → Arbeitsrecht der Medien

Marktabgrenzung → Wettbewerbsrecht

Marktanteilsbegrenzung → Konzentration

Marktbeherrschung → Fusionskontrolle im Pressewesen, → Wettbewerbsrecht

Marktverhalten → Wettbewerbsrecht

Marktzutritt → Wettbewerbsrecht

MEDIA → Europäisches Medienrecht

Medienberichte → Medienpolitik

Medienforschung → Medienpolitik

Mediengesetze der Länder → Landesmediengesetze

Medienpolitik. Im Verständnis des freiheitlich-demokratischen Staates erfüllen die Massenmedien eine wesentliche, häufig als »öffentlich« umschriebene Aufgabe im Rahmen demokratischer Willensbildung und Kontrolle; sie tragen hierdurch zur Stabilisierung der Grundlagen der Demokratie bei. Durch ein vielfältiges Angebot von Nachrichten, Meinungen und Unterhaltung sollen sie eine freie und umfassende Meinungsbildung des Bürgers ermöglichen, die geistige, kulturelle, politische und fachliche Orientierung in der Gesellschaft fördern, die Staatstätigkeit und die gesellschaftlichen Vorgänge dadurch kontrollieren, daß sie Zusammenhänge transparent, Konflikte deutlich machen und schließlich demokratische und plurale Öffentlichkeit herstellen, indem sie dem einzelnen und allen gesellschaftlich relevanten Gruppen die prinzipielle Chance aktiver oder rezeptiver Teilnahme am Kommunikationsprozeß gewähren.

Im System des gesellschaftlichen und demokratischen Pluralismus sind die Massenmedien aber auch selbst den Kräften der Gesellschaft oder des Staates ausgesetzt, was für die freie Entfaltung der Massenmedien zu möglichen Gefahren führt, die durch geeignete politische Maßnahmen von ihnen ferngehalten oder abgewendet werden müssen. Es handelt sich daher um eine auf den Bestand der freien Medien gerichtete Politik, die Medienpolitik.

Medienpolitik ist hiernach die geordnete Summe der Maßnahmen, die darauf hinzielen, den Massenmedien jenen notwendigen Raum an Freiheit und Unabhängigkeit vom Staat, von anderen gesellschaftlichen Machtgebilden oder von privaten Monopolen zu sichern, dessen sie bedürfen, um ihre publizistischen Funktionen angemessen und ungehindert erfüllen zu können. Medienpolitik darf deshalb nicht reduziert werden zur Informationspolitik oder Nachrichtenpolitik, auch nicht zur wirtschaftlichen Unternehmensförderung oder etwa zum Teil einer umfassenden Freizeitpolitik. Sie nimmt ihre Legitimation vielmehr allein aus den Kommunikationsrechten der Verfassung (Artikel 5 GG), dem Demokratiegebot (Artikel 20 GG) und aus der kulturellen Verpflichtung eines freiheitlich-demokratischen Staates. Sie hat die Informations- und Meinungsvielfalt zu sichern und ein plurales Angebot der Massenmedien nach Programm und Inhalt zu gewährleisten. Unvereinbar hiermit und als Mißbrauch zu verwerfen wären dagegen alle Versuche, mit Hilfe der Medienpolitik gesellschaftspolitische Vorstellungen z. B. sozialpolitischer oder wirtschafts- und arbeitspolitischer Art verwirklichen zu wollen. Medienpolitik ist nach alledem ein elementares Stück Verfassungspolitik.

GRUNDLAGEN. Bei der Medienpolitik handelt es sich um eine permanente, langfristig angelegte und nicht allein von Tagesproblemen bestimmte Politik; sie muß Diagnosen und Prognosen für größere Zeiträume stellen. Hierzu bedarf es eines umfassenden *medienpolitischen Gesamtkonzeptes*, in das alle Massenmedien, d. h. also neben der »Presse« im umfassenden verfassungsrechtlichen Sinne – wozu u. a. außer Zeitungen und Zeitschriften auch das Buch zählt – auch Rundfunk, Film, Audiovision und → neue elektronische Kommunikationstechniken einbezogen werden. Erst das Gesamtbild, das sich aus der Wechselwirkung aller Medien, insbesondere ihren Komplementär- und Konkurrenzfunktionen, als Informationsquelle für den Bürger ergibt, macht den Anteil deutlich, den das einzelne Medium am Gesamtprozeß von Information und Meinung hat.

Die Bausteine eines solchen medienpolitischen Gesamtkonzeptes ergeben sich aus mehreren Elementen: Einmal bedarf es wissenschaftlicher Entscheidungshilfen für diese verantwortungsvolle Politik; sie sind Gegenstand der z. B. vom Bund im Rahmen seiner medienpolitischen Kompetenzen betriebenen *Medienforschung*. Daneben sind statistische Unterlagen unentbehrlich. Speziell für die mögliche Einleitung notwendiger struktureller Hilfsmaßnahmen im Bereich der periodischen Presse wurde das *Gesetz über eine Pressestatistik* vom 1. April 1975 (BGBl. I, S. 777) geschaffen, das als Bundesgesetz eine jährliche Pflichtstatistik für Zeitungen und Zeitschriften vorschreibt.

Außerdem haben verschiedene von der Bundesregierung berufene *unabhängige Kommissionen* wesentliches Rüstzeug für ein breiteres Fundament konkreter Medienpolitik geliefert. Hervorzuheben sind insbesondere die Berichte der »Kommission zur Untersuchung der Wettbewerbsgleichheit von Presse, Funk/Fernsehen und Film« (nach ihrem Vorsitzenden kurz »*Michel-Kommission*« genannt) von 1967 (Bundestags-Drucksache V/2120), der »Kommission zur Untersuchung der Gefährdung der wirtschaftlichen Existenz von Presseunternehmen und der Folgen der Konzentration für die Meinungsfreiheit in der Bundesrepublik Deutschland« (nach ihrem Vorsitzenden als »*Günther-Kommission*« bezeichnet) von 1968 (Bundestags-Drucksache V/3122), der »*Kommission für den Ausbau des technischen Kommunikationssystems* (KtK)« von 1976 und der *Enquete-Kommission »Neue Informations- und Kommunikationstechniken«*, die wegen vorzeitigen Ablaufs der Legislaturperiode am 28. März 1983 lediglich einen Zwischenbericht vorlegen konnte (Bundestags-Drucksache 9/2442).

Mit den seit Oktober 1982 gebildeten Bundesregierungen der christlich-liberalen Koalition begann eine neue Phase aktiver Medienpolitik. Sie ist gekennzeichnet durch zwei wichtige Kabinettsbeschlüsse: die »Vorstellungen des Bundes für eine Medienordnung der Zukunft« vom 13. März 1985 (»Bulletin«, Nr. 29/1985, S. 237) und das »Programm zur Verbesserung der Rahmenbedingungen des privaten Rundfunkmarktes« vom 25. Juni 1986 (»Bulletin«, Nr. 77/1986, S. 649). Ihre wesentliche ordnungspolitische Vorstellung ist die Erleichterung der Einführung eines »dualen Rundfunksystems«. Über einen zügigen Ausbau einer flächendeckenden Breitbandverkabelung sollte in einem geregelten Nebeneinander von binnenplural gestaltetem öffentlich-rechtlichen Rundfunk und einem wesentlich am Markt orientierten außenpluralen privaten Rundfunk die Meinungs- und Informationsvielfalt verstärkt sowie das Meinungsspektrum vergrößert werden. Entsprechend der medienrechtlichen Zuständigkeit der Länder wurde nach langen Verhandlungen der Staatsvertrag der Länder zur Neuordnung des Rundfunkwesens (Rundfunkstaatsvertrag) vom 1./3. April 1987 geschlossen und nach der Herstellung der Einheit Deutschlands durch den Staatsvertrag über den Rundfunk im vereinten Deutschland vom 31. August 1991 unter Beteiligung der neuen Bundesländer abgelöst. Hier wurde dem *Prinzip des dualen Rundfunksystems* entsprochen, zugleich auch dem öffentlich-rechtlichen Rundfunk eine »Bestands- und Entwicklungsgarantie« gegeben. In diesem Rahmen müssen auch die *Berichte der Bundesregierung über die Lage von Presse und Rundfunk in der Bundesrepublik Deutschland* erwähnt werden. Die Berichterstattung beruht auf einem Auftrag des Deutschen Bundestages vom 2. Juli 1969, künftig regelmäßig über die Entwicklung der Presse zu berichten. Bisher wurden ein Zwischenbericht vom 27. April 1970 (Bundestags-Drucksache VI/692) sowie Berichte vom 15. Mai 1974 (Bundestags-Drucksache 7/2104), 9. November 1978 (Bundestags-Drucksache 8/2264) und vom 16. Juni 1986 (Bundestags-Drucksache 10/5663) vorgelegt. Die Berichte enthalten eine reichhaltige Sammlung und Analyse statistischer Daten und legen zentrale medienpolitische Absichten der Bundesregierung dar. Ein weiterer Bericht unter besonderer Berücksichtigung der Entwicklung in den neuen Bundesländern ist 1994 zu erwarten.

Instrumente der Medienpolitik. Dem Staat stehen zur Verwirklichung des medienpolitischen Ziels, Meinungs-, Informations- und Medienvielfalt als Grundlage freier und unabhängiger Meinungsbildung des Bürgers zu gewährleisten oder – wo eine dieser Grundlagen bereits verlorengegangen sein sollte – wiederherzustellen, im wesentlichen zwei Instrumente zur Verfügung: durch *fördernde Maßnahmen* vorwiegend wirtschaftlicher oder steuerlicher Art die Leistungsfähigkeit der Medien zu stärken und sie hierdurch instandzusetzen, dem öffentlichen Interesse an der Erhaltung der publizistischen Vielfalt nachhaltig zu entsprechen, oder aber *Regelungsmechanismen* aufzustellen, wo die auf publizistischen oder wirtschaftlichen Wettbewerb aufbauende Vielfalt nicht mehr funktioniert (z. B. im Bereich des Kartellrechts → Fusionskontrolle, des unlauteren Wettbewerbs → Wettbewerbsrecht) zur Erhaltung eines ausgewogenen Gleichgewichts zwischen öffentlich-rechtlichen und privatwirtschaftlich strukturierten Medien, wobei jedoch dieses Prinzip der sog. *publizistischen Gewaltenteilung* aus der Verfassung nicht entnommen werden kann (vgl. BVerfGE 73, 118 [175]).

Hierbei sind jedoch *verfassungsrechtliche Schranken* zu beachten: Alle Maßnahmen – seien sie fördernder oder regelnder Art – können nur im Rahmen der Verfassungsgarantie des Artikels 5 GG rechtlichen Bestand haben. Dem würde es widersprechen, die Medien ganz oder auch nur teilweise von Staats wegen zu reglementieren oder zu steuern und so das Bild freier Medien substantiell zu ändern (vgl. für die Presse BVerfGE 12, 205 [260]). Dem Staat ist es grundsätzlich verwehrt, in die geistige und wirtschaftliche Konkurrenz der sich im gesellschaftlichen Raum bildenden Presseunternehmen einzugreifen (BVerfGE 20, 162 [174 f.]; 36, 321 [340]). Der Prozeß der öffentlichen Meinungs- und Willensbildung muß sich nämlich frei, offen und unreglementiert – »staatsfrei« – vom Volk her zu den Staatsorganen vollziehen können (BVerfGE 20, 56 [98 f.]). Allerdings – und hier liegt die andere Schranke für das »Laissez-faire« im Medienbereich – kann der Staat jedenfalls dann gehalten sein, zur Erhaltung und Sicherung der objektiven Garantie der in Artikel 5 GG gewährten Freiheiten (→ Pressefreiheit) schützend und gestaltend einzugreifen, wenn der Freiheit der Medien Gefahren aus der Bildung von Meinungsmonopolen erwachsen können (vgl. BVerfGE 20, 162 [176]). In jedem Falle, d. h. sowohl bei fördernden wie auch bei regulierenden Maßnahmen, muß freilich im Interesse der Rechtsstaatlichkeit, des Verbots des staatlichen Zugriffs auf Programm oder Inhalt eines Mediums und der verfassungsrechtlichen Nachprüfbarkeit eine gesetzliche Grundlage vorhanden sein, die Ausmaß und Grenzen der fördernden oder regulierenden Maßnahme ohne Ermessensspielraum bestimmt. So hat z. B. das Oberverwaltungsgericht Berlin im Urteil vom 25. April 1975 (NJW 1975, S. 1938 ff.) die *staatliche Subventionierung von Presseunternehmen* unter den vollen Vorbehalt des Gesetzes gestellt und hiermit zutreffend die strenge Auffassung zum Gesetzesvorbehalt, der für Eingriffe in Grundrechte selbstverständlich ist, auch auf den

Bereich der fördernden Maßnahmen erstreckt (vgl. auch BVerfGE 80, 124 [131ff.]).

Verfassungsrechtliche Zuständigkeiten. Die Verwirklichung medienpolitischer Zielsetzungen durch den Staat leidet erheblich unter einer im Medienbereich sachlich nicht gerechtfertigten Aufsplitterung der gesetzgeberischen Zuständigkeiten zwischen Bund und Ländern. Nach der Regelung der Artikel 70 ff. GG haben die Länder eine Regelzuständigkeit für Medienrecht und hiermit auch für Medienpolitik. Die Kompetenzen des Bundes sind im wesentlichen auf die *Rahmengesetzgebung für die allgemeinen Rechtsverhältnisse der Presse und des Films* (Art. 75 Nr. 2 GG) beschränkt, während das Rundfunkrecht in die ausschließliche Gesetzgebungszuständigkeit der Länder fällt (→ Rundfunkorganisationsrecht); lediglich für die beiden nach außen wirkenden Rundfunkanstalten des Bundes »Deutschlandfunk« und »Deutsche Welle« läßt sich eine Bundeskompetenz aus der »Natur der Sache« bzw. für »auswärtige Angelegenheiten« (Art. 73 Nr. 1 GG) ableiten. Nach Erschöpfung der bisherigen Aufgabenbestimmung des »Deutschlandfunks« als publizistisches Organ zur Wahrung des verfassungsrechtlichen Wiedervereinigungsgebotes ist diese Kompetenz des Bundes im Zuge der Herstellung der Einheit Deutschlands allerdings insoweit obsolet geworden. Daneben lassen sich medienpolitische Zielsetzungen vom Bund in einem – allerdings sehr eingeengten Umfang – über die Förderung im Rahmen des *Rechts der Wirtschaft* nach Art. 74 Nr. 11 GG oder über die *Verhütung des Mißbrauchs wirtschaftlicher Macht* nach Art. 74 Nr. 16 GG verfolgen: Regelungen auf Grund dieser wirtschaftlichen Kompetenzen müssen sich jedoch, auch wenn sie medienpolitisch motiviert sein mögen, im System des Wirtschaftsrechts halten und können kein davon wesensverschiedenes medienpolitisches Ziel realisieren. So läßt sich z. B. ein sog. »Meinungsmonopol« als solches nicht über Art. 74 Nr. 16 GG bekämpfen, sondern nur ein damit etwa zusammentreffendes Wirtschaftsmonopol. Dies gilt auch für die durch Gesetz vom 28. Juni 1976 (BGBl. I S. 1697) in das GWB eingefügte → Fusionskontrolle im Pressewesen. Weitere medienpolitisch motivierte Ziele können in beschränktem Umfang vom Bund über die Steuergesetzgebung des Bundes (Art. 105 Abs. 2 GG) oder über das Postwesen (z. B. Sondergebühren für die Presse im → Postzeitungsdienst, für Standleitungen u. ä.) nach Art. 73 Nr. 7 GG erreicht werden.

Es leuchtet ein, daß das verfassungsrechtliche Verwirrspiel noch größer wird bei einer Reihe von Massenmedien oder Kommunikationsformen, deren rechtliche Einordnung bislang als ungeklärt angesehen werden muß. Dies trifft vor allem auf die *Audiovision* zu, deren wesentliche Bereiche zwar entweder der Presse oder dem Film zugeordnet werden müssen und damit im Bereich der Rahmengesetzgebung des Bundes bleiben, aber möglicherweise in Teilbereichen in Länderkompetenzen fallen.

Soweit bestimmte, in der Entwicklung begriffene → neue elektronische Kommunikationstechniken wie → Bildschirmtext und Videotext, Kabelkommunikation u. ä. in die überkommenen Materien nicht eingeordnet werden können, also ganz »neue« Medien sein sollten, würde hierfür nach dem Prinzip der Artikel 30, 70 GG die ausschließliche Länderzuständigkeit begründet, obwohl gerade hier das Bedürfnis nach einer einheitlichen rechtlichen Ordnung solcher für die Massenkommunikation höchst bedeutsamen Entwicklungen besonders groß ist.

Schließlich ist noch auf das kompetenzmäßige Auseinanderfallen von Rechtsbereichen hinzuweisen, die ihrer Natur nach aufeinander hingeordnet erscheinen oder sich gegenseitig geradezu bedingen. So liegt die Zuständigkeit für das *Fernmeldewesen* nach Artikel 73 Nr. 7 GG ausschließlich beim Bund, während rundfunkpolitische Zielsetzungen der Länder gerade auf den technischen Apparat und den Ausbau des Fernmeldenetzes angewiesen sind (→ Rundfunkorganisationsrecht; → Telekommunikationsrecht). Nur wenn hier der Bund seiner verfassungsrechtlichen Pflicht zu einem länderfreundlichen Verhalten nachkommt und die Länder ihrerseits die politische Eigenverantwortung des Bundes respektieren, kann überhaupt die Rundfunkkompetenz von den Ländern effektiv ausgeübt werden. An diesem Beispiel wird besonders deutlich, daß Medienpolitik des Staates sich allein, solange eine verfassungsrechtliche Bereinigung des Zuständigkeitswirrwarrs nicht erfolgt, in föderaler Kooperation von Bund und Ländern entwickeln läßt.

BERNHARD WILHELM

Literatur

Hermann Meyn: Massenmedien in der Bundesrepublik Deutschland. Berlin [9]1990 (*umfassende Beschreibung der Medienlandschaft*)

Hans Bausch (Hrsg.): Rundfunk in Deutschland. München 1980 (*Grundlagenwerk in fünf Bänden mit detailliertem Überblick der Rundfunkgeschichte, -politik und -forschung*)

Martin Bullinger: Kommunikationsfreiheit im Strukturwandel der Telekommunikation. Baden-Baden 1980 (*behandelt die durch Medienpolitik verursachten medienrechtlichen Probleme*)

Expertenkommission Neue Medien – EKM Baden-Württemberg. Band 1–3; Abschlußbericht. Stuttgart 1981 (*Beispiel für den Versuch eines Landes, Planungsdaten für medienpolitische Konzepte zu erarbeiten*)

Ludwig Maassen: Der Kampf um den Rundfunk in Bayern. Rundfunkpolitik in Bayern 1945 bis 1973. Berlin 1979 (*Fallstudie zur medienpolitischen Auseinandersetzung um ein Medium*)

Ernst-Joachim Mestmaecker (Hrsg.): Kommunikation ohne Monopole. Über Legitimation und Grenzen des Fernsehmonopols. Baden-Baden 1980 (*Abhandlungen zum medienpolitischen Problem der Konzentration und Monopolstellung*)

Otto B. Roegele/Peter Glotz (Hrsg.): Presse-Reform und Fernsehstreit. Kommunikationspolitik 1832 bis heute. Gütersloh 1965 (*zur historischen Entwicklung der Medienpolitik*)

Otto B. Roegele: Medienpolitik – und wie man sie macht. Osnabrück 1974 (*gut lesbarer und verständlicher Einstieg in medienpolitische Auseinandersetzungen*)

Franz Ronneberger: Kommunikationspolitik. Bd. 1–3. Mainz 1978, 1980, 1986 (*Grundlagenwerk zur Kommunikationspolitik in Theorie und Praxis*)

Claudia Mast: Was leisten die Medien? Funktionaler Strukturwandel in den Kommunikationssystemen. Osnabrück 1986 (*kommunikationswissenschaftliche Analyse des sich erweiternden Medienangebots*)

Leopold Schuler: Kirche und privater Rundfunk. Rechtliche und organisatorische Überlegungen. Bonn 1989 (*offiziöse Publikation der Zentralstelle der Deutschen Bischofskonferenz*)

Medienpolitisches Gesamtkonzept → Medienpolitik

Medienprivileg → Datenschutz

Medienrecht der DDR → Auskunftspflicht der Behörden, → Geschichte des Medienrechts, → Postzeitungsdienst

Medienrecht in den Staaten der EU. Das Medienrecht in den Staaten der EU weist teilweise nicht unerhebliche Unterschiede auf. Die Gründe dafür liegen auf der Hand. So gibt es Mitgliedstaaten mit geschriebenen Verfassungen, die die Meinungs-, Rundfunk- und Pressefreiheit gewährleisten, und einer Verfassungsgerichtsbarkeit, die die diesbezüglichen Bestimmungen im einzelnen auslegt und ausformt, sowie Mitgliedstaaten ohne Verfassungsgerichtsbarkeit oder – wie das Vereinigte Königreich – ohne geschriebene Verfassung. Auch das einfache Recht weist angesichts unterschiedlicher Rechtstraditionen durchaus nicht unwichtige Differenzen auf. Praktisch besonders bedeutsam sind diese Unterschiede im Bereich des Rundfunkrechts. Dies liegt auch und vor allem daran, daß die Rundfunk- und Fernsehwellen an den Ländergrenzen nicht haltmachen oder, wie es das Bundesverfassungsgericht ausgedrückt hat, Rundfunk keine Ländergrenzen kennt. Daher spielt auch das europäische Medienrecht, wie Art. 10 der Konvention zum Schutze der Menschenrechte und Grundfreiheiten (MRK) vom 4. November 1950 und das Recht der Europäischen Gemeinschaft (EG-Fernsehrichtlinie), eine immer größere Rolle. Jedoch ist man von einer umfassenden europäischen Medienordnung oder umfassenden Rahmenregelungen der Europäischen Gemeinschaft für den Bereich des Rundfunks oder gar für den Bereich des gesamten Medienrechts noch ein gutes Stück entfernt. Daher sind die Unterschiede zwischen den nationalen Regelungen der EU-Mitgliedstaaten weiterhin durchaus bedeutsam. Die vorliegende Darstellung beschränkt sich auf diejenigen Regelungen, die das Rundfunkrecht betreffen. Hierbei ist trotz aller Unterschiede ein bemerkenswerter Trend zu dualen Rundfunkordnungen festzustellen, also Rundfunkordnungen, die ein Nebeneinander von unterschiedlich ausgestalteten öffentlich-rechtlichen Rundfunkanstalten und privatem Rundfunk vorsehen. Für die einzelnen EU-Mitgliedstaaten gilt folgendes:

Belgien. Die Entwicklung des belgischen Rundfunkwesens läßt sich in drei Phasen gliedern. Innerhalb des Zeitraums von 1914 bis 1940 etablierte sich der Rundfunk in Belgien als Massenmedium. Wie in anderen europäischen Ländern wurde der Rundfunk zunächst ausschließlich von privaten Veranstaltern betrieben. Im Juni 1930 wurde, nachdem der Staat die Bedeutung des Mediums erkannt hatte, ein großer Teil der Sender zu einer öffentlich-rechtlichen Anstalt verschmolzen, die den Namen »Institut National Belge de Radiodiffusion« (INR) erhielt. Nach wie vor blieben aber private Rundfunkinitiativen erlaubt; dies ergab sich aus dem bereits im Mai 1930 verabschiedeten Rundfunkgesetz. Nach 1930 existierte in Belgien tatsächlich ein duales Rundfunksystem, das Merkmale des internen und externen Pluralismus miteinander verband.

Nach dem Ende des Zweiten Weltkriegs in der Phase von 1945 bis 1980 löste sich das eben beschriebene duale Rundfunksystem rasch zugunsten eines öffentlich-rechtlichen Monopols auf; mit dem Erlaß des Rundfunkgesetzes vom Mai 1960 wurde privater Rundfunk in Belgien endgültig für unzulässig erklärt. In der Folgezeit spaltete sich die Nationale Runfunkanstalt Belgiens in eine flämische (BRT) und eine wallonische (RTB) Einheit auf. Der Grund für diese Entwicklung war die föderativ orientierte Politik des belgischen Staates, wonach beide großen Sprach- und Kulturgemeinschaften einen eigenen Sender bekommen sollten. Mit Beginn der 70er Jahre tauchten in Belgien bereits wieder die ersten (illegalen) privaten Sender auf; es sollte allerdings noch gut zehn Jahre dauern, bis die private Sendetätigkeit erneut zugelassen wurde.

Mit den Gesetzen vom Oktober 1981 und Mai 1982 wurde die gegenwärtige dritte Phase des belgischen Rundfunkwesens eingeläutet und der Betrieb von privaten Hörfunkstationen nach langer Pause wieder legalisiert. Die Regulation des Fernsehsektors folgte in den Jahren 1986/87; seitdem besitzt Belgien wieder eine duale Rundfunklandschaft. Hörfunk und Fernsehen sind in Belgien dem Kompetenzbereich der flämischen, französischen und deutschen Kulturgemeinschaft zugewiesen. Allerdings wird die Ausstrahlung von kommerzieller Werbung durch nationale Regelungen bestimmt. In Belgien bestehen auf der Grundlage von Gesetzen drei öffentlich-rechtliche Rundfunkanstalten, die Radio-Télévision Belge de la Communauté française (RTBF), die Belgische Radio en Télévisie Nederlandse Uitzendingen (BRT) sowie das belgische Rundfunk- und Fernsehzentrum für deutschsprachige Sendungen (BRF). Die öffentlich-rechtlichen Anstalten BRT, RTBF und BRF verwalten sich durch einen vom Rat der jeweiligen Kulturgemeinschaft gewählten Verwaltungsrat, dessen Ständigen Ausschuß und einen Generalverwalter bzw. den Direktor selbst. In finanzieller Hinsicht unterliegen sie der staatlichen Aufsicht. Alle drei Anstalten sind verpflichtet, Vereinen und Stiftungen, die wirtschaftliche, kulturelle oder ideologische Strömungen der Gesellschaft repräsentieren, ein bestimmtes Quantum an Sendezeit sowie technische Hilfe zur Verfügung zu stellen. Insoweit ist eine gewisse Verwandtschaft zum Säulensystem der Niederlande unverkennbar. Auch in Belgien sind bestimmte gesellschaftliche Gruppen in der Lage, unmittelbar programmgestaltend im Medium Rundfunk zu arbeiten.

Zur Finanzierung der öffentlich-rechtlichen Rundfunkanstalten dienen zunächst die Gelder, die vom Rat der jeweiligen Kulturgemeinschaft zur Verfügung gestellt werden. Daneben bedienen sie sich der Anleihen auf dem Kapitalmarkt und der Erlöse aus dem Verkauf von Eigenproduktionen, Veröffentlichungen und diversen Nutzungsrechten. Die Gelder, die vom Rat der jeweiligen Kulturgemeinschaft zur Verfügung gestellt werden, stammen ihrerseits aus den vom Staat erhobenen Rundfunkgebühren. Zusätzlich wurde seit 1987 die kommerzielle Werbung in eingeschränktem Umfang zugelassen; vorher war die Werbung gänzlich untersagt. In den jeweiligen Kulturgemeinschaften ist nur ein Sender berechtigt, kommerzielle Werbung auszustrahlen. Zudem enthält das Statut von 1987 inhaltliche Beschränkungen für Werbespots. Schließlich kann die Regierung der Presse nach einem bestimmten Verteilungsschlüssel Teile der Werbeeinnahmen des Rundfunks zufließen lassen, um einen zu starken Rückgang der Werbeeinnahmen der Presse zu vermeiden. Die gesamten Regelungen machen deutlich, daß die Einführung von Rundfunkwerbung nicht mit einem Verlust an medialer Vielfalt erkauft werden soll; Pluralität soll weiterhin den Vorrang vor Kommerzialität haben.

Die Kulturgemeinschaften haben sich in jüngster Zeit erneut der Materie »Rundfunk« angenommen und Dekrete verabschiedet, die auch den rechtlichen Rahmen für privates Fernsehen festlegen. Im Dekret der flämischen Kulturgemeinschaft ist vorgesehen, daß ein Sender das Monopol für Sendungen innerhalb der gesamten flämischen Kulturgemeinschaft erhält. Weitere Lizenzen sind für Regional-/Lokalsender vorgesehen. Daneben sind auch Lizenzen für Pay-TV-Programme möglich. Die Kapitalmehrheit des für die gesamte flämische Region zuständigen Senders muß von in der Region oder in Brüssel ansässigen, in niederländischer Sprache veröffentlichenden Zeitungsverlagen gehalten werden. Durch die Mehrheitsbeteiligung verschiedener Pressehäuser soll im Idealfall eine gesetzlich verordnete Form der Binnenpluralität entstehen. Das Dekret der französischen Kulturgemeinschaft stimmt weitgehend mit dem der flämischen Kulturgemeinschaft überein. Es existiert aber kein gesetzlich festgelegtes Monopol für einen gemeinschaftsweit operierenden Sender. Auch fehlt eine Vorschrift, die Mehrheitsbeteiligungen von Presseunternehmen an bestimmten Sendern vorschreibt; normiert ist lediglich eine Verpflichtung zu professioneller und objektiver Berichterstattung. Bedeutsam ist auch, daß das Dekret in zurückhaltender Weise nichtkommerzielle Werbung und Sponsoring zuläßt. Dadurch können sich Abgrenzungsprobleme zur generellen Kompetenz des belgischen Staates für die Regelung der kommerziellen Werbung ergeben.

Die gegenwärtige Struktur des belgischen Rundfunksystems läßt das Bemühen erkennen, die Deregulierung des Rundfunks nicht auf Kosten einer pluralistisch gestalteten Medienlandschaft zu betreiben. Dies wird besonders an den Vorschriften über kommerzielle Fernsehwerbung deutlich, die den Kreis der Programme mit kommerzieller Werbung drastisch reduzieren, eine deutliche Trennung von Werbung und Rahmenprogramm fordern und versuchen, den belgischen Werbemarkt gegen ausländische Konkurrenz abzuschotten. Auch die Pflicht der Kabelnetzbeteiber, die öffentlich-rechtlichen Programme einzuspeisen, zeigt den Willen des Gesetzgebers, eine nichtkommerziell ausgerichtete Rundfunkgrundversorgung zu gewährleisten.

Allerdings wirft die Rundfunkordnung Belgiens gerade wegen der versuchten Abschottung des belgischen Werbemarkts gegen ausländische Konkurrenz auch Probleme auf europarechtlicher Ebene auf, die in jüngster Zeit zu mehreren Entscheidungen des EuGH geführt haben.

DÄNEMARK. Die Rundfunkstruktur Dänemarks war lange Zeit von dem Monopol von »Danmarks Radio« bestimmt, das durch die Einführung von Lokalfernsehen und -hörfunk und dem Aufbau des zweiten nationalen Fernsehkanals TV 2 teilweise verlorengegangen ist.

Bis 1981 bestand ein Monopol für »Danmarks Radio«, das seine Grundlage im 1. Rundfunkgesetz Dänemarks aus dem Jahr 1926 hatte, mit dem ein staatliches Rundfunkmonopol geschaffen wurde. Diese öffentlich-rechtliche Rundfunkanstalt »Staatsradiophonien« wurde 1959 in »Danmarks Radio« umbenannt. Ein Rundfunkrat, bestehend aus Vertretern der Regierung und verschiedener Hörerorganisationen, und ein Programmkommittee verwalteten die Rundfunkanstalt. Die Finanzierung erfolgte ausschließlich durch Rundfunkgebühren; Werbung war unzulässig. Die staatliche Rundfunktätigkeit war seit ihrem Beginn auf nichtkommerzielle Ziele ausgerichtet, wobei die »Public-service-Idee« im Mittelpunkt stand. Daher setzte die Programmpolitik zunächst auch auf den sog. »ernsten Bereich«, z. B. politische Debatten, Informationssendungen, klassische Musik; der Bereich der populären Unterhaltung wurde dabei eher vernachlässigt. Wegen der Erfahrung mit dem Piratensender »Merkur« entschloß sich »Danmarks Radio« ein unterhaltendes drittes Hörfunkprogramm einzurichten, das teilweise von übernommenen Mitgliedern des wegen Illegalität geschlossenen Piratensenders produziert wurde. Ab 1973 dehnte »Danmarks Radio« seine Aktivitäten auch auf den regionalen Bereich aus. Der neu gebildete Regionalfunk besteht aus neun Anstalten, die jeweils ein bestimmtes Gebiet versorgen. Um ein möglichst hohes Maß an Meinungspluralismus zu erzielen, bietet »Danmarks Radio« zudem Amateuren, insbesondere Interessenverbänden, die Möglichkeit an Programme für den nationalen Hörfunk- bzw. Fernsehkanal zu produzieren.

Im Jahr 1981 fügte der Gesetzgeber dem Rundfunkgesetz von 1973, das die aktuelle Rechtsgrundlage von »Danmarks Radio« bildet, eine Ausnahmeklausel hinzu, die ein dreijähriges Lokalfernseh- und Hörfunkexperiment ermöglichen sollte. Aufgrund des großen Erfolges entschloß sich der Gesetzgeber im Jahr 1985 bzw. 1987, den lokalen Hörfunk bzw. das lokale Fernsehen endgültig zu regeln. Nach beiden Regelungen wird lokaler Rundfunk (Hörfunk und Fernsehen) von lokalen Verbänden geleitet, die sich aus Vertretern lokaler Interessengruppen und Verwaltungen zusammensetzen. Die Verbände sind berechtigt an nicht-kommerzielle Interessenten, insbesondere an gesellschaftliche Gruppen, Sendelizenzen zu vergeben. Es besteht ein absolutes Werbeverbot. Aus diesen Regelungen wird das Interesse des Gesetzgebers deutlich, einen *nicht-kommerziell ausgerichteten Lokalfunk* vorzusehen. Dieser soll in erster Linie als Artikulationsmedium für gesellschaftliche Gruppierungen dienen. So betreibt allein die dänische Arbeiterbewegung 40 Hörfunk- und 8 Fernsehsender und zeigt damit ein besonders hohes Maß an Aktivität. Dies läßt erkennen, daß die Einführung von Lokalfernsehen und -hörfunk keinen kommerziellen Gegenpol zum öffentlich-rechtlichen Rundfunk darstellt.

Allerdings wurde im Jahr 1988 auf nationaler Ebene der 2. nationale Fernsehkanal TV 2 eingeführt. TV 2 finanziert sich zu 75 % aus Werbeeinnahmen und zu den restlichen 25 % aus den zwischenzeitlich erhöhten Rundfunkgebühren. Der Sender strahlt neben einem nationalen Fernsehprogramm zusätzlich acht regionale Programme aus. Er ist als unabhängige Einrichtung etabliert. Gesetzlich ist TV 2 lediglich vorgeschrieben, daß das Programm besonderes Gewicht auf Qualität, Vielseitigkeit und Abwechslung legen muß. Der Kanal wird von einem Ausschuß mit acht Mitgliedern geleitet, die alle vom Kultusminister ernannt werden. Trotz seiner kommerziellen Komponente ist aber auch TV 2 ein Beispiel für die hauptsächlich an nicht-kommerziellen Zielen ausgerichtete Medienpolitik Dänemarks. So wurde, um den Verkauf von Werbezeiten von der Programmgestaltung abzukoppeln, eine Werbeagentur gegründet, die den kommerziellen Teil der Aktivitäten von TV 2 übernahm. Die Werbeeinnahmen werden an einen unabhängigen Fond geleitet, der sie an die nationalen und regionalen Programme vergibt. Schließlich darf TV 2 täglich im nationalen Programm nicht mehr als 10 Minuten Werbung senden, wobei die Werbetermine weitgehend festgelegt sind. TV 2 arbeitet somit nach dem Prinzip einer »entschärften Kommerzialität«, um eine Synthese zwischen ökonomischen Notwendigkeiten und dem Erhalt der Public-service-Funktion herzustellen.

Charakteristisch für das Rundfunksystem Dänemarks ist insgesamt die starke Betonung der sozialen Funktionen des Mediums Rundfunk. Dies hat zu einem vergleichsweise hohen Maß an Pluralismus in der dänischen Medienlandschaft geführt. Soweit kommerzielle Rundfunkaktivitäten bisher überhaupt vorhanden sind, wurden sie weitgehend von der Programmpolitik abgekoppelt. Ein mit den meisten anderen europäischen Staaten vergleichbares duales Rundfunksystem ist bisher in Dänemark nicht entstanden.

BUNDESREPUBLIK DEUTSCHLAND. Wie kaum ein anderer Bereich wird die Rundfunkordnung in der Bundesrepublik Deutschland durch die Rechtsprechung des Bundesverfassungsgerichts geprägt. Auf der Grundlage der Bestimmung des Art. 5 Abs. 1 Satz 2 GG hat das Bundesverfassungsgericht differenzierte und weitgehende Anforderungen an die Rundfunkordnung entwickelt. An dieser Stelle kann nicht der Versuch unternommen werden, eine grundsätzliche Auseinandersetzung über die Auslegung der Rundfunkfreiheit des Art. 5 Abs. 1 Satz 2 GG zu führen. Vielmehr ist in der gebotenen Kürze darauf einzugehen, wie das Bundesverfassungsgericht die Rundfunkfreiheit des Art. 5 Abs. 1 Satz 2 GG versteht und für die Staatsgewalten verbindlicht auslegt.

In der Bundesrepublik Deutschland wird die Materie »Rundfunk« unter Berücksichtigung der Rechtsprechung des Bundesverfassungsgerichts kompetenzrechtlich nach fernmeldetechnischen und kulturellen Gesichtspunkten aufgeteilt. Entsprechend den Vorgaben des 1. Fernsehurteils des Bundesverfassungsgerichts umfaßt die Kompetenz des Bundes für das Post- und Fernmeldewesen nur den sendetechnischen Bereich des Rundfunks unter Ausschluß der sog. Studiotechnik. Der Bund hat danach nicht die Befugnis, die Organisation der Veranstaltung und die Zulassung der Veranstalter von Rundfunksendungen zu regeln. Auch kann der Bund keine Kompetenz zur Veranstaltung von Rundfunksendungen aus der Natur der Sache oder kraft Sachzusammenhangs oder aus sonstigen Bestimmungen des Grundgesetzes ableiten. Eine Bundeskompetenz besteht lediglich für den Auslandsrundfunk, worunter ausschließlich die Veranstaltung solcher Sendungen zu verstehen ist, die für das Ausland oder für die Deutschen außerhalb der Bundesrepublik Deutschland bestimmt sind. Wird dieser Bereich verlassen und ist die Zielrichtung einer Rundfunkveranstaltung und die Abstrahlung der Programme auch oder vornehmlich in das Inland, so ist dies kompetenzrechtlich von der Norm des Art. 73 Nr. 1 GG (auswärtige Angelegenheiten) nicht mehr gedeckt. Demnach besitzen die Länder für den Bereich des Rundfunks, soweit es um dessen kulturrechtliche Seite geht, gemäß Art. 30, 70 GG die Gesetzgebungskompetenz. Die kulturrechtliche Seite des Rundfunks ist weit zu verstehen. Sie umfaßt auch die Unternehmensverfassungen sowie die Programmgestaltung für Rundfunksender.

Inhaltlich versteht das Bundesverfassungsgericht in ständiger Rechtsprechung die Rundfunkfreiheit als dienende Freiheit. Die Rundfunkfreiheit hat danach v. a. der Informationsfreiheit zu dienen. Daher bedarf es nach Auffassung des Bundesverfassungsgerichts einer positiven Ordnung, die sicherstellt, daß der Rundfunk ebensowenig wie dem Staat einzelnen gesellschaftlichen Gruppen ausgeliefert wird, sondern die Vielfalt der Themen aufnimmt und wiedergibt, die in der Gesellschaft insgesamt eine Rolle spielen. Zu diesem Zwecke sind nach Ansicht des Bundesverfassungsgerichts materielle, organisatorische und prozessuale Regelungen des Gesetzgebers notwendig, die an der Aufgabe der Rundfunkfreiheit orientiert und geeignet sind, dasjenige zu bewirken, was Art. 54 Abs. 1 GG in seiner Gesamtheit gewährleistet, nämlich einen freiheitlichen Meinungsbildungsprozeß durch umfassende und ausgewogene Information. Dabei ist es zunächst Aufgabe des Gesetzgebers, wie diese Ordnung im einzelnen ausgestaltet wird. Das Grundgesetz schreibt kein bestimmtes Modell vor und zwingt auch nicht zu konsistenter Verwirklichung eines einmal gewählten Modells. Vielmehr kommt es nach der Verfassung allein auf die Gewährleistung freier und umfassender Berichterstattung an.

Entscheidet sich der Gesetzgeber, also die Länder, für ein duales Rundfunksystem, so kommt dem öffentlich-rechtlichen Rundfunk nach den verbindlichen Vorgaben des Bundesverfassungsgerichts allerdings die Aufgabe der unerläßlichen Grundversorgung zu. Dies folgt nach Auffassung des Bundesverfassungsgerichts daraus, daß der Gesetzgeber in einem dualen System ebenfalls dafür zu sorgen habe, daß gleichgewichtige Vielfalt der Berichterstattung im Ergebnis durch das Gesamtangebot aller Veranstalter erfüllt werden müsse. Schon die Art der Finanzierung schließe es aus, daß die privaten Veranstalter die Grundversorgung sicherstellten. Zudem könnten, um die Veranstaltung von privaten Rundfunkprogrammen nicht in hohem Maße zu erschweren, an die Breite des Programmangebots und die Sicherung gleichgewichtiger Vielfalt im privaten Rundfunk nicht gleich hohe Anforderungen gestellt werden, wie im öffentlich-rechtlichen Rundfunk. Dies alles sei aber nur hinnehmbar, als sichergestellt sei, daß die unerläßliche Grundversorgung vom öffentlich-rechtlichen Rundfunk erfüllt werde. In seiner jüngsten Rechtsprechung hat das Bundesverfassungsgericht den Begriff der Grundversorgung näher präzisiert. Dabei handelt es sich weder um eine Mindestversorgung noch um eine Grenzziehung oder Aufgabenteilung zwischen öffentlich-rechtlichen und privaten Veranstaltern. In einer dualen Rundfunkordnung sei der Gesetzgeber verpflichtet, die Grundversorgung der Bevölkerung durch die Gewährleistung der erforderlichen technischen, organisatorischen, personellen und finanziellen Voraussetzungen für den öffentlich-rechtlichen Rundfunk zu sichern. Insoweit trifft den Staat nach Auffassung des Bundesverfassungsgerichts eine Gewährleistungspflicht, die über den gegenwärtigen Entwicklungsstand hinausgeht und auch die zukünftige Entwicklung umfaßt. Daher sei der Begriff der Grundversorgung dynamisch zu verstehen. Er umfasse demnach die sog. Bestands- und Entwicklungsgarantie des öffentlich-rechtlichen Rundfunks, die ihre Grundlage in diesem dynamischen Grundversorgungsauftrag des öffentlich-rechtlichen Rundfunks habe.

Entsprechend diesen Vorgaben haben die Länder die duale Rundfunkordnung, die endgültig erst mit dem Rundfunkstaatsvertrag von 1987 etabliert wurde, nunmehr im Staatsvertrag über den Rundfunk im vereinten Deutschland vom 31. August 1981, insbesondere im Rundfunkstaatsvertrag als Teil dieses Staatsvertrages, geregelt, der am 1. Januar 1992 in Kraft getreten ist. In diesem Zusammenhang sei nochmals darauf hingewiesen, daß nach der Rechtsprechung des Bundesverfassungsgerichts die duale Rundfunkordnung verfassungsrechtlich nicht vorgegeben ist. Vielmehr wäre es den Ländern nach der neuesten Rechtsprechung auch möglich gewesen, von der Einführung des privaten Rundfunks abzusehen und es bei einem öffentlich-rechtlichen Monopol zu belassen. Die verfassungsrechtlich zulässige duale Rundfunkordnung wird durch den Rundfunkstaatsvertrag ausgestaltet. Damit wird dem dualen Rundfunksystem in der Bundesrepublik Deutschland eine Rahmenordnung gegeben und der Bestand und die Entwicklung des öffentlich-rechtlichen Rundfunks sollen ebenso wie der Aufbau und die Fortentwicklung des privaten Rundfunks sichergestellt werden.

Im öffentlich-rechtlichen Bereich bestehen zunächst 11 Landesrundfunkanstalten, die Hörfunk und Fernsehen in ihrem Sendegebiet, welches ein oder mehrere Länder umfaßt, anbieten. Sie haben ihre Grundlage in Landesgesetzen bzw. bei Mehrländeranstalten in Staatsverträgen der betreffenden Bundesländer. Ihr Programmangebot umfaßt regelmäßig mindestens vier Hörfunkprogramme. Daneben bieten sie allein oder gemeinsam mit anderen Landesrundfunkanstalten ein Drittes Fernsehprogramm an. Alle Landesrundfunkanstalten sind zudem in der ARD zusammengeschlossen, die nunmehr ihre Grundlage im ARD-Staatsvertrag hat. Sie veranstalten in dieser Arbeitsgemeinschaft gemeinsam das 1. Fernsehprogramm, zu dem sie nach festgelegten Quoten Programmanteile beisteuern. Daneben besteht nunmehr auf der Grundlage des neuen ZDF-Staatsvertrages das ZDF als Fernsehanstalt aller Länder. Es bietet das Zweite Deutsche Fernsehen als bundesweites Fernsehprogramm an.

Zusätzlich befindet sich der bundesweite Hörfunk im Aufbau, der die durch die deutsche Einheit überflüssig gewordenen Anstalten Deutschlandfunk, RIAS und DS Kultur ersetzen soll. Dieser bundesweite Hörfunk wird unter dem Namen Deutschlandradio auf der Grundlage eines Staatsvertrages aller Länder als gemeinsam von ARD und ZDF getragene Körperschaft bundesweiten Hörfunk in zwei Programmen verbreiten.

Schließlich sind ARD und ZDF am Europäischen Kulturkanal ARTE insgesamt mit 50% beteiligt. Die andere Hälfte an diesem Kulturkanal, der seine Rechtsgrundlage in einem Staatsvertrag zwischen den deutschen Bundesländern und Frankreich hat der französische Sender La Sept.

Die öffentlich-rechtlichen Anstalten finanzieren sich überwiegend aus Gebühren, deren Höhe durch den Rundfunkfinanzierungsstaatsvertrag aller Länder auf der Grundlage einer Empfehlung der Kommission zur Ermittlung des Finanzbedarfs der Rundfunkanstalten (KEF) festgelegt wird und der Zustimmung aller Landesparlamente bedarf. Von diesen Rundfunkgebühren erhalten die Landesrundfunkanstalten und das ZDF festgelegte Anteile, wobei unter den Landesrundfunkanstalten ein Finanzausgleich zur Sicherung der kleinen Anstalten stattfindet. Bestimmte Gebührenanteile sind zudem für die Aufbaufinanzierung in den neuen Bundesländern, den Aufbau und späteren Betrieb des bundesweiten Hörfunks und den Europäischen Kulturkanal vorgesehen. Schließlich erhalten selbst die Landesmedienanstalten, die für die Frequenzvergabe und die Überwachung der privaten Rundfunkveranstalter zuständig sind, einen 2%-Anteil an der Gebühr, um ihre Finanzierung sicherzustellen.

Daneben erfolgt die Finanzierung der öffentlich-rechtlichen Anstalten begrenzt auch aus Werbeeinnahmen. Allerdings sind die Werbemöglichkeiten im Fernsehen durch die 20.00-Uhr-Grenze, die tägliche Höchstwerbezeit von 20 Minuten und das Werbeverbot an Sonn- und Feiertagen strikt begrenzt. Daher ist es wegen der Erfolge der privaten Rundfunkveranstalter für den öffentlich-rechtlichen Rundfunk in jüngster Zeit zu dramatischen Werbeeinnahmeausfällen gekommen, die zu nicht unerheblichen Finanzierungsproblemen in den nächsten Jahren führen werden.

Für die privaten Veranstalter ist zunächst festzuhalten, daß sie nach den Regelungen des Rundfunkstaatsvertrages entsprechend den Vorgaben des Bundesverfassungsgerichts zur Veranstaltung von Rundfunkprogrammen (Hörfunk und Fernsehen) stets einer Zulassung durch die Landesmedienanstalten bedürfen. Diese Zulassung darf u. a. dann nicht erteilt werden, wenn die Bestimmungen zur Sicherung der Meinungsvielfalt nicht beachtet wurden. Diese Bestimmungen des Rundfunkstaatsvertrages legen fest, wie viele bundesweite Programme ein Veranstalter verbreiten und mit welchen Anteilen man an wie vielen Veranstaltern beteiligt sein darf. Die Landesmedienanstalten, die wie die Gremien der Landesrundfunkanstalten durch pluralistisch zusammengesetzte Gremien aus Vertretern der sog. gesellschaftlich relevanten Gruppen kontrolliert werden, haben zudem darüber zu wachen, ob die Programmgrundsätze von den privaten Veranstaltern eingehalten werden, und können gegen Verstöße vorgehen. Dabei reichen die Möglichkeiten bis zum Entzug der Zulassung.

Im Fernsehbereich sind einige bundesweite private Veranstalter überaus erfolgreich. Hier sind an erster Stelle RTL und SAT 1, aber auch Pro 7 zu nennen. Auch im Hörfunkbereich existieren zahlreiche erfolgreiche private Veranstalter, v. a. auf regionaler Ebene. Die privaten Rundfunkveranstalter finanzieren sich ganz überwiegend aus Werbung, eine Ausnahme stellt der Pay-TV-Kanal Premiere dar, der sich aus Abonnemententgelten trägt.

Es bleibt abzuwarten, inwieweit sich ein neues Gleichgewicht zwischen öffentlich-rechtlichen Rundfunkanstalten und privaten Rundfunkveranstaltern angesichts dramatischer Werbeeinbrüche für den öffentlich-rechtlichen Rundfunk herstellen wird. Daher werden der Bestand und die Entwicklung des öffentlich-rechtlichen Rundfunks in der Bundesrepublik Deutschland teilweise auch mit Skepsis und Sorge betrachtet.

Das Bundesverfassungsgericht hat mit seiner Rechtsprechung einer umfassenden Kommerzialisierung des Rundfunksystems eine deutliche Absage erteilt. Einmal wird auch den privaten Rundfunkanbietern die Pflicht auferlegt, ein möglichst hohes Maß an gleichgewichtiger Vielfalt zu erreichen und wesentliche Voraussetzungen der Meinungsvielfalt zu erfüllen. Zum anderen versucht das Bundesverfassungsgericht den öffentlichen Rundfunk mit der dynamisch verstandenen Grundversorgungsaufgabe zu stärken, indem es dem Staat insoweit auch eine finanzielle Gewährleistungspflicht auferlegt. Schließlich betont das Bundesverfassungsgericht stets die dienende Funktion der Rundfunkfreiheit und auch die kulturelle Aufgabe des Rundfunks.

FRANKREICH. Auch Frankreich besitzt ein duales Rundfunksystem, in dem nebeneinander sowohl private als auch öffentlich-rechtliche oder besser gesagt staatliche Rundfunkveranstalter arbeiten. Zur Zeit bestehen noch fünf von den ursprünglich zehn staatlichen Rundfunkgesellschaften, nämlich Antenne 2 (A 2), France Régions 3 (FR 3) unter einem gemeinsamen Präsidenten sowie Radio France (RF), Radio France International (RFI) und Radiodiffusion et Télévision Française pour l'Outre-Mer (RFO). Daneben gibt es vier bedeutende Privatveranstalter, nämlich Canal Plus, den 1984 gegründeten Abonnements-Kanal, La cinq, gegründet 1985, M6, gegründet 1985, und TF 1, die Anfang 1987 privatisiert worden ist.

Die heutige Rundfunklandschaft Frankreichs ist das Resultat der ersten von 1982 bis 1986 dauernden, der zweiten von 1986 bis 1988 erfolgten und der dritten nach 1988 einsetzenden Deregulationsphase. Bis Juli 1982 waren die rechtlichen Strukturen des Rundfunks durch ein in seinen Wurzeln bis in die erste Hälfte des 19. Jahrhunderts zurückverfolgbares Staatsmonopol gekennzeichnet, über dessen Notwendigkeit zwischen allen politischen Lagern Einvernehmen bestand. Es existierte ein »service public« (öffentlicher Dienst), der zunächst von »Etablissements publics« (öffentliche Anstalten), später von mehreren »sociétés anonymes« (Aktiengesellschaften) getragen wurde. Die Kapitalanteile dieser Gesellschaften wurden zu 100% vom französischen Staat gehalten. Im Zeitraum von 1982 bis 1990 geriet der Rundfunk in Frankreich zunehmend ins Blickfeld der politischen Diskussion. Dies hing, wie in anderen europäischen Staaten auch, nicht zuletzt mit den Fortschritten im Bereich der Satellitentechnologie und dem sich daraus ergebenden medienpolitischen Problem zusammen und führte zur Auflösung des Staatsmonopols im Rundfunkbereich, der Schaffung einer unabhängigen Regelungsinstanz zwischen Staat und Rundfunkveranstaltern und dem Aufbau neuer privater Programme, der erstmals eine echte Konkurrenzsituation auf dem französischen Medienmarkt zur Folge hatte. Zunächst schuf das Gesetz Nr. 82-652 vom Juli 1982 die legalen Voraussetzungen für ein duales Rundfunksystem in Frankreich, in dem der Staat auf sein Rundfunkmonopol verzichtete. Gleichzeitig wurde ein umfangreicher Aufgabenkatalog für den öffentlich-rechtlichen Rundfunk normiert, dessen Einhaltung von einer vom Staat unabhängigen Institution (Haute autorité) überwacht werden sollte. Am 13. August 1986 wurde das neue, von der Regierung Chirac eingebrachte Rundfunkgesetz verabschiedet und am 30. September 1986 verkündet, nachdem es nach einer Überprüfung durch den Verfassungsrat (Conseil Constitutionel) in einigen Punkten abgeändert worden war.

Das heute noch in wichtigen Passagen gültige Gesetz sollte eine staatsunabhängige Informations- und Programmgestaltung in Rundfunk und Fernsehen, die Entwicklung der audiovisuellen Kreativität und die Modernisierung der Telekommunikation sicherstellen und Bedingungen für eine schrittweise Öffnung für den Wettbewerb auf diesem Sektor schaffen. Dazu wurde insbesondere eine von der Regierung unabhängige Instanz geschaffen, die die Aufgabe hatte, Spielregeln aufzustellen und deren Einhaltung im Rundfunkbereich zu überwachen. Diese neue unabhängige Institution, die Commission nationale de la communication et des libertés (CNCL) ersetzte die »Haute autorité« und war mit vielfältigen Befugnissen ausgestattet. Hauptaufgabe der CNCL war es, den privaten Rundfunk- und Fernsehveranstaltern Sendegenehmigungen zu erteilen oder zu entziehen. Diese Genehmigung wurde nur in Verbindung mit bestimmten Auflagen erteilt, die eine Synthese zwischen den Interessen der Allgemeinheit und denjenigen des Rundfunkveranstalters herbeiführen sollten, nämlich eine Mindestzeit für Eigenproduktionen, eine korrekte und faire Berichterstattung, Pluralismus in der Programmgestaltung, ein Minimum an Sendezeit für die Erstsendung von französischen Originalbeiträgen in Frankreich, Ausstrahlung von Kulturprogrammen, Sendungen für den Verbraucherschutz und Sendungen, die sich mit den überseeischen Territorien beschäftigen.

Anders als beim privaten Rundfunk hatte die CNCL im Bereich des »Service public« keine eigene Kompetenz für die Erteilung von Programmauflagen. Sie ernannte aber die Präsidenten und die wichtigsten Mitarbeiter der nationalen Programmgesellschaften wie Antenne 3, FR 3, Radio France l'Outre-Mer und Radio France Internationale. Dagegen war die Regierung weiterhin für die Ernennung der Präsidenten von TDF und INA zuständig. Die CNCL setzte sich aus 13 Mitgliedern zusammen, wovon zwei Mitglieder vom Präsidenten der Republik, zwei Mitglieder vom Präsidenten der Nationalversammlung und zwei Mitglieder vom Präsidenten des Senats ernannt wurden. Daneben bestand die CNCL aus drei ehrenamtlichen Richtern, einem von der Academie Française entsandten Mitglied und drei von den übrigen Mitgliedern kooptierten Mitgliedern aus den Bereichen Hörfunk-, Fernsehproduktion, Telekommunikation und Presse.

Ein weiterer Schwerpunkt des neuen Mediengesetzes lag in der Privatisierung des Senders TF 1. Der von einer unabhängigen Gutachterkommission auf 4,5 Milliarden FF festgesetzte Vermögenswert von TF 1 wurde in drei große Blöcke aufgeteilt: 40% des Aktienvermögens wurden über die Börse ausgegeben, 10% konnten von den Mitarbeitern des Senders erworben werden, während die verbleibenden 50% für eine Gruppe von Erwerbern vorgesehen waren, die bestimmte Auflagen erfüllten und von der CNCL ausdrücklich zum Erwerb der Anteile zugelassen sein mußten. So mußten sich die letztgenannten Erwerber zunächst verpflichten, das bisher bestehende Sendegebiet von TF 1 weiterhin zu versorgen. Darüber hinaus mußten die interessierten Gruppen ein eigenes Konzept zur künftigen Nutzung des Senders vorlegen, das sich innerhalb eines vorgesehenen rechtlichen Rahmens (Pluralismus der Information, Einhaltung bestimmter

Programmquoten, Werbezeitbeschränkungen, Regeln über die Ausstrahlung von Kinofilmen) bewegen mußte.

Im Anschluß an diese Neuordnung entwickelte sich in Frankreich eine vehemente Diskussion über die richtige Medienpolitik. Dabei wurde teilweise die Privatisierung von TF 1 heftig kritisiert und behauptet, daß sie das Gleichgewicht zwischen privatem und öffentlichem Rundfunk langfristig erheblich stören werde. Im Anschluß an die Wahlen zur Nationalversammlung im Frühjahr 1988 kam es daher zu einer dritten Reformphase, mit den Gesetzen Nr. 89-25 vom Januar 1989 und Nr. 89-532 vom August 1989. Das erstgenannte Gesetz führte v. a. zur Errichtung des »Conseil Supérieur de l'Audiovisuel« (CSA), der die CNCL aufgrund des Gesetzes von 1986 ersetzt. Es handelt sich hierbei um den dritten Versuch des französischen Gesetzgebers, eine unabhängige Programmüberwachungsinstanz zu schaffen. Grund für das abrupte Ende des CNCL war zum einen der auch von Staatspräsident Mitterrand erhobene Vorwurf der Ineffektivität und zum anderen ihr infolge einer Bestechungsaffäre angeschlagener Ruf als unparteiisches, allein nach objektiven Kriterien entscheidendes Gremium.

Mit dem Gesetz vom Januar 1989 wurde der Kompetenzbereich des neu gegründeten CSA gegenüber demjenigen der CNCL zusätzlich erweitert, insbesondere im Hinblick auf private Veranstalter bei Verstößen gegen Programmauflagen. Insoweit sieht das Gesetz vor, daß der CSA selbständig Geldbußen bis in Höhe von 3% des Umsatzes verhängen, Lizenzen suspendieren oder verkürzen kann. Diese Neuregelung beruht auf der Erfahrung, daß private Fernsehanbieter permanent gegen Auflagen verstoßen hatten. Zudem wurde auch der Abonnement-Kanal »Canal Plus« erstmals der Kontrolle des CSA unterstellt. Dadurch hat der CSA die Möglichkeit, gezielter als der CNCL den Meinungspluralismus in den französischen Medien zu fördern und zu gewährleisten.

Zudem wurde die Zahl der Medienratsmitglieder von 13 auf neun gesenkt, um eine effektivere Entscheidungsbildung zu ermöglichen. Nunmehr werden drei der neun Mitglieder vom Staatspräidenten ernannt, drei vom Präsidenten des Senats und drei vom Präsidenten der Nationalversammlung.

Darüber hinaus unternahm der Gesetzgeber mit dem Gesetz vom August 1989 einen Schritt zur Stärkung der »service public«-Idee des Rundfunks. Mit diesem Gesetz wurde ein gemeinsamer Präsident für Antenne 2 (A 2) und France Région 3 (FR 3) eingeführt. Ziel der gesetzlich angeordneten Personalunion ist eine Verbesserung der Zusammenarbeit zwischen den öffentlich-rechtlichen Fernsehanstalten A 2 und FR 3, um die bis dahin besorgniserregend gesunkenen Einschaltquoten wieder anzuheben. Man verspricht sich von einem gemeinsamen Präsidenten eine verbesserte Koordinierung der Programme beider Anstalten, um so »mit vereinten Kräften« in der Konkurrenz mit den privaten Veranstaltern besser bestehen zu können. Eventuell hat hier die früher bestehende Verpflichtung von ARD und ZDF zur Programmkoordination als Vorbild gedient.

Die Finanzierung der öffentlichen Hörfunk- und Fernsehgesellschaften erfolgt überwiegend aus Gebühren (eine gesonderte Gebühr für den Hörfunk wird seit 1. Januar 1978 nicht mehr erhoben) und aus Werbung. Außerdem verfügen die TDF und die INA entsprechend ihren Aufgaben noch über Erträge aus bestimmten Dienstleistungen oder kommerziellen Verwertungen. Das Parlament bewilligt anläßlich der jährlichen Beratung des Finanzgesetzes aufgrund des Berichts der Finanzausschüsse von Senat und Nationalversammlung die Höhe der nur für Fernsehgeräte zu zahlenden jährlichen Gebühren.

In Frankreich ist mit dem Gesetz von 1986 eine duale Rundfunkordnung entstanden. Gerade die neuesten Gesetze machen deutlich, daß bisher nach wie vor ein Interesse an einem stabilen öffentlich-rechtlichen Rundfunksektor besteht und die Idee des »service public«, wenn auch in abgwandelter Form, weiterlebt. Mit dem erneuten Regierungswechsel könnte aber eine vierte Deregulierungsphase eingeleitet werden. Es ist nicht ausgeschlossen, daß dabei stärker als bisher auf ein privatwirtschaftliches Rundfunksystem mit kommerzieller Orientierung gesetzt werden wird.

Griechenland. Das bestehende Rundfunksystem hat sich in mehreren Phasen entwickelt. So wurden die griechischen Radiostationen in den Jahren 1929 bis 1935 aufgrund einer Regierungsermächtigung privat betrieben. Im Jahre 1936, während der Diktatur von Metaxas, übernahm die Regierung mit der Gründung des »Radio Broadcasting Service« selbst den Rundfunk. Dabei wurde der regierungseigene Radiosender aufgrund eines Abkommens von der deutschen Firma Telefunken betrieben. Diese Zusammenarbeit endete 1945, als durch einen Verfassungsakt die »National Radio Foundation« (EIR) entstand. Infolge des Bürgerkriegs erhielt die EIR erst nach acht Jahren gesetzlich ihren Status als Körperschaft des öffentlichen Rechts und das Monopol über alle elektronischen Medien. Das entsprechende Gesetz regelte bis 1975 den Hörfunk in Griechenland.

Die Entwicklung des Fernsehens begann langsam und erst spät. Nachdem seit 1960 private und seit 1966 regierungseigene Versuchsprogramme ausgestrahlt worden waren, legte im Jahre 1970 ein neues Gesetz die Rahmenbedingungen für den Betrieb des ersten Fernsehsenders fest. Es wurde ein staatliches Monopol vorgesehen und gleichzeitig der Name der staatlichen Rundfunkbehörde in »National Radio and Television Foundation« (EIRT) geändert. Die EIRT wurde 1975 in eine staatlich kontrollierte Aktiengesellschaft, die »Greek Radio and Television« (ERT), umgewandelt.

Daneben hatten die Streitkräfte seit 1951 die Möglichkeit, Radio- und Fernsehsender zu begrenzten Zwecken zu betreiben. Die dominierende Rolle des Militärs führte dazu, daß die Streitkräfte in den Folgejahren ein Vollzeitprogramm aufbauten und auch eine Fernsehstation betrieben. Im Jahre 1970 trug der Gesetzgeber dem Rechnung und sah einen legislativen Rahmen für diesen »Armed Forces Information Service« (YENED) vor. Der landesweite Militärsender endete erst 1982, als YENED in einen zivilen Sender umgewandelt und als »Greek Radio and Television 2« (ERT 2) in Staatsbesitz überging. Schließlich wurden im Jahre 1987 ERT 1 und ERT 2 zu ERT zusammengeschlossen, da in diesem Jahr nichtstaatliche lokale Radiosender mit der Ausstrahlung ihrer Programme begannen. Das Jahr 1988 brachte dann den Beginn der Gesetzgebung hinsichtlich dieser nichtstaatlichen lokalen Hörfunksender und den Beginn von nichtstaatlichem regionalem Fernsehen. Dieses Regionalfernsehen wurde in einem Gesetzespaket im Jahre 1989 geregelt, welches den Betrieb lokaler Fernsehsender, die im nichtstaatlichen Eigentum stehen, erlaubt und insoweit die staatliche Kontrolle von der Regierung auf einen »National Radio and Television Council« überträgt.

Das geltende Rundfunkrecht in Griechenland regeln die Gesetze 1730/1987 (über die ERT) und 1866/1989 (über den »National Radio and Television Council«), das Präsidentendekret 25/1988 (über lokale Radiosender) und den ministeriellen Beschluß (über den »National Radio and Television Council«).

Die staatliche Rundfunkanstalt ERT besitzt weiterhin das nationale Rundfunkmonopol, jedoch kann die Regierung Sendelizenzen an lokale, nichtstaatliche Radio- und Fernsehsender vergeben. Die ERT ist eine privatrechtliche Gesellschaft der öffentlichen Hand und hat die Form einer Aktiengesellschaft (Société Anonyme); ihr alleiniger Aktionär ist der griechische Staat. Den Vorstand der ERT bilden 11 Mitglieder, die jeweils ein dreijähriges Mandat besitzen; dabei wird ein Vorstandsmitglied durch die ERT-Angestellten gewählt, ein weiteres wird von der Representative Assemblee of Social Control by the Viewers and the Listeners (ASKE) entsandt und die übrigen neun Mitglieder werden – einschließlich des Vorstandspräsidenten und des Generaldirektors – von der Regierung nach der von dem »National Radio and Television Council« (ISR) vorgeschlagenen Kandidatenliste benannt. Die Kompetenzen des Vorstandes sind dabei die gleichen wie die eines jeden Firmenvorstandes einer Aktiengesellschaft.

Die Einkünfte der ERT stammen zu ca. 40% aus einer besonderen Pflichtgebühr, die jeder Kunde der staatlichen Elektrizitätsgesellschaft – unabhängig davon, ob er ein Radio- oder Fernsehgerät besitzt – mit der zweimonatlichen Stromrechnung an die ERT bezahlen muß. Weitere 42% ihrer Einkünfte bezieht die ERT aus Werbeeinnahmen, die restlichen 18% aus der Staatskasse.

Als Kontrollinstanz für den Rundfunk und für die Empfehlung zur Erteilung der Regierungslizenzen für nichtstaatliche Regionalsender im Hörfunk und Fernsehen dient der »National Radio and Television Council« (ESR). Der ESR ist ein 19köpfiges Gremium, in dem die drei größeren parlamentarischen Parteien sowie die Vereinigung Athener Tageszeitungsjournalisten und Publizisten, die Vereinigung der Tageszeitungsjournalisten von Saloniki, die Gewerkschaft der Schauspieler, Sänger und Regisseure, die Technische Kammer, die Vereinigung der Stadtverwaltung und Kommunen, die Kirche von Griechenland, die Athener Akademie, der Rechnungshof, der Staatsrat für Recht, die nationale Gewerkschaft, die Athener Industrie- und Handelskammer sowie das Ministerium für Transport und Verkehr vertreten sind. Alle Gruppen entsenden ein Mitglied, die stärkste Partei oder Koalition drei, die zweitstärkste zwei Mitglieder. Zunächst versäumte es die ESR aufgrund interner Organisationsschwächen bis 1990, die gesetzlich vorgesehenen Empfehlungen für die Erteilung der Regierungslizenz zur Ausstrahlung von lokalen Hörfunk- und Fernsehsendungen auszusprechen. Daher strahlten ungefähr 1000 lokale Radiosender und eine große Anzahl von zumeist regionalen Fernsehstationen ihre Programme illegal aus, während sie auf die Bearbeitung ihrer Anträge warteten.

Obwohl Fernsehen nur im regionalen Bereich privat veranstaltet werden darf, sind große private Fernsehsender entstanden. Die beiden größten, »Mega-Channel« und »Antenna«, haben trotz des Regionalzwangs Reichweiten, die drei Viertel von Griechenland umfassen. Sie verbuchten schon weniger als ein Jahr, nachdem sie auf Sendung gingen (November 1989 bzw. Januar 1990), mehr Zuschauer und mehr Werbeeinnahmen als die staatlichen Sender.

Auch im Hörfunkbereich haben die privaten Regionalstationen die staatlichen Radiosender bei weitem überholt. Ein Grund dafür besteht darin, daß ERT nach einhelligem Urteil unter mangelnder Ausgewogenheit bei den Nachrichten und anderen politischen Sendungen litt und allzu staatsnah organisiert war. Auch durch die neuen Gesetze ist sichergestellt, daß der ESR- und ERT-Vorstand der jeweiligen Regierung unbestrittene Kontrolle über beide Einrichtungen verleiht.

Es bleibt zusammenfassend festzustellen, daß auf nationaler Ebene ein duales System noch nicht entstanden ist. Trotzdem spielen die privaten regionalen Anbieter im Hörfunk- und Fernsehbereich eine überraschend große Rolle. Dies liegt daran, daß es ERT nicht verstanden hat, auf die Konkurrenz durch private Radio- und Fernsehsender im lokalen Bereich zu reagieren. Daher hat ERT nicht nur überraschend schnell ihre marktbeherrschende Position verloren, sondern auch herbe Einbußen bei den Werbeeinnahmen hinnehmen müssen. Dies führte in den letzten Jahren zu erheblichen Verlusten bei ERT, die aus der Staatskasse ausgeglichen werden mußten.

Schließlich wurde das fortbestehende nationale Rundfunkmonopol von ERT auch im Hinblick auf seine Vereinbarkeit mit dem Recht der Europäischen Gemeinschaften in Frage gestllt. Der EuGH hat jedoch die grundsätzliche Vereinbarkeit des nationalen Rundfunkmonopols für die staatliche Rundfunkanstalt ERT mit den Vorschriften des Rechts der Europäischen Gemeinschaften bestätigt.

GROSSBRITANNIEN. In Großbritannien haben die Prinzipien der Gemeinwohlorientierung und des Meinungspluralismus das Rundfunkwesen in den vergangenen Jahrzehnten entscheidend geprägt. Allerdings sind in neuester

Zeit deutliche Tendenzen zu beobachten, die auf eine Neustrukturierung des britischen Rundfunksystems abzielen. Dabei weisen Gegner der Reformen des britischen dualen Systems, die in den Jahren 1988 bis 1991 erfolgten, auf die Gefahr einer zunehmenden Kommerzialisierung des Rundfunks auf Kosten der Public-service-Idee hin und betonen die Schutzwürdigkeit des nach ihrer Auffassung in der Vergangenheit auf einzigartige Weise ausbalancierten britischen Rundfunksystems. Dieses bisherige System beruhte auf einer besonderen Kombination eines Nebeneinanders der öffentlich-rechtlichen British Broadcasting Corporation (BBC) und dem »Privatunternehmens« Independent Television (ITV). Diese einzigartige Verschmelzung hielt man weithin für ein Beispiel von Ausgewogenheit und Unparteilichkeit.

Maßgebend an der Entwicklung des britischen öffentlich-rechtlichen Rundfunks war John Reith beteiligt, nach dessen Vorstellungen im Rundfunkwesen die Verantwortung einer öffentlichen Anstalt obliegen solle, die als Treuhänder des nationalen Interesses handele. Dabei sollten ihre Statuten und Pflichten denjenigen einer auf dem Gebiet der öffentlichen Daseinsvorsorge tätigen Einrichtung entsprechen. Entsprechend diesen Vorstellungen wurde die zuvor private BBC als öffentliche Rundfunkanstalt im Jahr 1927 anerkannt und mit einem kulturellen Auftrag ausgestattet, welcher die vergleichsweise starke Dauerhaftigkeit und Festigkeit der Werte, wie sie von der britischen Mittelklasse in den 30er Jahren getragen wurden, widerspiegelte. Bis 1949 war die BBC eine hochangesehene nationale Einrichtung geworden, die ihre eigenen gewerblichen und kulturellen Bestrebungen sowie ihre eigene politische und soziale Einflußsphäre pflegte.

Das Monopol der BBC wurde 1954 von einer konservativen Regierung beseitigt, die das kommerzielle Fernsehen einführte. Jedoch entlehnte die neue Independent Television Assority (später: IBA), die zur Regulierung des kommerziellen Fernsehens geschaffen worden war, ihr Leitprinzip der verantwortungsvollen Überwachung ebenfalls der Tradition der öffentlichen Daseinsvorsorge, wie sie die BBC während der Entstehung ihres Monopols entwickelt hatte.

Die Rechtsprinzipien des britischen Rundfunkwesens gründeten sich nicht auf Vorschriften des Verfassungsrechts, sondern auf fortlaufend sich entwickelnde Übung. Daneben stellten die königlichen Konzessionen (Royal Charter), die sie ergänzenden Sendelizenzen und der sog. »Code of Practice« die wichtigsten rechtlichen Grundlagen für die Tätigkeit der BBC dar. Die Royal Charter bestimmt die allgemeinen Ziele, Funktionen, die interne Organisation und die Finanzierung der BBC; insbesondere schreibt sie ihren Charakter als Einrichtung der öffentlichen Daseinsvorsorge fest. Der »Code of Practice« beschäftigt sich mit der Regelung der Sendetätigkeit an sich; festgelegt werden u. a. der Grundsatz der Ausgewogenheit und Überparteilichkeit sowie eine allgemeine Pflicht zur Information, Bildung und Unterhaltung des Publikums. Die rechtliche Position der jeweiligen Regierung gegenüber der BBC ist formal ausgesprochen stark. So kann der

Innenminister Sendelizenzen entziehen, das Parlament kann (in der Regel mit der jeweiligen Regierungsmehrheit) die Rundfunkgebühren festsetzen, und es existieren Möglichkeiten der Beeinflussung der Programmgestaltung bis hin zur Zensur. In der Praxis enthält sich der Staat aber der Ausübung seiner Kompetenzen auf dem Gebiet der Programmgestaltung; dies ist ein Resultat eines Konsenses zwischen den Parteien, um die Tätigkeit der BBC nicht zum Politikum zu machen.

Anders als die BBC beruht der kommerzielle Rundfunk auf Rechtsgrundlagen parlamentarischen Ursprungs. So schuf der »Television Act« von 1954 die »Independent Television Assority« (ITA); hierbei handelt es sich um die höchste Regelungsinstanz, die über eine »föderale« Struktur von regionalen Gesellschaften des unabhängigen Fernsehens »Independent Television« (ITV) wacht. Die ITA wurde durch den Broadcasting Act 1973 in die »Independent Assority« (IBA) umgewandelt, und die Regelungsbefugnis wurde auf kommerzielle lokale Radiosender ausgeweitet. 1990 wurde die IBA dann in Independent Television Commission umbenannt.

Auch die IBA unterlag, wie die BBC, der Hoheitsgewalt des Innenministers und war theoretisch ebenso der staatlichen Kontrolle ausgesetzt. Allerdings wurde auch hier diese staatliche Abhängigkeit in der Praxis nicht ausgenutzt. Die Funktion der IBA ähnelte stark derjenigen des »Board of Governors» bei der BBC: Die IBA sollte sicherstellen, daß die einzelnen Fernsehgesellschaften ihre Sendungen am öffentlichen Interesse ausrichten, wobei auch die Mitglieder der IBA eine Treuhänderfunktion übernahmen. Somit war auch der kommerzielle Rundfunk in Großbritannien von Anfang an gemeinwohlorientierten Beschränkungen unterworfen. Zu den wichigsten Regelungskompetenzen der IBA gehörten die Vergabe von Sendelizenzen, die Überwachung der Ausgewogenheit und Unparteilichkeit des Programms, die Verlängerung von Sendelizenzen und der Entzug von Sendelizenzen. Das durch das Gesetz ins Leben gerufene ITV bestand also aus einer föderalen Struktur von 15 regionalen Fernsehgesellschaften, die von einer übergeordneten Regelungsinstanz kontrolliert wurden. Die Einführung des privaten Regionalfernsehens fügte dem britischen Mediensystem eine weitere Komponente hinzu, ohne es deshalb zu polarisieren. Das öffentlich-rechtliche und das private Modell verkörperten weiterhin keine strengen Gegensätze, sondern sollten sich ergänzen. Möglich war diese Balance nur durch die Einbeziehung des privaten Rundfunks in den »Public-service-Bereich«; das Prinzip der öffentlichen Daseinsvorsorge wurde gleichsam zur weltanschaulichen Klammer, die beide Komponenten der britischen Medienszene miteinander verband.

Die Reform des britischen dualen Systems in den Jahren 1988 bis 1991 stellt eine umfassende und radikale Neuorientierung des gesamten Rundfunksystems dar. Der neue Broadcasting Act von 1990 ist die wichtigste Änderung seit der Einführung des privaten Rundfunks in Großbritannien. So wurde der ITV-Sektor, eine der beiden Säulen des dualen Systems, durchgreifend reformiert. Dies gilt einmal für das Verfahren der Zuerkennung von ITV-Lizenzen. Insoweit schreibt das Gesetz nunmehr vor, daß Bewerber im Rahmen eines Wettbewerbs versiegelte Gebote für Lizenzen machen sollten. Der Bewerber mit dem Höchstgebot erhält grundsätzlich die Lizenz, soweit er eine Qualitätshürde genommen hat. Im Gesetzgebungsverfahren wurde allerdings entgegen dem ursprünglichen Entwurf der ITC insoweit Ermessen eingeräumt, als Lizenzen auch unter Berücksichtigung der außergewöhnlichen Qualität des vorgeschlagenen Programms und nicht nur an den Bewerber mit dem Höchstgebot vergeben werden dürfen. Darüber hinaus schaffte das Gesetz die IBA ab und ersetzte sie durch die neue Regulierungskörperschaft Independent Television Commission (ITC). Die ITC hat im Gegensatz zur IBA nicht mehr die Möglichkeit, detailartig in die Programmplanung einzugreifen und vorab eine Übereinstimmung des Programms mit den gesetzlichen Anforderungen zu sichern. Zudem wurde der minderheiten- und kulturorientierte Sender Channel 4 aus dem sehr engen Verhältnis zu den ITV-Gesellschaften herausgelöst, damit er seine eigene Sendezeit verkaufen kann. Schließlich sieht das Gesetz die Einführung eines fünften kommerziellen Senders mit nationalem Zuschnitt – Channel 5 – vor. Channel 4 erhält ein »safety net«, ein garantiertes Mindesteinkommen, wenn seine Einnahmen so weit zurückgehen, daß das von ihm ausgestrahlte kultur- und minderheitenorientierte Programm finanziell nicht mehr gesichert ist. Eine weitere wichtige Neuerung stellt die Einführung einer Reihe von Maßnahmen gegen Medienkonzentration und diagonale Eigentumsverflechtung (z. B. von Presse und Rundfunk) dar. Damit ist mit dem Ende des Jahres 1992, mit dem die ITV-Lizenzen erloschen sind, der ITV/IBA-Pfeiler des bisherigen britischen dualen Systems durch das Channel 3/ITC-System ersetzt worden.

Dagegen wurde, entgegen manchen Überlegungen im Vorfeld, daran festgehalten, daß die Finanzierung der BBC allein auf Lizenzgebühren beruht und BBC nicht auf Werbeeinnahmen verwiesen wird. Daher ist das Programm von BBC weiterhin werbefrei, und die Lizenzgebühren werden in einer Art Indexierungsverfahren regelmäßig angepaßt. Der Service für ausländische Hörer, der World-Service, wird aus Beihilfen des Finanzministeriums finanziert.

Zusammenfassend bleibt festzuhalten, daß die neue Gesetzgebung im Gegensatz zur Vergangenheit erklärtermaßen den Ansatz verfolgt, einzig auf die BBC zu zählen, um den Public-service-Gedanken des britischen Rundfunks aufrechtzuerhalten. Deshalb äußern manche Kritiker die Befürchtung, daß infolge der Vermarktung der ITV als zweite Säule des etablierten öffentlich-rechtlichen Duopols sich die BBC in einem »Public-service-Ghetto« wiederfinden könnte, mit einem Publikum, das – laut manchen Andeutungen der Regierung – vielleicht eines Tages auf diejenigen beschränkt ist, die bereit sind, für die Dienste der BBC freiwillig zu bezahlen. Demnach befindet sich das britische Rundfunksystem momentan in einer äußerst bedeutsamen Übergangsphase, die zu einer Akzentverschiebung zugunsten eines höheren Anteils marktwirtschaftlicher Elemente geführt hat. Inwieweit sich in diesem Umfeld die klassische Konzeption einer gemeinwohlorientierten Rundfunkanstalt wie der BBC als überlebensfähig erweist, bleibt abzuwarten.

IRLAND. Die eigentliche Einführung des Rundfunks in Irland erfolgte nach dem Unabhängigkeitskrieg mit dem Aufbau eines Staatsrundfunks. Die gesetzliche Grundlage für den irischen Hörfunk, der am 1. Januar 1926 seinen Sendebetrieb unter der Bezeichnung Dublin 2 RN aufnahm, wurde mit dem »Wireless Telegrafic Act« von 1926 geschaffen. Die Errichtung einer Fernsehgesellschaft geht auf das Jahr 1959 zurück und erfolgte durch die Bildung einer halbstaatlichen Körperschaft (state sponsored body), der neben dem Fernsehen auch das etablierte Radio Dublin 2 RN anvertraut wurde. Den entsprechenden »Broadcasting Authority Act« verabschiedete das Parlament 1960 und schuf damit die Radio Eiream Authority (ab 1966 Radio Telefis Eiream, RTE). Die Ausstrahlung des irischen Fernsehens nahm am 31. Dezember 1960 ihren Anfang. Im Dezember 1966 verabschiedete das Parlament den »Broadcasting Authority (Amendment) Act« und schuf damit die Grundlage für einen zweiten RTE-Kanal und eine gemeinsame Körperschaft von RTE 1 und 2.

Rechtliche Vorgaben für den Rundfunk enthält zunächst Art. 40 der irischen Verfassung, wonach der Staat vorbehaltlich der Beachtung der öffentlichen Ordnung und Moral die Freiheit zur Ausübung des Rechts der Bürger auf freie Äußerung ihrer Überzeugungen und Meinungen gewährleistet. Allerdings eröffnete erst der »Broadcasting Act« von 1960 dem Rundfunk einen größeren Spielraum, der vorher als integrierter Bestandteil der staatlichen Administration unter der strikten Kontrolle des zuständigen Ministers arbeitete. Der Broadcasting Authority Amendment Act von 1976 dehnte das Neutralitäts- und Objektivitätsgebot und das Verbot der Verbreitung der RTE-eigenen Position über Nachrichtensendungen und aktuelle und kontrovers diskutierte Gegenstände hinaus auf die gesamte politische Berichterstattung aus. Allerdings wurde das bestehende Einspruchsrecht des Ministers für Post- und Telegrafie spezifiziert. Er konnte zuvor RTE anweisen, die Ausstrahlung von Sendungen bestimmter Art zu unterlassen. Nach dem Gesetz von 1976 unterliegen seinem Veto Sendungen, die nach seiner Auffassung aller Wahrscheinlichkeit nach verbrecherische Handlungen fördern, dazu anstiften oder dazu tendieren, die Autorität des Staats zu untergraben. Ein derartiges Sendeverbot muß allerdings im Parlament vorgelegt und kann von diesem innerhalb von 21 Sitzungstagen aufgehoben werden. Abgesehen von diesem brisanten Fall ist darauf hinzuweisen, daß die staatliche Abhängigkeit bei der Finanzierung von RTE eine große Rolle spielt. RTE fällt unter den Teil-Haushalt des Ministeriums für Kommunikation, das durch die Festsetzung der Rundfunkgebühren das Finanzaufkommen der Rundfunkanstalt wesentlich bestimmt.

Seit Ende der 80er Jahre ist ein Umbruch im irischen Rundfunksystem eingetreten. Bereits seit Beginn dieses Jahrzehnts sah sich RTE der Konkurrenz von zeitweilig ca. 70 Piratensendern gegenüber, die – obwohl außerhalb der Legalität operierend – von der Regierung mehr oder weniger toleriert wurden. Im Jahre 1988 verabschiedete das Parlament zwei neue Gesetze, nämlich den Broadcasting and Telegrafy Act und den Radio and Television Act, um das durch die zahlreichen Piratensender aus den Fugen geratene Hörfunksystem unter Kontrolle zu bekommen und durch gezielte Kommerzialisierung in geordnete Bahnen zu lenken. Infolge dieser Gesetze wurde die erste landesweite Lizenz durch die auf der Grundlage des Radio and Television Act eingerichtete und mit der Kommerzialisierung betraute Independent Radio and Television Commission (IRTC) an den privaten Betreiber »Century« vergeben. Die IRTC unter dem Vorsitz eines ehemaligen Verfassungsrichters besteht aus zehn Mitgliedern; ihr wurde von Anfang an mangelnde Unabhängigkeit und allzu starke Regierungsnähe vorgeworfen. Sie vergab 1989/90 insgesamt auch 20 Lizenzen an kommerzielle Lokal-Radiostationen.

Der Start des ersten landesweiten kommerziellen Radiosenders »Century« führte zu großen Problemen. Die neue Station erwies sich als zunächst nicht konkurrenzfähig. Um ihr Kommerzialisierungsmodell zu retten, beabsichtigte die Regierung sogar, der RTE einen Teil des Gebührenaufkommens zu entziehen und in den kommerziellen Sektor zu lenken. Allerdings verzichtete die im Juni 1990 erfolgte Gesetzesänderung auf die Umlenkung des Gebührenaufkommens, kürzte aber die Werbeeinnahmen von RTE (die nun das Gebührenaufkommen nicht übersteigen dürfen) und unterwarf den RTE-Musikkanal bestimmten Auflagen.

Im Jahre 1989 wurde die erste private Fernsehlizenz an das Irische Windmill-Lane Konsortium vergeben. Ob dieser Sender mit dem Namen TV 3 Erfolg haben wird, ist derzeit offen.

Festzuhalten bleibt, daß in Irland ein duales Rundfunksystem etabliert wurde. Ein Gleichgewicht zwischen öffentlich-rechtlichem und privatem Sektor hat sich noch nicht eingestellt. Nicht nur der neue kommerzielle Radiosender »Century« und der neue kommerzielle Fernsehsender TV 3 haben Probleme. Auch RTE sieht sich wegen der staatlichen Unterstützung des kommerziellen Sektors in Schwierigkeiten. Zudem verliert RTE zunehmend Hörer an z. T. äußerst erfoglreiche Lokal-Radiostationen. Es bleibt also abzuwarten, ob das erklärte Deregulierungs- und Kommerzialisierungsmodell in Irland Erfolg haben und sich eine Balance zwischen dem »öffentlich-rechtlichen« und privaten Bereich einstellen wird.

Italien. Die italienische Medienlandschaft ist durch ein Duopol der öffentlich-rechtlichen RAI (»Radio Audizione Italia«) und des Unternehmers Silvio Berlusconi mit der Fininvest-Gruppe geprägt. Diese für Europa in gewisser Weise einzigartige Situation ist durch die Untätigkeit des italienischen Gesetzgebers entstanden, die mehr als 16 Jahre lang seit dem

Reformgesetz der RAI aus dem Jahr 1975 das Rundfunkrecht geprägt hat. Auf der Grundlage dieser Untätigkeit des Gesetzgebers und der Rechtsprechung des italienischen Verfassungsgerichts konnten private Rundfunkveranstalter in Italien im rechtsfreien Raum operieren; es gab eine Ära der »Anarchie« im italienischen Äther.

Zunächst war die italienische Rundfunklandschaft durch das Monopol der RAI geprägt. Bereits im Jahre 1923 wurde der Staat per Gesetz ermächtigt, eine Rundfunkanstalt durch Vergabe einer Konzession ins Leben zu rufen. Die daraufhin gegründete URI (Unione Radiophonika Italiana) war die erste staatliche Rundfunkanstalt. Ende der 20er Jahre geriet der inzwischen in EIAR (Ente Italiano Audizioni Radiofoniche) umbenannte Sender zunehmend unter den Einfluß der Faschisten, die ihn zu Propagandazwecken nutzten. Nach dem Zweiten Weltkrieg erfolgte eine nochmalige Umbenennung des Senders, der nunmehr den namen RAI erhielt. Dabei blieb das Rundfunksystem durch ein zentralistisch orientiertes Staatsmonopol geprägt. Dieses war rechtlich durch Art. 43 der italienischen Verfassung begründet. Nach dieser Vorschrift ist eine Verstaatlichung zulässig, wenn sie im überwiegenden Allgemeininteresse liegt. Ein derartiges Interesse wurde für den Rundfunk bejaht.

Das italienische Verfassungsgericht bestätigte in zwei Entscheidungen die prinzipielle Vereinbarkeit des Staatsmonopols mit der Verfassung. Aufgrund der hohen Kosten für die Errichtung eines Senders und der vorhandenen Frequenzknappheit sah es in einem Staatsmonopol die beste Möglichkeit, Angebotsvielfalt in den Sektoren Kultur und Information zu erreichen. Die Auflagen des Gerichts zur Sicherung der Pluralität der RAI-Programme versuchte der Gesetzgeber mit dem Reformgesetz von 1975 umzusetzen.

Das Gericht begründete also die Notwendigkeit des Staatsmonopols v. a. mit der Frequenzknappheit und den hohen Installationskosten für die Errichtung von Sendeanlagen. Führt man diesen Gedankengang des Verfassungsgerichts weiter, so wird die Rechtmäßigkeit des Staatsmonopols bei Nachweis einer ausreichenden Anzahl von Frequenzen und günstiger Installationskosten in Frage gestellt. Auf diese Schlußfolgerung beriefen sich private Rundfunkanbieter, die trotz fehlender gesetzlicher Grundlagen anfingen, Sendestationen zu gründen. So gab es 1976 in Italien bereits 600 private lokale Radiostationen. Das Verfassungsgericht schuf daraufhin in seinem Urteil aus dem Jahr 1976 die Voraussetzung für ein gemischt öffentlich-privates Rundfunksystem, in dem es private Rundfunksendungen im lokalen Bereich erlaubte. Es vertrat die Auffassung, daß das staatliche Äther-Monopol zumindest im lokalen Bereich aufgrund der Vielzahl disponibler Frequenzen bei relativ geringen Installationskosten nicht mehr aufrechterhalten werden könne. Diese Zulassung privaten Rundfunks verband das Gericht mit verschiedenen Auflagen, z. B. dem Erfordernis eines lokal begrenzten Sendegebiets, der Festlegung von Werbezeiten entsprechend denjenigen des Staatsrundfunks und der Unterbringung von Parallelschaltungen zwischen den einzelnen Stationen zur Überbrückung des lokalen Bereichs. Diese Auflagen konnten jedoch nur dann wirksam werden, wenn der Gesetzgeber sie in geltendes Recht umsetzte, da dem Verfassungsgericht in Italien prinzipiell nur eine Verwerfungskompetenz zusteht. Der Gesetzgeber reagierte auf die Aufforderung des Verfassungsgerichts in der Folgezeit aber nicht, so daß es keinerlei Auflagen gab, die eine private Rundfunktätigkeit behinderten.

Anfangs ähnelte daher der private Rundfunk in Italien einem bunten Flickenteppich. Ab 1977 entstanden aber bedeutende Networks (Gruppen lokaler Sendeanstalten), die gleichzeitig dasselbe Programm sendeten. Daraus bildeten sich in einem stetigen Konzentrationsprozeß riesige Medienkonzerne mit Fernsehstationen und -ketten, Musik- und Filmverlagen, Werbevermittlungsgesellschaften und Privatmedien heraus. Dabei erwies sich unter den Akteuren Berlusconi als der unternehmerisch am geschicktesten operierende. Ihm gelang es in den Jahren 1982 bis 1984, die drei größten Networks unter seine Kontrolle zu bringen und anschließend unter der Dachorganisation (Konzern-Holding) Fininvest zu vereinigen. Mittlerweile besitzt Berlusconi unter der Konzern-Holding Fininvest ein Medienimperium mit über 200 Firmen.

In einer weiteren Entscheidung von 1981 bestätigte das italienische Verfassungsgericht das staatliche Monopol für überregionalen Rundfunk und verwies private Anbieter erneut auf den lokalen Bereich. Nach Ansicht des Gerichts werden umfassende Information und Pluralität bei fehlenden rechtlichen Rahmenbedingungen nur durch ein Staatsmonopol gewährleistet, da ansonsten die Gefahr einer Beeinflussung der öffentlichen Meinung durch ein Rundfunk-Oligopol im privaten Bereich bestünde. Mit dieser neuen Argumentation förderte das Gericht eine Trennung von Information und Unterhaltung.

Der private Rundfunk paßte in der Folgezeit seine Sendemodalitäten dem Urteil des Verfassungsgerichtes an. So bildeten sich auch im Fernsehbereich Sendeketten von zusammengeschalteten Lokalstationen, die ein zentral gesteuertes, auf Video-Kassetten aufgezeichnetes Programm annähernd zeitgleich ausstrahlten. Hierdurch wurde zwar formal dem Lokalgebot entsprochen, aber de facto bekamen die gesendeten Programme einen überregionalen Charakter. Anfang 1985 wurden die bis dahin gewachsenen Strukturen des Privatrundfunks durch ein Übergangsgesetz vorläufig legalisiert, das aber zum 31. Dezember 1985 wieder außer Kraft trat. In einer weiteren Entscheidung von 1988 führt das italienische Verfassungsgericht unter Anspielung auf die Marktmacht Berlusconis aus, daß die Notwendigkeit eines Staatsmonopols für überregionale Sendungen entfiele, sobald der Gesetzgeber ein System von Regelungen schaffe, das geeignet sei, das Prinzip des Pluralismus in den privaten Programmen zu verwirklichen. Unter Pluralität sei aber jedenfalls nicht der Wettstreit eines öffentlichen und eines privaten Monopolisten zu verstehen. Der Gesetzgeber war damit angehalten, möglichst bald eine umfassende Regelung des Rundfunkbereichs auszuarbeiten, in der die Bildung von Kartellen verhindert und der Pluralismus auf dem Informationssektor gewährleistet werden sollte.

Dieser Aufforderung wurde endlich durch das Gesetz zur »Regelung des öffentlichen und privaten Rundfunk- und Fernsehsystems« entsprochen, das am 23. August 1990 in Kraft trat. Damit kann der private Rundfunk auch in Italien nicht länger im rechtsfreien Raum operieren. Kernpunkt dieses Gesetzes sind diverse Anti-Trust-Bestimmungen, die eine weitere Konzentration der italienischen Medienindustrie verhindern sollen. So bestimmen diese Kartellnormen, daß der Besitz von mehr als drei nationalen Fernsehsendern untersagt ist. Zudem darf derjenige, der weniger als 8% der nationalen Tageszeitungsauflage kontrolliert, über maximal zwei nationale Fernsehsender, wer zwischen 8 und 16% der Tageszeitungsauflage kontrolliert nur über einen nationalen Fernsehsender und wer über 16% der Tageszeitungsauflage Italiens kontrolliert über gar keinen nationalen Fernsehsender verfügen. Nach einer weiteren zentralen Bestimmung des Gesetzes dürfen nach Ablauf einer Übergangsphase von zwei Jahren Fernseh- und Rundfunksender nur noch mit einer Lizenz des Postministers betrieben werden. Es bleibt aber fraglich, ob das neue Mediengesetz tatsächlich den Anforderungen des Verfassungsgerichts nach Pluralität im Informationssektor und nach wirksamen Konzentrationsbeschränkungen entspricht. So wird von Kritikern beklagt, daß die neue Mediengesetzgebung in Wahrheit das Imperium Berlusconis nachträglich legalisiere und den Status quo zementiere. Zudem bedauern v. a. die Verlegerkreise, daß dem privaten Fernsehen ein Werbeanteil von 18% pro Stunde zugestanden werde. Dadurch erhalte der Fernsehbereich eine Quote von fast 60% der Werbeeinnahmen des gesamten Marktes. Dagegen liege der Durchschnitt im EG-Bereich bei einem Anteil des Fernsehens am Werbekuchen von ca. 27%.

Neben dem privaten Sektor besteht weiterhin RAI in Form einer Aktiengesellschaft mit ausschließlich öffentlicher Beteiligung. Sie betreibt die Fernsehprogramme RAI 1, RAI 2 und RAI 3 und die Hörfunkkanäle Radio 1, 2 und 3. Die Hauptfinanzierungsquelle der RAI sind die Rundfunk- und Fernsehgebühren. Das Gesetz von 1990 führte ab Janaur 1991 eine feste Gebühr von jährlich 145 000 Lire ein (eine im Vergleich mit den meisten europäischen Ländern unterdurchschnittliche Größe). Zudem sind die Gebührenaußenstände überdurchschnittlich hoch. Eine andere wichtige Einkommensquelle bilden die Werbesendungen, die entsprechend dem geltenden Gesetz einer Einnahmenobergrenze unterliegen, die jährlich durch die parlamentarische Kommission festgelegt wird. Außerdem darf Werbung bei der RAI nicht mehr als 4% der wöchentlichen Sendezeit einnehmen und nicht mehr als 12% jeder Programmstunde.

Das neue Gesetz wird die italienische Hörfunk- und Fernsehlandschaft aller Voraussicht nach nicht grundsätzlich verändern. Auch in Zukunft dürfte sie von einem stark kommerziell orientierten Privatfunk mitgeprägt werden. Zudem ist mit dem Mediengesetz eine Legalisierung des Besitzes von drei national operierenden Fernsehsendern in der Person Berlusconis erfolgt. Damit bleibt das Duopol RAI/Berlusconi, das gemeinsam fast 90% des italienischen Fernsehmarktes kontrolliert, auch in Zukunft voraussichtlich weiter erhalten. Die Medienmacht von Berlusconis Fininvest wird lediglich in Randbereichen eingeschränkt. In programminhaltlicher Hinsicht unterliegen private Fernsehsender auch künftig keiner nennenswerten Einschränkung; die Verfolgung einer an der Public-service-Idee orientierten Programmpolitik beschränkt sich weiterhin auf die RAI. Das duale Rundfunksystem Italiens ist demnach durch ein Duopol gekennzeichnet und von einem stark kommerziell orientierten Privatfunk geprägt.

LUXEMBURG. Seit Anfang der 30er Jahre bis Mitte 1991 wurde die Luxemburger Rundfunklandschaft durch ein De-facto-Monopol der »Compagnie Luxembourgoise de Télédiffusion« (CLT) geprägt, die bis 1954 »Compagnie Luxembourgoise de Radiodiffusion« (CLR) hieß. Durch das neue Mediengesetz von 1991 und die dazugehörige großherzogliche Verordnung vom Juli 1992 ist nunmehr im Hörfunkbereich ein öffentlich-rechtlicher soziokultureller Hörfunk (Radio socioculturelle) vorgesehen. Damit soll erstmals eine Art duales Rundfunksystem in Luxemburg entstehen.

Bis zu diesem Gesetz war das Rundfunkrecht äußerst summarisch im Gesetz von 1929 geregelt. Danach waren die Rundfunksender einer Ermächtigung des für den Postdienst zuständigen Ministers unterworfen. Die ihnen aufzuerlegenden Bedingungen einschließlich der etwaigen Gebühren wurden dabei für jeden einzelnen Fall durch ein vom Staatsrat zu begutachtendes Lastenheft festgelegt. Auf dieser Grundlage und der der dazugehörigen Konzessionsverträge mit der luxemburgischen Regierung wurde der CLT das Recht zur Nutzung der Frequenzen und Kanäle übertragen, die dem Staat Luxemburg gemäß internationaler Abkommen im Laufe der Jahre zugeteilt worden waren. Demnach konnte das bis 1991 bestehende Rundfunkmonopol der CLT nicht unmittelbar aus dem Gesetz abgeleitet werden; es ergab sich vielmehr aus den verschiedenen Konzessionsverträgen zwischen der Gesellschaft und dem luxemburgischen Staat. Trotz dieses Umstandes hat die CLT dem neuen Mediengesetz von 1991 erheblichen Widerstand entgegengesetzt und vorgetragen, die Beendigung ihres Monopols stelle einen einseitigen Vertragsbruch der Regierung dar.

Die CLT ist eine Aktiengesellschaft luxemburgischen Rechts. Ihre Hauptaktionäre sind luxemburgische und französische Holding-Gesellschaften, an denen hauptsächlich belgische, französische und luxemburgische Banken sowie in geringem Umfang auch der Bertelsmann-Konzern beteiligt sind.

Obwohl die CLT lange Jahre eine Monopolstellung in Luxemburg besaß, die hier ihre internationale Expansion erst erlaubte, wurde die Rundfunkversorgung der luxemburgischen Bevölkerung recht stiefmütterlich wahrgenommen. Erst in den vergangenen Jahren baute die CLT ein volles Radioprogramm für Luxemburg selber auf, und beim Fernsehen beließ man es bei einem sonntäglichen Programm von ca. 3 Stunden. Diese Zurückhaltung der CLT bei der Versorgung der luxemburgischen Bevölkerung hat nicht unerheblich zu dem neuen Mediengesetz beigetragen.

Die CLT hat ihre Programmaktivitäten in den vergangenen zehn Jahren zunehmend ins Ausland verlagert. Ein wichtiges Beispiel dafür ist der Umzug von RTL nach Köln, die Verlegung des deutschsprachigen Radioprogramms von Luxemburg nach Berlin und der Abzug des regionalen Fernsehprogramms RTL-Télévision von Luxemburg nach Metz.

Das neue Mediengesetz sieht nunmehr im Hörfunkbereich für die zwei UKW-Frequenzen mit landesweiter Verbreitung vor, daß eine dieser Frequenzen von der CLT genutzt und die zweite für die Verwirklichung des sog. soziokulturellen Senders dient. Die öffentlich-rechtliche Anstalt Radio Socioculturelle soll aus Kostengründen gegen Entgelt die technischen Anlagen der CLT benutzen. Allerdings dürfte nur ein Zusammenschluß beider Frequenzen die angestrebte flächendeckende Versorgung des nationalen Territoriums sicherstellen. Daher gehen Beobachter davon aus, daß man sich auf eine Art Fensterlösung einigen wird, nach der der öffentlichrechtliche Sender nur während bestimmter Zeitabschnitte beide Frequenzen in Anspruch nehmen wird, und zwar im Rahmen des laufenden RTL-Programms.

Über den Weg von Verknüpfungen lokaler Frequenzen sollen vier regionale Sender ausgeschrieben werden. Dabei stellt das Gesetz gewisse Hürden auf, die eine übermäßige Konzentration verhindern sollen. Es zeichnet sich in diesem Zusammenhang eine Entwicklung ab, nach der die Zeitungsverlage des Landes, die allesamt parteipolitisch gebunden sind, über diesen Weg an der Entwicklung des Hörfunks teilnehmen werden. Danach spricht manches dafür, daß vier regionale Sender sich entsprechend den vier großen politischen Familien strukturieren werden.

Das Gesetz sieht auch die Vergabe von Fernsehkonzessionen vor. Es ist aber nicht zu erwarten, daß sich in der Praxis angesichts des geringen Marktes Wesentliches ändern dürfte. Es ist allenfalls zu erwarten, daß das bisherige sonntägliche RTL-Fernsehprogramm in luxemburgischer Sprache durch ein tägliches abendliches Nachrichtenprogramm ausgedehnt wird.

Für die neuen privaten Sender ist nach dem Gesetz vorrangige Finanzierungsquelle die Werbung. Mit Rücksicht auf die Presse bestehen allerdings strikte Werbebegrenzungen. Außerdem hat der Gesetzgeber eine Verdoppelung der bisherigen direkten Pressehilfe verfügt, um die bestehenden Zeitungen zu unterstützen. Die öffentlich-rechtliche Anstalt Radio Socioculturelle soll ausschließlich aus staatlichen Zuschüssen finanziert werden. Kommerzielle Werbung ist ihr nach dem neuen Gesetz verboten.

Das neue Mediengesetz sieht erstmals eine Art duales Rundfunksystem im Hörfunkbereich vor, um die Rundfunkversorgung der luxemburgischen

Bevölkerung zu verbessern. Allerdings bleibt angesichts der geringen Bevölkerungszahl und der Kleinheit des Marktes abzuwarten, ob sich dieses Modell in der Praxis bewährt. Im Fernsehbereich wird man sich weiter damit abfinden müssen, kein eigenständiges Vollprogramm zu besitzen.

NIEDERLANDE. Das Rundfunksystem der Niederlande unterscheidet sich deutlich von dem der übrigen europäischen Staaten und ist durch eine Eigenart gekennzeichnet, die mit dem Begriff »Versäulung« umschrieben wird. Dies bedeutet, daß im Gegensatz zu den anderen westeuropäischen Staaten in den Niederlanden der Rundfunk als öffentliche Dienstleistung nicht von öffentlich-rechtlichen oder kommerziellen Einrichtungen getragen wird, sondern von nicht an Gewinn orientierten Vereinen von Zuschauern und Zuhörern. Diese Vereine vertreten jeweils spezielle ideologische Strömungen der Gesellschaft und bilden je eine »Säule«. Die Hauptmerkmale sind dabei Pluriformität, Nicht-Kommerzialität und programmatische Autonomie der Sendeberechtigten.

Die Ursprünge dieses Systems reichen bis in die zweite Hälfte des vorigen Jahrhunderts zurück. In den 20er Jahren unseres Jahrhunderts erkannten die führenden Köpfe innerhalb der nicht an Gewinn orientierten Vereine, die die speziellen ideologischen Strömungen der Gesellschaft widerspiegelten, daß der neu aufgekommene Rundfunk ein ideales Medium darstelle, um die jeweiligen Gesinnungsgenossen zu erreichen. Dies führte dazu, daß der Hörfunk nach dem Grundsatz der Versäulung organisiert wurde.

Im Jahre 1967 wurde das Rundfunksystem erstmals durch ein eigenständiges Gesetz geregelt. Dieses Gesetz bestätigt das historisch gewachsene Säulenmodell, öffnet es aber auch für neue Anbieter, die bestimmte Anforderungen erfüllen. Eine Rundfunkorganisation muß dabei den Status einer Rechtsperson besitzen, die Hauptaktivität muß im Senden von Radio- und Fernsehprogrammen bestehen, das Programm muß prinzipiell alle Kategorien abdecken, und sie muß Programme ausstrahlen, die auf die in der Bevölkerung bestehenden kulturellen, religiösen bzw. geistigen Bedürfnisse ausgerichtet sind. Zudem muß die Organisation ein gemeinnütziges, nicht am Profit orientiertes Selbstverständnis besitzen, eine Mindestmitgliederzahl von 150000 haben und über demokratisch geprägte interne Strukturen verfügen.

Damit hat sich das Rundfunkgesetz von 1967 für ein im wesentlichen am Gemeinwohl orientiertes Rundfunksystem entschieden. In jüngerer Vergangenheit hat sich das Säulenmodell allerdings erheblich verändert. Es entstand eine Zweiteilung innerhalb der niederländischen Rundfunklandschaft. Auf der einen Seite standen die bereits etablierten Veranstalter mit Programmen im Sinne des Säulensystems; den Gegensatz hierzu bildeten die neu hinzugekommenen Veranstalter, die sich im wesentlichen für populäre, massenattraktive Programme ohne die für das Säulensystem typische ideologische Prägung entschieden.

Im übrigen legte das Rundfunkgesetz von 1967 eine strikte Trennung von

Rundfunk und Werbung fest. Eine von den Rundfunkorganisationen unabhängige Stiftung für Funk- und Fernsehwerbung (STER) wurde mit einem Monopol für die Produktion von Werbesendungen ausgestattet; die Rundfunkorganisationen selbst dürfen also keine kommerziellen Ziele verfolgen. Finanziert werden die Rundfunkorganisationen aus den Mitgliedsbeiträgen und den Ausschüttungen der STER. Als Mitglieder einer Rundfunkorganisation galten dabei sowohl die Beitragszahler, die einen Mindestbeitrag von 10 Gulden entrichteten, als auch die Abonnenten der Programmzeitschriften, von denen jede Organisation mindestens eine herausgibt. Die drei mehr publikumsorientierten Rundfunkanstalten können dabei inzwischen auf die Hälfte der gesamten Mitgliederzahl verweisen. Sie sprechen die Zuschauer und Zuhörer nicht als »Gesinnungsgenossen« an, sondern als Konsumenten und gehen daher mehr auf den Lebensstil als auf ideologische Ausrichtungen ein.

Da die Regelungen des Rundfunkgesetzes von 1967 nicht die erwarteten Ergebnisse mit sich brachten, wurde im Jahr 1987 nach umfangreichen Vorarbeiten ein neues Mediengesetz verabschiedet. In diesem Gesetz wurden die Rundfunkanstalten stärker als bisher an ihre öffentliche Dienstleistungsaufgabe gebunden. Kommerzielle Aktivitäten sind einer verstärkten Überwachung durch ein eigens zu diesem Zweck ins Leben gerufenes Kontrollorgan, dem des Medienkommissariat, unterworfen. Ferner enthält das Gesetz eine Vorschrift, die die Kabelverbreitung von ausländischen Hörfunk- und Fernsehprogrammen verbietet, die sechs auch für inländische Programme geltende Kriterien nicht erfüllen. Hierdurch sollte verhindert werden, daß Firmen über ausländische Fernsehsender an das niederländische Publikum gerichtete Werbung verbreiten und so das entsprechende Werbeaufkommen mittelbar der STER entziehen.

Damit wollte der niederländische Gesetzgeber ein nichtkommerzielles, pluralistisch orientiertes Rundfunksystem stabilisieren. Allerdings hat die niederländische Regierung diesen Kurs nicht mit voller Konsequenz weitergeführt. In den letzten Jahren fanden Korrekturen in Richtung auf ein duales Rundfunksystem statt, ohne daß dieses jedoch gesetzlich normiert wurde. Wichtigstes Beispiel für die neue Rundfunkpolitik waren die Einführung eines dritten Fernsehkanals und die Öffnung des Systems in Richtung auf den kommerziellen Rundfunk.

Im Jahr 1989 begann RTL-Veronique, nachdem es zur Kabelausstrahlung zugelassen und inzwischen in RTL 4 umbenannt wurde, seine Ausstrahlung über den Astra-Satelliten. RTL konnte seine Marktanteile im Laufe des Jahres 1990 ständig vergrößern. Dies bewirkte, daß das STER-Einkommen 1991 100 Millionen niedriger ausfiel als erwartet. Daher erweiterte das niederländische Parlament die Werbemöglichkeiten des öffentlichen Rundfunks mit dem sog. STER-Gesetz und ermöglichte die kommerzielle Ausstrahlung über Kabel für in der EG (also auch in den Niederlanden) angesiedelte Unternehmen.

Die öffentlichen Rundfunkanstalten arbeiten in der niederländischen Rundfunkstiftung (NOS) zusammen, die in die niederländische Rundfunkprogrammstiftung und den niederländischen Rundfunk-Produktionsbetrieb (NOB) aufgeteilt ist. Als Kontrollorgan dient das Medien-Kommissariat, das aus drei Mitgliedern besteht und auch einige exekutive Aufgaben des Ministeriums für Gemeinwohl, Gesundheit und Kultur, wie z. B. die Erteilung von Sendeberechtigungen und Sendezeitzuweisungen, übernimmt.

Im Fernsehen sollten die Rundfunkorganisationen in Nederland 1 (bestehend aus den Organisationen AVRO, KRO, NCRV), Nederland 2 (bestehend aus den Organisationen TROS, Veronika, EO) und Nederland 3 (bestehend aus den Organisationen NOS, VARA, VPRO) eingeteilt werden. Diese beabsichtigte Einteilung war eine Reaktion auf die Erfolge von RTL 4. Dabei sollten Organisationen mit ausreichender gegenseitiger Affinität zusammengelegt werden, um eine organisatorische und programmatische Zusammenarbeit anzustreben, die eventuell später sogar zu Fusionen führen kann. In dieser Konstellation soll der zweite Kanal eine besondere Funktion als »Hauptverdiener« in der Konkurrenz mit RTL 4 übernehmen. Zu diesem Zweck wollte man diesem Kanal besondere Werbemöglichkeiten, gelockerte Programmvorschrift sowie Extra-Gelder für die Programmproduktion gestatten. Kanal 1 und Kanal 3 sollten mit einer komplementären Programmgestaltung mehr Gewicht auf andere Elemente der öffentlichen Dienstleistungen legen. Die Sender des ersten Kanals fühlten sich bei der Verteilung ungerecht behandelt. Daraufhin befand das Medien-Kommissariat, daß die Vorrangstellung, die TROS und Veronika zukommen sollte, nicht in Übereinstimmung mit dem geltenden Mediengesetz sei. So wurde beschlossen, die vorgeschlagene Einteilung für ein Jahr auszusetzen und eine Übergangskombination zu bilden. Danach senden nun auf Nederland 1 KRO, NCRV, AVRO und EO, auf Nederland 2 VARA, TROS, Veronica und VPRO und auf Nederland 3 NOS und die kleineren Sendeberechtigten.

Nunmehr beabsichtigt die niederländische Regierung, ein echtes duales System einzurichten, in dem die beiden Sender TROS und Veronica kommerziellen Rundfunk betreiben sollen. Daneben sollen zwei Kanäle sowie ein weiterer mit begrenztem Aufgabengebiet für das öffentliche System reserviert werden. Dabei müßte allerdings die Rundfunkorganisation zur Finanzierung ihrer Programme zusätzliche Einnahmen erlangen.

Zusammenfassend ist festzustellen, daß sich das niederländische Rundfunksystem weiterhin durch ein in den anderen Staaten Westeuropas nicht anzutreffendes Säulenmodell auszeichnet. Allerdings sind gewisse Kommerzialisierungstendenzen unverkennbar. Zudem ist festzuhalten, daß durch die nicht erfolgte Anpassung der niederländischen Gesetzgebung an neue Erfordernisse das bestehende Modell stark gefährdet wurde. Erst die kommenden Jahre werden zeigen, ob sich ein duales System noch befriedigend gesetzlich regeln lassen wird oder ob RTL 4 im Fernsehbereich durch die fehlenden gesetzlichen Regelungen über das kommerzielle Fernsehen einen derartigen Vorsprung gewonnen hat, der es schwierig machen wird, ein neues Gleichgewicht zwischen öffentlichem und privatem Sektor herzustellen. Schließlich ist das niederländische Rundfunkmodell mehrfach dem Vorwurf ausgesetzt gewesen, die Vorgaben des Rechts der Europäischen Gemeinschaft zu mißachten, was in jüngster Zeit zu einigen Entscheidungen des Europäischen Gerichtshofs der Gemeinschaften geführt hat, die ebenfalls bestimmte Reformen des niederländischen Medienrechts notwendig machen.

PORTUGAL. In Portugal besteht seit dem Jahr 1989 ein den meisten europäischen Staaten vergleichbares duales Rundfunksystem im Hörfunk- und Fernsehbereich. Nach den ersten Hörfunkversuchen im Jahr 1914 und dem Aufbau der ersten Sender mit regelmäßigen Sendungen im Jahr 1925 sicherte sich der Staat 1930 das Monopol über das Radiowesen und regelte die Vergabe von Lizenzen sowie die Bedingungen der Sendungen und den Empfang durch Private. Im selben Jahr wurden auch die staatliche Servicos Radioélectricos gegründet und zwei Sender für den Mittel- und Kurzwellenbetrieb erworben. Regelmäßige Programme erfolgten ab April 1933 für das Inland und ein Jahr später auch für die Portugiesen im Ausland. Im Jahr 1935 wurde die staatliche Rundfunkanstalt Emissora Nacional (EN) eingeweiht, die durch Gebühren und ab 1945 auch aus Einnahmen aus Werbesendungen finanziert wurde. Daneben bestanden schon seit 1928 auf privatem Sektor Anbieter, die Ende 1975 nach dem Sturz des autoritären Regimes mit Ausnahme des katholischen Senders Radio Renascenca enteignet wurden.

Die Gründung des Fernsehens in Portugal erfolgte im Dezember 1955 in Form der Radiotelevisão Portuguesa (RTP), die zunächst eine GmbH mit 60% staatlichen Anteilen, 20% privaten Eignern und 20% Rundfunkgesellschaften war. Seit der vollständigen Verstaatlichung 1975 ist die RTP eine Anstalt des öffentlichen Rechts.

Der portugiesische Hörfunk RDP (Radiodifusão Portuguesa) und die RTP erhielten ihren Status als Anstalt des öffentlichen Rechts infolge der Enteignung im Jahr 1975 aufgrund von Gesetzen für das Fernsehen und den Hörfunk im gleichen Jahr. Auch die neuen Verfassungen von 1976 und 1982 enthielten in Art. 38 (Pressefreiheit und Massenmedien) Regelungen für Hörfunk und Fernsehen. Für den privaten Hörfunk wurde dort das Erfordernis von staatlichen Sendelizenzen festgelegt. Außerdem bestimmte Art. 38, daß das Fernsehen nicht Gegenstand privaten Eigentums sein dürfe. Diese Bestimmung entfiel aber bei der Neubearbeitung der Verfassung, die 1989 in Kraft trat. Nun ist auch für das Fernsehen die Vergabe von Sendelizenzen an Private nach Ausschreibung vorgesehen. Die Beteiligung ausländischen Kapitals wurde dabei auf 15% beschränkt. Der bisherige Medienrat wurde durch eine Medienaufsichtsbehörde ersetzt. Diese Medienaufsichtsbehörde hat über die Feiheit und Unabhängigkeit der Kommunikationsmittel zu wachen und gibt verbindliche Gutachten für die Vergabe von Sendelizenzen ab. Ein besonderes Gesetz regelt dabei Einzelheiten des Wirkens der Aufsichtsbehörde. Außerdem enthält die gültige Verfassung in Art. 40 die Bestimmung, daß die öffentlichen Anstalten des Hörfunks und des Fernsehens den politischen Parteien, Gewerkschaften und Berufsverbände besondere Sendezeiten einräumen müssen.

Die Finanzierung der öffentlich-rechtlichen Anstalt RDP, die für den Hörfunkbereich zuständig ist, erfolgt einmal über Rundfunkgebühren. Wegen der Weigerung einer beträchtlichen Hörerzahl, freiwillig diese Gebühren zu entrichten, werden seit 1970 die Hörfunkgebühren mit der Elektrizitätsrechnung eingezogen, unabhängig davon, ob der Verbraucher einen Hörfunkempfänger besitzt oder nicht. Zudem verfügt die Anstalt über Werbeeinnahmen. RDP strahlt neun Regionalprogramme sowie vier überregionale Programme aus.

Die Anstalt RTP, die für den Fernsehbereich zuständig ist, finanziert sich aus Werbeeinnahmen und staatlichen Zuschüssen, da seit 1991 die Gebührenpflicht für Fernsehen aufgehoben ist. Dabei sind die Einnahmen der RTP aus Werbung fast 5,5mal so hoch wie die Werbeeinnahmen im gesamten Hörfunkbereich. RTP strahlt zwei Vollprogramme auf zwei landesweiten Kanälen aus.

Im privaten Sektor ist im Hörfunkbereich neben zahlreichen regionalen Anbietern v. a. der katholische Sender Radio Renascenca erfolgreich, der über 28 Stationen rund um die Uhr konfessionell orientierte Mittelwellen- und UKW-Programme auf nationaler Ebene ausstrahlt. Zudem sendet Radio Renascenca als einzige Privatanstalt auf Kurzwelle Programme für Brasilien und für Portugiesen in allen europäischen Ländern. Im Fernsehbereich stehen für private Anbieter zwei Fernsehkanäle zur Verfügung, die erst kürzlich vergeben wurden.

Portugal verfügt seit der Verfassungsreform von 1989 über ein zahlreichen anderen europäischen Staaten vergleichbares duales Rundfunksystem. Da im Fernsehbereich private Anbieter erst kürzlich zugelassen wurden, bleibt noch abzuwarten, ob und inwieweit sich dieses System in der Praxis bewähren wird. Der eine Fernsehkanal wurde an TVI vergeben, der ein Projekt eines christlich inspirierten Fernsehprogramms vorlegte. TVI ist eine Aktiengesellschaft, an der rund 13000 Aktionäre Anteilsscheine besitzen. Größter Anteilseigner bei TVI sind die katholische Radiostation Radio Renascenca mit 12,4% und die katholische Universität Lissabon mit 6% Anteilen. Dieser kirchlich ausgerichtete Sender hat am 20. Februar 1993 seinen Betrieb aufgenommen. Den zweiten Fernsehkanal erhielt die Gruppe SIC, an der die Zeitungsverleger Francisco Pinto Balsemao und die brasilianische Rede Glogo maßgeblich als Aktionäre beteiligt sind. Dieser Sender hat ein Programm mit vorwiegend informatorischen Inhalten geplant.

Spanien. Auch in Spanien ist in den letzten Jahren eine duale Rundfunkordnung sowohl im Fernseh- als auch im Hörfunkbereich entstanden.

Zudem weist die Fernsehlandschaft interessante föderale Tendenzen auf, die einen Bruch mit dem staatlichen zentralen Fernsehmonopol darstellen.

Die Anfänge des Hörfunks in Spanien gehen auf das Jahr 1924 zurück, in dem der erste spanische Radiosender seine regelmäßigen Sendungen aufnahm. Mit einem Gesetz der Militärregierung vom gleichen Jahr wurde die Einrichtung und Tätigkeit der Sender mittlerer Stärke und lokaler Reichweite geregelt. Auf dieser Grundlage vergab der Staat Betriebslizenzen an verschiedene Privatunternehmen, die auf vereinbarten Frequenzen und einem bestimmten Zeitplan entsprechend senden durften. Den Besitzern von Radioempfängern wurde eine Jahresgebühr abverlangt, die allerdings nicht den Rundfunkunternehmen zufloß und im Jahre 1964 abgeschafft wurde.

Während der 2. Republik versuchte man den Rundfunk durch ein Gesetz von 1934 zu regeln. Dieses sah einen staatsmonopolistisch verwalteten Servicio Nacional de Radiodifusion vor. Die Privaten sollten in ihrer Sendestärke auf lokale Reichweiten beschnitten werden. Trotz der Instabilität der Regierung und des anschließenden Bürgerkrieges stellte dieses Gesetz bis 1987 die wesentliche Rechtsgrundlage des spanischen Rundfunks dar. Während der Franco-Ära entstand Radio Nacional de España (RNEW) als wichtigste Hörfunkkette, die bis 1977 das Monopol der nationalen und internationalen Information innehatte. RNE finanzierte sich aus dem allgemeinen Staatshaushalt. Auf der anderen Seite gab es auch nicht unbedeutsame privat betriebene Senderketten.

Im Fernsehen, das nach mehreren Versuchsjahren 1956 seinen Betrieb aufnahm, bestand anfänglich das Staatsmonopol des spanischen Fernsehens Television Española (TVE) mit einem einzigen Fernsehkanal. Auch die Finanzierung von TVE erfolgte über den allgemeinen Staatshaushalt, in den ebenfalls die Einnahmen aus der Werbung flossen.

Nach einer Übergangsphase, die 1973 begann, vollzog sich in den 80er Jahren ein entscheidender Wandel in den rechtlichen Regelungen über das Fernsehen und den Hörfunk. So wurde im Januar 1980 die Verordnung für Rundfunk und Fernsehen erlassen, die Hörfunk und Fernsehen als wesentliche öffentliche Dienste bezeichnet, deren Rechtsinhaberschaft dem Staat zukommt. Dabei ist Radiotelevision Española (RTVE), der diese Dienste im Auftrag des Staates betreibt, Kern des neuen Rechtssystems. Nachdem bereits 1966 zu dem ursprünglich einzigen Kanal der zweite Fernsehkanal dazugekommen war, wurde im Dezember 1983 das Gesetz über den dritten Fernsehkanal verabschiedet. In diesem Gesetz wurde die Regierung ermächtigt, den sog. autonomen Provinzen den Betrieb dieses dritten Fernsehkanals auf Antrag hin zu überlassen. Bei den autonomen Provinzen handelt es sich um die 17 spanischen Regionen mit eigenem parlamentarischem System und eigener Regierung. Bereits vorher hatte allerdings das Baskenland das Gesetz zur Einrichtung der öffentlich-rechtlichen Körperschaft Euskal Irratia Telebista (EITB) verabschiedet und damit für die autonome Provinz das bis dahin verfassungsrechtlich umstrittene Recht in

Anspruch genommen, einen eigenen Fernsehsender zu betreiben. In gleicher Weise hatte bereits Mitte 1983 das katalanische Parlament für sich das Recht in Anspruch genommen, eine öffentlich-rechtliche Fernsehanstalt einzurichten. Im Anschluß an das Gesetz vom Dezember 1983 verabschiedeten auch die Parlamente von Galicien, Andalusien, Valencia, Madrid und Murcia die Gesetze für autonome Rundfunk- und Fernsehdienste. Allerdings überließ die RTVE diesen Provinzen lediglich die technische Kontrolle der Sender- und Verstärkernetzte und behielt das Monopol über die Übertragunssysteme. Lediglich die Kanäle von Katalonien und dem Baskenland verfügen über eigene Netze. Im Jahr 1988 wurde dann das Gesetz über das Privatfernsehen verabschiedet, das die Einrichtung von drei privaten Fernsehkanälen unter staatlicher Kontrolle vorsieht. Diese Kanäle sollen von Gesellschaften auf der Grundlage einer Verwaltungslizenz betrieben werden. Diese Lizenzvergabe erfolgte 1989 aufgrund einer öffentlichen Ausschreibung für einen Zehnjahreszeitraum.

Im Fernsehbereich werden zwei Kanäle, die das gesamte spanische Gebiet erreichen, von der Television Española SA (TVEA) betrieben, die zu 100% im Eigentum von RTVE stehen. Zur RTVE gehört auch Radio Nacional de España (RNE), der den nationalen öffentlich-rechtlichen Hörfunk veranstaltet. Organisatorisch besteht RTVE aus einem Verwaltungsrat mit 12 Mitgliedern, dessen Zusammensetzung dem parlamentarischen Gewicht der Parteien entspricht, einem von der Regierung ernannten Generaldirektor und drei Beratern. Diese Organisationsform legt es nahe, daß der Einfluß der Regierung bei RTVE sehr hoch ist. Zur Finanzierung des öffentlich-rechtlichen Rundfunks ist RTVE grundsätzlich auf Einkünfte aus Werbung und, da keine Gebühr oder Steuer auf den Besitz von Empfangsgeräten erhoben wird, auf Gelder aus dem Staatshaushalt angewiesen. Wegen der hohen Einkünfte aus Werbung erhielt RTVE im Fernsehbereich keine staatlichen Gelder. Seit 1983 bestehen, wie bereits ausgeführt, die dritten Regionalkanäle, die ebenfalls im öffentlichen Eigentum stehen. Diese Fernseheinrichtungen der autonomen Provinzen besitzen meist eine ähnliche Verwaltungsstruktur wie die RTVE. Sie sind von den Regierungen der autonomen Provinzen daher ähnlich abhängig.

Seit 1989 bestehen neben diesen öffentlich-rechtlichen Sendern private Fernsehveranstalter. antena 3, Tele 5 und der Pay-TV Canal + haben Fernsehlizenzen für ganz Spanien erhalten und strahlen ihre Programme im ganzen Land aus. Diese privaten Fernsehsender finanzieren sich fast ausschließlich aus Werbung, wenn man von dem Pay-TV Canal + einmal absieht. Schließlich bestehen seit 1980 eine Anzahl von Lokalfernsehsendern, die teilweise Unterstützung aus den Gemeindehaushalten erhalten.

Im Hörfunkbereich betreibt RNE, der ebenfalls zu 100% im Eigentum von RTVE steht, als öffentlich-rechtlicher Veranstalter fünf landesweite Programme. Daneben bestehen eine ganze Reihe erfolgreicher privater Hörfunkanbieter, bei denen SER als die älteste Privatkette Spaniens, antena 3 und COPE als Zusammenschluß der Sender der katholischen Kirche besonders zu nennen sind. Neben diesen Anbietern mit nationaler Ausbreitung existiert eine ganze Reihe regionaler und auch etliche öffentliche Gemeindesender mit lokaler Reichweite. Die Gemeindesender können über öffentliche Haushaltsmittel und Werbung finanziert werden.

In Spanien ist nunmehr eine duale Rundfunkordnung sowohl im Fernseh- als auch im Hörfunkbereich entstanden. Es bleibt allerdings abzuwarten, ob sich das vorgesehene System in der Praxis bewährt. Immerhin hat das Erscheinen dreier privater Fernsehgesellschafter beträchtliche Veränderungen hervorgerufen. So mußte v. a. der öffentliche Kanal TV 1 nicht unerhebliche Zuschauereinbußen hinnehmen. Man wird daher das Problem der Finanzierung der öffentlichen Rundfunkanstalten lösen müssen, da die Einnahmen aus Werbung auch im Fernsehbereich erheblich zurückgehen. Zudem hat das Anwachsen des Fernsehangebots die Einnahmen aus der Hörfunkwerbung erheblich sinken lassen. Dies wird nicht ohne Auswirkung auf den Hörfunksektor bleiben. Man wird daher gespannt sein dürfen, wie sich die Rundfunklandschaft in Spanien in den nächsten Jahren verändern wird.

DIETER DÖRR

Literatur

Mario Hirsch: Das Rundfunksystem Belgiens. In: Hans-Bredow-Institut (Hrsg.). Internationales Handbuch für Hörfunk und Fernsehen 1992/93. Baden-Baden und Hamburg [21]1992, D 47 ff.

Serge Govaert: Les radios privées en Communauté française de Belgique. Brüssel 1988

Ole Prehm: Das Rundfunksystem Dänemarks zwischen Kulturpolitik und Marktwirtschaft. In: Internationales Handbuch für Hörfunk und Fernsehen 1992/93, D 60 ff.

Gerd Opitz: Das Rundfunksystem Frankreichs. In: Internationales Handbuch für Hörfunk und Fernsehen 1992/93, D 78 ff.

Charles Debbasch: Droit de l'audiovisuelle. Paris 1988

Guy Drouot: Le nouveau droit de l'audiovisuelle. Paris 1988

Panayote Elias Dimitras: Radio und Fernsehen in Griechenland. In: Internationales Handbuch für Hörfunk und Fernsehen 1992/93, D 106 ff.

Peter Humphreys: Das Rundfunksystem Großbritanniens. In: Internationales Handbuch für Hörfunk und Fernsehen 1992/93, D 114 ff.

Richard Collins: The United Kingdom and Europe in the 1990s. In: »Rundfunk und Fernsehen«, Jg. 1989, S. 251 ff.

Detlef Murphy: Das Rundfunksystem der Republik Irland: In: Internationales Handbuch für Hörfunk und Fernsehen 1992/93, D 133 ff.

Anna Lucia Natale: Das Rundfunksystem Italiens. In: Internationales Handbuch für Hörfunk und Fernsehen 1992/93, D 143 ff.

Christoph Letzgus/Lorenza Violini-Ferrari: Das italienische allgemeine Rundfunkgesetz zwischen aktuellem Duopol und erhofftem Pluralismus. In: Rundfunk und Fernsehen, 1993, 20 ff. *(kritische Analyse des neuen italienischen Rundfunkgesetzes vom August 1990)*

Mario Hirsch: Das Rundfunksystem Luxemburgs. In: Internationales Handbuch für Hörfunk und Fernsehen 1992/93, D 159 ff.

Harrie Bos/Ben van Reenen: Der Rundfunk in den Niederlanden. In: Internationales Handbuch für Hörfunk und Fernsehen 1992/93, D 169 ff.
Marion Ehrhardt: Das Rundfunksystem Portugals. In: Internationales Handbuch für Hörfunk und Fernsehen 1992/93, D 213 ff.
Rosario de Mateo: Das Rundfunk- und Fernsehsystem in Spanien. In: Internationales Handbuch für Hörfunk und Fernsehen 1992/93, D 247 ff.
C. Garitaonandia: La Television y las Comunidades Autonomas. In: »RVAP«, Nr. 2/1982 *(Stellungnahme zu der Frage, welche Kompetenz die autonomen Gemeinschaften in Spanien auf dem Gebiet des Rundfunkrechts nach der spanischen Verfassung haben)*
Matthias Heinze: Fernsehen ohne Grenzen – um jeden Preis? Die Problematik der EG-Fernsehrichtlinie. München 1993 *(in Teil II des Buches findet sich eine übersichtliche Darstellung der Rundfunkordnungen der Bundesrepublik Deutschland, Belgiens, Dänemarks, Frankreichs, Großbritanniens, Italiens, Luxemburgs und der Niederlande)*
Reinhard Hartstein/Wolf-Dieter Ring/Johannes Kreile/Dieter Dörr/Rupert Stettner: Kommentar zum Rundfunkstaatsvertrag. In: Wolf-Dieter Ring (Hrsg.): Medienrecht. München, Stand: 36. Ergänzungslieferung 1993, Bd. II *(Kommentierung des neuen Rundfunkstaatsvertrages vom 31. August 1991)*
Albrecht Hesse: Rundfunkrecht. München 1990 *(umfassende Darstellung des für die Bundesrepublik Deutschland geltenden Rundfunkrechts, bei der allerdings der neue Rundfunkstaatsvertrag noch nicht berücksichtigt werden konnte)*
Marian Paschke: Medienrecht. Berlin 1993 (*Gesamtdarstellung des für die Bundesrepublik Deutschland geltenden Medienrechts*)

Medienwettbewerb → Rundfunkprogrammrecht, → Wettbewerbsrecht

Mehrwertsteuererlaß → Konzentration

Mehrzeitungsverlag → Konzentration, → Wettbewerbsrecht

Meinungsfreiheit → Europäisches Medienrecht, → Informationsfreiheit, → Pressefreiheit

Meinungsmonopol → Medienpolitik

Meinungsvielfalt → Europäisches Medienrecht

Menschenrechtsdeklaration (1948) → Internationale und supranationale Kommunikationsbeziehungen

Menschenrechts-Kommission → Europäisches Medienrecht

Menschenrechtskonvention des Europarats → Arbeitsrecht der Medien, → Auskunftspflicht der Behörden, → Europäisches Medienrecht, → Gerichtsberichterstattung, → Informationsfreiheit, → Internationale und supranationale Kommunikationsbeziehungen, → Österreichisches Medienrecht

Menschenrechtspakt (1966) → Internationale und supranationale Kommunikationsbeziehungen

Menschenwürde → Persönlichkeitsschutz, → Verantwortung des Journalisten

»Mephisto«-Beschluß → Bundesverfassungsgerichtsentscheidungen zum Medienrecht (24. Februar 1971)

Michel-Kommission → Medienpolitik

Mindesthonorare → Arbeitsrecht der Medien

Mitbestimmung. Der Begriff Mitbestimmung umfaßt alle Formen der Beteiligung von Arbeitnehmern an Entscheidungsprozessen im Wirtschaftsleben. Wichtigste Ausgestaltungen sind nach geltendem Recht die Mitbestimmung auf Unternehmensebene und die betriebsverfassungsrechtliche Mitbestimmung. Im Pressebereich werden (vorwiegend von den Journalistengewerkschaften) außerdem Forderungen nach speziellen Mitbestimmungsregeln erhoben, die sich mit Vorstellungen von einer gewissen Autonomie redaktioneller Arbeit verbinden (*»innere Pressefreiheit«*).

MITBESTIMMUNGSFORMEN. Die Mitbestimmung auf Unternehmensebene ist durch das Mitbestimmungsgesetz vom 4. Mai 1976 geregelt. Das Gesetz gilt für Kapitalgesellschaften mit mehr als 2000 Beschäftigten. Dort steht die Hälfte der Aufsichtsratssitze Arbeitnehmervertretern zu (»Parität«). Sie werden auf Vorschlag der Belegschaft und der im Betrieb vertretenen Gewerkschaften gewählt. Das Mitbestimmungsgesetz findet auf Presseverlage (wie auch auf andere Unternehmen mit geistig-ideeller Zielsetzung) keine Anwendung. Maßgebend für diese Ausnahmeregelung sind Gesichtspunkte des → Tendenzschutzes. Nach herrschender Meinung ist es mit Art. 5 GG unvereinbar, wenn Arbeitnehmervertreter und Gewerkschaften über die Aufsichtsräte der großen Verlage auf die Berichterstattung und Meinungsbildung durch die Presse einwirken. Die Anwendung des Mitbestimmungsgesetzes auf Verlage hätte dies zur Folge. Damit würde den Arbeitnehmervertretern im Aufsichtsrat nach Maßgabe ihres Stimmrechts Einfluß auf Bestellung und Abberufung des Vorstandes bzw. Geschäftsführers – also des Verlegers im Rechtssinn – und auf grundlegende publizistische, personelle und wirtschaftliche Entscheidungen eingeräumt, die den Vertretungsorganen der Gesellschaft zustehen. Darüber hinaus würde die gesamte Tätigkeit der Geschäftsführung, einschließlich ihrer publizistischen Kompetenzen, der Überwachung durch die Arbeitnehmervertreter im Aufsichtsrat unterworfen.

Die *betriebsverfassungsrechtliche Mitbestimmung* basiert auf dem Betriebsverfassungsgesetz vom 15. Januar 1972 und gilt prinzipiell auch für Presseverlage. Die Rechte des Betriebsrates sind aber – wiederum aus Gründen des → Tendenzschutzes – eingeschränkt. Die Einschränkungen betreffen vor allem wirtschaftliche und personelle Entscheidungen.

Unter *pressespezifischer Mitbestimmung* werden spezielle Beteiligungsrechte an Entscheidungen in Zeitungs- und Zeitschriftenverlagen verstanden. Sie werden überwiegend für Redakteure reklamiert. Der Zustand, der durch pressespezifische Mitbestimmung und die gleichzeitig geforderte Selbständigkeit der Redakteure gegenüber dem Verleger (Herausgeber) erreicht werden soll, wird vielfach als »innere Pressefreiheit« bezeichnet. Dieser Begriff hat in den letzten Jahrzehnten einen Wandel durchgemacht. Ursprünglich bedeutete er den Schutz des Textteils vor zeitungsfremden Eingriffen Dritter – im Gegensatz zur »äußeren Pressefreiheit«, worunter die Abschirmung gegen staatliche Einflußnahme zu verstehen ist.

Den Forderungen nach »innerer Pressefreiheit« liegen kommunikationssoziologische, soziale und berufsständische Erwägungen zugrunde. Mitunter tritt parteipolitisches Kalkül hinzu, denn die Organisation der Binnenstruktur von Zeitungs- und Zeitschriftenverlagen kann sich auf deren politische Haltung auswirken.

MERKMALE »INNERER PRESSEFREIHEIT«. Die Verschiedenartigkeit der Erwartungen, die an die Verwirklichung »innerer Pressefreiheit« geknüpft werden, hat zu einer Vielzahl erheblich voneinander abweichender Regelungsvorschläge geführt. Die meisten von ihnen konzentrieren sich auf drei Bereiche: die *Abgrenzung publizistischer Kompetenzen, die Mitwirkung an personellen Maßnahmen* und die *Beteiligung an wirtschaftlichen Entscheidungen* des Verlagsunternehmens.

In der Diskussion über eine publizistische Kompetenzabgrenzung wird zwischen drei Kompetenzebenen unterschieden: der Grundsatz-, der Detailkompetenz und der Richtlinienkompetenz.

Die *Grundsatzkompetenz* umfaßt das Recht, die allgemeine publizistische Haltung der Zeitung oder Zeitschrift festzulegen, d. h. jene dauerhafte Linie zu fixieren, die die besondere Eigenart eines Publikationsorgans ausmacht. Die Grundsatzkompetenz wird in der medienpolitischen Diskussion ganz überwiegend dem Verleger (Herausgeber) zuerkannt.

Die *Detailkompetenz* bedeutet die Befugnis der Ausgestaltung des Textes im einzelnen. Nach allgemeinen arbeitsrechtlichen Grundsätzen unterliegt auch diese Kompetenz dem Direktionsrecht des Verlegers (Herausgebers). Sie wird jedoch in der Praxis grundsätzlich auf die Redakteure übertragen. Allerdings kann sie vom einzelnen Redakteur nur im Rahmen der Redaktionsordnung ausgeübt werden, d. h., die Weisungsbefugnis vorgesetzter Redakteure bleibt erhalten. Die Selbständigkeit der Redakteure bei der Ausgestaltung des Textes muß freilich dort enden, wo eine Veröffentlichung unzumutbare Folgen für den Verlag haben kann. Hier ist insbesondere an Veröffentlichungen zu denken, die Schadensersatzansprüche auslösen könnten. In solchen Fällen ist eine rechtzeitige Abstimmung mit dem Verleger herbeizuführen (sogenannte negative Detailkompetenz des Verlegers).

Die *Richtlinienkompetenz* bedeutet das Recht, über neu auftretende Fragen von herausragender, über die Tagesaktualität hinausgehender Bedeutung zu entscheiden (Beispiele aus der Vergangenheit: Wiederbewaffnung der Bundesrepublik, neue Ostpolitik der Regierung Brandt/Scheel). Im Unterschied zur Grundsatz- und Detailkompetenz ist die Zuordnung der Richtlinienkompetenz umstritten. Diese mittlere Kompetenzebene ist seinerzeit von den Verlegern in die Diskussion eingeführt worden. Hintergrund war die Erkenntnis, daß die Ausübung der Grundsatzkompetenz es zumeist nicht ermöglicht, den Kurs einer Zeitung zu determinieren. Einmal sind die für die Beschreibung der allgemeinen publizistischen Haltung zur Verfügung stehenden Begriffe einem ständigen Bedeutungswandel unterworfen; zum anderen lassen sich Entwicklungen und Ereignisse, die das Bild einer Zeitung in der Öffentlichkeit prägen, nicht voraussehen. Die Grundsatzkompetenz wird deshalb zuweilen auch als »tote Kompetenz« bezeichnet. Die Journalistengewerkschaften befürchten, daß mit Hilfe der Richtlinienkompetenz die den Redakteuren zugebilligte Detailkompetenz ausgehöhlt werden könnte. Sie fordern daher, den Redakteuren ein Mitbestimmungsrecht an Entscheidungen auf der mittleren Kompetenzebene einzuräumen.

Eine zentrale Forderung der Journalistengewerkschaften ist die *Mitwirkung an personellen Maßnahmen.* Die Vorstellung über Inhalt und Qualität dieser Mitwirkung sind sehr unterschiedlich. Sie reichen von einer Anhörung vor besonders wichtigen Entscheidungen bis zu einem Mitbestimmungsrecht bei allen personellen Maßnahmen. Vielfach steht dabei die Forderung im Vordergrund, den Redakteuren bei der Einstellung des Chefredakteurs ein Vetorecht einzuräumen.

Über Umfang und Grenzen der geforderten *Beteiligung an wirtschaftlichen Entscheidungen* bestehen ebenfalls keine einheitlichen Auffassungen. Zumeist ist aber an Information und Anhörung vor Maßnahmen gedacht, die – wie die publizistische Zusammenarbeit mit anderen Zeitungen oder Beschlüsse über den Redaktionsetat – die Arbeit der Redakteure besonders berühren.

Soweit die geforderten Rechte – wie im personellen und wirtschaftlichen Bereich – allen Redakteuren zustehen würden, sollen sie von gewählten *Redaktionsvertretungen* (»Redaktionsausschüsse«, »Redaktionsräte«) wahrgenommen werden. Die Wahl von Chefredakteuren in die Redaktionsvertretungen wird dabei ausgeschlossen. Umstritten ist, ob die Berücksichtigung einer bestimmten Anzahl von Ressortleitern vorgeschrieben werden soll. Dafür wird angeführt, daß dies der fachlichen Qualifikation des Gremiums zugute käme, dagegen, daß derartige Quoten die Wahlfreiheit beeinträchtigten.

Politische Begründungen »innerer Pressefreiheit«. Die Forderungen nach »innerer Pressefreiheit« werden hauptsächlich mit politischen Argumenten begründet. Gegen ihre Rechtfertigung mit dem *Demokratieprinzip* wird geltend gemacht, daß eine demokratische Beteiligung von Mitarbeitern an verlagsinternen Entscheidungen die Rückkoppelung redaktioneller

Arbeit an den Leserwillen und damit die Chancen des Bürgers beeinträchtigen würde, durch seinen Kaufentscheid auf den Inhalt von Zeitungen und Zeitschriften Einfluß zu nehmen.

Zum Teil wird von »innerer Pressefreiheit« eine *Verbesserung der Kommunikationsstrukturen* erwartet. Die durch den Prozeß der → Konzentration im Pressewesen geminderte Vielfalt der Zeitungen soll durch eine »Vielfalt in der Zeitung« ersetzt werden. Ob »innere Pressefreiheit« tatsächlich dazu beitragen würde, Meinungsvielfalt zu stärken, gehört zu den umstrittensten Themen der → Medienpolitik. Gegen diese These spricht, daß auf eine gewisse Weisungsgebundenheit des einzelnen journalistischen Mitarbeiters nicht verzichtet werden kann, weil andernfalls redaktionelle Organisation und damit ein regelmäßiges und fristgerechtes Erscheinen des Publikationsorgans unmöglich würde. Aus diesem Grunde sehen die vorgeschlagenen Regelungen auch keine Aufhebung, sondern lediglich eine Verlagerung von Entscheidungsbefugnissen auf andere Träger, insbesondere Redaktionsvertretungen, vor. Ob sich hieraus eine größere Pluralität veröffentlichter Meinungen ergäbe, ist zweifelhaft. Denkbar wäre auch bei Redaktionsvertretungen die Entwicklung eines ingroup-Verhaltens, das konformistische Tendenzen begünstigt.

Zugunsten der *inneren Pressefreiheit* wird schließlich angeführt, der Tendenzschutz hinterlasse eine Lücke, die im Interesse der Mitarbeiter von Presseverlagen ausgefüllt werden müsse. Dieses Argument ist im Gegensatz zu den übrigen nicht kommunikationspolitischer, sondern sozialpolitischer Natur und wird zum Teil auf das Gleichheitsgebot gestützt. Es reicht freilich nur so weit, als Regelungen in Rede stehen, die nicht über die Grenzen betriebsverfassungsrechtlicher Mitbestimmung hinausgehen.

RECHTLICHE PROBLEMATIK »INNERER PRESSEFREIHEIT«. Die juristische Bewertung der Vorschläge hängt weitgehend davon ab, in welcher Form – Gesetz, Tarifvertrag oder betriebsinterne Vereinbarung (Redaktionsstatut) – sie realisiert werden sollen.

Die *gesetzliche Regelung* könnte auf Bundesebene (Bundespresserechtsrahmengesetz) und durch die Länder erfolgen. Der Bund hat gemäß Artikel 75 Nr. 2 GG lediglich das Recht, »Rahmenvorschriften über die allgemeinen Rechtsverhältnisse der Presse« zu erlassen (→ Pressegesetze). Dies bedeutet, daß seine Gesetzgebungskompetenz für eine abschließende Vollregelung der Materie nicht ausreichen würde; den Bundesländern müßte die Möglichkeit bleiben, den vorgegebenen Rahmen durch eigene Rechtsvorschriften auszufüllen. Ein Bundespresserechtsrahmengesetz mit Regelungen zur »inneren Pressefreiheit« ist von früheren Bundesregierungen mehrfach erwogen worden (→ Medienpolitik), kam über das Stadium von Referentenentwürfen aber nicht hinaus. Gleiches gilt – mit Ausnahme Brandenburgs – auch für Gesetzgebungsinitiativen auf Landesebene.

Bei einer gesetzlichen Regelung stellt sich die Frage der *Verfassungskonformität*, wobei der → Pressefreiheit gemäß Art. 5 GG entscheidende

Bedeutung zukommt. Auf diese Frage hält die Rechtswissenschaft alle drei theoretisch denkbaren Antworten bereit: das Grundgesetz ordne legislatorische Vorkehrungen zur Herstellung »innerer Pressefreiheit« an, es verhalte sich solchen Regelungen gegenüber neutral und – schließlich – der Gesetzgeber sei durch die Verfassung gehindert, der Presse eine bestimmte Binnenstruktur vorzuschreiben. Die letztgenannte Meinung ist herrschend und stimmt mit der Rechtsprechung des Bundesverfassungsgerichts überein. Sie geht davon aus, daß dem Verleger der entscheidende Einfluß auf die Produktgestaltung – hier: auf den Inhalt der Zeitung oder Zeitschrift – im Hinblick auf die gerade ihm zustehende Pressefreiheit, seine Unternehmerfreiheit und die Eigentumsgarantie des Art. 14 GG nicht genommen werden darf.

Kontrovers ist allerdings, welche der geforderten Bestimmungen – für sich allein oder gemeinsam mit anderen – die Grenze der Verfassungswidrigkeit überschreiten würde. So werden z. B. der Entzug der verlegerischen Richtlinienkompetenz und die Einführung eines Vetorechts überwiegend als unzulässig angesehen; nach einer Gegenmeinung wären derartige Bestimmungen nur in der Kombination grundgesetzwidrig.

Einem Gesetz wird von vielen der *Tarifvertrag* (»Vertrag über die Zusammenarbeit von Verlegern und Redakteuren«, »Kompetenzabgrenzungsvertrag«) als das für die Materie geeignetere Regelinstrument vorgezogen. Die Presseverbände hatten bereits 1926 eine tarifliche Vereinbarung über das Verhältnis Verleger/Redakteur getroffen. Während sich die damaligen Bestimmungen auf Fragen des Gewissensschutzes beschränkten, erheben die Journalistengewerkschaften seit den sechziger Jahren Mitbestimmungsforderungen. Sie waren vielfach Gegenstand von Verhandlungen der Tarifpartner, die allerdings ergebnislos blieben.

Eine tarifvertragliche Regelung der »inneren Pressefreiheit« ist, sofern sie normative, d. h. für die Mitglieder der beteiligten Organisationen verbindliche Wirkung haben soll, an die gleichen verfassungsrechtlichen Grenzen gebunden wie ein Gesetz. Darüber hinaus muß bei Abschluß eines Tarifvertrages beachtet werden, daß die in ihm enthaltenen Vorschriften nicht gegen die höherrangigen Bestimmungen des allgemeinen Gesetzesrechts verstoßen. Hierzu gehören insbesondere die Vorschriften des Betriebsverfassungsgesetzes. Soweit sie organisatorische Fragen regeln, handelt es sich nach herrschender Meinung um zwingendes Recht. Deshalb scheitert die tarifvertragliche Installierung von Redaktionsausschüssen, -räten und dgl. jedenfalls dann an dem Vertretungsmonopol des Betriebsrats, wenn es um die Wahrnehmung von Befugnissen geht, die – wie die Beteiligung an personellen und wirtschaftlichen Entscheidungen – bereits im Betriebsverfassungsgesetz normiert sind. Die den Redaktionsausschüssen zugedachten Rechte können aber auch nicht vom Betriebsrat selbst wahrgenommen werden; denn dessen Mitbestimmungsrechte sind im Betriebsverfassungsgesetz abschließend geregelt (siehe Entscheidung des Bundesverfassungsgerichts vom 6. November 1979; BVerfGE 52, 283 ff.). Weitere Bedenken gegen eine tarifvertragliche Fixierung pressespezifischer Mitbestimmungsrechte ergeben sich aus § 118 Betriebsverfassungsgesetz, der nicht gegen den Willen der durch ihn Begünstigten aufgehoben werden kann (→ Tendenzschutz), und § 105 BetrVG, wonach dem Arbeitgeber die freie Entscheidung über die Auswahl seiner leitenden Angestellten – also auch des Chefredakteurs – nicht genommen werden darf.

In einigen Verlagen ist es zu *internen Regelungen* zugunsten der Redaktionen durch sogenannte *Redaktionsstatute* gekommen. Es handelt sich dabei nicht um Betriebsvereinbarungen, da diese nur zwischen Arbeitgeber und Betriebsrat abgeschlossen werden können. Der Inhalt der Redaktionsstatute differiert erheblich. Zum Teil beschreiben sie nur publizistische Zielvorstellungen, in anderen Fällen werden Redaktionsvertretungen echte Mitbestimmungsrechte zugewiesen. Ob von diesen Rechten mit Wirkung für oder gegen den einzelnen Redakteur Gebrauch gemacht werden kann, ist allerdings zweifelhaft, da es keine den betriebsverfassungsrechtlichen Bestimmungen entsprechende Ermächtigungsnormen gibt, die einem Redaktionsausschuß korporative Rechtsqualität verleihen würden. Dieser könnte seine Vertretungsmacht lediglich aus Einzelvollmachten herleiten. Der Hinweis darauf, daß das Statut Bestandteil des Arbeitsvertrages ist, bewirkt nur dann etwas, wenn er von dem betreffenden Redakteur bei Vertragsschluß oder durch spätere Willenserklärung gebilligt worden ist.

Die Diskussion über die »innere Pressefreiheit«, die in der Bundesrepublik Deutschland Ende der 60 bis Mitte der 70er Jahre besonders intensiv und hektisch geführt wurde, ebbte danach deutlich ab. Dabei dürfte die Erfahrung eine Rolle gespielt haben, daß sich Redaktionsstatute, wo sie eingeführt wurden, in der Praxis vielfach nicht bewährt haben und daher zum Teil wieder außer Kraft gesetzt worden sind.

Seit 1990 hat das Thema – vor allem aufgrund diesbezüglicher Aktivitäten der Journalisten-Gewerkschaften – wieder an Aktualität gewonnen. Im Vordergrund stehen dabei Bemühungen um landesgesetzliche Regelungen. Die IG Medien strebt daneben eine tarifvertragliche Vereinbarung an. Die gewerkschaftlichen Forderungen finden teilweise auch politische Unterstützung, was sich bei den Beratungen über Landespressegesetze für die jungen Bundesländer u. a. in entsprechenden Entwürfen von SPD-Fraktionen niederschlug. Diese Entwürfe fanden jedoch keine Mehrheiten. Lediglich im Pressegesetz für das Land Brandenburg wurde eine Bestimmung aufgenommen, die das Verhältnis zwischen Verleger und Redakteuren betrifft. In § 4 Abs. 1 dieses Gesetzes heißt es dazu: »Die Zusammenarbeit von Verleger bzw. Herausgeber und Redaktion ist auf der Grundlage der arbeitsvertraglichen Rechte und Pflichten bestimmt durch die öffentliche Aufgabe der Presse ... Nähere Einzelheiten zur Abgrenzung der Aufgaben und Verantwortlichkeiten ... können in einer Vereinbarung zwischen Verleger und Redakteursvertretung festgelgt werden.« Es handelt sich, was den Abschluß solcher Vereinbarungen angeht, also um eine reine Kann-Bestimmung. So gering die materielle Tragweite dieser Bestimmung auch sein mag, sie ist insofern nicht ohne Bedeutung, als damit erstmalig die Abstinenz der Gesetzgebung im Bereich der sogenannten »inneren Pressefreiheit« aufgegeben wurde.

Gesetzliche (und tarifvertragliche) Regelungen dieser Materie sind auch im Ausland weitgehend unbekannt. Allerdings gibt es dort – insbesondere in Frankreich und Italien – vereinzelt Redaktionsstatute, die den journalistischen Mitarbeitern besondere Mitspracherechte einräumen.

RÜDIGER NIEMANN

Literatur

Peter Hanau: Pressefreiheit und paritätische Mitbestimmung. Berlin 1975 (*grundlegende Untersuchung über die Auswirkungen einer Anwendung des Mitbestimmungsgesetzes auf Presseverlage*)

Joseph H. Kaiser: Presseplanung. Frankfurt/Main 1972

Friedrich Kübler: Empfiehlt es sich zum Schutze der Pressefreiheit gesetzliche Vorschriften über die innere Ordnung von Presseunternehmen zu erlassen? Verhandlungen des 49. Deutschen Juristentages, Bd. I/Gutachten D. München 1972

Edgar Kull: Mäzen oder Publizist? Zur Rolle und Rechtsstellung des Herausgebers. In: »Die öffentliche Verwaltung«, Jg. 1972, S. 453 ff.

Edgar Kull: Redaktionsstatut und Pressefreiheit. In: »Archiv für Presserecht«, Jg. 1970, S. 906 ff.

Peter Lerche: Verfassungsrechtliche Aspekte der »inneren Pressefreiheit«. Berlin 1974 (*Untersuchung der Reformvorschläge im Lichte einer institutionellen Deutung der Pressefreiheit*)

Theo Mayer-Maly: Redaktionsstatut als Mitbestimmungsinstrument. In: »Archiv für Presserecht«, Jg. 1969, S. 879 ff.

Walter Mallmann: Empfiehlt es sich zum Schutze der Pressefreiheit gesetzliche Vorschriften über die innere Ordnung von Presseunternehmen zu erlassen? Verhandlungen des 49. Deutschen Juristentages, Bd. II/2/Gutachten N. München 1972

Otto B. Roegele: Medienpolitik und wie man sie macht. Osnabrück 1973 (*Überblick über Motive, Ziele und Auswirkungen medienpolitischer Konzeptionen*)

Bernd Rüthers: Innere Pressefreiheit und Arbeitsrecht. In: »Der Betrieb«, Jg. 1972, S. 2471 ff.

Bernd Rüthers: Paritätische Mitbestimmung und Tendenzschutz. In: »Archiv für Presserecht«, Jg. 1974, S. 542 ff.

Bernd Rüthers: Tarifmacht und Mitbestimmung in der Presse. Berlin 1973 (*Stellungnahme zu den Firmentarifverträgen zwischen IG Druck und Papier und SPD-Verlagen und Untersuchung der Frage, ob entsprechende Regelungen erstreikt werden dürfen*)

Peter Schwertner: Das Rechtsverhältnis zwischen Verleger und Redakteur. In: »Betriebsberater«, Jg. 1971, S. 833

Werner Weber: Innere Pressefreiheit als Verfassungsproblem. Berlin 1973 (*kommt als Individualrechtler zu ähnlichen Ergebnissen wie Lerche*)

Christina Holtz-Bacha: Mitspracherechte für Journalisten. Redaktionsstatuten in Presse und Rundfunk. Köln 1986 (*umfassende Materialsammlung*)

Miturheber → Urheberrecht

Mitwirkendenbedingungen → Arbeitsrecht der Medien

MLDP-Beschluß → Bundesverfassungsgerichtsentscheidungen zum Medienrecht (19. Dezember 1991)

Mobilität → Soziale Sicherung der Journalisten

Modellversuche für Journalistenausbildung → Aus- und Fortbildung

Monopolzeitungen → Informationsfreiheit, → Konzentration, → Verantwortung des Journalisten, → Wettbewerbsrecht

Montabaur-Beschluß → Bundesverfassungsgerichtsentscheidungen zum Medienrecht (24. März 1976)

Mosaiktheorie → Staatsschutz

Musikwerke → Urheberrecht

»Mutzenbacher«-Beschluß → Bundesverfassungsgerichtsentscheidungen zum Medienrecht (27. November 1990)

Nachrichtenkonvention (1948) → Internationale und supranationale Kommunikationsbeziehungen

Nachrichtenwesen → Internationale und supranationale Kommunikationsbeziehungen

Nacht und Nebel(»Badische Zeitung«)-Beschluß → Bundesverfassungsgerichtsentscheidungen zum Medienrecht (5. März 1992)

Nachzensur → Filmrecht, → Geschichte des Medienrechts, → Zensur

Namensnennungen → Gerichtsberichterstattung, → Persönlichkeitsschutz

Namensrecht → Persönlichkeitsschutz

Nationalvertriebe → Vertriebsrecht

negative Informationsfreiheit → Informationsfreiheit

negative Presse- und Rundfunkfreiheit → Persönlichkeitsschutz

Neue elektronische Kommunikationstechniken. Der Begriff der »neuen elektronischen Kommunikationstechniken« entstand Anfang der 70er Jahre, als sich auf dem Hintergrund kommunikationstechnischer Innovationen auch tiefgreifende Veränderungen in der Medienstruktur abzeichneten. Sie beruhten im wesentlichen auf zwei technischen Komponenten: In der *Fernmeldetechnik* standen im Zuge der Ausbreitung von Koaxial-Kabelnetzen und der Entwicklung der optischen Nachrichtentechnik auf Glasfaserbasis einerseits, der Satellitentechnik andererseits neue Übertragungssysteme auch für Rundfunkzwecke zur Verfügung. Auf dem Gebiet der

Informationsverarbeitungs- und Speichertechnik führte die ständig fortschreitende Entwicklung der Halbleitertechnologie (Mikrochips) zu geradezu revolutionären Leistungssteigerungen. Als Folge zeichnet sich die schrittweise Ablösung analoger durch digitale Übertragungssysteme, auch im Bereich des Rundfunks, ab. Daneben wurden auch innerhalb der herkömmlichen Rundfunkübertragungssysteme durch die Erweiterung des UKW-Frequenzbands im Bereich 100 bis 108 MHz sowie die Neuverteilung terrestrischer Fernsehfrequenzen zusätzliche Übertragungsmöglichkeiten erschlossen.

Für die medienpolitische und -rechtliche Diskussion ergab sich daraus die Frage nach der Einordnung dieser neuen Übertragungsmöglichkeiten und Dienste in das etablierte Mediensystem von Presse und Rundfunk und ihre künftige Organisationsform (→ Medienpolitik). Im Mittelpunkt des Interesses standen dabei – neben der Nutzung der neuen terrestrischen Frequenzbereiche – insbesondere Kabel- und Satellitenrundfunk sowie → Bildschirmtext und Videotext.

Kabelrundfunk. Die Diskussion um die »Neuen Medien« wurde anfänglich vor allem von der Entwicklung der Kabeltechnologie bestimmt. Sie ermöglichte einerseits die Vermehrung des Programmangebots durch Weiterverbreitung drahtlos ausgestrahlter und empfangener bzw. über Satelliten oder Richtfunk herangeführter Fernseh- und Hörfunkprogramme, andererseits aber auch die Verbreitung neuer kabelgebundener Rundfunkprogramme (Kabelfernsehen, Kabelhörfunk). Umstritten war dabei nicht nur die Frage nach Bedarf und Organisation neuer Programme bzw. Dienste, sondern auch, ob die Verkabelung auf der Basis herkömmlicher Kupferkoaxialkabel oder der zukunftsträchtigeren, jedoch noch nicht ausgereiften optischen Nachrichtentechnik erfolgen sollte. Zur Untersuchung dieser Fragen berief die Bundesregierung 1974 die »Kommission für den Ausbau des technischen Kommunikationssystems« (KtK) und gab ihr den Auftrag, Vorschläge für ein »wirtschaftlich vernünftiges und gesellschaftlich wünschenswertes technisches Kommunikationssystem der Zukunft« auszuarbeiten. In ihrem 1976 vorgelegten »*Telekommunikationsbericht*« schlug die KtK zur Prüfung der Bedarfsfrage Kabelpilotprojekte vor. Auf der Basis dieser Empfehlungen einigten sich die Länder auf vier Kabelpilotprojekte, die in den Folgejahren in Ludwigshafen, München, Berlin und Dortmund durchgeführt wurden. Sie bildeten den Rahmen für die Erprobung neuer Programmformen (vor allem des lokalen Rundfunks) und neuer privatrechtlich-kommerzieller Organisationsformen (→ Landesmediengesetze).

Noch vor Abschluß dieser Projekte gab die Deutsche Bundespost nach dem Regierungswechsel 1982 ihre bis dahin abwartende Haltung auf (→ Medienpolitik) und entschied sich für eine offensive Verkabelungsstrategie, die auf eine möglichst flächendeckende Versorgung mit Koaxialkabelnetzen ausgerichtet war. Die Einführung optischer Nachrichtensysteme wurde erst längerfristig im Hinblick auf die Errichtung eines breitbandigen integrierten digitalen Fernmeldenetzes (ISDN) projektiert. Die heute üblichen Breitbandkabelnetze der Bundespost sind auf eine Übertragungskapazität von bis zu 35 Fernseh- und 30 UKW-Stereoprogrammen sowie 16 digitalen Tonprogrammen ausgelegt.

Trotz intensiver Anstrengungen der Bundespost bei der Verkabelung wuchs die Anschlußbereitschaft zunächst nur relativ langsam (Stand der Verkabelung 31. Dezember 1992: rd. 11 Mio Wohnungen = rd. 33 % aller Haushalte). Eigenständige Kabelrundfunkveranstaltungen sind bisher wirtschaftlich noch nicht tragfähig. Deswegen dienen die Kabelsysteme heute fast ausschließlich der Weiterverbreitung von drahtlos empfangenen bzw. herangeführten Rundfunkprogrammen. In dieser Funktion trug die Verkabelung wesentlich zur Entstehung und Ausbreitung des Satellitenfernsehens bei.

Nach übereinstimmendem Landesrundfunkrecht gehören die ortsüblich (d. h. auch mit normalen Individualantennen) empfangbaren Rundfunkprogramme zum Pflichtangebot in allen Kabelanlagen; ebenso alle über Rundfunk- oder Fernmeldesatelliten herangeführten und im Inland zugelassenen Rundfunkprogramme. Dagegen ist die Kabelverbreitung von herangeführten ausländischen Rundfunkprogrammen an bestimmte gesetzlich näher bestimmte Voraussetzungen gebunden.

SATELLITENRUNDFUNK. Eine wesentliche Bedeutung für die Übertragung von Fernseh- und Hörfunkprogrammen hat die Satellitentechnik erlangt. Abhängig von den technischen Leistungsmerkmalen sind drei verschiedene Satellitentypen zu unterscheiden, die als Kommunikationssatelliten jeweils in ca. 36 000 km geostationär im Orbit positioniert sind:

Fernmeldesatelliten: Sie verfügen nur über eine relativ geringe Sendeleistung (rd. 20 Watt pro Kanal), jedoch eine große Übertragungskapazität zu relativ niedrigen Kosten. Wegen der geringen Sendeleistung sind für den Empfang große und dementsprechend teure Antennen erforderlich. Die Errichtung von Einzelempfangsantennen wird von der DBP zwar grundsätzlich genehmigt, jedoch erfolgt der Empfang im Regelfall über Gemeinschaftsantennen in Verbindung mit Kabelnetzen. Fernmeldesatelliten können interkontinental (z. B. Intelsat-System), kontinental (z. B. ECS) oder auch national (wie z. B. in den Vereinigten Staaten) betrieben werden.

Direktempfangssatelliten: Sie sind auf maximal fünf Fernsehkanäle ausgelegt, die über eine relativ hohe Sendeleistung (rd. 200 Watt pro Kanal) zu dementsprechend hohen Kosten verfügen, dafür jedoch Individualempfang mit relativ kleinen Antennen ermöglichen. Diesem Typ entsprechen die in deutsch-französischer Gemeinschaftsarbeit entwickelten Satellitensysteme TDF und TV-SAT.

Medium-Power-Satelliten: Sie liegen in ihrer Sendeleistung zwischen Fernmelde- und Direktempfangssatelliten und verbinden daher die Vorteile relativ hoher Übertragungskapazität (16 Fernsehkanäle) und relativ niedrigen technischen Aufwands auf Empfangsseite. Diesem Typ, der sich inzwischen auf dem Markt durchgesetzt hat, entspricht das luxemburgische

ASTRA-System; ebenso der »Kopernikus«-Satellit der Deutschen Bundespost.

Jeder dieser Satellitentypen eignet sich sowohl zur Übertragung von Fernseh- wie von Hörfunkprogrammen, wobei der erforderliche Antennenaufwand für Hörfunk kleiner als für Fernsehen ist. Entsprechend den rundfunkrechtlichen Vorgaben der Bundesländer wird ein Fernsehkanal des »Kopernikus« für die Übertragung von 16 digitalen Hörfunkprogrammen (DSR) genutzt.

Die Fernmeldeverwaltungen der EU-Länder hatten sich im Jahre 1989 auf das MAC-System als einheitliche Fernseh-Satellitennorm verständigt. Es weist gegenüber den bestehenden Fernsehnormen PAL und SECAM deutlich verbesserte Leistungsmerkmale (höhere Bildqualität, mehr Tonkanäle) auf, ist jedoch mit diesen nicht kompatibel. Im Zusammenwirken zwischen Fernmeldeverwaltungen, Industrie und Rundfunkveranstaltern und unterstützt durch ein EG-Aktionsprogramm sollte die MAC-Norm auf dem Markt durchgesetzt und technisch fortentwickelt werden, um den Standard des »hochauflösenden Fernsehens« (HDTV) zu erreichen. HDTV ermöglicht eine dem Kinofilm vergleichbare Wiedergabequalität. In Verbindung mit der Umstellung vom gegenwärtigen 4:3-Bildschirmformat auf das 16:9-Format wäre damit eine echte Kompatibilität zwischen Film- und Fernsehproduktion erreichbar.

Bisher kommt das MAC-Verfahren in der einfachen Version der D2-MAC-Norm nur auf dem deutsch-französischen Fernsehsatellitensystem TV-SAT/TDF zur Anwendung. Die Arbeit an dem MAC-Programm wurde beendet, nachdem inzwischen neue digitale Verfahren der Fernsehübertragung vor der Einführung stehen. Sie ermöglichen eine wesentlich ökonomischere Nutzung der knappen Übertragungskapazitäten und tragen dem Bemühen um eine Integration der verschiedenen Rundfunk- und Fernmeldedienste in einem einheitlichen digitalen Übertragungssystem Rechnung. Dank neuartiger Verfahren der Signalkompression können über einen Satellitenkanal statt eines Programms in Analogtechnik künftig voraussichtlich bis zu 16 Fernsehprogramme in Digitaltechnik verbreitet werden. Mit der Einführung entsprechender Satellitensysteme ist bereits in naher Zukunft zu rechnen. Im Interesse des internationalen Kommunikationsflusses und größtmöglicher Wirtschaftlichkeit der Programmproduktion und des Programmaustauschs wäre die Verständigung auf eine einheitliche weltweite Fernsehnorm wünschenswert.

Im Bereich des Hörfunks sind Bemühungen um die Entwicklung eines Satellitensystems im Gange, das auch den mobilen Direktempfang ermöglicht. Voraussetzung hierfür ist die Definition eines geeigneten Frequenzbands im 1-GHz-Bereich, über die derzeit im Rahmen der Internationalen Fernmeldeunion beraten wird.

Elektronische Textübertragungssysteme. Neben der Übertragung von Ton- und Bewegtbildprogrammen wurden durch Verknüpfung von Fernmelde- und Speichersystemen auch neue Formen der elektronischen Textübertragung entwickelt. Dabei sind drei verschiedene Dienste zu unterscheiden:

Videotext (Fernsehtext): Einseitig gerichtete Übertragung von Textinformationen über die »Austastlücke« als Begleitsignal zum Fernsehbild.

Bildschirmtext: Interaktive Textübertragung über einen schmalbandigen Nachrichtenkanal (Fernsprechnetz) durch individuellen Abruf bei rechnergestützten Datenspeichern.

Kabeltext: Im Prinzip wie Bildschirmtext, jedoch erfolgt die Textübertragung über einen breitbandigen Kanal innerhalb eines Kabelfernsehnetzes; dadurch wird eine wesentlich größere Übertragungskapazität verfügbar.

TON- UND BEWEGTBILDDIENSTE AUF ABRUF ODER ZUGRIFF. Anstelle von schriftlichen Texten oder Standbildern gibt es theoretisch die Möglichkeit, auch Ton- oder Bewegtbildprogramme auf individuellen Abruf bzw. Bestellung des Teilnehmers (»pay on demand«) anzubieten. Die mit der Speicherung und Übertragung zusammenhängenden technischen Probleme sind allerdings vorerst noch zu komplex, um solche Dienste mit der heute verfügbaren Technologie bereits in größerem Maßstab anbieten zu können, was sich allerdings im Zuge der weiteren Entwicklung der Digitaltechnik rasch ändern kann.

Davon zu unterscheiden ist »Pay-TV« oder »pay-per-view« (Fernsehen gegen Kanalgebühr oder gegen Einzelabrechnung) als neuartige Finanzierungsform. Dabei wird das Fernsehprogramm technisch wie jedes andere »an die Allgemeinheit« ausgestrahlt, jedoch im Wege der Codierung nur für den hierzu berechtigten Teilnehmerkreis gegen besonderes Entgelt empfangbar gemacht.

NUTZUNG TERRESTRISCHER FREQUENZEN. Während für die Erweiterung des Fernsehprogrammangebots Kabel und Satellit von entscheidender Bedeutung waren, wurden die entsprechenden Voraussetzungen im Bereich des Hörfunks maßgeblich durch die Erweiterung des UKW-Frequenzbands geschaffen. Durch den auf der Internationalen Funkverwaltungskonferenz 1984 verabschiedeten »Genfer Wellenplan« wurde der für den UKW-Hörfunk nutzbare Frequenzbereich von bisher 87,5 bis 100 MHz auf 108 MHz erweitert und verteilt. Der Frequenzbereich 100–104 MHz ist seit 1. Juli 1987, der Bereich bis 108 MHz aufgrund des BALTIC III-Abkommens der europäischen Fernmeldeverwaltungen seit Mitte 1991 dem Rundfunk zur unbeschränkten Nutzung freigegeben. Die neuen Frequenzen ermöglichten die Verbreitung neuer öffentlich-rechtlicher wie privater Hörfunkprogramme. Dabei lag – entsprechend den unterschiedlichen landesgesetzlichen Vorgaben – in Bayern, Baden-Württemberg und Nordrhein-Westfalen das Schwergewicht auf der Einführung des lokalen Hörfunks, während in den übrigen Ländern die Verbreitung neuer landesweiter Programme im Vordergrund stand (→ Landesmediengesetze; → Rundfunkorganisationsrecht).

Ähnlich wie beim Fernsehen mit Videotext ist es auch beim Hörfunk möglich, nicht genutzte Übertragungskapazitäten innerhalb des jeweiligen Tonkanals für die Übertragung programmunabhängiger Datensignale zu verwenden. Im Bereich des UKW-Hörfunks wird diese Technik für ein europaweit standardisiertes Radio-Datensystem (RDS) genutzt, das insbesondere der Übertragung von Verkehrsinformationen sowie der Stations- und Programmspartenkennung dient.

Früher als im Fernsehen zeichnet sich im Hörfunk die Ablösung des bisherigen analogen durch ein digitales Übertragungsverfahren ab. Ausgelöst durch die erfolgreiche Einführung digitaler Tonträgersysteme, insbesondere der CD (Compact Disk), die die herkömmliche Schallplatte bereits weitgehend vom Markt verdrängt haben, wurde »Digital Audio Broadcasting« (DAB) als digitales Hörfunkübertragungsverfahren entwickelt. Es wird voraussichtlich in den nächsten Jahren, zunächst auf Experimentalbasis im Frequenzbereich des Fernsehkanals 12 (in einigen Gebieten auch der Fernsehkanäle 1–4), eingeführt.

Integrierte digitale Kommunikationssysteme. Die Digitaltechnik ermöglicht nicht nur mittels Datenkompression eine wesentliche Steigerung der Übertragungskapazitäten, sondern vor allem auch die Integration verschiedener Kommunikationsdienste (Fernsprech-, Daten-, Rundfunkdienste usw.) in ein einheitliches Übertragungssystem. Dies ermöglicht eine wesentlich wirtschaftlichere Nutzung der Hörfunk- und Fernsehnetze und wird in der weiteren Folge auch zur Entwicklung neuartiger Dienste führen, die Rundfunk mit Formen der Individualkommunikation verbinden (z.B. interaktive Lernprogramme oder Videospiele, Ferneinkaufs- und Fernbedienungssysteme u.ä.m.).

Rechtliche Grundlagen. Der Doppelcharakter elektronischer Nachrichtenübertragungssysteme als Fernmeldesysteme und Kommunikationssysteme spiegelt sich auf der rechtlichen Ebene in einer gegenseitigen Überlagerung von Fernmelderecht und Kommunikationsrecht wider.

Das Fernmeldeanlagengesetz von 1928 gibt der Deutschen Bundespost (abgesehen von einzelnen Sondernetzen) das alleinige Recht zur Errichtung und zum Betrieb von Fernmeldeanlagen (drahtlose oder drahtgebundene Sende-, Übertragungs- und Empfangseinrichtungen). Der Bundespost steht es allerdings frei, diese Befugnis im Einzelfall an Dritte weiter zu verleihen. Während sich die Bundespost die Errichtung von Sendernetzen zur drahtlosen Rundfunkübertragung und von Kabelfernsehnetzen im wesentlichen selbst vorbehält, hat sie die Genehmigung von individuellen Empfangsanlagen, auch für Satellitenempfang, weitgehend liberalisiert. Seine Grundlage findet das Fernmeldemonopol der Post in Art. 73 Ziff. 7 GG, der dem Bund die ausschließliche Gesetzgebungskompetenz über das Post- und Fernmeldewesen zuweist (→ Telekommunikationsrecht).

Die verfassungsrechtliche Grundnorm für die Nutzung neuer elektronischer Kommunikationstechniken bildet Art. 5 Abs. 1 GG. Soweit es sich um Anwendungsformen des *Rundfunks* handelt, sind gesetzliche Regelungen erforderlich, in denen »das zur Gewährleistung der Rundfunkfreiheit Wesentliche« (Organisationsform, Sicherung der Meinungsvielfalt und Programmgrundsätze, Finanzierung) näher bestimmt wird (BVerfGE 57, 295 ff.).

Die Länder sind dieser Aufgabe durch den Abschluß des Rundfunkstaatsvertrages vom 1./3. April 1987 (neue Fassung vom 31. August 1991) sowie die Verabschiedung einzelner Landesrundfunk- bzw. -mediengesetze nachgekommen. Sie haben sich darin nach mehrjährigem politischem Streit für die Einführung eines dualen Rundfunksystems entschieden, das neben dem öffentlich-rechtlichen Rundfunk auch private Rundfunkveranstaltungen zuläßt. Das Bundesverfassungsgericht hat diese politische Grundentscheidung für verfassungsrechtlich zulässig erachtet. Innerhalb des dualen Systems hat es unter den gegebenen Voraussetzungen dem öffentlich-rechtlichen Rundfunk die Aufgabe der »Grundversorgung« zugeordnet, deren Wahrnehmung es rechtfertige, an die Breite des Programmangebots und die Sicherung gleichgewichtiger Vielfalt im privaten Rundfunk geringere Anforderungen zu stellen (BVerfGE 73, 157 ff.).

Der Rundfunkstaatsvertrag und die neuen → Landesmediengesetze enthalten – in Verbindung mit den Gesetzen über die öffentlich-rechtlichen Rundfunkanstalten – eine abschließende Regelung für die Veranstaltung aller Arten von Hörfunk- und Fernsehprogrammen (sowohl der terrestrisch wie der über Kabel oder Satelliten verbreiteten), die Weiterverbreitung von Rundfunkprogrammen in Kabelanlagen sowie Videotext, deren Zuordnung zum Rundfunkbegriff unstrittig ist. Einige Länder nahmen in ihre Mediengesetze auch Regelungen über Kabeltext oder andere interaktive rundfunkähnliche Dienste auf (z. B. Ton- und Bewegtbilddienste auf Abruf oder Zugriff; vgl. etwa § 33 ff. baden-württembergisches Landesmediengesetz).

Für → *Bildschirmtext*, der einen Dienst der Deutschen Bundespost bildet, haben die Länder in ihrem Bildschirmtext-Staatsvertrag vom 18. März 1983 inhaltsbezogene Ordnungsregelungen erlassen.

Der *grenzüberschreitende Satellitenrundfunk* erfordert darüber hinaus auch Regelungen des internationalen Rechts. Dabei geht es zum einen um die fernmeldetechnische Frequenzbewirtschaftung, zum anderen um den Ausgleich zwischen den völkerrechtlichen Prinzipien des freien Informationsflusses einerseits, der nationalen Souveränität und Medienhoheit andererseits. Für Rundfunkdirektempfangssatelliten stellte die Internationale Fernmeldeunion auf der Funkverwaltungskonferenz (WARC) 1977 einen Verteilungsplan auf, der vom Grundsatz der nationalen Versorgung ausgeht und *jedem* Staat Orbitpositionen für die Stationierung von Satelliten und Frequenzen für jeweils fünf Fernsehkanäle, verbunden mit bestimmten Leistungsparametern, zuweist. Nachdem sich dieses Verteilungskonzept als wirtschaftlich und technisch unrealistisch erwiesen hat, planen die Fernmeldeverwaltungen der Staaten, denen die 19 Grad-West-Position zugeteilt worden war, auf dieser Position ein gemeinsames vielkanaliges System

(Europe-Sat) zu realisieren, daß die Satellitensysteme TV-Sat/TDF und Kopernikus ablösen soll. Ob sich dieses gegenüber dem ASTRA-System, zu dem es in Konkurrenz stünde, durchsetzen kann, erscheint allerdings fraglich. Bestrebungen im Rahmen der Vereinten Nationen, über die fernmelderechtlichen Bestimmungen hinausgehende völkerrechtliche Ordnungsprinzipien für Satellitenrundfunk aufzustellen, blieben bisher erfolglos. Aussichtsreicher sind demgegenüber Bemühungen um rundfunkrechtliche Rahmenregelungen auf europäischer Ebene, wobei allerdings zur Zeit noch umstritten ist, ob hierfür die Europäische Gemeinschaft oder der Europarat den geeigneteren Rahmen bieten. Ausgehend von ihrem Verständnis des Rundfunks als wirtschaftliche Dienstleistung hat die EG am 3. Oktober 1989 eine für die Mitgliedsstaaten verbindliche »Fernsehrichtlinie« verabschiedet. Demgegenüber wird u. a. von den deutschen Bundesländern unter dem Aspekt ihrer Kultur- und Rundfunkhoheit eine EG-Kompetenz bestritten und der Beitritt zur Konvention des Europarats für grenzüberschreitendes Fernsehen vom 5.5.1989 befürwortet (→ Internationale und supranationale Kommunikationsbeziehungen; → Europäisches Medienrecht).

DIETER STAMMLER

Literatur

Helmut Bauer/Claus Detjen/Frank Müller-Römer/Wolfgang Posewang: Die Neuen Medien. Ulm seit 1985 (*Loseblattsammlung*)

Klaus Brepohl: Lexikon der neuen Medien. Köln ³1989

Dietrich Ratzke: Handbuch der Neuen Medien. Stuttgart ²1984

Neue Heimat/Mietboykott-Beschluß → Bundesverfassungsgerichtsentscheidungen zum Medienrecht (27. Oktober 1987)

Neutralitätspflicht → Vertriebsrecht

Niederlande: Medienrecht → Medienrecht in den Staaten der EU

Niedersächsisches Landesrundfunkgesetz (Viertes Rundfunk)-Urteil → Bundesverfassungsgerichtsentscheidungen zum Medienrecht (4. November 1986)

Nordrhein-Westfälische Rundfunkgesetzgebung (Sechstes Rundfunk)-Urteil → Bundesverfassungsgerichtsentscheidungen zum Medienrecht (5. Februar 1991)

Nutzung → Urheberrecht

Nutzungsrechte → Filmrecht, → Urheberrecht

»Öffentliche Aufgabe« → Auskunftspflicht der Behörden, → Gerichtsberichterstattung, → Geschichte des Medienrechts, → Informationsfreiheit, → Medienpolitik, → Österreichisches Medienrecht, → Pressefreiheit, → Verantwortung des Journalisten

Öffentliche Meinung → Pressefreiheit, → Zensur

Öffentlichkeitsarbeit → staatliche Informationstätigkeit

(Erstes) Öffentlichkeitsarbeit-Urteil/(Zweiter) Öffentlichkeitsarbeit-Beschluß → Bundesverfassungsgerichtsentscheidungen zum Medienrecht (2. März 1977/23. Februar 1983)

Öffentlichkeitsprinzip → Auskunftspflicht der Behörden

Öffentlichkeitswert → Verantwortung des Journalisten

»öffentlich-rechtliche Zeitungsanstalt« → Konzentration

örtliches Zeitungsmonopol → Konzentration

Österreichisches Medienrecht. Das österreichische Medienrecht ist in seinem Kern im *Mediengesetz* (MedienG) des Jahres 1981 kodifiziert. Durch dieses Gesetz hat eine sich über viele Jahrzehnte hinziehende Presserechtsreform einen Abschluß gefunden. In ihr war es vor allem darum gegangen, die von zahlreichen obrigkeitsstaatlichen Relikten geprägte und in Einzelheiten obsolet gewordene Rechtslage der Presse an die gewandelten gesellschaftlichen Verhältnisse anzupassen und auch die übrigen Medien in ein einheitliches Regelungswerk einzubeziehen.

Für den Bereich des Rundfunks bildet das *Rundfunkgesetz* (RFG) die Rechtsgrundlage für die Tätigkeit der öffentlich-rechtlichen Rundfunkanstalt »ORF«. Für die nunmehr zugelassenen privaten Radiostationen gilt das *Regionalradiogesetz* (RRG). Auf den Rundfunk ebenfalls anwendbar sind ferner diejenigen Regelungen des MedienG, die wie die Bestimmungen über den Persönlichkeitsschutz, über die strafrechtliche Verantwortung der Medien und über den Entgegnungszwang für *alle* Medien gelten. Für das österreichische *Urheberrecht* ist die maßgebliche innerstaatliche Rechtsquelle das Urheberrechtsgesetz, dessen Stammfassung auf das Jahr 1936 zurückgeht und das in der Zwischenzeit mehrmals an die neueren Entwicklungen angepaßt wurde. Das allgemeine Arbeitsrecht wird für die Journalisten im *Journalistengesetz* teilweise modifiziert und durch die Regelungen über die »innere Presse- bzw. Rundfunkfreiheit« ergänzt, die sich im Rundfunkgesetz und Mediengesetz finden. Alle erwähnten Rechtsvorschriften sind Gesetze des Bundes, dem nach der bundesstaatlichen Zuständigkeitsverteilung alle wesentlichen Kompetenzen im Medienbereich zustehen (Nachweis dieser Rechtsquellen am Ende des Stichworts).

VERFASSUNGSRECHTLICHE GRUNDLAGEN. Meinungs- und Pressefreiheit sind verfassungsrechtlich in Art. 13 des *Staatsgrundgesetzes* vom 21. Dezember 1867 (RGBl 142) über die allgemeinen Rechte der Staatsbürger und im Beschluß der Provisorischen Nationalversammlung vom 30. Oktober 1918 (StGBl 3) garantiert. Danach ist jede (präventive) *Zensur* verfassungsrechtlich verboten und darf die Presse weder einem Konzessionszwang unterworfen noch dürfen Postverbote oder Einstellungen gegen Druckschriften verfügt werden. Im übrigen stehen diese Grundrechte unter einem formellen Gesetzesvorbehalt und können daher durch den einfachen Gesetzgeber beschränkt werden. Eine wesentliche Verstärkung des Grundrechtsschutzes der Medien brachte Art. 10 der *Europäischen Menschenrechtskonvention* (MRK), die in Österreich seit 1964 in Verfassungsrang in Geltung steht und unmittelbar anwendbar verfassungsgesetzliche Rechte gewährleistet, die vor den österreichischen Höchstgerichten und nach Ausschöpfung der innerstaatlichen Rechtsmittel vor den europäischen Instanzen (Europäischer Gerichtshof und Europäische Kommission für Menschenrechte) durchgesetzt werden können. Art. 10 MRK gewährleistet eine umfassende *Kommunikationsfreiheit* (Freiheit zur Äußerung und zum Empfang von Nachrichten oder Ideen) und läßt gesetzliche Eingriffe in diese Freiheiten nur zu, soweit sie in einer demokratischen Gesellschaft zur Erreichung eines legitimen Zieles auch tatsächlich »unentbehrlich« sind. In der jüngeren Praxis des österreichischen Verfassungsgerichtshofes kommt dieser Bestimmung eine zunehmend größere Bedeutung zu; Anstöße zu einer liberaleren Handhabung des Beleidigungsrechts sind aber auch vom Europäischen Gerichtshof für Menschenrechte ausgegangen. Die in Art. 10 MRK verankerte *Informationsfreiheit* wurde 1987 durch eine verfassungsrechtliche Auskunftspflicht ergänzt (Art. 20 Abs. 4 B-VG), durch welche alle Behörden verpflichtet werden, nach Maßgabe besonderer Auskunftspflichtgesetze jedermann Auskünfte über alle Angelegenheiten ihres Wirkungsbereiches zu erteilen, soweit dem eine gesetzliche Verschwiegenheitspflicht nicht entgegensteht. Ebenfalls in Art. 10 MRK verfassungsrechtlich garantiert ist die Freiheit des Rundfunks, der allerdings bereits nach der Konvention sowie nach dem innerstaatlichen Bundesverfassungsgesetz über die Sicherung der Unabhängigkeit des Rundfunks (BVG-Rundfunk) einem verfassungsrechtlichen Sonderstatus unterstellt ist.

PRESSEORDNUNGSRECHT. Das MedienG respektiert die verfassungsrechtlich garantierte Freiheit zur ungehinderten Herausgabe von Druckwerken und verpflichtet die mit der Herstellung und Verbreitung von Druckwerken befaßten Personen lediglich zur Beachtung bestimmter *Ordnungsvorschriften*. Dazu gehören die Impressumspflicht (§ 24 MedienG), die Pflicht zur Ablieferung von Freistücken an begünstigte öffentliche Bibliotheken (§ 43 MedienG) und die Verpflichtung zur Veröffentlichung behördlicher Aufrufe und Anordnungen in Krisen- und Katastrophenfällen sowie zur Veröffentlichung gerichtlicher Entscheidungen, jeweils gegen Vergütung des üblichen Einschaltungsentgelts (§ 46 MedienG). Um die mitunter undurchsichtigen Eigentumsverhältnisse und Verflechtungen auf den Pressemärkten aufzudecken, sieht das Gesetz vor, daß die periodischen Medien jährlich einmal die Eigentumsverhältnisse und medienunternehmerischen Verflechtungen offenzulegen haben (§ 25 MedienG), wobei aber die nähere Ausgestaltung dieser Pflicht Raum läßt für gesellschaftsrechtliche Gestaltungen, die sich der Offenlegung entziehen. Ebenfalls jährlich zu veröffentlichen ist eine »Erklärung über die grundlegende Richtung des periodischen Mediums«, durch die die Leser über die Blattlinie informiert werden sollen und die auch im Zusammenhang mit dem redaktionellen Weigerungsrecht relevant werden kann. Entgeltliche Ankündigungen (Anzeigen oder PR-Beiträge) müssen in periodischen Medien als solche eindeutig kenntlich gemacht werden (§ 26 MedienG). Schließlich unterwirft das MedienG auch noch die Verbreitung von Druckschriften bestimmten Beschränkungen (Hausierverbot, Beschränkung des Vertriebs durch Jugendliche, Preisauszeichnungspflicht, Plakatierungsvorschriften) (§ 47 ff. MedienG); es stellt zugleich aber auch sicher, daß die Verbreitung von Zeitungen auf der Straße im Rahmen des Gemeingebrauchs frei zulässig ist. Die Medien ausländischer Medienunternehmen sowie gewisse andere privilegierte Medien (amtliche Medien, Medien fremder Staaten, Medien ohne eigenständige publizistische Funktion) sind von diesen Ordnungsvorschriften ausgenommen (§ 50 MedienG).

RUNDFUNKRECHT. Das *Bundesverfassungsgesetz über die Sicherung der Unabhängigkeit des Rundfunks* erklärt Rundfunk zu einer öffentlichen Aufgabe und legt in der Form eines sogenannten Rundfunkvorbehalts fest, daß Hörfunk und Fernsehen nur auf der Grundlage einer entsprechenden Ermächtigung durch den Bundesgesetzgeber veranstaltet werden dürfen, wobei der Gesetzgeber die Einhaltung gewisser Organisations- und Programmgrundsätze sicherzustellen hat (Objektivität und Unparteilichkeit der Berichterstattung, Berücksichtigung der Meinungsvielfalt, Ausgewogenheit der Programme, Unabhängigkeit der Personen und Organe, die mit der Besorgung von Rundfunk betraut sind). Da der Gesetzgeber im Rundfunkgesetz (RFG) bis 1993 nur die öffentlich-rechtliche Anstalt *»Österreichischer Rundfunk«* (ORF) zur Veranstaltung von Rundfunk ermächtigt hatte, kam dieser Anstalt ein rechtliches Monopol für die Ausstrahlung von Hörfunk- und Fernsehprogrammen im Inland zu. Die Verfassungsmäßigkeit dieser Rechtslage war vor allem im Hinblick auf die in Art. 10 MRK gewährleistete Rundfunkfreiheit umstritten. Der österreichische Verfassungsgerichtshof hatte bislang nicht die Gelegenheit, zu dieser Frage Stellung zu nehmen. Dagegen hat der Europäische Gerichtshof für Menschenrechte Ende 1993 entschieden, daß das Sendemonopol des ORF der in Art. 10 MRK garantierten Meinungsfreiheit widerspricht: Für die Aufrechterhaltung eines solchen Monopols müsse es einen dringenden Bedarf geben; dies sei in Österreich nicht der Fall, so daß der Eingriff in die Meinungsfreiheit »unverhältnismäßig« und »in einer demokratischen Gesellschaft nicht notwendig« sei.

Durch das mit 1. Januar 1994 in Kraft getretene *Regionalradiogesetz* sind nunmehr die gesetzlichen Voraussetzungen für einen privaten Hörfunk geschaffen worden. Privates Fernsehen ist nach der geltenden Rechtslage weiterhin nicht möglich; eine der erwähnten Entscheidung des Europäischen Gerichtshofs auch in diesem Punkt Rechnung tragende Gesetzgebung wurde aber angekündigt.

Das *Rundfunkgesetz* (RFG) selbst ist ein Sonderrecht für den ORF, in dem die Organisation dieser Anstalt, ihr Programmauftrag und die Programmgrundsätze näher ausgeformt sind und in dem die staatliche Rundfunkaufsicht verankert ist. Dabei sollen die Unabhängigkeit des Rundfunks und die Objektivität, Pluralität und Ausgewogenheit seiner Programme auf der Ebene des Organisationsrechts durch eine binnenpluralistische Repräsentation der gesellschaftlichen Kräfte in den Leitungsgremien, durch Unabhängigkeitsgarantien für die Programmverantwortlichen und durch die Anerkennung einer fachlichen Autonomie der programmgestaltenden Rundfunkmitarbeiter nach dem Konzept einer »inneren Rundfunkfreiheit« gewährleistet werden. Zentrales Leitungsgremium des ORF ist das aus Vertretern der politischen Parteien, der Bundesregierung, der Bundesländer, der Hörer- und Sehervertretung und der Belegschaft des ORF zusammengesetzte Kuratorium, das den Generalintendanten des Unternehmens bestellt sowie die zentralen Unternehmensplanungen und die Programmrichtlinien zu genehmigen hat. In der Praxis führt der gesetzliche Bestellmodus dazu, daß den Kuratoriumsmitgliedern, die der (den) Regierungspartei(en) zuzurechnen sind, eine relativ gesicherte Mehrheit zukommt. Die Bewahrung tatsächlicher Unabhängigkeit vom politischen System ist in dieser Situation daher immer wieder eine neue Herausforderung. Weitere gesellschaftliche Gruppen haben die Möglichkeit, in einer Hörer- und Sehervertretung überwiegend beratend auf die Programmgestaltung und Geschäftspolitik Einfluß zu nehmen. Die eigentliche Geschäftsführung des Unternehmens ist dem Generalintendanten anvertraut, dessen Handlungsspielraum aber durch die Bindung an Empfehlungen des Kuratoriums und die eigenverantwortlichen Zuständigkeitsbereiche der programmverantwortlichen Intendanten (Hörfunkintendant, Informationsintendant – Fernsehen, Programmintendant – Fernsehen) eingeschränkt ist.

Der Umfang der vom ORF anzubietenden *Programme* und die Grundsätze der Programmgestaltung sind gesetzlich vorgegeben und in Programmrichtlinien näher ausgeformt. Bis zu 1 % seiner Sendezeit hat der ORF an die im Nationalrat vertretenen Parteien und Interessenvertretungen für sogenannte Belangsendungen zur Verfügung zu stellen. Die Werbezeiten für kommerzielle Werbung sind gesetzlich beschränkt (im Fernsehen 20 min tägl., im Hörfunk 120 min tägl.); eine stufenweise Anhebung der Werbezeiten (im Fernsehen bis zu 5 % der Sendezeit pro Programm ab dem Jahr 2001) ist in der jüngsten Novelle zum RFG vorgesehen, die auch ansonsten der Fernsehrichtlinie der EU Rechnung trägt.

Als Organ der *Staatsaufsicht* über den ORF ist die Kommission zur Wahrung des Rundfunkgesetzes eingerichtet, die eine unter Beiziehung von Richtern gebildete kollegiale und unabhängige Verwaltungsbehörde des Bundes ist. Die Kommission kann von Einzelpersonen sowie von organisierten Gruppen angerufen werden. Sie ist ferner dazu berufen, über Anträge des Bundes, eines Bundeslandes, der Hörer- und Sehervertretung oder des Kuratoriums zu entscheiden, wenn eine Verletzung des RFG geltend gemacht wird. Die bisherige Praxis der verhältnismäßig häufig angerufenen Rundfunkkommission hat ihre sachlichen Schwerpunkte im Bereich umstrittener Personalentscheidungen, bei der Überprüfung der Gesetzeskonformität von internen Organisationsmaßnahmen und vor allem bei der Überwachung des Programms nach Maßgabe der gesetzlichen Programmdirektiven (Objektivität, Unparteilichkeit, Pluralität).

Nicht unter den Rundfunkvorbehalt fällt nach der herrschenden Staatspraxis die bloße Weiterverteilung in- und ausländischer Programme über die bestehenden *Kabelnetze*, durch die ein verhältnismäßig großer Teil der Österreicher zahlreiche weitere ausländische Programme empfangen kann. Zulässig ist jedoch nur die »integrale«, d. h. zeitgleiche und unveränderte, Weiterleitung dieser Programme, die unter diesen Bedingungen keiner spezifisch rundfunkrechtlichen Reglementierung, sondern nur den fernmelderechtlichen Vorschriften über den Betrieb von Gemeinschaftsantennenanlagen unterliegen.

Das Regionalradiogesetz sieht vor, daß vom 1. Januar 1994 an Lizenzen für regionale oder lokale Hörfunkprogramme nach Maßgabe der freien Frequenzen an private Programmveranstalter vergeben werden können. Zulassungsbehörde ist eine beim Bundeskanzleramt eingerichtete weisungsfreie Kollegialbehörde, in der auch die politischen Parteien vertreten sind. Die Beteiligung von Zeitungsinhabern unterliegt restriktiven Bedingungen.

MEDIENSTRAFRECHT. Die strafrechtliche Verantwortlichkeit für die in Medien begangenen Delikte bestimmt sich grundsätzlich nach den allgemeinen Strafgesetzen. Besondere Straftatbestände für die Medien gibt es heute nicht mehr, nachdem das MedienG die zuvor noch mit gerichtlicher Strafe bedrohten Presseordnungsdelikte »entkriminalisiert« und ihre Verfolgung den Verwaltungsbehörden übertragen hat. Das MedienG enthält allerdings in einem eigenen Abschnitt einzelne strafrechtliche Bestimmungen, die bei *Medieninhaltsdelikten* zur Anwendung kommen, vor allem Strafrechtsfolgen eigener Art und verfahrensrechtliche Abweichungen. Verantwortlich für Mediendelikte ist grundsätzlich der Verfasser als unmittelbarer Täter, allenfalls weitere Personen als Anstifter oder Gehilfen, wenn sie einen Tatbeitrag geleistet haben. Eine Haftung bestimmter Personen für die nur fahrlässige Vernachlässigung der Pflicht, eine Veröffentlichung von strafbaren Inhalten freizuhalten, gibt es dagegen nicht mehr, nachdem das MedienG die Rechtsfigur des »verantwortlichen Redakteurs« beseitigt hat. Für die Durchführung der *Strafverfahren in Mediensachen* ist eine Konzentration der Zuständigkeit bei Mediengerichten, das sind die in den Landeshauptstädten und in einigen anderen größeren Städten bestehenden Landesgerichte, vorgesehen (§ 41 MedienG). Die Ermächtigung zur Urteilsveröffentlichung und Einziehung von noch zur Verbreitung bestimmten Medienstücken wegen eines Medieninhaltsdelikts, ferner die Mithaftung des Medieninhabers für die verhängten Geldstrafen und Kosten des Strafverfahrens sowie die besonderen Vorschriften über die medienrechtliche Verjährung (kürzere Verjährungsfristen) sind weitere verfahrensrechtliche Besonderheiten (§ 32 ff. MedienG). Die bis 1981 vorgesehene *Beschlagnahme* von Medien durch die Polizei oder den Staatsanwalt wurde durch das MedienG beseitigt, das die Anordnung der Beschlagnahme nunmehr ausschließlich in die Hand des unabhängigen Richters gelegt hat. Eine Beschlagnahme ist nur bei entsprechendem Tatverdacht zulässig, wobei zwingend eine Interessenabwägung zwischen dem Rechtsschutzinteresse und den Nachteilen der Beschlagnahme anzustellen ist (§ 36 MedienG). Die Beschlagnahme ist jedenfalls unzulässig, wenn bereits durch die Veröffentlichung einer Mitteilung über die Tatsache, daß ein Verfahren eingeleitet wurde, dem Rechtsschutzinteresse Genüge getan werden kann. Derartige Mitteilungen haben in der Praxis große Bedeutung erlangt und sich als ein geeignetes Mittel erwiesen, die scharfe Waffe der Beschlagnahme auf tatsächlich unerläßliche Fälle zu beschränken. Ist die Verfolgung oder Verurteilung des Täters aus irgendwelchen Gründen (Anonymität, Flucht, Immunität usw.) nicht möglich oder wird darauf verzichtet, kann gegen ein Medium ein sogenanntes *selbständiges Verfahren* eingeleitet werden, in dem auf vorläufige Beschlagnahme und nach Vorliegen des endgültigen Urteils auf Einziehung und Urteilsveröffentlichung erkannt werden kann.

Dem Schutz der Medien dienen schließlich noch die Bestimmungen über das *Redaktionsgeheimnis*, das durch das MedienG in einer dem deutschen Recht vergleichbaren Weise ausgebaut wurde (§ 31 MedienG). Vorgesehen ist ein Recht auf Aussageverweigerung, das nicht nur den Journalisten, sondern auch allen anderen Personen, die mit der Herstellung oder dem Vertrieb von Medien berufsmäßig befaßt sind, eingeräumt ist. Diese Personen haben das Recht, als Zeugen die Beantwortung von Fragen zu verweigern, die die Person eines Verfassers (Einsenders, Gewährsmannes) oder den Inhalt von Mitteilungen betreffen, die einem Journalisten zugegangen sind. Ergänzt wird dieses Zeugnisverweigerungsrecht durch ein Beschlagnahmeverbot und das Verbot sonstiger Maßnahmen (z. B. Hausdurchsuchungen), durch die das → Zeugnisverweigerungsrecht umgangen werden könnte.

PERSÖNLICHKEITSSCHUTZ. Trotz der zunehmend größer werdenden Bedeutung des zivilrechtlichen Persönlichkeitsschutzes liegt das praktische Schwergewicht des Schutzes vor publizistischen Ehrangriffen in Österreich immer noch beim *Strafrecht*. Seit 1981 werden allerdings die strafrechtlichen Regelungen durch die zivilrechtlichen Entschädigungsansprüche nach dem MedienG ergänzt, die auch gewisse Lücken im Bereich des Persönlichkeitsschutzes geschlossen haben.

Zentraler Tatbestand im System der strafrechtlichen Ehrenschutzbestimmungen ist das Delikt der üblen Nachrede (§ 111 StGB). Hier hat das

MedienG die strafrechtliche Verantwortlichkeit der Medien herabgesetzt, weil anders als nach allgemeinem Strafrecht nicht nur der gelungene Wahrheitsbeweis, sondern bereits der *Beweis der Erfüllung der journalistischen Sorgfalt* zur Straffreiheit führt (§ 29 MedienG). Zum Tragen kommt dieser Strafbefreiungsgrund allerdings nur, wenn der Journalist über eine im überwiegenden Interesse der Öffentlichkeit liegende Angelegenheit unter Aufwendung der gebotenen beruflichen Sorgfalt berichtet hat. Eine Entlastung durch den Sorgfaltsbeweis kommt nur bei Tatsachenbehauptungen, nicht aber bei der Verbreitung diffamierender Werturteile in Betracht. Daß aber auch hier ein entsprechender Freiraum gewährleistet sein muß, hat der Europäische Gerichtshof für Menschenrechte in seinen Entscheidungen zu den Fällen Lingens, Oberschlick und Schwabe klargestellt, in denen unterstrichen wurde, daß die Freiheit der Presse auch die Freiheit zu sanktionslosen Werturteilen umschließt; die Auffassung der österreichischen Gerichte, daß bei kritischen Werturteilen nur der »Wahrheitsbeweis« zur Straffreiheit führe, wurde gleichzeitig für nicht mit der Menschenrechtskonvention vereinbar erklärt.

Ist in einem Medium der objektive Tatbestand einer üblen Nachrede (Verspottung, Verleumdung) erfüllt, kann der Verletzte gegenüber dem Medieninhaber (Verleger) als Ausgleich für die erlittene Kränkung einen vom Verschulden unabhängigen Anspruch auf *Entschädigung* geltend machen (§ 6 MedienG). Der Anspruch ist in seiner Höhe ziffernmäßig begrenzt (seit der Novelle 1992 500000 bzw. 200000 öS); er kann entweder im strafrechtlichen Beleidigungsprozeß oder durch selbständigen Antrag durchgesetzt werden. Ein gleichartiger Anspruch ist auch eingeräumt, wenn in einem Medium der höchstpersönliche Lebensbereich eines Menschen in einer Weise erörtert oder dargestellt wurde, die geeignet ist, ihn in der Öffentlichkeit bloßzustellen (§ 7 MedienG). Mit diesem Tatbestand hat das MedienG erstmals eine ausdrücklich auf das selbständige Schutzgut der Privatsphäre abgestellte Regelung geschaffen. Durch die Mediengesetznovelle 1992 wurde – nach langen Diskussionen – auch der Persönlichkeitsschutz jener Menschen ausgebaut, die als Opfer oder Tatverdächtige in eine strafbare Handlung verwickelt waren. Nach § 7a MedienG ist den Medien nun eine identifizierende Berichterstattung über Straftaten untersagt, wenn dadurch schutzwürdige Interessen der Betroffenen verletzt werden, ohne daß ein überwiegendes Interesse an der Veröffentlichung bestanden hat. § 7b MedienG dient dem Schutz der Unschuldsvermutung und gewährt einen Entschädigungsanspruch, wenn ein Tatverdächtiger vor dem Strafurteil 1. Instanz als überführt oder schuldig hingestellt oder als Täter bezeichnet wird. Beide Tatbestände erlauben eine Berichterstattung in gewissen mehr oder weniger eng umschriebenen Ausnahmefällen.

Weitere *Tatbestände des Persönlichkeitsschutzes* sind noch das Recht am eigenen Bild (§ 78 Urheberrechtsgesetz) und die besonderen Persönlichkeitsrechte auf Schutz der Privatsphäre und auf Namensanonymität, welche die jüngere Rechtsprechung nunmehr aus dem allgemeinen Persönlichkeitsrecht des § 16 ABGB ableitet. Das allgemeine Persönlichkeitsrecht ist auch der Ansatz für den Schutz von Unternehmen vor diffamierender oder pauschal abwertender Kritik. Die jüngere Rechtsprechung gibt diesem Anspruch relativ breiten Raum, was dazu geführt hat, daß der Kritik mitunter allzu enge Grenzen gesetzt wurden.

ENTGEGNUNGSRECHT. Periodische Medien einschließlich des Rundfunks unterliegen dem im MedienG (§ 9 ff.) geregelten Entgegnungszwang, der seit der Mediengesetznovelle 1992 als Pflicht zur *Gegendarstellung* bezeichnet wird. Einer Gegendarstellung zugänglich sind ausschließlich Tatsachenmitteilungen; ausdrücklich ausgenommen sind u. a. kommerzielle Anzeigen, die Parlamentsberichterstattung, bereits redaktionell berichtigte Beiträge. In Abkehr vom früher geltenden »formellen Prinzip«, d. h. der Verpflichtung der Presse, Gegendarstellungen ohne Rücksicht auf ihren Wahrheitsgehalt zu veröffentlichen, hat das MedienG den Gegendarstellungsanspruch prinzipiell auf wahre Gegendarstellungen beschränkt, wobei die notwendig gewordene Wahrheitsprüfung im Streitfall einem beschleunigten Verfahren übertragen ist. Gelingt es dem Medieninhaber (Verleger) als Antragsgegner nicht, in diesem Verfahren innerhalb kurzer Zeit den Beweis der Unwahrheit der begehrten Gegendarstellung zu erbringen, ist sie vorläufig zu veröffentlichen. Die Veröffentlichung einer vom Gericht angeordneten Gegendarstellung kann durch Geldbußen durchgesetzt werden. Ergibt sich im fortgesetzten Verfahren umgekehrt die Unwahrheit einer veröffentlichten Gegendarstellung, werden dem Gegendarstellungswerber die Verfahrenskosten und ein angemessenes Einschaltungsentgelt aufgetragen.

Dem Gegendarstellungsanspruch nachgebildet wurde der Anspruch auf Veröffentlichung einer nachträglichen Mitteilung über den Ausgang eines Strafverfahrens (§ 10 MedienG), der eine gewisse Rehabilitierung eines öffentlich Verdächtigten ermöglichen soll. Nach dieser Regelung kann eine Person, über die in einem periodischen Medium berichtet worden ist, sie sei einer gerichtlich strafbaren Handlung verdächtig oder gegen sie sei ein Strafverfahren eingeleitet worden, eine »korrespondierende Mitteilung« über die Verfahrenseinstellung oder den Freispruch verlangen. Der Anspruch besteht, wenn der Staatsanwalt die Anzeige zurücklegt oder das Strafverfahren auf andere Weise als durch ein verurteilendes Erkenntnis beendet worden ist. Praktische Bedeutung hat dieser Anspruch allerdings nicht erlangen können.

JOURNALISTISCHER ÜERZEUGUNGSSCHUTZ UND »INNERE PRESSEFREIHEIT«. Um den für eine verantwortliche journalistische Arbeit notwendigen geistigen Freiraum zu sichern, sieht § 2 MedienG ein gesetzliches *Weigerungsrecht* vor. Danach hat jeder Medienmitarbeiter das Recht, seine Mitarbeit an der inhaltlichen Gestaltung von Beiträgen oder Darbietungen zu verweigern, die seiner Überzeugung in grundsätzlichen Fragen oder den Grundsätzen des journalistischen Berufes widersprechen. Aus einer gerechtfertigten Weigerung darf ihm kein Nachteil erwachsen. Berechtigt ist eine Weigerung freilich nur, wenn es sich nicht um die »technisch-redaktionelle Bearbeitung« von Beiträgen handelt und wenn die geltend gemachten Gesinnungsgründe nicht der veröffentlichten Blattlinie widersprechen. Ebenfalls dem Schutz der individuellen journalistischen Arbeit dient die Regelung des § 3 MedienG über den Schutz namentlich gekennzeichneter Beiträge, die vorschreibt, daß ein namentlich gekennzeichneter Artikel grundsätzlich nur in der vom Verfasser genehmigten Fassung veröffentlicht werden darf. Weitergehende rechtspolitische Bestrebungen zur Einführung einer »inneren Pressefreiheit«, die bei den Beratungen des MedienG eine große Rolle gespielt haben, ließen sich politisch nicht durchsetzen. Dies galt vor allem für die Verpflichtung zum Abschluß von Redaktionsstatuten, so daß sich das MedienG letztlich mit einer gesetzlichen Verankerung »freiwilliger« Redaktionsstatute begnügen mußte (§ 5 MedienG). Das Zustandekommen eines solchen Redaktionsstatuts, das nach dem Gesetz die Zusammenarbeit in publizistischen Angelegenheiten regeln soll, setzt daher voraus, daß zwischen dem Medieneigentümer und der Redaktionsvertretung Konsens über die zu treffenden Regelungen besteht.

Nach den Bestimmungen des *Arbeitsverfassungsgesetzes* unterliegen auch Medienunternehmen grundsätzlich der betrieblichen Mitbestimmung. Doch sind die Befugnisse des Betriebsrates in Medienunternehmen durch eine ausdrückliche Tendenzschutzklausel eingeschränkt (§ 132 Abs. 2 Arbeitsverfassungsgesetz): Nach dieser Bestimmung ist die Mitbestimmung in Unternehmen und Betrieben, die unmittelbar Zwecken der Berichterstattung und Meinungsäußerung dienen, eingeschränkt, soweit diese Mitbestimmung im Einzelfalle die politische Richtung des Massenmediums beeinflussen würde (»relativer Tendenzschutz«). Wenn aber ein Medienunternehmen über die publizistische Zwecksetzung hinausgehend unmittelbar einem besonderen politischen, koalitionspolitischen, konfessionellen, wissenschaftlichen, erzieherischen oder karitativen Zweck dient, sind die Mitwirkungsrechte in wirtschaftlichen Angelegenheiten jedenfalls ausgeschlossen (»absoluter Tendenzschutz«).

Presseförderung und Fusionskontrolle. Um dem auch international gesehen überaus hohen Konzentrationsgrad der österreichischen Tagespresse entgegenzuwirken, besteht in Österreich ein ausgebautes System staatlicher Presseförderung. Neben der Förderung durch die Bundesländer und die Gemeinden, die im rechtsfreien Raum erfolgt, fördert der Bund auf gesetzlicher Grundlage Zeitungen und Zeitschriften. Die gesetzlichen Förderungskriterien haben im Ergebnis dazu geführt, daß zuletzt alle bestehenden Tageszeitungen in den Genuß des gleichen, gesetzlich fixierten Höchstförderungsbetrages kamen. Diese unterschiedslose Förderung, welche die ohnedies lebensfähigen auflagenstarken Zeitungen zusätzlich begünstigt hat, ohne den tatsächlich notleidenden kleineren Zeitungen wirklich zu helfen, wird überwiegend als wenig sinnvoll angesehen. Sie wurde daher durch eine »besondere Förderung zur Erhaltung der Medienvielfalt« ergänzt, die auflagenschwachen Zeitungen mit besonderer publizistischer Bedeutung zukommt. Auch sie hat im Ergebnis den Prozeß der Auflagenkonzentration nur verlangsamt und die wirtschaftliche Krisensituation vor allem der kleineren Zeitungen nicht behoben. Weitere Maßnahmen zur Konzentrationsbekämpfung haben in der österreichischen Diskussion bis vor kurzem keine Rolle gespielt. Erst die Verflechtung zwischen den beiden größten Tageszeitungen des Landes (»Kurier« und »Kronen-Zeitung«), die durch Beteiligungen einer deutschen Verlagsgruppe (WAZ-Gruppe) bewerkstelligt wurde, hat dieses Versäumnis bewußt werden lassen. Durch die *Kartellgesetznovelle 1993* werden nunmehr Medienzusammenschlüsse einer medienspezifischen Fusionskontrolle unterworfen. Sie sind ab bestimmten Aufgriffsgrenzen anmeldepflichtig und können vom Kartellgericht untersagt werden, wenn durch den Zusammenschluß eine marktbeherrschende Stellung entsteht oder verstärkt wird oder die Medienvielfalt beeinträchtigt wird.

WALTER BERKA

Rechtsgrundlagen

Bundesgesetz vom 12. Juni 1981 über die Presse und andere publizistische Medien (MedienG), BGBl 1981/314, zuletzt geändert durch BGBl 1993/91

Bundesgesetz vom 10. Juli 1974 über die Sicherung der Unabhängigkeit des Rundfunks, BGBl 1974/396

Bundesgesetz über die Aufgaben und die Einrichtung des Österreichischen Rundfunks (Rundfunkgesetz – RFG), BGBl 1984/379, zuletzt geändert durch BGBl 1993/505

Bundesgesetz, mit dem Regelungen über regionalen und lokalen Hörfunk erlassen werden (Regionalradiogesetz – RRG), BGBl 1993/506

Bundesgesetz vom 19. April 1936 über das Urheberrecht an Werken der Literatur und der Kunst und über verwandte Schutzrechte, BGBl 1936/111, zuletzt geändert durch BGBl 1993/93

Journalistengesetz vom 11. Februar 1920, StGBl 1920/88, zuletzt geändert durch BGBl 1983/81

Presseförderungsgesetz 1985, BGBl 1985/228, zuletzt geändert durch BGBl 1992/865

Bundesgesetz über die Förderung politischer Bildungsarbeit und Publizistik 1984, BGBl 1984/369, zuletzt geändert durch BGBl 1991/239

Bundesgesetz vom 19. Oktober 1988 über Kartelle und andere Wettbewerbsbeschränkungen (Kartellgesetz 1988 – KartG 1988), BGBl 1988/600, zuletzt geändert durch BGBl 1993/693

Literatur

Walter Berka: Das Recht der Massenmedien. Ein Lehr- und Handbuch für Studium und Praxis. Wien, Köln und Graz 1989 (*Gesamtdarstellung des österreichischen Medienrechts unter Einbeziehung aller für die Praxis wichtigen Rechtsgebiete*)

Walter Berka: Rundfunkmonopol auf dem Prüfstand. Die Freiheit und öffentliche Verantwortung des Rundfunks in Österreich. Wien 1988 (*Darstellung der Grundzüge des österreichischen Rundfunkverfassungsrechts*)

Walter Berka: Die Kommunikationsfreiheit. In: Machacek/Pahr/Stadler (Hrsg.): 40 Jahre EMRK. Grund- und Menschenrechte in Österreich, Bd. II. Kehl, Straßburg und Arlington 1992, S. 393–459 *(Überblick über die Meinungs-, Medien- und Informationsfreiheit nach dem Staatsgrundgesetz und der Menschenrechtskonvention)*
Rudolf Hartmann/Sepp Rieder: Kommentar zum Mediengesetz. Wien 1985 (*Standardkommentar zum Mediengesetz*)
Gerhard Hager: Persönlichkeitsschutz im Straf- und Medienrecht. Wien 1991
Michael Holoubek: Rundfunkfreiheit und Rundfunkmonopol. Wien 1990
Gottfried Korn/Johannes Neumayer: Persönlichkeitsschutz im Zivil- und Wettbewerbsrecht. Wien 1991
Massenmedien in Österreich – Medienbericht II (1976–1982), Medienbericht III (1983–1986) und Medienbericht IV (1986–1992), hrsg. vom Institut für Publizistik und Kommunikationswissenschaft der Universität Salzburg. Wien 1983, 1986 und 1993 (*faktenreicher Gesamtüberblick über die österreichische Medienlandschaft einschließlich der medienrechtlichen und medienpolitischen Entwicklungen*)
Paul Twaroch/Wolfgang Buchner: Rundfunkrecht in Österreich. Wien [3]1985 (*Standardkommentar zum Rundfunkrecht*)
Heinz Wittmann: Rundfunkfreiheit. Wien und New York 1981 (*umfassende Darstellung der verfassungsrechtlichen Rundfunkfreiheit und ihrer Verwirklichung im einfachen Rundfunkrecht*)
Heinz Wittmann: Einführung in das Medienrecht. Wien 1981 (*Einführung in die wichtigsten Bestimmungen des Mediengesetzes*)

Offener Kanal → Landesmediengesetze

Offenlegung der Besitz- und Beteiligungsverhältnisse → Konzentration, → Pressegesetze, → Presseordnungsrecht

Offertenblätter → Anzeigenblätter

Parlamentsberichte → Gerichtsberichterstattung

Parteienwerbung im Rundfunk → Annahmepflicht von Anzeigen und Werbesendungen

Pauschalisten → Arbeitsrecht der Medien

Pay-TV → Internationale und supranationale Kommunikationsbeziehungen, → Neue elektronische Kommunikationstechniken, → Wettbewerbsrecht

Pensionskasse für freie Mitarbeiter → Arbeitsrecht der Medien, → Soziale Sicherung der Journalisten

Persönlichkeitsrecht → Persönlichkeitsschutz

Persönlichkeitsschutz. Der Schutz der menschlichen Persönlichkeit wird durch das Zivilrecht und das öffentliche Recht (einschließlich des Strafrechts) gewährt. Er dient der Achtung, Entfaltung und Betätigung des Individuums und bewahrt vor rechtswidrigen Beeinträchtigungen seitens des

Staates oder Dritter. Juristische Personen und Personengesellschaften des Handelsrechts genießen Persönlichkeitsschutz im Rahmen ihres Wesens und der ihnen vom Gesetz zugewiesenen Funktionen. Sie können sich auf Grundrechte berufen, soweit diese ihrem Inhalt nach auf sie anwendbar sind. Aus dem umfassenden Persönlichkeitsrecht folgen einzelne Spezialrechte wie das Recht am eigenen Bild, das Recht auf Achtung der Ehre, das Namensrecht, der Schutz von Geisteswerken und die grundsätzliche, aber einschränkbare Befugnis, über die Offenbarung persönlicher Lebenssachverhalte zu entscheiden (sog. informationelles Selbstbestimmungsrecht).

Persönlichkeitsrecht und Massenmedien. Das Verhältnis zwischen individuellem Persönlichkeitsrecht und Informationsrecht der Massenmedien ist konfliktträchtig. Die Spannung wird dadurch verschärft, daß jede Beeinträchtigung der Individualsphäre einem großen Personenkreis bekannt wird und die nachträgliche Beseitigung der Störung meist nicht dieselbe Aufmerksamkeit erregt wie die Verletzung. Im Interesse des Persönlichkeitsschutzes obliegt der Presse daher eine Prüfungs- und Wahrheitspflicht (→ Verantwortung des Journalisten), die aus journalistischen Erfordernissen eingeschränkt und auf eine berufs- oder pressemäßige Sorgfalt verengt ist. Sie ist allerdings dann intensiv, wenn insbesondere bei ehrenrührigen Vorgängen das Ansehen des Betroffenen schwer und nachhaltig beeinträchtigt werden kann (»Prangerwirkung«). Anders als Privatpersonen müssen Politiker Kritik bei Fragen von allgemeinem Interesse tolerieren. Insoweit ist der Schutz des guten Rufs mit dem Interesse an freier politischer Diskussion abzuwägen (EGMR, NJW 1992, 613).

Trotz größter Eilbedürftigkeit dürfen Mitteilungen und Berichte nicht ohne Prüfung ihres Wahrheitsgehalts publiziert und muß in Zweifelsfällen dem Betroffenen Gelegenheit zur vorherigen Stellungnahme gegeben werden. Andernfalls können sich Massenmedien nicht auf die Wahrnehmung berechtigter Interessen berufen, wobei das vielfach beschworene Informationsinteresse oftmals nur Sensationslust, Skandalfreude oder geschäftliche Motive bemänteln soll. Zu Recht betont der Bundesgerichtshof, daß Pressefreiheit nicht die von Verantwortung entbundene Befugnis ist, »Klatsch zu verbreiten und die Berichterstattung auf Kosten der Ehre anderer zugkräftig zu machen«; selbst die Aufklärung der Öffentlichkeit berechtigt nicht immer zur Verbreitung wahrer Meldungen, sondern nur, wenn ein berechtigtes Interesse der Öffentlichkeit besteht.

Vorsicht ist insbesondere bei der Namensnennung und bei dem Eindringen in die Privatsphäre auch von Personen der Zeitgeschichte geboten, falls »Enthüllungen« für deren Stellung im öffentlichen Leben unbeachtlich sind. Die Rechtsprechung nimmt eine Güter- und Interessenabwägung im Einzelfall vor und fordert neben der Pflicht zur Sachlichkeit ein vertretbares Verhältnis zwischen dem Veröffentlichungszweck und der Beeinträchtigung für den Betroffenen. Da jeder Tatverdächtige bis zu seiner rechtskräftigen Verurteilung als unschuldig zu gelten hat, dürfen ihn Medien nicht als Täter bezeichnen, bevor seine Schuld gerichtlich festgestellt ist. Wird während eines Ermittlungsverfahrens über eine Festnahme so berichtet, daß der Festgenommene einfach zu identifizieren ist, so muß an dessen Person ein öffentliches Interesse bestehen. Wenn nach sorgfältiger Recherche ein gravierender Verdacht für eine schwere Straftat besteht und die Umstände des Falles zu einer deutlichen Anprangerung des Betroffenen drängen, ist ausnahmsweise die Bezeichnung als Täter nicht zu beanstanden, wenn sich aus der Veröffentlichung ergibt, daß eine strafrechtliche Verurteilung noch nicht erfolgt ist. Hier besteht allerdings die Gefahr einer »Vorverurteilung«, die – neben dem Persönlichkeitsrecht des Betroffenen – auch noch das gerichtliche Verfahren und die Unvoreingenommenheit der Verfahrensbeteiligten beeinträchtigen kann. Bei einer die Persönlichkeit belastenden Berichterstattung muß sorgfältig abgewogen werden, ob dem Informationsinteresse nicht ohne Namensnennung ausreichend genügt wird (→ Gerichtsberichterstattung). Bei Kleinkriminalität ist eine volle Namensnennung des Täters regelmäßig unverhältnismäßig. Während das Interesse von Straftätern an ihrer Anonymität insbesondere vor der Ergreifung, aber auch bei der Verurteilung hinter dem Informationsrecht zurücktreten kann, ist eine Berichterstattung z. B. durch ein Dokumentarspiel, Jahre nach der Verurteilung und kurz vor der Freilassung, wegen einer Gefährdung der Resozialisierung unzulässig (→ Lebach-Urteil). Satire, Parodie und Karikatur werden durch die Kunstfreiheit geschützt, dürfen sich aber nicht rücksichtslos über Persönlichkeitsrechte hinwegsetzen. Bei der erforderlichen Abwägung der kollidierenden Grundwerte müssen die künstlerischen Aussagen auf ihren Aussagekern, wie er von einem verständigen und unvoreingenommenen Dritten verstanden werden muß, zurückgeführt werden. Das Persönlichkeitsrecht ist erst dann verletzt, wenn der Kerngehalt der Aussage oder die Form der Einkleidung von der verständigen Öffentlichkeit nicht mehr als sozialadäquate Ironisierung, sondern als Kundgabe der Nicht- oder Mißachtung angesehen wird oder wenn die personale Würde des Betroffenen angegriffen wird. Dies ist insbesondere bei Äußerungen der Fall, die sich jenseits sachlicher Kritik in Schmähungen erschöpfen (»Schmähkritik«). Dafür reicht allerdings noch nicht eine überzogene oder ausfällige Kritik. Sie wird erst dann zur Schmähung, wenn in ihr nicht mehr die Auseinandersetzung in der Sache, sondern die Diffamierung der Person im Vordergrund steht (BVerfG, NJW 1991, 95 ff., 1475 ff.).

Eine systematische gesetzliche Regelung des Persönlichkeitsschutzes fehlt. Er findet sich im Grundgesetz, im Bürgerlichen Gesetzbuch, in zahlreichen Spezialgesetzen und ist teilweise erst durch eine – nicht unumstrittene – höchstrichterliche Rechtsprechung entwickelt und konkretisiert worden. Gerade im Persönlichkeitsrecht geht die Einzelfallrechtsprechung oftmals zu Lasten der Rechtssicherheit; die Voraussehbarkeit und die Berechenbarkeit des Rechts können sich nur an bereits entschiedenen Fallgruppen orientieren. Nach der Rechtsprechung des Bundesverfassungsgerichts schützt das Persönlichkeitsrecht die Person in der Öffentlichkeit, wozu das Recht am eigenen Bild, der Schutz der Ehre und das Führen des eigenen Namens gehört. Neben dem Recht auf informationelle Selbstbestimmung steht als weitere Fallgruppe der Privatbereich einschließlich Ehe, Familie und Sexualsphäre.

ENTWICKLUNG. Das Bürgerliche Gesetzbuch von 1896 hatte nur einzelne Persönlichkeitsgüter (Leben, Körper, Gesundheit, Freiheit, Namen) geregelt, weshalb nach herrschender Ansicht ein allgemeines zivilrechtliches Persönlichkeitsrecht nicht anzuerkennen war. Das Grundgesetz stellte 1949 die Würde des Menschen und die freie Entfaltung der Persönlichkeit an den Anfang seiner Vorschriften. Diese Verfassungsaussage verpflichtet nicht nur den Staat, sondern wirkt bei der Auslegung zivilrechtlicher Generalklauseln und unbestimmter Rechtsbegriffe auch auf das Zivilrecht ein. Ein 1959 von der Bundesregierung eingebrachter »Entwurf eines Gesetzes zur Neuordnung des zivilrechtlichen Persönlichkeits- und Ehrenschutzes« wurde ebensowenig Gesetz wie ein 1967 vorgelegter Referentenentwurf. Der Bundesgerichtshof erkennt unter Billigung des Bundesverfassungsgerichts in einer inzwischen gefestigten Rechtsprechung ein umfassendes Persönlichkeitsrecht an und gewährt bei dessen Verletzung auch hinsichtlich des nichtvermögensrechtlichen Schadens eine Entschädigung in Geld, was allerdings wegen des Widerspruchs zu Vorschriften des Bürgerlichen Gesetzbuchs als »gesetzesübersteigende Rechtsfortbildung« teilweise auf Widerspruch stößt. Die Gefahren, denen die menschliche Persönlichkeit durch die technische Entwicklung (z. B. Tonband, Datenverarbeitung) ausgesetzt ist, hat der Gesetzgeber durch die Schaffung von Strafvorschriften über die unbefugte Aufnahme, den unbefugten Gebrauch und das unbefugte Abhören des gesprochenen Wortes mittels eines Tonträgers bzw. eines Abhörgerätes (§ 201 StGB) und durch ein Gesetz zum Schutz vor Mißbrauch personenbezogener Daten bei der Datenverarbeitung vom 20. Dezember 1990 (→ Datenschutz) abgewehrt.

RECHTSGRUNDLAGEN. Im *Verfassungsrecht* erklärt Art. 1 Abs. 1 GG die Würde des Menschen für unantastbar und verpflichtet alle staatliche Gewalt, sie zu achten und zu schützen. Art. 2 Abs. 1 GG berechtigt zur freien Entfaltung der Persönlichkeit, worunter eine umfassende Verhaltensfreiheit (»allgemeine Handlungsfreiheit«) zu verstehen ist. Hierbei schützt das Grundrecht auch und gerade die Entwicklung und Wahrung der Individualität, eine autonome Lebensgestaltung und das Recht, in einem Privatbereich »für sich zu sein«, was das Recht am eigenen Bild, am gesprochenen Wort und der informationellen Selbstbestimmung einschließt.

Das Grundrecht des Art. 2 Abs. 1 GG findet seine Grenzen an den Rechten anderer, dem Sittengesetz und der verfassungsmäßigen Ordnung, die nach herrschender Auffassung als verfassungsmäßige Rechtsordnung begriffen wird und die Gesamtheit der Normen erfaßt, die formell und materiell der Verfassung gemäß sind. Der Gesetzgeber ist bei der Ausfüllung des grundrechtlichen Schrankenvorbehaltes an die Wesensgehaltsgarantie und an das Verhältnismäßigkeitsprinzip gebunden. Der Intimsphäre kommt der stärkste, der beschränkt zugänglichen Privatsphäre ein geringerer und der für die Außenwelt offenen Individualsphäre der geringste Schutz der Verfassung zu. Das Eindringen in einen absoluten Kernbereich privater Lebensgestaltung lehnt das Bundesverfassungsgericht schlechthin ab, was nicht unproblematisch ist.

Im *Zivilrecht* begründet nach § 823 Abs. 1 BGB die widerrechtliche und schuldhafte Verletzung bestimmter, ausdrücklich angeführter Rechtsgüter die Pflicht zum Schadensersatz. Ihnen steht nach der Rechtsprechung das allgemeine Persönlichkeitsrecht als sonstiges Recht gleich. Sicherung vor einer Verletzung des Namensrechts, insbesondere einem unbefugten Gebrauch des gleichen Namens, gewährt § 12 BGB, mittelbaren zivilrechtlichen Schutz vor einer Verletzung des Persönlichkeitsrechts § 823 Abs. 2 BGB, wonach sich schadensersatzpflichtig macht, wer gegen ein den Schutz eines anderen bezweckendes Gesetz, also z. B. gegen die einzelne Persönlichkeitsgüter schützenden Gesetze, verstößt.

Im *Strafrecht* umfaßt der Persönlichkeitsschutz neben der körperlichen Integrität und der Freiheit vor allem die Ehre und den persönlichen Lebens- und Geheimbereich. § 185 ff. StGB bedrohen die Beleidigung, die üble Nachrede, die Verleumdung und die Verunglimpfung des Andenkens Verstorbener mit Strafe. Nach § 201 ff. StGB sind die unbefugte Verletzung der Vertraulichkeit des Wortes, die unbefugte Verletzung des Briefgeheimnisses, die unbefugte Verletzung von Privatgeheimnissen und die unbefugte Verwertung von Geheimnissen strafbewehrt.

Im *Strafverfahrensrecht* wird wegen des Schutzes der Menschenwürde und der Persönlichkeit, aber auch wegen Art. 6 Abs. 2 der Menschenrechtskonvention (MRK) bis zum rechtskräftigen Nachweis der Schuld vermutet, daß der Angeklagte unschuldig ist. Dies ist auch im Rahmen einer Interessenabwägung zwischen dem Anspruch der Medien auf freie Berichterstattung und dem Persönlichkeitsrecht der Betroffenen zu beachten.

Das Recht am eigenen Bilde garantiert das *Kunsturhebergesetz* von 1907, das allerdings nicht vor der unbefugten Aufnahme, sondern nur vor der unbefugten Verbreitung oder öffentlichen Zurschaustellung eines Bildes schützt. Grundsätzlich darf ein Bild nur mit Einwilligung des Abgebildeten verbreitet oder öffentlich zur Schau gestellt werden. Im Falle einer Entlohnung gilt die Einwilligung als erteilt (§ 22). Eine Ausnahme von dem Erfordernis der Einwilligung besteht gemäß § 24 für Zwecke der Rechtspflege und der öffentlichen Sicherheit. Weitere Ausnahmen macht § 23 für Bilder aus dem Bereich der Zeitgeschichte, für Bilder, auf denen die Personen nur als Beiwerk neben einer Landschaft oder sonstigen Örtlichkeit erscheinen, für Bilder von Versammlungen, Aufzügen und ähnlichen Vorgängen, an denen die dargestellten Personen teilgenommen haben, und für Bilder, die nicht auf Bestellung angefertigt sind, sofern die Verbreitung oder Zurschaustellung einem höheren Interesse der Kunst dient. Die Ausnahmen des § 23 betreffen im wesentlichen Fälle, in denen Personen als Staffage abgebildet werden oder in denen sie Personen der Zeitgeschichte sind. Bei der letzteren Gruppe wird in Literatur und Rechtsprechung zwischen absoluten und relativen Personen der Zeitgeschichte unterschieden. Während absolute Personen der Zeitgeschichte im öffentlichen Leben stehen, geraten relative Personen der Zeitgeschichte wegen des Zusammenhangs mit einem informationswürdigen Ereignis in den zeitgeschichtlichen Bereich. Angehörige eines Verbrechensopfers sind als solche jedoch nicht relative Personen der Zeitgeschichte.

Alle Abbildungen der absoluten Personen der Zeitgeschichte dürfen, soweit sie nicht ihr Privat- und Familienleben betreffen oder allein zur Werbung für eine Ware oder gewerbliche Leistung ausgenutzt werden, grundsätzlich ohne Einwilligung veröffentlicht werden, wogegen bei relativen Personen der Zeitgeschichte nur ein sachentsprechendes Informationsinteresse rechtlich anerkannt wird. In keinem Fall darf aber durch die Verbreitung und Zurschaustellung des Bildnisses ein berechtigtes Interesse des Abgebildeten oder, falls dieser verstorben ist, seiner Angehörigen verletzt werden (§ 23 Abs. 2).

Das *Bundesdatenschutzgesetz* bezweckt, durch den Schutz personenbezogener Daten vor Mißbrauch bei ihrer Speicherung, Übermittlung, Veränderung und Löschung der Beeinträchtigung schutzwürdiger Belange der Betroffenen entgegenzuwirken (→ Datenschutz). Bei der Erhebung der Daten ist das Recht auf informationelle Selbstbestimmung zu beachten.

Die Verarbeitung personenbezogener Daten ist nur zulässig, wenn sie gesetzlich gestattet ist oder der Betroffene eingewilligt hat. Die bei der Datenverarbeitung Tätigen haben das Datengeheimnis zu wahren und dürfen die geschützten personenbezogenen Daten nicht unbefugt verarbeiten, bekanntgeben, zugänglich machen oder sonst nutzen. Nach Maßgabe des Gesetzes besteht ein Recht auf Auskunft über die zur Person gespeicherten Daten, gegebenenfalls auch auf Berichtigung, Sperrung oder Löschung. Die Einhaltung des Gesetzes kontrolliert ein Bundesbeauftragter für den Datenschutz. Das Gesetz betrifft nicht personenbezogene Daten, die durch Unternehmen oder Hilfsunternehmen der Presse, des Rundfunks oder des Films ausschließlich zu eigenen publizistischen Zwecken verarbeitet werden (§ 1 Abs. 3).

Folgen der Verletzung des Persönlichkeitsrechts. Bei einem rechtswidrigen Eingriff in das Persönlichkeitsrecht kann der Verletzte Beseitigung (z. B. durch Berichtigung oder Widerruf) und für die Zukunft Unterlassung verlangen, wenn weitere Beeinträchtigungen zu befürchten sind. Als sog. negatorischer Anspruch kann die Beseitigung eines durch objektive, nicht schuldhafte Rechtsverletzung eingetretenen Zustandes fortdauernder störender Beeinträchtigung begehrt werden. Bei schuldhaftem Verhalten besteht außerdem ein sog. deliktischer Anspruch auf Beseitigung und gegebenenfalls auf Unterlassung. Mit dem *Widerruf* kann nach herrschender Auffassung nur die Rücknahme einer Tatsachenbehauptung, nicht die eines Werturteils beansprucht werden. Ferner wird bei dem Widerruf zwischen dem unbeschränkten und dem eingeschränkten Widerruf unterschieden. Zu einem unbeschränkten Widerruf ist der Verletzer verpflichtet, wenn die Unwahrheit einer Behauptung feststeht. Ist die Wahrheit lediglich nicht zu beweisen, so braucht er nur zu erklären, daß er seine Behauptung nicht aufrechterhalte. Kein Unterfall des Beseitigungsanspruchs ist der landespresserechtliche Anspruch auf → *Gegendarstellung*, der ohne Rücksicht auf die Richtigkeit oder Unrichtigkeit einer Pressemeldung von dem durch eine Tatsachenbehauptung Betroffenen geltend gemacht werden kann. Daher besteht ein Anspruch auf Beseitigung einer rechtswidrigen Persönlichkeitsverletzung auch nach erfolgter Gegendarstellung, während im umgekehrten Fall in der Rechtsprechung für eine Klage auf Gegendarstellung nach erfolgtem Widerruf einer unrichtigen Meldung das Rechtsschutzbedürfnis verneint wird.

Bei schuldhaft rechtswidrigen Verletzungen des Persönlichkeitsrechts kann der Betroffene materiellen *Schadensersatz* verlangen. Aufwendungen für berichtigende Darstellungen in den Medien, die der durch eine unrichtige Darstellung in Presse, Hörfunk oder Fernsehen in seinem Persönlichkeitsrecht Verletzte gemacht hat, sind jedoch nach der Rechtsprechung des Bundesgerichtshofs in der Regel nicht erstattungsfähig, weil der Betroffene die Möglichkeit der Gegendarstellung hat. Aufwendungsersatz für eine Anzeigenaktion, die anstelle oder neben der Gegendarstellung veröffentlicht wird, kann nur unter besonderen Umständen verlangt werden, wenn z. B. falsche Informationen über den Betroffenen gegenüber einzelnen Personen oder einer bestimmten Personengruppe richtiggestellt werden müssen, um einen konkret drohenden und ungewöhnlich hohen Schaden abzuwenden. Ansonsten darf der Betroffene selbst bei einer nicht freiwilligen Erfüllung des Gegendarstellungsanspruches nicht sofort eine entgeltliche Richtigstellung in den Medien veranlassen, sondern muß notfalls gerichtlich die Gegendarstellung durchsetzen.

Weiterhin gewährt die – nicht unumstrittene – Rechtsprechung entgegen der Gesetzeslage eine Entschädigung in Geld auch für den nichtvermögensrechtlichen (immateriellen) Schaden, insbesondere für erlittene seelische Beeinträchtigungen. Hierfür ist allerdings erforderlich, daß es sich um einen schweren Eingriff (z. B. die ungenehmigte Werbung mit dem Namen oder Bild [→ Werberecht], Beobachtung durch Videokamera) handelt und die erlittene Beeinträchtigung nicht auf andere Weise, vor allem durch Gegendarstellung, Widerruf und öffentliche Richtigstellung, befriedigend auszugleichen ist. Noch nicht abschließend geklärt ist, ob bei einer Verletzung des allgemeinen Persönlichkeitsrechtes einer juristischen Person oder einer Handelsgesellschaft ein Anspruch auf Ersatz des immateriellen Schadens in Geld besteht. Während ein allgemeines *Verbandspersönlichkeitsrecht* weitgehend anerkannt ist, hat der Bundesgerichtshof einer Kommanditgesellschaft eine Entschädigung versagt, da ein Schadensersatz nur den Gesellschaftern Genugtuung verschaffen könne. Dagegen wurde die Möglichkeit eines Schmerzensgeldanspruchs eines eingetragenen Vereins bejaht. Aus dem Persönlichkeitsrecht wird neuerdings auch ein Abwehrrecht gegen den unerwünschten Einwurf von Werbung in den Hausbriefkasten abgeleitet. Wenn der Empfänger ausdrücklich zu erkennen gibt, daß er kein Werbematerial zu erhalten wünscht, muß sein Wille grundsätzlich entgegenstehenden Interessen der Werbewirtschaft vorgehen. Das personale Selbstbestimmungsrecht schützt den Bürger in seiner Privatsphäre davor, sich mit der Suggestivwirkung der Werbung auseinandersetzen zu müssen, wenn er diesen Lebensbereich davon freihalten will. Dies gilt nicht für Werbesendungen von Parteien, weil deren Recht zur Mitwirkung an der politischen Willensbildung das Persönlichkeitsrecht einschränkt (BVerfG, NJW 1991, 970).

Strafvorschriften für Beeinträchtigungen des Persönlichkeitsrechts finden sich nicht nur im Strafgesetzbuch, sondern auch in Spezialgesetzen (z. B. im Bundesdatenschutzgesetz). Eine Verurteilung wegen Beleidigung ist auf Antrag öffentlich, insbesondere in der Presse, bekanntzumachen, wenn die Beleidigung öffentlich oder durch Verbreiten von Schriften begangen wurde (§ 200 StGB). Erfolgt die Beleidigung durch eine Veröffentlichung in einer Zeitung oder Zeitschrift, so ist auch das Urteil zu veröffentlichen. Nach Möglichkeit ist hierfür das Presseerzeugnis zu wählen, in dem die Beleidigung enthalten war, was jedoch eine Publikation in anderen Zeitungen nicht ausschließt. Diese Grundsätze gelten entsprechend für Beleidigungen, die durch Veröffentlichung im Rundfunk begangen werden. Die Art und Weise der Bekanntmachung wird im Urteil bestimmt. Im Unterschied zum früheren Rechtszustand wird dem Verletzten nicht lediglich eine Veröffentlichungsbefugnis zugesprochen, sondern die richterliche Anordnung durch die Vollstreckungsbehörde vollzogen. Wird die Publikation in einer periodischen Druckschrift oder im Rundfunk angeordnet, so besteht ein Veröffentlichungszwang. Kommen Verleger, verantwortlicher Redakteur oder der für die Programmgestaltung Verantwortliche ihren Pflichten nicht nach, so hält sie das Gericht hierzu durch Zwangsmittel (Zwangsgeld, Zwangshaft) an (vgl. § 463c der Strafprozeßordnung). Die verfassungsrechtlich geschützte negative Presse- und Rundfunkfreiheit, d. h. das Recht, etwas nicht zu publizieren, wird insoweit in zulässiger Weise zum Schutz der persönlichen Ehre eingeschränkt. Persönlichkeitsschutz genießen ohne Ausnahme alle lebenden Menschen, unabhängig von Alter und Geistesverfassung, da der innerste, unverlierbare Kern der Persönlichkeit geschützt wird. Nach dem Tod endet zwar das Persönlichkeitsrecht, nicht aber der Persönlichkeitsschutz. Die nächsten Angehörigen des Verstorbenen können einen Unterlassungs- und Widerrufsanspruch geltend machen. Dagegen wird das Fortbestehen eines Schadensersatzanspruches abgelehnt, da der Anspruch seine Entschädigungs- und Genugtuungsfunktion nicht mehr erfüllen kann.

Der in seinem Persönlichkeitsrecht Verletzte hat seine Ansprüche gegen den »Störer« zu richten. Hörfunk und Fernsehen sind nicht für jede Verletzung verantwortlich, insbesondere wenn sie lediglich die Möglichkeit zur vielfältigen Meinungsdarstellung einräumen (z. B. bei Interviews mit Passanten in einer Life-Sendung). Hier kann allerdings ein Abrücken von der Tat begehrt werden. Sind Hörfunk und Fernsehen »Herr der Sendung«, so haften sie ähnlich dem Zeitungsverleger und grundsätzlich neben den Personen, die die Sendung gestalten und/oder für sie verantwortlich sind. Keine Einigkeit besteht bisher bei der Frage, ob der Bürger Rechtsschutz gegen Rundfunkanstalten vor den Verwaltungsgerichten oder den Zivilgerichten zu nehmen hat. Das Bundesverfassungsgericht hat die Tätigkeit der Rundfunkanstalten als öffentlich-rechtlich qualifiziert. Dennoch hat der Bundesgerichtshof die gerichtliche Geltendmachung von Ansprüchen wegen der Verletzung des Persönlichkeitsrechts in Hörfunk oder Fernsehen auf den Zivilrechtsweg verwiesen, was in der Literatur zu Recht kritisiert wurde. Nach Ansicht der Zivilgerichte sind die Beziehungen, um die es bei der Abwägung der Interessen der Sendeanstalten an freier Programmgestaltung gegenüber dem Schutz der Individualsphäre geht, privatrechtlich geordnet. Insoweit komme den öffentlich-rechtlichen Anstalten die gleiche Stellung zu wie den Kommunikationsträgern des Privatrechts, insbesondere der Presse. Die Grenze für die vom Bürger hinzunehmende Hörfunk- oder Fernsehkritik sei vom Privatrecht gezogen und sanktioniert, so daß der Betroffene gegen Übergriffe Rechtsschutz nach Vorschriften des Privatrechts im zivilgerichtlichen Rechtsweg durchsetzen müsse.

DETLEF MERTEN

Literatur

Otto-Friedrich Freiherr von Gamm: Persönlichkeits- und Ehrverletzungen durch Massenmedien. München 1969 (*anschauliche Darstellung mit zahlreichen Rechtsprechungsnachweisen*)

Klaus Wasserburg: Der Schutz der Persönlichkeit im Recht der Medien. Heidelberg 1988 (*systematische Darstellung des gesamten Persönlichkeitsschutzes*)

Karl Egbert Wenzel: Das Recht der Wort- und Bildberichterstattung. Köln ^{3}1986 (*Handbuch und Standardwerk zum Äußerungsrecht*)

Karl Egbert Wenzel: Persönlichkeits- und Unternehmensschutz bei Eingriffen der Presse und anderen Massenmedien. Köln 1980 (*kurzes Skript zu aktuellen Rechts- und Haftungsfragen*)

Rupert Scholz / Rainer Pitschas: Informationelle Selbstbestimmung und staatliche Informationsverantwortung. Berlin 1984 (*Darstellung aus staatsrechtlicher Sicht*)

Peter Schwerdtner: Das Persönlichkeitsrecht in der deutschen Zivilrechtsordnung. Berlin 1977 (*ausführliche Übersicht des Persönlichkeitsrechtes und seines Schutzes mit methodischer Einleitung*)

Karl August Bettermann: Vom Rechtsschutz und Rechtsweg des Bürgers gegen Rundfunk-Rufmord. In: »Neue Juristische Wochenschrift«, Jg. 1977, S. 513 ff. (*kritische Stellungnahme zur »Panorama«-Entscheidung des Bundesgerichtshofs*)

Hans Erich Brandner: Das allgemeine Persönlichkeitsrecht in der Entwicklung der Rechtsprechung. In: »Juristenzeitung«, Jg. 1983, S. 689 ff.

Arno Buschmann: Fortwirkung des Persönlichkeitsrechts nach dem Tode. In: »Neue Juristische Wochenschrift«, Jg. 1970, S. 2081 ff. (*Untersuchung, ob das Persönlichkeitsrecht mit dem Tode des Rechtsträgers endet*)

Hans-Ulrich Evers: Informationsanspruch der Presse gegenüber Behörden und allgemeines Persönlichkeitsrecht. In: »Archiv für Presserecht«, Jg. 1974, S. 548 ff. (*zur Begrenzung der behördlichen Auskunftspflicht durch das Persönlichkeitsrecht*)

Ernst Helle: Der Schutz der Persönlichkeit, der Ehre und des wirtschaftlichen Rufs im Privatrecht. Tübingen [2]1969 (*eingehende Untersuchung mit kommentierten Einzelfällen*)

Wolfgang Heyde: Grenzen der Veröffentlichung von rechtswidrig erlangten Informationen durch die Presse. In: »Zeitschrift für Rechtspolitik«, Jg. 1977/Nr. 2, S. 31 ff. (*verfassungsrechtliche Aspekte der Spannungslage zwischen Persönlichkeitsschutz und Pressefreiheit*)

Heinrich Hubmann: Das Persönlichkeitsrecht. Köln und Graz [2]1967 (*juristisches Standardwerk*)

Hans D. Jarass: Das allgemeine Persönlichkeitsrecht im Grundgesetz. In: »Neue Juristische Wochenschrift«, Jg. 1989, S. 857 ff. (*Darstellung der Entwicklung, des Schutzbereichs und möglicher Beeinträchtigungen des allgemeinen Persönlichkeitsrechtes*)

Diethelm Klippel: Der zivilrechtliche Persönlichkeitsschutz von Verbänden. In: »Juristenzeitung«, Jg. 1988, S. 625 ff. (*Abhandlung speziell zum Persönlichkeitsrecht von juristischen Personen und Handelsgesellschaften*)

Peter Lerche: Schranken der Kunstfreiheit. In: »Archiv für Presserecht«, Jg. 1973, S. 496 ff. (*zur Kollision von Kunstfreiheit und Persönlichkeitsrecht*)

Franz Josef Rinsche: Strafjustiz und öffentlicher Pranger. In: »Zeitschrift für Rechtspolitik«, Jg. 1987, S. 384 ff.

Johannes Wasmuth: Bemerkungen zum Rechtsschutz bei Klagen gegen Pressemitteilungen von Ermittlungsbehörden. In: »Neue Juristische Wochenschrift«, Jg. 1988, S. 1705 ff.

Hans-Ullrich Gallwas: Der allgemeine Konflikt zwischen dem Recht auf informationelle Selbstbestimmung und der Informationsfreiheit. In: »Neue Juristische Wochenschrift«, Jg. 1992, S. 2785 ff. *(Datenschutz als Konkretisierung des allgemeinen Persönlichkeitsrechts)*

Renate Damm / Wolfdieter Kuner: Widerruf, Unterlassung und Schadensersatz in Presse und Rundfunk. München 1991 *(Darstellung für Praktiker)*

Gerhard Hager: Persönlichkeitsschutz im Straf- und Medienrecht. Wien 1991 *(kompakte Erläuterung des Persönlichkeitsschutzes im österreichischen Straf- und Medienrecht anhand ausgewählter Entscheidungen)*

Jürgen Helle: Besondere Persönlichkeitsrechte im Privatrecht. Das Recht am eigenen Bild, das Recht am gesprochenen Wort und der Schutz des geschriebenen Wortes. Tübingen 1991

Person der Zeitgeschichte → Gerichtsberichterstattung, → Persönlichkeitsschutz

Personalvertretungsrecht → Rundfunkprogrammrecht

Pflichtexemplarrecht. Die im wesentlichen unentgeltliche Abgabe sog. Pflichtexemplare oder -stücke von Veröffentlichungen durch die Verleger, früher auch Drucker, an bestimmte Stellen (heute: Bibliotheken) ist durch staatliche Gesetzgebung geregelt. Diese Abgabe dient jetzt ausschließlich kulturellen Zwecken. Sie soll, da die *Pflichtabgabe* immer auch für die annehmende Bibliothek mit *Aufbewahrungs- Nachweis- und Bereitstellungspflicht* verbunden ist, die Bibliotheken mit nationaler oder regionaler Sammelverpflichtung in den Stand setzen, die Veröffentlichungen ihres Zuständigkeitsbereichs möglichst vollständig, d. h. unabhängig von ihrem Inhalt und Wert, zu sammeln und in Katalogen oder Bibliographien zu dokumentieren. Es hat sich erwiesen, daß die Pflichtabgabe das zweckmäßige Mittel ist, um dieser bedeutsamen Aufgabe der Kulturgutbewahrung und -dokumentation nachzukommen. Fast alle Staaten der Welt verfahren ähnlich.

ENTWICKLUNG. Das Pflichtexemplarrecht geht auf die staatliche → Zensur zurück; den Beginn machte 1536 Frankreich. Die abgelieferten Bücher verblieben in den fürstlichen Bibliotheken. Frühe deutsche Regelungen erfolgten 1615 in Leipzig, 1663 in München, 1699 in Berlin. Die Verbindung von staatlicher Presseaufsicht und materieller Grundausstattung der staatlichen Bibliotheken ist seit längerem nur noch historisch interessant. So gut wie alle Verleger, kommerzielle und nicht-kommerzielle, bejahen heute die Pflichtabgabe, da sie ihrem Streben nach Wirkung in die Öffentlichkeit, zuverlässiger Dokumentation und dauernder Aufbewahrung entspricht. So hat denn das Bundesverfassungsgericht in seinem Beschluß vom 14. Juli 1981 (BVerfGE 58, 137) festgestellt, daß die in der Regel kostenlose Pflichtabgabe dem kulturpolitisch anerkennenswerten und mit erheblichem Aufwand verwirklichten Bedürfnis des Staates dient, »das gesamte innerhalb des Landes erscheinende Schrifttum vollständig zu sammeln, der Öffentlichkeit bereitzuhalten und der Nachwelt zu überliefern«. Deshalb und da die Pflichtabgabe dem grundgesetzlichen Sozialgebot Rechnung trage, widerspreche sie nicht der Eigentumsgarantie des Grundgesetzes.

Nach dem Zweiten Weltkrieg war bis auf wenige Ausnahmen (Bayern 1865, Hamburg 1934) 1964/65 das Pflichtexemplarrecht in den → Pressegesetzen der Bundesländer neu gefaßt worden. Sie gingen auf einen gemeinsamen Modellentwurf zurück, stimmten in den Einzelheiten jedoch nicht immer überein. Neue Anstöße brachten 1969 das Gesetz über die Deutsche Bibliothek, die vorher seit 1946 freiwillige Beglegexemplare erhalten hatte, und der Beschluß des Bundesverfassungsgerichts von 1981, so daß es zu mehreren umfassenden Novellierungen kam: Baden-Württemberg 1976, Bayern 1986, Hamburg 1988, Nordrhein-Westfalen 1993. Während hier der Pflichtabgabe eigene Gesetze gewidmet wurden, ergänzte man in Hessen 1981/84 und Niedersachsen 1985 das Pressegesetz lediglich, um u. a. die Entschädigungspflicht gemäß dem Beschluß des Bundesverfassungsgerichts zu berücksichtigen.

Die jüngste Entwicklung ist durch die deutsche Einigung bestimmt. Das Einigungsvertragsgesetz von 1990 vereinigte die Deutsche Bibliothek in Frankfurt am Main und die Deutsche Bücherei in Leipzig zur gemeinsamen

Bundesanstalt *Die Deutsche Bibliothek* und regelte die Abgabe eines zweiten zentralen Pflichtstücks für die Deutsche Bücherei. Die neuen Pressegesetze Thüringens und Sachsen-Anhalts von 1991 und Sachsens von 1992 enthalten auch Pflichtabgabebestimmungen. Mit weiteren Novellierungen in den alten Bundelsändern und Neuregelungen in den neuen ist zu rechnen.

GELTENDES RECHT. Es besteht in Deutschland ein zentrales und ein regionales Pflichtexemplarrecht. Das zentrale wird von Der Deutschen Bibliothek wahrgenommen, die auf der Grundlage der für ihre Standorte Deutsche Bibliothek Frankfurt am Main und Deutsche Bücherei Leipzig sowie an ihre Abteilung Deutsches Musikarchiv Berlin abgelieferten beiden Pflichtstücke die Deutsche Nationalbibliographie erstellt. Das regionale Pflichtexemplarrecht gilt in den Bundesländern, wo an eine oder mehrere Bibliotheken meist ein Pflichtstück abzuliefern ist, in einigen Ländern aus verschiedenen Gebieten an verschiedene Bibliotheken. Baden-Württemberg, Bayern, Berlin und Rheinland-Pfalz fordern zwei Exemplare, Schleswig-Holstein drei. Empfänger sind Staats-/Landes-, Hochschul- und wissenschaftliche Stadtbibliotheken.

Berlin, Bremen, Rheinland-Pfalz, Saarland und Schleswig-Holstein kennen noch die von 1964/65 hergebrachte bloße Anbietungspflicht, teilweise allerdings in der weniger umständlichen Form der Ansichtslieferung. Der Bund und die anderen Länder fordern dagegen die Abgabe. Die Frist der Abgabe oder Anbietung schwankt zwischen unverzüglich nach Erscheinen und sechs Wochen. Ablieferungs- bzw. anbietungspflichtig ist immer der (kommerzielle oder nichtkommerzielle) Verlag, der bei Tonträgern Hersteller genannt wird.

Für das abgelieferte Exemplar steht dem Verlag nach dem Beschluß des Bundesverfassungsgerichts von 1981 eine finanzielle Entschädigung zu, wenn die kostenlose Abgabe ihn übermäßig belasten würde, falls das Werk mit großem Aufwand und in kleiner Auflage hergestellt wurde. Diese Aussage ist in letzter Zeit durch Gerichtsurteile dahin präzisiert worden, daß allein Auflagenhöhe und Herstellungskosten als Maßstab gelten, nicht jedoch andere Faktoren wie der Absatz des Werkes oder die wirtschaftliche Lage des Verlegers insgesamt. Geklärt ist inzwischen ferner, daß als Herstellungskosten nicht nur die Fortdruckkosten des einen Pflichtstücks anzusehen sind, sondern auch sein Anteil an den Grundkosten (z. B. Autorenhonorare oder Satzkosten) der ganzen Auflage.

Trotz des Beschlusses des Bundesverfassungsgerichts sind Bremen und Schleswig-Holstein bis jetzt ohne rechtliche Zuschußregelung; Berlin, Rheinland-Pfalz und Saarland leisten auf Antrag ohne weitere Voraussetzungen immer eine Entschädigung. Der Bund und die anderen Länder entschädigen auf Antrag erst bei hohen Herstellungskosten und kleiner Auflage, im einzelnen freilich nach mehrfach unterschiedlichen Maßstäben. Hessen bereitet eine neue Regelung vor.

Die Pflichtexemplare müssen im Vervielfältigungsverfahren physisch hergestellt und zur Verbreitung bestimmt sein. Dies bedeutet, daß nicht nur konventionelle monographische und periodische Veröffentlichungen unter die Ablieferungs- und Sammelpflicht fallen (einschließlich Landkarten/Ortsplänen, Loseblattwerken, Normen, Tageszeitungen und Musikalien, diese häufig jedoch erst, wenn sie Text oder Erläuterungen aufweisen). Vielmehr sind grundsätzlich auch neuartige Informationsmaterialien wie Mikroformen, Diaserien/Tonbildreihen, Tonträger (oft nur mit nicht-musikalischem Inhalt) und sogar maschinenlesbare Datenträger einbezogen, meist allerdings nicht ausdrücklich, was in der Praxis überwiegend zur Vernachlässigung führt. Träger bewegter Bilder – Kinofilme, Schmalfilme, Videoproduktionen – sind außer in Baden-Württemberg explizit oder indirekt ausgeschlossen. Die Deutsche Bibliothek bereitet ihre Einbeziehung vor.

Von den an sich ablieferungs- und sammelpflichtigen Materialien sind diejenigen ausgenommen, die vorrangig geschäftlich/gewerblich/innerbetrieblichen, häuslich/geselligen oder Verkehrszwecken dienen, z. B. Prospekte, Werbeschriften, Geschäftspapiere, Benutzungsanleitungen, Aktenpläne, Dienstanweisungen, Spiele, Fahrkarten (sog. Akzidenzdrucksachen). Es ist zu erwarten, daß künftig die kommunalen, staatlichen und Sonderarchive hier noch intensiver (wenn auch in starker Auswahl) tätig werden, um auch dieses Material in die zumindest exemplarische Kulturgutsicherung einzubringen. Des weiteren fallen *amtliche Druckschriften*, die von Behörden, Dienststellen usw. veröffentlicht, herausgegeben oder veranlaßt sind, meist nicht unter die gesetzliche Ablieferungspflicht im engeren Sinne. Für ihre Einbeziehung in die Informationsgutbewahrung ist dadurch gesorgt, daß zunächst der Bund 1961 seine Dienststellen usw. verpflichtete, Freieexemplare an die Deutsche Bibliothek, die Bayerische Staatsbibliothek, die damalige Staatsbibliothek Preußischer Kulturbesitz und die Bibliothek des Deutschen Bundestags abzuliefern. Die Länder haben sich insoweit angeschlossen, als sie die Ablieferung an die Deutsche Bibliothek und an eine oder mehrere Bibliotheken ihres Landes verlangen. Die genannten drei überregionalen Bibliotheken in München, Berlin und Bonn sind nur auf deren Anforderung hin zu beliefern, die Staatsbibliothek in Berlin darüber hinaus mit Mehrfachexemplaren für den internationalen Schriftentausch.

Kritik. Auffälliger Nachteil des deutschen Pflichtexemplarwesens ist seine teilweise Uneinheitlichkeit. Dies spüren besonders Verlage, die in mehreren Bundesländern Sitze haben und außerdem Die Deutsche Bibliothek beliefern. Eine gleichmäßigere Ausrichtung muß jedoch keine totale Übereinstimmung z. B. im Sammelgut bedeuten. Denkbar wäre z. B., daß die regionalen Pflichtbibliotheken auch solche konventionellen Materialien bewahren, die durch das Netz der eigentlichen Pflichtablieferung fallen und auch von Archiven nicht ausreichend gesammelt werden. Des weiteren sollte die ausgedehnte Versorgung mit amtlichen Druckschriften neu überdacht werden. Schließlich stellt sich angesichts der Archivierungs- und Nutzungsprobleme audiovisueller und vor allem elektronischer Medien die Frage, ob hier eine Beschränkung auf das zentrale Pflichtexemplar genügen könnte.

BERTOLD PICARD

Literatur

Ralph Lansky: Bibliotheksrechtliche Vorschriften. Frankfurt am Main [3]1980ff. *(Loseblattwerk mit bisher 10 Ergänzungslieferungen; darin auch Sammlung der für das Pflichtexemplar und die Amtsdrucksachenabgabe geltenden rechtlichen Bestimmungen, mit Bibliographie)*

Bundesverfassungsgericht: Beschluß vom 14. Juli 1981 (1 BvL 24/78). In: Entscheidungen des Bundesverfassungsgerichts, 58. Jg. 1982, S. 137–152

Wolfhard Raub: 160 Jahre Pflichtexemplare für Bonn und Münster. Geschichte der Ablieferungspflicht von Druckwerken an Bibliotheken. Köln 1984

Hartwig Lohse: Kulturpolitische Bedeutung und Sammlungsprinzip des regionalen Pflichtexemplarrechts. In: »Zeitschrift für Bibliothekswesen und Bibliographie«, 32. Jg. 1985, S. 478–489

Bernhard Sinogowitz: Fortschritte im deutschen Pflichtexemplarrecht. In: »Bibliotheksforum Bayern«, 15. Jg. 1987, S. 241–268

Bertold Picard / Kai Walter: Bedeutung, Stand und Ausbau der nationalen Medienarchivierung und -dokumentation in der Bundesrepublik Deutschland. In: »Zeitschrift für Bibliothekswesen und Bibliographie«, 35. Jg. 1988, S. 327–340

Bertold Picard / Kai Walter: Sammelgrenzen, neue Medien und Zeitungssicherung. In: »Zeitschrift für Bibliothekswesen und Bibliographie«, 37. Jg. 1990, S. 170–179

Hessischer Verwaltungsgerichtshof: Beschluß vom 1. Oktober 1991, 6. Senat 6N 1621/86 *(Voraussetzungen bei der Entschädigung von Pflichtexemplaren)*

Die Deutsche Bibliothek: Sammelrichtlinien für die Deutsche Bücherei, die Deutsche Bibliothek und das Deutsche Musikarchiv. Leipzig, Frankfurt/M. und Berlin 1992

Bayerischer Verwaltungsgerichtshof, Urteil vom 4. November 1992, Az. 7 B 90.3264/ M6K 89.4990 *(Umfang der berücksichtigungsfähigen Herstellungskosten bei der Entschädigung für Pflichtexemplare)*

Pflichtexemplarrecht-Beschluß → Bundesverfassungsgerichtsentscheidungen zum Medienrecht (14. Juli 1981)

Plagiat → Urheberrecht

Plakate → Pressefreiheit

Pluralismus → Europäisches Medienrecht

Pluralität → Rundfunkorganisationsrecht, → Rundfunkprogrammrecht

Pornographie → Filmrecht, → Jugendmedienschutz, → Zensur

Pornokinos → Jugendmedienschutz

Portugal: Medienrecht → Medienrecht in den Staaten der EU

Postzeitungsdienst. Dieser Teildienstzweig des Postdienstes gehört zu den traditionellen Aufgaben des Postwesens. Er besteht seinem Wesen nach in der Beförderung von Zeitungen und Zeitschriften zu besonderen Bedingungen. Die Preise hierfür lagen in der Vergangenheit stets unter denjenigen für vergleichbare Postsendungen wie z. B. Drucksachen und weit unter den Selbstkosten der Post. Noch im Medienbericht 1985 der Bundesregierung (Bundestags-Drucksache 10/5663) wird diese Art der Preisgestaltung im Postzeitungsdienst als unverzichtbares Instrument zur Förderung des Pressevertriebs charakterisiert. Das Unternehmen Deutsche Bundespost POSTDIENST vertritt heute die Auffassung, daß wegen der durch die Postreform geänderten Verhältnisse auch im Postzeitungsdienst kostendeckende Preise erreicht werden müssen oder ein anderer Subventionsgeber das Defizit im Postzeitungsdienst ausgleichen müsse. Die von erheblichen Preiserhöhungen bedrohten Verlage befürchten, daß bei Realisierung der Postpläne ein Teil der heute im Postzeitungsdienst vertriebenen Publikationen sein Erscheinen werde aufgeben müssen. Von der Politik werden Lösungen gefordert, die diese Einschränkung der Pressevielfalt vermeiden.

Rechtliche Regelungen. Grundlage ist das Gesetz über das Postwesen (PostG) in der Neufassung vom 3. Juli 1989. Das Postverfassungsgesetz vom 8. Juni 1989 enthält den Grundsatz, daß für die einzelnen Dienste in der Regel jeweils die vollen Kosten und ein angemessener Gewinn erwirtschaftet werden soll, wobei ein Ausgleich zwischen den Diensten eines Unternehmens zulässig ist. Die Einzelheiten der Benutzung des Postzeitungsdienstes und die Preise der angebotenen Dienstleistungen sind privatrechtlich geregelt durch Verträge und Allgemeine Geschäftsbedingungen der Deutschen Bundespost POSTDIENST für den Postzeitungsdienst (AGB PZD).

Struktur des Postzeitungsdienstes. Für die Beförderung von Zeitungen gibt es drei *Sendungsarten*: das Postvertriebsstück, das Postzeitungsgut und die Streifbandzeitung.

Postvertriebsstücke sind vom Verleger mit der Anschrift des Empfängers zu versehen und zu Bunden für die Zustellämter zusammenzufassen. Die in den Bunden enthaltenen einzelnen Zeitungsexemplare können ohne Umschlag oder Streifband versandt werden. Nach Leitkriterien der Post muß der Verleger die Bunde zu Gebinden (Beuteln oder Paletten) zusammenfassen, um den Aufwand für die Be- und Entladung von Transportmitteln auf dem Beförderungsweg zu minimieren.

Beim *Postzeitungsgut* werden die Exemplare für dieselbe Empfangsstelle (Wiederverkäufer oder Verteiler) als paketähnliche Sendung eingeliefert und beim Bestimmungspostamt zur Abholung bereitgehalten oder wie ein Postpaket zugestellt.

Die *Streifbandzeitung* ist gedacht für den Versand von Einzelexemplaren (z. B. Nachlieferungen, Belegexemplare). Da sie im Postbetrieb wie eine einzelne Briefsendung behandelt wird, muß sie mit einem Streifband oder Umschlag für die Einzelbeförderung versehen werden. Während die Teilnahme am Postzeitungsdienst sonst nur Verlegern vorbehalten ist, dürfen Streifbandzeitungen auch von Betrieben des Zeitungshandels versandt werden.

STRUKTURVERÄNDERUNGEN. Die heutigen Dienstleistungen bestehen im wesentlichen unverändert seit mehreren Jahrzehnten. Seinerzeit konnten die Zeitungssendungen in dem einheitlichen Beförderungssystem für alle Sendungsarten des Brief-, Fracht- und Zeitungsdienstes ohne wesentlichen Sonderaufwand mitbearbeitet werden. Die Konzentration der Beförderung auf das Nachtluftpostnetz und auf wenige Postexpreßzüge sowie hierauf ausgerichtete Straßenposten stellte andere Anforderungen. Die Sendungsbearbeitung wird in immer größerem Umfang mechanisiert und automatisiert. Durch die neuen Postleitzahlen vom 1. Juli 1993 wird im Briefdienst auch im Zielgebiet die maschinelle Bearbeitung ermöglicht. Die Post errichtet mit Milliardenaufwand neue Bearbeitungs- und Beförderungssysteme jeweils für den Fracht- und Briefdienst. Die Zeitungssendungen erfordern wegen der automatisierungshemmenden Formate und abweichenden Einlieferungszeiten eigene Problemlösugnen. Deshalb wird im Postzeitungsdienst ein eigenes Expreß-Logistik-Netz eingeführt, durch das vor allem Zeitschriften mit hohen Postauflagen wirtschaftlich am zweiten Tage nach der Abholung von der Rampe der Druckerei an den Abonnenten ausgeliefert werden können. Für die besonderen Bedürfnisse von überregionalen Tageszeitungen ist ein »Schnelläufernetz« in Vorbereitung, das die Zustellung am Erscheinungstag ermöglichen soll. Die Einzelheiten für die Benutzung der neuen Möglichkeiten werden in den *Allgemeinen Geschäftsbedingungen der Deutschen Bundespost POSTDIENST für das Geschäftsfeld Pressepost (AGB PP)* geregelt werden; die Einführung ist 1994 vorgesehen. Im Unterschied zu den traditionellen Dienstleistungen heißt die neue Dienstleistung *Pressesendung*.

VERKEHRSUMFANG. Im Jahre 1992 wurden 2,5 Mrd. Exemplare von Zeitungen und Zeitschriften im Postzeitungsdienst befördert. Die Zusammensetzung ergibt sich aus folgender Tabelle:

	2600 Titel		100 v. H.	
Zeitungen insgesamt	463		17,8 v. H.	
Tageszeitungen		372		14,3 v. H.
aktuelle Wochenblätter		91		3,5 v. H.
Zeitschriften insgesamt	2137		82,2 v. H.	
Publikumszeitschriften		504		19,4 v. H.
Fachzeitschriften		777		29,9 v. H.
politische Zeitschriften		73		2,8 v. H.
nichtkommerzielle Zeitschriften (Vereins-, Verbands-, Kirchenblätter)		783		30,1 v. H.

1993 stagnierte die Sendungszahl. Die weitere Entwicklung ist ungewiß. Es bestehen Verkehrsrückgänge bei den Tageszeitungen und allgemein in den neuen Bundesländern, wo alternative Zustellorganisationen als Wettbewerber zur Post entstanden sind. Die neue Preispolitik der Post birgt die Gefahr des Verlustes von Marktanteilen, wenn die geforderten Preise nicht wettbewerbsfähig sein sollten.

Wirtschaftliche Lage. Während in der alten Bundesrepublik Deutschland das *Defizit* im Postzeitungsdienst seit 1979 in der Nähe von 600 Mio. DM jährlich stabilisiert werden konnte, wuchs es nach der deutschen Einheit auf 1,2 Mrd. DM im Jahre 1991 an. Für 1992 wird ein Verlust von 0,9 Mrd. DM erwartet. Durch die Preiserhöhungen von Anfang 1993 wird keine wesentliche Verbesserung erreicht werden können. Denn für die von der kostenorientierten Preismaßnahme überdurchschnittlich stark belasteten Titel wird im Jahre 1993 eine Entgeltermäßigung gewährt, durch die die erwartete Ergebgnisverbesserung weitgehend aufgezehrt werden wird. Die Maßnahme soll helfen, den betroffenen Titeln die Anpassung an die geänderten Rahmenbedingugnen zu erleichtern und im übrigen medienpolitisch unerwünschte Auswirkungen zu vermeiden.

Im Zuge der Postreform von 1989 ist vorgesehen, daß ab 1996 für die heutige *Ablieferung* der Post an den Bund in Höhe von 10 v. H. der Bruttoeinnahmen eine andere Berechnung tritt, die auf der steuerlichen Abgabenbelastung eines vergleichbaren selbständigen Unternehmens beruht. Der defizitäre Postzeitungsdienst würde somit um die Kosten der Ablieferung weitgehend entlastet werden.

Teilnahmebedingungen. Nicht kostendeckende Preise wirken nachfragesteigernd. Zur Vermeidung noch größerer Defizite benötigt die Post Abgrenzungskriterien zwischen teilnahmeberechtigten Druckschriften und sonstigen periodischen Drucksachen. Die AGB PZD stellen wie schon die früheren öffentlich-rechtlichen Regelungen für den Postzeitungsdienst verfassungsrechtlich unbedenklich auf die publizistische Aufgabe der Unterrichtung der Öffentlichkeit als Herausgabezweck ab, wobei die Förderung fremder wirtschaftlicher Interessen als Nebenherausgabezweck die Teilnahme ausschließt (BVerfGE 80, 124; dazu »Archiv für das Post- und Fernmeldewesen«, 1989, 436 mit Anmerkung Klabunde). Auch die Ergebnisse der ständigen Rechtsprechung des Bundesverwaltungsgerichts zur Teilnahmeberechtigung im Postzeitungsdienst werden wegen der Inhaltsgleichheit des materiellen Rechts in der früheren Postzeitungsordnung und in den AGB PZD weiterhin zu beachten sein (vgl. BVerwG, Urteil vom 22. Oktober 1987, AfP 1988, 95).

Durch die Zielsetzung der Post, auch im Postzeitungsdienst kostendeckende Preise zu erreichen, fällt die Rechtfertigung der *Zugangsbeschränkungen* in dem Maße weg, in dem die Zielsetzung erreicht werden wird. Für die neue *Pressesendung* wird deshalb auf die Verkehrsauffassung zum Pressebegriff abgestellt und lediglich gefordert, daß der Herausgabezweck auf die öffentliche Verbreitung von Informationen und/*oder* Unterhaltung gerichtet ist. Somit kann z.B. auch für periodisch (mindestens einmal vierteljährlich) erscheinende Rätsel- und Romanhefte und Comics das Dienstleistungsangebot Pressepost genutzt werden. Ausgeschlossen bleiben weiterhin periodische Druckerzeugnisse, die nach der Verkehrsauffassung als Werbepost, Prospekt und (Bestell-)Katalog angesehen werden.

GESCHICHTE. Seit dem Aufkommen von Zeitungen in Deutschland gegen Ende des 16. Jahrhunderts waren die Postmeister beim Zeitungsvertrieb beteiligt. Sie nahmen die Zeitungsbestellungen entgegen, kauften die erforderlichen Zeitungen und lieferten sie zu einem höheren Preis aus. Dieses private Zusatzgeschäft der Postmeister wurde von der staatlichen Obrigkeit toleriert. Die übliche Postbeförderungsgebühr wurde nicht für die Postkasse erhoben. Erst zu Beginn des 19. Jahrhunderts wurde der Zeitungsvertrieb durch die Postmeister in einigen deutschen Ländern verstaatlicht und insoweit teilweise ein Vertriebsmonopol eingeführt. Dies wurde später erweitert und förmlich erst beim Inkrafttreten des heutigen Postgesetzes am 1. Januar 1970 aufgehoben. Der Umfang der Tätigkeiten beim Vertrieb (Entgegennahme der Bestellungen, Führen der Abonnentenkartei, Bestellung der erforderlichen Zeitungen beim Verlag, Adressierung, Verpackung und Beförderung, Auslieferung und Inkasso, Abrechnung mit dem Verleger) blieb bis zum 1. Januar 1979 im Kern unverändert. Seitdem beschränkt sich die *Deutsche Bundespost* auf die Beförderung und Auslieferung von Zeitungspostsendungen.

Die *Deutsche Post* der *Deutschen Demokratischen Republik* hatte von der sowjetischen Besatzungsmacht 1949 nach dem Vorbild der UdSSR ein Monopol für den Pressevertrieb erhalten. Der *Postzeitungsvertrieb (PZV)* umfaßte alle zum Vertrieb zugelassenen Presseerzeugnisse einschließlich der Tageszeitungen. Diese Titel wurden durch Aufnahme in die Postzeitungsliste der Deutschen Post bekanntgemacht. Im Inland wurden Abonnenten mit Publikationen aus der DDR und dem übrigen Ostblock sowie den wenigen zum Postzeitungsvertrieb zugelassenen Publikationen aus dem westlichen Ausland beliefert. Der PZV war auch für die Belieferung von Bürgern der DDR mit Presseerzeugnissen aus der DDR während eines Auslandsaufenthalts zuständig. Schließlich war der gesamte Groß- und Einzelhandel mit Presseerzeugnissen Aufgabe der Deutschen Post. Dem PZV war auch die Aufgabe übertragen, die Rundfunkgebühren einzuziehen sowie die Anträge auf Gebührenbefreiung zu bearbeiten. Alle Daten der PZV-Kunden und Rundfunkteilnehmer waren in einem komplexen DV-Verfahren erfaßt. Wegen der Datenfülle (22 Mio. Anschriften von Haushalten und Betrieben) und der Ressourcenknappheit waren die Anschriften nur in gekürzter Form (Postleitzahl und maximal vier Zeichen für den Straßennamen) auf Datenträgern gespeichert. Diese verkürzten Anschriften wurden auch für die zentrale Beanschriftung von monatlich 11 Mio. Zeitschriftenexemplaren (1989) und bei der Erstellung von Zustellbüchern, in die alle hochauflagigen Titel wie Tageszeitungen und Programmzeitschriften aufgenommen wurden, genutzt. Im Jahre 1989 wurden 3,3 Mrd. Zeitungssendungen durch die Deutsche Post zugestellt. Die Kosten des PZV wurden zur Hälfte durch staatliche Subventionen ausgeglichen.

Das *Vertriebsmonopol* der Deutschen Post wurde durch Beschluß der Volkskammer vom 5. Februar 1990 über die Gewährleistung der Meinungs-, Informations- und Medienfreiheit (GBl. der DDR, Teil I/Nr. 7 vom 12. Februar 1990, S. 39f.) und durch die im übrigen medienrechtlich umstrittene Verordnung über den Vertrieb von Presseerzeugnissen in der DDR vom 2. Mai 1990 (GBl. der DDR, Teil I/Nr. 26 vom 15. Mai 1990, S. 245f.) aufgehoben.

Die *Privatisierung* der bisher von der Post wahrgenommenen Aufgaben im Pressevertrieb nach der deutschen Einheit verzögerte sich teilweise durch die Einflußnahme des Bundeskartellamts auf die Gestaltung der Grosso-Organisation in den neuen Ländern und die langsamen Entscheidungsprozesse der Treuhand beim Verkauf der früheren SED-Bezirkszeitungen als regionale Tageszeitungen an Verlage aus den alten Ländern. Auch die geringe Flexibilität der vorhandenen DV-Organisation erschwerte und verzögerte die Übergabe der Vertriebsdaten von der Post an die neuen Eigentümer der Verlage. In der Zwischenzeit mußte das Unternehmen POSTDIENST ohne Aussicht auf Kostenausgleich weitgehend die kostspielige Organisation für den PZV aufrechterhalten. Darüber hinaus wurde durch die Rücksichtnahme auf den restlichen PZV der Aufbau einer effizienten Postorganisation behindert. Erst am 1. Juli 1992 konnte die Privatisierung des Pressevertriebs in den neuen Ländern abgeschlossen werden.

HORST KLABUNDE

Literatur

Walter Kohl/Otmar Haun: Kommentar zur Postzeitungsordnung und Postzeitungsgebührenverordnung. Starnberg [3]1990 (*einzige ausführliche Darstellung mit eingehender Behandlung der Geschichte des Postzeitungsdienstes bis 1989*)

Postzeitungsdienst-Beschluß → Bundesverfassungsgerichtsentscheidungen zum Medienrecht (6. Juni 1989)

Prädikatisierung von Filmen → Filmrecht

Präventivzensur → Geschiche des Medienrechts, → Zensur

Preisbindung → Vertriebsrecht, → Wettbewerbsrecht

Preisgestaltung für Presseerzeugnisse → Wettbewerbsrecht

Preislistentreue → Werberecht

Preispolitik → Wettbewerbsrecht

Preisspaltung → Wettbewerbsrecht

Pressearchiv → Datenschutz

Presseausschüsse → Konzentration, → Pressegesetz

Presseausweise → Verbände und Organisationen im Medienbereich

Pressebegriff → Medienpolitik, → Pressefreiheit, → Pressegesetze

Pressedelikte. Mit dem Begriff der Pressedelikte werden zum Teil als Oberbegriff sowohl die als Straftaten und Ordnungswidrigkeiten geahndeten Zuwiderhandlungen gegen Presseordnungsvorschriften (Pressestrafrecht) als auch Verstöße gegen das allgemeine Strafrecht durch Äußerungen der Presse erfaßt, teilweise aber auch lediglich jene sich speziell aus den jeweiligen Landespressegesetzen ergebenden Straf- und Ordnungswidrigkeitentatbestände bezeichnet. Ungeachtet dieser unterschiedlichen oberbegrifflichen Einordnung geht es um drei Gruppen: *Presseinhaltsdelikte, Presseordnungsdelikte* und *Presseordnungswidrigkeiten*.

Da es sich bei den Vorschriften des StGB um allgemeine Gesetze im Sinne des Artikels 5 Abs. 2 GG handelt, liegt es auf der Hand, daß sie auch für die Presse einschlägig sein müssen. Daß dennoch die Landespressegesetze wie schon das frühere Reichspressegesetz in seinem § 20 eine ausdrückliche Verweisung auf die allgemeinen Strafgesetze enthalten, hat neben der klarstellenden Bedeutung insoweit normative Auswirkungen, als erst hierdurch für das spezifische Pressestrafrecht die Vorschriften des allgemeinen Teils des StGB und des OWiG zum Zuge kommen können. Denn ebenso wie das StGB und EGStGB ist auch das OWiG aufgrund der Bundeskompetenz für das Strafrecht nach Artikel 74 Nr. 1 GG erlassen worden, so daß die Reichweite dieser Gesetze nicht über die Kompetenz hinausgehen kann, auf die sie gestützt sind (s. hierzu Groß: NJW 1978, 918).

Pressestrafrecht ist ein Sonderstrafrecht der Presse und schließt auch die Presseordnungswidrigkeiten (→ Presseordnungsrecht) mit ein. Es handelt sich um Zuwiderhandlungen gegen Presseordnungsvorschriften (wie z. B. Bestimmungen über das Impressum), wobei die jeweiligen Landespressegesetze schwere Verstöße als Vergehen und leichtere Gesetzesverletzungen als Ordnungswidrigkeiten ausgestaltet haben. Für dieses Pressestrafrecht ist ausschließlich der Landesgesetzgeber zuständig, da es sich hierbei nicht um Strafrecht im Sinne des Artikels 74 Nr. 1 GG handelt. In den Ländern ist hiervon in unterschiedlichem Umfang Gebrauch gemacht worden (→ Pressegesetze).

Die Landespressegesetze schreiben für das Impressum die Benennung eines verantwortlichen Redakteurs vor, der u. a. darauf zu achten hat, daß das Druckwerk keinen strafbaren Inhalt aufweist. Hat er schuldhaft diese Pflicht verletzt, wird er hierfür strafrechtlich zur Verantwortung gezogen, soweit nicht bereits eine Strafbarkeit nach den allgemeinen Strafgesetzen gegeben ist. Die besondere strafrechtliche Haftung des verantwortlichen Reakteurs will sicherstellen, daß auch dann, wenn der eigentliche Täter zum Beispiel wegen des für die Presse geltenden Rechts der → Zeugnisverweigerung nicht zu ermitteln ist, ggfs. die Strafe beim verantwortlichen Redakteur verfolgt werden kann.

Der Verleger darf zum verantwortlichen Redakteur nur eine Person bestellen, die den in den Pressegesetzen normierten Anforderungen entspricht, wie zum Beispiel das Erfordernis der unbeschränkten Geschäftsfähigkeit. Für den Fall, daß trotz der fehlenden persönlichen Voraussetzungen jemand als verantwortlicher Redakteuer im Impressum benannt ist, nimmt der BGH ebenfalls eine strafrechtliche Haftung an (BGH, NJW 1980, 67; zum Meinungsstreit hierzu s. Franke: NStZ 1983, 114 [115] m. w. N.). Redakteur im haftungsrechtlichen Sinne kann damit jeder sein, und zwar unabhängig von Vorbildung, Alter oder Vorstrafen.

Bis auf das hessische Pressegesetz wird nach allen Pressegesetzen bestraft, wer sich als verantwortlicher Redakteur betätigt, ohne den persönlichen Anforderungen des Pressegesetzes zu entsprechen, oder wer eine solche Person zum verantwortlichen Redakteur bestellt. Nach dem hessischen Pressegesetz wird diese Zuwiderhandlung lediglich als Ordnungswidrigkeit geahndet.

Vom Pressestrafrecht sind die sogenannten *Presseinhaltsdelikte* zu unterscheiden. Allgemein betrachtet handelt es sich dabei um Tatbestände des allgemeinen Strafrechts, die durch den Text eines Druckwerks und seiner Verbreitung erfüllt werden. Die Frage, ob eine strafbare Handlung als Presseinhaltsdelikt einzustufen ist, hat weitreichende Folgen sowohl für das materielle Strafrecht als auch für das Strafprozeßrecht. Bei der landespresserechtlichen Regelung der kurzen Verjährung, der strafbaren Verletzung der Presseordnung, bei Verstößen gegen die Sorgfaltspflichten der Presse (Haftung des verantwortlichen Redakteurs), bei der Einziehung von Schriften nach § 74d StGB und der diese Maßnahme sichernden Beschlagnahme gemäß § 111n StPO (→ Beschlagnahme von Presseerzeugnissen) sowie in der Bestimmung eines besonderen Gerichtsstandes nach § 7 Abs. 2 StPO wird an das Bestehen eines Presseinhaltsdelikts angeknüpft (Franke: GoltArch 1982, 404).

Nach allgemeiner Ansicht steht das Vorliegen eines Presseinhaltsdelikts unter drei Voraussetzungen. Zunächst muß es sich um ein Druckwerk im Sinne der Landespressegesetze handeln. Des weiteren ist es erforderlich, daß der Text eine den Tatbestand einer strafbaren Handlung begründende Erklärung enthält. Schließlich bedarf das Druckwerk der Verbreitung, d. h. der Zugänglichmachung an einen nicht mehr überschaubaren Personenkreis. An diesen Merkmalen wird deutlich, daß das Presseinhaltsdelikt keine Sondergattung strafbarer Handlungen darstellt und auch nicht auf den Schutz bestimmter Rechtsgüter abstellt, sondern lediglich die eigentümliche Begehungsweise eines beliebigen Delikts, mithin die Ausübung einer Straftat durch Presseveröffentlichung und -verbreitung kennzeichnet (vgl. Franke: a.a.O., 408).

Entgegen der ursprünglich vertretenen Ansicht vom engen Begriff des Presseinhaltsdelikts (s. hierzu Groß: a.a.O., 919 m.w.N.) wird im Anschluß an die grundlegende Entscheidung RGSt 66, 145 (147) angenommen, daß nicht alle für die Strafbarkeit erforderlichen objektiven sowie subjektiven Tatumstände im Presseartikel enthalten sein müssen. »Eine Druckschrift strafbaren Inhalts liegt schon dann vor, wenn die Druckschrift die von dem jeweils maßgebenden Tatbestand geforderte Erklärung enthält und außerhalb ihrer diejenigen Umstände gegeben sind, von denen die Strafbarkeit der Erklärung nach dem in Betracht kommenden Tatbestand sonst noch abhängt« (RGSt a.a.O.). Dies bedeutet, daß die Druckschrift allein den im jeweiligen Tatbestand geforderten geistig wirksamen Inhalt enthalten muß, wohingegen besondere Tätermerkmale, wie z. B. die Beamteneigenschaft bei Amtsdelikten, wie auch die subjektiven Voraussetzungen der Strafbarkeit sich nicht aus dem Inhalt selbst ergeben müssen (BGHSt 26, 40 [44]). Schreibt also ein Beamter einen anonymen Artikel, in welchem er Dienstgeheimnisse unbefugt offenbart und dabei seine Amtsverschwiegenheit verletzt, handelt es sich um ein Presseinhaltsdelikt, auch wenn die Amtsträgerstellung sich nicht aus dem Artikel selbst ergibt und für den Leser auch auf andere Weise nicht erkennbar ist. Wäre hingegen zur Vollendung des Delikts noch die Erfüllung eines weiteren Merkmals des Unrechtstatbestandes erforderlich, läge kein Presseinhaltsdelikt vor. Vielmehr muß mit der Veröffentlichung die Straftat vollendet sein.

Insbesondere mit Blick auf die Pornographiestraftatbestände sowie die Vergehen nach dem Gesetz über jugendgefährdende Schriften (GjS) (→ Jugendmedienschutz) stellt sich unter Berücksichtigung der Tatsache, daß beide Bereiche an einen pornographischen bzw. jugendgefährdenden Inhalt anknüpfen, die Frage, ob und inwieweit die Elemente des Inhalts und der Verbreitung bei der Erfüllung des Begriffs des Presseinhaltsdelikts miteinander zu verbinden sind. Läßt die grundlegende Entscheidung des Reichsgerichts zur Auseinandersetzung über die enge und weite Auffassung von Presseinhaltsdelikten noch offen, ob die Strafbarkeit ausschließlich auf den Inhalt oder auch an eine bestimmte Verbreitungsform anknüpft (RGSt a.a.O.), hat der BGH für das Vorliegen eines Presseinhaltsdelikts zunächst auf den »Kern der Strafwürdigkeit« abgestellt. Wenn dieser nicht im Inhalt, sondern »in der Akte des Herstellens, Verbreitens usw.« der Schrift liege, sei kein Presseinhaltsdelikt gegeben (BGHSt 19, 63 [75]). In der hierauf folgenden Rechtsprechung hat der BGH dies näher dahin gehend präzisiert, daß ausschließlich ein solches Delikt als Presseinhaltsdelikt angesehen werden könne, bei dem der Strafgrund »nur in seinem Inhalt« liege. Dies sei dann nicht der Fall, wenn die Verbreitung eines bestimmten Inhalts grundsätzlich erlaubt und nur dann strafbar sei, wenn dabei Vorschriften, welche Zeit, Ort oder Art des Verbreitens oder einen bestimmten Abnehmerkreis betreffen, verletzt werden. In solchen Fällen sei der Strafgrund nicht oder nicht allein der Inhalt des Druckwerks selbst. Die Verbreitung des Druckwerkes sei nicht »schlechthin«, sondern nur bei bestimmten Verbreitungsarten strafbar (BGHSt 26, 40 [44]). Hiernach stellen folglich Straftatbestände mit einem speziellen Verbreitungsverbot, die sich insbesondere aus dem GjS ergeben, keine Presseinhaltsdelikte dar.

Häufigste Erscheinungsformen des Presseinhaltsdelikts sind Angriffe gegen Ehre und Persönlichkeit (§§ 185 bis 200 StGB) (→ Persönlichkeitsschutz). Typische Presseinhaltsdelikte sind ferner Delikte im Bereich des → Staatsschutzes (§§ 80 bis 101a StGB), verbotene Mitteilungen über Gerichtsverfahren (§ 353d StGB) (→ Gerichtsberichterstattung) sowie die Verbreitung pornographischer Schriften (§ 184 StGB). Denkbar als Presseinhaltsdelikte sind schließlich die Parlamentsnötigungen (§ 105 StGB), die Aufforderung zum Ungehorsam gegen die Gesetze oder zu strafbaren Handlungen (§§ 110, 111 StGB), Volksverhetzung (§ 130 StGB) oder Gotteslästerung (§ 166 StGB).

Während die regelmäßige *Verjährungsfrist* für Straftaten nach § 78 StGB mindestens drei Jahre beträgt und sich bis auf 30 Jahre belaufen kann, ist in den Landespressegesetzen für die Pressedelikte im weiteren Sinne ein erheblich kürzerer Verjährungszeitraum bestimmt, und zwar in aller Regel für Verbrechen ein Jahr, für Vergehen ein halbes Jahr und für Presseordnungswidrigkeiten ein Vierteljahr. Die kurze presserechtliche Verjährung wird u. a. damit begründet, daß der objektive Tatbestand des Delikts durch die Veröffentlichung sofort der staatsanwaltschaftlichen Beurteilung offenstehe, die anzuklagende Person schnell ermittelt werden könne und ein gesteigertes Interesse an alsbaldiger Aufklärung bestünde (vgl. Franke: a.a.O. m. w. N.). Entscheidend ist dabei der Gedanke der besonderen Funktion und der Macht der Presse im demokratischen Staatswesen. Gerade die Bedeutung der Presse für die politische und geistige Auseinandersetzung widerstreitender Meinungen und ihr dem entsprechendes Verständnis als konstitutiver Faktor für die freiheitlich-demokratische Staatsordnung erfordert eine schnelle Klärung etwaiger strafrechtlich relevanter Rechtsverstöße (s. hierzu Löffler/Ricker: Handbuch des Presserechts, ^{2}1986, S. 106f.). Sinn und Zweck dieser kurzen Verjährung machen es erforderlich, daß die Frist mit der Veröffentlichung oder Verbreitung des Druckwerks beginnt, wie dies auch in den Landespressegesetzen ausdrücklich bestimmt ist. Anderenfalls würden immer wieder neue Fristen in Lauf gesetzt und damit der gebotenen Kürze der Verjährung entgegengewirkt werden. Des weiteren ist in den Landespressegesetzen überwiegend bestimmt, daß in den Fällen, in denen ein Druckwerk in Teilen veröffentlicht oder neu aufgelegt wird, die Verjährung jeweils neu beginnt. Hiervon ausgehend hat der BGH für Pressedelikte, die im Fortsetzungszusammenhang begangen werden, entschieden, daß auch dann die Verfolgungsverjährung gesondert für jedes Druckwerk mit dem ersten Verbreitungsakt beginnt (BGHSt 27, 18). Demgegenüber beginnt ansonsten nach allgemeinen Grundsätzen bei einer fortgesetzten Handlung die Verjährung erst mit dem Ende des letzten Handlungsteils (BGHSt 1, 84 [91]). Eine Sonderregelung enthält § 12 des Hessischen Pressegesetzes. Nach dieser Vorschrift beginnt bei einer fortgesetzten Handlung im Geltungsbereich des Hessischen Pressegesetzes die Verjährung nicht gesondert mit jeder Teilhandlung, sondern mit dem ersten Akt der Veröffentlichung oder Verbreitung des Druckwerks (Groß: a.a.O., 920).

Einen strafprozessualen *Sondergerichtsstand für Presseinhaltsdelikte* bestimmt § 7 Abs. 2 StPO. Grundsätzlich befindet sich nach § 7 Abs. 1 StPO der Gerichtsstand bei dem Gericht, in dessen Bezirk die Straftat begangen worden ist. Für Presseinhaltsdelikte wäre diese Regelung jedoch problematisch, da sie nicht nur am Erscheinungsort, sondern überall begangen werden, wo das Druckwerk verbreitet wird, so daß dann auch jedes in den jeweiligen Bezirken zuständige Gericht zuständig wäre. Um im Interesse der Funktionsfähigkeit der Meinungsbildung durch die Presse einen fliegenden Gerichtsstand zu vermeiden, ist durch eine bereits im Jahre 1902 eingefügte Novelle im § 7 Abs. 2 StPO auch für Presseinhaltsdelikte als Gerichtsstand grundsätzlich der Bezirk des Erscheinungsortes bestimmt. Ausgenommen hiervon sind Beleidigungen, die im Wege der Privatklage verfolgt werden. Insoweit kommt es auf den Verbreitungsort an, wenn die beleidigte Person dort ihren Wohnsitz oder gewöhnlichen Aufenthaltsort hat. Da sich die Problematik des fliegenden Gerichtsstandes ebenfalls beim Rundfunk stellt, ist der Sondergerichtsstand des § 7 Abs. 2 StPO auf dieses Medium analog anzuwenden (AG Würzburg, NStZ 1990, 199f. mit zustimmender Anm. von Kusch).

Schriften, die ein Presseinhaltsdelikt aufweisen, unterliegen der *Einziehung nach § 74d StGB*, wenn mindestens ein Exemplar des Druckwerks »durch eine vorsätzlich rechtswidrige Tat verbreitet oder zur Verbreitung bestimmt worden ist«. Die Vorschrift des § 74d StGB stellt eine ausschließlich für Presseinhaltsdelikte einschlägige Einziehungs-Sonderregelung dar. Entgegen der generellen Einziehungsbestimmung des § 74 StGB bleibt die Einziehung nicht dem richterlichen Ermessen überlassen, sondern ist bei Erfüllung der Voraussetzungen des § 74d StGB im Hinblick auf den gefährlichen geistigen Inhalt zwingend vorgeschrieben (vgl. Löffler/Ricker: a.a.O., S. 176). Für die → Beschlagnahme von Presseerzeugnissen enthält die StPO mit der Vorschrift des § 111m eine Spezialregelung, die zur Wahrung der publizistischen Freiheit der Presse und wegen des besonderen Informationsbedürfnisses der Öffentlichkeit die Zulässigkeit entsprechender Maßnahmen einer strengen Interessenabwägung unterstellt.

JOACHIM KRECH

Literatur

Einhard Franke: Zum Begriff des Presseinhaltsdelikts. In: Goltdammer's Archiv für Strafrecht (GoltArch), Jg. 1982, S. 404ff.

Einhard Franke: Haftet pressestrafrechtlich als »verantwortlicher Redakteur«, wer die persönlichen Anforderungen nicht erfüllt? In: »Neue Zeitschrift für Strafrecht«, Jg. 1983, S. 114ff.
Rolf Groß: Pressestrafrechtliche Verantwortlichkeit. In: »Neue Juristische Wochenschrift«, Jg. 1978, S. 918ff.
Martin Löffler / Reinhart Ricker: Handbuch des Presserechts. München [2]1986

Presseförderung → Konzentration, → Medienpolitik, → Österreichisches Medienrecht, → Pressefreiheit, → Schweizerisches Medienrecht

Pressefonds → Konzentration

Pressefreiheit. Das Grundgesetz für die Bundesrepublik Deutschland garantiert in Art. 5 Abs. 1 Satz 2 neben der Freiheit der Berichterstattung durch Rundfunk und Film die Pressefreiheit. Art. 5 GG ist somit die zentrale Norm nicht nur für den Pressebereich, sondern ebenso für das → Rundfunkorganisationsrecht, → Rundfunkprogrammrecht und das → Filmrecht.

RECHTSCHARAKTER. Nach Wesen und Ursprung stellt sich die Pressefreiheit – ebenso wie die Meinungsfreiheit – zunächst als ein reines Abwehrrecht dar. Der Staat und seine Organe sollen niemand daran hindern, seine Meinung mit Hilfe der Druckerpresse und ähnlicher Vervielfältigungsmittel öffentlich zu äußern und zu verbreiten. Ausgangspunkt für die Gewährleistung der Pressefreiheit ist der einzelne. Um seinetwillen ist die Pressefreiheit ebenso wie die Meinungsfreiheit gewährt worden. Die Pressefreiheit greift in ihrer Wirkung jedoch über den einzelnen hinaus. Sie beschränkt sich nicht auf die individuelle Selbstverwirklichung, sondern ist konstitutiv für den gesellschaftlichen und politischen Prozeß. Die Pressefreiheit ermöglicht die *Bildung der öffentlichen Meinung* und schafft die Voraussetzung für die Ausübung staatsbürgerlicher Rechte. Sie ermöglicht es der Presse, ihre *Kontrollfunktion* gegenüber den staatlichen Instanzen wahrzunehmen und zwischen dem Volk und den Trägern staatlicher Zuständigkeit als Vermittler zu wirken.

Das zentrale Thema aller Deutungsversuche des Art. 5 Abs. 1 Satz 2 GG bildet die Frage, in welchem Umfang dieser überindividuelle Gehalt der Pressefreiheit die Auslegung des Grundrechts beeinflußt. Versucht man, die zahlreichen Deutungen der Pressefreiheit zu gruppieren, so lassen sich zwei Grundformen unterscheiden: ein Teil der Literatur geht von dem prinzipiellen Vorrang der individuellen Komponente der Pressefreiheit aus. Nach dieser Auffassung ist die Pressefreiheit lediglich oder doch in erster Linie ein staatsgerichtetes Freiheitsrecht, ein Abwehrrecht gegen staatliche Eingriffe. Auch diese Auffassung leugnet nicht die wichtige Bedeutung der Pressefreiheit für das politische Gemeinschaftsleben; sie mißt der überindividuellen Funktion jedoch keine zentrale Bedeutung für die Auslegung des Grundrechtes zu. Nach der Gegenmeinung erschöpft sich die Pressefreiheit nicht in ihrem individualrechtlichen Bedeutungsgehalt; daneben weist sie eine objektivrechtliche (institutionelle) Seite auf. Nach der überwiegenden Meinung besteht eine *Parallelgeltung zwischen der individuellen und der objektiv-institutionellen Seite*. Das Bundesverfassungsgericht qualifiziert die Pressefreiheit zwar als einen Unterfall der Meinungsäußerungsfreiheit und damit als Individualrecht. Es betont jedoch gleichzeitig, daß die Pressefreiheit »mehr (sei) als nur ein Unterfall der Meinungsfreiheit«. Art. 5 Abs. 1 Satz 2 GG enthalte auch eine Gewährleistung »der institutionellen Eigenständigkeit der Presse von der Beschaffung der Information bis zur Verbreitung der Nachricht und der Meinung« (BVerfGE 10, 118 [121]). Beiden Grundrechtskomponenten kommt nach dieser Sicht eine gleichrangige Bedeutung zu. Die entscheidenden Elemente, die das Bild der freien Presse kennzeichnen, hat das Bundesverfassungsgericht in der »Spiegel«-Entscheidung vom 5. August 1966 (BVerfGE 20, 162 [175 f.]) wie folgt zusammengefaßt: »Der Funktion der freien Presse im demokratischen Staat entspricht ihre Rechtsstellung nach der Verfassung. Das Grundgesetz gewährleistet in Art. 5 die Pressefreiheit. Wird damit zunächst – entsprechend der systematischen Stellung der Bestimmung und ihrem traditionellen Verständnis – ein subjektives Grundrecht für die im Pressewesen tätigen Personen und Unternehmen gewährt, das seinen Trägern Freiheit gegenüber staatlichem Zwang verbürgt und ihnen in gewissen Zusammenhängen eine bevorzugte Rechtsstellung sichert, so hat die Bestimmung zugleich auch eine objektiv-rechtliche Seite. Sie garantiert das Institut ›Freie Presse‹. Der Staat ist – unabhängig von subjektiven Berechtigungen einzelner – verpflichtet, in seiner Rechtsordnung überall, wo der Geltungsbereich einer Norm die Presse berührt, dem Postulat ihrer Freiheit Rechnung zu tragen. Freie Gründung von Presseorganen, freier Zugang zu den Presseberufen, Auskunftspflichten der öffentlichen Behörden sind prinzipielle Folgerungen daraus; doch ließe sich etwa auch an eine Pflicht des Staates denken, Gefahren abzuwehren, die einem freien Pressewesen aus der Bildung von Meinungsmonopolen erwachsen könnten.«

Die praktischen Konsequenzen, die sich aus den unterschiedlichen Deutungen ergeben, können hier nur gestreift werden. Je stärker die überindividuelle Seite der Presse betont wird, um so stärker ist die Tendenz, diejenigen Presseorgane, die nicht »öffentliche Aufgaben« erfüllen, aus dem Schutzbereich des Grundrechts auszuscheiden (z. B. Buchpresse, Sensationspresse, Publikumszeitschriften). Die institutionelle Deutung führt einerseits zu einer Privilegierung der Pressefreiheit gegenüber der Meinungsäußerungsfreiheit (z. B. → Auskunftspflicht der Behörden, → Informationsfreiheit), andererseits aber auch zu Sonderbindungen der Presse, z. B. der Pflicht zur wahrheitsgemäßen Berichterstattung (→ Verantwortung des Journalisten) und der Mitverantwortung der Presse für die Staatssicherheit (→ Staatsschutz). Für einige Probleme bietet die institutionelle Auffassung gegenüber der individualrechtlichen Deutung auf den ersten Blick befriedigendere Lösungsmöglichkeiten. So leitete das Bundesverfassungsgericht z. B. aus der institutionellen Garantie der Pressefreiheit eine mögliche Pflicht für den Gesetzgeber ab, Gefahren abzuwenden, die aus der *Bildung von Meinungsmonopolen* erwachsen können (BVerfGE 20, 162 [175 f.]).

Die institutionellen Inhalte der Pressefreiheit ermächtigen jedoch in keinem Fall zu einem Eingriff oder gar zu einer Umgestaltung der privatwirtschaftlichen Struktur der Presse. *Privatautonomie, freier wirtschaftlicher und publizistischer Wettbewerb* sind ebenso *verfassungsgeschützte Elemente der Pressefreiheit* wie die erwerbswirtschaftliche Orientierung und die Entscheidungsautonomie der Verlage (→ Tendenzschutz). Mit der verfassungsrechtlich gewährleisteten privatwirtschaftlichen Organisationsstruktur der Presse sind zugleich gesetzlichen Regelungen einer *»inneren Pressefreiheit«* oder der gesetzlichen Einführung binnenpluralistischer Entscheidungsgremien unüberschreitbare Grenzen gesetzt (→ Mitbestimmung).

SCHUTZBEREICH. Die Frage nach dem Umfang der Pressefreiheit stellt sich nach drei Richtungen: Es gilt einmal zu klären, wie der *gegenständliche Bereich des Pressebegriffes* in Art. 5 Abs. 1 GG abzugrenzen ist. Schützt das Grundgesetz nur die Herstellung und Verbreitung periodischer Druckschriften (Zeitungen und Zeitschriften) und unter ihnen auch nur solche, die eine öffentliche Aufgabe erfüllen, oder sind auch sonstige Druckerzeugnisse (z. B. Bücher) in den Schutz durch Art. 5 GG eingeschlossen? Es geht zweitens um die *grundrechtlich geschützten Tätigkeiten* und Verhaltensweisen und schließlich um die Frage nach den *Trägern der Pressefreiheit*.

Rechtsprechung und Literatur zeigen ein keineswegs einheitliches Bild. Zu beinahe jeder einzelnen Frage sind die Lösungsansätze »nicht nur in Randbereichen, sondern vielmehr auch in ganz zentralen Punkten umstritten« (Herzog). Das gilt bereits von dem *gegenständlichen Bereich der Pressefreiheit*. Eine Mindermeinung in der Literatur versucht, den Anwendungsbereich des Art. 5 Abs. 1 GG auf einen wertgebundenen Pressebegriff zu verengen und schließt innerhalb der periodischen Presse solche Publikationen, die nicht oder nicht überwiegend »öffentliche Aufgaben« erfüllen – etwa bloß unterhaltende Veröffentlichungen oder solche, »denen es von vornherein auf Skandal und Sensation ankommt« (BGH, NJW 1963, 665 [667]) – aus dem Schutzbereich der Pressefreiheit aus. Eine solche Auslegung des Art. 5 GG liegt nahe, wenn man – wie es vom institutionellen Ausgangspunkt her geschieht – die Pressefreiheit um eines bestimmten Erfolges (»Beitrag zur öffentlichen Meinungsbildung«) willen gewährleistet sieht. Es ist dann in der Tat nur konsequent, Presseorgane, die zu diesem Erfolg nicht beitragen, aus dem Schutzbereich der Pressefreiheit auszuklammern. Diese restriktive Auslegung des Pressebegriffs wird indessen auch unter den Stimmen der Literatur, die grundsätzlich eine institutionelle Deutung bejahen, kaum noch befürwortet. Neben der Schwierigkeit, wenn nicht Unmöglichkeit, auch nur annähernd zuverlässige Abgrenzungen vorzunehmen, ist es weder mit dem demokratischen Prinzip noch mit der Menschenwürde vereinbar, die öffentliche

Meinung gleichsam inhaltlich zu präformieren (Herzog). So wie es dem Staat verwehrt ist, die Wahlentscheidung des Bürgers unterschiedlich zu bewerten je nach der Motivation, die seiner Entscheidung zugrunde lag, so wenig läßt sich der Schutzumfang der Pressefreiheit nach derartigen inhaltlichen Kriterien begrenzen. Die Verfassungswidrigkeit dieser Interpretation, die das Grundrecht der Pressefreiheit dem Rechtsanwender zur beliebigen Verfügung anheimgeben würde, liegt auf der Hand. *Das Grundrecht der Pressefreiheit enthält deshalb ein absolutes Differenzierungsverbot hinsichtlich der Schutzfähigkeit des Inhalts* (BVerfGE 34, 269 [283]). Geschützt sind deshalb auch die Sensationspresse oder ein Druckwerk pornographischen Inhalts. Das Bundesverfassungsgericht hält jedoch im Einzelfall einen geringeren Schutz der reinen Unterhaltungspresse für denkbar.

Nach dem allgemeinen Sprachgebrauch ist »Presse« gleichbedeutend mit der periodischen, der Zeitungs- und Zeitschriftenpresse. Das gilt auch für die Terminologie der Publizistikwissenschaft. Eine Sonderstellung der periodischen Presse gegenüber der »Buchpresse« im Rahmen von Art. 5 Abs. 1 Satz 2 GG läßt sich jedoch nicht überzeugend begründen. Grundlage einer sinnvollen normativen und für den Umfang des Grundrechtsschutzes erheblichen Differenzierung könnte das formale Merkmal der Periodizität nur sein, wenn mit ihm regelmäßig besondere soziale Wirkungen verbunden werden (Czajka). Vergleicht man unter diesem Aspekt die periodische Presse mit der Buchpresse, so kommt man zu dem Ergebnis, daß die Buchpresse in wesentlichen Bereichen (z. B. politisch-aktuelle Taschenbuchreihen) der periodischen Presse in ihrer besonderen Wirkung kaum nachsteht. Die Kommunikationsfunktion im gesellschaftlichen Bereich wird mit vergleichbarem Gewicht auch von der Buchpresse erfüllt. Es sprechen deshalb überzeugende Gründe dafür, neben den periodisch erscheinenden Druckschriften auch Bücher, Broschüren, Flugblätter, Handzettel, Plakate – ganz unabhängig von ihrem Inhalt – unter den Schutz der Pressefreiheit zu stellen. Insbesondere der gesamte Anzeigenteil von Zeitungen genießt den vollen Schutz der Pressefreiheit (BVerfGE 21, 271 [278 f.]). Wäre es anders, könnte der Staat durch Eingriffe in den Inseratenteil die wirtschaftliche Grundlage der Zeitung empfindlich treffen. Nichts anderes gilt schließlich von solchen Presseerzeugnissen, die ausschließlich Werbung bzw. Inserate verbreiten (→ Anzeigenblätter).

Nicht durch die Pressefreiheit geschützt sind staatliche periodische Veröffentlichungen, die der Erfüllung staatlicher Aufgaben, z. B. staatlicher Öffentlichkeitsarbeit, dienen. Das Gleiche gilt von rundfunkeigenen Programmzeitschriften, die von den öffentlich-rechtlichen Rundfunkanstalten herausgegeben werden. Sowenig wie der Staat können die öffentlich-rechtlichen Rundfunkanstalten die Pressefreiheit für sich in Anspruch nehmen. Die verfassungsrechtliche Grundlage für die rundfunkeigene Programmpresse bildet vielmehr die Rundfunkfreiheit des Art. 5 Absatz 1 Satz 2 GG. Sie erlaubt Publikationen der Rundfunkanstalten nur in einem sehr eingeschränkten Rahmen als »unterstützende Randbetätigung« (BVerfGE 83, 238 [313]). Hierzu gehören in erster Linie Programminformationen, aber auch Informationen über die Rundfunkanstalten, nicht jedoch Beiträge allgemeiner, etwa unterhaltender Art.

Zahlreiche ungeklärte Fragen wirft die *Zuordnung der neuen Medien* (→ Neue elektronische Kommunikationstechniken; → Bildschirmtext und Videotext) zum Pressebegriff des Art. 5 Abs. 1 Satz 2 GG auf. Je nach dem, ob man stärker auf die Kommunikationstechnik (fernmeldetechnische Übermittlung) oder auf die typischen Kommunikationsinhalte abstellt, wird man z. B. bei der Einordnung der Teletextdienste, die auf dem Bildschirm sichtbar sind und durch eine Zusatzeinrichtung gedruckt werden können, zu unterschiedlichen Antworten kommen. Kennzeichnend für die neuen Technologien ist eine stärkere Individualisierung beim Abruf von Kommunikationsinhalten. Aber auch die Übermittlung individueller Kommunikationsinhalte gewinnt zunehmende Bedeutung. Mit den rundfunkähnlichen Kommunikationsdiensten und den sonstigen Textabrufs- und -zugriffsdiensten wird der herkömmliche, durch Rechtsprechung und Literatur gesicherte Rahmen von Presse und Rundfunk i. S. von Art. 5 Abs. 1 GG überschritten. Die Versuche einer begrifflichen Zuordnung der neuen Medien lassen die Schwierigkeiten sichtbar werden. Um so wichtiger ist die Feststellung, daß auch für diese Medien – ob man sie als Presse, Rundfunk oder Medien »sui generis« definiert – ein der Pressefreiheit vergleichbarer *Grundrechtsschutz im Sinne einer übergreifenden Medienfreiheit* besteht.

Journalistische Arbeit umfaßt ganz unterschiedliche *Tätigkeiten und Verhaltensweisen von Publizisten*. Das Bundesverfassungsgericht läßt die Gewährleistung der Pressefreiheit »von der Beschaffung der Information bis zur Verbreitung der Meinung und Nachricht« (BVerfGE 48, 271 [279] und öfter) reichen und billigt damit einem umfassenden Komplex von Einzeltätigkeiten den Schutz der Pressefreiheit zu. Das beginnt mit der vorbereitenden Tätigkeit des Recherchierens. Freie Pressetätigkeit setzt die ungehinderte Beschaffung von Informationen voraus. Den Zugang zu den »allgemein zugänglichen Quellen« sichert die ebenfalls in Art. 5 GG gewährleistete → Informationsfreiheit. Einen gesteigerten Informationsanspruch der Presse, insbesondere gegenüber staatlichen Behörden, enthält Art. 5 GG jedoch nicht. Zwar verpflichten die Landespressegesetze die Behörden, »den Vertretern der Presse die der Erfüllung ihrer öffentlichen Aufgabe dienenden Auskünfte zu erteilen« (→ Auskunftspflicht der Behörden). Damit wird jedoch nicht ein bereits verfassungsrechtlich verbürgter Schutz konkretisiert (bestritten). Da die Pressefreiheit in erster Linie ein Abwehrrecht gegenüber staatlicher Gewalt darstellt, können grundsätzlich nur unberechtigte staatliche Beeinträchtigungen verhindert, nicht aber staatliche Leistungspflichten begründet werden. Jedoch wird eine Verpflichtung der Behörde, ermessensfehlerfrei über Auskunftsbegehren zu entscheiden, allgemein anerkannt. Eingriffsmöglichkeiten des Staates in die vorbereitenden Pressetätigkeiten sind aber nicht nur durch Zugangsbeschränkungen zu den Informationsquellen denkbar. Eine freie Pressetätigkeit verlangt, daß auch die Anonymität der Informationsquelle gewahrt bleibt. Zur Pressefreiheit gehört deshalb auch der *Schutz des Redaktionsgeheimnisses* (→ Zeugnisverweigerungsrecht) oder – in der Formulierung des Bundesverfassungsgerichtes – »ein gewisser Schutz des Vertrauensverhältnisses zwischen Presse und privaten Informanten« (BVerfGE 20, 162 [176]). Freilich bedeutet der Ausschluß von selbst recherchierten Informationen vom → Zeugnisverweigerungsrecht und von selbst angefertigtem (Bild-)Material vom Beschlagnahmeverbot eine empfindliche Beeinträchtigung der Pressearbeit.

Zu dem in einem periodischen oder sonstigen Druckwerk durch die Pressefreiheit geschützten Inhalt gehören der redaktionelle Teil wie der Anzeigenteil, sowohl *Tatsacheninformationen* als auch *Meinungsäußerungen*. Dabei kommt es auf den Gegenstand oder die Seriosität der Berichterstattung nicht an. Die Grenze des Grundrechtsschutzes dürfte allerdings dort überschritten sein, wo bewußt oder leichtfertig falsche Nachrichten wiedergegeben werden (→ Verantwortung des Journalisten).

Von besonderer Bedeutung ist schließlich die *berufsrechtliche Seite der Pressefreiheit*. Aus der Pressefreiheit folgt, daß der freie Zugang zu den Presseberufen jedermann offenstehen muß. Deshalb wäre die Einführung von Zulassungsvoraussetzungen – abgesehen von gewissen fundamentalen Voraussetzungen (bürgerliche Ehrenrechte, inländischer Wohnsitz) – ebensowenig zulässig wie die Einführung berufsständischer Elemente (→ Aus- und Fortbildung von Journalisten). Auch dieser Schutz bliebe jedoch unvollkommen, wenn nicht auch die notwendigen pressetechnischen Hilfstätigkeiten vor Eingriffen des Staates sicher sein könnten. Die eigentliche publizistische Tätigkeit könnte ihre Wirkung ohne eine funktionsfähige technisch-kaufmännische Basis nicht entfalten. Die freie Organisation und Funktion des Presseunternehmens, also die gesamte Arbeit des konkreten Presseverlages, werden deshalb ebenfalls durch die Pressefreiheit garantiert.

Bei der Bestimmung des *Personenkreises, der sich auf das Grundrecht der Pressefreiheit berufen kann*, geht es allein um die Frage, wer sich *gegenüber staatlichen Eingriffen* auf das Grundrecht der Pressefreiheit berufen kann, nicht aber um die Rechtspositionen, die den Pressetätigen untereinander (→ Mitbestimmung) zustehen. Als Träger der Pressefreiheit kommen alle Personen in Betracht, »die produktiv, vermittelnd oder rezeptiv an der geistig-inhaltlichen Kommunikation durch die Presse teilnehmen« (Rebe). Damit ist klargestellt, daß zahlreiche Tätigkeiten, die zwar in den gegenständlichen Schutzbereich der Pressefreiheit fallen, den dort Beschäftigten nicht gleichzeitig ein entsprechendes Grundrecht aus Art. 5 GG verleihen. Drucker, Setzer, kaufmännische und technische Mitarbeiter der Verlage können sich gegenüber staatlichen Eingriffen in ihren Arbeitsbereich nicht auf das Grundrecht der Pressefreiheit berufen (bestritten). Vielmehr kommen als Grundrechtsträger aus Art. 5 Abs. 1 Satz 2 GG bei Eingriffen in diese Bereiche des Presseunternehmens nur der Verleger oder die von ihm bevollmächtigten Personen in Betracht. Zu den eigentlichen Trägern der Pressefreiheit gehören Herausgeber, Redakteure, Korrespondenten, ständige und freie Mitarbeiter, also alle diejenigen, die für die endgültige Gestaltung des Zeitungsinhalts sorgen. Der Umfang ihrer Grundrechtsberechtigung beschränkt sich dabei auf den Teil des Inhalts, für den sie als Autoren oder auswahlberechtigte Redakteure die Verantwortung tragen (→ Presseordnungsrecht). Auch die Mitarbeiter redaktioneller Hilfsbetriebe (Nachrichtenagenturen, Korrespondenzbüros) sind hier einzubeziehen. Zum anderen zählen Verleger, Verlagsleiter, Verlagsdirektoren u.ä. zu den Grundrechtsberechtigten.

SCHRANKEN. Mit der Garantie der Meinungsfreiheit und der Pressefreiheit hat die Verfassung menschliche Aktivitäten von weiter Ausstrahlungskraft unter Schutz gestellt, die tief in die Rechtssphäre anderer hineinwirken können. Das Grundgesetz mußte deshalb eine Regelung über die äußeren Beschränkungen des Grundrechts treffen. Nach Art. 5 Abs. 2 GG findet die Meinungs- und die Pressefreiheit »ihre Schranken in den Vorschriften der allgemeinen Gesetze, den gesetzlichen Bestimmungen zum Schutze der Jugend und in dem Recht der persönlichen Ehre«. Was jedermann verboten ist, kann auch für die Presse nicht erlaubt sein. Und umgekehrt: ein Verbot hat nur dann Gültigkeit, wenn die im Verbot bezeichnete Tätigkeit jedermann und nicht nur die Presse trifft.

Mit den *»allgemeinen Gesetzen«* in Art. 5 Abs. 2 GG sind daher solche Gesetze gemeint, die es nicht speziell mit der Pressefreiheit zu tun haben, sondern »an prinzipiell alle Rechtsunterworfenen gewendet, andere Gegenstände als gerade die Presse regeln und dabei möglicherweise für alle Bindungen schaffen, denen sich auch die Subjekte der Pressefreiheit nicht unter Berufung auf diese Freiheit sollen entziehen können« (W. Weber). Damit ist der Begriff der »allgemeinen Gesetze« aber noch nicht abschließend definiert. Das Bundesverfassungsgericht hat mit Recht betont, daß die Pressefreiheit im Konfliktsfall jedem anderen auch noch so unbedeutenden Rechtsgut zu weichen hätte, wenn man bei dieser Definition stehen bliebe. Um eine solche Beschränkungsautomatik zu verhindern, ist deshalb eine weitere Eingrenzung notwendig. Das gesetzlich geschützte Rechtsgut muß gegenüber der Pressefreiheit als höherwertig erscheinen. Das Recht der Pressefreiheit tritt danach nicht bereits dann zurück, wenn das einschränkende Recht für jedermann gilt und andere Materien als die Pressefreiheit betrifft, sondern wenn es Rechtsgüter von höherem Rang als die Pressefreiheit schützt. Ob solche überwiegenden Rechtsgüter vorliegen, ist nach der Rechtsprechung des Bundesverfassungsgerichts aufgrund aller Umstände des Einzelfalls zu ermitteln. Da die Folgen dieser Güterabwägung häufig nur schwer voraussehbar sind, bewegt sich die Rechtsprechung auf recht unsicherem Boden. Die unterschiedlichen Meinungen zur Frage der rechten Grenzen für den staatlichen Geheimschutz (»Spiegel«-Fall) haben das hinlänglich deutlich gemacht (→ Staatsschutz). Die Notwendigkeit einer genauen Differenzierung im Einzelfall macht es praktisch auch unmöglich, einzelne Gesetze aufzuführen, die unter Art. 5 Abs. 2 GG fallen. Sowohl das Bürgerliche Gesetzbuch als auch das Strafgesetzbuch wie auch das Gesetz gegen den unlauteren Wettbewerb (UWG) sind nicht nur zum Schutz eines einzigen Rechtsgutes, dessen Werthöhe gegenüber der Pressefreiheit ohne weiteres bestimmbar wäre, erlassen worden.

Nicht unter Art. 5 Abs. 2 GG fallen Gesetze, die *zugunsten* der Presse Sonderregelungen treffen (z. B. Anwendung kürzerer Verjährungsfristen bei → Pressedelikten oder Bindung von → Beschlagnahmen an richterliche Anordnungen). Das gleiche gilt von solchen gesetzlichen Bestimmungen, die hinsichtlich der Pressefreiheit indifferent oder neutral bleiben.

Eine weitere Schranke der Pressefreiheit bilden die »*gesetzlichen Bestimmungen zum Schutz der Jugend*«. Derartige Bestimmungen enthält vor allem das Gesetz über die Verbreitung jugendgefährdender Schriften i.d.F. vom 12. Juli 1985, das die Verbreitung von Schriften und Abbildungen einschränkt, die Jugendliche gefährden können (→ Jugendmedienschutz).

Die Meinungsfreiheit und Pressefreiheit werden schließlich durch das »*Recht der persönlichen Ehre*« eingeschränkt. Äußerungen in der Presse unterliegen den allgemeinen strafrechtlichen Bestimmungen des Ehrenschutzes. Zwischen dem durch die Presse vertretenen öffentlichen Interesse und der Ehre des einzelnen entsteht vielfach eine Kollision, die nur durch eine Interessenabwägung unter Berücksichtigung aller Umstände des Einzelfalls vorgenommen werden kann. Dabei kann auch eine ehrverletzende Presseäußerung gerechtfertigt sein, wenn generell ein berechtigtes öffentliches Interesse mit der Presseäußerung verfolgt wird. Sensationslust oder »öffentliche Unterhaltung« können nicht ausreichen. Wo die Presse ohne das Vorliegen öffentlichen Interesses in das Privatleben oder in die Intimsphäre anderer Personen eindringt, wird ihr der Schutz der Pressefreiheit versagt (→ Persönlichkeitsschutz).

Das Grundgesetz sieht in Art. 18 Satz 1 die *Verwirkung* des Grundrechts der Pressefreiheit für den Fall des Mißbrauchs dieses Grundrechts zum Kampf gegen die freiheitlich-demokratische Grundordnung vor. Über die Verwirkung entscheidet allein das Bundesverfassungsgericht. Sehr umstritten ist die Frage, ob daneben die Verhängung eines Verbots der Berufsausübung gegen Presseangehörige nach § 70 StGB durch die Strafgerichte zulässig ist oder ob mit der Verhängung eines solchen Berufsverbotes das Entscheidungsprivileg des Bundesverfassungsgerichts verletzt wird.

Die Pressefreiheit kann schließlich bestimmten Begrenzungen in »besonderen Gewaltverhältnissen« (Sonderstatusverhältnissen) unterworfen sein. Hierzu gehören zahlreiche Einordnungs- und Abhängigkeitsverhältnisse, die eine engere Beziehung des einzelnen zum Staat und damit über die allgemeinen Rechte und Pflichten des Staatsbürgers hinausgehende Pflichten entstehen lassen (z. B. die Sonderstatusverhältnisse des Beamten, Soldaten, Studenten, Schülers, Strafgefangenen u. ä.). Die Funktionsfähigkeit der Sonderstatusverhältnisse erfordert vielfach eine Begrenzung der Grundrechte (z. B. für Beamte und Soldaten aus dem Gesichtspunkt der Treuepflicht, der Pflicht zur Mäßigung und der Pflicht, auch nicht den Anschein der Parteilichkeit zu erwecken). Zu den umstrittensten Problemen in diesem Bereich gehört die Begrenzung der Pressefreiheit im Schulverhältnis. Vor allem für die »Schülerzeitungen« stellt sich die Frage, ob und in welchem Umfang die Schule unter dem Gesichtspunkt der Anstaltsordnung (Schuldisziplin, Gefährdung der Sittlichkeit) eingreifen kann, ob insbesondere aus der Schulgewalt eine Einschränkung des Zensurverbots (→ Zensur) hergeleitet werden kann.

PETER GÄDEKE

Literatur

Martin Löffler: Presserecht, Band I. München [2]1969, 5. Kapitel (»Die Pressefreiheit«), S. 70–135 (*Standardwerk, insbesondere in der umfassenden Erörterung der Rechtsprechung, jedoch teilweise nicht mehr auf dem neuesten Stand. Band I* (*[3]1983*) *enthält die Kommentierung der Landespressegesetze. Band II der 3. Auflage, der die verfassungsrechtlichen Grundlagen enthalten soll, ist noch nicht erschienen, so daß unverändert auf die 2. Auflage zurückgegriffen werden muß*)

Martin Löffler/Reinhart Ricker: Handbuch des Presserechts. München [2]1986

Roman Herzog: Kommentar zu Art. 5 GG, Randnoten 118 ff. In: Maunz/Dürig/Herzog: Grundgesetz. München 1982 (*wissenschaftlich eindringende Kommentierung, arbeitet auch die rechtspolitisch wichtigen Fragen heraus*)

Christian Starck: Kommentar zu Art. 5 GG, Randnoten 38 ff. In: Mangoldt/Klein/Starck: Das Bonner Grundgesetz. München [3]1988 (*übersichtliche und gut lesbare Kommentierung des Art. 5 GG*)

Christoph Degenhart: Kommentar zu Art. 5 GG, Randnoten 296 ff. In: Bonner Kommentar, Kommentar zum Bonner Grundgesetz. Hamburg und Heidelberg 1988 (*in der umfassenden Erörterung von Detailfragen unübertroffen, bemerkenswert die Einbeziehung von Rechtsfragen der neuen Medien*)

Wolfgang Hoffmann-Riem: Massenmedien. In: Benda/Maihofer/Vogel: Handbuch des Verfassungsrechts. Berlin und New York 1984, S. 389 ff.

Dieter Czajka: Pressefreiheit und »öffentliche Aufgabe« der Presse. Stuttgart 1968 (*analysiert auf breiter rechtshistorischer und verfassungstheoretischer Basis die Entwicklung des Gedankens vom »öffentlichen Amt« der Presse*)

Dieter Stammler: Die Presse als soziale und verfassungsrechtliche Institution. Eine Untersuchung zur Pressefreiheit nach dem Bonner Grundgesetz. Berlin 1971 (*sieht die Pressefreiheit nicht als liberales Grundrecht, sondern als institutionelle Garantie; in der Überbetonung des demokratischen Elements der Pressefreiheit nicht unproblematisch*)

Martin Bullinger: Freiheit von Presse, Rundfunk, Film. In: Josef Isensee/Paul Kirchhof: Handbuch des Staatsrechts der Bundesrepublik Deutschland, Band VI. Heidelberg 1989, S. 667 ff.

Pressefusionskontrolle → Fusionskontrolle im Pressewesen, → Konzentration

Pressefusionskontrolle-Beschluß → Bundesverfassungsgerichtsentscheidungen zum Medienrecht (29. August 1983)

Pressegesetze. Pressegesetze sind Gesetze mit speziellen Normen für die Presse. Die *Kompetenz* zum Erlaß von Pressegesetzen liegt in der Bundesrepublik Deutschland grundsätzlich bei den Ländern (Art. 70 GG). Sie wird beschränkt durch das Recht des Bundes, Rahmenvorschriften über die allgemeinen Rechtsverhältnisse der Presse zu erlassen (Art. 75 Nr. 2 GG). Während der Bund von seiner Rahmengesetzgebungskompetenz bisher noch keinen Gebrauch gemacht hat, haben alle sechzehn Länder eigene Pressegesetze erlassen (*Baden-Württemberg*: Gesetz über die Presse vom 14. Januar 1964 – GBl., S. 11; *Bayern*: Gesetz über die Presse vom 3. Oktober 1949 – GVBl. S. 243; *Berlin*: Berliner Pressegesetz vom 15. Juni 1965 – GVBl. S. 774; *Brandenburg*: Pressegesetz des Landes Brandenburg vom 13. Mai 1993 – GVBl. I S. 162; *Bremen*: Gesetz über die Presse vom 16. März 1965 – Brem. GVBl. S. 63; *Hamburg*: Hamburgisches Pressegesetz vom 29. Januar 1965 – GVBl. S. 15; *Hessen*: Hessisches Gesetz über Freiheit und Recht der Presse vom 23. Juni 1949 i. d. F. der Bekanntmachung vom 20. November 1958 – GVBl. S. 183; *Mecklenburg-Vorpommern*: Landespressegesetz für das Land Mecklenburg-Vorpommern vom 6. Juni 1993 – GVOBl. M-V S. 541; *Niedersachsen*: Niedersächsisches Pressegesetz vom 22. März 1965 – Nieders. GVBl. S. 9; *Nordrhein-Westfalen*: Pressegesetz für das Land Nordrhein-Westfalen vom 24. Mai 1966 – GV. NW. S. 340; *Rheinland-Pfalz*: Landesgesetz über die Presse vom 14. Juni 1965 – GVBl. S. 107; *Saarland*: Saarländisches Pressegesetz vom 12. Mai 1965 – AmtsBl. S. 409; *Sachsen*: Sächsisches Gesetz über die Presse vom 3. April 1992 – GVBl. S. 125; *Sachsen-Anhalt*: Pressegesetz für das Land Sachsen-Anhalt vom 14. August 1991 – GVBl. S. 261; *Schleswig-Holstein*: Gesetz über die Presse vom 19. Juni 1964 – GVOBl. Schl. H. S. 71; *Thüringen*: Thüringer Pressegesetz vom 31. Juli 1991 – GVBl. S. 271).

GEGENSTAND. Die pressegesetzlichen Regelungen befassen sich zum Teil mit der Presse schlechthin, zum Teil nur mit Teilbereichen. Grundgesetz und Landespressegesetze verwenden zwar den Begriff »Presse«, definieren ihn aber nicht. Einigkeit besteht darüber, daß »Presse« i. S. der Art. 5 und Art. 75 Nr. 2 GG und der Landespressegesetze mehr ist als nur das Presseprodukt. Art. 5 GG (→ Pressefreiheit) garantiert das Institut »Freie Presse« und ihre Eigenständigkeit von der Beschaffung der Information bis zur Verbreitung der Nachrichten und Meinungen (BVerfGE 20, 175f.). Der Begriff »Presse« umfaßt danach das Pressewesen in seiner Gesamtheit, d. h. also nicht nur die Presseerzeugnisse, sondern auch die in der Presse und für die Presse tätigen Personen im redaktionellen, kaufmännischen, technischen oder vertrieblichen Bereich, den technischen und wirtschaftlichen Apparat sowie die gesamte, auf Herstellung und Vertrieb von Presseerzeugnissen gerichtete Tätigkeit der Presse.

Von diesem weiten verfassungsrechtlichen Pressebegriff ist zu unterscheiden der enge Pressebegriff, den der allgemeine Sprachgebrauch nur für das Presseprodukt oder noch spezieller für Zeitungen und Zeitschriften verwendet. Dieser nur auf einen Teilbereich des Pressewesens bezogene Pressebegriff ist identisch mit dem in den Landespressegesetzen gebrauchten Begriff »*Druckwerke*«. Das sind nach der Legaldefinition der Landespressegesetze alle mittels der Buchdruckerpresse oder eines sonstigen zur Massenherstellung geeigneten Vervielfältigungsverfahrens hergestellten und zur Verbreitung bestimmten Schriften, bildlichen Darstellungen mit und ohne Schrift und Musikalien mit Text oder Erläuterungen. Nicht nur Zeitungen und Zeitschriften (= *periodische Druckwerke*), sondern auch Bücher, Broschüren, Flugblätter usw. gehören danach zu den Druckwerken. Dieser Begriff ist im Zuge der technischen Entwicklung zum Teil mit neuen Inhalten angefüllt worden. Das gilt einmal für die »*besprochenen Tonträger*«, die heute in fast allen Pressegesetzen als Druckwerke bezeichnet werden, und sodann auch für die »*Bildträger*« (AV-Medien), die neuerdings in einigen Pressegesetzen zu den Druckwerken gezählt werden (→ Presseordnungsrecht). Eine weitere Veränderung zeichnet sich durch die *Entwicklung neuer Telekommunikationsformen* ab. Die elektronische Übertragung von Texten auf den Bildschirm, sei es über Telefonleitungen (Viewdata, → Bildschirmtext), über Funk oder über Kabel (Videotext) wird bereits jetzt vielfach als eine neue, moderne Vertriebsform von Presseerzeugnissen angesehen (→ Neue elektronische Kommunikationstechniken). Wo hier die *Grenze zum Rundfunk* zu ziehen ist, für den die Länder jede »für die Allgemeinheit bestimmte Veranstaltung und Verbreitung von Darbietungen ... unter Benutzung elektrischer Schwingungen ohne Verbindungsleitung oder längs oder mittels eines Leiters« reklamieren (Art. 2 des Rundfunkstaatsvertrages vom 31. August 1991), ist nach wie vor schwierig (→ Landesmediengesetze; → Rundfunkorganisationsrecht).

INHALT. Die Regelungen der Pressegesetze werden maßgeblich durch Art. 5 GG bestimmt. Kein Bundes- oder Landesgesetzgeber kann das für die freiheitliche Demokratie schlechthin konstituierende Grundrecht der → Pressefreiheit (BVerfGE 10, 131) abändern oder über die Grenzen des Art. 5 Abs. 2 GG hinaus einschränken. Alle Landesgesetze enthalten Normen, die die Freiheitsgarantie des Art. 5 GG konkretisieren. Darüber hinaus regeln sie vornehmlich das → Presseordnungsrecht (z. B. Impressumspflicht, Angabe eines verantwortlichen Redakteurs), dessen Verletzung als Straftat oder Ordnungswidrigkeit geahndet wird. Von den übrigen Vorschriften sind hervorzuheben die Pflicht der Presse zur Sorgfalt bei der Verbreitung von Nachrichten, deren Verletzung allerdings sanktionslos bleibt (→ Verantwortung des Journalisten), das Recht auf Information gegenüber Behörden (→ Auskunftspflicht der Behörden), die Pflicht zum Abdruck von → Gegendarstellungen sowie das Privileg kurzer Verjährungsfristen für → Pressedelikte. Damit aber ist der mögliche und zulässige Inhalt von Pressegesetzen nicht erschöpft. Grundsätzlich darf in diesen Gesetzen alles, was Presserecht ist, geregelt werden. Die Zuordnung einer Rechtsmaterie zum Presserecht mag im Einzelfall schwierig sein. Entscheidend kommt es dabei auf die »wesensmäßige und historische Zugehörigkeit« der jeweiligen Rechtsmaterie an (BVerfGE 7, 40). Zum Presserecht gehören z. B. auch Regelungen über die Offenlegung der Besitz- und Beteiligungsverhältnisse bei Presseverlagen (so in Bayern, Brandenburg, Hessen, Sachsen und Thüringen; → Presseordnungsrecht) wie auch die Regelung der inneren Pressefreiheit (so ansatzweise in Brandenburg).

In Pressegesetzen können auch Materien geregelt werden, die nicht Presserecht sind, wohl aber eine enge Beziehung zur Presse aufweisen. Voraussetzung ist nur, daß der jeweilige Gesetzgeber auch die Kompetenz zur Regelung dieser Materien besitzt. So haben die meisten Länder z. B. aus ihrer Gesetzgebungskompetenz für kulturelle Angelegenheiten heraus in den Landespressegesetzen auch die Anwendung einiger presserechtlicher Vorschriften auf den Rundfunk (→ Rundfunkrecht) und die Ablieferung von Pflichtexemplaren an Bibliotheken (→ Pflichtexemplarrecht) geregelt.

Ihnen fehlt dagegen die Kompetenz für die Regelung des → Zeugnisverweigerungsrechts der Presseangehörigen im Strafverfahren, das nicht zum Presserecht, sondern zum Beweiserhebungsrecht der Bundesverfahrensordnungen gehört. Da der Bund von seiner Kompetenz (Art. 74 Nr. 1 GG) Gebrauch gemacht hatte, durften die Länder insoweit keine eigenen Regelungen treffen; die entsprechenden Vorschriften in den Landespressegesetzen sind insoweit nichtig (BVerfGE 36, 193) und allenfalls nur noch im Rahmen von Landesverfahrensordnungen anwendbar. Das gleiche gilt für die Regelung der Beschlagnahme von Unterlagen zu Beweiszwecken bei Presseangehörigen; auch diese Vorschriften in den Landespressegesetzen sind nichtig (BVerfGE 36, 314). Der Bund hat diese Materie inzwischen durch das Gesetz über das → Zeugnisverweigerungsrecht der Mitarbeiter von Presse und Rundfunk vom 25. Juli 1975 (BGBl. I S. 1973) in den gerichtlichen Verfahrensordnungen sowie in der Abgabenordnung neu gestaltet und dabei die Rechte der Mitarbeiter von Presse und Rundfunk erheblich verbessert. In diesem Gesetz hat der Bund wegen des engen Sachzusammenhangs zugleich auch die → Beschlagnahme von Druckwerken zwecks späterer Einziehung abschließend geregelt, so daß die entsprechenden Vorschriften in den Landespressegesetzen obsolet sind. Entsprechendes gilt auch für die landesrechtlichen Vorschriften über die Entschädigung für fehlerhafte Beschlagnahme; maßgebend ist hier das (Bundes-)Gesetz über die Entschädigung für Strafverfolgungsmaßnahmen vom 8. März 1971 (BGBl. I S. 157).

Einige Normen der Landespressegesetze, z. B. die Pflicht zum Abdruck eines Impressums (→ Presseordnungsrecht) oder einer → Gegendarstellung, schränken das Grundrecht der → Pressefreiheit in gewissem Umfange ein. Diese Einschränkungen sind verfassungskonform, denn die Pressegesetze sind »allgemeine Gesetze« i. S. des Art. 5 Abs. 2 GG. Zu den allgemeinen Gesetzen gehören nicht nur Normen, die für jedermann gelten, sondern auch Gesetze, die Sonderregelungen für die Presse enthalten.

Voraussetzung ist jedoch, daß sie sich nicht gegen eine bestimmte Meinung als solche richten (BVerfGE 33, 66) und überdies dem Schutz von Rechtsgütern dienen, die der → Pressefreiheit im Rang mindestens gleichkommen (BVerfGE 20, 176), z. B. → Persönlichkeitsschutz, Sicherung der Rechtsverfolgung.

GESCHICHTE. Das moderne Presserecht beginnt mit dem *Reichsgesetz über die Presse vom 7. Mai 1874* (RGBl. S. 65), das an die Stelle von 27 Landespressegesetzen ein einheitliches deutsches Presserecht setzte. Mit diesem Gesetz war die jahrhundertelang erstrebte → Pressefreiheit praktisch erreicht: → Zensur und Zeitungsverbote wurden abgeschafft; einen Konzessionszwang gab es nicht mehr; die Ausübung des Pressegewerbes konnte nicht mehr verboten werden (→ Geschichte des Medienrechts). Das Reichspreßgesetz schuf ein einheitliches → Presseordnungsrecht, führte den Anspruch auf Berichtigung (heute: → Gegendarstellung) ein und band die → Beschlagnahme von Presseerzeugnissen an feste Regeln.

Der Wunsch nach einer gesetzlichen Regelung des Verhältnisses Verleger/Redakteur und der Abgrenzung ihrer Kompetenzen (→ Mitbestimmung) veranlaßte 1924 den Reichsminister des Innern zur Vorlage eines Referentenentwurfs eines Gesetzes über die Rechte und Pflichten der Schriftleiter periodischer Schriften, doch scheiterte dieser Entwurf ebenso wie die Bemühungen um eine grundlegende Novellierung des Reichspreßgesetzes in den Jahren 1931/32.

In der Zeit des Nationalsozialismus galt das Reichspreßgesetz formell weiter, wenn auch das Recht auf → Pressefreiheit schon bald außer Kraft gesetzt wurde. Die Rechte und Pflichten der Journalisten bei Zeitungen und politischen Zeitschriften regelte das Schriftleitergesetz vom 4. Oktober 1933 (RGBl. I S. 713), das die Journalisten zu Trägern einer öffentlichen Aufgabe erklärte und ihnen eine quasi öffentlich-rechtliche Amtsstellung verlieh.

Während das Schriftleitergesetz mit dem Zusammenbruch des nationalsozialistischen Regimes seine Wirksamkeit verlor, galt das *Reichspreßgesetz als Landesrecht* zunächst weiter. Von der ihnen zugefallenen Gesetzgebungskompetenz machten die Länder unterschiedlichen Gebrauch. Hessen und Bayern erließen 1949 umfassende Pressegesetze, die übrigen Länder beschränkten sich auf Teilregelungen und ließen im übrigen das Reichspreßgesetz fortgelten. 1952 legte der Bundesminister des Innern, gestützt auf die Rahmengesetzgebungskompetenz des Art. 75 Nr. 2 GG, den Referentenentwurf eines Gesetzes über die Presse vor, der neben einer Vereinheitlichung des Ordnungsrechts auch ausführliche Regelungen über das Verhältnis Verleger/Redakteur enthielt. Angesichts allgemeiner Ablehnung, die vor allem auch der Einrichtung öffentlich-rechtlicher Presseausschüsse mit Kontroll- und Sanktionsbefugnissen galt, wurde dieser Entwurf nicht weiterverfolgt.

1964 brachten die Fraktionen der FDP und der SPD je einen eigenen, auf Vereinheitlichung des Presseordnungsrechts abzielenden Gesetzentwurf im

Bundestag ein (BT-Drucksachen IV/1814 und IV/1849), doch kamen diese Entwürfe nicht über die 1. Lesung hinaus. Mehr Erfolg bei dem Versuch einer Vereinheitlichung des Presserechts war den Ländern beschieden, die 1964/66 ihr Landespresserecht auf der Grundlage eines von ihnen erarbeiteten *Modellentwurfs* reformierten, auch wenn einige Länder von dem Modellentwurf teilweise abwichen; lediglich Bayern und Hessen lehnten eine Anpassung ihrer Pressegesetze an den Modellentwurf ab. Der vom Bundesminister des Innern im Jahre 1974 vorgelegte Vorentwurf eines *Presserechtsrahmengesetzes*, das neben einigen presseordnungsrechtlichen Materien vor allem das Verhältnis Verleger/Redakteur (sog. innere Pressefreiheit; → Mitbestimmung) regeln sollte (»Recht der Arbeit«, 1974, S. 303), ist nicht weiterverfolgt worden.

PETER LIMBACH

Literatur

Rolf Groß: Presserecht. Wiesbaden [2]1987

Kurt Häntzschel: Reichspreßgesetz. Berlin 1927 (*maßgeblicher Kommentar des RprG von 1874*)

Deutscher Journalisten-Verband (Hrsg.): Journalistengesetze und Pressegesetze. Bonn o. J. (*Dokumentation der Reformversuche zwischen 1924 und 1954*)

Martin Löffler: Presserecht. Kommentar, Band I: Die Landespressegesetze. München [3]1983 (*Standardwerk des geltenden Rechts*)

Martin Löffler/Reinhart Ricker: Handbuch des Presserechts. München [2]1986

Klaus Mathy: Das Recht der Presse. Köln [4]1988

Carl-Heinz Lüders: Presse- und Rundfunkrecht. Berlin und Frankfurt/Main 1952 (*wichtig für die vom Bund 1952 angestrebte Neuordnung*)

Helmut Schmidt-Leonhardt/Peter Gast: Das Schriftleitergesetz. Berlin 1938

Dieter Stammler: Die Presse als soziale und verfassungsrechtliche Institution. Berlin 1971

Pressegroßhandel → Vertriebsrecht

Presse-Grosso → Vertriebsrecht

Presse-Grosso-Beschluß → Bundesverfassungsgerichtsentscheidungen zum Medienrecht (13. Januar 1988)

Pressehilfen → Konzentration, → Österreichisches Medienrecht

Presseinhaltsdelikte → Pressedelikte

Pressekodex → Gerichtsberichterstattung, → Selbstkontrolle der Medien, → Verantwortung des Journalisten

Pressekonferenzen → Auskunftspflicht der Behörden, → Staatliche Informationstätigkeit

Pressekonzentration → Konzentration

»Presseombudsman« → Konzentration, → Selbstkontrolle der Medien

Presseordnungsdelikte → Pressedelikte

Presseordnungsrecht. Die wichtigsten Bestimmungen dieses Rechtsgebietes betreffen das Impressum, die Aufzählung der persönlichen Anforderungen an den presserechtlich verantwortlichen Redakteur sowie die Kennzeichnung entgeltlicher Veröffentlichungen. Auch gehören die Begriffsbestimmungen des Druckwerks und insbesondere des periodischen Druckwerkes zu dem Bereich des Presseordnungsrechtes. Das Presseordnungsrecht ist in den → Pressegesetzen der Länder geregelt. Die neuen Bundesländer Brandenburg, Mecklenburg-Vorpommern, Sachsen, Sachsen-Anhalt und Thüringen haben Landespressegesetze im wesentlichen nach dem Vorbild der Landespressegesetzgebung in den alten Bundesländern verabschiedet.

DRUCKWERK (Landespressegesetze § 7, Bayern, Berlin, Sachsen, Sachsen-Anhalt und Thüringen § 6, Hessen § 4). Alle mittels der Buchdruckerpresse oder eines sonstigen zur Massenherstellung geeigneten Vervielfältigungsverfahren hergestellten und zur Verbreitung bestimmten Schriften, besprochenen Tonträger, bildlichen Darstellungen mit und ohne Schrift, Bildträger und Musikalien mit Text oder Erläuterungen sind Druckwerke. Zu ihnen gehören auch die vervielfältigten Mitteilungen, mit denen Nachrichtenagenturen, Pressekorrespondenzen, Materndienste und ähnliche Unternehmungen die Presse mit Beiträgen in Wort, Bild oder ähnlicher Weise versorgen. Hierzu gehören auch die von presseredaktionellen Hilfsunternehmen gelieferten Mitteilungen ohne Rücksicht auf die Form, in der sie geliefert werden (so alle Bundesländer mit Ausnahme von Bayern und Hessen).

Druckschriften sind sämtliche Druckwerke, die über Buchstaben, Zahlen oder Bilder einen geistigen Sinngehalt verkörpern. Besprochene Tonträger sind Schallplatten und Tonbänder, wobei unter »besprochen« nicht nur die menschliche Sprache zu verstehen ist. Es kommt wiederum auf den geistigen Sinngehalt an. Bildliche Darstellungen und Bildträger sind sämtliche Abbildungen, die einen geistigen Sinngehalt haben, z. B. Plakate. Zu den Bildträgern zählen insbesondere Videokassetten und Bildplatten, aber auch Computerprogramme.

Amtliche Druckwerke, soweit sie ausschließlich amtliche Mitteilungen enthalten, fallen nicht unter den Druckwerkbegriff im Sinne der Landespressegesetze (LPG) (§ 7 Abs. 3, Berlin, Sachsen-Anhalt und Thüringen § 6 Abs. 3 Ziff. 1, Hessen § 4 Abs. 2 Ziff. 1, Rheinland-Pfalz § 7 Abs. 4 Ziff. 1, in Sachsen nicht geregelt).

Als *periodische Druckwerke* gelten Zeitungen, Zeitschriften und andere in ständiger, wenn auch unregelmäßiger Folge und im Abstand von nicht mehr als 6 Monaten erscheinende Druckwerke (LPG § 7 Abs. 4, Berlin, Sachsen-Anhalt und Thüringen § 6 Abs. 4, Hessen § 4 Abs. 3, Rheinland-Pfalz § 7 Abs. 3, Sachsen § 6 Abs. 2 genauso). Bayern § 6 Abs. 2 fordert eine Auflage von über 500 Exemplaren, bei einer Auflage unter 500 gelten die periodischen Druckwerke nur dann als periodische Zeitungen und Zeitschriften, wenn ihr Bezug nicht an einen bestimmten Personenkreis gebunden ist. Wegen der fehlenden Kontinuität ist bei sogenannten *Wahlzeitungen* der politischen Parteien der Charakter eines periodischen Druckwerkes fraglich, da sie nur zu und vor Wahlen erscheinen. Deshalb ist gegen Wahlzeitungen eine → Gegendarstellung ebenso fraglich.

IMPRESSUM. Das Impressum ist eine der wichtigsten Bestimmungen des Presseordnungsrechtes. Alle Landespressegesetze (§ 8, Bayern, Berlin, Sachsen-Anhalt und Thüringen § 7, Hessen und Sachsen § 6) bestimmen, daß auf jedem in dem jeweiligen Land erscheinenden Druckwerk ein Impressum als Ursprungsangabe anzugeben ist. Sie unterscheiden dabei zwischen allgemeinen Druckwerken und periodischen Druckwerken.

Bei allgemeinen Druckwerken müssen Name oder Firma und Anschrift des Druckers und des Verlegers, beim Selbstverlag Name und Anschrift des Verfassers oder des Herausgebers genannt werden. Ausgenommen von dieser Impressumsangabepflicht bei den allgemeinen Druckwerken sind die sogenannten »harmlosen« Druckwerke wie Werbedrucksachen, Familienanzeigen, Formulare, Preislisten, Stimmzettel für Wahlen und die amtlichen Druckwerke.

Bei periodischen Druckwerken, also Zeitungen und Zeitschriften, müssen über die bereits für die allgemeinen Druckschriften notwendigen Angaben von Drucker, Verleger, Verfasser beim Selbstverlag oder Herausgeber hinaus auch der Name und die Anschrift des *verantwortlichen Redakteurs* angegeben werden. Sind mehrere Redakteure verantwortlich, so muß das Impressum sie alle aufführen, und zwar so, daß erkennbar ist, für welchen Teil (welches Ressort oder welche Seite) die genannten verantwortlichen Redakteure verantwortlich zeichnen. Auch für den Anzeigenteil ist ein Verantwortlicher zu benennen.

Es reicht aus, wenn die Anschrift der Redaktion und/oder des Verlages für alle presserechtlich verantwortlichen Personen einmal aufgeführt wird. Privatanschriften müssen nicht genannt werden.

Bei den »klassischen« Tageszeitungen ist in der Regel die Angabe der verantwortlichen Redakteure nach Ressorts aufgegliedert. Wenn mehrere Personen für dasselbe Ressort angegeben werden, haften sie gegenüber einem Dritten gemeinschaftlich (gesamtschuldnerisch); zum Beispiel: Verantwortliche Redakteure für Politik: A, B; für Sport: C, D; für Lokales: E, F; Verlag und Redaktion Z-Straße in Y-Stadt.

Weil viele Zeitungen und Zeitschriften die Einteilung in die klassischen Ressorts aufgegeben haben, sind insbesondere große Zeitschriften dazu übergegangen, das auf die presserechtliche Verantwortung bezogene Impressum von den sonstigen Angaben über das »Innenleben« ihrer Redaktion zu trennen und die verantwortlichen Personen den Überschriften der von ihnen zu verantwortenden Artikel zuzuordnen. Dieses dient dem Prinzip der Klarheit auch gegenüber dem Leser.

Viele Angaben in den Impressa wie Chefredakteur, stellvertretende Chefredakteure, Chef vom Dienst, sonstige leitende Redakteure und sogar die Aufführung sämtlicher Redaktionsmitglieder, sei es alphabetisch, sei es nach Anciennität, haben mit dem Prinzip des Presseordnungsrechtes nichts zu tun. Derartige Angaben liegen einerseits im Interesse des Verlages, um darzutun, welche bedeutenden Journalisten in welchen Positionen für die Zeitung oder Zeitschrift tätig sind. Andererseits dienen sie dem Prestigebedürfnis der Redakteure, im Impressum besonders herausgestellt zu werden.

In zunehmendem Maße wehren sich deshalb Journalisten bei Änderungen des Impressums gegen eine Umstellung ihres Namens und versuchen, mit Hilfe der Arbeitsgerichte das Presseordnungsrecht zu einem arbeitsrechtlichen Anspruch aus ihrem jeweiligen Anstellungsvertrag umzumünzen. Diese Entwicklung läuft dem Interesse des Presseordnungsrechtes auf Klarheit zuwider. Wenn ein Journalist nicht ausdrücklich im Wege seines Arbeitsvertrages die Aufnahme in das Impressum mit seinem Verlag vereinbart hat, gibt das materielle Arbeitsrecht keinen Anspruch auf Besitzstandswahrung. Hier ist der presseordnungsrechtliche Charakter der Vorschriften der Landespressegesetze über die Angaben im Impressum vorrangig. So kann beispielsweise ein Journalist, der als verantwortlicher Redakteur im Impressum aufgeführt war, bei Änderung seines Verantwortungsbereiches nicht darauf bestehen, daß er im Impressum weiterhin als verantwortlicher Redakteur für den früheren Bereich genannt wird, da nur derjenige, der tatsächlich verantwortlich ist, als verantwortlicher Redakteur genannt werden darf.

Sondervorschriften bestehen für Zeitungen und Anschlußzeitungen (nicht jedoch für Zeitschriften), die regelmäßig einen Teil ihres redaktionellen Inhaltes (*Zeitungsmantel*) fertig von dritter Seite beziehen (→ Konzentration). Sie müssen für den übernommenen Teil im Impressum auch den/die verantwortlichen Redakteure und den Verleger benennen (LPG § 8 Abs. 3, Sachsen § 6 Abs. 3, Berlin, Sachsen-Anhalt und Thüringen § 7 Abs. 3, Bayern § 8 Abs. 4; Bremen und Niedersachsen fordern nur die Angabe des für den übernommenen Teil verantwortlichen Redakteurs; in Hessen und Schleswig-Holstein fehlt eine gesetzliche Regelung für die Impressumsangaben bei übernommenen redaktionellen Teilen).

Bei Neben- oder Unterausgaben einer Zeitung, also Kopfblättern, Bezirks- oder Lokalausgaben, haben die Länder unterschiedliche Regelungen: Baden-Württemberg (§ 8 Abs. 3) fordert die Angabe des Titels der Hauptzeitung, Nordrhein-Westfalen (§ 8 Abs. 3) die Angabe des Verlegers der Hauptzeitung. Alle anderen Länder haben keine Regelung.

Mit dem Begriff »*Erscheinungsort eines Druckwerkes*« sind zunehmend Probleme verbunden. Normalerweise ist der Erscheinungsort eines Druckwerkes, z. B. einer Zeitung, der Verlagsort. Es gibt jedoch Zeitungen und Zeitschriften, die an mehreren Orten gleichzeitig erscheinen, oder Unternehmen, die mehrere Verlagsorte haben, beispielsweise Hamburg und Berlin oder Hamburg und München. Als pragmatische Lösung bietet sich an, den Erscheinungsort nach dem Verlagsort als eigentlichen Ursprungsort zu bestimmen. Hat ein Verlag mehrere Verlagssitze, so können diese nebeneinander als Erscheinungsort bezeichnet werden. Auf den »Ausgabeort« als Erscheinungsort allein abzustellen, erscheint angesichts der modernen Übertragungsmöglichkeiten bei den Medien unzweckmäßig. Das Prinzip des Presseordnungsrechtes sollte sein, dem Rezipienten eine klare und verständliche Regelung anzubieten. Wegen der weiten Verbreitung ausländischer Zeitschriften in der Bundesrepublik Deutschland sollten diese ein Impressum auch in deutscher Sprache haben, wenn sie (wie z. B. Zeitungen für Gastarbeiter) in der Bundesrepublik Deutschland verlegt werden.

Für die Angaben im Impressum gelten folgende Einzelbestimmungen:

Drucker ist derjenige, der ein Druckwerk herstellt; zu nennen ist der Inhaber des Druckereibetriebes, der auch eine juristische Person, eine Gesellschaft des Handelsrechtes oder des bürgerlichen Rechts sein kann. Beschäftigt der Drucker ein Subunternehmen, obwohl er der Verantwortliche für den Druckauftrag ist, so genügt dessen Nennung im Impressum. Wirken jedoch mehrere Drucker eigenverantwortlich an der Herstellung eines Druckwerkes mit (z. B. bei Kooperationen), so müssen alle Drucker im Impressum genannt werden.

Verleger ist die natürliche oder juristische Person bzw. Gesellschaft nach Handelsrecht oder bürgerlichem Recht, die das Erscheinen und Verbreiten des Druckwerkes bewirkt. Sind daran mehrere Verleger, z. B. bei Anschlußzeitungen, beteiligt, so müssen sie alle im Impressum genannt werden, wenn das betreffende Landespressegesetz dies vorschreibt.

Der *Verfasser* ist der Schöpfer des Druckwerkes oder eines Teiles davon. Er muß – außer beim Selbstverlag – presserechtlich überhaupt nicht genannt werden. Will er beim Selbstverlag ungenannt bleiben, so kann er dies tun, wenn er im Impressum einen Herausgeber nennt.

Der Begriff des *Herausgebers* ist vom Gesetzgeber nicht definiert (Ausnahme: beim Selbstverlag anstelle des Verfassers). Im allgemeinen versteht man unter dem Herausgeber die Persönlichkeit, die bei der Gestaltung eines Druckwerkes die redaktionelle Linie bestimmt. Herausgeber kann deshalb nur eine natürliche Person sein. Die Frage, ob Herausgeber presserechtliche Funktionen im Sine des Presseordnungsrechtes ausüben, ist klar zu verneinen (Ausnahme: beim Selbstverlag). Welche Funktionen Herausgeber haben, ist abhängig von dem jeweiligen Vertrag mit dem Verleger. Der Begriff des Herausgebers hat in den vergangenen Jahren an Bedeutung gewonnen; vielfach wechselt ein Chefredakteur in die Funktion des Herausgebers über. Auch Politiker übernehmen nach ihrem Ausscheiden aus der aktiven Politik Herausgeberfunktionen. Nur in Ausnahmefällen (z. B. bei der »Frankfurter Allgemeinen«) leiten die Herausgeber die Zeitung.

Die Funktion des *Chefredakteurs* ist ebenso wie die des Herausgebers presserechtlich nicht relevant – außer in den Fällen, wo kein anderer verantwortlicher Redakteur im Impressum genannt wird.

VERANTWORTLICHER REDAKTEUR. Die einzelnen Landespressegesetze (§ 9, Bayern § 5, Berlin und Sachsen-Anhalt § 8, Hessen und Sachsen § 7, Brandenburg § 10) haben unterschiedliche Bestimmungen darüber, wer als verantwortlicher Redakteur tätig sein darf. Einheitlich gilt nur, daß ein verantwortlicher Redakteur seinen ständigen Aufenthalt im Geltungsbereich des Grundgesetzes haben muß (LPG § 9 Abs. 1 Ziff. 1, Bayern § 5 Abs. 2 Ziff. 1, Berlin und Sachsen-Anhalt § 8 Abs. 1 Ziff. 1, Sachsen § 7 Abs. 1 Ziff. 1, Hessen § 7 Abs. 2 Ziff. 1, Brandenburg § 10 Abs. 1 Ziff. 1). Allerdings kann er davon auf Antrag befreit werden (Baden-Württemberg, Brandenburg, Bremen, Hamburg, Niedersachsen, Nordrhein-Westfalen, Rheinland-Pfalz, Sachsen-Anhalt und Thüringen). In den Ländern erteilen die Verwaltungsbehörden auch ohne gesetzliche Grundlage auf Antrag eine entsprechende Befreiung. Diese Regelung ist besonders wichtig für Zeitungen, die in grenznahen Gebieten erscheinen.

Ein verantwortlicher Redakteur muß die Fähigkeit zur Bekleidung öffentlicher Ämter und das passive wie das aktive Wahlrecht besitzen (letzteres nicht in Berlin, Hessen und Nordrhein-Westfalen). Bestimmungen über das Mindestalter eines verantwortlichen Redakteurs – 21 (Hamburg: 18) Jahre – gibt es nicht in Bayern.

Ein verantwortlicher Redakteur muß unbeschränkt strafrechtlich verfolgt werden können. Das fordern die Landespressegesetze mit Ausnahme von Hamburg und Rheinland-Pfalz (LPG § 9 Abs. 1 Ziff. 5; Berlin § 8 Abs. 1 Ziff. 5, Brandenburg § 10 Abs. 1 Ziff. 4, Bremen § 9 Abs. 1 Ziff. 6, Sachsen-Anhalt und Thüringen § 9 Abs. 1 Ziff. 4, Sachsen § 7 Abs. 1 Ziff. 5, Hessen § 7 Abs. 2 Ziff. 5). Bayern (§ 5 Abs. 3) schließt die Position des verantwortlichen Redakteurs für den politischen Teil einer Zeitung oder Zeitschrift aus, wenn eine strafrechtliche Verfolgung nur mit besonderer Zustimmung oder Genehmigung möglich ist (wie etwa bei Abgeordneten). Eine Sonderregelung gilt in Berlin (§ 8 Abs. 3) bei periodischen Druckschriften für Kunst und Wissenschaft. Hier muß zwar ein Verantwortlicher mit Wohnsitz im Geltungsbereich des Grundgesetzes benannt werden, er braucht jedoch nicht tatsächlich den redaktionellen Teil zu verantworten.

Trotz genauer Vorschriften über die Anforderungen an den verantwortlichen Redakteur enthalten die Landespressegesetze keine Definition der Aufgaben. Nach der Rechtsprechung ist verantwortlicher Redakteur derjenige, der kraft seiner Stellung die zu veröffentlichenden Beiträge tatsächlich überprüfen kann und außerdem die Möglichkeit hat, die Veröffentlichung von Beiträgen mit strafrechtlichem Inhalt (→ Pressedelikte) zu verhindern. Er ist insoweit Anspruchsgegner für eine → Gegendarstellung. Der verantwortliche Redakteur muß diese Überprüfungsfunktion gewissenhaft wahrnehmen und sämtliche beabsichtigten Veröffentlichungen aus seinem Verantwortungsbereich persönlich kennen.

Verletzt der verantwortliche Redakteur vorsätzlich oder fahrlässig diese Verpflichtung, so kann er mit Freiheitsstrafe bis zu einem Jahr oder mit

Geldstrafe bestraft werden (LPG § 20; Bayern: § 11; Sachsen, Sachsen-Anhalt § 12 Ziff. 1; Brandenburg § 14; Berlin, Hamburg, Rheinland-Pfalz: § 19; Nordrhein-Westfalen: § 21; Hessen und Thüringen ohne Strafnorm). Die Landespressegesetze sehen darüber hinaus vor (LPG § 20 Abs. 1, Bayern § 11 Abs. 1, Sachsen und Sachsen-Anhalt § 12, Ziff. 1, Brandenburg § 14 Abs. 1, Berlin und Hamburg § 19 Abs. 1, Hessen und Niedersachsen ohne Regelung), daß für sonstige Straftaten, die mittels eines Druckwerkes begangen werden, die allgemeinen Strafgesetze auf den verantwortlichen Redakteur angewendet werden.

Unbeschadet dessen haftet der verantwortliche Redakteur zivilrechtlich nach den allgemeinen Grundsätzen des bürgerlichen Rechts. Eine zivilrechtliche Haftung ist auch dann gegeben, wenn der verantwortliche Redakteur zwar keine Kenntnis von dem Artikel hatte, aber die ihm vom Verleger aufgetragene Inhaltskontrolle pflichtwidrig unterlassen hat.

Presseordnungswidrigkeiten. Verstöße gegen die Vorschriften über das Impressum stellen eine Ordnungswidrigkeit dar (LPG § 22; Bayern, Sachsen und Thüringen § 13, Sachsen-Anhalt § 14, Brandenburg § 15 Abs. 1 Ziff. 3, Hessen § 21a, Berlin, Hamburg, Rheinland-Pfalz § 21, Nordrhein-Westfalen § 23). Ihre Ahndung richtet sich danach, ob sie vorsätzlich oder fahrlässig begangen wurden, wobei die Höhe der Geldbuße und deren Rechtsgrundlage in den Ländern unterschiedlich geregelt werden.

Die Voraussetzungen für Ordnungswidrigkeiten sind gegeben, wenn ein verantwortlicher Redakteur oder Verleger, beim Selbstverlag der Verfasser oder Herausgeber, den Vorschriften über das Impressum vorsätzlich oder fahrlässig zuwiderhandelt oder als Unternehmer Druckwerke verbreitet, in denen das Impressum ganz oder teilweise fehlt.

Offenlegung der Besitzverhältnisse. Nur die Landespressegesetze von Bayern (§ 8 Abs. 3), Sachsen und Thüringen (§ 8) und Hessen (§ 5) enthalten eine Regelung über die Offenlegung der Besitzverhältnisse für periodische Druckwerke.

§ 8 Abs. 3 LPG Bayern bestimmt, daß die Inhaber und Beteiligungsverhältnisse der Verlage, die Zeitungen und Zeitschriften herausgeben, halbjährlich einmal, und zwar in der jeweils ersten Ausgabe des Kalenderhalbjahres, im Impressum bekanntzugeben sind (Verordnung zur Durchführung des Gesetzes über die Presse vom 7. Februar 1950 [GVBl Bay S. 54]). Dabei sind anzugeben bei Einzelkaufleuten Vorname, Name, Beruf und Wohnort des Inhabers; bei offenen Handelsgesellschaften Vorname, Name, Beruf und Wohnort jedes Gesellschafters; bei Kommanditgesellschaften Vorname, Name, Beruf und Wohnort der persönlich haftenden Gesellschafter und der Kommanditisten; bei Aktiengesellschaften Vorname, Name, Beruf und Wohnort derjenigen Aktionäre, die mehr als 25 % des Aktienkapitals besitzen, sowie die Mitglieder des Aufsichtsrates und der Name seines Vorsitzenden; bei Kommanditgesellschaften auf Aktien Vorname, Name, Beruf und Wohnort der persönlich haftenden Gesellschafter, der Aktionäre, die mehr als 25% des Aktienkapitals besitzen, sowie der Mitglieder des Aufsichtsrates und der Name seines Vorsitzenden; bei Gesellschaften mit beschränkter Haftung Vorname, Name, Beruf und Wohnort aller Gesellschafter mit einer Stammeinlage von mehr als 5% des Stammkapitals unter bruchteilsmäßiger Angabe geleisteter Stammeinlagen; bei Genossenschaften Vorname, Name, Beruf und Wohnort der Mitglieder des Vorstandes und des Aufsichtsrates und der Name seines Vorsitzenden. Art. 2 Abs. 2 der Verordnung fordert auch die Bekanntgabe aller stillen Beteiligungen unter genauer Bezeichnung der stillen Gesellschafter. Wenn eine Verlagsgesellschaft an einer anderen Gesellschaft zu mehr als einem Viertel beteiligt ist, so müssen nach Art. 2 Abs. 2 der Verordnung über diese Gesellschaft die gleichen Angaben gemacht werden wie über den Verlag selbst.

Das hessische Landespressegesetz verlangt in § 5 Abs. 1 für Verlage von periodischen Druckwerken, die in Form einer Aktiengesellschaft oder der Kommanditgesellschaft auf Aktien geführt werden, daß die Aktien auf den Namen lauten. Gemäß § 5 Abs. 2 LPG Hessen muß der Verleger eines periodischen Druckwerks in regelmäßigen Zeitabschnitten im Druckwerk offenlegen, wer an der Finanzierung des Unternehmens wirtschaftlich beteiligt ist. Die Offenlegung hat bei Tageszeitungen in der ersten Nummer jedes Kalendervierteljahres und bei anderen periodischen Druckschriften in der ersten Nummer jedes Kalenderjahres zu erfolgen.

Das LPG Thüringen geht in § 8 Abs. 1 noch über diese Regelung hinaus. Danach muß der Verleger eines periodischen Druckwerks in regelmäßigen Zeitabschnitten im Druckwerk seine Eigentumsverhältnisse und seine Rechtsbeziehungen zu ihm verbundenen Unternehmen (§ 15 Aktiengesetz) offenlegen. Diese Offenlegungspflicht erstreckt sich auf die Überlassung der damit verbundenen Rechte. Wiederum hat die Veröffentlichung in der ersten Nummer jedes Kalendervierteljahres bei periodischen Druckschriften und bei sonstigen in der ersten Nummer jedes Kalenderjahres zu erfolgen. Bei der Offenlegung sind mindestens anzugeben: der Inhaber, alle persönlich haftenden Gesellschafter, alle geschäftsführenden Gesellschafter sowie die weiteren Zeitungen und Zeitschriften, die der Verlag oder seine Inhaber oder seine Beteiligten herausgeben; bei Genossenschaften: die Mitglieder des Vorstandes und der Vorsitzende des Aufsichtsrates.

Kennzeichnung von Anzeigen. Die Erkennbarkeit von entgeltlichen Beiträgen ist für den Leser von großer Bedeutung. Er soll auf den ersten Blick erkennen können, ob es sich um einen redaktionellen Beitrag oder um eine Anzeige handelt. Das ist besonders bei redaktionell gestalteten Anzeigen wichtig. Die Landespressegesetze bestimmen deshalb, daß der Verleger eines periodischen Druckwerks oder der für den Anzeigenteil Verantwortliche jede entgeltliche Veröffentlichung deutlich mit dem Wort »Anzeige« zu bezeichnen hat, soweit sie nicht schon durch Anordnung und Gestaltung allgemein als Anzeige zu erkennen ist (LPG § 10; Berlin,

Sachsen und Sachsen-Anhalt § 9; Brandenburg § 11; Bayern § 9 fordert jedoch nur eine Kenntlichmachung und nicht das Wort »Anzeige«; Hessen § 8 fordert eine Kenntlichmachung in der üblichen Weise als Anzeige). Bei redaktionell gestalteten Anzeigen sind die ZAW-Richtlinien für »redaktionelle Hinweise in Zeitungen und Zeitschriften« und für »redaktionell gestaltete Anzeigen« (→ Werberecht) sowie die Richtlinien des Deutschen Presserates zu beachten. Verstöße hiergegen sind Ordnungswidrigkeiten (LPG § 22 Abs. 1 Ziff. 2; Bayern § 13 Abs. 1a, Thüringen § 13 Abs. 1 Ziff. 4, Sachsen § 13 Abs. 1 Ziff. 5, Sachsen-Anhalt § 14 Abs. 1 Ziff. 2, Brandenburg § 15 Abs. 1 Ziff. 4; Hamburg, Berlin und Rheinland-Pfalz § 21 Abs. 1 Ziff. 2, Hessen § 21a Abs. 1 Ziff. 3, Nordrhein-Westfalen § 23 Abs. 1 Ziff. 2).

RENATE DAMM

Literatur

Martin Löffler: Presserecht. Kommentar. Bd. I: Landespressegesetze. München ³1983 (*ausführlichste Behandlung aller relevanten Vorschriften*)

Klaus Mathy: Das Recht der Presse. Ein Handbuch für die Redaktionsarbeit und für den Umgang mit der Presse. Köln ⁴1988

Presseordnungswidrigkeiten → Pressedelikte

Presseprivileg → Datenschutz, → Rundfunkorganisationsrecht

Presserat → Selbstkontrolle der Medien, → Verbände und Organisationen im Medienbereich

presserechtliche Verjährung → Pressedelikte

Presserechtsrahmengesetz → Konzentration, → Medienpolitik, → Pressegesetze, → Presseordnungsrecht

Pressereform → Konzentration

Pressestatistik → Konzentration, → Medienpolitik

Pressestiftung → Konzentration

Presse- und Informationsamt der Bundesregierung → Staatliche Informationstätigkeit

Pressevertrieb → Postzeitungsdienst, → Vertriebsrecht, → Wettbewerbsrecht

Pressevertriebsunternehmen → Fusionskontrolle im Pressewesen, → Wettbewerbsrecht

Privater Rundfunk → Landesmediengesetze, → Rundfunkorganisationsrecht, → Rundfunkprogrammrecht, → Wettbewerbsrecht

Privatsphäre → Persönlichkeitsschutz

Recht am gesprochenen Wort → Persönlichkeitsschutz

Redakteurvertretungen → Medienpolitik, → Mitbestimmung, → Rundfunkprogrammrecht

redaktionell gestaltete Anzeigen → Presseordnungsrecht, → Werberecht

redaktionelle Hilfsbetriebe → Pressefreiheit

Redaktionsarchive → Datenschutz

Redaktionsgeheimnis → Pressefreiheit, → Schweizerisches Medienrecht, → Zeugnisverweigerung

»Redaktionsschwanz« → Gegendarstellung

Redaktionsstatut → Mitbestimmung, → Österreichisches Medienrecht, → Rundfunkprogrammrecht, → Schweizerisches Medienrecht

Referenzfilmprinzip → Filmrecht

Regionalisierung → Wettbewerbsrecht

Reichspressegesetz → Geschichte des Medienrechts

Reichs-Rundfunkgesellschaft → Geschichte des Medienrechts

Remissionsrecht → Vertriebsrecht

Rhetorische Fragen-Beschluß → Bundesverfassungsgerichtsentscheidungen zum Medienrecht (2. Oktober 1991)

Richtlinie »Fernsehen ohne Grenzen« → Europäisches Medienrecht

Richtlinien für das Strafverfahren → Gerichtsberichterstattung

Richtlinien für die redaktionelle Arbeit → Rundfunkrecht, → Verantwortung des Journalisten

Richtlinien für Vertragsbedingungen (freier Mitarbeiter) → Arbeitsrecht der Medien

Richtlinienkompetenz → Mitbestimmung

Römerberg(Kunstkritik)-Beschluß → Bundesverfassungsgerichtsentscheidungen zum Medienrecht (13. Mai 1980)

Rom-Abkommen → Urheberrecht

Rundfunkanstalten des Bundesrechts → Geschichte des Medienrechts, → Rundfunkorganisationsrecht

Rundfunkbegriff → Neue elektronische Kommunikationstechniken, → Pressegesetze, → Rundfunkfinanzrecht

Rundfunkfinanzrecht. Mit dem Staatsvertrag zur Neuordnung des Rundfunkwesens (*Rundfunkstaatsvertrag*) vom 1./3. April 1987 hatten die Länder in der Bundesrepublik Deutschland ein duales Rundfunksystem eingeführt. Das bis zu diesem Zeitpunkt bestehende ausschließliche Recht der öffentlich-rechtlichen Rundfunkanstalten zu Rundfunkdarbietungen in Hörfunk und Fernsehen war aufgehoben worden. Privaten Rundfunkveranstaltern war der Aufbau und die Fortentwicklung eines privaten Rundfunksystems ermöglicht worden. Die öffentlich-rechtlichen Rundfunkanstalten hatten eine Bestands- und Entwicklungsgarantie erhalten.

Nach dem Beitritt der fünf neuen Länder haben die Regierungschefs der Länder am 31. August 1991 Einvernehmen über einen Staatsvertrag über den Rundfunk im vereinten Deutschland erzielt. Ziel dieses Staatsvertrages ist es, ein in den alten und den neuen Ländern gleichermaßen geltendes staatsvertragliches Rundfunkrecht zu schaffen; dabei sind wesentliche Teile aus den Staatsverträgen der alten Länder übernommen worden. Gleichzeitig sind mit diesem Staatsvertrag europäische Regelungen zur Harmonisierung des Rundfunkrechts sowie allgemein die jüngere Rundfunkrechtsprechung des BVG und im Laufe der Jahre gewonnene praktische Erfahrungen mit dem dualen System eingearbeitet bzw. umgesetzt worden.

Der *Staatsvertrag über den Rundfunk im vereinten Deutschland* ist in Form eines Artikel-Staatsvertrages abgeschlossen worden. Er umfaßt die in seinem Artikel 8 näher aufgeführten Staatsverträge, die vor der Vereinigung Deutschlands im alten Bundesgebiet galten. Ein solcher Artikel-Staatsvertrag erschien geboten, um ein einheitliches Inkrafttreten aller Einzelstaatsverträge zum 1. Januar 1992 sicherzustellen und damit eine einheitliche Rahmenordnung auf dem Gebiet der Bundesrepublik Deutschland zu gewährleisten.

Der Rundfunkstaatsvertrag (Art. 1) enthält in seinen §§ 10 bis 12 sowie 25 und 29 ausführliche Finanzierungsregelungen für das duale Rundfunksystem: Für den öffentlich-rechtlichen Rundfunk ist die Rundfunkgebühr in Verbindung mit dem Gebot eines Finanzausgleichs unter den Landesrundfunkanstalten weiterhin vorrangige Finanzierungsquelle (Art. 1 §§ 10 und 11). Daneben fließen Einnahmen aus Werbung zu, die zeitlichen (beim Hörfunk) und sogar tageszeitlichen Begrenzungen (beim Fernsehen) unterliegt (Art. 1 § 15).

Die Finanzierung privater Rundfunkveranstalter erfolgt vorrangig durch Einnahmen aus Werbung und durch Entgelte (Art. 1 § 25). Eine Finanzierung privater Veranstalter aus der Rundfunkgebühr ist unzulässig (Art. 1 § 25 Satz 2).

Die Länder können Änderungen der Gesamtdauer der Werbung und der tageszeitlichen Begrenzung der Werbung im öffentlich-rechtlichen Rundfunk vereinbaren (Art. 1 § 16).

Für die Finanzierung besonderer Aufgaben kann ein 2%-Anteil an der einheitlichen Rundfunkgebühr verwendet werden (Art. 1 § 29). Hierdurch werden die Aufgaben der *Landesmedienanstalten* finanziert, denen die Zulassung und Aufsicht über private Rundfunkveranstalter obliegt.

Der *Finanzausgleich* unter den Landesrundfunkanstalten hat insbesondere eine funktionsgerechte Aufgabenerfüllung der Anstalten Radio Bremen, Saarländischer Rundfunk und Sender Freies Berlin sicherzustellen (Art. 1 § 10 Abs. 2). Der Umfang der Finanzausgleichsmasse und ihre Anpassung an die Rundfunkgebühr bestimmen sich nach dem *Rundfunkfinanzierungsstaatsvertrag* (Art. 5 §§ 6–10). Das ZDF ist an diesem Finanzausgleich nicht beteiligt. Die Finanzausgleichsmasse beträgt jährlich mindestens 155 Millionen DM (Art. 5 § 8). In einer Vereinbarung über den Finanzausgleich zwischen den Landesrundfunkanstalten vom 28. Februar 1992 sind die Modalitäten von Aufbringung und Aufteilung im einzelnen geregelt.

Der *Rundfunkgebührenstaatsvertrag* (Art. 4) legt fest, daß die Rundfunkgebühr in eine Grundgebühr und eine Fernsehgebühr aufgeteilt (Art. 4 § 2 Abs. 1) ist.

Nach dem *ZDF-Staatsvertrag* (Art. 3 § 29) steht dem ZDF ein Anteil von 30 % der Fernsehgebühr zu. Die Grundgebühr und 70 % der Fernsehgebühr verbleiben den ARD-Anstalten nach Abzug des 2 %-Anteils (Art. 1 § 29 i. V. m. Art. 5 § 1 Abs. 4).

Die Höhe der Rundfunkgebühr ist im *Rundfunkfinanzierungsstaatsvertrag* (Art. 5 § 1) festgelegt. Danach haben die Rundfunkteilnehmer in den alten Bundesländern einschließlich West-Berlin ab 1. Januar 1992 DM 8,25 Grundgebühr und 15,55 DM Fernsehgebühr zu zahlen. Die Rundfunkteilnehmer in den neuen Bundesländern haben beginnend ab 1. Januar 1992 DM 6,00/13,00, ab 1. Januar 1993 DM 6,75/13,85, ab 1. Januar 1994 DM 7,50/14,70 und ab 1. Januar 1995 die volle Rundfunkgebühr von DM 8,25/15,55 zu zahlen (Art. 5 § 1 Abs. 2).

Die Gebühreneinnahmen werden von den Rundfunkanstalten über eine Gemeinschaftseinrichtung, die *Gebühreneinzugszentrale* der öffentlich-rechtlichen Rundfunkanstalten der Bundesrepublik Deutschland (GEZ), verwaltet. Die GEZ hat keine eigene Rechtspersönlichkeit, sondern handelt im Auftrag jeder Rundfunkanstalt für deren Anstaltsbereich. Über das Verfahren zur Leistung der Rundfunkgebühren haben die Landesrundfunkanstalten im Jahre 1975 – die neuen Landesrundfunkanstalten im Jahre 1992 – gleichlautende Satzungen erlassen.

Die *Rundfunkgebührenpflicht* wird allein durch das Bereithalten eines Rundfunkempfangsgerätes ausgelöst (Art. 4 § 2 Abs. 2). Derzeit (Stand 31. 12. 1992) sind rd. 35,3 Millionen Hörfunkgeräte und rd. 31,5 Millionen Fernsehgeräte angemeldet. Der Rundfunkgebührenstaatsvertrag legt alle Grundlagen für das Entstehen und die Beendigung der Gebührenpflicht fest. Neben Ausnahmen von der Gebührenpflicht, insbesondere für privatbetriebene Zweitgeräte, enthält dieser Staatsvertrag auch eine Ermächtigung der Landesregierungen für weitere Befreiungen aus sozialen Gründen. Hierauf beruhen die nahezu gleichlautenden Befreiungsverordnungen der Länder, die in einer Neufassung seit 1992 gelten. Der Gebührenausfall aufgrund der Gebührenbefreiungen betrug 1991 ca. 434 Millionen DM in den alten Ländern.

Nach herrschender Meinung liegt die *Gebührenkompetenz* bei den Ländern. Die Rundfunkgebühr wird als Einheitsgebühr durch Staatsvertrag der Länder (Art. 5) festgesetzt und dient als Finanzierungsmittel für die »Gesamtveranstaltung« Rundfunk. Zusammen mit den Werbeeinnahmen setzen die Rundfunkgebühren den Rahmen, innerhalb dessen die Anstalten autonom über die Verwendung der ihnen zur Verfügung stehenden Finanzmittel zur Erfüllung des gesetzlich festgelegten Programmauftrages entscheiden können. Allerdings hat der Bayerische Verwaltungsgerichtshof in seinem Vorlagebeschluß vom 6. Juli 1988 (Nr. 25 B 87.00860) an das Bundesverfassungsgericht die Gebührenkompetenz der Länder in Zweifel gezogen und für eine aus Art. 5 GG hergeleitete autonome Gebührenkompetenz der Rundfunkanstalten votiert. Mit seinem Urteil vom 22. Februar 1994 – 1 BvL 30/88 – ist das Bundesverfassungsgericht dieser Auffassung nicht gefolgt. Es hält vielmehr die Festsetzung der Rundfunkgebühr durch Staatsvertrag der Länder und anschließende Umsetzung in Landesrecht mit dem Art. 5 GG für vereinbar. Das Bundesverfassungsgericht fordert vom Gesetzgeber allerdings ein Verfahren, das dem öffentlich-rechtlichen Rundfunk die zur Erfüllung seiner Aufgaben im dualen System erforderlichen Mittel gewährleistet und ihn vor möglichen Einflußnahmen auf das Programm wirksam sichert. Die Gebühr darf nicht zu Zwecken der Programmlenkung oder der Medienpolitik eingesetzt werden. Nach Auffassung des Bundesverfassungsgerichts entspricht dem fachlichen Charakter der Prüfungs- und Ermittlungsaufgabe die Übertragung an ein sachverständiges Gremium, das allerdings im Unterschied zur KEF nicht nur rundfunk-, sondern auch politikfrei zusammenzusetzen sei. Es bleibt abzuwarten, welche Konsequenzen die Regierungschefs der Länder aus diesem Urteil des Bundesverfassungsgerichts ziehen werden.

Der *Finanzbedarf* des öffentlich-rechtlichen Rundfunks wird regelmäßig entsprechend den Grundsätzen von Wirtschaftlichkeit und Sparsamkeit geprüft und mindestens alle zwei Jahre festgestellt (Art. 1 § 12 Abs. 1). Über eine Anpassung der Rundfunkgebühr wird jeweils anschließend an die Feststellung des Finanzbedarfs entschieden (Art. 1 § 12 Abs. 4).

Zur Ermittlung des dem öffentlich-rechtlichen Rundfunk für die Fortführung und die Weiterentwicklung seiner Programme entstehenden Finanzbedarfs haben die Regierungschefs der Länder durch Beschluß vom 20. Februar 1975 die *Kommission zur Ermittlung des Finanzbedarfs der Rundfunkanstalten* (KEF) errichtet. Die im Rundfunkstaatsvertrag in Aussicht genommene Überprüfung des Verfahrens und der Zusammensetzung der KEF führte zu einem neuen Beschluß der Ministerpräsidenten vom 29. Juni 1992 über die Zusammensetzung und das Verfahren der KEF. Dabei wurde vor allem die Gruppe der unabhängigen Sachverständigen auf nunmehr sechs Mitglieder, die Gruppe der Mitglieder aus den Rechnungshöfen auf fünf festgelegt. Fachleute aus dem Bereich der Rundfunktechnik sind als Berater der Kommission hinzuzuziehen. Die KEF hat den Finanzbedarf der öffentlich-rechtlichen Rundfunkanstalten aufgrund deren eigener Anmeldungen und unter Wahrung der Programmautonomie zu ermitteln. Bei der Ermittlung des Finanzbedarfs sind nach Art. 1 § 12 Abs. 2 insbesondere die wettbewerbsfähige Fortführung der bestehenden Hörfunk- und Fernsehprogramme, die durch Staatsvertrag aller Länder zugelassenen Fernsehprogramme sowie die nach Landesgesetz jeweils zulässigen neuen Hörfunkprogramme; die Teilhabe an den neuen rundfunktechnischen Möglichkeiten; die allgemeine Kostenentwicklung und die besondere Kostenentwicklung im Medienbereich sowie die Entwicklung der Werbeeinnahmen und der sonstigen Einnahmen zugrunde zu legen. Die Empfehlungen der KEF dienen wie bisher als Entscheidungshilfe für die Landesregierungen und die Landesparlamente bei der Entscheidung über eine Anpassung der Rundfunkgebühren.

Wird die Gebührenfinanzierung des öffentlich-rechtlichen Rundfunks durch *Werbeeinnahmen* ergänzt, so erfolgt die Finanzierung privater Rundfunkveranstalter (Art. 1 § 25) vorrangig durch Werbeeinnahmen und Entgelte. Zu den letzteren zählen nicht nur Entgelte der Teilnehmer, sondern auch Eigenmittel und Mittel Dritter (Spender, Sponsoren). Da private Veranstalter keine Rundfunkgebühren erhalten, ist ihnen Werbung in weit größerem Umfang gestattet als den öffentlich-rechtlichen Rundfunkanstalten. Für den privaten Rundfunk gilt weder das Werbeverbot an Sonn- und Feiertagen noch eine tageszeitliche Begrenzung der Fernsehwerbung. Allerdings wird der Anteil der Werbung an der täglichen Sendezeit auf 20 vom Hundert begrenzt. *Sponsorsendungen* sind in gleichem Rahmen erlaubt wie beim öffentlich-rechtlichen Rundfunk (Art. 1 § 7). Im übrigen entsprechen die Ordnungsvorschriften der Werbung im privaten Rundfunk weitestgehend denen für den öffentlich-rechtlichen Rundfunk (Art. 1 § 6).

Der Anteil der Werbeeinnahmen an den Gesamteinnahmen der öffentlich-rechtlichen Anstalten ist unterschiedlich hoch. Bedingt durch zum Teil dramatische Einbrüche bei den Werbeeinnahmen aufgrund der veränderten Wettbewerbssituation zwischen öffentlich-rechtlichen und privaten Rundfunkanbietern beträgt der Anteil der Werbeeinnahmen bei der ARD durchschnittlich ca. 10 %, beim ZDF deutlich unter 40 % der Gesamteinnahmen. Alle Landesrundfunkanstalten betreiben inzwischen Hörfunk- und Fernsehwerbung. Die ARD-Anstalten haben Werbefunk und Werbefernsehen in Tochtergesellschaften – jeweils in Form einer GmbH – organisiert. Das ZDF betreibt lediglich Werbefernsehen. Beim ZDF ist die Veranstaltung der Fernsehwerbung nicht aus der Rundfunkanstalt ausgegliedert. Die Erlöse aus der Werbung fließen nach Abzug der Steuern den Rundfunkanstalten zu.

FRITZ-HELMUT KARRASS

Rechtsgrundlagen
Staatsvertrag über den Rundfunk im vereinten Deutschland vom 31. August 1991.
Verordnungen der Landesregierungen über die Voraussetzungen für die Befreiung von der Rundfunkgebührenpflicht:
Baden-Württemberg vom 21. 7. 1992 (GVBl. 1992, S. 125, S. 56)
Bayern vom 21. 7. 1992 (GVBl. 1992, S. 254)
Berlin vom 2. 1. 1992 (GVBl. 1992, S. 3)
Brandenburg vom 4. 2. 1992 (GVBl. 1992, II, S. 63)
Bremen vom 5. 5. 1980 (GVBl. 1980, S. 113)
Hamburg vom 5. 2. 1980 (GVBl. 1980, S. 25)
Hessen vom 31. 8. 1992 (GVBl. 1992, S. 377)
Mecklenburg-Vorpommern vom 20. 1. 1992 (GVBl. 1992, S. 250)
Niedersachsen vom 3. 9. 1992 (GVBl. 1992, S. 239)
Nordrhein-Westfalen vom 24. 1. 1980 (GVNW 1980, S. 88, S. 134)
Rheinland-Pfalz vom 29. 9. 1992 (GVBl. 1992, S. 312)
Saarland vom 2. 3. 1992 (GVBl. 1992, S. 158)
Sachsen vom 6. 1. 1992 (GVBl. 1992, S. 16)
Sachsen-Anhalt vom 28. 4. 1992 (GVBl. 1992, S. 308)
Schleswig-Holstein vom 26. 5. 1992 (GVBl. 1992, S. 324)
Thüringen vom 1. 2. 1994 (GVBl 1994, S. 181)

Verwaltungsvereinbarung »Gebühreneinzugszentrale« der Landesrundfunkanstalten und des ZDF vom 2. 10. 1992/3. 1. 1993
Verwaltungsvereinbarung über den Finanzausgleich zwischen den Landesrundfunkanstalten vom 28. 1. 1992

Satzungen der Landesrundfunkanstalten über das Verfahren zur Leistung der Rundfunkgebühren:
Bayerischer Rundfunk vom 28. 11. 1975
Hessischer Rundfunk vom 28. 11. 1975
Mitteldeutscher Rundfunk vom 27. 4. 1992
Norddeutscher Rundfunk vom 6. 12. 1975
Ostdeutscher Rundfunk Brandenburg vom 22. 12. 1992
Radio Bremen vom 2. 12. 1975
Saarländischer Rundfunk vom 22. 12. 1975
Sender Freies Berlin vom 25. 11. 1975
Süddeutscher Rundfunk vom 16. 12. 1975
Südwestfunk vom 28. 10. 1975
Westdeutscher Rundfunk vom 5. 11. 1975

Rundfunkfreiheit → Europäisches Medienrecht, → Informationsfreiheit, → Rundfunkprogrammrecht

Rundfunkgebühren → Landesmediengesetze, → Rundfunkfinanzrecht

Rundfunkgebühren(Achtes Rundfunk)-Urteil → Bundesverfassungsgerichtsentscheidungen zum Medienrecht (22. Februar 1994)

Rundfunkgewährleistung → Rundfunkfinanzrecht

Rundfunkkompetenz → Rundfunkfinanzrecht, → Rundfunkorganisationsrecht

Rundfunkmedienwettbewerb → Rundfunkprogrammrecht

Rundfunk-Oligopol → Verantwortung des Journalisten

Rundfunkorganisationsrecht. Das Rundfunkorganisationsrecht ist sowohl im Hinblick auf die Kompetenzverteilung zwischen Bund und Ländern als auch die das deutsche Rundfunkrecht kennzeichnende pluralistische Ausgestaltung entscheidend durch die Rechtsprechung des Bundesverfassungsgerichts geprägt worden. Zu nennen sind insbesondere die 1., die 3., die 4. und die 6. Rundfunkentscheidung des Bundesverfassungsgerichts.

Vor Inkrafttreten des Grundgesetzes wurde die rundfunkrechtliche Kompetenz zunächst faktisch vom Deutschen Reich wahrgenommen (→ Geschichte des Medienrechts). Das Gesetz über Fernmeldeanlagen vom 3. Dezember 1927 (RGBl. I S. 331) enthielt hierzu keine klare Regelung. Die Verwaltungspraxis der Reichspost und des Reichsministers des Innern war aber dadurch gekennzeichnet, daß das Rundfunkwesen als Annex des Fernmeldewesens als reichsrechtliche Kompetenz behandelt wurde. In der Zeit des Nationalsozialismus wurde der Rundfunk insgesamt dem Reichsminister für Volksaufklärung und Propaganda unterstellt und unterlag totaler zentralstaatlicher Kontrolle. Ein völliger Wandel ergab sich nach dem Zusammenbruch der nationalsozialistischen Herrschaft. Die alliierten Militärbehörden betrieben die Sender zunächst selbst und schalteten sogar die Post aus der Technik aus. Der RIAS Berlin (Rundfunk im amerikanischen Sektor von Berlin) ging auf diese Gründungszeit zurück. Er wurde aufgrund der Anordnung des US-Headquarters vom 21. November 1945 errichtet und war eine Einrichtung der United States Information Agency (USIA) mit einem US-Aufsichtsgremium, einem deutschen Intendanten und einem später nur für das nach 1986 aufgenommene Fernsehprogramm berufenen deutschen Beirat. Im übrigen wurde der Rundfunk in deutsche Hände zurückübertragen; entsprechend dem Aufbau der deutschen Staatlichkeit von der kommunalen zur Landesebene. Vor Begründung einer Bundesebene entstanden auch in den Besatzungszonen Landesanstalten. In der amerikanischen Besatzungszone waren es der Bayerische Rundfunk, der Hessische Rundfunk, Radio Bremen und der Süddeutsche Rundfunk, in der britischen Zone wurde als einheitliche Anstalt der Nordwestdeutsche Rundfunk gebildet, der dann 1954/55 in den Westdeutschen Rundfunk und den Norddeutschen Rundfunk aufgeteilt wurde. In der französischen Besatzungszone entstand nur eine Anstalt, der Südwestfunk. Im Saarland bestand zunächst ein Rundfunk in Form einer GmbH, der 1957 in den anstaltlich organisierten Saarländischen Rundfunk überführt wurde; in Berlin wurde 1953 neben dem RIAS der Sender Freies Berlin errichtet. Die Gründung des Mitteldeutschen Rundfunks als Mehrländeranstalt für Sachsen, Sachsen-Anhalt und Thüringen und des Ostdeutschen Rundfunks Brandenburg 1991/1992 fügten sich in diese Entwicklung ein. Die Organisationsentscheidungen der Länder, die vor Inkrafttreten des Grundgesetzes als einzige deutsche Hoheitsgewalt verkörperten, sowie die dafür getroffenen landesgesetzgeberischen Entscheidungen fallen also in die Zeit vor Inkrafttreten des Grundgesetzes.

Der Bundesverfassungsgeber löste die kompetenzrechtliche Frage nicht mit hinreichender Klarheit. In Art. 73 Nr. 7 GG verankerte er die ausschließliche Bundesgesetzgebungsbefugnis über das Post- und Fernmeldewesen, im übrigen enthielt er sich zur Frage rundfunkgesetzlicher Kompetenzen. Es war sowohl vertretbar, daß der Rundfunk als einheitliches Phänomen der Materie Fernmeldewesen zuzuordnen war, als auch, daß das Rundfunkwesen zwar zunächst in Verbindung mit dem Fernmeldewesen entstanden war, daß die Fernmeldetechnik aber von der Programmgestaltung zu unterscheiden war, die als kulturelle Angelegenheit eine Landeskompetenz beinhaltete. Diese Rechtsunsicherheit beseitigte das 1. Rundfunkurteil (BVerfGE 12, 205). Nach § 3 Abs. 1 des Staatsvertrages über den Norddeutschen Rundfunk vom 16. Februar 1955 (GVBl Hamburg I, S. 197; GVBl Nieders., S. 167; GVBl Schleswig-Holstein, S. 92) war dem NDR das ausschließliche Recht und die Pflicht vorbehalten, in den Ländern Niedersachsen, Schleswig-Holstein und Freie und Hansestadt Hamburg die hierfür erforderlichen Anlagen des Hörfunks und des Fernsehfunks zu errichten und zu betreiben, sowie die Anlagen des Drahtfunks zu versorgen. Das Bundesverfassungsgericht stellte fest, daß diese Vorschrift mit Art. 73 Nr. 7 GG unvereinbar und deswegen nichtig sei. Das Post- und Fernmeldewesen als bundesrechtliche Kompetenz umfaßt seitdem nur den sendetechnischen Bereich des Rundfunks unter Ausschluß der sogenannten Studiotechnik; letztere ist eine Landesangelegenheit. Das Fernmeldewesen als bundesrechtliche Kompetenz beginnt erst mit der Übermittlung der sendefertigen Ton- und Bildsignale vom Rundfunkstudio zu einem oder mehreren Sendern. Im übrigen ist Rundfunk ein kulturelles Phänomen, das nach der Grundentscheidung des Grundgesetzes der subsidiären Zuständigkeit des Bundes (Art. 30, 70 und 83 GG) in den Kompetenzbereich der Länder fällt.

Gegenstand der ersten Rundfunkentscheidung (BVerfGE 12, 205), die am 28. Februar 1961 erging, war zudem die Frage, ob die von der Bundesregierung beabsichtigte Gründung einer Deutschland-Fernsehen-GmbH mit der Rundfunkfreiheit des Art. 5 Abs. 1 Satz 2 GG vereinbar war. Kompetenzrechtlich wurde dem Bund in diesem Zusammenhang inzidenter das Recht zugestanden, Institutionen zur Veranstaltung von Rundfunksendungen zu schaffen, welche ausschließlich oder doch ganz überwiegend für das Ausland oder die Deutschen bestimmt sind, die außerhalb der Bundesrepublik Deutschland in deutschen Gebieten wohnen. Diesem Zweck dient die Deutsche Welle, die den Rundfunkteilnehmern im Ausland ein umfassendes Bild des politischen, kulturellen und wirtschaftlichen Lebens in Deutschland vermitteln soll (§ 1 Abs. 1 des Gesetzes über die Errichtung von Rundfunkanstalten des Bundesrechts vom 29. November 1960 – BGBl. I S. 862 –). Im Zusammenhang mit der ersten Rundfunkentscheidung tauchte neben der Frage des staatlichen Einflusses vor allem aber auch die Frage auf, unter welchen Voraussetzungen rechtsfähige Gesellschaften des privaten Rechts Veranstalter von Rundfunksendungen sein könnten. Das Bundesverfassungsgericht wies damals auf die Parallele zu den öffentlich-rechtlich organisierten Anstalten hin und schuf die Grundvoraussetzungen, daß auch im privaten Bereich in ähnlicher Weise wie in der öffentlich-rechtlichen Anstalt alle gesellschaftlich relevanten Kräfte zu Wort kommen müßten.

Diese Formel wurde zum Ausgang für die dritte Rundfunkentscheidung vom 16. Juni 1981 (BVerfGE 57, 295). Drei Jahre nach dem ersten Rundfunkurteil, im Dezember 1964, hatte das Saarland als einziges Land mit dem Gesetz Nr. 806 über die Veranstaltung von Rundfunksendungen die legislativen Voraussetzungen für die Veranstaltung von privatem Rundfunk geschaffen. Die »Freie Rundfunk AG«, die sich seit 1967 um die Erteilung einer Konzession im Saarland bewarb, erhielt diese allerdings von der saarländischen Landesregierung nicht und hatte auch vor dem Verwaltungsgericht des Saarlandes keinen Erfolg. Es kam zu einem Vorlagebeschluß an das Bundesverfassungsgericht im Rahmen eines konkreten Normenkontrollverfahrens, weil die zugrundeliegenden Vorschriften des Gesetzes über die Veranstaltung von Rundfunksendungen, die unabdingbare Rechtsgrundlage für die Erteilung einer Konzession sind, für verfassungswidrig und damit für nichtig erachtet wurden.

Das 3. Rundfunkurteil beendete die enge Anlehnung an organisationsrechtliche Vorschriften aus dem öffentlich-rechtlichen Bereich, die vor allem an der binnenpluralistischen Struktur orientiert waren. Von nun an war auch die außenpluralistische Struktur denkbar, wenn sie sich als geeignet erweisen würde, im Gesamtangebot der inländischen Programme der bestehenden Meinungsvielfalt auch tatsächlich Rechnung zu tragen. Auf der Basis dieser Rechtsprechung entstanden bereits in der ersten Hälfte der 80er Jahre in den meisten deutschen Ländern Gesetzgebungswerke zur Ermöglichung des privaten Rundfunks (→ Landesmediengesetze). Das erste Gesetz war das Niedersächsische Landesrundfunkgesetz vom 23. Mai 1984 (GVBl. 1984, S. 147), das am 7. Juni 1984 in Kraft trat. Es wurde zum Ausgangspunkt der 4. Rundfunkentscheidung des Bundesverfassungsgerichts (BVerfGE 73, 118). Seit dieser Entscheidung vom 4. November 1986 bestehen unterschiedliche pluralistische Anforderungen an private Veranstalter und öffentlich-rechtliche Anstalten, weil und solange die öffentlich-rechtlichen Anstalten die Meinungsvielfalt durch ihre spezifischen Leistungen, insbesondere die »Grundversorgung«, gewährleisten.

Das 6. Rundfunkurteil vom 5. Februar 1991 (BVerfGE 83, 238) hat den

Begriff der Grundversorgung präzisiert. In einem dualen Rundfunksystem mit einer öffentlich-rechtlichen und einer privaten Säule, in dem an die Breite des Programmangebots und die Sicherung gleichgewichtiger Vielfalt im privaten Bereich nicht gleich hohe Anforderungen wie im öffentlich-rechtlichen Bereich gestellt werden, läßt sich der Grundversorgungsauftrag für den öffentlich-rechtlichen Rundfunk nur erfüllen, wenn dieser nicht alleine in seinem gegenwärtigen Bestand, sondern auch in seinen zukünftigen Entwicklungen gesichert ist. Zum Ausgleich der in Kauf genommenen Defizite im privaten Bereich besteht also eine Bestands- und Entwicklungsgarantie auf verfassungsrechtlicher Ebene, die sich auch auf neue Dienste mittels neuer Techniken, die künftig Funktionen des herkömmlichen Rundfunks übernehmen können, bezieht. Diese Aussage gilt allerdings nur für das duale System mit unterschiedlichen Anforderungen im öffentlich-rechtlichen und privaten Bereich. In der dualen Rundfunkordnung ist es nach dem 6. Rundfunkurteil nur erlaubt, nicht aber gefordert, für den privaten Rundfunk geringere Anforderungen zu stellen, als für den öffentlich-rechtlichen Rundfunk. Dann würden auch diese Kompensationspflichten entfallen.

VERFASSUNGSRECHTLICHE ANFORDERUNGEN. Im einzelnen stellen sich die aus dieser Rechtsprechung folgenden verfassungsrechtlichen Anforderungen an das Rundfunkorganisationsrecht wie folgt dar: Art. 5 Abs. 1 Satz 2 GG begründet nicht nur die Rundfunkfreiheit als subjektives Recht, das den Trägern dieses Grundrechts zur Abwehr gegenüber staatlichen Eingriffen verhilft: Art. 5 Abs. 1 Satz 2 GG enthält zugleich ein objektives Prinzip, auf dem der Rundfunk aufbaut und das im Zusammenhang mit den spezifischen Funktionen des Rundfunks zu sehen ist. Ihm kommt im Kommunikationsprozeß die Aufgabe eines Mediums und Faktors zu. Als Medium wirkt er durch eine breite und vollständige Information der gesamten Bevölkerung. Er ist damit Grundvoraussetzung für die politische Meinungsbildung in einer offenen Demokratie. Als Faktor gibt er einzelnen oder auch Gruppen in dieser Gesellschaft Gelegenheit zum meinungsbildenden Wirken. Das Bundesverfassungsgericht hat dies insbesondere auch in der 3. Rundfunkentscheidung als einen der wichtigsten Gründe für die institutionelle Garantie der Rundfunkfreiheit herausgestellt.

Zur Absicherung dieser besonderen Rolle, die dem Rundfunk zukommt, ist nach der ständigen Rechtsprechung des Bundesverfassungsgerichts eine positive Ordnung erforderlich, um die Vielfalt der bestehenden Meinungen im Rundfunk in möglichster Breite und Vollständigkeit sicherzustellen. Der Rundfunk darf nicht einer oder einzelnen gesellschaftlichen Gruppen anheim fallen. Der Landesgesetzgeber muß Sorge dafür tragen, daß in jedem Fall eine Vielfalt der bestehenden Meinungen gewährleistet ist.

Der Rundfunk befindet sich mit seiner Forumsaufgabe prinzipiell in keiner anderen Situation als die Presse, der insoweit ebenfalls institutioneller Schutz zukommt. Daß er in der Rechtsprechung des Bundesverfassungsgerichts gleichwohl anders behandelt wird, hängt damit zusammen, daß das Gericht von Anfang an von einer »Sondersituation« des Rundfunks ausging. Danach besteht zwischen Presse und Rundfunk ein Unterschied. Innerhalb der deutschen Presse gibt es eine relativ große Zahl von selbständigen und nach ihrer Tendenz und nach ihrem redaktionellen Angebot miteinander konkurrierenden Presseerzeugnissen. Im Bereich des Rundfunks jedoch wird sowohl aus technischen Gründen als auch mit Rücksicht auf den größeren Aufwand für Rundfunkdarbietungen die Zahl der Träger solcher Veranstaltungen verhältnismäßig klein bleiben. Von dieser Auffassung ist das Gericht weder in der dritten noch in der vierten Rundfunkentscheidung abgerückt. Immerhin konzediert es in der vierten Rundfunkentscheidung, daß zwar nicht schon von einem Entfallen, aber doch von einer Veränderung der Situation auszugehen sei. Falls die These von der Sondersituation durch den technischen Innovationsprozeß überholt würde, so könnte, ja müßte dies auch Auswirkungen auf die Verfassungsrechtsprechung der kommenden Jahre haben.

Die *pluralistischen Anforderungen* kann der Gesetzgeber durch binnenpluralistische Strukturvorschriften lösen, wobei der Einfluß der in Betracht kommenden gesellschaftlichen Kräfte über die Organe der jeweiligen Veranstalter vermittelt wird. Dafür bedarf es einer sachgerechten, der bestehenden Vielfalt prinzipiell Rechnung tragenden Bestimmung und Gewichtung der maßgeblichen gesellschaftlichen Kräfte und der Sicherstellung ihres effektiven Einflusses auf das Organ, in dem sie vertreten sind. Der Gesetzgeber kann aber auch eine externe (außenpluralistische) Vielfalt herstellen, indem er dafür sorgt, daß das Gesamtangebot der inländischen Programme der bestehenden Meinungsvielfalt auch tatsächlich im wesentlichen entspricht. Für das erste, das binnenpluralistische Modell, gilt die Verfassung der öffentlich-rechtlichen Rundfunkanstalten als Vorbild. Das außenpluralistische Modell wurde teilweise für die privaten Rundfunkgesetze in Anspruch genommen. Pluralismusvorstellungen können aber auch über inhaltliche Leitgrundsätze realisiert werden, die auf ein Mindestmaß von inhaltlicher Ausgewogenheit, Sachlichkeit und gegenseitiger Achtung abheben. Im Gegensatz zu strukturellen Vielfaltsvorkehrungen sind diese inhaltlichen Maßstäbe für ihr Funktionieren auf externe Kontrollmechanismen angewiesen. Unter diesen Umständen ist aber nicht die Gefahr auszuschließen, daß sie zu Instrumenten der Gängelei pervertiert werden oder zumindest den journalistischen Elan erlahmen lassen. Das Gericht hat deshalb diese inhaltlichen Grundsätze bis zur dritten Rundfunkentscheidung immer nur als zusätzliche Elemente verstanden, die zu den strukturellen Komponenten hinzutreten müssen.

Seit dem vierten Rundfunkurteil gilt dies zumindest im Hinblick auf die Privatrundfunkgesetze nicht mehr in dieser Strenge. Obwohl § 15 des Niedersächsischen Landesrundfunkgesetzes für eine Übergangsphase nur einen inhaltlichen Pluralismus im wesentlichen über die Ausgewogenheitskontrolle realisiert, der dann später in einen strukturellen Außenpluralismus übergehen kann, hat das Bundesverfassungsgericht in der 4. Rundfunkentscheidung keine Einwände hiergegen erhoben. Dies ist im Zusammenhang damit zu sehen, daß die Vielfaltsanforderungen an den privaten Rundfunk seit dieser Entscheidung geringer ausfallen als an das öffentlich-rechtliche Rundfunksystem. Das Bundesverfassungsgericht trägt damit der Tatsache Rechnung, daß der private Rundfunk sich ausschließlich aus Werbeeinnahmen finanziert, daher an hohen Einschaltquoten orientiert und entsprechend massenattraktiv sein muß. Die daraus zu befürchtenden Defizite für den pluralistischen Gesamtstandard können die öffentlich-rechtlichen Anstalten durch Wahrnehmung ihrer Grundversorgungsaufgabe ausgleichen. Störungen des Vielfaltsstandards können nach Auffassung des Gerichts künftig vermehrt auch von außerhalb der Landesgrenzen kommen, die ohnehin der Verfügung des Landesgesetzgebers entzogen sind.

Die *Grundversorgung* umfaßt die essentiellen Funktionen des Rundfunks für die demokratische Ordnung. Dies betrifft zunächst die Mitwirkung an der politischen Meinungs- und Willensbildung als wesentlichem Bestandteil des demokratischen Legitimationsprozesses. Zu den essentiellen Funktionen des Rundfunks gehören daneben aber auch Kultur und Unterhaltung. Diese Aufgaben der Grundversorgung kann der öffentlich-rechtliche Rundfunk deswegen besonders zuverlässig erfüllen, weil seine Programme flächendekkend verbreitet werden und weil er nicht in gleicher Weise wie private Veranstalter auf hohe Einschaltquoten angewiesen ist. Allerdings läßt sich daraus nicht eine verfassungsrechtliche Bestandsgarantie des öffentlich-rechtlichen Systems ableiten. Sie besteht nur insoweit, als der öffentlich-rechtliche Rundfunk im dualen System aufgrund der geringeren Anforderungen an den privaten Bereich kompensatorische Leistungen mit der Grundversorgung zu erbringen hat (so insbesondere das 6. Rundfunkurteil vom 5. Februar 1991/BVerfGE 83, 238). Aus dem Prinzip der Grundversorgung ergibt sich im dualen System eine gegenseitige Abhängigkeit. So hätte ein Absinken der Grundversorgungsleistungen des öffentlich-rechtlichen Systems erhöhte Anforderungen an die privaten Anbieter zur Folge, andererseits könnten gesteigerte Grundversorgungsleistungen privater Stationen den öffentlich-rechtlichen Rundfunk von seinen Grundversorgungsaufgaben entlasten. Im dualen Rundfunksystem der Bundesrepublik funktioniert nach der 4. Rundfunkentscheidung das Verhältnis beider Teilsysteme zueinander wie das System kommunizierender Röhren: Die inhaltlich geminderten Anforderungen an das private System können nur deswegen und nur »solange und soweit« in Kauf genommen werden, als die Wahrnehmung der Grundversorgungsaufgaben durch den öffentlich-rechtlichen Rundfunk wirksam gesichert bleibt. Veränderungen im dualen System sind wegen der wachsenden Konkurrenz um Werbeeinnahmen zu erwarten; auch der öffentlich-rechtliche Rundfunk könnte sich aus diesen Gründen (wie etwa die Entwicklung in Italien zeigt) mehr um massenattraktive Programme bemühen. Veränderungen sind aber auch denkbar, wenn der private Rundfunk auf Dauer das Gebot der Staatsferne besser einzulösen vermag als der in dieser Hinsicht durch den Parteienproporz beeinträchtigte öffentlich-rechtliche Rundfunk.

Der vom Bundesverfassungsgericht insbesondere im 4. Rundfunkurteil bestätigte »Grundsatz der Staatsfreiheit des Rundfunks« dient dazu, das unabdingbare Vertrauen der Informierten in die Unabhängigkeit des öffentlich-rechtlichen Rundfunksystems zu sichern. Wird die Unabhängigkeit des Rundfunks durch Ämterpatronage und parteilichen Journalismus infrage gestellt, verliert das öffentlich-rechtliche System seine wesentliche Funktion, einen Beitrag zur politischen Willensbildung zu leisten, und vernachlässigt insofern seine Aufgabe der Grundversorgung, da erst die Autonomie der Medien der Aussage jene Glaubwürdigkeit verschafft, die für legitimatorische Vorgänge im politischen Bereich notwendig erscheint.

Öffentlich-rechtlicher Rundfunk. Das verfassungsrechtliche Gebot der Staatsferne und die Pluralismusanforderungen verwirklichen sich im öffentlich-rechtlichen Rundfunk organisationsrechtlich durch eine binnenpluralistische Struktur.

Mit dem Organ des *Rundfunk- oder Fernsehrates* wird versucht, in allen öffentlichen Rundfunkanstalten Rundfunkfreiheit in der Weise organisatorisch zu sichern, daß alle bedeutsamen politischen, gesellschaftlichen und weltanschaulichen Gruppen zu Worte kommen können. Der Rundfunkrat ist die Vertretung der Allgemeinheit im öffentlich-rechtlichen Rundfunk und damit das Kernstück der Kontrolle durch die Allgemeinheit, also oberstes Organ des öffentlich-rechtlichen Rundfunks. Seine Funktionen sind mit denen der Legislative im Bereich der Staatsverwaltung vergleichbar. Die Mitglieder des Rundfunkrats sind unabhängig, unterliegen also keinen Aufträgen und Weisungen. Der Rundfunkrat berät in allen Rundfunkanstalten der Bundesrepublik Deutschland den Intendanten bei der Gestaltung des Programms und überwacht die Einhaltung der für die Veranstaltung von Rundfunksendungen maßgeblichen Grundsätze, die in den Rundfunkgesetzen oder Staatsverträgen geregelt sind. In den Staatsverträgen über die öffentlich-rechtlichen Rundfunkanstalten bzw. den Landesgesetzen ist den Rundfunkräten die Kompetenz eingeräumt worden, über die Satzungen der Anstalten und deren Änderungen zu beschließen. Bei allen Rundfunkanstalten wirkt der Rundfunkrat neben den beiden anderen Organen (Verwaltungsrat und Intendant) beim Zustandekommen des Haushaltsplanes und des Jahresabschlusses mit. Beim Zweiten Deutschen Fernsehen und bei der Deutschen Welle hat der Fernseh- bzw. Rundfunkrat eine Richtlinienkompetenz für die Programmgestaltung; eine konkrete Weisung für den Einzelfall ist jedoch ausgeschlossen.

Die Zusammensetzung von Rundfunkräten erfolgt inzwischen in allen Rundfunkordnungen nach der sogenannten »ständischen« Verfassung, mit der die Repräsentation der gesellschaftlich relevanten Gruppen beabsichtigt wird. Der überwiegende Teil der Mitglieder des Rundfunkrates sind

Repräsentanten des wirtschaftlichen und sozialen Bereichs, der Religionsgemeinschaften, der Wissenschaft, Bildung und Kunst sowie der Lebensbereiche Frauen, Jugend, Heimatvertriebene und Sport. Nur eine Minderheit repräsentiert die Gruppen der staatlichen Kräfte aus den Parlamenten, Regierungen oder kommunalen Spitzenorganisationen. Der »staatlich-politische« Rundfunkrat, bei dem die Vertreter des Rundfunkrates von den gesetzgebenden Körperschaften nach den Grundsätzen der Verhältniswahl gewählt werden, also der Parteienproporz auf die Zusammensetzung der Aufsichtsgremien direkt durchschlagen konnte, ist nach vielfacher Kritik mit der ersten Novellierung des NDR-Staatsvertrages, des Rundfunkgesetzes für das Saarland und des WDR-Gesetzes durch die ständische Verfassung verdrängt worden.

Im Gegensatz dazu ist der *Verwaltungsrat* nicht repräsentativ zusammengesetzt; seine Mitglieder unterstützen und beraten den Intendanten in Fragen der Geschäftsführung, der Finanzen und der Technik. Eine strikte Unterscheidung zwischen den beiden Kontrollbereichen Programmaufsicht (Rundfunkrat) und Überwachung der Geschäftsführung (Verwaltungsrat) ist jedoch im Einzelfall nur bedingt möglich. Verwaltung, Finanzen und Technik bilden die Grundlage der Wahrnehmung des Programmauftrages. Auch die Mitglieder des Verwaltungsrates sind nicht an Weisungen gebunden; sie werden in aller Regel vom Rundfunkrat gewählt; zum geringeren Teil können sie auch Vertreter des Staates sein. Die in einigen Landesanstalten mögliche Beteiligung der Belegschaft im Verwaltungsrat (u. a. Bremen, Hessen, Nordrhein-Westfalen) stößt auf verfassungsrechtliche Kritik, die diese »Selbstkontrolle« für unzulässig erachtet.

Der vom Rundfunkrat gewählte *Intendant* steht an der Spitze der Anstalt. Er vertritt die Anstalt gerichtlich und außergerichtlich. Der Intendant ist somit Exekutivorgan der öffentlich-rechtlichen Rundfunkanstalt; er ist Behörden- und Dienststellenleiter. In der Regel ist seine Stellung monokratisch strukturiert, nur Bremen kennt abweichend von dem sonstigen deutschen Rundfunkorganisationsrecht eine Direktorialverfassung.

Die pluralistische Besetzung der Aufsichtsgremien der öffentlich-rechtlichen Rundfunkanstalten erweist sich immer weniger als tauglich, das Gebot der Staatsferne einzulösen. In den Rundfunkräten haben sich sogenannte »Freundeskreise« gebildet, in denen sich Mitglieder und Sympathisanten der in den Landtagen vertretenen Parteien zusammenschließen. Da die Parteien auch die Landesregierungen stellen, entsteht so ein zumindest mittelbarer staatlicher Einfluß auf den Rundfunk. Obgleich die Parteien dies abstreiten, versuchen sie auf die Personalpolitik der Rundfunk- und Fernsehanstalten mit mehr oder weniger Erfolg Einfluß zu nehmen. Bei der Schaffung von Rundfunkanstalten in den neuen Bundesländern wirkte sich der parteipolitische Zugriff in einem bis dahin nicht gekannten Ausmaß aus. Der Versuch, demokratische Neuansätze zu entwickeln, um die Fehler der alten Bundesrepublik Deutschland nicht zu wiederholen, waren chancenlos. Statt dessen wurde mit der Gründung des MDR und des ORB die rundfunkpolitische Landschaft entsprechend den politischen Machtverhältnissen nach dem Ausgang der Landtagswahlen aufgeteilt. Nach dieser Rationalität mußte auch Brandenburg seine eigene Anstalt erhalten, wenngleich man an der medienökonomischen Vernunft dieser Entscheidung zweifeln mag. Die nach parteipolitischen Gesichtspunkten vorgenommene Besetzungspraxis in den neuen Rundfunkanstalten stieß auf keine nennenswerte Opposition, da die proportionale Verteilung mit den Gerechtigkeitsvorstellungen des Parteienproporzes durchaus konform geht (siehe dazu näher Frank: Rundfunk in den neuen Bundesländern sowie Peter Schiwy: Versagt, verpaßt, versäumt. Die Medienneuordnung in den neuen Bundesländern. In: »Bertelsmann-Briefe«, Heft 127 [April 1992], S. 42–46).

In der juristischen Literatur (so bei Börner, Frank und Stein) mehren sich die Stimmen, die diese Entwicklung unter dem Gesichtspunkt des Gebots der Staatsferne als verfassungsrechtlich bedenklich einstufen und die Frage stellen, wieweit der Rundfunk sich diesen Einflüssen aus dem staatlichen Bereich auf Dauer zu entziehen vermag. Es ist aus verfassungsrechtlichen Gründen an der Zeit, die Organisation der Staatsferne in den öffentlich-rechtlichen Rundfunkanstalten neu zu bedenken. In Betracht käme eine Berücksichtigung bisher nicht vertretener Gruppen bzw. von unabhängigen Medienfachleuten oder herausragenden Einzelpersönlichkeiten. Zu denken wäre auch an eine Beteiligung der Rezipienten (Hörer und Zuschauer) nach dem Prinzip der Auswahl von Schöffen. Auch an formale Regelungen wie stärkere Absicherung der Unabhängigkeit der Gewählten, längere Wahlperioden, Nichtwiederwählbarkeit sowie Inkompatibilitätsregelungen mit Ämtern im politischen Bereich bei entsprechend angemessenen Entschädigungsregelungen könnten die Wirksamkeit bestehender Gremien verbessern.

Privater Rundfunk. Die Vielfaltsanforderungen an den privaten Rundfunk wurden nirgendwo durch → Landesmediengesetze nach dem Modell der öffentlich-rechtlichen Anstalten, also durch den strukturellen Binnenpluralismus oder die Einrichtung interner Rundfunkräte, organisiert. Allerdings haben die Länder Niedersachsen, Schleswig-Holstein und das Saarland für eine Übergangszeit auf den inhaltlichen Binnenpluralismus gesetzt, indem inhaltliche Anforderungen der Vielfalt und Ausgewogenheit an die veranstalteten Programme gestellt werden. Kontrolliert wird dies durch ein externes Gremium, eine juristische Person des öffentlichen Rechts (Niedersachsen: Landesrundfunkausschuß, Schleswig-Holstein: Landesanstalt für das Rundfunkwesen, Saarland: Anstalt für neue Medien), für die die gruppenpluralistische Zusammensetzung der Rundfunkräte des öffentlich-rechtlichen Rundfunks Vorbild war. Ein ähnliches Modell in Hamburg schließt den Übergang vom inhaltlichen Binnenpluralismus zum Außenpluralismus aus und stellt beide Anforderungen nebeneinander. Bei den zuerst genannten Übergangsmodellen entfallen die inhaltlichen Vielfaltsanforderungen an die Programme in dem Moment, in dem Ausgewogenheit durch die Gesamtheit aller Programme sichergestellt ist, also der Zeitpunkt außenpluralistischer Vielfalt erreicht ist. Auch Baden-Württemberg hat ein Mischmodell: Die Zulassung eines privaten Veranstalters setzt danach im lokalen Bereich voraus, daß mindestens zwei, im überregionalen Bereich mindestens drei weitere Anbieter vorhanden sind. Von dieser Voraussetzung kann abgesehen werden, wenn in sonstiger Weise sichergestellt ist, daß einzelne gesellschaftliche Kräfte keinen ungleichgewichtigen Einfluß erhalten: entweder durch eine binnenpluralistische Organisation des Anbieters (Veranstalter setzen sich aus den wesentlichen Meinungsrichtungen im Verbreitungsgebiet zusammen) oder durch inhaltliche Ausgewogenheit der Sendungen eines Veranstalters.

Außenpluralistische Modelle haben die Länder Bayern, Berlin, Brandenburg und Rheinland-Pfalz, allerdings ohne daß der Gesetzgeber die Voraussetzungen des Außenpluralismus durch die konkrete Bezifferung der Mindestanzahl miteinander konkurrierender Programme konkretisiert hätte. Die nähere Definition von Außenpluralismus steht hier also im Ermessen der Zulassungsbehörden.

Auch im privaten Rundfunk wirft das Gebot der Staatsfreiheit organisationsrechtliche Probleme auf. Dies gilt insbesondere für die *Zulassung von* und eine *Aufsicht über private Rundfunkveranstalter*. Die Kompetenzen liegen hier in aller Regel bei den pluralistisch zusammengesetzten Gremien der Aufsichtsbehörden (Landesanstalten und Landeszentralen) für privaten Rundfunk. Nur in Niedersachsen entschied die zuständige oberste Landesbehörde (Staatskanzlei) über die Zulassung, wobei der Landesrundfunkausschuß am Erlaubnisverfahren beteiligt war. Das Bundesverfassungsgericht hat jedoch im 4. Rundfunkurteil der Prüfungskompetenz einer obersten Landesbehörde als Erlaubnisbehörde deutliche Grenzen gesetzt, die zu einer Korrektur des niedersächsischen Modells geführt haben. Danach darf eine oberste Landesbehörde keine Prognoseentscheidung mehr darüber abgeben, ob »Tatsachen die Annahme rechtfertigen, daß der Antragsteller bei der Veranstaltung gegen gesetzliche Vorschriften verstoßen wird«, weil der staatlichen Behörde hiermit Handlungs- und Wertungsspielräume eingeräumt würden, die es ermöglichen, daß sachfremde, insbesondere die Meinungsvielfalt beeinträchtigende Erwägungen Einfluß auf die Entscheidung über den Zugang privater Interessenten zum Rundfunk gewinnen könnten. Das niedersächsische Landesrundfunkgesetz scheiterte aus diesem Grunde auch mit der alten Regelung, nach der bei der Auswahl zwischen mehreren Antragstellern der Vorschlag der staatlichen Erlaubnisbehörde maßgeblich war, wenn der Landesrundfunkausschuß bis zum Ablauf einer Frist von fünf Monaten zu keiner Entscheidung kam. Der Grundsatz der Staatsfreiheit erschien hier verletzt, weil eine staatliche Erlaubnisbehörde damit programminhaltliche Wertungen treffen durfte. Mit der Novellierung des Niedersächsischen Landesrundfunkgesetzes ist die Stellung des Landesrundfunkausschusses insoweit gestärkt worden, daß er die Auswahlentscheidung trifft. Probleme mit dem Gebot der Staatsferne sind beim privaten Rundfunk aufgrund der Gremienbesetzungen in naher Zukunft nicht in vergleichbarere Weise wie beim öffentlich-rechtlichen Rundfunk zu erwarten. Zwar sind auch hier die Gremienbesetzungen ähnlich wie in den öffentlich-rechtlichen Anstalten. Sie sind aber externe Kontrollgremien, die keine Personalentscheidungen für den privaten Rundfunk treffen dürfen. Diese Gremien sind jedoch zuständig für den Widerruf von Lizenzen, wenn die gebotene Vielfalt nicht realisiert wird oder gesetzliche Programmauflagen nicht eingehalten sind. Ob relativ große plural zusammengesetzte Gremien (in Niedersachsen mindestens 26 Mitglieder) überhaupt zu einer solchen Entscheidung in der Lage sind, erscheint fraglich. Baden-Württemberg hat daher die Aufgaben der Rechtsaufsicht dem aus fünf Mitgliedern bestehenden Vorstand der Landesanstalt für Kommunikation übertragen; eine Zustimmung des aus 28 Personen bestehenden Medienrats ist nur für die Zulassung privater Rundfunkveranstalter erforderlich.

Das Gebot der Staatsferne kann aber unter einem anderen Gesichtspunkt beim privaten Rundfunk dann zum Problem werden, wenn sich auch die politischen Parteien um Lizenzen bewerben. Niedersachsen und Hamburg schließen Parteien als Rundfunkveranstalter aus, weil dies einen dauerhaften Zustand der Außenpluralität voraussetze. Besteht dieser aber tatsächlich, so kann es den Parteien trotz ihrer Nähe zum Staat als freigegründeten gesellschaftlich-politischen Gruppen nicht verwehrt bleiben, die auch ihnen verbürgte Rundfunkfreiheit auszuüben und private Rundfunkanstalten in einer ähnlichen Weise zu errichten, wie dies bei der (heute bedeutungslosen) Parteipresse der Fall war.

Die mit den Privatrundfunkgesetzen möglich gewordene Ausweitung von Presseunternehmen in den audiovisuellen Bereich kann neue Gefahren einer → Konzentration im Medienbereich mit sich bringen. Diese Gefahr besteht insbesondere in den Ländern, in denen bei der Zulassung eine Art von *Presseprivileg* gilt (so in Rheinland-Pfalz). Auch wenn sich aus dem Grundgesetz der medienpolitisch argumentativ verwandte Grundsatz von der »publizistischen Gewaltenteilung« (→ Medienpolitik) nicht ableiten läßt, sind die Gefahren vorherrschenden Einflusses auf die öffentliche Meinung durch die Verbindung von Meinungsmacht im Bereiche des Rundfunks mit Meinungsmacht im Bereiche der Presse gleichwohl im Hinblick auf Art. 5 Abs. 1 GG relevant. Beide Meinungsmärkte dienen der Forumsaufgabe der Medien, eine Zusammenfassung könnte insgesamt gefährdend wirken. Die Erfahrungen aus den Vereinigten Staaten von Amerika in den 60er Jahren, in denen die Verflechtung zwischen beiden Medienbereichen so weit vorangeschritten war, daß die negativen Folgewirkungen des Multimediaunternehmertums unübersehbar geworden waren, lehren, daß Regelungen hierfür rechtzeitig getroffen werden müssen. Ein Entflechtungsprogramm war angesichts der entstandenen Medienstrukturen nicht mehr durchzusetzen. In der

Bundesrepublik Deutschland fehlt es noch an kartellrechtlichen Beschränkungen für die Tätigkeit von Presseunternehmen im privaten Rundfunk durch bundesrechtliche Regelungen. Für den intermediären Wettbewerb greifen deshalb nur rundfunkrechtliche und damit landesrechtliche Vorschriften. So erlaubt z. B. Hamburg Tageszeitungen mit marktbeherrschender Stellung die Teilhaberschaft an einer Anbietergemeinschaft im regionalen Bereich nur bis zu einem Gesellschaftsanteil von 25 %. Verfassungsrechtlich ergibt sich ein Regelungsbedarf auch in anderen Bundesländern, insbesondere wegen zahlreicher Monopolstellungen von Zeitungen im regionalen oder lokalen Bereich. Im Gegensatz zur Frage der Medienverflechtung ist in den Landesmediengesetzen das Problem der Mehrfachanbieter im privaten Rundfunk weitgehend geregelt; Baden-Württemberg schließt die mehrfache Programmträgerschaft für dieselbe Programmart und Programmkategorie innerhalb eines Verbreitungsgebietes aus. Die Gesetze von Hamburg, Niedersachsen, Rheinland-Pfalz, dem Saarland und Schleswig-Holstein gestatten den Veranstaltern von Vollprogrammen nur je ein Fernseh- und Hörfunkprogramm. Verflochtene Unternehmen werden trotz eigener Rechtspersönlichkeit hierbei als Einheit bewertet.

Unter den Regelungen der Landesmediengesetze ist die Festlegung auf bestimmte landesweite, regionale und lokale Verbreitungsgebiete im wesentlichen organisatorisches Prinzip für den privaten Hörfunk. Hierfür sind von den Ländern durchaus eigene Schwerpunkte gesetzt worden, die sich im Kern auf zwei sehr unterschiedliche *Organisationsmodelle* zurückführen lassen:

1. Veranstaltung von Programmen mit jeweils landesweiter Verbreitung (so – noch – in Niedersachsen, Berlin und Brandenburg, dem Saarland und Schleswig-Holstein; mit Einschränkungen Hamburg und Rheinland-Pfalz). Lokaler Bezug kann hier nur durch sog. lokale Fenster hergestellt werden. Die Zahl der privaten Rundfunkanbieter ist gering, ihr wirtschaftlicher Erfolg groß.

2. Veranstaltung von Programmen mit nur lokaler und regionaler Verbreitung (so in Baden-Württemberg, Bayern und Nordrhein-Westfalen) mit der Möglichkeit, auch landesweite Programme zu veranstalten. Die Zahl der bisher zugelassenen Lokalradios ist hoch, ihre Überlebensfähigkeit jedoch keineswegs gewiß.

Wegen der Bestimmung des § 111a der Bayerischen Verfassung, wonach Rundfunk in Bayern nur in öffentlich-rechtlicher Trägerschaft veranstaltet werden darf, fällt dort (öffentlich-rechtlichen) örtlichen Kabelgesellschaften die Programmträgerschaft zu.

Das Landesrundfunkgesetz von Nordrhein-Westfalen sieht ein sog. Zwei-Säulen-Modell vor, in dem der lokale Rundfunk über Veranstaltergemeinschaften und Betriebsgesellschaften organisiert wird. Die Veranstaltergemeinschaften, die die alleinige Verantwortung für das Programm tragen, sind pluralistisch zusammengesetzt. Die private Beteiligung der Zeitungsverleger ist nur an den Betriebsgesellschaften möglich, die für die Produktion und Verbreitung des lokalen Programms die erforderlichen technischen Einrichtungen schaffen. Abgesehen davon, daß zwar die Veranstaltergemeinschaften eine zufriedenstellende Gründungsfreudigkeit im Gegensatz zu den Betriebsgesellschaften erleben, wird gegen dieses Modell geltend gemacht, daß es die Zeitungsverleger von der Veranstaltung lokalen Rundfunks ausschließe. Sie dürften lediglich bei der Beschaffung der finanziellen und betrieblichen Existenzgrundlagen mithelfen. Das Bundesverfassungsgericht hat das nordrhein-westfälische Zwei-Säulen-Modell in seinem 6. Rundfunkurteil verfassungsrechtlich nicht beanstandet (BVerfGE 83, 238). Es sei grundsätzlich geeignet, die Rundfunkfreiheit im lokalen Bereich wirksam zu sichern. Durch die Zusammensetzung der Veranstaltergemeinschaft werde nämlich dafür Sorge getragen, daß die im Sendegebiet bestehende Meinungsvielfalt im Programmgleichgewicht zum Ausdruck komme und die vorherrschende Meinungsmacht durch ein Doppelmonopol von Presse und Rundfunk vermieden werde. Die Funktionenteilung zwischen Veranstaltergemeinschaft und Betriebsgesellschaft hat das Bundesverfassungsgericht ebensowenig als unverhältnismäßige Beschränkung der Rundfunkfreiheit angesehen wie die Zusammensetzung der Veranstaltergemeinschaft selbst. Baden-Württemberg hatte durch sein Landesmediengesetz versucht, dem öffentlich-rechtlichen Rundfunk zum Vorteil der privaten Anbieter lokalbezogene Programme zu untersagen. Hier hat das Bundesverfassungsgericht in seinem 5. Rundfunkurteil festgestellt, daß das Prinzip der Grundversorgung auch lokale und regionale Programme zuläßt, mit denen der öffentlich-rechtliche Rundfunk den Herausforderungen durch private Anbieter zu begegnen sucht.

GÖTZ FRANK

Rechtsgrundlagen

Klaus Breitkopf/Peter Schiwy/Beate Schneider: Medien und Telekommunikation. Recht, Politik und Technik in Deutschland und Europa. Percha (*Loseblattsammlung mit allen bundes- und landesrechtlichen Gesetzen und Staatsverträgen zum Rundfunkrecht sowie den zitierten Rundfunkentscheidungen des Bundesverfassungsgerichts*)

Literatur

Bodo Börner: Organisation, Programm und Finanzierung der Rundfunkanstalten im Lichte der Verfassung. Berlin 1984 (*verfassungsrechtliche Analyse grundlegender rundfunkorganisationsrechtlicher Regelungen*)

Martin Bullinger: Rundfunkordnung im Bundesstaat und in der Europäischen Gemeinschaft – Aktuelle rechtliche Probleme –. In: »Archiv für Presserecht«, 16. Jg. 1985, S. 257 ff. (*Einfluß der europäischen Entwicklung auf das deutsche Rundfunkorganisationsrecht*)

Christoph Degenhart: Öffentlich-rechtlicher und privater Rundfunk im dualen Rundfunksystem. In: »ZUM. Zeitschrift für Urheber- und Medienrecht«, 32. Jg. 1988, S. 47 ff. (*Rundfunkorganisationsrecht nach dem vierten Rundfunkurteil*)

Götz Frank: Aufgabenverteilung im dualen Rundfunksystem nach dem vierten Rundfunkurteil. In: »Publizistik«, 32. Jg. 1987, S. 422 ff.

Götz Frank: Mediatisierte Politik und das Gebot der Staatsferne. In: Frank E. Böckelmann (Hrsg.): Medienmacht und Politik, Berlin 1989, S. 179 ff.
Götz Frank: Rundfunk in den neuen Bundesländern: Vom Partei- zum Parteienrundfunk. In: »Kritische Justiz«, 25. Jg. 1992, S. 463 ff.
Rolf Groß: Medienlandschaft im Umbruch. Wiesbaden 1986 (*rundfunkrechtliche und -ökonomische Schrift zur Situation privater Rundfunkveranstalter*)
Hans D. Jarass: Die Freiheit des Rundfunks vom Staat. Gremienbesetzung, Rechtsaufsicht, Genehmigungsvorbehalte, staatliches Rederecht und Kooperationsformen auf dem verfassungsrechtlichen Prüfstand. Berlin 1981 (*grundlegende Schrift zum Gebot der Staatsferne*)
Otfried Jarren/Peter Widlok (Hrsg.): Lokalradio für die Bundesrepublik Deutschland. Berlin 1985 (*Sammelband mit 26 Beiträgen, insbesondere zu praktischen Erfahrungen mit Lokalradios, aber auch den juristischen und organisatorischen Voraussetzungen*)
Hans Mathias Kepplinger: Der Einfluß der Rundfunkräte auf die Programmgestaltung der öffentlich-rechtlichen Rundfunkanstalten. In: Ernst-Joachim Mestmäcker (Hrsg.): Offene Rundfunkordnung. Gütersloh 1988 (*empirische Untersuchung*)
Michael Kloepfer: Rundfunkfreiheit. In: Ergänzbares Lexikon des Rechts. Band 2 5/650 (*lfd. Sammlung*)
Helmut Kohl (Hrsg.): Die Freiheit des Rundfunks nach dem Nordrhein-Westfalen-Urteil des Bundesverfassungsgerichts. Symposion aus Anlaß des 70. Geburtstages von Wolfgang Lehr. Konstanz 1991
Edgar Kull: Auf dem Wege zum dualen Rundfunksystem – Das vierte Fernsehurteil des Bundesverfassungsgerichts –. In: »Archiv für Presserecht«, 18. Jg. 1987, S. 365 ff.
Reinhart Ricker (unter Mitarbeit von Friedrich Müller Malm): Die Kompetenzen der Rundfunkräte im Programmbereich. München 1987 (*umfassende Übersicht der Programmaufsichtsregelungen*)
Reinhart Ricker (unter Mitarbeit von Andreas Schardt): Privatrundfunkgesetze im Bundesstaat. Zur Homogenität der Mediengesetze und Mediengesetzentwürfe. München 1985 (*Rechtsgutachten im Auftrag des Presse- und Informationsamtes der Bundesregierung*)
Ekkehart Stein: Die Programmgrundsätze von Rundfunk und Fernsehen. In: Rundfunkrecht. München 1981 (Schriften der Gesellschaft für Rechtspolitik, Bd. 1), S. 74 ff. (*verfassungsrechtliche Bewertung des derzeitigen Pluralismusmodells im öffentlich-rechtlichen Rundfunk*)
Jutta Stender-Vorwachs: »Staatsferne« und »Gruppenferne« in einem außenpluralistisch organisierten privaten Rundfunksystem. Berlin 1988 (*Dissertation zu den organisationsrechtlichen Problemen der derzeitigen Modelle für privaten Rundfunk*)

Rundfunkprogrammrecht. Es umspannt den Bogen rechtlicher Grundlagen, die den Freiheitsraum und die Einschränkungen für die Programmveranstaltung und ihre Durchführung bis hin zur Sicherstellung der Verbreitung und des Empfangs der Programme bestimmen. Seine Betrachtung kann unter anderem nach zwei Komponenten unterteilt werden, den programmspezifischen Aspekten des → *Rundfunkorganisationsrechts* und dem *Programminhaltsrecht im engeren Sinne*. Letzteres hat sehr viel gemeinsam mit den Inhaltsanforderungen an Presseerzeugnisse; insbesondere sind die journalistischen Grundsätze des Presserechts (→ *Verantwortung des Journalisten*) vergleichbar; auch haben Rundfunkprogrammrecht und Presserecht vielfach die gleichen Bezüge zu den allgemeinen Gesetzen, in denen nach Art. 5 Abs. 2 GG die → Pressefreiheit und die Freiheit der Berichterstattung durch Rundfunk (und Film) – Art. 5 Abs. 1 Satz 2 GG – ihre Schranken finden.

RUNDFUNKFREIHEIT. Das Rundfunkprogrammrecht hat in erster Linie Bezug zu den *Freiheitsrechten* nach Art. 5 Abs. 1 GG, ihre Schranken nach Abs. 2 müssen, auch wenn sie ihrer Darstellung nach ein scheinbar größeres Gewicht haben, immer als Ausnahmen von dem für die Demokratie konstituierenden Grundrecht der Meinungsfreiheit und Rundfunkfreiheit gesehen werden. Das Rundfunkprogrammrecht orientiert sich in fast allen Bereichen an den verschiedenen Komponenten, die das Recht der freien Meinungsäußerung und das Recht der Freiheit der Berichterstattung durch Rundfunk nach Art. 5 Abs. 1 GG beinhalten: dem Recht eines jeden nach Satz 1, seine Meinung in Wort, Schrift und Bild frei zu *äußern* und zu *verbreiten* und sich aus allgemein zugänglichen Quellen *ungehindert* zu unterrichten; daneben steht in Satz 2 die *gewährleistete Freiheit der Berichterstattung durch Rundfunk*. Widerstreitende Interessen um die sogenannte subjektive Rundfunkfreiheit von jedermann sowie die objektive – dienende – Rundfunkfreiheit und ihre Gewährleistung durch den Staat haben die rundfunkpolitische und auch die rundfunkrechtliche Diskussion der letzten Jahre stark beeinflußt. Im Ergebnis ist durch die Mediengesetzgebung im Lichte der Rechtsprechung des Bundesverfassungsgerichts – insbesondere nach den drei letzten Grundsatzentscheidungen des Bundesverfassungsgerichts (Niedersachsen-Entscheidung 1986; Baden-Württemberg-Entscheidung 1987; Entscheidung über das WDR-Gesetz sowie das nordrhein-westfälische Landesrundfunkgesetz 1991) – festgeschrieben, daß auch für den privaten Rundfunk in dem entstandenen dualen Rundfunksystem eine dienende Verpflichtung unverzichtbar ist. Das hat in organisatorischer und inhaltlicher Hinsicht vielfältige Auswirkungen auf die Programme und ihre Gestaltung; dieser verfassungsrechtlich begründete dienende Aspekt der Rundfunkfreiheit erklärt gewachsene und bestehende Unterschiede zum Presserecht.

Rechtsquellen neben Art. 5 GG für das Rundfunkprogrammrecht sind in erster Linie die Rundfunkgesetze und Staatsverträge für die einzelnen öffentlich-rechtlichen Rundfunkanstalten der Länder (und des Bundes für Deutschlandfunk und Deutsche Welle) und die Landesmediengesetze der Länder für die privaten Rundfunkveranstalter. Der Rundfunkstaatsvertrag, der als Art. 1 Bestandteil des umfassenden Staatsvertrages aller Länder über den Rundfunk im vereinten Deutschland vom 31. August 1991 ist und den bisherigen Rundfunkstaatsvertrag vom 1./3. April 1987 ablöst, enthält für beide Bereiche ergänzende Vorschriften z. B. in bezug auf → *Jugendmedienschutz* und *Werbung* (→ Werberecht). Die Satzungen, Verwaltungsvereinbarungen (z. B. über die Zusammenarbeit der ARD-Landesrundfunkanstalten auf dem Gebiet des Fernsehens), Richtlinien und Programmgrundsätze (z. B. Grundsätze über die Zusammenarbeit im ARD-Gemeinschaftsprogramm Deutsches Fernsehen vom 9. Juli 1971; ARD-Grundsätze gegen Verharmlosung und Verherrlichung von Gewalt im Fernsehen i. d. F. vom April 1993) der öffentlich-rechtlichen Rundfunkanstalten und in (noch) begrenztem Umfang entsprechende Vorschriften der Landesmedienzentralen (→ Landesmediengesetze) für den privaten Rundfunk ergänzen diese Normen. Allgemeine Gesetze, z. B. aus dem Zivil- und Wirtschaftsrecht (Persönlichkeitsrecht, Namensrecht, Urheberrecht, Wirtschaftsrecht), dem Strafrecht (Schutz der Ehre, Schutz staatlicher Einrichtungen) oder dem Prozeßrecht (Zeugnisverweigerungsrecht, Beschlagnahmeverbot) sowie Regelungen zum Schutz anderer Lebensbereiche (Jugendschutz) können Schrankengesetze nach Art. 5 Abs. 2 GG darstellen. Allgemeine Gesetze, die die Freiheit der Berichterstattung durch Rundfunk einschränken können, dürfen dabei nicht eine Meinung als solche verbieten, also keinen gegen die Meinungsäußerung gerichteten Sondercharakter tragen. Deshalb müssen die allgemeinen Gesetze stets im Hinblick auf und unter Berücksichtigung des besonderen Stellenwertes der Rundfunkfreiheit interpretiert werden. Dabei kann die vom Bundesverfassungsgericht geforderte Güter- und Interessenabwägung im konkreten Einzelfall zu dem Ergebnis führen, daß die Rundfunkfreiheit höher zu bewerten ist als das durch das »allgemeine Gesetz« geschützte Rechtsgut. Für den Normalfall ist freilich davon auszugehen, daß die allgemeinen Gesetze tatsächlich die Rundfunkfreiheit in dem jeweils beschriebenen Umfang einschränken.

Die positive Gewährleistungspflicht des Staates nach Art. 5 Abs. 1 Satz 2 GG für die Rundfunkfreiheit besteht vor allem in der Pflicht zur organisatorischen Sicherstellung des größtmöglichen Freiheitsraums für die Berichterstattung durch Rundfunk, vor allem im Sinne des Dienstes an der Allgemeinheit. Insofern ist das → *Rundfunkorganisationsrecht* in seiner Gesamtheit mittelbar Rundfunkprogrammrecht.

Rundfunkprogrammrecht umfaßt darüber hinaus als wesentlichen Inhalt die *Freiheit von staatlichem Einfluß auf das Programm*: Eine → Zensur findet nicht statt (Art. 5 Abs. 1 Satz 3 GG). Es ist nur ein scheinbarer Widerspruch in sich, daß der Staat verpflichtet ist, durch Rundfunkorganisation Rundfunkfreiheit als Freiheit vom Staat zu gewährleisten (→ Rundfunkorganisationsrecht). Richtig ist nur, daß dies eine besonders schwierige und verantwortungsvolle Aufgabe des Staats und seiner beschließenden und ausführenden Organe ist (→ Medienpolitik); sie haben eine Freiheit mit dem Umgang von Meinungen und Kultur zu organisieren, die alle Möglichkeiten – auch – der Kritik gegen sich selbst einschließt. Die Verfassung gebietet statt Enthaltsamkeit eine positive Ordnung, die den Prozeß der offenen Meinungsbildung auf allen Gebieten der Gesellschaft und Kultur über Rundfunk sicherstellt, eine öffentliche Meinungsbildung, die gesellschaftliche und politische Veränderungen, auch gegenüber den Herrschenden, nicht ausschließt. Das Grundgesetz fordert die positive Entäußerung der Macht auf dem Gebiet des Rundfunks, weil die Freiheit des Rundfunks – so das Bundesverfassungsgericht – für die Demokratie schlechthin konstituierend ist.

PROGRAMMAUFTRAG UND PROGRAMME IM DUALEN RUNDFUNKSYSTEM. Aus den vorgenannten Gesetzen leitet sich heutige Rundfunkverfassung im dualen System ab (→ Rundfunkorganisationsrecht). Die öffentlich-rechtlichen Rundfunkanstalten unterscheiden sich schon hinsichtlich der Strukturvorgaben von den privaten Rundfunkveranstaltern. Ihre Aufgabe ist in programmlicher Hinsicht die flächendeckende Versorgung des Sendegebiets mit einem umfassenden Programmangebot für jedermann, also auch für Minderheiten. Dieser spezifische Programmauftrag des öffentlich-rechtlichen Rundfunks wird – ausgehend von der Nomenklatur des Bundesverfassungsgerichts in den drei genannten Grundsatzentscheidungen – als Grundversorgung bezeichnet, die sich nicht statisch definieren läßt, sondern sich technischen und programmlichen Entwicklungen anzupassen hat. Diesen Gesichtspunkt berücksichtigt der heute vielfach verwendete Begriff der »dynamischen Grundversorgung«. In neuester Zeit hat das Bundesverfassungsgericht im Zusammenhang mit der durch den Staat sicherzustellenden Finanzierung von ARD und ZDF den Aspekt der Funktionsbezogenheit öffentlich-rechtlicher Rundfunktätigkeit eingeführt, der u. a. auch regionale Versorgung umfaßt (Hessen 3-Beschluß 1992). Dies deutet auf eine flexiblere Definition des Versorgungsauftrags öffentlich-rechtlicher Rundfunkanstalten hin. Für die Organisation des privaten Rundfunks gilt, daß er als ganzes ein möglichst großes Maß an Vielfalt und Ausgewogenheit an Information, Bildung und Unterhaltung bieten und garantieren muß (→ Landesmediengesetze). Jeder private Rundfunkveranstalter hat daher zur Erlangung seiner Erlaubnis zur Programmveranstaltung ein Programmkonzept vorzulegen. Anhand eines oder mehrerer aufeinander abgestimmter oder einander ergänzender Programmkonzepte bzw. bestehender Programme entscheidet die Zulassungsbehörde, die jeweilige Landesmedienzentrale, über die Erteilung einer Programmerlaubnis. Die Programmveranstalterbedingung ist im privaten Rundfunk also entweder ein inhaltlich möglichst umfassendes Angebot in Hörfunk oder Fernsehen nach Art der öffentlich-rechtlichen Rundfunkveranstaltung; dafür ist von dem Bewerber eine Programmveranstaltererlaubnis und außer dem Programmkonzept in manchen Ländern auch die Bildung eines Beirats für die Kontrolle der Vielfalt im Medienangebot bzw. die plurale Zusammensetzung der Gesellschafter der Bewerbergruppe nachzuweisen. Will ein Veranstalter aber ein nicht-pluralistisches und vielfältiges Programm anbieten, etwa nach Art eines Tendenzangebots einer Zeitung oder eines Spartenprogramms, ist der private Bewerber um die Veranstalterlizenz auf das ergänzende Programmumfeld seiner Mitveranstalter angewiesen. Kommt die Landesmedienzentrale zu der Einschätzung, daß insgesamt ein möglichst umfassendes Angebot mehrerer privater Veranstalter vorliegt, ist eine Zulassung auch für den »Tendenzbetrieb« eines privaten Veranstalters möglich. Die diese Bedingungen vorschreibenden Landesmediengesetze variieren partiell in den gesetzlich vorgeschriebenen Programmvoraussetzungen für die privaten Rundfunkveranstalter. Daneben schreiben Landesmediengesetze zum Teil insbesondere für den Hörfunk lokale und regionale Beschränkungen vor. Das führt zu Besonderheiten zwischen den Ländern, die z. B. landesweite Ketten vorsehen oder verbieten. Rahmenprogramme (Mantelprogramme/Fensterprogramme) sind ebenfalls nicht länderrechtlich geregelt. Vermehrt werden jedoch für landesweite oder überregionale private Rundfunkangebote Fensterprogramme mit regionalen bzw. lokalen Inhalten gefordert. Schließlich ist die Frage nach der Zulässigkeit von gemeinschaftlicher Veranstaltung durch öffentlich-rechtliche Rundfunkanstalten und private Rundfunkanstalten landesrechtlich nicht einheitlich geregelt.

Verschiedene inhaltsbezogene rundfunkorganisationsrechtliche Vorgaben nach den einzelnen Landesmediengesetzen können zu Umgehungstatbeständen führen, wenn die in einem Land zulässige Programmveranstaltung in anderen Ländern der Bundesrepublik Deutschland, wo diese nicht zulässig ist, empfangbar ist. Hohe Feldstärken oder Satellitenverbreitung schaffen Empfangbarkeiten auch in benachbarten Ländern. Ebensowenig wie der Empfang ausländischer Rundfunksendungen kann der Empfang des Rundfunkprogramms aus dem benachbarten Land gänzlich untersagt werden. Selbst für die technisch und organisatorisch regulierbare Einspeisung von Rundfunkprogrammen in Kabelanlagen schreiben Rundfunkgesetze bzw. → Landesmediengesetze – im Prinzip durchaus zu Recht wegen des free flow of information – neben Rangfolgen der Einspeisung bei beschränkter Kapazität (gesetzlich bestimmte, zuständige Programme, ortsüblich empfangbare/ortsüblich mögliche Programme, herangeführte Programme) etwa für die herangeführten Programme hinsichtlich ihrer Inhalte nur einen beschränkten Ausschnitt dessen vor, was für die Zulassung eines Rundfunkveranstalters vor Ort Voraussetzung ist. Ob damit auf die Dauer eine Verschiebung oder sogar de facto Aufhebung von Zulassungsbedingungen inhaltlicher Art stattfindet, oder ob dieser Entwicklung mit Schutzklauseln vorgebeugt werden kann, wird die Zukunft zeigen. Eine gewisse vereinheitlichende Wirkung ist jedoch mit dem bereits genannten Rundfunkstaatsvertrag der Länder zu erwarten, der programmliche Standards für zumindest in der Bundesrepublik Deutschland zugelassene private Rundfunkveranstalter festschreibt. Aus diesen Einzelheiten wird deutlich, wie sehr Vorgaben des → Rundfunkorganisationsrechts die Rundfunkprogramme beeinflussen.

Eine Vielzahl *inhaltsbezogener Normen* der Landesrundfunkgesetze und → Landesmediengesetze ergänzt die Rahmenbedingungen, welche die Rundfunkveranstaltung in Deutschland prägen. Wiederum besteht Gemeinsames und Unterschiedliches zwischen öffentlich-rechtlichem und privatem Rundfunk, wobei der genannte umfassende Programmauftrag der öffentlich-rechtlichen Rundfunkanstalten der Anknüpfungspunkt für alle Differenzierungen ist. Der Auftrag der *öffentlich-rechtlichen Rundfunkanstalten* für ein umfassendes, vielfältiges, allen Meinungsrichtungen dienendes Programm, das allen gesellschaftlichen und kulturellen Belangen auf den Gebieten Bildung, Unterhaltung und Information dient, beruht auf unterschiedlichen Formulierungen und Grundlagen, jedoch wesentlich geprägt durch die beschriebene Verfassungsrechtsprechung. Nach Auffassung des Bundesverfassungsgerichts ist dieser Auftrag, weil die privaten Rundfunkveranstalter ihn so nicht erfüllen können, Grundlage ihrer Existenz und ihres Gewährleistungsanspruchs – auch in finanzieller Hinsicht – gegenüber dem Gesetzgeber.

Auch die *privaten Rundfunkveranstalter* erfüllen – nach den meisten Landesmediengesetzen expressis verbis – eine öffentliche Aufgabe; man kann sie mit der öffentlichen Aufgabe der Presse vergleichen. Daraus folgen – in den einzelnen Landesmediengesetzen verschieden formuliert – Anforderungen an Qualität, Pluralität und Verantwortlichkeit gegenüber der Gesellschaft, die schon in den Standards als abgestuft gegenüber denen für den öffentlich-rechtlichen Rundfunk gelten; das wird z. B. mit Formulierungen wie »Mindestmaß« umschrieben; oder die Aufsichtsmaßnahmen durch die Landesmedienzentrale greifen nur bei schwerwiegenden Verstößen.

Im Bereich der *öffentlich-rechtlichen Rundfunkanstalten* sind neben den gesetzlichen Vorgaben auch Satzungen der Gremien, Verwaltungsvereinbarungen (z. B. über die Zusammenarbeit für Gemeinschaftsprogramme der ARD), von den Intendanten erlassene Richtlinien, Programmanweisungen und Statute für die Programmarbeit von rechtsetzender Qualität. Vergleichbare Regelungen sind nur für einzelne im Gesetz bestimmte Gebiete (→ Werberecht, → Jugendmedienschutz) in Form von Richtlinien oder Auflagen nach den Landesmediengesetzen oder dem Rundfunkstaatsvertrag durch die Landesmedienzentralen möglich. Daneben sind natürlich für die Programmarbeit auch der *privaten Rundfunkveranstalter* freiwillige auf Veranstalter- oder Verbandsebene gesetzte Vorgaben denkbar, wie sie seit eh und je für die Presse etwa vom Deutschen Presserat verfaßt sind (→ Selbstkontrolle der Medien). Die → *Verantwortung des Journalisten* für eine faire und wahrheitsgemäße Berichterstattung, die nicht nur auf Standesrecht, sondern auf vielen anderen Rechtsgründen beruht, schafft eine journalistische Verpflichtung gleichermaßen für die Journalisten im öffentlich-rechtlichen und privaten Rundfunk. Dies schwächt die Unterschiede hinsichtlich der Systeme in der Praxis, bezogen auf den Einzelbeitrag des Journalisten, in mancher Hinsicht sicherlich ab. Damit sind aber nicht die Unterschiede bezogen auf den umfassenden Programmauftrag des öffentlich-rechtlichen Rundfunks im Gegensatz zum möglichen Tendenzbetrieb des privaten Rundfunkveranstalters beseitigt.

VORAUSSETZUNGEN FREIER RUNDFUNKBERICHTERSTATTUNG. Rundfunkgewährleistung durch den Staat kann außer im rundfunkorganisatorischen Bereich auch gefordert sein, wo es um die *Sicherstellung der Bedingungen für die freie Berichterstattung* geht. Die öffentliche Aufgabe des Rundfunks gebietet es, daß alle Rundfunkunternehmen von allen staatlichen Stellen ausreichende Informationen erhalten. In manchen Pressegesetzen ist deshalb – auch für den Rundfunk – eine → Auskunftspflicht der Behörden normiert.

Eine freie Berichterstattung muß sich darüber hinaus auch auf sonstige Personen und Sachverhalte beziehen können, die für die Berichterstattung von besonderem Interesse sind. Einzelne gesetzliche Bestimmungen tragen dem Rechnung: Im → *Urheberrecht* gibt es die Freiheit der Berichterstattung über Tagesereignisse, das freie Zitatrecht, das nach der Rechtsprechung des Bundesgerichtshofs auch auf Bild/Film und Ton anzuwenden ist, oder die Freiheit für Bildnisse der Zeitgeschichte. Die Rechtsprechung zum → *Persönlichkeitsrecht* grenzt ebenfalls ab zwischen öffentlichen und privaten Belangen.

Freie Berichterstattung wird auch für den Bereich öffentlicher Veranstaltungen und Ereignisse gefordert. Hier stehen z. T. Veranstalterinteressen entgegen. In vielen Bereichen des Rundfunks ist es üblich geworden, daß bis zu drei Minuten (oder fünf Minuten, z. B. bei Theaterübertragungen) Berichterstattung über öffentliche Ereignisse möglich ist (*Kurzberichterstattung*). Neuere landesrechtliche Bestimmungen haben diese Üblichkeit, die erst durch die Medienkonkurrenz zwischen öffentlich-rechtlichem und privatem Rundfunk strittig geworden war, inzwischen gesetzlich festgeschrieben.

Eine für alle Länder der Bundesrepublik Deutschland einheitliche Regelung für das Fernsehen haben die Ministerpräsidenten durch eine Ergänzung des Rundfunkstaatsvertrages vom 1. 3./April 1987 am 15. März 1990 beschlossen. Die Regelung wurde in den derzeit geltenden, bereits erwähnten Rundfunkstaatsvertrag übernommen. Danach ist der freie Zugang des Fernsehens zu allen Veranstaltungen und Ereignissen, die für die Öffentlichkeit von Interesse sind, vorgesehen, Eine nachrichtenmäßige Berichterstattung in angemessenem Umfang ist jedermann erlaubt. Dabei ist als Richtschnur für die Angemessenheit bei Sportveranstaltungen eine Sendezeit von 1 Minute 30 Sekunden Dauer angegeben. Zusammen mit ergänzenden Regelungen für den Fall der Gemengelage bei mehreren interessierten Fernsehveranstaltern ist die staatsvertragliche Vorschrift zu einer wichtigen Regel für das heißumstrittene Gebiet der *Kurzberichterstattung im Fernsehen* geworden. Die staatsvertragliche Regelung ist jedoch nicht unbestritten; insbesondere Veranstalter von Sportveranstaltungen haben sich hiergegen ausgespochen, weil damit ihre Exklusivrechte im merkantilen Wert absinken würden. Das staatsvertragliche Fernsehkurzberichterstattungsrecht steht derzeit auf dem Prüfstand des Bundesverfassungsgerichts. Für den Hörfunk gelten diese Bestimmungen nicht. Hier geht zumindest die herrschende Meinung davon aus, daß die Hörfunkberichterstattung über öffentliche Veranstaltungen und Ereignisse schon deshalb frei ist, weil sie im wesentlichen aus der Leistung des Reporters – vergleichbar dem Presseschreiben – besteht.

Programmbeeinflussende Vorschriften und Regelungen. Eine Fülle von Normen des Rundfunkprogrammrechts bildet *ausfüllende Regeln* für diejenigen, die entweder das Programm veranstalten, produzieren oder es empfangen. Sie finden sich in den Landesrundfunk- und → Landesmediengesetzen. Dabei hat die Rechtsordnung auch insoweit für den Fall widerstreitender Interessen Vorsorge zu treffen. Probleme und Konflikte um die Grenzen oder die Inhaltsbestimmungen des Rechts der Freiheit des Rundfunks überwiegen im Rundfunkprogrammrecht des Alltags. Sie sind zum einen im Hinblick auf andere Grundrechte im Wege der Interessen- und Güterabwägung zu lösen. Zum anderen geht es um die zulässigen *Schranken der allgemeinen Gesetze* nach Art. 5 Abs. 2 GG.

Ohne vollständig sein zu können, sei auf *Einzelgebiete* hingewiesen, die in ihrer Reihenfolge nach ihrem Zweck gegliedert sind:

Schutz des Staates: Die Rundfunkgesetze und Landesmediengesetze sehen in aller Regel vor, daß öffentlich-rechtliche und private Rundfunkveranstalter der Regierung das Recht zu *öffentlichen Verlautbarungen* einzuräumen haben. Über den inhaltlichen Umfang des Verlautbarungsrechts ist es hin und wieder zu Meinungsverschiedenheiten gekommen. Rechtsprechung dazu gibt es nicht. Praxis und Literatur tendieren zu einer eingeschränkten Auslegung.

Die privaten und öffentlich-rechtlichen Rundfunkveranstalter sind darüber hinaus aufgrund allgemeiner Gesetze und Rechtsverordnungen z. T. verpflichtet, *behördliche Hinweise bei allgemeinen Not- und Katastrophenlagen* zu senden (Katastrophenschutz-Verordnung, Smog-Verordnung). In der Regel sind hierfür die Länder zuständig.

Über *Fahndungsersuchen* der Polizei oder sonstige Hinweise besteht zwischen den öffentlich-rechtlichen Rundfunkanstalten und den zuständigen Behörden eine Verwaltungsvereinbarung, die Umfang und Grenzen sowie Verfahrensabläufe sicherstellt. Alle Rundfunkveranstalter, auch die öffentlich-rechtlichen, betrachten sich nicht als Hilfsorgane staatlicher Behörden in Ermittlungsfällen, sind jedoch besonders bei schweren Straftaten aus eigener Aufgabenstellung zur Rücksichtnahme auf staatliche Ermittlungshandlungen oder zur Unterstützung bereit.

In weiterem Sinne können auch *Verbote von Hörfunk- und Fernsehaufnahmen* – z. B. *bei Gerichtsverhandlungen* – als Unterstützung staatlicher Aufgaben gesehen werden. Sie finden sich z. B. in § 69 des GVG für den Zeitraum der Gerichtsverhandlung einschließlich der Urteilsverkündung. Ihr Zweck ist neben dem Schutz der Persönlichkeit, die Wahrheitsfindung nicht zu beeinträchtigen (→ Gerichtsberichterstattung).

Das Parteiengesetz gebietet die prinzipielle *Gleichbehandlung aller Par-*

teien bei der Berichterstattung, wobei freilich der jeweiligen Bedeutung einer Partei Rechnung zu tragen ist. Daß dabei die Parteien ihrerseits keinen Anspruch auf Erwähnung im Programm haben, steht dieser Verpflichtung nicht entgegen. Wenn und soweit die Berichterstattung – insbesondere bei Wahlen – Parteien Gelegenheit zur Äußerung gibt oder über die Parteien im einzelnen berichtet, hat sie anderen Parteien entsprechende Möglichkeiten einzuräumen. Bei der zulässigen Abstufung nach der Bedeutung der Parteien kann im Einzelfall eine Berichterstattungspflicht wieder entfallen.

Schutz der Gesellschaft: Rundfunkgesetze, Landesmediengesetze und Rundfunkstaatsvertrag haben neben den allgemeinen Normen zum *Schutz der Jugend* (→ Jugendmedienschutz) in besonderer Weise die Rundfunkveranstalter verpflichtet, auf die Belange der Jugend Rücksicht zu nehmen. Während die Rundfunkgesetze und Landesmediengesetze überwiegend die allgemeinen Ziele beschreiben (Schutz vor sittlicher Gefährdung Jugendlicher, z. B. durch gewaltverherrlichende Filme), schreibt der Rundfunkstaatsvertrag konkret vor, zu welchen Tageszeiten Sendungen der Kategorien jugendgefährdend oder nicht jugendgeeignet nicht ausgestrahlt werden dürfen. Die öffentlich-rechtlichen Rundfunkanstalten haben dazu entsprechend den Ermächtigungsnormen des Rundfunkstaatsvertrages bereits Richtlinien erlassen; die privaten Veranstalter haben seit kurzem einen Kodex zum Umgang mit der Darstellung von Gewalt und Sexualität in deutschen Fernsehprogrammen (sog. Konvention der Verantwortung) erarbeitet, dessen tatsächliche Umsetzung abzuwarten bleibt. Verstöße gegen die Vorschriften des Jugendschutzes sind bei den öffentlich-rechtlichen Rundfunkanstalten von den Rundfunkräten zu überwachen; bei den privaten Rundfunkveranstaltern hat die Landesmedienzentrale die Aufsicht wahrzunehmen, wobei Verstöße entsprechend den auch für sonstige Verstöße geltenden Regelungen der Landesmediengesetze im Extremfall zum Entzug der Sendeerlaubnis führen können. Zahlreiche zusätzliche Sanktionsnormen stellen die Verletzung von Jugendschutzvorschriften unter Strafe.

Auch bei *Werbeverboten* und *-beschränkungen* (→ *Werberecht*) steht in zweierlei Hinsicht der Schutz der Gesellschaft im Vordergrund: Verboten ist die Werbung für Tabakwaren sowie für Heilmittel. Nach freiwilligen Richtlinien der Werbewirtschaft ist darüber hinaus die Werbung für Kinder und mit Kindern eingeschränkt. Alle öffentlich-rechtlichen Rundfunkanstalten als Mitglieder der Arbeitsgemeinschaft Rundfunkwerbung (ARW) haben diese allgemein praktizierten Empfehlungen über ihre Richtlinien zum Jugendschutz verbindlich gemacht. Weitere Werbeverbote oder -beschränkungen sind: Nur für die öffentlich-rechtlichen Rundfunkanstalten wurde das Verbot der Werbung nach 20 Uhr oder an Sonn- und Feiertagen im Rundfunkstaatsvertrag festgeschrieben. Ferner sind die öffentlich-rechtlichen Rundfunkanstalten auf einen zeitlichen Umfang der Werbung, wie er im Hörfunk am 1. Januar 1987 üblich war, beschränkt; im Fernsehen sind 20 Minuten Werbung werktäglich erlaubt. Großzügiger sind die Regelungen für die Privaten mit 20 % der täglichen Sendezeit.

Trennung von Werbung und Programm ist als Gebot für alle privaten und öffentlich-rechtlichen Rundfunkveranstalter ausdrücklich im Staatsvertrag normiert. Dem Ziel der Erkennbarkeit der Werbung dient auch die Vorschrift der Blockwerbung. Das Verbot der Unterbrechung von laufenden Programmen ist abgeschwächt durch die Erlaubnis, bei längeren als Stundensendungen einmal oder bei natürlichen Unterbrechungen Werbung einzuschalten. Die dafür staatsvertraglich vorgesehenen Richtlinien existieren bei den ARD-Anstalten sowie beim ZDF, sie sind inzwischen auch für die privaten Rundfunkveranstalter von den zuständigen Landesmedienzentralen erlassen.

Sponsorsendungen unterliegen etwas differenzierten Regelungen für öffentlich-rechtlichen und privaten Rundfunk nach dem Rundfunkstaatsvertrag. Unsicherheit besteht zur Zeit hinsichtlich der Sponsornennung. Die bereits genannten existenten Werberichtlinien der öffentlich-rechtlichen Rundfunkanstalten bzw. der Landesmedienzentralen für die privaten Rundfunkveranstalter sowie anhängige, zum Teil abgeschlossene Gerichtsverfahren könnten weitere Klarheit bringen.

Schutz des einzelnen: Der Schutz der Persönlichkeit (→ *Persönlichkeitsschutz*) wird durch eine Reihe von Vorschriften des Zivil- und Strafrechts gewährleistet, die sich auch als Schrankenvorschriften im Sinne des Art. 5 Abs. 2 GG darstellen. Neben speziellen Vorschriften wie beispielsweise über das Recht am eigenen Bild nach § 22 ff KUG und an der eigenen Stimme nach § 201 StGB, dem Ehrenschutz nach §§ 185 ff StGB und das Namensrecht nach § 12 BGB tritt als Generalklausel das sog. allgemeine Persönlichkeitsrecht. Es bietet einen umfassenden Schutz der Persönlichkeit gegen Eingriffe durch Dritte, wozu u. a. auch der Rundfunk zählt, soweit dieser Schutz nicht bereits durch Spezialvorschriften gewährleistet ist. Die Rechtsprechung hat für die Eingriffe in das allgemeine Persönlichkeitsrecht drei Sphären unterschieden, die Individualsphäre, die Privatsphäre und die Intimsphäre.

Die Rechtswidrigkeit des Eingriffs in das allgemeine Persönlichkeitsrecht ist im Falle der Berichterstattung durch Rundfunk durch eine Güter- und Interessenabwägung im Einzelfall zu ermitteln. Je einschneidender in den persönlichen Bereich eines Menschen eingegriffen wird, desto höhere Anforderungen sind im Einzelfall an das Vorgehen des allgemeinen Informationsinteresses der Öffentlichkeit zu stellen.

In die Reihe der Schutzbestimmungen für den einzelnen gehört auch das → *Urheberrecht* mit einer Reihe von rundfunkrelevanten Regelungen.

Schutz der wirtschaftlichen Betätigungsfreiheit: Die öffentlich-rechtlichen Rundfunkanstalten sind zur Wettbewerbsneutralität aufgrund ihrer allgemeinen Aufgabenstellung verpflichtet, sie müssen daher darauf bedacht sein, einerseits nicht einem Unternehmen (beispielsweise durch Namensnennung) einen unzumutbaren Wettbewerbsnachteil gegenüber Konkurrenten zuzufügen und zum anderen zu verhindern, daß ein direkter oder indirekter Werbeeffekt zugunsten eines bestimmten Unternehmens erzielt wird. Je höher dabei das Informationsinteresse der Allgemeinheit zu veranschlagen ist, desto einengender müssen im Einzelfall die allgemeinen Gesetze interpretiert werden. Für private Rundfunkveranstalter gilt cum grano salis die gleiche Verpflichtung aus dem Grundsatz der Trennung von Werbung und Programm. Beide Systeme haben im Konkreten jedenfalls die folgenden den Wettbewerb Dritter schützenden Normen zu beachten: *Kreditgefährdung* nach § 824 BGB begeht, wer der Wahrheit zuwider eine Tatsache behauptet oder verbreitet, die geeignet ist, den Kredit eines anderen zu gefährden oder sonstige Nachteile für dessen Erwerb oder Fortkommen herbeizuführen. Daneben ist das Recht am eingerichteten und ausgeübten Gewerbebetrieb nach § 823 BGB ein Auffangtatbestand, der unmittelbar gegen den Bestand eines Gewerbebetriebs gerichtete Eingriffe erfaßt, die nicht bereits durch eine Spezialvorschrift geregelt sind. Grundsätzlich hat sich der Gewerbetreibende einer Kritik seiner Leistung zu stellen. Eine kritische Behandlung wirtschaftlicher Betätigung im Rahmen einer Rundfunksendung ist nur dann rechtswidrig, wenn sie nicht mehr durch das Grundrecht der Rundfunkfreiheit gedeckt ist. Das kann wiederum nur durch eine Güter- und Interessenabwägung im Einzelfall ermittelt werden.

Als Maßnahmen stehen dem einzelnen bei einer Verletzung seiner Rechte nach allgemeinen Gesetzen die Klagemöglichkeit vor den Zivilgerichten auf Schadensersatz (einschließlich Schmerzensgeld in besonders schweren Fällen), auf Widerruf und auf → Gegendarstellung zur Verfügung. Insbesondere für das Recht auf Gegendarstellung sind für die Geltendmachung gegenüber dem Rundfunkveranstalter kurze Fristen und weitere wichtige Förmlichkeiten zu beachten. Die Ansprüche können sich gegen die Rundfunkveranstalter und die verantwortlichen Redakteure, bei der Gegendarstellung in der Regel nur gegen die Rundfunkveranstalter richten.

Rundfunkmedienwettbewerb: Öffentlich-rechtliche Rundfunkanstalten und private Rundfunkveranstalter stehen untereinander im Medienwettbewerb. Regelungen spezifischen Rundfunkrechts können hierzu Programmwettbewerb regeln. Das geschieht z. B. in § 2 Abs. 2 ZDF-Staatsvertrag sowie § 3 ARD-Staatsvertrag, die die öffentlich-rechtlichen Systeme von ARD und ZDF zu einer gewissen Koordinierung ihrer Programme verpflichten. Das geschieht ferner im Bereich privater Medien durch Verflechtungsverbote vielfältiger Art nach den → Landesmediengesetzen, die der Vielfaltssicherung dienen.

Ergänzend gilt auch zwischen öffentlich-rechtlichen und privaten Rundfunkveranstaltern das private *Wettbewerbsrecht*, soweit es nicht vom spezifischen Rundfunkrecht verdrängt wird. Unstreitig können die öffentlich-rechtlichen und privaten Rundfunkveranstalter im »Wettbewerb« untereinander Titelschutz für eingetragene oder eingeführte Titel (Sendetitel, Reihen-, Programmnamen) nach Warenzeichen- oder UWG-Gesetz in Anspruch nehmen. Zweifelhaft ist dagegen, inwieweit das allgemeine Kartellrecht auch für die öffentlich-rechtlichen Rundfunkanstalten Anwendung finden kann. In der Praxis haben Wettbewerbsfragen erheblich an Bedeutung gewonnen. Der Kampf um die Sportrechte nimmt teilweise die Formen eines Verdrängungswettbewerbs an. Die Preise für Sport-»Exklusivrechte« sind in den 80er Jahren um ein Vielfaches gestiegen. Ähnliches spielt sich auch bei der Beschaffung von Filmrechten ab. Die Filmproduktion aller interessanten Märkte, besonders in Europa und in den Vereinigten Staaten von Amerika, deckt bei weitem nicht den durch die Vermehrung von Programmanbietern gestiegenen Bedarf. Der Streit um Film-»Pakete« und Sport-Exklusivrechte hat zu einer Reihe von Konkurrentenverfahren bei der Europäischen Kommission und nationalen Kartellbehörden im In- und Ausland geführt.

Rechte der Rundfunkmitarbeiter. Auch dieses Rechtsgebiet gehört zum Rundfunkprogramm im weiteren Sinne. Dem einzelnen Medienmitarbeiter steht die Rundfunkfreiheit nicht als originäres Persönlichkeitsrecht, sondern in seiner Teilnahme an der Programmveranstaltung zu; er kann deshalb den Inhalt des Programms nicht gegen den Willen des programmverantwortlichen Intendanten oder Rundfunkveranstalters bestimmen. Mitbestimmungsrechte nach Personalvertretungsrecht für die öffentlich-rechtlichen Rundfunkanstalten und nach Betriebsverfassungsrecht für die privaten Rundfunkveranstalter sowie Redakteursstatuten sind dadurch Grenzen gezogen (→ Mitbestimmung). U. a. erklärt das, daß es im Rundfunkbereich keine Redakteursstatute gibt, die den Rundfunkmitarbeitern letzte Programmentscheidungsbefugnisse geben. Dagegen kann der Rundfunkmitarbeiter nach ausdrücklichen Gesetzen oder internen Statuten, abgeleitet aus dem eigenen Recht der freien Meinungsäußerung, in aller Regel nicht gezwungen werden, eine fremde Meinung als seine eigene zu vertreten.

Im Bereich des → *Arbeitsrechts* kann der allgemeine *Kündigungsschutz* Rundfunkprogrammschaffende nach der Rechtsprechung des Bundesverfassungsgerichts wegen des Abwechslungsbedürfnisses zuungunsten der Medienschaffenden verkürzt werden.

Im übrigen unterscheiden sich auch die Mitbestimmungsrechte der Rundfunkmitarbeiter nach den Personalvertretungsgesetzen für den öffentlich-rechtlichen Rundfunk und nach den Betriebsverfassungsgesetzen für die Privaten in weiteren Bestimmungen; z. B. gibt es spezielle Bestimmungen für den → Tendenzschutz im öffentlich-rechtlichen Rundfunk naturgemäß nicht.

Zur Verwirklichung der Programmarbeit gewähren Gesetze den Rundfunkschaffenden ähnlich wie in der Presse besondere Schutzzonen: das →

Zeugnisverweigerungsrecht und ein beschränktes Beschlagnahmeverbot seien hier genannt. Allerdings sind diese Waffen gegenüber dem Pressebereich relativ stumpf, weil sich das Beschlagnahmeverbot nicht auf selbstrecherchiertes Material – also Filme/Tonbandaufzeichnungen – des Rundfunkschaffenden erstreckt. Nur im Ausnahmefall – so die Rechtsprechung des Bundesverfassungsgerichts – kann dagegen die Güterabwägung auch insoweit zur Rechtswidrigkeit der → *Beschlagnahme* und Gewährung des → *Zeugnisverweigerungsrechts* führen. Gesetzesinitiativen zugunsten einer Verbesserung dieses Schutzes der Rundfunkmitarbeiter sind vielfach vorgeschlagen.

RUNDFUNKPROGRAMMRECHT UND EUROPARECHT. → *Europäisches Medienrecht* umfaßt auch Initiativen, Rundfunkprogrammrecht anzugehen, und zwar im wesentlichen auf zwei Ebenen: Im Europarat wurde im November 1987 abschließend eine *Europäische Konvention zum grenzüberschreitenden Rundfunk* beraten, die eine Reihe von rundfunkprogrammrelevanten Empfehlungen betreffend die Werbung und die Förderung europäischer Programme enthält.

Gleichermaßen hat die Europäische Gemeinschaft am 3. Oktober 1989 eine Richtlinie zur Koordinierung bestimmter Rechts- und Verwaltungsvorschriften der Mitgliedsstaaten über die Ausübung der Fernsehtätigkeit beschlossen, deren Ziele ebenfalls die Vereinheitlichung von Normen des Rundfunkwerberechts in Europa und die Förderung europäischer Rundfunkproduktionen sind. Die originäre Zuständigkeit der Europäischen Gemeinschaft für das Rundfunkprogrammrecht wird wegen der Zugehörigkeit zum Kulturrecht der Länder in der Bundesrepublik Deutschland bestritten. Dies gilt um so mehr, als andere, den Rundfunk nicht unmittelbar betreffende EG-Regelungen die Tätigkeit insbesondere öffentlich-rechtlicher Rundfunkanstalten einschränken könnten, so z. B. die derzeit diskutierten Richtlinien zum öffentlichen Beschaffungswesen. Abgrenzungs- und Kompetenzkonflikte tun sich gegenwärtig auf verschiedenen nationalen und internationalen Ebenen auf.

MARGRET WITTIG-TERHARDT

Rechtsgrundlagen

Die Rundfunkgesetze und Landesmediengesetze sowie der Rundfunkstaatsvertrag mit Nebengesetzen sind in verschiedenen *Loseblattsammlungen* dokumentiert, z. B.

Klaus Breitkopf / Peter Schiwy / Beate Schneider: Medien und Telekommunikation. Recht, Politik und Technik in Deutschland und Europa. Percha

Wolf-Dieter Ring: Medienrecht. München

Literatur

Ernst W. Fuhr: ZDF-Staatsvertrag. Kommentar. Mainz [2]1985

Günter Herrmann: Fernsehen und Hörfunk in der Verfassung der BRD. Zugleich ein Beitrag zu weiteren allgemeinen verfassungsrechtlichen und kommunikationsrechtlichen Fragen. Tübingen 1975 (*verfassungsrechtliche Grundlagenstudie*)

Wolfgang Hoffmann-Riem: Redaktionsstatut im Rundfunk. Baden-Baden 1972

Rundfunkrat-Beschlüsse

Albrecht Götz v. Olenhusen: Handbuch des Medienrechts. Rundfunkrecht. Freiburg/Brsg. 1988
Karl Egbert Wenzel: Das Recht der Wort- und Bildberichterstattung. Handbuch des Äußerungsrechts. Stuttgart ³1986
Margret Wittig-Terhardt/Werner Rumphorst: Rechtliche Grundsätze der Berichterstattung in Hörfunk und Fernsehen. Baden-Baden 1976
Damm / Kuner: Widerruf, Unterlassung und Schadensersatz in Presse und Rundfunk. München 1991
Seitz / Schmidt / Schoener: Der Gegendarstellungsanspruch in Presse, Film, Funk und Fernsehen. München ²1990

Rundfunkrat-Beschlüsse → Bundesverfassungsgerichtsentscheidungen zum Medienrecht (9. Februar 1982/13. Februar 1992)

Rundfunkstaatsvertrag → Landesmediengesetze, → Medienpolitik, → Rundfunkfinanzrecht, → Rundfunkorganisationsrecht, → Rundfunkprogrammrecht

Rundfunkteilnehmer-Beschluß → Bundesverfassungsgerichtsentscheidungen zum Medienrecht (19. Dezember 1988)

Rundfunkurteile (Erstes bis Achtes Rundfunkurteil) → Bundesverfassungsgerichtsentscheidungen zum Medienrecht (28. Februar 1961 / 27. Juli 1971 / 16. Juni 1981 / 4. November 1986 / 24. März 1987 / 5. Februar 1991 / 6. Oktober 1992 / 22. Februar 1994)

Rundfunkwerbung → Europäisches Medienrecht, → Landesmediengesetze, → Rundfunkfinanzrecht, → Rundfunkorganisationsrecht, → Rundfunkprogrammrecht, → Werberecht

Sammelwerk → Urheberrecht

Sanierungsfusion → Fusionskontrolle im Pressewesen

Satellitenkommunikation → Internationale und supranationale Kommunikationsbeziehungen, → Landesmediengesetze, → Neue elektronische Kommunikationstechniken, → Rundfunkorganisationsrecht, → Telekommunikastionsrecht

Schadenersatz → Persönlichkeitsschutz, → Presseordnungsrecht, → Wettbewerbsrecht

Schleichwerbung → Werberecht

Schmähkritik → Persönlichkeitsschutz

Schmid/Spiegel-Beschluß → Bundesverfassungsgerichtsentscheidungen zum Medienrecht (25. Januar 1961)

Schriftleitergesetz → Geschichte des Medienrechts

Schülerzeitungen → Pressefreiheit

Schund- und Schmutzliteratur → Zensur

Schutz von Geisteswerken → Europäisches Medienrecht, → Persönlichkeitsschutz, → Urheberrecht

Schutzdauer → Urheberrecht

Schutzfristen → Urheberrecht

Schweigepflicht → Gerichtsberichterstattung

Schweizerisches Medienrecht. Das schweizerische Medienrecht leidet ebenso wie das deutsche Medienrecht an Rechtszersplitterung, die wesentlich auf den föderalistischen Staatsaufbau der Schweiz sowie auf die fehlende Gesamtkonzeption bei der Regelung der Massenmedien zurückgeht.

PRESSE. Besonders unzureichend ist das Recht der gedruckten Medien geregelt. Pressegesetze gibt es weder im Bund noch (mit wenigen Ausnahmen wie z. B. der Waadt) in den Kantonen. In der Bundesverfassung steht lediglich der Satz: »Die Pressfreiheit ist gewährleistet« (Art. 55). Damit ist die Freiheit des Pressens, d. h. aller Massenvervielfältigungsverfahren gemeint (BGE 96 I 58 f.). In diese Vorschrift muß auch noch die allgemeine Meinungsäußerungsfreiheit als »ungeschriebenes Grundrecht« hineininterpretiert werden (BGE 98 Ia, 80). Für deren Tragweite ist Art. 10 der »Konvention zum Schutze der Menschenrechte und Grundfreiheiten« des Europarates (EMRK) heranzuziehen (BGE 104 Ia, 91). Im übrigen finden sich die verschiedensten Aspekte des Presserechts verstreut in anderweitigen Regelungen des Bundes (z. B. Zivilgesetzbuch, Strafgesetzbuch usw.) und in kantonalen Vorschriften, letztere von überwiegend gewerberechtlicher und prozessualer Natur.

Aus der Gewährleistung der »Pressfreiheit« in Art. 55 der Bundesverfassung haben Rechtsprechung und Literatur zum *Verfassungsrecht* dieselben Grundsätze abgeleitet wie im deutschen Verfassungsrecht (→ Pressefreiheit), jedoch mit einer interessanten Ausnahme: Nach der Rechtsprechung des Bundesgerichts ist Voraussetzung für den Schutz durch Art. 55, daß das betreffende Presseerzeugnis idealen und nicht geschäftlichen Zwecken dient. Für geschäftliche Zwecke kann nicht die Pressefreiheit, sondern nur die Handels- und Gewerbefreiheit in Anspruch genommen werden, die nach Art. 31 Abs. 2 BV im einzelnen von den Kantonen geregelt werden kann (BGE 96 I, 589 f.). Insbesondere Gratisanzeiger dürfen daher nicht die Pressefreiheit für sich in Anspruch nehmen (BGE 42 I, 82).

Die Vorschrift des *Pressegewerberechts* über die Impressumspflicht von Druckwerken und die Bestellung eines verantwortlichen Redakteurs für Zeitungen und Zeitschriften findet sich in Art. 322 CH-StGB, wobei in der Schweiz die Benennungstheorie gilt: Die strafrechtliche Verantwortlichkeit trifft diejenige Person, die als verantwortlicher Redaktor im Impressum benannt wurde, gleichgültig also, ob sie eine solche Stellung innehatte oder im Einzelfall ausübte. Im übrigen finden sich viele gewerberechtliche Vorschriften in kantonalen Erlassen.

Im *Pressestrafrecht* wird ebenfalls für → Pressedelikte inhaltlicher Art eine subsidiäre Haftung der Presse für den Fall angeordnet, daß der Verfasser nicht ermittelt werden kann, daß die Veröffentlichung ohne sein Einverständnis erfolgte oder daß er nicht vor ein Schweizer Gericht gestellt werden kann. Sollten also die Presseangehörigen nicht als Täter oder Teilnehmer am Pressedelikt belangt werden können, so tritt hier als Ausnahme vom Schuldprinzip des Strafrechts nach dem belgischen System der Kaskadenhaftung oder Stufenhaftung anstelle des Täters eine strafrechtliche Haftung des verantwortlichen Redakteurs und in Ermangelung eines solchen des Verlegers und des Druckers ein. Diese subsidiäre Verantwortlichkeit von Presseangehörigen nach Art. 27 CH-StGB gilt nicht für Strafverfahren wegen militärischer Delikte vor den Militärgerichten und gilt insbesondere nicht für Radio und Fernsehen. Die frühere verkürzte einjährige *Verjährungsfrist* für die Verfolgung von Pressedelikten wurde im Jahre 1950 aufgehoben. Es gelten nunmehr die allgemeinen Verjährungsvorschriften.

Der Schutz des Redaktionsgeheimnisses im *Strafprozeß* durch → Zeugnisverweigerungsrecht sowie Durchsuchungs- und Beschlagnahmeverbote ist im Gegensatz zum deutschen Recht beschränkt. Ein uneingeschränktes Recht zur Aussageverweigerung steht nur Ärzten, Anwälten und Geistlichen zu. Nach Art. 27 Ziff. 3 CH-StGB ist ein Zeugnisverweigerungsrecht nur bei Presseinhaltsdelikten und nicht bei gewöhnlichen Strafverfahren gegeben, ferner nach Ziff. 6 nicht bei Presseinhaltsdelikten, die sich gegen den Staat und die Landesverteidigung richten. Auch beschränkt sich das Aussageverweigerungsrecht auf Vernehmungen zur Feststellung des Verfassers und gilt nicht für Journalisten, Reporter, Korrespondenten oder freie Mitarbeiter. Nur der Redakteur, der Herausgeber, der Verleger und der Drucker sowie deren Personal sind von strafprozessualen Zwangsmaßnahmen zur Feststellung des Verfassers oder Informanten befreit. Kommen sie selbst als Täter oder Teilnehmer in Frage, so kommt ohnehin die Berufung auf das Redaktionsgeheimnis nicht in Betracht. Da die subsidiäre Strafbarkeit der Presse für Radio und Fernsehen nicht besteht, können diese sich auch nicht auf ein Redaktionsgeheimnis berufen.

Nach Art. 347 CH-StGB ist der »fliegende Gerichtsstand« der Presse beseitigt und ein Sondergerichtsstand beim Erscheinungsort begründet. Das gilt aber nicht für die Auslandspresse, die in der Schweiz vertrieben wird (BGE 102 IV, 35), und gilt ferner nicht für Radio und Fernsehen.

Das *Zivilrecht der Presse*, insbesondere der zivilrechtliche → Persönlichkeitsschutz gegen Presseäußerungen entspricht im wesentlichen dem Recht der Bundesrepublik Deutschland. Insbesondere ist im Jahre 1985 durch Ergänzung des ZGB ein Anspruch auf → Gegendarstellung gewährt worden, dessen eingehende Regelung im Gegensatz zu Deutschland bundeseinheitlich gilt und auch auf den Rundfunk Anwendung findet.

Auch die Situation der Massenmedien im → *Urheberrecht* entspricht jetzt mit dem neuen URG von 1993 im wesentlichen dem deutschen Recht, doch ist das Zitatrecht nicht wie im deutschen Recht nur zu wissenschaftlichen Zwecken erlaubt (URG Art. 25). Das neue UWG von 1988, das die Haftung nicht mehr vom Vorliegen eines Wettbewerbsverhältnisses abhängig macht, muß ohne Privilegierung wie im deutschen Recht auf die Medien Anwendung finden, sollte nicht (was bisher offen ist) ein besonderer Sorgfaltsmaßstab zugrunde gelegt werden (siehe BGE 117 IV 194).

Das → *Arbeitsrecht* der Medienschaffenden wird entscheidend durch Gesamtarbeitsverträge (Tarifverträge) bestimmt, und zwar gilt für die SRG der GAV betreffend die Anstellungs- und Arbeitsbedingungen des Personals der schweizerischen Radio- und Fernsehgesellschaft, für die Presse der Westschweiz die Convention Collective und für die Deutschschweiz der Kollektivvertrag. Für freie Mitarbeiter gilt das Reglement über den Verkehr zwischen den Freien Journalisten BR (= im Berufsregister eingetragen und damit vollberuflich tätig) und den Redaktionen (Verlagen). Dem *Schweizerischen Verband der Zeitungs- und Zeitschriftenverleger* (SZV) treten auf Arbeitnehmerseite der *Schweizer Verband der Journalistinnen und Journalisten* (SVJ) und die *Schweizerische Journalistinnen- und Journalisten-Union* (SJU), beim Rundfunk tritt der SRG (siehe unten) im Rahmen des Schweizerischen Gewerkschaftsbundes das *Syndikat Schweizerischer Medienschaffender* (SSM) gegenüber. Aufgrund des Kollektivvertrages wurde 1972 für die Presse ein Musterstatut geschaffen. Die meisten Zeitungen haben heute daran angelehnte Redaktionsstatute, die im wesentlichen denen in der BRD entsprechen (→ Mitbestimmung).

FILM. Eingehender als die Presse geregelt ist hingegen der schweizerische Film, und zwar im Bundesgesetz über das Filmwesen (Filmgesetz) vom 28. September 1962. Die Zuständigkeit der Bundesgesetzgebung ergibt sich aus Art. 27 ter BV. Danach erfolgt seitens des Bundes eine Stützung der schweizerischen Filmwirtschaft durch finanzielle Förderung, durch Filmeinfuhrkontrolle und durch Konzessionierung von Filmtheatern. Die *Filmförderung* erfolgt durch das Amt für kulturelle Angelegenheiten des Departements des Innern (Sektion Film), und zwar durch Verleihung von Qualitätsprämien, durch Beiträge zu den Herstellungskosten, durch Beiträge an Organisationen zur Förderung der Filmkultur gem. VVO I zum Filmgesetz. Dabei ist neben der Stiftung Pro Helvetia die Eidgenössische Filmkommission anzuhören, die gem. VVO III zum Filmgesetz von der Regierung ernannt wird. Bei der Filmeinfuhrkontrolle durch das Departement des Innern gem. VVO II zum Filmgesetz erfolgt insbesondere gegenüber den Filmverleihern eine Kontingentierung ausländischer Filme. Schließlich sieht das Filmgesetz eine Bewilligungspflicht für die Eröffnung, Umwandlung und Schließung von Filmtheatern durch die kantonalen Behörden vor.

Neben dem eidgenössischen Filmgesetz finden sich in den meisten Kantonen Sondergesetze über die Filmvorführung, die dem *Jugendschutz* und dem Schutz Erwachsener gegen Angriffe auf deren »Sittlichkeit« dienen.

RUNDFUNK. Das Recht der elektronischen Medien ist seit 1984 durch Art. 55 bis BV verfassungsrechtlich bestimmt. Er erklärt die gesetzliche Regelung dieser Materie zur Bundessache. Für Radio und Fernsehen (die Schweiz benutzt nur selten den Oberbegriff Rundfunk) enthält die BV einen Leistungsauftrag. Die Aufgabenstellung besteht aus kultureller Entfaltung, freier Meinungsbildung und Unterhaltung. Innerhalb des Leistungsauftrags, nach dem die Eigenheiten des Landes und die Bedürfnisse der Kantone zu berücksichtigen sind, ist die Staatsunabhängigkeit der Veranstalter und des Programmschaffens garantiert (die Wirklichkeit sieht natürlich wie in Deutschland ganz anders aus). Ausdrücklich ist (insbesondere bei der Werbung) auf die Interessen der Presse Rücksicht zu nehmen. Schließlich ist eine unabhängige Beschwerdeinstanz garantiert.

Als Ausführungsgesetzgebung befindet sich seit 1. April 1992 ein Bundesgesetz über Radio und Fernsehen samt umfangreicher VO in Kraft. Dieses regelt insbesondere Programmgrundsätze und Programmaufsicht, Konzessionserteilung für Sendung und Weitersendung sowie Finanzierung durch Gebühren und Werbung. RTVG 53 schafft die Möglichkeit kantonaler Antennenverbote. Werbung für Alkohol, Tabak und Heilmittel ist verboten, desgleichen unterschwellige Werbung und Schleichwerbung. RTVG 19, RTVV 15 regeln das Sponsoring. Über das vom Europarat empfohlene Recht auf Kurzberichterstattung hinaus gewährt RTVG 7 ein Recht auf Nichtbeachtung von Exklusivverträgen und auf Zwangslizenz an der Wiedergabe öffentlicher Ereignisse.

Gegenwärtig wird das Feld trotz Übergangs zur dualen Rundfunkordnung noch völlig von der Schweizerischen Radio- und Fernsehgesellschaft (SRG) beherrscht, die erstmals 1931, letztens 1992 eine Konzession erhielt. Die Konzession regelt die Benutzung der Sendeeinrichtungen der Bundespost (PTT) und enthält als Bedingungen einen konkretisierten Programmauftrag, Organisationsvorschriften, Vorschriften über Personal, Finanzen und Technik, über die Aufsicht (am Maßstab der Ausgewogenheit des Programms) und Regeln über die Fernsehwerbung (im Hörfunk ist Werbung nicht erlaubt). Die PTT führt 70 % der Empfangsgebühren an die SRG ab.

Die SRG ist ein privatrechtlicher Verein mit Sitz in Bern. Sie besteht aus drei Regionalgesellschaften, nämlich der *Radio- und Fernsehgesellschaft der deutschen und rätoromanischen Schweiz* (RDRS) mit Sitz in Zürich, der *Société de radiodiffusion et de télévision de la Suisse romande* (SRTR) mit Sitz in Lausanne und der *Società cooperativa per la radiotelevisione nella Svizzera italiana* (CORSI) mit Sitz in Lugano. Die Regionalgesellschaften setzen sich ihrerseits aus Mitgliedsgesellschaften zusammen, z. B. die RDRS aus den drei Radio- und Fernsehgenossenschaften in Zürich, Bern und Basel, aus der Ostschweizerischen und der Innerschweizerischen Radio- und Fernsehgesellschaft und der Cumünanza Rumantscha Radio e Televisium. Erst diese Mitgliedsgesellschaften setzen sich aus den in der Bundesrepublik Deutschland sogenannten gesellschaftlich relevanten Kräften zusammen und kennen sogar Einzelmitgliedschaften. Es ist jedoch eine Statutenrevision im Gange, die diesen »historisch gewachsenen« Wildwuchs beseitigen soll.

Der *Programmdienst* der SRG wird von den Regionalgesellschaften im Rahmen der Konzession und ihrer Statuten besorgt. Mit der allgemeinen Leitung ist der Generaldirektor der SRG betraut, der gemäß Konzession über die Zulässigkeit der Darbietung wacht. Aufsichtsbehörde des Bundes ist gemäß Konzession das Eidgenössische Verkehrs- und Energiewirtschaftsdepartement. Die Rundfunkteilnehmer können mit Beschwerden an eine Ombudsstelle, von dort an die Unabhängige Beschwerdeinstanz und von dort an das Bundesgericht gelangen (RTVG 57–66). Das Departement kann bei schwerwiegenden Verstößen gegen die Konzessionsbestimmungen die disziplinarische Maßregelung von Angestellten der SRG verlangen. Bleibt eine Aufforderung an die SRG zur Erfüllung der Konzessionsbestimmungen erfolglos, so kann der Bundesrat als Konzessionsbehörde die Überweisung von Empfangsgebühren einstellen sowie die Konzession widerrufen.

MANFRED REHBINDER

Literatur

Karl Ludwig: Schweizerisches Presserecht. Basel 1964 (*besonders gut zur geschichtlichen Entwicklung*)

Manfred Rehbinder: Schweizerisches Presserecht. Bern 1975

Stefan Rohner: Rechtsfragen der Filmwirtschaft in der Schweiz. Diss. Zürich 1987 (*schildert die tatsächliche Situation und verarbeitet die neuere Rechtsprechung zum Filmgesetz*)

Denis Barrelet: Droit suisse des mass media. Bern ^{2}1987

Mario Pedrazzini/Niklaus Oberholzer: Grundriß des Personenrechts. Bern ^{3}1989

Leo Schürmann: Medienrecht. Bern ^{2}1993 (*umfassende Darstellung mit nahezu vollständigen Literaturnachweisen*)

Manfred Rehbinder: Das neue schweizerische Rundfunkrecht. In: UFITA 119 (1992), S. 45–53

Selbstkontrolle der Medien. Selbstkontrolle im Medienrecht und in der Kommunikationspolitik ist der Versuch, ein Phänomen aus dem Bereich der Psychologie und Soziologie auf die Behandlung öffentlicher Aussagen zu übertragen. So wie sich in der menschlichen Sozialisation das Werden der sozialkulturellen Persönlichkeit durch permanente Kontrollen des Selbst oder des Über-Ich vollzieht und in den zwischenmenschlichen Beziehungen das Verhalten des einzelnen der Kontrolle durch andere unterliegt (soziale Kontrolle), wird unterstellt, daß bei der Herstellung öffentlicher Aussagen in den Massenmedien ebenfalls Kontrollmechanismen wirksam sind, die in organisatorische Formen gebracht werden müssen, um bestimmte Leistungen dauerhaft erbringen zu können. Das erscheint deshalb geboten, weil Kontrolle von außen nicht ausreicht: Die Kontrolle durch den Staat ist verfassungsmäßig eng begrenzt, weil sie mit dem Verbot der → Zensur kollidiert; die Kontrolle durch das Publikum wird als ungenügend angesehen, obwohl sie theoretisch eine Alternative zur staatlichen Aufsicht darstellt.

Die Aufgabe der Selbstkontrolle läßt sich über Entscheidungen im Einzelfalle hinaus als Entwicklung eines *publizistischen Kodex* (Verhaltensgrundsätze für journalistische und publizistische Tätigkeiten) definieren. Dabei geht es nicht zuletzt um → Persönlichkeitsschutz für die von Veröffentlichungen Betroffenen. Außerdem wird erwartet, daß Fehlentwicklungen im öffentlichen Kommunikationssystem rechtzeitig erkannt und korrigiert werden.

Die *Probleme von Selbstkontrolle* liegen nicht nur in der praktischen Ausübung, insbesondere hinsichtlich der Zusammensetzung von Kontrollgremien und der Verbindlichkeit ihrer Urteile, sondern ebenso in der schwierigen Grenzziehung zur Kontrolle von außen (z. B. Zeitungsverleger in bezug auf Zeitungsredaktion oder Rundfunkrat in bezug auf Rundfunkanstalt); es kommt jeweils auf die Definition der Systemgrenzen des organisierten Handelns an. Rechtlich ausschlaggebend ist jedoch die *Legitimität* bzw. der Legitimationsgrund von Kontrolle. Soweit sich Selbstkontrolle in der Person des Kommunikators im Sinne kritischer Reflexion seines Handelns vollzieht (→ Verantwortung des Journalisten), wird die grundrechtlich geschützte Meinungsäußerungsfreiheit nicht tangiert. Analog hierzu mag auch die kollegiale Kontrolle innerhalb einer Redaktion oder einer Organisation verstanden und bewertet werden können, auch wenn hierbei schon Elemente einer Fremdkontrolle ins Spiel kommen. Dem Einwand kann mit dem Hinweis auf das von allen akzeptierte Redaktions- oder Entscheidungsprogramm begegnet werden, dessen Einhaltung zugleich einen Akt der Internalisierung von Normen darstellt (Rühl). Sobald aber Kontrollvorgänge die Grenzen von Redaktion oder Organisation überschreiten und sich organisatorisch verselbständigen (z. B. Presserat, Freiwillige Selbstkontrolle der Filmwirtschaft, Selbstkontrolle Illustrierter Zeitschriften), haben wir es mit Instanzen zu tun, die über die Qualität öffentlicher Aussagen befinden, die von anderen erbracht werden. Das aber entspricht dem Sachverhalt, der auch staatlicher Zensur zugrunde liegt, und zwar in dem Maße, wie sich der Staat als Selbstorganisation der Gesellschaft versteht. Dennoch ist *eine von den Medien selbstgeschaffene Kontrollinstanz* anders zu beurteilen als eine staatliche Zensurbehörde. Dies wird damit begründet, daß Staat und Gesellschaft zwei verschiedene und voneinander getrennte Bereiche soziopolitischen Lebens sind, wobei außerdem unterstellt wird, daß sich die Kontrollierten freiwillig der Kontrolle unterwerfen. Wo staatliche Zensur existiert, erfolgt sie prinzipiell ohne Zustimmung der Kontrollierten.

Ein anderes Problem erwächst aus der Pluralität der Werte und Normen in modernen Gesellschaften. Kontrollentscheidungen setzen eine gewisse Übereinkunft hinsichtlich der Allgemeingültigkeit von Normen voraus. Aber es sind gerade die Medien, die bestehende Normen in Frage stellen und für Wandel in der Gesellschaft sorgen. Daher sind Selbstkontrolleinrichtungen, die es in besonderem Maße mit Gegenständen zu tun haben, die dem Normenwandel unterliegen, wenig stabil und wirksam (z. B. Selbstkontrolle Illustrierter Zeitschriften).

ORGANISATION VON SELBSTKONTROLLE. Systematisch lassen sich die Organisationen der Selbstkontrolle nach ihrer Zusammensetzung, ihren Zielen und Wirkungsmöglichkeiten unterscheiden. Bei der Zusammensetzung kommt es auf den Grad der Homogenität, d. h. auf die Frage an, ob nur Delegierte der Kontrollierten oder auch »Fremde« (z. B. Vertreter des öffentlichen Lebens) beteiligt sind. Je größer deren Anteil ist, um so mehr nähert sich eine solche Organisation den Aufsichtsgremien des öffentlich-rechtlichen Rundfunks, die nicht als Selbstkontroll-Instanzen gelten können (→ Rundfunkorganisationsrecht). Bei den Zielen ist prinzipiell die präventive von der nachträglichen Kontrolle zu unterscheiden. Die letztere soll zwar im Endzweck auch präventiv wirken, indem sie die Verbindlichkeit der Normen unterstreicht; bei der ersteren handelt es sich aber um die direkte Verhinderung von öffentlichen Aussagen oder die Beschränkung des Rezipientenkreises (Freiwillige Selbstkontrolle und Filmbewertung). Die Wirkungsmöglichkeiten hängen von Existenz und Art der Sanktionen ab. Im Sinne des Freiwilligkeitsprinzips, das für die Selbstkontrolle allgemein gilt, unterliegt auch die Reaktion der Betroffenen weitgehend deren freier Entscheidung, wobei wiederum unterschiedliche Motivationen denkbar sind: von der verantwortlichen Bindung an moralische Standards, ethische und geschmackliche Normen bis zum Unterlaufen drohender staatlicher Sanktionen (→ Jugendmedienschutz).

Organisatorisch ist die Medienselbstkontrolle strukturell wie funktional zersplittert. Presse und Film haben je eigene Kontrollorgane hervorgebracht, und innerhalb von Werbung und Public Relations sind mehrere spezielle Kontrollgremien entstanden. Hinsichtlich der Organisationsformen und Arbeitsweisen dieser Organe bestehen beträchtliche Unterschiede. Gegenwärtig haben wir es mit sechs Kontrollorganisationen zu tun:

Deutscher Presserat (zuständig nur für die periodische Presse, nicht aber für andere Druckmedien wie z. B. Bücher, Flugblätter, Plakate u. ä.);

Freiwillige Selbstkontrolle der Filmwirtschaft (FSK);

Deutscher Werberat (getragen vom Zentralverband der deutschen Werbewirtschaft (ZAW) als Dachorganisation der Verbände der Werbewirtschaft);

Deutscher Rat für Public Relations (getragen vom Berufsverband deutscher PR-Gesellschaften sowie von der Firmenorganisation GPRA Gesellschaft Public Relations Agenturen);

Gemeinschaftsausschuß der Heilmittelwerbung (getragen von den Verbänden der Heilmittel- und Pharmaindustrie unter Beteiligung des ZAW und der Verlegerverbände);
Arbeitsausschuß der Automobilwerbung (getragen vom Verband der Automobilwerbung).

Daneben gibt es seit 1960 in der Zigarettenindustrie wie auch inzwischen in anderen Industriezweigen praktizierte freiwillige Werbebeschränkungen mit anderen rechtlichen Konstruktionen.

Nicht durchsetzen konnten sich der »Presseombudsmann« und die Selbstkontrolle der illustrierten Zeitschriften. Beispielhaft lassen aber auch diese gescheiterten Versuche die Vielfalt möglicher Selbstkontrolleinrichtungen erkennen.

Als eine Institution der Selbstkontrolle verstand sich der vom 1. April 1973 bis zum 31. März 1974 als Pressebeauftragter bei einer Kasseler Zeitung eingesetzte Jurist, der als Beschwerdeinstanz und als Mittler zwischen Leserschaft und Redaktion tätig war. Entscheidend war, daß dieses »Amt« nicht zum Organisationsbestand der öffentlichen Verwaltung gehörte, sondern von der Presse selbst geschaffen und erhalten wurde. Ein abschließendes Urteil über Bedeutung und Effizienz eines solchen »Ombudsmanns« für die Medien ist nicht möglich, da dieser Versuch nicht fortgesetzt wurde.

Die Selbstkontrolle der illustrierten Zeitschriften hat heute nur noch pressegeschichtliche Bedeutung, sie verdankte ihr Entstehen der Spruchpraxis der Bundesprüfstelle für jugendgefährdende Schriften (→ Jugendmedienschutz). Solange diese häufiger indizierte, bestand für einige Illustrierte Zeitschriften die Gefahr, daß sie wegen eines mehr als zweimaligen Verstoßes pro Jahr auf die Dauer von drei bis zwölf Monaten nicht mehr am Kiosk verkauft und in Lesezirkeln geführt werden durften. Zur Vermeidung dieser Nachteile sollte die Selbstkontrolle Richtlinien aufstellen, an die sich die Illustrierten halten wollten. Dieser Versuch schlug zweimal fehl: 1957 entstand die »Selbstkontrolle der Illustrierten« (SdJ), 1966 fanden sich mehrere auflagestarke Zeitschriften zur »Selbstkontrolle Illustrierter Zeitschriften« (SIZ) zusammen. Für Verleger und Redakteure der Illustrierten hatten beide Gremien mehr eine Alibifunktion; ein Zwang zu normgerechtem Verhalten ging von ihnen nicht aus. Als sich schließlich ab 1969 die Zahl der Indizierungsanträge als Folge des erlahmenden Widerstands gegen die Normenverstöße der Illustrierten Presse erheblich verringerte, sank deren Interesse am Fortbestehen der SIZ so rapid, daß sie sich schließlich auflöste. Ihr Bestehen neben dem Presserat war ohnehin problematisch, obwohl sich dieser mit der besonderen Situation der Illustrierten Zeitschriften weniger befaßt.

Als jüngste Kontrollorganisation existiert seit dem 23. November 1993 die *Freiwillige Selbstkontrolle Fernsehen e. V.* Sie wird getragen vom eingetragenen Verein »FSF – Freiwillige Selbstkontrolle Fernsehen e.V.« mit dem Sitz in berlin. Der Vereinsgründung gingen kontroverse medienpolitische Auseinandersetzungen über Notwendigkeit, Aufgabe und Arbeitsweise einer eigenen Jugendschutzorganisation im privaten deutschen Fernsehen voraus. Zweck des Vereins ist die Förderung des Jugendschutzes im deutschen Fernsehen. Nach § 2 der Satzung wird die sachdienliche Zusammenarbeit mit den Landesmedienanstalten, der FSK und der Bundesprüfstelle für jugendgefährdende Schriften angestrebt. Ziel ist es, die Darstellung von Gewalt und Sexualität derart zu begrenzen, daß Kinder und Jugendliche in ihrer seelischen, moralischen und geistigen Entwicklung nicht beeinträchtigt werden.

Eine aus Sachverständigen zusammengesetzte Kommission (Kuratorium) soll Kriterien und Leitlinien für die Verbesserung und Durchsetzung der Interessen des Jugendschutzes entwickeln. Die Verbesserung des Jugendschutzes wird insbesondere über die von kompetenten, unabhängigen Prüfungsausschüssen vorgenommene freiwillige Begutachtung konkreter, jugendschutzrelevanter Sendungen mit dem Ziel der sachgerechten Programmierung, gegebenenfalls auch unter besonderen Auflagen, angestrebt. Die Begutachtung erfolgt jeweils auf Antrag eines ordentlichen Vereinsmitgliedes, das das Programm senden will, oder einer Landesmedienanstalt. Die Sender können danach selbst entscheiden, welche Filme sie prüfen lassen.

Vorgesehen sind von der FSF auch (a) Forschungsaktivitäten (Erarbeitung bzw. Beauftragung von Gutachten sowie von quantitativen und qualitativen empirischen Studien zum Thema Gewaltdarstellung und Jugendschutz im Fernsehen, u.a. auch zum sogenannten »Summenproblem«); (b) Beauftragung und Mitwirkung bei medienpädagogischen Maßnahmen, auch unter Einsatz des eigenen Mediums (Informationskampagnen, redaktionelle Beiträge); (c) Organisation und Durchführung von Podiumsdiskussionen, Kongressen, Weiterbildungsseminaren für die Mitarbeiter der Fernsehsender sowie von anderen Veranstaltungen zum Thema Jugenschutz im Fernsehen.

Im folgenden werden die drei schon sehr lange bestehenden und für die Medien in der Bundesrepublik Deutschland bedeutendsten Organisationen eingehender behandelt: Freiwillige Selbstkontrolle der Filmwirtschaft (FSK), Deutscher Presserat, Deutscher Werberat.

Freiwillige Selbstkontrolle der Filmwirtschaft. Kommunikationspolitisch folgte die FSK 1949 auf die militärische Filmzensur der Besatzungsmächte. Diese Zensur ging vom totalen Verbot aus und bediente sich fallweise der Freigabe, während die Filmzensur des NS-Regimes auf fallweisen Verboten beruhte. Die FSK wird rechtlich von der Spitzenorganisation der Filmwirtschaft e. V. (SPIO) getragen und ist organisatorisch eine ihrer Abteilungen. Sie beruht auf dem Interesse der Filmwirtschaft, den einzelnen Veranstalter von Filmvorführungen davon zu entlasten, sich jeweils mit den örtlichen Behörden (Polizei, Gericht) einigen zu müssen, ob strafrechtliche Bestimmungen verletzt werden (→ Filmrecht). Durch die FSK werden diese Entscheidungen zentralisiert und dadurch berechenbar gemacht. Die

FSK wird erst auf Antrag tätig. Allerdings haben sich die in der SPIO zusammengeschlossenen Spartenverbände der Filmwirtschaft darauf geeinigt, daß nur solche Filme in Verleih genommen und öffentlich vorgeführt werden, die von der FSK dafür freigegeben sind – ein üblicher Vorgang in der durch organisierte Interessen gekennzeichneten pluralistischen Gesellschaft, zumindest dann, wenn wie bei der Filmwirtschaft keine Zwangsmitgliedschaft besteht. Daher sind außerhalb der traditionellen Filmwirtschaft tätige Hersteller, Verteiler und Vorführungsstätten nicht auf die Freigabe ihrer Filme durch die FSK angewiesen. Sie können sich jedoch im Einzelfalle der FSK bedienen, um entweder ihre Filme auch in Filmtheatern vorführen zu lassen oder um die Vorteile der Filmbewertung (→ Filmrecht) für sich in Anspruch zu nehmen, was seit Mai 1971 auch ohne vorausgegangene FSK-Freigabe möglich ist. Praktisch kommen freilich keine Filme in die Kinos, die nicht durch die FSK gelaufen sind. Roeber/Jacoby sprechen daher von einem Kulturkartell.

Rechtsgrundlagen der FSK sind: die Satzung der SPIO, die Grundsätze der FSK in der Fassung vom 1. Februar 1963 (erlassen im Hinblick auf das Gesetz zum Schutze der Jugend in der Öffentlichkeit; → Jugendmedienschutz), die Ausführungs- und Verfahrensbestimmungen zu den Grundsätzen der FSK, die Neuordnung der »Erwachsenenprüfung« (Gremium zur Vorentscheidung über die Freigabe von Filmen für Jugendliche; für Filme, die nur vor Erwachsenen vorgeführt werden, ist keine besondere Prüfung notwendig) ab 1. Januar 1972, die FSK-Prüfkostenordnung in der Fassung vom 28. April 1969. Die Grundsätze der FSK beruhen auf Vereinbarungen der in ihr zusammenarbeitenden und an ihrer Spruchpraxis beteiligten Institutionen: die SPIO mit den Spartenverbänden der Produzenten, Verleiher, Filmtheaterbesitzer und technischen Betriebe, die Behörden des Bundes und der Länder, die Kirchen und der Bundesjugendring. Der organisatorische Aufbau der FSK besteht aus dem Arbeitsausschuß (8 Mitglieder, zuständig für die laufende Prüfung), dem Hauptausschuß (15 Mitglieder als Berufungsinstanz), dem Rechtsausschuß (Richter oder Professoren, zuständig für »weitere« Berufung als zusätzliche Tatsachen- und Revisionsinstanz) und dem Überwachungsausschuß (zuständig für Pflichtverletzungen). Die Versagungsgründe, die weitgehend den Verbotsgründen des Lichtspielgesetzes vom 12. Mai 1920 nachgebildet sind, beziehen sich auf drei Bereiche: Staatsbürger in ihren Beziehungen untereinander, gesellschaftliche Grundwerte, Auslandsbeziehungen. In der Praxis spielen vor allem die in § 2 der Grundsätze angesprochenen Werte des sittlichen und religiösen Empfindens eine Rolle, wobei der Schwerpunkt auf Schutz von Ehe und Familie und der Abwehr von besonders brutalen und sexuellen Vorgängen »in übersteigerter, anreißerischer oder aufdringlich selbstzweckhafter Form« liegt (Stümmer/Vogg). Nicht zu prüfen sind ästhetische Normen. Absolute Filmverbote kommen kaum vor, in der Regel werden einzelne Szenen herausgeschnitten.

Deutscher Presserat. Obwohl Existenz und Arbeitsweise der FSK bei der Idee einer Presseselbstkontrolle Pate standen, wurde hier zu keiner Zeit an einen unmittelbaren Eingriff in Form einer Freigabe von Presseerzeugnissen gedacht. Dies entsprach der andersartigen Tradition des Mediums ebenso wie seinen technischen und organisatorischen Produktionsbedingungen. Parallel zur FSK entstand allerdings der Deutsche Presserat ebenfalls als Alternative zu einer gesetzlichen Regelung der Presseverhältnisse in einem Bundespressegesetz. Nachdem dessen Entwurf 1952 am Widerstand von Zeitungsverlegern und Journalisten gescheitert war (→ Pressegesetze; → Geschichte des Medienrechts), dauerte es vier Jahre, bis eine Einigung über Selbstkontrolle unter den Beteiligten erreicht werden konnte. Am 20. November 1956 wurde der Presserat als »ein erfreuliches Zeichen für die Selbstachtung der Presse« (Heuss) gegründet. Er setzt sich heute aus 20 Mitgliedern zusammen, die vom Bundesverband Deutscher Zeitungsverleger, dem Verband Deutscher Zeitschriftenverleger, dem Deutschen Journalisten-Verband und der Deutschen Journalisten-Union in der IG Medien benannt werden. Die Mitglieder werden für zwei Jahre berufen, sie können bis zu fünf weitere Persönlichkeiten aus der Presse in geheimer und schriftlicher Wahl kooptieren.

Der Presserat widmet sich vier *Aufgaben*: 1. die Pressefreiheit zu schützen und den unbehinderten Zugang zu den Nachrichtenquellen zu sichern; 2. Mißstände im Pressewesen festzustellen und zu beseitigen; 3. die strukturelle Entwicklung der deutschen Presse zu beobachten und freiheitsgefährdende Konzern- und Monopolbildungen abzuwehren; 4. die deutsche Presse gegenüber Regierung, Parlament und Öffentlichkeit zu vertreten, besonders bei Gesetzesvorlagen, die die Presse angehen. Seine Sitzungen sind vertraulich, sie finden alle drei Monate oder bei Bedarf statt. Eine Beschwerdeordnung regelt das *Beschwerdeverfahren* gegen Zeitungen und Zeitschriften, deren Verleger, Herausgeber oder Redakteure. Beschwerden können von jedem an den Presserat herangetragen werden, ebenso wie er von sich aus tatsächliche oder vermeintliche Mißstände im Pressewesen aufgreifen und weiterverfolgen kann. Erkennen der Beschwerdeausschuß oder der Presserat eine Beschwerde als begründet an, so sprechen sie in schwerwiegenden Fällen eine *öffentliche Rüge* aus. In den übrigen Fällen kann dem Betroffenen die Rüge lediglich schriftlich mitgeteilt werden. Der Presserat erwartet, daß eine öffentliche Rüge publiziert wird, insbesondere auch von der Zeitung oder Zeitschrift, gegen die sich die Beschwerde richtete. Über die ungenügende Befolgung dieser Erwartung wird seit Bestehen des Presserats geklagt. Regelmäßig werden die Mißbilligungen nur in Fachorganen und in den jährlich herausgegebenen Tätigkeitsberichten veröffentlicht. Der Presserat hat weiterhin Publizistische Grundsätze (Pressekodex, Richtlinien für die redaktionelle Arbeit [Fassung vom 14. Februar 1990]) erarbeitet und damit Normen entwickelt, auf deren Einhaltung sich Beschwerden und Aktivitäten des Presserats stützen können.

Im Gegensatz zur FSK handelt es sich beim Presserat um eine »reine« Selbstkontrollorganisation, die sich ausschließlich aus Delegierten der Kontrollierten zusammensetzt. Deren Aufgaben erstrecken sich allerdings auch auf berufspolitische und repräsentative Ziele, ohne standes- oder ehrengerichtliche Funktionen zu haben. Vor allem will der Presserat die Freiheit der Presse sichern helfen, indem er Angriffe von außen und innen abwehrt. An der Staatsunabhängigkeit hat sich auch nichts geändert, seit der Bundestag am 24. Juni 1976 beschloß, dem Presserat zweckgebunden für die Tätigkeit des Beschwerdeausschusses einen jährlichen Zuschuß von 80000 DM zu gewähren. Dieser Betrag reicht für die Finanzierung der Presseratstätigkeiten insgesamt nicht aus, so daß die ihn tragenden Verbände ihn nach wie vor finanzieren müssen.

Enttäuschungen über die Nichtbeachtung von Rügen haben mehrfach zu Krisen und Rücktritten von Mitgliedern des Presserats geführt. Der Unmut richtet sich vor allem gegen die Weigerung von betroffenen Zeitungen oder Zeitschriften, erteilte Rügen abzudrucken. 1981 zogen die beiden Journalistenverbände ihre Vertreter aus dem Presserat zurück und machten ihn praktisch arbeitsunfähig. Als sich Ende 1985 der größte Teil der Verleger selbst verpflichtet hatte, Rügen abzudrucken, konstituierte sich der Presserat zum zweiten Male. Zur Verstärkung des moralischen Drucks auf Verlage und Redaktionen, erteilte Rügen tatsächlich abzudrucken, ging der Presserat im Jahrbuch 1987 dazu über, Beschwerden, ihren jeweiligen Anlaß und die entsprechende Entscheidung des Presserats im Einzelfalle darzustellen. Mit dieser Fallsammlung beginnt der Deutsche Presserat den Aufbau einer Spruchpraxis, die als Leitfaden für die praktische Arbeit im Printmedienbereich gedacht ist.

Deutscher Werberat. Ähnlich wie die FSK wurde der Deutsche Werberat von einem Spitzenverband der Wirtschaft, dem Zentralausschuß der Werbewirtschaft e. V. (ZAW) 1972 ins Leben gerufen. Der Deutsche Werberat setzt sich aus zehn Experten der im ZAW vertretenen Gruppen zusammen. Er arbeitet als »selbstdisziplinäres Organ« der deutschen Werbewirtschaft überwiegend in drei Schwerpunktbereichen:

Behandlung von Einzelfällen: Der Werberat schaltet sich aufgrund eigener Initiative oder bei Anregungen und Beschwerden Außenstehender ein bei gesetzwidrigen und zweifelhaften Werbemaßnahmen am Rande der Legalität – aber auch bei sonstigen Auswüchsen. Über Werbemaßnahmen der Wirtschaft kann sich jedermann bei der selbstdisziplinären Organisation beschweren. Unter Einbeziehung des werbungtreibenden Unternehmens, der Werbeagentur oder auch der Medien in alle Phasen des Beschwerdeganges wird der Einzelfall verschieden behandelt: Erstens zentral durch schriftliche oder mündliche Abstimmung im Deutschen Werberat, zweitens durch Weiterleitung an Spezialkontrolleinrichtungen oder drittens durch Zurückweisung der Beschwerde, wenn sie von vornherein unbegründet ist

Entwicklung von Verhaltensregeln: Der Deutsche Werberat erarbeitet

Leitlinien für die Werbung. Sie dienen dazu, Fehlentwicklungen zu verhindern und verbrauchergerechte Werbung zu fördern. U. a. setzte der Werberat »Verhaltensregeln für die Werbung vor und mit Kindern in Werbefunk und Werbefernsehen« im Jahre 1973 und »Verhaltensregeln über die Werbung für alkoholische Getränke« 1976 in Kraft. Der Werberat und die Medien wachen über die Einhaltung dieser freiwilligen Verhaltensregeln.

Informationen nach innen und außen: Der Werberat informiert alle Gruppen der Werbewirtschaft ständig über Auffassungen, Forderungen und Entwicklungen in der Verbraucherpolitik. Politiker, Presse, Rundfunk sowie andere öffentliche Bereiche werden ständig über die Arbeit des Werberats unterrichtet.

Wenn bei eindeutigen Gesetzesverstößen oder rechtlich kompliziert gelagerten Fällen eine Regelung auf partnerschaftlichem Wege zwischen Werberat und Werbungtreibenden und Agenturen nicht möglich ist, schaltet das Selbstkontrollgremium die »Zentrale zur Bekämpfung unlauteren Wettbewerbs« in Bad Homburg ein. Diese Institution geht notfalls auf dem Prozeßwege vor.

Zusätzlich zum Deutschen Werberat arbeitet seit 1975 der Koordinierungsausschuß Verbraucherschaft – Werbewirtschaft. Hier nimmt der ZAW Beschwerden und Vorschläge von Verbraucherorganisationen in Zusammenhang mit Werbemaßnahmen der Wirtschaft entgegen, die dem Deutschen Werberat ggf. zur Entscheidung vorgelegt werden.

Im Vordergrund steht bei der Arbeit des Werberats also nicht die Verfolgung klarer Verstöße gegen das geltende Recht. Das ist Sache der Gerichte. Seine hauptsächliche Tätigkeit bezieht sich auf eine »Grauzone« unerwünschter, durch Aussagegehalt, Adressatenkreis oder Begleitumstände anstößige Werbung.

FRANZ RONNEBERGER

Literatur

Jürgen Heinrichsbauer: Die Presseselbstkontrolle. München 1954 (*frühe Untersuchung aus zeitungswissenschaftlicher Sicht*)

Johanne Noltenius: Die Freiwillige Selbstkontrolle der Filmwirtschaft und das Zensurverbot des Grundgesetzes. Göttingen 1958 (*zur Rechtsgrundlage der FSK noch heute grundlegende Untersuchung*)

Horst von Hartlieb: Grundgesetz, Filmzensur und Selbstkontrolle. Baden-Baden 1959 (*verfassungsrechtliche Grundlagenstudie*)

Martin Löffler (Hrsg.): Die Selbstkontrolle von Presse, Funk und Film. München und Berlin 1960 (*Referateband einer Tagung der Deutschen Studiengesellschaft für Publizistik*)

Erich Stümmer/Günther Vogg: Filmfreigabe und Filmbewertung. München und Basel 1967

Werner Wohland: Informationsfreiheit und politische Filmkontrolle. München und Berlin 1968

Franz Ronneberger: Probleme publizistischer Selbstkontrolle. In: »Publizistik«, Jg. 1972, S. 177–185 (*Scheitern der SIZ als Beispiel*)

Georg Roeber/Gerhard Jacoby: Handbuch der filmwirtschaftlichen Medienbereiche. Pullach 1973 (*umfassende Darstellung*)
Erwin Stein: Die Institution des Pressebeauftragten. Kassel 1974 (*Entstehung, Intention und Rahmen des Kasseler Versuchs*)
Peter Ulmer: Die freiwillige Selbstkontrolle durch Organisationen. Erscheinungsformen und Strukturen – Rechtsfragen – Haftungsrisiken. In: »Archiv für Presserecht«, Jg. 1975, S. 829–842 (*grundlegende juristische Untersuchung*)
Heinz-Dietrich Fischer/Klaus-Detlef R. Breuer/Hans-Wolfgang Wolter: Die Presseräte der Welt. Bonn-Bad Godesberg 1976 (*vergleichende internationale Bestandsaufnahme*)
Volker Nickel: Werbung in Grenzen. Bonn 1976 (*Basisinformation des Zentralausschusses der Werbewirtschaft*)
Manfred Rühl: Die Zeitungsredaktion als organisiertes soziales System. Freiburg/Schweiz ²1979
Manfred Rühl/Ulrich Saxer: 25 Jahre Deutscher Presserat. Ein Anlaß für Überlegungen zu einer kommunikationswissenschaftlichen Ethik des Journalismus und der Massenkommunikation. In: »Publizistik«, 26. Jg. 1981, S. 471–507
Deutscher Presserat (Hrsg.): Jahrbuch 1992. Bonn o. J. [1993]
Trägerverein des Deutschen Presserats (Hrsg.): Schwarz-Weiß-Buch. Spruchpraxis des Deutschen Presserats. Bonn 1990 (*umfassende Dokumentation nach Stichworten und Aktenzeichen, jeweils mit Bezug auf den Pressekodex [Publizistische Grundsätze]*)
Jahrbuch Deutscher Werberat 1992. Bonn 1992 (*jährlicher Arbeitsbericht*)
Klaus Broichhausen: Zu Sanktionen nicht befugt. In: »Frankfurter Allgemeine« vom 30. Januar 1988 (*aktuelle Situation des Deutschen Presserats*)

Selbstkontrolle Illustrierter Zeitschriften → Selbstkontrolle der Medien

Selektives Vertriebssystem → Wettbewerbsrecht

Senderechte → Europäisches Medienrecht, → Urheberrecht, → Wettbewerbsrecht

Sensationspresse → Pressefreiheit

Sondergerichtsstand der Presse → Pressedelikte

»Sonnenfreunde«-Beschluß → Bundesverfassungsgerichtsentscheidungen zum Medienrecht (23. März 1971)

Sonntagszeitungen → Wettbewerbsrecht

Soraya-Beschluß → Bundesverfassungsgerichtsentscheidungen zum Medienrecht (15. Februar 1973)

Sorgfaltspflicht der Presse → Gerichtsberichterstattung, → Persönlichkeitsschutz, → Pressedelikte, → Pressefreiheit, → Pressegesetze, → Verantwortung des Journalisten, → Werberecht, → Wettbewerbsrecht

Soziale Sicherung der Journalisten (Versorgungsregelungen). Regelungen zur sozialen Sicherung, oder kurz: Versorgungsregelungen, können gesetzliche Bestimmungen, Vereinbarungen zwischen Tarifpartnern oder betriebliche Übungen aus Gewohnheitsrecht sein, durch die Arbeitnehmer in den Genuß sozialer Leistungen im Alter, im Krankheitsfall sowie bei Invalidität und anderen Notfällen gelangen sollen; zum Teil betreffen solche Regelungen auch Selbständige. Grundsätzlich kann zwischen Versorgungsregelungen unterschieden werden, auf die ein Rechtsanspruch besteht (insbesondere die gesetzliche Versicherung), und solchen, die widerrufbar sind (z. B. in Krisenzeiten). Ferner läßt sich zwischen Einrichtungen unterscheiden, zu denen die Begünstigten überhaupt keine, einen Teil der oder alle Beiträge leisten müssen.

ÜBERBLICK. Im Medienrecht werden häufig als Versorgungsregelungen nur die besonderen Bedingungen oder Einrichtungen für die *Alterssicherung der Journalisten* in Presse und Rundfunk bezeichnet. Bei Zeitungen und Zeitschriften erstreckt sich die dort bestehende Pflichtversicherung im *Versorgungswerk der Presse* nur auf Redakteure. Beim Rundfunk, bei Pressestellen der öffentlichen Hand und auf anderen Gebieten des journalistischen Berufsfeldes finden jedoch die Journalisten im Regelfall die gleichen Versorgungsbedingungen wie nichtjournalistische Mitarbeiter vor. Außerdem gibt es inzwischen mit der Versicherung nach dem *Künstlersozialversicherungsgesetz* (KSVG) auch für freischaffende Publizisten eine gesetzliche Pflichtversicherung, die nicht nur das Alter, sondern auch Krankheit und Invalidität abdeckt.

Relativiert wird die Bedeutung betrieblicher oder berufsständischer Versorgungseinrichtungen allgemein dadurch, daß es sich dabei für die große Mehrzahl der Betroffenen nur um eine *Zusatzversorgung* handelt, während die *Grundsicherung* für Alter und Invalidität der gesetzlichen Rentenversicherung obliegt; ferner durch die Tatsache, daß Journalisten ohne *regulären Arbeitsvertrag* (»Freie Mitarbeiter«) von diesen Regelungen nur teilweise erfaßt werden bzw. vor allem im Bereich des Rundfunks eigenständige Zusatzversorgungseinrichtungen nutzen können.

ENTWICKLUNG. Der Sinn besonderer berufs- oder betriebsbezogener Versorgungsregelungen beruhte bis zur Einführung der *gesetzlichen Sozialversicherung* in den achtziger Jahren des vergangenen Jahrhunderts auf dem Zusammenbruch familiärer Solidargemeinschaften mit dem Beginn der Industrialisierung. Bei vielen Angestellten und Freien Berufen bestand diese Notwendigkeit auch nach Einrichtung der besonderen Angestelltenversicherung im Jahre 1911 noch weiter, da die Einkommensgrenze, bis zu der eine Versicherungspflicht vorgeschrieben war, stets sehr niedrig angesetzt oder die Versicherung sogar ganz ausgeschlossen war.

Neben einzelnen betrieblichen Regelungen entstanden schon im 19. Jahrhundert bei regionalen Schriftsteller- und Journalistenvereinigungen Unterstützungskassen, die jedoch meist noch ganz auf die Absicherung gegen besondere Härtefälle zugeschnitten waren. Eine reguläre Versorgungsregelung, auf die jeder betroffene Journalist Anspruch hatte, wurde erstmals zu Beginn des Ersten Weltkrieges im Tarifvertrag des »Vereins Arbeiterpresse« mit den Zeitungen der SPD vereinbart. Sie hatte bis 1933 Bestand. Gleichzeitig mußte im Jahre 1922 der Vertreter der Zeitungsverlage innerhalb einer Enquete des Vereins für Sozialpolitik zugestehen: »Die überwiegende Mehrzahl der deutschen Schriftleiter hat bisher keinen Anspruch auf eine Altersversorgung.«

Nachdem im gleichen Jahr ein grundsätzliches Einvernehmen zwischen den Verlagen und dem Reichsverband der Deutschen Presse über die Einrichtung eines Versorgungswerks erzielt werden konnte, wurde 1926 ein Tarifabkommen geschlossen und für allgemeinverbindlich erklärt. Dadurch konnte die *»Versorgungsanstalt der Deutschen Presse«* ihre Arbeit aufnehmen. Entgegen dieser Bezeichnung handelte es sich bei der – im Grundsatz noch heute gültigen – Regelung eigentlich nicht um eine Einrichtung nach dem *Versorgungsprinzip* (gekennzeichnet durch die Beitragsunabhängigkeit der Leistungen), sondern um ein günstiges Versicherungsmodell (Lebens- oder Pensionsversicherung mit zusätzlicher Aufstockung durch einen Fonds bis zu 40 % des letzten Gehalts), das von drei privaten Lebensversicherungsgesellschaften abgedeckt wurde und heute noch wird. Die *Reichsrundfunkgesellschaft* entschloß sich demgegenüber schon bald zu einer dem Versorgungsprinzip des Öffentlichen Dienstes angenäherten Regelung – ein Gegensatz, der auch heute wieder die Beziehungen zwischen dem Presse»versorgungs«werk und den Einrichtungen zur Alters-, Invaliditäts- und Hinterbliebenensicherung bei den Rundfunkanstalten belastet.

Freien Mitarbeitern, die auf Beiträge der Auftraggeber nicht rechnen konnten, oder *arbeitslosen Redakteuren*, denen solche Zuschüsse nach einer Übergangszeit verlorengingen, war durch die Einrichtung der Versorgungsanstalt nur wenig geholfen worden. Sie mußten die Kosten ihrer Alterssicherung selbst aufbringen. Weil sie dazu aber wegen der unzureichenden Einkünfte – sie bewegten sich zu Ende der Weimarer Republik auch bei Angestellten im Durchschnitt nur zwischen 300 und 600 Reichsmark – kaum imstande waren, kam es zu oft erheblichen »Versorgungslücken«, die sich vor allem nach dem Kriege auswirkten. Im Dritten Reich verschlechterte sich diese Lage weiter, weil zahlreiche Zeitungen eingestellt werden mußten und – nach einer späteren Schätzung – mindestens ein Viertel aller Journalisten aus ihrem Beruf verdrängt wurde. Leistungen, die von der »Zentralhilfskasse« der Versorgungsanstalt in besonderen Notlagen gewährt wurden, flossen aber eher sparsam und betrafen vor allem nicht die politischen Fälle.

Bis zum Ende der fünfziger Jahre war die wirtschaftliche und soziale Situation der Journalisten nach damaligen Untersuchungen erneut außerordentlich ungünstig; Versorgungsregelungen, die wieder aufgebaut und weiter verbessert wurden, konnten daran wegen ihres Charakters als Einrichtungen zur Alterssicherung auch kaum etwas ändern. In dieser Zeit bahnten sich auch *Fehlentwicklungen* an, die zu Ungleichgewichtigkeiten in der beruflich-sozialen Sicherung der Journalisten führten und noch heute zu Kontroversen Anlaß geben:

Während zu Beginn der Weimarer Republik die Presseunternehmen einzelner Regionen ihre *Freien Mitarbeiter* in sozialer Hinsicht den Festangestellten nahezu gleichstellten, zog man sich nun bei Presse und Rundfunk erneut auf die – angesichts bestehender fester Bindungen zu den Betrieben weitgehend fiktive – Rechtsposition zurück, hier handele es sich generell um Selbständige, die für ihre Sicherung selbst zu sorgen hätten. Während die Verleger zumindest offiziell auch heute noch einen ähnlichen Standpunkt vertreten, bewogen Initiativen aus Legislative und Exekutive sowie gewerkschaftlicher Druck die Rundfunkanstalten, neue Regelungen zu finden. Dazu trug auch die Erkenntnis bei, daß ungeschützte Mitarbeiter eher in feste Anstellungen drängen als abgesicherte. ARD und ZDF stimmten der Einrichtung der »*Pensionskasse für Freie Mitarbeiter*« zu; wenig später erließen sie auch eine rückwirkende Regelung zur Unterstützung der nicht mehr versicherungsfähigen älteren Mitarbeiter (»Altlast«-Regelung). Daß damit auch die sozial- und arbeitsrechtlichen Probleme dieses Personenkreises noch nicht voll abgelöst waren, belegten in der Folgezeit Hunderte von gerichtlichen Verfahren sowie 1973 die Einführung der Kategorie »arbeitnehmerähnliche Personen« in das Tarifvertragsrecht (→ Arbeitsrecht der Medien).

Eine weitere Fehlentwicklung ging vor allem zu Lasten der älteren Journalistengeneration. Die Journalisten- und Verlegerorganisationen hielten bis etwa 1970 an der Vorstellung fest, das Versorgungswerk der Presse sei die ideale Einrichtung zur *Gesamtversorgung aller Publizisten*. Dabei ignorierte man den von der Sozialpolitik bewußt geförderten Trend zum »Drei-Säulen-Prinzip« in der Alterssicherung. Dieses für einen großen Teil der Bevölkerung schon heute weitgehend realisierte Prinzip geht davon aus, daß die Gesamtversorgung nicht durch eine und damit zweifellos überforderte Institution zu gewährleisten sei, vielmehr auf den Komponenten *Gesetzliche Rentenversicherung*, *Betriebs- oder Branchenversorgung* und *Individualvorsorge* (Lebensversicherung usw.) beruhen sollte. Endziel dieses Konzepts ist eine Absicherung in Höhe von etwa 75 % des letzten Erwerbseinkommens, darunter ursprünglich 45 bis 48 % über die gesetzliche Rentenversicherung, was sich jedoch angesichts der nicht eben rosigen Zukunft der öffentlichen Sozialversicherung einmal als Illusion erweisen mag.

Als Illusion haben sich heute schon die Träume jener Journalisten erwiesen, die sich in der Nachkriegszeit wegen ihres über der Versicherungspflichtgrenze der Angestelltenversicherung liegenden Einkommens oder aus anderen Gründen ganz auf die berufsständische Versorgung verließen. Heute sind sie im Nachteil gegenüber jüngeren Kollegen, die inzwischen überwiegend nicht nur der Rentenversicherung, sondern auch Privatversicherungen angehören.

Diese Entwicklung führte nicht nur zur Benachteiligung der Pressejournalisten gegenüber dem Durchschnittsbürger mit seiner Regelversorgung nach dem »Drei-Säulen-Prinzip«. Sie benachteiligte diesen Personenkreis sogar in noch viel stärkerem Maße gegenüber Rundfunkredakteuren. In einer Zeit (etwa von 1958 bis 1965), als die Anstalten wegen ihres starken Programmausbaus mit den Verlagen um die besten journalistischen Kräfte noch in heftiger Konkurrenz lagen, breiteten sich die hauseigenen Rundfunk-Versorgungsregelungen als beitragsfreie Einrichtungen betrieblicher Zusatzsicherung aus: Die Endversorgung sollte hier bis zu 100 % vom letzten Einkommen des Beschäftigten betragen, konnte aber in einigen besonders gelagerten Fällen auch diese Quote übersteigen. Erst in den letzten Jahren hat man auf öffentlichen Druck hin zumindest die bis dahin denkbare »Überversorgung« eingeschränkt.

LEISTUNGEN. Aufbau und Leistungsbild der heutigen Versorgungsregelungen für Journalisten sind durch das tarifliche → Arbeitsrecht der Medien bestimmt.

Auf den Seiten 391 bis 393 sind einige Grundlagen und Leistungen der wichtigsten Einrichtungen zusammengefaßt, soweit es die Alterssicherung betrifft. Die Krankenversicherung und dadurch auch die Unfallversicherung entsprechen demgegenüber (von der Künstlersozialversicherung einmal abgesehen) im wesentlichen den Verhältnissen anderer Berufszweige, müssen hier also nicht gesondert behandelt werden. Interessant ist in diesem Zusammenhang lediglich, daß auch die gesetzliche Unfallversicherung grundsätzlich für »Freie Mitarbeiter« der Medien gilt, soweit sie als »arbeitnehmerähnlich« anzusehen sind, also häufig oder ständig mit Aufträgen beschäftigt werden. Nicht enthalten sind außerdem die tariflichen oder gesetzlichen Regelungen für die bei Pressestellen beschäftigten Journalisten, da sie ebenfalls den allgemein im Öffentlichen Dienst oder in der Privatwirtschaft üblichen Verhältnissen entsprechen.

Seit Anfang 1983 sind prinzipiell alle (haupt-)beruflich Selbständigen unter den Künstlern und Publizisten, also auch Freie Journalisten, nach dem neuen *Künstlersozialversicherungsgesetz* (KSVG) pflichtversichert. Die Versicherungspflicht setzt dabei ab einer bestimmten Höhe des selbständigen Einkommens ein (bisher rund 6000 DM jährlich) und kann auch dann fortbestehen, wenn daneben geringere Einkünfte aus nichtkünstlerischen oder -publizistischen selbständigen Tätigkeiten oder aus abhängiger Beschäftigung erzielt werden. Allerdings gab und gibt es Befreiungsmöglichkeiten bei vorhandenen sonstigen Versicherungen oder Versorgungszusagen; im Falle der privaten Krankenversicherung auch die Möglichkeit, öffentliche Zuschüsse zu deren Finanzierung zu erhalten. Die Beitragsmodalitäten, bei denen z. B. in der Rentenversicherung die doppelte Beitragsbemessungsgrenze von Angestellten als oberer Plafond gilt, weichen auch ansonsten erheblich von den sonst in der Sozialversicherung üblichen Verhältnissen ab (vgl. dazu näher die Informationen der »Künstlersozialkasse« in Wilhelmshaven). Dafür sollen aber die Leistungen im Grundsatz jenen für regulär sozialversicherungspflichtig Beschäftigte entsprechen, weshalb es nicht erforderlich ist, darauf an dieser Stelle weiter einzugehen.

Zusatz-Versorgungsregelungen der Medien
Ein zusammenfassender Überblick zu den wichtigsten Einrichtungen (Stand: 1992/93)

A. VERSORGUNGSWERK DER PRESSE

Träger: Gesellschafter sind die Tarifvertragsparteien
Kontaktadresse: Versorgungswerk der Presse GmbH, Heustr. 1, 70174 Stuttgart, Tel.: (07 11) 2 05 60
Art: Lebensversicherung (Alters-, Berufsunfähigkeits- und Hinterbliebenenversorgung) mit Berücksichtigung besonderer Bedingungen des publizistischen Sektors
Finanzierung: Beiträge der Arbeitgeber und der Versicherten (Redakteure) oder Eigenbeiträge (Freiberufler, evtl. mit Zuschüssen von Auftraggebern, vom »Autorenversorgungswerk« der VG Wort o. ä.)
Leistungen: Renten und einmalige Zahlungen, je nach Beitragshöhe (Versicherungsprinzip). Das Versorgungswerk ergänzt bei Festangestellten – ggf. in Verbindung mit der Versorgungskasse der Deutschen Presse – im Regelfall die Leistungen der Gesetzlichen Rentenversicherung, bei hauptberuflich Freischaffenden die der Künstlersozialkasse. Darüber hinaus sind im Versorgungswerk auch zahlreiche nebenberufliche bzw. früher als Redakteure tätige Journalisten mit Versorgungsansprüchen vertreten.
Finanzielles Jahresvolumen: An Versicherungsleistungen wurden ausbezahlt
1980: 37,2 Mill. DM, 1992: 153,7 Mill. DM. 1992 erhielten 1230 Personen einmalige Kapitalzahlungen und 3017 Personen laufende Renten (wegen der unterschiedlichen Empfängerstruktur sind Durchschnittswerte nicht sinnvoll).

B. VERSORGUNGSKASSE DER DEUTSCHEN PRESSE

Träger: Zeitungs- und Zeitschriftenverlage
Kontaktadresse: siehe Versorgungswerk der Presse
Art: Überbetriebliche Unterstützungskasse als Zusatzversorgung für Zeitungs- und Zeitschriftenredakteure (Anmeldung durch Arbeitgeber) sowie deren Hinterbliebene
Finanzierung: Umlagebeiträge aufgrund Tarifvertrag
Leistungen: 1992 wurden Versorgungsleistungen für folgende Empfängerstruktur ausbezahlt (und dadurch die Leistungen des Versorgungswerks der Presse ergänzt):
- Altersrenten: 1614
- Hilfen bei Berufsunfähigkeit: 246
- Hinterbliebenenhilfen: 1208

Finanzielles Jahresvolumen: Die Leistungen summierten sich 1980 auf 13,7 Mill. DM, 1992 auf 26,5 Mill. DM
Sonstige Hinweise: Publizisten, denen nach den Bestimmungen der Versorgungskasse nicht geholfen werden kann, werden z. B. an den »Hilfsverein der Deutschen Presse«

e. V., Stuttgart oder an regionale Unterstützungskassen der Journalistenverbände und der Verlage weiterverwiesen.

C. VERSORGUNGSREGELUNGEN DER RUNDFUNKANSTALTEN ARD UND ZDF

Träger: Arbeitsgemeinschaft der Rundfunkanstalten der Bundesrepublik Deutschland (ARD), Zweites Deutsches Fernsehen (ZDF) und RIAS
Kontaktadresse: Deutschlandfunk, Abt. Allgemeine Dienste/Grundsatzfragen Altersversorgung, Raderberggürtel 40, 50968 Köln, Tel. (0221) 345-3100/3101
Art: Zusätzliche Alters-, Invaliditäts- und Hinterbliebenenversorgung für alle Festangestellten – also auch das nichtjournalistische Personal, bis auf RIAS zusätzlich auch Sterbegeldregelung. Durchweg beruhen die Leistungen auf besonderen, tarif- oder dienstrechtlich abgesicherten Versorgungsordnungen (beim RIAS Regelung durch Intendant, beim SWF Änderungen durch Verhandlungen zwischen Personalrat und Intendant), teilweise ergänzt durch zusätzliche Pensions- oder Versorgungskassen (ZDF, Saarländischer Rundfunk und Radio Bremen).
Finanzierung/Beiträge: Mit Ausnahme von Radio Bremen (Beiträge der Beschäftigten zur Versorgungskasse) werden die Beiträge allein durch die Anstalten geleistet, und zwar überwiegend durch die Erträge von Rücklagen (Deckungsstöcke) sowie durch laufende Haushaltsmittel.
Leistungen: Die Alters-, Ehegatten- und Waisenrenten bemessen sich nach dem zuletzt erreichten Gehalt und der Beschäftigungszeit in der Anstalt (im allgemeinen werden innerhalb der ARD auch die Beschäftigungszeiten bei anderen Sendern angerechnet), wobei überwiegend mit einem Grundbetrag von 35 % begonnen wird, der am Ende bis zu 60 (ZDF und RIAS: 50 %), vereinzelt auch 75 % (HR, SR, SDR) erreichen kann. Im Zuge eines Abbaus von »Überversorgung« sind die Leistungen, einschließlich aller sonstigen Renten und Versorgungsansprüche, heute meist auf 90 % des letzten Nettoeinkommens zur aktiven Zeit begrenzt. Soweit diese Grenze durch die Berücksichtigung aller Renten- und Versorgungsleistungen überschritten wird, werden die Leistungen der Rundfunkanstalten entsprechend gekürzt.
Finanzielles Jahresvolumen: 1987 allein in den Landesrundfunkanstalten der ARD fast 600 Mill. DM Gesamtaufwand, davon 400 Mill. DM Rückstellungen und Beiträge an Versorgungskassen, über 170 Mill. DM Pensionszahlungen und vergleichbarer Aufwand sowie rd. 25 Mill. DM Aufwand für die Vorruhestandsregelung (beim ZDF Vergleichsaufwendungen von rund 45 Mill. DM).

D. PENSIONSKASSE FÜR FREIE MITARBEITER DER RUNDFUNKANSTALTEN

Träger: Öffentlich-rechtliche Rundfunkanstalten, deren Tochterunternehmen (Werbegesellschaften) und etwa 210 freie Produktionsfirmen als Anstaltsmitglieder sowie deren freie Mitarbeiter (4222) als Mitglieder
Kontaktadresse: Pensionskasse für freie Mitarbeiter der Deutschen Rundfunkanstalten, Bertramstr. 8, 60320 Frankfurt/Main, Tel.: (069) 1552026
Art: Versicherungsverein auf Gegenseitigkeit für eine Zusatz-Altersversorgung mit Hinterbliebenenrente
Finanzierung/Beiträge: Im (früheren) Regelfall je 7 % der Honorare durch Anstaltsmitglieder und ihre freien Mitarbeiter – seit Inkrafttreten des Künstlersozialversicherungsgesetzes dürfte eher der Beitragssatz von je 4 % für gesetzlich rentenversicherte freie Mitarbeiter und ihre Auftraggeber zum Normalfall werden. Sonderregelungen bei den Beiträgen von Außerordentlichen Mitgliedern (DM 1200,– jährlich).

Dieses Aufkommen wird einem Deckungsstock zugeführt, dessen Überschüsse vorwiegend den Versicherten als Bonus zugute kommen.
Leistungen: Altersrenten, Ehegattenrenten, Waisenrenten, deren spätere Höhe sich vor allem nach dem Alter richtet, in dem die Beiträge gezahlt wurden (Bewertung zwischen 10 und 25 % p. a.).
Finanzielles Jahresvolumen: 1992: Beiträge 26794000 DM. Aufwendungen für 472 Alters-, 119 Ehegatten- und 28 Waisenrenten rd. 4,9 Millionen DM.
Die Rücklagen für den *Deckungsstock* waren demgegenüber beträchtlich, und zwar umfaßte er 1990 insgesamt rd. 266 Millionen DM

Zur »Bandbreite« der Versorgungsleistungen läßt sich generell feststellen: Eine allein auf die Einrichtung der *Presseversorgung* gestützte Alterssicherung kann nach wie vor trotz Verbesserungen nicht die Leistungsdynamik öffentlicher Versorgungsregelungen erreichen. Nach der auf dem Versicherungsprinzip basierenden Konstruktion betrug zum Beispiel die über die Versorgungskasse der Deutschen Presse 1986 vorgesehene Endversorgung nur etwa 50 % von 4000 DM. Von daher läßt sich schätzen, daß beispielsweise die Versorgung älterer Zeitungsredakteure im Durchschnitt etwa 50 % geringer sein wird als die von Rundfunkredakteuren, soweit nicht zusätzliche Leistungen aus Betriebsversorgungen gewährt werden.

Im allgemeinen ist heute die Gesamtversorgung eines früheren Rundfunkmitarbeiters auf 90 % des vergleichbaren Bezugseinkommens limitiert; die Möglichkeit, im Ruhestand mehr als 100 % des letzten Arbeitseinkommens zu beziehen, ist also (durch Anrechnung auch anderer Versorgungsansprüche) abgebaut worden.

Bei *Mobilität* zwischen verschiedenen Medien können sich weiterhin Nachteile ergeben, besonders deutlich wiederum für ältere Journalisten.

Im Hinblick auf die Höhe der Endversorgung haben nach wie vor bei der Presse, letztlich aber auch im Rundfunk, *freischaffende Journalisten* die ungünstigeren Möglichkeiten zur Vorsorge für das Alter, wenn man dagegen die zum Teil beitragsfreien Leistungen für Festangestellte als Vergleichsmaßstab nimmt. Allerdings verbesserten sich hier inzwischen durch die Verabschiedung des Künstlersozialversicherungsgesetzes und den Ausbau der Pensionskasse der Rundfunkanstalten und vieler Produktionsfirmen, ferner auch durch einzelne Regelungen bei Verlagen, die Verhältnisse gegenüber den 70er Jahren deutlich.

AUSBLICK. Das *Presseversorgungswerk*, also der versicherungstechnische Teil der Journalisten-Altersversorgung, ist in den letzten Jahren zu einer vergleichweise sehr erfolgreichen berufsständischen Versicherung geworden. Die Versorgungskasse der Deutschen Presse, also das zweite Bein der zusätzlichen Altersversorgung für die Zeitungs- und Zeitschriftenredakteure, der 1975 schon eine schwere Krise vorausgesagt wurde, hat sich inzwischen durch eine zum 1. Januar 1987 durchgeführte Reform im Leistungsrecht stabilisiert.

Stabilität herrscht nach den Neuregelungen nun auch im Bereich der *Rundfunkversorgung*, es sei denn, daß die Auseinandersetzungen um Gebührenregelungen oder andere Finanzierungsarten die Rundfunkanstalten in eine deutliche »Kostenklemme« bringen würden, was dann weitere Einbußen in der Altersversorgung zur Folge haben könnte. Ohnehin ist eine Gesamtaussage für die in den audiovisuellen Medien Tätigen kaum möglich, da von den *privaten Rundfunkanbietern* die im öffentlich-rechtlichen Bereich üblichen Versorgungsregelungen entweder nur teilweise (Festangestellte) oder überhaupt nicht (Freie Mitarbeiter) übernommen worden sind. Hier ist also derzeit eine wachsende »Versorgungslücke« mindestens bei einem Teil der in diesem Bereich Beschäftigten absehbar.

Für die »Freien Mitarbeiter« ist ebenfalls noch nicht voll absehbar, wie sich die Versorgungslage in Zukunft entwickeln wird, da erst nach der Jahrtausendwende reguläre Renten nach dem Künstlersozialversicherungsgesetz anfallen werden. Möglicherweise haben dann Leistungssteigerungen auch bei anderen Zusatzversorgungseinrichtungen für Künstler und Publizisten, im Verbund vielleicht auch mit schon lange wünschenswerten Modifikationen beim Sozialversicherungsrecht der »unständig (abhängig) beschäftigten« Freien Mitarbeiter, zu einer weiteren Annäherung der Alters-, Kranken- und Invaliditätssicherung an die der Festangestellten geführt – im Sinne der medienpolitisch erwünschten Mobilitätsbereitschaft und natürlich der sozialen Gerechtigkeit wäre dies zwar zu hoffen, ist aber natürlich nicht sicher zu prognostizieren.

ANDREAS JOHANNES WIESAND

Literatur

Einzelheiten zu den Bedingungen und Leistungen von Versorgungsregelungen finden sich in den Satzungen, Jahresberichten und Übersichten des Versorgungswerks der Presse, von ARD und ZDF sowie der Pensionskasse für Freie Mitarbeiter (Anschriften bei den Kurzdarstellungen in diesem Beitrag), ferner in der von der Künstlersozialkasse (Langeoogstraße 12, 26384 Wilhelmshaven) herausgegebenen Schrift »Künstlersozialversicherungsgesetz – Ein Überblick«.

Weitere Literatur:

Albrecht Götz von Olenhusen: Handbuch des Medienrechts: Versorgungsrecht. Freiburg 1988 (*Handbuch und Kommentar in 2 Bänden, einschließlich Künstlersozialversicherungsgesetz*)

Deutscher Journalistenverband (Hrsg.): Altersversorgung für Journalisten. Bonn 1987

Karla Fohrbeck: Künstler in Not – Härtefonds und Altershilfen für Künstler und Publizisten. Köln 1983 (*Handbuch mit Versorgungsregelungen und Notfonds sowie statistische Übersichten, aus einer Studie für das Bundesinnenministerium*)

Andreas Johannes Wiesand: Journalisten-Bericht. Berlin 1977 (*Buchfassung einer für das Presse- und Informationsamt der Bundesregierung erarbeiteten empirischen »Mobilitäts-Studie«*)

Walter Hagemann (Hrsg.): Die soziale Lage des deutschen Journalistenstandes. München 1956 (*vergleichende Darstellung zur Situation in der Weimarer Republik, im NS-Staat und in der Bundesrepublik Deutschland bis 1955*)

Sozialisierung der Presse → Konzentration

Sozialversicherung → Versorgungsregelungen

Spanien: Medienrecht → Medienrecht in den Staaten der EU

Speicherung von Informationen → Informationsfreiheit

»Spiegel«-Affäre → Staatsschutz

»Spiegel«-Urteil → Bundesverfassungsgerichtsentscheidungen zum Medienrecht (5. August 1966)

Spitzenorganisation der Filmwirtschaft → Filmrecht, → Jugendmedienschutz, → Selbstkontrolle der Medien, → Verbände und Organisationen im Medienbereich

Sponsorsendungen → Europäisches Medienrecht, → Rundfunkfinanzrecht, → Rundfunkorganisationsrecht

Sprachwerke → Urheberrecht

Staatliche Informationstätigkeit. Staatliche Informationstätigkeit ist mindestens so alt wie die Presse selbst. Sie gibt es nicht erst in der Demokratie. Im Gegenteil: Andere Staatsformen benutzten und benutzen die Verbreitung oder die Unterdrückung von Nachrichten und Meldungen als Machtmittel.

Für die wachsende Bedeutung der *Öffentlichkeitsarbeit* in Staat und Gesellschaft gibt es eine Reihe von Gründen. In der modernen Industriegesellschaft werden die wirtschaftlichen und gesellschaftlichen Zusammenhänge immer komplexer und damit erklärungsbedürftiger. Durch bessere Bildung und Ausbildung ist außerdem beim Staatsbürger das Verständnis für solche Zusammenhänge größer geworden. Sein Informationsbedürfnis und seine Aufnahmebereitschaft für Informationen sind gewachsen, und damit auch gleichzeitig seine Kritikfähigkeit. Dazu hat nicht zuletzt die Entwicklung der Massenmedien, vor allem auch das Fernsehen, beigetragen. Durch sie ist auch der »Kontakt« zwischen Staatsbürger und Staatsorganen enger geworden. Die Demokratie der Bundesrepublik Deutschland ist – auch aus diesen Gründen – lebendiger denn je. Gefördert wurde dieser Prozeß außerdem durch die Demokratisierung in weiten Bereichen des gesellschaftlichen Lebens (z. B. durch die Mitbestimmung am Arbeitsplatz).

POLITISCHE INFORMATION UND MEINUNGSBILDUNG. Staatliche Informationstätigkeit bezieht ihre Legitimation aus den verfassungsrechtlichen Grundlagen der Bundesrepublik Deutschland, die nach Art. 20 Abs. 1 GG ein demokratischer und sozialer Bundesstaat ist. Die Staatsgewalt wird vom Volke in Wahlen und Abstimmungen und durch besondere Organe der Gesetzgebung, der vollziehenden Gewalt und der Rechtsprechung ausgeübt (Art. 20 Abs. 2 GG). Das in der Verfassung verankerte Demokratieprinzip verlangt – insbesondere ausgedrückt im Wahlakt – die Willensbildung vom Bürger zu den Staatsorganen (Bund, Länder, Kommunen) hin. Es setzt dazu den informierten Staatsbürger voraus, der über die politischen Grundfragen, die politischen Parteien und deren Programme ebenso Bescheid weiß wie über die Arbeit der Regierung, staatliches Handeln, gesellschaftliche Zusammenhänge und ökonomische Fragen. Deshalb hat nach Art. 5 GG nicht nur jeder das Recht, seine Meinung frei zu äußern und zu verbreiten, sondern sich auch aus allgemein zugänglichen Quellen ungehindert zu unterrichten (→ Auskunftspflicht der Behörden). → Pressefreiheit und Freiheit der Berichterstattung durch Rundfunk und Film sollen dies mit gewährleisten.

Gesetzgebungsakte von Parlamenten, Tätigkeit und Entscheidungen von Regierungen und Behörden beeinflussen das Leben der Bürger entscheidend. Sie stellen in der Regel wesentliche Schwerpunkte der politischen Diskussion dar. Staatliche Organe haben in diesem Kontext ihren Beitrag zur politischen Meinungsbildung, auf die nicht zuletzt vielfältig organisierte Interessen Einfluß nehmen, durch umfangreiche Information zu leisten; staatliche Willensbildung und Willensbildung des Volkes sind auf diese Weise vielfältig miteinander verschränkt. Das Bundesverfassungsgericht hat so in seiner Entscheidung zur staatlichen Öffentlichkeitsarbeit vom 2. März 1977 (BVerfGE 44, 125–197) die Öffentlichkeitsarbeit von Regierung und gesetzgebenden Körperschaften in Grenzen nicht nur für verfassungsrechtlich zulässig, sondern auch für notwendig erklärt. Aufgabe staatlicher Öffentlichkeitsarbeit ist danach auch, den Grundkonsens der Bürger mit der vom Grundgesetz geschaffenen Staatsordnung zu erhalten. Der einzelne muß nach Auffassung des Bundesverfassungsgerichts von den zu entscheidenden Sachfragen, von den getroffenen Entscheidungen, Maßnahmen und Lösungsvorschlägen genügend wissen, um sie beurteilen, billigen oder verwerfen zu können. Durch entsprechende Informationen soll in ihm das Bewußtsein wachgehalten werden, ein selbstverantwortliches Glied der Rechtsgemeinschaft zu sein.

Formen. Staatliche Organe wie Bundesregierung und Landesregierungen erfüllen ihre Informationsaufgabe durch (1) Unterrichtung der Medien und durch (2) bezahlte Öffentlichkeitsarbeit. Die Medien (Presse, Rundfunk) werden durch die Sprecher von Regierungen und Behörden auf Pressekonferenzen, in Hintergrundgesprächen, durch (schriftliche) Pressemitteilungen, pressegerecht aufbereitete Unterlagen, Reden, Interviews, Beiträge, Artikel u. ä. unterrichtet. Solche Informationen erreichen den Bürger in der Regel gefiltert, ausgewählt und sortiert durch die Redaktionen der Medien. Mit bezahlter Öffentlichkeitsarbeit (Anzeigen, Broschüren, Faltblätter, Filme, Ausstellungen u. ä.) ist für die Staatsorgane die Möglichkeit gegeben, sich unmittelbar bzw. mit eigener Darstellung oder mit eigenen Worten an den Staatsbürger zu wenden.

Der finanzielle Umfang von Informations- und Öffentlichkeitsarbeit der öffentlichen Hand wird im jeweiligen Haushaltsplan festgelegt. Aus den Haushaltsgesetzen ergibt sich auch grundsätzlich die Zweckbestimmung für die Verwendung der bewilligten Mittel. Die Aufgaben des *Presse- und Informationsamtes der Bundesregierung* werden zum Beispiel jeweils auch generell in einer Vorbemerkung zu seinem Kapitel im Bundeshaushaltsplan zusammengefaßt und erläutert. Darüber hinaus regeln § 81 der Geschäftsordnung der Bundesregierung und der Organisationserlaß des Bundeskanzlers vom 18. Januar 1977 die Aufgaben dieses Amtes als Hauptstelle der Bundesregierung für den Verkehr mit den Nachrichtenträgern und den Organen der öffentlichen Meinungsbildung. Das Presse- und Informationsamt ist danach auch für die Koordinierung der Öffentlichkeitsarbeit der Bundesministerien zuständig. Abgesehen davon leitet jeder Bundesminister seinen Geschäftsbereich nach Art. 65 Satz 2 GG im Rahmen politischer Richtlinien des Bundeskanzlers selbständig, führt also auch die Informations- und Öffentlichkeitsarbeit verantwortlich durch.

Andere staatliche Organe (Landesregierungen, Kommunen) führen ihre Informationsarbeit nach ähnlichen Regelungen und Grundsätzen durch.

Zulässigkeit und Grenzen. Staatliche Informationstätigkeit ist heute zu einer zwingenden Notwendigkeit für Regierung und Behörden geworden. Ähnlich wie in der Wirtschaft sind deshalb auch die Mitarbeiterstäbe der Informationsstellen verstärkt und die Haushaltsmittel aufgestockt worden. Dabei hat sich in Bund, Ländern und auch in Kommunen zunehmend eine Staatspraxis herausgebildet, in der die Öffentlichkeitsarbeit von Regierungen und den sie tragenden Parteien – obwohl beide unabhängig voneinander arbeiten – immer mehr Kongruenz zeigten. Seit dem Urteil des Bundesverfassungsgerichtes vom 2. März 1977 gibt es jedoch verfassungsrechtlich gesicherte Kriterien für die Abgrenzung der Öffentlichkeitsarbeit von Staatsorganen (Bund, Länder und Kommunen) und Parteien. Diese gelten vor allem für Wahlzeiten.

Nach diesem Urteil darf eine Regierung Öffentlichkeitsarbeit im Rahmen ihrer Organtätigkeit betreiben. Zentrale Aufgaben sind hier (a) die Darlegung und Erläuterung der Politik, der Maßnahmen und Vorhaben und der künftig zu lösenden Fragen; (b) Erläuterung unpopulärer Maßnahmen sowie Offenlegung von Zusammenhängen, Weckung von Verständnis für erforderliche Maßnahmen; (c) sachgerechte, objektiv gehaltene Informationen über das Recht, das den Bürger unmittelbar angeht (z. B. über den Inhalt von Gesetzen). Die Öffentlichkeitsarbeit der Bundesregierung z. B. hat sich dabei auf ihren Aufgaben- und Zuständigkeitsbereich zu beschränken. Bundesregierung und Landesregierungen dürfen nicht »parteiergreifend« in Wahlkämpfe hineinwirken. Öffentlichkeitsarbeit von Staatsorganen muß sich außerdem stets der offenen und versteckten Werbung für einzelne politische Parteien oder sonstige an der politischen Meinungsbildung beteiligte Gruppen enthalten. Sie muß auch schon den Eindruck einer werbenden Einflußnahme zugunsten einzelner Parteien sowie willkürliche, ungerechtfertigt herabsetzende und polemische Äußerungen über andere Parteien vermeiden. Welche Abgrenzungsschwierigkeiten sich hier zwischen verfassungsrechtlich zulässigen und verbotenen Maßnahmen ergeben, deutet das Bundesverfassungsgericht selbst mit dem Hinweis richtig an, die eben genannten Postulate schlössen nicht aus, daß sich die Aussagen einer Regierung mit denen von Programmen und Stellungnahmen, die von den Regierungsparteien abgegeben werden, decken können und sich häufig decken werden.

Besonders strenge Maßstäbe legt das Bundesverfassungsgericht in der Vorwahlzeit an, für deren Beginn es als Orientierungspunkt für die Bundestagswahl den Tag angibt, an dem der Bundespräsident den Wahltermin festsetzt. Anzeichen für einen Verfassungverstoß können danach sein: der Inhalt von Anzeigen und Druckschriften, Form und Aufmachung solcher Veröffentlichungen (wenn z. B. der informative Gehalt eindeutig hinter die reklamehafte Aufmachung zurücktritt), Häufung von Anzeigen und Druckschriften im Vorfeld der Wahl (vor allem von solchen, die in erster Linie der Sympathiewerbung für Regierungsmitglieder dienen), gesteigerter Einsatz öffentlicher Mittel in Wahlkampfnähe. Als unzulässig hat das Bundesverfassungsgericht auf jeden Fall Arbeits-, Leistungs- und Erfolgsberichte in der Vorwahlzeit erklärt, ebenso den Einsatz von regierungsamtlichen Druckschriften durch Parteien und sie bei der Wahl unterstützende Organisationen und Gruppen »zur Wahlwerbung«. Hier müssen die Staatsorgane Vorkehrungen gegen Mißbrauch treffen. Nicht zulässig ist auch, wenn eine Regierung den Eindruck erweckt, sie wolle als Regierung wiedergewählt werden. Eine Regierung darf auch nicht durch besondere Maßnahmen auf die Willensbildung des Volkes bei Wahlen einwirken, um dadurch Herrschaftsmacht in Staatsorganen zu erhalten oder zu verändern. Das Gericht stellte fest, daß Staatsorgane allen zu dienen und sich in Wahlkämpfen neutral zu verhalten haben.

Die verfassungsrechtlichen Beschränkungen regierungsamtlicher Öffentlichkeitsarbeit in der Vorwahlzeit schließen eine Informationstätigkeit von Regierungsmitgliedern in amtlicher Funktion über Rundfunk (Hörfunk und Fernsehen) nicht aus. Dasselbe gilt für Presseerklärungen.

Das Urteil des Bundesverfassungsgerichts vom 2. März 1977 bindet nach § 31 Abs. 1 BVerfGG die Verfassungsorgane des Bundes und der Länder sowie alle Gerichte und Behörden. Das in der Entscheidung enthaltene Verbot erstreckt sich damit auf alle Amtsinstitutionen des Bundes, der Länder, der Kommunen und öffentlich-rechtlichen Körperschaften, Anstalten und Stiftungen des öffentlichen Rechts. Gegenüber den Parteien spricht das Bundesverfassungsgericht nur die Erwartung aus, daß die Entscheidung hinsichtlich der Verteilung von Informationsmaterial der Regierungen beachtet wird. Deshalb kann man aus dem Urteil kein Verfassungsgebot für die Parteien herleiten, sich nicht mehr direkt oder indirekt des staatlichen Informationsmaterials zu bedienen. Noch weniger bindet das Urteil beispielsweise die Presse. Zeitungen und Zeitschriften können nicht für Anzeigen von Staatsorganen belangt werden, die inhaltlich durch die Entscheidung des Bundesverfassungsgerichtes nicht gedeckt sind.

Verstöße gegen die Entscheidung des Bundesverfassungsgerichts können zu Wahlanfechtungen und zur Ungültigkeitserklärung von Wahlen führen.

PROBLEME. Mit dem Urteil vom 2. März 1977 ist das Bundesverfassungsgericht von seiner ursprünglichen Auffassung, nach der der im Grundgesetz verfaßte Staat als »moderner Parteienstaat« staatliche und politische Willensbildung in einer neuen Form plebiszitärer Demokratie miteinander verschränke, weiter abgerückt. Es zieht jetzt eine scharfe Trennungslinie zwischen dem Bereich der politischen Willensbildung des Volkes und dem Handeln der Staatsorgane, die ihre demokratische Legitimation über einen selbständigen Akt des Parlaments erhalten. Das Bundesverfassungsgericht trennt wegen dieser voneinander unterschiedenen Vorgänge beide Bereiche und verbietet in bezug auf Wahlen praktisch jede Querbeziehung.

Die Kritik an diesem Urteil setzt vielfach an der scharf gezogenen Trennungslinie zwischen Regierungen und den sie tragenden Parteien an. Dem Bundesverfassungsgericht wird vorgeworfen, es verkenne die Verfassungswirklichkeit und die Grundlagen des modernen Parteienstaates. In dieser Richtung argumentiert schon Verfassungsrichter Rottmann in seinem Minderheitenvotum. Tatsächlich ist es den Mitgliedern einer Regierung, die in aller Regel gleichzeitig Abgeordnete sind und den Parlamentsfraktionen der Regierungsparteien angehören, praktisch unmöglich, ununterbrochen von einem Anzug in den anderen zu schlüpfen. Alle Bundeskanzler haben bisher unter Einsatz ihrer Amtsautorität Wahlkämpfe für ihre Partei bestritten. Da eine Regierung auf Zeit gewählt wird und der Bürger erwarten kann, daß ihm vor Ablauf der Wahlperiode Rechenschaft über die Regierungstätigkeit abgelegt wird, berührt das Verbreitungsverbot von Arbeits-, Erfolgs- und Leistungsbilanzen in Vorwahlzeiten Grundverständnisse. Das Urteil läßt außer acht, daß in der Bundesrepublik Deutschland Bürger permanent an Wahlurnen gerufen werden. Die auch vom höchsten deutschen Gericht für notwendig erachtete Öffentlichkeitsarbeit von Staatsorganen wird immer irgendwo eingeschränkt werden müssen. Abgesehen davon, haben die Bundesverfassungsrichter mit ihrem Urteil viele neue Fragen aufgeworfen, die ständig neuen Streit entfachen. Es wird zum Beispiel kaum Einigkeit bei einzelnen Maßnahmen darüber zu erzielen sein, wo Information aufhört und wo Werbung anfängt. Keine Regierung wird auch jemals absolut erreichen können, daß ohne hohen Überwachungsaufwand ihr Informationsmaterial aus Wahlkämpfen herausgehalten wird.

Das Urteil des Bundesverfassungsgerichts vom 2. März 1977, dem eine weitere Grundsatzentscheidung vom 23. Februar 1983 (BVerfGE 63, 230–250) folgte, war inzwischen Grundlage für mehrere Entscheidungen von Verfassungsgerichten der Länder (Urteil des Verfassungsgerichtshofes des Saarlandes vom 26. März 1980, Urteil des Staatsgerichtshofes für das

Land Baden-Württemberg vom 6. März 1981, Urteil des Staatsgerichtshofes der Freien Hansestadt Bremen vom 30. November 1983 [NVwZ 1985, 649–651], Urteile des Verfassungsgerichtshofes des Landes Nordrhein-Westfalen vom 15. Februar 1985 [NVwZ 1986, 463–464], 15. Oktober 1991 [NVwZ 1992, S. 467–470] und 28. Januar 1992 [NVwZ 1992, 470–472], Urteile des Staatsgerichtshofes des Landes Hessen vom 20. Dezember 1990 [NVwZ 1992, 465–467]).

Mit der Informationstätigkeit der Bundesregierung hat sich das Bundesverfassungsgericht am Rande auch in anderen Entscheidungen befaßt: Im Beschluß vom 29. Oktober 1975 (BVerfGE 40, 287) ging es um die Verbreitung des Verfassungsschutzberichtes im Rahmen der Öffentlichkeitsarbeit der Bundesregierung. In der Entscheidung vom 25. März 1981 (BVerfGE 57, 1–9) stellte das Bundesverfassungsgericht fest, daß die Bundesregierung bei der Beantwortung einer parlamentarischen Anfrage nicht durch Art. 21 Abs. 1 GG gehindert ist, ihre Beurteilung der Ziele und der Betätigung einer politischen Partei offenzulegen. Außerdem hat sich das Bundesverfassungsgericht in der Entscheidung vom 14. Oktober 1987 für die Zuständigkeit der Verwaltungsgerichte beim Streit um unzulässige Wahlbeeinflussung durch Öffentlichkeitsarbeit ausgesprochen (NVwZ 1988, 817–819).

Einschlägig sind schließlich zwei verwaltungsgerichtliche Entscheidungen: die des Bundesverwaltungsgerichts vom 17. November 1988 (zum Recht auf Chancengleichheit bei Teilnahme an einer Kommunalwahl, zur gemeindlichen Öffentlichkeitsarbeit und zur Massivität und Häufigkeit unzulässiger Öffentlichkeitsarbeit bei Auswirkungen auf das Wahlergebnis [NVwZ-RR 1989, 262–263]) sowie des Oberverwaltungsgerichts Nordrhein-Westfalen vom 19. August 1988 (zur Beschränkung der gemeindlichen Öffentlichkeitsarbeit [NVwZ-RR 1989, 149–153]).

RUDOLF HOFSÄHS

Literatur

Walter Leisner: Öffentlichkeitsarbeit der Regierung im Rechtsstaat. Dargestellt am Beispiel des Presse- und Informationsamts der Bundesregierung. Berlin 1966 (*Untersuchung der verfassungs- und verwaltungsrechtlichen Grundfragen*)

Presse- und Informationsamt der Bundesregierung (Hrsg.): Das Urteil des Bundesverfassungsgerichts vom 2. März 1977 zur Öffentlichkeitsarbeit von Staatsorganen in Bund und Ländern (*Dokumentation*)

Walter Kordes/Hans Pollmann: Das Presse- und Informationsamt der Bundesregierung. Düsseldorf ^{10}1989 (*Darstellung von Geschichte und Arbeit des Amtes*)

Rüdiger Zuck: Zulässige Öffentlichkeitsarbeit und unzulässige Wahlwerbung. In: »Zeitschrift für Rechtspolitik«, Jg. 1977, S. 144–148

Frank Schürmann: Öffentlichkeitsarbeit der Bundesregierung. Strukturen, Medien, Auftrag und Grenzen eines informalen Instruments der Staatsleitung. Berlin 1992 (*umfassende juristische Untersuchung*)

staatliche Pressestellen → Staatliche Informationstätigkeit

staatsfreier Rundfunk → Rundfunkorganisationsrecht, → Rundfunkprogrammrecht

Staatsgeheimnis → Staatsschutz

Staatsschutz. Den Staat mit sicherheitspolizeilichen und strafrechtlichen Mitteln vor Angriffen auf seinen Bestand, seine innere und äußere Sicherheit, die verfassungsmäßigen Einrichtungen sowie die verfassungsmäßige Ordnung zu schützen, ist Aufgabe des Staatsschutzes. Gerade auch der freiheitliche demokratische Rechtsstaat der Bundesrepublik Deutschland ist im Rahmen seiner allgemeinen Freiheitsgewährungspflicht berechtigt und auch verpflichtet, im Rahmen des Grundgesetzes die zum Schutz des Staates erforderlichen Vorkehrungen zu treffen. Augenfällig zeigt sich das in Art. 18 GG; danach kann demjenigen die Ausübung der Grundrechte aberkannt werden, der grundrechtliche Garantien, z. B. die Freiheit der Meinungsäußerung oder der → Pressefreiheit, zum Kampf gegen die freiheitlich-demokratische Grundordnung mißbraucht.

Staatsschutz findet indessen seine Grenzen in den durch das Grundgesetz normierten Grundrechten und verfassungsrechtlichen Garantien des Staatsbürgers. Nur zwischen diesen Polen muß und darf sich der Staatsschutz bewegen.

ENTWICKLUNG. Das Staatsschutzrecht war nach der Gründung der Bundesrepublik Deutschland zunächst »das Strafrecht des Kalten Krieges«. Kennzeichnend waren dafür im Medienbereich »*Verbringungsverbote*« (Überwachungsgesetz vom 24. Mai 1961), die sich gegen die Einfuhr tatsächlicher oder angenommener staatsgefährdender Publizistik richteten. So durften Tageszeitungen aus Ostblockländern nicht eingeführt werden. Erst im Zeichen nachlassender Ost-West-Spannungen kam es zu einer Lockerung des Staatsschutzstrafrechts mit der Absicht, nicht mehr Staatsschutz als unerläßlich zu schaffen (Achtes Strafrechtsänderungsgesetz 1968).

Vorher hatte die »Spiegel«-Affäre im Jahre 1962 schon einen Wandel der Auffassungen bewirkt. Bis zu dieser Zeit wurde nicht zwischen »*publizistischem Landesverrat*« und dem »kriminellen« Landesverrat z. B. für eine fremde Macht unterschieden. Die in der »Spiegel«-Affäre tätigen Staatsschutzorgane hatten bis dahin nur mit Spionage oder Landesverrat im herkömmlichen Sinn zu tun und behandelten die zur Information der Öffentlichkeit tätig gewordenen Mitarbeiter des »Spiegel« demgemäß als Spione im Dienste einer fremden Macht. Da die von ihnen veröffentlichten Tatsachen aber allgemein bekannt, nur noch nicht in dieser Form veröffentlicht waren, wurde das Verfahren später eingestellt. Ein Staatsgeheimnis war nicht veröffentlicht worden.

Das Staatsschutzstrafrecht ist schließlich durch die Vorschriften über kriminelle und terroristische Vereinigungen verschärft worden.

GELTENDES STAATSSCHUTZSTRAFRECHT. Die Strafnormen zum Schutz des

Staates unterscheiden zwischen Friedensverrat, Hochverrat und Gefährdung des demokratischen Rechtsstaates, ferner zwischen Landesverrat und der Gefährdung der äußeren Sicherheit, den Straftaten gegen ausländische Staaten, gegen Verfassungsorgane sowie bei Wahlen und Abstimmungen und schließlich gegen die Landesverteidigung. Für die Medienarbeit interessieren hier besonders die nachstehenden: Vertreiben von Propagandamitteln verfassungswidriger Organisationen (§ 86 StGB), Verwenden von Kennzeichen verfassungswidriger Organisationen (§ 86a StGB). Landesverrat (§ 94 StGB), Offenbaren von Staatsgeheimnissen (§ 95 StGB), landesverräterische Ausspähung (§ 96 StGB), der Verrat illegaler Geheimnisse (§ 97a StGB), geheimdienstliche Tätigkeit (§ 97 StGB) und geheimdienstliche Agententätigkeit (§ 99 StGB). Sie sollen die innere Sicherheit ebenso schützen wie die Vorschriften über die Bildung von kriminellen (§ 129 StGB) und terroristischen Vereinigungen (§ 129a StGB).

Die wichtigsten Begriffe des Staatsschutzstrafrechts sind das Staatsgeheimnis, die Mosaiktheorie, die Ausspähung, der publizistische Landesverrat und der Verrat illegaler (rechtswidriger) Staatsgeheimnisse, ferner die Unterstützung einer kriminellen oder terroristischen Vereinigung.

Das *Staatsgeheimnis* ist in § 93 StGB definiert. Eine nur einem begrenzten Personenkreis zugängliche Tatsache, die vor einer fremden Macht geheimgehalten werden muß, um die Gefahr eines schweren Nachteils für die äußere Sicherheit der Bundesrepublik Deutschland abzuwehren, ist nach dieser Vorschrift ein Staatsgeheimnis. Hinzukommen muß, daß die Tatsache noch geheim ist, also nur einem begrenzten Personenkreis zugänglich ist. Tatsachen die jedermann kennt oder kennen kann, unterfallen nicht dem Begriff des Staatsgeheimnisses. Es ist freilich oft schwer feststellbar, inwieweit »Geheimnisse« insgesamt nur einem begrenzten Personenkreis bekannt sind und ob durch ihre Weitergabe an eine fremde Macht auch wirklich schwere Nachteile für die äußere Sicherheit der Bundesrepublik Deutschland entstanden sind. Dazu bedarf es stets eines oder mehrerer Gutachter, die häufig die Regierung bestellt, die als Partei an der Verfolgung aus politischen Gründen interessiert ist.

Insoweit ist die *Mosaiktheorie* von erheblicher Bedeutung. Danach sollen die aus bekannten oder allgemein zugänglichen Quellen erlangten Erkenntnisse dann noch Geheimnischarakter haben, wenn sie ein neuartiges, bislang nur einem begrenzten Personenkreis bekanntes Gesamtbild von bestimmten, geheimhaltungsbedürftigen Tatsachen ergeben, so z. B. die aus einer systematischen Auswertung an sich bekannter Produktionsziffern oder strategisch wichtiger Verkehrspunkte gezogenen Rückschlüsse auf einen bestimmten Verteidigungsplan. Es gehört aber zum Wesen publizistischer Tätigkeit, aus bekannten Tatsachen im Weg der Interpretation und der Verdichtung zusätzliche Erkenntnisse zu gewinnen und zu veröffentlichen. Gerade deshalb ist die Mosaiktheorie für den Bereich des publizistischen Landesverrats grundsätzlich abzulehnen, zumindest ist sie erheblich zurückgedrängt. Meinungs- und Pressefreiheit können als solche die Offenbarung eines Staatsgeheimnisses noch nicht rechtfertigen, möglicherweise ergibt sich im Wege der Güterabwägung bei Anwendung des Art. 5 GG ein übergesetzlicher Rechtfertigungsgrund.

Der Tatbestand der *Ausspähung* des § 96 StGB umfaßt als selbständig strafbare Vorbereitungshandlung bereits die bloße Ausspähung und Auskundschaftung von Staatsgeheimnissen. Die Beschaffung des Staatsgeheimnisses ist bereits strafbar, nicht erst die nach § 94 StGB ebenfalls strafbare Mitteilung oder Offenbarung. Erforderlich ist, daß bei der Beschaffung des Geheimnisses bereits mit Verratsabsicht gehandelt wird.

Nach § 95 StGB ist die Veröffentlichung oder die Weiterleitung eines Staatsgeheimnisses an einen Unbefugten strafbar, auch ohne daß der Tatbestand des § 94 StGB erfüllt ist. Damit soll der publizistische Landesverrat vom eigentlichen Landesverrat abgegrenzt werden. Zwar kann der Presse bei der Offenbarung echter Staatsgeheimnisse keine Sonderstellung zugebilligt werden, doch ist die wohlmeinende Offenbarung eines Staatsgeheimnisses durch einen Publizisten aus dem Begriff des echten Landesverrats herausgelöst. Der veröffentlichende Journalist ist vom Makel des Landesverräters freigestellt.

§ 93 Abs. 2 StGB bestimmt, daß Tatsachen, die Verstöße gegen die freiheitlich demokratische Grundordnung oder die die Geheimhaltung gegenüber den Vertragspartnern der Bundesrepublik Deutschland bei zwischenstaatlich vereinbarten Rüstungsbeschränkungen betreffen, keine Staatsgeheimnisse sind.

Obwohl es sich um die Offenlegung eines *illegalen (rechtswidrigen) Staatsgeheimnisses* handelt, liegt keine Strafbarkeit vor. Das rechtsstaatliche Interesse an der Aufdeckung illegaler Vorgänge im staatlichen Bereich geht dem außenpolitischen Bedürfnis nach Geheimhaltung vor. Wer das Geheimnis jedoch unmittelbar unter Ausschluß der Öffentlichkeit an eine fremde Macht weitergibt, macht sich nach § 97a StGB strafbar. Hierzu gehört auch die geheimdienstliche Agententätigkeit nach § 99 StGB. Durch die Wiedervereinigung sind in letzter Zeit sehr viele Fälle der Agententätigkeit für das Ministerium für Staatssicherheit in der früheren DDR bekanntgeworden. Während einige Gerichte dabei ohne weiteres die Staatsschutzvorschriften angewendet haben, hatten andere Bedenken. Eine Entscheidung des Bundesverfassungsgerichts zu dieser Frage steht noch aus.

Bei der Vorschrift über das Verbreiten von Propagandamitteln verfassungswidriger Organisationen gemäß § 86 StGB ist darauf zu achten, daß nach der Sozialadäquanzklausel in Abs. 3 u. a. die Berichterstattung über Vorgänge des Zeitgeschehens oder der Geschichte nicht unter die Vorschrift fallen und damit straffrei sind, es sei denn, daß unter dem Deckmantel der Berichterstattung Werbung für die verbotene Organisation betrieben wird. Das gleiche gilt für die Vorschrift des § 86a StGB über das Verwenden von Kennzeichen verfassungswidriger Organisationen.

Die publizistische Verharmlosung einer kriminellen Vereinigung durch eine ideologische Rechtfertigung ihrer politischen Ziele und/oder das bloße Zeigen von Sympathie sind keine Unterstützung einer solchen Vereinigung; gleiches gilt für die Unterstützung einer terroristischen Vereinigung.

PUBLIZISTISCHES VERÖFFENTLICHUNGSINTERESSE CONTRA STAATLICHE GEHEIMHALTUNGSTENDENZ. Bei Mitarbeitern der Öffentlichen Gewalt ist bisweilen die Neigung erkennbar, möglichst viel als geheim zu bezeichnen oder gar als Staatsgeheimnis zu behandeln. Was im Sinne der Staatsschutzbestimmungen als Staatsgeheimnis zu behandeln ist, darüber entscheiden allerdings nicht Regierungen oder Verwaltungen mit ihrer Verschlußpraxis. Vielmehr entscheiden darüber die ordentlichen, vornehmlich die Strafgerichte.

Die Klassifizierung einer bestimmten Tatsache durch die Regierung als Staatsgeheimnis bedeutet noch nicht, daß damit bereits ein Staatsgeheimnis tatsächlich vorliegt (Materieller Geheimnisbegriff). Erst die Überprüfung an Hand der einzelnen Tatbestandsmerkmale des § 93 StGB kann eine endgültige Klärung bringen. Die Festlegung des Strafrechts auf den sog. »materiellen Geheimnisbegriff« wirkt zwar einerseits dem natürlichen Geheimhaltungsbedürfnis von Regierungen und Verwaltungen entgegen, andererseits trägt sie aber dem öffentlichen Informationsbedürfnis der Bürger im demokratischen Rechtsstaat Rechnung. Nicht jede geheime Tatsache ist folglich ein Staatsgeheimnis. Eine Tatsache wird vielmehr erst dann zum Staatsgeheimnis, wenn sie vor einer fremden Macht geheimgehalten werden muß, um die Gefahr eines schweren Nachteils für die äußere Sicherheit der Bundesrepublik Deutschland abzuwenden.

DIETRICH HERRMANN

Literatur

Eduard Dreher/Herbert Tröndle: Strafgesetzbuch mit Nebengesetzen. München [46]1993 (vor § 80 Rdn 3; § 86 Rdn 11; § 93 Rdn 3–7, 19)

Strafgesetzbuch. Leipziger Kommentar/Laufhütte. Berlin [11]1992 (§ 86 Rdn 19, 20) sowie Leipziger Kommentar/Ernst Träger. Berlin [10]1986 (§ 93 Rdn 10, 32, 33; § 95 Rdn 7)

Reinhard Maurach/Friedrich Schröder/Manfred Maiwald: Strafrecht. Besonderer Teil. Teilband 2. Heidelberg [7]1991 (S. 287 ff., 313 ff., 320 ff.)

Adolf Schönke/Horst Schröder/Walter Stree: Strafgesetzbuch. München [24]1991 (Vorbem. zu §§ 80 ff. Rdn 2, 3; § 86 Rdn 17; § 93 Rdn 4, 11, 12, 15, 24, 27; § 95 Rdn 1, 17; § 96 Rdn 1, 5; § 97a Rdn 1)

Adolf Schönke/Horst Schröder/Theodor Lenckner: Strafgesetzbuch. München [24]1991 (§ 129 Rdn 15)

Bundesgerichtshof in: »Monatsschrift für deutsches Recht«, Jg. 1986, S. 178

»stern«-Beschluß → Bundesverfassungsgerichtsentscheidungen zum Medienrecht (11. März 1969)

Steuerfahndungs-Beschluß → Bundesverfassungsgerichtsentscheidungen zum Medienrecht (6. April 1989)

Steuerrecht der Medien. Die folgenden Ausführungen gelten auch für die neuen Bundesländer, da gemäß Einigungsvertrag vom 31. August 1990 (BGBl II, 889), Kapitel IV, Sachgebiet B, Abschnitt II, 14 – Besitz- und Verkehrsteuern –, ab 1. Januar 1991 das Recht der Bundesrepublik Deutschland auch für sie gilt. Hierbei ist aber zu beachten, daß gemäß Einigungsvertragsgesetz vom 23. September 1990 (BGBl II, 885) bestimmte Regelungen des DDR-Steuerrechts befristet übernommen worden sind. Im Steuerverfahrensrecht, der Abgabenordnung (AO), ist in § 102 Abs. 1 Nr. 4 das Grundrecht der Pressefreiheit eingeschränkt. Ein Auskunftsverweigerungsrecht gegenüber Finanzbehörden ist nur auf den redaktionellen Teil beschränkt, nicht auf den Anzeigenteil, es sei denn, Chiffre-Anzeigen sind von Bedeutung für die öffentliche Meinungsbildung (Urteil des Bundesfinanzhofs vom 29. Oktober 1986, BFHE Sammlung der Entscheidungen des Bundesfinanzhofs 148, S. 108). Im Rahmen des finanzbehördlichen Kontrollsystems ist am 7. September 1993 die sog. Mitteilungsverordnung ergangen (BStBl 1993 I, 799). Sie verpflichtet u. a. die öffentlich-rechtlichen Rundfunkanstalten, Honorare für Leistungen freier Mitarbeiter an das zuständige Finanzamt mitzuteilen.

Rundfunk- und Fernsehanstalten erfüllen mit ihren Hör- und Fernsehsendungen nicht steuerbare öffentlich-rechtliche Aufgaben (BVerfG vom 27. Juli 1971, BStBl 1971 II, 567). Soweit sie das Werbefernsehen oder den Werbefunk betreiben, werden sie wie Presseunternehmen/Verlage aufgrund des Charakters ihrer Tätigkeit als gewerbliche Unternehmen oder Unternehmer besteuert. Presseunternehmen/Verlage werden aufgrund des gewerblichen Charakters ihrer Tätigkeit grundsätzlich wie andere gewerbliche Unternehmen oder Unternehmer besteuert.

Einkommensteuer der Presse- und Verlagsunternehmer. Sie werden, sofern das Unternehmen einzelkaufmännisch oder von einer Personengesellschaft betrieben wird, nach §§ 15 und 16 des Einkommensteuergesetzes (EStG) zur Einkommensteuer herangezogen, da es sich bei den durch diese unternehmerische Tätigkeit erzielten Einkünften um Einkünfte aus Gewerbebetrieb handelt. Wird das einzelkaufmännisch oder von einer Personengesellschaft unterhaltene Presse- und Verlagsunternehmen oder ein Teilbetrieb davon veräußert, so werden die dabei erzielten Gewinne den Einkünften aus Gewerbebetrieb hinzugerechnet. Sie sind gemäß § 16, 34 EStG bis zu einem Betrag von 30 Millionen DM einschließlich begünstigt zu versteuern.

Bei der Gewinnermittlung sind unentgeltliche, originäre Verlagsrechte nicht aktivierungsfähig (§ 5 Abs. 2 EStG), entgeltlich erworbene Verlagsrechte aktivierungspflichtig. Es sind Absetzungen für Abnutzung während einer Nutzungsdauer von 15 Jahren vorzunehmen (Erlaß des Bundesministers der Finanzen vom 20. November 1986, BStBl 1986 I, 533). Im Hinblick auf das → Urheberrecht wird in vergleichbaren Fällen Entsprechendes zu gelten haben. Beim Verleger sind Urheberrechte, falls er sie vom Autor erwirbt, dann aktivierungspflichtig, wenn er für das Recht einen Anschaffungspreis zahlt und das Urheberrecht über die Bilanzperiode hinaus nutzbar ist.

Redaktionskosten zur Herstellung von Druckvorlagen einer Zeitschrift sind dagegen weder als halbfertiges (unfertiges) Erzeugnis noch als immaterielles Wirtschaftsgut in der Bilanz zu aktivieren, sondern in dem Jahr als Betriebsausgaben abzuziehen, in dem sie anfallen (Erlaß des Bundesministers der Finanzen vom 16. März 1979, BStBl 1979 I, 197).

Körperschaftsteuer. Wird das Presse- und Verlagsunternehmen von einer Kapitalgesellschaft, d. h. von einer AG oder GmbH oder von einer sonstigen juristischen Person, betrieben, so erfolgt die Besteuerung der von der juristischen Person erzielten gewerblichen Einkünfte nach dem Körperschaftsteuergesetz (§§ 1, 7 und 8 KStG in Verbindung mit §§ 15, 16 EStG), wobei das in das KStG 1977 neu aufgenommene Anrechnungsverfahren zur Anwendung kommt.

Gewerbesteuer. Nach § 2 Abs. 1 des Gewerbesteuergesetzes (GewStG) unterliegt jeder stehende Gewerbebetrieb der Gewerbesteuer, soweit er im Inland betrieben wird. Das gilt auch für Presse- und Verlagsunternehmen aufgrund ihrer gewerblichen Tätigkeit. Auf die Rechtsform des Unternehmens kommt es dabei grundsätzlich nicht an, da nach § 2 Abs. 3 GewStG auch die Tätigkeit der sonstigen juristischen Personen des privaten Rechts und der nicht rechtsfähigen Vereine als gewerbliche Tätigkeit angesehen wird, sofern diese Unternehmen einen wirtschaftlichen Geschäftsbetrieb unterhalten und nicht bloße Vermögensverwaltung vornehmen. Da der Betrieb einer Druckerei oder die Herausgabe eines Periodikums immer über den Rahmen einer solchen Vermögensverwaltung hinausgehen (Abschnitt 18 Abs. 5 der Gewerbesteuerrichtlinien), ist die Tätigkeit der Presse- und Verlagsunternehmen grundsätzlich gewerbesteuerpflichtig, sofern nicht aus speziellen, nicht pressespezifischen Gründen besondere Befreiungsvorschriften des Gewerbesteuergesetzes zur Anwendung kommen. Besteuerungsgrundlagen sind nach § 6 Gewerbesteuergesetz der Gewerbeertrag und das Gewerbekapital mit der Maßgabe, daß die Gewerbekapitalsteuer in den neuen Bundesländern bis einschließlich 1995 nicht erhoben wird (§ 37 GewStG 1991 i. V. m. Standortsicherungsgesetz vom 13. September 1993, BGBl I, 1583).

Umsatzsteuer. Die Umsätze von Presse- und Verlagsunternehmen, die durch Lieferungen und sonstige Leistungen gegen Entgelt erzielt werden, oder der Eigenverbrauch des Verlegers (Unternehmers) unterliegen nach § 1 in Verbindung mit § 2 des Umsatzsteuergesetzes (UStG) der Umsatzsteuer.

Im Umsatzsteuerrecht liegt eine gewerbliche Tätigkeit bereits immer dann vor, wenn es sich um eine nachhaltige Tätigkeit zur Erzielung von Einkünften handelt, und zwar auch dann, wenn die Absicht, Gewinn zu erzielen, fehlt, oder eine Personenvereinigung nur gegenüber ihren Mitgliedern tätig wird. Die Lieferung von Presseerzeugnissen gegen Entgelt ist demzufolge auch dann umsatzsteuerpflichtig, wenn gemeinnützige Unternehmen die Erzeugnisse nur zum Selbstkostenpreis oder gar unter den Selbstkosten abgeben. Abweichend vom Normalsteuersatz, 15%, gilt gemäß § 12 Abs. 2 Nr. 1 UStG in Verbindung mit Ziff. 49 der Anlage ein Steuersatz von 7% für Lieferungen, Eigenverbrauch und Einfuhr u. a. folgender Gegenstände: Bücher, Broschüren und ähnliche Drucke, Zeitungen und andere periodische Druckschriften, Bilderalben, Bilderbücher sowie Noten, handgeschrieben oder gedruckt. Umsatzsteuerermäßigt sind aber nicht Druckschriften mit überwiegendem Anteil an kostenlos abgedruckten Kleinanzeigen (Urteil des BFH vom 20. Februar 1990, BStBl II, 761).

VERMÖGENSSTEUER. Inländische Presse- und Verlagsunternehmen sind nach § 1 des Vermögenssteuergesetzes (VStG) unbeschränkt vermögenssteuerpflichtig. Gemäß § 4 VStG unterliegt bei unbeschränkt Steuerpflichtigen das Gesamtvermögen im Sinne der §§ 114–120 des Bewertungsgesetzes (BewG) der Vermögenssteuer. Zu den hierbei zu berücksichtigenden Wirtschaftsgütern zählt bei Presse- und Verlagsunternehmen auch das erworbene Verlagsrecht. Als Verlagsrecht ist hierbei das Recht des Verlegers anzusehen, ein Werk, das ihm aufgrund eines Verlagsvertrages vom Verfasser übertragen ist, auf eigene Rechnung zu vervielfältigen, zu verbreiten und gegenüber dem Verfasser und gegenüber Dritten die zum Schutz der Urheberrechte vorgeschriebenen Befugnisse auszuüben.

Das nach den Vorschriften des Bewertungsgesetzes ermittelte steuerpflichtige Vermögen wird bei natürlichen Personen mit einem Steuersatz von 0,5 Prozent, ab 1995 mit 1 Prozent, und bei Körperschaften mit einem Steuersatz von 0,6 Prozent der Vermögenssteuer unterworfen. Für die neuen Bundesländer ist § 24c VStG zu beachten, wonach bis einschließlich 1995 unter bestimmten Voraussetzungen eine Vermögenssteuerbefreiung eintritt.

EINKOMMENSTEUER/LOHNSTEUER DER JOURNALISTEN. Einkünfte aus einem Dienstverhältnis als Journalist unterliegen als Einkünfte aus nichtselbständiger Arbeit der Einkommensteuer/Lohnsteuer. Wie jeder Steuerpflichtige kann der Journalist nach § 9 EStG von seinen Einkünften aus nichtselbständiger Arbeit als Werbungskosten die Aufwendungen abziehen, die zur Erwerbung, Sicherung und Erhaltung der Einkünfte dienen. Die Entstehung der Werbungskosten, für die das Gesetz einen Höchstbetrag nicht bestimmt hat, ist nachzuweisen oder glaubhaft zu machen.

Unter der Voraussetzung, daß der Journalist seine Tätigkeit für Zeitungen, Zeitschriften, bei Nachrichten- oder Korrespondenzbüros oder bei Rundfunkanstalten hauptberuflich ausübt, also nicht auf dem Gebiet der Werbung oder des Anzeigengeschäfts tätig wird, kann er anstelle von im einzelnen nachzuweisenden Werbungskosten einen Pauschbetrag von 115,– DM monatlich erhalten (Abschnitt 47 der Lohnsteuerrichtlinien, LStR

1992, »Bundesanzeiger«, Nr. 196a, BStBl I 192, Sondernummer 3). Durch den Pauschsatz sind bis auf Umzugskosten, Aufwendungen für Fahrten zwischen Wohnung und Arbeitsstätte sowie Mehraufwendungen bei doppelter Haushaltsführung sämtliche Werbungskosten abgegolten.

Nach dem Schreiben des Bundesministeriums der Finanzen (BMF) vom 16. Dezember 1993 – IV B 6 – S. 2355 – 13/93 werden die im BMF-Schreiben vom 27. Dezember 1989 (BStBl 1990 I, 14) enthaltenen Regelungen betreffend Werbungskosten und Betriebsausgabenpauschbeträge für die Mitglieder der Bundespressekonferenz, der Landespressekonferenzen und des Vereins der Auslandspresse Bonn mit Wirkung ab 1. Januar 1994 ersatzlos aufgehoben. Für nicht selbständig tätige Journalisten gilt die allgemeine Regelung im Abschnitt 47 Abs. 1 Nr. 3 LStR.

Die einkommensteuerrechtliche Behandlung der nicht im Inland ansässigen Korrespondenten inländischer Rundfunk- und Fernsehanstalten sowie inländischer Zeitungsunternehmen regelt ein Erlaß des Bundesministers der Finanzen vom 1. Dezember 1992 (BStBl 1992 I, 730).

KLAUS ARLT

Literatur

Steuerrichtlinien. Textsammlung der Verwaltungsvorschriften des Bundes zum Steuerrecht. München (*lfd. Sammlung*)

»Archiv für Presserecht«. Düsseldorf (*Zeitschrift auch mit praxisnaher Information über das Steuerrecht der Medien*)

strafrechtliche Sonderhaftung der Presse → Pressedelikte

Straßenverkaufszeitungen → Wettbewerbsrecht

Strauß-Karikatur-Beschluß → Bundesverfassungsgerichtsentscheidungen zum Medienrecht (3. Juni 1987)

sublokale Periodika → Amtsblatt

Subventionierung von Presseorganen → Konzentration, → Medienpolitik, → Postzeitungsdienst, → Pressefreiheit

»Südkurier«-Urteil → Bundesverfassungsgerichtsentscheidungen zum Medienrecht (4. April 1967)

Tabakwerbung → Rundfunkprogrammrecht, → Werberecht

Tagesthemen-Beschluß → Bundesverfassungsgerichtsentscheidungen zum Medienrecht (8. Februar 1983)

Tarifverband Privater Rundfunk → Verbände und Organisationen im Medienbereich

Tarifverträge → Arbeitsrecht der Medien, → Schweizerisches Medienrecht, → Versorgungsregelungen, → Verbände und Organisationen im Medienbereich

Telefonwerbung → Werberecht

Telekommunikationsbericht → Bildschirmtext und Videotext, → Neue elektronische Kommunikationstechniken

Telekommunikationsordnung → Bildschirmtext und Videotext, → Telekommunikationsrecht

Telekommunikationsrecht. Telekommunikationsrecht ist Fernmelderecht. Die neue Bezeichnung hat den Sinn und Zweck, moderne nachrichtentechnische Entwicklungen wie Mikroelektronik oder Glasfaserkabel, die einen universalen oder – genauer – einen multifunktionalen Telekommunikationsanschluß in den Wohnungen ermöglichen, bereits begriffsmäßig zu berücksichtigen. Das früher oft verwendete Begriffspaar »Individual-« contra »Massenkommunikation« verliert nach Auffassung der Regierungen des Bundes und der Länder infolge der neuen Informationstechniken seine Konturen. Tatsächlich vermittelt der multifunktionale Anschluß Sprache, Text, Bilder und Daten. Der Bildschirmtext vereinigt in sich Individualkommunikation (privater Mitteilungsdienst, Ferneinkauf oder Home-Banking) und Massenkommunikation (Abruf bewerteter Fakten wie politische oder lokale Nachrichten, Informationen über die Wirtschaft oder für die Verbraucher).

Der Bundespostminister hat sich schon 1982 dafür entschieden, den Hörfunk und das Fernsehen auf eine breitere Grundlage zu stellen und dadurch den sog. »Medienmarkt« zu öffnen. Als neue Verteildienste sind der terrestrischen Verbreitung Breitbandkabel, also umfangreiche *örtliche* Inselnetze, Fernmelde- und Rundfunksatelliten hinzugefügt worden. Breitbandverteil- oder Kabelnetze bilden selbständige Telekommunikationsnetze mit einem Haus- anstelle eines multifunktionalen Wohnungsanschlusses. Da über den Hausanschluß nur Programme der elektronischen Massenmedien übertragen werden, ließe sich die alte Unterscheidung zwischen Massen- und Individualkommunikation angesichts der speziellen Breitbandverteilnetze auch künftig noch begründen. Vordringlich ist es jedoch, sich auf *eine* Definition der gesamten Fernmelderechtsmaterien zu einigen. Und die lautet heute Telekommunikationsrecht.

Rechtsquellen. Hier können nur die wichtigsten Rechtsquellen benannt werden. Das Grundgesetz weist dem Bund die Gesetzgebungs- und die Verwaltungskompetenz für das Sachgebiet Telekommunikationswesen zu (Art. 73 Nr. 7, 87 Abs. 1).

An die Stelle des Postverwaltungsgesetzes ist eine neue Postverfassung getreten, die die drei Unternehmensbereiche Telekommunikation, Post und Postbank verselbständigt. Aus verfassungsrechtlichen Gründen können diese Bereiche jedoch ohne Änderung des Grundgesetzes nicht privatisiert werden, sondern können lediglich als öffentliche Unternehmen mit Betätigungen aufgrund des Verwaltungsprivatrechts geführt werden. Der Bundesminister für Post und Telekommunikation hat die politische Leitung und entsprechende Weisungsrechte.

Einschlägige Rechtsquellen sind das Fernmeldeanlagengesetz und das Telegraphenwegegesetz, welches der Deutschen Bundespost ein unentgeltliches Nutzungsrecht öffentlicher Straßen, Wege und Plätze einräumt.

Aufgrund des §9 Abs. 1 Satz 1 FAG sind die Rechtsbeziehungen im Zusammenhang mit der Inanspruchnahme der Einrichtungen der Deutschen Bundespost Telekom heute privatrechtlicher Natur. Die Telekom hat sich für Verträge mit Verweisungen auf ihre Allgemeinen Geschäftsbedingungen entschieden. Bedeutsam ist noch die Verordnung über die Zulassung von Fernmeldeeinrichtungen, in der die Hoheitsakte der »Bauartzulassung« dieser Einrichtungen geregelt sind.

Rechtsmaterien. Die übertragungs- und vermittlungstechnischen Möglichkeiten und alle Bedingungen unkörperlicher Übermittlung von Nachrichten müssen rechtsverbindlich geordnet werden. Dies ist Aufgabe des Telekommunikationsrechts. Es stellt also den Inbegriff aller verbindlichen Rechtsnormen dar, die das Fernmeldehoheitsrecht des Bundes im einzelnen bestimmen und absichern sowie die Benutzung der Einrichtungen des Fernmeldewesens der Deutschen Bundespost Telekom regeln.

Daraus ergeben sich zwei große »Rechtsblöcke«: (a) gesetzliche Bestimmungen über Art, Umfang und Schutz des Fernmeldehoheitsrechts einschließlich des gelockerten Fernmeldemonopols, des Genehmigungsrechts für private Fernmeldeanlagen, des Fernmeldestraf- und -ordnungswidrigkeitsrechts sowie der Nutzung öffentlicher Wege; (b) Rechtsverordnungen und Allgemeine Geschäftsbedingungen über Art, Umfang und Entgelte des Überlassens von Fernmeldeeinrichtungen.

Hieraus wird ersichtlich, daß die DBP TELEKOM wie ein Unternehmen am Telekommunikationsmarkt agieren soll, während die Hoheitsaufgaben vom Bundesminister für Post und Telekommunikation sowie von den durch ihn dazu ermächtigten Dienststellen wahrgenommen werden.

Fernmeldemonopol und Wettbewerb. Das »Poststrukturgesetz« sieht vor, daß das Netzmonopol des Bundes wegen der großen Bedeutung für die fernmeldetechnische Infrastruktur mit geringen Einschränkungen erhalten bleibt. Ebenso verbleiben die Funkanlagen im Fernmeldemonopol; dies schließt wie bisher fernmelderechtliche Genehmigungen zum Errichten und Betreiben von Funkanlagen – bis hin zu einem europaweiten digitalen Funktelefonnetz – für private Unternehmen nicht aus.

Im Bereich der verschiedenen Fernmeldedienste soll künftig Wettbewerb herrschen. Er soll der Verbesserung des Diensteangebots und der Verbilligung der Endgeräte dienen. Die DBP TELEKOM wird sich in einem wesentlich breiteren Umfang am Endgerätemarkt betätigen als bisher die Deutsche Bundespost, sie muß aber hinnehmen, daß private Unternehmen Telefone und mit Telefonen kombinierte Endgeräte anbieten werden. Das Telefondienstmonopol verbleibt der TELEKOM.

Rechtsgrundlagen einiger medienrechtlich relevanter Telekom-Dienste. Der Btx-Dienst wird zwischen privaten und öffentlichen Btx-Anschlüssen über Btx-Vermittlungsstellen betrieben. Anbieter arbeiten häufig mit eigenen externen Rechnern. Der gesamte Dienst wird von der Btx-Leitzentrale in Ulm gesteuert.

»Btx-Teilnehmer« sind fernmelderechtlich auch die Anbieter, also Teilnehmer, die unter den landesrechtlichen Voraussetzungen Informationen und andere Dienste zugänglich machen. Die Anbieter können wählen, ob sie sich bundesweit oder nur regional betätigen wollen.

Soweit die Anbieter von den Teilnehmern privatrechtliche Vergütungen für ihre Dienstleistungen verlangen, ist deren Abrechnung aufwendig und kompliziert. Im Bildschirmtext-Dienst ist eine entsprechende Software-Lösung gefunden worden. Sie ermöglicht ein Inkasso der DBP von den Vergütungen, die beim Teilnehmer hervorgerufen worden sind. Diese Vergütungen werden den Anbietern gutgeschrieben. Die Einziehung geschieht im Namen der DBP, weil der Fernmelderechnungsdienst mitbenutzt wird. Gleichwohl handelt es sich lediglich um durchlaufende Gelder. Vergütungsausfälle muß der Anbieter selbst bei dem säumigen Teilnehmer geltend machen, notfalls unter Einschaltung eines Zivilgerichts.

Das Inkasso der DBP ist in Ziffer 9 der Bedingungen für die Inanspruchnahme des Datex-J-Dienstes (J = Jedermann) und für die Nutzung von → Bildschirmtext sowie in § 28 Telekommunikationsverordnung rechtlich abgesichert. Die vom Anbieter benötigten Teilnehmerdaten mußten aus datenschutzrechtlichen Gründen in § 12 der Telekom-Datenschutzverordnung exakt aufgeführt werden und sind mit dem Bundesbeauftragten für den Datenschutz abgestimmt.

Seit Oktober 1991 hat ein inzwischen ausgeweiteter Betriebsversuch mit *privaten Telefoninformationsdiensten* begonnen. Die Anbieter halten ein vielfältiges Informationsmenü bereit, das von den Telefonkunden stark genutzt wird.

Aus § 28 Abs. 7 der Telekommunikationsverordnung geht hervor, daß die Anbieter die volle Verantwortung für die Inhalte der Ansagen tragen. Inhaltliche Verstöße rügt ein eingesetztes Gremium der freiwilligen Selbstkontrolle, das auch einen Verhaltenskodex für seriöse Angebote und lautere Werbung verabschiedet hat. Zusätzlich hat die Telekom Verträge mit den Anbietern geschlossen, in denen sich diese verpflichten, keine Gewaltdarbietungen, keine sexuell anstößigen und keine inhaltlich wertlosen Ansagen anzubieten. Die – beiderseitigen – Leistungsentgelte werden von der Telekom mit einem verkürzten Zeittakt von 12 Sekunden für 23 Pfennige berechnet und nach einem vertraglich vereinbarten Schlüssel zwischen ihr und den Informationsanbietern aufgeteilt.

Rechtsgrundlagen des Rundfunkdienstes. *Satellitenrundfunk* wird über Fernmelde- und Rundfunksatelliten (TV-Sat 2, TDF 1) abgewickelt. Sie sind geostationär in einer Höhe von 36 000 km im Orbit positioniert.

Rechtlich gesehen verteilen die Fernmeldesatelliten ihre Signale an *einzelne* Empfangsstationen, während die Rundfunksatelliten auf international festgelegten Rundfunkfrequenzen mit hoher Leistungsflußdichte für *alle* senden. Dieser auf dem Internationalen Fernmeldevertrag und der Vollzugsordnung für den Funkdienst beruhende Unterschied beider Satellitentypen hat sich durch die Weiterentwicklung der Technik verwischt, kann jedoch nicht einfach dadurch negiert werden, daß es mittlerweile »Medium-power-Satelliten« und qualitativ hochwertige Empfangsantennen für die schwächeren Signale der Fernmeldesatelliten gibt. Die DBP überläßt den interessierten Programmveranstaltern Satellitenkanäle. Die Überlassung ist Gegenstand von Verträgen.

Kabelrundfunk (Breitbandverteildienst) wird über inselartige Breitbandverteilnetze in Koaxialkabeltechnik realisiert. In diesen Netzen werden die Rundfunkprogramme als Verteilinformationen bis in die Wohnungen übertragen. Zwar liefert die DBP die Signale am sog. Übergabepunkt im Keller der Häuser ab, doch gilt die an den Übergabepunkt angeschlossene hausinterne private Verteilanlage noch als Bestandteil des öffentlichen Netzes. Aus Wirtschaftlichkeitsgründen und ordnungspolitischen Gründen hat die DBP darauf verzichtet, auch die Hausinnenverkabelung in eigene Regie zu nehmen.

Da nur ein Übergabepunkt pro Hausgrundstück rentabel ist, ist es insbesondere Aufgabe des Hauseigentümers (Vermieters), sein Haus mit den verschiedenen Wohnungen zu verkabeln. Werden alle Wohnungen verkabelt und angemeldet, so erhält der Vermieter einen Pauschaltarif in Höhe von 70 % des Normaltarifs. Auch der Normaltarif ist durch seine Gebührendegression gekennzeichnet: je mehr Wohneinheiten pro Hausgrundstück an das Breitbandverteilnetz angeschlossen sind, desto kostengünstiger werden die einmaligen Bereitstellungs- und die monatlichen Grundgebühren. Für den Vermieter lohnt sich ein Engagement, weil nach überwiegender Auffassung der Kabelanschluß eine Wohnwertverbesserung darstellt, die teilweise sogar als »nachhaltig« i. S. des § 3 Miethöhegesetz angesehen wird.

Für die *terrestrische Rundfunkversorgung* hält die Deutsche Bundespost an günstigen Standorten Rundfunksender bereit, die über ein umfangreiches Leitungsnetz mit den Programmsignalen aus den Fernseh- und Hörfunkstudios gespeist werden und diese dann aussenden.

Die Sender und Leitungen sind in den Tariflisten für dauernd überlassene Sendeanlagen und Leitungen sowie in denen für vorübergehend überlassene Leitungen vergebührt. Die im Ton- und Fernsehübertragungsdienst geltenden Allgemeinen Geschäftsbedingungen sind auch hier die rechtliche Basis für die Überlassung der Fernmeldeeinrichtungen insbesondere an private Veranstalter. ARD und ZDF rechnen nach der Vereinbarung über die Leistungsbeziehungen zwischen den öffentlich-rechtlichen Anstalten und der DBP ab. Die Anstalten betreiben die Hörfunk- und die Fernsehsender des Ersten Programms selbst.

DETLEV MÜLLER-USING

Literatur
Joachim Aubert: Fernmelderecht, Band I und II. Hamburg [3]1974 (*systematische Darstellung, teilweise allerdings überholt*)
Helmut Fangmann u. a.: Poststrukturgesetz. Basiskommentar. Köln 1990
Eckhart Wiechert: Erläuterungen zum Gesetz über Fernmeldeanlagen. In: Das Deutsche Bundesrecht. Sonderdruck. Baden-Baden 1989
Eckhart Wiechert/Joachim Schmidt: Fernmelderecht. Entscheidungen. Heidelberg 1983 ff. (*Loseblattsammlung*)

Teletext → Bildschirmtext und Videotext, → Pressefreiheit

Telexwerbung → Werberecht

Tendenz (»Kölner Stadt-Anzeiger«)-Beschluß → Bundesverfassungsgerichtsentscheidungen zum Medienrecht (6. November 1979)

Tendenzbetriebe → Tendenzschutz, → Rundfunkprogrammrecht

Tendenzschutz. Das Grundrecht der → Pressefreiheit umfaßt die Freiheit, die Tendenz eines Presseorgans festzulegen, zu verwirklichen, beizubehalten und zu ändern. Durch den Tendenzschutz wird die Pressefreiheit vor einer Beeinträchtigung durch betriebliche Mitbestimmung abgeschirmt. Unter Tendenzschutz versteht man die Einschränkung der Mitspracherechte der Arbeitnehmer in Unternehmen, die eine geistig-ideelle Zielsetzung verfolgen. Vorschriften über den Tendenzschutz bestehen jeweils dort, wo Mitspracherechte für Arbeitnehmer (→ Mitbestimmung) geregelt werden: in § 118 Betriebsverfassungsgesetz (BetrVG) für die Ebene des Betriebs, in § 1 Abs. 4 Mitbestimmungsgesetz hinsichtlich der Mitwirkung im Aufsichtsrat, in den Personalvertretungsgesetzen des Bundes und der Länder. Die Tendenzschutzregelung beruht auf der Erkenntnis, daß Mitspracherechte von Arbeitnehmern geeignet sind, bestimmte Tätigkeiten, die unter dem Schutz im Grundgesetz garantierter Freiheitsrechte stehen (z. B. Art. 4, Art. 5, Art. 9 Abs. 3 GG), zu beeinflussen oder zu beeinträchtigen. Der Tendenzschutz weist somit einen Grundrechtsbezug auf. Er steht in einem Spannungsverhältnis zu dem ebenfalls aus den Grundgesetz abgeleiteten Mitspracheanspruch der Arbeitnehmer (Sozialstaatsprinzip). Bei der Neufassung des Tendenzschutzparagraphen im BetrVG von 1972 wurde angestrebt, eine »ausgewogene Regelung zwischen dem Sozialstaatsprinzip und den Freiheitsrechten der Tendenzträger zu finden«.

§ 118 BetrVG, der hier zugleich stellvertretend für alle anderen Tendenzschutzvorschriften behandelt werden soll, regelt, daß die Vorschriften des BetrVG auf bestimmte Unternehmen und Betriebe keine Anwendung finden, soweit deren Eigenart einer Anwendung entgegensteht. Das BetrVG enthält neben organisatorischen Regelungen Mitspracherechte der Arbeitnehmer in sozialen, personellen und wirtschaftlichen Angelegenheiten.

§ 118 BetrVG schränkt die Mitspracherechte in sozialen und personellen Angelegenheiten mittels einer Soweit-Klausel und einer Eigenarts-Klausel ein; die Mitsprache in wirtschaftlichen Angelegenheiten ist völlig ausgeschlossen. § 118 BetrVG 1972 geht hervor aus § 81 BetrVG 1952; dieser wiederum basiert auf § 67 des Betriebsrätegesetzes (BRG) von 1920. Das BRG führte den Betriebsrat ein und gab ihm – vom heutigen Standpunkt aus betrachtet – überaus bescheidene Mitwirkungsrechte. Diese wurden durch § 67 BRG in bestimmten Betrieben ausgeschlossen, soweit deren Eigenart dies bedingte. Die Vorläufer des § 118 BetrVG werden hier erwähnt, weil sie zweierlei deutlich machen: Tendenzschutzregelungen bestehen, seit es Mitwirkungsrechte von Arbeitnehmern gibt, und der Tendenzschutz entfaltet eine um so stärkere Wirkung, je umfassender die Mitwirkungsrechte der Arbeitnehmer geregelt sind.

VORAUSSETZUNGEN. Unter dem Tendenzschutz des § 118 BetrVG stehen *Unternehmen und Betriebe mit einer geistig-ideellen Zielsetzung*. Nach den Worten des Gesetzgebers handelt es sich um Unternehmen und Betriebe, »die unmittelbar und überwiegend 1. politischen, koalitionspolitischen, konfessionellen, karitativen, erzieherischen, wissenschaftlichen oder künstlerischen Bestimmungen oder 2. Zwecken der Berichterstattung oder Meinungsäußerung, auf die Artikel 5 Abs. 1 des Grundgesetzes Anwendung findet, dienen«. Dabei ist zu beachten, daß der Ausdruck *Tendenz*, an den sich so viele Mißverständnisse bei der Auslegung von § 118 BetrVG knüpfen, im Gesetzeswortlaut nicht vorkommt. Für den Bereich der Medien sind die durch Nr. 2 bezeichneten Unternehmen von besonderem Interesse, d. h. vor allem die Presseunternehmen und die Buchverlage. Tendenzschutz genießen alle Unternehmen, die Zeitungen oder Zeitschriften herausgeben. Das wurde unter der Geltung des § 81 BetrVG 1952 von einem Teil des wissenschaftlichen Schrifttums mit der Behauptung bestritten, die Absicht der Gewinnerzielung stehe bei einigen Zeitungen und Zeitschriften so im Vordergrund, daß die geistig-ideelle Zielsetzung dahinter zurücktrete. Vereinzelt wurde auch die These vertreten, der Tendenzschutz gelte überhaupt nur für Unternehmen ohne wirtschaftliche Zielsetzung. Mit der Neufassung des Tendenzschutzparagraphen im Jahre 1972 ist jegliche Grundlage für diese Auffassung entfallen. § 118 BetrVG verweist nunmehr ausdrücklich auf Art. 5 GG. Die durch Art. 5 GG geschützte Presse wird privatwirtschaftlich, d. h. durch Unternehmen betrieben, die auf Gewinnerzielung angewiesen sind.

Der Tendenzschutz hat nicht zur Voraussetzung, daß das Unternehmen eine bestimmte, also einseitige Tendenz verfolgt. Der Ausdruck Tendenzschutz hat sich trotz seiner Mißverständlichkeit im Sprachgebrauch durchgesetzt. Es ist für den Tendenzschutz von Zeitungen und Zeitschriften unerheblich, ob sie sich einer bestimmten politischen oder geistigen Strömung verpflichtet fühlen oder streng auf Überparteilichkeit achten, ob sie von gehobenem oder niedrigem Niveau sind. Eine Grenze besteht nur dort, wo das Presseerzeugnis gar nicht den Zwecken der Berichterstattung oder Meinungsäußerung dienen will (z. B. Anzeigenblätter, die sich zwar auf Art. 5 GG berufen können, jedoch keinen Tendenzschutz genießen). Auch für Buchverlage gilt der Tendenzschutz (BAG BB 1976, 183).

Druckereiunternehmen sind als solche keine Tendenzbetriebe. Ist jedoch eine Druckerei mit einem Verlag in einem Unternehmen verbunden (Mischbetrieb), dann kommt es für die strittige Frage, ob das Unternehmen unter den Tendenzschutz fällt, darauf an, welcher Unternehmensteil überwiegt. Das ist im Einzelfall durch qualitative (Gepräge) und quantitative (Umsatz, Personal) Gesichtspunkte zu ermitteln.

AUSWIRKUNGEN. In Tendenzunternehmen wird kein *Wirtschaftsausschuß* gebildet, weil nahezu jede unternehmerische Entscheidung zugleich die geistig-ideelle Zielsetzung berührt. Die im BetrVG enthaltenen Mitbestimmungsrechte in sozialen und personellen Angelegenheiten bestehen dem Grundsatz nach auch in Tendenzunternehmen. Die Anwendung der entsprechenden Vorschriften des BetrVG ist jedoch insoweit eingeschränkt, als dies durch die Eigenart des Unternehmens gefordert wird. Es besteht Einigkeit darüber, daß die Einschränkung bei sozialen Angelegenheiten nur selten in Betracht kommt. Im Bereich der Mitsprache bei personellen Angelegenheiten (u. a. bei Einstellung, Versetzung oder Kündigung) bewirkt der Tendenzschutz jedoch erhebliche Einschränkungen. Inwieweit das Mitspracherecht in konkreten Fällen eingeschränkt wird, richtet sich nach der Eigenart des Unternehmens und dem Tendenzbezug der einzelnen Maßnahme, wobei streitig ist, wie dieser festgestellt werden kann. Nach der sog. *Tendenzträgertheorie* liegt ein Tendenzbezug immer dann vor, wenn von der personellen Maßnahme ein Tendenzträger (d. h. ein Arbeitnehmer, der an der Tendenzverwirklichung unmittelbar und maßgeblich mitwirkt) betroffen wird. Die sog. *Maßnahmetheorie* läßt dies nicht genügen. Sie fordert den Nachweis, daß die personelle Maßnahme aus tendenzbedingten Gründen erfolgen soll. Die Maßnahmetheorie darf für sich in Anspruch nehmen, dem Kompromißcharakter der Tendenzschutzregelung besser zu entsprechen. Da sich das BAG für die Maßnahmetheorie entschieden und das Bundesverfassungsgericht diese Entscheidung bestätigt hat, ist sie für die Praxis verbindlich. Nach dieser Theorie ist der Betriebsrat uneingeschränkt mitwirkungsberechtigt, wenn einem Redakteur z. B. aus Gründen der Rationalisierung gekündigt werden soll.

Die Mitwirkungsrechte des Betriebsrats werden durch § 118 BetrVG eingeschränkt, soweit die Eigenart des Unternehmens ihrer Ausübung entgegensteht. Aus dieser Soweit-Klausel leitet das BAG ab, daß bei der Einstellung eines Redakteurs zwar das Recht des Betriebsrats zur Verweigerung seiner Zustimmung entfällt (§ 99 Abs. 2 BetrVG), sein *Informationsanspruch* aber bestehen bleibt (§ 99 Abs. 1 BetrVG), und zwar in dem Sinn, daß der Arbeitgeber ihm auch die Bewerbungsunterlagen der Bewerber vorlegen muß, die er nicht berücksichtigen will, und daß bei der

Kündigung eines Redakteurs der Betriebsrat zwar nicht widersprechen kann (§ 102 Abs. 3), der Arbeitgeber aber den Betriebsrat über alle Kündigungsgründe – einschließlich der tendenzbedingten – vollständig unterrichten muß (*Anhörungspflicht*).

Die Rechtsprechung berührt hier einen neuralgischen Punkt. Wird der Arbeitgeber schon durch die Darlegungspflicht von tendenzbedingten Gründen in seiner Entscheidungsfreiheit beeinträchtigt (1955 vom BAG bejaht, seit den siebziger Jahren verneint) oder dient die Darlegungspflicht auch der tendenzbezogenen Gründe der vertrauensvollen Zusammenarbeit, zu der Arbeitgeber und Betriebsrat auch in Tendenzunternehmen verpflichtet sind? Das Bundesverfassungsgericht hat die neue Rechtsprechung des BAG bestätigt (Beschluß vom 6. November 1979; BVerfG 52, 283). Es ist der Auffassung, daß der Arbeitgeber gleichwohl die Freiheit seiner Entscheidung behalte; er werde durch die Anhörung nicht gehindert, die beschlossene Maßnahme durchzusetzen. Einen Zwang zur Erörterung der tendenzbedingten Gründe sieht das Gericht nicht, weil der Betriebsrat sich in seiner Stellungnahme auf die tendenzfreien Gesichtspunkte beschränken müsse. Diese Sichtweise erscheint praxisfern. Durch den Umfang der Darlegungspflicht wird die Gefahr einer Auseinandersetzung über die tendenzbezogenen Gründe zwischen Arbeitgeber und Betriebsrat vergrößert. Die Verweigerung der Erörterung der tendenzbezogenen Gründe belastet die vertrauensvolle Zusammenarbeit mit dem Betriebsrat, auch wenn sie rechtens ist. Andererseits entzieht der Arbeitgeber durch die Offenlegung auch der tendenzbezogenen Gründe für eine personelle Maßnahme unrichtigen Mutmaßungen über seine Beweggründe den Boden und trägt damit zur vertrauensvollen Zusammenarbeit bei.

Der Tendenzschutz bewirkt ferner, daß die Vorschriften über die Mitwirkung des Betriebsrats bei *Betriebsänderungen* nur insoweit Anwendung finden, als sie den Ausgleich oder die Milderung wirtschaftlicher Nachteile für die Arbeitnehmer zum Gegenstand haben.

Auf die Wirkungen des Tendenzschutzes (nicht auf den Tendenzschutz selbst) kann verzichtet werden. Voraussetzung hierfür ist die Zustimmung der durch den Tendenzschutz Begünstigten. In Presseunternehmen sind dies die Tendenzträger, d. h. das Unternehmen, die Redakteure u. a.

Als *Einschränkungen des Tendenzschutzes* können auch verschiedene Regelungen bei den Rundfunkanstalten angesehen werden. So wirken z. B. bei Radio Bremen zwei Belegschaftsangehörige mit Sitz und Stimme im Verwaltungsrat mit; im Hessischen Rundfunk nehmen zwei Mitglieder des Personalrats mit beratender Stimme an den Sitzungen des Verwaltungsrats teil; im Bayerischen Rundfunk nimmt der Vorsitzende des Personalrats an allen Beratungen des Verwaltungsrats teil, die Personalfragen behandeln.

Die Tendenzschutzregelung ist fortdauernder Kritik ausgesetzt, was angesichts ihres Kompromißcharakters nicht verwundert. Vereinzelt wird die Notwendigkeit einer Tendenzschutzregelung insgesamt bestritten. Demgegenüber hat das Bundesverfassungsgericht mit großer Klarheit festgestellt, dem Staat seien nicht nur unmittelbare Eingriffe, vor allem in Gestalt eigener Einflußnahme auf die Tendenz von Zeitungen, verwehrt; er dürfe auch nicht durch rechtliche Regelungen die Presse fremden – nichtstaatlichen – Einflüssen unterwerfen oder öffnen, die mit dem durch Art. 5 Abs. 1 Satz 2 GG begründeten Postulat unvereinbar wären, der Freiheit der Presse Rechnung zu tragen. Der Tendenzschutz (nicht notwendig die in § 118 BetrVG gefundene Tendenzschutzregelung) ist als Bestandteil der Pressefreiheit anerkannt und nimmt damit an der grundgesetzlichen Gewährleistung der Pressefreiheit teil.

MARTIN FORSTHOFF

Literatur

Kommentare zum Betriebsverfassungsgesetz von Fitting/Auffarth/Kaiser/Heither (^{17}1992), Dietz/Richardi (^{6}1982), Fabricius (^{2}1985)

Erich Frey: Der Tendenzschutz im Betriebsverfassungsgesetz 1972. Heidelberg 1974 (*umfassende Abhandlung zum Tendenzschutz unter Berücksichtigung der prozeßrechtlichen Seite*)

Hans-Peter Ipsen: Mitbestimmung im Rundfunk. Frankfurt 1972 (*vor allem zur Frage der Belegschaftsvertreter in den Aufsichtsgremien der Rundfunkanstalten*)

Klaus Mathy: Die Mitwirkung des Betriebsrats bei personellen Maßnahmen in Tendenzbetrieben. In: »Archiv für Presserecht«, Jg. 1972, S. 259 ff. (*begründet die Maßnahmetheorie*)

Rüdiger Niemann: Zum Theoriestreit über die Grenzen personeller Mitwirkung des Betriebsrats in Presseunternehmen. In: »Archiv für Presserecht«, Jg. 1972, S. 262 ff. (*vertritt die Tendenzträgertheorie*)

Martin Löffler/Reinhart Ricker: Handbuch des Presserechts. München ^{2}1986 (*umfassende Darstellung des Tendenzschutzes in Kapitel 37*)

Edgar Kull: Zur Erosion des Tendenzschutzes. In: »Neue Juristische Wochenschrift«, Jg. 1982, S. 2227 ff.

Peter Hanau: Personelle Mitbestimmung des Betriebsrats in Tendenzbetrieben, insbesondere Pressebetrieben. In: »Betriebsberater«, Jg. 1973, S. 901 ff. (*Auswirkung des Tendenzschutzes auf die Mitwirkung des Betriebsrats in personellen Angelegenheiten*)

Werner Weber: Mitbestimmung durch Redaktionsstatute? In: »Neue Juristische Wochenschrift«, Jg. 1973, S. 1953 ff. (*Rechtsform und Rechtswirkung von Redaktionsstatuten*)

Rolf Birk: Tendenzbetrieb und Wirtschaftsausschuß. In: »Juristenzeitung«, Jg. 1973, S. 753–759 (*grundsätzliche Bemerkungen zum Zweck des Tendenzschutzes und zur Mitwirkung des Betriebsrats in wirtschaftlichen Angelegenheiten*)

Wilhelm Dütz: Tendenzschutz und Beteiligungsrechte des Betriebsrats, insbesondere bei Kündigungen in Pressebetrieben. In: »Betriebsberater«, Jg. 1975, S. 1261–1270 (*Rechte des Betriebsrats bei der Kündigung von Redakteuren aus der Sicht der Maßnahmetheorie*)

Harro Pfander: Pressefreiheit und betriebliche Mitbestimmung. In: »Neue Juristische Wochenschrift«, Jg. 1980, S. 1084 ff. (*zur Anhörungstheorie, zugleich eine Besprechung der Entscheidung des Bundesverfassungsgerichts Bd. 52, S. 283*)

terrestrische Rundfunkversorgung → Neue elektronische Kommunikationstechniken, → Telekommunikationsrecht

»Titanic«-Beschluß → Bundesverfassungsgerichtsentscheidungen zum Medienrecht (25. März 1992)

Titelschutz → Filmrecht, → Rundfunkprogrammrecht, → Wettbewerbsrecht

Tonbandüberspielung → Urheberrecht

Tonträger → Pressegesetz

überragende Marktstellung → Wettbewerbsrecht

Übertragungsrechte → Rundfunkprogrammrecht, → Wettbewerbsrecht

üble Nachrede → Persönlichkeitsschutz, → Verantwortung des Journalisten

Umsatzsteuer (Zweites Rundfunk)-Urteil → Bundesverfassungsgerichtsentscheidungen zum Medienrecht (27. Juli 1971)

unbewußte Entlehnung → Urheberrecht

unentgeltliche Veröffentlichung von Anzeigen → Wettbewerbsrecht

unlauterer Wettbewerb → Medienpolitik, → Schweizerisches Medienrecht, → Verlagsrecht/Buchrecht, → Werberecht, → Wettbewerbsrecht

»Unsere Stimme« (MLPD)-Beschluß → Bundesverfassungsgerichtsentscheidungen zum Medienrecht (19. Dezember 1991)

Unterbrecherwerbung → Rundfunkprogrammrecht

Unterhaltungspresse → Pressefreiheit

Unterordnungspflicht → Arbeitsrecht der Medien

Urheberbedingungen → Arbeitsrecht der Medien, → Urheberrecht

Urheberrecht. Das Urheberrecht umfaßt nach einer landläufigen, wenn auch etwas unscharfen Formel den Schutz der Rechte an Werken »der Literatur, Wissenschaft und Kunst«, was journalistische und publizistische Beiträge einschließt. Die meisten Kulturstaaten – eine Ausnahme bildete bisher der chinesische Kulturraum – haben dafür besondere Gesetze geschaffen. Zur Zeit gelten in Deutschland das Urheberrechtsgesetz (UrhG) vom 9. September 1965 (BGBl. I 1273) mit Änderungen vom 10. November 1972 (BGBl. I 2081), vom 24. Juni 1985 (BGBl. I 1137), vom 7. März 1990 (BGBl. I 422) und vom 24. Mai 1993 (BGBl I 920); in Österreich das Urheberrechtsgesetz (Öst.UrhG) vom 9. April 1936 (öBGBl. Nr. 111) mit der letzten Änderung vom 21. Januar 1993 (öBGBl. 1166), in der Schweiz das neue Bundesgesetz über das Urheberrecht und verwandte Schutzrechte

(URG) vom 9. Oktober 1992 (BBl. 1992 IV 74), das am 1. Juli 1993 in Kraft getreten ist. Daneben finden sich Sonderregelungen für Teil- und Randgebiete, z. B. → das Verlagsrecht, das Recht der Verwertungsgesellschaften und das Geschmacksmusterrecht. Der nationale Rechtsschutz wird ferner durch eine Reihe internationaler Abkommen ergänzt.

RECHTSSYSTEM. Das Werk ist Ausdruck der *Persönlichkeit* seines Schöpfers. Es spiegelt dessen Empfindungen und Eigenheiten, seinen persönlichen Stil wider. Darüber hinaus stellt das Werk in der Regel einen *Vermögenswert* dar; es läßt sich auf die verschiedenste Weise wirtschaftlich auswerten. Die Beziehungen des Urhebers zu seinem Werk sind daher sowohl persönlichkeitsrechtlicher als auch vermögensrechtlicher Natur. Das hat zur Folge, daß das Urheberrecht nur vererbt, sonst aber nicht vollständig auf einen anderen übertragen werden kann (§ 29 dt. UrhG, § 23 öst. UrhG; anders Art. 16 Abs. 1 URG). Niemand kann einen Teil seiner Persönlichkeit einfach weggeben; so wenig, wie der leibliche Vater aufhört, Vater seines Kindes zu sein, wenn es von einem anderen adoptiert wurde, hört der Künstler auf, Vater seines geistigen Kindes zu sein, selbst wenn er sich aller Rechte daran begeben hat. Eine letzte Bastion persönlichkeitsbezogener Befugnisse behält der Urheber somit selbst dann, wenn er eigentlich schon nichts mehr besitzt: das Recht auf Anerkennung seiner Urheberschaft am Werk (§ 13 dt. UrhG, § 19 öst. UrhG, Art. 9 URG) und das Recht, Entstellungen und ähnliche schwerwiegende Eingriffe in sein Werk zu verbieten (§ 14 dt. UrhG, § 21 III öst. UrhG, Art. 11 Abs. 2 URG). Auf diese Rechte kann der Urheber nicht einmal wirksam verzichten. Dagegen kann er das Recht zur *Nutzung* seines Werkes entweder geschlossen oder – was die Regel ist – nach einzelnen Nutzungsarten aufgespalten übertragen: das Vervielfältigungs- und Verbreitungsrecht an einen Verlag, das Ausstellungsrecht an ein Museum, das Aufführungsrecht an ein Theater, das Senderecht an eine Rundfunkanstalt usw.

Auch ohne Übertragung durch den Urheber hat jedermann das Recht zur Nutzung des Werkes dann, wenn die Erlaubnis dazu schon im Gesetz selbst ausdrücklich erteilt ist (*gesetzliches Nutzungsrecht*). Jedermann darf zum Beispiel, obwohl die Vervielfältigung an sich eine dem Urheber vorbehaltene Nutzung ist, zum persönlichen Gebrauch ein Bild oder einen Zeitschriftenaufsatz kopieren oder aus einem anderen Werk zitieren. Meist ist die Nutzung zwar erlaubt, aber vergütungspflichtig, wie das Fotokopieren (§ 54 Abs. 2 dt. UrhG, eingeschränkt Art. 20 Abs. 2 URG), das Vermieten von Büchern durch Leihbibliotheken (§ 27 dt. UrhG, Art. 13 URG; Österreich hat in § 16a zum 1. Januar 1994 ein regelrechtes Vermietrecht eingeführt) oder das private Überspielen auf Ton- oder Videokassette (§ 54 Abs. 1 und 2 dt. UrhG; § 42 Abs. 5 öst. UrhG; Art. 20 Abs. 3 URG; die Vergütung wird hier im wesentlichen durch einen gesetzlich bestimmten Aufschlag auf den Fabrikabgabepreis des Gerätes bzw. der Kassette, in Österreich und der Schweiz nur der Kassette, erhoben).

Das Rechtssystem des Urheberrechts läßt sich demnach graphisch wie in diesem Schaubild veranschaulichen.

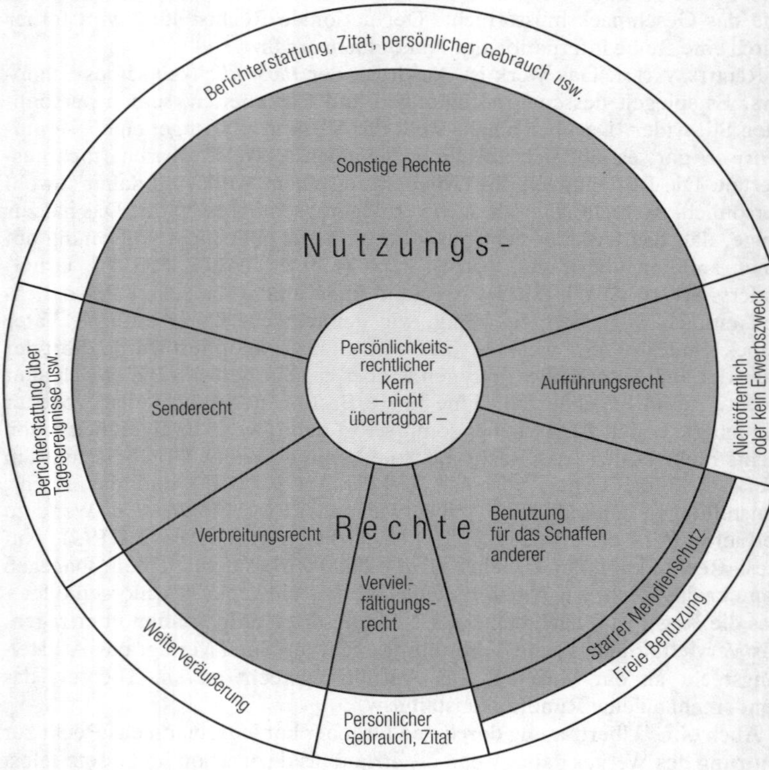

WERKARTEN. Die Gesetze pflegen beispielhaft aufzuzählen, was alles als »Werk« geschützt sein kann: *Sprachwerke*, also Zeitungsbeiträge, die mehr als bloße Nachrichten sind, wissenschaftliche Aufsätze, Gedichte, Romane, Novellen, Hörspiele, Bühnenwerke, Filmdrehbücher, Treatments und Exposés, Vorträge, Reden, Predigten und Kommentare, neuerdings auch Computerprogramme, endlich (längere) Werbesprüche (BGHZ 28, 234 »Verkehrs-Kinderlied«), (kurze) Werbeslogans jedoch nur ausnahmsweise (BGH GRUR 1966, 691 »Ein Himmelbett als Handgepäck«), Briefe nur dann, wenn sie sprachlich gestaltet sind (BGHZ 31, 308, 311 »Alte Herren«); *Werke der Musik* ohne Rücksicht auf Harmonie oder Melodik, also auch serielle Musik, elektronische Musik, Entwurfsmusik, soweit sie noch durch den schöpferischen Willen des Menschen entsteht und nicht bloßes Produkt von Zufall oder Maschine ist; *pantomimische Werke*, und zwar, wie bei allen Werkarten, auch wenn sie improvisiert dargeboten und nirgends fixiert sind; *Kunstwerke*, und zwar einschließlich der Gebrauchskunst (Industriedesign, Gebrauchsgraphik usw.), der Baukunst und Bauplanung (BGH GRUR 1965, 45 »Stadtplan«), der Innenarchitektur (BGH GRUR 1982, 107 »Kirchen-Innenraumgestaltung«; schweiz. BG GRUR Int. 1975, 145 »Ladenumbauprojekt«), der Modeschöpfung (BGHZ 16, 4 »Mantelmodell«) und der künstlerisch gestalteten Werbung (BGH GRUR 1961, 85 »Pfiffikus-Dose«); *Lichtbilder*, auch kunstlose Amateuraufnahmen und einzelne Live-Fernsehbilder; *Filmwerke* einschließlich der Fernsehaufzeichnungen ohne Rücksicht auf das Herstellungsverfahren und den Verwendungszweck (→ Filmrecht); *Darstellungen wissenschaftlicher oder technischer Art*, wie Landkarten (BGH GRUR 1988, 33 »Topographische Landeskarten«), Konstruktionszeichnungen (BGH GRUR 1956, 284 »Rheinmetall-Borsig II«), plastische Darstellungen.

Die Vereinigung von Werken mehrerer Urheber zu einer Sammlung kann ein *Sammelwerk* sein, das als solches, d. h. in gerade dieser Zusammenstellung, geschützt ist. Der Herausgeber ist aber bei der Verwertung seiner Schöpfung von der Mitwirkung derjenigen Urheber abhängig, deren Werke er aufgenommen hat.

Ebenso ist der *Bearbeiter* eines Werkes, z. B. der Übersetzer, Arrangeur oder nachschaffende Künstler, auf den Urheber des Originals angewiesen, wenn er die Bearbeitung verwerten will, wie umgekehrt dieser nicht ohne Mitwirkung des Bearbeiters die bearbeitete Fassung nutzen darf.

WERKBEGRIFF. Ob ein Werk im Einzelfall tatsächlich Urheberschutz genießt, hängt davon ab, ob es das Ergebnis einer *individuellen geistigen Leistung* ist. Die in der Formulierung etwas unterschiedlichen Begriffe in den Gesetzen der deutschsprachigen Länder meinen dasselbe: Schöpfung im Sinne des Urheberrechts kann nur das sein, was dem Gestaltungswillen eines einzelnen entspricht, was gleichsam den Stempel der Persönlichkeit seines Schöpfers an der Stirn trägt, seine Handschrift, seinen Stil verrät. Daraus folgt, daß Erfindungen, Entdeckungen und wissenschaftliche Erkenntnisse, mögen sie auch noch so großartig sein, niemals Urheberschutz genießen können; denn sie decken gegebene Gesetzmäßigkeiten auf, lassen dem Genie ihres Entdeckers aber keine Wahl zwischen mehreren Möglichkeiten und erlauben ihm deshalb keine persönliche Entscheidung. Das gleiche gilt für die wissenschaftliche Lehre oder Arbeitsmethode: Ihr Kennzeichen ist der Anspruch, objektiv richtig zu sein, den Erfordernissen der Sache am besten zu entsprechen. Sie kann ihrer Natur nach nicht »Geschmackssache« sein, wie es jedes Produkt menschlicher Eigenart notwendigerweise ist. Sie kann Entdecker und Befürworter, aber keinen Urheber haben. Nur die *Form* ihrer Darstellung ist individuell und daher urheberrechtlich geschützt.

Was ferner allgemein bekannt ist, kann nicht Gegenstand von Ausschließlichkeitsrechten eines einzelnen sein. Die Verwendung bekannter Formen und Gestaltungselemente begründet deshalb noch keinen Urheberschutz. Doch kann in der *Kombination* bekannter Elemente zu einem neuen Ganzen eine schöpferische Leistung liegen, wenn darin ein persönlicher Gestaltungswille erkennbar wird. Tatsächlich gehen nahezu alle urheberrechtlich geschützten Werke, wenn man genauer hinsieht, auf solche Kombinationen zurück: Der Journalist verwendet die gängigen journalistischen Formen wie etwa Reportage oder Glosse, der Autor bekannte Geschehensabläufe und Charaktermerkmale, der Drehbuchverfasser die erprobten Filmklischees, der Schlagerkomponist einen der gängigen Grundtypen für den Liedaufbau, der Maler die gebräuchlichen Stilelemente der Kunstrichtung, der er sich verschrieben hat. Jeder von ihnen schöpft zudem bewußt oder unbewußt aus dem reichen Fundus vorbekannter Werke, die dem Ingenium der Menschheit vor ihm entsprossen sind.

Auf die *Qualität* des Produktes kommt es dabei nicht an. Darüber, ob ein Kunstwerk »gut« oder »schlecht« sei, wird man sich immer streiten können. Deshalb wird selbst das billigste Romanheft, der primitivste Schlager, das total kitschige Opus eines Sonntagsmalers als schutzfähig angesehen, wenn es nur ein Mindestmaß an individueller Eigenart aufweist, wenn sich also zumindest sagen läßt, daß ein anderer Künstler das Thema möglicherweise anders behandelt haben würde. Nur was jedermann rein handwerklich ebenso zuwege brächte, was also jede persönliche Eigenart vermissen läßt, scheidet aus.

Das Werk muß, um individuell geprägt zu sein, vom *Menschen* stammen. Eine Firma, eine juristische Person, eine Behörde kann daher nicht Urheber sein. Das Produkt eines Roboters ist nur dann geschützt, wenn seine Gestaltung im einzelnen nicht von den Gesetzmäßigkeiten der Maschine, sondern von einem dahinterstehenden Menschen bestimmt worden ist, der sich dieser Gesetzmäßigkeiten zu eigenem Schaffen bediente.

MEHRERE URHEBER. Haben mehrere ein Werk in der Weise – gemeinsam oder mit verteilten Rollen – geschaffen, daß ihre Anteile nicht voneinander getrennt werden können, so sind sie *Miturheber*. Ist dagegen eine getrennte Verwertung möglich, so liegt nur eine *Werkverbindung* vor. Das letztere trifft stets dann zu, wenn verschiedene Werkarten miteinander verbunden sind: Text- und Bildreportage bei illustrierten Zeitschriften, Musik und Text beim Schlager oder der Oper, Text und Illustration beim Kunstband. Bei der Werkverbindung bleiben beide Werke grundsätzlich selbständig, auch wenn sie zugleich und füreinander geschaffen wurden; so kommt es, daß beispielsweise der Text zum »Zigeunerbaron« von Schnitzler noch geschützt, die Musik von Johann Strauß aber längst frei ist, weil der Komponist sehr viel früher starb als sein Textdichter.

NUTZUNGSRECHTE. Grundsätzlich steht dem Urheber jede Art der wirtschaftlichen Verwertung seines Werkes zu. Deshalb ist die Aufzählung der Nutzungsrechte, wie sie die Gesetze geben, nur beispielhaft. Etwaige in

Zukunft neu entstehende Nutzungsmöglichkeiten fallen automatisch dem Urheber zu, und zwar nach deutschem Recht selbst dann, wenn er alle Nutzungsrechte pauschal oder sogar »unter Einschluß zukünftiger Nutzungsarten« übertragen hatte (§ 31 Abs. 4 und 5 UrhG; anders Art. 16 Abs. 1 URG für den Fall der – in der Schweiz zugelassenen – Übertragung des Urheberrechts). Die wichtigsten *Arten der Werknutzung* sind: das *Vervielfältigungsrecht* (dazu gehört neben dem Buchdruck usw. und dem Kopieren auch der Mitschnitt und das Überspielen auf Tonband, Schallplatte und andere Ton- und Bildträger); das *Verbreitungsrecht*, bei dem man zahlreiche, oft getrennte Spielarten unterscheidet, z. B. bei Zeitungen die Weitergabe von Spalten- und Seitenmatern an kooperierende Unternehmen, »syndikalistische« Weiterverbreitung von Bildern und Texten zwischen illustrierten Zeitschriften, bei Büchern im Sortimentsbuchhandel, als Taschenbuch, in Buchgemeinschaften; das *Aufführungs-, Vortrags- und Vorführungsrecht*; das *Senderecht*; die *Zweitwiedergaberechte*, d. h. das Recht zur öffentlichen Wiedergabe einer Funksendung und das Recht zur öffentlichen Wiedergabe von Bild- und Tonträgern.

BEARBEITUNG UND PLAGIAT. Man kann ein Werk auch dadurch nutzen, daß man es *bearbeitet*, also etwa den Roman als Vorlage für ein Bühnenstück benutzt oder einen alten Schlager im Beat-Rhythmus neu arrangiert oder auch einfach nur die Übersetzung eines Buches in eine andere Sprache besorgt. Über dieses Bearbeitungsrecht verfügt allein der Urheber; ohne seine Erlaubnis dürfen Bearbeitungen seines Werkes nicht einmal veröffentlicht, geschweige denn ausgewertet werden. Andererseits baut jeder Urheber in mehr oder minder großem Umfang auf den schöpferischen Leistungen auf, die andere vor ihm erbracht haben. Das zu verbieten wäre undenkbar. Im luftleeren Raum entsteht keine Schöpfung. Deshalb erlauben alle Urheberrechtsgesetze die *freie Benutzung* des Werkes eines anderen als Anregung zu eigenem, selbständigem Schaffen. Eine Ausnahme macht – für den Bereich der Musik – im deutschsprachigen Raum allein Deutschland: Im Gegensatz zu Österreich und der Schweiz verbietet § 24 Abs. 2 dt. UrhG die Benutzung einer fremden Melodie für ein eigenes musikalisches Werk, selbst wenn es sich um eine neue selbständige Schöpfung handelt.

Die Grenzen zwischen der – verbotenen – Bearbeitung eines Werkes und seiner – erlaubten – freien Benutzung sind fließend. Wer ein fremdes Werk nicht nur als Anregung nimmt, sondern seine individuellen Merkmale auch nur teilweise adaptiert, bearbeitet es und setzt sich dem Vorwurf einer Anmaßung der Urheberschaft an einem fremden Werk (*Plagiat*) aus, wenn er die Bearbeitung nicht als solche kenntlich macht. Auch die *unbewußte Entlehnung* aus einem fremden Werk gilt als unerlaubte Bearbeitung.

EINRÄUMUNG VON NUTZUNGSRECHTEN. Ähnlich wie das Patentrecht, das die Vergabe von ausschließlichen oder einfachen, auf die ganze Welt erstreckten oder auf ein Land beschränkten, befristeten oder unbefristeten

Lizenzen kennt, gibt es auch im Urheberrecht zeitlich, örtlich oder gegenständlich beschränkte, einfache oder ausschließliche Nutzungsrechte. Dabei hat sich, ausgehend von der Grundidee, daß der Sinn des Urheberrechts der Schutz des Urhebers sei, im Laufe der letzten Jahrzehnte eine Auslegungsregel entwickelt, die auf alle Übertragungsverträge Anwendung findet, es sei denn, der Vertragstext besage klar und eindeutig etwas anderes: Der Urheber räumt im Zweifel nur so viele Rechte dem Verwerter ein, wie sie der Zweck des Vertrages unbedingt erfordert (*Zweckübertragungstheorie*), und zwar auch dann, wenn der Vertrag die pauschale Übertragung »des Urheberrechts« oder »aller Rechte« vorsieht (ausdrücklich § 31 Abs. 5 dt. UrhG, vgl. auch Art. 16 Abs. 2 URG). Der Filmproduzent, der Auftragsproduktionen für das Fernsehen herstellt, erwirbt vom Drehbuchautor danach nur das Senderecht, nicht das Recht zur Vorführung des Films in Kinos (§ 88 Abs. 1 Nr. 4 dt. UrhG), oder er muß es sich ausdrücklich übertragen lassen. Der Verleger, der nicht selbst eine Buchgemeinschaft ist, erwirbt vom Urheber nur dann auch die Buchgemeinschaftsrechte, wenn das *expressis verbis* im Vertrag steht (BGH GRUR 1959, 200 »Heiligenhof«). Entwürfe für die Postkartenwerbung darf die werbende Firma nur dann auch für Plakate oder Prospekte verwenden, wenn das mit dem Graphiker ausdrücklich vereinbart ist (OLG Hamm UFITA 28, 352). Auch die Weiterübertragung erworbener Nutzungsrechte ist meist von der Zustimmung des Urhebers abhängig.

Für urheberrechtliche Leistungen, die im Rahmen von *Arbeits- und Dienstverhältnissen* für eine Firma oder für eine Anstellungsbehörde erbracht werden, werden nur sehr selten formelle Übertragungsverträge geschlossen. Verlage und Rundfunkanstalten sehen jedoch in den Verträgen mit ihren Mitarbeitern im Regelfall eine weitgehende Einräumung der Nutzungsrechte vor. Sonst erfolgt die Einräumung von Nutzungsrechten an den Dienstherrn stillschweigend, wobei sich der Umfang der Rechtsübertragung nach der Art des Arbeitsvertrages oder des Dienstrechtes richtet. Der bei einer Werbeagentur angestellte Graphiker räumt danach stillschweigend alle Nutzungsrechte ein, die bei der Werbung berührt werden: das Vervielfältigungsrecht (Plakate, Inserate, Prospekte), das Verbreitungsrecht (Prospektverteilung), das Senderecht (Werbesendungen). Dagegen darf die Agentur seine Arbeiten nicht etwa einem Kunstverlag zur Aufnahme in einen Kalender zur Verfügung stellen oder sie auf Kunstauktionen versteigern lassen. Der Referent, der die Rede des Ministers ausarbeitet, räumt diesem stillschweigend das Vortragsrecht, nicht jedoch das Recht ein, die Rede in seinen Memoiren nachzudrucken; er darf sie andererseits auch nicht selbst veröffentlichen und so den Minister bloßstellen, weil das gegen seine Dienstpflichten verstieße.

Gesetzlich erlaubte Nutzung. Alle Urheberrechtsgesetze erlauben bestimmte Nutzungen auch ohne Zustimmung des Urhebers. Es handelt sich dabei um Nutzungen, die im öffentlichen Interesse liegen, wie die

Berichterstattung über Tagesereignisse, die Strafrechtspflege usw., und um den Bereich, in dem der Urheber ein wirtschaftliches Interesse vernünftigerweise nicht mehr haben kann. Zu der letzteren Gruppe gehört etwa das *Zitatrecht*, das stets die korrekte Quellenangabe erfordert. Nutzungen in der Privatsphäre, z.B. die Vervielfältigungen zum internen Gebrauch, haben angesichts der heutigen technischen *Kopier- und Überspielmöglichkeiten* allerdings mittlerweile große wirtschaftliche Bedeutung. Solche Nutzungen sind in den deutschsprachigen Ländern zwar erlaubt, aber meist vergütungspflichtig (in Österreich soll die Fotokopiervergütung eingeführt werden, in der Schweiz gilt sie nur eingeschränkt). In Deutschland zahlt der Gerätehersteller auf das Gerät eine einmalige Pauschale, ebenso der Hersteller des Trägermaterials auf die Leerkassette; bestimmte Betreiber von Fotokopiergeräten (z.B. *Copyshops*) müssen daneben noch eine kleine Abgabe pro Kopie entrichten (§ 54 Abs. 1 und 2 UrhG). In Österreich und der Schweiz gibt es wenigstens eine ähnliche Leerkassettenvergütung (§ 42 Abs. 5 öst. UrhG, Art. 20 Abs. 3 URG).

SCHUTZDAUER UND GEMEINFREIHEIT. Das Werk ist in den meisten europäischen Ländern bis zum Ablauf von 50 Jahren nach dem Tode des Urhebers – bei Miturhebern nach dem Tode des Längstlebenden – geschützt. In den deutschsprachigen Ländern beträgt die Frist jetzt einheitlich 70 Jahre. Die Vereinigten Staaten kannten früher nur eine Schutzdauer von 28 Jahren nach der Veröffentlichung ohne Rücksicht auf die Lebenszeit des Urhebers; diese Frist konnte einmal um weitere 28 Jahre verlängert werden. Ein neues, am 1. Januar 1978 in Kraft getretenes Copyright Law führt die 50-Jahres-Frist für neue Werke ein, verlängert die Schutzfrist für Werke, deren Schutzperiode ordnungsgemäß verlängert wurde, auf insgesamt 75 Jahre und paßt die Rechtslage schrittweise der in der übrigen Welt an. Nach Ablauf der Schutzfrist ist das Werk *gemeinfrei*, d.h., es kann von jedermann nachgedruckt, ausgewertet, bearbeitet, ja sogar verschandelt oder als eigenes Werk ausgegeben werden. Letzteres kann freilich Betrug sein; der Usurpator wird dann aber nicht urheberrechtlich als Plagiator, sondern nur strafrechtlich als Betrüger verfolgt. Urheber aus Staaten mit kürzerer Schutzfrist werden auch in den deutschsprachigen Ländern nur ebenso lange wie in ihrem Heimatland geschützt (sog. Schutzfristvergleich).

LEISTUNGSSCHUTZRECHTE. Im Zeitalter des Fernsehens und der Schallplatte bedarf auch der *ausübende Künstler* eines Schutzes. Furtwängler war zwar kein Bearbeiter Beethovens, aber seine Aufführungen der Werke des großen Meisters sind gleichwohl unverwechselbare Leistungen von hohem künstlerischen Rang. Die Mehrzahl der Urheberrechtsgesetze schützt daher auch die *Interpretation eines Werkes* durch Dirigenten, Musiker, Sänger, Schauspieler, Tänzer und andere Mitwirkende. Damit Kollisionen mit dem Interesse der Urheber an der Verbreitung ihrer Werke möglichst vermieden werden, ist den ausübenden Künstlern allerdings nur eine begrenzte Zahl von Nutzungsrechten an ihrer Leistung vorbehalten. Nur die auf Band,

Schallplatte oder Bildträger zu fixierende oder die gesendete Leistung ist geschützt, und auch das nur gegen Aufnahme, Vervielfältigung und teilweise Sendung; einzelne weitere Nutzungen kann der ausübende Künstler zwar nicht verbieten, aber dafür eine Vergütung verlangen. Damit die Zahl der Beteiligten nicht zu groß wird, werden Ensembles kraft Gesetzes vom Chor- oder Orchestervorstand vertreten.

Alle deutschsprachigen Länder kennen daneben noch ein Leistungsschutzrecht des Tonträgerherstellers und des Sendeunternehmens, die Bundesrepublik Deutschland auch des Filmproduzenten, für deren unternehmerische Leistung. Die Bundesrepublik Deutschland schützt auch wissenschaftliche Ausgaben und Ausgaben nachgelassener Werke (§§ 70, 71 dt. UrhG).

Die *Schutzfristen* für Leistungsschutzrechte sind sehr viel kürzer als diejenigen des Urheberrechts (für Künstler 50, für Unternehmen in Deutschland 25 Jahre seit dem Zeitpunkt der Leistung oder ihrer Veröffentlichung).

Rechtsverfolgung. Urheberrechtsverletzungen sind *unerlaubte Handlungen* im Sinne des allgemeinen Zivilrechts und werden daher wie diese verfolgt. Eine Besonderheit bietet das Schadenersatzrecht: Während sonst nur der effektiv entstandene, nachweisbare Schaden, der auch in entgangenem eigenen Gewinn bestehen kann, ersetzt wird, kann der Verletzte hier – wiederum ähnlich dem Patentrecht – auch die angemessene Lizenzgebühr verlangen, die er beansprucht haben würde, wenn das benutzte Recht ordnungsgemäß erworben worden wäre. Er kann statt dessen ferner die Herausgabe des Gewinns fordern, den der Verletzer selbst durch die unberechtigte Nutzung erzielt hat. Es ist stets zu prüfen, welche Berechnungsart für den Verletzten am günstigsten ist.

Internationales Urheberrecht. Es gibt zwei wichtige internationale Konventionen: die *Revidierte Berner Übereinkunft* (RBÜ) und das *Welturheberrechtsabkommen* (WUA), beide zuletzt 1971 in Paris revidiert. Sie beruhen auf dem Prinzip der *Inländerbehandlung*: Jeder Angehörige eines Verbandsstaates ist in jedem anderen Verbandsstaat den Inländern rechtlich gleichgestellt. Während sich jedoch das WUA darauf beschränkt, von allen Vertragspartnern »einen ausreichenden und wirksamen Schutz« der Rechte der Urheber zu fordern, die Schaffung eines Urheberrechts also der Initiative der Einzelstaaten überläßt, enthält die RBÜ einen umfassenden Katalog von *Mindestrechten*, die jedem Urheber in jedem Verbandsland auch dann zustehen, wenn die nationale Gesetzgebung keinen oder keinen entsprechenden Schutz gewährt. Der RBÜ gehören alle europäischen Staaten mit Ausnahme der Sowjetunion und Albaniens, die meisten mittel- und südamerikanischen Länder, der größere Teil der früheren französischen Kolonien und des Commonwealth sowie einige asiatische Staaten an (84); seit dem 1. März 1989 sind auch die USA, seit dem 15. Oktober 1992 auch die VR China Mitglied. Die Bedeutung des WUA (91 Mitgliedstaaten) liegt vor allem darin, daß ihm außer den meisten RBÜ-Ländern und einer Reihe anderer Staaten, darunter seit 1973 die Sowjetunion, von Anfang an auch die USA angehörten, mit der Folge, daß die Werke von Nichtamerikanern seit seinem Inkrafttreten am 16. September 1955 in den Vereinigten Staaten auch ohne die früher vorgeschriebene Registrierung beim *Copyright Register* der Library of Congress in Washington geschützt sind. Voraussetzung war lediglich, daß jedes veröffentlichte Exemplar des Werkes das Zeichen © unter Angabe von Inhaber, Erscheinungsort und -jahr trug.

Der internationale Schutz der ausübenden Künstler, Tonträger- und Sendeunternehmen ist noch wenig verbreitet; dem wichtigsten Abkommen (sog. *Rom-Abkommen* von 1961) gehörten am 1. Januar 1994 erst 44 Staaten an. Auch hier gilt in erster Linie das Prinzip der Inländerbehandlung.

Eine Reihe wichtiger Staaten, darunter Nationalchina, Indonesien und die meisten arabischen Nationen, sind bisher den urheber- und leistungsschutzrechtlichen Konventionen nicht beigetreten. Ihre Staatsangehörigen sind daher bei uns nur geschützt, soweit in bilateralen Staatsverträgen Inländerbehandlung vereinbart oder soweit die Gegenseitigkeit verbürgt ist.

WILHELM NORDEMANN

Literatur

Gerhard Schricker: Urheberrecht. Kommentar. München 1987.
Friedrich Karl Fromm/Wilhelm Nordemann: Kommentar zum Urheberrechtsgesetz und zum Urheberrechtswahrnehmungsgesetz. Mit den Texten der Urheberrechtsgesetze der ehemaligen DDR, Österreichs und der Schweiz. Stuttgart ⁸1994
Otto-Friedrich Freiherr von Gamm: Urheberrechtsgesetz. Kommentar. München 1968
Philipp Möhring/Käte Nicolini: Urheberrechtsgesetz. Kommentar. Berlin 1970
Eugen Ulmer: Urheber- und Verlagsrecht. Heidelberg ^{3}1980
Hubmann/Rehbinder: Urheber- und Verlagsrecht. München ^{7}1992
Robert Dittrich: Österreichisches und internationales Urheberrecht. Wien ^{2}1988 mit Nachtrag 1990
Manfred Rehbinder: Schweizerisches Urheberrecht. Bern 1993

Ursprungslandprinzip → Europäisches Medienrecht

Uruguay-Runde → Internationale und supranationale Kommunikationsbeziehungen

verantwortlicher Anzeigenleiter → Presseordnungsrecht

verantwortlicher Redakteur → Pressedelikte, → Pressegesetze, → Presseordnungsrecht, → Rundfunkprogrammrecht

Verantwortung des Journalisten. Die Verantwortung des Journalisten in einem freiheitlichen, demokratisch verfaßten Staat wie der Bundesrepublik

Deutschland hat ihren Grund in der herausgehobenen Funktion (»öffentliche Aufgabe«), die der Journalist durch seine berufliche Tätigkeit im Prozeß der gesellschaftlichen Kommunikation ausübt, indem er als Vermittler an die Öffentlichkeit eine soziale Dienstleistung bewirkt (oder unerfüllt läßt), sei es als *Journalist* in der Beförderung des Austausches von Nachrichten, Meinungen, Zielvorstellungen usw., sei es als *Publizist* in der Vertretung von Interessen und Werten (seiner Gruppe, Kirche, Partei usw.).

JOURNALISMUS ALS VERMITTLUNGSTÄTIGKEIT. Zu allen Zeiten war es eines der wichtigsten Rechte des Souveräns, sich Informationen über das Weltgeschehen zu verschaffen, weil er Entscheidungen, die für das Gemeinwesen von Belang sind, nicht in vernünftiger Weise treffen kann, ohne über die Wirklichkeit genügend unterrichtet zu sein. In der Demokratie, in der »die Staatsgewalt vom Volke ausgeht«, steht das Recht auf umfassende Information jedem Staatsbürger zu; die politische Selbstbestimmung des souveränen Volkes setzt die (möglichst vollständige und wirklichkeitsgetreue) Selbstdarstellung mittels Kommunikation voraus. In kleinräumigen Verhältnissen (vgl. Stadtrepubliken der Antike, Urkantone der Schweiz) reichten mündliche Benachrichtigung und Diskussion (Agora, Forum, Landsgemeinde) aus. In den modernen Flächenstaaten bedarf es der Massenmedien, damit die notwendigen Kommunikationsleistungen erbracht werden können. So verschiedenartig die Kommunikationseinrichtungen (Rundfunkanstalten, Zeitungsverlage, Nachrichtenagenturen usw.) sind, seien es Großbetriebe oder Ein-Mann-Unternehmungen, so allgemein läßt sich sagen, daß in jeder von ihnen journalistische Funktionen zu erfüllen sind. Diese lassen sich unter dem Begriff *Vermittlung* zusammenfassen. Ihr erster Zweck ist die Benachrichtigung der Zeitgenossen über das, was in der Welt vorgeht, über die Probleme, die für sie von Belang sind, über die Möglichkeiten, die zur Lösung dieser Probleme existieren, über die meist gegensätzlichen Meinungen, die darüber geäußert werden, und über die Ursachen, Zusammenhänge, Bedingungen, Folgen (Hintergrund), die dabei zu berücksichtigen sind. Dazu kommt als zweiter nicht minder wichtiger Zweck die möglichst zuverlässige Besorgung des wechselseitigen Austauschs von Ideen, Meinungen, Interessen und Zielvorstellungen, die von einzelnen Gruppen, Verbänden und Institutionen verlautbart werden und in das »Zeitgespräch der Gesellschaft« einzubringen sind. Die Struktur der mit hohem Aufwand an personellen, finanziellen und technischen Mitteln betriebenen Massenmedien bringt es mit sich, daß die Verfügung über das, was vermittelt wird, verhältnismäßig wenigen Personen anvertraut ist; diese erfüllen dort, nach dem übereinstimmenden Wortlaut der → Pressegesetze der Länder, eine *öffentliche Aufgabe*. Die Wahrnehmung öffentlicher Aufgaben in Kommunikationsbetrieben erfolgt ohne direkte staatliche Einwirkung; eine solche ist vielmehr durch Art. 5 GG ausdrücklich ausgeschlossen. Öffentliche Aufgabe bedeutet, daß eine Demokratie nicht funktionstüchtig sein kann, wenn ihre Bürger nicht über ein leistungsfähiges

System zur Information, Meinungsbildung und öffentlichen Diskussion über alle Gegenstände gemeinsamen Interesses verfügen. Soweit Journalisten daran mitwirken, leisten sie dem demokratisch verfaßten Gemeinwesen einen unverzichtbaren Dienst. Das Grundrecht der → Informationsfreiheit erfährt durch die journalistische Dienstleistung eigentlich erst die Möglichkeit seiner Inanspruchnahme in der Praxis.

Die Verantwortung des Journalisten entspricht somit seiner Schlüsselposition im Netzwerk des Kommunikationsgeschehens. Weil er von Berufs wegen darauf spezialisiert ist und weil ihm im Verfolg der Arbeitsteilung die Besorgung des Geschäfts der öffentlichen Kommunikation übertragen wurde, ist er verpflichtet, sein Bestes zu tun, um Information, Orientierung und öffentliche Debatte im Vorfeld der Entscheidungen zustande zu bringen. Die Verantwortung des Journalisten muß um so größer werden, je mehr der Anteil an wichtigen Kenntnissen, die der Staatsbürger nur indirekt, durch die Vermittlung von Massenmedien, erfahren kann, wächst, und je geringer der Anteil der durch direkte Wahrnehmung gewonnenen Kenntnisse wird, zumal dabei auch die Möglichkeit der Überprüfung der vermittelten Informationen mit Hilfe der unmittelbar erfahrenen schwindet.

Untersuchungen, die mit den Mitteln der Organisationssoziologie unternommen wurden, brachten die Erkenntnis, daß die Verantwortung des Journalisten in der heutigen Medienwelt nicht ausschließlich personenbezogen betrachtet werden darf, wenn die Realität nicht verfehlt werden soll. Zeitungen und Zeitschriften, Radio- und Fernsehprogramme sind in der Regel die Ergebnisse des Zusammenwirkens einer großen Zahl von Menschen, das bestimmten betrieblichen Organisationsmustern unterworfen ist und dem einzelnen nur einen mehr oder weniger begrenzten Freiraum eigener Entscheidung überläßt. Manfred Rühl stellt neben die »persönliche Verantwortlichkeit« die »soziale Verantwortung« im Journalismus: »Individuelle Wertvorstellungen, Gesinnungen und Willensentscheidungen sind im Journalismus gegenüber organisatorischen Arbeits- und Berufsprämissen zurückgetreten.« Mit seiner Entscheidung für den Arbeitsplatz in einer bestimmten Redaktion entscheidet sich der Journalist bereits für deren Prämissen; und da die Medien ihre Produkte ständig der Öffentlichkeit vorlegen, kann er seine Wahl sogar bewußter treffen als mancher Angehörige eines anderen Berufes.

Dabei ist es nicht so, daß die persönliche Verantwortung des Journalisten in der Organisation verschwindet oder bedeutungslos wird. Die korrekte Erfüllung der in der Redaktion geforderten Arbeitsleistung bildet die Grundlage einer dauerhaften Position. Niemand kann sich ohne sie im Beruf behaupten; die Kollegen müssen sich darauf verlassen können, daß mit und neben ihnen (womöglich im Schichtdienst) nach den Regeln der Zunft und des Hauses gearbeitet wird. Zum persönlichen Anteil des Journalisten gehört das Besondere an Sensibilität, Spürsinn, Wachsamkeit, Geschmack, Problembewußtsein, Stil usw., also das, was das journalistische Produkt über das Alltagsniveau hinaushebt, was die Neugier reizt, was fesselt. Nimmt man die Neugier als natürlichen Trieb des Menschen, sich über seine Um- und Mitwelt zu informieren, so läßt sich journalistisches Berufshandeln auch verstehen als die Erfüllung eines Vertrages, den der Erwerber eines Presseerzeugnisses, der Besitzer eines Radio- oder Fernsehgerätes mit dem, der für die dadurch vermittelten Inhalte verantwortlich ist, abschließt, auch wenn dies nicht ausdrücklich und schriftlich erfolgt.

Die menschliche Neugier richtet sich nicht nur auf das Nächstliegende. Es ist charakteristisch für den Menschen, daß er von seiner Geschichte weiß und auf seine Zukunft hofft. Auf die Möglichkeiten, diese Zukunft nach seinen eigenen Vorstellungen zu gestalten, richtet sich ein großer Teil seiner existentiellen Neugier. Aber er ist wegen der Vielzahl und Komplexität der Ereignisse, von denen auch seine Existenz bestimmt wird, nicht imstande, sich aus eigener Kraft hinreichend informiert zu halten. Dazu bedarf er der Massenmedien mit ihren umfassenden Apparaturen. Ihnen überträgt er die Verwaltung seiner Neugier in diesen Bereichen, die sich seinem Zugriff entziehen. So entsteht eine Art Treuhandverhältnis. Die Suche nach Information, die unvermeidliche Auswahl, Zusammenordnung und Präsentation müssen den Medien überlassen bleiben, freilich nicht zu deren beliebiger oder manipulatorischer Verfügung, sondern eben als Dienstleistung im wohlverstandenen Interesse der Treugeber. Nicht »Selbstverwirklichung«, nicht Selbstdarstellung, nicht Indoktrination, nicht Verkündigung, nicht (noch so wohlgemeinte) Erziehung des Publikums leiten einen Journalismus, der seine Tätigkeit versteht als stellvertretende Wahrnehmung der Neugier des Publikums, das sich ihm anvertraut.

In die Güterabwägung muß einbezogen werden, daß die Gesellschaft sich aus sehr unterschiedlichen Schichten und Gruppen zusammensetzt. Dem Fernsehzuschauer muß dasselbe Ereignis auf andere Weise nahegebracht werden als dem Leser einer »Prestigezeitung«. Weder Überforderung noch Mißachtung des Publikums »zahlt sich aus«.

Schranken des journalistischen Berufs. Seitdem es Journalismus als Beruf gibt, sind Versuche unternommen worden, der damit verbundenen Verantwortung durch mehr oder weniger verbindliche Regelungen Rechnung zu tragen – von seiten der Gesetzgebung, der Berufsorganisationen und der Unternehmen. Die Begrenzung der Grundrechte aus Art. 5 GG durch allgemeine Gesetze bindet ebenso die Tätigkeit des Journalisten. Beleidigung, üble Nachrede, Verleumdung und Verunglimpfung des Andenkens Verstorbener sind auch dann strafrechtlich zu verfolgen, wenn sie von einem Journalisten im Rahmen seiner beruflichen Tätigkeit verübt werden, zumal ihre öffentliche Wirkung dadurch in der Regel verstärkt wird (→ Persönlichkeitsschutz). Der strafmildernde Umstand der »Wahrnehmung berechtigter Interessen« kann hier nur ganz selten mit Erfolg geltend gemacht werden. Die allgemeine Berufung darauf, daß Mißstände angeprangert werden sollten, genügt nicht.

Im allgemeinen unterstellen Gerichte ein *»öffentliches Interesse«* dann, wenn es sich um den Grenzbereich der → Pressefreiheit handelt, in dem die schutzwürdige Sphäre des einzelnen mit einem (behaupteten oder erwiesenen) Informationsinteresse der Öffentlichkeit (zum Begriff des »Öffentlichkeitswerts« vgl. BGH-Urteil in NJW 1964, 1471 f.) zusammenstößt. Das Strafgesetzbuch verbietet ferner Kriegshetze, Landesverrat (→ Staatsschutz), die Aufforderung zu strafbaren Handlungen sowie die Belohnung oder Billigung von Verbrechen. Auch das sind Bestimmungen, die für jedermann, also auch für Kommunikatoren, gelten. Wenig bekannt und beachtet ist die Tatsache, daß die Rechtsprechung den Arbeitgebern (Verlagen) die Pflicht auferlegt, die von ihnen beschäftigten Journalisten über die Rechtsvorschriften zu belehren, wenn sie vermeiden wollen, für Schaden zu haften. Bei der Nachprüfung, ob der Journalist seiner *Pflicht zur Erforschung des Wahrheitsgehalts* der von ihm zu verantwortenden Nachrichten genügt hat, legen die Gerichte unterschiedlich strenge Maßstäbe an. In der Routine seiner täglichen Arbeit muß sich der Journalist darauf verlassen können, daß die Quellen, aus denen er üblicherweise seine Nachrichten bezieht (Agenturen, Korrespondenten, Pressestellen), keinen wahrheitswidrigen Rohstoff liefern. Im Zweifelsfall muß er unterschiedliche Grade von Sorgfalt walten lassen und Anstrengungen unternehmen, um sich der Korrektheit der Nachricht zu versichern, je nach der (von ihm erkannten) Wichtigkeit der Nachricht, ihrer Bedeutung für die Allgemeinheit, ihrer Folgen für betroffene Gruppen oder einzelne. Der Termindruck, unter dem die Arbeit für die aktuelle Berichterstattung zu stehen pflegt, kann kaum zur Entschuldigung herangezogen werden, seitdem die technischen Instrumente zur schnellen Nachprüfung einer Information fast überall bereitstehen.

Die *Programmaufträge der öffentlich-rechtlichen Rundfunkanstalten* wurden von deren Aufsichtsgremien in bezug auf die journalistische Verantwortung konkretisiert (→ Rundfunkprogrammrecht). So fordern die 1955 beschlossenen »Programmgrundsätze« des ARD-Fernsehens, das Fernsehen solle »die Toleranz und die Ehrfurcht vor dem Leben pflegen«, »die Ehe darf nicht herabgewürdigt werden«, die Programme sollten »um die Förderung eines gesunden Familienlebens bemüht sein«, »den religiösen Frieden nicht stören« usw. In den von den Intendanten der ARD für 1971 beschlossenen »Grundsätzen« für das Deutsche Fernsehen wird auf das »Gebot der Vielfalt« für informierende und meinungsbildende Sendungen, auf die Besonderheiten der Berichterstattung über »nicht verfassungskonforme Meinungen, Ereignisse oder Zustände«, auf die journalistische Sorgfaltspflicht bei der Überprüfung von Nachrichten, die Trennung von Tatsachenbehauptung und Kommentar in Nachrichtensendungen eingegangen (»In Berichten und in Beiträgen, in denen sowohl berichtet als auch gewertet wird, dürfen keine Tatbestände unterdrückt werden, die zur Urteilsbildung nötig sind«). Die »Richtlinien« des ZDF formulieren darüber hinaus auch politische Ziele: »Das Programm soll dem Frieden unter den Völkern dienen ..., soll die Bemühungen um die Einigung Europas fördern.«

Anders verhält es sich bei der *Presse*, die nicht durch Hoheitsakte des Staats, sondern aus der freien unternehmerischen Betätigung entstand. Unter Beachtung des vom Gesetzgeber geschaffenen Rahmens, unter Ausnutzung des gestaltungsfrei gebliebenen Raumes und unter Berücksichtigung der Erfahrungen der Praxis haben sich hier einzelne Persönlichkeiten, Verlage und Berufsverbände bemüht, Grundsätze zu formulieren und zur Anerkennung zu bringen, die es den im jeweiligen Geltungsbereich tätigen Journalisten erleichtern sollen, ihrer Verantwortung im Einzelfall gerecht zu werden. Berühmt geworden ist das in den Vereinigten Staaten zuerst verbreitete Leitwort »Kommentare sind frei, Tatsachen sind heilig«. 1923 verkündete die »American Society of Newspaper Editors« ihren »Code of Ethics«, der vielen späteren berufsethischen Manifesten zum Vorbild diente. *»Journalistische Berufsethik«* gehört seither zum festen Bestandteil der Lehrprogramme zur → Aus- und Fortbildung von Journalisten (im angelsächsischen Sprachgebiet »ethics«, in romanischen Sprachen »déontologie« = Pflichtenlehre). Amerikanische Besatzungsoffiziere, die nach dem Zweiten Weltkrieg den Wiederaufbau einer demokratischen Presse in Bayern zu beaufsichtigen hatten, gaben 1947 einen »Wegweiser zum guten Journalismus – Fair Practice Guide« heraus, der Inhalte verschiedener Codices und Handbücher vereinigte und einen erheblichen Einfluß ausübte. 1973 verabschiedete der »Deutsche Presserat« als Ergebnis langer Verhandlungen mit den Berufsverbänden von Verlegern und Journalisten *»Publizistische Grundsätze (Pressekodex)«*, die durch *»Richtlinien für die redaktionelle Arbeit«* ergänzt werden. Die Fassung vom 19. Februar 1990 enthält u. a. Regeln für Interviews, die Behandlung von Leserbriefen, die Berichterstattung über Straftaten (»Vorverurteilung«, Folgeberichterstattung), den Namensschutz von Betroffenen und Gefährdeten und die Kennzeichnung von Werbung und PR-Texten. Nach Erfahrungen beim Gladbekker Geiselmord werden »Interviews mit Tätern« und »eigenmächtige Vermittlungsversuche (von Journalisten) zwischen Verbrechern und Polizei« abgelehnt. Verstöße können vom Deutschen Presserat oder dessen Beschwerdeausschuß gerügt werden (→ Selbstkontrolle der Medien). 1972 beschloß der »Schweizer Journalisten-Verband« eine »Erklärung über Rechte und Pflichten des Journalisten«, 1983 der Österreichische Presserat einen »Ehrenkodex«.

Auch an entsprechenden Bemühungen internationaler Instanzen fehlte es nicht. 1952 nahm die Generalversammlung der Vereinten Nationen mit knapper Mehrheit eine Konvention über das internationale Recht der Berichtigung (Gegendarstellung) an, die aber erst 1962 in Kraft trat, nachdem sie von zehn Staaten ratifiziert worden war. Auch im Rahmen der UNESCO wurde eine »Internationale Deklaration über die Regeln beruflichen Anstandes, die jeder Journalist bei seiner Arbeit einhalten soll«, beschlossen.

Diese Dokumente über die Verantwortung des Journalisten stimmen in wesentlichen Punkten (wahrheitsgetreue Unterrichtung, Sorgfaltspflicht, Richtigstellung von Falschmeldungen, Schutz der Privatsphäre, Bestechungsverbot, Berufsgeheimnis) überein. Sie unterscheiden sich jedoch nach der Zahl der behandelten Materien, nach Ausführlichkeit und Verbindlichkeit. Sie setzen sich zum Ziel, das »Verantwortungsethos« (öffentliche Aufgabe, Würde des Menschen, wahre Information) in praktikable Handwerksregeln umzusetzen, die das Ansehen des Journalismus vor Schaden bewahren und Berufsanfänger mit ihren Pflichten vertraut machen sollen. Sie sind daher auch in Zusammenhang mit der Professionalisierung des journalistischen Berufs zu sehen. Dementsprechend wird im zweiten der »Publizistischen Grundsätze« des Deutschen Presserats die *Sorgfaltspflicht* wie folgt beschrieben: »Zur Veröffentlichung bestimmte Nachrichten und Informationen in Wort und Bild sind mit der nach den Umständen gebotenen Sorgfalt auf ihren Wahrheitsgehalt zu prüfen. Ihr Sinn darf durch Bearbeitung, Überschrift oder Bildbeschriftung weder entstellt noch verfälscht werden. Für die öffentliche Meinungsbildung notwendige Informationen dürfen nicht verschwiegen, Dokumente müssen sinngetreu wiedergegeben werden. Unbestätigte Meldungen, Gerüchte und Vermutungen sind als solche erkennbar zu machen.«

Da sich Richtlinien aus den Konfliktfällen der Praxis entwickeln, werden sie im Laufe der Zeit ausführlicher und komplizierter oder durch weitere Regelungen ergänzt. In der Bundesrepublik Deutschland gibt es z. B. inzwischen sehr detaillierte Bestimmungen über die *Behandlung von Leserbriefen* und den Abdruck von → *Gegendarstellungen*. Diese Bestimmungen berücksichtigen die vorliegende Rechtsprechung.

Das Vertrauen, das Leser, Hörer, Zuschauer der Presse und dem Rundfunk entgegenbringen, korrespondiert mit der Verpflichtung zur deutlichen *Kennzeichnung bezahlter Werbung* und zu deren Abhebung von journalistischer Berichterstattung. Texte und Programme, die im Auftrag Dritter vermittelt werden, müssen als solche auch für den Nichtfachmann erkennbar sein. Über Einzelheiten gibt es neben den Vorschriften in den → Pressegesetzen der Länder (→ Presseordnungsrecht) Vereinbarungen zwischen den Fachverbänden der werbenden Wirtschaft und den Verlegerverbänden (→ Werberecht).

Besondere Verantwortung trägt der Journalist gegenüber dem → *Persönlichkeitsschutz*. Wenn das Grundgesetz die Würde des Menschen an die Spitze der Verfassung stellt, dann kann alles andere nur nachrangig sein: geschäftliches Interesse wie Neugier des Publikums, Ehrgeiz des cleveren Reporters wie Ziele politischer Propaganda. Nur im seltenen Fall der Kollision zwischen unabdingbarem Anspruch der Öffentlichkeit auf Information (z. B. über die plötzlich auftretende Amtsunfähigkeit eines Ministers) darf der Journalist die Grenze zur Privatsphäre überschreiten – freilich unter strafrechtlichem Risiko.

Auf den Schutz seiner Menschenwürde hat jedermann Anspruch, selbst der Verbrecher, besonders aber ein Beschuldigter, der (noch) nicht verurteilt ist (→ Gerichtsberichterstattung). In Deutschland gibt es keine gesetzliche Regelung im Sinne des angelsächsischen »*Contempt of court*«. Um diese Lücke zu füllen, schreiben die »Publizistischen Grundsätze« des Deutschen Presserates vor: »Die Presse vermeidet vor Beginn und während der Dauer eines Ermittlungs- oder Gerichtsverfahrens in Darstellung und Überschrift jede einseitige oder präjudizierende Stellungnahme. Ein Verdächtiger, Beschuldigter oder Angeklagter darf nicht vor einem gerichtlichen Urteil als Schuldiger oder als Täter hingestellt werden. Bei Straftaten Jugendlicher sind mit Rücksicht auf die Zukunft der Jugendlichen möglichst Namensnennung und Bildveröffentlichung zu unterlassen, sofern es sich nicht um schwere Verbrechen handelt.«

Der Journalist trägt Verantwortung dafür, daß sich die unvermeidlichen, legitimen und notwendigen Auseinandersetzungen über Sachfragen in einem Klima der öffentlichen Meinung abspielen, das nicht von *Diskriminierung und Beleidigung* nationaler, rassischer oder Weltanschauungsgruppen vergiftet ist. Zur Achtung der Menschenwürde gehört, daß die Gewissensfreiheit des einzelnen respektiert, religiöses Empfinden nicht verletzt, Wertvorstellungen, die den Lebensinhalt vieler Mitbürger ausmachen, nicht herabgesetzt werden.

Die Debatte über die Wirkungen von Gewaltdarstellungen in Massenmedien ist so alt wie diese selbst. Mit dem Heraufkommen des (Spiel-)Films verstärkten sich die Kontroversen, da von ihm eine besondere Suggestivkraft hergeleitet wurde. Frühe empirische Studien über Zuschauerreaktionen im Kino ermittelten, daß Szenen physischer Gewaltanwendung starke Erregungen auslösten, die sich im Laborversuch reproduzieren und messen ließen. Der Affekthaushalt des Zuschauers wurde nachhaltig beeinflußt, zumal bei Kindern und Jugendlichen. Übrigens wurde schon damals nachgewiesen, daß Darstellungen von Gewaltakten und Sexualhandlungen kumulativ wirken. Die Wissenschaft hat lange gezögert, sich über Gut und Böse der Wirkungen von Gewaltdarstellungen in den audiovisuellen Medien klar zu äußern. Zunächst hielten viele Autoren an der Auffassung fest, wie in der »moralischen Anstalt« des Theaters seit der Antike, so trage auch der Anblick von Gewaltakten und Grausamkeiten zu einem Abbau der vorhandenen Aggressionspotentiale und zu einer Läuterung (Katharsis) des Zuschauers bei. Je weiter sich die moderne Bühne von den Gesetzen der griechischen Tragödie entfernte und je mehr der Film zu einem eigenständigen Genre heranwuchs, in dem Greuel der Wirklichkeit nicht mehr künstlerisch verfremdet, sondern drastisch abgeschildert und sogar gesteigert wurden, verlor die »Katharsis-These« an Geltung; sie ist heute von der Forschung fast völlig aufgegeben.

Die meisten neueren Untersucher gehen von einem hohen Risiko an unerwünschten (»sozialschädlichen«) Konsequenzen von Gewaltdarstellungen aus. »Allerdings gibt es unterschiedliche Auffassungen über die Intensität dieser Konsequenzen. Das Spektrum reicht dabei von einer Bestätigung vorhandener Aggressionen bis zur Erzeugung von kriminellen Aktivitäten« (J. Groebel).

Eine Verschärfung der Situation brachte das Fernsehen durch den Eintritt der privatrechtlichen Sendegesellschaften in die Arena des Wettkampfes um Marktanteile. Damit war eine Vermehrung der Programmteile mit Gewaltdarstellungen fiktionaler wie dokumentarischer Art verbunden. Auch die Ausweitung der technischen Möglichkeiten spielte eine fatale Rolle. Es wurde möglich, mitten im Kriegsgeschehen detailgenaue Bilder von Verwundeten und Verstümmelten herzustellen, Nahkämpfe in Farbe zu filmen, als fänden sie im Studio statt. Einen vorläufigen Höhepunkt distanzlos technokratischer Berichterstattung bildeten Aufnahmen, die von einer im Kopf der einschlagenden Rakete montierten Kamera gemacht und »live« übertragen wurden. Was den Erzeugnissen der Filmkunst durch den Rezeptionsmodus des Kinos noch zugute gehalten werden mochte, kann beim Eindringen von »reality shows« ins Wohnzimmer nicht mehr mit mildernden Umständen bedacht werden.

Anfällig für die Wirkungen von Gewaltdarstellungen sind in besonderer Weise Kinder und Jugendliche. Sie werden nicht durch eigene Lebenserfahrung geschützt gegen die Botschaft, Gewalt sei das perfekte (und gesellschaftlich anerkannte) Mittel zur Lösung zwischenmenschlicher Probleme und Konflikte. Die weitverbreitete Auffassung, Zeichentrickfilme übermittelten solche Botschaften gar nicht oder mit geringerer Wirkung, wurden widerlegt; diese haben sogar eine überdurchschnittlich lange Verweildauer im abfragbaren Gedächtnis.

Wenn auch noch lange nicht alle Fragen (z. B. über Langzeitwirkungen, Nachahmungskriminalität, Musikeinflüsse) beantwortet werden können, so hat sich doch die Auffassung durchgesetzt, daß die Programmverantwortlichen die Expansion von Gewaltdarstellungen nicht weiter hinnehmen oder gar fördern dürften. So richtig es ist, das Übel nicht nur durch neue Spezialgesetze bekämpfen zu wollen, weil es sich um ein Ansteigen des allgemeinen Gewaltpegels in allen gesellschaftlichen Bereichen handelt, so wirksam muß doch gesichert werden, daß Gewinnstreben der Veranstalter nicht das letzte Kriterium der Programmauswahl sein und die Verantwortung von institutionellen Trägern, journalistischen Kollektiven und Journalisten überspielen darf. Von der Werbung treibenden Wirtschaft muß erwartet werden, daß sie sich aus einem Umfeld, das durch die öffentliche Diskussion zunehmend in Mißkredit gerät, im eigenen Interesse zurückziehen wird. Hier ist viel Aufklärungsarbeit zu leisten, an der die Journalisten und ihre Berufsverbände im Blick auf ihre eigene berufliche Freiheit und ihr Ansehen intensiv mitwirken sollten. Die drastische Zunahme der Gewaltkriminalität, der Gewaltexzesse in Schulen und der neurotischen Angstbereitschaft bes. unter »Vielsehern« (H. Sturm) verstärkt die Kritik an den »Medienmachern« und den Druck auf den Gesetzgeber, den »alltäglichen Bildermüll« zu reduzieren. Die Berufung darauf, daß »journalistische Kriterien der Wirklichkeitsvermittlung« beachtet würden, findet immer weniger Anerkennung als ausreichendes Argument der Rechtfertigung.

Richtlinien, die dem Journalisten bei der Wahrnehmung seiner Verantwortung eine Entscheidungshilfe bieten wollen, verwenden häufig dehnbare Begriffe, müssen es wohl auch tun, wenn sie sich nicht im Gestrüpp von Einzelfällen verlieren wollen. Der persönlichen Gewissensanspannung des Journalisten bleibt somit noch viel überlassen. Eine feste weltanschauliche Grundlage, eine gute Ausbildung, kollegiale Beratung können ihm dabei gute Dienste leisten; steht er selbst in leitender Funktion, muß er seine Entscheidung in dem Bewußtsein treffen, daß sie Maßstäbe für andere setzt. Das gilt in besonderem Maße für neu auftauchende Probleme, deren Lösung zunächst weder in Gesetzen noch in der Spruchpraxis der Gerichte, weder in der Berufsüberlieferung noch in der eigenen Erfahrung zu finden ist. Hierher gehört die Erschleichung von wahrheitsgemäßen Nachrichten durch Täuschung, unter Vorlage falscher Ausweise, Nennung eines falschen Namens, Titels usw., aber auch die Verwendung von wichtigen und zutreffenden Informationen, die der Journalist ohne Absicht, etwa durch die Verletzung des → Datenschutzes, gewonnen hat.

DER JOURNALIST IM PROZESS GESELLSCHAFTLICHER KOMMUNIKATION. Da die persönliche Gewissensentscheidung des Journalisten überall dort, wo weder Gesetze noch andere bindende Vorschriften ein bestimmtes Verhalten erzwingen, den Ausschlag gibt, liegt es nahe, daß Weltanschauungsgemeinschaften ihre Mitglieder durch Lehraussagen und Appelle zu beeinflussen suchen.

Die Katholische Kirche hat nach ihrem Konzilsdekret »Inter mirifica« von 1963 mit den Pastoralinstruktionen »Communio et progressio« von 1971 und »Aetatis novae« von 1992 zwei gründlich ausgearbeitete Dokumente über das verantwortungsbewußte Verhalten von Kommunikatoren und Rezipienten publiziert. Beide Dokumente stützen sich auf eine lange Tradition päpstlicher Verlautbarungen und beanspruchten weltweite Gültigkeit.

Die plurale Gesellschaft setzt sich aus Staatsbürgern mit sehr verschiedenen weltanschaulichen Grundpositionen zusammen, die darauf angewiesen sind, ihr Zusammenleben ohne Gewaltanwendung durch Kommunikation zu ordnen. Im Austausch und – oft kämpferischen – Austrag gegensätzlicher Meinungen müssen sie zum notwendigen Konsens gelangen. Daher fällt es in die Verantwortung des Journalisten, daß er die Ermöglichung und Aufrechterhaltung von Kommunikation als Aufgabe von höchster Priorität versteht. Nur durch Kommunikation wird das Recht der Staatsbürger auf Teilhabe an der gemeinsamen (agonalen) Zielfindung verwirklicht.

Systeme, die nicht demokratisch verfaßt sind und kein Entscheidungsrecht ihrer Staatsbürger anerkennen, billigen diesen folgerichtig auch keinen Anspruch auf umfassende Information zu. In ihnen hat der Journalist eine ganz subalterne Aufgabe: Der Nationalsozialismus benutzte den Journalisten als willenloses Werkzeug der Partei- und Staatsführung, mit dessen Hilfe die geistige Gleichschaltung des Volkes bewerkstelligt werden sollte; seine Aufgabe war es nicht, über die Wirklichkeit zu informieren, sondern nach dem Motto »Wahr ist, was dem Volke nützt« ein Bild der Dinge zu verbreiten, das dem Regime jeweils erwünscht war. Sehr klar definiert die kommunistische Pressedoktrin im »Wörterbuch der sozialistischen Journalistik« (Leipzig 1973, S. 115 f.) den Journalisten als »Funktionär der Partei der Arbeiterklasse . . . und der sozialistischen Staatsmacht, der mit journalistischen Mitteln an der Leitung ideologischer Prozesse teilnimmt. Durch Wort und Bild nimmt er zielgerichtet auf die Herausbildung, Entwicklung und Festigung des sozialistischen Bewußtseins Einfluß.« Die fundamentalen Unterschiede in *offenen* (demokratischen) *und geschlossenen* (totalitären, autoritären) *Kommunikationssystemen* sind so markant und treten mit solcher Regelmäßigkeit auf, daß sie geradezu als Erkennungszeichen für den Charakter des jeweiligen Herrschaftssystems dienen können.

Auch in der Wissenschaft stehen mehrere Modelle zur Beschreibung und Erklärung des Prozesses der gesellschaftlichen Kommunikation miteinander in Konkurrenz. Die ältere Vorstellung, wonach ein »Sender« Mitteilungen an einen »Empfänger« richtet, kann mit einer Einbahnstraße verglichen werden; persuasive Kommunikationsvorgänge (Werbung, Agitation, Propaganda) verlaufen in der Regel nach diesem Schema und lassen sich nach der »Lasswell-Formel« »Wer sagt was zu wem in welcher Weise über welchen Kanal mit welcher Wirkung« beschreiben. Der Journalist steht hier in der Verantwortung dessen, der überreden, überzeugen, zu Tat und Handeln anleiten will.

In der neueren Forschung hat sich jedoch das Erkenntnis-Interesse mehr auf die Seite des »Empfängers« verlagert, der durch sein Auswahlverhalten, seine Zu- oder Abwendung, seine Reaktion, seine Antworten sowohl das planvolle Vorgehen des »Senders« wie den Inhalt der Botschaft beeinflußt. In einem Kommunikationsmodell, das nach der Analogie des hochkomplexen »Zeitgesprächs der Gesellschaft« gestaltet ist, rückt der Journalist in die Funktion des Vermittlers zwischen den Partnern dieses Gesprächs ein, unbeschadet der Tatsache, daß er selbst auch die Rollen des Sprechers und des Zuhörers übernehmen kann bzw. muß. Der *Vermittlerdienst* wird erfüllt, indem sich der Journalist den Austausch der Gedanken, Zielvorstellungen und Meinungen zwischen den einzelnen und Gruppen zur Aufgabe macht, die am Gespräch teilnehmen, ihren Beiträgen Zugang zu den technischen Apparaturen der Massenkommunikation verschafft und, wenn nötig, die Stimmen derer verstärkt, die sonst nicht in angemessener Weise zu Wort kämen, weil sie nicht genügend »konfliktfähig« sind. Die Verantwortung des Journalisten erstreckt sich nach diesem Modell in mehreren Dimensionen, je nach der Rolle, die er als Beschaffer von Information, als Makler zwischen den Gruppen, als Anwalt der Stummen oder als Kritiker des öffentlichen Lebens spielt. Die Entwicklung einer praktischen Kommunikations-Ethik aus dieser ideal-typischen Modellvorstellung ist vor allem dort dringend zu wünschen, wo Verfügung über einen nur begrenzten Vorrat von Kommunikationschancen ausgeübt wird (Rundfunk-Oligopol, Zeitungen mit Alleinstellung in einem bestimmten Verbreitungsgebiet).

OTTO B. ROEGELE

Literatur

Hermann Boventer: Ethik des Journalismus. Konstanz 1984

Hermann Boventer (Hrsg.): Medien und Moral. Ungeschriebene Regeln des Journalismus. Konstanz 1988

Karl-Werner Bühler: Evangelische Presseethik nach 1945. In: Heinz-Dietrich Wendland (Hrsg.): Sozialethik im Umbruch der Gesellschaft. Göttingen 1969, S. 213–232

Giso Deussen: Ethik der Massenkommunikation bei Papst Paul VI. München, Paderborn und Wien 1973

Wolfgang Donsbach: Legitimationsprobleme des Journalismus. Gesellschaftliche Rolle der Massenmedien und berufliche Einstellung von Journalisten. Freiburg und München 1982

Wolfgang Donsbach/Otfried Jarren/Hans Mathias Kepplinger/Barbara Pfetsch: Beziehungsspiele. Medien und Politik in der öffentlichen Diskussion. Fallstudien und Analysen. Gütersloh 1993

Lutz Erbring u. a. (Hrsg.): Medien ohne Moral. Berlin 1988

Gustav Ermecke: Über Pressefreiheit und Presseverantwortung, Pressefreiheit und Geheimniswahrung. Paderborn 1965

Heinz-Dietrich Fischer u. a. (Hrsg.): Die Presseräte der Welt. Bonn 1986

Jo Groebel: Wirkungen von Mediengewalt: Die Wissenschaft hat Antworten. In: Bertelsmann-Stiftung (Hrsg.): Medien als Bildungsaufgabe in Ost und West. Gütersloh 1993, S. 159–167 (*geraffte Zusammenfassung von psychologischen und sozialpsychologischen Studien der letzten Jahre auch in den Vereinigten Staaten*)

Jo Groebel: Was beeinträchtigt und gefährdet Kinder und Jugendliche? In: Unabhängige Landesanstalt für das Rundfunkwesen (Hrsg.): Jugendmedienschutz. Kiel 1993, S. 19–29

Hans Jonas: Das Prinzip Verantwortung. Versuch einer Ethik für die technische Zivilisation. Frankfurt/Main 1979

Renate Köcher: Spürhund und Missionar. Eine vergleichende Untersuchung über Berufsethik und Aufgabenverständnis britischer und deutscher Journalisten. München 1985

Martin Löffler (Hrsg.): Persönlichkeitsschutz und Meinungsfreiheit. München und Berlin 1959

Martin Löffler: Das Standesrecht der Massenmedien in weltweiter Sicht. In: »Archiv für Presserecht«, Jg. 1971, S. 16–19

Walter A. Mahle (Hrsg.): Journalisten in Deutschland. München 1993 (*mit Beiträgen zu den Themengruppen »Redaktionelle Kontrolle und öffentliche Kollegenkritik« und »Kritik des deutschen Journalismus«*)

Hans Maier (Hrsg.): Ethik der Kommunikation. Freiburg (Schweiz) 1985

Päpstliche Kommission für die Instrumente der sozialen Kommunikation (Hrsg.):

Pastoralinstruktion Communio et Progressio. Trier 1971 (*lateinischer und deutscher Text mit Kommentar von Hans Wagner*)
Flaminio Piccoli: L'éthique du journalisme dans ses aspects politiques. In: »Civitas« (Luzern), Jg. 1975, S. 342–350
Otto B. Roegele: Freiheit und Bindung in der gesellschaftlichen Kommunikation. In: Ansgar Paus (Hrsg.): Freiheit des Menschen. Graz 1974, S. 187–205
Otto B. Roegele: Massenmedien und Regierbarkeit. In: Wilhelm Hennis u. a. (Hrsg.): Regierbarkeit. Band 2. Stuttgart 1979, S. 177–210
Otto B. Roegele: Neugier als Laster und Tugend. Zürich und Osnabrück 1982
Otto B. Roegele: Kriterien und Probleme einer Medienethik. In: Wolfgang Ockenfels (Hrsg.): Macht und Moral der Medien. Trier 1989, S. 9–40
Manfred Rühl: Soziale Verantwortung und persönliche Verantwortlichkeit im Journalismus. In: Rainer Flöhl u. a. (Hrsg.): Moral und Verantwortung in der Wissenschaftsvermittlung. Mainz 1987, S. 101–113
Manfred Rühl/Ulrich Saxer: 25 Jahre Deutscher Presserat. Ein Anlaß für Überlegungen zu einer kommunikationswissenschaftlich fundierten Ethik des Journalismus und der Massenkommunikation. In: »Publizistik«, 26. Jg. 1981, S. 471–507
Ulrich Saxer: Publizistische Ethik und gesellschaftliche Realität. In: »Communicatio socialis«, Jg. 1970, S. 24–39
Beate Schneider/Klaus Schönbach/Dieter Stürzebecher: Westdeutsche Journalisten im Vergleich: jung, professionell und mit Spaß an der Arbeit. In: »Publizistik«, 38. Jg. 1993, S. 5–30
Beate Schneider/Klaus Schönbach/Dieter Stürzebecher: Journalisten im vereinigten Deutschland. Strukturen, Arbeitsweisen und Einstellungen im Ost-West-Vergleich. In: »Publizistik«, 38. Jg. 1993, S. 352–382 (*aktuelle Ergebnisse einer repräsentativen Journalistenbefragung*)
Wilbur Schramm: Responsibility in Mass Communication. New York 1957
Nabor Urbain A. de Volder: De ethiek van de pers. Leuven 1952
Brigitte Weyl: Pressefreiheit–Presseethik. In: Lutz Erbring u. a. (Hrsg.): Medien ohne Moral. Variationen über Journalismus und Ethik. Berlin 1988
Wolfgang Wunden: Intimsphäre. Rechtsethische Überlegungen zu einem Thema aus dem Kodex des Deutschen Presserats. In: »Communicatio socialis«, Jg. 1974, S. 218–228
Wolfgang Wunden (Hrsg.): Medien zwischen Macht und Moral. Stuttgart 1989
Jorge Yarce u. a. (Hrsg.): Filosofia de la comunicación. Pamplona 1986

Verbände und Organisationen im Medienbereich. Journalisten haben sich – um mit ihnen eines der frühen und zentralen Berufsfelder der Medienwelt zu nennen – relativ spät als differenzierter und eigener Stand etabliert, so widersprüchlich das zunächst erscheinen könnte. Erst vor gut hundert Jahren bildeten sie allmählich ihre Vertretungen und Versammlungen. Doch bekanntlich ist die Herausgabe der ältesten Zeitungen und Zeitschriften im 17. und 18. Jahrhundert auf Buchdrucker, Buchhändler und Postmeister (vor allem im deutschsprachigen Raum) zurückzuführen. Man kann noch nicht einmal von Verlegern im engeren Sinn sprechen, auch wenn ihnen deren Funktion zum Teil zukam.

Als Vorläufer der Journalisten unserer Zeit sind nebenberuflich arbeitende Korrespondenten zu nennen, die nicht selten im Dienst bestimmter Herrscher standen. Nur langsam vollzieht sich der Übergang zum hauptberuflichen Nachrichtensammler und Zeitungsschreiber, der oft auch von Ratsversammlungen besoldet wurde. Während Drucker und Setzer durch ihre Zünfte und die »löblichen Buchdruckergesellschaften« mit eigener Gerichtsbarkeit schon früh organisiert auftraten (in einer Frankfurter Buchdruckerordnung von 1573 sind bereits Aufnahmebedingungen für Lehrlinge enthalten; ein Streik unter Druckergesellen ist im Basler Gerichtsarchiv von 1471 überliefert), fällt der erste Versuch eines Zusammenschlusses von Journalisten ins Jahr 1863: In Frankfurt am Main wurde die vorbereitende Versammlung zur Gründung eines Deutschen Journalistentages einberufen. Ihr folgte 1864 ein Treffen mitteldeutscher, süddeutscher, preußischer und österreichischer Redakteure und Schriftsteller in Eisenach, die sich weniger als Individuen, sondern eher als Vertreter ihrer Zeitungen verstanden und danach fast jedes Jahr zusammenkamen. Verhandelt wurden Themen, wie sie bis heute für einen Verband von Arbeitnehmern typisch sind.

1866 gründeten Buchdruckergehilfen den Deutschen Buchdruckerverband, und drei Jahre darauf schlossen sich mehrere Druckereibesitzer, Zeitungs- und Buchverleger zum Deutschen Buchdrucker-Verein zusammen. 1894 konstituierte sich der Verein Deutscher Zeitungsverleger (VDZV), 1902 der Verein deutscher Redakteure, der sich 1910 mit dem kurz zuvor etablierten Bund deutscher Redakteure sowie dem Verband der deutschen Journalisten- und Schriftstellervereine zum Reichsverband der deutschen Presse zusammenschloß; er bestand bis zum Ende des Zweiten Weltkrieges, von den Nationalsozialisten zu einem Werkzeug der Diktatur verformt.

Zu den ältesten Standesverbänden zählen die Deutsche Genossenschaft dramatischer Autoren und Komponisten zu Leipzig (1871), der Allgemeine Deutsche Schriftsteller-Verband (1878), der Deutsche Schriftsteller-Verein (1885), der Deutsche Schriftsteller-Verband (1887), der Verband Deutscher Bühnenschriftsteller (1908) und der Schutzverband deutscher Schriftsteller (1909).

Entsprechend der lebhaften Entwicklung in Literatur, Theater, Film und Hörfunk war es schon nach dem Ersten Weltkrieg zu zahlreichen weiteren Organisationen auf diesen Gebieten gekommen; ungleich größer aber ist die Aufsplitterung des Medienmarktes in den siebziger und achtziger Jahren. Sie hat im Takt mit der verstärkten Rolle standespolitischer Arbeit in allen Berufen und Bereichen zu einer erneuten Zunahme der Interessenverbände geführt. So fällt es schwer, den Überblick zu behalten, zumal auf einigen Teilgebieten Organisationen konkurrierend auftreten und fachliche Überschneidungen nicht selten sind. Andererseits hat die Wiedervereinigung Deutschlands die Verbandslandschaft zwar geographisch nach Osten hin ausgeweitet, aber strukturell kaum verändert; auch hat kein Verband seinen Hauptsitz in einer Stadt der neuen Bundesländer.

Bei den medienorientierten Verbänden ist eine Unterscheidung möglich nach
o *Verbänden mit tarifpolitischem Mandat* auf Arbeitgeber-Seite (BDZV, VDZ, Tarifverband Privater Rundfunk) oder auf Arbeitnehmer-Seite (DJV, IG Medien);
o *übrigen Fach- und Berufsverbänden* (ZAW, Verband der Filmverleiher, DPRG, Deutscher Kommunikationsverband);
o (freiwilligen) *Selbstkontrollgremien* (Deutscher Presserat, Deutscher Werberat im ZAW);
o *Verwertungsgesellschaften* zur Wahrnehmung von Urheberrechten (GEMA, VG Wort, VG Bild-Kunst) und
o *wissenschaftlichen Fachgesellschaften* (DGesPKw).

Die hier genannten und im folgenden aufgeführten Verbände stellen nur eine Auswahl dar; aus Platzgründen konnten nicht alle Organisationen und Gremien berücksichtigt werden.

Gemeinsam ist allen Verbänden die Artikulierung und Formalisierung ihrer fachspezifischen – teils egoistischen, teils altruistischen – Interessen, wie sie aus den Satzungen hervorgehen. Das Recht, sich in komplexen wirtschaftlichen, politischen, sozialen und kulturellen Systemen Gehör zu verschaffen und öffentlich Einfluß gewinnen zu wollen, ist unbestritten; daraus Nutzen zu ziehen ist auch für Organisationen schwer, die von Berufs wegen nach der Öffentlichkeit streben.

Diese Organisationen sind typischer Ausdruck der pluralistischen Gesellschaft und ihrer unvermeidlichen Interessengegensätze, aber auch des Bedürfnisses, den eigenen Standpunkt möglichst geschlossen und wirksam zu vertreten. Die Gemeinsame Geschäftsordnung der Bundesministerien, die die Heranziehung von Interessenvertretern bei der Vorbereitung von Gesetzen ausdrücklich vorsieht, und die beim Präsidium des Deutschen Bundestages geführte Liste der im politischen Raum aktiven Verbände (Lobby) zeigen beispielhaft und deutlich die institutionalisierte Rolle, die den »pressure groups« zukommt. Ihre Ergänzungsfunktion in kompetenter Beratung scheint unverzichtbar; gleichwohl steht sie nicht unbedingt als Repräsentanz von Mehrheiten und demokratisch legitimiertem Willen. Ihre intermediäre Position zwischen Volk und Gesetzgebern könnte von oligatorisch geprägten Verbandsspitzen bei mangelnder Rückkoppelung gegenüber den Mitgliedern mißbraucht werden. Allerdings ist schwer vorstellbar, wie dieser Gefahr begegnet werden kann, da die Vielzahl von Verbänden am ehesten einen Ausgleich und die schwer zu übersehende Beachtung gesellschaftlicher Interessen zu gewährleisten scheint. Dem einzelnen wäre das auch in demokratischen Systemen nicht möglich; in mancher Hinsicht muß er delegieren, was er an Zielen erreicht sehen möchte.

Die folgenden Angaben beruhen auf einer schriftlichen Befragung der Verbände im Sommer 1993.

ARBEITSGEMEINSCHAFT NEUER DEUTSCHER SPIELFILMPRODUZENTEN E.V.,

80798 München, Agnesstraße 14. Gründungsjahr: 1966; derzeit gültige Satzung vom Mai 1986. Zweck ist laut § 2 der Satzung »a) Gedanken- und Erfahrungsaustausch und filmpolitische Zusammenarbeit unter den Mitgliedern, b) Kontaktaufnahme mit entsprechenden Vereinigungen des In- und Auslandes, c) Vertretung der Interessen Neuer Deutscher Spielfilmproduzenten in der Öffentlichkeit und gegenüber dem Gesetzgeber, Regierungsstellen und sonstigen öffentlichen Körperschaften und Fachverbänden«.

Zielgruppe sind die deutschen Kinospielfilmproduzenten. Es besteht keine Gliederung in regionale und fachspezifische Gruppen. Mitgliedsbeitrag: monatliche Beiträge und Sonderumlagen (sog. Filmabgaben), und zwar 1,5 Prozent aller Förderungshilfen exklusive der kulturellen Filmförderungen der Bundesländer und des Kuratoriums »Junger deutscher Film«, maximal 14000 DM pro Film. Mitgliederstand vom Juni 1993: 40 natürliche Personen in Einzelfirmen, 49 juristische Personen und 26 Personengesellschaften.

Der Verband ist Tarifpartner der RFFU. Er ist in Gremien der Filmbranche vertreten, wirkt bei zwischenstaatlichen Filmabkommen und bei der Tätigkeit der Filmverwertungsgesellschaft mit, ebenso bei der Beratung zu Gesetzesnovellierungen (z. B. Filmförderungs- und Künstlersozialversicherungsgesetz).

Arbeitsgemeinschaft Privater Rundfunk (APR), 81675 München, Trogerstraße 40. Gründungsjahr: 1990, derzeit gültige Satzung vom September 1990. Zweck der Arbeitsgemeinschaft ist die Interessenvertetung der Mitglieder in allen medienpolitischen, -rechtlichen und kommunikationstechnologischen Fragestellungen. Die APR ist Vertragspartner der Urheberrechtsgesellschaften. Außerdem vertritt die Arbeitsgemeinschaft die Interessen ihrer Mitglieder in tarifpolitischen Verhandlungen mit den Arbeitnehmerverbänden. Die APR ist der Zusammenschluß der regionalen Verbände der lokalen Rundfunkanbieter. Mitgliedsbeitrag: Umlage entsprechend dem jährlichen Haushaltsbeschluß der Delegiertenversammlung. Mitgliederzahl: 5 juristische Personen.

Bildschirmtext-Anbieter Vereinigung (BTx A. V.) e.V., 10559 Berlin, Havelberger Straße 13, Gründungsjahr: 1983, derzeit gültige Satzung vom September 1991. Zweck der Vereinigung ist nach § 2 »die Förderung von Bildschirmtext und seiner Weiterentwicklungen auch im Umfeld der weiteren Telekommunikationsdienste in der Bundesrepublik Deutschland sowie in der internationalen Zusammenarbeit«. Zum Aufgabenbereich gehören laut Satzung insbesondere »der Austausch von Informationen, Erfahrungen und Anregungen der Bildschirmtextanbieter sowie die zentrale Information der Mitglieder in technischer, rechtlicher und sonstiger medienrelevanter Hinsicht«, »die Koordination der Aktivitäten regionaler Anbieter-Vereinigungen«, »die Förderung des Meinungsaustauschs mit der Deutschen Bundespost Telekom, der Öffentlichkeit und den politisch relevanten Kräften sowie ausländischen Vereinigungen von Bildschirmtext-Anbietern«, »die Förderung der technischen und wissenschaftlichen Weiterbildung auf allen Gebieten der Telekommunikation«, »die Besprechung und Klärung von Rechtsfragen, die sich bei der Anwendung von Bildschirmtext ergeben« und »die Erarbeitung und Förderung gemeinsamer Grundsätze der Bildschirmtextanbieter«.

Der Verein wendet sich an alle Formen, Verbände und Institutionen, die Btx- und/oder Datex-J-Anwendungen anbieten. Es gibt keine Gliederung der Mitglieder nach regionalen oder fachspezifischen Gruppen. Mitgliedsbeitrag: gestaffelt ab 70 DM, einmalige Aufnahmegebühr: Zahl der Mitglieder März 1993: 100.

Die Btx-Anbieter-Vereinigung hat ein (medien-)politisches Mandat, sie versteht sich als Informationsstelle für Btx-Anbieter wie Btx-Nutzer bzw. -Interessenten. Der Verein informiert seine Mitglieder über eine »Fax-Hotline« und die »Seminar-Dokumentation Datex-J & Btx«.

Börsenverein des Deutschen Buchhandels e.V., 60311 Frankfurt am Main, Großer Hirschgraben 17–21. Gründungsjahr: 1825 als »Börsenverein der Deutschen Buchhändler« mit Sitz in Leipzig; derzeit gültige Satzung vom 18. April 1986. Zweck ist laut § 1 der Satzung, »die Interessen seiner Mitglieder zu vertreten und die Erfüllung der Aufgaben des Buchhandels zu fördern. Er hat insbesondere folgende Aufgaben: 1. Vertretung der Standes- und Berufsinteressen seiner Mitglieder gegenüber der Öffentlichkeit, den gesetzgebenden Körperschaften, Behörden, Parteien, Organisationen und Verbänden; 2. Schaffung und Unterhaltung von Einrichtungen zur Erleichterung des Geschäftsverkehrs; 3. Ermittlung der im buchhändlerischen Verkehr üblichen Sitten und Gebräuche sowie der Wettbewerbsregeln im Verkehr seiner Mitglieder untereinander und mit dem Publikum sowie Anregung zweckmäßiger neuer Verkehrsformen im Buchhandel; 4. Ausgleich der verschiedenartigen Interessen unter seinen Mitgliedern und ihren Gruppen sowie zwischen den Landesverbänden; 5. Förderung der Ausbildung des buchhändlerischen Nachwuchses und die Fortbildung der Buchhändler; 6. Förderung sozialer Einrichtungen für die Angehörigen des Buchhandels; 7. Aufnahme und Pflege von Beziehungen zu fachverwandten Vereinigungen und Einrichtungen im In- und Ausland. Der Börsenverein hat seinen Sitz und Gerichtsstand in Frankfurt am Main. (...) Der Zweck des Vereins ist nicht auf einen wirtschaftlichen Geschäftsbetrieb gerichtet.«

Zielgruppe sind Verlage, Verlagsvertreter, Sortimentsbuchhandlungen und Firmen des Zwischenbuchhandels (Grossisten). Der Börsenverein ist in zehn Landesverbände und in drei berufsspezifische Gruppen (Verlag, Sortiment, Zwischenbuchhandel) gegliedert. Die Aufnahmegebühren, Mitgliedsbeiträge, Zuschläge für Mitgliedschaft in mehreren Fachgruppen und Sonderumlagen sind nach Umsatzgröße und Leistungsfähigkeit der Mitglieder gestaffelt. Mitgliederstand April 1993: 6400 Unternehmen.

Der Börsenverein des Deutschen Buchhandels ist nicht tariffähig. Regierungen, öffentliche Verwaltungen, politische Parteien, Wirtschafts- und Kulturverbände hören den Börsenverein zu zahlreichen den Buchhandel und den Literaturbetrieb betreffenden Fragen und bitten um Stellungnahmen. Der Börsenverein gibt durch sein Wirtschaftsunternehmen »Buchhändler-Vereinigung« das »Verzeichnis lieferbarer Bücher« in gedruckter Form (und im Zwei-Monats-Rhythmus auf CD-ROM), das zweimal wöchentlich erscheinende »Börsenblatt für den Deutschen Buchhandel« und das viermal jährlich erscheinende »Buchjournal« heraus, außerdem das »Jahrbuch Buch und Buchhandel in Zahlen«, Almanache zu Schülerwettbewerben und Ausbildungsbroschüren.

Bundesverband Deutscher Anzeigenblätter e.V. (BVDA), 53113 Bonn, Adenauerallee 113. Gründungsjahr: 1987, derzeit gültige Satzung vom Januar 1991. Der Verband bezweckt nach § 2 seiner Satzung die »Wahrung und Förderung aller gemeinsamen Belange« der in ihm zusammengeschlossenen Verlage. Zum Aufgabenbereich gehören im einzelnen die Information und Fachberatung der Mitglieder, die Interessenvertretung »in allen Fragen des Anzeigenblattwesens, auch im Hinblick auf gesetzgeberische Maßnahmen«, die »Förderung des lauteren Wettbewerbs«, die »Durchführung der Auflagenkontrolle für Anzeigenblätter« (ADA) und damit zusammenhängend die »Erarbeitung und Bereitstellung von Unterlagen, die der Transparenz des Anzeigenblattmarktes förderlich sind«.

Zielgruppen sind alle Verlage, die Anzeigenblätter herausgeben. Der Mitgliedsbeitrag errechnet sich aus dem Millimetergrundpreis der Anzeigenblätter, der mit dem Faktor 2000 multipliziert wird. Keine einmalige Aufnahmegebühr, Mitgliederzahl: 184.

Der Verband vertritt die spezifischen Belange des Mediums »Anzeigenblatt« in allen organisierten Bereichen der Gesellschaft. Die Verbandsbroschüre »Mitten im Markt« enthält Basisinformationen über das Medium »Anzeigenblatt«. Daneben gibt der BVDA das vierteljährlich erscheinende Verbandsorgan »das anzeigenblatt« heraus. Die ebenfalls viermal pro Jahr herausgegebenen »Media-Informationen Anzeigenblätter« enthalten die für die Mediaplanung relevanten Daten aller Mitglieds-Anzeigenblätter. Der BVDA ist nicht in sozialpolitischer Hinsicht aktiv. In pressepolitischen Grundsatzfragen behält er sich die Möglichkeit zur Zusammenarbeit mit anderen Organisationen des Pressewesens vor. Der BVDA ist Mitglied im Zentralverband der deutschen Werbewirtschaft (ZAW).

Bundesverband Deutscher Fernsehproduzenten e.V., 80538 München, Widenmayerstraße 32. Gründungsjahr: 1964 als »Arbeitsgemeinschaft der freien Fernsehproduzenten« (bis 1967); derzeit gültige Satzung vom November 1977 in der Fassung vom November 1991. Zweck und Aufgabe ist laut § 2 der Satzung »die Interessenvertretung des freien Unternehmertums im deutschen Fernsehen. Jede auf Erwerb gerichtete wirtschaftliche Tätigkeit des Vereins ist ausgeschlossen.«

Zielgruppe sind freie Fernseh- und Auftragsproduzenten. Es besteht keine Gliederung in fachspezifische Gruppen. Die Vorstandsmitglieder sollen aus den Regionen Süd, Nord, West und Ost kommen. Mitgliedsbeitrag: 3000 DM jährlich bei vierteljährlicher Zahlungsweise. Mitgliederstand vom 31. Dezember 1992: 120 juristische Personen.

Der Verband ist als Arbeitgeber in Tariffragen engagiert und »schließt für die freie Produktion in Deutschland den Tarifvertrag mit der RFFU«. Als eigene Fachpublikation erscheint ein Jahrbuch.

Bundesverband Deutscher Zeitungsverleger e.V. (BDZV), 53175 Bonn, Riemenschneiderstraße 10. Gründungsjahr: 1954; derzeit gültige Satzung vom Oktober 1992. Aufgaben und Zuständigkeit des Bundesverbandes sind laut § 2 der Satzung: »1. Der Bundesverband bezweckt die Wahrung und Vertretung der gemeinsamen ideellen und wirtschaftlichen Interessen der Verlage der im Verbandsgebiet erscheinenden deutschen Zeitungen. 2. Zu den Aufgaben des Bundesverbandes gehören insbesondere: a) die Wahrung der Unabhängigkeit der demokratischen deutschen Zeitungen; b) die Wahrung der publizistischen Aufgabe der deutschen Zeitungsverleger; c) die Wahrung und Förderung des Ansehens der Zeitungsverlage in der Öffentlichkeit und ihre Vertretung gegenüber Bundesregierung, Volksvertretungen, Behörden und Organisationen; d) die Wahrung eines dem Berufsstand angemessenen Wettbewerbs und die Bekämpfung unlauterer Werbung sowie aller Methoden eines Verdrängungswettbewerbs; e) die Förderung der Ausbildung des Nachwuchses in den Zeitungsverlagen; f) die Erteilung von Auskünften und die Erstattung von Rechtsgutachten in grundsätzlichen Fragen des Zeitungswesens; g) die Führung von Verhandlungen in sozialrechtlichen Angelegenheiten und der Abschluß von Tarifverträgen im Namen und mit Zustimmung der Mitgliedsverbände gemäß § 2 Abs. 2 TVG; h) die Benennung und Entsendung von Vertretern des Zeitungsverlagswesens in Verwaltungsorgane der Sozialversicherung, der Bundesanstalt für Arbeit, des Rundfunkwesens und in andere Institutionen; i) die Mitwirkung bei der Bildung von Schiedsgerichten; k) die Bildung eines Schlichtungs- und Einigungsausschusses für Streitigkeiten zwischen Mitgliedern verschiedener Mitgliedsverbände; l) die Pflege internationaler Beziehungen. 3. Die Zuständigkeit des Bundesverbandes ist gegeben, wenn es sich um gemeinsame Angelegenheiten der Zeitungsverlage des Verbandsgebietes handelt. In allen anderen Fällen kann der Bundesverband nur im Auftrag oder mit Zustimmung der beteiligten Mitgliedsverbände tätig werden. Die Mitgliedsverbände sind in bezug auf die Verbandsführung und auf die Wahrnehmung ihrer regionalen Interessen selbständig; in ihren Verbandsgebieten unterliegen auch die in den Absätzen 1 und 2 angeführten Aufgaben ihrer Zuständigkeit. 4. Die Tätigkeit des Bundesverbandes ist weder auf einen wirtschaftlichen Geschäftsbetrieb noch auf die Erzielung von Gewinnen gerichtet.«

Zielgruppe sind die Zeitungsverlage und deren Inhaber. Der BDZV ist in

12 Landesverbände (mit Sitz in Berlin, Erfurt, Kiel, Hamburg, Bremen, Hannover, Düsseldorf, Mainz, Frankfurt, Leipzig, Stuttgart und München) gegliedert. Mitgliedsbeitrag: nach einem Beitragsschlüssel, gemessen an Grundgebühr und Auflagenkategorie. Mitgliederstand Anfang 1989: 12 juristische Personen (= Landesverbände).

Der Verband ist Tarifpartner der IG Medien, des DJV und der DAG. Er ist Trägerorganisation des Deutschen Presserats und Mitglied der Bundesvereinigung Deutscher Arbeitgeber. Die Landesverbände stellen Presseausweise aus. Als eigenes Fachorgan erscheint »Die Zeitung« (monatlich). Der BDZV gibt Broschüren (u. a. in einer eigenen Schriftenreihe) und Jahrbücher heraus.

Bundesverband Offene Kanäle e.V., 67063 Ludwigshafen/Rhein, Prinzregentenstraße 48. Gründungsjahr 1988, derzeit gültige Satzung vom Juni 1992. Der Zweck des Vereins besteht nach § 2 Abs. 2 der Satzung in der »Förderung der Erziehung, Volks- und Berufbildung mit Schwerpunkt auf politischer Bildungsarbeit«. Im Rahmen dieser Tätigkeit unterstützt der Verein vor allem die Verbreitung neuer medialer Kommunikationsformen. Diese Förderung erfolgt unter anderem durch die »Beratung von Trägern und Nutzern Offener Kanäle bei der Organisation von lokalen/regionalen Kommunikationssystemen, deren Nutzungsberechtigte ihre Beiträge unmittelbar, in eigener Verantwortung, unentgeltlich und auf hierfür eigens vorgesehenen Veröffentlichungswegen verbreiten«, durch die »Fortbildung von haupt- und ehrenamtlichen Mitarbeitern der Vereinsmitglieder«, durch die »Unterstützung von Veranstaltern/Trägern und Nutzern Offener Kanäle in Fragen der Öffentlichkeitsarbeit« und durch die »Information der Öffentlichkeit über Aufgaben und Bedeutung der Offenen Kanäle«.

Mitglieder des Vereins sind juristische Personen, Personengruppen, die einen geschlossenen Mitgliederverband haben und auf Dauer existieren, und Leiter von Offenen Kanälen bei Landesmedienanstalten. Der jährliche Mitgliedsbeitrag beträgt 100 DM für Betreiber und 3000 DM für Leiter von Offenen Kanälen. Zur Zeit gehören dem Verein 13 Mitglieder an; neun davon sind Betreiber Offener Kanäle, vier fungieren als Leiter Offener Kanäle bei Landesmedienanstalten. Von 1994 an will der Bundesverband eine eigene Publikationsreihe herausgeben.

Deutsche Gesellschaft für Publizistik- und Kommunikationswissenschaft e.V. (DGesPKw); Sitz der Gesellschaft ist Bonn; die Geschäftsstelle befindet sich beim jeweiligen Vorsitzenden und wechselt entsprechend der turnusmäßigen Wahl des Vorstands. Gründungsjahr: 1963 als »Deutsche Gesellschaft für Zeitungs- und Publizistikwissenschaft« (bis 1972); derzeit gültige Satzung vom Mai 1992. Zweck der DGesPKw ist laut § 1 der Satzung »a) Wahrnehmung und Förderung gemeinsamer Interessen von Forschung und Lehre im Bereich der Publizistik- und Kommunikationswissenschaft, b) Vertretung der Publizistik- und Kommunikationswissenschaft gegenüber der Öffentlichkeit, c) Zusammenarbeit mit Personen, Organisationen und Institutionen verwandter Studiengebiete sowie der publizistischen Praxis, d) gegenseitige Unterrichtung über Arbeitsprogramme der Mitglieder und Vergabe von wissenschaftlichen Arbeiten, e) gemeinsame Planung und Ausführung von Forschungsvorhaben, f) Herausgabe wissenschaftlicher Veröffentlichungen«.

Zielgruppe sind innerhalb der Bereiche Publizistik-, Medien- und Kommunikationswissenschaft Wissenschaftler an Universitäten und in der angewandten Forschung sowie wissenschaftlich interessierte Medienpraktiker. Seit 1991 existieren acht Arbeitsgruppen zu unterschiedlichen thematischen Bereichen bzw. Berufsfeldern. Mitgliedsbeitrag: 120 DM jährlich; auf Antrag 50 Prozent Ermäßigung für nicht vollberuflich Tätige. Mitgliederstand 1993: 400 natürliche Personen.

Die DGesPKw ist nicht an Tarifauseinandersetzungen beteiligt und auch im weiteren Sinn nicht in arbeitsrechtlichen Fragen engagiert. Sie stellt keine Presseausweise aus. In Verbindung mit der Gesellschaft erscheint (seit 1956) die Fachzeitschrift »Publizistik. Vierteljahreshefte für Kommunikationsforschung«. Seit 1978 gibt die DGesPKw im Verlag Ölschläger (München) eine Schriftenreihe mit bisher 20 Bänden zu publizistikwissenschaftlichen Fragen (meist Themen der Jahrestagungen) heraus. Der Information nach innen und außen dient der Informationsdienst »Aviso«. 1990 gegründet, berichtet er dreimal jährlich über Forschungsprojekte, Tagungen, Studiengänge, Institute sowie Personalia und bietet ein Forum zur Diskussion fachbezogener Fragen. Die Deutsche Gesellschaft für Publizistik- und Kommunikationswissenschaft ist Mitglied der International Federation of Communication Associations.

Deutsche Public Relations-Gesellschaft e.V. (DPRG) Berufsverband Öffentlichkeitsarbeit, 53227 Bonn, Königswinterer Straße 152. Gründungsjahr: 1958; derzeit gültige Satzung vom 22. Mai 1993. Ziele und Aufgaben sind laut § 1 der Satzung: »Die DPRG vertritt die beruflichen Interessen ihrer Mitglieder. Sie fördert das Ansehen des Berufsstandes und vertieft die Kenntnisse über ihn in der Öffentlichkeit. Sie fördert durch geeignete Veranstaltungen und Publikationen die Fortbildung von Public Relations-Fachleuten und die Ausbildung des Nachwuchses in diesem Bereich. Sie informiert und unterstützt ihre Mitglieder in berufsständischen Fragen und verpflichtet sie auf fachgerechte Berufsausübung. Sie steuert zur wissenschaftlichen Durchdringung der Public Relations nach Kräften bei. Sie pflegt und fördert die internationalen Beziehungen zu den betreffenden Organisationen und Verbänden.«

Zielgruppe sind professionell arbeitende PR-Fachleute in Wirtschaftsunternehmen, Agenturen, Behörden, Verbänden, Institutionen und Kirchen, aber auch selbständige Berater sowie Auszubildende und Studierende der Public Relations.

Die DPRG ist in die Landesgruppen Baden-Württemberg mit der Regionalgruppe Baden und den Untergruppen Rhein-Neckar und Württemberg, Bayern mit der Regionalgruppe Franken, Berlin/Brandenburg, Hessen/

Rheinland-Pfalz/Saarland mit der Regionalgruppe Saarland, Niedersachsen/Bremen, Norddeutschland, Nordrhein-Westfalen mit den Regionalgruppen Köln/Bonn/Aachen sowie Ostwestfalen/Lippe und Ruhrgebiet und die Landesgruppe Sachsen mit den Regionalgruppen Chemnitz, Dresden und Leipzig gegliedert. Der Jahresbeitrag beträgt für ordentliche Mitglieder 480 DM, für Junioren 240 DM, für Senioren 120 DM und für Studienmitglieder 80 DM; korrespondierende Mitglieder zahlen 360 DM, fördernde Mitglieder/Firmenmitglieder 800 DM. Das einmalige Aufnahmegeld beträgt für alle Mitglieder 120 DM; Studienmitglieder zahlen jedoch ausnahmsweise nur 30 DM. Mitgliederstand vom Sommer 1993: 2200 natürliche Personen. In fast allen Bundesländern bestehen Juniorenforen.

Die Gesellschaft ist nicht an Tarifauseinandersetzungen beteiligt, versteht sich aber als Interessenvertretung in berufsständischen und fachlichen Fragen. Als eigenes Fachorgan erscheint monatlich »Dialog«, das »Magazin für Gesamtkommunikation«. Daneben gibt die DPRG Mitgliederverzeichnisse, Tagungsberichte, ihren »Beraterindex« und aktuelle Broschüren heraus.

Deutscher Journalisten-Verband / Gewerkschaft der Journalisten e.V. (DJV), 53115 Bonn, Bennauerstraße 60. Gründungsjahr: 1949; derzeit gültige Satzung von 1993. Aufgabe ist nach § 2 der Satzung »die Wahrnehmung und Förderung aller beruflichen, rechtlichen und sozialen Interessen der hauptberuflich für Presse, Hörfunk, Fernsehen und andere Publikationsmittel tätigen Journalisten sowie Beratung und Unterstützung der Landesverbände in diesen Fragen. Der DJV hat sich besonders folgende Aufgaben gestellt:

a) die Freiheit und Eigenständigkeit von Presse und Rundfunk sowie die geistige Unabhängigkeit der journalistischen Arbeit zu sichern; b) bei Gesetzentwürfen mitzuwirken, welche die Medien betreffen oder andere Interessen seiner Mitglieder berühren; c) das Ansehen des journalistischen Berufs zu wahren; d) Kollektivverträge im eigenen Namen – unbeschadet der Tarifhoheit der Landesverbände – abzuschließen; e) Einrichtungen zur Stärkung der sozialen und beruflichen Stellung der Journalisten – insbesondere ihrer Altersversorgung – zu schaffen und auszubauen; f) den journalistischen Nachwuchs zu fördern; g) die Berufsinteressen deutscher Journalisten im Ausland zu vertreten; h) internationale Beziehungen zu pflegen; i) eine Verbandszeitschrift herauszugeben.«

Zielgruppe sind Journalisten aller Medien. Der DJV ist gegliedert in 16 Landesverbände (mit Sitz in Berlin, Brandenburg, Schwerin, Kiel, Hamburg, Bremen, Hannover, Düsseldorf, Mainz, Saarbrücken, Frankfurt/M., Stuttgart, München, Erfurt, Halle und Dresden) und hat verschiedene Fachausschüsse und Kommissionen nach Berufsgruppen und aktuell wichtigen Themen eingesetzt. Mitgliedsbeitrag: wird von den Landesverbänden festgesetzt. Mitgliederstand 1993: mehr als 25000.

Der DJV ist Tarifpartei auf Arbeitnehmerseite gegenüber Arbeitgeberverbänden in Presse, Rundfunk und Agenturen. Durch Gutachten gegenüber gesetzgeberischen Instanzen, als Ansprechpartner bei Fachauskünften für gesellschaftliche Gruppen und Einzelpersonen und als Initiator in Fragen der journalistischen Aus- und Weiterbildung befaßt er sich mit berufsspezifischen Themen. Er ist im Deutschen Presserat und in der Internationalen Journalisten-Föderation vertreten. Über seine Landesverbände stellt der DJV Presseausweise aus. Als eigenes Fachorgan erscheint »journalist« (monatlich). Der Verband hat innerhalb seiner Schriftenreihe bisher 20 Einzeltitel herausgegeben, u. a. Steuertips, »Journalist werden«, Tarifwerke sowie ein Handbuch für Freie Journalisten.

Deutscher Kommunikationsverband BDW e.V., 53227 Bonn, Königswinterer Straße 552; Gründungsjahr: 1953 als »Bund Deutscher Werbeberater« (Krefeld); derzeit gültige Satzung vom 18. November 1992. Nach § 2 will der Verband für die Bedeutung der Kommunikation in Wirtschaft und Gesellschaft eintreten sowie ihren zentralen Stellenwert in Unternehmen und Institutionen durchsetzen und die Öffentlichkeit über die gesellschaftliche Bedeutung, die Voraussetzungen und Wirkungen der Kommunikation aufklären; für die Bedeutung der Kommunikationsarbeit im demokratischen und sozialen Rechtsstaat eintreten; die Entwicklung der Kommunikationsgesellschaft fördern, in der die Mittel der Information als Werkzeuge zum Dialog und damit zur Verständigung zwischen Menschen genutzt werden; die Entwicklung der Kommunikation durch Projekte, Tagungen und Kongresse vorantreiben; die Öffentlichkeit über die gesellschaftliche Bedeutung, die Voraussetzungen und Wirkungen der Kommunikationsarbeit aufklären; die gesetzgebenden Körperschaften, Verwaltungen und andere Einrichtungen des öffentlichen Lebens fachlich beraten; mit Spitzenverbänden und Organisationen im In- und Ausland auf Gebieten gemeinsamen Interesses zusammenarbeiten; den im Kommunikationsverband zusammengeschlossenen Berufen das Ansehen verschaffen, das ihrer Bedeutung in der Gesellschaft entspricht; seine Mitglieder auf verantwortliche und fachgerechte Berufsausübung verpflichten; die berufsständischen Interessen seiner Mitglieder fördern und vertreten; Voraussetzungen für die gegenseitige Information und die interdisziplinäre Beratung der Mitglieder untereinander schaffen, den Erfahrungsaustausch, die Weiterbildung und fachliche Fortentwicklung ihres Arbeitsbereiches fördern; bei der Ausbildung des fachlichen Nachwuchses mitarbeiten sowie Forschung und Lehre fördern und zum Transfer zwischen Wissenschaft und Praxis beitragen.

Zielgruppen sind Fachleute aus allen Bereichen der Kommunikationsarbeit, z. B. Werbung, Verkaufsförderung, Öffentlichkeitsarbeit, Marketing, Marktforschung, Medien und Design. Der Verband ist in z. Z. 24 regionale Clubs (mit eigenem Vorstand und eigener Mitgliederversammlung) gegliedert, nicht aber in fach- und berufsspezifische Gruppen. Der Jahresbeitrag für ordentliche Mitglieder beträgt 480 DM (einmaliges Eintrittsgeld 150 DM), für Berufseinsteiger 240 DM, für Studenten, Auszubildende und Senioren 120 DM. Mitgliederstand vom 1. Januar 1993: 3579 natürliche und 14 juristische Personen.

Der Verband ist nicht an Tarifauseinandersetzungen beteiligt. Als eigenes Fachorgan erscheint »Inside Kommunikation« (monatlich).

Deutscher Presserat e.V., 53111 Bonn, Thomas-Mann-Straße 54. Gründungsjahr: 1956; derzeit gültige Satzung vom 18. April 1989. Zweck des »Trägervereins des Deutschen Presserats« ist laut § 1 der Satzung, »für die Pressefreiheit in der Bundesrepublik Deutschland einzutreten und das Ansehen der deutschen Presse zu wahren. Zur Wahrnehmung dieser Aufgabe bildet der Verein das Gremium ›Deutscher Presserat‹.«

Mitglieder des Trägervereins sind der BDZV, der VDZ, der DJV, die IG Medien (Fachgruppe Journalismus) als Trägerorganisationen sowie je eine von ihnen benannte natürliche Person. Der Presserat dagegen hat 20 Mitglieder. Sie haben »Mißstände im Pressewesen festzustellen und auf deren Beseitigung hinzuwirken, Beschwerden über einzelne Zeitungen, Zeitschriften oder Pressedienste zu prüfen und in begründeten Fällen Mißbilligungen und Rügen auszusprechen, Empfehlungen und Richtlinien für die publizistische Arbeit zu geben, für den unbehinderten Zugang zu den Nachrichtenquellen einzutreten und im Einvernehmen mit den Trägerorganisationen Entwicklungen entgegenzutreten, die die freie Information und Meinungsbildung des Bürgers gefährden könnten« (§ 9). Der Presserat ist nicht zuständig für Verhandlungen und Entscheidungen tarifpolitischer Art. Zehn seiner Mitglieder bilden den Beschwerdeausschuß (derzeit gültige Beschwerdeordnung vom 18. Februar 1992).

Der Deutsche Presserat ist ein Selbstkontrollorgan der periodisch erscheinenden Druckmedien und behandelt deren berufsethische Fragen. Er gibt jährlich ein Jahrbuch mit der aktuellen Spruchpraxis, daneben nach Bedarf Broschüren (etwa mit dem Wortlaut des Pressekodex und Grundsätzen zum Gegendarstellungsrecht) heraus.

Dramatiker-Union / Schriftsteller und Komponisten von Bühne und Film, Funk und Fernsehen e.V., 10715 Berlin (Wilmersdorf), Babelsberger Straße 43. Gründungsjahr: 1871 als »Deutsche Genossenschaft dramatischer Autoren und Komponisten« in Leipzig, von 1908 an »Verband Deutscher Bühnenschriftsteller«, von 1919 an »Verband Deutscher Bühnenschriftsteller und Bühnenkomponisten«, seit 1970 »Dramatiker-Union«; derzeit gültige Satzung von 1986. Zweck ist laut § 2 der Satzung: »Der Verein vertritt die Berufsinteressen der dramatischen Wort- und Musik-Autoren für Bühne und Film, Funk und Fernsehen im In- und Ausland auf insbesondere folgende Weise: 1. Er vertritt die allgemeinen Berufsinteressen der Urheber wort- und musikdramatischer Werke, insbesondere gegenüber den Verwertern (die Bühne, Rundfunk- und Fernsehanstalten, Film- und Schallplattenproduzenten, Interpreten und Verlegern und anderen); 2. er nimmt Einfluß auf die Weiterentwicklung des deutschen und des zwischenstaatlichen Urheberrechts, auf seine Anwendung und auf seine

Auslegung mit dem besonderen Ziel, den Urhebern nachteilige Bestimmungen zu beseitigen; 3. er sucht die Verbindung zu Dramatikern anderer Länder, um den internationalen Kulturaustausch zu fördern und Schranken abzubauen, die dem freien Gedankenaustausch und der Gleichbehandlung in- und ausländischer Urheber im Wege stehen; 4. er beteiligt sich an einer Schiedsgerichtsbarkeit, die Streitigkeiten zwischen Werkberechtigten untereinander und zwischen seinen Mitgliedern und den Verwertern schlichten soll; 5. er führt Veranstaltungen durch, die im allgemeinen Interesse seiner Mitglieder liegen; 6. er gibt die Dramatiker-Union Mitteilungen (DU Mitteilungen) heraus.«

Zielgruppe sind die wort- und musikdramatischen Autoren des In- und Auslandes. Keine Gliederung nach regionalen und fachspezifischen Gruppen. Mitgliedsbeitrag: jährlicher Mindestbeitrag (Sockelbeitrag) von DM 75 und umsatzabhängige Tantiemenabgabe aus der bühnenmäßigen Verwertung der Werke des Mitgliedes. Mitgliederstand 1993: rd. 400 natürliche Personen.

Die Dramatiker-Union vertritt die Berufsinteressen der Urheber wort- und musikdramatischer Werke insbesondere gegenüber den Verwertern und beteiligt sich an einer Schiedsgerichtsbarkeit zur Schlichtung von Konflikten unter Werkberechtigten bzw. Verwertern. Sie nimmt ferner Einfluß auf die Entwicklung und Auslegung des deutschen und des zwischenstaatlichen Urheberrechts. Die Dramatiker-Union stellt keine Presseausweise aus. Als eigenes Fachorgan erscheint seit 1926 die Zeitschrift »Der Autor«.

Gesellschaft für musikalische Aufführungs- und mechanische Vervielfältigungsrechte (GEMA), 10787 Berlin, Bayreuther Straße 37 und 81667 München, Rosenheimer Straße 11. Gründungsjahr: 1947; derzeit gültige Satzung vom Juni 1993. Status: Wirtschaftlicher Verein kraft staatlicher Verleihung. Zweck ist laut §2, Abs. 1 der Satzung »der Schutz des Urhebers und die Wahrnehmung seiner Rechte im Rahmen dieser Satzung. Seine Einrichtung ist uneigennützig und nicht auf die Erzielung von Gewinn gerichtet. Dem Verein obliegt die treuhänderische Verwaltung der ihm von seinen Mitgliedern und Dritten durch uni- oder bilaterale Verträge zur Verwertung übertragenen Rechte. Er kann alles tun, was zur Wahrung der ihm übertragenen Rechte erforderlich ist. Der Verein ist berechtigt, denjenigen, die diese Rechte benutzen wollen, die hierzu notwendige Genehmigung zu erteilen. Der Verein ist nach Maßgabe von § 11 UrhWG hierzu verpflichtet. Der Verein ist auch berechtigt, Inkassomandate von Verwertungsgesellschaften zu übernehmen, denen nach §§1, 2, 18 UrhWG eine Erlaubnis erteilt worden ist, und mit anderen zusammenzuwirken, auch soweit Gegenstand von deren Tätigkeit nicht nur Urheberrechte, sondern auch verwandte Schutzrechte im Sinne des UrhG sind. Bei Vergebung der Rechte werden die Bedürfnisse der kulturellen Musikpflege berücksichtigt.«

Zielgruppe sind Komponisten, Textdichter, Musikbearbeiter und -verleger in bezug auf ihre Urheberrechte. Die GEMA ist in eine Generaldirektion (mit Sitz in Berlin und München und mit Vertretung in Bonn) und 13 Bezirksdirektionen (mit Sitz in Augsburg, Berlin [und einer Außenstelle in Schwerin], Dortmund, Dresden [und einer Außenstelle in Chemnitz], Düsseldorf, Halle [und zwei Außenstellen in Erfurt und Magdeburg] , Hamburg, Hannover [mit einer Außenstelle in Oldenburg], Köln, München, Nürnberg, Stuttgart und Wiesbaden) gegliedert. Mitgliedsbeitrag: Aufnahmegebühr 115 DM, Jahresbeitrag 50 DM. Mitgliederzahl: 34000 natürliche Personen.

Die GEMA beteiligt sich an Tarifgesprächen über Vergütungen mit allen Musiknutzern und über den Rahmen- und den Gehaltstarifvertrag mit der DAG und der Gewerkschaft Handel-Banken-Versicherung; sie behandelt ferner alle für Musikurheber beruflich relevanten Themen. Als eigenes Fachorgan erscheinen die »GEMA-Nachrichten« (halbjährlich) sowie der »GEMA-Brief« (vierteljährlich) und die »GEMA-News« (jährlich).

IG Medien – Druck und Papier, Publizistik und Kunst, 70174 Stuttgart, Friedrichstraße 15. Gründung: Durch die Auflösung der Gewerkschaft Druck und Papier und der Gewerkschaft Kunst wurde sie auf dem Gründungskongreß in Hamburg (8. bis 15. April 1989) als Mitgliedergewerkschaft gebildet; derzeit gültige Satzung vom 15. April 1989.

Zu den Grundsätzen und Zielen gehören das Bekenntnis zur Demokratie in Staat, Wirtschaft, Gesellschaft und Kultur, die Verwirklichung des Rechts auf Arbeit, Abschluß und Umsetzung von Tarifverträgen und anderen Vereinbarungen, Sicherung der Arbeitsplätze, Verteidigung des Streikrechts, Schutz vor marktbeherrschenden Medienstrukturen, Abbau des kulturellen Bildungsprivilegs, Einsatz für journalistische Unabhängigkeit, Ausbau des Betriebsverfassungs- und Personalvertretungsgesetzes, gleiche Rechte für Mann und Frau, Mitbestimmung in der beruflichen Bildung und Vertretung der besonderen Interessen der freiberuflich Tätigen.

Zielgruppe sind haupt- und freiberuflich Tätige aller Medien- und Kunstbereiche (Druckindustrie, Verlage, Nachrichten- und Werbeagenturen, Papier- und Kunststoffverarbeitung, Journalismus, Schriftsteller und Übersetzer, Bildende Künstler, Darstellende Künstler, Musiker und Musikerzieher, Show/Unterhaltung/Film). Innerhalb der IG Medien gibt es Fachgruppen wie die Fachgruppe Rundfunk/Film/Audiovisuelle Medien, die Fachgruppe Journalismus, hervorgegangen aus der früheren dju in der IG Druck und Papier und dem Südwestdeutschen Journalisten-Verband, und die Fachgruppe Literatur, die sich aus dem Verband deutscher Schriftsteller entwickelte. Die Fachgruppen sind regional nach neun Landesbezirken gegliedert, z. T. auch nach Bezirks- und Ortsvereinen. Das Organ für die im Medien- und Kunstbereich tätigen Mitglieder ist die monatlich erscheinende Zeitschrift »Publizistik & Kunst«. Zahl der Mitglieder 230000; Mitgliedsbeitrag: 1,2 Prozent vom Bruttotarifgehalt. Die IG Medien stellt über ihre zuständigen Fachgruppen Presseausweise aus.

Spitzenorganisation der Filmwirtschaft e.V. (SPIO), 65205 Wiesbaden, Kreuzberger Ring 56. Gründungsjahr: 1948. Zweck ist die Förderung und Vertretung der Filmwirtschaft in allen gemeinsamen Angelegenheiten und Wahrung ihrer Interessen in der Bundesrepublik Deutschland.

Mitglieder der SPIO sind neun Verbände, die die Interessen der einzelnen Filmsparten vertreten.

Als Abteilung der SPIO arbeitet die *»Freiwillige Selbstkontrolle der Filmwirtschaft«* (FSK) und die »SPIO-Juristenkommission« (JK) (→ Filmrecht, → Jugendmedienschutz, → Selbstkontrolle der Medien).

Tarifverband Privater Rundfunk e.V. (TPR), 60325 Frankfurt/Main, Schwindstraße 3, Sitz der Geschäftsstelle: 79102 Freiburg, Karthäuserstraße 39. Gründungsjahr: 1988, derzeit gültige Satzung vom Januar 1992. Der Zweck des Verbandes besteht nach § 4 der Satzung in der »nationalen und internationalen Wahrung und Förderung der gemeinsamen Interessen seiner Mitglieder als Arbeitgeber«, der »Führung von Verhandlungen in arbeits- und sozialrechtlichen Angelegenheiten« und im »Abschluß von Tarifverträgen in eigenem Namen und mit Zustimmung der Vereinsmitglieder gemäß § 2 Abs. 2 Tarifvertragsgesetz (TVG) sowie auf mehrheitlichen Beschluß aller seiner Mitglieder der Abschluß von Tarifverträgen in eigenem Namen gemäß § 2 Abs. 3 TVG«.

Zielgruppe des TPR sind Arbeitgeber im privaten Hörfunk- und Fernsehsektor. Mitgliedsbeitrag je nach Größe des Rundfunkunternehmens zwischen 5000 und 80000 DM. Mitgliederzahl: 25 juristische Personen. Neben der Verhandlungsführung in den genannten Bereichen vertritt der Verband die Arbeitgeberinteressen der privaten Rundfunkunternehmen gegenüber politischen Gremien, Gremien der arbeits- und sozialpolitischen Selbstverwaltung, anderen Verbänden sowie der Öffentlichkeit. Zusätzlich berät er seine Mitglieder in arbeits- und sozialrechtlichen sowie in personalpolitischen Fragen. In unregelmäßigen Abständen gibt der Verband einen internen Informationsdienst heraus.

Verband der Filmverleiher e.V., 65205 Wiesbaden, Kreuzberger Ring 56. Gründungsjahr: 1949; derzeit gültige Satzung vom Dezember 1969. Zweck ist laut § 2 der Satzung die Beratung, Vertretung und Wahrnehmung der Interessen der Mitgliedsfirmen in den gemeinsamen Angelegenheiten. Eine gemeinsame Angelegenheit liegt vor, wenn mindestens ein wesentlicher Teil der Mitgliedsfirmen betroffen ist.

Zielgruppe sind Filmverleihfirmen mit 35-mm-Spielfilmen sowie mit 16-mm-Filmen, soweit sie einer 35-mm-Firma angegliedert sind. Es besteht keine Gliederung in regionale und fachspezifische Gruppen. Mitgliedsbeitrag: eingeschränktes Prinzip eines Umsatzbeitrages, der jeweils von der Mitgliederversammlung festgesetzt wird. Mitgliederstand vom 1. Januar 1992: 53 juristische Personen. Der Verband vertritt berufsständische Fragen gegenüber Filmtheaterverbänden, der Filmförderungsanstalt und Filmproduzentenverbänden.

Verband Deutscher Zeitschriftenverleger e.V. (VDZ), 53177 Bonn, Winterstraße 50. Gründungsjahr: 1949; derzeit gültige Satzung vom Juni 1983. Zweck des Verbandes ist laut § 1 der Satzung, »die Zeitschriftenverleger in der Erfüllung ihrer wirtschaftlichen, kulturellen und beruflichen Aufgaben zu vertreten und zu fördern. Zu den Aufgaben des Verbandes gehören auch die Führung von Verhandlungen in sozialrechtlichen Angelegenheiten und der Abschluß von Tarifverträgen im Namen und mit Zustimmung der Mitgliedsverbände.«

Zielgruppe sind die Zeitschriftenverlage in der Bundesrepublik Deutschland. Der Verband ist in sieben Landesverbände (mit Sitz in Berlin, Hamburg, Hannover, Bonn, Leipzig, Stuttgart und München) und in drei Fachgruppen (Fachzeitschriften, Publikumszeitschriften und konfessionelle Zeitschriften) gegliedert. Mitgliedsbeitrag sind Beiträge der Landesverbände nach Umsatzerhebungen unter den angeschlossenen Verlagen. Mitgliederstand vom Dezember 1992: 430 juristische Personen.

Der Verband ist »Tarifpartner der Journalistengewerkschaften und der DAG in bezug auf den Manteltarif und den Gehaltstarif für Zeitschriftenredakteure«; er ist im Deutschen Presserat und in der Stiftung Lesen vertreten. Die Ausstellung von Presseausweisen obliegt den Landesverbänden. Der VDZ hat kein eigenes Fachorgan, gibt aber Broschüren wie »Zeitschriftenpresse in Zahlen«, Berichte seiner jährlichen Generalversammlung und zahlreiche Spezialpublikationen z. B. seiner Fachgruppen Fachzeitschriften und Publikumszeitschriften heraus.

Verband Privater Rundfunk und Telekommunikation e.V. (VPRT), 53177 Bonn, Burgstraße 69. Gründungsjahr: 1990; derzeit gültige Satzung vom Oktober 1992; Nachfolgeorganisation des Bundesverbandes Kabel und Satellit (BKS) und des Bundesverbandes privater Rundfunk und Telekommunikation (BPRT); Zweck des VPRT ist laut § 2 der Satzung, »die Interessen seiner Mitglieder – privater Anbieter von Hörfunk, Fernsehen und anderer elektronisch verbreiteter Dienste, ferner von Unternehmen der Telekommunikation und Rundfunktechnik – auf nationaler und internationaler Ebene zur Förderung des privaten Rundfunks zu vertreten«. Aufgaben im einzelnen sind die Verhandlungsführung mit den staatlichen Exekutiv- und Legislativorganen und den Medienanstalten, die Interessenvertretung in nationalen und internationalen Gremien sowie in Verhandlungen mit Personen, die in ihren Rechten von privaten Rundfunkangeboten berührt werden.

Zielgruppe des Verbandes sind nationale, regionale und lokale Fernseh- und Hörfunksender, im AV-Bereich engagierte Zeitungs- und Zeitschriftenverlage, Antennenhersteller, Werbe- und Medienberatungsagenturen, Satellitenbetreiber, Unternehmen der Rundfunkgeräteindustrie, Syndication- und Studio-Betriebe. Die Mitglieder sind einzelnen Fachbereichen – »Hörfunk«, »Fernsehen« und »Vertrieb, Technik und Telekommunikation« – zugeordnet. Mitgliedsbeitrag: je nach Kategorie und Umsatz zwischen

2000 und 250000 DM; einmalige Aufnahmegebühr: 1000 DM. Mitgliederstand März 1993: 132 juristische Personen.

Der VPRT ist Mitglied im Zentralverband der deutschen Werbewirtschaft e. V. (ZAW). Er ist tarifpolitisch nicht aktiv.

Verwertungsgesellschaft Bild – Kunst, 53115 Bonn, Poppelsdorfer Allee 43. Gründungsjahr: 1968; derzeit gültige Satzung vom 9. Juli 1992. Status: Rechtsfähiger Verein kraft staatlicher Verleihung. Zweck ist laut § 2 der Satzung »die Wahrnehmung der Rechte und Ansprüche der Urheber von Werken, die nach § 2 Abs. 1 Ziffer 4–7 Urheberrechtsgesetz geschützt werden, und von deren Rechtsnachfolgern«. Aufgabe ist nach § 3 »die treuhänderische Wahrnehmung der Nutzungs- und Einwilligungsrechte und Vergütungsansprüche seiner Mitglieder und Wahrnehmungsberechtigten, die sich aus dem Urheberrechtsgesetz ergeben und ihm zur Geltendmachung übertragen worden sind«.

Zielgruppe sind Urheber (und deren Gesamtrechtsnachfolger) von Werken der bildenden Künste einschließlich ihrer Entwürfe, von Lichtbildwerken und Darstellungen wissenschaftlicher und technischer Art sowie von Film- und Fernsehwerken. Ähnlich wie die VG Wort ist auch diese Verwertungsgesellschaft nur in Berufsgruppen (Bildende Künstler und deren Verleger / Fotografen, Bildjournalisten, Bildagenturen, Grafik-Designer, Foto-Designer und deren Verleger / Film, Fernsehen und Audiovision), aber nicht in regionale Gruppen gegliedert. Sitz ist – unabhängig von der Geschäftsstelle in Bonn – Frankfurt am Main.

Verwertungsgesellschaft Wort, vereinigt mit der Verwertungsgesellschaft Wissenschaft, 80336 München, Goethestraße 49. Gründungsjahr: 1958; derzeit gültige Satzung vom 23. Mai 1992. Status: Rechtsfähiger Verein kraft Verleihung. Zweck ist laut § 1 der Satzung, »die urheberrechtlichen Befugnisse seiner Mitglieder und Wahrnehmungsberechtigten treuhänderisch wahrzunehmen, die ihm vertraglich diese Wahrnehmung anvertrauen«.

Zielgruppe sind die »Inhaber von Urheberrechten und Nutzungsrechten an Sprachwerken«; im einzelnen sind das die auf sechs Berufsgruppen verteilten »Autoren und Übersetzer schöngeistiger und dramatischer Literatur / Journalisten, Autoren und Übersetzer von Sachliteratur / Autoren und Übersetzer von wissenschaftlicher und Fachliteratur / Verleger von schöngeistigen Werken und von Sachliteratur / Bühnenverleger / Verleger von wissenschaftlichen Werken und von Fachliteratur«. Für diese Wahrnehmungsberechtigten ist der Abschluß des Vertrages mit der VG Wort kostenlos; es entstehen auch keine Folgekosten. Ende 1992 hatte die VG Wort 162295 wahrnehmungsberechtigte Autoren und 4224 wahrnehmungsberechtigte Verlage; die nur sekundär wichtige Zahl der Mitglieder (vgl. § 2, Abs. III bis VIII der Satzung) betrug 252 Autoren und 84 Verlage. Die VG Wort hat kein eigenes Fachorgan, gibt jedoch in unregelmäßigen Abständen den »Wortreport« und Vorstandsberichte über die abgeschlossenen Geschäftsjahre heraus, die den Wahrnehmungsberechtigten und den Mitgliedern zugehen.

Zentralverband der deutschen Werbewirtschaft e.V. (ZAW), 53177 Bonn, Villichgasse 17. Gründungsjahr: 1949; derzeit gültige Satzung in der Fassung vom 27. März 1980. Ziel und Aufgaben sind nach § 2 der Satzung »(1) Der Zentralverband der deutschen Werbewirtschaft widmet sich allen Angelegenheiten der Wirtschaftswerbung, die über den Fachbereich der ihm angeschlossenen Organisationen hinaus für die Werbewirtschaft bedeutsam sind. (2) Seine Tätigkeit bezweckt, eine staatliche Werberegelung und Werbeaufsicht entbehrlich zu machen. (3) Die Aufgabe des Zentralverbandes der deutschen Werbewirtschaft besteht darin, a) alle Bestrebungen zu unterstützen, die der Wirtschaftswerbung eine volle Entfaltung ihrer Anwendungsmöglichkeiten sichern, b) Hindernisse jedweder Art zu beseitigen, die die Wirtschaftswerbung beeinträchtigen oder ihre Durchführung erschweren, c) durch Selbstdisziplin in den eigenen Reihen die Voraussetzungen für eine reibungslose Durchführung des Werbegeschäfts zu schaffen, d) auf eine in Form und Inhalt lautere und vorbildliche Werbung hinzuwirken, um Auswüchse und Mißbräuche zu vermeiden, e) für die volkswirtschaftliche und kulturelle Bedeutung der Wirtschaftswerbung Verständnis zu wecken sowie ihre wissenschaftliche Erforschung zu fördern, f) die Werbewirtschaft gegenüber den Behörden und Gesetzgebungsorganen zu vertreten, g) Werbeausstellungen, Werbekongresse, Studienreisen und Besichtigungen zu veranstalten, h) mit den gleichgerichteten Organisationen des Auslandes einen Austausch von Erfahrungen, Werbedrucksachen usw. herbeizuführen.«

Zielgruppe ist die gesamte Werbewirtschaft, deren Dachverband der ZAW ist. Seine gegenwärtig 39 Mitgliedsorganisationen gliedern sich in neun Verbände der werbenden Anbieter von Waren und Dienstleistungen, 26 der werbungdurchführenden Medien, einen der Werbeagenturen und neun der Werbeberufe und Forschung. Der ZAW bemüht sich um den neutralen Interessenausgleich zwischen den einzelnen Branchen in Verbindung mit Werbung gegenüber Parlamenten, Regierung, Verwaltung und anderen organisierten Bereichen. Zur Zeit gibt es acht Fachausschüsse. An Tarifvereinbarungen ist der ZAW nicht beteiligt.

Als eigenes Fachorgan erscheint der »ZAW-service« (zweimonatlich) als offizielles Organ des Dachverbandes; verschiedene ZAW-Informationsdienste werden je nach Bedarf herausgegeben. In der Reihe »edition ZAW« gibt der Verband außerdem Publikationen zur nationalen und internationalen Werberecht- und Verbraucherpolitik heraus sowie das Jahrbuch »Werbung in Deutschland ... [Jahresangabe]«.

Innerhalb des ZAW gründete die deutsche Werbewirtschaft 1972 das Selbstkontrollorgan *Deutscher Werberat* mit Sitz in Bonn. Dem Gremium gehören zwölf Fachleute unterschiedlicher Werbebereiche an. Es schaltet sich von selbst oder bei Anregungen und Beschwerden Außenstehender ein und erarbeitet Leitlinien für verbrauchergerechte Werbung. 1992 befaßte sich der Werberat mit 258 Beschwerden; in nur sechs Fällen sprach er eine öffentliche Rüge aus. Über die Arbeitsergebnisse und Ziele des Gremiums informiert das »Jahrbuch Deutscher Werberat ... [Jahresangabe]«.

Seit 1975 arbeitet zusätzlich zum Deutschen Werberat der *Koordinierungsausschuß Verbraucherschaft – Werbewirtschaft* als Anlaufstelle für Vorschläge und Beschwerden von Verbraucherorganisationen.

1949 gründete der ZAW die *Informationsgemeinschaft zur Feststellung der Verbreitung von Werbeträgern e. V.* (IVW). Sie ermittelt und kontrolliert Basisdaten, die sich auf die Auflage von Druckerzeugnissen, von Tageszeitungen über Supplements bis zu Branchenfernsprechbüchern, auf Plakatanschlagstellen und Besucherfrequenzen in Kinos beziehen. Was die Mitgliedsverlage betrifft, so verpflichten sie sich durch ihren Beitritt, regelmäßig nach Quartalsschluß ihre Auflagezahlen der IVW zu melden und zweimal jährlich durch einen der sechs Prüfer kontrollieren zu lassen. Diese Daten werden dann vierteljährlich in den IVW-Auflagelisten publiziert. Damit können Werbe- und Mediaplaner auf offizielle Verbreitungsdaten von Werbeträgern zurückgreifen. Die IVW finanziert sich aus den Beiträgen der rund 1250 Mitgliedsverlage. 1992 wurden 4200 Prüfungen vorgenommen. Auskunft über Tätigkeit und Entwicklung der IVW sowie wichtige Detailinformationen für ihre Mitglieder gibt der jährliche Geschäftsbericht zur Jahresversammlung des IVW-Verwaltungsrats.

ECKART KLAUS ROLOFF

Literatur

Heinz-Dietrich Fischer (Hrsg.): Medienverbände in Deutschland. Geschichte, Berufsaspekte, Politik. Berlin 1992

Verband der Filmverleiher → Verbände und Organisationen im Medienbereich

Verband Deutscher Zeitschriftenverleger → Verbände und Organisationen im Medienbereich

Verband Privater Rundfunk und Telekommunikation (VPRT) → Verbände und Organisationen im Medienbereich

Verbot der Berufsausübung → Pressefreiheit

Verbot von Hörfunk- und Fernsehaufnahmen → Gerichtsberichterstattung, → Rundfunkprogrammrecht

verbotene Kooperation → Wettbewerbsrecht

Verbreitungsbeschränkungen → Jugendmedienschutz

Verbreitungsrecht → Urheberrecht

Verbringungsverbote → Staatsschutz

Verflechtungsverbot → Fusionskontrolle im Pressewesen, → Rundfunkorganisationsrecht, → Rundfunkprogrammrecht, → Wettbewerbsrecht

Vergnügungssteuer → Filmrecht

»Verhaftung des Gedankens« → Beschlagnahme von Presseerzeugnissen, → Pressedelikte

Verjährungsbeschluß → Bundesverfassungsgerichtsentscheidungen zum Medienrecht (4. Januar 1958)

Verjährungsfristen → Pressedelikte, Pressegesetze

Verlagsrecht/Buchrecht. Das Buch als eines der ältesten Medien ist nicht nur Informations-, sondern insbesondere auch Kulturträger und Kulturvermittler. Die Bedeutung des Buches hat auch im Zeitalter der elektronischen Medien nicht abgenommen. Dem Buch als Kulturträger kommt als Alternativ- und Komplementärmedium eher eine noch wichtigere Rolle zu.

Das Buch ist ein Druckerzeugnis. Seine Existenz ist an das Papier geknüpft. Das elektronische Buch, das sich weltweit in der Entwicklung befindet, ist dagegen kein Buch im herkömmlichen Sinne. Es ist ein tragbares elektronisches Wiedergabe-(Speicher-)Gerät, mit dem Inhalte von Handbüchern und Bedienungsanleitungen (Manuals) unter Einsatz von Datensoftware jederzeit und an jedem Ort abgerufen werden können. Ein »Lesegerät«, das die Verbreitung von Buchinhalten mit kulturellem Charakter ermöglicht, ist das elektronische Buch nicht oder nur in Ausnahmefällen. Ebenfalls nicht um Bücher handelt es sich bei Audiokassetten, die akustisch den Inhalt eines Buches wiedergeben.

Bücher sind Waren des täglichen Bedarfs. Entsprechend vielfältig ist ihre Angebotsform. Im wesentlichen sind dabei zu unterscheiden die Original-(Verlags-) Ausgabe, das Taschenbuch, die Buchclubausgabe und sonstige Ausgaben wie das vorproduzierte moderne Antiquariat, Kaufhausausgaben und Sonderausgaben beispielsweise für Kaffeeröster.

Relevante Rechtsgebiete. Der rechtliche Rahmen, in den Buch, Buchproduktion und Buchvertrieb einzuordnen sind, ist weit gefaßt. Er spannt sich vom Urheber- und Verlagsrecht sowie sonstigen Verwertungsrechten über das *Gesetz gegen unlauteren Wettbewerb* (UWG) hin zum *Gesetz gegen Wettbewerbsbeschränkungen* (GWB), *Gesetz zur Regelung des Rechtes der Allgemeinen Geschäftsbedingungen* (AGB) und zu EG-rechtlichen Regelungen.

Urheber- und Verlagsrecht haben – wenngleich mit unterschiedlichem dogmatischen Ansatz – den gleichen Zweck. Beide schützen die Befugnis zur ausschließlichen Vervielfältigung und Verbreitung eines in bestimmter Form dargestellten Geisteswerkes. Im Unterschied zum Urheberrecht, das einen unübertragbaren persönlichkeitsrechtlichen Kern hat, ist das Verlagsrecht ein dem jeweiligen Verleger übertragener geldwerter Ausschnitt aus den diesen Kern umgebenden Werknutzungsrechten. Das Verlagsrecht ist somit nichts anderes als ein Nutzungsrecht im Sinne von § 31 Abs. 1 Satz 1 Urheberrechtsgesetz (UrhG) (Verlagsrecht im subjektiven Sinne). Ohne dieses wirtschaftlich verwertbare Nutzungsrecht sind das heutige Buch, seine Produktion und der Vertrieb nicht vorstellbar.

ALLGEMEINES VERLAGSRECHT. Das Verlagsrecht im objektiven Sinne, d. h. die Ordnung der rechtlichen Beziehungen zwischen Verlaggeber und Verleger, ist im Verlagsgesetz von 1901 geregelt. Von einigen Ausnahmen abgesehen (vgl. § 141 Nr. 4 UrhG) läßt das jüngere, allgemeinere, zuletzt im Jahre 1965 novellierte UrhG die Regelungsbereiche des älteren Spezialgesetzes unangetastet.

Gegenstand des *Verlagsvertrages* sind Werke der Literatur und der Tonkunst, nicht jedoch solche der bildenden Kunst. Mit dem VerlagsG haben demnach zu tun die Buchverlage sowie die Musik-(Noten-) und Theaterverlage.

Der Verlagsvertrag als schuldrechtlicher Vertrag verpflichtet den Verfasser, dem Verleger das Werk zur Vervielfältigung und Verbreitung zu überlassen. Der Verleger wiederum ist verpflichtet, das Werk zu vervielfältigen und zu verbreiten.

Die Pflichten des Verfassers im einzelnen sind im VerlagsG aufgeführt. Nicht nur muß der Verfasser dem Verleger das Verlagsrecht durch körperliche Ablieferung des Werkes verschaffen (§§ 8, 9 VerlagsG), sondern das Werk muß auch in einem zur Vervielfältigung und Verbreitung geeigneten Zustand sich befinden. Außerdem muß sich der Verfasser während der Dauer des Verlagsvertrages jeglicher eigener Vervielfältigung und Verbreitung enthalten, wobei allerdings Bearbeitungen und die Aufnahme des Werkes in eine Gesamtausgabe hiervon ausgenommen sind.

Auch die Pflichten des Verlegers legt das Gesetz fest. Er trägt das wirtschaftliche verlegerische Risiko, weil er verpflichtet ist, das Werk auf seine Rechnung zu vervielfältigen und zu verbreiten. Wenn nichts anderes im Vertrag bestimmt ist, hat der Verleger lediglich das Recht zu einer Auflage, wobei diese, wenn der Vertrag es nicht anders regelt, nur in 1000 Büchern bestehen darf (§ 5). Die Pflicht zur Vervielfältigung und Verbreitung bezieht sich allerdings nur auf eine Auflage. Hat der Verleger das Recht, mehrere Auflagen zu veranstalten, so ist er nämlich nicht verpflichtet, von diesem Recht auch Gebrauch zu machen (§ 17).

Die Frage der Honorarzahlung überläßt das VerlagsG dem Parteiwillen, unterstellt jedoch eine Vergütung dann als stillschweigend vereinbart, wenn die Überlassung des Werkes den Umständen nach nur gegen eine Vergütung zu erwarten ist. Regelt der Vertrag die Höhe der Vergütung nicht, gilt eine angemessene Vergütung in Geld als vereinbart.

Neben dem Anspruch auf Vergütung hat der Verfasser noch das Recht, vom Verleger mindestens fünf, höchstens jedoch fünfzehn Freiexemplare zu verlangen. Weitere Exemplare kann er zum Vorzugspreis erhalten.

Die Übertragung des Verlagsrechts als Ganzes und die Gewährung von

Lizenzen aufgrund des Verlagsrechts ist nicht ohne weiteres möglich (vgl. §§ 28 VerlagsG, 34, 35 UrhG). Hierbei sind Rechte des Urhebers zu beachten.

Die Beendigung des Verlagsvertrages erfolgt in der Regel durch Zeitablauf oder bei Beschränkung der Zahl der Auflagen oder Abzüge, wenn diese vergriffen sind (§ 29). Allerdings kann das Vertragsverhältnis auch schon früher aufgehoben werden. So sieht das Gesetz Rücktritts- und Kündigungsrechte vor, die ergänzt werden durch die Rückrufrechte des Verfassers gem. §§ 41, 42 UrhG und die Möglichkeit der außerordentlichen Kündigung des Verlagsvertrages aus wichtigem Grund. Auch kann die vorzeitige Beendigung des Verlagsvertrages eventuell wegen Wegfalls der Geschäftsgrundlage verlangt werden.

Verlags- und insbesondere Lizenzverträge werden immer häufiger mit Autoren oder Verlagen im Ausland abgeschlossen. Welches Recht auf derartige Verträge mit Auslandsberührung anzuwenden ist, richtet sich nach dem *Internationalen Urhebervertragsrecht*.

Verlagsverträge enthalten sowohl schuldrechtliche Elemente (Verpflichtungen der Vertragsparteien) als auch Verfügungsgeschäfte über Rechte. Obwohl das Internationale Urheberrecht vom sog. Territorialitätsprinzip beherrscht wird, wonach Entstehung, Inhalt, Wirkung und Erlöschen des Urheberrechts nach dem Recht desjenigen Landes zu beurteilen sind, für dessen Gebiet das Recht in Anspruch genommen wird (Schutzland), können Verlagsverträge als schuldrechtliche Vereinbarungen, auch wenn sie in mehreren Staaten entstandene Rechte zum Gegenstand haben, einheitlich einer bestimmten Rechtsordnung unterstellt werden (sog. Vertragsstatut). Ob auch Verfügungsgeschäfte dem Vertragsstatut unterfallen, ist streitig. Im internationalrechtlichen Schrifttum herrscht die sog. Spaltungstheorie vor, die auf das Verfügungsgeschäft insgesamt das Recht des jeweiligen Schutzlandes anwenden will mit der Folge einer möglichen Aufspaltung einheitlicher Verträge in mehrere anwendbare Rechtsordnungen. Demgegenüber wendet das urheberrechtliche Schrifttum zutreffenderweise auch auf solche Verfügungsgeschäfte grundsätzlich das Vertragsstatut an mit dem Vorbehalt, daß entsprechend dem Territorialitätsprinzip bestimmte Fragen stets nach dem Recht des jeweiligen Schutzlandes beurteilt werden müssen.

Für die Bestimmung des Vertragsstatuts, also des auf den Vertrag anwendbaren Rechts, gibt es gesetzliche Regelungen. Das ab 1. September 1986 geltende »Gesetz zur Neuregelung des Internationalen Privatrechts« (BGBl 1986 I S. 1142) hat unter Einbeziehung des EG-Übereinkommens über das auf vertragliche Schuldverhältnisse anwendbare Recht (BGBl 1956 II S. 809) die Artikel 27 bis 37 EG BGB neu gefaßt. Das bisherige Internationale Privatrecht bleibt nach der Übergangsregelung des Artikels 220 Abs. 1 EG BGB auf vor dem 1. September 1986 »abgeschlossene Vorgänge« anwendbar. Neben Urheberrechtsverträgen, die einen damaligen Leistungsaustausch zum Inhalt haben, soll das auch für Dauerschuldverhältnisse und damit auch für Urheberrechtsverträge, die in der Regel Dauerschuldverhältnisse sind, gelten (Palandt/Heldrich: Anm. 2 zu Art. 220 EG BGB).

Welches Recht auf den Verlags- oder Lizenzvertrag anwendbar ist, entscheiden die Vertragsparteien in freier Rechtswahl (Art. 27 EG BGB), die ausdrücklich oder stillschweigend und auch noch nach Vertragsschluß erfolgen kann. So können die Vertragsparteien selbst dann die Anwendung fremden Rechts vereinbaren, wenn der Vertrag ansonsten keine Auslandsberührung aufweist (Art. 27 Abs. 3). In diesem Falle bleiben allerdings die zwingenden Bestimmungen inländischen Rechts anwendbar (Art. 34), und auch der ordre public gemäß Art. 6 EG BGB bleibt unberührt.

Ist keine Rechtswahl getroffen, unterliegt der Vertrag dem Recht desjenigen Staates, mit dem er die engsten Verbindungen aufweist (Art. 28 Abs. 1 Satz 1 EG BGB). Es wird vermutet, daß der Vertrag die engsten Verbindungen mit dem Staat aufweist, in dem diejenige Vertragspartei im Zeitpunkt des Vertragsschlusses ihren gewöhnlichen Aufenthaltsort hatte, welche die charakteristische Leistung zu erbringen hat (Art. 28 Abs. 2 EG BGB).

Auf Verlagsverträge angewandt bedeutet dies, daß grundsätzlich das Recht desjenigen Landes anzuwenden ist, in dem der jeweilige Verleger bei Abschluß des Vertrages seinen Geschäftssitz hat. Auf Lizenzverträge, die ein ausschließliches Nutzungsrecht zum Gegenstand haben, gilt das Recht am Ort der gewerblichen Niederlassung des Lizenznehmers im Zweifel auch dann, wenn diesen keine Ausübungspflicht trifft.

Die Form von Verlags- und Lizenzverträgen regelt Art. 11 Abs. 1, 2 EG BGB. Danach sind diese Verträge wirksam, wenn sie entweder den Formerfordernissen des Vertragsstatuts genügen oder denjenigen des Rechts am Ort des Vertragsschlusses bzw., wenn die Verträge zwischen Parteien in verschiedenen Staaten abgeschlossen sind, das Recht eines dieser Staaten erfüllen (Art. 11 Abs. 2). Das gilt sowohl für Verpflichtungs- als auch für Verfügungsgeschäfte.

WETTBEWERBSRECHT. Im Recht des Buches spielt das GWB eine nicht zu unterschätzende Rolle. Abgesehen von der Preisbindungsregelung des § 16 findet das GWB im allgemeinen aber auch Anwendung auf Verlagsverträge und ihre einzelnen Bestimmungen.

Das GWB ist auf Verlagsverträge, an denen der Urheber selbst beteiligt ist, nur anwendbar, wenn dieser seine Werke als »Unternehmen« im Sinne des Gesetzes verwertet. Das ist heute überwiegende Meinung (vgl. Bappert/Maunz/Schricker: Verlagsrecht, Einleitung Rdn 36 m. N.). Es kommt für die Anwendbarkeit des GWB auf Verträge dieser Art nicht auf die Erzielung von Gewinn oder auch nur Einnahmen an. Vielmehr genügt es, »wenn die Leistungen auf einem Markt erbracht werden, auf dem geschäftliche Konkurrenz stattfindet«.

Die dogmatische Herleitung für die Anwendung des GWB bzw. einzelner Bestimmungen desselben ist uneinheitlich. Allerdings hat sich wohl die Meinung durchgesetzt, wonach Urheberrechts- (Verlags-) Verträge nach den §§ 15, 18 GWB zu beurteilen sind, nicht also durch analoge Anwendung von § 20 GWB. Dadurch ausgeschlossen ist keineswegs auch die Anwendung der §§ 1, 22 und 26, letzterer insbesondere auf Verleger.

Die Rechtsfolgen des § 15 GWB (Verträge über Preisgestaltungen oder Geschäftsbedingungen) und des § 18 GWB (Ausschließlichkeitsbindungen) sind unterschiedlich. Ein Verstoß gegen § 15 GWB führt zur Nichtigkeit des Vertrages, während § 18 GWB lediglich zu einer Aufhebungsbefugnis durch das Bundeskartellamt führt, wenn bestimmte vom Gesetz vorgesehene Wettbewerbsbeschränkungen eintreten.

Der Anwendungsbereich von § 15 auf Verlagsverträge ist eher klar umrissen, wohingegen die Anwendung von § 18 GWB eher schwierig ist. Wesentliche Fallgestaltungen der letzteren Art sind Exklusiv- (Bindung-)Verträge an bestimmte Verleger über bestehende oder künftige Werke (§ 18 Abs. 1 Nr. 2 GWB), Wettbewerbsklauseln oder andere schuldrechtliche Beschränkungen wie solche des Vertriebs. Hier kommt insbesondere die Beschränkung in Betracht, daß das Werk nicht in Buchgemeinschaften, im Versandhandel oder in Kaufhäusern vertrieben werden darf.

Die aufgrund des Verlagsrechts selbst gesetzlich angeordneten oder vertraglich vereinbarten Beschränkungen (vgl. §§ 34, 35 UrhG, 28 VerlagsG) wie die Weiterübertragung des Verlagsrechts oder die Einräumung von Nutzungsrechten fallen nicht unter § 18 GWB. Eine Subsumtion unter § 18 Abs. 1 Nr. 1–4 GWB ist nicht möglich.

In der dogmatischen Begründung nicht recht nachvollziehbar ist die wohl herrschende Meinung, daß § 18 GWB alle den Verleger treffenden aus dem Urheber- und Verlagsrecht selbst folgenden Beschränkungen entzogen sind. Dazu sollen insbesondere gehören Art und Umfang des verlegerischen Nutzungsrechts. So soll die Einräumung des Verlagsrechts nur für eine Originalausgabe unter Ausschluß von Taschenbuch- und Buchgemeinschaftsausgaben nicht unter § 18 GWB fallen. Dasselbe soll für die anderen Ausgaben gelten, wenn nur eine wie auch immer definierte Buchgemeinschaftsausgabe zugelassen wird. Begründet wird Vorstehendes damit, daß es dem Urheber nach Gesetz gestattet sei, seine Nutzungsrechte in gewissen Grenzen mit dinglicher Wirkung aufzuspalten und dementsprechend eingeschränkte Nutzungsrechte Dritten einzuräumen. Die kartellrechtlich relevante Beschränkung der Nutzung sei aus eben diesen Gründen hinzunehmen. Das soll im übrigen auch für etwaige vom Gesetz angeordnete schuldrechtliche Beschränkungen von Nutzungsrechten gelten.

Die Eingriffsvoraussetzungen des § 18 Abs. 1 lit. a) bis c) GWB werden wegen der spezifischen Struktur des Marktes jedenfalls bei Verträgen zwischen Autoren und Verlagen nur selten erfüllt. Es ist kaum vorstellbar, daß ein solcher Vertrag Bestimmungen enthält, durch die eine für den Wettbewerb auf dem Markt erhebliche Zahl von Unternehmen (Verlagen) gleichartig gebunden und ihre Wettbewerbsfreiheit unbillig eingeschränkt (§ 18 Abs. 1 lit. a)) oder dadurch für andere Unternehmen der Markteintritt unbillig beschränkt oder durch das Ausmaß dieser Beschränkungen der Wettbewerb auf diesem Markt wesentlich beeinträchtigt wird (§ 18 Abs. 1 lit. a) und lit. b)). Anders kann es sich jedoch bei Lizenzverträgen zwischen Verlagen oder Verlagen und Buchgemeinschaften verhalten.

LIZENZRECHT. Unter Lizenzverträgen versteht man *Verlagsverträge,* in denen der Verleger aufgrund ihm selbst eingeräumter Nutzungsrechte diese ganz oder teilweise auf Dritte, insbesondere andere Verlage, überträgt. Hauptanwendungsfälle sind Lizenzverträge über Taschenbücher und Buchgemeinschafts- sowie Sonderausgaben (Kaffeeröster).

Lizenzverträge unterliegen ebenfalls der Prüfung nach den §§ 15, 18 GWB. Dabei wird Nichtigkeit des Vertrages nach § 15 GWB regelmäßig dann anzunehmen sein, wenn der Lizenzgeber den Lizenznehmer und umgekehrt Beschränkungen hinsichtlich der Preisgestaltung unterwirft. Ein derartiges Vergehen ist nicht durch § 16 GWB gedeckt, da der Lizenzgeber oder umgekehrt der Lizenznehmer nicht die Preise seiner Verlagserzeugnisse bindet.

Für die Anwendbarkeit von § 18 GWB auf Lizenzverträge gilt das oben zu dieser Bestimmung Gesagte. Allerdings ist zu berücksichtigen, daß anders als bei Verlagsverträgen die Eingriffskriterien des § 18 Abs. 1 lit. a) bis c) bei Lizenzverträgen durchaus gegeben sein können. Bei der Praxis der Verlage, Formularverträge mit gleichlautenden Klauseln für die Einräumung von Lizenzen zu verwenden, kommt es insbesondere bei Wettbewerbsklauseln und Vertriebswegbeschränkungen zu gleichartigen Bindungen einer erheblichen Anzahl von Unternehmen im Buchmarkt oder auch zu einer wesentlichen Wettbewerbsbeschränkung auf diesem Markt. Obwohl das so ist, hat sich das Bundeskartellamt bisher mit Eingriffen äußerst zurückgehalten.

§ 1 GWB ist bei Lizenzverträgen dann ein Anwendungsfall, wenn es sich um sog. cross licencing zwischen Verlagen handelt. Darunter versteht man den Austausch von Lizenzen innerhalb einer Gruppe von Verlagen mit oder ohne Lizenzgebührenverrechnung.

ALLGEMEINE GESCHÄFTSBEDINGUNGEN. Die Verlage bedienen sich bei Lizenzverträgen, aber auch bei Verlagsverträgen in der Regel formularmäßig aufgebauter Standardtexte. Diese unterliegen der Rechtskontrolle nach dem Gesetz zur Regelung des Rechts der Allgemeinen Geschäftsbedingungen (AGBG vom 9. Dezember 1976), wenn sie bei einer »Vielzahl von Verträgen« (§ 1 AGBG) Verwendung finden.

Bei den Formularverträgen kann es sich um den »Normvertrag für den Abschluß von Verlagsverträgen« handeln, den der Verband Deutscher Schriftsteller in der IG Druck und Papier und der Börsenverein am 19. Oktober 1978 vereinbart haben. Oder es kann der »Normvertrag für den Abschluß von Übersetzungsverträgen« vom 4./13. Mai 1982 angewandt werden. In den meisten Fällen wird jedoch der Verlag einen hausgemachten Formulartext benutzen, der verlagseigene Notwendigkeiten mit den Vorteilen der Normverträge verbindet. Deshalb stellen die Verlagsverträge in der Regel eine Mischung von allgemeinen Geschäftsbedingungen, die der Kontrolle nach AGBG unterfallen, und Individualabsprachen dar, die dieser Kontrolle nicht unterworfen sind (§ 1 Abs. 2 AGBG).

Von den allgemeinen Bestimmungen der §§ 1 bis 7 AGBG werden wegen der Eigenart des Verlagsvertrages allenfalls § 3 (Überraschende Klauseln) und § 5 (Unklarheiten-Regel) Anwendung finden. Anders verhält es sich bei der Inhaltskontrolle nach den §§ 8 ff. AGBG. Mit ihrer Hilfe kann gegen den Verwender unwirksamer Allgemeiner Geschäftsbedingungen auf Unterlassung der Verwendung und im Falle des Empfehlens auch auf Widerruf geklagt werden (§ 13 Abs. 1 AGBG). Klagebefugt sind allerdings nur rechtsfähige Verbände zum Schutze des Verbrauchers oder solche zur Förderung gewerblicher Interessen, daneben auch noch die Industrie- und Handelskammern oder Handwerkskammern. Insofern kann man mit Schricker von einem »abstrakten Kontrollverfahren« sprechen (Verlagsrecht, Einleitung Rdn 14).

Maßstab für die inhaltliche Prüfung ist die Generalklausel des § 9. Danach sind Bestimmungen in Allgemeinen Geschäftsbedingungen unwirksam, wenn sie den Vertragspartner des Verwenders entgegen den Geboten von Treu und Glauben unangemessen benachteiligen. Der Katalog der Klauselverbote mit Wertungsmöglichkeit (§ 10) und derjenige ohne Wertungsmöglichkeit (§ 11) füllt die Generalklausel aus und ergänzt sie. Ob der Verstoß gegen die Generalklausel bzw. die §§ 10, 11 AGBG die völlige oder teilweise Unwirksamkeit der AGB zur Folge hat, richtet sich nach § 6 AGBG.

Welche von den vielen Klauseln in bezug auf Verlagsverträge wirklich praktische Bedeutung erlangt, kann nur erahnt werden. So könnte § 10 Nr. 4 (Änderungsvorbehalt) hinsichtlich eventueller Honorarkürzungen bedeutsam sein oder auch § 10 Nr. 7 (Abwicklung von Verträgen), wenn unangemessen hohe Ersatzansprüche bei Rücktritt oder Kündigung beispielsweise bei Ausübung des Rückrufrechts vereinbart sind (Hertin AfP 1978, 72, [75]). Auch § 9 Abs. 2 Nr. 1 AGBG kann dann praktisch werden, wenn Regeln des Verlagsgesetzes durch den Formularvertrag abbedungen werden.

Bedeutsame Rechtsprechung zur Anwendung des AGBG auf Verlagsverträge ist wenig vorhanden. Soweit ersichtlich, haben sich BGH und Kammergericht mit den Honorarbedingungen in Sendeverträgen, also nicht in Verlagsverträgen, befaßt (GRUR 1985, 45; KG, GRUR 1984, 509). Zum Verlagsvertrag erscheint die Entscheidung des OLG Celle erwähnenswert (ZUM 1986, 231). Das OLG hatte über eine AGB-Klausel zu entscheiden, durch die der Verfasser dem Verlag sämtliche Verlagsrechte für alle Auflagen und Ausgaben räumlich unbeschränkt auf die Dauer des Schutzrechts eingeräumt hatte. Eine solche Bestimmung ist nach Auffassung des Gerichts vereinbar mit dem AGBG.

Urheberrecht. Im Verlagswesen ist die individuelle Nutzung von → Urheberrechten durch den Urheber selbst oder durch Verleger, denen die ausschließliche Nutzung eingeräumt wurde, die Regel. Zu beobachten ist indes eine Entwicklung zur kollektiven Rechtswahrnehmung durch Verwertungsgesellschaften, wie dieses im Musikbereich gang und gäbe ist. Deren Einrichtung und Tätigkeit regelt das Gesetz über die Wahrnehmung von Urheberrechten und verwandten Schutzrechten vom 9. September 1965.

Im gedruckten Wortbereich spielt die Gesellschaft für musikalische Aufführungsrechte und mechanische Vervielfältigungsrechte (GEMA) nur eine Rolle, soweit es sich um Textdichter und Musikverleger handelt. Die Verwertung von Rechten an Büchern geschieht zunehmend über die Verwertungsgesellschaft Wort, die sich mit der ehemaligen Verwertungsgesellschaft Wissenschaft vereinigt hat. Diese nimmt Rechte an Sprachwerken wahr. Dabei handelt es sich um die Rechte nach den §§ 21, 22 UrhG (Recht der Wiedergabe durch Bild- und Tonträger sowie von Funksendungen) und die Vergütungsansprüche Bibliothekstantieme (§ 27 UrhG), Fotokopier- und Pressespiegelvergütung (§§ 54, 49 UrhG).

Die Verwertungsgesellschaften werden für die Urheber, Verleger oder sonstigen Rechtsinhaber tätig aufgrund von Wahrnehmungsverträgen, durch die ihnen Nutzungsrechte zur treuhänderischen Wahrnehmung übertragen werden. Für die Verwertungsgesellschaft gibt es einen gesetzlichen Kontrahierungszwang (§ 6 WahrnG).

Diesem Wahrnehmungszwang entspricht der Abschlußzwang nach § 11 WahrnG. Danach sind die Verwertungsgesellschaften verpflichtet, jedermann auf Verlangen an den von ihnen wahrgenommenen Rechten Nutzungsrechte zu angemessenen Bedingungen einzuräumen. Für bestimmte Vergütungsansprüche, beispielsweise für die Bibliothekstantieme, schreibt § 27 UrhG vor, daß diese nur durch Verwertungsgesellschaften geltend gemacht werden können (Verwertungsgesellschaftspflicht). Einnahmen aus der Verwertung verteilt die Gesellschaft an die Wahrnehmungsberechtigten nach einem Ausschüttungsplan (§ 7 WahrnG).

Die Verwertungsgesellschaften sind im übrigen nach § 13 WahrnG berechtigt, Tarife für die Rechtseinräumungen aufzustellen. Um die kollektive Rechtswahrnehmung durch die Verwertungsgesellschaften nicht mit den Grundsätzen des Kartellrechts kollidieren zu lassen, findet sich in § 102a GWB eine partielle Bereichsausnahme für Verwertungsgesellschaften.

Als marktbeherrschende Unternehmen unterliegen die Wahrnehmungsgesellschaften allerdings einer Kontrolle ihrer Tätigkeit hinsichtlich etwaiger mißbräuchlicher Handhabung. Eine solche Aufsicht erfolgt nicht nur national (vgl. § 22 GWB), sondern im Rahmen der umfassenden Tätigkeit der EG (vgl. Art. 2, 3 EWGV) auch gemeinschaftsweit gemäß den Art. 85, 86 EWGV. Hier zeichnet sich ein gewisser Schwerpunkt in der Arbeit der Kommission und der Spruchpraxis des Europäischen Gerichtshofs ab (z. B. EuGH GRUR Int. 1983, 734 GVL).

UNLAUTERER WETTBEWERB. Auch das Recht des unlauteren Wettbewerbs findet auf das Buch und seine wirtschaftliche Verwertbarkeit Anwendung. Dabei ist allerdings zu beachten, daß es im UWG überwiegend um die rechtlich gewürdigte Art geschäftlicher Tätigkeit und nur teilweise um den Schutz ausschließlicher Rechte geht, wie er charakteristisch ist z. B für das Urheberrecht.

Ein solches ausschließliches Recht regelt § 16 UWG, indem er den Titel einer Druckschrift (besondere Bezeichnung) gegen Ausbeutung durch Fremdbenutzung und sonstige Beeinträchtigungen einem besonderen Schutz unterstellt. Dieser Titelschutz ist gerade heute in einem Buchmarkt, der eine Überproduktion zu verzeichnen hat, von nicht zu unterschätzender Bedeutung. Die Ausgaben des Börsenblatts für den Deutschen Buchhandel enthalten ständig eine Vielzahl von Titelschutzanzeigen, mit denen Verlage sich das Recht an unterscheidungskräftigen Titeln noch nicht erschienener Werke zu sichern suchen. Der Titel als Unterscheidungszeichen ist deshalb ein mit dem Warenzeichen im Sinne des Warenzeichengesetzes verwandtes Recht und kann demgemäß u. U. Warenzeichen- und Ausstattungsschutz erlagen (Bappert/Maunz/Schricker: Rdn 32 zu § 13/39 UrhG).

Abgesehen vom Vorstehenden dürfte das UWG allerdings, soweit es Bücher betrifft, von keiner großen praktischen Bedeutung sein. Bei einem Buch handelt es sich um ein urheberrechtlich geschütztes Werk, so daß Rechtsverletzungen stets Urheberrechtsverletzungen sind und durch den Rechtsinhaber nach den Regeln des UrhG verfolgt werden, selbst wenn in der Rechtsverletzung zugleich eine unlautere Wettbewerbshandlung zu sehen wäre. Ob dann, wenn eine urheberrechtliche Verfolgung unterbleibt, Raum für ein Vorgehen nach den §§ 1, 13 UWG durch Mitbewerber oder Verbände vorhanden ist, muß verneint werden. Denn gegenüber dem speziellen UrhG ist das UWG subsidiär (Baumbach/Hefermehl: Wettbewerbsrecht Rdn 508 zu § 1 UWG). Die bloße Übernahme einer urheberrechtlich geschützten Leistung begründet deshalb für sich allein nicht die wettbewerbsrechtliche Unlauterkeit der Handlung.

Wettbewerbsrechtlich anders ist aber der Sachverhalt zu beurteilen, in dem jemand sich einen Wettbewerbsvorsprung durch Mißbrauch fremden Urheberrechts verschafft. Im Buchbereich haben solche Vorgänge insbesondere ihre praktische Bedeutung im wissenschaftlichen Sektor.

EG-RECHT. Unter EG-rechtlichen Aspekten sind das Verhältnis von Verlagsrecht und freiem Warenverkehr sowie von Verlagsrecht und den Wettbewerbsregeln der Art. 85, 86 EWGV bedeutsam. Von Interesse im Hinblick auf die Verwirklichung des Binnenmarktes kann auch ein im großen Stil betriebener Reimport von Büchern (Preisbindung) sein.

Dagegen bietet das vorgelegte Grünbuch der EG zum Urheberrecht (Green Paper on copyright and the challenge of technology – Copyright issues requiring immediate action. Communication from the Commission COM [88] 172 final Brussels, 7 June 1988) in dieser Form wenig Anhaltspunkte für irgendwelche Einflüsse auf Verlags- und Lizenzverträge im Druckbereich.

Das Problem aus dem Verhältnis von Verlagsrecht zum Prinzip des freien Warenverkehrs in der EG folgt aus dem urheberrechtlichen Territorialitätsprinzip und aus der Möglichkeit der vertraglichen ländermäßigen Aufspaltung von Nutzungsrechten gegenständlicher Natur. Daraus leitet sich die Frage ab, ob die urheberrechtlich zulässige Aufteilung in ausschließliche länderbezogene Nutzungsrechte und das damit verbundene Recht, von Dritten Unterlassung zu fordern, Vorrang hat vor dem freien Warenverkehr in der EG. In diesem Zusammenhang hat der EUGH entschieden (GRUR Int. 1981, 229 ff.), daß bei der Anwendung von Art. 36 EWGV nicht zu unterscheiden sei zwischen dem Urheberrecht und den anderen gewerblichen und kommerziellen Eigentumsrechten. Ein Vorrang der urheberrechtlichen Vorschriften vor dem Grundsatz des freien Warenverkehrs sei nicht zuzulassen.

Damit steht für den verlagsrechtlichen Bereich fest, daß der urheberrechtliche Schutz des ländermäßig aufgespaltenen Verlagsrechts durch die EG-Regeln über den freien Warenverkehr durchbrochen wird. Das gilt auch für ländermäßig aufgeteilte ausschließliche Lizenzen. Daraus folgt in beiden Fällen, daß bezüglich Werken (Büchern), die sich in einem EG-Mitgliedsstaat rechtmäßig im Verkehr befinden, die Berufung und Geltendmachung des ausschließlichen Verbreitungsrechts in den anderen Mitgliedsstaaten, in welche die Werke exportiert werden, ausgeschlossen ist. Nach deutschem Urheberrecht ist ebenfalls klar, daß der Autor, Verleger oder Inhaber einer ausschließlichen Lizenz nicht gegen den Reimport der Werke vorgehen kann, die er selbst in Verkehr gebracht hat. Das folgt aus dem urheberrechtlichen Erschöpfungsgrundsatz.

Vorstehendes gilt nur, wenn die Exemplare rechtmäßig, d. h. mit Zustimmung des Rechtsinhabers oder seines Nachfolgers, in den Verkehr gebracht wurden. Andernfalls stehen dem Verleger oder sonstigen Klageberechtigten alle urheberrechtlichen Ansprüche zu.

Die Wettbewerbskontrolle auch für Verlags- und Lizenzverträge und sonstige Verwertungsverträge erfolgt im Rahmen der Art. 85, 86 EWGV, wobei schwerpunktmäßig die Prüfung nach Art. 85 erfolgt. Voraussetzung für die Anwendbarkeit dieser Vorschrift ist allerdings, daß Verlags- oder Lizenzverträge geeignet sind, den Handel zwischen Mitgliedsstaaten zu beeinträchtigen. Dazu werden in der Regel selektive Vertriebsbindungen gehören, wenn sie die Spürbarkeitsgrenze überschreiten. Auch territoriale Beschränkungen im Buchvertrieb (vgl. GRUR Int. 1979, 587 »Ashley Courteney's British Hotel Guide«) oder bestimmte Mitgliedsstaaten der EG ausschließliche Buchlizenzen (WuW 1977, 407 »The old Man and the Sea«) mit entsprechenden vertraglichen Ausfuhrverboten erfüllen den Tatbestand des Art. 85 Abs. 1 und können nur ausnahmsweise gemäß Art. 85 Abs. 3 zugelassen werden. Dagegen begründen die einem Verlags- oder Lizenzvertrag eigentümliche Ausschließlichkeit zugunsten des Berechtigten wie auch sachliche, zeitliche oder qualitative Beschränkungen für sich allein keinen Verstoß gegen Art. 85 EWGV.

MANFRED NIEWIARRA

Literatur

Walter Bappert/Theodor Maunz/Gerhard Schricker: Verlagsrecht. Kommentar zum Gesetz über das Verlagsrecht vom 19. 6. 1901. München ²1984

Adolf Baumbach/Wolfgang Hefermehl: Wettbewerbsrecht. München ¹⁷1993

Ludwig Delp: Der Verlagsvertrag. München ⁵1989

Ulrich Immenga/Ernst J. Mestmaecker: Gesetz gegen Wettbewerbsbeschränkungen. Kommentar zum Kartellgesetz. München ²1992

Eugen Langen/Ernst Niederleithinger/Lennart Ritter/Ulrich Schmidt: Kommentar zum Kartellgesetz (GWB). Neuwied ⁶1982

Ferdinand Melichar: Die Wahrnehmung von Urheberrechten durch Verwertungsgesellschaften. Am Beispiel der VG Wort. Neuwied 1983

Ernst J. Mestmaecker: Europäisches Wettbewerbsrecht. München 1974

Otto Palandt: Bürgerliches Gesetzbuch. Kommentar. München ⁵³1993 (*Kommentierung zu IPR/EGBG*)

Gerhard Schricker: Urheberrecht. Kommentar. München 1987

Peter Ulmer/Hans E. Brandner/Horst Hensen: AGB-Gesetz. Kommentar zum Gesetz zur Regelung des Rechts der Allgemeinen Geschäftsbedingungen. Köln ⁷1993

Eugen Ulmer: Urheber- und Verlagsrecht. Berlin ³1980

Verlagsrechte → Steuerrecht der Medien, → Urheberrecht

Verlautbarungsrecht → Rundfunkprogrammrecht

Verleumdung → Persönlichkeitsschutz, → Verantwortung des Journalisten

Versorgungskasse der Deutschen Presse → Arbeitsrecht der Medien, → Soziale Sicherung der Journalisten

Versorgungslücken → Soziale Sicherung der Journalisten

Versorgungsprinzip → Soziale Sicherung der Journalisten

Versorgungsregelungen → Soziale Sicherung der Journalisten

Versorgungswerk der Presse → Arbeitsrecht der Medien, → Soziale Sicherung der Journalisten

vertikale Preisbindung → Vertriebsrecht

Vertraulichkeit des Wortes → Persönlichkeitsschutz

Vertriebsbindung → Wettbewerbsrecht

Vertriebsbeschränkungen → Jugendmedienschutz, → Vertriebsrecht

Vertriebsfreiheit → Vertriebsrecht

Vertriebsmonopol → Vertriebsrecht

Vertriebsrecht. Auch der Vertrieb von Zeitungen und Zeitschriften unterliegt der institutionellen Garantie durch das Grundgesetz: sogenannte *Vertriebsfreiheit*. Nach Art. 5 GG ist die institutionelle Eigenständigkeit der Presse von der Beschaffung der Information bis zu deren Verbreitung geschützt (BVerfGE 10, 118 [121]).

Zeitungen und Zeitschriften erreichen den Leser auf verschiedenen Vertriebswegen:

1. *Verlag – Pressegroßhandel* – sogenanntes *Presse-Grosso – Einzelhandel* (Kioske, Supermärkte, Tabakwaren- und Papierhandel usw.) – *Leser;* neben dem Verkauf über den stationären Einzelhandel erfolgt der Verkauf auch über ambulante Einzelhändler und Verkaufsautomaten, sogenannte »stumme Verkäufer«; stumme Verkäufer werden sowohl von den Verlagen unmittelbar als auch über das Presse-Grosso bestückt;
2. *Verlag* – direktbelieferter *Bahnhofsbuchhandel* (BB-Handel) – *Leser;*
3. *Verlag – Leser* (Abonnent) bzw. *Verlag – WBZ* (Werbender Buch- und Zeitschriftenhandel) – *Leser* (Abonnent); Abonnements werden entweder durch Zusteller oder über den → Postzeitungsdienst zugestellt;
4. *Verlag – Lesezirkel – Leser* (Bezieher/Mieter).

Über diese *vier Vertriebskanäle* werden in der Bundesrepublik Deutschland (alte und neue Bundesländer) täglich etwa 31 Millionen Tages-/Sonntagszeitungen und auf die Woche umgerechnet rund 63 Millionen Publikumszeitschriften abgesetzt (verkaufte Auflagen). Die Fachzeitschriften, die so gut wie ausschließlich im Festbezug verkauft werden, erreichen daneben eine Gesamtauflage von 55 Millionen pro Ausgabe. Dieser gewaltige Informationsfluß unterstreicht die sozialkommunikative Funktion der leichtverderblichen Ware Presse, die eine hochentwickelte, täglich sich aufs neue zu bewährende Vertriebslogistik unerläßlich macht, um Millionen Leser Tag für Tag bedienen zu können.

VERLAG ▷ PRESSE-GROSSO. Die Verlage und National-Distributionsunternehmen (sogenannte *Nationalvertriebe*, die den Vertrieb der Zeitungen und Zeitschriften meist kleinerer Verlage quasi als deren Vertriebsabteilung übernehmen) arbeiten mit den 97 Presse-Grosso-Unternehmen zusammen. Die Vertriebsgebiete der Grossisten sind grundsätzlich Alleinvertriebsgebiete, der Grossist vertreibt exklusiv in seinem Vertriebsgebiet sämtliche dort verkäuflichen Zeitungen und Zeitschriften. Ausnahmen bestehen in Hamburg, Berlin, Saarbrücken, Dortmund und Darmstadt; hier besteht Objekttrennung: jeweils zwei Grossisten vertreiben in einem Gebiet die ihnen von ihren Verlagspartnern anvertrauten Objekte exklusiv *(Alleinvertriebsrecht)*. An sechs Grosso-Unternehmen in den alten Bundesländern, nämlich in Berlin (2), Hamburg (2) und Saarbrücken (1) sowie in Frankenthal (1) sind Verlage beteiligt.

Die zunächst abweichende Situation in den neuen Bundesländern ergab sich daraus, daß in der ehemaligen DDR das staatliche Vertriebsmonopol für die gesamte Presse bei der Deutschen Post lag. Auch der Einzelhandel wurde dort über Postkioske und -schalter abgewickelt; von einer flächendeckenden Presseversorgung – wie in den alten Bundesländern – konnte in keiner Phase der DDR auch nur in Ansätzen gesprochen werden. Wegen dieser unzureichenden Infrastruktur ihres Vertriebssystems und unzureichender technologischer Voraussetzungen an den Verteilerstellen war die Deutsche Post außerstande, die nach der offiziellen Freigabe für die Verbreitung westlicher Presseerzeugnisse im Osten Ende Januar 1990 einsetzende Flut »neuer« Presseerzeugnisse zu bewältigen. Im Zusammenwirken mit der Deutschen Post waren die Großverlage der alten Bundesländer bemüht, die Voraussetzungen für ein funktionsfähiges Vertriebssystem zu schaffen, das das staatliche Monopol ablösen sollte. Nachdem dieses Vorhaben aus politischen Gründen gescheitert war, begannen die westdeutschen Verlage über provisorisch errichtete gemeinsame Auslieferungs-Stützpunkte die lang aufgestauten Informations- und Lesebedürfnisse der Bürger in den neuen Bundesländern unverzüglich flächendeckend zu befriedigen. Aus diesen Vertriebsstützpunkten haben sich in der Folgezeit unter Mitwirkung des Bundeskartellamts siebzehn Alleinvertriebsgebiete herausgebildet, von denen acht durch Grosso-Unternehmen mit Verlagsbeteiligung betreut bzw. versorgt werden. Alle diese relativ jungen Unternehmen haben sich bereits 1993 weitgehend an den Leistungsstandard der Unternehmen in den alten Bundesländern angepaßt.

Die nunmehr 97 Grosso-Unternehmen arbeiten jeweils durchschnittlich mit 120 Verlagen und Nationalvertrieben zusammen. Sie beliefern im gesamten Bundesgebiet etwa 110000 stationäre Angebotsstellen und darüber hinaus den ambulanten Handel. Daraus ergibt sich, daß jedes Grosso-Unternehmen einschließlich der Filialbetriebe etwa 1000 Händler täglich mit Presseerzeugnissen beliefert. Die durchschnittlich vom Grosso gelistete Titelzahl übersteigt in der Spitze die Zahl von 3000 Zeitungs- und Zeitschriftentiteln, Sonderhefte eingerechnet. Zur gleichzeitigen Auslieferung (Präsenzsortiment) dürften im Durchschnitt rund 1500 Objekte gelangen.

Von diesen 1500 Titeln konzentrieren die 100 umsatzstärksten überregionalen Presseerzeugnisse rund 80% des Gesamtumsatzes beim Grosso auf sich, die ca. 1400 übrigen Titel machen demgemäß 20% des Umsatzes aus. Die hochauflagigen Objekte gewährleisten damit im wesentlichen als sogenannte *Brotobjekte* die wirtschaftliche Basis für den Pressehandel; sie haben damit eine gewisse Alimentierungsfunktion gegenüber der Vielzahl kleinauflagiger Titel, die in aller Regel nur einen geringen Deckungsbeitrag im Vertrieb erbringen. Von dem Vertriebsumsatz aller Titel über alle Vertriebswege – zu Endverkaufspreisen gerechnet – erzielt das Presse-Grosso mit rund 7 Milliarden DM nahezu die Hälfte und nimmt damit den herausragenden Platz im Vertrieb ein (Zahlen bezogen auf 1992 ohne Fachzeitschriften).

Die Umsatzstruktur der Grosso-Unternehmen reicht von mittelständischen Betrieben mit weniger als 30 Millionen DM Umsatz bis hin zu Großbetrieben mit deutlich mehr als 100 Millionen DM Umsatz.

Presse-Grosso ▷ Einzelhandel. Wesentliche Aufgabe des Grosso ist es, über den Einzelhandel die Überallerhältlichkeit (Ubiquität) des verkäuflichen Pressesortiments sicherzustellen.

Die 110000 stationären Angebotsstellen weisen folgende Umsatzaufteilung mit ihrem Pressesortiment auf: 32% entfallen auf den Facheinzelhandel (Pressezentren, Tabakwaren-, Schreib- und Papierwarenhändler und Lotto/Toto-Annahmestellen), 41% auf den Bereich Lebensmittelhandel aller Größenklassen (Gemischtwarenhändler, kleine SB-Märkte, Supermärkte und Warenhäuser), 13% auf Kioske/Trinkhallen, 7% auf Tankstellen und die restlichen 7% des gesamten Presseumsatzes, der über den stationären Einzelhandel ohne BB-Handel abgewickelt wird, entfallen auf eine Vielzahl unterschiedlicher Geschäftsarten. 46% aller Presseeinzelhändler öffnen bereits vor sieben Uhr, um den Berufsverkehr für den Zeitungsverkauf zu erreichen. Das durchschnittliche Präsenz-Sortiment im Presseeinzelhandel (ohne BB-Handel) bewegt sich in einer Größenordnung von 250 Titeln.

Zu den *vertriebsrechtlichen Besonderheiten* gehört, daß das Alleinvertriebssystem sein spezifisches Gepräge durch die Komponenten Remissionsrecht, Dispositionsrecht und Preisbindung erhält.

Wesentlicher Grundpfeiler des Pressevertriebs ist das *Remissionsrecht*, nämlich das Recht von Grosso und Einzelhandel, unverkaufte Exemplare nach Ablauf der Verkaufszeit innerhalb bestimmter Fristen gegen volle Erstattung des zuvor in Rechnung gestellten Preises zurückzugeben. Die Remission wird heute überwiegend körperlos durchgeführt (KR). Das heißt, der Grossist führt die Remittenden nach der Erfassung der wesentlichen Daten wie Titel und Ausgabenummer umgehend der Altpapierentsorgung zu. Die früher praktizierte Titelblatt- und Ganzkörperremission kommt heute nur noch in Ausnahmen vor (z. B. bei den Romanheften). Sinn des Remissionsrechts ist vorrangig die Gewährleistung einer breiten Angebotspalette im Einzelhandel. So kann auch an entlegenen Verkaufsplätzen ein bedarfsgerechtes Sortiment angeboten werden ohne Warenrisiko für den Einzelhändler. Gäbe es das Recht zur Remission nicht, würde sich der Einzelhandel in kürzester Zeit darauf beschränken, nur noch die gängigsten Zeitungen und Zeitschriften anzubieten. Diese würde er zudem auch nur in geringen Mengen einkaufen, um keinen Verlust zu erleiden.

Mit dem Remissionsrecht geht das *Dispositionsrecht* der Verlage einher. Die Verlage tragen das Absatzrisiko und behalten sich deshalb das Recht vor, über Art und Umfang des Vertriebs ihrer Objekte zu disponieren. Dieses Dispositionsrecht umfaßt u. a. die Bestimmung der Absatzpolitik, der Absatzwege, der Verwendungsbindung, der Erstverkaufstage und Angebotszeiträume sowie die Festsetzung von Handelsspannen, der gebundenen Abgabepreise an den Einzelhandel und die Festlegung der Grundkriterien für die Titel- und Mengendisposition. Im Rahmen der Verteilerfunktion des Presse-Grossos wird ihm das sogenannte *derivative Dispositionsrecht* (siehe S. 476) gegenüber der letzten Handelsstufe eingeräumt.

Weitere wettbewerbsrechtliche Besonderheit im Pressevertrieb ist die *vertikale Preisbindung* gemäß § 16 GWB. Der Preisbindungsvertrag ist ein schuldrechtlicher Vertrag, aus dem sich die Verpflichtung der gebundenen Abnehmer zur Einhaltung der vorgeschriebenen Weiterverkaufspreise und/oder zur Weitergabe der Bindung an andere Wiederverkäufer ergibt (gebundener Grosso-Abgabe- und Einzelhandelsverkaufspreis). »Herr der Preisbindung« ist der Verleger. § 16 GWB verlangt von ihm die Einhaltung der theoretischen und praktischen Lückenlosigkeit der Preisbindung. Der Verlag muß sein Vertriebssystem mithin so organisieren und überwachen, daß jeder Wiederverkäufer, nämlich Grossisten und Einzelhändler sowie auch der BB-Handel, den von der Verlagsseite festgelegten Verkaufspreis einhält, um der Preisbindung nicht verlustig zu gehen. Die Preisbindung nimmt den Handelsstufen das Preisrisiko ab und gewährleistet eine fest kalkulierbare Handelsspanne.

Presseerzeugnisse sind nicht nur hinsichtlich des Preises gebunden, sondern auch bezüglich des Erscheinungstages, durch den *»Erstverkaufstag«*, der je Objekt vom Verlag festgelegt wird. Der Erstverkaufstag gilt bundesweit und wird nur in Ausnahmesituationen verlegt, z. B. bei bevorstehenden Feiertagen. Jeder Händler ist zu seiner Einhaltung verpflichtet, da anderenfalls bei sogenannten Vorverkäufen ungerechtfertigte Wettbewerbsvorteile entstehen. Im Verstoßfall gibt es die wettbewerbsrechtliche Möglichkeit eines gerichtlichen Unterlassungsgebots nach § 1 UWG.

Eine weitere vertriebsbezogene Eigenart liegt in der Festlegung des Groß- und Einzelhandels auf ihren Vertriebsweg: Der Grossist darf nur an den Einzelhandel, der Einzelhändler nur an den Leser als Letztverbraucher und nicht an Wiederverkäufer verkaufen (sogenannte *Verwendungsbindung*).

Das Gesetz über die Verbreitung jugendgefährdender Schriften (GjS) greift *vertriebsbeschränkend* in die Pressefreiheit ein (→ Jugendmedienschutz). Es macht den Grossisten für den Inhalt der Presseobjekte haftbar, indem es ihm unter Strafandrohung verbietet, offensichtlich schwer jugendgefährdende Schriften zu vertreiben (§ 6 GjS). Dazu hat das Bundesverfassungsgericht entschieden, daß die Anforderungen an die Kontrollpflicht des Grossisten nicht zu einer unverhältnismäßigen Beschränkung der Pressefreiheit führen darf, indem der Grossist ständig der Gefahr einer Bestrafung ausgesetzt wird, wenn er nicht alle ihm auch nur zweifelhaft erscheinenden Publikationen vom uneingeschränkten Vertrieb ausnimmt (BVerfG, AfP 1988, 15ff.).

Das *Rechtsverhältnis zwischen Grossist und Verlag* ist als *»Grossovertrag«* ausgestaltet. Er stellt sich im wesentlichen als Werkvertrag dar, der eine Geschäftsbesorgung und damit Beauftragung zum Gegenstand hat. »Der

Unternehmer hat insofern ein ›Werk‹ versprochen, nämlich einen bestimmten ›Erfolg herbeizuführen‹, als der Grossist selbständig das Pressegut übernimmt, bedarfsgerecht auf die Einzelhändler verteilt und dorthin transportiert, die Remission durchführt und mit dem Einzelhändler und dem Verleger abrechnet« (Börner, S. 12ff.).

Geschäftsbesorgung ist die im fremden Interesse ausgeübte Tätigkeit, d. h., sie muß auf solche Geschäfte gerichtet sein, für die ursprünglich der Geschäftsherr selbst in Wahrnehmung seiner Vermögensinteressen zu sorgen hatte, die ihm aber ein anderer abnimmt (Palandt/Thomas: Rn 4 zu § 675); anders als beim Kaufvertrag ist die Rechtsbeziehung zwischen Verlag und Grossist mit dem Austausch von Ware und Geld nicht beendet, sondern beginnt erst: Nach Übergabe der Ware muß der Grossist versuchen, möglichst viele Exemplare des Presseprodukts zu verkaufen, um so die Interessen des Verlages zu wahren, weil der Verleger auf der anderen Seite alle unverkauften Exemplare im Wege der Remission zurücknehmen muß. Als Geschäftsherrn und Auftraggeber stehen dem Verleger damit analog §§ 675, 665 BGB Weisungsbefugnisse gegenüber dem Grossisten zu, wie sie sich beispielsweise beim Dispositionsrecht manifestieren.

Der Grossist handelt nach außen hin im eigenen Namen, jedoch wegen des Remissionsrechts für fremde Rechnung, nämlich für Rechnung des Verlages. Da der Verlag den Grossisten nicht nur von Zeit zu Zeit, sondern auf Dauer mit der Wahrnehmung seiner Geschäfte betraut, ist der Grossist auch wie ein Dauerkommissionär, d. h. sogenannter Kommissionsagent tätig. Das Merkmal des Tätigwerdens auf »eigene bzw. fremde Rechnung« bezieht sich auf die Risikoverteilung zwischen den Vertragsparteien: Wer das Absatzrisiko nicht selbst zu tragen hat, handelt auf fremde Rechnung (vgl. Gierke/Sandrock: § 28 A I 2). Die Qualifizierung des einzelnen Grosso-Unternehmens als eines Kommissionsagenten wird offensichtlich auch vom OLG Karlsruhe (WuW/E OLG 2289ff. – MAL II –) geteilt, das das Verhältnis zwischen Verlagen und Grosssisten wie folgt charakterisiert: »Die Verlage sind kraft Handelsbrauch verpflichtet, die nicht an den Endabnehmer abgesetzten Exemplare der von ihnen verlegten Zeitungen und Zeitschriften gegen Gutschrift des Kaufpreises zurückzunehmen. Das Remissionsrecht begrenzt das Risiko des Großhandels auf die Handelsspanne und ggf. den Zwischenzins für den Kaufpreis, während es das volle Absatzrisiko auf das Verlagsunternehmen verlagert. Die Stellung des Großhändlers ähnelt damit derjenigen des Kommissionärs (HGB § 383)...« Auch Börner definiert den Grossisten als Dauerkommissionär und wendet die §§ 383ff. auf ihn entsprechend an (S. 18ff.).

Da das Vertragsverhältnis zwischen Verlag und Grosso wie ein Kommissionsverhältnis ausgestaltet ist, stehen dem Verlag somit auch entsprechend § 384 HGB Weisungsrechte u. a. zur Ausgestaltung des Dispositionsrechts zu.

Die Besonderheit des Vertragsverhältnisses zwischen Verlag und Grossist besteht darin, daß letzterer als Kommissionsagent nicht nur mit einem, sondern mit vielen Verlegern ähnliche Verträge abschließt, und zwar über Produkte, die grundsätzlich beim Leser miteinander im Wettbewerb stehen und die den Vertrieb im gleichen abgegrenzten Gebiet betreffen. Da der Grossist mithin mit vielen Verlagen Grossoverträge abschließt, ist er allen diesen Vertragspartnern gegenüber zur Gleichbehandlung verpflichtet, sogenannte *Neutralitätspflicht* (vgl. hierzu auch Börner, S. 21f.).

Wesentliche Grundlage für die tägliche Vertriebsarbeit und das Zusammenwirken von Verlag und Grosso bis hin zur Distributions-Politik ist die Einzelhandelsstrukturanalyse (EHASTRA). Sie ist eine vom VDZ (Verband Deutscher Zeitschriftenverleger) und Grosso-Verband gemeinsam getragene Vollerhebung des gesamten stationären Presse-Einzelhandels (verlags- und objektübergreifend) mit allen vertriebsrelevanten Daten; die EHASTRA ermöglicht insbesondere eine zielsichere Auswahl von geeigneten Händlergruppen.

Da die Verlage aus Erlös- und Kostengründen nicht nur an einer Ausweitung (Optimierung) der verkauften Auflage, sondern in gleichem Maße an der Verringerung (Minimierung) der Remissionsquote interessiert sein müssen, ist die schnelle Erfassung und Kenntnis der Verkaufsdaten erforderlich. Die wöchentlich aktuelle Übermittlung der Remissionsdaten aus dem Handel erfolgt mittels eines Datenaustausches zwischen Großhandel und den Verlagen nach dem sogenannten ISPC-Verfahren. Dieses Verfahren wird von der ISPC Intermedia Standard Presse-Code GmbH & Co., einem Zusammenschluß namhafter Verlage, getragen, die über ein neutrales Dienstleistungsunternehmen für alle daran interessierten Verlage den Datenaustausch organisiert.

Auf der Grundlage der Liefer- und Remissionsdaten der zurückliegenden Ausgaben werden von den Grossisten über das sogenannte MBR-Verfahren (Marktorientierte Bezugsregulierung) die aktuellen Verkaufserwartungen je Titel und Einzelhändler ermittelt und bei der Verteilung der Lieferauflagen an den Einzelhandel berücksichtigt. Durch die MBR und die BKO (Bezugsregulierung für kleinauflagige Obkjekte) sowie andere Verfahren (z. B. ASTRA III für »Bild«/Tageszeitungen) werden die periodisch erscheinenden Titel bei jedem Händler in ihrer Verkaufsentwicklung unter Erfassung aller Absatzbewegungen überwacht und gesteuert.

Verlage und Grossisten sind um eine verantwortungsbewußte und marktgerechte Disposition gegenüber dem Einzelhandel bemüht. Sie haben hierfür Richtlinien der Zusammenarbeit in Form des KVM (Koordiniertes Vertriebsmarketing) erarbeitet. Das KVM soll für eine an den realen Verkaufsmöglichkeiten im Einzelhandel orientierte Disposition der Liefermengen konkrete Orientierungsmaßstäbe setzen. Gleichzeitig soll das KVM ein funktionsfähiges Einzelhandelsnetz für den Presseabsatz gewährleisten und allen Presseerzeugnissen den freien Marktzutritt offenhalten.

Der Grossovertrag als Dauerschuldverhältnis bedarf zu seiner Beendigung der ausdrücklichen Kündigung. Soweit vertragliche Regelungen eine bestimmte Frist nicht regeln, muß die Kündigungsfrist nach den Grundsätzen von Treu und Glauben und entsprechend der Verkehrssitte bemessen werden, wobei den beiderseitigen Investitionen Rechnung zu tragen ist. Die Angemessenheit der Frist dürfte zwischen 12 und 18 Monaten liegen. Losgelöst hiervon steht beiden Seiten das außerordentliche Kündigungsrecht aus wichtigem Grund zu, wobei je nach Schwere des wichtigen Grundes wegen der gegenseitigen Abhängigkeiten von Verlag und Grossist Auslauffristen zu berücksichtigen sein werden.

Angesichts des auf der Grosso-Ebene monopolistisch organisierten Pressevertriebs stellt sich die Frage nach dem *Kontrahierungszwang der Grossisten gegenüber den Verlagen*. Die Zeitungs- und Zeitschriftenverlage haben sich in ihrer überwiegenden Mehrheit in den letzten Jahrzehnten für das System des Vertriebs ihrer Erzeugnisse über alleinige Gebietsgrossisten entschieden. Der Gebietsgrossist nimmt in seinem Gebiet eine marktbeherrschende Stellung ein und unterliegt damit dem Diskriminierungsverbot des § 26 Abs. 2 GWB (→ Wettbewerbsrecht). Danach dürfen marktbeherrschende Unternehmen ein anderes Unternehmen in einem Geschäftsverkehr, der gleichartigen Unternehmen – hier anderen Verlagen – üblicherweise zugänglich ist, weder unmittelbar noch mittelbar unbillig behindern oder gegenüber gleichartigen Unternehmen ohne sachlich gerechtfertigten Grund unterschiedlich behandeln. Eine Beurteilung dieser Frage hat unter Abwägung der widerstreitenden Interessen unter Berücksichtigung des Gebots der Freiheit des Wettbewerbs zu erfolgen. Grundsätzlich spielen inhaltliche Gestaltung einer Zeitung/Zeitschrift und deren Marktchancen keine Rolle. In der Konsequenz bedeutet dies, daß jedem Verleger für jedes seiner Objekte grundsätzlich der Vertriebsmarkt über das Grosso eröffnet ist (freier Marktzugang).

In Gebieten mit Objekttrennung darf der eine Grossist einen Verlag nicht auf den anderen im gleichen Gebiet tätigen Grossisten verweisen, vielmehr steht es dem Verlag bei einer solchen Konstellation frei zu bestimmen, mit welchem der beiden Grossisten er zusammenarbeiten möchte (Börner S. 36). Davon abgesehen würde die Ablehnung eines Objektes für den Grossisten, egal ob es sich um ein Gebiet mit Objekttrennung oder ohne eine solche handelt, die Gefahr in sich bergen, daß dessen Verlag aus dem Vertriebssystem ausschert und einem Außenseiter die Möglichkeit eröffnet, über ein Randsortiment im Großhandel Fuß zu fassen und damit das Vertriebssystem aufzubrechen (Tätigkeitsbericht des Bundeskartellamts für 1976; Bundestagsdrucksache 8/704, S. 86). Damit wird durch das bestehende System des Alleinauslieferungs-Grossisten der Marktzugang von Presseerzeugnissen gewährleistet.

Umgekehrt stellt sich die Frage, ob ein Grossist von einem Verlag Kontrahierung verlangen kann. Normadressat des Diskriminierungsverbotes nach § 26 Abs. 2 GWB sind Verlage, soweit sie marktbeherrschend sind oder aufgrund der Ermächtigung in § 16 GWB die Preise für ihre Verlagserzeugnisse binden. Auch dem Diskriminierungsverbot unterliegende Unternehmen sind nach ständiger Rechtsprechung grundsätzlich nicht gehindert, ihr Absatzsystem nach eigenem Ermessen so zu gestalten, wie sie dies für richtig und wirtschaftlich sinnvoll halten. Die aus dem Remissionsrecht resultierende Risikoverlagerung bei den Verlagen bedingt für diese nach Auffassung des OLG Karlsruhe sogar einen größeren Freiraum bei der Gestaltung ihres Absatzsystems, als es sonst einem dem Diskriminierungsverbot unterliegenden Unternehmen eingeräumt werden mag (OLG Karlsruhe WuW/E OLG 2289, 2290 – MAL II –).

In dem von dem OLG Karlsruhe zu entscheidenden Fall hatte die Firma MAL, Einkaufs- und Vertriebsgesellschaft aus Mannheim, an der ein Zeitungsverlag mittelbar als Komplementär sowie auch Einzelhändler als Kommanditisten beteiligt waren, die Wiedereinführung des sogenannten »Wettbewerbsgrossos« durch die Belieferungsklage gegen einen Hamburger Zeitschriftenverlag erreichen wollen.

Das Gericht hat die Lieferverweigerung gegenüber der Firma MAL als sachlich gerechtfertigt anerkannt und dazu u. a. ausgeführt, daß den Verlagen nicht zuzumuten sei, das bestehende System des Absatzes ihrer Erzeugnisse über alleinige Gebietsgrossisten zu ändern, nur um einem neu hinzukommenden Großhandelsunternehmen den Zugang zum Markt zu eröffnen und damit den Zusammenbruch des bestehenden, funktionierenden Absatzsystems zu riskieren. Zudem hatte das Gericht erhebliche Bedenken hinsichtlich der Neutralität der Firma MAL wegen deren Verflechtung mit einem Verlag und dem Einzelhandel.

Die Revision gegen das Urteil des OLG Karlsruhe (WuW/E OLG 2289 ff. – Mal II –) wurde nicht angenommen. Die Entscheidung des OLG hat damit das natürlich gewachsene und bewährte Alleinvertriebssystem bestätigt.

RECHTSVERHÄLTNIS GROSSO ▷ EINZELHÄNDLER. Das Vertragsverhältnis zwischen Grossist und Einzelhändler wird im wesentlichen durch die Allgemeinen Lieferungs- und Zahlungsbedingungen des Grossisten (LZB) geregelt. Diese bestimmen jeweils, daß der Einzelhändler die gelieferten Verlagserzeugnisse ausschließlich an Endabnehmer in der belieferten Verkaufsstelle verkauft (Verwendungsbindung), die gebundenen Abgabepreise einhält (Preisbindungsrevers) und Erstverkaufstage einhält. Zur Verwirklichung des *derivativen Dispositionsrechts* muß sich der Einzelhändler bereit erklären, ständig im Rahmen seiner Möglichkeiten das volle Sortiment des Grossisten an Presseerzeugnissen (Zeitungen und Zeitschriften einschl. der RCR-Objekte [Romane, Comics- und Rätselhefte]) zu führen. Demgegenüber verpflichtet sich der Grossist, bei der Ausübung des Dispositionsrechts die Branchenüblichkeit sowie die Richtlinien der Verlage und die von ihnen vorgegebenen Remissionsquoten zu beachten; dabei darf die Gesamtremission aller Objekte im Jahresdurchschnitt nicht unangemessen hoch sein. Bei der Ausübung des Dispositionsrechts ist von beiden Seiten die sich aus Art. 5 GG ergebende Forderung des freien Zugangs zum Markt für jedes Presseerzeugnis zu beachten.

Wie der Grossist, so unterliegt auch der Einzelhändler einer Neutralitätspflicht. Diese Neutralitätspflicht kommt insbesondere bei den von den Verlagen von Zeit zu Zeit veranstalteten Preisausschreiben für Händler zum Tragen. Grundsätzlich ist es erlaubt, Plazierungswünsche zu äußern, auch Preisausschreiben für den Einzelhandel sind nicht unzulässig. Von Verlagen veranstaltete Händlerwettbewerbe werden jedoch immer dann wettbewerbswidrig, wenn eine bestimmte Plazierung oder Sonderbehandlung von Zeitschriften Voraussetzung für die Teilnahme an dem Preisausschreiben ist. Dadurch wird in unlauterer Weise die »Spiellust« der Einzelhändler ausgenutzt, mit der Folge, daß das »Wo« oder »Ob« einer Zeitschriftenauslage oder sonstigen Präsentation nicht mehr aufgrund wettbewerbseigener Erwägungen, sondern aufgrund des Gewinnanreizes entschieden wird.

Für den *Kontrahierungszwang auf der Grosso- und Einzelhandelsebene* gilt: Als Monopolist und damit marktbeherrschendes Unternehmen kann der Grossist über § 26 Abs. 2 GWB zur Belieferung von Einzelhändlern verpflichtet werden. So hat das OLG Frankfurt (AfP 1987, 624f.) einen Grossisten zur Weiterbelieferung verurteilt, obwohl der betreffende Einzelhändler nur geringe Mengen (in der Regel zwischen 1 und 3 Exemplaren pro Titel) abnahm und die Remissionsquote weit über 40% lag. Nach Auffassung des Gerichts komme es nicht allein darauf an, ob der Grossist kaufmännische oder betriebswirtschaftlich vernünftige Gründe für die Lieferverweigerung geltend machen könne. Neben der Abwägung der widerstreitenden Individualinteressen sei auch eine Wertung im Hinblick auf die Zielsetzung des § 26 GWB, nämlich die Gewährleistung der Freiheit des Wettbewerbs, erforderlich. Eine Liefersperre sei deshalb sachlich ungerechtfertigt, weil die dem Grossisten durch Gebietskonzentration eingeräumte Machtstellung auch dazu diene, die Versorgung mit Presseerzeugnissen an unrentablen Standorten sicherzustellen.

Die Landeskartellbehörden verlangen bei Belieferungsbegehren in der Regel die Probebelieferung eines Einzelhändlers, die dann in eine regelmäßige Lieferung zu überführen ist, wenn der Durchschnittsumsatz des Umkreishandels erreicht wird.

Verlag ▷ Bahnhofsbuchhandel (BB-Handel). Traditionell wird der BB-Handel von Verlagen und Nationalvertrieben mit ihren Objekten direkt beliefert, wenn er die dafür notwendigen Voraussetzungen erfüllt. Damit einhergehend erhält der BB-Handel für den Verkauf der Verlagsobjekte eine Handelsspanne, die sich i. d. R. aus der Summe von Grosso- und Einzelhandelsspanne zusammensetzt.

Diese Sonderregelung ist durch ganz besondere Leistungsanforderungen der Verpächterin Bundesbahn an ihre Pächter Bahnhofsbuchhändler begründet. Sie haben ihren Ursprung im Bundesbahngesetz, das der Bundesbahn auferlegte, die Reisenden u. a. mit Presseerzeugnissen zu versorgen. Diese Versorgungsfunktion hat die Bundesbahn in ihren Pachtverträgen dem BB-Handel übertragen. Aufgrund der Pachtverträge unterliegen die BB-Händler einem Betriebszwang in Form verlängerter Öffnungszeiten, die von der Bundesbahn festgesetzt werden; so betragen die Öffnungszeiten in der Regel mindestens 100 Stunden pro Woche, jedoch nicht weniger als 90 Stunden pro Woche, wenn dies der relevanten Zuglage entspricht. Die BB-Handlung muß an sämtlichen Tagen des Jahres geöffnet sein, so daß Betriebsferien und Schließungen an Feiertagen ausgeschlossen sind. Darüber hinaus muß eine BB-Handlung sich in ihrem äußeren Erscheinungsbild eindeutig als Verkaufsstelle mit Schwerpunkt Presseerzeugnisse darstellen und ein verkäufliches Zeitungs- und Zeitschriftenvollsortiment führen. Diese und weitere Voraussetzungen für eine Direktbelieferung sind in den »Kriterien für den Bahnhofsbuchhandel« festgehalten, die im Zusammenwirken von Bundesbahn, BB-Verband und VDZ aufgestellt worden sind.

Das Sortiment der BB-Handlungen, die als kompetenter Fachhändler nach außen in Erscheinung treten müssen, liegt bei durchschnittlich über 1000 Präsenztiteln, der BB-Handel führt also im Schnitt das vierfache Sortiment gegenüber dem übrigen Einzelhandel. In der Bundesrepublik werden z. Zt. ca. 550 Angebotsstellen als BB-Handlungen beliefert. Der gesamte BB-Handel nimmt am gesamten Presseumsatz im Einzelverkauf einen Umsatzanteil von ca. 7% (= 500 Millionen DM) ein.

Das Vertragsverhältnis zwischen den Verlagen/Nationalvertrieben und dem BB-Handel ist in gleicher Weise ausgestaltet wie das Vertragsverhältnis mit dem Grossisten, jedoch mit der Maßgabe, daß die BB-Händler die bezogenen Objekte nur durch ihre BB-Handlungen an Letztverbraucher abgeben dürfen (Vertriebs- und Verwendungsbindung).

VERLAG ▷ ABONNENT. In der Bundesrepublik werden täglich über 19 Millionen Exemplare der überregionalen und regionalen *Tagespresse* im Abonnement vertrieben; hiervon werden rund 18 Millionen Exemplare im Abonnement durch Zusteller dem Leser morgens ins Haus gebracht, wobei 90% der Exemplare bis sechs Uhr die Leser erreichen. Diese einzigartige Verteilleistung wird von rund 170000 Zustellern bewältigt. Soweit eine Trägerzustellung ausscheidet, werden insbesondere die überregionalen Tageszeitungen über den → Postzeitungsdienst zum Leser gebracht (es handelt sich um gut 1 Million Exemplare). Der Postzeitungsdienst bietet besondere Kosten- und Beförderungsvorteile. Eine Zulassung kann nur dann erfolgen, wenn das Presseobjekt der im Verkehr üblichen Auffassung von einer Zeitung oder Zeitschrift entspricht. Mindestens 30% seines Umfangs müssen presseübliche Berichterstattung sein.

Im Bereich der *Publikumszeitschriften* werden auf der Basis der sogenannten IVW-Zahlen (Informationsgemeinschaft zur Feststellung der Verbreitung von Werbeträgern e. V.) 52 Millionen Exemplare pro Ausgabe im Abonnement vertrieben (Durchschnitt 1992). Der größte Teil dieser Abonnements besteht unmittelbar zwischen Verlag und Festbezieher (Abonnent). 6,3 Millionen Zeitschriften-Abonnements sind dem WBZ *(Werbender Buch- und Zeitschriftenhandel)* als Vertragspartner der Abonnenten zuzurechnen. Der größte Teil dieser Abonnements wird dem Leser/Abonnenten über den Postzeitungsdienst zugestellt.

Im Bereich der *Fachzeitschriften* befördert die Post von 3600 Fachzeitschriftentiteln 580 Millionen Exemplare p. a. an die Abonnenten und sonstigen Bezieher. An die Mitglieder des ADAC wird durch die Post das Objekt »ADAC-Motorwelt« in einer Auflage von 120 Millionen Exemplaren jährlich befördert.

Im Zuge der Neustrukturierung der Postdienste und des damit verbundenen Abbaus des sogenannten verbilligten Postzeitungsdienstes stellen die Verlage Überlegungen über *alternative* Zustelldienste an, die auf privatwirtschaftlicher Basis die Zustellung in wirtschaftlich vertretbarem Rahmen gewährleisten.

VERLAG ▷ WBZ ▷ ABONNENT. Ein Spezifikum im Abonnementsvertrieb von Zeitschriften ist der WBZ. Diese Unternehmen werben durch Haustürwerbung und in geringem Umfang durch schriftliche Werbung Abonnenten, die ihre Vertragspartner werden und mit denen sie abrechnen. Die für die Belieferung dieser WBZ-Kunden benötigten Auflagen bestellt der WBZ bei den Verlagen. Die Bezieherwerber, die auch unter der Bezeichnung »Drücker« bekannt sind, sind Handelsvertreter im Sinne des § 84 HGB, sie benötigen für ihre Tätigkeit eine Reisegewerbekarte und erhalten für den Abschluß eines Zeitschriftenabonnementsvertrages eine Provision.

Für das *Rechtsverhältnis Verlag bzw. WBZ – Abonnent* gilt: Der Abonnent schließt entweder mit dem Verlag selbst oder mit dem WBZ einen Kaufvertrag über die abonnierte Zeitung/Zeitschrift ab. Das Vertragsverhältnis ist als Dauerschuldverhältnis dadurch gekennzeichnet, daß die geschuldete Leistung (Verkauf und Lieferung der fest vorbestellten aktuellen Ausgaben) in wiederkehrenden, sich über einen längeren Zeitraum erstrekkenden Einzelleistungen besteht. Den Abonnenten trifft die Pflicht zur ununterbrochenen Abnahme und Bezahlung. Zeitungen werden im Abonnement regelmäßig zu einem niedrigeren Preis als im Einzelverkauf abgegeben. Bei den Zeitschriften ist die Preisgestaltung unterschiedlich, es gibt Abonnements, bei denen sich der Preis aus dem gebundenen Einzelverkaufspreis zzgl. der Zustellgebühr ergibt, andere Zeitschriften werden zum gebundenen Einzelverkaufspreis dem Leser ins Haus gebracht. In einer dritten Gruppe werden Zeitschriften im Abonnement einschließlich der Zustellung zu einem gegenüber dem Einzelverkaufspreis niedrigeren Abonnementspreis abgegeben. Es hat sich in den letzten Jahren als Branchenüblichkeit herausgebildet, daß die Preisdifferenz zwischen dem Preis für das Abonnement einschließlich Zustelleistung und dem gebundenen

Einzelverkaufspreis für das einzelne Zeitschriftenexemplar um maximal bis zu 15% geringer angesetzt wird. Das Bundeskartellamt sieht bei einem sogenannten »special interest Titel« eine Preisdifferenz von mehr als 15% als Mißbrauch der Preisbindung an.

In den letzten Jahren wurden bei der schriftlichen *Abonnentenwerbung* verstärkt Gewinnspiele eingesetzt. Der Einsatz sachfremder Lockmittel ist aber nicht immer rechtmäßig, denn Wettbewerber sollen möglichst nur mit der Güte ihrer Ware oder dem Ruf ihres Unternehmens werben. Preisausschreiben und Gewinnspiele, sogenannte aleatorische Veranstaltungen, verstoßen gegen den Grundsatz lauterer Werbung, wenn die Teilnahme mit einer Bestellung verbunden ist und damit die Spiellust des potentiellen Kunden mit dem Absatz der Ware gekoppelt wird, wenn das Publikum irregeführt wird oder ein übertriebenes Anlocken vorliegt, z. B. durch Aussetzen übermäßig hoher und wertvoller Preise.

Die Werbung von Abonnements über *Laienwerber* (»Leser werben Leser«) ist branchenüblich. Werden verhältnismäßig hohe Werbeprämien versprochen, ist zu befürchten, daß dem Laienwerber jedes Mittel recht ist, um die Prämie zu verdienen; in solchen Fällen kann diese Werbeform unzulässig werden.

Hat der Abonnent den Vertrag gekündigt, handelt ein Verlag wettbewerbswidrig, wenn er ohne vorheriges Einverständnis des Kunden die Kündigung telefonisch »nachbearbeitet«, um in Erfahrung zu bringen, aus welchen Gründen gekündigt wurde, und/oder den Kunden zur Fortsetzung bzw. Wiederaufnahme des Vertragsverhältnisses zu bewegen (OLG Koblenz, AfP 1988, S. 72f.; Revision und Verfassungsbeschwerde wurden nicht angenommen).

Verlag ▷ Lesezirkel ▷ Abonnent. In der Bundesrepublik Deutschland existieren als spezifischer Vertriebsweg rd. 200 Lesezirkelunternehmen, die gewerbsmäßig ein Verleihgeschäft mit in Mappen zusammengefaßten Zeitschriften betreiben. Es existieren 160000 Erstmappen (Verbandsangaben des Lesezirkels vom Mai 1993), das Lesezirkel-Sortiment umfaßt etwa 134 Titel, die in vielfältiger Kombination angeboten werden. Die Gesamtauflage der über den Lesezirkel vertriebenen Zeitschriftenexemplare wird mit 3,3 Millionen Exemplaren angegeben. Die Lesemappen werden in Phasen von jeweils einer Woche mehrfach ausgeliehen, wobei der Mietpreis mit zunehmendem Alter der Zeitschriften niedriger wird. Lesezirkel beliefern ihre Kunden überwiegend auf regionaler Ebene durch Zusteller, die die Mappen direkt ins Haus bringen.

Kostenloses Verteilen von Presseobjekten. Wettbewerbsrechtlich zulässig ist das kostenlose Verteilen einer neuen *Tageszeitung* zum Zwecke der Erprobung. Als angemessen gilt eine Probefrist von bis zu zwei Wochen. Gratisverleihungen, die über den zulässigen Zeitraum hinaus erfolgen, können unter dem Aspekt der »Marktverstopfung« wettbewerbswidrig sein. Hierfür genügt es, daß der Wettbewerb gegenüber den Neubeziehern und Einzelkäufern – wenn auch nicht gegenüber Abonnenten – ausgeschaltet wird. Der Probezweck kann bei Gratislieferungen schon eingeführter Tageszeitungen an bisher noch nicht geworbenen Kunden ebenfalls verfolgt werden.

Publikumszeitschriften, zu denen auch die sog. »special interest Titel« (Objekte mit Schwerpunktthemen, z. B. Golf, Segeln, Tennis, Briefmarken usw.) zählen, können bei monatlicher Erscheinungsweise bis zu dreimal, bei wöchentlicher Erscheinungsweise bis zu viermal zu Erprobungszwekken, jedenfalls bei Neueinführung, kostenlos abgegeben werden.

Im Bereich der *Fachzeitschriften* ist der unentgeltliche Vertrieb nicht selten. Die ständige Gratisverteilung einer Fachzeitschrift ist darum nicht per se wettbewerbswidrig. Ihre Wettbewerbswidrigkeit kann sich jedoch aus ihrer individuellen Gestaltung, ihrem Umfang, ihrer Intensität und der Wirkung ergeben; es sind sämtliche den Einzelfall prägenden Umstände bei einer solchen Prüfung zu berücksichtigen, insbesondere auch, ob eine konkrete ernste Gefahr für den Bestand des Wettbewerbs besteht.

Die Verteilung von → *Anzeigenblättern*, sei es mit redaktionellem Teil oder ohne, ist grundsätzlich zulässig. Die Gratisverteilung ist nur in Ausnahmefällen wettbewerbswidrig, wenn der konkrete Nachweis einer ernstlichen Gefährdung der Tagespresse als Institution in ihrem verfassungsrechtlich garantierten Bestand erbracht wird. In Deutschland werden 1228 Anzeigenblätter mit einer Gesamtauflage von 71 Millionen Exemplaren verteilt (Quelle: Bundesverband Deutscher Anzeigenblätter [BVDA]).

Von den Anzeigenblättern sind sogenannte *Offertenblätter* zu unterscheiden, die mit einem geschätzten Gesamtverkauf von knapp 1 Million Exemplaren ohne nennenswerten redaktionellen Teil erscheinen und gegen Entgelt abgegeben werden; private Kunden können Anzeigen kostenlos schalten, gewerbliche Anzeigen werden nur gegen Entgelt veröffentlicht.

HARALD WAUSCHKUHN

Literatur

Enno Dreppenstedt: Der Zeitungs- und Zeitschriftenmarkt. Hamburg 1969 *(sehr gründliche Beschreibung des »speziellen Markts« des Pressevertriebs mit schwerpunktmäßiger Betrachtung absatz- und betriebswirtschaftlicher Aspekte)*

Olaf Triebenstein: Die volkswirtschaftliche Bedeutung des Zeitungs- und Zeitschriften-Großhandels in der Bundesrepublik Deutschland. St. Gallen 1969. In: »der neue vertrieb« (dnv), Jg. 1969, S. 836ff. und 1042ff., außerdem: Sonderdruck Schweizerisches Institut für Gewerbliche Wirtschaft an der Hochschule St. Gallen für Wirtschafts- und Sozialwissenschaften *(Gutachten im Auftrag des Pressegrossisten-Verbandes mit systematischer Darstellung der Marktstellung und Aufgabe des ZZ-Grossos, Gegenüberstellung und Abgrenzung zu elementaren Wesensunterschieden bei den ZZ-Verlagen)*

Hans-Ulrich Hildebrandt: Die Anwendung der §§ 22 und 26 Abs. 2 GWB auf das Pressewesen. Hamburg 1973 *(juristische Dissertation zu Problemen der Pressekonzentration unter dem Blickwinkel kartellrechtlicher Normen u. a. im Bereich des Pressevertriebs; mit ausführlichem Literaturverzeichnis zu vertriebsrechtlichen Materialien)*

Hans Peter Ipsen: Presse-Grosso im Verfassungsrahmen. Berlin 1980 *(Untersuchung über im Rahmen des Großhandels mit Zeitungen und Zeitschriften aufgeworfene Verfassungsfragen)*

Bodo Börner: Der Vertrag zwischen Verlag und Pressegrossisten. Berlin 1981 *(Gutachten über das Vertragsverhältnis zwischen Verlagen und Grossisten nach Zivil-, Kartell- und Verfassungsrecht)*

Peter Brummund: Struktur und Organisation des Pressevertriebs, Teil 1: Der deutsche Zeitungs- und Zeitschriftengroßhandel. Dortmund 1985 *(umfangreiche Darstellung der gegenwärtigen Situation im Pressegroßhandel unter Hervorhebung der vertriebsrechtlichen Aspekte)*

Peter Schwindt: Struktur und Organisation des Pressevertriebs, Teil 2: Zeitungen und Zeitschriften im Einzelhandel. Dortmund 1985 *(systematische Darstellung des Rechts- und Wirtschaftsverhältnisses der Presseeinzelhändler zu ihren Zeitungs- und Zeitschriftenlieferanten)*

Dieter Hahn: Pressevertrieb und Pressefreiheit in der Bundesrepublik Deutschland im Spannungsfeld von deutschem und europäischem Kartell- und Wettbewerbsrecht. In: »Archiv für Presserecht«, Jg. 1992, S. 116ff. *(Würdigung der Situation des deutschen Pressevertriebs auch in den neuen Bundesländern mit Erläuterungen möglicher Auswirkungen EG-rechtlicher Entwicklungen auf das deutsche Pressevertriebssystem)*

Harald Koppehele: Pressevertrieb und Maggi-Würfel. In: »ZV + ZV«, Jg. 1976, S. 1766ff. *(kritische Auseinandersetzung mit der Auffassung des Bundeskartellamts zum Pressevertriebssystem mit dem alleinigen Gebietsgrossisten, ferner Nachweise weiterer Veröffentlichungen zu Pressevertriebsfragen)*

»der neue vertrieb« (dnv): Monatlich erscheinendes offizielles Verbandsorgan für: Verband Deutscher Buch-, Zeitungs- und Zeitschriften-Grossisten e. V., Verband Deutscher Bahnhofsbuchhändler e. V., Verband Deutscher Lesezirkel e. V., Bundesverband des werbenden Buch- und Zeitschriftenhandels e. V. *(behandelt umfassend und eingehend alle Fragen des Pressevertriebs einschließlich rechtlicher Probleme)*

Vertriebssysteme → Wettbewerbsrecht

Vervielfältigungsrecht → Urheberrecht

Verwendungsbindung → Vertriebsrecht

Verwertungsgesellschaften → Arbeitsrecht der Medien, → Urheberrecht, → Verlagsrecht/Buchrecht

VG Bild/Kunst → Arbeitsrecht der Medien, → Filmrecht, → Verbände und Organisationen im Medienbereich

VG Wort → Arbeitsrecht der Medien, → Filmrecht, → Urheberrecht, → Verbände und Organisationen im Medienbereich, → Verlagsrecht/Buchrecht

Videorecht → Filmrecht, → Urheberrecht, → Jugendmedienschutz

Videorecorderabgabe → Filmrecht, → Urheberrecht

Werbebeschränkungen → Rundfunkprogrammrecht, → Werberecht

Werbefernsehen → Europäisches Medienrecht, → Rundfunkprogrammrecht, → Werberecht

Werbefunk → Geschichte des Medienrechts, → Werberecht

Werberecht. Das Werbeaufkommen in der Bundesrepublik Deutschland ist in den letzten Jahren in erheblichem Maße gestiegen und betrug im Jahre 1992 47,0 Milliarden DM. Die Medien waren daran mit einem Werbeumsatz von 31,1 Milliarden DM beteiligt. Davon entfiel mit 18,7 Milliarden DM der größte Teil auf Werbeträger der Presse (Zeitungen, Anzeigenblätter, Publikumszeitschriften und Fachzeitschriften). Die TV-Werbung belief sich auf 4,3 Milliarden DM, wovon 3,0 Milliarden DM auf die privaten TV-Anbieter entfielen. Beim Hörfunk betrugen die Werbeeinnahmen knapp 1 Milliarde DM. Die Zulassung privater, allein werbefinanzierter Rundfunkunternehmen hat also zu umwälzenden Veränderungen auf dem Werbemarkt geführt. Dennoch ist die Anzeige in der Presse wichtigstes Element der Werbung geblieben. Die Eigenfinanzierungsquote durch Werbung liegt für Tageszeitungen bei etwa 60 %, für Publikumszeitschriften bei etwa 40 %.

Grundregeln des Anzeigengeschäfts. Auch die Anzeige gehört zur öffentlichen Aufgabe der Presse, da sie Öffentlichkeit schafft und insoweit Informationstransfer aus allen Lebensbereichen bewirkt. Deshalb umfaßt der Schutz der → Pressefreiheit auch den Anzeigenteil einer Zeitung oder Zeitschrift (→ »Südkurier«-Urteil; BVerfGE 21, 271 ff.).

Rechtlich ist der *Anzeigenvertrag* ein Werkvertrag i. S. d. §§ 631 ff. BGB. Allerdings unterliegen Anzeigenverträge durch zahlreiche gesetzliche Bestimmungen und durch die Rechtsprechung starken Beschränkungen.

Nach wie vor wichtigster Rechtsgrundsatz der Anzeigenwerbung ist die *Preislistentreue*. Sie verwirklicht die Pflicht des Werbeträgers zu Preisklarheit und Preiswahrheit und ist insoweit eine Folge des § 1 Rabattgesetz. Der Anzeigentarif ist die Preisliste des Unternehmens (Verlag) für seine Werbeträger. Sie muß jedem Werbetreibenden zugänglich und für alle gleichermaßen verbindlich sein. Erlaubte Abweichungen von der Preisliste können nur aus § 3 (Skonto bei Barzahlung) oder aus §§ 7, 8 (handelsübliche Mal- und Mengenrabatte) RabattG abgeleitet werden. Verstöße gegen die Preislistentreue sind Verletzungen des Gesetzes gegen den unlauteren Wettbewerb (UWG) und des Rabattgesetzes (→ Wettbewerbsrecht). Die sich daraus ergebenden Rechtsfolgen können sowohl Unterlassungs- als auch Schadenersatzansprüche sein. Darüber hinaus können sie gem. § 11 RabattG als Ordnungswidrigkeiten mit Geldbuße belegt werden. Es genügt sogar fahrlässiges Handeln.

Die häufigsten Verstöße gegen die Preislistentreue in der Praxis sind:
- übertarifliche Preisnachlässe (z. B. als Rabatt, Gutschrift, Bonus, Rückrechnung oder Treueprämie);

– Nichterhebung von Preiszuschlägen (z. B. für Plazierung, Farbe, Ausschnitt) und Postgebühren;
– Ausnahmen bei der Nichtberechnung von Preiserhöhungen (z. B. zu lange Karenzfristen);
– unterlassene Rabattnachbelastung (die vertraglich vereinbarte und als Mengenrabattgrundlage dienende Anzeigenzahl wird im vereinbarten Insertionszeitraum nicht abgenommen);
– Manipulationen mit Anzeigenraum, wenn z. B. 1/8 Seite geschaltet und 1/4 Seite gedruckt wird (nur zulässig, wenn es zufällig umbruchtechnisch unvermeidlich ist);
– kostenlose Ersatzanzeigen bei unbegründeten Reklamationen;
– kostenlose Probe- oder Einführungsanzeigen.

Ein Verstoß gegen das UWG und die Zugabeverordnung liegt vor bei kostenloser Erbringung von unüblichen Werknebenleistungen, z. B. die Erstellung von Druckunterlagen wie Reinzeichnungen, Klischees und Gegenformen oder die Veröffentlichung eines redaktionellen Beitrages auf derselben Seite zur Stützung der Anzeige (vgl. OLG Hamburg, AfP 1988, 262; OLG Stuttgart, WRP 1989, 684 über die Zulässigkeit eines kostenlosen Versandes).

Unzulässig sind *Kopplungsvereinbarungen*, bei denen der Anzeigenauftrag nur unter der Bedingung erteilt wird, daß der Verlag bestimmte redaktionelle Veröffentlichungen vornimmt, unterläßt oder ändert (→ Verantwortung des Journalisten, vgl. OLG Hamm, NJW RR 1988, 230 – Anzeigenblatt –; KG, NJW RR 1988, 169 – Sponsorenwerbung im Vor- oder Abspann von TV-Sportübertragungen – sowie LG Frankfurt, AfP 1988, 172; OLG Karlsruhe, WRP 1988, 787; OLG München, AfP 1990, 56f. – »Gastlichkeit zur Kirchweih« –).

Anders jedoch und damit zulässig ist es, wenn der Verlag im redaktionellen Teil bestimmte Themen z. B. in Sonderrubriken oder -beilagen behandelt, in der Erwartung, damit gezielt Anzeigenkunden anzusprechen, selbst dann, wenn diesen eine entsprechende Plazierung angeboten wird. Dies darf aber nicht zu einer inhaltlichen Bezugnahme zwischen einer Anzeige und einem in unmittelbarem optischem Zusammenhang stehenden redaktionellen Teil führen, die die Gefahr einer Verschmelzung von redaktionellem Inhalt und Werbeaussage entstehen läßt.

Es besteht eine *Kennzeichnungspflicht für alle entgeltlichen Veröffentlichungen* in periodischen Druckerzeugnissen (vgl. → Pressegesetze der Länder, in Berlin und Bayern § 9, in Hessen § 8). Ist eine Anzeige redaktionell gestaltet, d. h., erweckt sie in Form und Inhalt den Anschein einer redaktionellen Mitteilung, so ist sie deutlich mit dem Wort »Anzeige« kenntlich zu machen (→ Presseordnungsrecht; vgl. OLG Hamburg, AfP 1988, 245 – getarnte Werbung –). Andere Überschriften, wie z. B. »Werbe-Reportage« oder »PR-Seite«, sind unzulässig. Eine Kennzeichnung als Anzeige ist nicht erforderlich, wenn eine Veröffentlichung nach ihrer äußeren Anordnung und Gestalt ohne weiteres als Anzeige erkennbar ist. Ob dies der Fall ist, entscheidet sich nach dem Eindruck eines »unbefangenen Durchschnittslesers« (OLG Hamm, AfP 1985, 282 f.).

Ein Verstoß gegen die Kennzeichnungspflicht verletzt das jeweilige Landespressegesetz, §§ 1 und 3 UWG sowie das einschlägige Standesrecht, z. B. die Richtlinien des Zentralverbandes der deutschen Werbewirtschaft oder des Deutschen Presserats (vgl. OLG Karlsruhe, WRP 1988, 787 sowie OLG Hamburg, AfP 1988, 245). In diesem Zusammenhang ist darauf hinzuweisen, daß ein Verstoß gegen die Verhaltensregeln des Deutschen Werberates zugleich einen Verstoß gegen § 1 UWG bedeuten kann. Der Deutsche Werberat stellt eine Unterorganisation des Zentralverbandes der Deutschen Werbewirtschaft (ZAW) dar (→ Selbstkontrolle der Medien). Seine Verlautbarungen haben empfehlenden Charakter und sind auch für die Gerichte von großer Bedeutung (Baumbach-Hefermehl: UWG ^{17}1993, Anm. 34, Einl. UWG). Die Verhaltensregeln des Werberates werden innerhalb der Werbewirtschaft befolgt. Ein Verstoß gegen die Verhaltensregeln stellt nicht automatisch und in jedem Fall einen Verstoß gegen § 1 UWG dar (Baumbach-Hefermehl: aaO., Randnr. 673). Von der Rechtsprechung ist indes anerkannt, daß zumindest ein Verstoß gegen die Verhaltensregeln des Deutschen Werberates für die Werbung mit/oder vor Kindern zugleich ein Verstoß gegen § 1 UWG darstellt (KG, AfP 1992, 298 ff. mit Anmerkung Beckmann).

Die Preislistentreue des Werbeträgers gilt auch für Werbemittler (Agenturen). Diese haben gegenüber ihren Kunden die Preisliste des Verlages anzuwenden. Der Endbetrag wird durch die Agentur, gekürzt um die *Mittlungsvergütung* (Mittlerprovision in der Regel 15 % des Kunden-Nettos), an den Werbeträger gezahlt. Umstritten war lange Zeit, ob die Werbeagenturen berechtigt sind, einen Teil ihrer Mittlungsvergütung an ihre Kunden weiterzugeben. Nach dem »context«-Beschuß des BGH (WRP 1970, 269 ff.) ist jedoch anerkannt, daß die von den Werbungdurchführenden genutzten Geschäftsbedingungsklauseln, die den Werbungsmittlern eine Vergütungsweitergabe untersagen, nicht gem. § 15 GWB nichtig sind. Das Weitergabeverbot gilt daher inzwischen als Gewohnheitsrecht.

Versuche zur Umgehung des Weitergabeverbots und damit der Preislistentreue werden auch durch die Gründung von Hausagenturen unternommen. In solchen Fällen gründet der Werbetreibende nur scheinbar eine selbständige Werbeagentur, über die er seine Anzeigen schalten läßt, mit der Absicht, einen um 15 % Mittlerprovision gekürzten Insertionspreis zu zahlen. Ist eine solche Agentur nur für einen Auftraggeber tätig, so stellt dies einen unzulässigen Umgehungsversuch dar. Für die zahlreichen Grenzfälle (die Hausagentur verwaltet auch die Werbeetats anderer Firmen; die Agentur ist ein selbständiges Unternehmen mit eigenem Firmensitz, ihr Kapital wird jedoch ganz oder teilweise vom Werbungtreibenden gehalten; die Agentur schaltet nicht nur die Anzeigen, sondern erbringt auch alle üblichen Nebenleistungen) gibt es keine klaren Richtlinien. Der BGH hat lediglich festgestellt, daß es den Werbungdurchführenden überlassen bleibe, ob sie einer Hausagentur Mittlerprovisionen zahlen oder nicht (BGH, AfP 1974, 622 ff.).

Im Normalfall treten Werbeagenturen als Mittler zwischen dem Werbungtreibenden und dem Werbungdurchführenden auf. Sie unterhalten eigenständige Vertragsbeziehungen mit den Werbungtreibenden und schließen Verträge mit dem Werbungdurchführenden grundsätzlich im eigenen Namen ab. Die Werbeagentur ist nur dann nicht Vertragspartner des Einschaltvertrages, wenn der Wille, nur im fremden Namen zu handeln, ausdrücklich hervorgetreten ist.

Die nähere inhaltliche Ausgestaltung der Einschaltverträge erfolgt vorbehaltlich einer abweichenden Vereinbarung durch die Allgemeinen Geschäftsbedingungen der Verlage, die den Allgemeinen Geschäftsbedingungen für Anzeigen- und Fremdbeilagen in Zeitungen und Zeitschriften entsprechen und deren Kenntnis bei den Agenturen vorauszusetzen ist.

Aus dem Schutz, den der Anzeigenteil von Zeitungen und Zeitschriften durch die Pressefreiheit erfährt, folgt, daß im Gegenzug die presserechtlichen Sorgfaltspflichten sich auch auf den Inhalt werblicher Aussagen erstrecken. Der Inhalt von Presseorganen insgesamt muß vor seiner Veröffentlichung mit der nach den Umständen gebotenen Sorgfalt auf Wahrheit, Inhalt und Herkunft geprüft werden. Die Haftung des Verlages für den Inhalt von Anzeigen richtet sich nach den jeweiligen → Pressegesetzen der Länder (→ Presseordnungsrecht). Während früher der Bundesgerichtshof die Prüfungspflicht nur auf grobe Gesetzesverstöße begrenzte (BGH GRUR 1973, 203 ff.), ist in der jüngeren Rechtsprechung, insbesondere der des Kammergerichts, eine Tendenz zu verschärften Prüfungsanforderungen an die Verleger bei der Annahme von Anzeigen zu beobachten (KG AfP 1987, 619 f. mit krit. Anm. von Hecker und Mayer sowie OLG Koblenz, NJW RR 1988, 793).

Gesetzlich nicht geregelt ist das *Chiffregeheimnis* bei Anzeigen. Verteidigen kann der Verleger es nur gegenüber Privatpersonen. Eine Verletzung des Chiffregeheimnisses begründet die Schadensersatzpflicht des Verlegers (OLG Oldenburg, AfP 1989, 544). Gegenüber den Strafverfolgungsbehörden genießt das Chiffregeheimnis nur in Ausnahmefällen Schutz, wenn es sich um Chiffreanzeigen handelt, deren Inhalt einen Beitrag zur öffentlichen Meinung leistet, und im konkreten Fall die Pressefreiheit, in deren Schutzbereich das Chiffregeheimnis liegt, höherwertig gegenüber dem aus dem Rechtsstaatsprinzip herzuleitenden Rechtsgut einer funktionstüchtigen Rechtspflege ist (BVerfGE 64, 108 ff.). Ebensowenig kann die Auskunft den Steuerbehörden gegenüber verweigert werden (BFH AfP 1987, 545 ff.).

Umstritten ist der *Kontrahierungszwang* bei Presseerzeugnissen mit thematischer oder regionaler Monopolstellung (→ Annahmepflicht für Anzeigen und Werbesendungen). Während bei überregionalen Tageszeitungen aufgrund des scharfen Wettbewerbs auf diesem Markt keine Monopolstellung und damit kein Kontrahierungszwang anzunehmen ist, ist ein solcher in ländlichen Regionen mit nur einer regionalen Tageszeitung aufgrund deren Monopolstellung gegeben (dazu ausführlich Achim Biedermann: Der Kontrahierungszwang im Anzeigenwesen der Zeitungen. Frankfurt/Main 1987).

BESCHRÄNKUNG WERBLICHER AUSSAGEN. Besonderen Bestimmungen unterliegen die Heilmittelwerbung (Arzneimittelgesetz, Heilmittelwerbegesetz) sowie werbliche Aussagen für Lebens- und Genußmittel (»Gesetz über den Verkehr mit Lebensmitteln, Tabakerzeugnissen, kosmetischen Mitteln und sonstigen Bedarfsgegenständen [LMBG]«). Sie tragen dem erhöhten Bedarf an Verbraucherschutz in diesen Bereichen Rechnung. Jedwede irreführende Werbung ist untersagt, z. B. Wirkungsversprechen, Unschädlichkeit eines Präparats mit erheblichen Nebenwirkungen (vgl. BGH, NJW 1988, 1978, OLG Stuttgart, NJW 1988, 2479; OLG Köln, WRP 1988, 481 sowie OLG Köln, WRP 1988, 483). Im Hörfunk und im Fernsehen ist die Werbung für Tabakerzeugnisse verboten.

Unter bestimmten Umständen kann Werbung auch strafbar sein: Wer für seine Werbung bewußt irreführende Angaben (vgl. § 3 UWG) benutzt, macht sich damit gemäß § 4 UWG strafbar (vgl. dazu ausführlich Klaus Horn: Strafbare Werbung. München 1991).

BESTIMMUNGEN FÜR HÖRFUNK- UND FERNSEHWERBUNG. Die Rundfunkanstalten der ARD erzielten 1992 mit rd. 1,3 % Werbeanteil an der Gesamtsendezeit im Hörfunk und rd. 1,3 % im Fernsehen im Durchschnitt 8,5 % ihrer Gesamterträge. Beim ZDF machten die Werbeeinnahmen 1992 bei einem Anteil von 1,8 % an der Gesamtsendezeit 36,5 % der Erträge aus (→ Rundfunkfinanzrecht). Bei der ARD ist die Werbung Angelegenheit eigener, in der Arbeitsgemeinschaft Rundfunkwerbung (ARW) zusammengeschlossener Tochtergesellschaften. Beim ZDF, das ausdrücklich auch auf Finanzierung durch Werbung verwiesen ist (§ 23 Abs. 2 ZDF-Staatsvertrag), ist sie einer Abteilung der Verwaltungsdirektion übertragen.

Rechtsgrundlage für die Werbung im Hörfunk bzw. Fernsehen ist der »Staatsvertrag über den Rundfunk im vereinten Deutschland« vom 31. August 1991 (§ 6: Werbeinhalte, Kennzeichnung, § 7 Sponsoring, § 11 Finanzierung, § 13 Einfügung der Werbung, § 14 Richtlinien [zur Durchführung der §§ 6, 7, 13], § 15 Dauer der Werbung, § 16 Änderung der Werbung, § 17 Anschluß von Fernseheinkauf) sowie Art. 10 und 11 der »Richtlinie des Rates der Europäischen Gemeinschaft 89/552« vom 3. Oktober 1989 (abgedruckt in GRUR-International 1990, 134).

Der Staatsvertrag unterwirft zwecks Sicherung des Programmauftrages öffentlich-rechtliche Fernseh- und Rundfunkanstalten hinsichtlich der Werbung für geschäftliche Belange von Wirtschaftsunternehmen bestimmten Beschränkungen. So wurde z. B. durch Art. 3 Abs. 5 des durch den genannten Staatsvertrag von 1991 ersetzten »Staatsvertrag zur Neuordnung des Rundfunkwesens« (RfStV) vom 1./3. April 1987 bestimmt, daß es – mit der vorübergehenden Ausnahme des Hessischen Rundfunks – keine Werbung in den Dritten Fernsehprogrammen geben dürfe. Diese Regelung erachtet das Bundesverfassungsgericht (Beschluß vom 6. Oktober 1992, AfP 1992, 350ff. mit Anm. Kull) für zulässig. Nach Ansicht des Bundesverfassungsgerichts müsse sich der öffentlich-rechtliche Rundfunk vielmehr durch die Rundfunkgebühren finanzieren. Eine Mischfinanzierung sei nur zulässig, sofern dabei die Gebührenfinanzierung nicht in den Hintergrund trete. Als weitere Beschränkung ist u. a. die Zeit, in der Werbung durchgeführt werden darf, limitiert. So beträgt sie z. B. für den Hessischen Rundfunk nicht mehr als 128 Min. werktäglich im Jahresdurchschnitt (»Gesetz über den Hessischen Rundfunk«, § 3a Abs. 2). Für das Fernsehen beträgt das tägliche Werbekontingent 20 Min. werktäglich (§ 15 Abs. 1 Satz 1 Rundfunkstaatsvertrag). Hatten die öffentlich-rechtlichen Rundfunkanstalten vor dem Aufkommen privater Konkurrenz Ende der 80er Jahre wenig Probleme, diese Zeiträume mit Werbung auszufüllen, so hat sich dies seitdem grundlegend geändert. Nach dem Ende der oligopolistischen Stellung der öffentlich-rechtlichen Rundfunkanstalten hat sich ein scharfer Wettbewerb zwischen dem öffentlich-rechtlichen Rundfunk auf der einen Seite und privaten Anbietern auf der anderen Seite entwickelt. Die öffentlich-rechtlichen Rundfunkanstalten waren daher gezwungen, der Wirtschaft für die Werbung erhebliche Preisnachlässe zu gewähren. Um ihre stark zurückgegangenen Werbeeinnahmen zu erhöhen, beschloß die ARD im Jahre 1992, im Programm des 1. Deutschen Fernsehens kurz nach Mitternacht einen Werbeblock (sogenannter »Vampir-Werbeblock«) auszustrahlen. Dies wurde der ARD durch einstweilige Anordnung des Landgerichts Hamburg (Beschluß vom 6. April 1992, bestätigt durch Urteil vom 13. Mai 1992) auf Antrag einiger privater Fernsehanbieter untersagt (dazu Gersdorf: Zur Zulässigkeit von »Vampir-Werbeblöcken« im öffentlich-rechtlichen Rundfunk, AfP 1992, 338ff.). Im Gegensatz zu den öffentlich-rechtlichen Rundfunkanstalten, die sich überwiegend aus den Rundfunkgebühren finanzieren (→ Rundfunkfinanzrecht), sind die *privaten Anbieter* (zu nennen sind hier insbesondere RTL, SAT.1, Pro 7, Tele 5 sowie der Nachrichtenkanal n-tv) auf eine Finanzierung durch Einnahmen aus Werbung und Entgelte angewiesen, wobei die → Landesmediengesetze die Einzelheiten regeln.

Danach darf die Werbung nicht mehr als 20% der täglichen Sendezeit ausmachen. Sie muß vom übrigen Programm deutlich getrennt und gekennzeichnet sein. Aus dieser Vorschrift folgt ein Verbot medialer, d. h. von dem redaktionellen Fernsehprogramm ausgehender Werbung (BGHZ 110, 278, 285f.). So untersagte z. B. der Bundesgerichtshof der ARD, im Vor- und/ oder Abspann einer Fußballspielübertragung den Namen und das Firmenemblem eines Sponsors einzublenden (BGH, ZUM 1993, 92ff. – »Ereignissponsorwerbung«). Ein Verstoß gegen diesen Grundsatz erfüllt den Tatbestand des § 1 UWG (vgl. zum Problem der Sponsorwerbung bei Sportübertragungen ausführlich Greffenius/Fikentscher, ZUM 1992, 526ff.). Gemäß Art. 7 Abs. 4 Satz 1 und Art. 7 Abs. 8 RfStV 1987 waren die Landesmedienanstalten ermächtigt, gemeinsame Richtlinien zur Durchführung der Werberegelungen des Rundfunkstaatsvertrages zu erlassen. Von dieser Kompetenz machten die Landesmedienanstalten am 10. November 1988, geändert am 14. März 1991, Gebrauch. Diese Regelungen sehen u. a. vor, daß sogenannte Dauerwerbesendungen, also Fernsehsendungen, in denen Werbung redaktionell gestaltet ist, der Werbecharakter erkennbar im Vordergrund steht und die Werbung einen wesentlichen Bestandteil der Sendung darstellt (vgl. Ziffer 8.2 der Richtlinie 1991), durch das Dauerlogo »Werbesendung« zu kennzeichnen sind. Als solche Dauerwerbesendung wurde u. a. die Sendung »Glücksrad« des Privatsenders SAT.1 angesehen (VG Neustadt/Weinstraße, ZUM 1992, 382ff.). Fernsehwerbung darf nur in Blöcken verbreitet werden. Sendungen von mehr als sechzig Minuten Dauer dürfen einmal zu einer im voraus angegebenen Zeit zu Werbezwekken unterbrochen werden. Daneben sind sogenannte Sponsorensendungen zulässig. Allerdings darf der Inhalt der Sendung nicht in unmittelbarem Zusammenhang mit dem Produkt des Sponsors stehen. Auch die Sponsorensendung ist als solche zu kennzeichnen (vgl. KG, NJW-RR 1988, 169 sowie LG Frankfurt, AfP 1988, 172).

Kontrahierungszwang für Werbung besteht unter bestimmten Umständen nicht nur für die Presse, sondern auch für das Fernsehen. So hat das ZDF auf dem Markt für Fernsehwerbung eine so starke Stellung inne, daß es dem Diskriminierungsverbot des § 26 Abs. 2 GWB unterfällt (OLG Koblenz, AfP 1992, 269ff.). In dieser Entscheidung wird insbesondere darauf hingewiesen, daß der Markt für Fernsehwerbung einen eigenständigen Markt darstellt, so daß es lediglich auf den Wettbewerbsbereich der Fernsehwerbung, nicht jedoch der Werbung insgesamt ankommt.

Standesrecht und Werbung. Wiederholter Schwerpunkt der Rechtsprechung war in den vergangenen Jahren die Vereinbarung der Werbung von Rechtsanwälten bzw. Ärzten mit dem Standesrecht.

Nach den vormals geltenden Standesrechtlinien bestand ein absolutes Verbot für *anwaltliche Werbung*. Diese Richtlinien wurden durch die Entscheidungen des BVerfG vom 14. Juli 1987 (NJW 1988, 194 [195]) für unwirksam erklärt. Durch diese Entscheidungen ist über die zukünftige Ausgestaltung des Werberechts für Rechtsanwälte eine rege Diskussion entbrannt. Während eine Lockerung des Werbeverbots für sinnvoll erachtet wurde, sah der BGH in einem Urteil aus dem Jahre 1991 (BGH NJW 1991, 2641) eine Einladung zu einem Empfang einer Kanzlei in Verbindung mit der Eröffnung einer Kunstausstellung als wettbewerbswidrig an, da eine Person eingeladen worden war, die nicht Mandant der Kanzlei war. Das Urteil des BGH ist in der Literatur stark kritisiert worden (vgl. von

Falkenhausen in: NJW 1992, 25ff.). Es bleibt offen, wie Werbemöglichkeiten für Rechtsanwälte in zukünftigen Standesordnungen geregelt werden.

Auch mit der *Werbung von Ärzten bzw. Apothekern* mußte sich wiederholt die Rechtsprechung auseinandersetzen. In einem richtungsweisenden Urteil entschied das BVerfG (NJW 1992, 2341ff.), daß es Ärzten nicht ausnahmelos verboten werden könne, sich ohne vorherige Prüfung bzw. Genehmigung ihrer Beiträge in der Presse zu äußern. Allgemein ist Ärzten nicht jedwede, sondern lediglich die berufswidrige Werbung verboten (BVerfGE 71, 162 [174]).

Bestimmungen für besondere Werbeformen. Grundsätzlich unlauter im Sinne des § 1 UWG ist das gezielte, persönliche Ansprechen von Personen in der Öffentlichkeit, das »Anreißen« (OLG Düsseldorf, WRP 1986 212ff.; BGH, NJW 1989, 2820). Das gleiche gilt bei einer Kontaktaufnahme per Telefon, sofern zu dem Umworbenen bisher keine geschäftlichen Beziehungen bestanden haben (BGHZ 54, 188ff. sowie KG, WRP 1988, 304). Hier steht der Schutz der Individualsphäre im Vordergrund, obgleich mit den Kategorien des unlauteren Wettbewerbs argumentiert wird. Ebenso unzulässig ist die Telex- und Btx-Werbung, wenn kein sachlicher, in der Interessensphäre des Adressaten liegender Grund vorhanden ist, diesen Übermittlungsweg zu wählen (vgl. BGH 59, 317ff. sowie BGH, NJW 1988, 1670).

In den letzten Jahren ist zunehmend zu beobachten, daß sich ein nicht unerheblicher Teil der Bevölkerung, bedingt durch die zunehmende Werbeflut, durch unerwünschte Werbung z. B. in Form der Briefkasten- und Postwurfsendungswerbung, beeinträchtigt fühlt. Dies kam in den letzten zwei Jahren durch eine Flut von Entscheidungen zu diesem Bereich zum Ausdruck.

In ihrer bis zum 28. Februar 1991 geltenden Fassung der Ausführungsbestimmungen der Bundespost zu § 59 Abs. 2 Nr. 1 Postordnung war geregelt, daß der allgemein gehaltene Hinweis, keine Werbung erhalten zu wollen, für den Postzusteller unbeachtlich sei. Dementsprechend entschied der BGH (NJW 1992, 1109f.), daß es bis zu diesem Termin nicht wettbewerbswidrig war, *Postwurfsendungen* auf solche Personen zuzustellen, die durch eine Aufschrift auf ihrem Briefkasten kundgetan hatten, daß sie keine Werbung wünschten. Mit Wirkung vom 28. Februar 1991 hat die Deutsche Bundespost die o. a. Ausführungsbestimmungen geändert; nunmehr sind auch allgemein gehaltene Hinweise auf Hausbriefkästen wie »keine Werbung« als Annahmeverweigerung für Postwurfsendungen von dem Postzusteller zu beachten. Dem genannten Urteil des BGH kann entnommen werden, daß er die Zustellungen von Postwurfsendungen auch an nicht werbungsempfangswillige Personen heute als Wettbewerbsverstoß sehen würde (vgl. dazu Kaiser in: NJW 1991, 2870ff. sowie Schürmann in: NJW 1992, 1072ff.). Bezog sich der bisherige Streit um die Problematik der Zulässigkeit von Postwurfsendungen auf die unerwünschte Annahme durch den Postkunden, so trat im Frühjahr 1993 erstmals das spiegelbildliche

Problem auf: Postzusteller des Postamtes Frankfurt/Main weigerten sich im Zuge des hessischen Landtagswahlkampfes, Postwurfsendungen einer als politisch rechts angesehenen Partei zu verteilen.

Werbesendungen, die nach ihrer äußeren Form Privatbriefen gleichen *(Briefwerbung)* und erst bei näherer Beschäftigung ihren Werbecharakter erkennen lassen, können unter Umständen als unzumutbare Belästigung das Persönlichkeitsrecht des Empfängers verletzen, soweit dieser sich derartige Sendungen verbeten hat (BGHE 60, 296 ff.; OLG München, NJW 1984, 2422 ff.; BGH, AfP 1989, 458; VG Stuttgart, NJW 1989, 1050; anders jedoch noch LG Nürnberg-Fürth, NJW 1985, 1642 f.: Beeinträchtigung zu geringfügig im Verhältnis zum erforderlichen Vermeidungsaufwand; BVerwG, AfP 1989, 589 zur Zulässigkeit von Werbebeilagen in Postgirokontoauszügen). Mit der neuesten Rechtsprechung ist von einem Unterlassungsanspruch gem. §§ 1004, 903, 862 BGB gegen das werbende Unternehmen auszugehen, wenn Werbesendungen gegen den ausdrücklichen Willen der Empfänger bei diesen eingehen. Der Schutz des allgemeinen Persönlichkeitsrechts erfährt damit eine stärkere Betonung (vgl. OLG Stuttgart, WRP 1988, 199 sowie LG Hannover, AfP 1988, 166). Umstritten ist, ob das auch für → Anzeigenblätter als Presseerzeugnisse gilt.

Anders ist jedoch die *Beilagenwerbung in Zeitungen und Zeitschriften* zu beurteilen. Sie stellt eine allgemein übliche Form der Werbung dar, gegen die der Abonnent keinen Unterlassungsanspruch geltend machen kann. Indem der Abonnent durch seine Bestellung in die Zustellung einer Zeitschrift einwilligt, nimmt er damit incident in Kauf, daß diese Zeitschrift auch Beilagenwerbung enthält (vgl. LG Bonn, NJW 1992, 1112).

PETER M. HEERS

Literatur

Wilfried Alt: Recht und Praxis der Briefkastenwerbung. Frankfurt/Main 1987 (*übersichtliche Darstellung privat-, wettbewerbs- und datenschutzrechtlicher Probleme der Direktwerbung unter besonderer Beachtung der aktuellen Rechtsprechung und Literatur*)

Achim Biedermann: Der Kontrahierungszwang im Anzeigenwesen der Zeitungen. Frankfurt/Main 1987

Udo Branahl: Medienrecht. Opladen 1992

Klaus Horn: Strafbare Werbung gemäß § 4 UWG. München 1991

Hans Georg Graf Lambsdorff/Bernd Skora: Handbuch des Werbeagenturrechts. Frankfurt/Main 1975 (*umfangreiche Untersuchung zu den Problemfeldern Agenturvergütung, vertragliche Einordnung verschiedener Agenturtätigkeiten und Haftung der Werbeagenturen/Werbemittler*)

Martin Löffler/Reinhart Ricker: Handbuch des Presserechts. München ^{2}1986 (*systematische Darstellung, die auch die werberechtlichen Aspekte mit berücksichtigt*)

Manfred von Roesgen: Der Grundsatz der Preislistentreue in der Praxis des Anzeigenrechts. In: »Archiv für Presserecht«, Jg. 1969, S. 896 ff. (*nach Stichwörtern geordneter Überblick über die häufigsten Verstöße gegen den Grundsatz der Preislistentreue einschließlich Grenz- und Streitfällen*)

Peter Schotthöfer (Hrsg.): Handbuch des Werberechts in den EG-Staaten, Österreich, Schweiz und USA. Köln 1991
Helmut Wehrmann: Handbuch des Werberechts. Essen 1971 (*Lexikon zum Werberecht in der Bundesrepublik Deutschland*)

Werbeschriften → Pressefreiheit

Werbeverbot → Rundfunkfinanzrecht, → Rundfunkorganisationsrecht, → Rundfunkprogrammrecht, → Werberecht

Werbung im Rundfunk → Annahmepflicht von Anzeigen und Werbesendungen, → Rundfunkfinanzrecht

Werkarten → Urheberrecht

Werkverbindung → Urheberrecht

Werkvertrag → Arbeitsrecht der Medien

Wettbewerbsbeschränkungen → Fusionskontrolle im Pressewesen, → Wettbewerbsrecht

Wettbewerbsneutralität → Rundfunkprogrammrecht

Wettbewerbsrecht. Das Verhalten von Medienunternehmen unterliegt ebenso wie das der Unternehmen in anderen Wirtschaftsbereichen den allgemeinen Gesetzen zum Schutze des Wettbewerbs: dem *Gesetz gegen den unlauteren Wettbewerb* (UWG), dem *Rabattgesetz* und der *Zugabeverordnung,* die vornehmlich den lauteren Wettbewerb schützen, sowie dem *Gesetz gegen Wettbewerbsbeschränkungen* (GWB, Kartellgesetz) und den kartellrechtlichen Bestimmungen des EWG-Vertrages (EWGV), die den Schutz des freien und unbeschränkten Wettbewerbs bezwecken. Erfaßt werden auch die öffentlich-rechtlichen Rundfunkanstalten, die für die Grundversorgung verantwortlich sind (BVerfG). Eine Spezialregelung für die Presse hat die dritte Kartellgesetznovelle 1976 mit der pressespezifischen → Fusionskontrolle eingeführt. Für das Wettbewerbsverhalten sind ferner Bestimmungen des → Werberechts bedeutsam.

GRUNDZÜGE. Die für das Wettbewerbsrecht der Medien wichtigsten Tatbestände der genannten Gesetze sind:

§ 1 UWG verbietet es, im geschäftlichen Verkehr zu Zwecken des Wettbewerbs Handlungen vorzunehmen, die gegen die guten Sitten verstoßen. Wettbewerbshandlung ist jedes Verhalten, das objektiv dazu geeignet ist, den eigenen oder fremden Absatz auf Kosten eines Wettbewerbers zu fördern. Ein wesentliches Indiz für die »Lauterkeit« einer Handlung ist es, ob sie noch als Ausdruck eines fairen Leistungswettbewerbs oder als leistungsfremd anzusehen ist. Leistungsfremdheit allein genügt aber nicht zur Sittenwidrigkeit. Der Handlung muß stets ein ethischer Handlungsunwert, etwas Anstößiges,

anhaften. In der Literatur findet sich die Ansicht, daß eine leistungsfremde Wettbewerbshandlung allein wegen ihrer Folgen als sittenwidrig qualifiziert werden könne, etwa wenn sie den Wettbewerbsbestand auf einem Markt beeinträchtige (Theorie der reinen Erfolgsunlauterkeit oder marktbezogenen Unlauterkeit). Der Bundesgerichtshof hat sich dieser Theorie in seiner Rechtsprechung zur kostenlosen Verteilung von Anzeigenblättern nicht angeschlossen (BGHZ 51, 236). Er hält daran fest, daß zur Sittenwidrigkeit etwas Anstößiges, wenn auch kein Vorsatz gehört: die abweichende Lehre verkürzt die Voraussetzungen von § 1 UWG.

§ 3 UWG verbietet irreführende Werbung durch unrichtige Angaben über geschäftliche Verhältnisse, insbesondere über die Beschaffenheit, den Ursprung oder die Herstellungsart der Ware. Ob eine Angabe zur Irreführung geeignet ist, bestimmt sich nach der Auffassung der Verkehrskreise, an die sich die Werbung richtet. Im Einzelfall kann Art. 5 Abs. 1 GG die Nichtanwendung von § 3 UWG gebieten (LG Wiesbaden, AfP 1989, 480 [481]). Unzulässig kann nach §§ 1, 3 UWG z. B. ein 15sekündiger Hinweis im Vor- und Abspann auf den Sponsor einer Fußballübertragung sein, wenn er nicht als Werbemaßnahme gekennzeichnet wird (LG Frankfurt a. M., AfP 1988, 172 ff.).

§ 16 UWG schützt die geschäftlichen Kennzeichen eines gewerblichen Unternehmens und ausdrücklich auch die besondere Bezeichnung (Titel) von Druckschriften vor Verwendungen durch andere Unternehmen bei Verwechslungsgefahr. Da nur unterscheidungskräftige Titel schutzfähig sind, fallen reine Gattungsbezeichnungen wie »Zeitung« oder »Blatt« nur dann unter § 16 UWG, wenn sie kraft erworbener Verkehrsgeltung zur besonderen Bezeichnung werden (»Revue«). Soweit nicht der Titel einer Druckschrift, sondern der Name des Verlags- oder Rundfunkunternehmens unzulässig verwendet wird, ergeben sich auch Ansprüche aus §§ 12 BGB, 823 BGB, 37 HGB.

Das *Rabattgesetz* beschränkt die Zulässigkeit von Preisnachlässen gegenüber dem Letztverbraucher auf die vom Unternehmer angekündigten oder allgemein geforderten Preise. Barzahlungsrabatte dürfen 3 Prozent des Warenpreises nicht überschreiten (§ 2 Rabattgesetz). Mengenrabatte für Waren oder gewerbliche Leistungen sind auf das handelsübliche Maß zu beschränken (§§ 7, 8 Rabattgesetz). Erlaubt sind handelsübliche Sonderpreise oder -nachlässe an Personen, welche die Ware oder Leistung in ihrer beruflichen oder gewerblichen Tätigkeit verwerten (§ 9 Nr. 1 RabattG). Im Pressebereich zählen zu den erlaubten Sonderpreisen die Nachlässe auf Fachliteratur an Berufsausübende (Anwälte, Ärzte usw.) sowie an Studierende.

Die *Zugabeverordnung* will Auswüchse im Bereich der Wertreklame bekämpfen. Eine Zugabe liegt vor, wenn neben einer Hauptware oder -leistung ohne besonderes Entgelt zusätzlich eine Nebenware oder -leistung abgegeben wird, die der Förderung des Absatzes der Hauptware dient.

Teile der Hauptware unterfallen niemals dem Zugabebegriff: eine illustrierte Wochenendbeilage, die einer Tageszeitung beigelegt wird, hat keinen Zugabecharakter, weil sie mit der Zeitung ein einheitliches Ganzes bildet (OLG Stuttgart, NJW 1974, 925). In § 1 Abs. 2 ZugabeVO ist für bestimmte Fallgruppen eine Ausnahme vom Zugabeverbot vorgesehen; insbesondere sind unentgeltliche Kundenzeitschriften zulässig, wenn der Werbezweck erkennbar ist und die Herstellungskosten gering sind.

§§ 1 und *25 Abs. 1 GWB* verbieten *kollektive Wettbewerbsbeschränkungen,* die auf vertraglichen Absprachen (§ 1) oder Abstimmungen (§ 25 Abs. 1) zwischen rechtlich und wirtschaftlich selbständigen Unternehmen beruhen und geeignet sind, die Marktverhältnisse spürbar zu beeinflussen. Bis 1974 nahm die herrschende Gegenstandstheorie an, daß die Wettbewerbsbeschränkung zum Inhalt des Vertrages oder der Abstimmung gemacht sein müsse: der Bundesgerichtshof (BGHZ 65, 30ff.) bezieht seither mit der Zwecktheorie auch solche Vereinbarungen in das Kartellverbot ein, die eine Wettbewerbsbeschränkung zwar nicht zum Inhalt haben, aber bezwecken und tatsächlich bewirken. Seither ist die Abgrenzung der *verbotenen Kartelle* zu den *erlaubten Kooperationen* fließend geworden (siehe dazu unten: Kooperation). Der Rechtsprechung genügt es aber nicht, daß die Wettbewerbsbeschränkung als bloße Folge der Vereinbarung eintritt (Folgetheorie). Ist der Bereich der kartellfreien Kooperation überschritten, besteht die Möglichkeit einer Freistellung vom Kartellverbot nach §§ 2–8 GWB. Insbesondere können nach § 5 GWB Rationalisierungskartelle, die auch die Bildung von Einkaufs- und Verkaufssyndikaten einschließen, auf Antrag von der Kartellbehörde erlaubt werden. Bei mittelständischen Unternehmen, zu denen die meisten Presseverlage gehören, kommt eine Freistellung nach § 5b GWB in Betracht, sofern der Wettbewerb nicht wesentlich beeinträchtigt und die Leistungsfähigkeit der beteiligten Unternehmen gefördert wird. Die Kartellvereinbarungen nach den §§ 2–8 GWB bedürfen der Schriftform (§ 34 GWB) und unterliegen einer Mißbrauchsaufsicht durch die Kartellbehörde (§§ 11, 12 GWB).

§ 16 GWB nimmt Verlagserzeugnisse vom Verbot der *vertikalen Preisbindung* nach § 15 GWB aus. Erlaubt sind danach Verträge, in denen sich Grossisten oder Einzelhändler gegenüber einem Zeitungshersteller verpflichten, nur zu bestimmten Preisen an Zwischenhändler oder Letztabnehmer weiterzuverkaufen (rechtliche Bindung), und/oder in denen für den Fall der Unterbietung Bezugssperren angedroht werden (wirtschaftliche Bindung). Voraussetzungen sind die gedankliche (oder theoretische) sowie die praktische Lückenlosigkeit des Preisbindungssystems: Das preisbindende Unternehmen muß alle Abnehmer ohne Ausnahme binden und die Bindung gegen Verstöße verteidigen. Die Kartellbehörden können nach § 17 GWB die Preisbindung für unwirksam erklären, sofern sie mißbräuchlich gehandhabt wird (Nr. 1) oder eine nicht gerechtfertigte Teuerung oder Verknappung der Waren droht (Nr. 2). Einer Anmeldung der Preisbindung bedarf es nicht.

§ 18 GWB regelt u. a. *Ausschließlichkeitsbindungen, Vertriebsbindungen* und *Koppelungsgeschäfte.* Beispiele derartiger Bindungen im Pressebereich sind etwa die Verpflichtung eines Grossisten, ausschließlich die Erzeugnisse eines Verlages zu beziehen (Ausschließlichkeitsbindung), die Beschränkung des Zwischenhandels auf bestimmte Absatzgebiete oder Abnehmergruppen (Vertriebsbindung) oder die Anzeigenkoppelung, d. h. die Annahme von Anzeigen nur bei gleichzeitiger Belegung mehrerer Zeitungen desselben Verlages oder Konzerns. Im Rundfunkbereich spielt die Vergabe von *exklusiven Senderechten* eine große Rolle. Derartige Beschränkungen sind grundsätzlich zulässig, können aber unter den in § 18 GWB genannten Voraussetzungen von der Kartellbehörde für unwirksam erklärt werden.

§ 22 GWB erlaubt der Kartellbehörde, den Mißbrauch einer marktbeherrschenden Stellung zu untersagen. Voraussetzungen für ihr Einschreiten sind zum einen die *Marktbeherrschung,* zum anderen das Vorliegen eines *Mißbrauchs.* Vom Ausbeutungsmißbrauch gem. Abs. 4 Nr. 2 gegenüber der Marktgegenseite (Handel, Leser, Anzeigenkunden) ist der Behinderungsmißbrauch zu unterscheiden (Nr. 1), der sich gegen die Konkurrenten des Marktbeherrschers richtet.

§ 26 Abs. 2 GWB untersagt die *unbillige Behinderung* und die sachlich nicht gerechtfertigte *Ungleichbehandlung* anderer Unternehmen. Betroffen sind nicht nur marktbeherrschende (wie in § 22 GWB), sondern auch preisbindende Unternehmen, erlaubte Kartelle sowie seit der 2. GWB-Novelle von 1973 auch solche Unternehmen, von denen Anbieter oder Nachfrager wegen fehlender Ausweichmöglichkeiten abhängig sind (Satz 2). Seit der 5. GWB-Novelle 1990 wird die Abhängigkeit eines Nachfragers vermutet (Abs. 2 Satz 3), wenn ihm Sonderkonditionen eingeräumt werden müssen. Er darf sie nicht ohne rechtfertigenden Grund fordern (Abs. 3). Kleine und mittlere Wettbewerber, z. B. Zeitungs-, Anzeigenblattverleger oder kleine Privatsender, dürfen von »überlegenen« Konkurrenten nicht unbillig behindert werden (Abs. 4); zu ihren Gunsten gilt eine Beweislastumkehr (Abs. 5). Ob eine Behinderung unbillig oder eine Ungleichbehandlung sachlich nicht gerechtfertigt ist, muß im Einzelfall durch eine umfassende Interessenabwägung unter Berücksichtigung der auf den Schutz des Wettbewerbs gerichteten Zielsetzung des Gesetzes festgestellt werden.

§ 26 Abs. 1 GWB untersagt die Aufforderung zu Liefer- oder Bezugssperren *(Boykott),* sofern sie in der Absicht unbilliger Beeinträchtigung von Wettbewerbern geschieht. Erfolgt der Aufruf zum Boykott nicht zu Zwekken des Wettbewerbs, sondern z. B. zur Unterdrückung einer mißliebigen Meinung, so beurteilt sich seine Zulässigkeit nach den §§ 823, 826 BGB (Blinkfüer-Fall, BGH NJW 1964, 29 ff.).

Nach *§ 28 GWB* sind *Wettbewerbsregeln* zum Schutze des lauteren und leistungsgerechten Wettbewerbs zulässig. Verträge oder Beschlüsse, die zur

Einhaltung solcher Wettbewerbsregeln verpflichten, sind vom Kartellverbot des § 1 GWB ausgenommen, wenn sie in ein bei der Kartellbehörde geführtes Register eingetragen sind (§ 29 GWB).

Art. 85 EWGV verbietet Vereinbarungen zwischen Unternehmen, Beschlüsse zwischen Unternehmensvereinigungen und aufeinander abgestimmte Verhaltensweisen, welche geeignet sind, den Handel zwischen den Mitgliedstaaten der EG zu beeinträchtigen, sofern mit ihrer Hilfe der Wettbewerb innerhalb des Gemeinsamen Marktes verhindert, eingeschränkt oder verfälscht werden soll. Insbesondere sind mit dem Gemeinsamen Markt unvereinbar die unmittelbare oder mittelbare Festsetzung der An- oder Verkaufspreise oder sonstiger Geschäftsbedingungen, die Einschränkung oder Kontrolle der Erzeugung, des Absatzes, der technischen Entwicklung oder der Investitionen, die Anwendung unterschiedlicher Bedingungen bei gleichwertigen Leistungen gegenüber Handelspartnern *(Diskriminierung),* wodurch diese im Wettbewerb benachteiligt werden, und schließlich die Koppelung von Leistungen, die weder sachlich noch nach Handelsbrauch in Beziehung zum Vertragsgegenstand stehen. Vereinbarungen und Beschlüsse, die mit Art. 85 Abs. 1 EWGV unvereinbar sind, sind nichtig (Art. 85 Abs. 2 EWGV).

Nach *Art. 85 Abs. 3 EWGV* sind Ausnahmegenehmigungen möglich. Erlauben kann die Kommission Beschlüsse, Vereinbarungen oder Verhaltensweisen, die unter angemessener Beteiligung der Verbraucher an dem entstehenden Gewinn zur Verbesserung der Warenerzeugung oder -verteilung oder zur Förderung des technischen oder wirtschaftlichen Fortschritts beitragen, ohne daß den beteiligten Unternehmen Beschränkungen auferlegt werden, die für die Verwirklichung dieser Ziele nicht unerläßlich sind, oder ihnen Möglichkeiten eröffnen, für einen wesentlichen Teil der betreffenden Waren den Wettbewerb auszuschalten. Greift schon das Verbot in Abs. 1 nicht ein, erteilt die Kommission auf Antrag der beteiligten Unternehmen ein *Negativattest* (Art. 2 VO Nr. 17 vom 6. Februar 1962).

Art. 86 Abs. 1 EWGV schränkt die Handlungsfreiheit marktbeherrschender Unternehmen ein. Mißbräuchliches Verhalten ist untersagt, soweit es dazu führt, den Handel zwischen den Mitgliedstaaten zu beeinträchtigen.

Nach *Art. 90 Abs. 1 EWGV* gelten die Verbote in Art. 85 und 86 EWGV auch für öffentliche Unternehmen, namentlich auch für öffentlich-rechtliche Rundfunkanstalten (EuGH Rs 155/73 Slg. 1974, 409 [430–431]). Ausnahmen kommen in Betracht, soweit die Anwendung der Art. 85, 86 EWGV dazu führen würde, daß ein Unternehmen besondere öffentliche Aufgaben, mit denen es betraut ist, nicht mehr erfüllen kann (Art. 90 Abs. 2 EWGV). Noch ungeklärt ist, ob und inwieweit die »Grundversorgung« durch öffentlich-rechtliche Rundfunkanstalten eine »öffentliche Aufgabe« im Sinne von Art. 90 Abs. 2 EWGV ist.

Anders als sonstige Unternehmen genießen die Presse und der Rundfunk den besonderen Schutz der → Pressefreiheit und Rundfunkfreiheit in Art. 5

GG. Die bisher aufgeführten Grundzüge des Wettbewerbsrechts können daher unter dem Gesichtspunkt der verfassungkonformen Auslegung nach Art. 5 Abs. 1 GG dahin modifiziert werden, daß ein in den übrigen Bereichen der Wirtschaft bereits unzulässiges Verhalten in Abwägung mit der Presse- und Rundfunkfreiheit als gerechtfertigt erscheinen kann. Vereinzelt wurde versucht, Art. 5 GG auch zu einer verschärften Auslegung der Wettbewerbsgesetze gegenüber marktstarken Presseunternehmen heranzuziehen. Der Freiraum der Presse kann im Wege der verfassungskonformen Auslegung nach dem Grundrecht des Art. 5 GG jedoch nur verstärkt, nicht aber eingeschränkt werden. Eine Verschärfung der Wettbewerbsgesetze im Pressebereich vorzunehmen, wäre allenfalls Angelegenheit des Gesetzgebers. Allerdings zieht der Bundesgerichtshof (GRUR 1985, 882 – Bliestal-Spiegel) die Grundsätze der Pressefreiheit zur Auslegung von § 1 UWG heran, wenn die ernstliche Gefahr besteht, daß die Tagespresse als Institution in ihrem Bestand bedroht ist. Praktische Auswirkungen sind selten. Im Bliestal-Fall hat der BGH einem Ortsnachrichtenblatt, das sich auf bloße Mitteilungen aus dem örtlichen Vereinsleben, kommunale Bekanntmachungen usw. beschränkte (→ Amtsblatt), jegliche Bedeutung für den Meinungsbildungsprozeß abgesprochen.

Der besonders heikle Bereich des *Rundfunks* unterlag seit jeher »eigenen Gesetzen«. Die Öffnung des Rundfunks für private Anbieter durch das Bundesverfassungsgericht (→ Rundfunkorganisationsrecht) hat erstmals das Bedürfnis nach kartellrechtlicher Kontrolle des Rundfunkbereichs geweckt. Da der private Rundfunk nicht voll den freien Kräften des Marktes überlassen werden darf (BVerfGE), stellt sich die Frage nach der Anwendbarkeit des Wettbewerbsrechts auf Rundfunkunternehmen. Das Bundesverfassungsgericht versteht die Rundfunkfreiheit einerseits als Abwehrrecht gegen staatliche Eingriffe und andererseits als Instrument zur Sicherung der freien, individuellen Meinungsbildung, die durch die Grundversorgung der öffentlich-rechtlichen Anstalten zu gewährleisten sei, solange keine ausreichende äußere Meinungsvielfalt die Grundversorgung entbehrlich mache.

Vorerst genießen demnach die öffentlich-rechtlichen Anstalten gegenüber den privaten Hörfunk- und Fernsehveranstaltern Privilegien, die nur im Einzelfall unter besonderer Berücksichtigung ihres verfassungsrechtlichen Auftrags durch das Wettbewerbsrecht eingeschränkt werden können, wobei die Anwendbarkeit deutschen und EG-Wettbewerbsrechts unterschiedlich stark begrenzt wird. In der Praxis überwiegen regelmäßig Gesichtspunkte, die eine Anwendung des Wettbewerbsrechts auf private und öffentlich-rechtliche Anbieter notwendig machen (siehe BKartA, WuW/E 2396; BKartA, »Media Perspektiven« 1987, S. 189 ff.; EuGH Rs 155/73 Slg. 1974, S. 409 ff.; LG Frankfurt a. M., AfP 1988, 172; BGH, WuW/E 2627 ff. – Globalvertrag ARD, 1990; KG, WuW/E 4811 ff. – Radio NRW, 1991).

In Wahrnehmung ihrer rundfunkrechtlichen Aufgaben haben die Landesgesetzgeber eine Reihe *medienspezifischer Wettbewerbsregeln* erlassen (→ Landesmediengesetze). Nach § 19 Abs. 1 und 3 LMedG Baden-Württemberg wird in diesem Land die parallele Verbreitung von zwei gleichartigen Programmen desselben Veranstalters nur zugelassen, wenn die entstehende Konzentration von Meinungsmacht nicht auf einen vorherrschenden oder sonst in hohem Maße ungleichgewichtigen Einfluß auf die Bildung der öffentlichen Meinung durch den Rundfunk im Verbreitungsgebiet hinausläuft. Ähnliche Regelungen finden sich in § 6 LRG Nordrhein-Westfalen, § 5 Abs. 3 LRG Rheinland-Pfalz, § 40 Abs. 3 LRG Saarland, § 5 Abs. 4 LRG Schleswig-Holstein. Als Rundfunkveranstalter wird nach § 19 Abs. 2 LRG Baden-Württemberg auch betrachtet, wer zwar nicht im eigenen Namen Rundfunk verbreitet, zum Inhaber der Zulassung aber im Verhältnis eines verbundenen Unternehmens (§ 15 AktG) steht, auf dessen Programmgestaltung in anderer Weise wesentlichen Einfluß ausüben kann oder unter einem entsprechenden Einfluß des Inhabers der Zulassung steht (mittelbarer Rundfunkveranstalter). Wesentlichen Einfluß hat, wer mehr als ein Zehntel der Stimmen kontrolliert oder mehr als ein Zehntel des Programms beeinflussen kann. Letzteres kann aufgrund vertraglicher Rechte auf den Zulieferer eines Rahmenprogramms oder eines Filmsortiments zutreffen. Der kritische Programmteil errechnet sich nach der durchschnittlichen Sendezeit pro Woche (Bullinger/Gödel: Landesmediengesetz Baden-Württemberg, § 19 Rdn 5). Dadurch soll bereits im Vorfeld der Beherrschung die medienrechtliche Konzentration beschränkt werden (Begründung des LMedG in Bullinger/Gödel: Landesmediengesetz Baden-Württemberg, S. 194).

Einige → Landesmediengesetze sehen Zugangsbeschränkungen für Presseunternehmen zum privaten Rundfunk vor. In Hamburg (§ 19 Abs. 2 MedG) kann ein beherrschendes Unternehmen auf dem Markt für Tageszeitungen nicht als Einzelanbieter für ein lokales Programm zugelassen werden; Beteiligungen an einem lokalen Anbieter sind auf 25 % der Stimmrechte und 35 % der Kapitalanteile beschränkt. Niedersachsen macht das Engagement von Presseunternehmen in lokalen und regionalen Fensterprogrammen von deren Auflagenstärke abhängig. Unternehmen mit mehr als 20 %igem Auflagenanteil auf einem lokalen oder regionalen Pressemarkt dürfen höchstens 50 % der Sendezeit veranstalten (§ 23 LRG). § 5 Abs. 2 und 3 LRG Niedersachsen enthält wie § 19 LMedG Baden-Württemberg Zulassungsbeschränkungen für Rundfunkveranstalter mit mehreren Programmen; der niedersächsische Landesrundfunkausschuß kann jedoch (anders als in Baden-Württemberg) verlangen, daß ein antragstellendes Rundfunkunternehmen seine gesellschaftsrechtlichen Verflechtungen und Einflußmöglichkeiten im Sinne von § 5 Abs. 2 und 3 LRGNds offenlegt und durch ein Anmeldeverfahren beim Bundeskartellamt nachweist, daß Vorschriften der Zusammenschlußkontrolle dem Vorhaben nicht entgegenstehen (Abs. 8).

Nach Ansicht der Monopolkommission berücksichtigen die → Landesmediengesetze die wettbewerbspolitischen Erfordernisse gar nicht oder tragen ihnen nur unzulänglich Rechnung. Sie hat deshalb die Einführung einer fiktiven → Fusionskontrolle vorgeschlagen, die das dort bislang nicht erfaßte interne Wachstum von Presseunternehmen in den Bereich der elektronischen Medien hinein regeln soll. Kernstück dieser Reform wäre, den Erwerb von Sendelizenzen durch Presseunternehmen als kartellrechtlichen Zusammenschlußtatbestand der Kontrolle durch das Bundeskartellamt zu unterwerfen. Als Gegenstand der amtlichen Prüfung käme vor allem die Entstehung von Meinungsmacht in Betracht. Ob sie der Kompetenz des Bundesgesetzgebers unterliegt, hat das BVerfG (BVerfGE 73, 118 [176]) ausdrücklich offengelassen, ist aber wegen der eindeutig publizistisch orientierten Zielrichtung des Vorschlags zu verneinen. Andererseits reicht die Gesetzgebungskompetenz der Länder nicht aus, mit Landesmediengesetzen das Wettbewerbsrecht des Bundes zu verdrängen (s. BVerfGE 73, 118, [174]; BKartA, WuW/E 2296, 2298).

Die verbesserten technischen Möglichkeiten im Sende- und Empfangsbereich entziehen der öffentlichen Hand in zunehmendem Maße auch die ausgestammten Regulierungs- und Kontrollmöglichkeiten auf der Rezipientenseite. Neuartige Parabolantennen ermöglichen den Empfang auch von Sendesignalen, die von der Post nicht freigegeben wurden. Die neue Empfangstechnik wird breiten Bevölkerungsgruppen zugänglich und erleichtert die Informationsbeschaffung. Beschränkungen beim Zugang zu Informationsquellen dürfen die durch Art. 5 Abs. 1 GG geschützte Informationsfreiheit grundsätzlich nicht beeinträchtigen; Ausnahmen bedürfen einer besonderen Rechtfertigung und sind nur zum Schutz anderer wichtiger grundrechtlich geschützter Rechtsgüter zulässig; das strafrechtliche Verbot im Fernmeldeanlagengesetz dient keinem derartigen Zweck (LG Wiesbaden, AfP 1989, 480 [481]). Kodierung der Sendesignale wie beim Pay-TV ist zulässig. Sendeanstalten, die ihre Programme ohne Beschränkung auf bestimmte Rezipienten verbreiten, dürfen dabei nach Art. 5 Abs. 1 GG nicht behindert werden. Die Informationsfreiheit verbietet hoheitliche Beschränkungen der Empfangsfreiheit.

EINZELFRAGEN DES PRESSE- UND DES RUNDFUNKWETTBEWERBS. Als wichtigste aus der Vielzahl der hier relevanten Probleme werden in diesem Abschnitt behandelt:

a) die *Marktbeherrschung* (1), die – gegenständliche und räumliche – *Marktabgrenzung* (2) und der *Unternehmensbegriff* (3),

b) die *Preisgestaltung* (4) unter besonderer Berücksichtigung von niedrigen Bezugs- und Anzeigenpreisen, der Preisspaltung, der Preisbindung, des Angebots kostenloser Anzeigenblätter, der Gratisverteilung, der Anzeigenkombination und der Hochpreise, sowie

c) die Wettbewerbsparameter der *Produktdifferenzierung* (5), der Regionalisierung, des *Kontrahierungszwangs* bei Anzeigen (6), der *Vertriebs-*

systeme (7), soweit damit Beeinträchtigungen des Vertriebs verbunden sein können, und der *Eigenwerbung der Verlage* (8),

d) *Kooperationsfragen* (9) unter dem Aspekt der zulässigen Kooperation und der Kooperation im Anzeigen- und Werbegeschäft,

e) *Programmbeschaffung* (10), *Programmkoordination* (11), *Marktzutrittschancen für Rundfunkveranstalter* (12), *exklusive Senderechte* (13),

f) *Verfahrensfragen* (14) bei Verstößen gegen das UWG und das GWB (einschließlich Zuständigkeit der Gerichte) sowie Besonderheiten im *EG-Recht* (15).

1. Markt und Marktbeherrschung. Der Markt braucht weder für das UWG, dem das Wettbewerbsverhältnis ausreicht, noch für das Kartellverbot in §§ 1, 25 Abs. 1 GWB abgegrenzt zu werden, wo es nur auf eine Beschränkung des Wettbewerbs ankommt, gleich ob sie auf demselben oder auf verschiedenen Märkten stattfindet. Wichtig ist der Begriff »Markt« für seine Beherrschung, von der die Zulässigkeit von Zusammenschlüssen und die Mißbrauchsaufsicht abhängen. § 22 Abs. 1 GWB umschreibt die Marktbeherrschung durch zwei alternative Legaldefinitionen: *Fehlen wesentlichen Wettbewerbs* (Nr. 1) und *überragende Marktstellung* (Nr. 2). Grundgedanke des § 22 GWB ist, dort wo die Kontrollfunktion des wirksamen Wettbewerbs versagt, eine staatliche Ersatzkontrolle einzurichten, die aber erst gegen Auswüchse (Mißbrauch), nicht schon gegen das normale Verhalten eines Marktbeherrschers (Ausnutzung seiner Marktstellung) eingesetzt werden soll. Nr. 1 betrifft das Voll- (ohne Wettbewerb) und das Fast-Monopol (im wesentlichen ohne Wettbewerb); bei schwachem, aber doch nicht ganz unwesentlichem Wettbewerb entfällt Nr. 1. Dann kann Nr. 2 eingreifen, wenn ein Unternehmen die anderen strukturell überragt. Bei wirksamem, also hinreichend das Verhalten der Unternehmen kontrollierendem Wettbewerb scheidet auch Nr. 2 aus, gleich wie stark ein Unternehmen nach seinen Strukturkriterien auch sein mag (BGH, WuW/E 1749 [1754] – Klöckner).

Maßstab für wesentlichen oder wirksamen Wettbewerb kann der Handlungsspielraum sein, über den ein Unternehmen in seinem Marktverhalten verfügt: Braucht es in seiner Planung kaum Rücksicht auf Konkurrenten zu nehmen, soll es Nr. 1 unterfallen. Mit den Begriffen des Spielraums oder der Planung läßt sich jedoch nicht viel gewinnen; erforderlich bleibt in jedem Falle eine Prüfung der Wettbewerbsverhältnisse, insbesondere auch des Verhaltens der auf dem Markt tätigen übrigen Unternehmen. Ein Indiz für die marktbeherrschende Stellung eines Presseunternehmens ist es in der Regel, wenn es seine Anzeigenpreise drastisch heraufsetzen kann, ohne die Abwanderung zahlreicher Anzeigenkunden befürchten zu müssen, weil diese auf eine Belegung der Erst- oder Alleinanbieterzeitung angewiesen sind. Bei Rundfunkanstalten spricht der Umstand, daß sie für Programmmaterial keine marktgerechten Preise bezahlen, für eine marktbeherrschende Stellung auf dem Programmbeschaffungsmarkt.

Als *Strukturkriterien für die überragende Marktstellung* bei noch wesentlichem, aber nicht mehr wirksamem Wettbewerb nach Nr. 2 werden im Gesetz Marktanteile, Finanzkraft, Zugang zu den Beschaffungs- und Absatzmärkten, Verflechtungen, Marktzutrittsschranken und Ausweichmöglichkeiten der Marktgegenseite beispielhaft aufgezählt. Ein finanzstarker Mehrzeitungsverlag kann eine überragende Marktstellung innehaben, wenn er die Möglichkeit hat, sich durch Rückgriff auf überlegene Ressourcen oder durch Mischkalkulation gegenüber schwächeren Konkurrenten leistungsfremde Vorteile zu verschaffen; ergibt jedoch z. B. die Entwicklung der Marktanteile, daß auf dem Markt wirksamer Wettbewerb herrscht, dann scheidet Nr. 2 aus.

Seit die öffentlich-rechtlichen Rundfunkanstalten auf zusammen weniger als ein Drittel der Einschaltquoten geschrumpft sind, können sie trotz ihrer größeren Ressourcen, ihrer Reichweitenvorteile und der Gebührenfinanzierung nicht mehr generell als marktbeherrschend eingestuft werden. Regional und lokal kann das anders sein (vgl. KG, WuW/E 4811 ff. – Radio NRW). Für die Berechnung der Umsätze werden Einnahmen aus Fernsehgebühren als Einnahmen aus unternehmerischer Tätigkeit behandelt (BKartA, WuW/E 2396 [2399]).

2. Marktabgrenzung. Beherrschbar ist nur ein konkreter, »relevanter« Markt. Er muß gegenständlich, örtlich und zeitlich genau umgrenzt werden:

Der *gegenständliche Markt* läßt sich nach der physikalisch-technischen Beschaffenheit des Produktes oder nach dessen Verwendungszweck abgrenzen; die Praxis bevorzugt das Kriterium der Austauschbarkeit bestimmter Güter aus der Sicht des Abnehmers (Bedarfsmarktkonzept) oder bei Beschaffungsmärkten aus der Sicht des Warenproduzenten bzw. Dienstleistungsanbieters. Eine Besonderheit von Presseunternehmen liegt darin, daß sie mit dem gleichen Produkt auf zwei verschiedenen gegenständlichen Märkten, nämlich dem *Anzeigen-* und dem *Lesermarkt* auftreten und dort unterschiedliche Marktstellungen einnehmen können.

Ungeachtet eines unter publizistischen Gesichtspunkten *gemeinsamen Marktes aller Massenmedien* betätigen sich Hörfunk und Fernsehen auf dem Lesermarkt nicht. Das gleiche nimmt die herrschende Meinung auch für den Anzeigenmarkt an (Halefeldt in »Media Perspektiven« 1988, 721 [724]; Stolte in »Markenartikel« 1988, 102 [104]; Merkle in »Markenartikel« 1988, 288 [290]), jedoch teilweise zu undifferenziert, denn Hörfunk, Fernsehen und Presse konkurrieren jedenfalls partiell um die Werbung für Markenartikel.

Der Pressebereich wurde von einer inzwischen umfangreichen Rechtsprechung in Teilmärkte zerlegt (im einzelnen Harms, GK zum GWB, § 24 Rdn. 800–851). Zeitungen und Zeitschriften sind auf dem Lesermarkt funktionell nicht austauschbar, da sie nach Art und Qualität verschiedene redaktionelle Inhalte aufweisen und unterschiedliche Erwartungen ansprechen. Unterschiedlich sind ferner die Märkte für Tageszeitungen und Wochenblätter; denn Aktualität der Berichterstattung und Aufbereitung des Nachrichtenstoffes differieren. Blätter, die eine Nachrichtenlücke zum Wochenende schließen (Sonntagszeitungen), entsprechen in ihrer Funktion den Tageszeitungen.

Bei den Tageszeitungen wird nach Vertriebsarten zwischen Straßenverkaufs- (Boulevardblätter) und Abonnementszeitungen unterschieden. Auf dem Lesermarkt fehlt häufig die Austauschbarkeit wegen des unterschiedlichen Zuschnitts der Berichterstattung auf überregionale und regionale lokale Nachrichten (Indiz: häufige Doppelleserschaft); anders kann das für das Konkurrenzverhältnis der Boulevard- zu den Abonnementszeitungen mit überregionaler Berichterstattung zu beurteilen sein. Führen Boulevardblätter einen besonderen Regional- oder Lokalteil, betätigen sie sich mit den lokalen Abonnementszeitungen trotz unterschiedlicher Lesermärkte auf demselben Anzeigenmarkt.

Der *örtlich relevante* Markt läßt sich aus den tatsächlichen Verbreitungsgebieten der Presseobjekte ermitteln, wobei gestreute Einzelzustellungen nicht ins Gewicht fallen. Der Markt umfaßt bei überregionalen Zeitungen das gesamte Bundesgebiet, bei Regional- und Lokalzeitungen den jeweiligen Bereich örtlicher Berichterstattung. Das Schwergewicht legt die Rechtsprechung auf die Lokalteile; wichtigstes Indiz ist, wo die Familienanzeigen aufgegeben und gelesen werden. Schwierig bleibt dann die Zuordnung (über-)regionaler Zeitungen mit Lokalteilen sowie von Überschneidungsgebieten z. B. zwischen Lokalzeitungen benachbarter Kreisstädte; die Untersagung von Zusammenschlüssen kann davon abhängen (vgl. KG, WuW/E 4379ff. – Schleswig-Holsteinische Landeszeitung).

Der örtliche Markt für *Hörfunk-* und *Fernsehwerbung* wird durch das *Verbreitungsgebiet* der Sendeanstalt definiert. Die technische Weiterentwicklung wird auf Dauer eine überregionale Verbreitung regionaler Hörfunk- und Fernsehprogramme bewirken. Die technischen Voraussetzungen sind für die Ausstrahlung und den Empfang von bis zu 40 Programmen gegeben. Einige öffentlich-rechtliche Dritte Programme werden bereits bundesweit verbreitet. Gegenständlich bildet die Sendetätigkeit aus der Sicht der Zuschauer bzw. Hörer ebenfalls einen Markt. Beschaffungsmärkte existieren für Programmaterial, die sich nach der Rechtsprechung des EuGH bis auf einen bestimmten Film (EuGH Slg. 1985, 1105 [1124]) oder des BGH auf die Übertragungsrechte für ein bestimmtes Fußballspiel (BGHZ 101 [104]) reduzieren können.

3. Unternehmensbegriff. Das Gesetz gegen Wettbewerbsbeschränkungen ist Unternehmensrecht. Hoheitliche Tätigkeit fällt nicht darunter. Die Länder haben jedoch kein Wahlrecht, mit dem sie die Anwendung des GWB nach Belieben steuern könnten. Es kommt allein darauf an, ob die Beziehung mit den Wettbewerbern *(Wettbewerbsverhältnis)* privatrechtlicher oder hoheitlicher Natur ist; auf das Leistungsverhältnis zwischen öffentlich-rechtlicher Fernsehanstalt und Zuschauer kommt es nicht an. In ständiger Rechtsprechung geht der Bundesgerichtshof daher seit BGHZ 37, 1 [17f.] davon aus, daß nicht nur die Beschaffungstätigkeit (dazu BGH WuW/E 2406 [2048] »Inter Mailand«), sondern auch die Programmtätigkeit privatrechtliche Vorgänge sind, die der wettbewerbsrechtlichen Beurteilung unterliegen (vgl. KG WuW/E 4811ff., insbes. 4820ff. mit Nachweisen – Radio NRW 1992; a. A. noch LG München, ZUM 1988, 470). Der Begriff des Unternehmens beschreibt keine Rechtsform. »Jedwede Tätigkeit im geschäftlichen Verkehr« reicht aus. Sie wird jedoch für die reine Programmverbreitung in Frage gestellt; da öffentlich-rechtliche und private Anstalten ihre Programme kostenlos anbieten, fehle es an der erforderlichen Austauschbeziehung. Die Vertreter dieser Ansicht übersehen die Komplementärbeziehung zwischen Programm- und Werbeangebot und die Rückwirkungen der Einschaltquoten auf den Werbemarkt. Vereinzelt wird die Anwendbarkeit des GWB auf Rundfunkunternehmen wegen der Länderzuständigkeit bestritten. Das Bundesverfassungsgericht hat diese These vordergründig mit der Aussage gestützt, der private Rundfunk dürfe nicht den »Kräften des Marktes« anvertraut werden; es obliege dem Gesetzgeber, Tendenzen zur Konzentration rechtzeitig und so wirksam wie möglich entgegenzutreten (BVerfGE 73, 118 [153]; 57, 295 [323]). Damit wollte das BVerfG jedoch den Rundfunkbereich dem Zugriff des GWB nicht generell entziehen. Es macht keine Aussagen über die Zuständigkeit für gesetzgeberische Maßnahmen gegen die Konzentration, die nach Art. 74 Nr. 16 GG beim Bund liegt (vgl. dazu KG a. a. O.).

4. Preisgestaltung. Preise können nach § 1 UWG und §§ 22 Abs. 4, 26 Abs. 2 GWB zu beanstanden sein, wenn sie nicht Ausdruck eigener Leistungsfähigkeit sind und zugleich die Konkurrenz behindern. Gemessen am Branchendurchschnitt sind niedrige Bezugspreise in der Regel jedoch kein Indiz für Nichtleistungswettbewerb. Das *Unterbieten des Konkurrenzpreises* stellt für sich genommen keine unbillige Behinderung dar. Sie ist im Gegenteil ein wesentliches Element gesunden Wettbewerbs. Preiskampf in Verdrängungsabsicht läßt, isoliert betrachtet, noch kein Unwerturteil zu (BGH, WuW/E 2195 [2199] – Abwehrblatt II).

(a) Im *Pressebereich* sind die Unternehmen in ihrer Preispolitik grundsätzlich frei und können insbesondere das Verhältnis von Anzeigen- und Vertriebseinnahmen frei kalkulieren. Auf Leistungsfremdheit deuten niedrige Bezugspreise jedoch hin, wenn ein Verlag auf verschiedenen, aber gleich strukturierten geographischen Märkten unterschiedliche Bezugspreise verlangt *(örtliche Preisspaltung)*. Unlauter im Sinne des § 1 UWG ist eine solche Maßnahme, wenn sie zusätzlich in Verdrängungsabsicht erfolgt; ist der Verlag marktbeherrschend, genügt es für einen Behinderungsmißbrauch nach § 22 Abs. 4 Nr. 3 GWB schon, daß eine schwerwiegende Verschlechterung der Marktstruktur droht (KG BB 1977, 559ff.). Für den Bundesgerichtshof (WuW/E 2195 [2199]) kommt es für die Frage nach einer unbilligen Behinderung im Sinne von § 26 Abs. 2 GWB darauf an, ob die Handlungsfreiheit des behinderten Unternehmens unangemessen eingeschränkt und dadurch eigene Interessen in rechtlich zu mißbilligender Weise auf Kosten des betroffenen Unternehmens verwirklicht werden. Mißbrauch liegt jedenfalls vor, wenn Hochpreise auf einem beherrschten geographischen Markt zur Finanzierung von Kampfpreisunterbietungen auf einem angrenzenden, noch wettbewerblich strukturierten Markt benutzt und dadurch die auf diesem Markt verbliebenen Konkurrenten in ihrer Existenz gefährdet werden. Kein Mißbrauch liegt vor, wenn der Wettbewerb auf dem nicht beherrschten Markt die Niedrigpreise erzwingt; dann ist allenfalls ein Ausbeutungsmißbrauch durch die Hochpreise auf dem beherrschten Markt zu Lasten der dortigen Abnehmer denkbar.

Branchenüblich zu *niedrige Anzeigenpreise* sind unlauter im Sinne des § 1 UWG erst in Verbindung mit einer Verdrängungsabsicht (s. BGH, WuW/E 2195 [2200]), mißbräuchlich im Sinne der §§ 22 Abs. 4, 26 Abs. 2 GWB schon bei drohender schwerwiegender Beeinträchtigung der Marktstruktur. Indiz für die Leistungsfremdheit kann auch hier eine örtliche Preisspaltung sein. Die Grenze liegt da, wo nicht mehr betriebswirtschaftlich vernünftig, nach kaufmännischen Grundsätzen noch vertretbar kalkuliert wird; Anfangsverluste dürfen aber in Kauf genommen werden (BGH, WuW/E 2195 [2201]).

Die Herausgabe von *kostenlosen → Anzeigenblättern* mit redaktionellem Teil ist in der Regel leistungsfremd, da die Anzeigenblätter sich mit dem Verzicht auf einen Bezugspreis dem redaktionellen Wettbewerb auf dem Lesermarkt entziehen. Die kostenlose Verteilung von geldwerten Waren oder Leistungen wird als anstößig empfunden; sie verstärkt sich zur Unlauterkeit nach § 1 UWG, wenn das Anzeigenblatt von der Leserschaft als Ersatz für eine Tageszeitung angesehen wird und die abstrakte Gefahr einer Schädigung der Konkurrenz besteht; dabei braucht die Anstößigkeit nur um so geringfügiger zu sein, je größer die Gefahr der Marktverstopfung, auch mit Rücksicht auf mögliche Nachahmer, erscheint (BGHZ 51, 236ff. – Stuttgarter Wochenblatt I; BGH, NJW 1971, 2025ff. – Stuttgarter Wochenblatt II). Fehlt eine solche Ersatzfunktion, kann das Anzeigenblatt in der Regel kostenlos verteilt werden (BGH, GRUR 1985, 882 – Bliestal-Spiegel).

Die *unentgeltliche Veröffentlichung von Privatanzeigen* in Anzeigenblättern ist auch dann unlauter im Sinne des § 1 UWG, wenn sie keine Tageszeitung konkret beeinträchtigt; Tageszeitungen und Anzeigenblätter stehen auf dem Anzeigenmarkt stets miteinander im Wettbewerb (OLG Düsseldorf, AfP 1976, 49). Ist der Tatbestand des § 1 UWG erfüllt, liegt zugleich auch ein mißbräuchliches Verhalten im Sinne der §§ 22 Abs. 4, 26 Abs. 2 GWB vor; für deren Anwendbarkeit muß aber hinzukommen, daß der Herausgeber des Anzeigenblattes marktbeherrschend ist.

Die *Gratisverteilung* eines erheblichen Teiles eines Verlagserzeugnisses, das im übrigen entgeltlich an bestimmte Empfängergruppen vertrieben wird, verstößt gegen §1 UWG, wenn sie auf Dauer erfolgt (»Feld und Wald«, BGH, DB 1977, 577). Die ständige Gratisverteilung von Fachzeitschriften mit einem gewissen Eigenwert des redaktionellen Teils verstößt aber nicht ohne weiteres gegen §1 UWG; es müssen besondere Umstände hinzutreten (BGHZ 81, 294 – Bäckerfachzeitschrift). Die Ausrichtung eines Special-interest-Titels auf eine besonders kaufkräftige Leserschaft macht jedoch aus einer Publikumszeitschrift noch kein Fachblatt, das in Fortführung dieser Entscheidung kostenlos verteilt werden dürfte (anders LG Köln, AfP 1989, S. 79 – Profitravel).

Anzeigenkombinationen können sich auf mehrere Lokalausgaben derselben Zeitung, auf mehrere Zeitungen desselben Verlages oder Verlagskonzerns auf gleichen oder angrenzenden Lokalmärkten sowie auf Zeitungen und Anzeigenblätter beziehen. Sie können alle Anzeigen erfassen oder auf bestimmte Anzeigensektoren wie Stellen- oder Märkteanzeigen beschränkt sein. Wettbewerbsrechtlich sind die fakultativ und die zwangsweise angebotene Gesamtbelegung zu unterscheiden. Die *Zwangskombination* ist nach §18 GWB, Art. 86 EWGV zwar grundsätzlich erlaubt. Sie kann jedoch von den Kartellbehörden als Koppelungsgeschäft untersagt werden, wenn sie die Marktzutrittschancen für andere Presseunternehmen unbillig beschränkt (§18 Abs. 1b) oder den Wettbewerb auf dem Zeitungsmarkt wesentlich beeinträchtigt (§18 Abs. 1c). Liegen diese Voraussetzungen vor, so ist gegen marktbeherrschende Presseunternehmen in der Regel auch eine Untersagung wegen Mißbrauchs im Sinne des §22 Abs. 4 GWB, Art. 86 EWGV möglich, sofern die Struktur des Zeitungsmarktes schwerwiegend beeinträchtigt wird.

Koppelungsgeschäfte galten jahrzehntelang als Musterbeispiel für Nichtleistungswettbewerb. Dies war ein aus den USA übernommenes Vorurteil. Daß Kopplungsangebote Ausdruck harten Wettbewerbs sein können, zeigt die Entstehung der Zugabeverordnung. Angebotskombinationen können Kundenbedarf erfüllen oder wecken und daher innovatives, leistungsbezogenes Wettbewerbsverhalten sein.

Fakultative Anzeigenkombinationen, die durch einen Gesamtpreis, der erheblich unter der Summe der Einzelpreise liegt, zur Gesamtbelegung aller Ausgaben anreizen, unterfallen nicht §18 GWB; sie können nur marktbeherrschenden Presseunternehmen nach §22 Abs. 4 Nr. 1 GWB wegen unbilliger Behinderung untersagt werden. Daran fehlt es, wenn der verbilligte Gesamtbelegungspreis auf der Weitergabe von Kostenvorteilen an die Inserenten beruht. Andernfalls kann Behinderungsmißbrauch vorliegen, wenn den an der Kombination beteiligten Zeitungen ein wesentlich höherer Anteil des Anzeigenaufkommens zuwächst und dadurch die Existenzfähigkeit noch verbliebener Wettbewerber wesentlich beeinträchtigt wird (KG, BB 1977, 559ff.).

Hochpreispolitik eines marktbeherrschenden Unternehmens kann allenfalls als Ausbeutungsmißbrauch gegenüber der Marktgegenseite (Abnehmer) gegen § 22 Abs. 4 GWB bzw. Art. 86 EWGV verstoßen. Voraussetzung ist, daß die Anzeigen- oder Bezugspreise auf dem beherrschten Markt erheblich über den Preisen liegen, die auf einem vom Wettbewerb bestimmten Markt erzielbar wären. Ob diese Voraussetzung zutrifft, wird durch Vergleich mit anderen, jedoch wettbewerblich strukturierten Märkten festgestellt (»Vergleichsmarktkonzept«). Hochpreispolitik für Anzeigen ist nicht deshalb Behinderungsmißbrauch, weil sie die im Anzeigenraum verfügbare Kaufkraft und die begrenzten Werbeetats zu Lasten kleinerer Konkurrenten absorbiert (Absorbtionstheorie); denn eine Herabsetzung der Anzeigenpreise erschwert den im Schatten der Hochpreise noch gedeihenden Restwettbewerb und den Marktzutritt Dritter und läuft den Zielen des GWB zuwider.

Die *Preisbindung für Verlagserzeugnisse* ist zulässig. Sie dient dem Schutz der Pressefreiheit und der Freiheit zur öffentlichen Meinungsbildung und verletzt auch nicht Art. 5 Abs. 2 EWGV i.V.m. Art. 3f. und 85 EWGV, wenn die Verleger oder Importeure verpflichtet werden, den Endverkaufspreis von Büchern für jeden Einzelhändler verbindlich festzusetzen, vorausgesetzt die Vorschriften über den freien Warenverkehr werden nicht berührt (EuGH Rs 229/83 Slg. 1985, 1 [36]). § 16 GWB, der die Preisbindung bei Verlagserzeugnissen erlaubt, beruht vor allem auf kulturpolitischen Überlegungen (KG, WuW/E 2154 [2155] – Schulbuch-Sammelbestellung) und gilt auch für Sammelbestellungen der öffentlichen Hand (WuW/E OLG, 3154 [3156]). Ein Mißbrauch der Preisbindung liegt vor, wenn ihre inhaltliche Ausgestaltung oder ihre Durchführung dem Sinn und Zweck der Freistellung vom grundsätzlichen Verbot in § 15 GWB objektiv widersprechen (BGH WuW/E 655 [656]; KG, WuW/E OLG 3154 [3155]).

Die Einführung eines selektiven Vertriebssystems für Presseprodukte mit Preisbindungsklausel für Wiederverkäufer verstößt gegen Art. 85 Abs. 1 lit. a) EWGV; allerdings kann eine Rücknahmeverpflichtung für nicht abgesetzte Exemplare eine Freistellung nach Art. 85 Abs. 3 EWGV rechtfertigen (EuGH Rs 243/83 Slg. 1985, 2015 [2046]). Von der Vereinigung englischer Zeitungsverleger festgelegte einheitliche Bedingungen für den Verkauf sog. »Netto-Bücher« sind unvereinbar mit Art. 85 Abs. 1 EWGV, wenn sie den Wettbewerb zwischen den Verlegern und den Buchhändlern einschränken, indem sie Preisnachlässe für Büchereien, nebenberufliche Buchhändler, Großabnehmer und andere Institutionen von der Genehmigung des »Rates« der Verlegervereinigung abhängig machen (EG-Kommission ABl 22, 12 [24]).

(b) Die Ausführungen zum Pressebereich sind grundsätzlich auf den *Rundfunk* übertragbar. Durchschnittlich zu niedrige Ankaufpreise für Spielfilme sind für sich auch noch kein Verstoß gegen Art. 86 EWGV; Mißbrauch läßt sich nur anhand von Einzelfällen, die jeweils einen bestimmten Film betreffen, nachweisen (EuGH Slg. 1985, 1105 [1124]). Die Veranstalter von Pay-TV können ihre Preise für Werbezeit und die Zuschauergebühren frei gestalten und ihre Wettbewerbsfähigkeit etwa am Werbemarkt durch eine Mischkalkulation steigern.

Die öffentlich-rechtlichen Anstalten sind allerdings in ihrer Preisgestaltung für Werbezeiten nicht so frei wie die private Konkurrenz. Denn ihre *Gebührenfinanzierung* führt zu einer relativen Unabhängigkeit von Werbeeinnahmen, die eine freie Gestaltung des Verhältnisses von Werbeeinnahmen zu Gebührenaufkommen verbietet (→ Rundfunkfinanzierungsrecht). ARD und ZDF dürfen deshalb keine künstlichen Marktzutrittsschranken errichten oder durch Niedrigpreise, gestützt auf ihr Gebührenaufkommen, die private Konkurrenz behindern. Gezielter Angriffe der Privaten dürfen sie sich jedoch im Rahmen des Marktüblichen erwehren.

5. Produktdifferenzierung. Die Regionalisierung einer bis dahin nur überregional erscheinenden Zeitung wird in einem Teil der Literatur als Mißbrauch der beherrschenden Stellung auf dem überregionalen Markt angesehen, wenn sie die Pressevielfalt auf dem Regionalmarkt gefährdet. Diese Auffassung wird als pressespezifische Verschärfung der Wettbewerbsgesetze zum Schutze der Pressevielfalt aus Art. 5 GG hergeleitet. Sie entspricht schwerlich Inhalt und Ratio des Wettbewerbsrechts, da der Neuzutritt zum Regionalmarkt den dortigen Wettbewerb nicht beeinträchtigt, sondern intensiviert. Mißbräuchlich können allenfalls Folgemaßnahmen des Regionalisierers, etwa Preisunterbietungen sein, mit denen ein Marktanteil erkämpft werden soll.

Produktdifferenzierung bei Rundfunkunternehmen, d. h. die Ausstrahlung unterschiedlicher Programme durch einen Veranstalter kann bei Inanspruchnahme knapper Sendefrequenzen zur Errichtung von Marktzutrittsschranken bis hin zur Marktverstopfung führen. Marktbeherrschenden Unternehmen ist das nach § 26 Abs. 2 GWB, Art. 86 EWGV als unbillige Behinderungen verboten. Bedenken gegen die Programmausweitungen von ARD und ZDF (Eins Plus und 3 SAT) sowie gegen die bundesweite Verbreitung Dritter Programme (Bayern 3, West 3) treten mit der Verfügbarkeit von Kabel- und Satelitenfrequenzen zurück.

6. Kontrahierungszwang bei Anzeigen und Werbezeiten kann sich nur für marktbeherrschende und marktstarke Unternehmen aus § 26 Abs. 2 GWB, Art. 86 EWGV ergeben (die Preisbindung als Zugang zu § 26 Abs. 2 GWB scheidet aus, da sie sich auf den Bezug und nicht auf die Anzeigen erstreckt). Verfügen eine Zeitung oder ein Fernsehsender über ein Lokalmonopol, müssen sie Anzeigen und Werbesendungen der werbenden Wirtschaft aufnehmen, wenn nach einer umfassenden Interessenabwägung die Verweigerung einer Anzeigenaufnahme als ungerechtfertigt erscheint. In diese Interessenabwägung ist allerdings das Grundrecht des Verlages auf → Pressefreiheit, das auch den Anzeigenteil umschließt, mit einzubeziehen. Die Ablehnung ist daher nur dann rechtswidrig, wenn sie willkürlich erfolgt (→ Annahmepflicht von Anzeigen und Werbesendungen).

7. Vertriebssysteme. Der Pressevertrieb (→ Vertriebsrecht) hat sich faktisch dahin entwickelt, daß in fast allen Regionen nur ein einziges Großunternehmen *(ZZ-Großhandel)* den Alleinvertrieb sämtlicher nicht über ein Abonnement bezogenen Publikumszeitschriften und -zeitungen eines bestimmten Gebietes besorgt. Entsprechendes hat der EuGH für Belgien festgestellt (Slg 1985, 2015 [2036]). Diese Alleinstellung des Gebietsgrossisten beruht üblicherweise auf einem faktischen, nicht vertraglich abgesicherten Verhalten der Zeitungsverlage. Soweit die Exklusivität ausnahmsweise vertraglich mit den Verlagen vereinbart ist, unterliegen die Verträge der Mißbrauchsaufsicht durch die Kartellbehörde nach § 18 Abs. 1 Nr. 3 GWB bzw. dem Verbot des Art. 85 Abs. 1 EWGV (EuGH Rs 243/83 Slg. 1985, 2015 [2040]) und auch dem Kartellverbot in § 1 GWB, falls ausnahmsweise eine Beschränkung des Wettbewerbs auf horizontaler Ebene, z. B. zwischen Grossisten, angestrebt wird. Ein Mißbrauch gem. § 22 Abs. 4 Nr. 1 GWB ist denkbar, wenn ein starker Presseverlag den Gebietsgrossisten zu einer *Verletzung der Grossoneutralität* veranlaßt.

Nach EG-Recht müssen *selektive Vertriebssysteme* auf legitimen Erfordernissen beruhen, z. B. der Erhaltung eines spezialisierten Handels dienen, der im Zusammenhang mit der Lieferung bestimmter Erzeugnisse besondere Leistungen erbringen kann. Die Auswahl der Wiederverkäufer muß nach objektiven Kriterien qualitativer Art erfolgen, die sich auf die fachliche Eignung der Wiederverkäufer, deren Personal und sachliche Ausstattung beziehen. Ein selektives Vertriebssystem für Presseerzeugnisse, das den Handel zwischen Mitgliedstaaten beeinträchtigt, ist gemäß Art. 85 Abs. 1 EWGV verboten, wenn die Auswahl der Wiederverkäufer von quantitativen Gesichtspunkten abhängt (EuGH Rs 243/83 Slg. 1985, 2015 [2044]). Da die EG-Kommission Exportverbote beim Pressegrosso – wie überall – mißbilligt (vgl. AfP 1992, 113 [121]), ist es durch Reimporte gefährdet.

Für die Praxis wichtig ist die Frage, ob ein marktbeherrschendes und/oder preisbindendes Presseunternehmen von einem dritten Unternehmen gezwungen werden kann, das *Alleinvertriebssystem* aufzugeben. Die Lieferverweigerung gegenüber einem Newcomer auf einem Markt, der bisher ausschließlich von einem einzigen Grossounternehmen bedient wurde, erfüllt jedoch schon deshalb nicht den Tatbestand des § 26 Abs. 2 GWB, weil der Geschäftsverkehr hier nicht »üblicherweise zugänglich« ist; denn das System mit alleinigen Gebietsgrossisten ist allgemein verbreitet, daher »üblich«, hat sich in natürlicher wirtschaftlicher Entwicklung herausgebildet und dient der Meinungsvielfalt (Art. 5 GG).

Der *Abbruch von Geschäftsbeziehungen* mit dem Ziel, ein Alleinvertriebssystem zu errichten, ist nur zulässig, wenn die Lieferverweigerung gegenüber dem bisher belieferten Grossounternehmen sachlich gerechtfertigt ist (vgl. auch LG Saarbrücken, AfP 1989, 580), z. B. wegen spürbarer Kostensenkung aus einer verringerten Zahl von Remissionen. Zwar mag es wettbewerbspolitisch bedenklich erscheinen, die Ausbildung von Monopolstellungen im Vertriebssystem zuzulassen, doch hat die angestrebte Pressevielfalt Vorrang. Für Wettbewerb auf der Grossistenstufe müßte man den Wegfall des Remissionsrechts in Kauf nehmen, was bei Groß- und Einzelhändlern eine Beschränkung auf wenige absatzstarke und sicher verkäufliche Presseerzeugnisse zur Folge hätte, die Vertriebsmöglichkeiten für auflagen- und absatzschwache Presseprodukte aber einschränken und die Pressevielfalt insgesamt bedrohen würde (LG Mannheim, AfP 1976, 42ff.).

Der *Aufbau eines eigenen Vertriebssystems* durch ein marktstarkes Presseunternehmen ist kartellrechtlich unbedenklich, da Unternehmen in der Wahl ihrer Vertriebssysteme frei sind. Zwar kann das die Pressevielfalt beeinträchtigen, wenn nämlich die bisher belieferten Grossisten absatzschwache Zeitungen nicht mehr zu den alten Konditionen führen können, die ihnen nur das Vollsortiment zugunsten der auflagenschwachen Randobjekte ermöglichte (sog. Alimentierungsfunktion der »Brotobjekte«). Um die Pressevielfalt zu erhalten, dürfen die wettbewerbsrechtlichen Gebote für die Presseunternehmen jedoch nicht verschärft werden.

In rahmenvertraglichen Vereinbarungen mit Grossisten wird das Dispositionsrecht des Einzelhändlers vielfach eingeschränkt. Dies ist wegen der ausgleichenden Funktion des gleichzeitig handelsüblich gewährten Remissionsrechts unbedenklich (BGH WuW/E 1879, 1883f.).

8. Eigenwerbung der Verlage und Rundfunkanstalten. In der Eigenwerbung von *Presseunternehmen* sind *falsche Angaben über die Auflagenhöhe* irreführende Angaben über die Beschaffenheit einer Ware im Sinne des § 3 UWG. Der Begriff der Auflage kann sowohl die Druckauflage als auch die verkaufte als auch die tatsächlich verbreitete Auflage bedeuten. Wird er zu Werbezwecken verwendet, dann ist die verkaufte Auflage gemeint, da sie potentiellen Anzeigenkunden Aufschluß über den wirklich erreichten Leserkreis gibt und dadurch den Insertionsentschluß beeinflußt. Eine Werbung mit der Druckauflage, die den Eindruck zuläßt, es handele sich um die verkaufte Auflage, ist daher irreführend im Sinne des § 3 UWG. Die Eigenwerbung von *Rundfunkanstalten* darf dementsprechend keine irreführenden Angaben über die technische Reichweite und die Einschaltquoten der Anstalten enthalten.

Ähnliches gilt, wenn Tageszeitungen mit kostenlos verteilten → Anzeigenblättern in einer *Anzeigengemeinschaft* zusammengeschlossen sind und auf die Höhe der tatsächlich verbreiteten Auflage hinweisen, ohne erkennen zu lassen, daß darin die Anzeigenblätter eingerechnet sind. Zwar darf in der Gesamtauflage ein Teil der kostenlos verteilten Anzeigenblätter mit in Ansatz gebracht werden. Die volle Einrechnung erweckt aber den irreführenden Eindruck, daß die Gesamtauflage der tatsächlichen Leserzahl entspreche.

Die *Werbung mit einer Auflagensteigerung,* die vom umworbenen Publikum als Hinweis auf die Spitzenstellung einer Zeitung verstanden wird, ist nur zulässig, wenn die Zeitung auf dem umworbenen Markt tatsächlich führend ist. Alleinstellungswerbung liegt aber nicht vor, wenn der unbefangene Betrachter in der Anpreisung lediglich den suggestiv gefaßten Aufruf zum Bezug oder zur Anzeigenbelegung erkennen kann. Zur zulässigen Werbung für den Vertrieb von Parabolantennen, Frequenztunern etc. vgl. LG Wiesbaden, AfP 1989, 480f.

9. Kooperationsfragen. Für *Presseunternehmen,* deren Verbreitungsgebiete einander überlagern, ist die *kartellfreie* von der nach §§ 1, 25 Abs. 1 GWB, Art. 85 EWGV *verbotenen* Kooperation abzugrenzen. Verboten sind (Kartell-)Verträge oder Abstimmungen im Grundsatz, wenn sich die Beteiligten darin beim Einsatz ihrer marktgerichteten Aktionsparameter (z. B. Preise, Umfang, Werbung, Auflage, Aufmachung usw.) gegenseitig binden. Bleiben sie trotz der Zusammenarbeit in ihrer Handlungsfreiheit unbeschränkt, liegt kartellfreie Kooperation vor. Solche Art von Kooperation im Interesse des gewerblichen Mittelstandes wird auch vom Bundesminister für Wirtschaft gefördert (»Kooperationsfibel« des BMWi, Neuauflage 1976). Unbedenklich sind die Zusammenarbeit in der Produktion, etwa die gemeinschaftliche Benutzung derselben Druckerei, oder die gemeinschaftliche Informationsbeschaffung (z. B. gemeinsamer Korrespondent), die Zusammenarbeit in der kaufmännischen Verwaltung (Rechnungswesen, Inkasso), die gemeinschaftliche Werbung, solange damit keine Beschränkung der selbständigen Werbung bezweckt ist, ferner die Zusammenarbeit zwischen Presseunternehmen, die nicht auf demselben Markt im Wettbewerb miteinander stehen. Das EG-Recht wird durch die Bekanntmachung vom 29. Juli 1968 über Vereinbarungen, Beschlüsse und aufeinander abgestimmte Verhaltensweisen, die eine zwischenbetriebliche Zusammenarbeit betreffen (Abl 1968 C 75/3 und 93/3), konkretisiert. Die Kommission sieht Vereinbarungen zur gemeinsamen Informationsbeschaffung, Forschung, Werbung, zur Bildung von Arbeitsgemeinschaften zur gemeinsamen Auftragsabwicklung oder über die Verwendung eines gemeinsamen Gütezeichens nicht als wettbewerbsbeschränkend an.

Eine *Kooperation im Anzeigengeschäft* durch gemeinsame Anzeigenakquisition ist zulässig, sofern die selbständige Akquisition nicht verboten oder die Preisgestaltung beeinflußt wird. Problematisch ist eine damit fakultativ oder zwangsweise verbundene Anzeigenkombination. Früher stillschweigend toleriert, wird sie nun von Landeskartellbehörden unter dem Gesichtspunkt des § 1 GWB aufgegriffen. Wenn der Kombinationstarif nötig ist, um die Existenzfähigkeit der beteiligten Zeitungen zu sichern, kann das aufgrund der durch Art. 5 GG angestrebten Pressevielfalt gerechtfertigt sein (verfassungskonforme Auslegung von § 1 GWB). Es empfiehlt sich jedoch, vorsorglich eine Freistellung nach §§ 5 Abs. 2 (Rationalisierung), § 5a (Spezialisierung) oder § 5b GWB (Mittelstandskartell) bei der Landeskartellbehörde zu betreiben.

Die *Herausgabe eines gemeinsamen Anzeigenblattes durch konkurrierende Zeitungen* ist eine Wettbewerbsbeschränkung im Sinne des § 1 GWB, wenn sie bewirken soll, daß die Beteiligten keine eigenen Anzeigenblätter herausgeben. Sie ist jedoch zulässig, wenn keine der beteiligten Zeitungen in der Lage wäre, allein ein Anzeigenblatt herauszugeben; z. B. weil sie nicht über genügend Inserenten für die regelmäßige Herausgabe eines Blattes in jeder Woche verfügt. In diesem Falle stehen die im übrigen konkurrierenden Zeitungen hinsichtlich der Herausgabe von Anzeigenblättern nicht in einem Wettbewerbsverhältnis: die für Arbeitsgemeinschaften im Baugewerbe entwickelten Grundsätze sind übertragbar.

Die häufige enge Zusammenarbeit der öffentlich-rechtlichen *Rundfunkanstalten* untereinander und mit ausländischen Anstalten, vor allem bei der Produktion von Programmaterial, ist bislang weder in der Rechtsprechung noch in der Literatur behandelt worden. Sie wirft keine Probleme auf, wenn die Handlungsfreiheit der beteiligten Anstalten erhalten bleibt. Andere Kooperationsformen, etwa bei der Programmbeschaffung (siehe unten), sind nach §§ 1, 25 GWB bzw. Art. 85 EWGV verboten, wenn sie dazu dienen, Konkurrenten in der Anwendung bestimmter Aktionsparameter, vor allem der Preise, zu beschränken.

Die Sperrwirkung für den Marktzutritt privater Rundfunkanbieter in der Satzung der »European Broadcasting Union« (EBU) führt zu einer Beeinträchtigung der Handlungsfreiheit (Monopolkommission; Bundestagsdrucksache 11/2677, S. 226, Tz. 518), weil sie die Mitgliedschaft nur Rundfunkanstalten vorbehält, deren Programme nationalen Charakter und nationale Bedeutung aufweisen. Die EBU-Satzung ließ daher bislang nur den Beitritt der öffentlich-rechtlichen Anstalten sowie von RTL und seit dem 1. August 1989 auch von SAT 1, allerdings ohne volle Gleichstellung, zu. Anderen privaten Anbietern beschränkt sie den Zugang zu EBU-Material in einer Weise, die auf eine Wettbewerbsbeschränkung im Sinne von Art. 85 Abs. 1 lit. b EWGV hinausläuft.

10. Programmbeschaffung. Private und öffentlich-rechtliche Fernsehanbieter sind auf hohe Einschaltquoten angewiesen, um ihre Werbezeiten optimal verkaufen zu können. Zu diesem Zweck müssen sie attraktive Sendungen anbieten, die sie entweder selbst produzieren oder von anderen erwerben. Da Eigenproduktionen erheblich teurer sind als gekaufte Senderechte, hat die Programmbeschaffung eine wichtige, auch durch Art. 5 Abs. 1 GG geschützte Bedeutung.

Problematisch ist die Praxis, ausschließliche Senderechte zu vergeben, und der *Erwerb von sog. Programmpaketen*, denn beides behindert Dritte bei deren Programmbeschaffung. Steigert sich die Behinderung bis zur Unbilligkeit, kann die Kartellbehörde einen Vertrag nach § 18 Abs. 1 GWB verbieten. Beherrscht die erwerbende Fernsehanstalt den betroffenen Beschaffungsmarkt, sind Untersagungen oder private Klagen gem. §§ 22 Abs. 4, 26 Abs. 2 GWB oder Art. 86 EWGV möglich. Der gemeinsame Programmeinkauf verstößt gegen § 1 GWB oder Art. 85 Abs. 1 EWGV, sofern er nicht als Einkaufskooperation von § 5c GWB vom Verbot ausgenommen ist.

11. Programmkoordination. In § 22 Abs. 4 ZDF-Staatsvertrag wird der Intendant des ZDF verpflichtet, durch Zusammenarbeit mit den Verantwortlichen der ARD darauf hinzuwirken, daß die Fernsehteilnehmer in der Bundesrepublik Deutschland zwischen zwei inhaltlich verschiedenen Programmen wählen können. Die Einzelheiten der Programmkoordinierung in monatlichen Zusammenkünften oder auf Antrag in einem Koordinierungsausschuß haben die Anstalten am 3./5. Oktober 1983 vertraglich festgelegt (→ Rundfunkprogrammrecht). Absprachegegenstand ist das gesamte Programm beider Anstalten mit Ausnahme des ohnedies gemeinsamen Vormittagsprogramms. Seit dem Marktzutritt privater Rundfunkanstalten stellt das Bundeskartellamt die Legitimität der Programmkoordination in Frage. Da sie das Ziel verfolgt, für beide öffentlich-rechtlichen Programme eine möglichst konstant hohe Sehbeteiligung zu erreichen, um Werbeeinnahmen auf hohem Niveau zu garantieren, bleibt für die privaten Veranstalter nur noch ein Restpublikum. Entsprechend niedrige Werbeeinnahmen gefährden den wirtschaftlichen Betrieb der privaten Sender und rücken die Koordinierung in den Bereich von § 1 GWB, Art. 85 EWGV.

12. Marktzutrittsschranken für Rundfunkveranstalter. Als die öffentlich-rechtlichen Rundfunkanstalten noch Monopole oder wenigstens überragende Stellungen auf dem Werbemarkt innehatten, sah das Bundeskartellamt Anlaß, gegen Behinderungen des Marktzutritts privater Anstalten mit der Mißbrauchsaufsicht vorzugehen (WuW/E BKartA 2287 ff.; KG WuW/E 4268 ff. und BGH WuW/E 2627 ff. – Globalvertrag; BKartA TB 1985/86, Bundestagsdrucksache 11/554, S. 19). Sog. Kulturprogramme enthielten den Privaten Sendeplätze vor und senkten ihre Einschaltquoten. Seit RTL die Quoten von ARD erreicht hat, bleibt der Mißbrauchsaufsicht nur noch Raum, wo die Gebührenfinanzierung zu Behinderungen ausgenutzt wird.

13. Exklusive Senderechte. Exklusive Senderechte sind ein Mittel der Rundfunkanstalten im Kampf um die Zuschauerakzeptanz. Massenattraktive exklusive Rechte (erfolgreiche Kinofilme, Sportveranstaltungen und kulturelle Darbietungen wie Konzerte, Opern- und Theateraufführungen usw.) sind besonders begehrt, weil sie die Einschaltquoten erhöhen und zugleich die Konkurrenz behindern, wenn es ihr nicht gelingt, ähnlich attraktives Material zu erwerben. Beispielhaft ist der Kampf um die Sportrechte, der 1984 bei Abschluß des Globalvertrages offen ausbrach, als sich ARD und ZDF eine Option für Übertragungen von allen dem Vertrag unterfallenden Sportarten (dazu gehörten etwa Box-, Ski-, Hockey- und Turnveranstaltungen) für die Dauer von fünf Jahren einräumen ließen. Der Globalvertrag wurde vom Bundeskartellamt nach § 18 Abs. 1 GWB für ungültig erklärt (»Media Perspektiven« 1988, 189 ff.; KG WuW/E 4268 ff.; BGH WuW/E 2287 ff.). Seit der Vergabe der Übertragungsrechte für die Spiele der Fußballbundesliga auf drei Jahre für 135 Mio DM an die UFA GmbH, eine Tochterfirma der Unternehmensgruppe Bertelsmann, bedarf der Wettbewerb um Sportrechte keines behördlichen Schutzes mehr.

Andererseits beherrscht aber der Deutsche Fußballbund (DFB) als Unternehmen den Markt für Bundesligafußballspiele. Übertragungen von Fußballspielen sind nicht austauschbar (vgl. BGHZ 101, 100 [102] – Inter Mailand). Sie bilden einen eigenen, vom DFB beherrschten Markt. Daraus ergeben sich Pflichten, so daß etwa der Ausschluß privater Sender von Fußballberichten unzulässig ist. Unbedenklich können *nicht exklusive Lizenzen* an jeden geeigneten Bewerber abgegeben werden. Zwischenformen (gestufte Exklusivität) der Vergabepraxis sind denkbar. Bei einer kleinen Zahl von Interessenten könnten die Bewerber anteilig mit exklusiven Rechten versorgt werden, und zwar mit Abrechnung nach Reichweite.

Ausschließlichkeitsbindungen haften generell wettbewerbsrechtliche Bedenken an. Deshalb sind die Sanktionen in § 18 GWB nicht an das Kriterium der Marktbeherrschung geknüpft. In einem Bereich wie dem Rundfunk, in dem das wirtschaftliche Überleben vom Zugang zu publikumswirksamen Programmen abhängt, liegen Zugangsbeschränkungen immer in der Nähe der Unbilligkeit i. S. v. § 18 Abs. 1b; dies zeigt das Beispiel des Globalvertrages.

14. Verfahrensrecht. Im *nationalen Recht* steht bei Verletzung der §§ 1, 3 UWG allen Wettbewerbern ein Unterlassungsanspruch zu, bei schuldhafter Verletzung auch ein Schadensersatzanspruch, der allerdings den Nachweis eines Schadens voraussetzt, der trotz einer Beweiserleichterung (§ 286 ZPO) und großzügig gewährten Auskunftsansprüchen manchmal recht schwierig sein kann (zu der sich auch aus § 13 Abs. 2 Satz 1 UWG ergebenden Sorgfaltspflicht der Presse → Verantwortung des Journalisten). Bei einem Verstoß gegen § 16 UWG hat der Betroffene einen Unterlassungsanspruch und darüber hinaus einen Schadenersatzanspruch, falls der Benutzer der geschäftlichen Bezeichnung die Verwechslungsgefahr kannte oder kennen mußte. Die *Verfolgung von Verstößen gegen das GWB* obliegt in erster Linie den Kartellbehörden. Soweit die Wirkung einer Wettbewerbsbeschränkung über das Gebiet eines Landes nicht hinausreicht, sind in der Regel die Landeskartellbehörden zuständig, so in den Fällen der §§ 1, 22, 26 Abs. 2, 18 GWB; ausnahmsweise ist das Bundeskartellamt zuständig, so u. a. für die Preisbindung der zweiten Hand nach § 16 sowie für die → Fusionskontrolle nach den §§ 23 bis 24a GWB. An Verfahren vor Landeskartellbehörden ist auch das Bundeskartellamt beteiligt; bei allen Kartellverfahren können die betroffenen Wettbewerber auf ihren Antrag hin beigeladen werden.

Die *Geltendmachung privater Unterlassungs- oder Schadenersatzansprüche* ist nach § 35 GWB möglich, soweit die verletzte GWB-Norm ihrem Inhalt nach auch dem Individualschutz der Wettbewerber dient. Hier kommt insbesondere § 26 Abs. 2, mit Einschränkungen aber auch § 1 GWB in Betracht. Die Mißbrauchsaufsicht nach § 22 GWB wird von der Rechtsprechung nicht als Schutzgesetz im Sinne des § 35 GWB angesehen. Soweit UWG und GWB Ansprüche gewähren, können sie im Wege der Klage vor den ordentlichen Gerichten verfolgt werden. Für Streitigkeiten aus dem

GWB sind dabei in erster Instanz stets die Landgerichte zuständig (§ 87 Abs. 1 GWB). Der einstweilige Rechtsschutz regelt sich nach den §§ 935, 940 ZPO. Für Unterlassungsansprüche aus dem UWG gilt gemäß § 25 UWG die Besonderheit, daß eine besondere Glaubhaftmachung des »Verfügungsgrundes« nicht erforderlich ist; die Gefahr einer Beeinträchtigung des Betroffenen wird widerleglich vermutet.

Weil einstweilige Verfügungen nicht zur Befriedigung des Hauptanspruchs führen dürfen, können Belieferungsansprüche nach §§ 26, 35 GWB nur aus besonderen Gründen im summarischen Verfahren geltend gemacht werden, z. B. finanzielle Einbußen, die im Hauptverfahren nicht mehr wettgemacht werden können (LG Saarbrücken, AfP 1989, 580).

15. *EG-Recht.* Die Unwirksamkeit von Rechtsgeschäften, die nach Art. 85, 86 EWGV verboten sind, wirkt unmittelbar. Es bedarf keiner formellen Entscheidung der Kommission; die Unwirksamkeit wird von den deutschen Gerichten von Amts wegen berücksichtigt. Eine Prüfung durch die Kommission auf Antrag oder von Amts wegen kann zur Einstellung des Verfahrens, auf Antrag zu einem Negativattest (Art. 11 VO Nr. 7), zu Auskunftsersuchen, zu einer Empfehlung an die betroffenen Unternehmen oder zu einer formalen Entscheidung, die Zuwiderhandlung abzustellen, führen. Dabei bleibt es der Kommission unbenommen, den Verstoß lediglich festzustellen und auf Maßregeln ganz zu verzichten, wenn ein Verstoß bereits abgeschlossen ist und nun seine Wiederholung droht. Im Bedarfsfall ist die Anordnung sichernder Maßnahmen zulässig. Schließlich kann die Kommission Buß- und Zwangsgelder verhängen (Art. 15, 16 VO Nr. 17/62). Gegen die Entscheidungen der Kommission steht der Rechtsweg offen. Zuständig ist letztinstanzlich der Europäische Gerichtshof mit Sitz in Luxemburg (Art. 164, 173 EWGV). Das maßgebliche Prozeßrecht hat sich der EuGH selbst gegeben. Die gültige Verfahrensordnung stammt aus dem Jahr 1974 (Amtsblatt der EG Nr. L 350 vom 28. 12. 1974, S. 1; Amtsblatt der EB Nr. G 39 vom 15. 2. 1982, S. 1). Für Verfahren vor dem EuGH sieht Art. 17 EWG-Satzung des Gerichtshofs der Europäischen Wirtschaftsgemeinschaft v. 17. April 1957 (BGBl 1957 II, 1166) Anwaltszwang vor. Seit der 5. GWB-Novelle 1990 nimmt auch das Bundeskartellamt gem. § 47 GWB die Aufgaben der Kommission wahr, doch kann es Anträge auf Freistellung gem. Art. 85 Abs. 3 EWGV nicht selbst bescheiden.

WOLFGANG HARMS

Literatur

Rainer Bechthold: Wettbewerbs-, kartell- und fusionskontrollrechtliche Probleme bei der Zusammenarbeit von Tageszeitungen und Anzeigenblättern. In: »Archiv für Presserecht«, Jg. 1981, S. 260 ff.

Volker Emmerich: Rundfunk im Wettbewerbsrecht. In: »Archiv für Presserecht«, Jg. 1989, S. 433 ff.

Wolfgang Harms: Rundfunkmonopol und Marktkonkurrenz. In: »Archiv für Presserecht«, Jg. 1981, S. 244 ff.

Wolfgang Harms in: Gemeinschaftskommentar zum GWB, 4. Aufl., 9. Lieferung, § 24, Rz. 750–891 zur »Fusionskontrolle im Pressebereich«
Wolfgang Harms / Holger Wissel: Pressefreiheit und Wettbewerb. Verschärfung des Wettbewerbsrechts für marktstarke Presseunternehmen durch verfassungskonforme Auslegung? In: »Archiv für Presserecht«, Jg. 1976, S. 149 ff.
Birger Hendriks: Zum Wettbewerb im dualen Rundfunk. In: »ZUM. Zeitschrift für Urheber- und Medienrecht«, Jg. 1988, S. 209 ff.
Wolfgang Hoffmann-Riem: Rundfunkrecht und Wirtschaftsrecht – ein Paradigmawechsel in der Rundfunkverfassung. In: »Media Perspektiven«, Jg. 1988, S. 57 ff.
Friedrich Kübler: Die neue Rundfunkordnung: Marktstruktur und Wettbewerbsbedingungen. In: »Neue Juristische Wochenschrift«, Jg. 1987, S. 2961 ff.
Edgar Kull: Rundfunkrecht und Rundfunkmarkt. In: »Zeitschrift für Urheber- und Medienrecht«, Jg. 1987, S. 355 ff.
Michael Kulka: Programmkoordinierung und Kartellrecht. In: »Archiv für Presserecht«, Jg. 1985, S. 177 ff.
Monika Rahn: Der öffentlich-rechtliche Rundfunk im Spannungsfeld zwischen Wirtschaftsrecht und Rundfunkrecht. In: »Rundfunk und Fernsehen«, Jg. 1988, S. 392 ff.
Wulf-Henning Roth: Rundfunk und Kartellrecht. In: »Archiv für Presserecht«, Jg. 1986, S. 287 ff.
Martin Rudolph: Programmausweitung und Kartellaufsicht. In: »Zeitschrift für Urheber- und Medienrecht«, Jg. 1986, S. 481 ff.
Ekkehard Spieler: Fusionskontrolle im Medienbereich, Berlin 1988
Peter Ulmer: Wettbewerbs- und kartellrechtliche Grenzen der Preisunterbietung im Pressewesen. In: »Archiv für Presserecht«, Jg. 1975, S. 870 ff.
Margret Wittig-Terhardt: Rundfunk und Kartellrecht. In: »Archiv für Presserecht«, Jg. 1986, S. 289 ff.

Wettbewerbsregeln → Wettbewerbsrecht

Widerruf → Gegendarstellung, → Persönlichkeitsschutz

Wirtschaftsausschuß → Tendenzschutz

Würde des Menschen → Persönlichkeitsschutz

ZAW-Richtlinien → Presseordnungsrecht, → Verantwortung des Journalisten, → Werberecht

Zeitungsdichte → Konzentration

Zeitungsmantel → Presseordnungsrecht

Zeitungsmonopol → Informationsfreiheit, → Konzentration, → Medienpolitik, → Verantwortung des Journalisten, → Wettbewerbsrecht

Zeitungsstempel → Zensur

Zensur. Unter Zensur wird die *autoritäre Kontrolle menschlicher Aussagen* verstanden. Entsprechend dem vom römischen Zensorenamt (»censura«) abgeleiteten Wortgehalt von »Prüfung, Beurteilung« ist das entscheidende

Merkmal der Zensur die Prüfung. Verbot oder Erlaubnis sind hingegen das mögliche Ergebnis eines Zensuraktes. Allerdings hat das Verbot als mögliche, ja wahrscheinliche Folge des Zensurverfahrens den Sinn des Begriffes Zensur entscheidend geprägt. Deshalb meint Zensur heute vorwiegend den Akt der Freiheitsbeschränkung durch eine staatliche, kirchliche oder andere Macht im Geistesleben der menschlichen Gesellschaft. In der Bundesrepublik Deutschland folgt das Grundgesetz in Art. 5 Abs. 1 Satz 3 mit der Bestimmung »Eine Zensur findet nicht statt« dem Art. 118 Abs. 2 der Weimarer Reichsverfassung, die freilich darüber hinaus zugunsten einer Filmzensur, zur Bekämpfung der Schund- und Schmutzliteratur sowie zum Schutz der Jugend bei öffentlichen Darbietungen Ausnahmen vom Zensurverbot zuließ.

Die im Vergleich dazu kurze und scheinbar unmißverständliche Bestimmung in Art. 5 Abs. 1 Satz 3 GG verdeckt Meinungsverschiedenheiten der Juristen über den Begriff »Zensur«. In der Grundrechtsliteratur überwiegt der sog. formelle Zensurbegriff im Sinne einer planmäßigen behördlichen Überwachung und Überprüfung des Geisteslebens, wobei die herrschende Auffassung darunter nur das *Verbot der Vorzensur* versteht. Als zentraler Bestandteil der → Pressefreiheit sieht das Bundesverfassungsgericht (BVerfGE 20, 162 ff. [174]) in einer freien, keiner Zensur unterworfenen Presse ein »Wesenselement« des freiheitlichen Staates.

GESCHICHTE. Bei der Zensur handelt es sich um ein sehr altes, ja zeitloses Phänomen, das bis in die Gegenwart hinein überdauert hat. Die Regulierung der Übermittlung von Ideen, Meinungen und Vorstellungen wird in praktisch allen Gesellschaften – auch in denen, die sich ideologisch dem Freiheitsbegriff verschrieben haben – seit alters her betrieben.

Die historisch früheste Erscheinungsart systematischer Zensur, die literarische Zensur, die lange vor der Erfindung des Buchdrucks entstand, hat in dem erstmals vom Tridentinischen Konzil gegen die Einflüsse der Reformation ausgearbeiteten »Index librorum prohibitorum« der Katholischen Kirche (1559) höchste Perfektion erreicht. Eine solch lückenlose Zensur – abgerückt vom Einzelfall und verbindlich erklärt für alle Schriften und Verfasser – war bis dahin ohne Beispiel gewesen. Nicht lange danach schalteten sich auch weltliche Instanzen in die ursprünglich rein kirchlich etablierte Zensur ein.

Als Grundsatzfragen in der Diskussion um die Kommunikationsfreiheit entwickelten sich seitdem im Mit- und Nebeneinander: der staatliche Glaubensschutz, die Verteidigung der »guten Sitten« sowie die Staatsrücksichten, mit denen der Ehrenschutz historisch eng zusammenhängt. Mit wachsender technischer und sozialer Ausweitung des Kommunikationsnetzes dehnte sich die ursprünglich rein auf die Bücherproduktion abgestellte Zensur auch auf Theater, Post, Telegraphie und Telefon, vor allem aber auf Presse, Film, Hörfunk und Fernsehen aus.

Bereits im 19. Jahrhundert brachte die Auseinandersetzung um die Etablierung der öffentlichen Meinung als Korrektivkraft im Staat den

Versuch einer Befreiung von der Zensur absolutistischer Prägung: Am frühesten wurde die Pressezensur in Großbritannien beseitigt (1694). In Frankreich fiel sie 1789; doch führte Napoleon I. eine Pressekontrolle ein, die dem Zensursystem stark ähnelte. In Deutschland wurde die Zensur 1848 aufgehoben; an ihre Stelle traten nach der Revolution Präventiv- und Restriktionsmaßnahmen wie Kaution, Konzession und Zeitungsstempel (→ Geschichte des Medienrechts).

In neuerer Zeit hat die Zensur in den beiden Weltkriegen, in den kommunistischen Staaten sowie in den westlichen autoritären Staaten eine gravierende Rolle gespielt. Vor allem der Totalitarismus weist der Zensur offen ihre politische Funktion zu. Er macht kein Hehl daraus, daß in seinem Bannkreis die Kommunikation durch die propagierte Flut einer Zwangsideologie bestimmt und durch Meinungskontrolle rein gehalten wird.

Doch auch in der liberal gehandhabten Kommunikationspraxis ist Meinungsäußerung nicht immer und überall frei: Ohne offiziell legalisierte Zensur existieren selbst in demokratischen Staaten dennoch Wege für zensurähnliche Maßnahmen, die gewöhnlich durch gewisse Eigentümlichkeiten der Rechtsordnung verstärkt werden. Im übrigen sind in den meisten demokratischen Ländern Einrichtungen der → Selbstkontrolle der Massenmedien tätig, damit eine formelle Regelung der Zensur durch den Staat vermieden werden kann.

ERSCHEINUNGSBILD. Zensur kann als Präventiv- oder als Prohibitivzensur in Erscheinung treten. *Präventivzensur* ist die rigorosere Form, ein »allgemeines Verbot mit Erlaubnisvorbehalt«, das Äußerungen bereits vor ihrer Verbreitung überwacht. *Prohibitivzensur* dagegen – die »allgemeine Duldung mit Verbotsvorbehalt« – soll nicht einen befürchteten Schaden verhindern, sondern einen bereits eingetretenen beseitigen.

Erklärtes Ziel aller Zensoren ist es, einzelne oder alle gesellschaftlichen Gruppen vor als schädlich aufgefaßten Einflüssen zu bewahren. Die Notwendigkeit derartiger Schutzmaßnahmen pflegt mit gemutmaßter Unmündigkeit und Unfähigkeit zur Eigendefensive begründet zu werden. Klassisches Beispiel ist die Gruppe der Heranwachsenden, die am häufigsten vor Gotteslästerung, vor Verrat sowie vor unmoralischen und unästhetischen Einwirkungen beschützt werden soll. Zugrunde gelegt wird bei solchen Maßnahmen (→ Jugendmedienschutz) ein Kodex verbindlicher öffentlicher Ansichten über Religion, Politik und Moral, der Anspruch auf normative Geltung erhebt.

Zwar dominierten einzelne Erscheinungsformen der Zensur in bestimmten Epochen. Doch läßt sich kaum eine gültige Grenze zwischen religiöser, politischer und moralischer Zensur ziehen: Angriffe auf sexualmoralische Tabus werden in der Regel als Angriffe auf religiöse Tabus aufgefaßt, und Angriffe auf die Religion – besonders wenn es sich um die staatstragende handelt – werden gleichermaßen als Angriffe auf die herrschende politische Ordnung begriffen.

Unabhängig davon bedeutet jede spezielle Form der Zensur die gleiche Gefahr für den freien Meinungsfluß: Hat sie doch die nämliche Tendenz, sich zur allgemeinen Zensur auszuwachsen, da die Denkungsart, die sie provoziert, ebensowohl auch zur Kontrolle anderer Ideen führen kann.

Die vorgebliche Notwendigkeit zur religiösen, politischen oder moralischen Zensur wird in der Praxis meist polemisch umschrieben und Zensur als Antwort auf »Häresie«, »Subversion«, »Staatsgefährdung«, »Obszönität«, »Pornographie«, »Jugendgefährdung« usw. ausgegeben. Der gesteigerte Gefühlswert dieser Schlagwörter, denen die präzise Definition fehlt, beinhaltet eine Symbolträchtigkeit, die bestimmte soziale und individuelle Vorstellungen zu assoziieren vermag, ohne daß diese im Wortsinn logisch angelegt sind. Das Verfahren, bei Zensurmaßnahmen mit willkürlich interpretierbaren Sammelbegriffen zu argumentieren, hat zur Folge, daß die Kriterien, nach denen unorthodoxe Äußerungen zensiert werden, in den unterschiedlichsten sozialen Organismen pro forma völlig übereinstimmen können.

Ein wichtiger Faktor zur Unterstützung von Zensurmaßnahmen ist jeweils die Entrüstung einer möglichst breiten Allgemeinheit. Wie sehr sich dieser Entrüstungsaffekt im Einzelfalle auch verselbständigen mag, am Leben erhalten wird er ausnahmslos von den Zensoren als »Hütern der Ordnung«. Denn ohne Anstoßnehmer und Tugendwächter, ohne deren politische, religiöse und moralische Entrüstung, hat Zensur kaum Aussicht auf Erfolg.

ZENSUR IN POLITIK UND GESELLSCHAFT. Zwischen der offiziellen Zensurargumentation und ihren eigentlichen Gründen besteht ein erheblicher Zwiespalt: Die Ziele der Zensoren sind in der Regel weitaus egoistischer, als es ihre Verlautbarungen wahrhaben wollen. Nicht um den nach außen deklarierten Schutz der Unmündigen geht es, sondern um *Kontrolle, Überwachung und Verbot aller menschlichen Äußerungen, die den dominierenden politischen, religiösen und/oder moralischen Interessen einer Gesellschaft oder einzelner starker Gruppen in ihr zuwiderlaufen.* Die Grenze zwischen der zuträglichen und der pathogenen Meinung wird also von der geltenden Autorität gezogen, nicht von sachlicher Einsicht. Die Zensur gehört damit in den Katalog von Herrschaftsmitteln, die der an der Macht befindlichen Minorität in sozialen Herrschaftsstrukturen, vor allem aber im Staat zur Wahrung ihrer Interessen und zur Sicherung ihrer Machtposition zur Verfügung stehen.

Zensur ist allerdings nicht nur auf den Staat mit seinen meist legitimen und öffentlichen Machtmitteln beschränkt. Auch andere soziale Gebilde, Institutionen und Organisationen beeinflussen unter bestimmten äußeren Bedingungen mit Hilfe privater oder halböffentlicher, von politischem, ökonomischem oder psychologischem Druck begleiteter Zensurmaßnahmen die Meinungsbildung der Gesellschaft.

Zensur tritt im übrigen nicht nur dort in Erscheinung, wo eine Macht Anspruch auf restlose Bindung des Menschen an ihr soziales Gefüge erhebt und deshalb alle Moglichkeiten abweichender Erfahrung blockieren will.

Zensur ist zugleich ein typisches Zwangsmittel immer dann, wenn eine Macht ihren geistigen und materiellen Bestand gefährdet sieht.

Zum Wesen der Zensur gehört mindestens so viel Durchsetzungsvermögen wie nötig ist, um Zensurentscheidungen wirksam werden zu lassen. Steht der Zensur übenden Autorität diese Macht nicht zur Verfügung, so wird die Zensur nicht anerkannt, weil sie reine Drohung bleibt und die Zensurinstanz das Verbot als Ernstfall der Zensur nicht vollstrecken lassen kann.

Aber auch mit den nötigen Machtmitteln versehen, stehen die Zensoren am Ende in der Regel auf verlorenem Posten: Kaum zu lösende technische Schwierigkeiten erwachsen ihnen nämlich aus dem Problem, gültige und akzeptierte Standards für die Zensurierung niederzulegen. Zensur bleibt deshalb immer lückenhaft – nie können alle in Frage kommenden Äußerungen erfaßt werden.

Als Ausdruck und Instrument eines bestimmten politischen und sozialen Normensystems ist die Zensur der Praxis streng autoritärer bis totalitärer Staatswesen naturgemäß am nächsten. Dort wird die Gleichschaltung der Bewußtseinslage aller Bürger offen angestrebt und zwangsmäßig durchgeführt. Demokratische Systeme dagegen, deren Leitmaxime die freie Konkurrenz von Gedanken und Meinungen ist, können solche Restriktionen nicht anwenden, ohne in Widerspruch zur eigenen Doktrin zu geraten. Darum bleibt die Zensur dort überwiegend scheinbar anonymen, nur schwer erkennbaren, subtilen sozialen Kräften überlassen.

AKTUELLE ENTWICKLUNG. Der Ruf nach Zensur ist auch in den Demokratien nicht gänzlich verstummt. Zur Zeit gilt er vor allem Vorkehrungen gegen Gewaltdarstellungen im Fernsehen, aber auch Überlegungen zu einem Pornographie-Verbot. Maßnahmen zur Eindämmung von Gewaltdarstellungen im Fernsehen können sich in erster Linie auf Gründe des → Jugendmedienschutzes stützen. Sie finden ihre verfassungsrechtliche Grundlage in Art. 5 Abs. 2 GG, der die Rechte des Art. 5 Abs. 1 GG unter den Vorbehalt des Jugendschutzes stellt. Aber auch Art. 5 Abs. 2 GG gewährt dem Gesetzgeber nur die Möglichkeit eines Eingriffs in die durch Art. 5 Abs. 1 GG gewährleisteten Rechte, legitimiert ihn aber nach überwiegender Meinung nicht zur Durchbrechung des Verbots der Vorzensur. Das ist bei der Ausgestaltung von Jugendschutzregelungen zu beachten. So darf – wie das Bundesverfassungsgericht (BVerfGE, AfP 1992, 356ff.) festgestellt hat – ein staatliches Verfahren nicht dazu genutzt werden, die Informationsverbreitung im Vorwege (z. B. durch Beschlagnahme von Presseerzeugnissen oder andere präventative Maßnahmen) zu verhindern.

Höhepunkte der Debatte um ein Pornographie-Verbot war von feministischer Seite der Vorschlag eines Anti-Pornographie-Gesetzes, das zwar nicht den Staatsanwalt zur Ahndung eines Verstoßes verpflichten, aber jeder Frau das Recht geben wollte, im eigenen Namen Schadensersatz anzumelden, wenn sie sich durch Pornographie in ihrer Würde als Frau verletzt fühlte. Ziel der Gesetzesinitiative waren also keine weiteren strafrechtlichen Verbote, sondern die Möglichkeit einer Privatklage, d. h. die Ergänzung des Strafrechtsparagraphen 184 durch das Bürgerliche Gesetzbuch. Experten halten ein solches Gesetz, das bisher nicht weiter konkretisiert worden ist, für kaum praktikabel.

ULLA FÖLSING

Literatur

Martin Löffler: Das Zensurverbot der Verfassung. In: »Neue Juristische Wochenschrift«, Jg. 1969, S. 2225 ff. (*diskutiert den Zensurbegriff auch im Zusammenhang mit Schulbuchzulassung, Schülerzeitschrift, Untersuchungshaft und Strafvollzug, Postordnung, Einfuhr von Periodika, Büchern und Filmen*)

Ludwig Marcuse: Obszön. Geschichte einer Entrüstung. München 1962 (*klassisches sozialwissenschaftliches Essay zur Geschichte der Pornographie*)

Sieghart Ott: Kunst und Staat. Der Künstler zwischen Freiheit und Zensur. München 1968 (*juristische Diskussion der Frage der Kunstfreiheit*)

Ulla Otto: Die literarische Zensur als Problem der Soziologie der Politik. Stuttgart 1968 (*Versuch der Theoretisierung der Zensur als politisch-soziales Phänomen*)

Peter Raue: Literarischer Jugendschutz. Was kann nach dem Gesetz über die Verbreitung jugendgefährdender Schriften indiziert werden? Berlin 1970 (*Jugendmedienschutz aus juristischer Sicht*)

Bernd Rieder: Die Zensurbegriffe des Art. 118 Abs. 2 der Weimarer Reichsverfassung und des Art. 5 Abs. 1 Satz 3 des Bonner Grundgesetzes. Berlin 1970 (*gründliche juristische Darstellung*)

Franz Schneider: Pressefreiheit und politische Öffentlichkeit. Neuwied 1966 (*historischer Abriß der politischen Auseinandersetzung um die Etablierung der öffentlichen Meinung als Korrektivkraft im Staat*)

Alexander Schuller/Nikolaus Heim (Hrsg.): Vermessene Sexualität. Berlin und Heidelberg 1987 (*darin zur neueren Diskussion eines generellen Pornographieverbotes die Beiträge von Rüdiger Lautmann und Dieter Lenzen*)

Wolfgang Schulz: Gewaltdarstellungen im Fernsehen im Spannungsfeld zwischen Jugendschutz und Kommunikationsrechten. In: »Rundfunk und Fernsehen«, 41. Jg. 1993, S. 339–358

Zentralverband der deutschen Werbewirtschaft (ZAW) → Verbände und Organisationen im Medienbereich

Zeugnisverweigerung. Schon die Informationsbeschaffung unterfällt dem verfassungsrechtlichen Schutz der → Pressefreiheit und der Rundfunkfreiheit. Im Interesse einer freien und ungehinderten Informationsrezeption sowie zur Sicherung der damit verbundenen publizistischen Funktion werden demgemäß sowohl das Vertrauensverhältnis zwischen Medium und Informanten als auch das Redaktionsgeheimnis von dem Grundrechtsschutz mit umfaßt. Mitarbeiter von Presse und Rundfunk sind daher zur Wahrung der institutionellen Presse- und Rundfunkfreiheit grundsätzlich nicht verpflichtet, ihre Informanten, deren Informationen oder auch redaktionell selbst erarbeitete Erkenntnisse zu offenbaren. Dieser Grundsatz kann indessen mit anderen gewichtigen Gemeinschaftsgütern, bei Gerichtsverfahren insbesondere mit den verfassungsrechtlich ebenfalls verankerten Rechtspflegegarantien und Aufklärungsinteressen, in Widerstreit geraten. Soweit sich diese Polarität auf Mitteilungen von Informanten, also auf von dritter Seite übermittelte und somit *fremdrecherchierte Informationen* bezieht, hat der Gesetzgeber die bei solchem Spannungsverhältnis erforderliche Güterabwägung durch das am 1. August 1975 in Kraft getretene Gesetz über das Zeugnisverweigerungsrecht der Mitarbeiter von Presse und Rundfunk (BGBl 1975 I, S. 1973) legislativ vorgenommen. Ein Zeugnisverweigerungsrecht steht demnach in sämtlichen bundesrechtlichen Gerichtsverfahrensordnungen denjenigen Personen zu, *die bei der Vorbereitung, Herstellung oder Verbreitung von periodischen Druckwerken oder Rundfunksendungen berufsmäßig mitwirken oder mitgewirkt haben*. Inhaltlich erstreckt sich dieses Aussageverweigerungsrecht dabei zu einem auf *die Person des Verfassers, Einsenders oder Gewährsmanns von Beiträgen und Unterlagen* sowie zum anderen auf die den Presse- und Rundfunkmitarbeitern *im Hinblick auf ihre Tätigkeit gemachten Mitteilungen, soweit es sich um Beiträge, Unterlagen und Mitteilungen für den redaktionellen Teil handelt.*

Gemäß dem Gesetzestitel, der generalisierend auf »Mitarbeiter von Presse und Rundfunk« und nicht auf bestimmte Funktionen im Presse- und Rundfunkbereich abstellt, sowie ausweislich auch des Begriffs »mitwirken«, der jede Tätigkeit der Vorbereitung, Herstellung oder Verbreitung eines periodischen Druckwerks bzw. einer Sendung erfaßt, ist das Spektrum der zeugnisverweigerungsberechtigten Personen weit zu ziehen. Es umfaßt unter anderem Verleger, Herausgeber, Intendanten, Schrift- und Sendeleiter, Redakteure, Journalisten, Autoren, Wort- und Bildberichterstatter ebenso wie Korrespondenzbüros und Nachrichtenagenturen. Zur Zeugnisverweigerung sind darüber hinaus das administrative, kaufmännische und technische Personal sowie auch alle Hilfspersonen berechtigt, soweit sie ihrerseits jeweils berufsmäßig an der Vorbereitung, Herstellung oder Verbreitung von periodischen Druckwerken bzw. Rundfunksendungen beteiligt sind bzw. waren. Auch Justitiare, Archivare, Drucker, Setzer, Telefonisten, Korrektoren, Stenosekretäre, Volontäre, Assistenten und Auszubildende sind daher dem privilegierten Kreis zuzurechnen. Unter *periodischen Druckwerken* sind Zeitungen und Zeitschriften sowie sonstige in ständiger, wenn auch unregelmäßiger Folge sowie im Abstand von nicht mehr als 6 Monaten erscheinende Druckwerke zu verstehen. *Rundfunksendungen* sind Sendungen des Hörfunks sowie des Fernsehens einschließlich Videotext. Die *berufsmäßige* Mitwirkung an einem solchen Druckwerk bzw. an einer Rundfunksendung setzt dabei keine hauptberufliche, gewerbsmäßige, festangestellte oder ständige Mitwirkung voraus. Voraussetzung ist lediglich, daß die Tätigkeit in der *Absicht* erfolgt, sie zu wiederholen und damit einer dauernden, zumindest aber wiederkehrenden Beschäftigung nachzugehen. Ob der Presse- oder Rundfunkmitarbeiter an der konkreten, gerichtlich gerade in Frage stehenden Veröffentlichung mitgewirkt hat, ist ohne Belang. Ob der Mitarbeiter seine Kenntnis vor oder erst nach Verbreitung des Druckwerkes oder der Sendung erlangt hat, ob er schließlich für das Presse- bzw. Rundfunkunternehmen überhaupt noch tätig ist, hat ebenfalls keine rechtliche Bedeutung.

Das Zeugnisverweigerungsrecht erstreckt sich inhaltlich zum einen darauf, Angaben über die Person des Verfassers, Einsenders oder Gewährsmanns zu verweigern. Unter dem *Verfasser* ist der geistige Urheber eines Beitrages zu verstehen. Hierbei macht es keinen Unterschied, ob er den Beitrag selbst abgefaßt hat oder ihn verfassen ließ, und ob der Beitrag un- oder verändert verwendet wurde. *Einsender* sind demgegenüber alle Personen, die fremde Beiträge, Äußerungen, Stellungnahmen, Unterlagen oder sonstige Informationen übermitteln, ohne daß es sich dabei um veröffentlichungsreife Materialien handeln muß. Der *Gewährsmann* schließlich liefert – ebenso wie der Einsender – keinen gestalteten Beitrag, sondern vielmehr Bild-, Ton-, Schrift- bzw. sonstiges Rohmaterial, das er in seinem Beobachtungskreis gesammelt hat und das er dem Medium schriftlich, mündlich, telefonisch oder auf sonstige Weise, gegebenenfalls auch als Eigenbericht, zugänglich macht. Soll die Anonymität der Informanten somit insgesamt uneingeschränkt gewahrt werden können, so erstreckt sich das Zeugnisverweigerungsrecht nicht nur auf deren Namen und Anschriften, sondern ebenso auf sämtliche sonstigen – auch mittelbaren – Hinweise und Quellen, die der Informantenidentifizierung dienen könnten.

Soweit das Zeugnisverweigerungsrecht zum anderen den *Inhalt der Drittmitteilung* umfaßt, ist der Begriff der Mitteilung ebenfalls extensiv auszulegen. Ihm unterfallen beispielsweise auch beigefügte Materialien und Unterlagen. Dabei ist es unbeachtlich, ob die Mitteilung überhaupt und gegebenenfalls in welcher Weise sie zur Veröffentlichung gelangt oder ob sie lediglich interne Verwendung findet. Auch Archiv- und Hintergrundmaterial sind vom Zeugnisverweigerungsrecht erfaßt. Die Mitteilung muß allerdings den Presse- bzw. Rundfunkmitarbeitern *im Hinblick auf ihre Tätigkeit* übermittelt werden. Eine Mitteilung ohne diesen spezifischen Bezug unterfällt nicht dem Zeugnisverweigerungsrecht. Ausgeschlossen vom inhaltlichen Zeugnisverweigerungsrecht bei drittüberlassenen Informationen sind ferner Presseanzeigenteile sowie Werbesendungen des Rundfunks. Soweit solchen werblichen Mitteilungen jedoch eine gleiche oder zumindest ähnliche Funktion wie dem redaktionellen Teil zukommt, kann im Einzelfall allerdings ein Zeugnisverweigerungsrecht unmittelbar aus Art. 5 Abs. 1 Satz 2 GG in Betracht kommen.

Das Bundesverfassungsgericht hat im Anschluß an seine bisherige Rechtsprechung mit Beschluß vom 1. Oktober 1987 festgestellt, daß das durch das Gesetz über das Zeugnisverweigerungsrecht der Mitarbeiter von Presse und Rundfunk rechtseinheitlich kodifizierte und auf Personen und Mitteilungen außenstehender Informanten begrenzte Aussageverweigerungsrecht *nicht abschließend* sei. Die mit diesem Gesetz eingeführten Regelungen enthielten lediglich eine generalisierende Bestimmung darüber, in welchen Konstellationen dem publizistischen Geheimhaltungsinteresse *typischerweise* der Vorrang gegenüber den Rechtspflegeerfordernissen gebühre. Da die Presse- und Rundfunkfreiheit jedoch nicht nur den Schutz des Informantenverhältnisses, sondern darüber hinaus auch die *Vertraulichkeit der Redaktionsarbeit* im generellen gewährleiste, könne sich bei auf eigenen Wahrnehmungen und Ermittlungen beruhenden, also bei durch eigene publizistische Arbeit gewonnenen und somit *selbstrecherchierten Informationen* ein Zeugnisverweigerungsrecht auch unmittelbar aus der verfassungsrechtlichen Presse- und Rundfunkfreiheit ergeben. Dies setze allerdings voraus, daß im konkreten Einzelfall der redaktionelle Schutzbereich höher wiege als das widerstreitende Rechtspflegeerfordernis. Bei Zugriffen auf selbstrecherchierte Informationen muß von den Gerichten mithin stets und sorgfältig sowie im Einzelfall nach dem *Verfassungsgrundsatz der Verhältnismäßigkeit* abgewogen werden, ob die Einschränkung des Redaktionsgeheimnisses tatsächlich geeignet und erforderlich ist, um das mit einem Aussagezwang verfolgte Aufklärungsinteresse zu erreichen. Dieses Aufklärungsinteresse muß dabei seinerseits in einem angemessenen Verhältnis wiederum zu denjenigen Einbußen stehen, die ein solcher Eingriff für die Presse- und Rundfunkfreiheit, insbesondere für das Redaktionsgeheimnis, mit sich bringt. Bei solcher Einzelfallabwägung ist auf der einen Seite der herausgehobene und für die freiheitliche Demokratie schlechthin konstituierende Charakter der Presse- und Rundfunkfreiheit als Verfassungsfundamentalrecht zu berücksichtigen. Diese Fundamentalbedeutung wiegt um so schwerer, sofern die journalistische bzw. redaktionelle Arbeit noch in der Recherche ist, also die bereits vorliegenden Informationen noch unvollständig oder ungewichtet sind. Im Interesse massenmedialer Funktionssicherung ist schließlich ebenso zu berücksichtigen, ob durch die Informationsoffenbarung die beabsichtigte Publikation oder auch zukünftige Berichte über ähnliche Vorfälle wesentlich erschwert bzw. unmöglich gemacht werden würden. Auf der anderen Seite ist die zeitliche und sachliche Beweisnotwendigkeit der Information für das jeweilige Verfahren, insbesondere für die Rekonstruktion des jeweils rechtserheblichen Sachverhalts, zu würdigen. Auf die unterschiedlichen Sachaufklärungsinteressen der einzelnen Verfahrens- und Prozeßarten sowie auf die Bedeutung der konkreten Rechtssache ist dabei sorgsam Bedacht zu nehmen. Im Strafverfahren sind schließlich auch die Schwere des gegen einen Dritten erhobenen Vorwurfs sowie der hinreichende Grad des gegen ihn bestehenden Tatverdachts zu berücksichtigen.

Sowohl bei dem Zeugnisverweigerungsrecht bezüglich eigenrecherchierter als auch bei dem Zeugnisverweigerungsrecht hinsichtlich fremdrecherchierter Informationen steht es dem Presse- und Rundfunkmitarbeiter – vorbehaltlich der allgemein-gesetzlichen *Anzeigepflicht* bei geplanten schweren Straftaten (§ 138 StGB) – prozeßrechtlich frei, ob er von seinem Aussageverweigerungsrecht ganz oder auch nur teilweise Gebrauch machen will. Dieses Recht besteht unabhängig selbst davon, ob der Informant im Einzelfall eine Aussage vielleicht sogar wünscht. Eine zunächst erklärte Zeugnisbereitschaft kann überdies bis zum Abschluß der Vernehmung jederzeit sowie ohne Angabe von Gründen widerrufen werden. Eine grundsätzliche Pflicht des Richters oder auch des Staatsanwaltes, den Rundfunk- oder Presseangehörigen über sein Zeugnisverweigerungsrecht zu belehren, besteht jedoch nicht. Nach Ziff. 6 der vom Deutschen Presserat aufgestellten »Publizistischen Grundsätze« ist kraft *Standesrechts* aber jede in der Presse tätige Person gehalten, das Berufsgeheimnis zu wahren, vom Zeugnisverweigerungsrecht Gebrauch zu machen und Informanten ohne deren ausdrückliche Zustimmung nicht preiszugeben. Unberührt davon bleibt allerdings die grundsätzliche Pflicht des Presse- oder Rundfunkmitarbeiters, auf Vorladung vor Gericht zu erscheinen.

Der durch das Zeugnisverweigerungsrecht gewährleistete Schutz der Informationsquellen und des Redaktionsgeheimnisses könnte umgangen und damit seiner Wirkung entledigt werden, wenn die eigen- oder fremdrecherchierten Informationen an Stelle der Zeugenaussage im Wege der Durchsuchung und Beschlagnahme von Redaktionsmaterial offenbart werden könnten. Dem Zeugnisverweigerungsrecht entspricht daher ein Beschlagnahmeverbot gleicher Reichweite. Im übrigen bestehen in einzelnen Ländern teils weitergehende, teils auch engere *landesrechtliche Vorschriften* zum Zeugnisverweigerungsrecht von Presse- und Rundfunkmitarbeitern für solche Verfahrensarten, die föderaler Gesetzgebungskompetenz unterliegen. Hierzu gehören Verfahren vor Staats- und Verfassungsgerichtshöfen der Länder, Untersuchungsausschüssen der Landesparlamente sowie bestimmte disziplinar- und berufsgerichtliche Verfahren.

Das publizistische Zeugnisverweigerungsrecht gehört seit jeher sowohl dem Grunde nach wie auch in seiner jeweils konkreten Ausgestaltung zu den besonders kontroversen Problembereichen des Presse- und Rundfunkrechts. Vor dem Hintergrund der Entscheidung des Bundesverfassungsgerichts vom 1. Oktober 1987 zum Offenbarungsschutz bei eigenrecherchierten Informationen wurden von Parteien, publizistischen Standesorganisationen, Verlegerverbänden und Rundfunkanstalten erneut Initiativen zur Novellierung des Zeugnisverweigerungs- und auch des Beschlagnahmerechts ergriffen, die sich vornehmlich auf einen wesentlich erweiterten und insbesondere auch *gesetzlich* verankerten Schutz des eigenrecherchierten Materials richteten. Dementsprechend brachte am 12. Oktober 1989 die SPD-Bundestagsfraktion zur Erweiterung des Zeugnisverweigerungsrechts für Mitarbeiter/innen von Presse und Rundfunk sowie zur Erweiterung des entsprechenden Beschlagnahmeverbots auf selbstrecherchiertes Material einen Gesetzesentwurf (BT-Drucksache 11/5377) ein. Aufgrund von Anträgen der Länder Hamburg und Saarland (BR-Drucksache 479/89) sowie Berlin und Bremen (BR-Drucksache 486/89) beschloß auf seiner 609. Sitzung am 16. Februar 1990 auch der Bundesrat, einen entsprechenden

Initiativgesetzentwurf in den Deutschen Bundestag einzubringen (BR-Drucksache 479/1/89). Beide Anträge wurden in der derzeit laufenden Legislaturperiode erneuert (BR-Drucksache 12/499 und BT-Drucksache 12/1112), ohne daß es bislang allerdings zu einer Neufassung des Zeugnisverweigerungs- und Beschlagnahmerechts gekommen wäre.

GUNNAR KRONE

Literatur

Martin Löffler: Presserecht. Bd. 1. München [3]1983, LPG § 23 – StPO § 53 Anm. 1 ff., S. 860 ff. (*umfassende und äußerst materialreiche Gesamtdarstellung aus juristischer, publizistischer, historischer und rechtspolitischer Sicht*)

Martin Löffler/Reinhart Ricker: Handbuch des Presserechts. München [2]1986, 30. Kap., Anm. 1 ff., S. 155 ff. (*ausführliche und übersichtliche juristische Gesamtabhandlung unter Einbeziehung publizistischer, rechtspolitischer und -historischer Bezüge*)

Adolf Baumbach/Wolfgang Lauterbach/Jan Albers/Peter Hartmann: Zivilprozeßordnung. München [52]1994, Anm. 3B zu § 383 ZPO, S. 1214 ff. (*straffe zivilprozessuale Kommentierung*)

Theodor Kleinknecht/Karlheinz Meyer/Lutz Meyer-Goßner: Strafprozeßordnung. München, [41]1993, Anm. 25 ff. zu § 53 StPO, S. 197 ff. (*straffe strafprozessuale Kommentierung*)

Peter Cramer: Zeugnisverweigerungsrecht von Presse und Rundfunk. Tübingen 1968 (*aktuell-rechtlich überholte, die Genesis des Zeugnisverweigerungsrechts jedoch detailliert erschließende Monographie*)

Kurt Rebmann: Aktuelle Probleme des Zeugnisverweigerungsrechts von Presse und Rundfunk und des Verhältnisses von Presse und Polizei bei Demonstrationen. In: »Archiv für Presserecht«, Jg. 1982, S. 189 ff. (*Problemabriß von Einzelfragen mit deutlichem Schwergewicht auf Rechtspflegeinteressen*)

Wolfgang Schomburg: Presse – Polizei – Justiz. Bildberichterstattung im Spannungsverhältnis von Pressefreiheit und staatlichem Strafverfolgungsanspruch. In: »Archiv für Presserecht«, Jg. 1984, S. 80 ff. (*Einzelfragenerörterung mit erkennbarem Schwergewicht auf publizistischen Interessen*)

Georg Großpietsch: Das Zeugnisverweigerungsrecht von Journalisten aus Anlaß von Straftaten im Zusammenhang mit Demonstrationen. Diss. Köln 1990 (*historische und aktuelle Problemdarstellung mit daraus abgeleitetem konkreten Reformvorschlag*)

Zeugnisverweigerungs-/Beschlagnahmeverbot-Beschluß → Bundesverfassungsgerichtsentscheidungen zum Medienrecht (1. Oktober 1987)

Zeugnisverweigerungsrecht-Beschluß → Bundesverfassungsgerichtsentscheidungen zum Medienrecht (28. November 1973/13. Februar 1974)

Zitatrecht → Urheberrecht, → Rundfunkprogrammrecht

Zitat(Böll/Walden)-Urteil → Bundesverfassungsgerichtsentscheidungen zum Medienrecht (3. Juni 1980)

Zugabeverordnung → Wettbewerbsrecht